李宇明 著

人生初年 上

一名中国女孩的语言日志

1985.1.16 — 1987.1.15

创于1897 商务印书馆
The Commercial Press

图书在版编目（CIP）数据

人生初年：一名中国女孩的语言日志 / 李宇明著 .—北京：
商务印书馆，2019（2020.1 重印）
ISBN 978-7-100-17339-1

Ⅰ . ①人… Ⅱ . ①李… Ⅲ . ①汉语—儿童语言—研究
Ⅳ . ① H193.1

中国版本图书馆 CIP 数据核字（2019）第 070492 号

人生初年

——一名中国女孩的语言日志

李宇明 著

商 务 印 书 馆 出 版
（北京王府井大街 36 号 邮政编码 100710）
商 务 印 书 馆 发 行
北京雅昌艺术印刷有限公司印刷
ISBN 978 - 7 - 100 - 17339 - 1

2019 年 11 月第 1 版　　　　开本 710×1000　1/16
2020 年 1 月北京第 2 次印刷　　印张 149¼　插页 9

定价：298.00 元

冬冬与父母（2011 年 7 月）

在庐山（1989 年 11 月）

小小读书郎（1988 年 4 月）

由春雨而夏露，由夏露而秋霜，由秋霜而冬雪。雪花，冬天的花朵，大自然的结晶，天与地爱情的使者。

宝宝是我们爱情的雪花；宝宝是雪花的爱情。宝宝，家庭的欢乐和幸福；宝宝，爱情、生命的延续；宝宝，事业、人类的未来。我们爱宝宝，履行教育、造就宝宝的天职，并把宝宝连同他的成长史一起奉献给社会，奉献给未来的宝宝和热爱宝宝的父母们！

（写于信阳地区人民医院妇产科病床。）

寄语宝宝（1985 年 1 月）

冬冬，2017 年 12 月摄于约翰·霍普金斯大学
北京大学生物化学与分子生物学博士
美国约翰·霍普金斯大学医学院博士后
中国某医科大学生物化学与分子生物学系教授、博士生导师

目　录

上

人生第一年（1985-1-16—1986-1-15）

人生第二年（1986-1-16—1987-1-15）

序一：一粒沙子看世界

胡建华

从事儿童语言研究，仅有兴趣和志向是不够的，还必须像鲁迅先生所说的那样，一要学问，二要同志，三要功夫，四要资本。除了这四样，当然还要有儿童。没有儿童，儿童语言研究自然是万难做成。但只有儿童，没有其他，大概研究也做不成。

以上五样，李宇明先生开始从事儿童语言研究的时候，除了"资本"，如鲁迅先生所言，是"逆料不得"之外，其他几样竟然都已具备。李宇明先生的学问自不待言，除了对汉语语法有专门研究，他还对文学、发展心理学、心理语言学、社会学、人类学、教育学、遗传学有广泛的涉猎和深入的思考。如果在语言学以及其他相关学科方面没有足够的知识储备，李宇明先生大概也不会对儿童语言研究突然产生兴趣并把这一研究坚持下去。

现在做研究，有机会得到各种类型的项目资助。因此，实证研究所需之资本，即经费，便有了基本的保障。而在 20 世纪 80 年代，这类保障，对许多从事语言研究的学者来说，则很难获得。那个时候，国家经济建设刚起步，底子尚薄，投入到科研的经费自然十分有限，以致搞原子弹的有时还不如卖茶叶蛋的。因此，对研究人员来说，大概能够拥有的，唯有那无上的学术激情。在那个难以为学术理想和研究激情提供基本物质保障的年代，李宇明先生却偏偏是一个充满理想并富有激情的学者，所以他一旦认准了要做儿童语言的实证研究，即便是没有条件，也一定要创造条件。他用读研究生时买来学英语的一台转动起来刺啦作响的录音机，记录自己女儿冬冬的语言发展。李宇明先生做儿童语言研究，除了肯花工夫，还特别善于走"群众"路线，为了保证他不在家时能有人继续记录冬冬的语言发展数据，他把自己的学术事业变成了自己家族成员的共同事业，把家里许多人都发展为冬冬语言发展的观察员和记录员。所以，李宇明先生开始进行儿童语言研究的时候，虽然没有经费支援，但却不缺族内"同志"的支持；其中，他最亲密的同志加战友自然是白丰兰老师。李宇明先生和白丰兰老师所进行的这项实证调查研究是靠他们共同的学术"信仰"支撑起来的。在他们的感召下，一个以准确记录冬冬的语言发展为己任的家族跟踪、记录团队自然形成。在家族团队成员的帮助下，他们在长达 2200 余天的时间里，用 11 本 22 开的笔记本对冬冬的语言发展情况做了近百万字的忠实记录。于是，便有了这本《人生初年——一名中国女孩的语言日志》。

李宇明先生在本书的"致读者"中说：儿童是"上帝"专门制造的学习语言的"小机器"！的确如此！我们知道，凡人类语言，都有复杂的结构，但儿童凭借其十分有限的经验，就可以在短短的几年之内获得具有这些复杂结构的语言，而且不管世界上的语言有多么不同，儿童学会一种语言所需的时间大致相同，这实在是非常神奇！儿童在获得一种语言时，从成人那儿接触到的多是一些零散而有限的语言数据，这些语言数据的输入虽然对儿童语言的发展有着极大的促进作用，但却不是儿童语言获得的决定性因素。在不同的文化和语言环境中成长的儿童，不管他们最终所获得的语言在表面上有多么大的差异，他们的语言发展都具有惊人的一致性。世界各地儿童获得语言的次序、年龄以及经历大致相同。虽然儿童之间存在个体差异，但这种差异与他们获得语言的一致性相比，便显得微不足道。儿童似乎天生具有一种获得语言的能力，这种能力具有生物遗传学上的意义。这也就是说，这种能力是人所独有的，而动物却不具备。所以，我一直认为是语言定义了人性。什么是人性？那就是人具有而非人不具有的特性。在个人、种族以及民族之间，儿童的这种语言获得能力是没有本质上的差别的。儿童获得自己的母语十分迅速，而且这一语言获得能力还受年龄的限制。语言获得的能力，不管是一语还是二语，是随着人的成熟而下降的。这种现象在手语的获得上也是如此。显然，人类的这种语言获得能力是遗传而来的，它受人类大脑物质结构的限制，其背后隐藏着大脑的奥秘。因此，儿童语言获得研究实际上是对人脑奥秘的探索，所研究的是人脑的认知机制。

研究儿童语言获得，就是研究语言获得的"小机器"，也就是研究这一"小机器"的运作机制和工作原理。研究其运作机制和工作原理，目前普遍使用的方法无非是两种。一种是长期跟踪调查，另一种是横向实验。长期跟踪调查，可以形成儿童语言发展数据，而所记录的数据可以反映儿童语言发展的基本轨迹。通过对数据的研究和分析，并进而把发展数据和横向实验相结合，就有可能从某一个侧面揭示儿童语言发展的奥秘。儿童语言研究是实证研究，这一研究的基础是数据。中国是人口大国，所以儿童也多，但已经公开的儿童汉语数据却并不多。之所以如此，部分原因是获取儿童语言发展数据十分不易。要获得这类数据，研究者需要入户做跟踪调查，而进入他人家中获取儿童语言数据会受到各方面条件的限制。一般来说，研究者不大可能每天都到被研究对象的家中进行跟踪记录。另外，就是入户跟踪调查，一般也只能是一周一个小时。每周去的次数多了，或者每次跟踪记录的时间太长，都会给被调查对象的家人造成诸多不便。所以，这世间可以研究的儿童估计不在少数，但最终真正能够成为研究者每日的研究对象的，大概也就寥寥了。如此看来，李宇明先生的这部包含 2200 多天冬冬语言发展记录的日志，实在是十分难得！

对儿童语言获得奥秘的探索，在西方最早是由心理学家展开的，而在国内，情况也基本如此。20 世纪 80 年代，以李宇明先生为代表的中国内地的语言学家开始书写从语言学角度研究儿童语言发展的新篇章。在《人生初年》这部日志里，李宇明先生不仅继承了威廉·蒲莱尔等心理学家的研究传统，对冬冬人生初年的生活、行为及心理活动做了详细的记录和描写；同时，还从语言学角度对其语言的发展做了记录和描写。除此之外，日志对一些前语言（pre-linguistic）阶段细节的记录也让我印象深刻。最近几年我对儿童前语言阶段的指向（pointing）与互动（interaction）比较感兴趣，因此在读日志时，便特意去看日志有没有记录冬冬第一次以手指物的行为。等我翻到 1985 年 7 月 11 日的日志（冬冬第 177 天，将近 6 个月大）的时候，便读到以下这段记录：

> 地下的席子上，放了几个红红的山楂果。
>
> 冬冬的两只小手，一替一下拍打席子。随着拍打的响声，山楂果蹦蹦跳跳地乱窜。其中一个果子，向远处滚去。
>
> 她一直盯着那个越滚越远的山楂果。山楂果停下了，她也收回目光，看着大姑的眼睛，右手指着果子，"啊啊"地叫喊。

冬冬盯着滚远的山楂果看，山楂果停下来，她便收回目光去看着大姑的眼睛，然后右手指着果子，同时发出"啊啊"的叫喊声。通过以上记录，我们可以知道冬冬在将近 6 个月大的时候就能够在自己与大姑和山楂果之间形成指称三角 (referential triangle) 关系，她的这一指称行为要比西方已有的文献记录早几个月。她的指向手势与意图性的（intentional）发声（vocalization）是相互配合的，根本就是一种前语言交际。显然，冬冬与大姑的交流是一种意图性的交流，其指向动作是和发声同时出现的。实际上，已有的文献并没有太多关注指向和最初的发声之间的关系。而对这一问题的探讨，我认为，或许可以帮助我们了解儿童在前语言阶段具有什么样的内在语法知识。

《人生初年》所记录的虽然仅是冬冬这一个体早期的语言获得与认知发展情况，但如果所描写与刻画的事实以及所揭示的发展轨迹，是个体的本质属性的反映，那么，这一描写与刻画之中就必然蕴含着某种普遍性。普遍性总是寓于个体之中，而不是统计之中。我们要区分个体所蕴含的本质属性的普遍性与统计意义上的普遍性。这完全是性质不同的两种东西。个体的本质属性之所以具有普遍性，是因为它具有绝对性，而靠统计得来的所谓的普遍性仅是一种倾向性，并不具有绝对性，因为倾向性并不代表事物的本质属性。事物的本质属性从来不靠统计来揭示、证明。因此，对个体本质属性的研究就是对普遍性的研究，正如威廉·布莱克所言，我们可以"通过一粒沙子看世界"。

于北京通州

2018 年 10 月 8 日

序二：一个动物人到社会人的全景式记录

郭　熙

人类和动物的区别是人类有自己的语言。但是，作为一个个体，人并不是从降生就有语言的。没有语言的人，是动物人，而语言则使人从动物人成为社会人。

没有谁记得自己的语言是哪一天或什么时候掌握的。海伦·凯勒曾经回忆过自己"懂"语言的过程，那是她关于 water 获得的体验：在水流动的时候，一串字母使她突然来了灵感。但这并不是我们所讨论的语言获得。

能最早关注孩子语言，并在第一时间记录下来的理想人物是父母。可惜的是天下父母多视孩子掌握语言为理所当然，很少能及时把它记录下来。中国最早关注孩子的语言并予以记录的是著名教育家陈鹤琴。20 世纪 20 年代，他对长子陈一鸣进行了 808 天的跟踪记录，后将有关记录收入《儿童心理之研究》第十六章"言语"，可惜未见后续研究。

时隔 60 年，进入 80 年代中期，我的同乡和朋友李宇明先生和夫人白丰兰女士——当时的一对年轻父母，开始了一个新创举：有计划、有目标地去详细记录女儿的语言成长过程且进行了全程录音。又过了 30 多年，在这对当年的年轻人步入花甲之后，一部名为《人生初年——一名中国女孩的语言日志》的百万言巨著，将由商务印书馆出版。作为老友和同道，同时也是该书一直的期待者，我有幸提前通读了全书。尽管我对这本书的价值早有预期，但在通读书稿时仍然不断感受到强烈的震撼。

我相信，《人生初年》是我目前看到的最为完整的一个动物人到社会人转化的全景式记录。记录始于 1985 年 1 月 16 日，终于 1991 年 7 月 29 日，其中除 1991 年 1 月 6 日至 4 月 9 日中断，同年 4 月 10 日至 7 月 22 日期间有些零星失记外，达 2200 余天。我们从这 2200 多天的记录中看到了冬冬的各种言语活动，以及围绕她语言成长发生的种种故事，看到了她从酝酿、产出、成句，到实现完整表达，乃至进行儿歌等创作的全过程。我们见证了一个孩子的完整的人生初年。

作为语言学家，李宇明先生对语言有着独特的理解和追求。《人生初年》坚守追踪观察认识儿童语言发展这一主线，对观察范围内冬冬所有的话语，悉数照录；对冬冬的语言发展轨迹进行全方位描述，且不放过每一个细节。请看冬冬语音的发展：

出生第 3 天，控制音长的能力，发音已有长短之分

第 4 天，发出吸气音和鼻喉音

第 5 天，已有听觉，听觉信号转化为视觉行为

第 6 天，鼻音哼哼

第 11 天，发出了 [ma] 和 [ai] 音

第 23 天，发出 [hɑ] 声。

……

我们看看冬冬是怎么创造词语的：

1988 年 2 月 18 日，她造出了"粉面条"（粉条）；同年 11 月 30 日，又自造了"军衣服"；1989 年 7 月 21 日，她则又制造了派生词"爬柜子员"；1990 年 12 月 24 日造出了"化验家""卫星小姐"；而 1990 年 12 月 25 日甚至造出了奇特的"思想员"。

冬冬："我也想上北极。北极是不是夏天也下大雪呀？"

妈妈："北极一年四季都是冰天雪地。等你长大了，当科学家去考察。"

冬冬："我什么也不想当，只想当妈妈的思想员。"

妈妈："什么是'思想员'？"

冬冬："就是养鸡、养鸭、养兔什么的。"

显然，这里的"思想员"是"饲养员"，这两个词怎么联系起来的，很值得思考。

语法的发展更让人忍俊不禁，请看：

1987-4-23 用"什么"问人

爸爸和吴永德伯伯在小书房里谈话。冬冬问妈妈："爸爸给什么说话呀？"妈妈说："吴伯伯。"爸爸笑着反问："冬冬跟什么说话呀？"冬冬回答："给妈妈说话。"

问人不会用"谁"，用"什么"，明白"什么"表示疑问，但不知道确切所指。再有：

①拿到纸和笔后，说："我不先写。"（1987-4-8）

②姐姐说，吃鱼时一定要小心，鱼刺卡在嗓子里，会死人的。冬冬用不屑的语气，说："我不卡死。"（1987-4-20）

③冬冬不愿吃。姐姐说，吃蛋，才能长高。

冬冬说："像爸爸这么高，像妈妈这么高，像姐姐这么高。不吃菊花蛋，不长高。"（1987-4-24）

冬冬把"先不写""卡不死""长不高"分别说成了"不先写""不卡死""不长高"，充分体现了儿童语序发展的阶段性。这里要特别说一下，冬冬两岁多的时候语言发展相当迅速，一段时间里，单日语言项目记录达10多项，近乎喷发。

《人生初年》还是一本记录方言民俗的书。儿童的语言发展离不开语言文化环境。以往对儿童语言习得的研究往往只记录语言本身，不大重视儿童身边社会文化因素的影响。《人生初年》则在记录冬冬的语言成长历程的同时，细致地记录了发生这些言语活动的背景和环境，令人耳目一新。冬冬生在河南，10个多月后到武汉，家中常有河南方言的使用，对武汉话也耳濡目染，而父母在家庭教育中又使用普通话。冬冬自然习得语言同时，也习得了周围的方言和文化。于是，冬冬的话里也就不乏河南方言痕迹：

早上，冬冬让妈妈帮她洗脸。妈妈说手疼，还是让爸爸帮忙。她拉着妈妈手，看看，问："妈妈手疼，是上楼梯摔哩吗？"（1987-4-26）

再看1989-7-23记录的她对"约莫"意思的探讨：

冬冬搭积木，突然抬头问："'约莫'是什么呀？"

"约莫"是河南方言，相当于普通话的"估摸、估计"。

大人们一下子没听懂，茫然地看着她。

冬冬："'约莫'，老四老说，'我约莫不中'。"

冬冬又说："'妈呀！'老四最爱这么说了。"

经冬冬一提示，大家才想起，小姑真的很爱说这些话。

从这里可以看到家庭和周边人员对孩子语言成长的影响，也可以看到冬冬的语言观察力。

我读到书中记载的河南儿歌时，感到非常亲切，好像又回到了自己的孩提时代。那些曾伴随着我成长的儿歌，有不少估计今天已经失传了。这些过去至多零星出现在反映河南生活的文学作品里，现在却有了详细的记录。请看：

《山老鸹》：山老鸹，胖墩墩儿。我上姥家住一春儿。姥姥看见怪喜欢，妗子看见瞅一眼。妗子妗子你别瞅，豌豆开花我就走。豌豆白，我再来，一直住到薅花柴 [花柴：棉花棵子]。从哪儿走？从河里走。河里有泥鳅。从山上走。山上有石头。走到稻场哩，碰上个卖糖哩。啥糖？打糖 [打糖：麦芽糖]。打给老爷尝尝。粘着老爷的牙，给老爷舀碗茶。粘着老爷的嘴，给老爷舀碗水。卖糖哩，你走吧，俺娘出来没好话。高底鞋，牡丹花，一脚踢你个仰八叉。（第 694 页）

在这首叙事儿歌里，"花柴""怪""打糖""薅""妗子""俺""仰八叉"等方言词成串出现，儿歌带着乡音，和着律动，合辙押韵，有板有眼，有问有答，妙趣横生，是早期儿童语言教育的生动教材。

《人生初年》还是家庭语言教育实验录，是儿童语言教育的重要参考书。纵观全书，我们看到了宇明先生夫妇在冬冬语言教育上的执着和努力。他们从一开始就非常重视冬冬的语言教育。常用汉字、古代诗词、儿歌、民谣、游戏，都是她的"启蒙教材"。而冬冬自我释词，自编儿歌，自编谜语，则体现了语言学习和使用的过程和成果。看看冬冬的语言分析能力：

1990-10-3 以词释词

冬冬："别睡了，妈妈，要不，我会感到孤独的。"

妈妈："什么叫'孤独'？"

冬冬："'孤独'就是'寂寞'。"

1989-8-20 "小人"的意思

冬冬："妈妈，什么叫'小人'呀？"

妈妈："'小人'？一是指小孩儿；二是说人的道德品质不好，也是'小人'。"

冬冬补充道："还有，见大人也说小人。"

编者补充说："大人"指古装戏中当官的。老百姓见到当官的，或者官职低的见到官职高的，常自称"小人"。冬冬补充了这一义项。

书中对家庭语言教育中不当做法的记录和分析，则可以作为教训来吸取。例如：

1989-8-10 "保密的地方"

爸爸写棉花的"棉"字，让冬冬认了几遍。冬冬拿卡片起身，说："我要到一个保密的地方去。"……冬冬走着走着，卡片掉在了地上。

爸爸："你看，卡片掉在地上了，我再给你写个'掉'字，怎么样？"

冬冬："弄什么写什么，真烦人！"

编者点评说：识字与情景相结合，过分了，就引起冬冬反感了。

毫无疑问，《人生初年》将是多个领域的重要学术资源；然而，我还想说，该书的价值远不止此。编者在资料整理上独树一帜，其处理原则本身就体现了一种学术精神，是学术范式多样化的新尝试。书中各月的日志有一个月标题，每天的不同语言活动记录则另有单项小标题。月标题大体反映了冬冬语言发展的不同节点，小标题则是每个语言记录的点睛之笔。如果把这些不同层级、不同角度的标题编制成索引，会是一本详尽的儿童语言发展手册。

除了资料本身和上述标题外，我还特别欣赏书中的补充解释和评点。编者坚持以真实材料取胜，采用白描纪实手法，"尽量做到'真实再现'"；但书中对一些方言词语、儿歌、民谣民俗等做的解释，对一些重要的或有趣的现象所做的恰到好处的点评，则渗透着深刻的学术思考。

《人生初年》在出版上还有一大特色。读者可以通过扫描二维码，直接听到与冬冬相关的"实况录音"，体验一个个具体的语言场景。这种超文本的语言日志是编者和出版者的又一个创举，其价值不言而喻。

最后有一点儿建议。希望能借助这本日志，建成一个儿童语言发展语料库。这个语料库的建设并不难，因为冬冬的话都已经用"引号"加以注明；其中成段成段的对话则可以构成儿童语言交际语料库。据此对儿童语言发展和使用进行系统的统计分析，一定会有更多的发现。

总之，《人生初年》是一部好书，一部有着多重价值的书，一部留下深深脚印的书。

期待着读者关注这本书，期待着家长关心孩子的语言，期待着更多的人重视家庭语言教育。

2018 年中秋节

致读者：儿童是一块磁石

李宇明

《人生初年》是一部人类个体早期行为的科学观察日志，观察记录了乳名叫"冬冬"的中国女孩零到六岁半的语言发展；除语言发展之外，还观察记录了她的生活、行为及心理活动等。

一、材料的搜集者：我的家族团队

本书主要采用自然观察法，逐日观察冬冬的新进展。当条件允许时，也在一定时段内将其言行进行"全记录"。同时，也常在生活中穿插一些小实验。如：

实验1：冬冬从小就会吃鱼，再小的刺都能吐出来，鱼刺上不带一丁点儿鱼肉。虽如此，爸爸还是不放心，吃鱼时一个劲儿地交代："有刺了，吐出来，啊！"

冬冬说："有刺。""刺"的发音，像"气"（[tɕʰi]）。

爸爸故意模仿她的发音，问："有气？"

冬冬说："不是的，有刺。""刺"的发音还是像"气"。

爸爸用正确的发音："有刺（[tsʰ]）。"

冬冬点头说："是的，有刺。""刺"的发音还是像"气"。（1987-4-18）

这是关于词语听说的一个小实验。冬冬知道"刺"的正确发音是舌尖前音 [tsʰ]，不过囿于发音器官，自己只能发成舌面音"气"（[tɕʰi]）。但她能辨别出舌尖前音和舌面音的不同。故而当爸爸模仿她的发音时，她就纠正；爸爸正确发音时，她就点头。但是，不管她是纠正还是肯定，自己所发的音还都是像"气"。

国外有研究发现：一个儿童把他的玩具鱼叫作 fis（正确的发音应是 fish），当成人模仿他也把鱼叫 fis 时，这个儿童试图纠正成人的"错误"，说不是 fis，是 fis。当成人改口说 fish 时，这个儿童才认可。还有学者发现，他的儿子能辨别 mouse 和 mouth，sip

和 ship，但在发音时却又发成相同的音。于此可见，听说不一致现象，是世界各国儿童语言发展中都曾有的共性。

实验 2：某文献说，五岁儿童可以回答"五个 W"的问题，即 What（何事）、Who（何人）、When（何时）、Where（何地）、Why（何故）。我们准备对冬冬进行五个 W 的实验，同时还要加上一个 H（How，怎么，如何）。此实验可以叫作"五 W－H"实验，其实也可以叫作"六何"实验。

爸爸："你吃西瓜了没有？"（何事）

冬冬："吃了。"

爸爸："什么时候吃的？"（何时）

冬冬："今天。"

爸爸："和谁一起吃的？"（何人）

冬冬："冬冬、妈妈、爸爸。"

爸爸："在哪儿吃的？"（何地）

冬冬："在屋里。"

爸爸："怎么吃的？"（如何）

冬冬双手往嘴巴上一捂，模仿吃西瓜吐瓜子的样子："噗，吐个子。"

爸爸："为什么要吃西瓜？"（何故）

冬冬："我肚子饿了，我吃西瓜。"

爸爸："你吃什么呀？"

冬冬大笑："我吃大黄鹤楼，吃甜瓜，吃西瓜。"

爸爸连续发问，冬冬觉得是在做语言游戏。到后来，她就云山雾罩地说起来。（1987-6-21）

冬冬还不到两岁半，就基本可以回答"五 W－H"的问题。五个 W，亦即新闻的五要素，能回答五个 W 的问题，就具有了全面描写一个事件的能力。

记录以笔录为主，先把观察到的语言、行为即时记录在卡片上。当天将卡片收集起来，并尽量及时地整理、转录到专门的笔记本"冬冬日记"上。笔录之外，也常进行录音。录音尽早转写，核对之后，亦抄录到"冬冬日记"上。

"冬冬日记"的记录者是我们的家族团队：我的妻子白丰兰女士是主要成员。她早在生育冬冬之前就患上了类风湿关节炎，久卧病榻，生活不能自理。这自然是人生悲剧，但也正因她的长年患病，才得以有较多的时间陪伴孩子，有较多的时间整理卡片，转录观察材料。这是她生活的一部分，准确地说，是她生命的一部分。没有她的倾力付出，难以有今天的"冬冬日记"。我妻子的侄女白林鹤、我的大妹李辉，先后来家长时间帮助料理家务，她们自然也成了重要的观察者和记录者。

记得当时家里到处都是铅笔和纸片，一听到冬冬说话，人们就如得"圣旨"，如获至宝，抓起铅笔就记下来。在外面听到冬冬说话，不便记录，需要反复念诵，生怕遗忘或误记，回到家也马上记到卡片上。后来，大家都练就了"过耳不忘"的功夫。甚至我的父母、小妹也都是热心观察员，当他们与冬冬在一起的时候，也会关注冬冬的话语，帮助收集语料。

本书所记，是我们家族同心协力、持之以恒的结果。事实上，除了我们夫妇之外，他们并不真切知道记录这些材料的意义，能够坚持下来，是亲情的力量和对我的信赖；而我们夫妇也是出于一种学术"信仰"：科学观察的资料总是有用的。然而，究竟能否起作用，能起多大作用，心中并无定数。

二、材料的整理：留存真实，心顾读者

儿童语言资料收集不易，全世界长期个案跟踪获取的儿童语言资料，屈指可数。像我们这样，对一个儿童的语言发展追踪观察 2200 余天的，尚无先例。

我当年曾经利用这些资料，做过一些研究，如附录所显示的，但利用率可以说是"九牛一毛"。后来，因工作变动，科研精力转移，这批资料也就被束之高阁了。然而，我们也常思虑着如何将其公之于世，友人也常鼓动甚至是怂恿，应让这一宝贵资料为学界、为社会所共享。2005 年 3 月，我妻子双膝做了人工关节置换手术，经过年余恢复，身体状况大有好转。这是一个契机。2006 年 11 月，妻子作为主力，开始动工整理这些资料。这一动工，谁承想竟然用了 11 年的时间。

原稿篇幅为 11 本 22 开的笔记本，近百万字。多人字迹，或工楷或潦草。先请王辉、邹海清、于辉、李英姿、苏小妹、王春辉、尹洪波、王玲玲、何瑞等我的学生们，把原稿分头录入电脑，形成电子文本，逐字逐句核实后，形成二稿。之后又断断续续修改、订正，包括专门校正国际音标、每个记录单元添加小标题等。2014 年商务印书馆同意出版此书，

给了我们完成任务的新动力和新压力。此书前后共计 11 稿，2017 年 11 月底最后定稿。

整理的基本原则是"存真"。"真实"是科学观察材料的本质属性。本书除了对一些方言词语、儿语、民谣民俗等做必要的解释、对一些重要的或有趣的现象做必要的点评之外，基本上都采取白描纪实的手法，尽量做到"真实再现"。我们虽然是冬冬的监护人，还是书中最常出现的人物，但是时时提醒自己："我们只是记录者！"

本书是语言日志，人物的话语无疑是最重要的内容。凡是放在" "中的话语，不管是冬冬的还是他人的，都是原话；不带引号的话语，都是大致意思。

本书用国际音标作为记音符号，放在"[ ]"中。国际音标，可能很多读者不太熟悉，阅读起来也不太习惯，但也只有这一符号勉强可以记录儿童发音。也正是考虑到许多读者不太熟悉、不太习惯国际音标，我们也就尽量少用。这种"照顾可读性"的做法，也许会影响到语音发展材料的科学性，文末特附上《1 ～ 120 天婴儿发音研究》，可以稍补此憾。

每个记录单元，都给出一个标题，以便阅读与称说。后来方知，要给这近万个记录单元都标上一个合适的标题，是一件多么困难的事情；也是后来方知，这件事情还真的值得去做。浏览一下单元标题，就可以大致知道记录的内容，大致了解儿童身心发展的历程，甚至还可以发现儿童每个阶段爱说的话、爱问的问题、爱做的事情。由这些"爱说的话、爱问的问题、爱做的事情"刻画出来的阶段，才是儿童身心发展的真正的阶段。年龄只不过是儿童发展的外在标示。

每个月，都给一个"月标题"。选取本月某记录单元的标题作标题。月标题起目录和提示作用，并不能完全、准确概括本月的发展。但是，通观这 72 个月的标题及《赘记》标题，的确也可大致反映一名儿童六年多的社会化历程——由"动物"演化为人的历程。

三、观察、整理过程中的若干思考

整理"冬冬日记"，我们就像"重养"了一遍孩子。不知不觉中，她会笑了，会发出"咿咿呀呀"的音串了，会与成人咿呀交流了，能听懂几个词了，会走路了，会说话了，会与玩具聊天了，会问各种奇妙的问题了，会提各种要求了，会评价自己与他人了，会强词夺理了，会耍小花招了，有幽默感了……阅读着她一点一滴的进步，分析着她语言、行为的机理，常因她的各种趣事趣语而忍俊不禁，也时时地反省当年教育的得与失。

人在五六十岁的时候，还能再"重养"一遍孩子，反复地理智地重温当年，是人生难得的一大福分，也是我们能耐得住性子、一丝不苟、一件事情能做11年的原因所在。

这11年，我们不仅在"重养"孩子，而且也在品味浸润冬冬成长的文化。冬冬是吮吸着普通话、河南话、武汉话三种语言文化的营养成长的，特别是古代诗词和儿歌、民谣、游戏，是她的"启蒙教材"，是她心智发展的文化底色。她主要的生长地，是在武昌桂子山这片高雅的学苑里；同时在多个寒暑假，也到河南农村的"广阔天地"，去体验另一种生活，熏染些乡土气息；她还"列席"过庐山、长沙和桂林的学术会议，结交学者，走"万里路"。"冬冬日记"不只是一个儿童的成长日记，还记录着不同的文化碰撞，记录着那个时代的生活状态、社会风尚、教育理念、邻里关系、学情乃至气功等等。"冬冬日记"是当年生活的再现，相当于从一个侧面，展示了那个时代的历史画卷。

我常赞叹：儿童都是天才。他为何能如此迅速地学会一门语言（一般都是母语），由不会说话到能言善辩、会作"诗歌"编故事？而成年人，有着优厚的学习条件，有掌握一门语言的经历，有多方面的知识和经验，但其第二语言学习的质量与效率都远不及儿童。有学者感叹，儿童是"上帝"专门制造的学习语言的"小机器"！是的，然又岂止如此。据说儿童期是一生中智力发展最快的时期，儿童是如何发展他的认知、思维和情感的呢？儿童有一颗"赤子之心"，善良、真诚、坦率这些优秀品质，在成年人那里则逐渐丢失或是变质！我们不能只秉持"成人优越论"，更不能有"成人沙文主义"，儿童在许多方面都是成人的榜样，我们应该放下身段，"向儿童学习"。

我是一名语言学工作者，观察并解释冬冬的语言发展，是我在记录"冬冬日记"、本次整理"冬冬日记"时的"本能"。然而，在冬冬三岁左右时，我就感到传统语法学框架的软弱，缺少预见性，缺乏解释力。此后的发展，可以看作是语法"构式"的发展，需要从构式语法的角度去观察去解释。然而到了四岁之后，现有的语法学，似乎已无法描写冬冬的语言发展，我似乎也不知该观察哪些语言现象了。现有的语法学是静态的，主要来自书面语；儿童语言发展是动态的，是口语，以之描写儿童语言发展，自然捉襟见肘。由此而思，我们需要一个更为强大的语法体系，这一语法体系，不仅可以描写和解释成人的语言，也可以描写和解释儿童的语言发展，甚至还可以描写和解释老年人的语言衰退。应把人一生的语言行为，纳入语言学研究的视野。

阅读本书，会发现许多有趣的语言现象，比如冬冬的话语中，有许多是她不懂或不太懂得的、但却能正确使用的词语；有许多是她使用母语规则自造的词或句子，但母语中并没有或很少用这些词句。如：

例1：冬冬说，班上一个小朋友的头碰破了，接着便问："是不是自己把头搞破了，该他自己背时呀。'背时'是什么呀？"

妈妈答："'背时'就是倒霉。"（1989-4-6）

例2：冬冬下床，一脚踢跑了痰盂。她追过去看了一眼，痰盂完好无损，说："算你命大！"

大姑忍不住笑了。冬冬问："大姑，什么叫'算你命大'呀？"（1989-12-11）

例3：爸爸用"仓颉造字"的故事，哄冬冬睡觉。其中有"以物形造字"，冬冬接口道："见树就画个树，见大河，就画个河浪。"（1987-11-8）

例4：姐姐拿软尺，量量冬冬的身高。冬冬说："这是量尺。"（1988-11-18）

"背时""算你命大"，她都会用，但不知道或不准确知道是什么意思，说完接着就问人。"河浪""量尺"是汉语中没有的词语，起码是特别罕见的词语，冬冬显然没有听说过，是她的创造，但确实符合汉语的构词法。

如此之类的现象启示我们，儿童语言智慧的发展，乃至整个智慧的发展，应是语言之力。语言就是一个"智慧管"，成人的知识与经验，由此管道源源不断输入给儿童；成人的指教，由此管道及时输送给儿童，并不时在成人与儿童间反馈、调整。其实，语言不仅仅只是个"智慧管"，它本身还是一方能量巨大的"智慧块"，人类的进化成果，比如认知方式、知识架构方式、词汇库及话语表达方式等，都贮存在这一智慧块中。儿童汲取着它的能量，逐渐掌握语言及与之相应的知识与智慧。儿童掌握了母语，便能达到大致相似的智慧水平，并凭借它去获取更多的智慧。书面语，应该是一个能量更大的"智慧块"，掌握了书面语的青少年，其智慧一下子就能达到当代人的水平。就语言与认知的本源看，认知促进语言的发展；而就人类个体的早期发展看，也许是语言带动认知的发展。

四、谁可能是本书的读者

行笔至此，我长长地舒了一口气：11年的工作，不，应该说是17年半的工作，总算画上了一个句号。然而，也正是此时，有些怅然若失：明天我做什么？正如当年孩子要离家远行时父母的怅然！

我此时在想，本书可与谁共享？首先是我的同行——语言学家们。儿童语言学家、心理语言学家可利用这些语料研究儿童语言的发展；理论语言学家可由此探究语言起源、语言机制等问题；语言教育家可以之完善语言学习理论，提升汉语教学及第二语言教学的效率。其次是幼儿学家、儿童文学作家、社会学家和民俗学家等。幼儿学家可利用这些材料来研究儿童成长规律，进而改进幼儿教育；儿童文学作家不仅可由此深入了解儿童的"文学口味"，而且书中所记录的儿童言行，许多都富有童趣，稍做加工，便是"段子"；社会学家和民俗学家可以从中得到许多素材，如煤票换鸡蛋、教师的筒子楼生活、河南的年节习俗等。而我更在意的是家长和幼儿教师，我希望他们，能够分享本书所记录的 20 世纪末这一份教育经历，分享我们的欢快与苦闷，分享我们教育的得与失！社会进步了，时代发展了，但儿童的成长与教育还是有许多共性的。家长和幼儿教师的关注，哪怕能有一点点的启发，都会直接影响到当下的儿童教育。因为，儿童的成长与教育，关乎家庭幸福，更关乎社会未来！

2017 年 11 月 22 日

农历丁酉年小雪

上

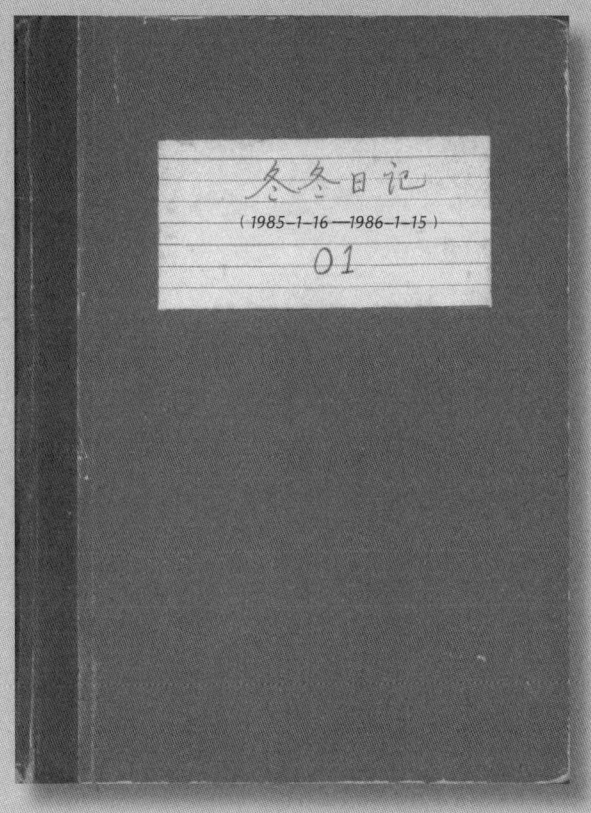

冬冬日记
（1985-1-16—1986-1-15）
01

人生第一年

（1985-1-16—1986-1-15）

呱呱坠地人世间

（零岁 1 个月　1985-1-16—1985-2-15）

我们一家（1985 年 4 月）

1985-1-16

黎明之前

1985 年 1 月 15 日，河南信阳教师进修学院。

北方的子夜，寒风料峭。在母腹里生活了 279 天的小宝贝儿，终于按捺不住对世间的好奇，频频操练起少林拳、陈真脚[1]。已入睡的家人，顿时紧张起来，兴奋起来，手忙脚乱地穿衣起床，收拾行囊，整装待发。

看妈妈[2]去洗手间次数频增，经验老到的奶奶，随手捞起一团早已准备的柔软破布，抢先挤进厕所，用破布塞紧便池的下水口。其实，便池下水口很细，即便宝宝此刻降生，也掉不进洞里。阵痛越来越频繁，爸爸从车棚里推出自行车，林鹤[3]扶妈妈坐上后座，一路小跑，推到地区人民医院妇产科的住院部。

凌晨两点半，是城市一天中最静谧的时刻，而妇产科却热闹若市。床位满员，走廊里挤满了或坐或躺快要分娩的妈妈和他们的家属。终于寻找到一张塑料靠椅，让妈妈坐下，爸爸又带着林鹤返家，用自行车推来棕板床、两把椅子和棉被，在医院的走廊里，支起了临时床位。

呼啸的北风穿堂而入，叫人真切感受什么是"穿堂风"。妈妈蜷曲在床，忍受着寒风与阵痛。爸爸急匆匆去找医生，请白衣天使为妈妈做个检查。十月怀胎，日日夜夜憧憬着宝宝出生的父母，万万没想到，是在如此状态下，迎接即将问世的他（她）。

---

[1] 陈真是清末武术家霍元甲的得意门生。1983 年，电视连续剧《大侠霍元甲》在电视台播出，"万里长城永不倒"的歌声此起彼伏。霍元甲的"迷踪拳"、陈真的"连环腿"，拳来脚往，闪躲腾挪，呼呼有声，嘿哈作响，一时为街谈巷议之盛事。

[2] 日志中的"妈妈"是冬冬的母亲，孩子虽然还没有出生，但已经提前"上任"了。日志中的称呼，基本上都是以冬冬为参照人的。下文的"爸爸、奶奶、爷爷、姑姑、叔叔、姐姐"等叙述语言中的称谓，皆同此。

[3] 林鹤是妈妈的娘家侄女，来家长期照料妈妈。她在姊妹中排行老二，乳名"二妮"。冬冬出生以后，叫她"姐姐"。

漫长的等待

凌晨六点，无数次奔波在走廊和医疗室之间的爸爸，终于请来医生给妈妈做检查。医生用很职业的口吻说，急什么呀，宫颈口刚开了一公分，开到十公分才分娩呢。

中午，妈妈勉强咽下去一个荷包蛋，又立马呕吐出来，身子软绵绵的，没了丁点儿力气。束手无策的爸爸，又跑去找来医生。医生郑重告知：宫颈刚开二公分。宫缩能力差，骨盆为漏斗型，出口稍窄，自然分娩有困难。别再坚持了，剖腹产吧！

剖腹产？在 20 世纪 80 年代，剖腹产并不流行[1]，能顺产，绝对不做剖腹产。剖腹产终归是手术。不仅要承担出血多、可能感染的风险，而且身体恢复比较慢，腹部上还会留下疤痕。可父母对这个名词并不生疏。国外的很多学术文献，说剖腹产有诸多优点，如孩子不受产道挤压，就不会导致大脑缺氧；不被产钳夹持，就不会损伤神经等等。还有数据显示，剖腹产出生的孩子，比顺产的孩子更加聪明。

父母商定，为保母子平安，剖吧！对此决定，医生大加称赞：有知识的人，就是不一样。有的人啊，连命都保不住了，可磨破嘴皮子，也做不下来工作。

呱呱坠地人世间

下午两点，妈妈被推进产房，独自面对手术前的各种准备：赤身裸体，固定四肢，局部麻醉。医生的谈话、器械的碰撞，朦胧在耳。划过第一刀，涌出一股热流；第二刀，疼痛加剧……医生双手顺着刀口，用力往两边拽拉。四点三十分，宝宝第一声清脆而嘹亮的啼哭，把妈妈从虚无缥缈的意识中唤醒。医生提溜着婴儿让妈妈"验明正身"："恭喜，是个千金！"

---

[1] 2012 年世界卫生组织在医学杂志《柳叶刀》网站上公布的一项调查显示，中国剖腹产率达 46%，是世卫组织记录的全球最高值。但在 20 世纪 80 年代，剖腹产在中国还是新鲜事。

赤裸裸的小身子，沾着母腹温热的血渍。瘦长的两条小腿儿，欢快地踢腾着。嘴巴张成圆圆的 O 字形，用嘹亮的哭声，酣畅淋漓地发布她第一篇人生宣言！这是宝宝留给妈妈的第一印象。

爸爸在首篇日志上记下了这样一段话："五点十五分，妈妈被推出手术室。女孩儿，虽然是个只有 6 斤 2 两的女孩儿，但给期待她来到人世间的人们，带来了无限的喜悦和幸福，当然，这种幸福是用血的代价换来的。迎接她的，是手术刀，这位最为科学的助产婆。由于忙着照顾妈妈，只看了宝宝一眼。这最有意义的一天的记录，只能非常简单。但这简单的几笔，却是用手术刀刻下的。"

据爸爸说，他在手术协议书上签字后，大脑一片空白。妈妈被推进手术室后，他一直在手术室外徘徊。短短的两个多小时，却像等待了一个世纪。下午五点多，护士抱着宝宝离开手术室，让等候在门口的爸爸看了一眼，说："女孩儿！"

宝宝满脸褶皱，额头上还残留着一块儿没擦干净的血渍。

护士小姐看到爸爸紧盯着血渍的眼神，抱歉地一笑："对不起，没擦干净。"匆匆离开，把宝宝送进了婴儿室。

1985-1-17

宝宝的模样

手术麻醉的作用渐消，妈妈大脑逐渐清醒，伤口疼痛倍增。

一间妇产科病房，住有已产和待产的六位产妇，妈妈是 36 床。医院为让产妇充分休息，母婴分离。宝宝放在婴儿室里，由护士照看。

上午，经护士同意，爸爸抱回宝宝。

小家伙被裹在一条碎花的小棉被里，酷似一个蜡烛包，上面挂着一个圆形牌子。宝宝脸型和眼眉酷似爸爸，鼻子和重下巴很像妈妈。头发浓黑而茂密，长度过耳。双眼紧闭，打两个哈欠，额头上顿时堆满了褶皱……半个小时飞速而过，护士阿姨抱走宝宝，说是到了洗澡的时间。

晚上，爸爸坚持让林鹤回家休息，自己趴在妈妈病床的床沿儿上，度过了沉睡的一宿。

从宝宝出生的那一刻起，家庭由"双边"发展为"三角"，三位一体的小家将休戚相关，共同面对人生的风雨。父母不仅尽全力抚养她长大成"人"，更要不遗余力培养她成为栋梁之"才"。

偷偷抱出宝宝

按医院规定，下午宝宝要留在婴儿室里，不准与家长见面。机灵的林鹤趁护士不在，偷偷溜进去抱出宝宝。下午的宝宝，较上午已有不同：

①宝宝睁开了右眼。左眼眨巴了好几次，也未能睁开。这同"右利眼"相关吗？

②宝宝面色微红，会张口，有欲食状。

爸爸忙伸过奶瓶，喂她淡糖水。她撮起小嘴巴，左右探索，有寻找奶瓶头的意识。失败两次。第三次成功了，喝了一大口。

③宝宝打了一次喷嚏。

④宝宝哭了几声：哭声先平后降，口自然张大，发音部位在喉部，可记作 [α]。每声的音长，约为一个呼吸的 1/2，且与呼吸和谐。爸爸稍微摇动她一下，她便停止了号哭。

⑤宝宝的头部，可左右旋转 160 度，且头有上举感。

1985-1-18

区分淡糖水与白开水

早饭后，护士阿姨手推双层婴儿车，让刚出生的婴儿们与父母团聚。

手推车缓缓而至，陪伴在产床旁的爸爸们，就像是军人听到了冲锋号角。裹着同样花型的"蜡烛包"宝宝，并排码放在小车里。初为人父的男人们，不看孩子的眉眼与长相，只顾翻看孩子身上的牌子。"36"，是我家宝贝儿的第一张身份证，第一块儿社会烙印。今天：

①宝宝睁开了两只眼睛，眼帘上点缀着稀稀的眼屎。她喜欢两只眼睛轮流睁闭，"一只眼儿睁，一只眼儿合"，很少有同时睁开的时候。

②面部肌肉活动增多。用手触其娇嫩的脸蛋儿，她误以为是奶瓶乳头，左寻右觅；用手触其鼻尖，五官迅速向鼻尖缩拢，之后又缓缓放松。

③爸爸用奶瓶喂宝宝喝水。先是温白开，她要么把喝进去的吐出来，要么把小嘴巴移开；爸爸又喂她淡糖水，则很贪食。

④腹中有肠鸣，时而听见放屁的响声。

爸爸说："从今天的观察表明，宝宝感知能力不错，味觉发展得很好，已能初辨白开水和糖水了。喝牛奶时，可以看见舌头的运动，舌尖时有翘起的企图，这对于婴儿味觉及今后舌音的发展，大有帮助。"

控制音长的能力

宝宝吃饱了，一个劲儿地打嗝儿[1]。还可听到喷唇声和口腔微开的喉音，拟记作 [?]。上下唇来回摩擦，发音已有长短之分。

晚上，宝宝又被护士阿姨收回婴儿室。妈妈住的房间和婴儿室一壁之隔。婴儿奶声奶气的哭叫声，时断时续。妈妈在努力辨别，哪一声哭叫，才是我家宝贝儿的？她睡得好吗？

1985-1-19

第一次喂奶

医生交代，今天可以喂母奶了。

---

[1] 后来方知，刚出生的婴儿打嗝儿，是因为婴儿的胃，还是水平的，还没有发育好，吃饱后容易打嗝儿或吐奶。这时，把他竖抱起来，头搭在大人肩膀上，轻拍其脊背，直到他把嗝打出来就好了。

首次哺乳，妈妈竟然手足无措，不知该怎样才能把孩子揽入怀中，该用何种姿势才让孩子吃到奶。

爸爸姐姐都来帮忙。姐姐抱着宝宝，爸爸拉起妈妈的两条胳膊，让妈妈抱着宝宝。宝宝的身体贴近了妈妈的胸脯，却没有吃奶的意识。于是，爸爸调整宝宝头部的角度，姐姐一手托着宝宝的屁股，一手拽着奶头硬塞进宝宝嘴里。

终于，宝宝衔着了妈妈的乳头，贪婪地吮吸了一口。随着一股热流的冲击，乳头奇痒无比。妈妈本能地身子后仰，大笑不止。奶头从宝宝口中脱出。宝宝急忙扭动头颈去寻找，继而大哭不止。

爸爸含嗔地责备妈妈："笑什么笑？你怎么了？"

妈妈笑得喘不过气来，断断续续地说："痒，痒……"

事后，妈妈感叹：孩子是妈妈身上掉下的一块儿肉，应心心相印息息相通，但有时，亲亲的母女俩，哭与笑，未必同步。

第一次喂奶，宝宝吃得很贪，全身上下蠕动。吃饱立马入睡，小嘴巴还不断地噘起、摩挲，像是在品评乳汁的味道。

第一次喂奶，也触动了妈妈内心深处那根最柔软的神经，一种自豪和满足的伟大母性油然而生。提倡母乳喂养，不仅因为乳汁营养齐全，更是两代人最初心灵沟通的渠道！

吸气音、鼻喉音

①宝宝的哭声增大。哭的时候，在呼与吸衔接处，有吸气喉音。

②口衔乳头时，会偶尔发出喉鼻音，是吃奶很香时的反应吗？

1985-1-20

哭和抱的条件反射

①宝宝食量加大。

吃饱后会打嗝儿，已能自然发出类似于成人之"吭吭"声。最为有趣的是，一边哭还能一边吃奶，发出似 [mɑ] 的声音。

②如果她正在大哭，只要抱起来，哭声就会戛然而止。且张开小嘴，左右摸索。

每次喂奶时，大人总先抱起来她。是否已经形成了条件反射？

听觉

宝宝今天最大的变化，是有了一定的听觉。

在母亲怀中，当妈妈轻声呼唤她时，她会把小脸儿转向妈妈，且睁开双眼看。虽然其视力很弱，也许根本就看不见妈妈。

出生五天的婴儿，已经能把听觉信号转化为视觉行为。

触觉

宝宝喜欢大人抚摸她的额头和头发。

只要一被抚摸，她就睁大眼睛，朝抚摸的方向看。

这也许是偶然现象？

1985-1-21

妈妈再学走路

今天，妈妈开始练习产后走路。

姐姐扶着妈妈下床，慢慢起身，站到地上。腹部的刀口，开始撕扯着疼痛。似乎缝合的线，随时都会断裂。虽只在床上躺了六天，走路时先迈哪只脚，竟然还要想一下。妈妈昂首挺胸，刚迈出小小的一步，却不由得弯下腰去，双手托扶着下坠的腹部……

这是剖腹产后的必然结果。但是，值！

第一次口腔炎

宝宝患了口腔炎，乳头含在口里，却不敢用力吮吸。换奶瓶，喝牛奶。

熟睡中的宝宝，常有皱眉咧嘴的痛苦表情。

在口腔溃疡处，一天涂抹了三次紫药水，稍有好转。

鼻音"哼哼"

①上午，宝宝打了好一阵儿的"嗝"，其呼吸器官已有痉挛的功能。

②吃奶瓶时，常伴以"哼哼"的鼻音。

1985-1-22

梦笑、逐光和害怕

口腔炎还未痊愈。

①宝宝在睡梦中，曾多次梦笑。

②宝宝今天睁眼时间较长，眼睛有逐光现象。听到动静，能迅速将头转向发声处。

③产房窗外，突然传来铁器的敲打声。宝宝全身猛地战栗一下，从睡梦中惊醒，并大哭起来。

主动仰脖

由于喂奶瓶的缘故，宝宝脖子里的围脖有些潮湿。

爸爸撤下湿围脖，再为宝宝垫上干爽的布片时，她竟能主动把脖子仰起来。

1985-1-23

目光水平移动

上午，铺天盖地的小雪花，飘飘洒洒肆意飞舞。

今天的宝宝，能看见两寸远的大物件，目光能随物件的移动，进行左右水平移动。

1985-1-24

哭声的变化

下午拆线。剖腹的伤口，完全愈合。

宝宝的哭声，长短结合，开始有所变化。

1985-1-25

宝宝回家

今天，妈妈和宝宝出院。

雪后天晴，阳光明媚，空气清冷。信阳教师进修学院的领导专门派一辆吉普车接我们回家。

一进家门，早已候在门口的奶奶，不知如何表达喜悦才好。接过孙女，细看眉眼，连连说："秀气，像个小姑娘样儿。这，这，长得跟她爸小时候一模一样！"然后把大手伸进宝宝的右衣袖里，探摸好大一会儿，又伸进左袖筒里摸摸，喜滋滋地说："好啊好啊，十个手指头，一个不多，一个不少！"

原来，经验丰富的奶奶，是在检查宝宝的手指头有无问题，生怕多长一个了！

宝宝回到家，人多了，更喜欢被人抱着晃悠。

爸爸打开录放机，播放早已准备好的轻音乐磁带。听到音乐声响，宝宝突然睁大双眼，静静倾听一会儿，悄然入睡。这一觉，睡得很熟很香。

哭闹的原因

初为父母十天，正在总结宝宝哭闹的原因：其一，吃喝拉撒睡方面，有了生理要求；其二，身体哪个部位，不太舒适；其三，或许是生病了。

哭声，既是婴儿的自然反应，也是与大人交流的主要渠道。

中午，奶奶把[1]宝宝尿尿时，她竟然乖乖地撒了尿。看来，应逐渐让宝宝建立大小便的条件反射。

1985-1-26

有"火"

宝宝的口腔炎又复发。

宝宝拉的屁屁[2]，像鸡蛋黄状。奶奶说，这是"有火"了。

这是中医的说法，中医中药根植于国人生活中。

哄孩子

宝宝躺在床上哭叫时，只要被人抱起来，或者有人轻轻拍着她，就马上停止哭泣。

中国人听不得孩子哭。哄孩子，其实就是不让她（他）哭。

[ma]

宝宝吃奶，伴随着发 [ma] 音。

世界上许多语言，称母亲都用 [m]，与吃奶发音相关联。

[ai]

奶奶抱着宝宝，很慈祥地看着她的眼睛，像跟她说话似的："噢——，噢——！"

---

［1］ 把：河南方言，从后面托起小孩儿两条大腿，叉开，让小孩儿大小便。

［2］ 河南方言，大便。

宝宝也回应一声 [ai]。虽属偶然，但足以使奶奶非常高兴了。

1985-1-27

听、看

①宝宝能听到二米远的较大声音，或一米远的中等声音。

②能看见三寸处的移动物体。

1985-1-28

一增一减

①宝宝的肺活量，明显在增加，这表现在她的哭声中。

前几天宝宝哭时，一呼或一吸，一般约一秒；而现在，哭声可以延长到二秒以上。

②宝宝总爱让大人抱着她玩，睡眠时间明显在减少。

1985-1-29

眼泪

宝宝出生后，哭声很响亮，但那是没眼泪的干嚎。

今天，宝宝啼哭时，竟流出了眼泪。

目睹宝宝眼睛里滚出的串串泪珠，父母的心，有点儿疼了。

痒？

爸爸把体温表，放到宝宝脖子下面，量体温。她不禁皱了下眉头，还 [ɑ] 了一声。

昨天，姐姐摸她胳肢窝时，她也扭动了一下身子。

小宝宝是否对脖子、胳肢窝这些敏感部位，有了痒的感觉？

1985-1-30

哭声的变化

宝宝的哭声，开始有音高的变化：一般是先低后高，然后又低，可记作353。这种升降调与婴儿的呼吸相关。

1985-1-31

大小便的条件反射

宝宝已初步建立了大小便的条件反射。

她有拉大小便的要求时，便大声哭叫，并烦躁地拧缠着身子。

如果此时大人及时把她，她就能排出大小便。

"咔咔"声

宝宝在哭时，常先发"咔咔"[kʰɑ]声。

这种"咔咔"声，在1月24日就已开始，现在成为常态。

1985-2-1

梦笑

梦笑的次数增多。

蹦蹬

让宝宝站立在平面上，她的双腿一伸一曲，有上下蹦蹬的初步意识。

1985-2-2

咳嗽声

今天，宝宝发出很合格的咳嗽声。

这和"咔咔"[kʰɑ]音的发展，有一定关联性。

1985-2-3

哭声的发展

宝宝常用[ε]声哭泣，有时哭声为[ε-ɑ]。

哭声在带动着早期的语音发展。

1985-2-4

味觉

今天，爸爸喂宝宝两小匙大黄[1]水。

她刚喝进去，就用舌尖迅速地拱了出来。

其味蕾，是否感觉到了苦味儿？

胳膊的屈伸

①宝宝平躺，大人用手抚摸她的两只胳膊，能水平伸开成180度。

---

[1] 大黄：一味中药。气清香，味苦而微涩。具有攻积滞、清湿热、泻火、凉血、祛瘀、解毒等功效。

②用奶瓶喂水。有几次，她试图用两条胳膊去夹奶瓶。

1985-2-5

视觉与发音

宝宝可看见半尺远的物体。

不哭时，也能单独发 [ε] 音，时而发成降升调。

嘴巴与两臂

宝宝嘴巴和胳膊的互动，更为明显。

她低下头，伸长脖子，试图用嘴巴去啃手。

有时弯曲双臂，尝试把双手向嘴部抱拢。

小声"吭吭"到放声大哭

宝宝一觉醒来，常用哭叫声来告知大人：她，睡醒了。

此时，若没人理会她，她只是小声"吭吭"。一旦有人走过去，摇摇她或者安慰她，她便放声大哭，一直哭到把她抱起来。

1985-2-6

各种"小动作"

宝宝的面部表情，丰富了许多，眼珠转动更加灵活。

主动意识在增强：吃奶时，频频用脸蛋去摩擦触碰奶头，发出喃喃 [n-nε] 细语。

换棉袄时，露出胖胖的小手。她立马举小手，在脸蛋上不停地摸来摸去。

牙牙学语
（1985-03-27）

眉毛和眼睫毛长出来了

婴儿生命初期的奇妙景象，常令大人感叹不已。观察其发生发展，常震撼于造物主的魅力与神奇。

本以为，人类的眉毛和眼睫毛，是与生俱来的。殊不知，婴儿出生时除了头发，脸上并无其他毛发。今天父母惊奇地发现，宝宝的眉毛，长出来了三分之一。眼睑线上的睫毛，刚露出密密麻麻的黑尖尖。

爸爸的一个决定

育婴教科书上说，成人对婴儿多爱抚，多逗弄，有利于身体感知和心智发展。我家宝宝出生 20 天了，白天黑夜，都还包在小棉被包里。父母面对一个细胳膊细腿软乎乎的小生命，一直不敢动手给她穿脱衣服。这些，都是姐姐在打理[1]。

不能放松任何一个早教的环节，不能丢掉一个开发潜能的机会。爸爸决定，今晚给宝宝脱光衣服，让她紧贴着自己的皮肤睡觉。

信阳地处豫南，冬天很冷[2]。成人睡觉都要穿秋衣秋裤。晚上九点，爸爸先躺床上半个小时，暖热被窝。姐姐开始为宝宝脱衣服：脱掉棉外套，宝宝很平静；又脱去贴身的小内衣……赤裸身子的宝宝，似乎一下子失去了安全感，开始挥舞着小手，胡抓乱挠，尖声惊叫。

也就在脱掉宝宝内衣的刹那间，爸爸迅速脱掉上身内衣，趁势搂过宝宝，强行把她紧贴在自己宽厚的胸膛上，轻轻地拍着她的脊背，柔声细气地安慰她。

妈妈和姐姐也忙围拢过来，不管她能否听懂，语无伦次地"讲解"着，这是在做什么，为什么这样做……两个多小时后，宝宝由惊恐愤怒，渐渐过渡到温顺安静，像一只小猫咪似的，依偎在爸爸怀抱里乖乖地睡熟了。

---

[1] 姐姐，在家排行老二，下面还有两个弟弟和两个妹妹。农村人孩子多，大孩子带小孩子，帮助父母管理弟弟妹妹的衣食住行。所以，姐姐照顾宝宝的能力高于我们。
[2] 我国黄河以南地区，当时都没有暖气。

1985-2-7

发出"哈"声

宝宝可以发出"哈"[ha]声。哭声有长有短，长短结合。

睡梦中，喜欢发喉部的挤气音，很像"唧唧"的耗子叫。宝宝出生在农历甲子年，不愧是属"鼠"的！

表情与动作

面部表情多变，眉、眼和唇的动作增多。

头可以前勾，也可往后扬。

手臂和腿部，也比过去活动频繁，且有力气。

1985-2-8

用手做"助手"

姐姐用奶瓶喂宝宝喝橘子汁。

她咽下几口，开始用舌头把奶瓶头使劲拱出来，并抬起右手，使劲往外推奶瓶。她不愿意再喝橘子汁。

宝宝是"右利手"？

1985-2-9

对气球的反应

爸爸用氢气球轻触宝宝的脸蛋，宝宝把脸向一边儿歪去。

用氢气球触其唇，宝宝则做出欲咬状。

1985-2-10

无意识的"笑"

宝宝的笑，是无意识的。笑时，先挤眼睛，再咧嘴巴，能连笑三四次，且能笑出喉吸气音来。

虽然笑得很灿烂，但仍只是情绪愉悦，是无意识醒着的"梦笑"。

哭与发音

宝宝在哭声中，能多次发喉吸气音，短暂而有突发性。有时哭音较缓慢，如同大人受到委屈时的哭声。

此期，非哭泣声增多。这种非哭泣声，似与成人一应一答。声音有波动，有曲折。非哭泣声的出现，是儿童语言发展的一大进步。

眼球追物

宝宝的视力，可以捕捉到半尺远近的物体，转动着乌溜溜的黑眼珠，随物体的左右移动而移动。但还不能左右转动颈椎，去追踪水平移动的物体。

小动作的发展

①手指抓挠。

姐姐卷起宝宝棉袄的袖子，从袖口露出了小手。吃奶时，宝宝的左手可以伸到妈妈腋下，时不时地搔抓妈妈的腰部肌肉。

②双手伸屈。

双手可伸可屈，不再总是攥着拳头。

③腿部蜷蹬。

腿部的蜷、蹬，比过去更为有力。

痒的反应

宝宝刚出生半月时，已有怕痒的苗头，现在更趋明显。遇到大人轻触她娇嫩的脖子，她立即把头扭向一边，避开触摸的手指。

这种动态，还时常发生在她甜甜的醋睡中。

1985-2-11

训练握手

爸爸把宝宝的左手，放在她的右手里，轻轻弯曲宝宝右手指，呈半握状。

她可以握上几秒钟，之后才松开。

与人"应答"

非哭泣声增多，偶尔发出 [ɑ-i] 音。

与人"应答"的意识更强一些。

1985-2-12

把大小便

今天，室内温度最高 25℃，是立春后最暖和的一天。

每隔两个小时，大人就要把宝宝一次屎尿，即便夜里睡觉亦如此。这一天，几乎没有弄脏尿布和棉裤。

但，每逢把她大小便时，她总要大哭一阵子。原来是不哭的。不知原因何在？

1985-2-13

颈椎转动

宝宝的目光，能看见一米开外的人影，眼睛随人影移动而移动。颈部已经稍能左右转动。

爸爸训练宝宝俯卧。她的头可抬至水平位置，并可向右转颈 100 度左右。

1985-2-14

咿呀"对话"

宝宝发出了 [a-m] 的声音。

当吃饱了喝足了很舒服时，与大人咿呀"对话"，应答行为更为明显。

细听宝宝发音，有时似有模仿大人发音的倾向。

手的活动

天气转暖，宝宝的小手，可以从袖筒里露出来了，手和胳膊的活动幅度迅速加大。

可以把小手伸到自己的嘴边。

吃奶时，喜欢用小手抚摸她的"粮袋子"[1]。

1985-2-15

训练俯卧前移

宝宝小手继续上移，可轻而易举地摸到自己的鼻子。

---

[1] 粮袋子：指妈妈的乳房。

两天前，爸爸开始训练宝宝俯卧。

今天爸爸又让她俯卧，并以手推脚，少给点力，助她前行。宝宝可借助大人手的力量，靠一屈一伸的惯性，将身体前移。胳膊和腿部，尚不能协同配合。面部总是贴着床，身子软软地趴在床上。

感知能力

第二次给宝宝脱衣服睡觉。在脱光衣服放在褓褓上的那一瞬间，她手脚乱舞，惊恐啼哭，让人感受到她的极度恐惧。等把褓褓裹紧其身，她立即停止哭叫。

宝宝喜欢让人抱着睡觉：她闭上双眼，呼吸均匀，已经符合了睡熟的全部体征。但只要一放在床上，她马上睁眼醒来。大人需要有意识地"暗度陈仓"，放到床上才不会被觉察。

"近人"反应

一个月来都"我行我素"的宝宝，开始有了与亲人交流的欲望。其表现是：听见有人唱歌，忙睁开双眼，寻找并专注地看着唱歌的人。

宝宝的头，爱紧贴着大人的脸颊，小脸儿放在抱者的肩膀上。

牙牙学语天籁音

（零岁 2 个月　1985-2-16—1985-3-15）

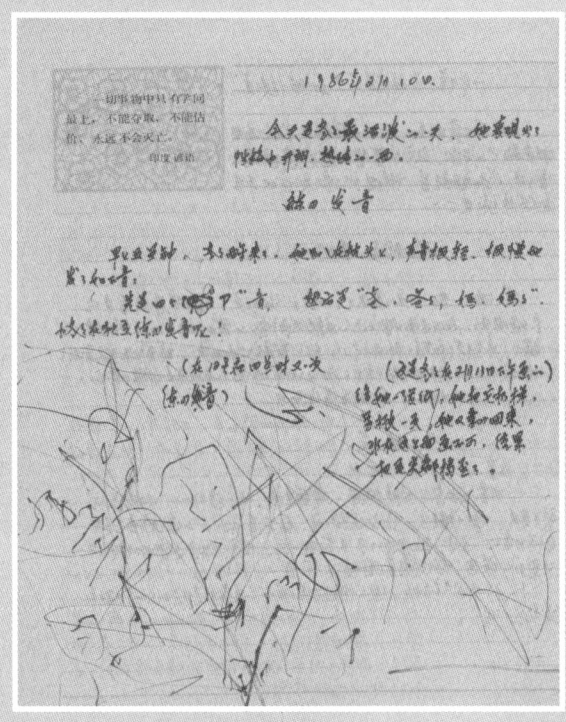

最初的涂鸦（1986 年 2 月）

1985-2-16

笑的发展

宝宝今天满月。凌晨起，漫天雪花飞舞，洁白而轻盈。

宝宝更加爱笑了。不仅梦笑更多，也会醒着笑：嘴角上挑，眼睛眯成小月牙，一个开心的甜蜜蜜的笑脸。偶尔，还能笑出声音来。

宝宝是否有了真正意义上的"笑"？！

情感交流

抚育孩子的过程，也是两代人情感交流的过程。大人和刚满月宝宝之间的亲情交流，有下面两种形式：

①大人用双手托着她的头部，面对面地注视着她的眼睛，"噢——，噢——"地和她对话。

宝宝也会回应：直视对方的眼睛，艰难地蠕动着嘴唇……让人真实感受到她有应答的欲望。

②当大人撩她、逗她、和她一起玩耍时，她一挑眉，一咧嘴，简单地表达着自己的愉悦，让大人倍加开心。

1985-2-17

俯卧

大雪依然纷纷扬扬。爸爸继续训练宝宝俯卧。

宝宝俯卧在床，头可高高抬起。

大人用双手推其脚，她的双腿一伸一屈，能向前移动半尺左右。但手臂仍不会协调配合。

手的发展

右手比左手活动多。小手不时有举至耳旁的表演。

两手由拳头握紧，可变为放松伸开状，包括熟睡时。

听力与视力

宝宝可以看到五尺开外的物体。特别容易捕捉到有声响的移动物体。能随着物体的移动而左右转颈，转颈约达 160 度。

爸爸模仿牛、羊、驴、鸡、布谷鸟等动物的叫声，还模仿消防车、子弹和炮弹爆炸的声音。模仿的声音比较柔和时，她注意力集中、表情平静地倾听；模仿尖叫或者突发声音时，她吓得紧闭双眼，全身收紧。

1985-2-18

哭与不适

今天，大雪仍未停止，气温骤降到零下十多度。

宝宝很不适应，哭声不止。

1985-2-19

噙奶瓶头

过去，宝宝用奶瓶喝水，嘴巴总要左左右右摸索一会儿。

而今天，只要感触到奶瓶头的存在，便会一下子噙住。

品尝葡萄酒

爸爸用筷子头，蘸了一点点葡萄酒，让宝宝品尝酒的味道。

妈妈忙阻止："辣，不行！"

"人生百味，从现在开始品尝！品尝酸甜苦辣，对发展味觉有作用。" 爸爸把葡萄酒抿到宝宝的嘴巴里。

小家伙咂咂有声，有滋有味。

1985-2-20

味觉的发展

天气放晴，阳光灿烂。

宝宝吃东西，总要先品一下味道，然后再吃。饮大黄水、白开水、糖水、橘子水等，皆如此。凡爱吃的，品味后就会猛吃；凡不爱吃的，品尝一下，忙不迭地吐出来。

1985-2-21

左右手的区别

姐姐卷起宝宝棉袄右边的袖子，右手能伸出袖外，左手还藏在袖筒内。

由于右手接触外界事物多，所以五指常常伸开，愿意让他人抚摸；而左手藏在袖筒里，时常握着拳头，还非常怕人触碰。

1985-2-22

新奇感

今天给宝宝洗下身。

整个清洗过程，宝宝的情绪很阳光，表情耐人寻味，似乎是在琢磨发生了什么事。

但愿这种喜欢新奇刺激的特点，能保持下来，发扬光大。

嗅觉

爸爸抱着宝宝，去厨房"视察"姐姐做饭。

宝宝进厨房，鼻子立即耸起来，好像闻到了饭菜的香味。

看别人吃东西时，她的嘴巴也不消停，一直做咀嚼状。

1985-2-23

脱敏

昨天到今天，连续解开宝宝的小包被三次，让她赤裸身子三次。

昨晚，姐姐松开包被，宝宝惊慌气恼，哭声高亢而响亮，舞动两臂，趴蹬双腿，竭力反抗。

上午给宝宝脱衣盆浴，宝宝很高兴。一不小心，姐姐把水溅到了宝宝脸上，她这才放声大哭起来。

今晚又脱光睡觉。由于洗澡后包了一下午，她又不适应了，再次大哭大叫，但比昨晚有所好转。

每次脱离包被，宝宝都报以哭声，但坚信，她一定会逐渐适应的。

头后仰

以往，宝宝总爱把下巴颏前倾至胸部；今天发生了变化，头部总爱往后面仰。

1985-2-24

长齐的眉毛

宝宝新生的两道眉毛，终于延长到同眼角一样的长度。

应该说，眉毛完成了它的生理发育任务。

发音

①宝宝的唇做撮圆状，发 [ɑ-ə] 和 [ə]。[ə] 音稍带圆唇的趋势。

②宝宝发出短促、连续的 [ɛ] 声，表示催促。主要出现在她有饥饿感想吃奶的时候；如果吃奶的需求得不到满足，便会哭叫。

③宝宝上唇尖对吃奶的感觉最为敏感，胜过下唇和双脸。吃奶得意时，总发出 [hẽn] 或 [hẽŋ] 声，其中 [h] 音很弱。

④有时可单发出 [ẽ] 音。

发音规律小结

就目前发音看，其规律是：先由开口度较大的音，向开口度较小的音发展。由央元音向非央元音发展。声音多鼻化。辅音的发展，主要是喉音和双唇音及 [n]，且有吸气音。

从音长来看，起初一般是以一个呼吸的 1/2 为长度单位，慢慢会延长或缩短。逐渐出现长短相间的音串。音高方面，开始是平声，以后逐渐发展为平降、升降及曲折。这些发音，常常表示不适应、有所需求等意义。开始时，多为哭泣声，之后朝非哭泣声发展。

总之，宝宝发音在音高、音长、音色等方面都有发展，并且逐渐赋予这些声音以一定意义。语音的这种发展，与发音器官的发展具有关联性。

1985-2-25

转动颈椎

鹅毛大雪，纷纷扬扬。

这几天的宝宝，头部更加喜欢左右摆动，且摆动有力。

婴儿发育有其阶段性和偏好性。在某一阶段，有反复做什么动作、喜爱发什么声音的特点。

1985-2-26

闹夜

今天是雨夹雪。

昨晚，宝宝第一次"闹夜"。睡不安稳，醒醒睡睡，醒后便开始哭叫。

据老人说，婴儿"闹夜"是有"火"。爸爸半夜起床，为宝宝煮大黄水。

1985-2-27

发音

①宝宝今天发出 [ɔ][ɑ-ɔ] 两个音，但，圆唇度不够。

②发 [ɑ-hɑ] 音。

转颈

宝宝眼睛跟踪目标的能力再加强，可转颈 180 度，且反复进行。

1985-2-28

[ɤ]

宝宝发出 [ɤ] 音。

从这段的元音发展看，是由后元音向前元音发展的。

1985-3-1

音串增多

宝宝发出的双音串有 [u-ə][a-ə][ε-ə]，时而还发出 [a-u-ε] 这样的三音串，调值约为 342。

这些连续性的音串中，[u] 的舌位趋向中央，且圆唇度不够。

睡眠

一个半月来，宝宝偶尔有正常的睡眠和起床。但大多数时候，是不规律的睡眠。

有一次，她几乎是连着睡了四十八小时；而从昨晚到今天，又半醒半睡二十四小时，不知是何原因？

1985-3-2

爸爸回武汉

去年年底，爸爸硕士毕业，选择留在华中师范大学任教。学校已经开学，爸爸要回去上班，今后的日记将由妈妈来记。妈妈将会像爸爸一样细心观察，尽职尽责。

今天，宝宝发三音串 [ε-u-ə]。

1985-3-3

睡眠颠倒

凌晨四点半，宝宝就醒了，怎么哄都无济于事，一直玩到早上七点。过了七点，开始熟睡。

一个半月的婴儿，生物钟尚未形成。还不知白天应精精神神地活动，晚上应安安稳稳地睡觉。

1985-3-4

闹夜

看来，宝宝真的睡"颠倒"了，闹夜更加"变本加厉"。

凌晨三点半前，宝宝情绪亢奋，眼睛炯炯有神，和大人玩个没完没了；白天，她终于有了睡意，但刚轻轻放床上，便睁开眼睛，大哭起来。

洗澡

晚上，为宝宝洗澡。

姐姐抱着她，脸朝上开始洗头，表情平和愉快。

洗头后，准备脱衣服洗澡。脱掉棉裤，就大叫大哭起来。姐姐硬着手脖子，把她放在澡盆里，屁股刚挨着水，她马上停止哭泣，睁开了一只眼睛，情绪尚好。

洗浴后，擦干身子，准备放进包被里时，宝宝的四肢，又开始乱抓乱踢，挣扎着大哭不止。

洗完澡，熟睡了两个钟头。

1985-3-5

发音

近几日，宝宝喜欢把嘴唇撮起来。

发 [hɛ] 音。

屁股的感知力

昨天，宝宝开始服用"小儿奇应丸"，夜里睡得很安稳。

小屁股感知很灵敏。撒了尿，要么"吭吭哧哧"地烦躁不安，要么亮开嗓门放声大哭。可只要一换掉湿漉漉的尿布，马上安静下来，"呼呼"入睡。

1985-3-6

"笑"的发展

大人逗她玩，她眯起眼睛，伴随着"哦哦"的应答声，小嘴巴笑成一朵喇叭花。

《青年父母必读》[1]上说，婴幼儿到三四个月才能笑出声音。宝宝虽然没有发出"咯咯"的笑声，但开心时，笑声已清晰可闻。

1985-3-7

聪明地吃药

早上，姐姐把混合好的"小儿奇应丸"盛在小勺子里，压紧宝宝的舌头，送进口中。

宝宝屏着呼吸，眼珠动都不动一下。大约四秒钟，姐姐估计她把药水已经咽下，就把小勺子抽出来。随着勺子的抽出，宝宝"噗"的一声，把入口的药水悉数吐出。

这不可能是有意识的行为。刚刚五十天的婴儿，不会有如此的智商和忍耐力。也许是一个偶然？

---

[1] 辽宁少年儿童出版社，1984 年。

咂舌音、高元音

今天的发音：

①发出"啧"这个咂舌音。

②发 [a-ɯ] 音，语调依次上升。又发 [ɯ-ɤ] 音。[ɯ] 是个前高元音。

怕痒，夹紧胳膊

宝宝的颈部和胳肢窝怕痒，是早就有的。今天表现得更加强烈。

姐姐故意用手触其腋下，她忙夹紧胳膊，腿脚乱弹乱蹬。

1985-3-8

发音

①喊"妈"[ma] 的次数增多，妈妈有些激动，忙不迭地回应。

②宝宝睡熟时，舌头常抵着上颚。目前的很多发音，都带有卷舌意味。

扎齐了的眼睫毛

十多天前，宝宝长齐了眉毛。今天，上眼睫毛也扎齐了。右眼的睫毛，似乎比左眼的睫毛发育得更快一些。

宝宝的这张小脸，搭配上两道漆黑的眉毛，还有卷翘的眼睫毛，更加清秀了。小女孩更像小女孩了！

1985-3-9

伸舌头，舔衣领

宝宝的颈脖下，经常湿漉漉的。

这除了近日涎水流得厉害，还和她常把舌头伸出嘴巴，尝试着去舔偎在嘴边棉袄的领子有关。

发出三音串

宝宝可发出三音串 [ɛ-u-ʌ]，语调较平。

宝宝不聋

听了许多聋哑儿童的故事，妈妈突然有些忐忑不安。

宝宝浅睡中。妈妈在她耳边轻轻地叫"宝宝，宝宝"，她的眼睛眨动了几下；睡醒后，听见姐姐的歌声，她把眼睛转向姐姐。

这两个实验，基本排除了宝宝耳聋的可能。

盯着看画

在宝宝的床头，挂着一幅油画《春酣图》，宝宝对这幅画很感兴趣。

今天，她注意力非常集中，盯着这幅画看了多次。

1985-3-10

第一次照镜子

今天，爸爸请假回到信阳。

爸爸拿镜子让宝宝看。镜子里，映出宝宝稚嫩的面孔。她对自己的脸儿不感兴趣，看了几眼，就移开目光。她不认识自己。

宝宝不喜欢看镜子里的自己，却使劲盯着爸爸的脸儿看不够。爸爸做张口、伸舌头等夸张性动作，她蠕动着小嘴巴，似有模仿的意图。

发现宝宝喜欢看画，爸爸又在卧室的四周，挂了五幅华三川[1]的山水画。

---

[1] 华三川，中国当代杰出的连环画家、工笔人物画家。开创了"新仕女画"的先河。

1985-3-11

牙牙学语天籁音

宝宝发音逐渐增多,发音也逐渐清晰起来。

宝宝噘起小嘴巴,好像在练习发高元音和圆唇元音。她发出的"妈——妈",真的像在叫"妈妈";发出的 [pu-A],很像似是而非的"不——啊"。

她还初步有了和大人一替一声"咿呀对话"。姐姐抱着她,跟她面对面"噢,噢"聊天。她神情平静地看着姐姐的脸,小嘴咕哝好大一会儿,总算发出一个听不明白的音,似乎是在应答。虽然不知所云,但却妙如天籁。

婴儿体操

室内气温太低,一直没让宝宝练习婴儿体操。

今天爸爸把她放床上,拉着她的胳膊和小腿做体操。一边做,一边和她"对话"。她不哭不闹,眉眼中透出愉悦,很乐意地"被动配合"。

也许是家里多了个人的缘故,宝宝特别兴奋,一直玩到凌晨两点半才睡熟。

1985-3-12

真笑、佯哭

宝宝已能真正地笑,也开始佯哭。

她躺在床上,无缘无故扯着长音"啊啊"哭。

父母急忙去看她:她表情很平静,没有眼泪,原来只是佯哭而已!

训练迈步

训练宝宝学迈步。

爸爸双手架在她腋下,让她抬脚。她抬高左脚,迈出一步。但右脚却迟迟动不了。

在众人不断地"迈呀，迈呀"的催促下，宝宝才缓慢地移出右脚。就这样，一左一右，交替走了二尺多远。

爸爸又让她俯卧。她双腿用劲，胳膊也在用力，初步有了两腿一替一下、交错移动的意识。

发"爸哦"

晚上，爸爸和宝宝面对面躺在床上。宝宝看着爸爸的脸儿，发出了 [pʌ-ɤ] 的音，类似"爸——哦"。爸爸兴奋不已，自作多情地说，宝宝会叫爸爸了！

宝宝能发出纯正的 [u] 音。在着急和气愤时，能发出许多降调的 [ɛ] 和 [ɑ]，调值约为 53。

1985-3-13

模仿

宝宝在"牙牙学语"的同时，也开始有了模仿意识。

姐姐手托宝宝的头，和自己面对面，两人互相凝视着：姐姐大笑，她也咧着小嘴笑；姐姐发什么音，她也像是在模仿，虽然模糊不清，但其音调，颇有几分相像。

模仿，是天性，也是儿童进步的工具。

发音

宝宝发 [kʰə] 音，偶然发唇齿音 [v]。

有时，她还能发出像小驴儿打呛似的颤音。可能是小舌颤音。如果是，说明她的小舌开始有了发音功能。

1985-3-14

发 [pu] 音

今天，连发两次 [pu] 音。

亲吻训练

今天，宝宝洗了个痛快的热水澡。

洗完澡，爸爸训练她亲吻。

宝宝的小嘴特敏感，一被触碰，她就张开嘴去捕捉。爸爸在宝宝嘴边发出"啧啧"声，她连忙把小嘴巴贴上去。

爸爸高兴坏了，称"宝宝主动吻爸爸嘞"。

1985-3-15

舌根辅音

宝宝发 [kə] 音。

截至目前，汉语的舌根辅音，宝宝基本上都能发出来了。

笑着"对话"

发音其实挺艰难的。宝宝眯着眼睛，耸起眉毛，撮起上唇，直至把五官全都调动起来，才能发出稚嫩的"哦哦"声。

虽然很难，但"话"还是逐渐多起来。

今晚，她跟姐姐"对话"，一边笑，一边一替一句的"哦、哦"。

宝宝笑时，还发出吸气的"咯咯"声。

哭的表情

过去宝宝大哭，只是挤着双眼，一个劲儿地"啊啊"。

今天她要哭时，先撇动嘴唇，然后才冲出号哭声。哭叫声和伤心的表情，达到了完美统一。

冬冬是我？！

（零岁 3 个月 1985-3-16—1985-4-15）

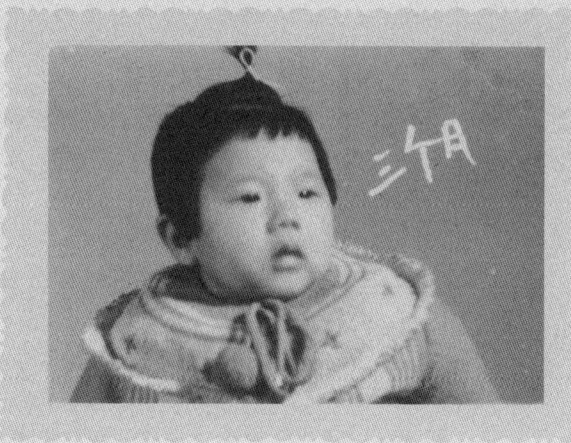

人生三月（1985 年 4 月）

1985-3-16

名字的寓意

宝宝来到人世间满两个月了。今天，爸爸得去信阳市东风街道办事处，为宝宝办理户口登记。

宝宝乳名"冬冬"。其一，她是在雪花飘飘的冬季出生的；其二，"冬冬"音节重叠，发音响亮，如鼓点般动听。

宝宝的学名"李纤"，"纤夫"之"纤"。

自知怀孕后，夫妻俩便猜想着孩子的性别和容貌。给孩子取名成了生活中最甜蜜、最浪漫、百谈不厌的话题。虽然爸爸、妈妈都是中文系毕业，为亲戚家的孩子也取过不少名字，可为自己的孩子取名时，却觉得脑力不济、江郎才尽了。无数次地翻阅字典，包括《康熙字典》，但对许多预案都不满意。甚至有用父母的姓做名字的打算，叫"李白"或是"白李"。

报户口，迫在眉睫。爸爸说："就一个单字，'纤（縴）'！"[1]

妈妈很赞赏。从此，女儿有了乳名和学名。我们的宝宝，也是中华人民共和国一个正式小公民了。

---

[1] 在 2011 年 7 月 16 日女儿的婚礼上，爸爸满怀激情地给来宾讲了这样一段话："感谢各位领导、各位同事亲朋、杨菲李纤的各位老师同学出席今天的婚礼。感谢亲家养育了一个好儿子。我和妻子心情特别激动。今天，我想讲讲女儿李纤名字的由来。我与白丰兰当年谈恋爱的时候，她就患上了类风湿关节炎，这个病被医学界称为'死不了的癌症'。直到今天，也没有能治愈的良方。当李纤即将来到人间之时，我们意识到，支撑我们这个小家并不轻松，就给她取名'纤'，'纤夫'的'纤'。希望她将来能够像三峡纤夫一样，"嗨哟嗨哟"，躬身前行，拖拉着家庭小船，步步向前。如果她有天赋、有机遇，也希望她能够成为科学事业的纤夫，成为国家这艘航船的纤夫。而今，她已长大成人，获取了博士学位，很快就要远渡重洋，继续深造。当下的巨轮舰船，也不再需要纤夫，但我和家人仍希望她和杨菲，能够有纤夫精神，拉动他们的家庭之舟，步步前行；更希望他们能够成为科学之舟的纤夫，成为国家这艘航船的纤夫。非常感谢各位莅临现场，祝贺我女儿的合卺之喜，我也感到完成了人生的一件大事。今日凌晨，成《采桑子》一首，来描绘作为父亲、作为岳父的复杂心情：我家有女天然成，几分调皮，十分聪颖，掌上明珠学中龙。/今择吉日嫁亲生，几分酸楚，十分喜庆，但祝儿女万里程。"

宝宝有了名字，以后的记录，皆以乳名"冬冬"称之。

1985-3-17

勤奋练发音

①小冬冬很"勤奋"，常爱嘟嘟囔囔地自言自语。练习对话时，声调高昂。情绪愉快时，也有降调出现。发怒时，先"嘟囔"几声，再高八度地哭叫。

②发出双元音 [a-i]，但 [i] 的高度不够，约在 [e] 上。早上醒来，伸懒腰连连，两只小胳膊努力往上伸，蹦直双腿，口中发出有力的"嗨"[hai]，当然，其中的 [i] 也近乎 [e]。

③发"啧"声，舌抵上腭，突然放开。

④发"哗"[huā] 声，其中 [u] 音圆唇不够，[ā] 带鼻化音。

醒睡有规律

两个月的婴儿，就是不一样，冬冬似乎初步有了生物钟，有了白天和黑夜之分。

白天睡一会儿，醒后，很精神地玩两个钟头；夜里十点半睡觉，中间醒三次，吃奶换尿布，又立刻入睡；次日早上七点钟，准时醒来。

第一次骑在脖子上

做爸爸的天性，就是千方百计"折腾"孩子，让她多体味新鲜：爸爸抱着冬冬，双手往上一悠，转了半个圈，冬冬稳稳骑在爸爸脖子上。

冬冬面有惧色，两臂紧抱爸爸的头，两腿夹紧爸爸的脖子。大约五分多钟，她才放松了紧绷的身体。

1985-3-18

独特的"交响乐"

只要她没睡熟，一直都要大人抱着。大人一边轻轻拍着她的脊背一边晃悠，或者喃喃细语地从天说到地，她这才不哭不闹。满月之后，她不再满足于一般性的晃悠和拍背，而要加大晃悠的幅度才行。否则，她的两道小眉毛一拧，小脸儿涨得通红，开始生气，开始哭叫。

小不点儿已经把大哭大叫，作为威胁大人的武器。

久病的妈妈，连生活都不能自理，更难以管冬冬了。只有在冬冬睡熟后，妈妈守护在床边，姐姐才有时间去料理家务。一旦冬冬醒来，妈妈先拨拉着她那肉嘟嘟的小脸蛋，细声细气地逗弄着哄一会儿……一旦看到她有烦躁的苗头，就开始"搬救兵"，大呼小叫地喊："姐姐，快过来呀，妈妈管不了了！"

这样的大呼小叫，一天总会发生几次。隔壁的同事们，开心地把它戏称为"李家独特的交响乐"。

制作小吊床

爸爸提议，为冬冬制作一个小吊床。

找出尼龙丝，搓拧成绳，截为四段，拴紧床单四角，再分头固定在卧室内的四根墙柱上。绑牢后，爸爸使劲拉拽几下，进行"破坏性"实验，以确保安全。

半个小时的时间，一张漂亮结实的小吊床，在欢声笑语中诞生了。

爸爸托起冬冬的身子，放进小吊床里。轻轻一推，吊床便悠摆起来。再看那个小"闹人精"，瞪大眼睛，转动着黝黑的眼珠，细细品着这新奇的刺激。

这个晚上，三个大人轮流去推吊床。妈妈也有了用武之地，推来推去，乐此不疲。

爸爸自鸣得意，说："知道吗？世界上的任何一个发明，都是由懒人创造的。"

1985-3-19

发音

冬冬已能发出很好的圆唇音了。

单元音除了[i]之外，基本上都发出来，发到位。

捕捉声源

听力的一个重要功能，就是确定声源。两个月的孩子，可以主动捕捉声源。

①从朋友处，又转录了几盘婴儿音乐磁带。冬冬睡醒了，爸爸马上打开录音机，优美的音乐旋律，缓缓在房间里回荡。冬冬的目光，立即投向播放音乐的录音机方向。

②姐姐站在她侧面叫"冬冬"，她可把头迅速转向姐姐。

诗歌的熏陶

爸爸在床对面，挂上三幅图文并茂的诗画：

刘禹锡的《竹枝词》："杨柳青青江水平，闻郎江上踏歌声。东边日出西边雨，道是无晴却有晴。"

李白的《早发白帝城》："朝辞白帝彩云间，千里江陵一日还。两岸猿声啼不住，轻舟已过万重山。"

贺知章的《咏柳》："碧玉妆成一树高，万条垂下绿丝绦。不知细叶谁裁出，二月春风似剪刀。"

爸爸提议，每天抱冬冬到诗画前，朗读这几首诗，对冬冬进行潜移默化的诗歌教育。

1985-3-20

记音的方略

爸爸请假半个月，又到了回武汉上班的时间。

妈妈不能熟练使用国际音标。为了记录冬冬的语音发展，决定采取如下方略：

第一，定时用录音机录音，寄给爸爸整理；

第二，妈妈记录冬冬的发音，用汉语拼音或者汉字。如果汉字和拼音不能准确表达，就用描写法。

发"哎依啊"

冬冬发 [ai-i-a][1]，"i"音较含糊。

1985-3-21

发"不""哥"音

①今天发出 [ɑ-ŋ-ɤ] 三音串。

②多次发出类似"不"和"哥"的音。

适应了脱衣服

给冬冬脱光衣服睡觉，一直在坚持中。

姐姐中午给冬冬洗澡，晚上睡觉脱衣，都在脱掉衣服后，迅速用棉被裹紧她。冬冬没有再为此哭叫。

---

[1]　以下国际音标，都是爸爸根据录音磁带转写的。

音乐的选择

在不同的状态下，给冬冬选择播放不同的音乐。

玩耍时，播放欢快的《爷爷为我打月饼》《木偶兵》和《天鹅湖》等音乐；拍着哄着睡觉时，反复播放抒情音乐《睡午觉》。

避免吐奶的经验

近二十天来，冬冬一直吐奶，今天稍有好转。分析起来，避免吐奶应注意三点：

第一，不能喂太饱；第二，不能让肚子着凉；第三，吃奶后，抱起来拍嗝儿。

1985-3-22

握铃和俯卧

①姐姐把一个摇铃，放在冬冬手心里，让她握着。刚握了几秒钟，手一松，摇铃"啪嗒"掉在地上。

②训练俯卧。让她趴在床上，坚持了三分钟。在这三分钟里，她抬了四次头。

音串

早晨，冬冬与妈妈"对话"。

发出很多音串，音串通过语音过渡，产生许多不同的音。音串是促进语音发展的重要途径。

1985-3-23

"对话"的变化

过去，冬冬跟人"对话"时，语气平静，一替一句，一来一往。

现在，需要大人想法逗弄，她在很兴奋时才开始"说话"。且大多是扯高音地"啊——啊"叫唤，有时可连续发五个音节。

姐俩的互动

姐姐让冬冬先俯卧几分钟，之后再与她做游戏。

姐姐拉着冬冬的双腿或双臂，一伸一缩。冬冬的身子，跟随着伸缩的节奏用力或放松。

姐姐手指冬冬的鼻子。冬冬张大嘴巴，笑着迎上去咬。

见舅舅，似乎认生

舅舅专程从老家来信阳，代表姥姥家的人看望外甥女。

冬冬瞪大眼睛，紧紧盯着舅舅，先"啊啊"地叫喊两声，然后撇着小嘴哭起来。

小不点儿，难道已经认生了？

1985-3-24

要大人陪着睡

白天，怀抱里的冬冬睡得很熟，但一放床上，马上激灵灵地清醒了。

但是，如果让她枕着大人的胳膊，挨着大人身子，一气可以睡上两个多小时。

为什么？她需要安全感？

发音

冬冬喉音增多，常发生在自言自语时。

音串爱用 [A] 起首，如 [A-mA] [A-wA] [A-wan] [A-i-u] [A-nA-Ai] 等。

声调多为降——升——降调。

1985-3-25

爸爸的叮咛

爸爸寄回第一封信。

他叮嘱妈妈，一定要细心记录冬冬的发音，并要求详细告知冬冬日常生活中的所有事情。

面孔识别

冬冬的感冒已好转，下午精神头十足。姐姐抱冬冬到字画前，她挥动小手，有想去抓字画的意识。

冬冬喜欢看人的面孔，对不同的人有不同的表现：

用柔柔的目光，平静地注视着妈妈和姐姐。

被妈妈姐姐逗着玩，她咧开小嘴，笑得像一朵花。

家里来了陌生人，她怯生生地低着头，却又忍不住好奇，偷偷瞧几眼。但不管他人如何逗她撩她，她都不做反应。

1985-3-26

多起来的"自言自语"

今天是冬冬出生 70 天。她不仅更爱笑，也更喜欢自言自语了。

音乐声响起，她煞有介事地"哦、哦"呼应着。

独自一个人躺在床上，睁大眼睛，看着在床前做气功的妈妈，也发出"哦、哦"的说话声。

以前是双方"对话"，需要有逗引者；现在她是自得其乐，自说自话。

常发的音有 [A] [mA] [A-pu] [mA-m] 等。

肢体变化

冬冬躺在床上，左顾右盼，扭动颈脖，活动自如。

两条腿站立得更加硬实、更有力气了。右腿，偶尔有想蹦想跳的趋向。

1985-3-27

还有点小脾气？

天气暖和了点，但还不到脱掉棉袄的时候。姐姐卷起冬冬的袖子，露出两只胖嘟嘟的小手。

冬冬想吃手，抬起放下，连续几次，手都送不到嘴边。棉袄厚，胳膊打不过来弯儿。她急躁得大哭起来，且哭得泪流满面。

中午洗澡，她又哭得脸色发青。不管洗没洗干净，姐姐赶忙给她擦干身子，穿上衣服，递给妈妈喂奶。

她趴在妈妈怀里，刚吮吸了两下，就吐出奶头抽泣起来；再吸几口奶，又吐出来，接着又哭泣……吮吸、吐出、哭泣，反反复复，像是受了天大委屈。

不想喝，推出去

早上，冬冬用左手扶着奶瓶，喝橘子水。

不想喝了，用小手使劲往外推。

第一次出外散步

春意渐浓。

下午，妈妈和姐姐抱冬冬外出，到信阳师范学校散步。

刚出家门，冬冬就睡熟了，摇都摇不醒。

1985-3-28

灵活的颈椎

不知从哪天起，冬冬已能转动颈椎180度，去看周围说笑的人了。

往高处看，早已不是问题。还学会了俯视，低头往下看。

玩耍奶头

冬冬吃奶，舌头一拱，奶头滑了出来。

她低头看看，双唇轻轻碰碰，又噙着奶头，下劲儿吮吸几口。吐出来，再含在口中，用舌头舔舔……反复多次，似乎在做游戏。

妈妈的乳头，是冬冬人生的第一个玩具。

不懂的游戏

姐姐把冬冬的前半身，向眼前的妈妈耸过去，用夸张的语气，说："吓她，吓她！"

妈妈配合着做游戏，佯装惊慌失措，大呼小叫地跑开……但这些，似乎和冬冬没有任何关系。她表情茫然，没有一丁点儿的兴奋感。

害怕抖动的手指

晚上，姐姐抱着冬冬，妈妈逗冬冬玩。

妈妈用双手手指，变幻着各种造型逼近冬冬。手指快到冬冬眼前时，她吓得闭上眼睛，把小脸儿扭向一边，挥动着左臂，下意识去阻挡。在用手逼近她的游戏中，冬冬最害怕的是手指抖动。

妈妈的手刚缩回去，冬冬忽闪着亮晶晶的眼睛，把目光投向妈妈，示意让妈妈再来一次。一次再次，乐此不疲。

大人与孩子朝夕相处，对孩子的一举一动，甚至一个眼神，都能猜出她的"意图"来；而孩子与大人最初的互动，除了哭叫声和"哦、哦"对话声，还有各种各样的眼神。

1985-3-29

颜色

早上冬冬醒来，情绪平静地躺在床上，把小拳头塞进口中吮吸，一点都不闹人。

颜色鲜艳的物件，对冬冬很有吸引力，如被面、枕巾和各种花衣服等，她能不错眼珠地盯着看好大一会儿。

阳光

午饭后，姐姐抱冬冬出去散步。

户外强烈的光线，使她很快疲倦了。刚走不远，又睡熟了。回家往床上一放，立即醒来。

舌根音

发不送气的舌根音 [k]，如 [ku] [kɑŋ]。

1985-3-30

手的发展

冬冬的小手，活动得较为自如了。

她能握着摇铃五分钟左右。右手的握力比左手大。抓起摇铃，可以摇响三四下。虽然不是有意而为之。

半睡半醒时，她总爱挥动着小手，去擦脸上的汗，去揉发痒的鼻子，有时误打误撞地塞到口中，有滋有味儿地吮吸。

适应了户外光线

下午，抱冬冬外出散步两次。

今天最大的进步是：在阳光下，她的眼睛虽不敢睁大，但很精神地玩了20多分钟。

路遇妈妈的两位女同事。她们停下脚步，对着冬冬，语言行动一齐上，撩她逗她。冬冬眼睛一眯，送去一个甜甜的笑容。

发音

发出"姑"[ku]、"哈"[xɑ]、"看"[kʰɑŋ]之类的音。

还有下面这些音串：[ɑ-xɑi] [ɑ-koŋ-ɑ] [ɑ-kũ-ɑ] [ɑ-xua-ɑ] [ɑ-xui] [ɑ-xə]。

辅音都是后部的，如 [k] [kʰ] [h] [x]。

爸爸的指导

爸爸的来信：

"观察冬冬的发音，要注意元音的串联、声调、语调、辅音、唇齿音 [v] 和送气音，观察其语言和心理的关系，注意无意义音节向有意义音节的过渡。另外，不能放松对冬冬感知能力的训练。"

还说，"将冬冬的录音磁带，寄往武汉"。

做"体操"

姐姐边唱《筛罗打罗》[1]的儿歌，边为冬冬做"体操"：一会儿，拉着两只小胳膊，拉起来，再松手让她倒下；一会儿，拽着两条小腿，一伸一缩，反复多次。体操，既给了宝宝语言刺激，又活动了四肢。

1985-3-31

录音机的"吱咛"声

每天都为冬冬定时录音。

这台录音机，是爸爸读研究生用过的磁带录音机；磁带，是翻用的英语学习磁带。录音机零件老化，录音时，时时发出"吱吱咛咛"的噪音。

冬冬跟姐姐"对话"时，常被录音机的噪音所吸引，一脸好奇地侧耳细听，立马停止"对话"。她的听力已经达到捕捉微小声音的地步。

1985-4-1

第一张合影

下午两点半，妈妈和姐姐去"五星艺海照相馆"，为冬冬拍照留念。

学校离照相馆有千米之遥。到照相馆，冬冬睡熟了。费大力气，终于逗醒了，姐姐抱她摆好姿势准备拍照，冬冬突然浑身拧缠，小脸挣扎得通红。原来，她要拉屁屁！

---

[1] 《筛罗打罗》是河南泌阳流传的儿歌，歌词是："筛罗打罗，扬场过河，一斗麦摸不着。卷大葱，吃烙馍。"

筛罗打罗：大约描写的是罗面的情景。扬场：麦子脱粒后，其中有麦糠、尘土等。用木锨将麦子一锨一锨扬到空中，通过风力吹走麦糠、尘土等。烙馍：河南泌阳的一种面食。将面和好，用擀面杖将其擀薄擀圆，在热锅里烙熟。卷入各种菜品，即可食用。

姐姐抱她出外，找个僻静处，解决完问题抱回来，刚坐下她又挣扎，连续跑来跑去拉了三次。

在强烈的灯光刺激下，冬冬眼睛眯成一条缝，摄影师用"响老虎"吸引她，她还是异常拘谨。

这是她人生的首张照片，照片上题字："冬冬和姐姐　85.4.1。"

应声"附和"

今天的冬冬，大笑了三次。大笑时，伴以叫喊声。

妈妈读故事，冬冬应声附和，不时发出 [ɑo] 或 [ʌ–] 声。有时还扯着高腔叫喊。

1985-4-2

吃手

冬冬多次把攥着的小拳头，用力送到了嘴边。

只要抓着大人的手指，就使劲把手指拉向嘴边，又啃又咬。

抬头

仰面睡下，她可把头抬得很高，似有想坐起来的趋势。

1985-4-3

感冒中的宝宝

冬冬感冒了，鼻塞，喷奶，很痛苦。

妈妈内疚地说："都是妈妈不好，让你感冒了。笑笑，笑一下！"

她果然眯着眼睛笑了一下。这一笑，让妈妈得到了莫大安慰。

下午五点，姐姐把她搂着怀里，盖着厚被子出些汗。这是治疗感冒的传统方法。这一招还挺灵，病情有了转机：不仅开始"自言自语"，也"又说又笑"了。

姐姐摇头晃脑地唱《爷爷为我打月饼》，她也表情丰富地跟着"哦、哦"地呼应。

佯哭

几天来，冬冬又喜欢佯哭。

佯哭起来，音调变化多端，且声调激昂。

佯哭，也有助于语音发展。

1985-4-4

吃拳头、迈步子

冬冬仍喜欢吃拳头。吃不到拳头，就啃袖子。

她的左右脚，能交替迈步，脚抬得高，且步子较大。

姐姐抱着她站在腿上，她踮着脚尖直往上蹿，活泼而有力。

"模仿"发音

①冬冬要吃奶。

妈妈问："你饿了？"

冬冬看着妈妈的眼睛，回应似"俺饿"[an-ə]！

②姐姐把冬冬拉屁屁，督促说："快屙屎！"

冬冬回应，"俺屙"[an-ə]。

宝宝也许真有点语音模仿的意识。成人的耳朵，更倾向于把儿童的发音听成有意义的"语音"。

1985-4-5

听歌

冬冬特别爱听儿歌《爷爷为我打月饼》，不管是录音机播放的，还是妈妈或姐姐唱的。

只要一听到这首歌的旋律，她就咧开小嘴笑。

吃奶

近两天，只要妈妈接过冬冬，她似乎条件反射，马上把头拱进妈妈怀里。

如还没有吃饱，怎么推她起身，都推不起来！

加重的感冒

好转一天的感冒，今天又加重了。

可能是昨天夜里，刚脱下棉衣棉裤准备睡觉，她又来了精神头，赤裸着身子，兴奋得又蹦又跳，再次着凉了。

1985-4-6

喜欢跳舞

春季开学后，校园里每周举行一次舞会。大礼堂的落地窗折射出霓虹灯光，舞曲起伏回荡，无数颗青春妙龄的心，也禁不住随之跳跃骚动。姐姐多次抱着冬冬，去大礼堂"看"舞会。

晚上，姐姐在家播放舞曲，抱着冬冬练习舞步：左胳膊揽着冬冬，右手握着冬冬左手，踏着慢四节奏，缓缓地来回移动。

冬冬不哭不闹，小嘴微微张开，眼睛睁得很大，似乎在享受着有规律的节奏晃动，感受着从未有过的新奇。

姐姐累了，坐下休息一会儿。没想到，冬冬竟然挥舞胳膊，小腿乱蹬，"啊——啊——"大叫……

妈妈忙播放舞曲，姐姐起身，与她"共舞"。冬冬立即兴奋起来。

冬冬为何成了"小舞迷"？细想，她本来就喜欢被抱着晃悠，最近又迷上了音乐和歌曲，而跳舞，正是两者最好的结合。

1985-4-7

吃拳头，就是干活呢

今天很暖和，冬冬换上薄棉袄，袖子卷上一点，小手可以完全裸露出来。

这下，冬冬可有了事做，把小手塞进嘴里，有滋有味地吮吸。

有时，她还把两个小拳头，同时塞进口中。

花桌布的魅力

吃饭时，姐姐抱冬冬坐在饭桌前，让她品尝各种饭菜。

可是她，只是目不转睛地注视着花桌布，对桌上的饭菜一丁点儿都不感兴趣。

模仿发音

妈妈的同事高老师来家，对冬冬说："冬冬，说话！"

冬冬发出 [hə-uɚ]，有点像"说话"的发音。

在与高老师的"对话"中，她还发出了 [ku-uo-] 音，有点像是"给我"。

1985-4-8

外出

上午，带冬冬去逛商场，为她挑选小袜子。

她眼睛瞪得大大的，盯着货柜里五颜六色的物件。

晚上，抱她去信阳师范的院里散步。她很兴奋，不仅左顾右盼，还上下打量路旁的杨柳翠柏。

冬冬的眼睛"管事"了。

1985-4-9

矫正吃手的习惯

近日，冬冬总把小手塞进嘴巴里，很贪婪地吃。刚刚吃完小手，就用沾满唾液的手去揉眼睛。

育儿书上讲，吃手不卫生，还阻碍孩子发展感知。宝宝把注意力放在手上，减少了她对周围事物的注意。

今天一天，都在矫正她吃手的习惯。

1985-4-10

发音

从上午开始，冬冬把下嘴唇顶到上嘴唇下面，小嘴抿成一条缝，声音从鼻子里发出。

三个音素的音节多起来，如 [ɑ-nai] [ŋ-xuɑ]，发音复杂了。

1985-4-11

第二次"跳舞"

昨夜，冬冬一直睡睡醒醒，睡眠质量很差。今天状态不佳，姐姐采用多种方式逗弄，冬冬都兴奋不起来。

姐姐抱着冬冬，溜达到录音机旁，按下舞曲的播放键。顿时，悠扬的舞曲，低回萦绕。冬冬精神为之一振，眉眼也随之灵动。姐姐抱着她，踏着节奏前走后退，明显感觉到了她的快乐。当音乐终止时，小脸儿立马晴转阴，手脚乱踢乱动……

跳舞，对冬冬有很大的诱惑力！

发音

冬冬发出了边音 [l]，如 [lai-ə] [a-lǔ] [a-lun]。

1985-4-12

翻身、吃手

今天多次训练冬冬翻身。

大人竭力不让冬冬吃拳头、啃袖子，可她仍然坚持地把小拳头往口里送。小手和袖口，弄得湿漉漉的。

1985-4-13

喜欢黄色

傍晚，去信阳师范院子里散步。大路两旁，淡紫色的紫槿花，金黄色的迎春花，竞相开放。

冬冬看得很专注。从注视花朵时间的长短看，她似乎更喜欢黄色的迎春花。

佯哭

冬冬越发喜爱佯哭，下唇拱在上唇下面，嘴角往下一撇，扯高声拉长调地哭叫。

其实，她根本就没恼，只是把哭叫当作一种游戏而已。

发音偏向

近几天，喜欢发后鼻音[ŋ]。发[ŋ]时，双唇或唇齿闭合，但阻塞气流的是舌根。

发音时，常用[ɑ]起头，如[ɑ-kõŋ][ɑ-pu][ɑ-kuo]。也有不用[ɑ]起头的，如[mɛ̃-m]。

这似乎是个发音的规律：在一段时间里，如果发哪个音，就连续不断地发那个音，形成发音偏向。

1985-4-14

腿力

冬冬站在大人腿上，上蹿下跳；在床上，不停地弹蹬。小腿更有力量了。

姐姐双手扶冬冬腋下，让她朝前迈步：双脚交替前移，可走一米多远。

有意识地溜滑

姐姐把两床被子，摞在一起，让冬冬背靠着被子，坐在床上。

冬冬坐了一会儿，往下一溜滑，平躺在了床上。

"七坐八爬"，她远远不到能坐的月份，坐不稳而溜滑下来，实属正常。

姐姐再次把冬冬靠着被子坐直放好。

这次，冬冬刚坐下，就毫不犹豫地溜滑下去。

姐姐再放，她再溜滑……连续四次皆如此。

看她笑嘻嘻的表情，也许她是有意而为之？

烧饼

晚饭，姐姐故意拿着烧饼，在冬冬眼前晃来晃去。

冬冬眼睛跟着姐姐手中的烧饼，转来转去。烧饼离她的嘴巴近了些，小嘴巴就跟着伸过去，做出要咬的姿势。

她的口中，不停地发出"吧唖"声，似乎已经品尝到了烧饼的香味。

1985-4-15

冬冬是我？！

吃早饭。吸引冬冬眼球的，仍不是饭菜，还是色彩鲜艳的花桌布。

妈妈坐在冬冬的左侧，用轻柔的语调，连叫两声："冬冬，冬冬！"

冬冬转过脸来，抛给妈妈一个甜甜的笑。

妈妈连续叫了三次，冬冬转头三次，看着妈妈甜甜地笑了三次。

这是否说明：

①冬冬已能准确捕捉声音的来源；

②听觉和视觉可以协调一致；

③她对喊"冬冬"的声音，有特殊的感知力？

入戏的"小舞迷"

（零岁 4 个月　1985-4-16—1985-5-15）

冬冬与姐姐（1985 年 4 月）

1985-4-16

三个月留影

今天冬冬满三个月。穿上粉红色的春装，去照相馆照相。

给冬冬拍了一张单人照，题字为"三个月"。

还给她和昨天刚来信阳的爷爷，拍了合影照，并题字为"爷爷来看我"。

爷爷抱冬冬跳舞

冬冬很快熟识了爷爷，对着爷爷又说又笑。

由于姐俩经常踏着音乐跳舞，冬冬早已养成了只要被抱起来，就要放音乐跳舞的习惯。爷爷很想抱一会儿冬冬，也只能"入乡随俗"，跟着音乐扭动身子，艰难地移动脚步。这应该是爷爷平生的第一次跳舞。

一幅感人而奇特的场景：一位饱经沧桑的老农民，抱着娇嫩的小孙女，勉为其难地伴着音乐晃动着……此时方知，何谓"血浓于水"的亲情！

适应户外环境

过去，一走出房间，冬冬的小脸儿就绷得紧紧的，眼睛茫然四顾，谁撩她逗她，都很难有回应。

傍晚时分，出外散步。姐姐抱着冬冬走在前面，妈妈紧随其后。冬冬竟然对着妈妈不断地"说话"，并伴随着叫声笑声。这是一大进步。

1985-4-17

爱动的腿和脚

冬冬的小腿和小脚，活动量更大起来。

躺在床上，能迅速地蹬掉身上的小薄被子。

横躺在妈妈怀里吃奶，把一条小腿跷得老高，不停地伸开去蜷曲来。

脾气不小

冬冬喜欢跳舞，可用百跳不厌来形容。

她喜欢悦耳动听的舞曲，陶醉在节奏感很强的晃悠中，脸上带着恬静的微笑。可只要一停舞步，她就尖声喊叫，腿脚乱踢。

今天，冬冬发了两次脾气，伴随着哭叫，竟然双脚同时蹦起三寸多高。那暴怒的表达方式，让妈妈吃惊。小家伙脾气还真厉害？

发音

今天发出了前半低元音 [æ]，如 [mæ] [æ-kʰə]，说明口腔的开合控音能力增强了。

1985-4-18

第一次主动翻身

早晨，冬冬独自完成了一个漂亮的翻身。

虽然，头是从枕头上滑落下来的，但身子的确是翻转过去了。

学迈步

午饭后，姐姐架着她腋下，在床上继续学迈步。

这次，冬冬步子大，速度快，简直是"跑"的架势。

听"懂"了"亲亲"

姐姐准备抱她外出时，每次都说："来，亲亲，姐姐抱！"说着，把嘴巴凑上去，托起冬冬的小脸蛋，实实在在地亲吻一下。

今天，姐姐话音刚落，冬冬忙张大嘴巴，让姐姐吻她。

模仿发音

姐姐对冬冬说："你想干什么，说说？"

冬冬模仿"说说"，发音为 [xo-xo]。

冬冬尿裤子了。

姐姐说："好妹妹，你裤子尿湿了。[tɕʰi][1] 不 [tɕʰi] 呀？"

她似乎在模仿，声调有点相似，但发音差距大。

1985-4-19

喜听吟诵

冬冬最喜欢悬挂墙上的那三首诗词。

一听大人吟诵，她就开始笑，笑得非常开心。一旦停下来，再说其他事情，不仅其表情有变化，而且注意力也容易分散，不像听吟诗时那样专注。

习惯了脱衣睡眠

十多天来，冬冬都脱去棉衣睡觉。她逐渐习惯了脱衣睡眠。

入睡前，必须含着妈妈的奶头，然后慢慢睡去；夜里醒来，小脚交替使劲蹬棉被，不哭不闹，小玩一会儿，又可入睡；早上醒来，她一边笑着，一边用脚踢蹬着棉被玩。

翻身

夜里，冬冬有两次主动翻身，都发生在侧卧状态。

---

[1] [tɕʰi]：阴平，河南泌阳方言，指接触湿的东西所产生的不舒服感觉。

她可以从原有的侧身睡，翻身到面朝上的仰卧；有时用力过猛，一下子从侧身趴个脸朝下，然后昂着头"啊啊"大叫。

看来，想在仰卧状态下翻身，难度较大。

双手互动

冬冬喜欢揪大人的头发和衣服，揪得紧紧的，想掰都掰不开。

从昨天起，她自己的两手有了互动：左右手相互握着、揉着或是交叉着。

1985-4-20

蹬被子

冬冬夜里醒来，用腿踢蹬被子，成了一种条件反射。

每次踢蹬被子，还必须能蹬得到。如果哪次蹬空了，哭叫模式也就开启了。

发音

今天的发音有 [a-da-pu] [a-na-gu] [pa-pai] 等。后部的发音减少，多是唇音和舌尖音等。这说明唇、舌的活动比较灵活了。

1985-4-21

入戏的"小舞迷"

上午，冬冬拉了三次肚子，眼帘低垂，精神萎靡。

为逗冬冬开心，姐姐动用了屡试不爽的绝招：抱起她，打开录音机播放舞曲。音乐响起，她的眼睛马上睁得大大的亮亮的。姐姐抱着她踏着舞曲翩翩起舞……她精神百倍，陶醉在恬静的快乐中。

跳了二十多分钟，姐姐累得直喘粗气，坐到椅子上休息。

冬冬直直地望着姐姐，皱起两道小眉毛，口中"哎哎"不断，声调表情都似在请求。

姐姐说，你"哎哎"什么呀？姐姐都累瘫了，让姐姐歇歇好不好？真是个小舞迷！

她看姐姐还不站起身，又把眼睛转向妈妈，"啊啊"地嚷起来。其声调和眼神，好像在"告状"，又似在说"妈妈，快让姐姐跳啊"。

1985-4-22

发音

冬冬今天发出了 [hai] [hai-i]，还发出了唇齿擦音 [v]，实际音值介乎 [f] [v] 之间。

1985-4-23

琐记

①两天来，冬冬涎水多起来。流涎水，是她出生两个月就开始的。好像冬冬的唾液腺发育较早。

②饭量加大，过两个小时就饿。看来，该加喂点鸡蛋黄了。

③在大人帮扶下，冬冬迈步，可走丈把远。这么早迈步，会不会落下罗圈腿？

④爸爸回信说，"五一"假期将回信阳。他攒了50元钱，准备为冬冬买一辆小车，作为冬冬的百天礼物。

明天，在信阳师范学校工作的曹叔叔去武汉大学参加研究生复试。妈妈请他带给爸爸冬冬的录音带，还有两张冬冬的照片，以解爸爸的思念之苦。

发音

今天发出的声音有 [ku] [kʰan-kʰan-a] [əŋ-pʌ] 等。舌根送气 [kʰ]、不送气音 [k] 一同出现。

1985-4-24

翘头、站立

冬冬平躺在床上，能把头翘起一寸半左右。想自己起身吗？

大人拽着她的双臂或双手，只要稍微用点力，她的小腿用力一蹬，一下子就站立起来。

笑脸儿、鬼脸儿

冬冬的笑脸儿多起来。

早晚的穿衣和脱衣，她在笑。洗脸、抹面霜，也在笑。瞌睡得眼皮都睁不开了，还挣扎着想玩，闭上眼睛又努力睁开。大人笑她，她也迎合着大人的笑而笑。

一个上午，冬冬特别活泼，不停地蹦蹦跳跳。面部表情也特别丰富，还时不时地扮鬼脸：睁大圆溜溜的双眼，上嘴唇包着下嘴唇，好奇地左顾右盼；或者把眼睛眯成一条线，舌尖抵着下唇，从口里吐出一串串泡泡，做出一副可爱的淘气相！

吃藕片

午饭时，姐姐捏一片炒熟的藕片，往冬冬口中送。藕还未送到嘴边，冬冬忙用两只小手，捉着姐姐拿藕片的手，使劲把藕片往嘴里塞，吃得津津有味。

姐姐把藕片放在冬冬右手里，冬冬用左手抱着右手，把一片藕全塞进嘴里。

双手同时行动，已成为一种常态。如吃奶时，一边吮吸奶水，一边用双手捧着乳房，好像在吹喇叭。

冬冬还未长牙齿，对较硬的藕片，只能尝个味道，根本嚼不碎。姐姐生怕藕片卡着冬冬，就把手指伸到冬冬嘴里，掏出吞进去的藕片扔掉。冬冬立刻不依不饶地叫喊起来……

吃饭时，她的眼睛，不再只是注视饭桌上的花布，而是饭桌上盛满饭菜的碗和碟子。

1985-4-25

跳舞，还必须有音乐

大家给冬冬起了个绰号，叫"小舞迷"。

冬冬的舞伴，是没有学过舞蹈的姐姐，舞姿舞步都很业余。但两个人跳舞时，交谊舞中的舞姿、音乐、舞步三要素，哪个还都不能缺少。

舞姿：姐姐右手抱着冬冬，左手平伸到左前方，竖起大拇指。冬冬上身立得直直的，紧抓着姐姐的手指，很有范儿。

舞步：踏着舞曲的节拍，进退有序。姐姐偶尔转个圆圈，还给冬冬一个惊喜。

音乐：不管是快节奏还是慢节奏，冬冬都能适应，注意力很集中。但若不放舞曲，即使在跳，她的注意力也很容易分散，绝对没有伴着舞曲时的陶醉和专心。

最近，不只是醒着要跳舞，就是瞌睡了，也必须是跳着舞入眠。

当姐姐放慢舞步，小心翼翼放她到床上，小身子刚挨着床面，她立即醒来大叫……这些天，简直把姐姐给累坏了。

1985-4-26

认生的萌芽

今天是冬冬百天。

晚上，妈妈的两位同事来家，轮流抱冬冬，并逗她玩。

冬冬不哭，但一直扭着脸，去看坐在一旁的姐姐。

发音

今天发出 [æi-ia]，听起来像"哎呀"。

1985-4-27

陌生感

爸爸回来了，进门放下行李，就去抱冬冬。

她扭动身子，连续三次把小脸藏在妈妈肩上，用体态语表达不让爸爸抱的意愿。爸爸硬是把她抱在怀里。她不哭不叫，只把眼光盯着妈妈，就是不看爸爸的脸儿。

1985-4-28

奶奶和小姑来了

今天，奶奶和小姑也从泌阳赶到信阳，祝贺冬冬出生百天。家里由原来的三口人增加到六口，热闹异常。冬冬特别乖巧，情绪非常阳光。

加鸡蛋黄

育儿书上说，孩子到了三个多月，母乳的营养已经不够了。从今天起，开始为冬冬每天加四分之一的鸡蛋黄。

1985-4-29

吃油条

热闹的环境、较多的刺激源，显然对婴儿的大脑发育有好处。用爸爸的话说，两天来，我们的冬冬变"能"了。

吃午饭，爸爸抱她坐在饭桌前。她眼巴巴地望着饭菜和油条，小嘴也"吧嗒"个不停，一副馋样儿。姐姐把油条送到她嘴边，她张开嘴巴，两只手同时去抓夹着油条的筷子，酣畅淋漓地咬上一大口。

姐姐拿走了油条，她急得哭叫起来。

吃鸡蛋羹

加喂蒸蛋羹。

刚出锅的鸡蛋羹，香气四溢。冬冬闻到了香味，四顾寻找。奶奶用小匙喂，她蠕动着没有牙齿的嘴巴，"吧嗒、吧嗒"地咀嚼着。

模仿伸舌头

冬冬洗澡后，情绪很是愉快。

小姑伸出舌头，对着冬冬说："看我，看我，伸舌头！"

开始，她一直用好奇的目光注视着小姑，不知所云。当小姑示范几次后，她的舌头开始在嘴巴里蠕动。接着，尝试着往外伸，刚到嘴角又缩了回去。第三次，她终于把舌头的三分之二伸了出来。

三个半月的婴儿，就学会模仿了？似乎不可能，但的确是真的。

1985-4-30

仰卧到侧卧

冬冬终于会仰卧着翻身了。

她的妙招是，先把一条腿跷到另一条腿上，欠起小屁股，一用力，由仰卧翻身到侧卧的角度。

初品樱桃汁

红油油的樱桃上市了。

爸爸用纱布把洗净的樱桃包起来，挤压出小半碗樱桃汁。冬冬喝得很贪婪。

她也爱吃蛋羹，消化也不错。

发音

今天发出 [kao] 音，听起来像"搞"。

1985-5-1

照相、理发

上午的冬冬，很忙碌：照相、理发、洗澡、喝樱桃汁。

去照相馆拍了三张照片：第一张，冬冬和奶奶、爸爸、妈妈、小姑的"五人照"；第二张，冬冬和爸爸妈妈的"全家福"；第三张，冬冬和奶奶的"祖孙照"。

按照老家传统，百天要剃胎毛。理发时，冬冬竭力反抗，撕心裂肺地哭叫，三个人都按不牢她。剃完头发剃眉毛，清秀的小姑娘，立马变成了个秃小子。

特异功能测试

爸爸说，最近看过一篇文章，谈人体特异功能[1]的，咱们给冬冬做个测试，看她有特异功能否？大家觉得好玩，就做起测试游戏来！

小姑写一个字，塞到冬冬的耳朵里，冬冬感到耳朵不舒服，拧脖子摇脑袋；把字贴在她的脚心上，她使劲地踢蹬……

身上几个部位，都试了个遍，冬冬始终没有认出这是个什么字。

1985-5-2

发音

今天的发音有 [em] [eŋ] [e-pai] [an] 等，前半高元音 [e] 发出较多。

童车

今天奶奶和小姑回泌阳老家。

送奶奶和小姑坐上火车，爸爸直接去商场，慷慨地花 44 元钱[2]，买了一辆能躺能坐的童车。妈妈推着豪华漂亮的小车子，悠闲地漫步在信阳师范学校的林荫大道上。坐在车子里的冬冬，顿时身价倍增，变成了一个名副其实的小公主。

仰卧到俯卧

仰卧在床的小家伙，仄起身子，打了一个滚，脸朝下趴在了床上，头翘得

---

[1] 《科学时代》（总第 7 期）的一篇文章，有人体特异功能的报道：手心、脚心、耳朵会认字，腋下能识图、遥感传图像、隔物能透视等。还有报道说，一年内，把十名小孩儿由普通人训练成特异功能的高手，具有手指识字、意念拨钟、特异转运、移物等功能，并发现这些功能出现时，手掌会测到信号。而且年龄越小，特异功能越能显现出来。一时间，特异功能成为科学和社会的热点。

[2] 当时，妈妈大学毕业，一个月工资 52.5 元；而读研究生的爸爸，一个月 45 元的助学金。

老高老高，骄傲得"嗷嗷"大叫。

整个翻身动作，爽快、麻利、果断。

逐渐灵活的手

手的动作更加灵活：能多次捕捉到大人伸在她眼前的手指，能扒到勺子和碗等物件，还两次成功地捕捉到了摇铃。

1985-5-3

今后的训练目标

爸爸又回了武汉。热闹了五天的小屋，一下子冷清起来；兴奋了五天的小冬冬也疲倦了，上午睡了三个多小时，中午又睡了一个多小时！

到今天，冬冬已有三种固定的条件反射：跳舞、吟诗和唱歌。这说明，三个多月的婴儿不仅听懂了一些语言信号，而且也是有记忆的。今后需着重以下教育：

①利用玩具让她抓、握，促进眼手协调。

②各种姿势的翻身。

③找各种动物的拼图，每天多看几次。

④买五颜六色的气球，帮助色彩识别。

⑤教她身体部位和家具名称。

训练抓握能力

昨夜，父母对着《父母必读》，比照将近四个月的婴儿应具备的各种发展，发现冬冬翻身及抓握能力稍微滞后。

①今天，姐姐多次递给她小摇铃，她能捕捉到摇铃次数占三分之二左右。冬冬拿到摇铃后，毫不迟疑地塞到嘴里去啃。

②姐姐抱她到桌旁，去抓桌面上的磁带盒、眼镜盒、磁带、勺子、杯子等物件。

她把整个身子都趴伏到桌面上，两只小手同时去抓，累得"呼呼哧哧"直喘粗气。她最喜欢抓玻璃杯、勺子和闪光的磁带盒。如果抓到了，双手卡着物件，立马就往嘴里塞；如抓不到，就会烦躁得满脸通红，大声喊叫。

十多分钟的抓握游戏，冬冬竟累得满头大汗。

冬冬闹肚子，拉了四次，稀稀的，扯着粘条。可能是喂鸡蛋黄多了点儿，消化不了？

1985-5-4

只要平躺就翻身

冬冬只要一平躺在床上，就开始用力，小脸挣得通红，努力侧身翻过去。一次再次，乐此不疲。

翻身，似乎又成了一种条件反射。

初尝肉汤

冬冬一看见有人吃东西，就急得小嘴直蠕动。

姐姐让她尝了一点肉汤，咽下去后不停地"吧嗒"嘴，似乎香得很。

1985-5-5

怕痒痒

冬冬怕痒痒，腮下、胳肢窝等都是敏感部位。姐姐用嘴巴亲吻她的两腮和脖子，她缩着脖子"咯咯"地笑。

她的笑声，把开心、胆怯和无奈融为了一体，极具感染力。

管不住的小手

冬冬的眼和手，基本上达到了协调一致。眼睛看到，手就能跟上来。

桌子上放着酒瓶。她趔趄着身子去抓，把桌子上的东西，折腾得"叮叮当当"一阵乱响。

她喜欢揉眼睛，把眼睛周围揉得红红的。

看她有揉眼意向时，姐姐忙抓住她的手，她拼命挣脱，而且每次都能挣脱成功。

发音

今天发出 [mu-mia]，像是小羊的"母咩"叫声。

1985-5-6

坐立、迈步

冬冬练习坐立，已经坐得比较硬实了。

大人稍微用手扶着点，她就可以坐直。一气儿可坐十多分钟。

姐姐架着她的腋下，学迈步。她现在不是一替·下地迈动脚步，而是两只小脚同时蹦起来又同时落下。

看见的，都要拿起来

去妈妈的同事黄阿姨家串门。

黄阿姨家的饭桌上，有一盆米黄色的塑料菊花。冬冬伸手去扯，把花盆掂起老高。

饭桌上一粒小葵花子，她马上伸出拇指和食指去捏。

她对书架上的陶瓷马感兴趣，挣着身子去拿。黄阿姨把小马递给她。她双手抓着小马，把两条马腿送进口里。

拉肚子

刚消停了三天的拉肚子，今天又开始了。可能是昨天尝了一点肉汤的缘故？

右眼水汪汪的，且有许多眼屎。

服婴儿素治疗。

1985-5-7

认识妈妈了？

中午，小姐妹俩坐在阳台上玩耍。

妈妈去阳台晾完衣服，又返身回卧室。

冬冬的目光，追逐着妈妈的身影，扯着哭腔嚷嚷起来。

姐姐说，大姑，冬冬撵你呢，快过来！

妈妈回阳台，坐下，把冬冬抱在怀里。她的情绪马上平静了。

好奇怪，她认识妈妈了？

揪花

在信阳师范院子里散步。

冬冬看见路旁的花，用两手同时去抓，扯下了几片花瓣。

一棵冬青树前。冬冬伸手去抓，一下子揪下一个嫩枝头。

手的力气，越来越大了！

想"递手"

吃饭时，冬冬总想抓、想碰饭碗。

姐姐把饭碗挪近她，她慌忙伸手去接，似有"递手"的意识。

"淡忘"了的跳舞

这三天，只让冬冬吃母乳，没敢再添加任何菜肴或辅食，但拉肚子依然很厉害。稀屎一点一点往外浸。由于生病，她似乎已经淡忘了最为钟情的跳舞。

今晚，姐姐又抱她跳舞。开始，她的眼神并不专注。即使姐姐停下脚步，她也无所谓。活动了十多分钟左右，她才记忆复苏，眼睛熠熠发光，开始兴奋起来。姐姐累了坐下休息，她只是"吭吭"几声，虽不高兴，但没像过去那样"义愤填膺"了。

1985-5-8

准确地抓握

今天，冬冬又拉了三次稀屉屉。

姐姐抱冬冬跳舞：姐姐刚竖起右手的大拇指，冬冬伸手就握住了。

从前，她只要拉着大拇指，就往口中送。这次，她握着姐姐的大拇指后，很标准地竖在右前方。音乐响起，冬冬开始跟着节奏，左右晃动拇指。

握着姐姐的大拇指跳舞，是多次训练形成的独有姿势。

1985-5-9

拉手

下午四点外出。

在大门口，遇见比冬冬大一岁的帆帆。帆帆去拉冬冬的小手，冬冬也马上伸手过去。伸手两次，都和帆帆的手指碰在了一起。

移动手位

姐俩跳舞时，冬冬不再只是机械地紧握姐姐的手指。跳着跳着，手指下滑了，她会主动地往姐姐手指的上部移动。

害怕、认生

信阳师范学校的林荫大道上，开过来一辆拉石灰的大卡车。姐姐等大卡车快开过来时，故意托着冬冬的身子，做个往路中托送的动作。冬冬双腿夹得很紧，右手紧紧抓住姐姐的脸蛋，害怕极了。

从林荫道向南走，遇到开水房的老奶奶。

老奶奶主动打招呼，冬冬全身收缩，把小脸儿藏在姐姐的脖子下。当老奶奶执意要抱她时，她吓得大哭起来。

冬冬用体态语和哭声，来明确表达自己的认生，这是第一次。

发音

今天的发音有 [pai-ai] [eŋ-pʌ] [pai-pai] [pu-ə] 等，双唇塞音 [p] 较多。

当姐姐连连叫她"冬娃"时，她两次模仿，发出 [doŋ-vai] 音。

1985-5-10

首次进电影院

晚上六点五十分，抱冬冬去"五星电影院"看电影《红衣少女》，这是冬冬第一次进电影院。没放映时，壁灯幽幽，人影幢幢，人声喧闹，冬冬很好奇。

上映前加演"奚秀兰音乐会"。灯光突然暗下来，噪音很大，冬冬哭闹起来。姐姐把她抱至出口处，用跳舞才哄住她，停止了哭闹。

在影院最后面，她安静了十多分钟，似乎也在"看电影"。距离太远，估计根本看不到。

回到学校，受到同事们激烈的批评：天气热，孩子小，影院空气不好，带孩子去电影院，错误！

发音

今天的发音有 [xan-ɚ-lai] [a-ai-koŋ] [ai-li-li-li]，边音 [l] 较多。

1985-5-11

"受骗"后的反应

多次到户外散步，小冬冬变"野"了，待在家里就闹。一抱出门，马上安静，开始左顾右盼。

在小卖部，遇到同事家一岁零四个月的小男孩熹熹。

熹熹把手中的钱递给冬冬。

冬冬伸手去接，熹熹立即把手缩回去。冬冬气得大哭起来，紧接着，伸手去抓挠熹熹。

熹熹跑开了。

冬冬拍着姐姐，让跟在熹熹后面追，没完没了，不依不饶。

真认识妈妈了？

冬冬坐着时，可扳着自己的双脚玩耍。

晚上，姐姐、妈妈和冬冬坐在阳台上乘凉。

妈妈站起身，准备回房间，冬冬哭起来。妈妈又坐下，握着她的小手，她立即破涕为笑，扳起自己的两只小脚丫，惬意地玩起来。

1985-5-12

递手

河南人育儿：当大人要抱孩子时，常常会面向孩子伸出双手，轻拍巴掌，再把手臂张开，做欲抱状。孩子如果愿意让他（她）抱，就伸手过来，投入怀抱。这称为"递手"。

上午，妈妈拍拍手，伸出双手要抱冬冬，冬冬很自然地把小手放在妈妈手里。

傍晚时分，妈妈拍手张臂，冬冬看着妈妈，双手伸过来，身子探过来，嘴里"啊啊"地叫着。妈妈抱过冬冬。冬冬把头一勾，拱向妈妈胸部，还用手撕拽妈妈的衣服。她的肚肚儿饿，想吃奶了。

过去曾有"递手"的萌芽。今日证明：她不仅学会了递手，也懂得了"递手"的含义。这是体态语的重要发展。

发音

近来发音，音串增长，出现了四音串。

今天的发音有 [ai-mu-ie] [ai-mu-mai-mai]。双唇鼻音 [m] 出现频繁。

1985-5-13

模仿说"冷"

早上，冬冬又把被子蹬到一边，赤裸裸的小身子袒露在被子外。

姐姐一边拉被子给她盖上，一边说："盖上，太冷！"

冬冬模仿说："[ləŋ] 冷！"

鹦鹉学舌，不解"冷"意，发音也含糊。

姐姐拍了她一巴掌："说，冷不冷？"

冬冬又模仿说："[ə-ləŋ] 阿冷！"

1985-5-14

真的认识妈妈了！

今天，为冬冬录音一个小时，录音快结束时，磁带搅缠在一起，把一天的录音全毁了。尽管如此，妈妈今天仍很高兴，因为冬冬真的认识妈妈了。

下午四时，妈妈、姐姐跟冬冬在床上玩了半个小时。之后，妈妈有事去客厅。妈妈刚离开，冬冬哭起来。妈妈转身回来，坐在床边，她立即停止了哭泣。

她是否因为妈妈离开而哭泣？妈妈决定做个试验：

妈妈陪伴片刻，佯装离开。妈妈站起身时，冬冬还笑眯眯的。妈妈走到墙角拐弯处，隐蔽起来。冬冬的表情立即起了变化，嘴角抽搐，发出哭叫前的"喷哧"声。妈妈忙现身，她又咧开了小嘴巴，高兴了。

1985-5-15

教认字

姐姐跟冬冬面对面。冬冬用双手捧着姐姐的脸蛋，抓姐姐的鼻子和嘴巴玩耍。

她自言自语，发出貌似"爸、妈"的声音，有时用多种表情和声调喊"妈妈"。妈妈很高兴，决定教冬冬认读"妈妈"。在纸板上，写下"妈妈"的汉字及其拼音，贴在墙上。开始教她认字。

影子，能捕捉到吗

（零岁 5 个月　1985-5-16—1985-6-15）

爷爷来看我（1985 年 4 月）

1985-5-16

教认字

在冬冬情绪愉快时，教她认识"妈妈"二字。她很专注地看字，小嘴巴也跟着张合，似在跟着念。

妈妈计划，每天教她不少于二十五次。

不愿独处

冬冬躺在床上。

姐姐故意夸张地甩动双手，朝门口走去。边走边叫："姐姐走啰，姐姐走啰！"

冬冬用好奇的眼神，注视着不同往常的姐姐。当她看不见隐身门后的姐姐时，大哭起来。

姐姐返回来，逗她玩一会儿，又趁她一个不注意，低蹲在床前的地上。

冬冬左右张望，找不到姐姐，又急得哭叫起来。

看来，她不但认识了身边的亲人，还害怕一个人独处。

不让他人抱

冬冬对陌生人，更加认生了。

下午散步，李阿姨迎面走来，从姐姐手里抱起她。她扭过头，瞧瞧李阿姨的脸儿，马上哭起来，哭得非常厉害。李阿姨笑着说："你这一点儿点儿的小人儿星儿星儿，知道个啥，可认生了！"

晚上，小罗叔叔来家，逗她玩时她还笑个不停，但小罗叔叔刚把她抱到怀里，她就大哭。姐姐赶快接过来，她还连连回头看小罗，每望一次，都撇一下嘴巴，接着，把脸儿藏到姐姐的脖子下。

1985-5-17

四个月留念

拍摄出生四个月照片。她一进照相馆，就哭了。大概是陌生环境所致。

冬冬坐在椅子上，后面是一块浅蓝色的背景幕布，姐姐蹲在椅子后面，用手牢牢扶紧她的腰部，妈妈站在一旁，吟诵贺知章的《咏柳》。在她情绪稍为平静的一瞬间，摄影师趁机拍下照片。

发"阿爸"音

姨父从老家来信阳。冬冬一见姨父，就开始大哭。

到晚上，冬冬和姨父渐渐熟悉起来。她定定地望着姨父，小嘴似要说话，憋了好大一会儿，发出类似"阿爸"的声音。

继续教念"妈妈"二字。冬冬注意力很集中，有时也跟着"啊——啊"地嚷嚷。

1985-5-18

连续翻身两次

冬冬连着翻身两次。翻了身，还能把压在自己身下的胳膊抽出来。用两条胳膊支撑起身子，头抬得老高老高，直着嗓门大叫，一副很得意的样子。

有时，她用脚尖发力，两条胳膊协调动作，做出向前移动的姿态。

1985-5-19

蹦跳

今天的冬冬，特别喜欢蹦跳。

姐姐让她站在腿上，双手卡在她的腋下。她两条小腿蹲下来，然后纵身蹦起。

姐姐只需随着她的跳跃节奏，胳膊稍微用点力气，她就能连续跳跃十多分钟。

如果大人不助全力，只助一臂之力，她也不放弃，就用一条腿跳上跳下，跳跃不止。

喜新厌旧

冬冬喜欢新鲜玩意儿。

前几天刚买的小鹿，她爱不释手；今天就不待见了。刚接到手，立马扔掉。

教认字。她挣着身子贴近墙，想用小手去摸。如不让抓字，听两遍后，就把脸扭开了。

1985-5-20

撕纸

姐姐递给冬冬一张白纸，她用力去扯去撕。听到白纸扯破的响声，她很高兴，笑个不停。

有时，她把纸放进口中咬咬，品尝滋味。有时，玩着玩着，手一松，纸掉在地上。她浑然不觉，用自己的左手，紧紧抓着自己的右手，用力地搋，没完没了。

她如此全身心地投入，大概以为，自己搋的不是自己的右手，而还是那张白纸吧！

1985-5-21

语音模仿

姐姐抱着冬冬，从室内往外走，一直对着她念叨："上外头，上外头！"冬冬也嘟囔出来类似"上外"的声音。

姐姐让她拉屁屁，督促说："屙啊，屙啊！"

冬冬也模仿出似乎"屙啊"的声音。

能分辨真假生气？

有一个现象，妈妈解释不了：如果大人面带微笑、用柔和的声调逗冬冬，她就笑；当她犯了错误，大人用生硬的语调"呵斥"她，她就恼；最为奇妙的是，大人佯装生气，瞪着眼睛"呵斥"她，她却能看出这是故意逗她的，仍然给你个灿烂的笑容。

刚刚四个月零五天的婴儿，靠什么分辨出真正生气和佯装生气之间的细微差别？

1985-5-22

害怕镜中的自己

姐姐对镜梳妆。

冬冬好奇地把头往前伸了一下，看见镜中的姐姐，很是高兴。突然发现镜子里还有一张陌生的面孔，愣了一下，惊慌失措地把脸儿躲进妈妈脖子里。

姐姐让她再看镜子。

她犹豫着又伸头看，伴随用手抓，镜子里又多了一只小手。这下，她开始兴奋起来，不停地去捕捉，对着镜子里的"冬冬"看着、笑着、打着，极感兴趣。

从翻身看个性

冬冬平躺在床上，可以连胸、肩一起抬起，头部翘得很高。

今晚连着翻了四次身。

通过学翻身，妈妈发现她性格中的一个特点，干某事，非尽兴不可。翻一次身，不过瘾，连着第二次第三次，累得直喘粗气，还不愿意停下来。大人必须出手按紧她，不让干为止。

这是一个值得赞美的好素质。学知识、干事业需要这种不达目的誓不罢休的倔脾气。但愿长大后读书做事，也有这股倔劲儿。

1985-5-23

回泌阳老家

妈妈有半年的产假，这学期不上课，准备回老家住一段。老家人手多，照料冬冬更方便；再有一个月，爸爸就放暑假了，可以直接回河南团聚。

冬冬第一次乘坐汽车、火车，极不适应，又哭又闹。

火车穿越隧道，车厢里灯光辉煌，但巨大的噪音，仍令她恐惧不安。她双手紧紧揪着妈妈的衣服，把头藏在妈妈怀抱里。火车钻出隧道，眼前一亮，她连连眨巴眼睛，好奇地向四周张望。

到泌阳县马谷田街的姥姥家。亲人们都想抱抱她，她号啕大哭。

1985-5-24

广阔天地

仅仅过了一夜，冬冬就跟姥姥一家熟悉了，但仍然不让街坊邻居碰摸一下。

上午，表姐们抱她去姥姥精心经营的竹园。这是一大片茂密的竹林，中间的竹子有两三丈高，碗口粗细，茁壮挺拔；周围的细竹婀娜多姿、婆婆娑娑。

表姐捉到一只小虫儿，放地上让它爬动，再捡些树叶和石块，挡着它爬行的去路。冬冬惊奇无比，瞪大眼睛看虫子左右寻找突围口，不停地发出"咯咯"的笑声。

姐姐抱冬冬，坐在光滑的土包上。脱下她的鞋子，打着赤脚，在地上蹦跳，零距离亲近黄土地。

猫、狗、猪、羊，令冬冬目不暇接。小不点儿哭闹发脾气的机会少了，"咯咯"笑的时候多了。

妈妈交代所有抱冬冬玩的人，不管看到任何一种动物，都要对她讲"这是什么"。如看到"狗"，要对她说："这是狗。两只尖尖的耳朵，会'汪汪'叫……"

农村是个广阔的天地，能让婴儿眼界大开，大脑受到更多的刺激。

学"打哇哇"

表姊妹们教冬冬"打哇哇"。冬冬不知道发声配合。

"打哇哇"是河南农村孩子成长过程中都做的游戏。用手轻轻拍打张大的嘴巴，一边拍，一边发出"哇哇"声，手动声变，很是有趣。现在分析起来，这个游戏，有利于锻炼孩子手、嘴巴、发声三者的协调。

1985-5-25

谁"呵斥"了她

上午，冬冬小便。她笑眯眯地看看这个，又看看那个。

昨夜，冬冬尿床了。舅妈坐在对面，开玩笑地数落冬冬，说："您娘俩都得给我滚蛋，把白被里子尿成云彩头了！"

冬冬的笑脸突变，小嘴一撇一撇地开始抽泣，随后放声大哭。姐姐赶快接过来晃悠，从室内抱到院子里，又从院子悠回到室内。费了九牛二虎之力，才哄得冬冬止住了哭泣。

冬冬一转脸，看见了正在扫地的舅妈，又开始"抽抽搭搭"地哭起来。她哭泣的状态和低落的情绪，一直持续了十五分钟。

她已知道好歹脸，也能听出好歹话了。

1985-5-26

感冒

昨天气温37℃，热得汗流浃背。深夜，雷鸣电闪，大雨倾盆。这一热一冷，冬冬鼻塞得厉害，怕是感冒了。

清晨，姐姐刚抱起她，就拉了姐姐一身稀屁屁。

表姐表哥们投其所好，很快学会用吟诗和唱歌的方式逗她玩。她开始喜欢跟她们玩，让她们抱了。

1985-5-27

拍姐姐肩膀

姐姐突然感觉到，冬冬的小手，一下接一下地在拍她的肩膀。拍打了多次，且节奏感很强。

姐姐很激动，忙把自己的新发现，告知妈妈。

妈妈不动声色地观察，果真如此。冬冬有意识地主动拍他人肩膀，这是第一次。

1985-5-28

爷爷的家

上午，表姐们拉着架子车，送妈妈和冬冬去爷爷家。爷爷家，住在马谷田街北边的张庄，两家相距十八里路。

爷爷家是"一进二"的宅子，一座很体面的农家院落。前院是爸爸的大爷家，后院是爷爷家，有堂屋[1]和东屋[2]。每座房子三间，两边是卧室，中间是大家公共活动的地方，叫作当门[3]。妈妈和冬冬住在东屋北间。堂屋东头接了一间小屋，那是爷爷喂牛的地方。

----

[1] 堂屋：门朝南的房子。
[2] 东屋：门朝西的房间。
[3] 当门：相当于客厅。

血缘关系的缘故？

到爷爷家，冬冬竟不认生，不管是爷爷、奶奶，或是两个姑姑，她都让抱。血缘关系，竟有如此神秘的力量！

奶奶抱她看小牛和鸡，姑姑抱她看蜜蜂。

奶奶说，冬冬对没见过的东西，都很爱看。

1985-5-29

亲情

张庄，还处在使用煤油灯的时代。爷爷怕煤油灯烟子大，气味难闻，特地买回电池，做了一盏小电灯照明。

奶奶怕冬冬吃不饱，抱到婶婶家喂了两次奶。

1985-5-30

乡村小溪

张庄村南有一条小溪，淙淙流过，清可见底。村庄绿树郁郁葱葱，就像一座绿色的小岛，点缀在青黄色的麦海里。只有南风刮起，翻起层层绿枝时，方可看到村庄中的青砖瓦舍。

奶奶和姑姑抱着冬冬去小河里洗衣服。奶奶指着河水，对冬冬说："这是水，是'哗哗'淌着的，从东面啊，淌啊淌过来的……"

这是冬冬第一次见到自然界的小河，第一次触摸大自然中的河水。

动作的新发展

小姑抱冬冬。她再次用小手，一下接一下地拍姑姑肩膀。

冬冬翻身后，趴在床上，四肢抬起，只用腹部支撑，脖子向上梗得很直，可持续三四分钟。

1985-5-31

琐记

冬冬喜欢居高临下看人，流盼自若。

她更爱笑了。只要一睡醒，就眯着眼睛甜甜地笑。

吃饱后，不时发出满足的喉音，记得在她三个月左右时，曾有这些音。

1985-6-1

捉迷藏

冬冬具备了最简单的捉迷藏意识。

正在逗她玩的大人，突然蹲下去躲藏起来。冬冬转动颈项，左顾右盼地寻找。

影子，能捕捉到吗

入夜，妈妈和冬冬躺在床上。

冬冬半侧过身来，用小手捧着妈妈的脸，抠了眼睛又抠鼻子，再去抓妈妈的头发……

大姑接过冬冬，让她站在床上蹦跳。灯光把冬冬的身影，映在蚊帐上：圆圆的脑袋，支乍着的两只小耳朵，随着她身体的摇摆而摆动。

冬冬高兴得大叫，挥舞着双手，趔趄着身子猛扑上去。她想去捉蚊帐上的影子。但在她扑过去的瞬间，影子消失了。

冬冬气恼得"哇哇"乱叫，逗得两个姑姑笑个不停。

踮着脚尖走路

冬冬各种姿势的翻身，更加灵活自如了。

大人扶着冬冬学迈步，她常使用脚尖同时蹦跳。

据奶奶说，这一点很像爸爸。爸爸在学走路时，也是踮着脚尖走的。

1985-6-2

"打哇哇"

农村人相互交谈时，多用大嗓门。

虽然只有短短几天时间，冬冬在喊叫时，嗓门也逐渐高起来。

"打哇哇"，今天开始有了动作配合的意识。

诗、歌的作用

夜幕降临，室内昏暗，冬冬烦躁不安。

妈妈抱着她坐在椅子上，用平静的语调为她吟诗和歌唱。在歌声和诗歌的韵律中，她的情绪渐趋平静。伴着歌声，她也"啊啊"地跟着"唱"起来。

1985-6-3

品尝酸杏

爷爷家的院子里，有一棵杏树，那是爸爸幼年时，老太儿[1]专为爸爸栽的。杏子由青转黄，一个个从浓绿的叶子里，露出圆圆的笑脸。

姑姑摘下一枚杏子，去掉杏皮，让冬冬吸吮。冬冬刚吸一下，激灵灵地打个冷战，酸得咧开小嘴，连连挤巴眼睛。

---

[1] 爸爸的奶奶。

1985-6-4

回姥姥家

下午，妈妈带冬冬回马谷田姥姥家。虽只有一个星期，冬冬又认生了，看见谁都哭，连对一直照料她的姐姐，也有了陌生感。

陌生，持续了一个小时左右，冬冬又和大家熟悉起来。

1985-6-5

看妈妈吃饼

姥姥做煎饼给妈妈吃。也许是咀嚼的响声，也许是香味所致，冬冬仰起小脸，脖子转动 70 度左右，眼巴巴地看着妈妈。那眼神，完全是大孩子想吃嘴的模样。

这个大幅度的动作，冬冬一连做了四次。

1985-6-6

分牙瓣、歪头看人

姐姐发现，冬冬已分牙瓣，很快就要长出第一颗牙齿了。

有人提醒，冬冬看人时，总喜欢歪着头，脖子有点儿往右边歪。

妈妈忙向经验老到的舅妈讨教。舅妈说，这不是个事，睡偏了。往后睡觉时，右侧身睡上一段儿，就好了。

1985-6-7

金鸡独立

中午，姐姐脱掉冬冬的鞋子，让她打赤脚。这次，她用脚后跟触地，抬起一只脚，再放下另一只脚，两只脚交替着抬起放下，做单腿金鸡独立状。

1985-6-8

夜晚，妈妈最亲

到夜里，冬冬只让妈妈一人抱她。

别人硬要抱她，她又踢又哭，能哭得喘不过气来。

据说，孩子是有那么一个阶段：天一黑，只要妈妈，不要他人。

1985-6-9

去泌阳县城

上午，从马谷田坐汽车去县城小姨家。

小姨是泌阳一中的美术教师。一家三口住一间平房。她们去朋友家借宿，把房间让给妈妈和冬冬住。

一路上，汽车的轰鸣和颠簸，对冬冬大脑影响极大。整夜哭闹不断。妈妈和冬冬，几乎一夜无眠。

1985-6-10

发音记录

今天，冬冬嘴巴里不停地嘀咕，发 [pai-pai] 音，听起来像"拜拜"。

1985-6-11

发音更似"语言"

冬冬多次发 [pʌ] [pʰʌ] [mʌ] [kə] [pai]，听起来酷似"爸、爬、妈、哥、拜"，仿佛孩子"会说话"了。

1985-6-12

孩式的天真

小姨心疼妈妈管冬冬太累，下课进家，直接抱起冬冬。小姨的女儿茵茵，刚两岁多一点，看见她的妈妈抱别的孩子，哭着闹着说："不让妈妈抱，不让妈妈抱！"

隔壁的小静阿姨，从小姨手中接过冬冬，逗茵茵说："好啊，你不让抱，那咱把冬冬换油条吃，好不好？"说着，抱起冬冬佯走。

"不，不换油条！"茵茵连忙拽着小静阿姨的腿，紧接着，又问道，"让我吃油条不？"

在场的人，忍不住哄笑起来！

孩式的思维方式太有趣了：看样子，如果让她吃油条，她就同意拿冬冬表妹换油条。

亲妈妈

冬冬越来越会亲人了。

这两天，她时不时地双手搂紧妈妈的脖子，把小脸放在妈妈肩头，轻柔地蹭来蹭去。可爱的小宝贝儿，你开始用肌肤相亲的形式，表达对妈妈的爱了。

1985-6-13

对付漏斗和手绢

今天，冬冬撕碎了三张白纸。

冬冬平躺在床上。小姨把一个绿色的塑料小漏斗，扣在冬冬的小嘴巴上。

冬冬愣了许久，才回过神来。她先把头扭来扭去，企图摆脱它，可漏斗纹丝不动。她又咂动嘴唇，一张一合。张合四次，终于晃掉了。

小姨再次把漏斗扣在冬冬嘴上。她抬起右手，使劲一挥，小漏斗滚落在地。

小姨又把一块儿手绢，搭在冬冬脸上。手绢薄而绵，紧紧贴在脸上。冬冬用手去抓去挠，折腾了好大会儿，也未能把手绢拽下来。

1985-6-14

第二次看电影

晚上，小姨一家带冬冬去看电影《黑郁金香》。

进了电影院，冬冬情绪很好。电影开演，她竟然循着光线朝银幕上望去，看了大约十分钟，就慢慢睡熟了。

1985-6-15

回姥姥家

早上，姐姐来县城接妈妈和冬冬回马谷田姥姥家。

冬冬见到姐姐，稍迟疑了一下，便伸开双手要姐姐抱，很快和姐姐热闹起来。已有五天没见姐姐了，但似乎没有一丁点儿的陌生感。

大白鹅和小花狗，都怕怕

（零岁 6 个月　1985-6-16——1985-7-15）

冬冬与家人（1985 年 5 月）

1985-6-16

预测到被人"抓痒痒"

前两日，冬冬在别人"胳肢"[1]她痒痒时，会发出"咯咯"的笑声。

今天，在他人刚做出要"胳肢"她的架势，把手放在口里"呵呵"哈气，甚至用眼睛定定地看着她时，她都吓得收缩四肢，蜷曲身子，发出一连串的笑声。

1985-6-17

拖拉机

麦收已过，满稻场[2]都是晾晒的麦子。麦子晒干后，拖拉机拖一块碾石，转着圈地碾压脱粒。

冬冬出神地望着旋转的机器。大人想抱她离开，她又喊又叫，拧缠着身子不愿离开。

收音机

中午，全家人坐在院子的浓荫下乘凉，收音机正播放东方歌舞团的演唱节目。

姐姐双手架在冬冬的腋下，随着她的意愿，一步步朝收音机蹦跳过去。冬冬走两步，蹦一下。蹦跳时，两腿一齐往上蜷曲，然后两条腿同时落地。走到收音机前，她半蹲下身子去抓收音机。

冬冬耳、眼、手的动作协调，有了新发展。

---

[1] 胳肢：一种游戏，用手指戳弄人的怕痒处，如脖子、腋下等。对孩子，常在游戏前先往自己手上吹吹气，制造点气氛。

[2] 稻场：打麦场。

1985-6-18

扳脚娃娃

傍晚时分，冬冬坐在妈妈的膝盖上，身子紧紧依偎着妈妈。

有时，她弯下身子，扳起自己的小脚丫，扳上来推下去；有时，她低下头，用嘴巴去啃自己的脚丫子。

开始，冬冬只能扳起一只小脚，后来能同时扳起两只，如同年画中的"扳脚娃娃"。

1985-6-19

玩水

天气闷热。

舅妈端来一盆温水，把冬冬的两只小脚放在水盆里降温。她用小脚一替一下地踢水，踢得水花四溅。她不仅踢水，还低头弯腰，认真查看泡在水里的小脚丫，还不忘朝溅出盆外的水渍瞄上几眼。

玩水的过程，异常高兴，已经不像过去那样怕水了。

主动"打哇哇"

姐姐让冬冬张开嘴巴，再拿着她的小手，一下接一下地朝她的小嘴巴上拍去，一边拍一边示范"哇哇"声。

刚开始，冬冬只是被动地被拍，却发不出声音。过了一会儿，逐渐可以随着大人的"哇哇"声而"哇哇"了。

后来，姐姐不经意间发现，冬冬把右手握成拳头，放在嘴边，从右嘴角向左边滑去，并断断续续地发出"呵——呵"声。

1985-6-20

出水痘？

在县城时，妈妈曾发现冬冬右半身的胳膊上、腿上和脚上，有许多明晃晃的小水泡，可它并非成双成对，不久全都残头塌陷了，所以没有确认这就是水痘。

但前天，冬冬左手及左半边耳朵上，又出了许多大水泡，至昨天又有所增多，且伴有情绪烦躁和低烧。

查看育儿书，这些都像水痘之症状。再观察两天吧。

1985-6-21

重感冒

冬冬的下门牙，露出两个白白的小尖尖！

夜里，冬冬高烧到39.5度，昏睡中不断发出痛苦的"吭吭"声。早上，妈妈和姐姐冒着倾盆大雨，抱冬冬去马谷田街西头的卫生院看病，诊断说是重感冒。那些泡泡并非水痘，可能因为婴儿皮肤娇嫩，水土不服所致。

值班医生是妈妈的高中同学杜阿姨，当即注射了1/3支安乃近，让冬冬躺在值班室的床上，观察一小时。烧渐渐退了。冬冬睁开眼睛，又开始向周围的人们又笑又说起来。

1985-6-22

重感冒续记

今天是端午节。

凌晨两点，冬冬又开始高烧，全身滚烫。服退烧药，凌晨六点稍微退热。她不吃不喝，昏睡了整整一天。

病了两天，冬冬像变了一个人，眼眶深深陷了下去，小脸儿又黑又黄，一副无精打采的模样儿。

1985-6-23

发出四音节串

今天基本控制住了发烧。但清水鼻涕两筒，擦都擦不及。

她能连着发 [mA- mA- mA-mA] 四音节串。

1985-6-24

发出八音节串

今天，冬冬竟然可发 [mai-mu-mai-mu-mai-mu-mai-mu] 八音节串，这是听到的最长音串。

唾液增多

今天停服药。冬冬不再发烧，但清水鼻涕仍像两条小溪。

也许是要长牙齿的缘故，唾液急剧增多。上下嘴唇一碰，溢出许多白沫沫。

1985-6-25

再去爷爷家

大姑来马谷田，接冬冬和妈妈回张庄。

路上，冬冬开心地大喊大叫。走了四里之遥，她睡熟了。

1985-6-26

爷爷喂饭

爷爷、奶奶吃饭，也招呼[1]着冬冬吃。她笑眯眯地瞅瞅爷爷，又看看奶奶。

爷爷说："张嘴，吃饭！"

她乖乖地张开小嘴巴，吃得很香。

1985-6-27

寻找滚动的电池

过道里，铺个凉席乘凉。

大姑抱着冬冬坐在凉席一边，妈妈坐在另一边，随手扔过去一节电池。冬冬的眼睛，一直追逐着电池滚动的线路。电池滚着滚着，滚到了大姑的腿弯下，从冬冬的视线中消失了。她开始左顾右盼，急切地寻找着。

1985-6-28

看花朵、小牛

床上换了一条黄色床单，上面印着牡丹花。冬冬不错眼珠地盯着看，然后用手去抚摸去抠弄那些花朵朵。

小牛拴在院子外面，奶奶抱冬冬去看。小牛一会儿钻到母牛肚子下吃奶，一会儿，又翘起后蹄子撒欢奔跑。欢蹦乱跳的小牛，一直吸引着冬冬的眼球。

走出小院儿，融入大自然中，冬冬的眼睛开始不够用了。大人呼唤她的名字，她只看你一眼，立马又把目光投向别处。

---

[1] 招呼：河南方言，意为照管。

先看看

过去，冬冬看到的，就用手去摸；拿到手的，立马塞进嘴巴里尝尝。

到今天，情况有了些许新变化：她拿到物件后，很专注地看几秒钟，之后才放进口中品尝味道。

1985-6-29

自己抓痒

冬冬如果不停地蠕动身子。可以判断，她身体的哪个部位，一定是有了痒的感觉。

就在此时，一只花腿大蚊子直着飞过来，叮了一下冬冬的左脸蛋，一个大红包立即鼓起来。还没等大姑拿到清凉油，冬冬就抬起右手，朝着那个起大包的地方，抓挠起来。

察言观色

冬冬早就会看"好歹脸"了，现在又学会了察言观色。

在接受别人赠予或者想拿某件东西时，小脸上堆满了笑容，带着探询的目光，先看对方的脸色，再看自己想要的那件东西。

如果对方的表情是善意的，心甘情愿的，她会毫不客气地实施自己的"计划"；如果对方并不那么高兴，她会有片刻的迟疑，甚至缩回手来。

1985-6-30

又拉肚子了

冬冬今天拉了五次稀屄屄。稀屄屄的颜色，像树叶一样的墨绿。

奶奶说是热着了，并说村庄上的几个小孩子皆如此。

俗谚："好汉搁不住三泡稀屎"。到晚上，冬冬整个人软绵绵的，一点力气都没有了。但稍微有点儿好转，脸上又露出灿烂的笑容。

孩子最能担当，这点甚至比大人都强。

防不胜防

自从冬冬学会了弯腰，只要看见地上有东西，她都伸手捡起来，再塞进口中咀嚼品尝。东西入口，能主动吐出来的是少数。有两次，没嚼碎的东西，卡在了嗓子眼里，大人连掏带拽，才算没出事故。

卡在嗓子里的东西，最终是被掏出来了，但孩子被折腾得一脸涎水，满眼泪花，痛苦极了。

撒娇

冬冬正玩得高兴，只要一发现妈妈的身影，立即把眼光转向妈妈，身子也向妈妈处倾斜，蹙着小眉毛，发出"咳咳"的撒娇声。

自己藏

冬冬尝试着主动捉迷藏。她在乎的，是自得其乐的感受。

冬冬被人抱着，有第三人在场时，她把小脸儿藏在大人的脖子里或怀抱中，稍停，又神秘兮兮地露出脸来，看着他人得意地笑……

她还和镜子里的自己玩耍。一会儿把整个脸对着镜子，低下头再仰起头；一会儿探头探脑地看镜子，从侧面窥视镜子里的那个小调皮鬼。

1985-7-1

大白鹅和小花狗，都怕怕

大姑抱冬冬到村头乘凉。村头的小路上，有十几只大白鹅，不停地拍打着翅膀，伸长脖子，"嘎嘎"乱叫，摇摇摆摆地行进着。

冬冬远远看见大白鹅，立马把小脸扎在大姑的脖子里，全身收紧，有点儿害怕了。

大姑一边安慰冬冬"别怕"，一边加快脚步，伴以欢快的喊叫声，一鼓作气，把大白鹅轰进了小溪里。

冬冬这才如释重负，长长呼出一口气，抬起头来。大姑为让冬冬"脱敏"，便模仿大白鹅"嘎嘎"的叫声，逗得冬冬大笑起来。

回到家，冬冬一眼发现，一条黑白相间的小花狗，正惬意地卧在院里的槐树下。她立马精神百倍，高兴得又笑又叫。极力挣脱大姑的怀抱，下到地上。在奶奶的扶助下，一蹦一跳向小狗走去。离小狗还有一步之遥，小狗突然跃起，照直扑向冬冬。

冬冬顿时惊慌失措，尖叫着大哭起来。

大白鹅脖长声高，小花狗跃起扑人。这样活生生的大禽小兽，的确让不到半岁的婴儿望而生畏，惊恐不已。

1985-7-2

单方治病

农村人信奉"单方治大病"。

奶奶坚信冬冬拉肚子是有"火"，找来薄荷根和马齿苋，放在一起煮出绿绿的水，让冬冬一日服用数次。似乎有效，拉肚子稍有好转。

没声音的"打哇哇"

冬冬的右手灵活多了。

她做"打哇哇"的动作：右手从嘴边划过，动作灵敏而多次重复。但只有"打哇哇"的动作，却没有伴随发出的"哇哇"声。

1985-7-3

发音

冬冬的双唇，会抖动着发 [pu-pu] 的颤音。

1985-7-4

看人脸色

奶奶说，当冬冬伸出手，去接他人递来的东西时，常常会反复观察对方的表情。

其实在五天前，已经有了这方面的记录。

奇怪，还不到半岁的冬冬，为何会表现出与年龄不相称的"老成"？

1985-7-5

看病

两天了，冬冬仍然在拉肚子，手心脚心，热得烫手。奶奶跟小姑抱着冬冬，冒着大雨去高邑街卫生院看病，取回一些药物。

奶奶说，冬冬看着街道两旁小摊上的瓜、果、豆、菜什么的，小嘴不断地"吧唖"着，想要吃东西。

1985-7-6

高和矮

家里人手多。一天中，不知有多少人多少次换手抱冬冬。

当几个人争着要抱她时，她总是把手递给个头最高的那个人。

1985-7-7

转圈

冬冬躺在床上，翻身无需他人帮忙。而且，她还能把自己身子，旋转半圈。

1985-7-8

咬人手指

近两天，冬冬非常喜欢拉着别人的手指，不由分说地塞进自己口中，放到牙龈上来回咬几下，像是吹口琴。

是否牙根痒痒，要长新牙齿了？

1985-7-9

掐人

天，又闷又热。小冬冬拉肚子的症状，没有好转。

冬冬手的控制能力，尚未发育健全。她一旦揪着人肉，绝不放开。经常抱她的人，胳膊上被掐得青一块紫一块的。

1985-7-10

喝水，吹泡泡

奶奶不再用小勺子喂冬冬吃东西，而让她就着[1]小碗边喝水。她喝水时，吹起一串串的泡泡，发出"咕咕嘟嘟"的声音。

认识姨父？

小姨一家三口，到张庄来看冬冬。

姨父伸手抱冬冬，她一下子扑进姨父的怀里，竟然没有一点陌生感！

1985-7-11

喜欢洗澡

洗澡。

冬冬把小脚伸进水里，很高兴地踢蹬起来，溅起满盆的水花。

洗完澡，大姑要把她从水盆里抱出来。她"哼哼唧唧"，全身拧缠着，一副极不情愿的样子。

用手指物

地下的席子上，放了几个红红的山楂果。

冬冬的两只小手，一替一下拍打席子。随着拍打的响声，山楂果蹦蹦跳跳地乱窜。其中一个果子，向远处滚去。

她一直盯着那个越滚越远的山楂果。山楂果停下了，她也收回目光，看着大姑的眼睛，右手指着果子，"啊啊"地叫喊。

---

[1] 嘴巴紧贴着碗边。

看冬冬的眼神，估计是想让大姑捡回山楂，让她再次拍打。

1985-7-12

喜欢男青年

村子里，有很多与爸爸年纪相仿的男青年。

这些人，从冬冬面前走过去，她的目光会追逐着远去的身影，久久不愿收回。

假如有人停下脚步，稍稍撩逗她几下，她就朝着对方很亲昵地"又笑又说"。

如果对方叫"冬冬，冬冬"的名字，她就伸出手去，发出要人家抱她的邀请。

冬冬的"不认生"，只对这一类人群。为什么？

1985-7-13

又发烧了

天气太热，冬冬身体一直不好。拉肚子稍有好转，今天又开始发烧了。

1985-7-14

艰辛的行程

从马谷田街传来消息，前两天姥姥被自行车撞了，右边的肋骨红肿疼痛。

今早，冬冬的大表哥白林钦来张庄，在自行车上绑了一辆架子车，把妈妈和冬冬接回姥姥家。

上午十一点，在武汉读书的叔叔跟爸爸一起从武汉来到马谷田。叔叔稍停片刻，就回了张庄。爸爸留下来陪冬冬。

冬冬刚被爸爸抱到怀里，立马大声"妈妈[1]呀，妈妈呀"地哭喊。

晚上八点钟，爷爷和小姑各骑一辆自行车，摸黑从张庄赶来，希望接爸爸、妈妈和冬冬回张庄。姥姥通情达理，一直催促妈妈离开。

小姑抱着冬冬，坐在爷爷的自行车后座上；爸爸带着妈妈，向爷爷家进发。

夜幕降临，天空乌云密布，雷鸣电闪。

刚坐上自行车，冬冬就又哭又叫。为了让冬冬有安全感，两辆自行车尽量缩小距离，妈妈呼唤着"冬冬"的名字，又用歌声表示妈妈的存在。冬冬听见妈妈的声音，果然平静了一会儿，但不久又哭起来。

无奈，爸爸抱过来冬冬，用腰带把妈妈和冬冬系在一起，妈妈尽力把冬冬搂在怀里。作为自行车司机的爸爸，小心翼翼，缓慢地蹬车前行！

从马谷田到张庄，短短十八里路程，却整整走了两个半小时。到家后，已是夜里十一点。

1985-7-15

陌生的爸爸

两天来，爸爸抱她、逗她，但冬冬和爸爸熟悉得仍旧很慢。这跟冬冬百天时，以及前些天，对待村里男性青年的态度大相径庭。为何？

---

[1] 妈妈：此时冬冬发音为 [mai-mai]。

真的听懂了

（零岁 7 个月　1985-7-16—1985-8-15）

冬冬和奶奶（1985 年 5 月）

1985-7-16

学会捏东西

冬冬半岁了，头围长大了一圈，体重十五斤。

她继续学迈步。走路时，只要遇到地面上的树叶、瓜皮或者纸片什么的，就弯下腰，用大拇指和食指捏起来。

手指很灵活，连小小的葵花子皮，也可以捏在手里。

讨厌的小绿碗

冬冬拉肚子十多天了，至今仍未痊愈。

想让冬冬把药吃下去，就要打一场"战争"，而且还必须奶奶亲自上阵。

奶奶把冬冬的身子往怀里一揽，两条小胳膊往腋下一夹，她马上尖叫起来，拼命地挣扎，踢蹬双脚抗议。奶奶把盛药的小勺，往冬冬的口边送过去，她立即抿紧小嘴巴，屏着呼吸，就是不张口……

每次喂药，都是用小绿碗，冬冬开始讨厌那个小绿碗了。每当她看见小绿碗，就连连挥舞小手……直至把小碗扒拉到地上，才算罢休。

自如地翻身

冬冬能在俯卧状态下连续翻身，既可以向右翻，也可以向左翻。

她向右边翻身时，先把自己的右胳膊往脖子下一枕，就势滚过去。想往左翻时，就枕着左臂。动作轻松灵活。

1985-7-17

悬身取物

冬冬趴在床上，一只手按着床，支撑起上半截身子；另一只手，去抓取想要的东西。

有时，上身悬空 45 度左右，两手同时伸出，去取自己喜欢的东西。结果是，东西还没有拿到，"吧嗒"一声响，又实实在在地趴在了床上。

1985-7-18

"打哇哇"的进步

冬冬的"打哇哇"，有了新发展。

大人刚摆出"打哇哇"的姿势，手还未到，她就发出"哇哇"声。与此同时，她自己也学着"打哇哇"，用右手在嘴边抬起落下，极像吹口琴，节奏感很强。

其声音和动作，基本上协调一致。

1985-7-19

观农

爷爷"出粪坑[1]"，冬冬站在一边观看。

她的目光，随着爷爷铲子的下挖、抬起、甩粪等动作而转动；等到铲子上的粪块儿甩出去落了地，她又去注视爷爷手里的铲子……

追蝶

爷爷一家人去村东锄黄豆，也把冬冬带到地里。黄豆苗有半尺高。风吹豆叶儿翻起阵阵绿浪。冬冬瞪着惊奇的眼睛，看也看不够。大人喊她的名字，她一概置之不理。

小姑抱她追赶一只黄蝴蝶，冬冬兴奋得笑声连连。

---

[1] 把积攒在粪坑里的草木肥挖出来，晾晒后运到地里去。

1985-7-20

选人抱自己

夜幕降临，爸爸抱着冬冬，在院子里一边悠晃，一边模仿动物的叫声。爸爸模仿动物的叫声，是冬冬的最爱。

妈妈、大姑、小姑和奶奶都站在她面前，同时伸手给她，都做出要抱她的姿态。她看看这个，瞅瞅那个，把所有人依次看遍，最后把手递给了站在她右边的大姑，不再理会其他人的热情召唤。

过去一直选择高个子，今天倒是个例外。

手指的自控力

冬冬今天的手，从捏紧不放，逐渐学会了放松。

她在抚摸大姑胳膊时，手指学会了轻轻滑动。这较前几日，只要捏着肉，就坚决不放开，是一大进步。

1985-7-21

烟圈

爷爷蹲在门槛上抽旱烟，深深吸一口，再缓缓吐出缕缕烟雾。

冬冬望着一个个烟圈上浮、飘散，又把眼光转向爷爷的嘴巴。眼睛在爷爷的嘴巴和烟雾之间转来转去，直到爷爷抽完了这一锅儿烟。

泥墙上的麦草

爸爸抱冬冬经过大门前。她翘趄着身子，伸出胳膊向墙上扒拉。

爸爸转身发现，在抹平泥巴的土墙上，突出了一小撮泥巴色的麦草。在泥巴中加入麦草，是为了使墙体和泥巴浑然一体，更加结实。

冬冬的眼睛，已经能捕捉事物的细枝末节了。

换手玩玩具

冬冬可以掌控自己的右手和左手。

这只手拿的玩具，可以自如地传递到另一只手上。两手传递玩具，已没有任何难度。

1985-7-22

鼓掌

大人教冬冬学了几次鼓掌。

从此，只要有人说，"来，鼓掌，欢迎欢迎！"冬冬就把两臂扬起，两只小手往一起碰撞、拍击，恰似一个乐队小指挥。

冬冬鼓掌时，两手相对。手心未必正拍着手心，但已是有意识地拍手鼓掌了。

真的哭了

从五个月龄末，冬冬哭叫闹人时，声音洪亮，甚至会哭得满脸泪痕。好像真的生气了，真的伤心了。

1985-7-23

绕手

爸爸妈妈带着冬冬，从奶奶家到姥姥家，准备过两天返回信阳。

冬冬两只小手不停地绕来绕去，很像是缠一个毛线团团儿。

摇动玩具

用拇指和食指捏东西，已是冬冬的常态。

如今到手的玩具，不再只是为了放进口中品尝，也不再是单纯地握紧了事，而是连续不断地摇动。

1985-7-24

捉迷藏的惊喜

大人先躲起来，又猛地出现在冬冬面前，无论这个动作重复多少次，都能给她带来惊喜，都会逗得她"哈哈"大笑，有时会笑得喘不过气来。

互动，给冬冬带来了愉悦。是否可以说，她有了初级的"捉迷藏"意识？

1985-7-25

接钱，拍水

从马谷田到信阳，要坐小火车到明港，再换乘京广线的大火车。

马谷田是中间站，上了小火车才买票。爸爸买票时，冬冬试图去拽售票员手中的车票。售票员找零钱时，没等大人去接，她就把零钱抢了过来。

回到信阳家中，放下行李，姐姐就给冬冬洗澡。她双手使劲拍水，溅得满脸水珠。

姐姐阻止她拍水。她却张开小手，连连拍打姐姐的胳膊。

1985-7-26

模仿布谷鸟的叫声

爸爸学布谷鸟叫。

冬冬也跟着模仿：噘起上唇，用力吸着下嘴唇，抵着上颚，卷舌，发鼻音"咕咕"。她小时候，就喜欢发这个音，现在是有意识地模仿。

唤醒跳舞的记忆

姐姐播放舞曲。

正在吃奶的冬冬，立即停止了吮吸，扬头寻找音乐来自何处。

姐姐抱起冬冬，伴随着乐曲跳舞，她仍然很高兴。但神情，似乎少了些许原有的陶醉。

是"妈妈"还是"爸爸"？

冬冬常自言自语发"妈妈"音。

每逢她叫喊"妈妈"时，爸爸就教她喊"爸爸"。屡遭爸爸干扰的冬冬，终于分不清"爸爸、妈妈"的发音了。发"妈妈"时，常常顺滑向"爸"音，如"妈妈爸"之类。

童车练身

冬冬坐在小童车里，身子挺得笔直笔直的。

有时，她用一双小手，扶着两边的车帮，保持身子的平衡。有时，她丢开一只手，身子侧向一边，把右腿从挡板上放下去，或者迈到挡板的前面。

在没有大人参与的情况下，她能在童车里玩上两三分钟。

1985-7-27

跳舞

姐姐又抱着冬冬跳舞。

今天，虽然冬冬的神情专注多了，但从她"嘎嘎"笑着的表情看，她并不觉得是在跳舞，更像是姐姐跟她闹着玩呢。

童车

回信阳后，她喜欢笔直地坐在童车中，一个人开心地玩各种玩具。

离真正的会坐，已经为期不远了。

拽断项链

爸爸给冬冬戴上一串玻璃珠项链。

她一把拽下来，断了三截。

洋娃娃

下午去黄阿姨家。

冬冬抓起桌上的黑毛线团，又撕又拽，一副调皮模样。

黄阿姨拿出一个与冬冬等量身高的洋娃娃，冬冬毫不犹豫地把洋娃娃揽在怀里，亲它脸蛋，抠抠眼睛，摸摸胳膊，拉拉衣裙，忙得不亦乐乎。正玩得兴高采烈，不知动了什么机关，这个洋娃娃"咯哇"大叫一声，把冬冬吓得一颤，推开洋娃娃，自己"哇哇"大哭起来。

等冬冬不哭了，黄阿姨又递给她洋娃娃。她真的很害怕，一头扎进姐姐怀里。稍停，又忍不住偷偷瞄几眼。那种又恐惧又想看的模样，很逗！

布娃娃

晚饭时，学院的刘主任送来个布娃娃。这是"六一"儿童节时，学院送给小朋友的礼物。冬冬只瞄了一眼，立刻大哭起来。这个布娃娃，看来是受了黄阿姨的洋娃娃株连。

爸爸抱起冬冬，让布娃娃变换各种造型：当爸爸高高举起布娃娃时，冬冬"咯咯"地笑；当爸爸把布娃娃一点一点靠近她时，她紧闭双眼身子后仰，极不情愿地用手去推。胡乱地推几把，又忍不住睁开眼睛瞧瞧……

折腾了十多分钟，冬冬把脸扭向一边。眼睛不看它，小手却在触摸布娃娃的衣服。

姐姐拉着布娃娃的手，碰了一下冬冬的胳膊。没想到，冬冬又被吓哭了……既然她真的害怕，爸爸就把布娃娃放到了书架的顶层。有趣的是，冬冬却时不时地朝高处瞟上几眼。

既惧怕又好奇，是婴儿心智发展的表现，也是对未知事物的正常认知现象。

1985-7-28

布娃娃的脱敏训练

让冬冬多接触布娃娃，进行"脱敏"训练，成了今天的主要任务。

姐姐不动声色，把布娃娃的手放在冬冬腿上，稍待一小会儿再拿走……反复数次，冬冬开始先拉拉布娃娃的衣服，再拽小手、抠眼睛……之后又伏下身子，啃它的脸蛋和鼻子……兴致勃勃地啃了一会儿，胳膊用力一挥，把布娃娃推下了床。

妈妈躺床上给冬冬喂奶。

爸爸把布娃娃放在妈妈怀里说："布娃娃也要吃奶！"

冬冬不理睬，只顾吃自己的。

爸爸让布娃娃紧贴着冬冬的脸蛋。冬冬烦了，停下吮吸，把布娃娃连推带搡地按到自己腿下，又把它踢蹬到远处。随后一头扎进妈妈怀里，很惬意地继续吃起来。

爸爸仍不甘心，又把布娃娃紧紧靠着冬冬的脊背。冬冬感到脊背不太舒服，猛地翻过身，见是布娃娃，皱着小眉毛"啊啊"地抗议，顺手把布娃娃推到了一边。

爸爸再次把布娃娃放在冬冬腿边，她又"啊啊"叫起来。她的小脸上，少了恐惧和害怕，却多了不少厌烦。

找回舞蹈的感觉

姐妹俩伴着舞曲跳舞。

冬冬面带微笑，随着节奏晃动身子，还拉着长音，"啊啊"地"伴唱"。

通过三天的强化训练，冬冬又找回以往跳舞时的感觉，一副极其陶醉的模样儿。

1985-7-29

西瓜子

稍大点的物品，冬冬只要想要，就能手到擒来。但对较小的东西，抓捏起来，还比较困难。

桌子上，有一堆儿西瓜子。冬冬想捏起来一个。瓜子个头小而光滑，用大拇指和食指去捏，捏不着。她又改用手指夹的方法，也拿不到。她急躁了，生气了，双手使劲地猛拍桌面。光滑的西瓜子们，在桌上"噼噼啪啪"地跳起舞来！

1985-7-30

长出门牙，清晰发音

冬冬的上门牙，又长出两枚。两颗又大又稀的门牙之间，足足可以再塞进一个正常的牙齿。另外一枚上牙，也露出小小的牙尖。

小孩长牙齿，河南话叫"扎牙"。

可能与有了牙齿有关，冬冬发音清晰多了，比如已能较清晰发出"哥"和"奶"音。

1985-7-31

捏瓜子的进步

今天，姐姐又把一大把瓜子，堆放在桌面上，说："冬冬，来，抓瓜子！"

冬冬伸出两手同时去抓：右手抓到六个，左手抓到五个。

姐姐拿一粒瓜子，放在自己手心里，伸给冬冬。冬冬左手的拇指、食指、中指一齐上，很果断地捏起了那个瓜子。

姐姐又放进手心一粒瓜子，让冬冬再来一次。这次，冬冬只使用拇指和食指，很轻松地捏起了瓜子，不需要中指做"帮手"了。

连续翻身

冬冬睡醒后，不哭不闹，趴在床上，发出愉快的"啊啊"声。

从连续的翻身中，她能获得无穷乐趣。

有一次，连着翻身十三次。完全是个"打地滚"。

中国扇、拨浪鼓

冬冬俯卧，肚子用力过大，有时会挤出点儿大便来。

她仰卧在床，玩一把中国团扇。扇子在她手里翻过来倒过去，如玩杂技一般。

冬冬又捞过来个"拨浪鼓"，左右摇晃，发出"乒乒嘟嘟"的悦耳响声，她也"咯咯"地笑。有时用力过猛，"拨浪鼓"迎面砸来，吓得她忙挤上双眼，五官缩成一团。

旁听生

晚上，妈妈的同事赵老师来跟爸爸谈他的酒瓶盖防伪的思路。爸爸让冬冬参加，做"旁听生"。冬冬没有哭闹，一直冲着赵老师笑。

"旁听"的益处是：克服孩子胆小、内向的性格；倾听大人谈话，耳濡目染，增广见闻。

发音

今天发出 [ŋɛ̃] 音。

1985-8-1

凉席上的洞洞

大床上的凉席已烂了两个小洞洞。姐姐用塑料布遮盖一下，想再凑合着用一段。

冬冬趴在床上，扯掉塑料布，惊喜地发现了小洞洞，立马抠弄。不大一会儿，就抽掉了其中一根草席篾，拿在手里甩来甩去，玩得有趣而专注。

姐姐想拉开这个"破坏专家"，她挣扎着不愿意离开。姐姐抱她掉个头，她转动身子，很快又回到小洞洞那里，继续玩……明天，不得不去买新凉席了。

日本儿童教育家井深胜认为：室内那些凌乱不堪、不被大人注意的物件，如破拉门和土墙等等，对婴幼儿有很大的吸引力，他们会从中发现无限的乐趣。对于冬冬来说，一个破席片，远比一只漂亮的黄鹂鸟玩具，更让她兴致盎然。

教认五官

姐姐拿冬冬的小手，教她认识自己的五官和别人的五官，还训练她开门和关门。门打开后，她望着室内墙上的那张《春醋图》挂图，甜甜地笑。

音色

冬冬学着控制自己声带。能发出尖细的、粗憨的、平直的、婉转的等不同的音色。

她用小小的、细细的声音，似乎说"哎呀"。

1985-8-2

找妈妈、"上门儿"

从冬冬的手势语和对语音的反应看，她可能正由第一信号系统向第二信号系统发展。如：

①爸爸问："冬冬，妈妈呢？"

她左顾右盼寻找妈妈。眼光与妈妈相遇，静静地看着妈妈。

②姐姐抱她站在门口，说："冬冬，咱们上门儿[1]！"

她立马眼睛放光，身子挣着朝楼下望。

捉迷藏

捉迷藏。要藏起来的人，藏到冬冬看不见的地方了。她用催促的眼神，不停地拍打着抱她的人的肩膀，让里里外外去寻找。

1985-8-3

童车里的运动

昨天，冬冬坐在童车里，两只手抓紧车帮，身子一点点地从车子右边挪到左边。

今早，坐在童车里的冬冬，欠起小屁股，抓着车帮，努力想站起来。欲站起来的动作，一共做了四次。

晚上，她双腿跪上童车的座位，上身竖得笔直，可以一气儿跪十几分钟。

---

[1] 上门儿：河南方言，从室内出来，到户外。是"上门儿上"之省。门儿上，室外。

训练“再见”

从前天开始，姐姐抱冬冬“上门儿”，每次都拿起她的小手频频摇摆，让她跟妈妈再见。可她的眼睛，不看妈妈，只朝楼梯下看，急于出去。

中午又外出。姐姐又让她跟妈妈再见。

她的小脸儿憋得通红，迸出一句 [a- mɚ]，音似“上门儿”。

“阻击”丹丹

信阳师范学校林荫大道的尽头，耸立着一座碑，左右各有一幅图画，中间是“忠诚党的教育事业”几个大字。

冬冬一看到这里的字和画，就开始兴奋。路上，遇到了一岁零九个月的男孩丹丹。

姐姐教冬冬喊：“哥哥！”

冬冬跟着姐姐发“哥哥”音。

丹丹看见冬冬，也很高兴，边喊着“冬冬、冬冬”，边扑上去要吻冬冬的脸蛋。

丹丹的嘴巴刚伸过来，冬冬立即张开小手扑打；丹丹再次伸嘴上来，冬冬再次“阻击”，反复多次。

躲避捏嘴唇

妈妈教研室的李老师，在外面见到了冬冬，就跟冬冬闹着玩，去捏冬冬的嘴唇。

冬冬惊慌失措，脑袋扭来摆去，但还是被捏到了。冬冬把头埋在姐姐的肩膀上，待了好大一会儿，也许觉得没有危险了，就抬起了头。

李老师故伎重演。冬冬扭开脸，迅速趴在姐姐的肩膀上。过一会儿，她又抬起头，东张西望，李老师趁机又去捏，冬冬干脆把脸儿扎进了姐姐怀里。

回到家，姐姐把刚才李老师捏冬冬嘴唇的故事，告诉了爸爸和妈妈。说冬冬只吃了一次亏，马上就有了对策。爸爸不太相信，说着笑着伸出手，想验证一次，冬冬马上把头埋在姐姐怀里。

当她再抬起头时，眉头紧锁，一脸的不高兴。

爸爸的幸福感

冬冬一直拉绿㞎㞎。中午服用半粒治疗消化不良的肥儿丸。

下午三点多，爸爸躺床上，双手架在冬冬腋下，让她站在自己肚子上蹦蹦跳跳。正跳得开心，突然"哗啦"一声，拉了爸爸一胳肢窝稀㞎㞎。

姐姐赶快接过冬冬，拿来卫生纸让爸爸擦拭，怎么也擦不干净。爸爸干脆去冲了个澡后，又兴奋地抱起冬冬，调侃地说："冬冬，你给我记住，今天你拉了爸爸一胳肢窝，又腥又臭。将来你长大了，如果不待爸爸亲，看我怎么收拾你！"

其语气与神情，充满了幸福和满足。

母女逗乐

晚上，母女俩躺在床上，冬冬的小脚压在妈妈腿上。

妈妈夸张地拿起她的小脚，轻轻地放回床上。她笑眯眯地看着妈妈，又把脚伸过来，搭到妈妈腿上。妈妈拿下，她又伸上去，反复五次之多。

之后，她娇娇地把小脸儿贴在妈妈的脸上、手上。

1985-8-4

"镜式"模仿

姐姐很夸张地摸摸冬冬的脸蛋儿。冬冬笑了，也伸手去摸摸姐姐的脸儿。姐姐用脚蹬蹬冬冬的腰，她也去蹬姐姐的腰。

妈妈也凑热闹加入进来，用脚去碰冬冬的腿和脚。冬冬"哇哇"大叫着，用双脚使劲乱踢腾，来反击妈妈。

这种"镜式"模仿，是游戏，也是交流。

以声辨人

冬冬的"话"更多了。

下午五点，她一气"说"了十多分钟。

录音机里播放冬冬出生三个月时的录音磁带，她很感兴趣。听到录音中有妈妈的声音，连忙扭头看妈妈。

1985-8-5

吃奶衍生的乐趣

冬冬钻进妈妈怀里，抓住乳头就往口中送。有时，乳房堵住了她鼻子，她会歪歪头，给自己留出呼吸的空间。吃奶时，不再只是闭目享受母乳的甘甜，还睁大眼睛看着妈妈，跟妈妈交流眼神。

冬冬即使在吃奶，也不老实：她的小手横搭在妈妈身后，用大拇指和食指掐住妈妈腋下的一点儿点儿肉，不停地"拨搡"过来，"拨搡"过去。

1985-8-6

"青蛙皮"童装

前天，买了两件"青蛙皮"。

这是一种婴儿装，上半身像兜肚儿，下半身是短裤，兜肚儿和短裤连成一体。穿上它，像青蛙的模样。无论宝宝睡觉是何种姿势，都不会把肚子露在外面受凉。

冬冬刚穿两天青蛙皮，很长时间拉肚子的毛病，竟奇迹般地好了。

大家都说拉绿屎是有"火"，是热着了，从而忽视了对孩子肚子的保暖。看来，这是个误区。

莉莉

妈妈同事的女儿莉莉，比冬冬大两个多月。两个孩子在一起玩了几次，玩得非常开心。

姐姐站在莉莉家的楼下，大声呼唤莉莉的姑姑，让她们下楼一起出去玩。冬冬看见莉莉从楼上被抱下来，高兴得又蹦又蹿，开心极了。

1985-8-7

玩具是玩的，不是吃的

今天，冬冬拿着玩具，揉来晃去地玩了一会儿，扔到地下。

她坐在童车里，把手中的玩具伸到车帮外，扔掉。玩具落地发出的响声，似乎很好玩儿。

将近七个月的冬冬，玩具在她手里经历了几个阶段：开始于吃，继而握，继而摇，继而扔出去。她终于弄懂了一个最为简单的道理：玩具不是"吃"的，是用来"玩"的。

吐泡泡

冬冬吐出一嘟噜一嘟噜的小泡沫，滴落在爸爸的脸上、胸脯上。

爸爸戏谑地说："冬冬学会吹泡泡了！"

从以往的经验看，涎水增多，是又要出新牙了。

1985-8-8

"上门儿"和再见

姐姐抱冬冬到楼梯口，问："冬冬，上门儿不？"

冬冬开心地笑着，把整个身子扭向楼梯，同时伸出两条小胳膊，做出要离开家的姿势。经过多次"上门儿"和"再见"的训练，冬冬已经理解了何谓"上门儿"。

下楼梯到拐角处，姐姐拿起冬冬的手，让她跟还站在家门口、目送她下楼的妈妈"再见"。

之前的"再见"，冬冬的手是握成一个小拳头的。今天的"再见"，她的手指是伸开的。

1985-8-9

发音

发出 [vai-uv] 的声音。

模仿大人发"抓住、哥"等声音。

宝贝

我家有两件"艺术品"：墙上挂的《春酣图》；书桌上的硬币罐雕塑。硬币罐的雕塑"母爱"，线条优雅的母亲，深情地俯视着怀中的宝宝。

冬冬很喜爱这两件宝贝。

1985-8-10

认字

来到小客厅，妈妈一说"爸爸、妈妈"，冬冬就朝墙上贴着"爸爸、妈妈"的卡片看，而不看站在眼前的真爸爸、真妈妈。

1985-8-11

第一次看电视

这个年代，电视还是稀罕物，全校只有一台电视机。每天到了学日语的时段，妈妈就去电教室跟着电视学日语。

今天，姐俩也跟妈妈同去。冬冬看见电视屏幕上的人影，既新奇又害怕，一个劲儿地"啊啊"乱叫。

1985-8-12

真的听懂了

冬冬双手抱着一块儿苹果，起劲地啃着。

姐姐张大嘴巴，指指冬冬手里的苹果，又指指自己的嘴巴，说："冬冬，把苹果给姐姐吃。"

姐姐看冬冬没反应，又重复了一遍。

冬冬看看手里的苹果，伸手把苹果塞到姐姐嘴里。

妈妈和姐姐同时愣住了：这句话如此复杂，她真的听懂了？

姐姐指指妈妈的嘴巴，说："冬冬，把你的苹果给妈妈吃！"

冬冬把苹果往妈妈嘴边送。

妈妈欣喜异常，忙把刚才发生的奇迹告知爸爸。正写论文的爸爸，止笔而出，依此做了试验。果真，冬冬听到指令，也往爸爸嘴里送苹果。此后数次，冬冬每听到指令，都能把苹果送到他人嘴边。

是的，冬冬真的听懂话了，父母十分激动。为鼓励她话语理解力的进步，鼓励她慷慨地"给予"，冬冬每"给予"一次，爸妈就一人一边同时吻她的脸蛋，这让她加倍高兴，兴奋得手舞足蹈，笑声连连。

"人来疯"

冬冬好像有点"人来疯"。人越多，越兴奋。

今天家里来了四拨客人。每次来人，冬冬都很兴奋，好奇地观察客人的言行举止。更多的时候，是从姐姐怀里趔着身子，让正与客人说话的爸爸、妈妈抱她，或者站在大人腿上上蹿下跳，嚷个不停。

1985-8-13

虚晃一枪

上午，爸爸、妈妈、姐姐各提出一次吃苹果的请求，冬冬都把苹果送到他人口边。这说明，冬冬的确听懂了指令，虽然有大人附加的手势语。

下午，妈妈又说："冬冬，把苹果给妈妈吃！"

冬冬看妈妈一眼，自己先咬口苹果，然后往妈妈嘴边送，还没等妈妈咬到苹果，她就把手缩回来，把苹果塞进自己嘴巴里……

就这样，妈妈要求了三次，她"诓"了妈妈三次。

鬼灵精怪的小不点儿，把"请求"和"给予"这一模式，扩展成为一种游戏了。

扳脚至胸前

冬冬变成了真正的"扳脚娃娃"。

无论是吃奶还是独自玩耍，总爱双手扳着脚丫子玩。有时，可以同时把两只脚扳至胸前。

爸爸的鬼脸

爸爸故意做鬼脸逗冬冬，鼓起腮帮，学癞蛤蟆叫。冬冬乐不可支。

"争怀" [1]

黄阿姨是妈妈的好朋友，十天前顺利生产一男婴，取名夏夏。

晚上，妈妈和姐姐抱着冬冬去看望黄阿姨。姐姐刚抱起夏夏，冬冬就"吭吭"着抗议，从妈妈怀里挣着要姐姐抱她。

这种现象，河南人称之为"争怀"。

1985-8-14

坐与躺

冬冬仰卧时，抬头至胸前，小腿用力翘起，努力挣扎着想要坐，但还坐不起来。

侧卧时，抓着别人的衣服或大人的手，可借力趁势坐起，但还坐不直。

她正坐着，想躺下时，动作非常利索：一条胳膊往一边一伸，头往下一枕，顺势滚躺在床上。

与爸爸捉迷藏

姐姐抱着冬冬与爸爸捉迷藏。

爸爸快速闪身，藏在了门外。冬冬往左瞧瞧没见爸爸，往右瞄瞄也没见爸爸，把头往门外一伸，看见了爸爸，吃惊而兴奋，笑着把脸藏在姐姐脖弯里。

---

[1] 争怀：河南方言，不让亲人抱别家的孩子。

爸爸再次藏在椅子后面，她又开始寻找……

捉迷藏的游戏，会促进婴儿发展出搜寻意识。

站在铁架上"练功"

晚饭后，爸爸抱冬冬在院子里散步，碰见芽芽站在铁架上，站、蹲自如。芽芽的爸爸自豪地说："芽芽每天都在这里'练功'。"

爸爸也让冬冬蹬着铁架的横棍，双手抓住铁架。等冬冬抓牢了，爸爸丢开双手，站在她身后，张开双臂保护。冬冬站在铁架上"练功"，虽然只有半分钟，但她可以独立地"站"了。

1985-8-15

发音

今天发出了如下一些声音：[a-pai] [a-tɕi] [a-kai] [a-kɑ] [a-kə] [kə-kɑ] [du-uai]。[tɕi] 是舌面塞音，首次记录到。这说明冬冬的辅音由后到前，现在开始发展舌音了。

牙齿

冬冬下边的牙齿，露出了小尖尖。上牙，又开始分牙瓣。

她近日吃手的次数增多，还爱吹出泡泡，并小溪般地流口水！

抓着物，就能坐起

冬冬仰卧。

爸爸手握钥匙，把穿在钥匙上的尼龙绳子递给她。冬冬抓紧绳子，一用劲儿，就坐了起来。

反复多次，屡试不爽。

再与爸爸捉迷藏

父女俩在客厅里捉迷藏。

爸爸准备躲藏了。

冬冬目光专注，追逐着爸爸的身影。爸爸躲在书架侧面，她直接把身子探向爸爸藏的地方。之后，冬冬眼耳并用，多次准确地判断出爸爸所藏匿的方位。

爸爸决定加大难度，藏进了卧室与客厅相连的卫生间里，神秘地喊道："冬冬，爸爸在这里！"

冬冬听见爸爸的喊声，挣着要去卫生间。推开门，猛然发现爸爸，高兴得大叫。

爸爸在冬冬兴奋大叫时，闪身躲到门外。冬冬用目光寻遍了屋子，未发现人影，又挣着去了卫生间，也不见爸爸踪影。

爸爸在门外学小鸡"唧唧"地叫，她一脸茫然地朝门外看去……

这次，捉迷藏的难度太大了。

举手表示"再见"

（零岁 8 个月 1985-8-16—1985-9-15）

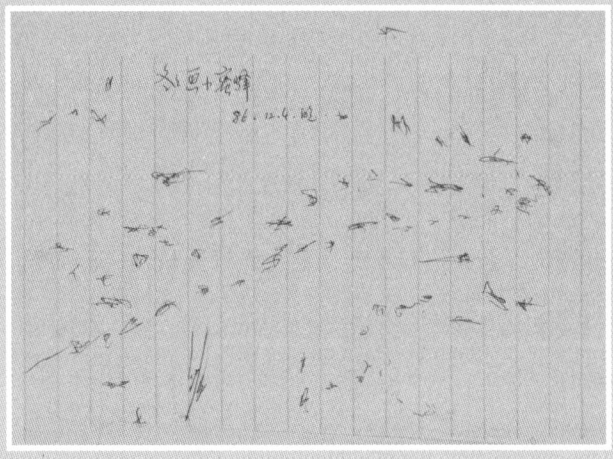

小蜜蜂（1986 年 12 月）

1985-8-16

手绢蒙脸的游戏

姐姐把小手绢，盖在冬冬脸上。冬冬拽下来扔一边，连续多次。

姐姐又把手绢盖在自己脸上，冬冬一把拽下姐姐脸上的手绢，姐姐又盖上……玩了几次之后，冬冬自己掂着手绢，捂到姐姐脸上。姐姐拽下手绢，她又再次捂上去……

三种不同方式的拽、捂手绢游戏，显现出婴儿智力的发展。

腿力

冬冬平躺床上，高兴时两只小脚一替一下地弹蹬，敲得床板"咚咚"响。

站在大人腿上，双脚同时跳，能接连跳三十多下。

闹人的方式

冬冬闹人的方式，也开始有了新变化：无缘无故地眯着眼睛，扯着长腔"啊啊"地叫喊个不停。

1985-8-17

真假奶头

冬冬常含着奶头入睡。

午饭后，冬冬困了，爸爸把橡皮奶头塞在她嘴里。她似睡非睡地吸了两口，便把橡皮奶头吐出来。稍停片刻，爸爸再次把橡皮奶头塞进她嘴里，她一下子睁开眼睛，推开橡皮奶头。

真假奶头，她也能辨别出来？

别挠我！

姐姐轻轻挠了挠冬冬的脊背，她全身一激灵，叫嚷起来。回过头来，不高兴地看着姐姐。姐姐挠了五次，冬冬激烈反应了五次。

冬冬的感知能力又有提高。

1985-8-18

双向碰撞

冬冬坐在童车里，拿着圆柱形的羽毛球盒子，往其他玩具上碰，发出"咚咚"响声。之后，又多次掂起羽毛球盒子，往墙上砸。

爸爸让冬冬两手各拿一个物件，往一起相互碰撞。

爸爸又找来一个小塑料桶，让冬冬左手拿桶，右手拿桶盖，用桶盖敲打塑料桶。敲打了几次，爸爸又跟冬冬换其他小玩具。

通过多次尝试，冬冬把两个物件碰撞在一起的成功率，越来越高。

冬冬右手的力度，明显大于左手。

与洋娃娃争怀

冬冬"争怀"更加厉害，不但反对妈妈、姐姐抱别人家孩子，就连爸爸抱洋娃娃，她也不允许。

"争怀"是"占有欲""嫉妒"的萌芽，也是自我中心意识的萌醒。

确知捉迷藏的对象

捉迷藏。爸爸藏，冬冬找。

卫生间的门虚掩着，爸爸躲了进去。冬冬从卫生间的门缝里，隐约瞄见了爸爸的身影，马上惊叫并大笑起来。

这次最大的进步，是她知道要捉的对象是谁。在与爸爸捉迷藏时，妈妈故意在她面前晃来晃去，扰乱她的视线，但她没有分散注意力，始终要去"捉"爸爸。

1985-8-19

七坐八爬

民间有"七坐八爬"之说，意思是婴儿七个月会坐，八个月会爬。

七个月的冬冬，坐得很稳当，正练习爬呢。过去是大人推着她两只脚，辅助她向前移动。现在不用大人帮助，冬冬的胳膊、屁股和膝盖都会用力。

为挑逗她爬的兴趣，爸爸在离她尺把远的地方，放一只一捏就叫的黄鹂鸟玩具，不时地拿起来，捏几下响几声，频频向冬冬招手说："来呀，爬过来呀，冬冬来拿黄鹂鸟啊！"冬冬扭动着身子，一蹴一蹴地往前爬，直至抓着玩具为止。

"跳跳"和"歇歇"

冬冬精力充沛，又蹦又跳的时间，约占她醒着时间的三分之一。爸爸有意识让她理解"跳跳"和"歇歇"这两个词。

冬冬站在爸爸的腿上，双腿稍微弯曲，做出准备蹦跳的姿态。

爸爸督促说："冬冬，跳，跳跳！"

冬冬听到爸爸的指令，马上一下接一下地跳。跳了十几下，爸爸就把她按伏在肩上，说"歇歇，歇歇"。停一会儿，爸爸又说"跳，跳！"跳一会儿，爸爸又把她按伏在肩膀上"歇歇"……

"跳跳""歇歇"，反复多次。

爸爸最初让冬冬"跳"时，伴以体态语和双手卡在腋下的力度，冬冬明显感受到让她"跳跳"的意图。但让她"歇歇"时，爸爸一手揽着她的身子，一手把她的头按伏在肩膀上，她动不了才能"歇歇"。

经过五个回合的训练，爸爸不再使用体态语，冬冬就能配合爸爸的语言指令了：让"跳跳"时，自自然然地蹦跳；让"歇歇"时，身子靠在爸爸胸前，头部很舒服地贴在爸爸肩头，完全处于休息的状态。

带出北方人的样儿

晚上，爸爸、妈妈抱冬冬外出散步。

张老师住一楼，正在院子里端碗面条喂女儿帆帆。帆帆比冬冬大几个月。张老师让冬冬和帆帆一起比赛吃面条。冬冬一口接一口地吃，半尺长的面条吸溜吸溜就进去了。比在家吃饭香。

信阳，地处河南与湖北交界之地，是鱼米之乡。再往北过了淮河，基本上就以面食为主，被信阳人看作是北方了。张老师是信阳人，吃米饭长大，感叹地说："冬冬还是北方人的基因，吃面条都带出样儿来了。"

1985-8-20

新奇的小座椅

楼下，邻家自行车的前杠上，置放着一个儿童座椅。爸爸把冬冬放进小椅子里，她很高兴。

看冬冬喜欢，爸爸借来小座椅，夹在自行车上，推她一起去买菜。她坐在椅子里极不老实，拍拍车把、摸摸铃铛，用劲儿拉身下的小椅子，甚至还转身去拽爸爸的衣服。后来，爸爸骑上自行车，稍微加快了速度，冬冬便恐惧起来。

1985-8-21

从自行车上摔下来

既然冬冬喜欢小座椅，爸爸打算去买一个。先借同事家的小座椅，装在自行车的前杠上。爸爸骑上，冬冬坐上，她竟然不害怕。

在东风街道办事处旁的一家路边店，爸爸挑选到一个满意的小座椅，卡在自行车前梁上，抱冬冬坐上。爸爸想试试小座椅的结实程度，使劲摇晃了几下，没想到，竟让冬冬一跟头栽到了地上。

爸爸抱起孩子连声叫"冬冬，冬冬"，慌乱地拍打她脊背好大一会儿，冬冬才哭出了声。大哭几声后，又满脸泪花地对着爸爸笑了笑。冬冬这懂事的一笑，让爸爸加倍心痛。

这次，冬冬实实在在摔了一跟头，鼻子和脸蛋上蹭破了一层皮，嘴唇流血……

回家的路上，冬冬对小座椅产生了恐惧心理。爸爸只得一手抱着她，一手推车。走了不远，冬冬就睡着了。到家醒来，蔫了几分钟，就又欢蹦乱跳起来。

这是冬冬出生后的第一次受伤。

爸爸跟妈妈叙述事情经过，无不心酸地说，冬冬太懂事了，摔成那样，还对我笑，还在安慰我。"细节决定成败"，今天的事故，是在试椅子时忽略了一个细节，椅子的两条腿，必须用绳子固定好。

记下此事，引以为戒。

1985-8-22

还是喜欢小座椅

昨天下午，冬冬从小座椅上摔一跟头，一直延续到晚上，她看到小座椅都怯生生的。

今天上午，爸爸又尝试着放她坐进小座椅里，她又高兴地坐了。

这叫"及时脱敏"。

1985-8-23

叔叔来了

暑假快结束了，叔叔从老家来到信阳，与爸爸会合，一起去武汉。

家里多了个人，冬冬很兴奋，到夜里十一点多还没睡意。

叫声的变化

她看见放在床上的火柴盒和烟盒，挣着身子大叫着要去拿。

以前，冬冬兴奋、惊奇时，都发 [uv] 音，口形是上唇包下唇，似布谷鸟叫。今天，她的嘴巴微微张开，舌抵下齿，发 [ai-ai-ai-ai] 声。

1985-8-24

认字的新策划

爸爸明天就要回武汉了。

上午，他在硬纸牌上写了室内各种家具的名称，挂在实物上。希望在教冬冬认字的同时，也能认识实物。

爸爸抱冬冬认字。她两只眼睛紧盯着硬纸牌上的字，十分专注。

手指最好玩

冬冬的两只小手，成了她最喜欢观察和玩弄的对象。

有时，她用一只手去摆弄另一只手的手指；有时两手紧握，伸开后，手指叉得很开。不管是对握紧的或者是张开的小手，她都感兴趣。歪着个小脑袋，兴致勃勃地看不够。

1985-8-25

送爸爸

上午九点四十四分，爸爸和叔叔乘坐 381 次列车去武汉，妈妈、姐姐和冬冬到车站送行。

从学校到火车站，步行三公里，爸爸一直抱着冬冬。列车快开动时，爸爸把头伸出窗外，一边招手一边呼唤冬冬的名字。冬冬不哭不闹，目不转睛地望着车窗里的爸爸。

训练"再见"

自 8 月 3 日训练冬冬跟妈妈"再见"，已有二十二天，今日才初见成效。

姐姐抱冬冬下楼，妈妈站在门口跟她挥手"再见"。她左手不断挥动，右手指也不停地动弹。

虽然，冬冬的"再见"，还属于"被动型"，是姐姐先拿起她的胳膊，但她的胳膊不再僵硬，右手不停地弹动，是她自发的。

1985-8-26

学字、发音

学挂在实物上的字，已有三天。

每天的早上、中午和晚上，姐姐总抱她去认一遍。她对挂在房间门上的"门"字，最感兴趣。

当姐姐抱她离开"门"，去认其他的字时，她还频频回头，注视着挂在门上那个"门"字。

1985-8-27

头枕胳膊、扶物站立

早上醒来，冬冬头枕着左胳膊，眼睛看着右手，安静地躺在床上，玩了很大一会儿。

坐在童车里，冬冬双手抓住两边的车帮，竟猛地站了起来。不过，她的上半身有些前倾，还不敢站得太直。

捏米花、打哇哇

冬冬捏大米花。右手上粘了两个，左手忙不迭地去捏右手上的米花。手指一碰，米花掉在了地上。

近五天来，她常常双手握在一起，连续四五次往嘴巴上碰。有点像"打哇哇"的动作，但没有出声音。

举手表示"再见"

上午十点多，姐姐又抱冬冬外出，在楼梯拐弯处，说："冬冬，跟妈妈再见！"

冬冬立马举起了右手，跟妈妈招手。

姐姐大声嚷道："大姑，是冬冬自己招手的！"

妈妈惊喜异常，让姐姐抱着冬冬上楼梯再下楼梯，连续四次表演了"再见"，冬冬都有招手动作。在第四次时，她兴致大发，小手连着挥动了十几下。

这一天，即使在房间内，也对冬冬进行"再见"的训练。只要有人说"再见"并招手，冬冬都能配合着"招手"。

冬冬不仅能跟自己的家人举手"再见"，在室外，也能和外人"再见"了。

午饭后，妈妈抱冬冬出外，首先遇到徐老师。

妈妈说："冬冬，跟徐叔叔再见！"

徐老师当然首先招手，冬冬也抬手挥了两下。

之后，又遇到小朋友芽芽。

妈妈说："来，和姐姐再见！"

芽芽还没有举手，冬冬又举起手来，频频挥舞着"再见"了。

《青年父母必读》上说，婴儿到九个月才学会"再见"。而冬冬在七个月零十一天时，已经真正学会了"再见"。

看起来，顺其自然和有意训练，还是有差别的。这让妈妈非常高兴！

1985-8-28

前爬、后退

床上放的手表，离冬冬有尺把远。姐姐让冬冬去拿。

她胸部腹部悬空离地，右侧用力，朝着目标"噌噌"爬去，情绪极好，速度很快。将要够着手表时，妈妈把手表移动了方向和位置，她转动身子，又向手表的位置爬去。

冬冬不仅会往前爬，还可以手脚并用地向后倒退。倒退的速度，甚至比向前爬行更快。

躺着吃奶

最近十多天，冬冬吃奶的姿势，由坐姿变成卧姿。

冬冬坐在妈妈腿上，一伸胳膊躺下，头翘得老高去够奶头吮吸。有时，母女俩并排躺在床上，冬冬用手去摸索奶头，拉着往口里送。

下午，冬冬边吃奶，边用手摸着另一个乳头，用拇指和食指不停地来回拨捻。

东西是别人的好

小孩子爱跟年龄稍大的孩子玩。别人的饭最好吃，别人的玩具最好玩，似乎是共性。人们常用"树大自直"的观念来自我安慰。因为，大多数孩子在懂事之后，就不再看嘴吃，也不再抢别人东西。但为何有这么一个阶段？这是一种什么样的心理现象？不明白。

七个多月的冬冬已有这方面的萌芽：如那次吃张老师家的面条、下午坐莉莉的小车……还有一个佐证，帆帆对文博[1]的小狮子[2]爱不释手，对自己的玩具却不屑一顾。

"武力"反抗

冬冬自"认生"之后，虽不愿被陌生人抱，但也只能无可奈何地哭叫；之后她学会了躲藏……万一被他人硬抱在怀，就拼命地哭叫挣扎。

今天是晴天，太阳尚未收尽最后一缕光辉，橘黄色的大月亮，已悬挂在浓绿的柳树梢头。抱冬冬在信阳师范院内散步，路遇李阿姨。

李阿姨硬着手脖子，把叫喊着的冬冬抱到怀里，不顾冬冬的反抗，只管大步流星地向前走。等姐姐跑步追上去时，冬冬已哭成了泪人。

姐姐赶快接过冬冬。

李阿姨又一把夺过冬冬，抱在怀里，说："我就不信，治不了你个小人儿星儿星儿！"

这下，真把冬冬弄恼了。瞬间，她变成了个"小疯子"，攥紧小拳头，使劲拍打李阿姨的胸和肩，然后挣着身子找妈妈和姐姐。

这是冬冬第一次动用"武力"，反抗外人强加给自己的意志。

1985-8-29

做鬼脸

早上，莉莉来家里找冬冬玩。

---

[1] 同事的孩子。
[2] 塑料玩具。

两个孩子在一起，玩得兴奋极了。冬冬除了大叫大笑外，还有很滑稽的表情：瞪圆眼睛，把下嘴唇全部吸进去；放松后，下唇归位，又用上牙咬着下唇。

吃饭，她瞪大眼睛，盯着勺子看一会儿，再伸头张嘴，猛地吞下一大口饭菜。看大家笑她，她也笑嘻嘻地左顾右盼，看看周围的人。

初次拉"开关"

控制走廊里路灯的开关，是一条垂下来的绳子。一个偶然，冬冬拽着了开关的绳子，使着劲拉，灯亮了灭了，又亮了又灭了。

她的兴趣，只集中在拽拉绳子上。路灯的明灭，她毫无感觉。

姐姐指给她看头顶上的灯光，说："冬冬，你把灯拉亮了！"

她仰脸看灯。

"来，再拉一下绳子，灯就灭了！"姐姐示意她再拉一次。她仰头看灯，注意力全在头顶的灯光上。握着绳子的小手，又不知道用力了。姐姐用牙齿帮她拉灭了灯，光线暗了下来。

冬冬茫然四顾，又转过身子看看绳子，似乎明白了两者的相互关系。紧接着，开始拉亮拉灭……

回到室内，姐姐又抱她去卫生间按"开关"。卫生间灯的开关，是嵌入墙内的按钮。冬冬小手的力度，只能按灭，却不能按亮。

冬冬按不亮电灯，急得"嗷嗷"叫。姐姐拿着她的手指，按在开关上，帮她用力，终于按亮了两次。

1985-8-30

"进攻型"的个性？

小朋友们在一起争抢玩具，冬冬常常双手一起上，拽住不放。有时，连嘴巴也帮忙上来咬着。

今天在院子里，碰见了拿朵鲜花的帆帆。

冬冬挣扎着，非要下地自己走。姐姐用双手架在她的腋下，她急匆匆跑着追帆帆。追到帆帆，劈手就夺过了小花。任凭帆帆哭叫，她只管玩自己的。

帆帆姥姥评价说："这姑娘厉害！"

除了冬冬的这一进攻行为，她的表情也有些许变化：常用上牙齿咬着下嘴唇，瞪大眼睛，目光炯炯，直视对方的眼睛。

不同的语音，表达不同需求

高兴就笑，不高兴就叫，不达目的就大哭大闹，应该是孩子最直接的生理反应。

七个多月的冬冬，在不同的情景下，有了颇有表现力的"语言"表达，与大人的互动更加多姿多彩：

①早上起床时分，是冬冬最舒适、最惬意、最会玩的时候。她趴伏在床，枕着自己的胳膊，用极轻柔的喉音，不停地玩弄着自己的声音，发出时断时续的 [ai-ai-] 音。

②学会跟母亲撒娇：她用手抓着妈妈的衣服，身子挣向妈妈，发出[kʰɚ-kʰɚ]声，表情丰富，要恼又似笑。

③想出外玩而达不到目的时，她会把头扎进大人怀里乱蹭，烦躁地扭动着身子，并伴随着 [kʰɚ-kʰɚ] 声。音长而响亮，一副真恼的样子。

④常用带鼻音和喉音的 [xɔ̃n-xɔ̃n-]，来表示惊奇。

⑤哭笑不得的表情，最具表现力。可以看出她极其矛盾的心理状态。

跳舞须伴着音乐

夜里八九点钟，姐姐抱冬冬跳舞，似乎已经形成了生物钟。

此时，如果姐姐不播放音乐抱她跳舞，她就急躁不安；音乐响起，她就立即欢快起来，笑得甜蜜蜜的。

姐姐调侃说："冬冬的舞瘾犯了！"

"再见"消失了

冬冬让大家开心的"再见"，延续了三天，昨天突然消失了。

出外，姐姐让冬冬跟妈妈"再见"，她不高兴地揉着眼睛，把头扎在姐姐的脖子里，不做"再见"动作。这是怎么回事？

记得她不满一个月时，听力突然不如以前了，很让父母惊慌失措，以为她是个"小聋子"。前些天，她也曾把手中的苹果，往别人口里送了几次。之后，让做也不做了。

难道是"新奇"劲儿一过，她就不干了？

1985-8-31

"再见"又回来了

消失了两天的"再见"，今晚终于出现了。

晚上，小朋友星星来家玩。

星星离开时，姐姐抱冬冬送至楼下，让冬冬和星星"再见"。这次，冬冬举起了胳膊，频频摆手！

爬行"三部曲"

冬冬尚未满月，爸爸就让其俯卧，后来慢慢地学会了移动身子，经历了狗刨式、平侧式之后，今天她学会了交替式——左胳膊向前伸，右腿蜷曲用力；然后伸右臂，左腿蜷曲用力，一替一下，协调四肢前进，爬行速度很快。

"欢迎"

姐姐又教冬冬拍手，表示"欢迎"。

1985-9-1

教字

教冬冬学字，遵循教学和游戏结合的原则，并选择合适的时间，注意情绪状态：

①早上醒来，是冬冬心情最好的时段。

妈妈问："冬冬，'门'呢？"她就往卧室门上贴着"门"字的卡片看，眯着眼睛笑，一副得意的样子。

②利用她想去摸卡片的心理。

孩子感兴趣的，不是白纸上的黑字，而是飘飘欲坠的卡片。

姐姐抱冬冬口念"门"字，从远处一步步冲向门，做出要去拽卡片的姿态，逗得冬冬"咯咯"地笑，紧攥着小手，攒足了力气，想把卡片抢到手。

站在"门"字前，姐姐又耸着冬冬的身子，一上一下地折腾。每次，冬冬的小手都快够着了卡片，姐姐又迅速地抱她离开；即使是摸着了"门"字，也注意不让她拽下卡片。

此时，冬冬情绪兴奋，注意力非常集中。

③教字时和实物联系起来。

冬冬坐在"童车"里。姐姐说，"这是冬冬的小童车"，然后反复念"童车"二字，小家伙笑嘻嘻地看着书写的"童车"。

抱她至电灯开关前，让她拉开关。灯明了，又暗了。姐姐说："这是开关，拉亮了，看灯！噢，又拉灭了，真乖！"伴随着灯亮灯灭，指给她看"开关"二字。

念卡片吃蛋羹

冬冬很有趣。要哭时，只要一念字，她就不哭了，现出哭笑不得的表情。

吃蒸蛋羹时，她很淘气，头扭来扭去不配合。

姐姐抱她到亲属称谓卡片前，说："这是'爷爷'。爷爷，爷爷吃蛋羹不？

不吃，让冬冬吃！冬冬快吃！"边说边把一勺子蒸蛋羹，喂进她口中。冬冬眼睛注视卡片，顺从地大口吃下。

就这样，姐姐念完七个卡片，冬冬不知不觉地吃完了一个蛋羹。

近两天喂蛋羹，都是用这个办法。既吃下蛋羹，也加深了对这些字的印象。

灯的明灭

晚上九点，姐姐抱冬冬坐在阳台上，指看点缀在天幕上的星星。

妈妈按亮阳台上的电灯，顿时阳台亮如白昼。姐姐指给冬冬看灯。接着，妈妈把灯按灭。冬冬一直仰脸，望着天花板上的灯。于是，妈妈接连开关了五次电灯。

在第六次灯亮时，冬冬惊奇地发出 [xan-xan-] 的叫声。妈妈又拉灭灯，她叫得更加厉害。

奶瓶和纸张，都能玩出花样

近日，冬冬一直爱用上齿咬着或吸着下唇，上唇像屋檐一样往外突出，眼睛瞪得圆溜溜的，凸显生气勃勃的神情。

奶瓶和纸张，被冬冬玩出了花样。

①她对付奶瓶的办法是：用嘴巴咬着奶头，水平地扔来掷去；两手抱着奶瓶，使劲用牙齿咬，用力撕拽。

②玩弄纸张。她两只手拽住一张白纸，不只是撕拽，还用牙齿咬，咬碎的纸屑吐出来，再继续咬。吐得满地都是碎纸屑。口中的小纸屑，能吐出一大部分，也有贴在上颚的。

1985-9-2

手的魅力

冬冬的一双小手，常有出其不意的表现：

一次，她把大拇指和无名指、小拇指对捏，突出伸直的中指和食指。她还把头歪过来扭过去，忽闪着亮晶晶的眼睛，欣赏这个奇特的造型。

一次，左手掌心翻外，四指揸开，大拇指曲着，在自己面前挥舞，很像是怕强烈的光线刺眼，用手遮挡太阳的优雅动作。

一次，她竟然捏到了一粒小小的绿豆。

冬冬的手指，拇指和其他四指，早已可以对握。捏东西，也可只用拇指和食指。吃奶时，用一只手拨捻奶头，更成为一种下意识的动作。

1985-9-3

夹子夹手指，很疼！

窗台上，有一个固定晒衣服的小木夹子，冬冬捞过来就啃。

姐姐夺过小木夹，去夹冬冬的手，冬冬的手慌忙逃开。姐姐一次再次去夹，冬冬的中指终于被夹住了，疼得她"嗷嗷"直叫。

十多分钟后，姐姐再把夹子递给她时，她慌忙藏起一双小手，脖子后仰，竭力躲避这个夹疼人的夹子。

吃一堑，长一智。

绳子和灯之间

姐姐多次做拉开关的示范动作，致使冬冬一看见垂下来的绳子，就要去拉。

夜里，冬冬拉一下绳子，忙抬头去看头顶上的灯；见灯亮了，又赶快拽一下，然后仰脸再去看灯，灯灭了。

这次冬冬拉灯和看灯，是自发的，大人没做任何暗示。

莉莉和冬冬

莉莉快十个月了，语言、动作和身体发育得都不错，口里不停地叫 [pA-

pA-pA]，已会迈步、站、坐，还会招手、"再见"等。

莉莉和冬冬一起在外面玩：冬冬身在野草丛中，不停地拽草叶，捡纸片。莉莉捡到泥块，在手里捏碎，撒到地上。

莉莉不会爬，放在床上，老老实实地趴着。冬冬却是满床驰骋，"噌噌"几下子爬到床边，撅着屁股想下地——因为在床前，摆着好几双式样不同的鞋子，很有吸引力。情况紧急，妈妈使劲抓着冬冬的小腿，一边急呼"二妮快来"，生怕她一头栽下去。

妈妈惊慌失措的叫喊声，还有姐姐慌慌张张从厨房跑过来的身影，都让冬冬非常开心。

1985-9-4

猴子也有爱

为一家人团聚，爸爸开始为妈妈办工作调动手续。今天接到爸爸的电报："速寄鉴定、体检表。"

下午，妈妈去信阳中医院办理体检表。

信阳中医院下午三点半上班，此时刚两点五十分。妈妈和姐姐带着冬冬去了离医院很近的狮河公园。在曲径通幽的林荫小路东头，铁笼里有十多只形态各异的猴子。冬冬第一次见猴子，简直看呆了。

猴子们有的坐下逮虱子，有的捡起果皮、饼干，很惬意地放进口中咀嚼，有的则怯生生地溜着边走，似乎随时准备逃走。

一只小猴子受到突然袭击，一下子蹿到铁棚子顶端，其他猴子同时受到惊吓，"劈劈叭叭"一阵骚动。那只蹿到铁棚顶上的猴子洋洋得意，龇着白白的牙齿，向攻击它的猴子，送出狡黠的坏笑。

达尔文《物种起源》中，"弱肉强食"的丛林法则，在这里仍是一条真理！

第一次近距离观看猴子，竟看到了最令人感动的一幕：

一只小不点儿的猴子，爪子红红的，皮毛湿漉漉的，悬挂在猴妈妈胸前，似乎出生没多久。猴妈妈把小猴儿紧紧贴在胸前，用一只爪子揽着它，另一只爪子抓着铁索链，母子俩悠哉游哉地荡秋千。荡了一会儿，猴妈妈又把小猴子放在秋千上，然后一步步后退，为小猴子留下了荡秋千的空间，并机警地注视着小猴子的玩耍：抓铁索，打坠，跳跃……一幅极其温馨唯美的画面。

突然，一只凶猛的大猴子，箭一般向秋千扑过去。守护在旁的猴妈妈连蹦带跳，用极快的速度把小猴子抱进怀里，躲进了一个角落里。

动物的母爱，一点都不比人类少；动物还为后代的未来着想，人类更应如此！

冬冬会"看嘴"了！

①在公共汽车上，一个八九岁的女孩儿，扔上扔下地玩一个苹果。冬冬眼巴巴地看着苹果，身子向外挣着，有想要苹果的欲望。

②在莉莉家。

莉莉饿了，大口小口地吃蒸蛋羹。冬冬眼睛盯着莉莉的碗，挣着身子，让姐姐明显感到她用的力气。

姐姐把她放到地下，双手架着她的腋下，她大步跑到莉莉跟前，仰起小脸，盯着正喂莉莉吃蛋羹的那只手。

1985-9-5

小车争夺战

冬冬和博博[1]、芽芽一起玩。博博和芽芽是近邻，两个孩子经常在一起，玩具是可以相互分享的。

博博刚买了一辆三个轮子的小车，可以推着小车顺畅地走路，也能骑上车

―――――――

[1] 博博一岁零一个月。

子歪歪扭扭地跑一段。

博博下车，芽芽也要骑，博博把车子交给了芽芽。

冬冬为新奇的小车子所吸引，挣着身子要去骑小车。姐姐把冬冬放到车座上，一手扶着她的腰部，一手推着车子往前走。博博看见冬冬骑了他的车子，像一头暴怒的小老虎，大叫着扑过来，去抓冬冬的脚。

冬冬毫不迟疑，马上反击：一只手紧紧抓着车把，另一只手背到后面，去揪博博的头发，还用小脚快速地乱踢腾！

姐姐一看这阵势，赶忙抱冬冬下来。

虽然这场孩童间的争夺战，仅仅持续了几秒钟，但冬冬敢于争夺，不甘示弱的个性，窥一斑而知全豹。

主动性

从几个小事上，发现冬冬由被动向主动发展的进步。其实向前追溯，孩子早有此萌芽。如：

①周围出现了冬冬认识的人，她目光常能追逐其人。

②伸手去拿自己喜欢的、可以拿到的玩具。

③别人吃东西，她有要吃的欲望时，目光注视着人脸且"吧嗒"嘴。

④大人说"上门儿"时，她两只手往外伸，身子倾斜挣着要往外走。

⑤她想下去"跑"时，身子坠着往下滑等。

捉迷藏

冬冬捉迷藏，可分为两个阶段：

第一阶段，只是被动地去寻找。左顾右盼找到了藏的人，就非常高兴。当被捉到的人，虚张声势追着她跑过来，她又惊又喜，又蹦又叫。

第二阶段，具有预见性。大人提议捉迷藏，尚未实施她就开始兴奋，机警地转动着眼睛，东看看，西瞅瞅，一旦发觉了要捉的目标，惊叫着趴到大人的肩上，害怕得不得了。似乎不是她捉别人，是别人要捉她。

抠人鼻眼

冬冬睡醒了，不管大人是否还在熟睡中，她翻过身，就去抠大人的鼻子或眼睛，抓挠别人的嘴或下巴。

这是初步的主动交际。

故意后跌

过去，是大人撩逗着她要她笑；现在，她不仅具有预见性，还主动寻找新乐子。

晚上八点多，冬冬和妈妈、姐姐在床上玩，她身子突然后仰，头"嘭"的一声，磕在床板上。听动静，头一定撞得很疼。姐姐忙抱起她拍着、哄着，才算没有哭出声来。情绪有好转，姐姐又放她到床上。

她嘻嘻地笑着，马上又往后一跌，姐姐连忙伸手托着。姐姐刚托着后背，她还没坐直，就又往后一跌，伴随着后跌，还有开心大笑。一次接一次，防不胜防。

后来，姐姐干脆在她背后垫了一床松软的被子，你就随便往后跌吧，无论如何也不会出问题的！

妈妈分析：冬冬的第一次后跌，不可能是有意而为之，但之后一次再次向后跌，越跌越高兴，的确是在做游戏。其兴奋的程度，不亚于捉迷藏。

手指的自我训练

日常生活中，婴儿用手触摸各类事物的机会增多，无形中起到锻炼手指的作用。另外，婴儿还会有意识地自我训练手指的灵活度。

冬冬用两只小手，互相绞、扭在一起，已有很长一段时间。近日，冬冬可齐刷刷地伸直右手的五指。且有两种造型：

1.拇指和四指中的任何一个指头对捏或者摩擦；2.拇指和食指、中指对捏，翘出一个燕子尾巴的造型。左手会经常拇指勾着，四指叉开，手掌向外遮挡在眼前，极像京戏中的亮相动作。

1985-9-6

争夺油条

中午，张老师通知妈妈，到帆帆家商量教研室分课的事，冬冬也"参加"了。

帆帆的姥姥递给帆帆一截油条。

懂事的帆帆，自己先咬一口油条，又往冬冬的口里送。冬冬扭开脸，不吃。帆帆毫不气馁，追赶着冬冬，非要喂油条不可。

终于，冬冬被诱惑了。在她张大嘴巴的同时，双手也伸了出去，想拿着油条。油条掉在了地上。帆帆姥姥捡起油条，收拾干净，递给了冬冬。

冬冬接过油条，大口吃起来。

妈妈说："冬冬，让帆帆姐姐吃！"

冬冬很听话，把油条伸向帆帆的嘴旁。帆帆伸出两只手，也想把油条夺走。冬冬握紧油条，盯着帆帆的眼睛，似乎在说，你可以咬一口，想拿走，不可以。

半截油条，在两个孩子的手上，僵持了几秒钟，帆帆松了手。

在座的伯伯、叔叔都笑了，说："冬冬厉害，有劲儿！"

冬冬旁若无人地吃起来，模样贪婪而超脱！

妈妈手指着帆帆，对冬冬说："这是姐姐的油条，好孩子，让姐姐吃一口！"

冬冬只顾吃自己的，充耳不闻。

妈妈再次说："冬冬，听见没有？把油条给姐姐吃！"

这次，冬冬刚把油条伸向帆帆，帆帆两只小手同时用劲，锲而不舍，油条从冬冬手中一点一点地往下滑，油条被帆帆夺去了。

冬冬大哭。

扣球

冬冬想吃奶。妈妈故意把羽毛球扣在奶头上。

冬冬笑了，拽下羽毛球后，也拿羽毛球往奶头上扣。扣上拿下，反反复复。

妈妈又把羽毛球扣到自己脸上。

她用小手轻轻一拨，羽毛球掉了下来，而后捡起球，往妈妈脸上扣。扣上拿下，反反复复。

妈妈只示范了一次，冬冬就开始了多次模仿操作。

捋顶针

姐姐手戴顶针，为爸爸做棉袄，冬冬伸长嘴巴去咬顶针。

姐姐说："这是铁顶针，不能咬，可以用手捋下来！"

她没听懂"捋下来"是什么意思，继续伸嘴咬。

妈妈说："二妮，她没听懂。你捋下来做个示范！"

姐姐捋下中指上的顶针，然后又戴上。

冬冬也开始用手去捋，一下子捋了下来，高兴得大叫。她每捋下来一次，姐姐立即索回重新戴上，让她再次往下捋。

有一次，姐姐没及时索回顶针，冬冬把顶针急急地往口里送。姐姐一把夺过来，给她戴到左手的大拇指上。她开心地笑着，叫喊了好大一会儿。

冬冬模仿动作较快，而模仿发音较慢。

从习得"再见"，看学习规律

冬冬的"再见"延续了三天，又经过八天的"沉默"期，今天她又开始了"再见"，真叫人高兴！

姐姐准备抱她外出，说："冬冬，咱们上门儿，跟妈妈再见！"

妈妈招手并重复说"再见"，冬冬举起左手，连连招手。姐姐换了换抱姿，让冬冬再次和妈妈再见，冬冬又用右手频频招手"再见"。

今天，冬冬跟妈妈"再见"了三次。

婴幼儿学习一个行为，从开始"出现"到短时间内的"消失"，大约是暂时的条件联系。经过大人不懈训练 "再出现"，"再消失"又"再出现"，反复多次，孩子才能最终掌握其知识和技能。

还有一个现象：刚在墙上贴字时，她表现出极大的兴趣，看字注意力很集中。现在稍看几眼就走神，情绪开始烦躁。

从"再见"到"学字"，除了"反复"是条规律外，是否也有"喜新厌旧"的因素？

1985-9-7

即使是背影，也可以"再见"

张阿姨家住四楼，我家住二楼。

姐姐带冬冬买菜回来，在楼下遇到张阿姨。张阿姨抱冬冬到我家门口。妈妈接过冬冬，让她和阿姨挥手"再见"。

这时张阿姨已上楼到三层，只留给冬冬一个背影，但她仍很高兴地跟阿姨挥手"再见"。

一个人的椅子

冬冬、芽芽和帆帆，三个孩子围着一把椅子玩。

冬冬趴在小椅上，芽芽也要趴，冬冬不让，伸手去抓芽芽的头发，拍打芽芽的头。

帆帆扶着椅子的后背。

冬冬使劲儿抠开帆帆的手，推到一边去。

这一系列的举动，似乎是在说，椅子是她的。其他人，走开。

还不是李阿姨的对手啊

有两次，李阿姨故意撩冬冬，硬从姐姐怀里夺过来抱在自己怀里。抱一次，冬冬扬起小手打一下；再抱一次，冬冬又打一下。竭力挣扎，坚决不同意李阿姨抱她。

今天亦如此。

"你这个小人儿星儿星儿，还怪犟呢，看看谁打得过谁！"李阿姨说罢，轻轻的拳头像雨点一般落在冬冬身上。

冬冬被震惊了，目瞪口呆，不知所措！

发串音

今天，冬冬的串音又多起来，一连串可发十多个音。也许又到了发串音的高潮期。

1985-9-8

做客李叔叔家

上午，去信阳市七中李叔叔家，李阿姨快生小宝宝了。

饭后，大家坐下闲谈。冬冬抓起桌子上的糖袋抖抖，扔到地下，用眼睛示意，让人捡起递给她。她接过糖袋，用牙齿咬着撕拽一会儿，又扔到地下，再示意他人捡起来……她看周围的人笑她，玩得更加起劲了。

李叔叔坐得老远，发现冬冬正盯着看他。

他逗冬冬："笑笑，笑笑！"

冬冬甜甜地笑了一下，很快把脸藏在姐姐肩上；稍停，又扭头向叔叔笑。等叔叔一撩逗她，她又把头藏在姐姐怀里。

一来一回的"笑"和"藏"，一气玩了五六分钟。这次，不是别人撩她玩让她笑，是她要别人逗她玩逗她笑。

床上

从李叔叔家返回，已经三点了，大家都很累，躺下休息。

冬冬睡了大约半个小时，醒后左看右瞧，见没人理她，又躺了两分钟，终于忍不住了，去拽妈妈的衣服，抓妈妈的下巴。妈妈假装睡熟了，坚决不吭声。

冬冬又翻过身，爬到姐姐头部，去抓挠姐姐的头发。

姐姐用扇子盖着脸不理她，她一手拽掉盖在姐姐脸上的扇子，去吻姐姐的脸蛋，去咬姐姐的脖子。

姐姐把她推到一旁。

冬冬又爬到姐姐的腿旁，用手抓，用嘴咬，把姐姐抓挠得又叫又喊，她也乐不可支，笑得喘不过气来。

她抓咬了一会儿，又开始像个不倒翁似的往床上跌。

姐姐扶她坐起来，她顺势倒下去；扶起来，又倒下……玩得极其尽兴。

1985-9-9

爬，坐

冬冬早就会爬，但不是常规意义上的双脚蹬地、腹部着地的方式，而是双膝跪地，支起全身，然后用双手、两膝着地爬行。这种爬姿，容易跌倒，速度也较缓慢。

今天，冬冬在没人帮忙的情况下，靠自己的力量坐了起来：

她处在仰卧姿势，先是翘起头，扬起双手，然后扭腰半坐，再用一只手着地，支撑起全身，慢慢坐直。

又有一次，她处在俯卧姿势，双手撑地，收缩双腿，立直上身再伸开双腿，毫不迟疑地坐了起来。

凭直觉，识大小？

冬冬吃苹果，伸手去取大的，不要小块儿；吃馒头，她不要掰给她的小块儿，却夺过大人手里的大块儿。

这个年龄，不可能辨别大和小，也许是直觉起的作用？

食欲不好

今天，冬冬的肠胃不太舒服，饭、面条、蛋羹都不愿吃。特别闹人，上午尤甚，下午稍有好转。

服两次小儿奇应丸。

1985-9-10

伸手要东西

服药后，冬冬食欲有好转，精神也振作了许多。

妈妈和姐姐推冬冬去信阳师范院里散步。迎面看到一位妈妈扯着一小孩儿，手里拿着油饼，边走边吃。

冬冬马上伸长胳膊，叉开手指，想要油饼。等从这两人身边走过去了，她还频频扭回头看。

别人吃着的东西，她也有吃的冲动，于是就伸手去要。

1985-9-11

交际意识

冬冬越来越喜欢和其他小朋友交往了。其表现：

1. 特不喜欢待在自己家里。只要是晴天，白天会有一半时间，置身于大自然中。从外面散步回来，刚上我家楼梯，她就开始烦躁不安。2. 一走到莉莉家楼下门洞，就开始兴奋，又蹦又跳，仰起脸，朝着楼上莉莉家的房间，不停地"哇哇"乱叫。3. 在院子里，看见年龄稍大的孩子，立即高兴得又喊又叫。

都是同样的门洞，冬冬的反应却不相同。她好像知道了哪是自己家住的地方，哪是自己喜欢的小朋友家楼的门洞。

学站立

这几天的冬冬，一直练习从蹲着和坐着的姿势，逐渐过渡到站立起来的状态。

今天，她蹲到藤椅上，一只手抓着椅子圈，慢慢站了起来。刚站起身，不太稳，又忙蹲下。

坐莉莉家的小车子。

她双手抓牢两边的车帮，一用力，站了起来，直直地站了几秒钟。

1985-9-12

听指令"再见"

下午，姐姐准备出外买面条。临出门，姐姐对趴在床上又蹦又笑的冬冬说："冬冬，跟姐姐再见！"

冬冬满脸都是笑意，眼睛看着姐姐，连连挥动小手。

这是一次很利索、很规范的"再见"。既没大人手势语的示范，也没多次的督促，仅有一次语言的指令，她就能完美执行了。

冬冬的"再见"，有了一个质的飞跃！

鸽子

东面的邻居家，饲养了一大群鸽子。

鸽子早出觅食，带着哨音从门前飞过；晚归回巢，"扑扑棱棱"一阵骚动声响。

冬冬对鸽子的动静很是敏感。

在房间里，她听见鸽子飞过，会翘趄着身子向外张望；在阳台上，她的目光，一直追逐着鸽子远去的群影。

已经听懂的词语

冬冬听懂的四个词语"上门儿""吃妈妈儿[1]""灯呢？"[2]和"再见"。

在卧室，姐姐问："鸽子呢？"

冬冬探头向外看，也可以做出反应。

不想要的，就不要

冬冬不喜欢的玩具，递给她，她也不伸手。

吃饭时，她不想吃的东西，嘴巴紧闭，把头扭向一边。

摇头表示"不"

晚饭。桌上有烧饼、面条和菜肴，还有一块儿苹果和一个茶缸盖。

冬冬伸手要。

妈妈递给她苹果，问："要苹果？"

她摇头。

妈妈又拿烧饼，问："要烧饼？"

冬冬仍摇头。

"是要茶缸盖吧？！" 姐姐说着，把茶缸盖递给她。

她接过茶缸盖，专注地玩起来。

这是冬冬第一次用"摇头"，表示拒绝。

---

［1］吃妈妈儿：河南方言，吃奶。"妈妈儿"，乳房。

［2］"灯呢？"：问灯在哪里。有时理解这个问句，需要伴以手势语，用手指灯。

对姐姐的依恋

一星期来，冬冬更加依恋姐姐，和姐姐疯起来没完没了，会笑得前仰后合。这让妈妈有点小小的嫉妒：

①冬冬睡醒，睁开眼睛就左顾右盼找姐姐，看不到就开始大哭。

②吃着奶，还怕姐姐离开。吃几口，丢掉奶头，扭脸去找姐姐。看见姐姐坐在旁边，回头再继续吃。

③姐姐在厨房里，边做饭边哼歌。她凝神细听，然后"嗨"一声，忙不迭地朝床沿上爬，想去找姐姐。

孩子的感受，不是用眼睛，而是用心。谁真心对她好，她就对谁亲。姐姐全天候地抱她管她，她对姐姐的"感情"也在与日俱增。

伸手指苹果，玩氢气球

上午，姐姐用自行车推着冬冬和妈妈[1]，去信阳地委诊所给妈妈看病取药。

路上，冬冬很高兴，不断地玩弄着小手。一只脚，踩着座椅底部的脚蹬处，另一只脚蹬着车杠的大梁，屁股欠起，蹿上蹿下。

街口有卖苹果的，冬冬伸出小手，指指苹果。

姐姐一问价格，太贵了，离开苹果摊位向前走。

冬冬不高兴，一边哭丧着脸"吭吭"着，一边扭回头看越来越远的苹果摊，那是真叫个恋恋不舍啊！

十字路口，有个摆着香烟和小零食的摊位，四个色彩鲜艳的氢气球随风飘荡。冬冬一见就大叫起来，胳膊伸出老长。她想要氢气球。

来到小摊跟前。氢气球直往冬冬身上碰撞。她有点害怕，手伸出，又缩回，口里"啊啊"直叫。姐姐拿个氢气球，放在冬冬手里，她吓得连连甩出去。

最终，用2角5分钱买了个红色氢气球，拴在车把上。

---

[1] 前边坐冬冬，后面坐妈妈。

自行车车把上飘扬的氢气球，让冬冬的情绪不安到了极点。一路上惊奇地叫着喊着，把想摸摸而又害怕的情绪，表现得淋漓尽致。

冬冬的不安，让姐姐非常懊悔。一路上都在琢磨，怎样让冬冬接受它。

回到家，姐姐去掉氢气球上的柄，氢气球一下子瘪了。姐姐用嘴巴吹气，吹圆后用绳子扎紧，用手拍拍打打。氢气球在桌上蹦蹦跳跳地乱窜。

冬冬目睹了从张牙舞爪的气球到瘪成一个小片片，然后又吹圆变成玩具的全过程，原有的胆怯瞬间消失殆尽，一把抓过氢气球，先用嘴巴咬，又用两只手使劲儿揪，揪得氢气球"咯咯吱吱"地响，她也"咯咯"地笑个不停。

妈妈极担心氢气球在重压下爆炸，表现得小心翼翼，这让冬冬更加高兴。

叼苹果

冬冬自己拿着苹果，很卖力地啃了一大块儿，留下了一圈圈细碎的、深深的小牙印。削过皮的苹果块儿，很滑溜，随时都有从她小手中跑掉的可能。

姐姐下意识地用双手接一下，说："小心，别弄掉了！"

冬冬笑起来。她眯起眼睛，斜视着姐姐，故意把苹果往前一送，姐姐赶快去接。她又笑起来。

姐姐的担心，让她更加兴奋。

冬冬把苹果叼在口里，松开双手，左右晃动头部，吊在嘴边的苹果块儿，也跟着头部的晃动甩来甩去。

姐姐的双手，随着苹果的摇摆跟来跟去。冬冬更是大笑不止。

这个苹果游戏，玩了四五分钟之久。

拉长奶头

吃奶。

冬冬一只手托着正吃的乳房，另一只手玩弄另一个奶头。然后，她用牙齿轻轻地咬着奶头，拉得长长的，把妈妈咬疼了，她却调皮地看着妈妈笑。

妈妈越制止，她越来劲儿。咬着奶头，一拉多长的游戏，连续做了四次。

1985-9-13

会玩，更会闹人

病了几天的冬冬，今天有了食欲，也会玩了。

她早晨醒来，玩了自己的小手，再转身去抓妈妈的五官，让妈妈陪她一起玩。

会玩，也更会闹人了。

她哭皱着小脸儿眯着眼睛，无缘无故地拖着长音，一个劲儿地"哭闹"。姐姐说她是"装的"。

洗脸

"洗脸歌"，是从冬冬出生两个月，每逢洗脸时都必唱的歌。她不反感用水洗脸，但不喜欢用湿毛巾擦脸。

早上，姐姐唱着洗脸歌，手还在瓷盆里荡水，冬冬就先闭上了双眼，等待姐姐给她洗脸。洗过脸，姐姐拧干毛巾，还没有擦到她脸上，她就极不情愿地乱扭脖颈。

同意让异性抱

大人们谈话，冬冬身子往前挣，"啊啊"大叫不停。她的参与意识明显增强。

三天来，遇见男同胞，只要对方一搭讪，冬冬就盯着人家看，很友好地把小手伸出去。如果对方真的抱她，她也不反对，但让抱的时间有限，只那么一下下，很快就把身子转向妈妈或姐姐，表情兴奋而惊喜。

这种现象，在 7 月份时曾经出现过。

1985-9-14

模仿出的"机智"

中午，姐姐喂冬冬吃了苹果泥，又把一小块儿苹果放在她的手里。

冬冬接过苹果，手一扬扔掉。姐姐捡起苹果，她又去争夺。

姐姐拿块儿苹果，故意撩她，刚要递出去，又缩回手来，反复多次，逗得冬冬大笑不止。

后来，冬冬乜斜着眼睛，看看苹果，又瞅瞅姐姐，佯装出一副心不在焉的样子。乘姐姐不备，猛扑上去，用双手夺取苹果。虽未夺到手，但非常开心。

再后来，冬冬拿一个大苹果递给姐姐。

姐姐伸手去接，她学着姐姐的模样儿，小手连忙缩回去。

这是模仿出来的"机智"。

1985-9-15

递给与扔掉

冬冬去莉莉家。

李妈妈给冬冬一块儿饼干。她咬了一点儿，扔掉，伸手又要。

李妈妈把小碗递给她。她接过小碗，扔掉，仍伸手要。

李妈妈又递给她一块儿饼干。她接到手，又扔到地上。

冬冬的多次伸手要，并非真想要小碗和饼干，喜欢的是递给与扔掉这个过程。

玩与藏

冬冬和莉莉争夺一个小碗。

冬冬下劲儿去争抢。夺过来，专心致志地玩；莉莉从冬冬手中夺过小碗，急忙藏在身后。

孩子大两个月，就"能"了很多！

听懂的和认识的

冬冬可听懂"再见、灯呢、搂脖、上门儿、妈妈、递苹果给人"等六个语词单位。认识"门""卫生间"和厨房里的"灯"等纸片。

"再见"又丢失了

冬冬又不愿意"再见"了。

姐姐让她跟妈妈"再见"，她只是笑笑，把两只小手掌对着一拍，趴在了姐姐的肩上。

爸爸的来信

爸爸来信，谈了神童小津津受教育的情况。内容如下：

武汉有个《爱情婚姻家庭》杂志，总第三期有一篇文章《培育"神童"的父亲》，写的是被武大少年科技预备班破格录取为正式学员的小津津，其父亲陈垦先生谈优生、优育、优教的问题。现把小津津的智力情况摘编如下。

半岁多时，其爸爸用汉语、英语说出近处物体、玩具，他能用眼或手准确地指出。一岁就知道自己身体各部位，并能指出脉搏、心脏的位置。一岁半能听懂英、汉常用语，识英语字母表，数 1 至 10 的数，辨色十六种之多。两岁能用英、汉语对话，会乘法表，识别二十多种几何图形，两岁半懂加、减、乘、除、平方根等数学符号。三岁识万以内的数，能用英、汉语读《伊索寓言》，掌握九百多英语单词。四岁半时，能背十几篇长篇古诗文，如《岳阳楼记》《蜀道难》等，并有一定的理解。还能借助英汉字典阅读英语科普读物，能解一些初中一、二年级的数学难题，知识面广。1984 年 7 月，津津四岁零三个多月时，按十岁年龄智力测试，智力商数达 190。据说，目前世界上同龄儿童中智商最高的只有 180。

在胎儿营养方面，陈垦注意了磷、钙的搭配。有的父母让孩子大量服用鱼肝油，结果造成维生素 A 中毒，使小儿记忆力差，情绪不稳定，爱动。这是小儿"多动症"的原因之一。

给婴儿的大脑以恰当的信息刺激。陈垦以惊人的耐心和毅力，常常跟小津津说话，让他听音乐、看图画，用英、汉两种词汇指认事物。小津津长牙、走路、讲话虽较一般小孩晚，但刚会讲话时，就能迅速掌握二百多个英语单词。

在津津牙牙学语时，就教孩子背两首诗词。一首是："一去二三里，烟村四五家，亭台六七座，八九十枝花。"另一首是："驾一叶轻舟，落两枝桨，搭三四次蓬，坐五六个人，过七里滩，至八里湖，离开九江，又有十里。"津津理解"零"的概念约在一岁十个月。当陈垦要对津津表示"没有"时，便给他画个"〇"。

以上情况，请你跟冬冬对照一下，也给别的孩子对照一下。津津教育注重听说，放松了读写。只有听觉刺激，而没有视觉刺激，这可能是个缺陷。如果我们全面做起，不会比津津差。应有信心。因为冬冬有一个更为耐心的妈妈和懂得语言学的爸爸。

鼓掌是"欢迎"

（零岁 9 个月　1985-9-16—1985-10-15）

冬冬八个月（1985 年 9 月）

1985-9-16

与妈妈合影

今天冬冬八个月。妈妈抱她在"友谊"照相馆，照了一张合影。

藤椅中的站立

冬冬坐在藤椅里，双手抓着椅子的任何一边，都可以站得直直的。

她站起来后，一只手抓着藤椅的把手，腾出另一只手去玩。有时，还可以同时放开双手，转身扑向椅子的另一边，即使跌倒了，也不哭叫。

1985-9-17

玩玩具的程序

冬冬玩玩具，一般情况下，有以下几个步骤：

拿到玩具后，先看再摸，再放到口中尝尝，最后扔到地下。如果有响声，扔下后会让大人捡起来，她再扔……响声使她兴奋。

1985-9-18

认字

教冬冬认识"棉被"这两个字，已经两天了。

今天，姐姐在床上问"棉被呢"，冬冬看棉被。

姐姐又问："门呢？门在哪里？"

冬冬毫不犹豫地朝"门"上看。神情自信且得意。

"再见"回来了

今天，冬冬特喜欢吃豆腐。

让妈妈开心的是，冬冬消失了几天的"再见"，也再次出现了。

再教鼓掌"欢迎"

姐姐做示范。一边拍手一边说"欢迎"。冬冬模仿，把两只小手合在一起碰一下，虽然两只手还不能准确地拍在一起，但已经能跟"欢迎"的指令合上拍。

冬冬手部的动作发展很快。她可以两只手各拿一个物件，把两个东西同时往一块碰撞。还会一只手拿玩具，去敲打另一只手的玩具。

"jiàng 鼻[1]"

前几天，姐姐教过冬冬 jiàng 鼻。

冬冬今天笑时，都是先挤眼睛，然后皱鼻，还伴随着鼻子的一呼一吸，发出"呼哧呼哧"声。这个"jiàng 鼻"的表演，很是滑稽。

1985-9-19

鼓掌是"欢迎"

姐姐抱冬冬去街上买面条。

路上，冬冬兴高采烈地练习"再见"：一会儿朝前，一会儿往后，不停地挥手"再见"。

回到家里，冬冬一拍手，姐姐就说"欢迎，欢迎"。

晚上，冬冬坐在蚊帐里。姐姐捉到一只小蛾子，让冬冬捏着它的翅膀玩耍。冬冬手一松，蛾子翩翩落在了蚊帐上。

---

[1] jiàng 鼻：河南方言。jiàng，无字，以拼音代之。

姐姐边鼓掌边说："说'欢迎、欢迎'，蛾子就下来了！"

冬冬大叫着拍手：两只手心相对，手指翘起。

姐姐捉住小蛾子，说："冬冬，蛾子来找你玩，欢迎，欢迎！"

冬冬又赶紧拍手，表示"欢迎"。

到睡觉时，只要有人说"欢迎，欢迎"，即使不做示范动作，冬冬也可以鼓掌了。仅仅两天时间，冬冬就把鼓掌和"欢迎"相关联。

挥手表"再见"，鼓掌表"欢迎"，把无意识的行为，同"词语"联系起来，是加快儿童认知、加大词汇量的有效途径。

1985-9-20

羞涩

昨天，冬冬学会了鼓掌表"欢迎"。

今天，她多次练习"鼓掌"，拍得极其高兴。

姐姐看见她拍手，就强化"欢迎"。她羞涩地低下头，停下不拍了。

小小年纪，还知道不好意思？

跳舞，必备之舞曲和拇指

冬冬跳舞的条件，一要播放音乐，二要舞动手指。

只要一播放音乐，神情马上恬静而陶醉。音乐一停，她就挥动小手喊叫。

最有意思的是，冬冬跳舞，不仅要有舞曲伴奏，还要有"约定俗成"的姿势。看见姐姐伸出的大拇指，她每次都会非常愉快地大叫几声，立马握紧有跳舞功能的大拇指；有时，姐姐故意同时齐刷刷地伸五个手指。冬冬把姐姐手指，一个一个掰过去，最后落在姐姐的大拇指上；如果姐姐故意不伸出手指，她就伸出自己的小手，立起来不停地舞动。

看、摸"棉被"

冬冬对"棉被"的字和实物已较熟悉。大人让她的肢体多接触棉被，进一步加深对"棉被"二字和实物的印象。

当姐姐问"棉被"时，她不仅用眼看，还爬到棉被旁，用手触摸，用牙撕咬。

1985-9-21

"再见"连带"欢迎"

冬冬已经很喜欢做"再见"和"欢迎"这两个动作了。

姐姐说："走，上门儿，和妈妈再见！"

她立即又蹦又跳，挥手"再见"。挥手后，接着还要拍手做"欢迎"状。

冬冬把"再见"和"欢迎"连在一起做。

配合挖耳屎

冬冬喜欢姐姐给她搔头、挖耳屎。

姐姐手拿挖耳勺，把冬冬的头一扳，她知道姐姐要给她挖耳屎了，连忙积极配合：歪着头，屏着呼吸，连眼珠都不转动一下。

平时的调皮鬼，此时温顺得像只小绵羊。

独自站立

冬冬在藤椅上连续做站、跪、蹲三个动作，活动自如。她用一只手抓着藤椅的扶手，很利索地站起身。其技能，已经达到了熟练的地步。

今天，在没有大人帮助的情况下，她竟然双手一齐丢开，独自站立了三十多秒。

1985-9-22

碗，是站立的支撑点

中午姐姐喂冬冬吃饭。

她双手抓住姐姐手里的碗边，站立大约一分钟。是薄薄的碗边，支撑她站立了那么长时间。

冬冬吃过饭，又发出很响的"叭叭"喷唇音，似乎还沉浸在已经下肚的美味中，很是惬意。

挽留客人

客人来家，冬冬既想搭讪，又有些害羞。待客人要离开时，冬冬却不愿意让人走，伸出双手"啊啊"直叫，似有挽留之意。

有一个很微妙的细节，对女客人，有时挽留，有时会无所谓。而对所有来家的男客人，一律表示好感。

这大概与爸爸长期不在家，家里阴阳不平衡有关。

1985-9-23

迷茫的、认识的

这是一个风清月朗的夜晚，妈妈、姐姐抱冬冬去可可家。可可五个半月，到夜晚只要母亲，不要别人。爱玩手、吃手。

可可家有个玩具不倒翁。冬冬没见过，惊奇地叫着、挣着，要拿到自己手里。

姐姐让冬冬表演已认识的事物，说："冬冬，门呢？指指门在哪里？"

冬冬只看墙上猫的图片，对姐姐的话没有反应。

姐姐又让她找灯。

她抬头望望灯，一下子找到了。

临出门，姐姐让她"再见"，她挥动小手。

可可的妈妈说，别看冬冬小，心里什么都清楚了。

搂抱月亮

从可可家里出来，明月当空。

姐姐让冬冬看头顶上的月亮。不看则已，一抬头看，她伸出胳膊挥舞小手，扯着嗓门大叫，又做出要把月亮搂到怀里的姿势。

她要搂抱月亮，这可不是容易做到的事。

遇到在月光下玩耍的莉莉。莉莉也认识月亮，但只是抬头看看，却没有伸胳膊"要"。

奇怪的现象

一个月前，莉莉的爸爸去外地进修。

妈妈和莉莉妈，交谈起孩子不让陌生女性抱，而让年轻男性抱的奇怪现象。

莉莉妈说："莉莉爸爸在家里时，她根本不让男性抱，现在莉莉也喜欢让男的抱她。"

话犹不及，吴老师（男）走过来抱冬冬，冬冬高兴得大叫。他把冬冬抱起往上扔了两下，又去抱莉莉。莉莉高兴得笑声连天，等吴老师走了，莉莉还把头扭来扭去地寻找。

1985-9-24

"对话"意识

几天来，冬冬什么都用"呵呵""啊啊""哦哦"等发音乱喊叫，并加上眼神、手指等体态语，来表达自己的需求和情感。

比如她想要什么东西，一边用手指着，一边"呵呵"地叫；见了人，注视着对方的眼睛，"呵呵"地似说着什么。

夜幕降临，姐姐抱冬冬在阳台上看月亮。冬冬快乐地叫喊着，双手向空中挥舞。

这时，卢老师出现在对面的阳台上，问："冬冬，你看见月亮没有？"

冬冬把脸转向卢叔叔，"呵呵"地"说"，又抬头看月亮，似乎在说："月亮在那儿呢！"

冬冬认月亮认得最快。这可能是因为悬挂在空中的月亮最明亮，且独一无二的缘故。

1985-9-25

照片中的爸爸

爸爸从武汉回来了，冬冬又惊又喜，想让爸爸抱又有些害怕。

姐姐指着坐在桌边的爸爸，说："冬冬，那是爸爸呀！"

冬冬把目光先转向书桌上父母的合影照，然后又看看坐着的爸爸，反复几次，把全家人都逗乐了。

这小家伙，何时认识照片中的爸爸的？姐姐曾抱她在桌前看照片，指看照片中的爸爸和妈妈，但只是指着看看而已，从未认真教她认过。

跳舞，手脚并用

下午跳舞，冬冬不仅挥动小手，还偶尔踢腾几下小脚，手脚并用。

晚上跳舞，她又加上了拍手动作。

1985-9-26

看病

冬冬食欲不振，已有十多天了。

下午，爸爸抱她去人民医院，确认她的心脏没有问题，也不是黄疸性肝炎。医生说，可能是肚子里有蛔虫，或者是消化不良。

回家后，服了半片肥儿丸。

《春醅图》

准备睡觉。

在爸爸撩起蚊帐的瞬间，冬冬发现了挂在蚊帐后面的图画《春醅图》，又笑又叫，挣着身子要扑上去，用手抓。

《春醅图》，她最熟悉。

1985-9-27

消化不良

冬冬肚子疼，哭闹得很厉害。中午，她拉了一次稀㞎㞎。

正吃晚饭，冬冬又连着拉了好几次，看不清都拉了些什么，好像有菜叶、菜梗、豆瓣和黏条什么的。睡下后，又接连拉了两次。

1985-9-28

认识事物

①妈妈问："冬冬，录音机在哪儿？用手指给妈妈看看！"

她看桌上放的录音机，并用小手指给你看。

②爸爸利用冬冬想要拿到勺子的心理，以及扔到地下发出的响声，诱导她认识"勺子"实物。仅仅三遍，冬冬基本上认识了勺子。

③爸爸抱她去卫生间的方向，问"卫生间"呢？

冬冬眼看并用手指。

④爸爸又问"门"呢？

她身子挣着往门前去。

⑤到门旁，爸爸问"奶奶"呢？

冬冬把脸转向贴着"奶奶"二字的纸条处。姐姐把"奶奶"字条贴到另一边，问她："奶奶在哪儿？"

冬冬又往原来贴"奶奶"二字的地方看，没有找到。当目光落在贴在另一边的"奶奶"字条时，高兴得叫起来。后来多次移动位置，她都可以找到"奶奶"二字的纸条。

"拍蚊子"

冬冬对"蚊子"特别敏感，只要听到有人说"蚊子"，她就朝蚊帐上看。

不管谁的手，"啪"地拍一下，她马上伸头看大人的手掌，检查是否拍到了蚊子。

以至于到后来，在她哭叫闹人时，大人扯高嗓音说"拍蚊子，拍蚊子喽"，她立刻安静下来，等待着大人拍手掌的响声。

藤椅上的"智慧"

藤椅上有许多小方格洞洞。冬冬曾多次想把手指插进去，都未能如愿。

爸爸把自己的食指插进去，做了一次示范，又拿着她的小手指插进去、拔出来，接着让冬冬自己做。

冬冬把自己的小手指对准方格，顺利地插了进去，极有成就感地笑了。

爸爸藏在椅子后面。

冬冬伸长脖子，从椅背上面探出脑袋，一下子找到了藏着的爸爸。

1985-9-29

发音高潮

从昨天起，冬冬发连续音节的次数增多，如：

[pʌ-pʌ-mʌ-mʌ]，[na-nai-uɑ]。

伸出的舌头

早在今年的 4 月 29 日，在小姑的引导下，冬冬曾模仿学着伸舌头。之后也偶尔伸舌头，但只是偶尔而已。

从昨天开始，冬冬反复把小舌头伸出来，还用小手紧紧抓着自己的舌头。

猫、鸡

冬冬认识了玩具猫和活生生的鸡。

①桌子上放了很多玩具。

爸爸问："冬冬，告诉爸爸，你的猫呢？"

她的手，越过放在眼前的玩具黄鹂鸟，拿过来放在远处的玩具"猫"。

②阳台的鸡笼里，喂养了两只老母鸡。

爸爸在房间里问冬冬："鸡呢？咱们家的鸡子在哪里？"

冬冬趔趄着身子向阳台上看。抱至阳台，她用手指给爸爸看：鸡笼里有两只老母鸡。

表扬

当冬冬能准确指出字后，大人会用夸张的语调和亲吻来表扬她，这更激发了她的表现欲：刚认了"门"字，又用手指指旁边的"卫生间"，又指"奶奶"二字。

她脸上调皮的表情分明在告诉你："我不但认识'门'，还认识那个，还有那个字呢！"

1985-9-30

学走路

爸爸用一条长条浴巾，从冬冬的前胸横拦至两边腋下，拽紧浴巾的两端让她学走路。

冬冬有时一替一步地走，有时两脚同时往前蹦。脚尖用力，速度很快，活像一只跳跃的小麻雀。

姐姐让她手抓床沿，靠在床前"沿沿[1]"。

她刚刚站稳，双手突然一丢，转身跌跌撞撞扑进姐姐怀里。

姐姐又让她沿沿。她丢开扶着床沿的手，直接向前"奔跑"。

学字

冬冬学会了"箱子""太阳"和"开关"。

姐姐抱冬冬跳着舞，学"开关"二字。一边跳舞，一边念"开关"，只教了三四遍，等大人问她"开关在哪儿"，她用手指指着"开关"二字的方位。

1985-10-1

怎样教"自行车"

冬冬学会了"书架""窗子"和"自行车"。

爸爸教冬冬认识"自行车"，采用的是以下方法：

①爸爸一手抱着冬冬至自行车前，按动自行车清脆的"叮铃铃"铃声，吸

---

[1] 沿沿：河南方言。手抓扶着东西，慢慢行走。

引她的注意，引起听觉上的兴奋。

②让冬冬感知自行车，拿她的小手摸摸车把，放在自行车的座椅上坐一会儿。肢体的接触，加深感知效果。

③伴随着以上动作，加以语言的多次强化。

经过以上几种方式的交流，爸爸问："冬冬，自行车呢？"

冬冬扭过头来，用手指着那辆自行车。

越来越爱"说话"

八个半月的冬冬，越发调皮，越发爱"说话"，表情也越来越丰富，且有强烈的交往意识。其表现有：一双小手伸向对方，嘴里"呵呵"地叫。或是笑着 jiǎng 鼻、挤眼、做鬼脸，希望引起对方的注意，更期待大家的注意力都集中在她身上。如果对方没有及时做出反应，她还会"生气"呢。

今天，妈妈的同事赵老师和爸爸在客厅里交谈。赵老师喜欢搞小发明，今天他在论证一个酒瓶盖防伪的设想。

刚睡醒的冬冬，瞪着又黑又亮的眼睛，一直注意着赵老师。五分钟过去了，看交谈的两个人都不理她，就开始喊叫起来。爸爸不得不停下交谈，对着她"说"几句。

妈妈怕打扰两人的谈话，抱冬冬进入卧室，她情绪烦躁不安。无奈，妈妈又抱她来客厅，她的表情开始阴转晴，但还是没被人注意，就又大喊大叫起来，直到引起了爸爸和赵伯伯的注意，和她搭话，这才高兴得大笑。

路遇徐叔叔

上午，爸爸抱冬冬在校园里玩耍，路遇徐老师。

徐老师满头大汗地拉着一辆架子车，只与爸爸点点头，算是礼貌地打过了招呼。可冬冬一直朝徐叔叔友好地又伸手又不停地"啊啊"叫喊，徐老师只得停下脚步，拉拉冬冬的小手。

徐老师笑着说："冬冬像她爸爸！"

冬冬与徐叔叔握过手，非常开心地笑了。爸爸让和叔叔再见，她频频挥手。

识字识物小实验

客厅里的窗户上，贴有"窗子"二字。窗户下，放了一个大箱子，箱子上贴着"箱子"的卡片。

前天，爸爸先教冬冬认识"箱子"，冬冬很快认识了。昨天，爸爸又指着窗户教学"窗子"二字，教了几遍后，冬冬也学会了。今天，爸爸让冬冬指认"箱子"，她看的却是"窗子"。

爸爸又教"箱子"，强化"箱子"三遍后，问："冬冬，窗子呢？"

冬冬眼睛看着"箱子"并指着"啊啊"。

冬冬根本分不清"箱子"和"窗子"！原因可能是：其一，窗户和箱子两者位置太近；其二，"窗子""箱子"两者读音相近。

"书架"

"十一"假期结束，晚上爸爸回武汉，学院的很多老师来家为爸爸送行。

人越多，冬冬越活跃。她乱窜乱蹦，抓着姐姐的大拇指，非要跳舞不可。

开始播放音乐，她兴奋得手舞足蹈。刚跳了几步，她的身子，就挣着要去书架前。姐姐抱她至书架前。冬冬摸了一下"书架"这个卡片，回过身来，冲着大家皱着鼻子，发出"呼哧呼哧"声，做个鬼脸。大家还没反应过来，她又转回身，去书架上摸卡片。

冬冬又表演了多次，大家这才恍然大悟：她是说，她认识书架上的卡片上的字！

1985-10-2

长牙齿

冬冬又流涎水,又吹出一串串泡泡,把下巴和脖子里弄得湿漉漉的。

姐姐掰开她的小嘴巴一看,原来上牙和下牙同时都在分牙瓣,又要长四颗牙。如果一下子要长四颗牙,体内的钙质肯定供不应求。

煮骨头汤喝,补钙。

1985-10-3

消化不良

冬冬又生病了,凌晨开始拉肚子。又稀又绿的大便里,掺杂着白白的奶瓣,还有大大小小的苹果块儿。

服小儿奇应丸和婴儿素。

做鬼脸

冬冬情绪愉快时,用挤眼、jiàng 鼻、缩脖等技能逗人乐,透出孩子特有的天真活泼。

复习所学过的卡片。教"厨房"二字。

1985-10-4

教字

昨晚,姐姐教"厨房"二字,今天又复习数遍,基本上认识了。不过,需要抱她到厨房门口方可。

"奶奶""姐姐"都贴在客厅里,两个名称的字形太容易混淆,故把"姐姐"

的字条取到卧室，贴在床对面的墙上。冬冬很快认识了。

跳舞与学字

冬冬跳舞不再专心致志，一双眼睛总要左顾右盼去寻找字条，看了这个又去看那个。于是，姐姐一边抱着她跳舞，一边学了这个字再去念那个字。

学着字跳着舞，注意力不集中。当冬冬眼睛发直的时候，姐姐需要督促"跳啊，跳啊"，她才舞动小手，眯着眼睛笑。

她已听懂"跳"的意思了。

去李叔叔家

今天，妈妈和姐姐抱着冬冬去信阳七中的李叔叔家。

姐姐说："冬冬，跟叔叔指指，棉被在哪儿？棉被呢？"

冬冬眼睛寻找到床上的棉被，翘起食指，指着叫喊着。

姐姐又问："灯呢？"

冬冬先朝有光源的窗户看去，又抬头向天花板看，看到悬吊着的灯泡，"啊啊"地叫。

长方形的录音机放在书桌上。

姐姐问："录音机呢？指指，录音机在哪里？"

冬冬左看右看地寻找。

李叔叔按响了录音机的播放键，冬冬的眼睛顿时发光，指着录音机又蹦又跳。

我家的录音机体型较大，而这个录音机体型较小且是长方形的，但它们有个共性，会发出声响。当冬冬发现声响的这个共性，这个录音机就变成她认识的录音机了。

1985-10-5

学走路

姐姐扯着冬冬一只手，在院子里走路。

已走得相当硬实了，脚步也轻松多了。

小棉袄

从箱子里翻出来冬冬的两件棉袄，试穿，太小了，只能盖着肚脐。姐姐把它们放在床头，准备有空了再接上一截，以备秋末冬初御寒。

晚上，姐俩跳舞，跳着跳着，冬冬突然发现了床头的棉袄，惊奇得大叫，挣着身子要去查看。

姐姐让她坐到床上，拉过棉袄给她。她连连摇头，身子后趔，两手藏在身后。姐姐把棉袄盖在她腿上，吓得她眼睛直直地盯着，一动也不敢动。既然害怕，姐姐就把棉袄撂在一边，又抱着她继续跳舞。

跳着舞，她的眼睛还去看棉袄，又趔趄着身子去摸棉袄。姐姐顺手把棉袄搭在胳膊弯里，拿着棉袄的一只小袖子，跟着舞曲节奏挥舞。

冬冬激动起来：瞪大眼睛，又喜又怕，又喊又叫，想伸手又连忙缩回去，想摸又不敢……

妈妈让姐姐把棉袄放进大箱子里。

冬冬找不到小棉袄，眼睛盯着妈妈，"啊啊"地喊，似乎在问："棉袄呢？"

妈妈问："冬冬，棉袄去哪儿了？"

冬冬指指客厅。

姐姐抱她从卧室到客厅的大箱子旁，她使劲拍打大箱子。

姐姐抱她回卧室，她坚持要去客厅，如是者三。

第四次到客厅，姐姐从箱子里拿出棉袄，扔到床上让她玩。这次，她不害怕了，翻着花样地玩那件小袄子。

从胆怯到接受，需要一个过程。

1985-10-6

帽子

冬冬愉悦的情绪越来越多，也越来越调皮。

墙壁上，挂着一顶爸爸旅游时的帽子。早上，冬冬指着那顶帽子"啊啊"地喊。姐姐取下帽子，戴在她头上。帽子很大，遮盖了她的眼睛。她两只手紧紧拽着帽檐儿，透过帽子的小方格洞洞往外看，嘴角荡起调皮的笑容，头晃来晃去，自得其乐。

去秦阿姨家

下午去秦阿姨家。

冬冬站在椅子上一边玩，一边笑着摇头。大家笑她调皮，她更惬意地摇头嬉笑。

准备离开时，秦阿姨家四口人都起来送客。冬冬探身凑近人家的脸儿，挨着个儿看过去。一位微笑着未说话的小姑娘，被人遮挡着半个脸，她把头伸出老长，盯着人家的脸儿，瞧了好大一会儿，非要看清楚不可。

逗乐

姐姐要抱起冬冬，她突然做出一个反常的动作：把头猛地向前一伸，然后一缩一缩地往回收，整个身子都在动。

这是一个谁也没教过的动作。大家笑，她也笑。

认字小试验

冬冬学会挂在椅子上的"椅子"二字，认识了天上的"星星"。

姐姐把书架、录音机、门和箱子四个纸条从实物上扯下来，让冬冬认实物。

妈妈问："冬冬，录音机呢，指给妈妈看！"

冬冬一下子就指出了录音机。

妈妈问："书架呢？"

她眼睛看着书架，却在上下寻找，一副审视、迷茫的神情。之后让找"箱子"和"门"，都同样迷茫，指认不出来。

这似乎说明，七八个月的孩子，学东西是"整体输入"的。"书架"，不仅是书架本身，还包括书架上摆满的书籍，遮盖的布帘子和那张写着字的纸片。"门"，不仅是黄色的长方形，还有汉字和拼音的纸条。

撕掉了字，不认识实物。那么，字，认识吗？

姐姐把写有"门""录音机""书架""箱子"的四个纸条，并排贴在墙上，让冬冬认，冬冬都不认识。

1985-10-7

"桌子"

又教冬冬学"桌子"二字。

这次，冬冬正确区分了"箱子"和"桌子"。

识物的细微变化

可能是受几次试验的影响，近几日冬冬认卡片上的字，不再只盯着一个地方看，而是把周围所贴的纸条，都挨个儿看一遍。看到不是大人所问的那个，就表现出漠然和无所谓；一旦指出来要找的字或事物，立刻得意地笑起来。

这是用心去鉴定、辨别了。

1985-10-8

"凸""凹"

有段时间，冬冬专爱抓凸出的东西，如大人的嘴、鼻子、耳朵和头发。

近两天，她开始挖凹进去的部分，把小手伸进大人嘴里，捅别人的鼻孔，探进玻璃杯里去掏玩具等。

一替一下拍打

冬冬用小手拍打，是早已会的，如拍手、拍水、拍打黄鹂鸟。她也拍自己的肚子和身子，但都是轻轻的慢节奏，好像是哄娃娃睡觉。

从昨天起，她的手很重地拍打别人的脸，一气儿拍打十多下，让人明显感受到被拍打的疼痛。

她也拍打自己。过去是单手行动。而今天，她用双手一替一下拍自己的右腿，拍自己的肚子。

掀棉被，找姐姐

姐姐在床上，用棉被盖着头，故意裹得严严实实的。冬冬突然看不到姐姐，就趴在隆起的棉被上，这看看，那瞧瞧，还是找不到。

姐姐悄悄掀开棉被的一个小缝隙，瞬间被眼尖的冬冬发现了。她扑上去，用手抓着姐姐的头发，兴奋得又喊又叫，把姐姐从棉被里拽出来。

玩了一会儿，姐姐又迅速用被子盖住了头脸。

这次，冬冬不再左顾右盼，毫不犹豫地掀起棉被，一手抓住姐姐的耳朵，一手抓住头发，姐姐乖乖地跟着出来了。

1985-10-9

捉迷藏

晚上，包阿姨来家，跟冬冬捉迷藏。藏在卫生间里或是门后，都被冬冬"捉到"了。

妈妈站在门边，看冬冬和包阿姨捉迷藏。

冬冬手指妈妈，用祈使的眼神"啊——啊——啊"地叫着，似在说："妈妈，你去藏！"

妈妈应声躲起来，她很高兴。

包阿姨累了，坐在椅子上休息。冬冬不同意，仍用小手指挥她，嘴里"啊——啊"不停，似乎说"藏啊！藏啊！"

包阿姨无可奈何地笑着，只得又躲到了门后。

盘脚盘

妈妈和姐姐跟冬冬玩"盘脚盘"[1]的游戏。

妈妈和姐姐边拍着两只脚，边同时念着："盘，盘，盘脚盘；脚盘高，磨大刀；大刀快，切辣菜；辣菜辣，切苦瓜；苦瓜苦，切豆腐；豆腐浓，切棵葱；葱花芫荽，小脚蜷回……"

冬冬笑眯眯地听着儿歌，看一眼姐姐，又看一眼妈妈。有时，她的眼睛随着两双拍打的手，转来转去……

她看着妈妈的眼睛，突然大叫一声。妈妈愣了一下，没有说话。冬冬高兴得大笑。

看反应，她是想让妈妈停止，只让姐姐一个人念儿歌。

---

[1] 盘脚盘：河南的一种民间游戏。游戏规则是：两个人面对面坐下，把脚伸出去，一边念着歌词，一边双手有节奏地一替一下地拍腿和脚。当念到最后一句"小脚蜷回"时，两人要同时收回腿脚。如果一方收回的速度较慢，被对方的手拍到了，就算输了。

后来，她自己拍打着小脚，嘴里"啊啊"着玩起来。

要杯子喝水

冬冬口渴，会要杯子喝水了。

一开始，她连连用手指杯子，大人误以为是要杯子玩。她拿到了杯子，依然叫喊个不停。

难道想喝水？

姐姐在杯子里，倒点温白开递给她。她真是渴了，一口气儿喝了下去。

难道说，她知道了"口渴、喝水、杯子"三者之间的关联吗？

1985-10-10

模仿"抓""猫"的发音

早上冬冬跟姐姐疯着玩，模仿姐姐发"抓——抓"音。

在信阳师范院子里散步，看到一只悠哉悠哉散步的大黑猫。

冬冬大叫一声，急急把身子往下溜，被姐姐拉着一条胳膊，跟跟跄跄地追了上去，嘴巴发出"猫——猫——啊——猫"的呼唤声，连蹦带跳，直把大黑猫追得无影无迹了，还在左寻右觅。

1985-10-11

模仿发音

早晨，冬冬模仿发"姐——哦——姐"音。

手表

冬冬认识真实的手表。

主动吻妈妈

冬冬扶着床沿儿，学走路。妈妈怕她跌倒，蹲在她后面贴身保护着。

玩得正尽兴的冬冬，突然扭过头，张大嘴巴，去吻妈妈的脸儿，吻得非常热烈和狂放，亲吻时间，约有十秒钟之久。

过去，冬冬也有主动去吻别人的时候，但常常是揪着别人的头发和脸蛋，发狠地亲一下，草草了事。

1985-10-12

有发动机响声的，都是汽车

冬冬认识真实的汽车。

大人问"冬冬，汽车呢"或者是"唪唪儿呢"，冬冬就指汽车。

之后发展到，不论是拖拉机，还是什么样的车，只要有发动机响声的，她都认为那是汽车，并指给你看。这是认知上的"泛化"。

识字

冬冬认"冬冬、爸爸、水瓶"三个卡片。

她看到放在桌上的一堆卡片，特别兴奋。卡片贴在了墙上，她指挥着姐姐一遍又一遍地念，总听不够，看不够，很快学会了这三个名词。

看电影

今晚，去五星电影院看电影。

进场时，正放映加演片《大熊猫》，整个剧院一片漆黑，只有银幕上的大熊猫在蹒跚而行。冬冬又哭又叫，趴在姐姐的肩膀上不敢动弹。

加演片结束后，影院里的灯光亮了。有光亮，她很高兴。正片开始，灯光全暗，银幕上出现了金丝猴、水牛、黑熊、熊猫、竹子、森林、冰川河流、雪压青松，还有骑马的叔叔、小朋友等等。冬冬渐渐不害怕了，瞪大眼睛认真地看，偶然还会发出一声惊奇的喊叫。

放映快结束时，她疲倦了，睡着了。

"对眼"和"斜视"

有人说，冬冬稍有点"对眼"；还有人说，冬冬的左眼有点斜视。

妈妈细看，冬冬真有点"对眼"，但却看不出斜视来。请教有经验的妈妈们，她们说，小孩子有点"对眼"属于正常现象，这跟脑神经尚不能协调运动有关，长大就好了。

有机会的话，去医院为孩子做个检查。

1985-10-13

爸爸在哪儿？

在卧室里。

妈妈问"爸爸呢"，冬冬指着墙上爸爸的照片。

在客厅里。

姐姐问"爸爸呢"，她就看贴在墙上的"爸爸"两个字。

花的图案

开始教冬冬什么是"花"。

妈妈指给她看姐姐衣服上的梅花、床单上的玉兰花图案。

姐姐问："花呢？"

冬冬摸摸姐姐上衣的花，又指指床单上的玉兰花。

"护东西"

十天前，姐姐带冬冬去买油条，恰遇包阿姨。

"看冬冬知道护东西了不？"包阿姨说着，拿过姐姐手中的油条。

冬冬见油条被阿姨拿走了，急得"哇哇"大叫。

阿姨笑着说，冬冬知道"护东西"了。

下午，莉莉来家找冬冬玩了一会儿。准备离开时，正下着瓢泼大雨，妈妈递给莉莉家的小姐姐一把雨伞。

冬冬叫起来，身子使劲地往外挣，小手乱挥舞。直到小姐姐把伞靠墙放下，她的情绪才归于平静。

又生病了

从下午到夜里，冬冬连续拉肚子十次之多。大便里掺杂着星星点点的奶瓣，后来拉成了稀水。

孩子很痛苦。一个小时醒一次哭一次。大人几乎一夜未眠。

1985-10-14

停食六小时

大雨下了一天一夜，今天上午仍无减弱的迹象。

姐姐抱着冬冬，妈妈打着雨伞，徒步去信阳市人民医院。到医院，妈妈和姐姐的裤子都湿了大半截。

医生说，拉肚子是因为消化不良，让冬冬停食六小时，减轻胃部负担。开了药，如无效，再来医院。

从医院回来，路经新商业大楼，抱冬冬进去买玩具。冬冬看见琳琅满目的玩具和花花绿绿的商品，顿时精神起来，又叫又笑。最后挑选了一只摇铃。

冬冬饿得厉害，一个劲儿地往妈妈怀里拱。妈妈下狠心不喂奶，遵医嘱在白开水里加少许白糖、食盐。

冬冬喝了几口糖盐水，慢慢入睡了。

不倒翁

冬冬喜欢玩具不倒翁，很快认出了哪个是不倒翁，还认识了不倒翁的眼睛。

1985-10-15

拉肚子

冬冬病情没有好转。一昼夜拉肚子十多次，小脸瘦得尖尖的，好可怜！

"啊——"：同表应答与呼唤

（零岁 10 个月 1985-10-16—1985-11-15）

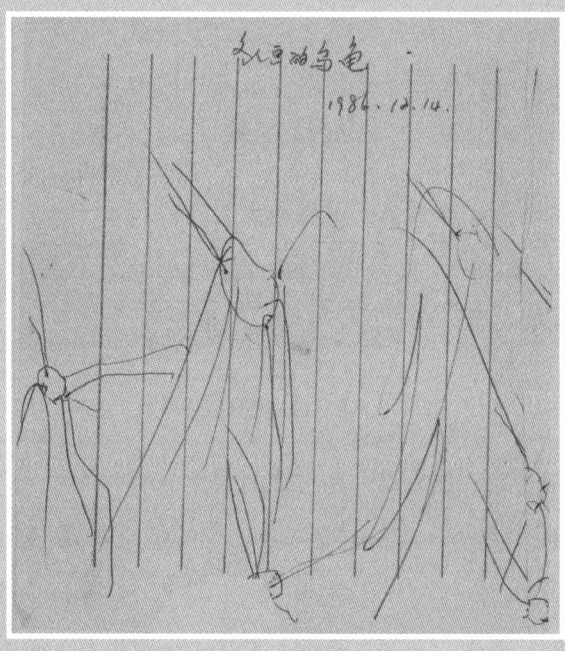

乌龟之一（1986 年 12 月）

1985-10-16

"拍、打" 之不同

九个月的冬冬，掌握了"拍"与"打"的不同。大人让"拍"时，她的动作柔柔的慢慢的；大人让"打"时，她发着狠，用大力气。

姐姐说："冬冬，拍拍！"

她抬起小手，轻柔地拍打着自己的肚子和大腿。

姐姐说："来，打一个！"

她扬手去打姐姐的脸蛋，打得"啪啪"有声。

1985-10-17

病情好转

冬冬病情稍有好转，小脸儿上又现调皮的表情。

晚上八点钟，她又拉了自己和姐姐一身臭㞎㞎。但看到妈妈和姐姐手忙脚乱地擦洗㞎㞎，脱换衣服，高兴得"咯咯"笑起来。

细微变化，也能发现

冬冬的眼睛很管用，能发现一些细微的变化，如：

①她指着桌面，"哦——哦——哦"地叫个不停。原来，贴在录音机上的字条，被风吹落在了桌子上。

②碗柜上贴的"碗柜"二字，被椅子遮住了。她指着大叫不止。

③冬冬指指客厅，又指指厨房大叫。原来是一直放在客厅里的热水瓶不见了。中午姐姐做饭用开水，把热水瓶拿到了厨房里，用后没有归位。姐姐忙去拿热水瓶，放回客厅。冬冬这才满意。

小碗，我的！

昨天，大表姐林燕带着儿子刘堃，从老家来信阳。刘堃比冬冬大两岁。吃饭时，刘堃用了冬冬的小碗。

冬冬大叫大喊着抗议，趔趄着身子，就是要夺回自己的小碗。

1985-10-18

出外、下雨、雨伞

又是中雨。

妈妈和姐姐抱着冬冬，把林燕她们送到了汽车站。

回到家里，冬冬还想出外，"啊啊"叫喊。

妈妈问："你想干什么？想上门儿吗？"

在她的身子往外探的同时，又指指那把放在箱子上的雨伞。

她能把出外、下雨和打伞联系起来了吗？

认识自己的脚

姐姐问："不倒翁呢？"

冬冬拿不倒翁，递给姐姐。

姐姐问："冬冬，你的脚呢？"

冬冬扳起自己的双脚。

过一会儿，姐姐又问："冬冬，你的脚在哪里？"

她再次扳起自己的脚。

1985-10-19

双手指物

冬冬能用一只手，一下子拿起小碗和帽子。

上午，冬冬能伸出左手或右手的食指，指物或指人。

下午，她可以同时伸出双手的食指，指她发现的或想要的东西。

1985-10-20

见长的脾气

冬冬病情好转的同时，脾气也跟着见长。

昨夜醒了七次哭了七次。稍不如意，就哭个没完没了。

闻乐起舞

过去，姐姐抱起冬冬，按下音乐播放键，冬冬跟着音乐的节拍，摇摆起身子。

今天，只要一播放音乐，冬冬就有反应。即便她是在站立状态，也会随着音乐节奏，双膝一屈一伸地跃动起来。

1985-10-21

后怕的触电

上午十时许，妈妈抱冬冬在书桌前玩。冬冬去拽纸张拿钢笔，又伸手去拉电插板上录音机的电源线，并使劲地把它拉向自己。

姐姐从厨房出来，伸手去接冬冬的瞬间，孩子突然尖叫着大哭起来。

妈妈和姐姐都莫名其妙，哭什么呢？

"看，那咋冒火花？"姐姐惊叫道。

录音机的电源线头上，正滋滋地冒着火花……

冬冬触电了！

被冬冬拉在手里的电线，另一端还插在电插头上。手拉的这端，虽然是绝缘体，但冬冬把它含进口中，裹满了唾液，弄湿后导电，冒出了火花……

姐姐果断切断了电源！

太危险了！教训牢记！！

认识叔叔，不认识阿姨

近几日，见到成年男性，大人问："叔叔呢？"

冬冬都用手指对方。

今天，隔壁邻居小江和他的女朋友小李，过来逗冬冬玩。

姐姐问："叔叔呢？"

冬冬用手指着小江。

姐姐又问："阿姨呢？"

冬冬用眼睛去寻找墙上的纸条，然后看看小李[1]，又看看小江。

认识哥哥和姐姐

晚上，去莉莉家玩。两岁多的小庆庆也在。

姐姐问："哥哥呢？"

冬冬手指庆庆。

姐姐又问："莉莉姐姐呢？"

冬冬就指指莉莉。

---

[1] 可能跟小李很年轻有关。

爱管闲事

冬冬身体逐渐好转，挤眉弄眼做鬼脸的次数，又逐渐多起来。

妈妈试穿前年买的紫红色外罩。刚把外罩套上，冬冬就挥手大叫，似乎是不让妈妈穿？

妈妈脱下衣服，小家伙才停止"抗议"。

1985-10-22

阿姨、叔叔的家

包老师家，住在西面的三楼上。她常从阳台上跟冬冬招手、"对话"。

妈妈问："包阿姨呢？"

冬冬仰头扭脸，指三楼的阳台。

小江住在隔壁，也常打开他家窗户，跟阳台上的冬冬打招呼。

妈妈又问："江叔叔在哪儿？"

冬冬指指小江家的窗户。

初识自己的手

妈妈问冬冬："你的手呢？"

她翻动自己的小手，表演给妈妈看。

认"脚"，屡试不爽；认"手"，还处在偶然阶段。

吃米花、捡米花

冬冬自己端着小碗，捏一小撮米花，放进碗里，端起来倒入口中。

米花，常常会撒落在床上。

她一手端小碗，一手捡米花，把一粒粒的米花，都捡进小碗里……

无处藏匿的蜘蛛、蚊子

冬冬的眼睛越来越管用。

昨夜，姐姐坐在客厅里哄冬冬睡觉。冬冬突然叫起来，眼睛紧盯着墙壁，大拇指和中指捏在一起，食指翘起指向墙壁。

在那个墙角角儿，有一只小蜘蛛在织网。

今天，冬冬躺在床上，发现门上趴着一只大蚊子，就"啊啊"地叫起来，小脚丫一替一下"蹦蹦"地敲着床板，兴奋得不得了。

姐姐说："跟妈妈指指，蚊子在哪儿？"

她翘起食指，指着趴在门上的蚊子。

1985-10-23

"盘脚盘"的游戏

姐姐跟冬冬多次做"盘脚盘"的游戏。每逢姐姐下一句该唱"小脚蜷回"[1]时，她就紧张地把脚蜷回去，随即大笑不止。

她自己也会做这个游戏了。

妈妈说："冬冬，你来表演个'盘脚盘'吧！"

冬冬口中念念有词，舞动一双小手，一上一下地拍自己的小脚。

她最先认识自己的脚丫，可能与这个游戏有关。

哄不倒翁睡觉

姐姐把不倒翁放在冬冬怀里，说，不倒翁瞌睡了，想让你拍它睡觉呢！

冬冬"哼哼啊啊"地嘟囔着，轻轻拍几下不倒翁，再拍几下自己的肚子。

---

[1] 说这一句时，姐姐用两只手，横在她的脚脖上来回拉几下。

1985-10-24

"秃秃大王"

小姐俩经常翻看张天翼童话画册《秃秃大王》。

秃秃大王的形象极有特点：头和肚子，大得出奇；胳膊和双腿，像四条又细又长的丝瓜，特别好玩。秃秃大王重复出现，冬冬很快认识了他。

大人只要指着那幅图画，问冬冬："秃秃大王呢？"

冬冬都准确指出画页中的秃秃大王来。

称谓

有一幅图画：一个老奶奶拉着一个男孩。

姐姐问冬冬，哪个是哥哥？

冬冬指出那个男孩。

姐姐又问，哪个是奶奶？

冬冬指画中的老婆婆。

晚上，去黄阿姨家玩。妈妈问黄阿姨家的三口人，冬冬知道：不到三个月的夏夏是弟弟，夏夏的爸爸是叔叔，夏夏的妈妈是阿姨。

1985-10-25

发音

冬冬今天的发音有：[kai] [tɕie] [pai] [pʌ] [ʌ-pʌ] [mʌ] [ʌ-mʌ] [mu] 等。

1985-10-26

害羞

外人呼唤冬冬的名字、抚摸她或者要抱她时，她总是害羞地把头藏到大人的脖子下，可又忍不住偷偷观察对方……

捉迷藏

捉迷藏游戏。冬冬现在喜欢做藏匿者，让别人去捉她。

冬冬经常藏的地方有：蚊帐里、藤椅内、被子后面……她紧缩着身子，露出两只眼睛，惊喜地偷看对方，紧张地等待着被捉到的那一刻到来。

1985-10-27

用小勺，吃东西

用"九月革命"来形容孩子突飞猛进的发展，一点都不夸张。

冬冬不仅会用小勺子吃东西，还掌握了用小手绢擦嘴巴、把帽子扣头上、往脚上放小袜子、盖上盒子盖等多种技能。

前两天，冬冬把米花放到小碗里，再倒进口中。今天，她把米花放进小勺里，端起小勺往嘴里送。

最初，她往小勺里放米花，十有八九都放不进去。经过多次练习，准确率逐渐上升。

吃饭时，姐姐夹一根面条，放在她的小勺里。她端稳勺子，很流畅地把面条送进嘴里。

认识多种树

妈妈问："冬冬，树呢？"

冬冬指指窗外。那是一棵黄了叶子的槐树。

去信阳师范院子里散步，路两边是高耸的白杨树。

妈妈问："冬冬，给妈妈指指，树呢？"

冬冬连着指了两棵树。

1985-10-28

"骗人"的小把戏

四五天来，冬冬频频玩"骗人"的小把戏。

大人要她手里的东西，她很乖，把东西递过来。

在大人伸手接东西的瞬间，她却猛地把手缩回去，背在身后，调皮地朝你笑。

1985-10-29

夜里多醒

昨天、今天的夜里，冬冬都醒来五六次，醒来就要吃奶。

在凌晨三点多醒的那次，不仅吃奶，还玩上三四十分钟，然后再入睡。

"啊——"：同表应答与呼唤

楼下，有高声叫卖的声音。

冬冬扯长声调，响亮地应答："啊——！"

为了证实她是否是应答楼下的喊叫声，姐姐故意说："冬冬，你听，有人叫你，赶快答应！"

她正襟危坐，眼睛看着窗户，连着"啊——啊——"数次。

下午姐姐抱她外出，走到莉莉家的楼下。姐姐怂恿冬冬："快，快叫莉莉，叫莉莉下楼一起玩去！"

冬冬仰脸看莉莉家的窗户，也"啊——啊——"地叫。

不管是应答，还是呼唤，冬冬都用"啊"来表达。

1985-10-30

把手表，放在不倒翁的脖子里

冬冬又拉肚子。

下午去人民医院看医生，仍是消化不良。遵医嘱，最近一段忌生冷腥荤，除吃奶，不再添加任何辅食。

晚上，冬冬先把不倒翁平放在枕头上，又把妈妈的手表，搁在不倒翁的脖子里。

手表滑落下去，她捡起来，继续往不倒翁的脖子上放……反复多次，终于放稳了一次，她高兴得又缩脖子又挤眼睛。

妈妈和姐姐鼓掌。

冬冬受到鼓舞，又拿手表放上去，结果又滑了下来。

她眼看姐姐，指指手表，示意让姐姐也做一次。

1985-10-31

自行车上的舞蹈

冬冬早上醒来，趴在不倒翁前面，反复把手表放到不倒翁的脖子里，乐此不疲。她还记得昨晚的游戏。

下午，姐姐把冬冬放进自行车前杠的小椅子里。

冬冬一会儿摸铃，一会儿抠把，玩得很是惬意。突然，她抬起左脚，蜷进椅子里，两手同时握紧车把，支撑起身子，右脚也慢慢地蜷进椅子里。然后，她竟然从座椅上站了起来。

姐姐连忙扶着她的身子，说："跳舞，跳舞啊！"

有姐姐的保护，她在座椅上又蹦又跳。

晚上，冬冬又坐进自行车的小椅子里，按下午站立的步骤，再次直起了身子。

1985-11-1

搬运工

冬冬特别喜欢发出响声的玩具，也喜欢做搬运工作。

她从铁盒里拿出摇铃、小鹿、茶缸盒、小碗等，摆在床上。然后，又一样一样地放进盒子里。

地地道道的一个搬运工。

1985-11-2

配合穿衣

冬冬的肠炎基本好了。

今天，她可按大人的要求，积极配合穿衣服。

姐姐让冬冬"握紧袖"。

她弯曲五指，拽紧贴身的衬衣袖子。很快，胳膊伸出来了，但小手依然紧握着袖子不放。

穿棉裤，姐姐让她"伸腿"。

她把小腿伸得直直的，很顺利地穿上棉裤。

1985-11-3

鱼、鸟

冬冬认画册中的鱼。不管什么体态的鱼儿，她都能一一指出。种类各异的鸟儿们，都逃不过她的眼睛。

在画册中，她喜欢鲜亮的色彩，还有几只黑眼圈的大熊猫。似乎不太喜欢浅红色的花朵，包括一群白中带浅蓝的小白兔。

"啊——"

上个月 29 日，冬冬初次用"啊"回应和呼唤。

今天，不管是楼下传来"收破烂喽""买甜酒喽""修车啦"，还是呼唤谁人名字……她都仰起脸，很严肃应答一声"啊——"

大人忍不住一笑，她自己也笑起来。

楼下，又有叫喊声。

姐姐怂恿说："冬冬，又叫你呢，快，快答应！"

她眼睛看着窗外，很爽快地应上一声"啊——"

姐姐抱冬冬从外面回来，说："冬冬，快叫妈妈呀！"

她看着妈妈的眼睛，用"啊——"的语调喊了一声。

"亲亲"

姐姐带着冬冬，在信阳师范的大操场玩了一个多小时。

冬冬"咿咿呀呀"地闹人，好像饿了。

姐姐说："饿了？咱回家找妈妈。你亲亲我，抱你回家！"

冬冬搂着姐姐的脖子，撮起小嘴巴，连着在姐姐脸上亲吻了三次，把姐姐给激动得哟……

1985-11-4

与人分享

文秘班的两个女同学，来家找妈妈指导作文。

冬冬拿着一截糯米棒，紧盯着离她最近的阿姨，把糯米棒慢慢递过去。

那同学一脸茫然地看着冬冬，不明白冬冬要干什么。

稍后，冬冬又把手中的糯米棒，伸给那个离她远点的阿姨。

这个乖巧的同学笑着说："谢谢小冬冬，你自己吃吧，阿姨不吃！"

冬冬顿时笑开了花。

自己喜欢吃的东西，还知道与人分享，这是一个美好的品质。

舌尖上的米花

冬冬正吃米花。

姐姐说："冬冬，给我点儿！"

冬冬笑着伸出舌头。舌尖上有两粒白白的米花。

姐姐当然不会吃。

冬冬又笑嘻嘻地把舌尖伸向李阿姨，伸向妈妈。

她那调皮的表情和行为，逗得大家哈哈大笑！

白天要姐姐，晚上要妈妈

白天，冬冬只缠着姐姐，连姐姐去个卫生间，她都大哭不止；可天一擦黑儿，她只要妈妈一个人，入睡也要妈妈搂着。

这些天，妈妈一直忙于上课、批改作业，非常劳累。再加上夜里冬冬总缠着吃奶，睡觉时更不老实，身子总往外窜，蹬掉被子。夜里，妈妈时睡时醒，胳膊和肩膀，常晾在被子外面受凉，身体感到极度不适，所以就放松了对冬冬认字、识物和跳舞等教育。

姐姐提问冬冬早已学会的东西，她要么听而不闻，要么乱指一通。

1985-11-5

指看云彩

昨天在大操场，冬冬忽然指着天空，惊奇地大叫。原来，远处有个烟囱，冒出滚滚黑烟，引起了她的注意。

姐姐指着天上的云，说："冬冬，看，看天上，云彩、云彩！"

冬冬认识了空中飘移的"云"。

今天，妈妈抱冬冬在阳台上坐。晴朗的天空，有几片白云。

妈妈问："冬冬，给妈妈指指，云彩呢？"

冬冬仰起小脸，向天上寻找，很快捕捉到了云，兴奋地弹蹬着双腿，抬起右手指给妈妈看。

莉莉的家

从莉莉楼下经过。

姐姐问："冬冬，莉莉家在哪里？"

冬冬指着莉莉家的阳台。

1985-11-6

真正会"打哇哇"

"打哇哇"的游戏，已持续了好几个月。直至今天，冬冬才真会"打哇哇"了：嘴巴、手掌和声音三位一体，有机协调，边打边发出"哇哇"声。

自己学会的，也开始推及他人。她用手掌拍打妈妈的嘴巴，又去拍打姐姐的嘴巴。她边拍打边"哇哇"，并示意让被拍打的人，也发出"哇哇"声。

吃蛋羹和水果

冬冬上午吃了一个鸡蛋羹，下午吃了点香蕉。

物价上涨得厉害：鸡蛋已一角八分一个，香蕉一元二角一斤，苹果、橘子九角一斤。

1985-11-7

认识自己的鞋子、他人的脚

冬冬认识自己的鞋子。

她不但认识自己的脚，也认识妈妈的脚、姐姐的脚、叔叔和阿姨的脚。

1985-11-8

小脚穿大鞋

从穿上鞋子学走路，冬冬就极喜欢穿大人的鞋。

看见床前大人的鞋，先用脚踩一下，然后把大鞋套到自己小脚上。

"叮当"作响的玩具

冬冬喜欢折腾"叮当"作响的玩具。不需要大人刻意去哄，独自一个，一气儿能玩二十来分钟。

她把能拿得到的东西，全装进盒子里，盖上盖后再打开，从里面捞出一件件东西，随手扔掉，弄得"叮叮当当"乱响。

玩了铁盒，又去盖茶缸。盖上，又取下。

她也喜欢勺子和小碗。把勺子放到小碗里，先扔出勺子，再扔掉小碗。乐此不疲。

日光灯的影像

晚上，冬冬手指着玻璃窗大叫。

妈妈顺着她的手望去，玻璃窗上，有一片明亮的光影。这是悬挂在天花板上的日光灯折射的影子。

妈妈指给她看天花板上的日光灯，又指窗户上的光亮，让她了解两者之间的关系。

刚看过天花板上的日光灯，她又大叫不止，手指窗户的一角，让妈妈看。

原来，对面楼上窗户里的电灯反光，也被她敏锐地捕捉到了。

1985-11-9

竹签扎了手

冬冬喜欢在藤椅上蹦蹦跳跳，更爱抠弄藤椅上的小洞洞。

中午，她多次低头看手。

姐姐拉过小手一看，食指的手指肚上扎进去一个竹签子。姐姐掐着竹签子，用力拔出，血珠涌了出来。扎得好深！

姐姐紧压着伤口，用嘴巴吹了吹，说："不疼了！"

冬冬模仿着姐姐的模样儿，也吹了几下食指。

电教室

晚上的电教室，有许多年轻教师看电视。

冬冬拉拉人家的衣服，歪头看看人家的脸儿。似乎很想和周围人搭讪。

一位阿姨，友好地朝她笑笑，拉拉她的小手。她很开心，忙把小脸藏起来，然后又侧过头，一次再次跟阿姨藏猫猫……

她要下地走。

217

姐姐拉着她一只胳膊，在电教室后面走了几米。她又挣着身子，要去电视机前面。姐姐只得依她，扯着她，弯着腰在电视机前走一趟。

1985-11-10

学走路

冬冬走路，胆子极大。有时猛地丢开大人的手，向前奔跑。

盖上瓶盖儿的喜悦

早上，妈妈打开雪花膏瓶。

冬冬夺过瓶子，一手拿瓶，一手拿瓶盖，把两者往一块儿碰。看样子，她是想盖上瓶盖。一次偶然，终于把瓶盖扣到了瓶子上。

她看看妈妈，看看姐姐，jiàng 鼻挤眼地"哈哈"大笑，又拍起小手为自己鼓掌，得意之情溢于言表。

就是不想坐车子

姐姐骑车带冬冬去买菜。

买完菜，姐姐刚骑上车，她就开始哭叫。快到家时，不仅拧缠着身子哭叫，还把两只小脚蜷曲进了座椅里，身体用力向上蹿，想从自行车上蹿出去。

姐姐眼疾手快，一手掌着车把，一手揽住她的腰。在她可能蹿出去的瞬间，停稳了自行车，扬起巴掌，做出要揍她的架势。

冬冬马上停止了哭闹，冲着姐姐挤眼 jiàng 鼻，笑了一笑……

她这淘气的一笑，化解了姐姐一路上郁积的所有不快。

不想吃，就不吃

因近日加了辅食，她不太饿就不愿意吃奶，拉都拉不到怀里。今晚亦如此。

好不容易按她入怀，吸了几口奶，就哭着要找姐姐，任凭奶水"哗哗"往外流。

妈妈很生气地看着她，她不恼，笑眯眯地看着妈妈。

今天这两件事，冬冬开始都很任性，后来又有转变。这难道是冬冬的个性——任性却不固执。

亲吻与情感

过去，冬冬既不爱吻他人，更讨厌别人吻她；后来冬冬主动吻人，但常是两手捏紧你的脸蛋，或者两手揪着你的头发，发着狠地亲吻一下，马上掉头去做其他事情，好像什么事都没有发生过。亲吻和情感无关。

现在冬冬的亲吻：脸上充满喜悦，优雅地把头向前一探，朝对方脸蛋上或者唇上轻轻地吻一下。

这种场景，常发生在姐姐抱她下楼，走到了楼梯中间，她会主动地去吻姐姐。

1985-11-11

听得懂的话

冬冬又听懂"给我""给你""别动""给××梳头""擦脸"等话语。

痛苦的便秘

冬冬第一次便秘。

早上大便的生物钟，她早已养成，今天却有了个例外。一直持续到夜里九点多，她才要大便，使好大劲儿，才拉出一丁点儿干屃屃。屃屃上，带着星星点点的血渍。

睡了将近两个小时，醒来又想大便，反复使劲，干大便堵在肛门口，露出个头儿又缩了回去。她用尽浑身力气，哭叫着，还是拉不出来。

妈妈忙跑去敲郑老师、郭医生家的门，他们也没有治便秘的药。离天亮还有六个小时，必须到人民医院，去买治便秘的开塞露。

妈妈的同事卢老师，深夜被妈妈叫醒，骑车去人民医院。凌晨两点十五分买回了药。用开塞露，冬冬马上拉出了干结的大便，带着痛苦的表情睡熟了。

1985-11-12

乐感

冬冬认识了熊猫的眼睛。

她听见音乐就摇头、摇手，有时两条胳膊交替摆动，颇有乐感。

"妈妈"

今天，冬冬看着妈妈的眼睛，清脆地喊出了一声："妈妈！"

宝宝叫一声"妈妈"，娘心醉了。妈妈很激动，抱着她，亲了她的脸蛋，又亲亲她的脖脖儿。

她缩着脖子，扭动身子，傻傻地笑个不停。

妈妈督促她再叫"妈妈"，她又喊出了一句含糊其辞的"姆妈"。

理解 "bye-bye"

冬冬说不出"bye-bye"，但理解"bye-bye"就是"再见"的意思。

姐姐抱她出外，让她跟妈妈说"bye-bye"，或者听别人跟她"bye-bye"时，她都频频招手回应。

增加粗纤维和水果

冬冬便秘，可能是粗纤维摄入太少的缘故。

中午，姐姐把白菜帮子剁碎，做成咸面糊喂冬冬。又去买香蕉，冬冬一口气吃了一根半。

但愿这些措施，能终结孩子便秘的痛苦。

1985-11-13

再用开塞露

昨天，虽吃香蕉又喂白菜帮子，可今早大便又一次干结。

再次用开塞露。肛门迸裂出血，大哭不止。

可怜的宝宝！

1985-11-14

看病

冬冬一夜醒多次。只要醒来，就把小腿蹬出来。半睡半醒状态下的妈妈，虽然努力给她拉被子盖，但冬冬还是感冒了。

早上起床，冬冬有点温烧，不停地打喷嚏，鼻涕两大筒。

姐姐一说准备带冬冬去看病，她就指着鞋子让穿上。

她特喜欢穿鞋子。因为穿上鞋，就意味着出外。穿上鞋，就可以下地走路了。

在等待看病的过程中，姐姐问冬冬："医生爷爷在哪儿？"

冬冬指指白发苍苍的老医生。

姐姐又问看病人群中的阿姨、姐姐和哥哥，冬冬也能一一指出。

1985-11-15

自己用勺吃饭

冬冬喜欢自己拿着勺子吃饭。

为能顺利喂饱她，姐姐就满足她的要求：给她一把勺子，往勺子里放一点儿饭和菜，让她自己吃。

小病初愈

由于治疗及时，冬冬的便秘完全好了，感冒也有好转。

这次便秘，不仅是因喝水少，粗纤维的菜和水果吃得不够，还与近段天气干燥、下雨太少相关。

猫狗叫声皆狮吼

（零岁 11 个月　1985-11-16—1985-12-15）

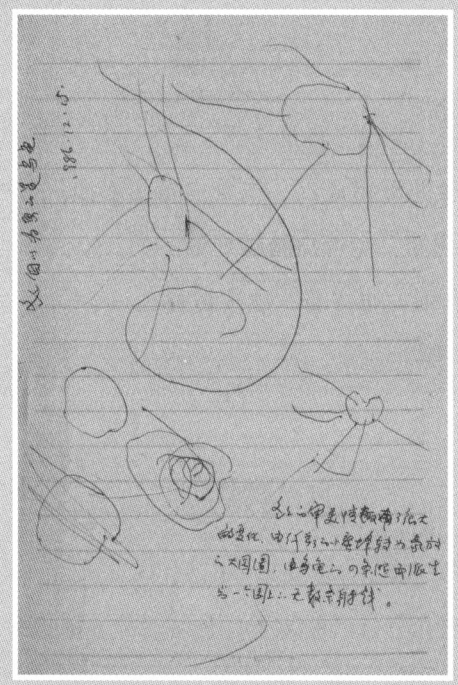

乌龟之二（1986 年 12 月）

1985-11-16

又长新牙

冬冬的两枚下门牙，露出了小尖尖。

挪移凳子

在平坦的路上，姐姐只要拉着冬冬的一条胳膊，她就能跑得很快。

教室外面有把凳子，冬冬用力地往上抬凳子腿。凳子倾斜，姐姐忙用膝盖顶着扶正。就这样不停地抬起、扶正，小姐俩同心协力，把凳子挪移了一米多远。

拉拽皮箱

垫着凳子的小皮箱，高过冬冬的头顶。

她伸开双臂，小脸儿涨得通红，抱着皮箱往下拽。力气不小，皮箱歪成了45度。姐姐赶快扶稳皮箱，免得皮箱砸着冬冬。

冬冬在做这些动作时，很兴奋，也很得意。

1985-11-17

自己的影子？

冬冬可单独走上两三步。

她停下来，看着阳光下自己的影子，有些迷茫。她抬头看姐姐，似乎在问：那是什么？

吹气的功效

冬冬的小手，被椅子腿儿给碰撞疼了。

"来，吹吹，吹吹就好了！"姐姐拿起冬冬的小手，接连吹几口气。

吹几口气的功效很大，冬冬似乎真的不疼了。

自此之后，冬冬的手若被碰疼了，她先看看被碰到的地方，象征性地叫喊几声，自己再"呼呼"吹几下。手疼这件事，就算过去了。

喂她吃饭，如饭太热，大人会条件反射地吹几下，散散热气。

大人吹，她也吹。

1985-11-18

模仿说话

冬冬把透明胶扔到了地上。

姐姐让从老家来的小表哥，把透明胶"捡起来！"

冬冬也模仿着说："捡起来！"

姐姐觉得她模仿得有点像，又说了几次，她也跟着模仿。

认照片

姐姐拿出相簿，翻开照片，让冬冬指认照片上的亲人。

姐姐问："冬冬，指指，哪个是爷爷？"

她指出了照片中的"爷爷"。

之后，她还按要求指出了"奶奶""爸爸""妈妈""姐姐"和"冬冬"。

这是冬冬第一次看相簿上的照片。

照片上的人跟现实中的人，应该是有区别的。冬冬是靠什么来辨别的？

1985-11-19

看自己的影子

晚上，冬冬脱了衣服，两条腿抬起落下，把床板敲得"乒乒"响。敲了床板，还不尽兴，坐起来，双手拉着床头站起身子，一边摇头晃脑拍手，一边观看墙上自己表演的影子。

她玩的时间太长，身子冻得冰凉。可怎么拉拽，她都不愿意回到被窝里。

姐姐用吓人的腔调，说再不回被窝里，就"拧腿"，边说边伸手去摸冬冬的大腿。

冬冬赶快弯腰用手去护，不让姐姐的手接近。

反复地"摸"与"护"，又变成了一场游戏。

1985-11-20

爸爸回来了

昨夜十二点多，爸爸从武汉回到信阳，带回了华中师范大学的调令，一家人终于能够在武汉团聚了。

爸爸刚进家门，熟睡的冬冬猛地醒来，睁大眼睛盯着这个"陌生"人。爸爸抱起她。她低垂着眼睛，既没哭闹，也没挣扎。不大一会儿，冬冬就和爸爸熟悉了。

妈妈让她摸摸爸爸的嘴巴和鼻子。

冬冬用害羞的眼神看爸爸，轻轻碰一下爸爸的鼻子，忙转身趴进妈妈怀抱里。

凌晨三点，冬冬又醒了，用好奇的目光，打量躺在身边的爸爸。

准备搬家

在短短几天内，要办好妈妈工作调动的手续，还要搬家。

小家里，突然多了许多"陌生人"，朋友们来帮忙打包，整理搬家的东西。嘈杂忙乱的气氛，让冬冬很不适应。她又哭又闹，怎么哄，她都不快乐。

晚上，喧闹一天的小家，终于安静下来。

爸爸把冬冬放在大衣箱里，跟她捉迷藏。

冬冬又笑又叫，又蹦又跳，像是一只欢快的小松鼠。

1985-11-21

又感冒了

昨夜十二点，冬冬发烧 38.5 度。

爸爸揭去盖在冬冬身上的棉被，解开她的棉背心，用酒精棉擦脖子、腋下、大腿根处以及手心、脚心，物理降温，并服用 1/5 的退热药。

半小时后，身上出了些汗，稍降温。凌晨五点多，又开始发烧。

上午看病取药。冬冬又感冒了。

1985-11-22

摔跤比赛

冬冬和莉莉在一起，常玩摔跤游戏。

两个孩子摔跤模式是：莉莉一把抱着冬冬的腰，往一边摔；冬冬扑上去，双手按着莉莉的肩膀，使劲往下按……

大多数时候，莉莉一下子就把冬冬摔倒在床上。冬冬爬起来，扭头扑进姐姐的怀里，"咳咳"着向姐姐撒娇求援。

姐姐鼓励她，多用点力气，继续努力。

今天，她俩一连比赛了八次，冬冬只胜利了一次。她把莉莉按倒后，马上伸手去抓对方的脸。莉莉妈眼疾手快，忙抱走了莉莉。

1985-11-23

跟跄奔跑

冬冬认识了趴在墙壁上的壁虎。

入夜，爸爸、姐姐和从泌阳赶来的林钦哥哥三个大人，各自把着大床的一边，用足够的臂长保护着冬冬。冬冬在床上蹒跚走几步，又迅速地奔跑。

冬冬跟跟跄跄跑着，还没到床头，就趔趄着身子急拐弯，颇似一个喝多酒的小醉汉。来回跑了几趟，脚步慢下来，很稳当地走了两步。

一个晚上，全家人跟着冬冬的奔跑开怀大笑，脸上肌肉都笑得发酸了。

1985-11-24

水牛

爸爸抱冬冬，在街上看到了拉车的老水牛。

回家后，爸爸在不同的书本上，找出水牛让她看。

很快，冬冬可以指出不同版本、不同模样的水牛了。

喝水、吐水

冬冬喝口水，噙着并鼓起两边的腮帮子，停一小会儿，吐水到地下。然后再喝，再吐，反复多次。

之后，她的嘴巴刚挨着碗边，还没有沾到水呢，就开始吐个不停。

这是她发明的一种游戏。

1985-11-25

喜欢热闹

冬冬逐渐适应了热闹忙乱的氛围，偶尔才会哭叫一两声，更多的时候，是大喊大笑，情绪非常愉快。

1985-11-26

艰难的搬家路

很感谢信阳教师进修学院的领导们，不仅很快办好了妈妈的调动手续，还派了一辆130小嘎斯，送我们去武汉。一辆东方牌的自行车，是我家最值钱的家当；几个纸箱子，装着衣服被褥和书籍。东西太少，连小嘎斯都装不满，大家建议把没用完的煤球也拉走。

原打算天亮出发，可司机潘师傅说，晚上路上车辆少，第二天早上五点多就能到武汉了。这是一个很有诱惑力的建议。

姐姐抱冬冬去和莉莉告别，说："跟莉莉姐姐亲亲。"

冬冬连着亲吻了三次莉莉的脸蛋。

晚上八点装车，八点四十五分与送行的王书记、卫院长、杨院长、付科长和妈妈的同事们一一告别，连夜翻越大别山向武汉进发。

河南和湖北交界的武胜关，陡峭而蜿蜒，铁路穿隧道而过，公路盘山而行。汽车急转弯行驶到铁轨前，一列火车呼啸而来。一个急刹车，小嘎斯在路基前停下。令人毛骨悚然的一幕！

汽车穿行在湖北的崇山峻岭里。

正上坡，突然挡位失灵。汽车滑行到安全处，司机师傅下来修车。

月色朦胧，荒山野岭，寒风呼啸，小雨淅沥。冬冬在驾驶室里睡醒了，看着站在车外的爸爸，高兴得直叫！

潘师傅忙乎了两个多小时，还是不能挂挡。最后决定把挡位拨到二挡上，就用这个速度，把车开到湖北省大悟县城，待天亮后去找修理厂。

一个难熬的夜晚。

天亮，下车一看，发现车上少了一个纸箱子。不知是颠簸丢了，还是被"夜行人"光顾了。

1985-11-27

到武汉

修好车，已是上午十一点。找个小饭店吃点东西，马上赶路。大人惊魂未定，冬冬却被一路的景色迷住了。她发现卧在路边的一头水牛，叫喊着指给姐姐看。

下午五点多，终于到了华中师范大学西一村的新居。

冬冬白天坐车睡得多，夜里多次醒来。

1985-11-28

西一村

华中师大坐落在武昌的桂子山头。桂子山，因桂花树多而得名。学校中心地带是教学区和学生宿舍，家属区分东区、北区和西区。西一村在西区，有几座平房和三栋破旧的两层楼，还有一块长方形的空地，构成了名副其实的院落。

我们家住在二栋二门二楼 19 个平方的单间。墙壁是用芦苇糊上泥巴做的，连钉子都钉不上。每层楼有十个单间，每五户人家共用一个黑黢黢的厨房和洗手间。

爸爸置办的小家，温馨而整洁：双人床、大衣柜、电视柜、五屉柜、书桌。冬冬看到桌上熟识的《母爱》，高兴得又蹦又跳；年历封面的维纳斯图像，也引起了冬冬的注意。当大人问谁是"维纳斯"，哪个是"母爱"时，冬冬都能指出来。

新环境新刺激。冬冬好奇地打量着周围的人和事，用羞涩和腼腆，接受着邻居们礼貌的招呼。当他人注意力不在她身上时，她却偷偷地观察对方的神态言行。

"口"[1]的表情

冬冬能指出邻居家的阿姨和小哥哥，认识了院子里溜达的小猫和小狗。

冬冬听懂了"口××"和"口一个"。

大人让她"口××"。她马上直视着对方的眼睛，并伴以发狠的"哼"声。

落落大方的表演

晚上，爸爸的朋友罗家祥老师夫妇来访。

冬冬在陌生人面前落落大方，不但表演了挤眼、jiàng 鼻、点头、欢迎、口一个、再见，等等，竟然还同意让阿姨握握她的小手。

1985-11-29

知道了自己的名字

冬冬认人能力在飞速发展。

刚来武汉两天，冬冬认识了邻居"家家[2]"和李阿姨。

晚上，爸爸的同学曹志松老师来访，妈妈只介绍一次，说"这是叔叔"，冬冬就认识了。

爸爸问："冬冬，叔叔呢？"

她用手指指曹老师。

今天更大的进步，是她知道自己就叫"冬冬"。

姐姐问："冬冬，谁是冬冬？"

冬冬笑着，拍拍自己的肚子。

---

[1] 口：河南方言，佯装发狠的样子，动词；脾气坏，常发狠，形容词。

[2] 家家：武汉话，指姥姥。一般地道的土话是 [kʌ-kʌ]，读书人发音为 [tɕia tɕia]。在武汉话中，与父母平辈且年龄大于父母的男女，皆称为"伯伯"；奶奶叫"婆婆"。

1985-11-30

学习表演"哭"和"笑"

姐姐教她"哭"和"笑"[1]。

教几遍，冬冬似乎学会了，表演得惟妙惟肖。

但过了一会儿，再让她表演时，竟置之不理，像没听见大人的要求一样。

听懂的话

冬冬认识了球。

能听懂"叫××""让××给你拿""跟××说"等句子。

大多数时候，可以准确运用摇头和点头。

1985-12-1

笔和纸，可以画画

过去的冬冬，拿到笔和纸，同拿到其他物件一样，都要先放到口中尝尝味道。

今天，她捞起一支铅笔，又拽到一张纸，随意在上面挥洒。

能把笔和纸，结合在一起画画了？

一个了不起的飞跃。

反应时间

中午，爸爸的朋友郎大地先生来访，两人一起观察冬冬反应的灵敏度。

过去，大人"提问"，需要重复二至三次，冬冬"回答"问题，也需迟疑片刻，用眼睛寻找，有时还会指错方位。

---

[1] 表演哭，就是用双手捂着眼睛或者揉眼睛，嘴里扯着长音"啊啊"。表演笑，有时挤着眼睛，脸上堆满笑意，有时笑出声来。

经过有意识训练，在大人"提问"冬冬比较熟悉的事物时，只需一次，她就能做出反应，准确地指出实物。

看来，对孩子有意识的训练，还是有效的。

羽毛球拍在哪里？

爸爸教冬冬认识"羽毛球拍"。

教了两遍之后，把羽毛球拍挂在墙上，让冬冬指出球拍在哪里？

冬冬环顾四周，转了一圈，没有发现。

爸爸向墙上看。

冬冬随着爸爸的目光朝墙上瞄，发现了球拍。

爸爸再次询问，没做任何暗示，她立即指向球拍。

爸爸取下球拍，拍打小皮球，皮球弹起落下，逗得冬冬很高兴。

乘冬冬不备，爸爸把球拍扔在床上，问："冬冬，指给爸爸看，球拍呢，球拍跑哪儿去了？"

冬冬先看墙上，又看地上，发现床上的球拍，拿起来递给爸爸。

爸爸又趁她不注意，迅速把拍子挂在书桌上方的墙上，让她寻找。

冬冬先往床上看，又向四处瞧。当发现拍子在墙上时，兴奋得身子乱窜，连连点头。

从教冬冬认识球拍，到球拍放在何处，她都能认出来，仅仅用了五分钟左右的时间。

"打鼻子眼儿"

晚上，姐姐教冬冬"打鼻子眼儿"[1]。

---

[1] 打鼻子眼儿：河南民间大人与孩子（或孩子间）玩耍的一种游戏。准备动作：甲拿着乙的右手，乙的左手食指点在他自己的鼻尖上。游戏开始：甲轻轻打乙的手掌，嘴里同时喊出某一个五官的名称。乙点在鼻子上的手指，马上要摸到自己的那个五官部位。摸对了，就赢了，甲乙角色互换；摸错了，或没有反应过来，游戏继续进行。这一游戏，可以训练孩子认识五官及其名称，训练反应速度和心理预测能力。

姐姐拿着冬冬的右手，喊一声"鼻子"，拿冬冬的左手食指，按到她的鼻子上；再喊"嘴巴"，再把冬冬的手按到她嘴巴上。

重复了几次，姐姐不再拿冬冬的手，只要喊"眼睛"，她就把眼睛眯起来；喊"嘴巴"，她的嘴巴蠕动几下。

虽然她的手，还不会随着喊声移动，但她听懂了"鼻子""眼睛"和"嘴巴"。

语言与思维

"三山"[1]语法讨论会今天在华中师大逻辑句法学研究室举行，出席会议的有萧国政、徐杰、郎大地、吴振国、李宇明、范先钢等老师。爸爸报告了冬冬语言与思维发展的情况。

许多参加学术会议的朋友，补充了一些动物也有一定思维能力的例子。大家得出四条结论：a.动物也有思维；b.思维并不见得一定要用语言；c.语言输入比语言输出容易；d.儿童的思维发展与手势语发展、语言发展是同步的，相辅相成的。

1985-12-2

"说话"的高潮

今天，冬冬的"话"又突然增多了。以前，多发双唇音，这次多发舌面音、舌根音。如：[tɕia-tɕia] [tɕiɛ-tɕiɛ] [kʌ] [tʌ-tʌ] [tai-tɕiɛ] [na-na]。

发这些音时很用力。

她还喜欢大叫，以表示惊奇、兴奋或者抗议。

---

[1] 三山：是指武汉的桂子山、珞珈山、瑜珈山。这"三山"，分别是华中师范大学、武汉大学和华中工学院三所大学的所在地。

突然"胆小"了

在信阳时，姐姐故意把冬冬举向亮着的电灯处，用一种恐吓的声调说："找灯去！找灯去！"

冬冬双手拽紧姐姐的头发，一动也不动，装出害怕的样子，但表情却是调皮的。

到武汉后，她突然变得胆小了，连大人说"谁敲门了？""天上的星星"等，她都害怕。

在大路上，要她下地走路。刚站地上，她就紧抱姐姐的双腿不放。

跳舞不专注

跳舞，没有了原先的专注和陶醉。

虽然一听到音乐，还会点头晃动身子。

尿床

尿床、尿裤子的次数增多。大人一把尿，她就号啕大哭。

筷子、镜子

吃饭，冬冬抢夺大人的筷子。拿到筷子，往大人饭碗里乱戳。

她对着镜子，挤眉弄眼。

她能指出镜子里的爸爸、妈妈和姐姐，还能指出镜子里的冬冬。

1985-12-3

用"哎"应答

姐姐说："冬冬，叫你呢，快答应！"

她马上用"哎"应答，比过去的"啊"有进步。

1985-12-4

玩具须归位

电视柜下，有一匹陶瓷马，头小，脖长，尾巴短，身上备有驼峰样的鞍子，可谓"四不像"。冬冬非常喜欢这个"四不像"的马。

爸爸常常拿出"马"，做飞机盘旋状，并"呜呜"呜叫着，向冬冬俯冲过来，逗得冬冬乐不可支。

开心地玩了一会儿，她突然指着电视柜下，一个劲儿地叫喊。

大人以为她又要其他玩具，便从电视柜下，拿出一件又一件玩具，递过去，她都用手挡在一边，继续叫喊着，指着那个位置。

爸爸试探着问："你是说，把'马'还放那儿，是吗？"

她连连点头。

放洗脚盆的位置

冬冬洗脚，在水盆里泡了会儿。

姐姐拿毛巾，擦干了她的小脚丫，起身去拿鞋子。冬冬趁机把脚又伸进水盆里。姐姐坐下，把她的脚从水盆里拿出来，她又挣着伸进去……就这样，拉出来，伸进去，有数十次之多。

爸爸问："冬冬，你在哪儿洗的脚呀？"

她指指水盆。

姐姐端着水盆去厕所，倒掉洗脚水。

妈妈问："冬冬，你还记得，在哪儿洗的脚吗？"

她又指原来放水盆的地方。

水盆已经拿走了，还能记得放的位置！

猫狗叫声皆狮吼

爸爸认为，教孩子认识动物，可以先模拟动物的叫声。

学校花园里，那两座威风凛凛的大石狮子，给冬冬留下很深的印象。

爸爸问冬冬："狮子怎么叫的？"

她憋粗嗓门吼叫着。

爸爸问："小狗怎样叫的？"

她用大狮子的吼叫声来回应。

爸爸又问："小猫怎么叫的？"

她依然用大狮子的吼叫声来回应。

也许冬冬知道，不同的动物，叫声也应该不同。但她受制于发音器官，只能用同一种声音来回应。正如她过去的呼唤和应答，都是用"啊"一种声调一样。

1985-12-5

发音练习

冬冬曾自发地玩弄发音。但大人教她说话时，她却笑而不语。

今天，教她学说"姐姐"和"家家"，她竟跟着模仿了，语音还比较接近。

新碗柜

冬冬认识了室内墙上的电表、自己的棉裤和大毛衣。每当她认出一个物件，就会兴奋得连连点头或鼓掌，好像特有成就感。

刚买回的新碗柜。透过上层的窗纱，碗柜里成摞的瓷碗、盘子，清晰可见。

爸爸抱着冬冬，把碗柜里的碗、盘、碟等物件，摆弄了一遍。

午饭后，冬冬趔趄着身子要去碗柜处，隔着窗纱，去抠里面的东西。

爸爸打开纱门，让冬冬看，然后关上纱门，再次让冬冬摸里面的碗等。

这次，冬冬不再去抠弄窗纱，而是直接去拉关着的纱门。在爸爸的帮助下，她一次再次地把纱门拉开、关上。

给熊猫、妈妈戴帽子

小书包上，绣着一只熊猫图案。冬冬喜欢去抠熊猫的眼睛和嘴巴。

姐姐把冬冬的帽子，扣在自己头上，说："哎，冬冬，把帽子给熊猫戴上！"

冬冬拽下姐姐头上的帽子，放在书包的熊猫头上。

姐姐又把帽子扔在了床上，又说："冬冬，把帽子给妈妈戴上！"

冬冬捡起帽子，一下子扣在妈妈头上。

1985-12-6

自己吃饭

现在的冬冬，更不愿让大人喂饭。拿小勺子，在小碗里挖一下，不管挖到饭没有，都往口中送。

乱画

冬冬拿到圆珠笔，会做三种事情：

如果随手拿到纸，就会在纸上乱画。没有看到纸张，要么在桌面上乱画，乱捣，乱摔，要么在自己的小手上，画出很多蓝色的笔痕。

能画出笔痕，让她极其自豪。

她拿着画有线条的纸，让妈妈看了，又让姐姐看，好像在炫耀自己的成果。

寻求帮助

晚上，在华中师大读研究生的两位老乡，张生汉叔叔和左东岭叔叔来访。爸爸和朋友们一边嗑瓜子，一边交谈。

爸爸从桌上的盘子里抓些瓜子，放在椅子上的小盘里，让姐姐给冬冬剥瓜子吃。小盘里瓜子剥完了，冬冬去拉爸爸的胳膊，要爸爸再抓些瓜子过来。这种情况反复多次。

后来，姐姐去做饭离开了，爸爸去书桌前翻找文章，冬冬便把小凳子挪到左叔叔身边，拉拉左叔叔的袖子，请求叔叔也帮忙剥瓜子。

知道寻求帮助了，真好！

1985-12-7

感冒

冬冬感冒了，清水鼻涕。这次感冒，是因为夜里睡不熟乱踢腾所致。

点头表示"感谢"

冬冬曾用"点头"表示"同意"。

现在又用"点头"表示"感谢"。

1985-12-8

壁虎

十一月二十一日在信阳时，林钦捉到一只壁虎，带冬冬一起玩得非常开心。

今天，姐姐让冬冬看画书，她还能认出来画书中的壁虎。

看来，她有半个月的记忆力了。

爸爸把画壁虎的书本，夹在门缝里。拉开门，书本掉下来，似乎一只活生生的壁虎掉在了地上。

冬冬极兴奋，一次，二次，三次……，每次，书本刚掉下来，她就指着门，让把书本再次夹到门缝里。

1985-12-9

雪

武汉今年的第一场雪。北风呼啸，雪花漫天飞舞。

姐姐抱冬冬站在桌子上，从窗口往外看。冬冬指着窗外——她想出去玩雪。

姐姐拿个小碗，抱她下楼。

冬冬扬起小脸，张开嘴巴，让雪花飘落在口中。

姐俩还装回满满一碗雪，放在窗台上。让冬冬观察，雪是怎样慢慢变成水的。

1985-12-10

读书

冬冬拿书本玩。

姐姐说："冬冬，读读书吧！"

她打开书本，眼睛盯着书页，头摆来摆去，眼睛转来转去，口中还念念有词。似乎真的是从行首看到行尾，然后又拐回行首。

一副认真读书的模样，一个可爱的读书郎。

表演擦嘴巴

爸爸在门后面，钉两颗钉子，扯一根绳子。绳子上，晾晒着冬冬一件半干的小棉袄，还有三条洗脸毛巾。

吃完饭，姐姐说："冬冬，用毛巾擦擦嘴巴！"

冬冬拽下一条毛巾，按在嘴巴上，来回抹两下，丢在椅子上。紧接着，又把另外两条毛巾拽下来，像模像样地擦嘴巴。

"读书"呢
（1985-12-11）

一本正经"读书本"，跟着爸爸发"ɑ、o、e"

姐姐指着棉袄说："冬冬，咱用这个擦！"

冬冬不理姐姐的茬，又捞起椅子上的毛巾，擦一下嘴巴，丢下；再拿另一条毛巾……轮换着用三条毛巾擦嘴巴。

毛巾，可以擦嘴。棉袄，不行，她知道的。

1985-12-11

不同的音色

冬冬可以连发四五个音节，并逼尖嗓子，发出像小耗子似的叫唤声。

惬意时，她能发粗、细、高、低等一连串的各种各样的音色。

冬冬的发音器官，已渐趋成熟。

都是一个叫声

今天，当大人问："冬冬，××怎样叫的？"

不管问的是人还是动物，她都张大嘴巴，用哈气一样的"呵呵"来表示，但问到大狮子的叫声时，她依然是憋足了嗓门，使大力气发出吼叫声。

1985-12-12

滑冰

冬冬认识了"碗柜""书架"和"水瓶"。

天放晴，姐姐抱着冬冬，在院子里结冰的地方"滑冰"，她很高兴。

夜读

夜间十点钟。

冬冬睡醒了，不哭不闹，自己翻看床头那本《如何培养幼儿记忆》。书中有许多插图，她能指出已经认识的牛、骆驼、马、猫头鹰、壁虎等。

翻看一会儿，情绪烦躁起来，开始"指鹿为马"地乱指一通了。

扔书、拽书

爸爸半躺在床上看书。

冬冬把床头上的那排书，一本接一本拽出来，扔出去……扔完了，又去拽爸爸正在看的书。

爸爸不松手。

冬冬把手缩回来，歪着头观察爸爸的脸色。爸爸不动声色地看着她。她看爸爸没生气，再次去拽爸爸的书。

爸爸说："这是爸爸的书，你不能要。你的书呢？"

她转身趴在床沿儿，指着扔在床前地上的书，"啊啊啊"地叫喊，要爸爸为她捡起来。

鸭子在哪里？

门背后，曾经挂着一幅鸭子的图画。由此，冬冬认识了鸭子。

四天前，爸爸从门后拿走图画鸭。

今天姐姐问她，鸭子呢？鸭子在哪里？她仍指门后挂鸭子的地方。仿佛鸭子还待在那个地方似的。

1985-12-13

不能喂人家的孩子

昨天，冬冬学会了"冷笑"。

修倜老师的妈妈来家，坐了个把小时。妈妈和姐姐抱着冬冬，随修妈妈去修老师家。

修老师的女儿刚满月，没有母乳，靠吃牛奶，一醒来就哭得哄不住。妈妈抱起小女孩喂她吃奶。

冬冬从姐姐怀里挣扎着找妈妈，趴在妈妈腿上直叫：她指指妈妈怀中的孩子，又指指刚才小姑娘睡过的被窝，这样来回指了五六次。

修老师笑起来："你可真能，不想叫人家吃奶，就找放的地方！"

1985-12-14

床、碗柜

什么是床？从未专门教过。但冬冬认识了床。

爸爸问："冬冬，床呢？"

她指指床。

前天，冬冬认识了碗柜。

爸爸又问："冬冬，碗柜呢？"

她迟疑了一下。

姐姐提示说："你的小碗在哪儿？"

她立马指指碗柜。

拽帽子

天冷。爸爸给自己和冬冬各戴了一顶帽子，准备抱她下楼。

冬冬抬头，看见了爸爸头上的帽子，便开始拽自己的帽子。拽帽子时，连带抓住了自己的头发，忙松下手，接着又拽。

她拽掉了自己的帽子，扔到地上，又去拽爸爸的帽子。

东西，是别人的好。爸爸的帽子，更让她喜欢。

咬手指，用不同的力

冬冬常把自己的手指伸进嘴里，基本上都移到没长牙齿的地方去；偶尔，她也会把手指垫在门牙的地方，但你能明显感觉到，她只轻轻地咬一下，没用力气的。

这会儿，她拉着姐姐的手指，塞进嘴巴里，狠狠咬了一下。

姐姐连连叫疼，笑称冬冬"能得很"。

1985-12-15

不明之病

几天前，冬冬下巴上长了几个针尖大小的红疙瘩。昨夜脱衣睡觉，发现大腿两侧也有几个小泡泡。

午饭后洗澡，又见冬冬全身有许多红斑点。可能是麻疹？

去校医院诊视，外科没上班。内科的女医生，用不肯定的语气说，不像麻疹，因为精神不错，也没有发烧。

可前几天，冬冬眼泪汪汪，曾经低烧，食欲减退。怎么回事？叫人不安！

在活动中学习

冬冬在椅子上玩，姐姐教她认椅子。不到两分钟的时间，她就知道椅子是椅子了。

她可以听懂"把皮球抱起来""摇一摇"和"两手抱着茶杯"等话语。

旧玩具，新玩法

"摇铃"和"皮球"，是冬冬玩厌了的玩具。一个星期来，她都没有碰过它们。

晚上，姐姐收拾箱子。冬冬抓着摇铃，兴致盎然地转遍上面的每一个小球。

大人让她"摇摇",她摇来晃去,饶有兴趣。

冬冬双手卡着皮球,往远处抛去。皮球坠落在地,她用手势语,要大人捡起来递给她,然后她再次抛出去。

摇铃和皮球,还是原来的摇铃和皮球。但随着年龄的增长,把玩的方式有了改变,它们又变成了新宠。

轮流喝水

爸爸用杯子喂冬冬喝温开水。

冬冬喝水时,先撮起嘴唇,往杯子里吹几口气,似乎怕烫的样子。喝了几小口,看着爸爸,同时把杯子推向爸爸。

原来,她是让爸爸也喝水。

爸爸喝了水,她又把杯子推给妈妈。妈妈喝了,又让姐姐喝。大家都喝过了,她这才把杯子拉向自己,喝了一大口。

其实,这种情况,前几天已有萌芽:姐姐喂她喝水,她常常假装喝一点,就把杯子推到姐姐嘴边。

不会叫"爸爸"了

冬冬突然不会发"爸爸"音了。

爸爸让她叫"爸爸",她就"妈妈、妈妈"地乱叫。

记得茵茵表姐在一岁左右时,也出现过类似情况。

点头 yes，摇头 no

（1 岁　1985–12–16—1986–1–15 ）

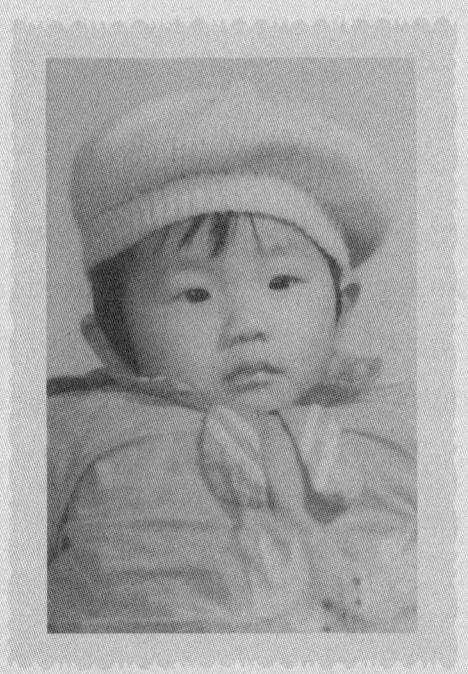

第一张登记照（1985 年 12 月）

1985-12-16

过敏性皮炎

昨夜，冬冬身上的"小疙瘩"急剧增多。

爸爸带冬冬去医院急诊。

医生认为是"过敏性皮炎"，开了三天口服药，需要打五天肌肉针。

打针时，冬冬哭得很厉害。

认识别人的五官

今天，她认识了别人的眼睛、鼻子、嘴巴、耳朵。

揪别人的耳朵、挖别人的鼻孔、抠别人的眼睛时，冬冬很是开心。

楼上楼下的路灯

楼上楼下的走廊里，亮着一盏盏昏黄的路灯。姐姐抱冬冬下楼。过一会儿，姐姐很兴奋地跑回来告诉爸爸妈妈：到楼梯拐弯处，她问冬冬"楼上的灯呢"，冬冬指楼上的路灯；姐姐又问"楼下的灯呢"，冬冬低头探身指楼下的路灯。

冬冬是否真能如此？爸爸悄悄出门，躲在阴影处观察冬冬的表现。观察表明，冬冬指楼上楼下的灯，只是偶然现象。她还不具备区分楼上的灯、楼下的灯的能力。

1985-12-17

认识自己身体部位

妈妈问："冬冬，你的头呢？"

冬冬用点头或者用手拍头来回答。

妈妈问："哪是你的肚子？"

冬冬手指自己的肚子，或者拍拍肚子。

妈妈问："腿呢？你的腿呢？"

她弯腰指腿，或拉起棉裤脚去摸腿肚儿。

认识照片中的人

姐姐问："冬冬，照片上的爸爸、妈妈呢？"

她指放在桌上镜框里爸爸妈妈的合影。

有一个小圆镜子，背面镶嵌着冬冬和爸爸的照片。

姐姐问她："冬冬呢？"

她把小圆镜子翻个面，指出照片中的冬冬。

脸上的瓜子皮

姐姐在冬冬的鼻梁和脸蛋上，贴了几个瓜子皮。

冬冬一动不动，静静地体味着——

姐姐让冬冬看镜子。

她看着镜子里的自己，开始挥舞小手，抹了嘴巴，又碰鼻子。有几个碰也碰不掉的瓜子皮，她又用力揉。一直把脸上的瓜子皮折腾干净了，这才去玩别的东西。

整个过程一点都不急躁。

手势语的功能

还不会说话的冬冬，表达自己的情感和需求，靠的是表情、手势和含混不清的叫喊声。其中最重要的是手势语。

①用手势语回答他人问话。

如大人问，"冬冬，你指一下××在哪里？""冬冬，你认识××吗？""你要上哪儿？""那是什么？"等等，她就会按照提问去寻找。

如果找到了，她会用惊喜的眼神看着要找的东西，或是指着实物让你看。

②用手势语告诉你事情。

例如，她发现窗户的玻璃里有日光灯管的反光，发现从高处吊下来的蜘蛛丝上有个转动的小蜘蛛，看见天空中有几缕白云追逐，她都会双脚踢腾，惊奇大叫，用手指示新发现的东西。

③用手势语提要求。

喝水。如她想先让你喝，就用眼睛看着你，手也指着你，眼神手势同时进行，告诉你："你先喝！"

如果熟悉冬冬的生活习性和特有的表达方式，并置身于这个环境中，不用多想，基本上可以猜出她的想法来。

虽然冬冬不会用语言表达，但她和家人之间的沟通，已经没多大障碍，很少出现误解。冬冬的手势语，基本上保障了她的生存交际。

小童车，大世界

冬冬好久没坐小童车了。

姐姐一拉出小车，冬冬就开始手舞足蹈起来。爸爸把她放进车里，她兴奋得小脚乱踢，小手乱拍。折腾了一会儿，她把双腿蜷曲到座位上，半蹲在小车里。

小车可供两个孩子坐，中间有一个让孩子趴扶的横板。这块横板，限制了冬冬的活动空间，她使劲用脊背去拱……

爸爸拿掉横板，空间一下子广阔了。她身子转来转去，轮流着趴向车帮的四边，像大黑猩猩似的摇动着小车。她还一屁股坐下，使劲蹬直双腿，身子用力往上挺，一次又一次，像是在做仰卧起坐。尝试到第七次，她终于站直了身子。

她站在车子里，双手抓紧车帮，右腿往上迈，企图从车子里翻越出来。可惜力气太小，靠自己的力量，很难跳出来。

在楼下的院子里，冬冬在小车上玩了半个多小时，爸爸又推着逛了两圈，她情绪一直很好。

1985-12-18

发音

①画本里有小哥哥、小姐姐。冬冬边翻看边发出"你""牛"之类的音。

②见家家。冬冬能较清晰地喊"家家"，把老人家高兴得合不拢嘴。

③让冬冬叫爸爸，却叫成 [tʌ-tʌ-kʌ]，有时还发出四五个音节来。

用杯子洗手脸

冬冬把右手探进水杯里，蘸些水，拿出手来看看，再往左手上抹抹，玩得很专注。

刚开始入杯蘸水时，她的大拇指，常被挡在杯子外面，小手不能顺利进去。尝试多次，整个小手都能伸进了杯子里。

姐姐告诉冬冬，她这是在洗自己的手，她很高兴。

姐姐又让她洗脸。

她蘸些水，抹在嘴巴和鼻子上。

她朦朦胧胧地懂得了何谓洗脸、洗手，还会按照大人要求，给他人洗脸。

冬冬给他人洗脸，更加省事。连水都无需蘸，只用小手在他人脸上胡噜几下……

手上有疙瘩

冬冬手上，起了几个小疙瘩。

在院子里，她翻来覆去看自己的小手，还把小手伸给家家看、伸给阿姨看。回到家，她让爸爸看、妈妈看、姐姐看。大家都看过一遍，她再次开始让爸爸看、妈妈看……

小家伙，真会做"宣传"！

断奶

十一个月零两天的冬冬，只是馋奶，很少吃饭，穿着棉衣，体重也只有二十斤。生病体弱的妈妈更可怜，穿着皮鞋和棉衣，体重也只有八十八斤。

一个月前，许多人就建议断奶，但考虑到孩子年龄太小，又是冷天，下不了决心。今天，爸爸妈妈商量，下狠心让冬冬断奶。

白天，姐姐带她出去玩，一天没有吃奶。晚上，姐姐搂着她睡觉，她哭得很伤心。深夜十二点多，才被哄入眠。熟睡的小脸上，满是泪痕。

夜里四点半醒来，一直哭闹。没办法，姐姐只得把她送给妈妈。冬冬趴在妈妈怀里，抱住奶就吃，一口气吸空了两个饱饱的奶，这才呼呼入睡。

她把小脸儿紧紧贴着妈妈的胸膛，似乎怕母亲离开她。

1985-12-19

推拉小车

昨晚，爸爸在背后扶着冬冬的腰，让她"推""拉"小车。

爸爸让她"推"小车时，她就往前用力，小车向前走；让她"拉"时，她就使劲往怀里拽。反复数次，让推便推，让拉便拉。

今天，姐姐也让她站在小车旁，用手扶着腰，让她推、拉小车，但冬冬已不能像昨晚那样，依照大人指令去推去拉。

原来，她并没听懂"推""拉"这两个词，是爸爸用手扶的力度，在起着"暗示"作用。

黄连——断奶的绝招

断奶的第二天。冬冬变本加厉，不愿进一点儿食物，只要吃奶。

妈妈去医院打了回奶针，又弄些黄连水。晚饭后，按照老医生的吩咐，把黄连水涂到乳头上。

冬冬饿了，趴到妈妈怀里吃奶，刚吮吸了两口，就含住乳头停下，继而吐出乳头，满脸狐疑地看着妈妈，又看看爸爸和姐姐。

姐姐用筷子又蘸黄连，往乳头上涂几下，并督促冬冬"吃啊，快点吃啊"。

冬冬又趴到妈妈怀里，刚吸了一下，马上吐出来，手指妈妈，笑着"啊——啊——"地叫。

妈妈笑了，说："你们看看，她让妈妈尝尝呢！"

冬冬叫着喊着，又指爸爸，再指姐姐——那眼神，那叫声，那手势，分明在说："你尝尝，这是啥滋味儿！"

姐姐虚张声势，拿沾了点儿黄连的筷子，要往冬冬口里抿。

冬冬立马扭开脸。后来，她干脆夺过筷子，学着姐姐的样子，蘸点黄连水，也往妈妈的乳头上捣弄。

为断奶而涂抹黄连的绝招，却变成了冬冬的游戏。

做了会儿游戏，妈妈故意喊冬冬过来吃奶，她吓得忙把头藏在姐姐的怀里……

粘手的棉花糖

冬冬咬口棉花糖，吐在右手的手心里，然后合起两手，试图让棉花糖粘到左手上。右手刚离开，"吧嗒"一声响，棉花糖掉在了地上。

她弯腰捡起来，用右手的拇指和食指拨捻了几个回合，棉花糖牢牢粘到了手指上。粘上，不算太难，想扔掉，可不容易。棉花糖越摆弄，越绵软越粘手。她用力甩了几次，甩不掉，又用左手拽，糖丝丝拽得很长，终于拽到了左手上……就这样，棉花糖从右手粘到左手，又从左手粘到右手，来来回回地折腾了很长时间。

冬冬的忍耐力，终于达到了极限，烦躁得小脸通红，又撕又拽的同时，大叫大喊起来。一直等到姐姐帮她洗净了小手，她的情绪才逐渐平静下来。

锅的"争执"

在公用厨房黑黢黢的墙壁上，并排挂着各家的钢精锅、炒菜锅、牛奶锅等等。爸爸指着其中的一口锅，告诉冬冬："这是锅！"

冬冬看一眼爸爸指的那口锅，很快把目光转向另一口锅，小手指着"啊——啊——"地叫，好像说："那儿还有一口锅呢！"

爸爸想试探一下她的忍耐力，故意不理她，一直指着刚才说的这口锅，不停地重复说："锅、锅、锅……"

爸爸说爸爸的锅，冬冬仍指她指的锅……就这样，各说各的，两个人一直持续了十多个来回。

有人来厨房做饭。父女俩关于"锅"的"争执"，才告一段落。

大狮子的魅力

花园出口，有一对大石狮子。每次去花园，冬冬非得摸摸大狮子；每次要离开，她还不情愿。

姐姐问冬冬："大狮子怎么叫的？"

她憋足气，大吼一声。

如果在家，大人问："大狮子呢？"

她就往外指。

只要有人提议说："走，看大狮子去！"她两条胳膊往上一架，谁抱她走都行。有一位外语系阿姨来家，说要抱她去看大狮子，她竟然让阿姨抱着下楼。姐姐一直追到楼梯的转弯处，才把她夺回来。

自她出生三个月后，从不愿意让陌生人抱。大狮子的魅力真大！

"爸爸"

冬冬喊爸爸，发音为 [tʌ-tʌ] 或 [tai-tai]。

仿佛喊"爸爸"
（1985-12-22）

婴儿含糊的叫声，大人听着像是叫"姐姐、爸爸"，欣喜异常

"发狠"

二十天来，冬冬佯装发狠地"口"人，现在发展得更娴熟了。不仅面部表情做发"狠"状，下巴往下一点，发出重重的一个"哼"声，双手还猛地拍一下肚子。

"生气"

冬冬面带着笑容，但头一扭，狠狠地一甩手，"哼、哼"几声，佯装"生气"。

打针的预见性

前天去医院看病，冬冬用充满好奇的眼神，上下打量着穿白大褂的医生。她很坦然地坐在医生面前，上衣扣子被解开，也不慌神。但当医生把听诊器按在她胸口时，她开始惊恐，大喊大叫。

看完病，去注射室打针。

桌子上摆放的药盒和针头，她兴致勃勃地观察。爸爸坐下，把她横放在腿上，扒开她的小棉裤，她依然很从容。一直到注射针扎进了臀部，她才大哭起来。

昨天，冬冬进注射室，没有哭。爸爸坐下，刚把她放趴在腿上，还没有到扎针的程序，她就开始大哭。

今天，她刚走进注射室，就开始大哭，一直哭到打完针，哄了好长时间，才停止哭泣。

前天、昨天和今天，打肌肉针三天，冬冬哭叫的时间，逐渐在提前。哭叫得越来越早，有了预知结果的智力变化。

一个两岁左右的小男孩，跟冬冬一同去医院方向。他还没走进医院大门，就开始哭叫起来。两岁的孩子，有更早的预见性。

"斗斗飞"

在信阳时，姐姐教冬冬做过"斗斗飞"[1]的游戏，姐姐拉着冬冬的两个食指往一处碰。练习几天后，冬冬自己能把两手的食指往一处乱撞，但是，只会"斗"，却"飞"不起来。

到武汉，她曾拿自己的一个手指，去"斗"大人的食指。

今天，冬冬做了一个两手食指相对"斗斗飞"的动作，爸爸笑着模仿她的"斗斗飞"。

她很高兴被爸爸模仿，马上再重复这个动作，并歪着小脑袋，等待爸爸的反应。爸爸更夸张地再次模仿……

父女俩一来一回，"斗斗飞"了七八个来回。

筷子的他用

筷子在冬冬手里，除了往饭碗里乱捣乱戳外，还是一种极有趣的玩耍工具：

①两手各拿一只筷子，把筷子头接到一起，成"一"字形。

②把一只筷子横着，另一只筷子竖着，交叉着拉来拉去，像是在演奏二胡。

③用一只筷子，穿进藕片的洞洞里，晃晃悠悠地送进口中。

吐水的游戏

冬冬从杯子里噙口水，然后徐徐地把水吐出来，她很高兴地看着口中的水，一串串滴落在地面上。吐完了，再去吸水，再去吐……她把吐水当游戏。

她不仅会"吐"，还理解了"吐"这个词的含义。

比如，她吃了不该吃的东西，大人急急地喊："吐，吐，吐出来！"十有

---

[1] 斗斗飞：河南民间的儿童游戏。大人两手握着孩子两手的食指，轻轻触碰一下（称为"斗"），然后分开（称为"飞"）；再触碰，再飞。伴随着动作，还唱着"斗斗飞，斗斗飞，飞到南山吃大米"的儿歌。等到孩子的手指灵活了，孩子可以自己做。据说，这有利于发展两手的协调性。

八九，她会如数把东西吐出来。但有时调皮，含着东西，紧闭嘴巴，就是不张嘴，或是把脸扭来扭去，逃避大人的手指。

自己的事情自己干

①冬冬拿笔写字。大人想握着她的手帮一把，她坚决不让。

②吃饭时，最喜欢自己拿勺子舀着吃。

③自己捧着杯子喝水。如发现有在旁帮衬的手，她就不高兴地乱叫。

1985-12-20

难断的奶

断奶第三天，冬冬更加闹人，更不愿吃饭，甚至连口水都不愿意咽下去，一定要吃奶。无奈，白天又喂两次奶。

夜里四点半醒来，又哭又闹。

姐姐抱她上楼，躺进妈妈被窝，又吸尽两个奶，方才入睡。

1985-12-21

两个叔叔

今天晚上，在华师读书的老乡小曹和小高来家玩。

两个小伙子轮流抱着冬冬往高处抛，她高兴得笑声连连。

姐姐问："冬冬，哪个叔叔抱你了？"

她用手指指小高。

姐姐又问："还有一个叔叔呢？"

冬冬又转身指指小曹。

"投降"

姐姐用较为"严厉"的声调，教冬冬学"投降"。

姐姐："冬冬，赶快投降！"

冬冬举起双手，身子转一个圈，做投降的姿势！

断奶的第四天

断奶第四天。

一直到晚上八点多，冬冬只吃了一次奶，吃得非常饱，九点多就睡熟了。

1985-12-22

新听懂的话语

①可以听懂"喝水不？"

早上，妈妈问冬冬："冬冬，喝水不？"

她手指碗柜里的小绿碗，又指指水瓶。

妈妈倒来温开水，她一口气儿喝下去许多。

②还能听懂"尿尿不？"

姐姐问她："冬冬，尿尿不？"

如有尿，就让姐姐把尿。如没有尿或者不愿尿尿，就搂紧姐姐的脖子，夹紧双腿，抗议着叫喊。

③可以听出好歹话。

她犯了错。大人数落她两句，她就委屈地哭，哭得很伤心。

要去大街玩

小奇叔叔回安阳上班。爸爸、妈妈带冬冬送叔叔到学校大门外，坐上公共汽车。

大家回身走进学校大门。

骑坐在爸爸肩膀上的冬冬，指着大门外"啊——啊——"地叫，还要去大街上玩，不愿意回家。

爸爸问："咱们的家在哪儿？"

她用手指西南边家的方向。

爸爸又问："你想上哪儿？"

她扭脸看后面的大街，手指北边。

如此反复多次。

断奶的第五天

今天，冬冬从早到晚，没有再闹着吃奶，开始喜欢吃饭菜了。

也许，断奶接近了成功。

1985-12-23

冬冬学会了走路

今天，是最具人生意义的一天，十一个月零七天的宝贝儿，学会走路了。

在楼下的院子里，一只小花狗溜达着跑来跑去。

姐姐扯着冬冬一条胳膊，追逐着小花狗的踪影。突然，冬冬甩开姐姐的手，跟跟跄跄地向前走了两步。停下，稳稳地站了片刻，又迈动脚步走了两步。

姐姐连忙跑过去，拉稳了她。

姐姐喜出望外，忙抱起冬冬跑回楼上，把这个消息告诉爸爸和妈妈。

爸爸抱冬冬下楼，让冬冬自己走。

冬冬真会走路了。有一次，她竟然一气走了六步，又稳稳当当地站着不动。

直立行走，标志着人和动物的分离；走，使幼儿成为一个"独立"的人。

从此以后，相信冬冬会有更大更多更快的变化！

天上的月亮，水中的月亮

今晚，抱冬冬去花园。

月亮从云层里露出圆圆的脸。冬冬一直仰脸往天上看。假山的水池中，一轮明月静静地平躺在水面。冬冬低头看看水中的月亮，又抬头望望天上的月亮。

"天上一个月亮，水里一个月亮。天上的月亮在水里，水里的月亮在天上。低头看水里，抬头看天上……"这是台湾诗人彭邦桢的《月之故乡》的词句。没想到，冬冬此时的表现，与诗中的词句如此默契。

姐姐问冬冬："月亮在哪儿？"

她低头，指水中的月亮；又抬头，看天上的那轮明月。

喊"爸爸"

今天，冬冬看着爸爸的眼睛叫"爸爸"，发音为 [uai-uai]。

断奶的第六天

比起过去吃奶时，冬冬现在喝水的次数，明显增多。

昨晚八点，冬冬又吃了一次奶。夜里十二点醒了一次，总睡不熟。早上五点半醒，喝了半碗大米花红糖水。

她不能熟睡，妈妈和姐姐也陪着辛苦。

断奶的六天，极其折腾的六天！

1985-12-24

走路

自从冬冬学会走路，其个性似乎也活泼了许多。在大多数时间，她跳来跳去，又唱又叫，欢快得像只小麻雀。

当然，如果稍不如意，把头往后一仰，撒娇地连着叫喊几声，仍是经常发生的事情。

她每次可一气走上八九步，站着休息一小会儿，再次迈步走起。

断奶成功

今天，又是一个不平凡的日子，断奶成功了。冬冬食量不小，吃饭很香，也愿意吃水果、葵花子、米花等副食了。

葵花子和米花，是她的最爱。闹瞌睡，总会烦躁不安地"吭吭哧哧"，可一吃瓜子仁，情绪很快平静下来，一直吃到睡熟为止。夜里醒来哭叫，一听说去拿米花，情绪立马平和起来。爸爸用半碗温开水，放上糖和米花，她喝下去，很快又能入睡。

她仍喜欢坐在妈妈怀抱里，但不再是为了吃奶，只是想跟妈妈玩：抠抠妈妈衣服纽扣，拽拽妈妈的袖子……

1985-12-25

转弯行走

冬冬一气可走十三步。

在十三步的行走中，中间站下，休息片刻，然后抬步再走。

行进中，需要转弯，她毫不犹豫地转个弯，再继续向前走。

体态语的发展

冬冬能指认出很多事物：

①姐姐说："看大狮子去！"

她就用手往外指。

②妈妈说："麻雀在叫！"

她侧耳细听，然后指指窗外……

③为让冬冬走得更硬实，爸爸用围巾系在她腋下，拽着围巾的两端，说："冬冬，走，看狮子去！"

她挣着身子往外面走，一直走到楼梯口。

爸爸用有点吓人的语气，说："狮子咬，快，快点！快回去！"

冬冬突然掉转头，把头扎在爸爸的双膝间，显得很害怕的样子。

爸爸说多少次，她多少次把头扎在爸爸的两膝之间。

冬冬会走了，体态语也发生了变化。身体可以直接行动的，就不再用手指了。这也说明，她以手指物，是真正理解了其中的意思。

喝牛奶

过去，冬冬不喝牛奶。硬喂口中的牛奶，会悉数吐出来。

早上，姐姐剥了些瓜子仁，放在盛牛奶的勺子里，诱惑着冬冬喝下了三四勺。

但愿她能养成喝牛奶的好习惯。

妈妈最亲

冬冬醒来，左右不见妈妈，大哭着喊叫："妈妈，姆妈呀！"

妈妈赶快坐回她身边。

她搂紧妈妈的腰，把脸贴到妈妈的胸前，还不时仰起笑脸看妈妈的脸儿。亲极了！

姐姐怕累着妈妈，便说："冬冬，姐姐抱。"

她摇摇头，仍然紧紧搂着妈妈不放。

断奶后的冬冬，似乎更缠妈妈了。

听懂比较复杂的话语

①冬冬含着一块柠檬方糖，很甜也很硬。

姐姐说："你咬不动，姐姐给你咬，拿过来！"

冬冬张大嘴巴，把舌尖上的糖，伸给姐姐。

②书桌上，有只空香烟盒，成了冬冬的玩具。

她抽出一层锡纸，丢在地上，然后嘴巴对着空烟盒吹气，烟盒胀了起来。嘴巴一离开，烟盒就瘪了。

爸爸说："让爸爸吹！"

冬冬把烟盒递给爸爸。

姐姐说："爸爸忙，让姐姐吹吧！"

冬冬从爸爸手里夺过烟盒，递给姐姐。

fish

爸爸买回一条活鲤鱼，放在窗台上的水盆里先养着。

爸爸抱她看鱼，顺便教她鱼的英语说法"fish"。教了五遍，大人问"fish"时，她会指窗台上的那条鱼。

晚上九点，妈妈问"fish 呢"，冬冬立即把目光转向窗台。

丰富的表情

冬冬的表情，大致可分为以下几种：

①哭；②笑；③愤怒；④恬静；⑤反抗；⑥企求。

爸爸以为：

孩子生下来以后，献给人生的第一件礼物就是啼哭。此后，因为某种愿望得不到满足，伴随着"吭吭"声，进而哭叫起来。如果达到了目的，便平静或有喜悦感。

孩子出生以后的第二种表情是笑，这与舒适、平静、面部肌肉放松等相关。

在哭与笑最基本的两种表情里，派生出了如愤怒、恬静等许多表情。而企求和反抗，是更高层次的表情。丰富的面部表情，是与情感和智力发展成正比的。

1985-12-26

危险意识

①前几天，冬冬一接触地面，抬腿便走，不计后果。今天基本能保持身体平衡，即使打了个趔趄，也不会跌倒。

②她知道，如果扶着东西，就可以站稳当。一只手扶累了，再用另一只手替换着去扶东西。

③姐姐用稍微激动的语调说"大月亮""大狮子""大老虎"等动物，她立马趴在姐姐怀里不敢动弹，一副很害怕的模样。这是特殊语调所起的作用。

摇头表示"不同意"

冬冬用摇头，表示她不同意做某事。

她学会摇头，可能来自于与大人想吻她她不愿被吻，或者喂她吃食物时她不想吃，故而头部左右摆动躲避。久而久之，就把"摇头"，固化成为"不同意"了。

1985-12-27

老办法失灵了

冬冬能喝小半杯牛奶，主食也吃得多了些。

过去对付冬冬哭闹的办法之一，就是提问她感兴趣的事物。如问"《母爱》呢？""电表呢？"她会马上停止哭泣，抬眼寻找，用手去指，哪怕脸上还挂满泪水。

近日她更会闹人。爸爸又用老办法提问，她好像没听见似的，只管哭，只管叫。

老方法失灵了，需另寻他法。

1985-12-28

点头，仍表"谢谢"

爸爸的绝技，就是能用自行车同时带妈妈和冬冬。

冬冬先坐前面，爸爸骑上，左脚支地，妈妈再坐后面。前后两个人都坐稳了，爸爸再驱车行进。一辆自行车，可以带走一家三口。

下午，爸爸带着妈妈和冬冬，去学校外面的广埠屯菜店买菜。返回时，冬冬无论如何都不愿坐车，非要地下走不可。

路遇中文系的一位老师，用自行车推着三四岁的小姐姐走过来。打过招呼后，爸爸说："冬冬，看姐姐就坐车子，来，坐上，捧上她！"

小姐姐递给冬冬一小块儿饼干，友好地向冬冬频频招手。

妈妈说："快，谢谢小姐姐！"

冬冬伸手接饼干的同时，点头致谢，很高兴地坐上了自行车。

手势语的进步

周四晚上，去萧国政伯伯家。萧奶奶做面条，让冬冬和娟娟吃。

冬冬吃了几口面条，指指盛满面条的小碗，指指奶奶，意思是让奶奶吃。又指指碗和萧伯伯，要萧伯伯也吃面条。

一个意思，依次用了两个手势单位，手势语的构造复杂了。通过指称相关的人和物，表达能力增强了。

1985-12-29

尿棉裤

今天，冬冬认识了痰盂。

天气极其寒冷，冬冬尿湿棉裤的次数，愈发多起来。大人给她脱掉湿棉裤，换条干爽棉裤，她极不情愿，又踢腾又喊叫，很不配合。

她站在小童车里，尿湿了棉裤、棉袜和棉鞋。

"再尿裤子，拧你！"姐姐用很夸张的语气说着，伸手去摸冬冬的大腿。

冬冬喊一声"妈姆"，夹紧双腿，双手齐上，快速地挡回了姐姐的手。

1985-12-30

一个手指：一岁

冬冬快满一周岁了。

姐姐教冬冬伸出一个手指，来表示自己一岁了，教了两遍，她学会了。

妈妈问："冬冬，你几岁了？"

她很得意地伸出一个手指。

1985-12-31

气球

昨夜，当班主任的爸爸和学生们一起新年联欢，带回一个橘红色气球，上面签满了全班学生的名字。

凌晨一点多，冬冬醒来，看见大气球，忙用手去搂抱、去扑打。气球被抛到了地下，她从被窝里探出身子，让爸爸捡起来。玩了四十多分钟，非常开心。

早上，她指着气球叫了一阵子。姐姐把气球递给她，她却用双手推开。对氢气球，已不感兴趣了。

"讲条件"

近段，冬冬干什么都需要附加条件。

比如，想让她吃东西，就得说："吃一口，去看大狮子！""吃，吃一口，飞机来了！""听，小麻雀在叫，快喝，喝完我们去看！"必须有这些前提条件，她才配合。

冬冬尿裤子，成了大人最烦心的事。过个把小时，就要问一遍："尿尿不？"

如不愿尿尿，她可能有两种反应：一种是摇头，口里发出曲折调的"嗯"；另一种则是烦躁发火。尤其是大人硬要把她尿尿时，她夹紧双腿，大叫不止。

冬冬可以告诉你，她不尿不拉，却不会通知你，她什么时候尿、什么时候拉。所以，每次让她方便，后面都得跟着一大堆儿条件，如：

"快尿，尿完找小姐姐、小哥哥去！"

"尿吧，尿到 ×× 脚上！"

"咱们尿到花盆里，好吧！"

此时，如她真有尿，就会顺顺当当完成任务。

1986-1-1

大白鹅、鹦鹉

今日元旦。

学生们送来一件小工艺品作为新年礼物：一只大白鹅，带着两只鹅儿子，一条金色的链子，系在母子细长的脖颈里，形成一个和谐的整体。

冬冬跟送礼物的叔叔点头致谢。玩了十几分钟，就搁置一边了。

爸爸的朋友，送给冬冬一只玩具鹦鹉。上了发条后，鹦鹉蹦蹦跳跳，很有动感。

她玩了二十来分钟，注意力也就转移了。

1986-1-2

跟着唱歌

有一首歌叫《阿里巴巴》。

爸爸唱，她也跟着唱，模仿出来的声调，颇有几分相像。

语言

冬冬不断发爆破音。

模仿说"哥哥""姐姐""鸭鸭""达达"等词语。

自言自语增多。声调很像说一个完整的句子，但却听不出来说的是什么。

不配合

冬冬早已学会的"点头""摇头""伸出一个手指表示一岁"等，今天都不愿再表演。

是忘掉了，还是不愿意跟大人配合？

"再见"的新手势

七八个月时，冬冬的"再见"，是扬臂挥手。

前些天，"再见"的动作，演变为五个手指头一屈一伸。

1986-1-3

胆小与好奇

早已会独立行走的冬冬，今天抓着大人的手，才敢迈步，变得小心翼翼起来。

如果大人想挣开她的小手，她立马返身扑过去，紧紧抱着大人的双腿。

爸爸只能扯着她走。她一手拉住爸爸的手指，一手指自己想去的地方。

路上，遇到块儿砖头，一定站上去待一会儿。如果有两块儿砖头距离较远，她站了这一块儿，从砖头上慢慢下来，再去站另一块儿。

吃软不吃硬

夜里，大人把尿，绝不能硬着来。如果先把她搂在怀里，稳定情绪后，再慢慢把小屁股送到床沿外面，多数可以成功。

解决了问题，大人要用缓慢的催眠语调，说："听，听，北风在吹，麻雀在叫，别动，宝宝瞌睡了，睡吧，睡吧！"她会重新进入睡眠状态。

1986-1-4

语言的发展

冬冬的语言发展，近段有两大特点：

（一）语调模仿。

①祈使。她要求得到什么，或让别人做什么，常用请求的眼神看着对方，或伴以手势身姿，口里发出"嗨、嗨"或者"哎、哎"声，降调，短促有力。

②疑问。她有疑问或惊奇时，头、眼、身、声四者配合：眼神惊奇，身体微倾，左右扭动脖颈，常伴有一声细而长、尾部语调上升的"哟"音。

今天，萧雄飞哥哥跟冬冬捉迷藏。哥哥很快藏起来，冬冬找不到时，就是这种表情和声音。

③陈述。常常是自言自语。有时听到大人说了某句话，她好像在重复。

（二）语音含糊地叫"妈妈""姐姐""家家""爸爸""哥哥"等亲属称谓，"说话"时，眼神、手势协同并用。

1986-1-5

断奶验证

冬冬不再闹着吃奶。

从昨夜起，她跟姐姐睡一起，不闹人，把尿不哭，把完尿能立即入睡。妈妈跟姐姐商量，做个断奶成效的验证。

妈妈坐下，解开上衣纽扣，姐姐把冬冬扯到妈妈跟前，让她的脸儿依偎在妈妈怀里，把乳头塞进她的口中。

冬冬口含乳头，却没有吮吸，似乎在琢磨发生了什么。

少顷，她吐出乳头，身子后退，惊慌地指指妈妈的嘴，意思是让妈妈吃奶；又指指姐姐的嘴，意思是让姐姐吃。

可能是回忆起了断奶时的黄连苦味儿？妈妈和姐姐忍不住笑起来。

姐姐把头往妈妈怀里一扎，做吃奶状，故意发出"啊呜、啊呜"的声响。之后，姐姐又把冬冬按在妈妈的怀里，冬冬用力地吮吸了两口，不知是因为没有奶水了，还是其他原因，她突然吐下乳头，惊惶逃走……

姐姐仍不尽兴，再次拉冬冬去吃奶，冬冬竟然大发脾气。

小车里的活动

冬冬又喜欢小童车了。在小车里行动自如，花样翻新：

她把脚伸到座位上，脊背靠车帮平坐着。或四面不靠地站在小车中间，左右转头，查看周围人的反应。不管是蹲着、坐着、双腿盘着或者双腿交叉，都能自己手抓车帮，利索站起来。

偶尔，也有想起身却站不起来的时候，要么是交叉的双腿，别在一起拉不开了；要么是脚指头插在车缝里，拔不出来了……但只要稍经调整，就可以站起来。

她想从车里出来的表达方式是：频频摇头、摇动身子、跳动双脚等等。如没人理会，她就大声哭叫。听哭声，似乎是真哭恼了。但只要大人一伸出手拉她，表情马上阴转晴，眼睛笑成小月牙。

哭叫，已成为她为达目的而使用的一种手段。

对眼

在信阳时，有位老师曾提醒过妈妈，说冬冬有点"对眼"。最近，又有人说冬冬"对眼"。妈妈分析，造成"对眼"的主要原因可能是：

①看鼻尖下的东西。

喂她吃东西，她总要看清楚才肯吃。经常是勺子到了口边，她还努力低下头，使劲地瞅瞅。喜欢的，一口吃下；不喜欢的，就把头扭开。

②看画书较早。她看画书时，眼睛与书本的距离较近。

③也许，还有灯光的影响。有人说，婴幼儿躺在床上，长时间盯着固定的灯光，会导致"对眼"。我家从未改变灯的位置，夜里睡觉却常调换床头。再说，冬冬从小睡觉，都是抱着悠着，睡熟后才放在床上，很少醒着躺在床上入睡。因此，这种可能性不大。

不管是否真的"对眼"，都需要采取三个措施：a.去医院检查；b.尽量让她往远处看。吃饭时，要让她看清楚，夹的是哪个碗里的菜，夹好后放远处让她看。同意吃就吃，不同意吃就不给。不给她造成近看和低头看的机会。c.近段少让她看书看画。

1986-1-6

心理补偿

冬冬学会走路后，磕磕碰碰的事故，多了起来。

过去，假如磕碰得不算太疼，冬冬不叫也不哭。可近来，只要稍微碰着一点儿点儿，她就指着自己被碰的地方，"呵呵"地叫个不停，告知你"碰着头了""磕着膝盖了"，或是什么什么地方了。

大人使用的方法是：对碰着冬冬的东西，象征性地拍几下或踢几下，再"批评"它几句……冬冬破涕为笑，此事也就翻篇了。

心理补偿，对乳儿很起作用。

捉迷藏

冬冬捉迷藏。

①她俯身躲在童车里，歪着个脑袋，用挑逗的目光，让大人去捉她。

②在床上，她把头藏在枕头下，拱进叠好的被子中间，让大人找……

自以为藏得很隐秘，其实与没藏差不了多少。

吹脸、抓痒痒

姐俩玩吹脸的游戏。

姐姐吹她的脸，她也吹吹姐姐的脸，一替一下。她吹不过姐姐，恼得晃头乱叫，不干了。

姐俩又玩抓痒痒的游戏。

冬冬伸手去摸姐姐的脖子。姐姐怕痒，一缩脖子，笑着躲开。冬冬似乎找准了姐姐的软肋，挠姐姐脖子很好玩，于是，一下又一下去摸姐姐的脖子。

姐姐笑得喘不过气，开始还手挠冬冬的脖子。冬冬叫着笑着，把头晃过来扭过去，躲避姐姐的手。到后来，她抓到姐姐的痒痒，就开心大笑；姐姐一反击，她就恼。真不讲理！

推拉童车

爸爸曾训练过冬冬推、拉小童车。

今天她自己推着小车往前走，车子跑得快，她也跟着跑。房间的宽度有限，小车被电视柜挡住了。她又拉小车后退。退着走，虽然速度较慢，但小车的惯性，把她冲得跟跟跄跄。

数次地推和拉，极为惊险。大人看得提心吊胆，她却从中获得了极大乐趣。

让人捡橘子

冬冬坐在小车里。

妈妈递给她一瓣橘子，小手没接稳，掉在了地上。她手指地上的橘子瓣，眼睛看着妈妈，意思是让捡起来。

妈妈说："妈妈弯不下腰。你让姐姐捡。"

姐姐说："脏了，不要了！"

冬冬不同意。她拉拉姐姐的手，又指着地下的橘子，坚持让姐姐捡！

亲疏关系的试验

家里的三个大人，与冬冬亲疏关系如何？

爸爸曾戏称：姐姐是冬冬的一号人物，妈妈是二号人物，他自己是三号人物。让冬冬小便就是例证之一：

近段冬冬"不识把"，一直尿棉裤。爸爸、妈妈把她小便，她硬蹬着双腿，身子挺得像拉满的弓，哭叫着就是不尿；姐姐把尿，虽然她也略微拧劲，但总能达到尿尿的目的。

为此，爸爸设计了一个试验：爸爸、妈妈和姐姐各坐一方，形成个三角形。

冬冬站在妈妈跟前。

爸爸说："冬冬，来，来，到爸爸这儿！"

冬冬不直接从妈妈那儿去找爸爸，而是先奔向姐姐，再去找爸爸。

冬冬在爸爸跟前，妈妈要她过来。她又是先奔向姐姐，然后再到妈妈那里。

后来，爸爸和姐姐调换了位置，冬冬的表现依然。每次都一定经过姐姐面前。

谁管孩子最多，孩子就与谁最为亲近。

1986-1-7

冬冬的歌

冬冬吃饱睡足心情愉快了，开始自言自语地"歌唱"。她扯着嗓子"啊——啊——"，夹杂着不少时高时低的曲折调。

她可以自发地"唱歌"，也能应大人要求唱歌。

妈妈说："冬冬，唱个歌吧！"

冬冬马上表情丰富、摇头晃脑地"唱"起来。

叔叔阿姨们评价：冬冬用最纯挚的天籁之音，唱出最原始、最纯真的心声。

表演喝醉

冬冬模仿醉态。

爸爸说："冬冬，你喝酒喝醉了！"

她马上学醉汉：走一步退一步，脚步踉踉跄跄，口里发出"哈哈——"的笑声。

她的醉态和故意发出的"哈哈"声，常把周围的人逗得乐不可支。

点头 yes，摇头 no

冬冬曾用"点头"表示"同意"，也表示"谢谢"。近三天来，冬冬只要同意做某事，就连连点头，掌握了"点头"的真正含义。

姐姐嗑瓜子，冬冬吃瓜子仁。

吃了半个小时左右，姐姐觉得该满足了，问："冬冬，不吃了吧！"

她连连摇头。

姐姐又问："你还吃不？"

冬冬连连点头。

到睡觉时间。

姐姐问："冬冬，有尿吗？撒个尿，好吗？"

冬冬摇摇头，发出一个曲折调的"嗯"。

姐姐坚持说，咱们尿个尿，再睡觉，好不好？说着，把冬冬从被窝里拉出来把尿。

冬冬生气了，全身发力，夹紧双腿，大叫不止。

用"点头"表同意，用"摇头"表不同意，符合社会体态语规范。

1986-1-8

模仿发音

冬冬看着自己的帽子，发出 [kao-kao] 的声音。

模仿发"去拿"的音调。

捡树叶

中午，阳光灿烂。爸爸带冬冬到楼下晒太阳，继续练习走路，提高走路的稳当度。

冬冬牵着爸爸的手，多次弯腰捡地上的树叶与纸屑。她头戴鹅黄色的毛线帽，身穿大红毛衣，天蓝棉裤，粉红棉鞋，摇摇摆摆地走着，活脱脱一只刚出壳的小鸭子！

这一次，爸爸看她有弯腰捡树叶的意向，故意转身走得远远的。

爸爸一离开，冬冬就"啊啊"地叫，让爸爸过来。爸爸把视线投向远处，佯装没听见。

指望不上爸爸了？冬冬自己弯腰去捡。但所站处，离树叶距离太远。她努力伸长胳膊，够了几次，够不到。

爸爸指挥她说："哎，冬冬，再往前挪两步啊！"

冬冬直起腰，往前走了两步，又弯下腰去捡，树叶捡到了，直起身子，却急急地后退了几步，但最终还是站稳了脚步。

接下来，她再捡树叶时：距离合适，动作连贯。反复多次，越来越自如了。

误解的"尿尿"

一天时间，冬冬尿湿了五条棉裤。姐姐洗了棉裤，晾晒在窗户下的绳子上。五条棉裤，酷似五只随时欲飞的燕子。

冬冬指着棉裤，好奇地"呵呵"地叫。

爸爸说："那是你的棉裤！尿尿，尿湿了！"

冬冬摇摇头，意思是她不尿尿。

冬冬只听懂了"尿尿"这个词，却没听懂整句话的意思。

闻香

冬冬认识了沙发和工艺品白鹅。

姐姐对着一盆塑料花，连连吸溜着鼻子，做出闻香的样子，说："真香，真香！"

冬冬跟着模仿，很快学会了吸鼻子和嗅香味儿的动作。

捡纸盒

正玩的硬纸盒子，掉在凳子下。

冬冬趴在凳子上，伸长胳膊，隔着凳子面去够，却够不到。

她还不懂，绕过凳子去捡，才最方便。

拉彩条

姐姐随手在冬冬肩上，搭了一条彩色纸条。彩条一头短，一头长。

冬冬试图拽下肩上的彩条，使大力气拉着短的一端……

却不知，如拉长的一端，能更快地拽下来。

1986-1-9

灿灿和灿灿妈

邻居田海燕伯伯[1]，抱着六个月的灿灿。灿灿妈站在旁边。

妈妈问："冬冬，谁是灿灿的妈妈？"

冬冬指灿灿妈，又指指灿灿。

田伯伯和姐姐也轮流提这个问题。冬冬都准确地指出了灿灿和她的妈妈。

邻居们用武汉话夸冬冬"蛮贼"[2]。

脾气见长

冬冬越来越爱发脾气。

①吃饭时，自己要拿着勺子、筷子，去捣弄碗里的饭菜。如果大人不同意，或者给她拿勺子的动作慢了点，她就不高兴了。

②在童车里玩，想要的玩具没拿到，或者不想坐了，就在里面前摇后晃，有时干脆一屁股坐在小车里撒泼。

③自从学会走路，她就极不愿意被抱在怀里。只要动了走路的念头，就开始全身拧缠，竭力从大人身上挣脱下来；想下楼或去家家的家，任性地一路小跑。

1986-1-10

手势语

①妈妈："冬冬，你哪儿想吃饭饭了？"

她有时指自己的嘴巴，有时拍拍小肚子。

②妈妈："谁是冬冬？"

---

[1] 武汉习俗，不管男女，只要是比自己父母年长的，都可以叫"伯伯"。

[2] 蛮贼：武汉方言，很聪明。"蛮"，程度副词，相当于"很"；"贼"，精明、聪明的意思。

她有时拍肚子，有时指指自己的脑袋。

③家家问："谁是冬冬呀？"

冬冬用食指按住自己的鼻子尖。

吻爸爸、妈妈和姐姐

有时，家人提出要"亲亲"她，她要么不理，要么叫唤着把脸转到一边。

爸爸抱起她，说："冬冬，亲亲爸爸，爸爸抱你去看大狮子！"

她双手抱着爸爸的头，吻了一下爸爸的脸蛋。又探过身子，吻了旁边的妈妈，接着又去吻姐姐。

冬冬主动亲吻她人，实属罕见。

1986-1-11

抱头

在院子里，冬冬准备走路了。

她丢开大人的手，先双手抱头，然后才迈开蹒跚的脚步。

电影场中

晚饭后，全家人去学校电影场，看美国电影《超人》。

华师电影场，是一个台阶式的露天电影院。一到电影场，冬冬就站在地上。右边的一位叔叔，给冬冬瓜子吃。

姐姐说："她不会吃。冬冬，谢谢叔叔。"

冬冬没伸手接叔叔的瓜子，却坐到地上，捡瓜子皮玩。

姐姐买来一包瓜子。

冬冬吃着瓜子，也不老实，一会儿要坐地下，一会儿拽前面人的衣服，还从人缝里钻来钻去。

1986-1-12

保持平衡

今天，冬冬多次弯腰捡地上的东西。

站起身时，不再跟跄后退，能保持平衡，稳稳当当地站着。

1986-1-13

香

冬冬表示"香"，除 "呼哧呼哧"地闻，还连连"吧咂"嘴巴，发出很大的响声。

发"一"音，表一岁

冬冬嘴里发"一"的音，伸出右手的食指，表示自己一岁了。

受到家人的表扬，她越发开心，接连五次伸出食指，发五次"一"音。

1986-1-14

摇铃

灿灿手里拿着一个摇铃。

冬冬也想玩摇铃，伸手夺了两次，都没成功。第三次，猛用力夺了过来，高兴得连连拍手。

冬冬开心大笑，灿灿却放声大哭起来。

姐姐把摇铃放回灿灿手里。没了摇铃，冬冬破天荒地没哭没叫，而是注意力很集中地看灿灿摇摇铃。

打爸爸

爸爸双手捧着冬冬的脸蛋，把五官挤成一团。冬冬大哭。

姐姐忙接过冬冬，双手托着冬冬的身子，虚张声势地往爸爸身上送，让冬冬去打爸爸。

冬冬破涕为笑，趁势用头连撞爸爸的肚子。撞了几下，冬冬手指妈妈，让妈妈也去打爸爸。

妈妈拍了爸爸一下，冬冬开心笑起来。

读书

冬冬手捧书本，摇头晃脑地发"衣哟、衣哟"音，似乎在"读书"。

其声调平缓，如自言自语。

打人

冬冬手拿鸡毛掸子，不管不顾地去打姐姐。

姐姐做闪躲状，夸张地大叫。

冬冬笑了，一下接一下打，姐姐一次接一次地躲闪……

一场打与躲的游戏。

奶糕、苹果

冬冬很喜欢吃奶糕。吃奶糕时，被烫了一下。之后，再怎么劝说，她都不愿吃了。

她也喜欢吃苹果。大口大口地往嘴里塞，不管嚼没嚼碎，只管咽下去。

1986-1-15

玩弄糖块

家里有两包糖块儿。冬冬掂着那个裂缝的糖袋，用力一甩，五颜六色的糖块儿飞了出来。

冬冬坐下来，捏起散落的糖块儿，放到腿的一边，拢整齐，又把那个完整的糖包放在上面。"欣赏"一会儿，再把糖块儿，移动到腿的另一边……就这样，拿过来移过去，扮演着 "搬运工"的角色。

冬冬捡起一块糖，放在妈妈手里。

妈妈找个塑料袋，撑开袋口，让冬冬往里面投放。投进去的概率，占四分之三左右。

妈妈递给她一个小酒杯。

冬冬从袋子里掏出糖块儿，再放进小酒杯里。

她的手指比较灵活了。今后应设计一些往瓶里插花、取放东西的活动。

人生第二年

（1986-1-16 — 1987-1-15）

"捶""吹"不分

（1 岁 1 个月　1986-1-16—1986-2-15）

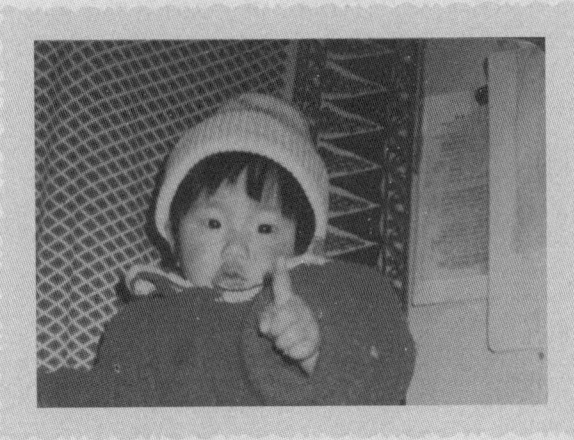

冬冬一岁了（1986 年 1 月）

1986-1-16

典型的"刻舟求剑"

坐在小童车里的冬冬，把妈妈递给她的折叠水果刀，从小车底板的空缝里塞进去，折叠刀坠落在地。

妈妈推动小车，折叠刀从车后露出来。

小车里的冬冬，也在记挂着那把折叠刀。她几次把手伸进小车底板的隙缝里，很努力地去"打捞"。

妈妈开心一笑："小傻瓜，绝对是'刻舟求剑'！"

爸爸说，应记下这个情境，它反映了孩子的时空观念和这一阶段的智力。

抓周

今天冬冬一周岁。闹钟定在下午四点三十分。

清脆悦耳的闹钟响起，爸爸和姐姐把冬冬连连抛向半空，欢呼冬冬来到人世间一周年。

依照传统习惯抓周。

桌上摆了许多东西，有食品：馍头、棉花糖、糖块、巧克力、葵花子；文具：钢笔、笔记本；化妆品：一瓶雪花膏；女红：一包钢针、一团黑线；玩具：摇铃、鹦鹉。

抓周开始。

冬冬趴在桌上，手指碰了下巧克力，却去抓了一块儿糖，又拿了馍头，第三是钢笔，之后又拿了雪花膏和线团，最后才拿的是笔记本和摇铃。

可以理解，民以食为天！

一岁的冬冬

①无论谁问："冬冬，你几岁了？"

她都很神气地伸出一个手指，并清晰发出"一"的声音。

②学麻雀蹦。双脚一同跳起，一下接一下地往前蹦跳。

③上面的第一磨牙，又长出了两枚。

1985－1－17

"捶""吹"不分

早上，妈妈腿疼得厉害。

爸爸给妈妈捶腿，说："冬冬，捶捶，捶妈妈！"

她撮起小嘴巴，鼓起腮帮子，对着妈妈的脸儿，"呼呼"地吹。

爸爸连续四次，说给妈妈"捶捶"，冬冬连续四次"呼呼"地吹，虽然爸爸边说"捶"，边做"锤"的示范动作。

晚上，爸爸再为妈妈捶腿，让冬冬也来帮忙。

她听到爸爸说"捶"，又使出最大力气"吹"起来。

爸爸把拳头高高举起，缓慢落下，说："冬冬看我，看我！不是让你'吹'妈妈，是'捶'妈妈的腿。咱们给妈妈捶腿，好不好？"

冬冬认真地看了一会儿爸爸，便挥起小拳头，雨点般地落下去。但在对着妈妈的小腿"捶"的同时，仍不忘记张大嘴巴，一口接一口地去"吹"气。

椅子当作小车推

冬冬常在家推小车子玩。今天，她有个创新，把椅子也当作小车推。

她双手按着椅子的两个边框，俯身弓腿，小脚用力蹬地，一步接一步地往前推椅子。看她身子趔趄了一下，爸爸忙去扶一把。

冬冬把小椅子推到窗户下，掂起来，拐个弯，放下，再推着走。

姐姐抛过来一只皮球。正玩推椅子游戏的冬冬，捡起皮球，放在小椅子上，继续推。

小车推到爸爸身边，皮球滚落到地下。

她看着爸爸，指指地下的皮球，又指指小椅子，让爸爸把皮球放到小椅子上。

1986-1-18

摆手与伸手

晚饭后，对门的小哥哥翀翀来跟冬冬玩。一会儿，翀翀妈啃着梨子来找翀翀，手里还拿了一个给儿子吃的梨子。

冬冬一见梨子，立即大叫，想吃得很。

"你们家的刀子在哪儿？给冬冬削一块儿！"翀翀左顾右盼，没发现刀子，就拿着梨子，跑回家找刀子去了。

冬冬看着正吃梨子的翀翀妈，急不可耐，又蹦又跳。

翀翀妈把自己啃了一半的梨子，递给了冬冬。

姐姐连连摆手示意，不让冬冬伸手接，说："不要，不要！"

冬冬也连连摆动右手，表示"不要"，左手却不由自主地伸了出去。

1986-1-19

吻手的模仿

爸爸要吻冬冬的脸蛋。她把头扭来扭去，坚决不让。爸爸变了个方式，吻冬冬的小手。此时，冬冬的五个手指是拃开的。

"应该这样伸手！"爸爸五指并拢，低垂45度，做出西方贵夫人让人吻手的优雅动作。

姐姐也给冬冬做示范，说："冬冬，这样，这样！"

冬冬再看看姐姐手的模样，伸出手让爸爸吻：这次，胖胖的五指，靠拢在一起，手指向下低垂。姿态很优美。

爸爸又接连几次吻冬冬的小手。冬冬很开心。

抱我

冬冬喊"妈妈",发音非常清晰,是真真实实的语言。

此外,她还会模仿说"抱我""抱我呀!"在说这些话时,其神情,带企求状!

1986-1-20

重感冒

凌晨四点,冬冬发烧,脸蛋烧得绯红,体温灼人,脚心、手心滚烫。爸爸喂冬冬喝下半杯温开水,一直哄到天亮时,出点汗,方才入睡。

下午两点二十分去医院,体温39.5度,确诊为重感冒。做皮试,打青霉素和安基比林针……冬冬一共哭了五场,哭得连气都喘不过来。

夜里九点左右退烧。

发烧时,她整个人不言不语,昏昏沉沉。稍微退点烧,就活泼起来,坚持出外玩耍。爸爸带她下楼,她撒腿就朝前跑,遇见砖头,照样踩上去玩个痛快。

制作风车

翀翀有个小风车。吹口气,两个轮子就会飞速转动,小红旗也随即转动飘扬。

冬冬看见小风车,大叫起来。

翀翀犹豫了一下,还是把风车递给冬冬玩了一会儿。看冬冬很兴奋地摇动风车,翀翀很担心,要过风车,走开几步,离冬冬远远地站着。看样子,他再也不想让冬冬摸风车了。

冬冬又蹦又跳,大叫大喊,以此宣泄她的企求和愤怒。

翀翀面露难色。

爸爸让翀翀把风车拿回家去。

之后，爸爸找来材料，跟冬冬一块儿制作玩具，那是一个用手拨动、才可以转起来的小风车。虽如此，整个制作过程，还是让冬冬非常开心，早已忘记了翀翀的风车。

1986-1-21

校徽

华中师范大学给在职的每个教师，发了一枚校徽。

爸爸拿着校徽，在妈妈的外罩上比划着，寻找别校徽的合适位置。

冬冬夺过校徽，拿在手里左看右看。

妈妈问："爸爸的校徽呢？"

冬冬指指别在爸爸胸前的校徽。

她肯定不知道何谓"校徽"，但这两枚东西是一个样子，也许就是妈妈所说的校徽吧。看起来，在冬冬的脑袋瓜子里，经历了一个比较与推理的思维过程。

冬冬拿着校徽，往自己的胸上按，好像在说"也给我别在这里吧！"

1986-1-22

冷笑

冬冬烧已退，还有些咳嗽。

早饭后，她刚拉在床前的稀屄屄，还没来得及收拾。

她趴在床帮上，探头看自己的屄屄，像鸡啄米似的连连点头，还发出"嗨嗨"的冷笑。所谓"冷笑"，就是从喉头发出、声音憨而平且带颤音的一种笑。

这一整天，除了大笑，她都是用冷笑来"笑"的。

做鬼脸

冬冬爱做鬼脸：或是连连眨巴眼睛，或是把鼻子眼睛挤在一起。

①邻居们逗她："冬冬，看看你的眼睛？""看看你的脸？"

她立马把鼻眼皱到一块儿。

②如有人用急促的语调对她说："冬冬，快点，猫猴[1]来了！""听，麻雀在叫！"

她一脸的调皮，用连连眨巴眼睛，作为回应。

闻闻

冬冬早已学会用"吧唧"双唇来表示味道香香。今天，她又学会了"闻闻"。

①冬冬拽下一把菊花叶子，放到鼻子下嗅味道，反复多次。

②下午，姐姐带她去草坪。她拔起青草，放到鼻子上，闻了又闻。

1986-1-23

牛，我认识

因为害怕加重冬冬的 "对眼"，那本《如何培养幼儿的记忆力》的小书，很长时间没让她看了。

爸爸拿出小书。

冬冬快速翻动书页，从手指翻动的响声中获得极大乐趣。翻到了黄牛的图片，她拉爸爸的手去指牛，仰脸看着爸爸，意思是"我认识的，这就是牛"。

---

[1] 猫猴：亦作"毛猴、老猫儿、老猫猴"。河南方言，"老虎"的讳称，也是用来吓唬小孩子的一种想象中的动物。

扔

近日，冬冬常常随手丢掉她不喜欢的东西。

从昨天开始，她不再只是随手丢，还用力扔。所谓的"扔"，是使劲甩动胳膊，扔得远远的。

1986-1-24

站在砖尖上

在户外，冬冬喜欢玩石子，喜欢走崎岖不平的路，还特喜欢拉着大人的手，做上下楼梯的运动。

走平路时，她很潇洒地跑在前面，像是大家的领路人。

路两旁砖砌的隔离带，对她最有吸引力。隔离带的砖，尖角朝上，呈三角形。她想站上尖尖的砖头，便立在砖旁不动。等爸爸走过来，她紧紧攥住爸爸的手，一只脚试探地站上去，一只胳膊平伸，努力保持着平衡……

1986-1-25

掏耳屎

冬冬见大人用火柴棍掏耳屎，她也想试试。

前几天，冬冬想打开火柴盒，没成功，便把盒子递给爸爸帮忙。

只要她自己做不到的，就会请人帮助。

今天，她从地上捡起一根火柴棍，尝试着往耳朵里戳，挖耳屎。

坐公共汽车

坐公共汽车去黄鹤楼。车上，人与人之间，几乎没有缝隙，摩肩接踵。

冬冬一直翻过来翻过去地看她的小手，然后又让爸爸看，让妈妈看，让姐姐看，还让旁边不相识的叔叔看。

妈妈问："你的小手被挤着了？"

冬冬在点头的同时，扬起小手，对准身边一个阿姨的头，拍打了一下。

阿姨猛地转过头，面有愠色。

冬冬直视着阿姨的眼睛，眼神中没一点羞涩和胆怯。

妈妈连忙说："又不是阿姨挤的你，怎么能打阿姨呢？！"

阿姨脸上的肌肉松弛下来，气氛缓解了。

冬冬也微笑了一下，可仍然不高兴。

被人头包围着的冬冬，情绪特别糟糕。只要被稍微碰一下挤一下，就开始哭叫。

1986-1-26

"摇头"是什么意思？

姐姐抱冬冬外出，路旁有棵大树。

姐姐问："这棵树大不？"

冬冬摇摇头。

姐姐笑了："你见过比这还大的？"

冬冬点头，好像真的见过更大的树。

昨天去武汉大桥。在桥头公汽10路的车站等车，抬头可见古色古香的黄鹤楼。

姐姐问："黄鹤楼呢？"

她指指高耸的黄鹤楼。

姐姐问："好看吗？"

她摇摇头。

好家伙，她竟认为黄鹤楼不好看？

1986-1-27

发音

前几天多发 [ui、ui] 音，今天冬冬多发 [kɔ、ko、ou] 等音。

害怕黑夜

黑夜外出，冬冬害怕天上的"星星""大月亮"，还有跟黑夜相关的一切。她双手搂紧姐姐的脖子，把小脸儿藏起来，全身肌肉很紧张。

孩子随着年龄的增长，似乎"怕"的东西也多了起来。比冬冬大七岁的曦曦，到了夜里，像一条小尾巴。妈妈走到哪儿，他就跟到哪儿。

善假于物

①冬冬拽着床头，轻松自如地蹲下来，利索地站起来，乐此不疲。

②冬冬走路，如要跌倒，忙伸开双臂，保持平衡。即使跌倒也不哭，只要不是太疼。一旦跌倒在地，想站起来却不容易，她只能"啊啊"着叫喊，求大人帮忙。

③中午，她又跌倒了，挣扎了好几次，仍站不起来。离她一步之遥，有个小凳子。她伸长胳膊去够，够不到。于是，她爬了几步，两手按着凳子面，撑起身子，慢慢地站了起来。

1986-1-28

叫"爸爸"

冬冬终于能很清晰地叫"爸爸"了。

"妈妈"，她发音曾经很清晰，今天却喊不清楚了。

1986-1-29

与邢爷爷合影

下午四点半，爸爸的导师、著名语言学家邢福义爷爷，为纪念冬冬一周岁，带着相机来家给冬冬拍照，相机还是稀罕物件，要用胶卷冲洗。

冬冬正在睡觉，被摇醒后情绪不好。看到邢爷爷手中的照相机，吓得大哭不止。原打算让她与爷爷合照，可她认生，只能爸爸抱着她，三个人合了影。

乱"摇头"

学校放寒假，一家人回河南老家过春节。

晚上六点半，武昌火车站人山人海，熙熙攘攘。

姐姐问："冬冬，人多不多？"

她摇摇头。

姐姐又问："见过比这人多的不？"

她又摇摇头。

第一次吃甘蔗

母婴候车室。有人吃甘蔗，冬冬眼馋，伸出小手去要。

吃甘蔗的程序很复杂，需要口腔各器官的恰当配合：把甘蔗咬进口中，反复咀嚼，不断分离甘蔗水和甘蔗渣，咽下甘蔗水，吐出甘蔗渣。

看冬冬眼巴巴的样子，姐姐跑出去买来一根甘蔗。先剥去甘蔗皮，把一小块儿甘蔗放进冬冬口里。冬冬含甘蔗在口，大人们很紧张，连连交代："吸水！""快，吐出来""别卡着了！"并用手候在她的嘴边，等待吐渣。

冬冬第一次吐出来的甘蔗渣，仍是水莹莹的，和入口时的甘蔗没多大差别。

尝试了几次，她终于学会用牙齿咀嚼并使劲吸水了。甘蔗的水分吸得差不多时，直接把甘蔗渣吐到大人手里。

吐出来的甘蔗渣，竟被吸得有点泛白。一岁的冬冬，会吃甘蔗了！

心急喝不了热奶

终于坐上了北上的火车。

冬冬饿了。姐姐去两节车厢衔接处，接开水冲奶粉。牛奶太烫，爸爸把杯子里的牛奶，倒入奶瓶里少许，再摇动奶瓶。稍凉些，她迫不及待地喝下。又摇凉了一些，她又一气儿喝完。在第三次等待爸爸晾牛奶时，她急得大哭。

妈妈忙出主意："二妮，快剥瓜子，转移注意力！"

姐姐赶快嗑瓜子。待牛奶的温度可口了，冬冬却不喝了，只要吃瓜子。

1986-1-30

回姥姥家

武汉离老家虽只有三百多公里，但交通不便。坐了京广线的大火车，还得坐地方线的小火车。凌晨时分到明港。从大火车站徒步四公里，到小火车站候车。

小火车，只有三四节车厢，非常简陋。始发站是明港，终点站是泌阳县城，途经妈妈的家乡马谷田。早上七点，小火车出发，上午十点钟到马谷田。

冬冬的表姐们争着要抱她，她吓得大哭。

1986-1-31

听不明白的"话"

上午，爸爸先回张庄看望爷爷奶奶，妈妈和冬冬陪着姥姥住几天。

舅舅家有四个表姐，最小的表姐叫小玉。冬冬很喜欢让表姐抱她出去玩，到了吃饭时间，还都不愿意回去。

发音成串，最长的音串为五个音节。很像"说话"，却听不明白说的是什么。

1986-2-1

血缘关系

上午，爷爷骑自行车带着小姑，来马谷田看冬冬。

冬冬不认识他们，但不哭不闹，低垂着眼帘，谁都不看。

很快，冬冬就和小姑熟悉了。爷爷拿出苹果和花生。冬冬啃了几口苹果，也开始让爷爷抱了。

1986-2-2

返程的路

上午，小姨、姨父和比冬冬大两岁的小表姐茵茵，从泌阳县城回来看冬冬。

下午，爷爷和爸爸各自骑一辆自行车，带着大姑来接妈妈和冬冬，回爷爷家过春节。

十冬腊月，北风呼啸。傍晚时分，爷爷用自行车带着大姑，爸爸带着妈妈和冬冬上路。自行车刚起步，冬冬就大声哭叫，不愿坐自行车。没办法，爸爸只能抱着冬冬，大姑推着妈妈，步行了四五里路。待冬冬睡熟后，这才抱她坐在自行车上。十八里的路程，用了整整两个小时。

夜里，冬冬开始发烧，用小儿奇应丸和小儿退热栓。

天亮，退烧。

1986-2-3

重感冒

冬冬重感冒。白天流清水鼻涕，夜里高烧，又哭闹了一夜。

天亮，退烧。

小白兔

爷爷家，养了一窝小白兔。冬冬极想摸摸这些毛茸茸的小生命，可又胆怯，手伸出去又蜷回来。

她拿着爸爸的手，摸小白兔，又让周围的几个人，各自摸过了一遍，她这才敢去摸。

这同她平时吃东西一样，别人尝过了，她才肯吃。邻居们戏言，这孩子"药不死"了。

1986-2-4

发音

冬冬的烧退了，但食欲不佳。她一边玩，一边念念有词，但不知讲的是什么。

冬冬叫"爸爸"，有时叫对了（[pA-pA]），有时叫成[uA-uA]。

她开始从模仿语调向模仿音素发展。

火柴

在武汉时，冬冬曾使用火柴棒挖耳屎。

她一眼看见锅台上的火柴盒，便挣着身子去拿。拉开火柴盒，抽出一根火柴，直接往耳朵旁送过去。

1986-2-5

认人

只要有亲友来访，大人都会对冬冬说"这是××"。

多数情况下，大人只需介绍一次，冬冬就能把称呼和来人对上号。

爸爸让冬冬把糖块儿送给老太儿吃，送给舅爷[1]吃，她都能准确无误地送达。

听"漏"了否定词

在房间里又蹿又跳的小白兔，还有院子里"哞哞"叫的老黄牛，都让冬冬害怕。

爷爷说："小兔不咬，牛也不咬。"

爷爷的这两句安慰话，把冬冬吓得"哇哇"大哭起来。

冬冬忽略了否定词"不"，却把极有威吓力的"咬"字，听得真真切切。

1986-2-6

学说话

①爸爸唱"嗨哟，嗨哟呵"，冬冬跟着爸爸一起唱，模仿得极像。

②早上，奶奶问："谁吃呀！"

冬冬似乎在回答："我！"

③吃完饭，奶奶又问："冬冬，吃饱了不？"

她好像答道："吃饱哇！"

④奶奶问："尿泡[2]不？"

过去，她如果没有尿，会用摇头来表示。这次，她竟说出"我不哩[3]！"

第一次出现了第一人称代词"我"。

---

[1] 舅爷：爸爸的舅舅。

[2] 尿泡：河南方言，即小便。

[3] 哩：河南方言，语气词，相当于普通话的"啊"。

握手

乡邻们来家串门。姑姑教冬冬和来人握手。

大人吩咐："冬冬，跟××握握手！"

不管他人伸手与否，她都忙去拉人家的手，连连摇动。

放炮，捂头

刚刚农历腊月二十八，乡村已是鞭炮声声了。小孩儿们更开心，成群结队地去放炮、捡炮。姑姑们牵着冬冬，也夹在人流中，东跑西颠。哪家放炮，哪家的门前就热闹非凡。

晚饭前，爷爷准备放挂鞭了。他拿着烟，去点炮捻。孩子们捂着耳朵，等待着震耳欲聋的炮响。这时，大姑发现，冬冬双手抱头，继而把手移到脸上，蒙着眼睛。

此后，不管是谁说"放炮了，放炮了，快捂耳朵"，冬冬都双手捂头。

怕洗脸

回老家后，极怕洗脸。

大人刚把手伸到水里，她立即双手捂脸，坚决不让洗。

1986-2-7

闻鱼的气味

叔叔在河南安阳电厂工作，今天也匆匆赶回来过年，还带回了电厂养的非洲鲫鱼。

叔叔拿出一条鱼，闻闻变味儿了没有？冬冬也伸长脖子看。

叔叔把鱼放在冬冬鼻子底下，说："你闻闻！"

冬冬凑近鱼，使劲吸溜鼻子，去"闻"鱼的气味。

睡觉不老实

上床睡觉，她紧紧依偎在妈妈怀里，双手搂紧妈妈的脖子，生怕谁把她抱走似的。

夜里，冬冬像个小大人，也把头放在枕头上。但把赤裸的胳膊和半个身子，全都晾在被窝外面。妈妈往她胸脯上拉拉被子，她的身子再往上蹿几蹿。

1986-2-8

棍子的妙用

冬冬捡根小木棍，蹲在地上，挖地上的小洞洞。

她又把棍子作手杖，拄着在院子里走来走去。

她站在黄牛身后，用小棍子去打黄牛的屁股。虽力气不大，牛还是有感觉。牛屁股一掉，冬冬吓了一大跳。

除夕夜

除夕的乡村格外热闹，家家贴春联，家家放鞭炮，家家包饺子。

吃了年夜饭，冬冬就有了睡意。村里一群小朋友，打着灯笼找上门来，鼓动她出去捡炮。小姑带着她，跟着小孩们在村里跑。一直到晚上九点多，两个人才兴奋地回到家里。

冬冬疲劳极了，啃着一段"膨香酥"[1]，很快进入梦乡。

---

[1] 膨香酥：一种用玉米面做的膨化食品。

1986-2-9

拜年

依照习俗，除夕，晚辈给长辈磕头拜年得红包；大年初一，族家[1]、邻居相互拜年。

早早吃过饭，父母和姑姑们带冬冬去拜年。冬冬很乖，爸爸让给长辈拜年，她连连点头，但不会下跪。

村西头的德爷爷家，两把椅子面上印有牡丹图案。她看了这把椅子，又过去看那把，来回好几次。

她推推爸爸，要看爸爸坐的那把椅子。

爸爸坐的椅子上，烂了两个洞洞。冬冬用小手往洞洞里掏，掏来掏去，小洞洞变成了大窟窿。

石子，都可以砸什么

冬冬捡起一块儿小石头，朝觅食的鸡群砸去。鸡子受到惊吓，扑闪着翅膀迅速散开；过一会儿，又聚拢了来。

冬冬冲进鸡群，把鸡子撵得"咯咯嗒嗒"地乱飞。

她砸了鸡群，还不尽兴，又捡石子往爸爸、妈妈身上扔，快乐得像个小疯子！

学说话

①冬冬跟着爷爷，边走边叫："爷爷呀！爷爷呀！"

②奶奶说："端鱼来！"

她重复说"端鱼"，音调很像。

---

[1] 族家：同姓的人家。

吻脖子

爸爸要冬冬扬起脖子。

她扬起脖子，爸爸立马去吻她，她笑着，一次再次地缩脖扬脖，让爸爸亲吻。

到第五次，她见爸爸又凑了上来，赶快缩着脖子嘻嘻哈哈地跑开了。

咂舌

下午，冬冬竟能咂响舌头。

大人很惊奇，要她再来一下。一连咂响了四下，她自己极其得意。

到晚上，再让她咂舌，但怎么都咂不响了。

抱猫

去邻居张家拜年。

张家有只漂亮的大黄猫，冬冬兴奋地拽它耳朵，抓它脊背……猫不堪被玩弄，总想逃跑。

爸爸对冬冬说："把猫抱住，抱猫！"

冬冬看看爸爸，看看猫，弯腰就把猫抱在了怀里。

喂鸡

爷爷端一大瓢玉米，抓一把，抛撒在地上，鸡子"哗哗啦啦"围过来一群，争着吃食。

冬冬也从瓢里抓玉米，撒在自己身边，鸡子一个也不敢过来。

她愣了一下，又抓一把玉米，跑进正吃食的鸡群里撒。

鸡子惊恐四散。冬冬高兴得"咯咯"直笑。

饮食习惯

淮河是中国南北习俗的分界线。

老家在淮河北部，以面食为主。冬冬生在信阳，长在武汉，已养成吃米不吃面的习惯。

午饭前，她拉了一床稀屁屁。拉肚子如此厉害，大概跟昨晚、今早吃饺子有关。她从小吃米饭，可能消化不了带肉馅的东西。

姑姑忙给冬冬擦洗身子。她哭得泪流满面。

这时，专为冬冬红烧的非洲鲫鱼做好了。大家都以为，她这一哭，肯定连鱼也不吃。没想到，她一闻到鱼的味道，马上不哭了，津津有味地吃起来。

1986-2-10

努力练音

今天，是冬冬回老家后最活泼的一天，也是练习发音最勤奋的一天。

凌晨五点，冬冬醒来趴在枕头上，就自发地练习"说话"；先是四个 [po]，然后是"爸、爸爸、妈、妈妈"。

先喂牛

吃饭，冬冬端着饭碗，非要让牛吃后，她再吃。

所谓的让牛吃饭，是把饭碗象征性地在牛头前晃一下。她"喂"了拴在门前的牛，还要"喂"拴在南边和西边的牛。不仅自己"喂牛"，还让全家男女老少都端着饭碗，跟在她后面，一个接一个地去喂。

学哄小孩儿了

邻家一个小男孩在他妈妈怀里哭。

姑姑说："冬冬，你看他哭的。去，去哄哄他，拍拍他！"

冬冬走过去，抬起小手，拍着小男孩的肩膀，口里发出轻柔的"喔——喔——"声。

这是平时大人哄冬冬时的样子。

晚饭排排坐

晚饭。

冬冬端着她的小饭碗，站在厨房门前，指了爷爷，又指门边的大石条。意思是让爷爷坐在石条上吃饭。

爷爷明白她的意思，端着饭碗坐在石条上。爷爷身边还有空地，她指指小姑，指指石条。接着，又指指妈妈，指指石条。

大家按照她的指令排排坐，都坐在石条上吃饭，她很开心。

手势语：捡炮、放炮

晚饭后，冬冬捏一个响炮，拉住姑姑去爷爷住的牛屋。刚进牛屋，手一松，炮掉在地上。她"啊、啊"急叫，拉拉大姑的手，指地上的炮。

大姑故作不懂状，模仿冬冬，指指地上的炮，也"啊、啊"地叫。

大姑不懂？冬冬又拉奶奶的手，指指地上的炮。

奶奶学着大姑样儿，佯装不懂，同样叫喊着指地上。

无奈，冬冬又去拉爷爷的手，爷爷亦如此。

似乎大家都不懂她的意思。

冬冬眼睛看着大姑，弯腰伸手指着地上的炮，然后直起身，拉着大姑的手去捡炮。大姑笑得连连叫"肚疼"，再也装不下去了，捡炮递给冬冬。

冬冬拿到炮，指指灯，又往外指。来回指了四次。

这次，大家真没懂她的意思。

奶奶问："你是说，端灯去放炮，是不是？"

她连连点头。

大家一起到院子里放炮。

冬冬递给爷爷一个炮，爷爷点火，放响了。冬冬跑回房间，指妈妈，指桌上的炮，要妈妈递给她炮。

妈妈递给她一个炮，她跑出去递给爷爷，爷爷接到手里点火放响。冬冬一次只拿一个，来回多次拿炮放炮……存放的炮，没有了。她不情愿地大叫起来。

这一连串的"捡炮、放炮"过程，说明冬冬的手势语已发展到较高水平。在大人不合作的交际中，仍坚持完成了交际任务，显示了她的耐心和智慧。

1986-2-11

踢沙包

小朋友们踢沙包。

她也要踢沙包，放在脚面上，使劲甩出去。

1986-2-12

学"姑"

小姑教冬冬喊"姑"，冬冬模仿得很像。

红帽子

冬冬的表弟叫娃蛋，比冬冬小两个月，头上戴了顶带响铃的红帽子。

冬冬拽下自己的帽子，甩到地下，抬手去拽娃蛋的帽子。娃蛋的爸爸看冬冬想要帽子，就把娃蛋的帽子摘下来，戴在冬冬头上。

小奇叔叔捡起冬冬的帽子，递给她。她把自己的帽子往娃蛋头上戴。

冬冬戴着红帽子，高兴地对着镜子端详。等过去了新鲜劲儿，她拽下头上的帽子，扔地上。又从娃蛋头上，拽下自己的帽子，递给叔叔，让叔叔给自己戴上。

冲奶喝

晚上八点多钟，冬冬要喝奶。

她拉拉奶粉袋子，又指指她的小绿碗，口里照例发出"呵呵"的祈使声音。

爸爸、大姑不解地望着她。

她又重复拉奶粉袋，指小碗。

爸爸明白了，试探地问："你想喝牛奶吗？"

她使劲地点点头。

1986-2-13

让妈妈喂

凌晨两点，冬冬要喝东西。

大姑让她喝温开水，她摇摇头。大姑问她"喝什么"，她手指奶瓶、奶粉袋，又指妈妈的手。

意思是，让妈妈拿奶瓶喂她喝牛奶。

喂人吃奶

早上醒来，她拿着空奶瓶，去喂爸爸，又喂妈妈。

大人问她："你让谁喝？"

她想让谁喝，就用手指指那个人。

自己有喝的欲望时，就指指自己的嘴巴。

少林拳

爸爸胳膊一伸一缩，像练拳似的，跟冬冬逗着玩。

冬冬也大叫着，眼睛瞪得圆圆的，攥紧两只拳头，雨点般向爸爸打去。

那架势，很有点"少林范儿"。

给爷爷点烟

爸爸把香烟和火柴盒递给冬冬，说："去，给爷爷送烟去！"

冬冬接过烟和火柴盒，去找爷爷。她先把烟递给爷爷，又从火柴盒里抽出一根火柴，在火柴盒上划一下，往烟上碰了碰，扔在地上。

爷爷喊着说："没有点着！"

她才不管点没点着，拿着火柴盒走开了。

追撵大白鹅

姿态优雅的大白鹅，成群结队在村头漫步。现在的冬冬已不再害怕大白鹅。大呼小叫地追赶大白鹅，成了冬冬的最爱。

大姑扯着冬冬去追逐鹅群，把大白鹅撵到村西的小河边；大白鹅没有下水，却沿着河边跑进了稻场[1]里。

冬冬指指大白鹅，又指指河水。

妈妈问："大白鹅怎么了？告诉妈妈，你要干什么？"

大姑说："昨天冬冬把白鹅撵进河里过！"

妈妈问冬冬："你要把大白鹅赶到河里，对不对？"

她点点头，转身又去追赶大白鹅，撵得大白鹅"嘎嘎"地叫着，张开双翅急速飞跑。

小兔崽

兔子刚生一窝小兔，没满月，毛还没长全。奶奶抱它们到院里晒太阳。冬冬

---

[1] 稻场：河南泌阳话，意为打麦场。名为稻场，其实这里基本不产水稻。

多次目睹母兔喂奶的情景。每次看到小兔崽趴在兔妈妈怀里吃奶，她都兴奋不已。

奶奶抱小兔崽，在院子里晒太阳。冬冬想摸一下，又有点害怕。往小兔崽跟前走几步，停下来，往前凑凑，又停下来。试探多次，还是不敢去摸。她转身去拉爸爸，让爸爸摸。

冬冬看爸爸笑眯眯地摸着小兔崽，也小心翼翼地摸一下，赶快缩回手，又去摸一下……到后来，她不仅敢肆无忌惮地抚摸，还敢掂着小兔崽的耳朵，掂起老高再放到地上。

玩了一会儿，她指指太阳下的小兔崽，又指指屋子。

意思也许是把屋里的母兔，掂出来喂奶，或是把院子里的小兔子，弄回屋里去。具体意思，得靠大人"揣摩"。

菜园劳作

爷爷去菜园刨地，奶奶带冬冬一起去。

菜园里有菜苗，也有光板地。冬冬不走菜畦间的光板地，非在菜垅上走，一步踩倒一棵菜苗。即使如此，爷爷奶奶也很开心。孙女做什么，都是好的，哪怕是搞破坏。

冬冬模仿爷爷刨地：把双臂合拢，一上一下。爷爷摘下帽子，挠挠头皮，她也抓下自己的帽子，挠挠头。

真是模仿到家了！

画线条

下午，妈妈把平时记录冬冬行为的卡片，往日记本上誊抄。

冬冬夺过钢笔，在日记上乱画。妈妈拿张纸给她，她把纸扔掉。妈妈翻到笔记本的空白页，让她随便画。冬冬不干，又翻回有字的那一页，非要在有字的那一页上画。日记上，留下了冬冬最为原始的线条。

她还不会运笔，用力过大，钢笔尖都被她捣劈了。

1986-2-14

摇头的混用

这几天，冬冬的摇头，使用得更加不靠谱了：

①昨天上午，奶奶带她去高邑街看马戏。回来后大人问她："看见大绵羊、小猴了不？"

她摇摇头。

②从菜园回来。

大人问她："你搞破坏，踩菜了不？"

她摇摇头。

③夜晚，大姑抱冬冬到院里，问"月亮呢？"她在天空中寻找月亮，指给你看。

大姑又问："你看见大月亮了不？"

她摇摇头。

冬冬每次摇头，神情都很认真。大人们笑说，她是"装着"[1]的。

1986-2-15

真懂了"再见"的意思

今天，冬冬真懂了"再见"是"离开"的意思。

爸爸跟冬冬玩了半个小时，站起身，向她招手，说："再见！再见！"

冬冬马上皱着眉头"啊——啊——"地叫，不愿意爸爸离开。

为了验证她是否真懂，爸爸多次起身说"再见"，每次她都叫喊着，不让爸爸走。

后来，爸爸不做起身离开动作，只招手说"再见"，冬冬还是又叫喊又摇手，

---

[1] 装着：河南方言，假装。

不让爸爸走开。

拿大衣，好记性

上午，爸爸、妈妈抱冬冬去邻居张华韦家。华韦比冬冬大一个多月，有点怕陌生人，走路很小心，很稳当。

冬冬恰恰与她相反，无所顾忌地在房间里乱跑，毫不手软地与华韦争玩具。

玩了约半个小时，准备带她回家。

冬冬拉着爸爸的手，指指北面的房间，嘴里"啊——啊——"地叫，还趔趄着身子往北间走。

原来，冬冬的大衣，来时放在了北间的缝纫机上。

在场的人夸她"记性好"。

找妈妈

中午，爸爸的高中同学来家做客。家乡人好客恋酒，从中午十二点一直喝到下午五点多。爸爸喝得有点多，躺下马上睡熟了。妈妈向来不胜酒力，也被迫饮了几盅，头晕得动弹不得，也躺床休息。

哄冬冬的任务，就落在了爷爷、奶奶和小姑身上。爷爷给冬冬背自己小时候读过的书，奶奶哄她做游戏，她也挺高兴。晚上八点多，冬冬有点闹瞌睡，就又哭又叫地找妈妈，趔趄着身子要去爸妈平时睡觉的房间。

房间里没有灯光。小姑说："黑，怕，别去！"抱着她从南间溜达到当门，又从当门走到南间。

妈妈醒来，喊冬冬的名字。她听见妈妈的声音，委屈得大哭。小姑抱过来，她搂紧妈妈，生怕再找不到妈妈了。

奶奶说："冬冬和大姑小时候的脾气差不多，要放那儿不管她的话，也能哭个鼻眼儿乌青！"

乐意表演"笑"与"哭"

（1 岁 2 个月　1986-2-16—1986-3-15）

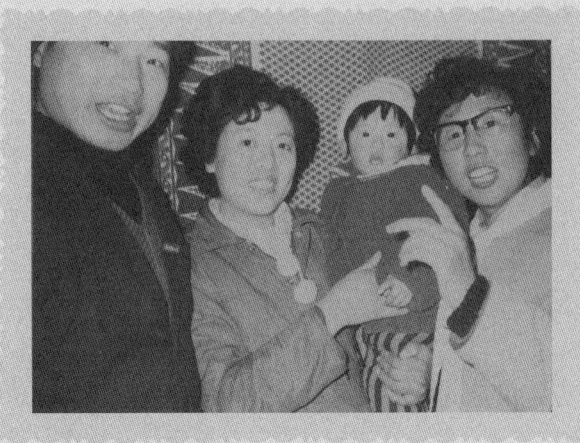

妈妈告诉你（1986 年 1 月）

1986-2-16

冒雪回姥姥家

从爷爷家回姥姥家。

爷爷、爸爸用两辆自行车带着一辆架子车，妈妈和冬冬坐在架子车上。这是吸取了冬冬不坐自行车的教训。

告别亲友，刚出村头，纷纷扬扬地下起鹅毛大雪，东北风嗖嗖地刮起来。冬冬很快睡熟了，一直睡到离马谷田不远的三里桥。

她睡醒了，很开心，伸出舌头去接飘舞的雪花，还让妈妈也伸舌头去接。她看见一大片雪花飘入妈妈的舌头上，便去舔妈妈的嘴巴……

到姥姥家。姐姐把她从架子车上抱到怀里。她认生了，害怕姐姐了。

姐姐抱了十多分钟，她的记忆才复苏。只让姐姐抱，不让他人摸。

1986-2-17

竹园嬉戏

地冻天寒，万木萧条。而姥姥家门前的那片竹林，依然生机盎然。

爸爸带着冬冬、茵茵和刘堃，到竹子园里玩耍。爸爸在前面走，冬冬紧跟其后。爸爸转多大的弯，她也转多大的弯；爸爸围着一棵竹子转一圈又一圈，她也跟着爸爸围着那棵竹子转圈圈，一步都不落下。

几个人在竹园里玩了半天，极尽其乐，谁都不愿意离开。

1986-2-18

行路难

从马谷田返武汉。

坐小火车去明港。春节刚过，不太拥挤，有座位。但从明港搭上从郑州去广州的243次快车，罪可受大了。别说座位，就是站在车厢的走道里，也得侧着身子。

冬冬被前后的人夹着，烦躁得直叫喊。啃了甘蔗和梨子，还要喝水。爸爸拿保温杯，挤过两节车厢，接回一杯温开水。冬冬一口气喝下去。看来是真渴了。

她只要姐姐抱。姐姐站着抱她，一连几个小时，可真累坏了！

火车到孝感，终于抢到两个座位，妈妈和抱着冬冬的姐姐坐下，爸爸仍是"站票"。

卖盒饭的过来了，两块钱一份，真贵！

对面的人，买了盒饭，似乎吃得很香。冬冬使劲拉姐姐的手，指指对面，让姐姐去要人家的饭吃。姐姐装作没感觉。她又拉妈妈手，指人手里的饭盒。看冬冬如此馋嘴，爸爸不忍心，去买了一盒饭。冬冬真饿了，狼吞虎咽地吃了半盒。

旁边的阿姨正剥煮鸡蛋。冬冬又抓着妈妈的手，让要阿姨的鸡蛋。

妈妈说："我们有，不要！"

阿姨真大方，拿一个煮鸡蛋递给冬冬。

冬冬一只手连连摆动，表示不要，另一只小手，却在腿边乱抓乱挠。她呀，太想要那个鸡蛋啦！

忘不了的"山水船"

夜里九点左右，回到华中师大西一村的家里。

对门的舯舯，听见冬冬回来了，连忙跑过来，她却害怕地藏在爸爸身后。二十天的时间，她忘记了这个很要好的哥哥。

睡觉时，爸爸问："《母爱》呢？"

她拨楞着脑袋，眼睛来回巡视着寻找，没找到。

爸爸又问："《漓江春晨》呢？有山、有水、有船……"

爸爸的话，尚未落音，冬冬的目光就落在了《漓江春晨》的画面上，立即大叫，得意地指着那幅画。在张庄老家时，大人也曾故意问："山、水、船在哪里？"她也曾很认真地寻找过，当然找不到。

爸爸又问："电表呢？"

她一仰脸，看到了嵌在墙上的"电表"。

1986-2-19

长牙齿

冬冬又长出了四枚牙：上牙的两颗虎牙，下牙的两颗第一磨牙。这四颗牙同时长出来，都是刚露个小头头。

看来，又急需添补钙制品了。

正确使用"摇头""点头"

姐姐喂她瓜子，说："还吃不？"

她点点头。

姐姐又问："咱不吃了，行不？"

她摇摇头。

口技

姐姐把双手放在嘴边，吹出动听的曲调。冬冬也模仿姐姐，双手捂嘴，发出"呜呜"的声音。姐姐是从双手发出的声音，冬冬的声音，是从嗓子里发出的。

姐姐用舌头弹出响声。她也模仿，试着用舌头哑出声音。

自己搓澡

洗澡。

冬冬坐在澡盆里，姐姐往她身上撩水，然后搓泥。

她推开姐姐的手，自己往身上撩水，两只小手对着搓几下，又搓自己的肚子、大腿和胸部。还蘸点水，往头上、脸上抹几下。

《漓江春晨》，可以化解不快

冬冬有点小脾气。

看她要发脾气，爸爸忙把她抱到《漓江春晨》画前，说："看，有山、有水……"

冬冬马上心平气和，注意力转向画面。

爸爸诗情大发，解说道："这是远处的高山，白云缭绕在半腰。这是近山，拔地而起。一条瀑布垂直而下，流入大江……"

冬冬听得很开心，笑着指妈妈，也要妈妈讲。

吓唬妈妈

冬冬拿黄鹂鸟，口中却发出酷似狮吼的声音，时而瞪圆双眼，把黄鹂快速向妈妈逼近，时而把黄鹂举得高高，俯冲而下。

妈妈做出避之唯恐不及的害怕状，更激发了冬冬的精神头儿。

过去，别人用这种方式吓唬她。今天，她用这种方式吓唬人。

1986-2-20

逼"说话"

俗话有"嘴跟腿"之说，意思是孩子学会了走路，也就学会了说话。而冬冬会走路两个月了，却还不会说话。今后需要多"逼"她说话。

冬冬指着要那匹玩具骆驼。

爸爸说："说，说'骆驼'，不说不给！"

冬冬还是伸手指，爸爸坚持不拿，必须说话才给。

她的小脸儿憋得通红，终于迸发了"骆驼"两个模糊音。

爸爸让她看口形，紧闭双唇，猛地张开，教她喊"妈妈"。

冬冬认真看爸爸的嘴巴，小嘴突然张开，发出短促而清晰的一个"妈"字。

爸爸的香烟

爸爸伏案写作，食指和中指总夹着根香烟，烟雾缭绕。

冬冬指指姐姐，指指爸爸手中的烟。意思是让姐姐把爸爸的烟要过来。

姐姐拿过爸爸的烟。

冬冬看姐姐手中的烟，又指指爸爸的手，让姐姐把烟递给爸爸。姐姐把烟还给爸爸后，她又指指爸爸的嘴巴。意思是让爸爸抽烟。

手势语逐渐复杂起来，正在超越手势语的"双词句"。

让姐姐抱

姐姐抱着她，问："让爸爸抱抱，好吗？"

冬冬摇摇头。

姐姐又问："让妈妈抱，好吗？"

冬冬又摇摇头。

姐姐再问："姐姐抱，可以吧？"

她点点头。

抱不下来"画中人"

冬冬最喜爱雕塑《母爱》。感兴趣的，还有墙上图画中的人物、猫狗等。大人一提到这些，她总以欣喜的眼光去寻找，指给你看。

今晚，除了指看画中的人和物，还别出心裁，要把画中的小哥哥、小猫、小狗，从画中抱到地上。其动作是：两手伸向画面，做出搂抱的姿势，然后往地上一扔，一次又一次。

虽然什么都没抱下来，但她还是玩得兴致勃勃。

饭是人家的香

中午，姐姐让冬冬吃蒸鸡蛋羹。没吃两口，就不吃了。

下午，冬冬和曦曦一起玩。近邻徐阿姨也蒸了鸡蛋羹，喂曦曦一口，喂冬冬一口。两个孩子一替一口吃，都吃得很香。冬冬吃一口蛋羹，还朝徐阿姨做个鬼脸。

1986-2-21

谁吃谁？

冬冬站在小童车里，一只手捏着一个瓜子，一只手拿着玩具小马。

爸爸对冬冬说："叫小马吃瓜子！"

她把小马放进自己的嘴里。

爸爸说："冬冬，你喂小马吃瓜子！让小马吃瓜子！"

冬冬这次明白了，把瓜子送到小马嘴边。

爸爸故意要实验一下冬冬的句法理解能力，说："冬冬，吃小马！"

冬冬把小马放进嘴里，理解对了。

爸爸："冬冬，让妈妈吃小马！"

冬冬把瓜子塞妈妈嘴里，没有理解对。

爸爸："冬冬，把你的小马给妈妈吃！"

冬冬把小马送到妈妈的口边，理解对了。

爸爸："冬冬，把瓜子给妈吃，把瓜子给马吃！"

冬冬眼神恍惚，茫然不知所措。

1986-2-22

吹口哨

寓教于乐，寓教于生活。冬冬在玩耍中，学会不少东西。比如：

①学"立正"的姿势。冬冬昂头挺胸，把双手紧贴在裤线上，模样很滑稽。

②学做体操。冬冬把手举起、放下，动作敏捷，模仿力较强。

③前几天，姐姐教冬冬吹口哨。冬冬撮起嘴唇，但吹不出声。今天，她独自练习，撮起嘴唇，一下一下地往外吹气，有时还会把小嘴唇吸进去。不过，仍发不出声音。

姐姐跟妈妈说起这件好玩儿的事。

冬冬知道这是在说她，低头扭脸，做害羞状。

1986-2-23

藏钢笔

爸爸正写字，冬冬夺走了爸爸的钢笔。

爸爸跟她索要。她双手往后一背，身子稍往前倾，调皮地望着爸爸，似乎在说"我没有钢笔"。

1986-2-24

擦鼻涕、洗脸

冬冬又有感冒的症状：打喷嚏，流鼻涕。

大人问她："擦鼻涕，好吗？"

她点点头，安静地等待大人擦鼻涕。

在老家的二十天，擦鼻涕和洗脸，是她最为反感的两件事。

现在每天早上洗脸擦脸，她虽还不太情愿，但已不再大哭大叫。

这是一个进步。

撒青菜

在楼下的院子里，冬冬总爱捡个小石头、小棍子什么的。边走边扔小石头，或是用小棍子戳打地面。

姐姐买回一篮子青菜。

冬冬像天女散花般地把青菜撒到地下。然后，她端坐在小凳子上，把篮子拉到自己身边，把地上的青菜，一棵一棵地捡起来，放回篮子里。

地上的青菜捡完了，再次撒到地下……

最动听的童音

妈妈去同事陶老师家，商量编写写作教科书的事。陶老师住在学校北门的第一栋楼。妈妈上楼后，姐姐带冬冬在楼下玩儿。

半个多小时后，从楼下传来声声"妈妈——"的叫喊声。稚嫩的童音，堪比天下最动听的音乐。

1986-2-25

拽开爸爸的手

冬冬又把菜篮里的蒜苗，一根根拉出来往外抛。爸爸用手掌遮在菜篮上，把要抛出去的蒜苗挡回去。

她拽开爸爸的手，又去拉篮里的蒜苗。

冬冬懂得了"排除障碍"。

饮马

玩具马立在桌子上。

妈妈拿起来递给冬冬。她接过小马，还指着桌子叫。桌上还有一盒饼干、一个奶瓶、一个玻璃杯、一个纸盒烟、一只黄鹂、一只鹦鹉。

妈妈问："你要什么？要黄鹂鸟吗？"

她摇摇头。

"要烟盒吗？"妈妈说着，递给她烟盒。她接过烟盒，扔到地上，依然指着桌子叫。

妈妈问："要奶瓶？"

她点点头。

冬冬拿到奶瓶后并没消停，又用左手指着右手里的奶瓶叫。

妈妈不解地问："还指奶瓶，你到底要什么？"

姐姐问："你要往奶瓶倒水，让小马喝，对不对？"

冬冬高兴地连连点头。

姐姐在奶瓶里倒些水，递给她。冬冬把奶瓶送到小马嘴巴上。

爸爸给她一块饼干，她又用饼干喂小马。

引诱回家

夜幕降临，到吃晚饭的时候了，冬冬还是不愿意回家。姐姐好不容易哄她走到家门前，她转身又跑开。

姐姐提议捉迷藏。冬冬捉，姐姐藏。

姐姐问："冬冬，你让姐姐藏在哪儿啊？"

冬冬指厨房门口放煤球的黑影里。姐姐听话地蹲在那儿，她去曦曦家门口，然后走过来捉姐姐。当然一捉一个准。

之后，姐姐又藏在离家门口更近的墙角边，又藏在纱门后边……就这样藏啊捉啊，离家越来越近了。在不知不觉中，把冬冬带回了家。

瓜子、瓜子仁和瓜子皮

冬冬喜欢吃瓜子，可以轻易辨别出瓜子、瓜子仁和瓜子皮。

姐姐把剥好的瓜子仁放她手里，她马上放进口中。

姐姐把未嗑的瓜子给她，她再还给姐姐，指指姐姐的嘴巴，让姐姐嗑出瓜子仁来。

如果把瓜子皮放她手里，她马上扔掉，并发出不满意的喊叫声。

三种情况，三种解决方式。其辨别能力有很大进步！

1986-2-26

听辨"帽帽"和"猫猫"

爸爸曾让冬冬听辨"马"和"妈"的读音差别，常常会混淆。

今天又做"猫猫"和"帽帽"的听辨试验。

姐姐抱着冬冬，面前放着一只玩具小猫和一顶小帽子。

爸爸说："冬冬，把猫猫拿过来！"

冬冬拿小猫在手，又扔回床上。

爸爸说："冬冬，把帽帽拿过来！"

她拿帽子递给爸爸，让爸爸给她戴到头上。

反复数次，屡试不爽。

"帽帽"和"猫猫"的语音差别只在声调上。"帽帽"是去声，"猫猫"是阴平。这时的冬冬，具备了区分声调的能力。

爸爸的绝招

下午三点，姐姐发现冬冬上左侧的虎牙上，有一个紫色的血包。忙抱她到

323

校医院就诊，校医院让转武汉市口腔医院。到口腔医院，已是下午五点多，已经不再挂号，只得等第二天再去。

不过，冬冬情绪还好，食欲也未减退。

晚上，她吃米花，突然大哭起来，怎么哄都哄不住。自春节后，冬冬变得更任性了。

爸爸情急生智，把菜篮子戴在头上，表演各种各样的滑稽动作。爸爸不同凡响的举动，还真奏效，冬冬不哭了。

1986-2-27

口腔医院

爸爸又做了一次"帽帽"和"猫猫"听辨试验，冬冬做得很好。

去口腔医院。冬冬在医院走廊上，从这头跑那头，对着陌生人笑哈哈的，欢喜着呢。直到姐姐抱着她坐在医生的诊治桌前，她才哭起来。

医生说，这个血包，可能是挤着或自己咬着了，挑开就好了。医生用小锥子在血包处挑了两下，流出了许多血水。

冬冬奋力挣扎，去抓医生拿锥子的手。

医生笑着说："这孩子厉害，收拾不住她。"

能送托儿所吗？

父母商量，把冬冬送托儿所。萌生送托儿所的念头，实出无奈：

妈妈的类风湿病再次复发，已经瘫痪在床，生活不能自理，需要一个专人照看。爸爸这个学期，除了为本科生上《语言学概论》课，还参加了两本教材的编写，还要顶替妈妈上这个学期的写作课。如果姐姐专门管妈妈，谁来管冬冬？

老家的人呢，奶奶要管正上中学的两个姑姑，无法脱身；把冬冬送回老家？既舍不得，也不能给孩子以合适的教育。送学校托儿所，是唯一的选择。

晚上，爸爸去找托儿所的陈园长。陈园长说，托儿所、幼儿园的房子都不够用，现在已有二十一个孩子等着进园呢。能否收冬冬，得等等再说。

"哇哇"不是"爸爸"

有好长一段时间，冬冬仍把"爸爸"叫"哇哇"（[uA–uA]）。

今天，冬冬可以清晰地叫单音节的"爸""妈"，但有时，仍用一大串"哇哇哇哇"音来称呼爸爸。

下午，爸爸故意说："冬冬，叫'哇哇'（[uA–uA]）！"

她眼神迷茫，不知所云，一会儿指指这儿，一会儿指指那儿，就是不指爸爸。

爸爸又说："冬冬，爸爸呢，叫'爸爸'！"

冬冬把目光转向爸爸。

这说明，虽然她有时把"爸爸"叫成"哇哇"，但她并不认为"爸爸"就是"哇哇"。听与说，并不一致。

1986-2-28

点头并拍手"同意"

爸爸问："冬冬，喝牛奶不？"

冬冬连连点头，拍着小手表示同意。

"妈、爸、哥"

一岁零二十二天的冬冬，能清晰地、主动地回应单音节"妈"和"爸"。

妈妈叫她："冬冬！"

她利索地回应："妈！"

妈妈惊喜地和爸爸对视一下。

爸爸随即也叫一声："冬冬！"

冬冬看着爸爸，很清脆地迸出了一个"爸"字。

看见邻居的小哥哥们，她紧追其后叫"哥、哥"。

发音，由被动向主动，由成串到单音词，这是语音与意义更紧密的结合。

棉被中间的玩耍

姐姐把三床棉被，在床上围成一个三角形。

冬冬坐在三角形中间玩耍。一会儿把身子倒在棉被上，一会儿歪在两床棉被的接头处，一会儿又抱着自己的头，和大人藏猫猫，玩得十分惬意。

藏猫猫

爸爸和冬冬玩捉迷藏的游戏。

书架紧挨着碗柜，中间有个窄窄的空隙。姐姐把冬冬放在空隙里，外面堵上一张小凳子。冬冬站在空隙里面，新奇而兴奋，不停地把头伸出来，又赶紧缩进去。

爸爸故意大呼小叫："冬冬，冬冬呢，冬冬藏到哪里去了？"

她把身子紧紧地贴在墙上，屏着呼吸，大气也不敢出。

爸爸装作四处寻觅的样子："冬冬呢？找找，藏到哪儿了？怎么找不到呢？"

她看爸爸找不到，便把头探出来，极调皮地望着爸爸笑。

1986-3-1

翻动手腕

早上起床，冬冬情绪很好：一边笑眯眯地看着家人，一边翻动着手腕。

翻动手腕的动作，很优美，很协调，像是舞蹈动作。

这是冬冬高兴的标志。

"没有了"的手语

冬冬和小朋友一起，坐在桌前吃饼干。很快，饼干吃完了。小朋友伸手跟姐姐要。姐姐亮出双手，说："吃完了，没有了！"

冬冬也把双手往外一摊，说："呀！"

姐姐发现了冬冬这个动作，不做动作，只重复说："没有了！"

冬冬又"呀"了一声，伴随着把双手摊开。

《漓江春晨》的讲解

《漓江春晨》，仍是冬冬的最爱。

爸爸抱着冬冬，手拿羽毛球拍，指着画说："这是远处的山，白云缭绕在半腰。这是近山，拔地而起。一条瀑布……"

听爸爸讲了一遍，她用手指着妈妈，要妈妈讲。

妈妈也用羽毛球拍指点山水，刚说了一句："这里的山峰很高……"

冬冬连连摆手，从妈妈手中夺过球拍，递给爸爸。不让妈妈讲，还让爸爸讲。

也许她认为，妈妈讲的与爸爸的"正版"不同。

1986-3-2

脖子成了玩具箱

冬冬把小猫、黄鹂鸟、手绢等玩具，放进自己的脖子里，就连木夹子、勺子等硌人的东西，也硬往脖子里塞……

这个过程，玩得一丝不苟，兴致盎然。

"嗯""哎"，一应一答

爸爸叫："冬冬！"

冬冬答："嗯！"

爸爸又叫："冬冬！"

冬冬又答："哎！"

在没有暗示、没人催促的情况下，爸爸叫了冬冬五声，她应答了五次。两次用"嗯"，三次用"哎"。

继续强化"没有了"

冬冬坐床上，把小猫、黄鹂鸟、皮球、勺子、袜子等，一个一个地扔到地下。

妈妈说："冬冬，对爸爸说，扔下去了，没有了！"

冬冬看着爸爸，双手一摊，咕哝一句极像"没有了"的发音。

物归原位

她要大便，爸爸拿过来痰盂，抱她坐上。

只是蹲了一会儿，没有便便。她指着痰盂，让放到门后的纸篓旁。

门后，是经常放痰盂的地方。

1986-3-3

事物之间的关联

①早上，姐姐给冬冬穿棉裤。冬冬拿起自己的袜子，跷起右脚等待着。她知道，穿了棉裤就要穿袜子。

②中午，她拿片卫生纸，往屁股下送。她知道，卫生纸是揩屁股的。

③晚上，地上有几片碎纸片，她蹲下，把碎纸都拨拉到自己的屁股下。

碎纸片，也能做卫生纸用？

嘴唇玩出的花样

冬冬做鬼脸时，小嘴巴特有表现力。

她多次把舌头伸出来，又缩回去。

她模仿姐姐吹口哨，瞪圆眼睛，把上唇拱得高高的。嘴巴和舌头，虽已灵活自如，却吹不出口哨声。

乐意表演"笑"与"哭"

冬冬早就学会了"冷笑"：斜着眼睛看人，还会故作夸张地表演"笑"。

前天，姐姐抱着冬冬，爸爸伸出双手，想接过去抱一会儿。

这会儿，她只想要姐姐，不想让爸爸抱，又摇头，又摆手。

姐姐说："你不让爸爸抱？你笑一个，姐姐抱你出去！"

冬冬挤眉弄眼地笑了。紧接着，用同样的笑，对着爸爸、妈妈各笑了一次。

她会表演"笑一个"，今天又学会了"哭"。

姐姐说："冬冬，哭一个！"

正笑容满面的冬冬，马上哭丧着小脸儿，咧起小嘴，扯着长音"啊——啊——"地"哭"了两声。

冬冬装模作样地"哭"，逗得大家乐不可支。

姐姐又示范另一种哭法，边"啊啊"，边揉眼睛，说："冬冬，给妈妈哭一个！"

冬冬也模仿姐姐，边拉长声音"啊——啊——"，边揉着眼睛"哭"。

亲吻

姐姐说："冬冬，来，吻妈妈！"

冬冬把头伸向妈妈，双唇在妈妈的脸上"咂"一下。有时并没有吻到妈妈，但她只管双唇一碰，只要发出响声了事。

近段，冬冬特黏爸爸：睡觉时，扒开被窝去抓爸爸的鼻子；爸爸外出上课或办事，她喊着叫着追到楼梯口。

晚上，爸爸带冬冬在院子里玩。

爸爸说："冬冬，来，吻吻爸爸，咱们回去！"

冬冬忙捧着爸爸的脸颊吻一下。

爸爸原地不动，看着冬冬，又"咂"响双唇。

冬冬听见"咂咂"声，又去吻爸爸。

她知道，爸爸的"咂咂"声，是要她再次亲吻的意思。

捉迷藏

捉迷藏。冬冬是躲藏者，让姐姐捉她。

她用双手捂着眼睛，站在原地一动不动。

姐姐故意把双脚跺得"啪啪"作响，用急促的语调说："冬冬呢，冬冬藏哪儿了？我怎么找不到啊！"

冬冬移开双手，望着姐姐得意地笑，似乎说："你捉不到我吧！我在这呢！"

她捂住眼睛，自己看不见，就以为别人看不见。她用这种方式多次跟姐姐捉迷藏，还高兴得不亦乐乎！

摆手表示否定

冬冬会用点头和拍手表示肯定。

表示否定或是拒绝，常是摇头与摆手并用。

但今天有两次，她表示否定时，只摆手，不摇头。

这是手势语的一个新发展。

"哟"表惊奇

冬冬时常叽叽咕咕地自言自语。听不懂说什么，但的确是汉语的语调，似在陈述什么。

姐姐包饺子，妈妈坐在床上哄冬冬。

冬冬跟包饺子的姐姐藏猫猫。她头一歪，身子往前一耸，对着姐姐"哟"一声；身子往后一倒，又"哟"一声……"哟"带有明显的惊奇意味。

学"飞翔"

姐姐让冬冬学着做：把两臂左右张开，一上一下，像扑闪着翅膀飞的小燕子，连说"飞啊，飞"。

冬冬把两条小胳膊一齐前伸，上下摆动。

姐姐纠正她，两臂不是在前面上下摆动，应该左右伸开双臂。再次做示范动作让她看。

她看是看了，却学不会，依然上下摆动。

1986-3-4

心脏、脉搏

爸爸曾教过冬冬心脏和脉搏的位置，她也曾准确地指出它们的位置。

早上，爸爸问她："冬冬，心脏在哪里？"

她指指自己的下巴。

爸爸又问："脉搏在哪？"

她又摸摸自己的脖子。

据估计，爸爸的第一句问话，冬冬没听懂，就随意指了她熟悉的下巴；第二句脉搏的"搏"和脖子的"脖"语音相近，可能是误听。

把爸爸拉起来

冬冬在公园里玩腻了，拉着爸爸的手，想要离开。

坐在草坪上的爸爸，伸出双手，说："冬冬，把爸爸拉起来！"

冬冬使劲拽着爸爸双手，身子往后挣，屁股往下蹲着用力，竟把爸爸拉了起来。

爸爸虽是随着她的劲儿，一下子站起来的。但冬冬所用的力气，还是能感觉出来的。

1986-3-5

不想穿棉袄

天气转暖。夜里的冬冬，总想从被窝里往外蹿。大人挺烦心的。

早上，她光着身子，拉着床头站起来，做起立下蹲的动作。

姐姐让她穿棉袄。

她用力反抗，含糊不清地大叫了一声。听语音，有点像说"我不穿！"

跌倒了，自己爬起来

冬冬如果跌倒了，可以不扶任何物件，自己顺当地爬起来。

午饭后，姐姐带她去行政楼前。那里有一块儿大草坪。厚厚的积草，像铺了一层软软的地毯。冬冬东跑西颠，不断跌倒爬起。不让人帮忙，自己跌倒自己爬起。

自己吃饭

冬冬自己端碗吃饭，用勺子在碗里搅来搅去，饭菜常常撒一地一身。

通过几个月的练习，冬冬终于能稳稳当当地用勺子舀饭吃了。用勺子，不仅能舀到饺子和米饭，还能把舀到的汤汤水水，端平送进自己口里。

1986-3-6

一个清晰的"不"

张生汉伯伯来家，伸双手要抱冬冬，说："冬冬，让伯伯抱抱。"

冬冬身子一扭，双唇迸出一个很干脆的"不"字。

这是冬冬第一次清晰地说"不"字。

"二哥、再见"

今天，冬冬清晰发出"二哥"和"再见"。

"开摩托"

姐姐躺着，冬冬坐在姐姐的身上。

姐姐说："冬冬，学学开摩托车，'嘟嘟嘟嘟'！"

冬冬也发出"嘟嘟"声，笑得很开心。

姐姐多次教她开摩托，发出"嘟嘟"声。冬冬不厌其烦地学，每"嘟嘟"一次，都开怀大笑。

1986-3-7

会喊"姐姐"

早上，冬冬想穿衣起床，连连呼唤："姐姐呀，大姐姐！"

发音清楚而亲切！

退着走

爸爸带冬冬玩。

她脸朝爸爸，一双小手拉着爸爸的一双大手，一步一步地后退着走。走了大约三十米。

不走去医院的路

姐姐常抱冬冬去花园玩耍。

从西一村到外语系门前的花园，有两条路：一条是曲折的近路，另一条是平坦的远路。顺着远路走，可以去校医院。

冬冬只允许走近路，不允许走远路，生怕带她去医院。

1986-3-8

哭和笑的本领

昨夜，一只猫在楼顶上"喵喵"叫个不停，弄得全家人都没睡好。

早上，妈妈对姐姐说："猫叫得真难听，像是小孩哭！"

妈妈话刚落音，冬冬咧着嘴，挤着眼睛"啊——啊——"地模仿哭。

听风就是雨！小家伙一听"哭"字，就有"哭"的本领！

"冬冬，你听，一个小孩在笑！"妈妈想试试她对"笑"的反应，故意用重音，强调了那个"笑"字。

冬冬嘴角上扬，用吸气音发出笑声。

模仿构图

冬冬手指日历上的那幅《静止的生命》，把下巴紧紧贴着姐姐的脸儿。

姐姐莫名其妙地看着她，不知她要干什么。

冬冬指指姐姐的脸，指指日历，又把自己的头偏过去。意思是，她要和姐姐一起，来模仿图片上的那个造型。

姐姐按照冬冬的要求，把头侧过去，靠着冬冬的脸庞。整个构图，果然酷似《静止的生命》的效果。

清晰地叫"爸爸"

冬冬起床后，很清晰地连连喊："爸，爸爸！"

妈妈很高兴，说："呵，宝贝儿，会叫爸爸了！来，再叫一声爸爸！"

冬冬又叫："爸爸呀！"

有很长一段时间，冬冬是用一连串的"哇哇"来称呼"爸爸"的。冬冬叫"妈妈"时，大多是伴着哭叫声。

想穿鞋子

坐在床上的冬冬，先指指床下，又指爸爸的手，再指自己的脚。爸爸立马明白，冬冬不想在床上待了，想下去，到地上玩。她让爸爸拿床前的鞋子，给她穿上。

熟练地使用"手势语三词句"。

1986-3-9

人行影从

春天的桂子山，一派生机。迎春含蕾，玉兰怒放。而昨夜的风疏雨骤，玉兰花真成了绿肥白瘦了。

下午，姐姐带冬冬去公园看白玉兰。太阳暖暖西移，姐姐拉着冬冬，行走在鹅卵石的小道上。冬冬突然看见了影子，斜斜的，长长的。

她惊奇地"嗯？"了一声，歪着头望了好久。往前走几步，影子也随着走。停下来，影子也停下来。

冬冬走走停停七八次，表现出对未知的异常好奇。

姐姐告诉她，这是太阳下她自己的影子，每个人都有的。

她能听懂吗？

继续逼"说话"

"逼"冬冬说话的计划，一直在进行中。

冬冬急着要喝牛奶。

姐姐拿着奶瓶："说，说'喝'！"

冬冬说："喝！"

姐姐说："你再说个'喝'！"

她模仿了一句酷似的"你再说个'喝'！"

1986-3-10

话急而出

凌晨三点，冬冬剧烈地咳嗽起来，一阵急一阵，再也无法入睡。

爸爸抱着她，一直坐到天亮。

上午看病。医生说，喉部发红肿大，支气管炎。

回家，让冬冬吃药，她哭喊着："不喝，我不！"

不吃药，病怎么能好？

姐姐把她揽在怀里，双腿紧紧夹住她的身子。一手拿药，一手端水，说："喝吧，喝了就不咳嗽了！"

冬冬拼命挣扎，声嘶力竭地叫着："不，不喝！"

事至急处，语言才能"逼"出来。

全家人的舞蹈

昨晚，父母带冬冬去李发舜老师家看电视。李老师家是彩色电视，放映芭蕾舞《睡美人》，舞者轻盈地跳着双人舞。

今天上午，冬冬站在妈妈腿上，把头歪向左边，又歪向右边，两只小手挽来挽去,面部表情很优雅。可以看出昨晚芭蕾舞的影子!

晚上,为让生病的冬冬情绪好一些,爸爸播放轻音乐,姐姐抱着冬冬,踏着音乐的节奏跳舞,爸爸、妈妈也随着节拍,摇头晃脑助兴。

爸爸把双手背在后面,身子前倾,踮起脚尖舞动,动作很滑稽,这使冬冬大为高兴。她从姐姐的怀里溜下来,站在地下,也把双手往后背,学着爸爸的模样,跟着节奏晃动身子。

待爸爸要离开了,冬冬摇头晃脑地表示不同意:指指爸爸,又把手往后背背,还要爸爸和她继续跳下去。

1986-3-11

"我不"

昨夜,冬冬呼吸困难,嘶哑着嗓子不停地咳,清水鼻涕擦都擦不及。啼哭无休止,怎样哄都哄不住。凌晨三点,她累了困了,才慢慢入睡。

睡了一个小时,又开始高烧。爸爸抱她到校医院,值班医生打了一针氨基比林。上午,去化验血常规,打了青霉素和氨基比林。

打针时,冬冬哭叫着:"不,不,我不!"

中午仍发烧,用一粒小儿退热栓。下午,稍有好转。

晚上八点钟后,情绪稍好转,开始有笑脸,有跟人逗乐的欲望。

扭扭、跳舞之不同

爸爸说:"冬冬,扭扭,你扭扭!"

冬冬架起胳膊,扭来扭去,一直扭到跌倒在地为止。

爸爸又说:"冬冬,跳个舞,你跳个舞!"

她开始翻动着两个手腕,头歪来歪去,做跳舞的动作。

扭扭和跳舞,是不同的身姿。

1986-3-12

"不敢"

冬冬病情稍有好转，仍咳嗽，鼻涕多，没有食欲。

她调皮地一次再次抓姐姐的头发。

姐姐一把抓着她的小手，问："说，还抓不抓？还敢不敢？"

冬冬头一歪，说："不敢。"

"上那儿"

姐姐抱冬冬出门，问："冬冬，咱们上哪儿去玩儿？"

冬冬手往楼下一指："上那儿！"

说梦话"哟"

人都会做梦，但不知是从何时开始的！

以前熟睡中的冬冬，突然小嘴一撇一撇地哭，有时能哭得声泪俱下。父母被孩子的哭声惊醒，虽知是正常的"梦哭"，仍令大人揪心。

她稍大点儿，睡熟了，眼皮会不停地运动着。据说，眼皮动是做梦的标志。

昨夜一点多，冬冬睡梦中突然"哟"一声，似平时感到惊奇时发出的声音。这大概是所谓的梦话吧。

吓人的"懒惰"

过去，冬冬如不听话，大人会用"你听，你听，大狮子来了！""小老鼠来了！""大月亮、大月亮！"等等吓唬她。

冬冬一听到吓人的声调，就不再哭闹。虽一时奏效，但总觉得不妥。如果将来孩子真害怕"大狮子""小老鼠"，甚至"大月亮"，那就得不偿失了。

前天爸爸说："咱们统一口径，用一个名称来吓唬她，就叫'懒惰'吧！"

这个主意不错，冬冬长大后，就算真害怕"懒惰"，其效果也是正面的。

逗趣，故作害怕状

妈妈第一次使用"懒惰"吓唬冬冬，正哭闹着的她，马上不哭也不动，紧紧搂着妈妈的脖子，不大会儿就睡着了。

但"懒惰"刚用了几天，威慑力似乎就减弱了。

冬冬钻在桌子下玩。

桌子很矮，紧靠着墙壁，墙角上泥块剥落，露出一个个小洞。抠弄小洞洞，是她很高兴做的事。

姐姐怕她碰着桌子："冬冬，快出来，那个洞洞里有'懒惰'！"

她调皮地看着姐姐笑，更加卖力地抠小洞洞。不光自己抠，她还拽姐姐的手去摸。

姐姐故作害怕，缩着身子往后退，说："我怕，不摸！"

她马上装出胆小的神情，一点儿一点儿地把手往小洞上碰一下，连忙拿开，再放到嘴边去吹吹。

刨花的乐趣

傍晚，一群小朋友在楼下放风筝。冬冬仰望空中拖着长长尾巴的风筝，不管不顾地跟着大家跑。跑着跑着，刺柏树下的一堆儿蓬松的"刨花[1]"吸引了她。

她蹲下来，用手指穿起串串刨花卷，然后又从手指上逐个拽掉。在刨花堆里，发现一根小棍子。她拿小棍子当工具，起劲在地上挖洞洞，画道道，玩得很欢快，也很专注。后来，她让妈妈横拿着棍子，捡起一个个刨花卷，穿到棍子上直立起来，当作摇铃晃动。

爸爸说，冬冬会利用工具玩耍了。

---

[1] 刨花：从木头上刨下来的薄片，多呈卷状。

1986-3-13

配合擤鼻涕

冬冬没再发烧。但仍咳嗽，呼吸音粗，食欲不好。重感冒，鼻涕多。有时刚擦掉鼻孔外面的，里面的鼻涕像马蜂蛹一样，随着一呼一吸，露个头又退回去。

为清理干净她鼻孔中的鼻涕，擤鼻涕时，大人要求她用力发出"哼"声配合。多次强化，冬冬会伴随着"哼"声，让鼻子发力了。

这也成了冬冬的一个游戏。她多次用右手捏着鼻子两侧，发出"哼"声，做擤鼻涕状。虽然并未擤出鼻涕。

买电视机

电视节目给冬冬带来的欢快，让父母很动心。

周围邻居家，几乎都有电视机、洗衣机，可我家还没一件像样的电器。住在一楼刚上小学的小女孩，用粉笔在墙壁上写道："李冬家是穷光蛋！"

童言可以不忌，但常领着冬冬去邻居家看电视，也有诸多不便。为让冬冬接收更多的信息和知识，也为让逐渐懂事的孩子不至于有自卑感，爸爸说，就是勒紧腰带，也得买电视机。

说干就干，爸爸去中南商场，买回一部 14 英寸的黑白电视。全家人兴高采烈，开心得如同过年。

模仿"猩猩架腿"

买回电视，马上打开。正在重播春节联欢节目。

电视里，坐在小椅子上的小猩猩，把一条腿压在另一条腿上。

冬冬也拉着自己的左腿，架在右腿上，模仿跷着二郎腿的小猩猩。

"老头儿走路"

爸爸示范"老头儿走路"：双手背在后面，驼着背，像年迈的老人，在房间里踱来踱去。

冬冬开始模仿：双手往身后一背，头向前伸得老长，弯腰驼背，慢慢腾腾走，还左摇摇右晃晃。一脸稚气的小不点儿，模仿老态龙钟的老爷爷，很好玩。

自此之后，只要大人一说"学老头儿走路"，她都兴致盎然地去表演。

1986-3-14

飞翔的燕子

洗过的棉裤，晾晒在院子的绳子上。

冬冬指指绳子上的棉裤，伸平两条胳膊，上下波动，学小燕子飞翔。姐姐曾经教过她学燕飞。她用形体模仿燕子飞翔，是在告诉大人，绳子上的棉裤很像会飞的小燕子。

之后，她指指棉裤，又指指自己的腿，要把棉裤穿在自己身上。

1986-3-15

电视瘾

冬冬不再发烧，其他症状如前。去医院，又开了四次青霉素臀部注射针，这次生病时间拖得真长！

电视买来两天，冬冬已养成看电视的习惯，甚至有点上瘾。一坐在床上，就让开电视。大人答应开电视，她高兴得拍手。一关电视，她就不高兴地"哼哼唧唧"。

嬉演成语：掩耳盗铃

（1 岁 3 个月　1986-3-16—1986-4-15）

玉兰花开（1986 年 3 月）

1986-3-16

电视机

冬冬食欲极差，只要呼吸到一点儿凉气，就"咳、咳"不停。

冬冬看见翀翀家的门打开了，拉着爸爸要去他家。翀翀家也有一部电视，她指着电视机叫。

爸爸对翀翀妈说："冬冬是对你说，冬冬家也有电视了，让李阿姨[1]上我家看去！"

冬冬拉着李阿姨的手，直奔家去。

到家了。爸爸又问："冬冬，告诉阿姨，冬冬的电视在哪里？"

她指指电视柜里的电视。

爸爸说："翀翀家里的电视呢？"

冬冬又拉着李阿姨，去她家指看电视机。

亲亲小手，吻吻小脚

爸爸拿过冬冬的小手吻了吻，她马上伸开拳头，多次让爸爸亲吻。

爸爸把自己的手伸到她唇边，她也很响地吻了一下。

冬冬把小脚伸到爸爸嘴边，让爸爸吻她的脚丫。吻了这只脚，又伸去那只脚，让爸爸吻了好几个回合。

父女俩吻手吻脚，笑声连连，其乐融融！

睡前的微笑

夜里十一点多，冬冬瞌睡了，眼皮直打架。

她趴在枕头上，两条胳膊放在脖下，头偏向妈妈。爸爸放下手中的工作，

---

[1] 李阿姨：翀翀的妈妈。

过来逗她玩一会儿。

爸爸说："冬冬，把脸儿扭给爸爸看看！"

冬冬把脸扭向爸爸，甜甜一笑，又把头扭过去，眯上眼睛，很快睡熟了。

1986-3-17

"门"

冬冬叫"爸爸""妈妈"的发音，已十分清晰。

李汛老师来访。

姐姐去开门，冬冬说了一个很响亮的"门"字。

她可以听懂"关门、开门"这两个词，并按要求关上门，或者打开门，还可以听懂"推"的意思。

好客

姐姐端盘瓜子，放在李汛老师坐的沙发旁。

妈妈说："冬冬，抓瓜子给李阿姨！"

冬冬抓起瓜子，直奔姐姐而去，让姐姐给自己嗑瓜子；又转身走过来抓了几个瓜子，放到李阿姨手里。还多次指着瓜子对阿姨"说话"，示意让阿姨吃瓜子。

虽是先己后人，但并未冷落客人。

爸爸洗几个苹果，先递给李老师一个，又递给冬冬一个。

李阿姨接过苹果，只顾和爸爸说话，一直没有吃。

冬冬着急了，指了苹果，又指阿姨的嘴。

李阿姨要走了，说："冬冬再见！"

李阿姨话刚出口，冬冬就往外跑着送李阿姨。爸爸抱起她，送李阿姨到楼下。

表演儿歌"今天老头在家"

院子里小朋友们，多次玩"今天老头在家"[1]的游戏，冬冬也学会了。

姐姐说"今天老头在家"，冬冬就竖起大拇指；姐姐说"明天老头不在家"，冬冬就把右手往后一背；姐姐又说"后天老头从脖子里——"，冬冬就用手摸着自己的脖子，或是双手往胸前一抱。她知道，老头要从脖子里"走出来"了。

"妈——呀"

爸爸准备带妈妈和冬冬下楼。

爸爸话音刚落，冬冬箭一般地冲到楼梯口。爸爸紧跑几步追上她，问："跑什么？妈妈呢？"

她一回头，向着房间喊道："妈——呀！"

冬冬所发的"妈——呀"，拖长音，呈曲折调。

不倒翁

冬冬抱着不倒翁，在屋内跑来跑去。把不倒翁抱起来，走一圈放到地下，又抱起来……后来，她把不倒翁扔到地上，用脚去踢，不倒翁脸朝下趴在地上……

姐姐说："快点，把不倒翁捡起来！"

她不理睬。

姐姐又说："听见了不，把不倒翁捡起来。"

她低头偷笑着走向沙发，去拿玩具小猫。

姐姐一把抢过小猫，说："去，叫[2]不倒翁扶起来，我再给你小猫！"

冬冬转过身，弯下腰，把不倒翁抱到怀里玩起来，早已忘记了姐姐手里的小猫。

---

[1] 电视少儿节目中，鞠萍姐姐教的儿歌。

[2] 叫：河南话，做"把"讲。

按爸爸说的做

①爸爸说："冬冬，来，摸摸爸爸的脚！"

冬冬摸摸爸爸的脚。

②姐姐在厨房刷碗。

爸爸说："去，去，找二姐去，看狮子！"

冬冬跑到厨房，拉着姐姐衣角往外走。

姐姐正忙着，就又把冬冬支使回来，说："找爸爸去擤鼻子！"

冬冬又从厨房颠颠地跑回房间。

③爸爸指着《静止的生命》，说："冬冬，学一个，阿姨什么样子？"

她把头一歪，用脸蛋挨着爸爸的脸颊。

④冬冬拔开钢笔帽，再把笔帽往笔杆上套。笔尖戳到手上，留下好多墨点。

爸爸说："看你手上弄了多少墨水，像老猫样儿[1]。"

冬冬连忙看看自己的手。

⑤妈妈在床上躺着。

爸爸把冬冬放在妈妈身边，说："坐到妈妈跟前，看看妈妈老了不？"

冬冬侧过脸，抓着妈妈的胳膊，抛给妈妈一个甜甜的微笑。

哪里来的声响？

晚上，正看电视，突然听到"噗"的一声响。

冬冬愣了一下，指着自己的屁股，皱着眉毛"啊——啊——"地叫着，满脸惊奇。她"告诉"了姐姐，又"告诉"妈妈，又"告诉"爸爸，把家人逗得乐不可支。

她的惊奇，大概是第一次感知到"响声来自何处"！

---

[1] 像老猫样儿：弄得像老猫一样。

1986-3-18

乐意模仿

一杯白开水，全洒在了地上。

姐姐用拖把拖干净，再把拖把挂在门后。冬冬也拿来扫帚，在原有水渍的地方，拖拖扫扫，像用拖把似的。

妈妈吃药，药片卡在了喉间。咽不下去，也吐不出来，只得跑到痰盂前呕吐。

冬冬尾随妈妈观看。

妈妈回来了，她却站在痰盂前，头稍微前探，把唾沫吐到痰盂里。此后，她无数次地跑到痰盂前，弯腰吐唾沫。

1986-3-19

摔倒了，自己起来

冬冬学走路，从来不扶东西，也从不慢慢地走，一直是在"跑"。跑得多，跌倒的机会就多，常常跑着跑着，一屁股坐到地上。

今天，她跑得太快了，一头栽到地上，额头和小鼻子磕破了一大块儿。

姐姐让她自己站起来。

她不哭也不动，静静地坐在地上。

当姐姐伸手要去拉她时，她拨开姐姐的手，自己爬了起来。

逆反的端倪

近段，不让做的事情，她一定要尝试做一下。

①大人不让她"吃手[1]"，她非要把手塞进嘴里。一边"吃手"，一边"吃

---

[1] 吃手：把手放进嘴里。

吃"地笑。你越阻止，她越来劲儿。

②刚炒过菜的铁锅，放在地下晾着。冬冬想摸一下，姐姐说"烫死，别摸"，她缩回了手。

乘姐姐不注意，她迅速伸手摸了一把，被烫得"嗷嗷"大哭。

1986-3-20

又能听懂的话

冬冬又可以听懂：

①"把手绢给我。"

②"抱着爸爸的脖颈儿[1]。"

③"拽爸爸的耳朵。"

④爸爸说："冬冬，去把门关上！"

她跑到门口，"呼"的一声关上门。

擦鼻涕的游戏

门后，挂着一排洗脸的毛巾，冬冬伸手就能够到。

她有了鼻涕，就去拉下一块儿毛巾，按到嘴边上一个劲儿地擦。一边擦，一边偷偷地笑。大人越跟她要毛巾，她擦的兴趣越浓。

姐姐故意撵着跟她要毛巾。她跑着擦着，一气擦了三四分钟之久。

对儿童来说，什么都可以成为游戏。

初见的"接尾策略"

姐姐："冬冬，你喊爸爸、妈妈、姐姐！"

---

[1] 脖颈儿：河南方言，脖子。

冬冬："姐姐！"

姐姐："喊爸爸、姐姐、妈妈！"

冬冬："妈妈！"

姐姐："喊妈妈、姐姐、爸爸！"

冬冬："爸爸！"

这三个称呼，她都会说，可她重复的全部都是最后一个称呼。

1986-3-21

听懂了"给你、给我"？

今天，王老师来家和爸爸谈工作。

爸爸说："冬冬，把你的糖糖给伯伯吃！"

冬冬笑嘻嘻地拿着糖，走向王伯伯，手向前一送，还没等对方伸手，她就笑着跑开了。

王老师拿个玩具，伴以手势，把玩具挨近自己，说："给我，好吗？"

冬冬摇头，表示不同意。

王老师用玩具推推冬冬的身子，说："给你，可以吧？"

冬冬点点头。

大家笑了，不太相信她能听懂"给你"和"给我"这两个词。

于是，又重新说一遍，情境如前，冬冬的反应如前。

据估计，冬冬的反应，跟说话者的表情、手势有关。大人和孩子交流，需要语言、手势、表情三者的结合。

成熟的手势语

①冬冬想要妈妈和自己都吃瓜子。

她指指自己的嘴，指指妈妈的嘴，又指放瓜子的电视柜。

②她想要什么东西：就先指指物件，再用右手指指左手。

不接受批评

冬冬的裤子又尿湿了。

姐姐给她换裤子，她极力反抗，挣扎着跑开，一头撞到桌角上，大哭起来。

姐姐批评她太不听话，她连连摇头，不让姐姐批评；父母问她，这么大了还尿裤子，羞不羞？她连连摆手，不让父母笑说她尿裤子这件事。

1986-3-22

捏米花、吃瓜子，也能做游戏

①冬冬捏一粒米花，放姐姐头发上。歪着脑袋欣赏一会儿，再把米花扒拉下来。一次再次，乐此不疲。

②姐姐嗑瓜子。

冬冬用手势语，让姐姐把嗑好的瓜子仁，放在盒盖上。她再从盒盖上，捏起来送入口中。

姐姐嫌麻烦，直接把瓜子仁递到她手里。她坚持自己的想法，拿到瓜子仁，往盒盖上送一下，然后放进嘴里。

抠肚脐，是饿了！

凌晨三点，冬冬小便后躺回被窝里，两手摸着肚脐抠。父母以为，是她发现了肚脐，赶快拽着她的手，制止她。她挣扎着，不停地用手抠。

妈妈："是肚肚饿了？喝牛奶，好吗？"

她高兴得直拍手。原来真是肚子饿了。

1986-3-23

"斗鸡"

爸爸曾教过冬冬学"斗鸡[1]"。

今天，冬冬用一只手抓着裤腿，弯着腰，两只脚一步步地走，走一圈又一圈。

很有点"斗鸡"的架势。

坐棉垫

已经记不清楚，大人何时曾把棉垫铺到地上，让冬冬坐过。

冬冬抓起沙发上的棉垫，往地上一扔，就势坐下去。

大人拍手称赞，要她再来一次。

她乐意表演，又掂起棉垫，随手一扔，叉开双腿，一屁股坐上去，却墩到了水泥地上。

姐姐教她，顺着棉垫子一角，慢慢坐上去。

她按照姐姐教给的方法实践了五次，成功了三次，仍有两次墩在了地上。

1986-3-24

"老鼠钻洞"

冬冬用毛巾蒙脸，在室内扭来扭去，自得其乐。又铆足了劲儿，钻进书架和小书房之间的空隙里，探头探脑地向外窥视。

爸爸扯长音叫道："老鼠钻洞了！"

---

[1] 河南农村的一种游戏。两个人面对面站立，一条腿横放到另一条腿上，用站立着的一条腿一蹦一蹦地向前。两个人蹦跳着互相碰撞，一方把另一方蜷曲着的腿碰到地上，或是将人碰倒，就算赢了。冬冬还走不太稳，用一条腿蹦着走更是不可能，只是在别人的帮助下一手拽着裤腿，象征性地"斗鸡"。

她大笑，探头露出小脸儿，从夹缝里爬出来。

玩一会儿，她又钻了进去

爸爸又高叫："老鼠钻洞了！"

听见爸爸的喊声，她又爬出。爬出爬进三个来回。

下午，在武汉大学读研究生的小曹带女朋友来家。冬冬喜欢人多，兴奋地在室内跑来跑去。

爸爸故意高叫："老鼠钻洞！"

冬冬一愣，马上钻进夹缝里。钻进去，爬出来，又是四个来回。

"老鼠钻洞"，成了一个游戏名称。

"不要不要不要嘛"

冬冬可以清晰地叫"爸爸""妈妈"和"家家"。

到睡觉时间，她就是不愿意进被窝，发出一连串的"不要不要不要嘛！"

她曾说过"不"，今天突然出现了三个"不要"。

1986-3-25

用尺子，够袜子

妈妈的袜子，一只在床边，一只压在了热水袋下面。妈妈让冬冬帮个忙，说："把妈妈的袜子拿过来！"

她跑过去，把床边的一只袜子递给妈妈，又把热水袋扔到地上，再探着身子，伸长胳膊去够另一只袜子。连着够几次没拿到，就跑开玩去了。

妈妈："冬冬，别跑啊，那只袜子呢？"

她无奈地瞄瞄另一只袜子。

姐姐递给她一把学生尺。

她接过尺子玩起来，把床帮敲得"嘣嘣"响。

妈妈："用尺子，把袜子够过来！"

她茫然地看看妈妈，又看看袜子。

姐姐做一个探身用尺子够袜子的示范。

冬冬拿过尺子，伸长胳膊，去扒拉袜子，一次、两次，到第三次，终于把袜子扒拉到手能够着的地方，高兴极了。

她用尺子顶起袜子，小心翼翼地送到妈妈手里。

1986-3-26

行不通的简单推理

厕所外的墙边，靠立着一张竹床。床面朝里，四条床腿朝外。

冬冬的小手，顺利地掏进了左下方的竹床腿里。伸进去、缩回来。玩了一会儿，她又掏右边的腿。怎么都伸不进去，这个腿是实心的。

孩式的简单推理，一条腿是空的，另一条腿也应是空的。故掏了一条腿，又去掏另一条腿。

亲疏分明的亲吻

爸爸的研究生同学郭叔叔夫妇来家。临离开时，陈阿姨要冬冬亲亲她。冬冬把脸扭向一边。陈阿姨要求再三，冬冬只得把脸蛋靠过去，她不吻陈阿姨，但让阿姨吻吻她的小脸蛋。

爸爸："冬冬，来，亲亲爸爸！"

冬冬马上歪头伸过小嘴巴，去亲吻爸爸。

大家笑起来。亲疏不同，采取亲吻的方式也不同。

叫"爸爸"

冬冬一直习得"爸爸"的发音。虽然也叫"妈妈"，却远没有叫"爸爸"

次数多。

有时，重叠叫"爸爸"。有时，只叫一个单音节的"爸"字。

发"爸"音，时有阴平，时有去声。

1986-3-27

"不" + 动词

冬冬的否定副词"不"，能和许多动词结合在一起，如："不喝、不要、不穿"等等。

自她 24 日说"不要不要不要嘛"之后，情急之下，都用"不要不要不要嘛"，表示否定态度之坚决。

闲不住的大忙人

冬冬有三个闲不住：腿不闲，一直在跑来跑去，拉都拉不着；手不闲，把桶或者废纸篓，拿在手上，顶在头上；嘴巴也不闲，不停地练习"爸、爸爸"，或者"叽里咕噜"说着谁也听不懂的"语言"。

1986-3-28

扔东西的乐趣

①冬冬喜欢把随手拿到的东西，一样儿接一样儿地扔在地上。

②桌子和五屉柜上，摆放着工艺品。

她仰起小脸，伸长胳膊，还是够不到。于是身子前倾，踮起脚尖，小手颤颤地伸过去，把能拽到的东西，一件不剩地都拉下来。

③她蹲下身子，把书架最下面的两层书，一本本抽出来，扔到地上。扔完了，再把地上的书，塞进书架里。

④茶几另一头的物件，冬冬的小手是够不到的。她使劲把桌布往自己跟前拽。随着桌布的滑动，茶几上的东西慢慢向她移动。"劈里啪啦"一阵乱响，东西散落一地。

嬉演成语：掩耳盗铃

冬冬捉迷藏有两种形式：一是别人躲藏她寻找，二是她藏别人找。她捂着双眼，就算是藏起来了。看不见别人，也自以为别人看不见她。

爸爸说，冬冬的这种藏法，其实就是"掩耳盗铃"。

于是，开始教她学"掩耳盗铃"这个成语。爸爸让冬冬捂上耳朵，刚说"掩耳"两个字，冬冬就把捂在耳朵的手，迅速移开，捂住了眼睛。

冬冬有此反应，可能是"掩耳盗铃"的"掩"，与"眼睛"的"眼"同音。听到第一个字，迅速做出捂眼睛的反应。

爸爸说："'名正则言顺'，应给每个游戏起个名字，让幼儿在游戏中，学会有意义的字词和成语。"这是个很有智慧的动议。

除了以成语"掩耳盗铃"命名，还为冬冬的其他三个游戏固定了名字：

①猴子磕头。

只要冬冬能拿着的，可摇动的物件，她都会使劲地摇晃。摇动时，身子和头部也跟着节奏摆动。尤其她使劲儿摇动沙发和椅子时，身体的摆度更大。

爸爸多次强化说"这叫'猴子磕头'"。

今天，只要爸爸说"猴子磕头"，她就跑到沙发前，抓着沙发两边的把手，来回摇晃，频频地点头。

②老头走路。

冬冬表演"老头走路"，更是拿手好戏：皱着双眉，两只手背在身后，探着身子，一步一顿，摇摇摆摆地走着。

③老鼠钻洞。

冬冬喜欢在缝隙里和桌下，钻来钻去。爸爸把这个游戏，命名为"老鼠钻洞"。

此做法的长处：1.增加语言刺激；2.把词语和动作联系起来；3.使某种动作定型。

1986-3-29

苹果的大小

灿灿妈拿两个苹果。其中一个，稍微大一点儿点儿。灿灿妈问："冬冬，你要哪一个苹果？"

冬冬眼睛盯着苹果，伸手拿了那个稍大点儿的。

以前，曾有过要大块儿苹果的先例。她真可以分辨出大小吗？

不愿意离开

在灿灿家。

灿灿妈喂灿灿吃面条，也喂了冬冬两口。灿灿妈做的面条，只是给她女儿做的一个人的量。

妈妈站起身，准备带冬冬离开。

冬冬一只手拉着妈妈的手，另一只手按着妈妈的膝盖，要妈妈坐下。妈妈站起来三次，被她按坐下三次。她手的力度，妈妈能感觉到她所想表达的意愿。

妈妈硬拉着冬冬离开。

她用双手拉着妈妈的手，身子往下坠，屁股往后拖着，叫着喊着，就是不移动脚步。

1986-3-30

不听话了！

昨天，王老师来访，爸爸让冬冬拿糖果，她很有礼貌地照办了。

今天，爸爸大学同学王叔叔来访，让冬冬拿果丹皮糖给叔叔，她不干；让她表演游戏，她好像没听见，只管玩自己的，根本不理会你在说什么。

大家评论说，"冬冬不听使唤了"。

1986-3-31

"吐故纳新"

下午，妈妈看书，爸爸写东西，冬冬一个人在室内跑来跑去。

她跑到门后的痰盂边，一手扶墙，头向前探着使劲地咳，使劲地吐。呕吐之后，又用手拍拍胸。之后，又转到痰盂的另一边，动作如前，连续三四次。

3月18日，她见过妈妈呕吐并加以模仿。过了半个月，她又模仿呕吐并拍胸。模仿得惟妙惟肖，令人忍俊不禁。

爸爸把它命名为"吐故纳新"，这是第五个游戏名。

此后，只要爸爸说"吐故——"两个字，她就跑到痰盂前装作呕吐、拍胸。

练习叫"阿姨"

冬冬主动叫"爸爸、妈妈"，发音清楚而响亮，还带有抒情的成分。

凌晨，她说梦话，练习叫"阿姨"，发音比较标准。

姐姐教她说"阿姨"，开始学得较像，之后发成 "阿妹"([a mən]) 或"阿嬷"([am])。

晚饭后，冬冬在姐姐的帮助下，拉开了对门徐老师家的纱门，喊了一声清晰的"阿姨"。随后，她只要一看见徐老师，就追着赶着叫"阿姨、阿姨"。

"阿姨"成了徐老师的专有称呼。

再逼说话

"逼"冬冬说话，是从 2 月份开始的，成效甚微。

手势语，基本上能满足她生活的需求。如想穿鞋子走路：用手指指脚，指指鞋子。爸爸逼她说"穿鞋"，她怎么都不说这两个字。

下午，爸爸抱着她。她挣扎着要下地。

爸爸说："说个'下'，我才放你！"

她一味挣扎，爸爸一直坚持，直至她张嘴说"下"[1]，爸爸才放下她。

1986-4-1

时隐时现的"阿姨"

冬冬一起床，就开始练习叫"阿姨"。

徐老师下楼打酱油。冬冬跟在徐老师后面，一句接一句叫"阿姨"，一直跟到楼梯口，指指楼下，要徐老师带她一起去。

晚饭前，徐老师伸开双手，对冬冬说："叫'阿姨'，我抱抱！"

她顿时像变了个人，既不让徐老师抱，也不再叫"阿姨"。

晚上，她想吃曦曦手中的面包。

徐老师让她叫"阿姨"，才给面包吃。

她指指自己的口，指指面包。想吃，但不叫"阿姨"。

模仿做气功

妈妈的类风湿日益加重。很多人说，气功能有效控制病情的发展。妈妈开始学做气功。

冬冬一言不发，静静看妈妈做气功。过一会儿，跑到邻居家，给邻居表演气功：前后甩动着双手，不停地摇晃着身子。

她一边做动作，一边左顾右盼，望望这个，看看那个。

---

[1] 发音为 [uʌ]。

看大家乐得前仰后合，她"练"得更加起劲了！

吃米花，教数字

姐姐拿米花来诱惑冬冬说话。

姐姐拿一粒米花，让冬冬跟着说"一"。她模仿了，可以听出"一"的影子。

姐姐又拿两粒，让说"二"。冬冬直视着姐姐的眼睛，嘴巴咕哝一会儿，发出一个"二"的模糊音。

姐姐拿了三粒，让冬冬说"三"。冬冬嘴巴张合多次，冲出来一大串杂乱无章的语流。

冬冬发无意识音节时，会说"一、二"，但从未说"三"。

"爸爸"与"呀呀"

冬冬今天把"爸爸"喊成了"呀呀也"。

见没见过水牛

在街上，看见拉车的两头水牛。

姐姐让她摸摸水牛。她拉着水牛不放，兴奋异常。

回到家，爸爸问冬冬，在街上看见老水牛了没有？

她先摇头，后又用手指指脑后[1]。

有此手势语，说明她记得看过的水牛，但却摇头，岂不自相矛盾？

主动应答

大人叫"李冬"，她用"哎"答应。

喊"娃"，她也用"哎"应答。

---

[1] 意为她在外面见到过老水牛。

这两种呼叫方式，冬冬都知道是叫她的。

拽绳子

院子里，晒衣服的尼龙绳子断了。绳子的一头耷拉在地上，有两个四五岁的小朋友，用力拽着绳子头，伴随"嗨、嗨"的号子声，很有点纤夫拉纤的味道。

冬冬跑过去，加入拉绳子的活动。她站在最前面，踮起脚尖，拽起绳子，三个小朋友齐心合力，晃来晃去。另外两个孩子年龄比她大，个头比她高，拉绳子的高度也比她高，她随着绳子的摆度，跌跌撞撞地摔倒在地……

妈妈刚拉她站起身，她又跑过去，拉着绳子晃晃悠悠，玩得兴高采烈。

词语切分试验

爸爸曾经用"老鼠钻洞、猴子磕头、老头走路、掩耳盗铃"命名了四种游戏，只要说出这些词语，冬冬就会做相应的游戏。今天，爸爸想做一个实验，只说出这些名称的部分词语，看冬冬能否做出适切反应。

爸爸只说出每个名称的前两个字"老鼠、猴子、老头、掩耳"，冬冬都能做出适切反应。然后，爸爸只说出每个名称的后两个字"钻洞、磕头、走路、盗铃"，除"盗铃"外，冬冬也都能做出适切反应。

此后，爸爸又用"鼠钻、鼠、钻、洞"做实验，冬冬都不能做出适切反应。

这次实验说明，冬冬已经具有了初步的语言切分能力，人与动物语言的最大区别，就在于动物语言具有整体混合性，人类语言具有切分、组合性。同时也说明，切分是有一定规则的，把名称切分为前两字和后两字，冬冬还基本可以做出适切反应；而切分为"鼠钻、鼠、钻、洞"之类，冬冬都不能做出适切反应。

1986-4-2

很起作用的"哎——"

姐姐说，冬冬想要别人东西，或别人给她东西时，手会不由自主伸出去，但只要听见姐姐扯着长调地："哎——，不要别人的东西啊！"她忙缩回已伸出去的手。虽然，她还眼巴巴地盯着对方手里的东西。

学"关门、开门"

冬冬学会了开门和关门。

学关门。她用一只手拉着门边，推到三分之一处，站在门后，双手同时发力把门推上。

学开门却不容易，尤其是打开关得很紧的纱门。用力小，打不开；用力大，惯性会把人带倒。用力均衡，身子保持平衡，是开门最关键的因素。

冬冬从外面开门，被门撞倒过好多次。后来，先把纱门拉开个小缝，再匀速地拉大，然后从门缝里挤进去。

脖子下的手绢儿

大人喂冬冬吃饭或喝水时，为保持她上衣和下巴的干爽，常在脖子下垫块儿干爽的手绢儿，活动结束后，再取下来。

久而久之，只要跟吃东西相关的，哪怕是吃甘蔗，她也自觉地往脖子下塞块儿手绢儿。

爸爸成了"阿姨"

冬冬近段一直练习叫"阿姨"。

妈妈让她喊爸爸过来吃饭。她颠儿颠儿地跑到书桌前，拽着爸爸的衣服喊了一声"阿姨"。之后，不好意思地低下头，害羞地笑了。

这是"泛化"现象。

知道了亲人的名字

春节前，田伯伯曾多次问冬冬："谁叫李宇明？"

冬冬偶尔会指指爸爸，但在多数时间是乱指一气。

今天，爸爸问："冬冬，白丰兰是谁？"

她指指妈妈。

妈妈问："那谁是李宇明呢？"

她笑着指爸爸。

妈妈又问："二妮呢？"

她指指姐姐。

发送气音

冬冬趴在地上发 [pʰʌ] 音。

她很少发送气音。送气音，也是儿童较难习得的语音特征。

1986-4-3

"爸爸不来了"

中午十二点钟，姐姐和妈妈带冬冬去学校食堂吃饭。走过第一门栋，姐姐问："冬冬，爸爸呢？"

冬冬扭头往后指指，说："爸爸不来了！"

"爸爸"，发音很清晰。"不来了"三个字，发音含糊。

"爬"的游戏

冬冬在院子里摔倒了，赖在地上不起来。过了一会儿，她在地上爬来爬去，还爬开心了。

姐姐拉她站起来，拍掉她身上的土。她挣脱姐姐的手，又趴到地上，一边爬，一边念念有词说"爬、爬、爬"。

不会走路，爬行是前进的方式。会走路了，爬行变成了有趣的游戏。

1986-4-4

闹钟

早上六点，冬冬爬起来，手拉床帮，一蹲一站地做游戏。

一阵急促的闹钟铃响起。冬冬吓了一跳，忙把头藏进妈妈的被窝。

妈妈安慰她说："别怕、别怕，是闹钟响了，你听，叮铃铃……"

她缓缓抬起头，去瞄闹钟，一直到铃声完全停止，才恢复平静。

用笔帽吓唬人

冬冬玩弄钢笔笔帽。

爸爸问："冬冬，你摆弄的什么呀？让爸爸看看？"

冬冬拿笔帽，递给爸爸。

爸爸故作害怕状，边躲藏边说："我怕，我怕！"

这下，可把冬冬逗乐了。她拿着笔帽追赶着吓唬爸爸。追到爸爸，把笔帽一下一下地往爸爸脖子里放。

爸爸很夸张地左躲右藏，冬冬越发兴趣盎然。

扫帚、关门

家里常用的扫帚，有时放门外，有时放室内的门后。

早饭后，冬冬拿扫帚在屋里扫几下，随手扔在地上。

姐姐说："冬冬，把扫帚拿出去！"

她拖着扫帚往门外走，一把扔到门外，转身关门。扫帚横挡在门口，关不上门了。

她想了想，很利索地拉过扫帚，放在门后，然后用大力气，"嘭"地一下关上了门。

皮球、羽毛球

冬冬拍皮球。

皮球滚落到电视柜下。她拉开抽屉，抽出一段尼龙绳，扔向电视柜。绳子很长，可它是软的，怎能捞出皮球？

爸爸拿羽毛球拍，把皮球从柜子下赶了出来。一会儿，皮球再次跑到电视柜下，冬冬想都没想，立即拿球拍，捞出电视柜下的球。

冬冬玩了皮球，再玩羽毛球。

她把球拍放在地上，羽毛球放在拍子正中间，然后，双手端起球拍，把羽毛球甩出去，这个动作重复数次。

家人没教过她这个动作，大概是看见别的小孩这样做过。

大球与小球

冬冬有四类球：篮球、皮球、乒乓球、羽毛球。

爸爸一手拿篮球，一手拿乒乓球，问："冬冬，哪个球大？"

她拿乒乓球。

爸爸又问，哪个球小？

她还是拿乒乓球。

说大的小的，她都拿乒乓球。看起来，这跟球类的大小形状没有关系。乒乓球是前几天才买的，可能新鲜感尚在。

学 "bye-bye"

爸爸和冬冬再见时，教她学习英语的"bye-bye"。

她发音为 [pʌ-pʌ]。

1986-4-5

东湖拾贝

华师中文系工会组织教职工去东湖、植物园和磨山春游，爸爸、妈妈和姐姐带冬冬一同前往。

植物园，映山红五彩缤纷。茶花树，姹紫嫣红。上磨山时，冬冬睡着了，爸爸、姐姐轮流抱她上山。下山时，虽石阶很陡，她非要一个台阶一个台阶地往下跳，而且兴致勃勃。

在东湖边休息，姐姐领她到湖边洗手，用塑料瓶装满一瓶湖水。她拿着瓶子，打开盖子，往妈妈、姐姐和爸爸身上洒水。看到大人连蹦带跳地躲开，冬冬高兴得开怀大笑。

爸爸脱掉鞋袜，抱冬冬走进湖水中。她低下头，俯视碧波粼粼的湖面，竭力挣扎，来表达自己也想下水的愿望。刚进入水中的冬冬，非常害怕，紧紧抱着爸爸的腿不放。

爸爸说："冬冬，别害怕，玩水吧！"

爸爸帮冬冬卷起袖子。爷俩兴致盎然，在湖水中捞起一块儿块儿贝壳和鹅卵石。

华中工学院的一位青年教师，也来春游，他主动提出，要为父女俩拍张捡鹅卵石的照片。拍照后，留下了我家的通讯地址，并很守信用，寄来一张很有纪念意义的黑白照片。

1986-4-6

母鸡的叫声

一只刚下过蛋的母鸡，蹦跳着跑出草窝，骄傲地一路高歌着"咯嗒，咯咯嗒"。

爸爸问："冬冬，鸡怎么叫？"

她瞪大眼睛，模仿了一个："咯——"

爸爸又问："大狮子怎么叫的？"

她用曲折调："咯——"

妈妈笑问："爸爸怎么叫的？"

她用响亮而高昂的声音回答："咯——"

所有的叫声都成了"咯"，甚至忘记了大狮子粗嗓门的吼叫声，以及用喉音哈出的动物鸣叫。

电视的影响

电视中，出现吃饭喝水的镜头。

冬冬指指自己的嘴巴，"咳咳咳"地哼唧着，让姐姐给她找饭吃、倒水喝。她的愿望得到满足，高兴得手舞足蹈。

屏幕上，有小河潺潺流水的画面。

她忙不迭地脱掉鞋袜，让姐姐给她洗脚。

装进去与掏出来

冬冬要把两角钱的纸币，装进衣服的小口袋里。她捏着钱的一角，往口袋里投。软软的纸币进不去。

妈妈教她，用大拇指、食指和中指，三个手指捏着钱的中间部位，并为她撑着小口袋，纸币顺溜地掉进去了。她高兴得直拍手。

冬冬似乎有点不放心，又把手伸进口袋里，掏出钱来看看，再匆匆地往口袋里放。接连数次掏出与放入，很是高兴。

1986-4-7

学动物叫

昨天，冬冬学鸡"咯"的叫声，爸爸引导她模仿老鼠之"唧唧"，黄牛之"哞哞"。

冬冬把黄牛的叫声"哞哞"，发成"哈——哈"的哈气声音。

上床去玩

冬冬一进翀翀家，就指指自己的鞋子，指指床。

李阿姨不懂她的手势语，询问姐姐，冬冬要干什么？

姐姐说："冬冬想到您家的床上玩！"

冬冬连连点头。

她曾在翀翀家床上玩过两次，今天又表达了上床玩耍的愿望。

想吃瓜子，却有所顾忌

家家也去翀翀家串门，一边嗑瓜子，一边说话。

冬冬依偎在姐姐的怀里，眼巴巴地看着家家手中的瓜子，"吭吭叽叽"地哼唧着。

家家故意不看冬冬，捏几个瓜子，放在凳子上，推到冬冬的面前。

冬冬看看家家的脸儿，动下手指，又停下。接着，上身往前探了探，手臂抬了抬，又瞄了一眼家家，还是没敢下手。

在第三次瞄家家的同时，小手也伸了出去，抓回了瓜子。

让抱别家的小孩

冬冬见到比她小的孩子，指指姐姐，指指小孩，让姐姐抱那个小孩子，不再争怀了。

灿灿的妈妈去厕所，让姐姐抱一会儿灿灿。

冬冬很高兴，笑嘻嘻地摸摸灿灿的脸蛋。这时灿灿的爸爸回来了，从姐姐手中接过灿灿。冬冬大哭，不让抱走，直到姐姐又抱回灿灿，她才止住哭。

1986-4-8

双手甩开走

冬冬刚学会走路时，耸肩夹膀，双手平放胸前。两只手的作用，是为了保持平衡。

今天她走路，一替一下地甩动胳膊。走得稳，速度快。为真正意义上的"跑"，打下了基础。

教河南话，说普通话

姐姐教冬冬学喊"伯伯"，教的是河南话，冬冬说的却是正宗的普通话"伯伯"。连着叫"伯伯"，有时会叫成"爸爸"。

当她正开心地连叫"爸爸、爸爸"时，再让她喊"妈妈"，似乎一下子拐不过弯儿，叫不出"妈妈"，仍然叫"爸爸"。

1986-4-9

椅子，也能带来快乐

冬冬喜欢在沙发上翻滚，但也不冷落那把高背椅。她开心地围着椅子转圈圈，一圈接着一圈。即使被撞疼了，也不哭叫。有人坐在椅子上，她双手抓着椅子背，蜷起双腿，身子下坠打提溜。她爬上椅子，直立身子，双手左右平伸，笑眯眯地展示自己的平衡能力。

她也喜欢那把矮椅子：踮起鞋尖，头从矮椅背上伸进去，看着周围的人大笑，似乎说"这个太矮了，还没我高呢！"

家里什么都认识

爸爸连续问冬冬"电灯、电表、电视机、沙发、大衣柜、窗子、棉被、《漓江春晨》、《春酣图》"等都在什么位置，她都能指出来。

爸爸问："枕头呢？"

冬冬拉着枕头，让爸爸看。

爸爸一个接一个地问："谁是李宇明？""谁是白丰兰？""谁是爸爸？""谁是妈妈？""谁是姐姐？""谁是白二妮？"

冬冬都能一一准确指出。

爸爸又问："冬冬呢？"

她指指自己的鼻子尖。

爸爸又询问冬冬身体的各个部位，包括肚脐和屁股，她也正确地指出来。

每答对一个问题，她都很自豪。

1986-4-10

肉馅和馍皮

从教工食堂买回肉馅包子。

妈妈刚咬了一口，就被冬冬抢走了。

她吃掉肉馅和紧挨肉馅的地方，再把馍皮，掰成一块儿一块儿的，喂妈妈吃。

水的身体旅行

冬冬要喝水。

姐姐问："说说，你哪儿想喝水了？"

她仰起头，指指嘴巴。

姐姐问："水，喝到哪儿了？"

她拍拍小肚子。

姐姐又问："嗯，水喝到肚肚儿里了。水又从哪儿流出来呀？"

她蹲下身子，手往后指屁屁。

亲妈妈的方式

冬冬用她独特的方式，表示对妈妈的亲昵：搂紧妈妈的脖子，把小脸狠劲压在妈妈脸上，嘴巴鸡啄米般亲吻妈妈脸蛋。再用牙齿咬妈妈的鼻子、脸蛋和嘴唇，一边咬，一边高兴得不亦乐乎。

有时，她不由分说地骑到妈妈的脖子上，上蹿下跳"纵马驰骋"，一次、再次、没完没了。

1986-4-11

发音

姐姐让冬冬喊"爸爸"，她却发一连串的"妈妈妈妈"。

妈妈让她说"bye-bye"，她发音 [mai-mai]。这表明，冬冬的小舌对于鼻腔通道的关启功能，还未发育健全。

371

1986-4-12

爸爸独自带冬冬

妈妈的类风湿复发，日益严重起来。

中南民族大学中文系的陈教授说，他也是类风湿关节炎，现在有所好转，是当阳的一个土医生，用祖传的秘方给他治疗了几个月，效果不错。今天姐姐陪着妈妈，去湖北当阳治病。

爸爸一个人在家带冬冬，她很听话。但提到"妈妈"，她就用手指指脑后，欲出去找。

晚上睡得很安稳。

佯哭

孩子佯哭，是游戏的一种，是愉快时的一种表现。

冬冬佯哭达十分钟之久，一边哭，一边以手拭"泪"。

学说"妹妹"

冬冬口中一直叫 [mi-mi]，爸爸因势利导，教她说"妹妹"（[mei-mei]）。她说得很像。这是她学的又一个新词；[e] 是她学会的又一个新音。

声调

她高兴时叫"爸爸"，一会儿用降调，一会儿用平调。

可见，她还没掌握声调的别义作用。

画饼充饥

饼干盒上，有一幅小儿吃饼干的图。

她看见了，用手指舌头，拍肚肚，指饼干盒上的图画，又拉爸爸的手。

这一连串的手势语，表示她要吃"画饼"。

1986-4-13

不让爸爸喂

早晨，米酒煮鸡蛋，爸爸还开了一盒橘子罐头。开始喂她，她顺从地吃。后来，她一定要拿勺子自己来，不让爸爸喂。

中午，爸爸带她到教工食堂吃饭。她吃一勺饭，围着桌子跑一会儿。跑回来，再吃一口。

继续练习"妹妹"

冬冬喊"妹妹"，有时喊成 [mei-mei]，有时喊成 [mA-mei]。

让爸爸穿衣服

爸爸的外套，挂在衣钩上。冬冬用右手食指，连连指衣服。

爸爸问她："冬冬，你要干什么？"

她又指爸爸。

爸爸说："是不是让爸爸穿衣服？"

她点点头称是，爸爸穿上衣服，她很高兴。

"嗯"

冬冬把米花扔在地上。

爸爸说："嗯（[ŋ]）？怎么搞的？"

她也模仿说"[ŋ]"？

神情语气惟妙惟肖。

用球拍推皮球

冬冬用羽毛球拍，推大皮球前进。

球拍长，球又大，推不动。她丢掉羽毛球拍，干脆用手滚动皮球。

爬行夺马比赛

床上，有一匹红玻璃的小马。

爸爸讲游戏规则：父女俩同时从床上的一头，爬行到另一头，看谁能最先拿到小马。爬行过去取小马，取到小马后，可以走过来。

爸爸讲规则时，她听得很认真，但忽略了必须爬行着取小马的规则。刚刚趴下，她便站起身去争去抢。

爸爸做两次示范，她学会了：快速爬行着去争夺小马，拿到小马，就走过来。

游戏中，她很容易走神。一会儿看棉被上的花朵，一会儿摸摸被子。

掘泥

冬冬在院子里，拾到一根小棍，便在地上掘泥土，玩得很高兴。

准确的肢体语言

躺在床上的冬冬，坐起来，用手拍肚儿。

爸爸问她："是想尿尿吗？"

她频频点头。

把她，果然撒出了小便。

1986-4-14

想妈妈

妈妈不在家。

爸爸问冬冬："想妈妈不？"

她点点头，但并不哭闹。

可见，冬冬头脑中并不能明晰地呈现往事。这或许说明，她的第二信号系统还未完全建立。

主动做游戏

电视上，一直在教"今天老头在家"的游戏。

院子里的小朋友也经常在做这个游戏。

冬冬也学会了。她拿着羽毛球，弯腰弓背，主动做起来。

学驴叫

爸爸带冬冬去马房山买菜。她被拉架子车的小毛驴吸引了，一直撵着看。

爸爸教她毛驴叫，她很有兴致地学。

从马房山回来的路上，冬冬学了一路的驴叫。

父女俩的游戏互动

爸爸蹲在厨房里刺鱼。冬冬围着爸爸，转来转去。

她捞起锅盖，来盖爸爸的头。

爸爸拿着鱼，"呜呜"地叫着，用鱼逼近她，她吓得掉头就跑。

鱼还没做熟，就闹着要吃。

她指指房间，指指鱼。意思是把鱼端回家吃。

调皮地拍爸爸

爸爸为冬冬洗过手、脸和脚，她高高兴兴爬到床上玩，爸爸上床陪她。

趁爸爸不注意，她偷偷拍爸爸的屁股。

爸爸回头看她，她吓得忙下床，笑着逃跑了。

一会儿又来拍，反复四五次，甚是调皮。

这种自发的游戏，是智力飞速发展的一个标志。

1986-4-15

听觉试验

冬冬睡熟了。

爸爸守在床边，学狗叫和驴叫，但声带不振动。

冬冬的小脸儿上浮现出笑容。

这说明，虽然人睡着了，但是听觉仍在工作。

自编儿歌："妈妈咪，爸爸比"

（*1 岁 4 个月　1986-4-16—1986-5-15*）

东湖拾贝（1986 年 4 月）

1986-4-16

用勺子的技能

冬冬使用勺子的技巧，大有提高。

她能从罐头瓶里，盛出橘子瓣来，准确送到口中。

动物的不同叫声

过去，冬冬学动物叫，某个阶段只使用一种声音模仿。

近段，冬冬学鸡叫用 [kʌ]，学驴叫是 [a-ˇa-]^[1]，学小狗叫是 [vaŋ]，学狮子叫是 [u-]。

不同的动物，用不同的声音表达，是认知的进步，也是发音的进步。

大人为何用名词重叠？

冬冬一岁前，大人跟她说话，名词很少重叠。

一岁后，她刚会说几个词语，大人就不自觉地使用"杯杯、鞋鞋、袜袜"等重叠词了。

孩子对语言的反应，并不太敏感。大人使用重叠，在于扩大语言信号的刺激强度。

1986-4-17

小便的手势语

冬冬想做什么，逐渐学会提醒大人。

她站在床上，拍拍肚子。

---

［1］[a-ˇa-]中的[ˇ]，是唇齿吸气音。

爸爸问，是要尿尿吗？

她点头。

拍肚子表示要小便，似乎形成了一个固定的手势语。

1986-4-18

三颗围棋子

爸爸到学校出版社开会，把冬冬交给田伯伯带一个下午。

田伯伯带她去武汉工学院花园，随身带了三颗白色围棋子。玩耍时，围棋子被冬冬挥撒到草丛中。冬冬和伯伯一起寻找，找到两颗。

伯伯要带她离开，她手指草丛，仍要寻找。

最后，在冬冬卷起的裤腿里，找到了那颗棋子，她这才高高兴兴地离开。

她有数的概念了？

1986-4-19

女的都是阿姨

今天，冬冬见家家、婆婆、小姐姐，皆以"阿姨"称呼，甚至见小哥哥也叫"阿姨"。

她本来可以分清这些不同称谓的，但为何会如此"泛化"？

准确告知小便

冬冬今天一天都没尿裤子。

她真正懂得了，如要小便，需提前告诉大人。

下一步，要训练她蹲痰盂大小便了。

1986-4-20

初有危险意识

冬冬只要听到警告信号，如"快过来！""哎呀！""有'懒惰'""别哭！别哭！"等，她立马跑到大人身边，依偎在怀里，屏着呼吸，闭紧双眼，一动不动。

但走路却求奇求难，爱走崎岖不平之地。上下楼梯也以跑的速度，从不知道还会摔跤。

近日，她似乎有了些危险意识：到楼梯口，紧紧拉着大人的手，再开始迈步。就连迈过厨房内三公分高低的地基，她也变得小心翼翼。

约翰·华生[1]认为，幼儿的危险感，是后天习得的。危险信号，与语句的具体内容关系不大，完全是由语调负载的。

爬取石子

爸爸带冬冬在广场上玩耍。在五米远处，爸爸放了个石子，做个爬行的动作，并示意取石子。

冬冬立刻趴下，向石子爬去，取到石子走回来，来回三次。爸爸把石子抛到一边，她又爬着去取……衣服弄得脏兮兮的，却很开心。

这个游戏，4月13日在床上做过一次。中间隔了一个星期，她已经掌握了游戏规则。

妈妈的照片

爸爸加洗了爸爸妈妈的合影照。问冬冬："告诉爸爸，哪个是妈妈？"

---

[1] 约翰·华生（Watson, John Broadus, 1878 年 1 月 9 日—1958 年 9 月 25 日）美国心理学家，行为主义心理学的创始人，广告大师。他认为心理学研究的对象不是意识而是行为，心理学的研究方法必须抛弃"内省法"，而代之以自然科学常用的实验法和观察法。华生在心理学客观化方面发挥了巨大的作用。

她对妈妈的形象记忆，相当牢固，能一下子指出照片上的妈妈。但也只是指出来而已，明显少了对妈妈的那份亲昵。

1986-4-21

几种体态语

冬冬想站凳子上：拉着大人手，指指自己的脚，再指凳子或拍凳子。

要坐凳子上：屁股对着凳子，趔趄着身子，做出想坐上去的姿势。

如要坐在凳子上的人站起来：先指指坐凳人的双脚，再指指地。

煤

上午，爸爸有课，又把冬冬交给田伯伯带。

田伯伯带她去马房山买菜。路经煤场，冬冬手指煤堆，田伯伯教她是"煤"。冬冬又指另一堆煤，田伯伯又教，她又学。

回西一村，她指楼梯口一摞蜂窝煤，说"煤"。

冬冬学会了"煤"，并初具归类能力，认识不同地方、不同形态的"煤"。

田伯伯让她喊爸爸"明明"，她跟着喊。有时喊成"米"，有时喊成"明"。

一些新发展

冬冬的"老头走路"，原来只是两手背在身后。今天，背在身后的双手，能摸着手指。摸着摸着，两手竟握在了一起。

蹲、跪这两种姿势，明显在增多。

学鸡叫，也有发展。有时学成 [kə]，有时学成 [kʌ]。

1986-4-22

米

冬冬最爱吃炒米和米花。

爸爸教她"米"，她跟着学。

她跑到装米花的抽屉前，使劲地拉抽屉。

爸爸问她："是要米花吗？"

她点头。

穿衣镜中的自己

爸爸在大立柜的柜门上，安装了一面大穿衣镜。

冬冬看着镜中的"她"，高兴极了。

最初，她把镜中的自己，当作另一个小朋友，同她喋喋不休地讲话，握手，接吻。逐渐地，她发现镜子里的小人儿，和自己做同样动作，发现镜中也有个"爸爸"，和自己的爸爸一个样儿。于是，她用擦鼻涕、吻爸爸、指鼻子、揪耳朵和吃饭等动作，以获取镜中的"自己"也做此动作的乐趣。

她还不懂影像关系。但能直感到，她做什么，镜中人也做什么；要镜中人做什么，自己就必须做什么。

喂爸爸、拍布娃娃睡觉

冬冬用勺子搅和碗里的饭，挖起一勺，让爸爸张嘴，喂爸爸。

她抱着布娃娃，拍布娃娃睡觉。边拍边"噢噢"，模仿大人拍她睡觉的情景。

滚球

中文系曹老师来跟爸爸谈儿童语言研究问题。

曹老师跟冬冬做滚球的游戏。曹老师把球滚给冬冬，她却抱着球跑过来。

爸爸教冬冬滚球规则。

她跟着学了两次, 知道把球滚回来了。

家家、伯伯和婆婆

前些时, 冬冬叫"家家", 发音为 [tɕia tɕia]; 近日叫成 [kʌ-kʌ]。

冬冬没有学会"伯伯""婆婆", 可能和这两个词的元音都是 [o] 有关。

1986-4-23

追新求奇

冬冬走路不喜平, 追求坑洼的刺激。

上凳子, 爬高, 成了她最大的乐趣。

站在镜子前跳舞, 前后左右移动身子。

只要脱光衣服, 就去抠肚脐眼儿, 其乐无穷。

手势语的特点

爸爸拿红霉素眼膏。冬冬夺过来, 放在桌上。又指指杯子, 拉拉爸爸的手。她渴了, 让爸爸倒水喝。

是的, 夺走爸爸手里的物件, 腾空爸爸的手, 爸爸才能去倒水。程序太周密了吧?

冬冬手势语的语序, 并不固定, 但有个明显倾向: 最先指目的物。如要坐椅子, 就先指椅子; 要上床, 就先指床; 要吃水果, 就先指放水果的抽屉。

最有趣的是, 她自己要拿东西, 就用一只手, 指自己的另一只手。这是什么表达方式?

1986-4-24

认识爸爸的自行车

我家的自行车，通身鲜红，在车群中相当显眼。

爸爸问："冬冬，哪是爸爸的车？"

她一下就指对了。后来，又问过几次，都能指出来。

小狗

一只小白狗，在医院门口的草坪上跑来跑去。

爸爸指给冬冬看，并学着狗的叫声"汪汪——，汪汪——"。

她大笑，颠儿颠儿地跟在狗后面跑。

小狗跑远了。

她哭叫着扬起右手，向狗跑去的方向频频招手。

1986-4-25

床上天地

爸爸把书桌紧靠在床边，自己写论文、备课、批改作业，让冬冬在床上玩耍。

虽如此，还是怕她从床上掉下来，于是移动桌椅把床围起来。大床成了冬冬最重要的活动场所，有时能一连玩两个小时。

冬冬翻跟头。大多翻成 90 度左右。也有几次，能翻成 180 度的。

窗外，忽然传来飞机的轰鸣声，她急急扑向爸爸，把头藏起来。

铅笔争夺战

十个月的灿灿，握东西很紧。与冬冬争夺铅笔，冬冬用两只手都夺不过来，气得连跺脚带哭叫。

冬冬用手势语让爸爸帮忙。

爸爸鼓励她继续争夺。

灿灿的爸爸过来了，分散了灿灿的注意力。冬冬趁机夺过铅笔，躲进爸爸怀里。爸爸的怀抱是保护伞，让她离开，推都推不走。

1986-4-26

边玩边说

冬冬一边玩保温瓶外壳，一边"呀呀"，其语调如同陈述句，但听不懂。

她对着镜中的自己"咿咿呀呀"。

她抓凳子上的米花，边吃边咂嚼，做"香香"状[1]，或"咿呀"有声。

疑问句之始

果丹皮掉地上了。

爸爸怕她捡起来再吃，急忙捡起来扔到一边。

她环顾左右，找不到刚掉地上的果丹皮，就[ŋ]了一声，语调上扬，似问"这是怎么回事？"

只用声调表示疑问，应该是疑问句之始。

一手抓，一手放

冬冬一手抓一把米花。

爸爸让她把米花放入杯子里。她先把右手的米花放进去，再放左手的。

可见，她的左右手可以抓握分工，神经可以分别指挥。

爸爸又拿一根香蕉，放在桌子上。

---

[1] 香香状：吃东西时，嘴巴咀嚼发出声音，或故意发出声音，表示东西很好吃。

冬冬扔掉右手的米花，左手去抓桌子上的香蕉。这一扔一抓，几乎是同时完成的。

自己站上凳子

冬冬一手扶墙，独自上了三阶楼梯。

她想坐到小凳子上，坐不上去，让爸爸帮忙拉一把。坐上了，又下来。这次不让爸爸帮忙，折腾了好大会儿，终于靠自己的努力坐了上去。

坐上小凳子，并不是最终目标，还想站到凳子上。她跷上一条腿，放到凳子上，又蜷起另一条腿，双手扶着沙发，再蜷腿收脚，慢慢起身，稳稳地站在了凳子上。

"周瑜打黄盖"

父女俩做游戏。

爸爸扬起巴掌，要打她的屁屁，她笑嘻嘻地把屁股伸过来。

爸爸用"周瑜打黄盖"来命名这个动作。

后来，只要爸爸一说"周瑜打黄盖"，她就主动把屁股伸出来。有时，她面对着爸爸，立马撅起小屁股。发现方向错了，还转身调过来。

"再见"的游戏

冬冬将保温瓶挎在左肘上，向门口走去。

一边走，一边很有风度地扬起右手，口说"bye-bye"。反复多次。

"没有"

冬冬在衣柜里摸索。

爸爸问："摸着了吗？"

冬冬回答："没有——"

"没有"的语调上弯、拖腔，似问句的语调。

追鸡，辨颜色

院子里，放养着黑色、黄色和白色的鸡。

爸爸让她追黑色的鸡，她便追黑鸡；让她追黄色的，她就追黄鸡；让她追白鸡，她就追白鸡。

她能分清"黑、黄、白"三种颜色吗？

左右手的运用

她骑在爸爸的脖子上。爸爸让她指左边的东西，她用左手；让她指右边的东西，她用右手；让指前面的东西，她两只手同时向前指。

爸爸拉着她的右手，又让她指东西。不管左边右边的，她只能用左手指。不过，还都指对了。

1986-4-27

桌下的玩耍

冬冬自言自语现象，比过去更多。

她钻桌子下，在钢腿交叉处玩耍。

动作自如而娴熟，没有摔一次跤。

1986-4-28

发"奶奶"音

冬冬用卷舌音，叫"奶奶"。

估计，这仍是无意义的音节。

学说"笔"

冬冬最喜欢玩铅笔。

爸爸教她发"笔"音。第一次，发成 [mi]；第二次，发音就正确了。

腿力加强了

过去，冬冬想从坐着的凳子上站起来，就主动拉一下大人的手，作为助力。

今天，她可以自如地坐上小凳子。

不想坐了，双腿一蹬，轻松地站在地上。

吓人的腔调

她瞪大眼睛，用 [m] 拖腔吓人。

爸爸故意跑开。

冬冬跟在爸爸身后，边撵边 [m]、[m] 叫着，活似一只小野兽。

吹瓶子

爸爸拿瓶子，嘴巴对着瓶子口，吹出动听的曲调。

冬冬抢过瓶子，也对着瓶口吹。

吹不响瓶子，干脆用自己的嘴巴发音。

1986-4-29

喜欢交际

冬冬用勺子，从杯子里掏米花吃。用勺子的技术，大有提高。

下午，整个门洞儿的孩子们，都来找冬冬玩。她很高兴，一下午都没哭没闹。

1986-4-30

会说"来"

爸爸带冬冬乘上火车，去当阳看治病的妈妈。同行的，还有一个家住当阳的学生。

爸爸数香蕉，她也跟着用食指点数，口称"一、一、一"。

她要东西，频频招手，口叫"来、来"，发音为 [lai] 或 [nai]。

妈妈变成了阿姨

妈妈治病，住在当阳县水产局招待所。

爸爸等三个人进房间，映入眼帘的，是躺在床上面容憔悴的妈妈。

冬冬盯着妈妈，既非见到生人那样认生，又非平时见到妈妈那样亲昵地扑上去撒娇。

爸爸把她往妈妈跟前推，对她说："叫妈妈，叫妈妈！"

她连连后退。过了好大一会儿，依然怯生生地偎在爸爸怀里。

姐姐从外面回来，大叫一声"冬冬"，她听而不闻。

房东艾芙英阿姨闻讯走过来了。

爸爸让冬冬叫"阿姨"，冬冬很听话地叫了一声"阿姨"。

爸爸问："冬冬，谁是阿姨？"

冬冬指指艾阿姨，指指妈妈，又指指姐姐。

十八天的时光，朝夕相处的妈妈和姐姐，在记忆中都模糊了，她们都变成了"阿姨"。

妈妈再次拉她，想把她拥进怀抱里，她吓得连连后退。

土法治疗类风湿

当阳的土法治疗：在关节疼痛处，涂一种混合着各种草药的泥巴，打上绷带。

十二个小时后，取下绷带和泥巴，患处红肿起泡。水泡逐渐长大，串成一个整体大泡，手脖上脚脖上，如同戴了个瓷碗大小的镯子，里面充盈着颤颤的积液。第八天，用针戳破大泡，流出淡黄色的液体，据说，流出来扯着粘条的液体，是关节中的炎症。水流后，剪去水泡的皮，露出鲜红的嫩肉，涂上四环素药膏，撒上消炎粉，打上绷带，隔一天换一次药，需八天愈合。

一个关节疗程是十五天，被总结为七疼八痒。前七天，疼得寝食难安，但不能服用止疼药。第八天剪皮后，进入奇痒的阶段。既不能挠，又不能用治过敏的止痒药。疼痛可以忍受，钻心的奇痒，却让妈妈几次近乎休克。

按照常规，一个疗程，只治疗两个关节。为缩短治疗日期，在爸爸陪同时段，一次治疗四个关节，两个肘关节和两个踝关节。

冬冬看着缠着绷带的怪腿，皱着眉头，不停地摆手，好像在说，"不要这样！怎么是这样？"

血浓于水。仅仅一个小时，冬冬和姐姐、妈妈，很快亲热如初。晚上，姐姐带冬冬到楼上睡觉，爸爸护理妈妈。

1986-5-1

"看狗、来"

楼上的住户，喂了条狼狗。

冬冬连说两遍"看狗"，又连说了四次"狗"。

小狗跑掉了，她又叫"来！""来"的发音仍为 [lai] 或 [nai]。

学打拳

冬冬和房东艾阿姨一家，很快就熟识了。

姐姐教冬冬打拳。

冬冬学着姐姐的模样：躬背前倾扎马步，胳膊伸直向前，食指和拇指分开，与姐姐一替一下地对打，瞪圆双眼，步步紧逼。

但冬冬的胳膊和脚步，是一直向前冲的，还不会做收回来再出拳的动作。

bye-bye

《三国演义》中，赵子龙大战长坂坡的故事，就发生在湖北当阳。妈妈治病居住的水产局，就在长坂坡下。

爸爸带冬冬到赵子龙塑像前：赵子龙骑一匹乌马，手执长矛，叱咤风云，十分威武。冬冬指着雕塑，狂叫不止，兴奋异常。

离开雕像，冬冬频频向赵子龙挥手，连连说"bye-bye"，发音为 [pa-pa] 或 [pai-pai]。

1986-5-2

妈妈咪咪与爸爸比比

冬冬把"妈妈"叫"妈妈咪咪"（[mA-mA-mi-mi]），把"爸爸"叫"爸爸比比"（[pA-pA-pi-pi]）。有时候，自言自语也是"妈妈咪咪""爸爸比比"。

爸爸的名字

之前，冬冬把爸爸名字的最后一个"明"字，重叠为"明明"。这两天，把爸爸名字叫成 [vi]，简化得也太离谱了。

清晰的"没有"

爸爸问："冬冬，你的乒乓球球呢？"

冬冬左顾右盼，寻找不到，多次说"没有"。语尾上升，拖长，不再是疑问语调。这是一个进步。

退着走的尝试

冬冬盯着姐姐，一步步后退，能倒退着走两三米。把退着走，当成一种游戏。

不远处，有个小木凳子，冬冬想坐上去。她步步后退到小凳子前，双腿靠紧凳子，两手按着凳面，慢慢坐下。

1986-5-3

爬台阶

门前有三层台阶。

冬冬从台阶的最下层，手脚并用，爬到最上面。

她站起身，兴奋地连连鼓掌，自我表扬。

绕过泥水坑

院子里有个泥水坑，一群小朋友在泥水坑对面做游戏，冬冬想跟他们一起玩。

过去，冬冬只走直线，从不看路。今天，她转了半个圈，绕过泥水坑，跑了过去。

避开危险和障碍，体现幼儿的观察力和辨别力。

喊"二妮"

父母常叫姐姐的乳名"二妮"。冬冬听的次数多了，知道姐姐叫"二妮"。

妈妈喊"二妮"，冬冬跟着叫"二妮"。

音色不太准，但可听出是"二妮"的音。

1986-5-4

"不滚"

艾芳是艾阿姨家的小女儿，正上小学三年级。

冬冬同她疯着玩，连笑带嚷。

艾阿姨正睡午觉，大声斥责女儿"滚出去"。

冬冬接话茬儿，说："不滚！"

"不贱了"

冬冬调皮地把桌上的东西，一件件扔到地下。

姐姐用手指着她，问："冬冬，想挨揍是吧？还贱[1]不？"

冬冬回答说："不贱了。"

姐姐问了五次，冬冬回答了五次。

冬冬正习得"不＋动词"的句法结构。虽会说的动词不多，但不妨碍"不＋动词"的语法结构发展。由此可见，语法结构的习得，似乎不完全依赖于词汇量的多少。

"这 [pei]"

冬冬找到某物时，用手指给你看，并说："这 [pei][2]！"

关门拒人

她不愿意让某人进房间，听其声，忙跑去关门。

在武汉，她会关门和开门。但关门拒人，这是第一次。

---

[1] 贱：河南泌阳方言，指不停地到处乱摸、乱摆弄的行为。

[2] [pei]: 河南泌阳方言，读音如"背"，"不是"的合音。相当于"这不是吗？"

模仿捉蚊子

水产局四周都是水塘，蚊子成群结队。

妈妈怕蚊子，冬冬更怕蚊子。听见蚊子的"嗡嗡"响声，大人伸开两手，望空中飞翔的蚊子拍一下，十之八九能打死蚊子。

冬冬模仿捉蚊子。不管有没有蚊子，都伸开双手，拍得"啪啪"作响。

1986-5-5

跟小朋友一起玩

招待所，一个房间挨一个房间。

小朋友们依次敲门，冬冬也跟着敲门。

小朋友扒着窗台跳上跳下。她个头太矮，扒不着窗台，但仿其动作，跳来跳去。

小朋友用钉子划墙，一边划一边沿着墙根跑。她手中没有钉子，一边用手指触墙，一边跟着跑。

吹树叶

姐姐摘取一片树叶，放在口中，发出"啾啾"的响声。

冬冬要过树叶，也模仿姐姐吹，吹不响，就用牙齿咬。

失败了几次后，等姐姐再伸手摘到树叶，她夺过来，扔到地上。

自己吹不响，也不让姐姐吹。

姜

菜篮里放着姜、蒜苗和小青菜。

冬冬把青菜，从篮子里拣出来放进去，玩得津津有味。

妈妈说："冬冬，把姜拣出来！"

她拣出了全部姜块儿。又在篮子里扒拉，看是否全部拣了出来。

她认识了姜。

坐椅子，求姐姐帮助

椅子太高，大人坐上去都有些吃力。

冬冬想坐椅子，尝试几次，都坐不上去。此时，她使用两种手势语：

其一：眼睛看着姐姐，拍拍自己的膝盖和屁股，表示自己要坐在椅子上。

其二：拉拉姐姐的手，拍姐姐屁股，求姐姐帮自己坐上椅子。

1986-5-6

模仿

爸爸说"藕"，她模仿说"藕"。

大人的发音，她多数模仿得很像，有时相差甚远。

她还模仿动作行为。

一个工人，在台阶旁擤鼻涕。

冬冬也捏鼻弯腰，站在台阶边，发出极响的"哼哼"声，模仿得惟妙惟肖。

模仿，是儿童成长的重要手段。

模仿挽袖子

艾阿姨下水塘工作，穿着高至腰下的橡胶裤，袖子挽得老高。

冬冬多次模仿艾阿姨的挽袖动作。

艾阿姨看见，觉得很有趣。此后，她只要看见冬冬，就夸张地做挽袖子动作。

冬冬也不让阿姨失望，马上跟着学挽袖子。

有水，就要洗屁屁

艾阿姨送来几条活蹦乱跳的小鱼苗。爸爸用半盆清水，把小鱼养起来。

冬冬蹲在盆边，以手击水，水花四溅。她蘸水抹到脸上，做洗脸状。后来，又将水撩到盆外面，把屁股调过去，再用手往身后摸索。原来是模仿洗屁屁的动作。

洗屁屁，是每晚必修课。都是大人给她洗，却从未教过她。

1986-5-7

自编儿歌："妈妈咪，爸爸比"

早上，冬冬洗了脸。妈妈让她用面霜"抹抹"脸。

她也连说两遍 [mo-mo]。

姐姐抱冬冬上床。让她跟妈妈一起玩儿。

妈妈说："冬冬，爬过来，爬到妈妈这儿来！"

她边爬边说 [pʰA-pʰA]，有时说成 [pA-pA] 或 [mA-mA]。

冬冬坐在妈妈身边，摸摸妈妈的脸，揪揪妈妈的耳朵，扯着长音，节奏感很强地唱"妈妈咪"[mA-mA-mi] 和 "爸爸比"[pA-pA-bi]，把妈妈和爸爸编成歌，唱了又唱，很是动听。

"妈妈咪，爸爸比"，是冬冬作词作曲、大人也能听得懂的第一首儿歌。五天前，冬冬曾有"妈妈咪咪，爸爸比比"的创造，今天的 "妈妈咪，爸爸比"，是那一创造的简化和定型。

狼狗

冬冬一溜儿小跑，追赶着邻家的大狼狗。

边跑边呼唤"狗，狗"，还仿其"汪、汪"的叫声。

她还两手前伸，一耸一耸地点头，模仿狗走路的姿势。

藏猫猫

捉迷藏，口语叫藏猫猫或躲猫猫。

冬冬把自己先藏在蚊帐中，不时地伸出头来，"猫"地叫一声。

这是捉迷藏时，隐藏的人发现别人找不到，故意叫一声"猫"，然后再赶快藏起来。

"猫"的发音不准，有点像小牛的叫声。

这些词语，都是指的自己

妈妈问："冬冬是谁？"

冬冬拍拍自己的肚子。

妈妈问："宝宝是谁？"

她拍拍自己的肚子。

妈妈又问："娃娃是谁？"

她再拍拍自己的肚子。

妈妈再问："乖孩子呢？"

她笑了，更加得意地拍着肚子。

1986-5-8

"妈妈"

门前，有一堆儿炉渣。

冬冬把炉渣抓起来，一堆儿一堆儿地丢在台阶上，玩得津津有味。

艾阿姨下班回来，把冬冬抱上窗台，隔着玻璃窗看室内。

冬冬看见了躺在床上的妈妈，连叫："妈妈！妈妈！"

"擤"和"姓"

姐姐问冬冬："冬冬，你姓啥？"

冬冬急忙捏鼻，做擤鼻涕状。

在河南泌阳话中，"姓""擤"同音，都是上声字。冬冬以为姐姐让她表演"擤鼻涕"。

姐姐说，不是擤鼻涕，是姓什么？冬冬，你姓李。

姐姐再问："冬冬，你姓啥？"

冬冬答："呜李！"[1]

夹子丢洞里了

冬冬拿夹子在门外玩。回到家，手中没有了夹子。

姐姐问："冬冬，你把夹子丢哪儿了？"

她拉着姐姐的手，到门口的小洞旁，用食指指着洞口。

姐姐伸手一掏，夹子果然在洞子里。

1986-5-9

第二首儿歌——"不要不要嘛"

凡表否定，冬冬都一边摇头，一边说"不要"。

更多的时候，喃喃自语，扯着长腔唱"不要不要嘛"。

"不要不要嘛"，这是冬冬的第二首儿歌。一个多月前，就发现冬冬爱说"不要不要不要嘛"，这第二首儿歌，是"不要不要不要嘛"的简化与定型。

---

[1] 音为[u-li]。

哪个部位受惩罚了

冬冬受了批评或挨了"打"，有时皱眉头，表示气愤，有时干脆大哭大叫。

最有趣的，她会把受惩罚的部位，告诉妈妈：小手被打了，她指小手；屁股挨了打，她掉过来屁股，用手拍拍。

1986-5-10

拾回羽毛球拍

羽毛球拍，掉在台阶下。

冬冬跑到台阶一头，扶墙而下，拾回羽毛球拍。

学公鸡叫

冬冬会学母鸡叫，发 [kʌ] 音。

爸爸学公鸡叫，发音为 [kou-kou]。

她不会，瞪大眼睛看着爸爸。

在大家督促下，她用力撮起嘴巴，但却无声音。她努力变换口形，蠕动嘴唇好大一会儿，猛地发出了 [kou-kou] 声。

有了第一次发音突破，再学 [kou-kou] 鸡鸣，方便多了。

时间和手表的关系

晚上九点，冬冬玩兴正浓。

姐姐说："冬冬，赶快睡吧，你知道几点钟了吗？"

她挽起袖子，看自己的手脖儿，又扒着看姐姐的手表，说"八"。

虽然时间说得不对，但拉手腕、看手表、说时间，似乎表明她知道了三者之间的相互关系。

1986-5-11

模仿瘸腿狗

一条瘸腿小狗，一蹦一跳在院子里走。

冬冬趴在地下，双手和左腿挨地，跷起右腿，慢慢移动，模仿瘸腿狗走路。

上下楼梯

水产局的楼，上下两层有四十四个阶梯。

冬冬扶着楼梯边的钢筋栏杆，上上下下来回跑了三趟，劲头儿十足。

叫声与动物

冬冬看到动物，立即能模仿它们的叫声。

姐姐说出动物名称，冬冬也能模仿相应动物的叫声。

姐姐说"鸡"，冬冬便发 [kʌ]。

姐姐说"狗"，冬冬模仿小狗"汪汪"叫。

姐姐说"毛驴"，冬冬就学驴叫，发音为 [aŋ-aŋ]。

1986-5-12

回答"不吃了"

冬冬吃了两口油条，放下，开始玩起来。

姐姐问："冬冬，还吃不？"

"不吃了！"冬冬拖着长腔回答。

姐姐重复发问："冬冬，还吃不？"

"不吃了！"冬冬又一次回答。

这次回答，她没有拖腔，发音清晰。

她已掌握"不 +V"的结构，能在答话中灵活填词。

这是语法的力量！

佯睡

让冬冬闭上眼，躺在床上玩，她常以哭闹来抗议。

姐姐说，来，咱们骗爸爸，装作睡着了，好不好？

冬冬点点头，便乖乖躺下，闭上眼睛。

姐姐手拍冬冬臀部，伴之哄她入睡的"噢噢"声。冬冬笑眯眯地，一动不动，做出睡熟的模样。

4 月 12 日，冬冬学会佯哭，今天学会佯睡。

她正逐渐把事实同游戏分离开。

自己舀水喝

冬冬渴了，自己拿勺子，从碗里舀水喝。

她看到大家赞许的目光，脸一扭，甜甜地偷笑。

姐姐又问她："还喝不？"

冬冬答："喝。"

姐姐又倒水，她果真又喝完了。

擤鼻涕

前几天，冬冬学会了擤鼻涕：装模作样地捏着鼻子，拧一把，甩一下。

今天，她做了擤鼻涕、甩地下的常规动作后，拇指和食指又拨捻几下，像真的有鼻涕，黏糊糊地粘在手指上，怎么甩都甩不干净。

马驴不分

赵子龙战马的塑像，勾头扬蹄，似有万钧之力。

冬冬见雕塑，忙学驴的叫声。

1986-5-13

应答"好"

到邻居家玩。离开时，冬冬跟邻居频频招手再见。

主人说："明天还来玩，好吗？"

冬冬答："好！"

"好"的语调是高降。这应答，也许是偶然现象。

"蚂蚁撼大树"

冬冬双手搂着爸爸的脖子，使劲往下坠。然后再奋力挣开，仰面倒在床上。

小不点儿，想扳弯大人脖子，从形象或实力，都可用"蚂蚁撼大树"来形容。

爸爸以此命名这一游戏，反复让冬冬用力扳爸爸脖子，松手，倒下。

几遍之后，爸爸一说"蚂蚁撼大树"，她便双手搂紧爸爸脖子，然后再用力撑开。

脸盆

洗脸盆里，不管有没有水，冬冬总做洗脸状。

有时双脚踏进去，坐进盆子里，做洗澡的游戏。

晚上给她洗脸，她又往身后撩水。发现水珠溅到了身上，高兴得直笑。

1986-5-14

敢撵不敢摸

冬冬喜欢围着狗狗转。狗跑了，她大叫大喊，穷追不舍。

今天，大狼狗一下楼，就照直朝冬冬跑来。她一脸惊慌，紧缩着身子，步步后退。

大狼狗停下来。姐姐拿她的小手去摸狗狗。她极力挣扎，藏在姐姐身后，双手紧张地握在一起。

院子里成群结队的小鸡，欢快地觅食。

冬冬下了台阶跑过去，叽叽嘎嘎地笑着去追逐鸡群。

主人捉一只小鸡，让冬冬抱着。她吓得双手下垂，连忙把脸扭一边去。

冬冬敢撵不敢摸，不怕玩具，却怕活物，原因何在？

把纸片丢在室外

冬冬在室内撕几片纸，跑到门外，丢在台阶下边。来回多次，以此为乐。

这是她模仿大人把废物丢出去的动作。

"锅、唱歌"

早餐，锅里的疙瘩汤，飘着几片黄黄的鸡蛋花。

冬冬脱口而出"锅"。

爸爸再让她说"锅"时，却说不出来了。

电视里播放歌曲。

冬冬脱口而出"唱歌"，音色不太标准，但可听出是这两个字。

脱口而出，是幼儿语言发展中，一种很有趣的现象。

说"姜"

冬冬喜欢玩菜篮里的姜块儿。

妈妈教她说"姜"，她发音为 [naŋ]，数次皆然。

1986-5-15

"鸡"及其叫声

晨起，冬冬脱口说出"鸡"。

接着又模仿母鸡下蛋的叫声 [kʌ]，模仿公鸡 [kou-kou] 的打鸣声。

父女俩在院子里散步。冬冬让爸爸捉鸡子。

爸爸说："你说个'鸡'，我就给你捉！"

冬冬说："鸡。"

"驴、马"之辩

（1岁5个月 1986-5-16—1986-6-15）

我的花裤裤（1986年5月）

1986-5-16

拟音

冬冬张大嘴巴，咬爸爸的肚皮、胳膊等位置，伴随着"啊呜"（[a-u]）的声音。"啊呜"是"咬人"的拟音。

有时，很随意地往空中捏一下，放到自己或者他人嘴里，然后双唇"吧嗒、吧嗒"，做吃得香甜状。

模仿换药

冬冬多次目睹医生给妈妈换药。

她也模仿医生换药：从提包里拿出药棉，在妈妈胳膊上擦来擦去。擦几下，扔掉。再拿药棉去擦。

羞人

姐姐做示范，教冬冬羞人。

她用右手食指，在脸上划几下，模仿得惟妙惟肖。

黄瓜

冬冬吃黄瓜。

爸爸应景施教，教冬冬说"瓜"。

冬冬跟着说"瓜"，发音还准确。

打鼻子眼儿

冬冬学"打鼻子眼儿"。

她一只手摸着鼻尖，伸出另一只手，让姐姐"打"。

姐姐叫什么，她就指什么。

姐姐发指令和冬冬的实施，还不能同步，比姐姐说的慢半拍儿。

1986-5-17

发不好"冬冬"的音

爸爸教她说自己的乳名"冬冬"。她竟然发音为"狗狗"。

"冬冬"的声音，她听得最多，也知道自己叫"冬冬"，但却发不好此音。

听明白，未必能说对。

洗衣变成了洗澡

冬冬学习跨越障碍物，很利索地从姐姐的拖鞋上跨过去。

冬冬又跟姐姐学洗衣服。她掂掂这件衣服，放进盆里，又去搓搓那件衣服。

洗着洗着，忘了自己是洗衣服，用衣服做毛巾，在自己的脸上、身上、屁股上乱擦，足足玩了半个多小时。

没有"未来"意识

①冬冬伸开双臂，让正盛饭的姐姐抱她。

姐姐说："别慌，把饭盛到碗里，就抱你！"

她仍然不依不饶地哭叫。

②姐姐出门，冬冬追上去，抱着姐姐腿不放。

姐姐说："我到厨房，看一下，马上回来。"

她不同意，就是抱着腿不放。

这两件事情也许说明，冬冬只知当下，不能谈论"未来"，还没有"未来"意识。

1986-5-18

黄瓜的刺

吃黄瓜。

冬冬的小，妈妈的大。她要和妈妈交换黄瓜。

黄瓜上有刺。

她用手摸摸黄瓜上的小刺，又用黄瓜碰碰妈妈的脸儿。吃到黄瓜的"把儿"上，没有刺儿了，小手摸来摸去，好奇地"哎"了一声。

"哎"，语调上扬，表示疑问。

抱胳膊，也可做游戏

躺在床上的妈妈，用一条胳膊，让冬冬做"蚂蚁撼大树"的游戏。

妈妈说"抱"，冬冬没敢用力，象征性地抱起妈妈的胳膊。妈妈说"放"，她立即松开小手。

1986-5-19

爸爸回武汉

爸爸来当阳陪妈妈，请了二十天的假，今天须回武汉。

爸爸抱着冬冬，姐姐跟在身后，一直送到公共汽车站。

爸爸上汽车。冬冬跟爸爸频频招手再见。

汽车离去，尘烟变淡，冬冬还在招手……

"辣"

冬冬捏着鸡蛋壳，往口中放。

姐姐说："快吐，卡住了。"

她忙往外吐，说："辣！"

其实，蛋壳与辣味无关。

给医生帮忙

冬冬不只是用哭闹宣泄情绪，她还有了另类表情达意的方式——生气。

医生给妈妈换药，用镊子夹一块儿消炎药棉，在胳膊伤口处蘸来蘸去。

此时，冬冬在地上捡到一段铁皮，对准纱布未缠严实的地方，扎了一下，想给医生帮个忙。

妈妈责备她："你怎么用铁皮扎妈妈？疼不疼？"

医生接着话茬儿，说了两句不让冬冬扎妈妈的话。

冬冬一声也不吭，退到一个角落里，低垂着眼睛。她生气了。

椅子上的"功夫"

冬冬上椅子的过程，完全像在玩杂技。

她站在椅子旁，左腿一翘，蹬上椅子面。再紧握椅子两边的扶手，右腿蜷上去，稳稳地蹲在椅子上。然后伸直身子，松开双手站起来，看看妈妈，又看看姐姐，满脸得意地笑。站稳后，像个调皮的小猴子，双手摇动椅子……站立一会儿，摇动一会儿，两者交替进行。

姐姐担心，让她下来，她不听。姐姐硬把她抱下来，放在地上。刚转身，她又麻利地爬上了椅子。

冬冬手语讲述"人狗大战"

家住当阳的学生，送来一只活母鸡，让妈妈补身子。此时正是伤口愈合期，不能吃"发"物，暂把鸡子拴到院里的椅子腿上。

大狼狗拖着长长的铁锁链，从楼上跑下来，一眼发现鸡子，蹿跳着照直扑上来。鸡子狂叫，扑棱着翅膀拼命挣扎。

姐姐抱起冬冬，疾步跑出去。撵跑大狼狗，掂起母鸡回卧室。

姐俩刚走到门口，听见身后有"哈哧哈哧"的喘息声。大狼狗跟过来了，姐姐转身去撵。

大狼狗舍不得美味鸡，围着姐姐转圈圈。狗脖里拖着的铁锁链，一圈圈缠绕到姐姐的脚脖上……

姐姐一手抱冬冬，一手掂母鸡，又蹦又跳，但无法摆脱越勒越紧的铁链子。

冬冬吓得"嗷嗷"大哭。

闻声赶来的狗主人，一脚踩住了狗链子，这才制止了大狼狗疯狂的转圈圈。

姐姐的裤腿，被撕扯出几个大口子，脚脖上蹭掉几块皮，渗出一大片血渍。姐姐跟妈妈叙述"人狗大战"的惊险场面。惊魂未定，语言断断续续，颤颤抖抖。

冬冬眼睛瞪得圆溜溜的，连连指姐姐的裤腿，对着妈妈"啊、啊"地述说。

妈妈说："你是说，狗链子缠着姐姐的腿了？"

她又指指外面。

妈妈说："在外面，大狼狗缠的。是不是？"

她连连点头，又指指缩在床下簌簌发抖的老母鸡。

妈妈说："大狼狗要咬小鸡？"

她点点头，小脸激动得绯红，眼神灼灼，指说了一遍，再说一遍。

妈妈笑了："别说了，好不好？冬冬，妈妈知道了。你怎么变成啰唆嘴子了！"

她只管说，只管指。指这指那地反复了四次。

邻居婆婆过来了，冬冬跟婆婆指说了两遍。正下水作业的艾阿姨，闻讯急急赶过来，冬冬又重复地说指一遍。直至大家转移了话题，她这才算罢休。

这件"惊天动地"的大事，让冬冬激动不已。

晚饭的委屈

晚饭时，艾阿姨喂她吃饭菜。菜掉到地上。

在场的人笑了。

冬冬低垂下眼睛，谁也不看。不管谁喊她的名字，她都不吭声。

大人们笑得更厉害。

艾阿姨说："哟，生气了，可别哭了！"

冬冬"哇"地放声大哭。

姐姐抱着悠着，哄了很长时间才平静下来。

1986-5-20

"虾、阿信"

艾阿姨送来活蹦乱跳的小虾米。

虾米在水盆里游来游去，冬冬学会说"虾"。

电视正播放日版电视连续剧《阿信》。

她指着电视，叫"阿信"的名字，发音较准。

爸爸去哪儿了

姐姐说："冬冬，叫爸爸去。"

"明明[1]！明明！"她连叫爸爸的名字，跑到床前，掀起蚊帐，看里面空空的，自语说，"没有哇！"

姐姐又问："爸爸呢？"

她指外面，意思是爸爸出去了。

1986-5-21

吃东西，自己优先

①姐姐削个苹果，递给冬冬，说："去，把苹果给妈妈。"

---

[1] 发音为[mi-mi]。

411

她拿着苹果，自己吃起来。

姐姐又削好了一个苹果，让她送给妈妈。

她把自己吃过的半个苹果，递给妈妈，自己吃那个完整的。

②姐姐递给冬冬和妈妈每人一根黄瓜。

她伸手要过妈妈的黄瓜，咬一大口，还给妈妈，接着再吃她自己的。

"哟？"

冬冬趴在水塘边的石头上，看水波荡漾中太阳的倒影。

抬头，忽然发现正在低空飞行的大飞机，惊奇地"哟？"了一声。

"哟"，曲折调，是只有一个语气词的疑问句，是冬冬的第三个疑问句。

和小姐姐的互动

①艾芳在前面跑，左躲右闪，不让追赶她的冬冬抓到。

冬冬毫不示弱地追逐，还真有几次，捉到了小姐姐。

②艾芳双脚跳起，跑两步跳一下。

冬冬也模仿跳的动作。但她双脚跳不起来，只能单脚跳。

表演"扭扭"

艾阿姨说："冬冬，扭扭！"

冬冬双手抱在胸前，交替耸动双肩，但还不会带动双胯。

1986-5-22

"谁呀？"

冬冬听见门外有响声，扯高嗓门问："谁呀？"

这是冬冬的第一个特指问，第四个疑问句。

爸爸来信

爸爸来信了。

姐姐抱冬冬去取爸爸的信。

冬冬说："明明来！"

"婆婆"

教冬冬说"婆婆"。

她盯着姐姐的口形，小嘴撮起来，很认真地学。

两次发成了"窝窝"，两次发成了"狗狗"，最后终于发成了"婆婆"。

"蜜蜂"

蜂乳精袋子上，有蜜蜂的图案。

姐姐指着图案，让冬冬说"蜜蜂"。

冬冬一下子就学会了，发音较准确。

怎样跌跤的

冬冬经常在上下石阶时摔跟头。今天这一跤，跌得很实在，额头上磕出一个小坑儿。

妈妈问："冬冬，告诉妈妈，你咋扳倒[1]的？"

她把身子和头，向一边歪过去。意思说，就这样扳倒的。

下椅子的两种方式

端坐在椅子上，伸脚挨地，稳稳站起来。

站在椅子上，转身脸朝椅子背。双手抓牢靠背，先下一条腿，脚丫放平，

---

[1] 扳倒：河南方言，即跌跤。

再下另一条腿。

1986-5-23

"弟弟、饱"

①冬冬自发喊"弟弟"，声音低沉。发音很准。

②姐姐问："冬冬，吃饱了不？"

冬冬回答说"饱呀"，发音清晰。

但姐姐让她再次说"饱呀"时，她发成"[mau] 呀"。

指鹿为马

姐姐带冬冬上街买菜，认识了拉菜车的马。

回到住处，姐姐剪下蚊烟盒上的小鹿头，让冬冬认。

冬冬指着小鹿头说："马，马！"

姐姐纠正："这不是马，是小鹿！"

冬冬却一直说"马，马"。

"鱼"的坚持

盼盼是个一岁的男孩。姐姐带着冬冬到盼盼家玩。

盼盼家里挂着"鲤鱼跳龙门"的年画。盼盼妈指着年画，说："盼盼，看鱼，快看鱼！"

冬冬跑过去，用身子挡着那幅画。

大人们逗冬冬，说："挡着也没用，还能看见，那不，鱼！"

冬冬转过身，双手捂着画中的鱼，像是不让人看。

盼盼发了一声"巨"（[tɕy]），与"鱼"音近。

冬冬往盼盼跟前跨一步，像是纠正盼盼的发音，笑着说："鱼。"

其实，她发音也不准。说"鱼"像 [i]。

盼盼又说"巨"，大约他知道是鱼，但发不准"鱼"的音。

冬冬又往前走一点，坚持说："鱼！"

两个小不点儿兴高采烈地进行着"鱼、巨"之对，一替一下，六个回合。

在场的大人们，都笑得前仰后合。

也要刷牙

六天前，冬冬见大人刷牙，她就伸长舌头。

这两天，她只要看见牙刷，就拿过来放进口中，来回拉几下。牙刷一进口，舌头就伸出来。她可以在口中让牙刷来回拉动，却不知舌头该放在何处。

姐姐模仿她伸舌头的模样，说这是坏毛病。

冬冬笑眯眯的，一次再次地做伸舌头怪相。

早上，艾阿姨家的儿子老三，在台阶处刷牙，满嘴巴白沫。

冬冬闹着，非要老三的牙刷不可。

姐姐说，不能要，那是哥哥的牙刷。等吃完饭，咱上街去买。你说说，你要牙刷干什么？

冬冬把手指放在口里，学着大人刷牙的样子，有板有眼地来回拉了几次。

1986-5-24

"玩哩"

凌晨，姐姐伸手摸不到冬冬，急忙坐起来。

原来冬冬正坐在床边，玩弄自己的两只脚丫子。

姐姐说："冬冬，你干什么呀！"

她笑模笑样儿地回答："玩哩！"

发音很清楚。

喜欢打赤脚

每次给冬冬穿鞋，她总又喊又叫，奋力挣扎。乘大人不备，脱掉鞋子便跑。边跑边笑，还时不时回头，挑衅地看你一眼。

假如同意她打赤脚走一会儿，她会高兴得手舞足蹈，然后抬起黑黑的脚底板，笑嘻嘻地让大人看看。

"驴、马"之辩

在武汉的家里，有一匹玩具小马，大人多次跟冬冬做过跟"马"相关的游戏，冬冬对"马"印象深刻。

昨天在街上，她一眼就认出了拉车的是"马"。回来后，姐姐教给她看图片"小鹿"，她不认可，一直坚持说"马，马"。

姐姐带她上街，路边停靠着很多卖水果的。拉车的有马，还有驴子。

"这是马！"姐姐指指马，又指指驴子说，"这是驴！"

冬冬说："马！"

姐姐指点着，说："这是驴。"

冬冬坚持说："马！"

姐姐笑了，说："马就马吧！这样，我说驴，你说马，好吗？"

于是，两个人就一替一个对开了：

姐姐说"驴"，冬冬说"马"。

姐姐连说两个"驴、驴"，冬冬也说两个"马、马"。

姐姐说一连串的"驴"，冬冬说四五个"马"，语速极快，发音也很像。

姐姐不住口地说了无数个"驴"，冬冬对不上，笑起来。

姐姐问："姐姐说得太多了，你说不好，是吗？"

她笑着点点头。

一场"驴、马"之辩，就此打住。

1986-5-25

又会说的三个词

①早上，妈妈让冬冬穿袜子。

她连说两次"袜子"。

②她把"拉屎"，说成"屄屄"，连说了三次。

③有两次，把拉屎说成"臭臭"。

"干吗？"

姐姐在厨房做饭，冬冬跟着，寸步不离。

姐姐揭开锅盖，顿时雾气腾腾。

冬冬仰起小脸，冲口而出："干吗？"

这是冬冬的又一个问句。看来，此期进入了问句的萌生期。

亲近土地

一群孩子在玩土，弄得尘土飞扬。冬冬很快融入其中。

她一屁股坐在地上，伸开双腿，抓一大把土，撒到光溜溜的腿上。然后再抓一把，一撮一撮地丢在腿上。两手两腿都是土，像个土娃娃。

姐姐喊她，她只是抬头笑笑，又埋头干自己的。

她不仅喜欢玩土，更喜欢亲近大地。整个身子趴在地上，脚尖蹬地，快速爬行。

妈妈管不了她

冬冬很亲妈妈。这表现在：

a.冬冬吃东西，有时会先让妈妈吃一口。看妈妈咬了点儿，她很高兴。b.吃饭时，跑到妈妈跟前，看妈妈的碗里是否盛了饭菜。

中午，姐姐把冬冬放在床上，让妈妈照看着，自己去厨房做饭。

冬冬要找姐姐。房间四周都是水塘，妈妈哪敢让她单独出去！她不听，又哭又叫，挣扎着要从床上溜下去。

妈妈拼尽全力，拽着她的双腿。

姐姐听见冬冬的哭声，忙跑过来抱她入怀。

冬冬停止哭叫，双手使劲揪着自己的两条腿，很气愤地向姐姐告状，好像在说：姐姐，你看看，妈妈就是这样整我的。

妈妈被折腾得气喘吁吁，很生气地瞪着她。

她看一眼生气的妈妈，忙把头扎在姐姐脖子里。

姐姐说："冬冬，快亲亲妈妈，妈妈就不生气了！"

她忙伸出双手，搬过妈妈的脖子，亲吻一下。

妈妈一笑，她也笑了。

1986-5-26

"走、上外"

姐姐抱冬冬准备外出。

她连连催促说："走、走！"

姐姐问："上哪儿？"

她说："上外！"

话语多起来，作用大起来。

"它跑"

大狼狗带着长长的链子，下楼一路狂奔，差点儿撞倒冬冬。

姐姐忙把冬冬搂在怀里。

冬冬指着远去的狼狗，说："它跑，它跑！"

"啥玩头"

冬冬站在地上，拉着妈妈的脚指头，摆弄个没完没了。

妈妈说："啥玩头，怕人！去，去，一边玩去！"

她模仿说："啥玩——头！"

冬冬说着走了两步，又回头重复说："啥玩头。"

学说"阿弥陀佛"和"汤"

①姐姐教冬冬说"阿弥陀佛"。

她学了三次，两次说成"阿弥"，一次说成"阿弥陀"。

②姐姐让她喝汤。

她说："[taŋ]。"

"汤"是送气音 [tʰ]，她发成了不送气音 [t]。

1986-5-27

学说"吃"

冬冬练习说"吃"。

她或者发音为"[tɕi]"，或者发音为"[tɕʰi]"。

"吃"的声母是卷舌音 [tʂʰ]，不容易发对。

"豆儿、豆豆儿"

艾阿姨送来半碗炸豌豆。

冬冬把碗里的豌豆，倒在绿杯子里，一个个捏着吃。

姐姐问："冬冬，你杯子里是什么？"

冬冬脱口而出说："宝贝儿！"

419

没人教她说过"宝贝儿"，也许是无意识发音。

姐姐教她："说，豆儿，豆豆儿！"

很快，冬冬学会说"豆儿"和"豆豆儿"。

"怕"

艾阿姨逗冬冬玩，把手指上的水，弹到冬冬脸上，问："水，怕不怕？"

冬冬做害怕状，连说四次"怕"。有时发为上声，有时发为去声。

"下雨"和"猫猫儿"

夜，十点。小雨淅淅沥沥。

冬冬把"下雨"说成"下 [tɕi]"。

明知下雨，冬冬还要闹着外出。

姐姐说："不能出去。下雨，外面有猫猫儿！"

冬冬连连拍着自己的肚子，重复说："猫猫，猫猫！"

"猫猫"的发音，也不太准。

1986-5-28

"臭臭"

①昨天，她指着扔进痰盂里的垃圾，说"臭臭"。

"臭臭"是儿语，指大便。用来指垃圾，是词义扩大。

②今早，冬冬把大便拉在房间地上。

姐姐拿张报纸，包起大便，逗冬冬说："冬冬，给，给，你接着。这是什么？"

冬冬一边躲避，一边说："臭臭，臭臭！"

怕，举手投降

坐在凳子上的艾阿姨，把冬冬拉进怀里，这拍一下，那挠一下。弄得冬冬嬉笑着躲闪。

姐姐说："冬冬，快点儿，说怕！"

冬冬举起双手，连连说："怕、怕！"

冬冬说"怕"，还举手投降，说明她真懂了"怕"的含义。

"妈妈"也是"阿姨"

近日，"哥哥、弟弟、妹妹"的呼叫，也逐渐顺溜了。

在众多称呼中，特别喜欢"阿姨"。妈妈躺在床上。冬冬掀开蚊帐，对着妈妈连叫几声"阿姨"。

姐姐："你叫她什么？"

冬冬："阿姨。"

姐姐："她是阿姨？那谁是妈妈？"

她指指床上的妈妈。

姐姐："你叫她什么？"

冬冬："阿姨。"

妈妈故作生气："阿姨？好好说，我是谁？"

冬冬一脸坏笑，边跑边叫："阿姨，阿姨，阿姨！"

1986-5-29

热馒头

艾阿姨掀开热气腾腾的锅盖，从锅里拿一个馒头，递给冬冬。

冬冬伸手碰了碰，立即缩回，手被烫了一下。

她拉着姐姐的手，要姐姐拿。

姐姐故意不拿。

冬冬只得坐在厨房里等。等了会儿，馒头不烫了，拿起来张嘴咬了一大口。

误伤妈妈

冬冬语言和行为，每天都有进步。

今天会说"帽"。

姐姐扫地。冬冬夺过扫帚，挥舞一通，一下子碰到妈妈的伤口，顿时鲜血直流……

姐姐忙找药棉，压住伤口止血。

冬冬扔掉扫帚，愣愣地站着。

姐姐问："李冬，是你把妈妈弄流血了！"

她点点头。

姐姐又问："往后还弄不？"

她摇摇头，面无表情地站着。

1986-5-30

"泡、泡、泡"

昨天下午，妈妈开始了一个新的疗程，医生在妈妈的胳膊肘上敷上药物。

今早，肘关节像被开水烫过似的，起了一层大水泡。

冬冬用食指指着水泡，连叫："泡、泡、泡！"

自编的第三首儿歌

冬冬自编的第三首儿歌是：

"爸贝贝，妈贝贝，啊宝宝——，啊——啊——啊——"

这儿歌，还有如下变式：

"爸贝贝，啊，啊——，妈贝贝，啊，啊——，妈咪咪，啊，啊——"

她自己唱，也希望大家跟着唱。其中"啊——啊——"的拖音，时有变化，或亢奋激昂，或柔美悠扬。

妈妈和姐姐跟她一起唱，她高兴得手舞足蹈。

面称与背称的不同

冬冬常听大人叫姐姐"二妮"。

当姐姐不在眼前，她要找姐姐时，大声喊"二妮"；姐姐在跟前，则喊"姐姐"。

刚一岁多的孩子，就能区别面称与背称。

"沤"

艾芳的脚沤了，疼得"嗷嗷"直哭。

冬冬极为同情，指着艾芳的脚，说："沤，沤。"

"跑"

姐姐在洗衣服。

一眼没看见，冬冬独自跑了出去。

姐姐扔掉手中的衣服，追出去，拽着她，问："还跑不跑？"

冬冬回答："跑。"

语码转换

艾芳跑，冬冬也跟着跑。

姐姐怕她跌倒，喊道："冬冬，白[1]跑！"

---

[1] 白：河南泌阳方言，不要，别。

冬冬接口道："别跑。"

"白跑"是方言，"别跑"是普通话，属于不同的语码。冬冬可瞬间完成语码转换？

1986-5-31

"好"

姐姐说："咱们去看大汽车，好不好？"

冬冬："好。"

"看鱼"

从住的招待所外出，有两条路：一条走大门，远一些；一条是从小卖部穿过去的近路。

姐姐正做饭，一转眼又不见了冬冬。扔掉围裙，跑出去寻找。

发现冬冬正趴在小卖部外的水泥垛上，伸头看池塘中的鱼。

姐姐拉着她，责备的话还没出口，冬冬忙说："鱼，看鱼。"

1986-6-1

"买"

"六一"儿童节，姐姐带冬冬上街买玩具。

冬冬渴了，姐姐给她买了一瓶饮料。

买饮料时，冬冬注意到儿童玩具柜的飞机，连声嚷嚷："买、买、买！"

姐姐买了架小飞机。

"开门"

为避免冬冬再次独自跑出去，姐姐出去办事，就把她和妈妈锁在房间里。

冬冬极不乐意，使劲拉门。拉不开，拍着门大叫："门、门，开门！"

"开"字说成 [A]，听起来像"啊门"。

有事，大叫"二妮"

①早上六点，姐姐起床做饭，让妈妈搂着冬冬多睡会儿。

冬冬醒来，想喝水。

妈妈问："冬冬，你是想喝水了？"

她不回答妈妈的话，高声喊叫："二妮！"

②姐姐出外。

冬冬从椅子上往桌上爬。一脚蹬空，眼看就要掉下去。

躺着的妈妈起不来床，干着急，安慰她："冬冬，慢点。不要怕，慢点，别跌下来！"

她爬不上去，也下不来，情急之下，大叫"二妮"！

冬冬知道：关键时刻，能帮她的是姐姐。

"冰棒、舅舅"

冬冬和小朋友一起玩儿，会跟着别人一起说"冰棒"。

会说"舅舅"。

1986-6-2

穿鞋子，才不粘米花

冬冬学会说"牛、热、伯伯、鞋"四个词。

冬冬打着赤脚，在地上溜达，一粒米花粘在脚底板上。

她弯下腰，捏着米花扔掉；一会儿，米花又粘上了……

她烦了，大叫："鞋、鞋！"

看来，冬冬懂得，穿上鞋子，米花才能不粘在脚上。

1986-6-3

坚持说"没有"

饭后，姐姐问："冬冬，你吃饭了没有？"

冬冬回答："没有。"

姐姐纠正说："不对。你已经吃过了！"

冬冬语气非常肯定地："没有。"

小姐妹一替一下，说了二十四个"吃了"和"没有"。

最后，姐姐用极快语速地连连说"吃了"，冬冬笑着，以不说话作为论战的结束。

"饱、好"

姐姐问："冬冬，肚肚儿吃饱没有？"

她拍拍肚子说："饱。"

姐姐又问："妈妈病好了没有？"

她说："好。"

借孩子的吉言，但愿妈妈的病，能早点好起来！

1986-6-4

"驴"

冬冬学会说"驴"。

等她再见到驴时，也许不再坚持说是"马"了。

"热"的泛用

她把酸甜苦辣等各种味道，还有热烫温凉等各种感觉，都用"热"来形容。

"泛化"，是语言发展中的常见现象。

1986-6-5

"老五"="老鼠"

楼梯口，突然蹿出一只大老鼠，把冬冬吓得大喊大叫，匆忙跑回来。

姐姐告诉她这是"老鼠"，她学说成"老五"。

反复纠正，仍无效果。

"猫儿"的不同功效

冬冬会跟着说"人"和"高"。

白天，她装作害怕的样子，用力关上门，用恐怖的语调说："猫儿，猫儿！"

夜里闹人，姐姐说："别闹，有猫儿！"

冬冬马上不哭不闹了。

"猫儿"是"老猫儿猴"（一种用来吓唬人的虚拟猛兽）的简称。白天，她拿"猫儿"吓人，晚上，她被"猫儿"吓。

1986-6-6

今天说的话

①冬冬把小朋友"盼盼"，叫"胖胖"。

②面粉，被她说成是"麦"。

③说"天"，手就往天空指。

④姐姐问她："喝水好不好？"

冬冬答："好。"

1986-6-7

"娃娃、弟弟、妹妹"

冬冬指着比她年龄小的孩子，会叫"娃娃""弟弟"或者"妹妹"。

"我要"

一架飞机飞过。

冬冬冲口而出，说："我要。"

又一次出现第一人称"我"。

"我要"这种主谓结构，也不多见。

1986-6-8

"肉"

冬冬指着碗里的菜，说"肉"。

1986-6-9

"抹"

水塘周围有许多花腿蚊子，冬冬身上被叮咬出许多大疙瘩。

姐姐用清凉油，涂抹在疙瘩上。

此后，冬冬感觉到哪儿痒了，就找姐姐，指着痒的地方，说："抹。"

"上街"

今天，冬冬不打招呼，说跑就跑。

姐姐追上她，问要去干什么？

她说："上街。"

发音清晰，多次使用。

1986-6-10

"脏、奶、糖"

①冬冬指着自己的鞋子，连说："脏、脏。"

②冬冬指着牛奶瓶子，说"奶"。

这是告诉姐姐，想喝牛奶。

③冬冬捡起一张糖纸，说："糖。"

"糖"的发音为 [taŋ]，与"汤"一样，也是把送气音 [tʰ] 发成了不送气音 [t]。

模仿叫"大姐姐"

艾阿姨的大儿子带女朋友回来了，送冬冬一个又红又大的桃子。

姐姐教她喊"大姐姐"。

她模仿说"大姐姐"，叫了多次。

1986-6-11

学说地名

涛涛是个一岁八个月的男孩，能够跟着电视上的天气预报员，说出多个省会城市的名字。冬冬跟涛涛一起看天气预报，跟着预报员和涛涛说地名。

其中的"郑州"，发音较像。

用"好"作答

冬冬把小书包抱到怀里，要跟着姐姐上街去。

姐姐问："冬冬，上街好不好？"

冬冬回答："好。"

成人与儿童交谈时，经常使用"好不好"这一附加问句。冬冬已经习惯用"好"作答。

"烟"

医生来给妈妈换药。

妈妈说："周医生，您先抽支烟吧！"

冬冬也跟着说："烟。"

冬冬现在是谁说话都跟着学，不管这话与她是否相关。

想爸爸

妈妈的治疗很快就结束了。大家在做回武汉的准备。

妈妈问："冬冬，想爸爸不？"

冬冬答："想。"

帮妈妈学走路

在床上躺了两个月的妈妈，再次练习走路，举步维艰。

冬冬扯着妈妈的手，迈着小小的步子，慢慢往前挪动。每挪动一步，就抬头看看妈妈，怕妈妈太疼痛。

懂事的宝贝儿！

1986-6-12

"车、有、丢"

①冬冬指着川流不息的汽车，说"车"。

②姐姐问冬冬："糖块儿，手里还有不？"

冬冬伸开手，说："有。"

③水产局的工人小李，总爱逗冬冬玩。

冬冬要跑开，小李拉着她的胳膊，不让离开。

冬冬挣不脱，大叫："丢！"

1986-6-13

"给、肉"

①冬冬弯腰捡了根鸡毛，递给姐姐，说："给！"

②起床，她发现桌上用纱罩罩着的菜，便说："肉。"

1986-6-14

"辣椒面、楼梯"

冬冬跟着大人说出了"辣椒面"和"楼梯"。

仍分不清牛、驴、马

冬冬认识牛、驴、马，也会说这三种动物的名字。

但是，名字和动物对不上，常常是见驴说马，或指牛为驴。

姐姐告诉她每个动物的特点：牛的耳朵大，驴和马耳朵小。马头上有鬃，驴头上没有鬃。

冬冬跟着学说："鬃。"

狗尿

楼上的大狼狗撒尿，顺着楼梯流淌到门前，腥臊味儿很难闻。喜欢在台阶上爬来爬去的冬冬，双手和衣服常常沾上狗尿。

上午，冬冬又跌倒在一汪狗尿里。

姐姐一边给她脱衣服，一边气愤地向妈妈叙说缘由。

冬冬认真听姐姐讲。听着听着，挣脱下床，拉着姐姐的手，跑到外面，指地上的狗尿，又指楼上，弯着腰，撅起小屁股，模仿狗尿尿的姿势，并说："阿姨！"

复杂的体态语，加上语言，较好地表达了她对谁家的狗和狗尿的认识。

1986-6-15

祈使句"起来"

早上，艾阿姨抱冬冬去艾芳的住室，让冬冬喊艾芳起床。

冬冬双手扑打着睡觉的艾芳，喊："姐姐，起来！"

"起来"之前，还加了"姐姐"这一称呼语，是一个重要的进步。

"不看，不看！走，走！"

姐姐写信，告诉爸爸回武汉的具体时间。

艾芳伸着头，要看姐姐写的信。姐姐不让，说："不能看！"

冬冬一手捂桌上的信纸，一手推艾芳，说："不看，不看！走，走！"

这是记录到的冬冬说的最长的句子，表达了较为复杂的两个意思。

儿童早期的动词，主要用作祈使，起到与交谈者互动的功能。

逼出来的"吃"

姐姐问："冬冬，吃西红柿不？"

冬冬点点头。

姐姐说："说，说吃！"

冬冬皱着眉头看姐姐。

姐姐手拿西红柿，定定地看着她，等她说话。

冬冬终于憋出一个"吃"字，虽然发音还是 [tɕi]。

姐姐连续七次用"吃不吃"问冬冬，她皆以"吃"相答。

"没有"与"不要"

（1岁6个月　1986-6-16—1986-7-15）

跳个舞吧（1986年6月）

1986-6-16

练习发音

冬冬连日发 [kᴀ kᴀ]、[kan kan]，仿佛仍在做语音练习。

“橙子、馍”

①冬冬跟着人说“橙子”。

②冬冬拉着姐姐衣襟，说“馍”。

自己饿了，会主动用语言表达需要，是一大进步。

1986-6-17

“笔、驴”

①冬冬玩弄钢笔。

姐姐教她说了几遍“钢笔”，她说出了一个“笔”字。

②上街，看见一头拉车的驴。

冬冬叫：“驴，驴。”

终于把“驴”与动物本身对上号了。

把“猪”当“牛”

路旁，有一头大黑猪。

冬冬指着猪，惊奇地大叫：“牛，牛，牛！”

姐姐说，那不是牛，是猪。并多次教冬冬说“猪”。

冬冬噘起小嘴，努力地说出“猪”，发音为 [tʂʰu]。虽然把不送气音的 [tʂ] 发成了送气的 [tʂʰ]，但是发出了较难的卷舌音和送气音。

家，就是"爸爸"

这几天，每逢姐姐带冬冬出门，邻里们必问回武汉的行程，说冬冬回到武汉，就可以见到爸爸了之类的话。听得多了，冬冬把回家和爸爸联系在一起。

别人一问："冬冬，快回家了吧？"

她便回答："爸爸。"

家，就是爸爸，还有点哲理。

动补结构"喊不应"

路上遇见盼盼的妈妈。

姐姐让冬冬跟盼盼妈打招呼，让喊"阿姨"。

冬冬喊："阿姨！"

盼盼妈没有听到，急匆匆地离开了。

冬冬很失望，说："喊不应！"

"喊不应"是一个"动补结构"，"不应"是动词"喊"的补语。这是第一次听到冬冬主动说出的动补结构，语言和思维都是一个进步。

1986-6-18

"奶奶、爷爷"

冬冬见了老年女性喊"奶奶"。

见了老年男性主动叫"爷爷"。

四个词语，串起一个事件

姐姐对妈妈说，再等一会儿，她就出去买菜。

冬冬马上挎上小袋子，拉着姐姐的手，说："走。"

姐姐问："上哪儿去？"

冬冬答："上街。"

小姐俩扯着手出门买菜。

邻居问："上哪儿呀？干什么去？"

"买！"冬冬抢先跑出去两步，回头对姐姐说，"撵、撵！"让姐姐撵上她。

"走、上街、买、撵"四个词语，在一串的对话和行动中，串起了一个较为完整的事件。这段记录，表现出冬冬此期达到的最高语言水平。

吓人的"老五"

冬冬经常一个人跑出去爬楼梯。

中午，冬冬刚跑到楼梯口，就被姐姐捉住了。

姐姐："冬冬，你知道不，那儿有啥吓人的东西？"

冬冬似乎很害怕，连忙跑回房间，嘴里叫着："老五！"

"老五"本指"老鼠"，但已经演化为吓人的动物名称了。

1986-6-19

"吃鱼"

四条红鲤鱼，在小瓶子里游来游去。

冬冬往瓶子里撒面粉，看鱼儿们抢食吃。她很享受撒面粉的过程，撒一次又一次。瓶子里的水，快变成面糊糊了。

姐姐每天都要换多次清水。

姐姐讲完《小猫钓鱼》的故事，问："冬冬，小猫喜欢吃什么呀？"

她指着瓶子，说："鱼，吃鱼！"

冬冬的"吃鱼"（[tɕi i]），听起来像是"七姨"。

撒麦糠

冬冬调皮地把麦糠撒到妈妈腿上。

一边撒一边说："[koŋ- koŋ]！"像是打枪的声音。

再见，当阳！

深夜十二点，离开当阳。周医生租了辆汽车，送我们去火车站，艾阿姨送行。

火车到站，姐姐抱着冬冬，艾阿姨背着妈妈上了火车，安置在硬卧上。大家频频挥手，告别在当阳的六十八天。

初到当阳，妈妈体重八十六斤，步行上的火车。回武汉，妈妈瘦得皮包骨头，还剩六十来斤，路也走不了。为了一个治好病的希望，妈妈付出了极大代价。

1986-6-20

武汉火车站

上午九点，火车驶进武昌火车站。这是终点站，出站，要上天桥到广场，有很长一段距离。

姐姐向列车员求助。列车员找来两个棒小伙儿，一个背妈妈，一个拉行李，姐姐抱冬冬。

到站外广场，拦下一辆人力三轮车，送回华中师范大学西一村。

陌生而又亲近的爸爸

西一村。

爸爸闻声，忙从二楼跑下来，接过熟睡的冬冬，姐姐背妈妈上楼。进家门，冬冬醒来，看一眼爸爸，竟然哭起来。

姐姐连忙接过来，说："冬冬，这是爸爸，是爸爸呀！快，叫爸爸，爸爸！"

冬冬把小脸儿藏在姐姐颈下，偷偷打量爸爸。很快，就连连叫"爸爸"，伸开双臂，扑进爸爸怀里。

1986-6-21

把灿灿当佳佳

在当阳，冬冬有两个最好的朋友：佳佳和盼盼，一男孩儿一女孩儿。楼上的翀翀和灿灿，也是一男孩儿一女孩儿。

冬冬见灿灿，追着叫："佳佳，盼盼。"

把"盼盼"说成"胖胖"。

1986-6-22

"大姐姐、大哥哥"

冬冬会叫"大姐姐""大哥哥"。

"大姐姐、大哥哥"是偏正结构，"大"修饰称呼名词。也许，冬冬此时还是把它们作为一个整体来掌握的，但这也为掌握偏正结构打下了基础。

学说"家家好"

邻居家家来看冬冬。

爸爸教冬冬说"家家好"。

她要么只说"家家"，要么只说"好"。

"家家好"是主谓结构，双词句，还不太容易习得。

语调及模仿

冬冬说话，多用曲折语调，可以记为[315]，如"尿、屁、好、糖"等。

有许多音，模仿得似是而非。如把"老鼠"说成"老五"或"阿五"；把"糖"说成是 [kaŋ] 或 [taŋ]。

1986-6-23

"兜"

冬冬玩红色塑料网兜。

大人就教她学说"兜"。她也跟着说，发音还挺像。

害怕"猫猫"和"阿五"

厨房外，有一堆乱七八糟的杂物。

冬冬害怕，大叫"猫猫"或者"阿五"。

这两个词语，她自己是真的害怕，但也常拿来吓唬别人。

翻着眼皮吓人

她用手翻开自己的眼皮，口中叫着"猫猫"，来吓唬人。

有时翻开别人的眼皮，口中叫着"猫猫"，用来吓人。

翻眼皮叫"猫猫"，成了她专门吓人的游戏。

1986-6-24

回答自己的名字

萧伯伯和薛红阿姨来访。

妈妈让冬冬拿照片给两位客人看。她把照片递给伯伯，主动叫"伯伯"；把照片送给阿姨，主动叫"阿姨"。

伯伯问："这是谁的照片？"

冬冬回答："冬冬。"

"冬冬"发音为 [təŋ təŋ]。

喝豆腐脑

楼下传来扯长音的叫卖声："豆腐脑哎——"

姐姐问冬冬："冬冬，喝不喝？"

冬冬说："喝！"

姐姐说："我去买。你在家等着。跟妈妈在家，好吗？"

她连连点头，嘴里念叨着："脑、脑！"

"脑"的发音为 [lau]。

教人唱她的歌

爸爸让冬冬教大家唱歌。

冬冬教人唱她自己编的"爸贝贝，妈妹妹，啊——啊——"。

唱着唱着，就开始随心所欲地乱"啊啊"起来。

1986-6-25

"笔、妮"

①冬冬想写字，指着桌子上的圆珠笔，说："笔！"

②傍晚，姐姐做饭，爸爸背妈妈下楼，一起看着冬冬玩耍。

冬冬玩一会儿，想找姐姐，口中连连呼唤："妮，妮。"

扶妈妈走路

妈妈在楼下练习走路。

爸爸扶着妈妈右半边身子，冬冬牵着妈妈的左手，慢慢向前。夕阳西下的余晖，拉长了高矮胖瘦三人的身影，投射在石子路上！

黎叔叔下课回来，停下脚步，说："瞧这一家子，叫人感动！"

走一小会儿，冬冬搬来小凳子，让妈妈坐下休息。

撩水

冬冬坐在澡盆里洗澡，故意把水抹到嘴巴上，撩到伸出的舌头上。

趁爸爸给她低头搓澡，她调皮地往爸爸身上撩水。

爸爸左躲右闪，她高兴得哈哈大笑。

1986-6-26

"妈妈爸爸"

冬冬今天突然喊出"妈妈爸爸"。

第一次把两个称呼连一起。

"不"

姐姐问："冬冬，吃肉不？"

冬冬摇头，说："不。"

单用一个"不"字，来否定姐姐的提议。

"尿尿"

冬冬撒完尿，才大叫"尿尿"。

裤子已经尿湿了。

1986-6-27

发舌尖前音

一边洗澡，姐姐一边教冬冬说"洗澡"。

开始，她嘴巴张合了好几次，都发不出声音。到最后，才硬逼出一个"澡"字。

"澡"的声母是舌尖前音 [ts]，冬冬的发音，还基本到位。

1986-6-28

瓜子和瓜皮

冬冬吃西瓜，是把好手，一次能吃三四块儿。不仅吃了甜甜的瓜瓤，连瓜皮也啃得薄薄的。

爸爸说，别吃瓜皮。瓜皮不好吃。

冬冬重复说："瓜皮。"

爸爸教她吐瓜子，学说"瓜子"二字。

冬冬说："瓜子。"

"瓜子"发音为 [kuʌ tʂʅ]，冬冬发出 [tʂʅ] 音，说明她真的开始习得舌尖前音了。

电扇与台灯的开关

冬冬手按台灯开关，却仰头看天花板上的吊扇。吊扇飞快旋转着。

她很高兴，接着再按台灯开关，吊扇依然旋转。她不明白吊扇为何不停。

在她按下台灯开关时，台灯亮了；再按开关，台灯灭了。但台灯的明灭，似乎与冬冬无关，她只关心吊扇。

也许她知道，吊扇是开关控制的，却不知，吊扇和台灯并不是同一个开关。

1986-6-29

学说主谓句

爸爸抱着冬冬，教说"爸爸抱"。

她跟着学，有时说"爸爸"，有时说"抱"。

反复多次，最终说出了一个完整的"爸爸抱"。

一个星期前，教她说"家家好"，她怎么也没有说完整。

"不咬"

姐姐让冬冬吃西瓜："来，再咬一口。"

冬冬回答："不咬。"

冬冬表达否定，常用"不要"或一个"不"字。今天"不"与一个新动词"咬"组合，可能逐渐会掌握"不＋动词"的否定规律。

"没有娃娃"

电视画面中，出现了很多小朋友，冬冬很高兴。

突然，小朋友的画面消失了。

冬冬大叫"没有娃娃"，又说："没有哇！""哇"的拖音又高又长。

"没有"与"不"是现代汉语两种基本的否定方式，冬冬这时都掌握了。

"没有娃娃"是动宾结构，也是冬冬新发展出来的语法结构。

"吃肉肉"

姐姐问冬冬："冬冬，吃饼干不？"

冬冬直接回答："吃肉肉。""肉"发音为 [tɕiou]，调值 315。

"吃肉肉"动宾结构。且姐姐问的是吃不吃"饼干"，她不直接回答"不吃饼干"，而用"吃肉肉"来间接否定，也是智慧的新发展。

1986-6-30

调值多是 315 曲折调

①姐姐说"李白"，冬冬跟着学说"白"。

②二楼走廊的灯亮了。

冬冬指着楼上的灯，说："灯。"

③姐姐问："冬冬，脊背痒不痒？"

她一会儿说"痒"，一会儿又说"不痒"。

"白、灯、痒"都发成曲折调 315。

答非所问

冬冬玩飞机。

姐姐问冬冬："坐飞机不？"

冬冬回答："啊比比！"

姐姐："你告诉姐姐，坐飞机不？"

冬冬扯高音："爸比比。"

冬冬两次回答，都类似她的儿歌"爸贝贝"。回答时，有时看飞机玩具，有时往天上看。冬冬的"答非所问"，可能是只顾玩自己的，唱自己的，根本没有听进去姐姐的话，

1986-7-1

"辣椒、破、灭"

①姐姐洗辣椒，教冬冬说"辣椒"。

她用很小的声音，嘀咕出两个字："辣椒。"

②冬冬用罐头瓶喝水。手一松，瓶子掉地上，碎了。

爸爸捡着地上的碎玻璃渣，说："你看，破了！"

她也跟着说："破。"

③夜里，冬冬一按台灯开关，灯灭了，屋里漆黑一片，冬冬有点恐惧。

爸爸把灯按亮，冬冬笑了。

爸爸又按灭了灯，并说"灭"，她也跟着说"灭"。

"灭"发音为 [mai315]。

1986-7-2

"猫咪咪、烧"

冬冬学会说"猫咪咪"和"烧"。

但"烧"的发音不准，或为 [tʰau]，或为 [tʂau]。

1986-7-3

跳舞的方式

冬冬跳舞，有三种方式：

①身子旋转一圈。

②双手在胸前，反复翻转手腕。

③动作同②，伴唱"爸贝贝，妈咪咪"。

1986-7-4

伴睡

爸爸多次教她，说"瞌睡"了。

她说"睡"，发音为 [ʂei]，出现了卷舌音。

冬冬即使不瞌睡，也会装着睡熟了：闭眼躺在床上，一动不动。任凭你喊她名字，拽她胳膊，挠她痒痒，她都不动不说话。

不过，笑眯眯的表情，滚动的眼珠，告诉你：她在佯睡，逗你玩呢。

1986-7-5

"喝"

姐姐教冬冬说"喝茶"。

她学会说"喝"，却说不出"喝茶"。

三个答句

①姐姐拿馒头，问冬冬："馍，掰开不？"

冬冬答："掰。"

②窗外，群鸟娇啼。

爸爸问："冬冬，你听，外面什么在叫？"

冬冬答："鸟。"

③灿灿妈妈喂女儿吃饭，冬冬站在旁边看。

灿灿妈问："冬冬吃不吃？"

她说："要！"

第一次记录到冬冬说"要"。

1986-7-6

主动说话

①冬冬的鞋子掉了，她指着自己的脚，说："掉。"

②在房间里，她听见爸爸脚步声，跑去开门，速度过快，摔倒在地，大叫：

"门。"

这些都是在没有暗示和问话的情况下，冬冬主动说话。

幼儿主动说话，是进入语言期的重要标志。

"出"

冬冬用百米冲刺的速度，急往外跑，被大人一把拽住，问她要干什么？

她甩开大人的手，说："出！"

"出"的发音为 [tʂʰu]。冬冬发出了送气的卷舌音。

"没有尿"

冬冬坐在床上喝奶瓶，表情木然，有点像平时想小便的神态。

妈妈问："尿了没有？"

冬冬答："没有尿。"

前几天，她说出了"没有娃娃"，今天说出了"没有尿"。看来"没有娃娃"不是"没有哇"的误听，冬冬是掌握了"没有 + 动词"这一语法结构。

"姑"的发音

暑期已至，小姑要来武汉。大家教冬冬练习"姑姑"的发音。

她先把"姑"发成 [pu]，后来才发出正确的 [ku] 音。

此前，她会发 [k] 和 [u]，此时只把两者拼合起来。

拍手、伸手的体态语

路遇灿灿。

她先拍拍手，再伸双手，做出要抱灿灿的体态语。

拍手和伸手，是她多次体验和观察的结果。

1986-7-7

习惯发曲折调

冬冬会说"刀"和"酱"。

但声调都发成曲折调315。

量词"把"

姐姐择毛豆。

冬冬伸手抓了一大把，炫耀地说："把！"

这是记录到的冬冬说的第一个量词。

1986-7-8

"翀翀"

邻家的小哥哥翀翀，很会照顾冬冬。

冬冬也很喜欢跟他玩，不停地叫"翀翀"。

"翀"的发音为[tʂʰoŋ]，声母为舌尖后送气的卷舌音。

"白酒"

爸爸的一篇论文发表了，拿到了样刊。

爸爸与妈妈商量，要庆贺一下："今晚上，咱喝点白酒？"

冬冬模仿说："白酒。"

"我要"

姐姐正给她嗑瓜子。

冬冬等不及了，大声嚷："我要。"

1986-7-9

"尖尖、捡、解"

①姐姐用碎布头做沙包，教冬冬说"布尖尖"。

她学说"尖尖"。

②她把五分硬币扔到地上，再弯腰拾起，自言自语："捡。"

③脱衣服。她指着自己的衣扣，说："解。"

"尖尖"是被动的学说。"捡、解"都是自动的话语，"捡"是说给自己的，"解"是说给他人的。而且，这四个字的声母都是舌面音 [tɕ]，表明冬冬已经掌握了这一发音部位。

"掉"

姐姐光着脚坐在床边。

冬冬要给姐姐穿鞋。折腾好大会儿，终于把姐姐五个脚指头塞了进去，鞋子晃晃悠悠地挂在脚指头上。

冬冬看着姐姐，说："掉，掉！"

1986-7-10

争夺玩具

昨夜，小姨、两个表姐和小姑来到武汉。

茵茵表姐三岁半了，冬冬对她不喊"姐姐"，直呼"茵茵"。

她与茵茵争夺玩具，生气了，大喊"滚"，又挥手说"走"。

1986-7-11

玩具钢琴

冬冬很喜欢小姨买的玩具钢琴。

她用整个手掌按琴键，没出声音。再用食指按一下，马上放开，弹出了声音。一下子兴奋起来，一气弹了十分钟左右。

接着，对钢琴的三个红色支架腿感兴趣了，一个个拆下来，再塞进去。拆卸和装配的游戏，一玩就是半个小时。

拆卸中还来点小创新：把两个支架推套在一起玩，最后把三个支架套一起，塞进一个装腿的钢琴孔里。

"盖盖"

冬冬让姐姐给她盖被子，说"盖盖"。

1986-7-12

"没有"与"不要"

一家人坐在电视机前，看《新闻联播》。

女播音员隐去，播放新闻画面。

冬冬大叫："没有！"

爸爸问："没有什么呀？"

冬冬说："阿姨。"

爸爸递给冬冬一个球，说："没有阿姨了，咱们玩球，好不好？给，球球。"

她跟着说"球球"，但发音成了不送气的 [tɕiu]。

玩了一会儿球，爸爸站起身来。

冬冬拉着爸爸，说："不要爸爸，走哇！"

这句的意思是，不要爸爸走，想让爸爸继续跟她玩。

这是记录到的冬冬说的最长的句子。

之前，也听到她说"不要妈妈"，也是不让妈妈离开之类的意思。

"痒、还痒"

冬冬浑身拧缠，似乎很不舒服。

姐姐问："怎么了，身上痒不痒？"

冬冬说："痒！"

姐姐伸手在她背上抓挠了几下。

她看着姐姐，冒出两个字："还痒！"

第一次记录到冬冬说出副词"还"。

"冰棒棒、穿鞋"

①糖块儿掉在了地上。

冬冬说："捡。"

②冬冬想吃冰棒，请求说："冰棒棒。"

原来只说"棒棒"，今天在"棒棒"前面，加上定语"冰"。

但是，把"冰"发成[pəŋ]。

③茵茵打着赤脚。

冬冬指着茵茵的脚，要她穿鞋子，说："穿鞋，穿！"

1986-7-13

模仿小朋友

李显杰老师带女儿李勉，来找冬冬玩。

李勉比冬冬小一岁。冬冬紧盯着李勉，模仿她的动作：李勉吃手，她也吃手；

李勉摸鼻子，她也摸鼻子。

　　为证实冬冬是在模仿，爸爸让李老师拿着李勉的手，摸头、摸鼻子、摸嘴巴、摸耳朵。冬冬都一一模仿，逗得大家开心大笑。

识数了？

　　姐姐递给冬冬两个钢琴腿。她接过钢琴腿，仰头对姐姐说了一串话，像是"还有一个哩呀！"其中的"个哩呀"发音特别含糊。

　　她能发现少了一个钢琴支架，不可思议。难道，她已识三以内的数了？

自言自语

　　冬冬学说"钢琴、辣椒、帽"。

　　她一边玩玩具，一边喃喃自语，可以听懂的有"玩哩、去玩、上街"等，以前她能听懂的词语，似乎都会说了。

　　听，是被动语言活动；说，是主动语言活动。听，有助于说。

　　冬冬自言自语时，把听懂的话都说了出来，这说明被动语言活动与主动语言活动是相互关联的。

1986-7-14

模仿爸爸刮胡子

　　冬冬曾多次见过爸爸刮胡子。

　　她在柜子里，翻找出爸爸的剃须刀，往脸蛋上、嘴巴上胡乱刮一通。

　　看到剃须刀，联想到剃胡子，这应是"超时间模仿"。

分清蛋清儿、蛋黄

　　电视柜的抽屉里有鸡蛋。

冬冬饿了，拉开抽屉说"蛋蛋"，再指指厨房说"拿"，让大人给她煮鸡蛋吃。

姐姐问："煮鸡蛋，冬冬吃，好不好？"

她笑着说："好！"

煮好鸡蛋，她说"清儿"，只吃蛋清儿，不吃蛋黄。

"拿"的发音为[la]，"清儿"的发音，竟然还能儿化。

学说话

①冬冬脱掉鞋子，要打赤脚在水泥地上玩。

姐姐说："光脚丫子，在地上玩，扎脚。"

她学着说"啊脚"，把"扎"说成"啊"。

②在床上捏起来个瓜子，给大家看，说是"瓜瓜"。

把"瓜瓜"说成"八八"。

③把老虎说成"阿虎"或者"阿布"（[ʌ β u]）。

玩爸爸的手提包

冬冬玩爸爸的手提包。

姐姐问，这是什么？

冬冬答："包包。"

她从提包中拉出来一条毛巾。

小姨问："你拿的是什么？"

冬冬答："巾。"

心疼妈妈

妈妈为爸爸整理手提包。

冬冬按着妈妈的手，说："不要妈妈！"

意思是不要妈妈收拾，怕累着妈妈。

1986-7-15

懂事了

①妈妈喝完水。

冬冬接过杯子，放在茶几上，说"放放"。

会帮妈妈了。

②吃西瓜。

冬冬扔掉瓜皮，奔向门后挂手巾的地方。

姐姐问："干什么？擦手吗？"

冬冬答："擦手！"她的发音为 [ʦa ʈʂou]，基本正确，都是难发的音。

她知道自己擦手了，一岁半的孩子，懂事了。

"吃点儿"

全家人在吃饭。

冬冬突然说："吃点儿！"

"吃点儿"，不仅发音清晰，还用了儿化。大家以为是茵茵在说话呢。

冬冬见大家没反应，指着桌上的咸鸡蛋，一个劲儿地喊。原来要吃咸鸡蛋。

"妈妈不要冬冬"

（1 岁 7 个月　1986-7-16—1986-8-15）

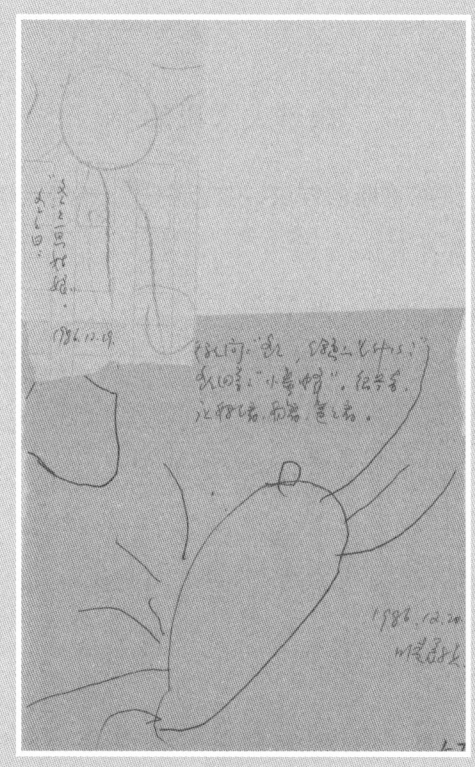

姑娘、蜜蜂（1986 年 12 月）

1986-7-16

接爸爸

爸爸去学校食堂买午饭。

冬冬跑向门口，指着门外叫："接，接，爸爸！"

妈妈讲故事，来转移她出外找爸爸的话题。

没消停多大会儿，她拉着小姑往外走，说："走，走，爸爸！"

1986-7-17

跟着大人说话

①电视画面中，绵绵不断的群山，蓝天白云，一望无际的草原，涌动着马队和羊群。冬冬看得津津有味。

小姨告诉她，这是"羊"，她学说"羊"。

②姐姐喊大家：快来吃饭啊，饭做好了。

她跟着喊"做好呀"，发音还挺像。

③大人们商量，晚上去学校电影院看电影。

她重复说"电影呀"。

时时跟着大人说话，这是儿童语言发展的好途径。

偶然发现身上的"虫虫"

晚上，冬冬脱光衣服，偶然手触到左乳头，惊奇得了不得，不停地摸，不停地抠。在摸索的过程中，又碰到右边的乳头，更加惊奇地指给别人看。

一岁半的她，第一次发现，身上还长着这个小玩意儿。

爸爸说，这是"小虫虫"，她也说"虫虫"。

1986-7-18

啃西红柿

小姨和两个表姐回河南了，小姑留下，帮姐姐照管冬冬。

冬冬抓起一个没洗的西红柿就啃。

妈妈躺在床上，连说"不干净，别吃"，她理都不理。

妈妈无奈，喊正在厨房帮忙做饭的小姑："小慧，快过来！"

冬冬听见小姑的脚步声，忙把西红柿扔回篮子里。

1986-7-19

"山羊"

电视中，山坡上有一群山羊。

小姑说，这是"山羊"。

她也跟着说："山羊。"

苦味的教训

冬冬特喜欢酵母片的味道，能连着吃十几个。

妈妈的关节实在疼痛，准备加服去痛片。冬冬看见了，非要吃不可。爸爸从药瓶里，倒出一粒去痛片，放在她手里。

她喜滋滋地用舌头舔一下，苦得连连咋舌吐唾沫。手一扬，把去痛片丢了出去。

鞋扣

爸爸抱冬冬去买菜。

路上，冬冬的鞋扣坏了。爸爸怕鞋扣弄丢了，顺手把鞋扣捋下来，放进衬衣口袋里。

回来后，冬冬拿着鞋子反复看，又用力掰开爸爸的手……直至爸爸从口袋里取出那枚鞋扣，她才罢休。

手绢蒙头

晚上，爸爸带着冬冬和小姑，跟覃覃一家去露天电影院看电影。

覃覃刚剃过头。覃爸爸怕蚊子咬，用一块儿手绢蒙着女儿的头。

冬冬也拿出手绢，蒙着自己头。蒙一会儿，解掉手绢，看看覃覃。见覃覃的头还蒙着，她又把手绢蒙在头上。

1986-7-20

用语言表达

①楼下传来卖豆腐脑儿的吆喝声，冬冬跟着高喊："豆脑——"

"脑"的发音已经是 [nɑu]，不再是 [lɑu]。

②她端个杯子，说："茶杯呀！"

③看见地上一枚图钉，说："钉。"

读"钉"如"灯"（[təŋ]）。

④喝完一杯水。

小姑问她："还喝不？"

冬冬回答："不喝。"

⑤她想跟着姐姐上街，大叫："拿钱。"

"钱"音仍不清晰，送气不够。

就是要钢笔

冬冬手指爸爸正用的钢笔。

爸爸怕她拿钢笔不安全，故意给她铅笔。

她摆手不要，坚持要走了钢笔。

趁她不注意，爸爸又用铅笔换走了钢笔。

她发觉钢笔变成铅笔，左顾右盼，跑向书桌，夺过爸爸正写字的钢笔。

善假于物：拿枕巾赶米花

冬冬坐在床上吃米花，撒了很多。她趴下，想用手把米花赶下床。但成效甚微，米花不是粘在床单上，就是推到了手两边。

冬冬站起身，拉一条枕巾，来来回回地扫，米花纷纷落地。

她曾目睹大人用枕巾扫床。当用之时，情景重现。

1986-7-21

爸爸"走了"，上"阿课"

爸爸去外地函授。

上午十点钟，姐姐抱冬冬送爸爸到汽车站。爸爸上汽车了，冬冬连喊："爸爸……"

午饭时，妈妈问冬冬："咱家少了谁？"

冬冬说："爸爸！"

姐姐问："爸爸上哪儿去了？"

她指指外边说："走了。"

邻居李伯伯故意逗她，问："冬冬，你爸爸不见了，哪儿去了？"

冬冬手一指，说："阿课。""课"音发成 [kə]。

1986-7-22

拍妈妈肩膀，表示安慰

一月多来，妈妈几乎是瘫痪在床，就连翻个身，也需人帮忙。躺的时间太久，头顶上长出两个对称的包包，"嚯嚯"地跳着疼。

姐姐拧个热毛巾，敷在包上，焦急地说："去医院吧！再不看医生不行了。"

冬冬弯下腰，拍着妈妈的肩膀，似在劝妈妈去看病！

妈妈让姐姐再倒点药酒。

冬冬再次拍拍妈妈的肩膀，指指姐姐，安慰妈妈。

积钱盒与餐具的魅力

冬冬的积钱盒，是欧洲小房子的造型：房门上有门搭条，还有带钥匙的小锁。高高的烟囱，是投硬币的地方。侧面有个猫图案，猫嘴处也可以投币。

她一个接一个地往烟囱里投硬币。投完了硬币，又用钥匙打开小门，把硬币倾巢倒出，摊放在桌子上。然后锁上小锁，再把硬币从烟囱里投进去，玩得极有兴致。

昨天，张生汉伯伯来家，送给冬冬乳白色的塑料小篮子，里面装满色彩斑斓的餐具。冬冬最喜欢粉红色的小碗和绿色的小杯子。

她玩了餐具，又倒出硬币，把两者混在一起，玩出新花样儿：硬币放杯子里，倒进小碗里，反反复复地摆弄。偶尔掉出一个硬币，赶快捏进碗里。

独自玩一个多小时，神情专注而忘我。

1986-7-23

"扳倒"

冬冬坐椅子上。

小姑故意摇椅子，把椅子摇得左右晃。

冬冬惊慌失措地惊呼道："妈妈，扳倒。"

喜欢看戏剧

电视上有猫咪。

冬冬说："黑猫。"

她看戏剧，非常专心。大人们不喜欢看戏，转到故事片频道，冬冬不高兴。大人只得转回戏剧频道。

1986-7-24

为姐姐做证

姐姐带冬冬上街买鱼，回来时却两手空空，说："没买到，今天没有卖鱼的。"

冬冬看着妈妈说："没有卖鱼的！"

清晰地复述了姐姐的话。

"虫虫"和"妈妈儿"

姐姐指冬冬的前胸问："这是什么？"

她说："虫虫。"

晚上，冬冬跟妈妈睡一个被窝。

妈妈指问她的胸脯："这是什么？"

她说："妈妈儿[1]！"

妈妈说："不对，是虫虫。"

她笑着附和："虫虫。"

---

[1] 妈妈儿：乳房的俗称。

妈妈再问："这是什么？"

她仍回答："妈妈儿。"

全家人曾统一口径，都说是"虫虫"，她怎知"妈妈儿"这个说法的？

1986-7-26

错用的"谢谢"

冬冬精力旺盛。兴奋起来，又咬又抓又掐，常把人弄得精疲力尽。

玩铅笔。

她发着狠，把铅笔朝妈妈脸上砸过去，砸着了妈妈的眼睛。

姐姐说："看你，砸着妈妈了吧？还不赶快说好话！"

她撒娇地趴在妈妈身上，说："谢谢！"

姐姐说："你做错了，应该说'对不起'！"

她含糊地说了"对不起"，马上站起身，边舞边唱她自己的歌："爸贝贝，妈妹妹，啊啊——"，她在用原创的歌声，来补偿自己的过失。

1986-7-27

与妈妈一起晨练

为尽快把妈妈从"植物"变成"动物"，爸爸和姐姐常背妈妈到楼下，坐着晒太阳，扶着走几步。并决定从今天起，全家人轮流搀扶着妈妈去散步。

凌晨六点多，姐姐和小姑一人一边搀扶着妈妈，带着冬冬出西一村，顺着大路向北走。

冬冬见谁都打招呼：对着一个正跑步的老先生叫"爷爷"；一个男学生走过来，她喊"叔叔"；看见大女孩就叫"阿姨"。

走着走着，天空下起蒙蒙细雨，大家躲在路旁的法国梧桐下避雨。路上，行人匆匆。冬冬站在路边，向每个经过的人问好。

雨停，她独自在前边跑。

小姑追上去，问："冬冬，回咱家，你知道从哪儿拐弯不？"

她不答话，只是向前跑，到了该拐弯的地方，她一闪身不见了。

小姑找不到冬冬，很着急。突然发现，冬冬在墙角旁正伸头向外瞄，满脸的调皮和得意。

"豆腐"

在楼下，碰到了挑担卖豆腐的。

冬冬指着豆腐，指指自己肚子，说："豆腐！"

意思是说，我想吃豆腐。

花腿蚊子

电视上有句台词叫"假积极"，她跟着说："假几几。"

下午，全家人又陪妈妈散步。

路两旁，树木草丛郁郁葱葱，成群结队的蚊子，"嗡嗡"叫着袭击路人。这是有毒的花腿蚊子，发现目标，穷追不舍，不叮上一口，绝不罢休。只要被叮一下，立即起个大包，红肿奇痒，一抓，黄水直流。紫药水涂抹咬处，可以消炎。

冬冬的胳膊和双腿上，已涂抹成斑马模样儿了。

小姑和姐姐，跑前跑后地围着冬冬，为她驱赶蚊子。冬冬却跑到妈妈跟前，蹲下身子摸摸妈妈的腿和脚，很认真地查看有无咬妈妈的蚊子。

1986-7-28

东湖游泳

晚上，姐姐骑自行车，带着小姑和冬冬去东湖游泳。

磨山脚下的"八一"游泳场，人山人海。姐姐抱冬冬走进湖水中，冬冬不敢下水。

姐姐问她为什么？

她说："怕。"

姐姐让小姑做捉鱼游戏。

小姑抓一把水，伸手让冬冬看，水珠从指缝里滴滴答答漏出来。

冬冬也抓一把水，看着水从指缝里一点儿点儿漏下去。

姐姐说："咱们不捉鱼了，捡贝壳吧！"

姑侄三人，在浅水区捡贝壳。不经意间，一步步走向深水区。姐姐一手抱冬冬，一手划水学起了游泳……

两个主谓句

①冬冬一边玩餐具，一边自言自语说："爸爸走了！"

②冬冬想看电视，对小姑说："电视开开。"

主动打招呼

冬冬在院子里玩沙子，远远看见，从第一门洞走出来的贝贝。贝贝是个比冬冬大两岁的女孩。

冬冬大声招呼："贝贝。"

"砂几几"

田伯伯问："冬冬，你干么事[1]啊？"

冬冬答："砂几几。"

"砂几几"，是说她在玩"砂子子"。

---

[1] 干么事：武汉话，干什么呀。

1986-7-29

"××好"

今天，姐姐教了几遍"妈妈好"，冬冬学会了。

又教她"爸爸好"。她开始说得还清楚，后来就乱说了。但最终还是学会了"爸爸好"。

紧接着，姐姐又教会了她"姑姑好、姐姐好、婆婆好、阿姨好"。

1986-7-30

爸爸回来了

爸爸出差回来，放下行囊，抱起冬冬，连着往空中扔了好多次。

冬冬笑得喘不过气来。

父女俩又跳到床上，疯啊，滚啊，闹啊，笑啊……玩了半个多小时。

分别十天，冬冬竟没一丁点儿陌生感。

1986-7-31

"长江"

下午，爸爸带姑姑、姐姐和冬冬，去东湖游泳。

冬冬把东湖叫"长江"。

1986-8-1

流血的原因

菁菁姐姐的胳膊上，蹭破一大块儿皮，血从皮肤里渗出来。

冬冬指着菁菁的胳膊，说："扳了。"

她不说"流血"这个事实，却说"扳倒了"这个原因。

1986-8-2

"脏、洗洗"

姐姐光着脚板，蹬着椅子，喂冬冬早饭。

冬冬皱起眉毛，指着姐姐的脚，说："脏，洗洗。"

大家一看，姐姐的脚底板上，果然粘有脏东西。

"语言"多起来

①午饭，姐姐夹了几块豆腐，放在冬冬碗里。

她大声叫着："不要豆腐。"

②姐姐问："冬冬，渴不？"

她回答："不渴。"

现在的冬冬，语言多起来。

"姐姐不要招！"

姐姐用清水浸泡芝麻叶。芝麻叶是河南人爱吃的家常菜。

冬冬伸手抓芝麻叶，溅起一大串水花。

姐姐条件反射，拍一下她的小手，说："不要招[1]！"

她找妈妈告状，说："姐姐不要招！"

这是冬冬说的第一个完整的句子，虽然是接着姐姐的话说的。

---

[1] 招：河南方言，即"挨、摸"的意思。

1986-8-3

"姐姐不叫上"

冬冬独自上楼回家，刚把脚迈上第一层楼梯，紧随其后的李伯伯，忙拽住了她的胳膊，说："别上！"

冬冬重复说："别上。"

姐姐也从院子里跑过来，拉着她说："别慌着上楼，再玩一会儿！"

冬冬笑了，说："别上，姐姐不叫上。"

这是一个较为完整的主谓句。

两个"不让"

①邻居家的小朋友多多来家。

冬冬很高兴，亲热地去摸多多的脸儿。

多多扭开脸，说："打死你！"

冬冬说："她不让招？"

②菁菁给了多多一块西瓜，没给冬冬。

冬冬说："姐姐不让吃瓜瓜。"

"瓜瓜"发音为"八八"。"不让"后面竟然跟了个"吃瓜瓜"这样的复杂的动宾结构。

今天，冬冬的话语更多，句子也复杂起来。

谁"孬"

姐姐问："冬冬，你孬不孬？"

冬冬说："孬。"

姐姐又问："谁孬？"

她笑着说："姐姐孬。"

1986-8-4

"姑姑买的"

冬冬高兴地吃着冰棒。

姐姐问："冬冬，谁给你买的棒棒？"

冬冬说："姑姑买的。"

她吃完冰棍，往痰盂里扔棍子。看里面有水，说："妈妈尿尿。"

姐姐说："冬冬你错了，痰盂里是剩茶！"

"吃了"

早饭后下楼，婆婆问她："冬冬，吃饭了不？"

冬冬回答："吃了。"

过去，她吃饭没有，都回答"没有"。今天回答"吃了"，在"吃"后面还带了一个表示时间成分的"了"。

用钱买车

张叔叔推着坐在小车里的女儿多多，在院子里转圈圈。

冬冬眼馋，拉拉姐姐的手，说："坐。"

多多坚决不让。

姐姐抱走冬冬，说："等爸爸回来给你买，好吗？"

冬冬点点头，用手势比划着，要买两条胳膊搂起来那么大的车子。

姐姐问："用什么买车子呀？"

冬冬说："钱。"

她把"钱"发为 [tɕian]，仍然没有发为送气音。

1985-8-5

"姐姐跑了"

多多来家，冬冬热情地拿玩具给多多玩。

多多玩玩具，但不让冬冬碰一下。

冬冬告诉小姑："姐姐不让招。"

这句话她连说了三遍。第三次说得比较清晰。

多多玩了会儿，拿起冬冬一只鞋子，跑回家了。

冬冬指着门外说："姐姐跑了。"

一个很好的主谓结构，且句末第二次带了表示时间成分的"了"。

此时的冬冬，逐渐建立时间意识了。

"妈妈你吃"

姐姐煮熟了鸡蛋，小姑剥掉鸡蛋皮。

"妈妈你吃！"冬冬让妈妈先尝一点，然后自己吃。

这是第一次说出第二人称代词"你"。

冬冬吃着鸡蛋，又要喝水。

姐姐说："等吃完鸡蛋，再喝水！"

冬冬生气地说："姐姐不叫喝。"

1986-8-6

"姐姐不让吃了"

冬冬想吃饼干。

姐姐故意撩她，不让她吃。

冬冬拉着妈妈的胳膊，说："姐姐不让吃了！"

"××不让……""××不叫……"，成为冬冬"告状"的常有格式。

1986-8-7

投币

冬冬往积钱盒猫嘴里投硬币，塞不进去，多次失败。

小姑拿一枚五分的，也往猫嘴里塞，变换各种角度，都塞不进去；又换一枚一分的硬币，顺利投进了猫嘴巴。

冬冬注意力很集中地看小姑操作。之后，她开始把一分的放一堆，把五分、一角的放另一堆。接着，她往猫嘴里只投一分的。投完了一分的，再拿五分和一角的硬币，从烟囱里投进去。

原来，积钱盒之所以设置了两个投币孔，就是要发展儿童的观察力和分类能力。

主谓句发展快

冬冬的主谓句发展很快，经常说"妈妈抱抱、姐姐抱抱、冬冬热、妈妈买买、妈妈你吃、姐姐吃"等。

惊叫"妈呀"

冬冬在床上翻跟头，差点儿跌下床去，惊叫一声："妈呀！"

人们遇到危险，常常条件反射地喊"妈"。原来一岁半的幼儿，亦是如此了！

1986-8-8

教数数

妈妈教冬冬数数，从一数到十。

其发音："二"发不好；"六"发成 [lou]；最爱说"七"和"八"。

后来，教她说"一"，她接着说"七、八"；教说"二"，她接着说"三"。

"冬冬想吃"

从东湖游泳回来的路上，冬冬吃了个冰棍。没吃够，还想吃。

她指指姐姐嘴，指指自己的嘴和手。

姐姐故意误解她的意思，说："姐姐不吃冰棍。"

冬冬说："冬冬想吃。"

使用"想"，明确表达意愿。

评价人"脏"

①冬冬吃冰棍，覃覃也要吃。

姐姐掰一段冰棍给覃覃。

冬冬指着覃覃鼻子尖上的灰说："猫儿，猫儿！"

覃覃的姑姑梅香，不知道冬冬所说的"猫儿"是什么意思。

姐姐说："冬冬说，覃覃鼻子上有灰，是猫儿，意思是脏得像猫脸。"

冬冬再次说："脏、脏！"

②多多重感冒，鼻涕流到嘴唇上。

姐姐说："多多，赶快回去擦擦，看多脏啊！"

冬冬也说："多多脏。"

这两件事，都说明冬冬可以评价人了。"评价"是智力，也需要语言能力。

1986-8-9

"等等哥哥、哥哥背背"

林钦来武汉已经四天了。冬冬很害怕这个表哥，碰都不让碰一下。

今天，大家准备上街买蚊香。姐姐带冬冬先到楼下，她拽着姐姐不让走，叫道："等等哥哥！"

林钦下楼了。

她跑到林钦跟前，伸开双臂，说："哥哥背背！"

她跟林钦已经熟识了。这两句话，"哥哥"在动词"背背"之前作主语，在"等等"之后作宾语，句法能力上有进步。

1986-8-10

"不要好"

爸爸问："冬冬，穿上鞋子，出外玩，好不好？"

冬冬说："不要好。"

过去，同意做某事用"好"，不同意则用"不要"，现在把两者结合起来，形成孩童特有的否定句。

"该……"

午饭后，妈妈躺在床上，姐姐坐在床边哄冬冬。

冬冬站在姐姐背后，双手搂紧姐姐脖子，双腿夹着姐姐的腰，悬空几秒钟，双手突然一松，"吧嗒"一下倒在床上。再站起来，再搂姐姐脖子，再夹姐姐腰……高兴地做"佯摔"的游戏。

冬冬不满足于只从姐姐身上往下摔，也要从妈妈身上往床上摔。

"该妈妈扳！"冬冬叫着，趴到妈妈肚子上，身子一斜，从妈妈身上滚下来。

跟妈妈做了几个回合的"佯摔"游戏，她又搂着姐姐的脖子，说："该姐姐扳了！"一松手，从姐姐身上倒下来。

"该妈妈扳、该姐姐扳"，并不是要妈妈、姐姐扳，而是自己从妈妈、姐姐身上往下摔。但"该"的使用很重要。"该"的使用，表示初步有了"次序"

乃至"秩序"概念。

1986-8-11

"也"

天极热。上午十一点，姐姐把妈妈背到楼下姐姐的房间休息。因怕冬冬打扰，大家统一口径，说妈妈去医院看病了。

这个房间跟田伯伯的家，门紧挨着门。

冬冬在田伯伯家玩，准备回家时，冷不丁地瞄见了躺在床上的妈妈。跑过来，缠着妈妈玩一会儿，跑回去，对小姑神秘兮兮地说："妈妈睡觉也！"

这里的"也"，有时态助词"了"的功效。

安慰妈妈

冬冬很兴奋，不管不顾地拳打脚踢，撞疼了妈妈的膝关节。

她看到妈妈痛苦的表情，用小手轻轻抚摸着妈妈的膝盖，安慰说："不要紧，不要紧，妈妈不要紧。"

1986-8-12

忘记了告状

冬冬把面汤洒到地上，姐姐批评她。

她小跑下楼，一路上高喊着"妈妈，妈妈"，找妈妈去告状。

见到妈妈，玩得很开心。早把来告状的事，抛到了脑后。

"冬冬我的"

武汉湿度很大，所有的东西都湿漉漉的。暂时不穿的鞋子，都晾晒在窗台上。

林钦拿一双鞋子，故意问冬冬："这鞋子，是茵茵留下的吧？"

冬冬说："冬冬的。"

林钦故意逗她，说："我的！"

冬冬竟然说出："冬冬我的。"

"我的"是"所有格"，表示语法上的"领属关系"，可以用来明确"所有权"。且与"冬冬"连用，知道"冬冬"就是"我"。

1986-8-13

小姑的红指甲

冬冬突然发现，小姑的手指甲是红色的。她跑到桌前，翻找指甲剪。拿着指甲剪，去拉小姑的手。

小姑缩回手，问："你干啥呀？"

冬冬指指小姑的红指甲，又伸出自己的手指头。

这个手势语的意思，可能是要剪下小姑的红指甲，安在自己手指上。

1986-8-14

"不要疼，吃阿花"

姐姐双手按着肚子，佝偻着腰，表情很痛苦。

冬冬："不要疼，吃阿花！"

"阿花"就是米花。冬冬说着，抓把米花放姐姐手里，又给姐姐揉肚子。

"不要"相当于"别"，表示否定性祈使。

1986-8-15

"妈妈不要冬冬"

爸爸从郑州出差回来，坐了一夜火车，很累。

中午睡觉，冬冬睡在爸爸妈妈中间。爸爸很快睡熟了，妈妈也闭目养神。

"妈妈不要冬冬！"冬冬趴到妈妈脸上瞧瞧，又转身回头，见爸爸也闭着眼睛，扯着哭腔叫道，"爸爸不要冬冬！"

没人和她玩，她就认为大人"不要"她了。孩子常常担心被大人丢弃。这两个句子，也是冬冬说出的最为完整的"主语＋谓语＋宾语"，句法整合能力空前增强。此前的句子只有主谓、动宾、偏正等结构。

"不要好"

爸爸问："冬冬，撒个尿好不好？"

冬冬答："不要好。"

"不要"相当于"不"，用法泛化了。

入托，踏入社会第一程

（1 岁 8 个月　1986-8-16—1986-9-15）

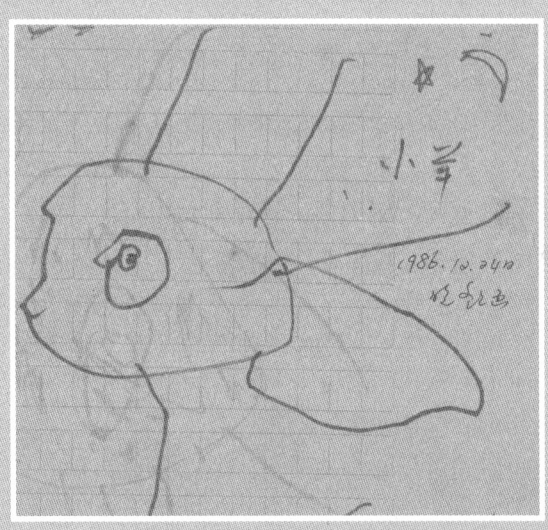

小羊（1986 年 12 月）

1986-8-16

"冬冬想、爸爸"

爸爸问："冬冬，爸爸不在家，你想不想爸爸？"

冬冬答："冬冬想、爸爸。"

宾语"爸爸"前面有一个小停顿，可见，"主谓宾"句还是有点难度的。

"不要"

冬冬想喝水，就手指杯子，说："爸爸倒。"

如果想喝水，又不想让爸爸倒，则说"不要"或是"不要爸爸"。

不是"不要"爸爸，而是不让爸爸倒水。句义表达不完全。

"来手"

冬冬拿个指甲剪，放在爸爸面前，拉拉爸爸的右手，说："来手！"

"来手"是冬冬的独创，意思是：你的手过来，拿着指甲剪，给我剪指甲。

"怕，走"

厕所是五家公用的，气味难闻。

冬冬去厕所，以手捂鼻。解完手，说："怕，走！"

1986-8-17

"爸爸吃了"

爸爸在厨房做着饭，往嘴巴里塞了口馒头。

冬冬忙跑回卧室，向妈妈报告："爸爸吃了！"

冬冬"了"的发音，近乎"也"（[jɛ]）。

"不要香"

爸爸做好了饭，说："冬冬，闻闻，香不香？"

冬冬头一扭，说："不要香！"

"不要香"的意思，是不愿去闻饭菜的味道。

简单的判断句

冬冬的判断句，大多是使用一个形容词。

如饭菜太烫，就说："热！"发音似"也"（[jɛ]）。

冬冬向积钱盒的猫嘴里投五分的硬币，塞不进去。

她随手把硬币一扔，说："大也！"

错位的报告

冬冬要小便时，从不报告。

喊叫着要"尿尿"，其实都是要大便。

1986-8-18

"冬冬车走咧，爸爸！"

爸爸推出自行车，带冬冬去马房山买菜。

冬冬坐上小车椅子，高兴地喊道："冬冬车走咧，爸爸！"[1]

"还是、还有"

①冬冬腿上，被蚊子咬了几个大包。

她让小姑抓痒。小姑抓了几下。

---

[1] "车"的发音不清晰。

冬冬说："痒，还是痒。"

②火柴散落在地上。

冬冬捡起了几根，说："还有。"

"哥哥不要倒"

冬冬想喝水。林钦忙站起身，去拿杯子。

她说："哥哥不要倒。"

意思是，让其他人倒，不让哥哥倒水。

1986-8-19

"爸爸剪剪"

冬冬把指甲剪递给爸爸，说："爸爸剪剪。"

"剪剪"是动词重叠式。这是见到的第一例动词重叠。

"剥剥吃"

冬冬拿瓜子，递给姐姐。

冬冬："剥剥吃。"

"剥剥"也是动词重叠，表示"吃"的方式。

"剥剥吃"是一个连动式结构，语义、语法皆复杂。

玩具归位

冬冬把小篮子里的餐具，一件件捞出来，随手扔出去。紧接着，她又一个个捡起来，装进小篮子里，端端正正放在桌子上。

大家为她鼓掌，夸她做得好。她很高兴。

1986-8-20

"没"

姐姐关上电扇，电扇停止运转。

冬冬看电扇不转了，把头一摆，蹦出一个字："没！"

"没"，是说电扇不转动了。

"不要"

①爸爸喂冬冬吃饭。

冬冬夺过饭碗，说："冬冬不要喂！"

②妈妈问："冬冬，妈妈给你讲个故事，想听不想听？"

冬冬："不要想听。"

近段，特别喜欢说"不要"。有些"不要"相当于"不"，是成人语言所不用的，如"不要想听"。

"怕"的泛用

这几天，只要她不喜欢的事和物，一律都用"怕"来形容。

1986-8-21

桌子也会走

饭后。爸爸折叠起桌子，家里宽敞了许多。

冬冬跑来跑去，高兴地说："桌走了。"

把"走"发音为 [tou]。

"没有得了"

冬冬喝完水，放下杯子，双手一摊，说"没有得了"。

"没有了"，河南泌阳话是"没得了"。"没有得了"，是普通话与泌阳话的混合。

特殊的"不要"

东西掉在地上，冬冬总喜欢去摸。

爸爸怕不卫生，说："不要摸，臭！"

冬冬说："不要臭。"

"不要臭"是"不臭"的意思。其言外之意是，非摸不可。

1986-8-23

"要"与"不要"

冬冬穿着妈妈的大拖鞋，在房间里走来走去。

爸爸指着她的小鞋子，问："小鞋子，你要不要？"

冬冬答："不要。"

爸爸指着玩具篮，问："篮子呢，要不要？"

冬冬答："不要。"

爸爸指着一盆塑料花，问："塑料花，要不要？"

冬冬答："不要。"

爸爸又指着妈妈的拖鞋，问："这个，要不要？"

冬冬答："要！"

想要什么，不想要什么，分得还挺清楚。

"爸爸走了，不要冬冬了！"

近段，冬冬特别缠爸爸。一会儿找不到爸爸，就边嚷嚷着叫"爸爸，爸爸"，边里里外外地寻找。

今天，爸爸出外办事。

冬冬说："爸爸走了，不要冬冬了！"

这是冬冬说出的第一个完整的复句，其中包含着微弱的"因果关系"：爸爸走了，是因为不要冬冬了。

鞋子穿反了

晚上，出外散步。

冬冬弯腰指鞋子，说："掉！"

爸爸弯腰看看，鞋子穿得好好的，没有掉啊？于是，扯着冬冬继续往前走。

走几步，冬冬又叫："掉！"

爸爸蹲下身子细看：原来鞋子穿反了，左脚的鞋子穿在了右脚上。

所谓的"掉"，不是鞋子要掉，是让爸爸脱掉她的鞋子，左右调换一下。

1986-8-24

为爸爸"加油"

爸爸骑自行车，带冬冬从街上回学校。

路经学校西门的大长坡，说："冬冬，快说，说爸爸加油！"

"爸爸阿油！"她使劲拍打自行车把，大喊，"爸爸油！"

儿语的重叠

儿童学说话，对最后的一个字，学得最为真切，中间较含糊。这可能是单音词重叠成"儿语"的理据——加大信息量。

曹琦老师说，她教孩子说单音节词语时，孩子眼神迷惘，反应较慢；但单音词重叠后，孩子可以听懂。

发音

冬冬的语音系统渐趋成熟。

稍有麻烦的是舌尖前音 z（[ts]）、c（[tsʰ]）、s（[s]）和舌尖后音 zh（[tʂ]）、ch（[tʂʰ]）、sh（[ʂ]）、r（[ʐ]），发展还不完善。有段时间，冬冬把一些舌尖前音，发成舌尖音 d（[t]）、t（[tʰ]）；把一些舌尖后音，发成舌面音 j（[tɕ]）、q（[tɕʰ]）、x（[ɕ]）。当然，这只是倾向，并不绝对，并不稳定。

"还有"

吃冰棒。冬冬对还附在棍上的那一点儿点儿，也不放弃，啃过来舔过去，馋得很啊！

爸爸说："冬冬，扔掉吧，没有了！"

她舍不得扔，再放到口中舔一下，说："还有。"

会思念人了

林钦表哥和二姐姐，前几日一起回了河南。

冬冬翻看相集，看到她和哥哥姐姐三个人在黄鹤楼照的合影照，哭喊着要"姐姐"，要"哥哥"。后来竟然哭得泪流满面。

1986-8-25

体检

冬冬终于可以入托儿所了。

爸爸带着冬冬，到大东门妇幼保健儿童医院体检，身体符合入托的条件。

中午，爸爸办了入托手续。明天早上八点，冬冬就要开始集体生活了。

蹲痰盂

冬冬学会坐痰盂。不管大小便，自己都能坐上去解决问题。

如果拉出点大便，她双手一定捂着鼻子，连说："臭臭，臭臭……"

"虫"

①爸爸教冬冬蹲厕所里的便池。

她突然叫道："虫，虫！"

果然，墙面上有一只会蹦会跳的八脚虫。

"虫虫"说成了单音节。

②晚上，一片鸡毛飘落在地面。

冬冬连叫："虫，虫！"

她掌握了"虫"的典型特征：会飞，体积小。但还不能把有无生命这一要素，放进鉴别中，故而"看见鸡毛当虫虫"。

亲吻姐姐

姐姐从河南回来了。

冬冬听见姐姐在门外的说话声，跑着迎上去，一头扑在姐姐怀里，吻了姐姐的脸，又搂抱姐姐的脖子亲吻。

这和 5 月份去当阳，她见了妈妈叫"阿姨"，大相径庭。

仅仅三个月的时光，记忆力加强了很多。

1986-8-26

梦中叫爸爸、学羊叫

五天前，爸爸躺在床上示范"山羊走路"：仰面朝天，手脚上扬，做交替行进的动作。冬冬兴趣盎然地跟着做动作。

爸爸模仿羊叫，说成是"山羊唱歌"："咩——，噗！"

她也跟着模仿。

几天来，父女俩每天都学几次羊叫，每次都玩得很开心。

昨夜，冬冬在睡梦中叫："爸爸！"

爸爸急忙过来，模仿温柔的羊叫："咩——，噗！"

冬冬睡眼蒙眬的小脸上浮起笑意，顺着爸爸音叫："咩——"

双腿跟椅子腿，捆在一起

上午八点，爸爸送冬冬进托儿所。她被教室里新奇的玩具所吸引，兴致勃勃地玩起来。爸爸趁机偷偷溜走。

中午十一点，姐姐去托儿所看冬冬。首先听到冬冬的号啕大哭，继而看到冬冬坐在扶手椅里，两腿和椅子腿用"保险绳"系在一起。

她一见姐姐，像看见了救星，挣扎着哭得更凶了。

经托儿所老师同意，姐姐接冬冬回家。路上一边哭，一边叫"爸爸"。

回到家，她皱着眉头，摸摸椅子腿，又指指自己的双腿，一双手不断地缠来缠去……似乎在告诉妈妈，被捆在椅子腿上，是多么难受！

"看看"与"瞅瞅"，同义置换

爸爸在朱叔叔家聊天。

姐姐拉着冬冬的手，说："走，叔叔家是彩色电视。咱去看看叔叔家的电视咋了？"

冬冬边走边说："看看电视咋也？瞅瞅电视咋也？"

冬冬的"看看电视咋也"是模仿姐姐说的话，而把"看看"置换成"瞅瞅"，是她在做同义词替换，是语言联想能力的体现。

在冬冬的语言系统里，有个特殊的语气词"也"，与"了"相同。

"黑也"

天黑，路灯还未亮。

姐姐带冬冬下楼，她们的模糊影子，印在楼梯上。

冬冬紧紧依偎在姐姐身边，说："黑也。"

"也"，相当于"了、呀"。

问句不同，反应不同

冬冬"点头"少，"摇头"多。

她喝了半杯水。

姐姐问她："水好喝不？"

她摇头。

爸爸又问："水好不好喝？"

冬冬回答："好喝。"

姐姐和爸爸问的是同一问题，冬冬的反应却不同。是因为两个问句的结尾不同，而带来冬冬的两种反应吗？爸爸接着做了一个实验：

姐姐问冬冬："撒尿不？"

冬冬答："没有尿。"

妈妈问："冬冬有尿，尿尿吧？"

冬冬答："尿！"

说"尿"，还真尿出了尿。

如此看来，这个年龄段的儿童，理解话语、回答话语，可能在使用一种"接尾策略"：常常受到上句的末尾词语的暗示，常常根据上句的末尾词语来反应。

1986-8-27

在托儿所

上午八点，爸爸送冬冬，托儿所阿姨在门口接，她坚决不让阿姨抱。爸爸抱她进教室。阿姨递给她一个球，她弯腰抱球。爸爸乘机溜走。

中午十一点，爸爸去托儿所。冬冬正坐在摇篮床上哭着喊"妈妈、妈妈"。爸爸拍着她，哄了二十多分钟，终于睡熟了。

阿姨告知，冬冬到托儿所只玩了几分钟，就哭着找姐姐。阿姨带她到院子草坪上，还是哭着要姐姐。小姑娘脾气太倔。要适应托儿所生活，快则一个星期，慢则一个月或一个学期。

"坐"和"脚"

不管是电视中的汽车、玩具汽车，还是大路上飞驰的真汽车，冬冬都喊着要坐。

冬冬把"坐"发成 [tɕiɑo]，几次都被爸爸误听为"脚"。

闹钟声

闹钟急促的响声，常把冬冬吓一跳，惊慌失措扑到大人怀里，扭动脖颈，寻找响声的来源。

有时，楼下传来的自行车铃声，她也抬头去看电视柜上的闹钟。

开门、关门的是"阿五"

南风徐徐，没有关紧的纱门，差不多几分钟就来一次"吱——咣当、吱——咣当"的响声。

冬冬指着门口说："阿五，阿五[1]！"

妈妈说："不是阿五，是风吹的！"

她也学说："风！"

停了一会儿，她又指着门说："阿五。"

"老头走路"

冬冬做"老头走路"的游戏。

她口中说"老头"，弯腰驼背，双手背在身后，一步一顿，举步维艰。

姐姐杀鸡

姐姐把母鸡拿到厨房，准备杀了鸡炖汤让妈妈补身子。

冬冬紧跟姐姐进厨房，又跑回卧室，对妈妈说："冬冬看看，杀鸡！"

"看看"是动词重叠。

妈妈问："谁杀鸡呀？"

"姐姐杀鸡，"冬冬说着跑出去，看姐姐杀死了鸡，把鸡按到盆里，浇上开水拔鸡毛了，又急急跑回来，说，"死了，不要冬冬了！"

"死"的发音为 [ɕi]。连鸡子死了，也是"不要冬冬了"，这种思维很有趣。

摇头，并不都表否定

姐姐问："吃苹果不？"

冬冬摇头。

姐姐有点不耐烦，高调问："吃不吃？"

她回答："吃！"

又是一个摇头不表示否定的例子。看来，还是接尾策略在起作用，是上句

---

[1] "老鼠"，她以为是老鼠在开门和关门。

末尾的词语在影响着回答。

入托，踏入社会第一程

下午，姐姐去接冬冬。

冬冬对姐姐说："不要爸爸，不要妈妈。"

姐姐问："要姐姐不？"

冬冬答："要，要姐姐。"

早在楼梯口等候的爸爸，伸手去抱她，她拨开爸爸的手，把小脸儿扭向一边。

妈妈躺在床上，忙不迭地叫着："冬冬，来，跟妈妈亲一个！"

她面无表情地坐在椅子上，像什么都没听到。

爸爸从口袋里摸出两角钱，递给她。她眼皮不抬，接过钱，随手一扔。

爸爸与她互动了几分钟，情绪才稍有好转。

入夜，冬冬睡在父母中间，既不挨爸爸，也不碰妈妈。梦中大哭了几次，激灵灵地战栗了几次。就连爸爸把尿，她也反抗挣扎。

环境的巨大变化，也使孩子的心境发生变化！

过去的夜晚，是一家三口尽享亲情的时段。冬冬常做两种游戏：一、把她的两条胳膊，摺给爸爸妈妈各自一条，让父母枕着她的小胳膊睡觉；二、她调皮地左右开弓，搂着父母的脖子，用大力气，把父母的头，紧贴在自己脸的两旁。

孩子离家入托，是人生社会化进程中的第一步！这一步，总是要走的！

1986-8-28

骑木马

冬冬入托第三天。

去托儿所，刚走到电影院门口的拐角处，冬冬就开始大叫"妈妈——"。进教室，阿姨从爸爸怀里接过她，她号啕大哭。

值得安慰的是，下午爸爸去接，看见冬冬正在玩耍。

托儿所阿姨反馈的信息是：今天哭得少了，吃、睡都可以，情绪不错。

回家的路上，她在自行车上高喊"喔——驾"（[we ja]），似快马加鞭的吆喝声。

爸爸愣了一下，联想起托儿所摆放的那些木马，便问："你今天骑马了吗？"

冬冬答："骑马。"

亲情

冬冬推开门，箭一般冲到床前，亲吻过躺在床上的妈妈，又扳着爸爸脖子亲吻。她吻了妈妈又吻爸爸的举动，让父母顿时热泪盈眶。我们的心肝宝贝儿，你又变回了原来的你。

爸爸去厨房做饭。

她四处寻找，说："冬冬想爸爸！"

一眼看不见，就想爸爸了？

"没见过，好看"

电视柜下，新摆放一个贝壳雕塑。

冬冬好奇地看来看去，说："没见过，好看！"

第一次出现时态助词"过"。至此，"了、着、过"三个时态助词，都出现了。

1986-8-29

"爸爸呢？"

早晨，冬冬醒来，没看见爸爸，问："姐姐，爸爸呢？"

这是冬冬第一次使用"名词＋呢？"构成的问句。

姐姐答："爸爸买早点去了！"

妈妈问："冬冬，你愿意去托儿所吗？"

她摇摇头。

妈妈又问："那咱去幼儿园，好吗？"

她点头说："好。"

理智上，仍不愿去托儿所

中午，姐姐隔着托儿所的纱门偷看：冬冬正和两个小朋友，卖力地把玩具搬到玩具架上。根本没发现纱门外的姐姐。

这两天，冬冬在托儿所玩得不错。但理智上，她仍不愿意去托儿所。

爸爸说："托儿所多好啊！你去了，奶奶[1]还抱着你。"

冬冬答："不要奶奶！"

妈妈也劝说，那里有玩具和年龄相仿的小朋友，比在家里好玩。

冬冬皆以"不要"作为回答。

"冬冬看阿姨"

晚上，冬冬拿着文艺杂志《十月》封底上的油画，给妈妈看，说："看，阿姨。"

封底油画是一幅美女图。

妈妈刚接过来，又被冬冬夺过去，说："冬冬看阿姨。"

1986-8-30

冬冬发烧了

今天，姐姐到南湖体育系食堂正式上班。

早上，冬冬坐床上穿妈妈的袜子。她折腾了好大会儿，还是穿不上，让帮忙：

---

[1] 奶奶，是年龄较大、管孩子们生活的保育员。

"姐姐，穿袜子。"

冬冬小脸儿有点红。妈妈摸额头，似乎比平时热一些。但考虑到她刚刚适应托儿所环境，还是送去了托儿所。

下午，爸爸有课。妈妈拜托楼下的田伯伯去接冬冬。田伯伯刚接上冬冬，爸爸也赶到了托儿所。

此时的冬冬，小脸红通通的。爸爸伸手摸冬冬额头，热得烫手。直接去医院。医院已下班，挂急诊，体温 38.7 度，打了庆大霉素和氨基比林退热针。

高烧的夜，难熬的夜

这几天，全国"首届青年现代汉语（语法）学术讨论会"在华中师大召开，著名语言学家朱德熙、陈章太、邢福义、饶长溶、龚千炎、于根元等先生都来参加会议。爸爸是大会组织者之一，事务性工作繁忙，会议要求组织者全部住会。

晚八点，冬冬高烧到 39.9 度。塞个退热栓，无效，依然高烧不退。

深夜十一点半，爸爸从会务组回来，立马叫上覃发高叔叔，抱冬冬去广埠屯七六二医院，验血开药打针。

夜深，空气凉爽。到家时，冬冬退了点烧。

凌晨三点，再次高烧 39.9 度，用小儿退热栓，仍无效。爸爸用热毛巾敷在额头上，用酒精擦腋下，仍不退热。瞬息间，体温 41 度。

爸爸急了，又抱冬冬去校医院。医生怀疑冬冬是疟疾，打了一支奎宁针。两个小时后，冬冬体温仍是 39.6 度。

这一夜，好难熬啊！

1986-8-31

"不要 ×× 生病"

冬冬生病时，更想让妈妈抱。

妈妈说："宝贝儿，妈妈抱不动你，妈妈生病了！"

冬冬说："不要妈妈生病！"

妈妈说："冬冬也生病了！"

冬冬答："不要冬冬生病！"

生病这事，能是你主观上要与不要那么简单？

怕量体温

发烧量体温的次数多了，冬冬有些讨厌，说："冬冬怕！"

意思是，冬冬怕量体温。

有时会说："妈妈，怕！"

意思是，告诉妈妈，冬冬怕量体温。

在妇幼保健医院住院

昨晚去医院打针，冬冬一直处于昏昏欲睡的状态。早上服 APC 退热药，稍有好转。下午四点又高烧到 40 度。

妈妈请田伯伯帮忙打电话叫回开会的爸爸，抱冬冬去妇幼保健医院就诊。

从下午四点到晚上七点，折腾了整整三个小时，冬冬终于住进妇幼保健医院住院部。诊断为"疱疹咽喉炎"，体温 39.2 度，嘴巴和喉咙大面积溃疡，哪怕是咽口水，都疼得大哭。用氨基比林滴鼻一个小时，烧退了许多。

爸爸不忍心离开，但也必须到会上去。就让刚上班的姐姐请假，护理住院的冬冬。

1986-9-1

"杀叔叔"和"打阿姨"

昨夜，姐姐在医院陪床。

中午，高烧 39 度，打点滴。医生让用冰袋物理降温，半个小时后稍退。下午四点，又烧到 39.3 度，又滴鼻又用冰袋敷，至夜间方退烧。

因扎静脉输液的是位男医生，冬冬极害怕。一看见穿白大褂的男大夫，就说"杀叔叔！"

打臀部针的，是一位护士阿姨，她又说："打阿姨。"

1986-9-2

模仿扎脚输液

昨天，冬冬输液扎的是额头，今天扎的是脚面。

下午，爸爸用自行车推着妈妈去看望冬冬。仅两天工夫，冬冬的小脸儿又黄又瘦，眼窝深深陷了下去。左边的额头上，剃去一片头发，大概是输液的需要。

她给父母表演打吊针：搬起自己的脚，模仿护士阿姨扎脚输液，用很强硬的声调，反反复复说："不要动，不要动！"

1986-9-3

打吊针

输液，最好能一针见血。如果连着扎几次静脉血管，护士的手，扎软了；孩子的嗓子，哭哑了；亲人的心，完全吊在了嗓子眼上。

又到输液时间。

冬冬看见护士阿姨过来，吓得缩成一团。

姐姐对冬冬说："听话，扎胳膊好不好？扎胳膊就不扎头！"

冬冬没再挣扎，把小脸儿扭到一边，乖乖伸出小胳膊。

她害怕医院穿白大褂儿的人，其中包括穿白大褂儿扫地送水的勤杂工。对送药的、打针的、查房的医生，更像老鼠见了猫，连连说："怕、怕，冬冬怕！"

怕医生，是在没扎针之前。只要一扎上吊针，她就开始活跃起来，频频查看挂在高处的吊瓶里的药水少了多少。只要停一小会儿，水低了一点儿点儿，她就扯开嗓门，连连叫道："没有哎，阿姨来！"

吊瓶里还有半瓶药水，她就催着姐姐找护士来拔针。

姐姐朝护士办公室的方向走，她的眼睛一直瞄着姐姐行踪。姐姐在门口转一圈，回来告诉她，护士阿姨很忙，等忙完了一定过来。她安静几分钟，又催姐姐出去找护士阿姨。

1986-9-4

退烧了

昨夜，冬冬不再发烧。

上午，王汇阿姨用自行车推着妈妈去医院看冬冬。妈妈陪着她玩了一个小时，乘她熟睡时，离开医院。

冬冬醒后，找不到妈妈，说："走，走，妈妈走了，妈妈不要冬冬了！"

姐姐问她："走，上哪儿？"

她说："回家。"

下午四点输完液，姐姐抱她回华师。到家，冬冬又蹦又跳，高兴得无以复加。她做出跑的姿势，调皮地说："冬冬跑。"

爸爸买回一瓶水果罐头。

冬冬学说"罐头、辣椒、再见"，发音分别为 [ai tou]、[ʌ tɕiɑu]、[ai tɕian]。新学的双音节词的第一音节，有发为 [ʌ/ai] 的倾向。

为小猫打针

冬冬在家表演打针：一手拿玩具小猫，一手用一根伸直的曲别针，使劲戳进小猫底部的小孔里，自言自语地说："不要动，冬冬打针！"

稍停，她拨出曲别针，长长地出了一口气，说："好了！"

她把自己的医院经验，呈现在玩具猫身上。

妈妈用沾上药膏的棉签，抹她身上的小疙瘩儿。她夺过来棉签，为小猫抹抹。爸爸吐点唾液，涂抹冬冬腿上被蚊子咬的包。她也吐唾沫，为小猫抹几下。

1986-9-5

"好了，好了"

上午在医院继续输液。

针头又扎在额头上。很顺利，一次就扎上了。

扎针时，冬冬没哭。扎上后，冬冬翻动着手腕，欣喜地说："咦，咦，好了，好了！"

"爸爸接娃娃、姐姐"

输液后，姐姐准备抱冬冬回家，说："冬冬，等会儿我们回家，好吧？"

冬冬说："爸爸，接，娃娃，姐姐。"

"爸爸接"的对象是"娃娃"和"姐姐"，语义组合难度较大，冬冬说这句话时，中间顿了三次。

"大河"

爸爸曾承诺，开完会，马上来医院接冬冬回家。

姐姐抱着冬冬，在医院大门口的公共汽车站等候。马路上车水马龙。每过一辆公共汽车，冬冬都高兴得"啊啊"直叫。汽车停下，人下了车走了，还不见爸爸的踪影。

冬冬要小便。

姐姐把她抱到路边，说："在这里尿，尿一条大河！"

冬冬方便后，指着地下的尿，说："大河。"

半个小时过去了，还等不到爸爸。姐姐抱冬冬上公共汽车回家。冬冬端端正正坐在位置上，售票员来售票，她把钱递给售票员买票。小大人的模样儿。

1986-9-6

谁想谁？

姐姐刚去食堂上了一天班就请假，很担心单位会有意见。爸爸中午散会后，让姐姐上班，自己到医院来管冬冬。虽有爸爸陪床，被她挂在嘴上的还是姐姐。

爸爸："冬冬，你想谁？"

冬冬："姐姐。"

爸爸："谁想姐姐？"

冬冬："冬冬。"

爸爸："想谁？"

冬冬："姐姐。"

爸爸："谁想？"

冬冬："冬冬。"

这段对话表明：冬冬已理解主宾关系反映的施事和受事关系，清楚"谁想谁"。而且，冬冬已能把握疑问焦点"谁"，不管它在主语的位置，还是在宾语的位置。

"车"

爸爸："冬冬坐什么？"

冬冬："车。"

爸爸："谁坐车？"

冬冬："冬冬。"

冬冬对这两个特指问的回答，都是合适的。

她把"车"发音为[ʧiɛ]，说明发卷舌音还是有困难。

学开救火车

王汇阿姨把罩罩的红色救火车，带到医院让冬冬玩。

冬冬玩救火车，开始只会推着它向前跑。爸爸教她辨方向，往左、往右、掉头和转弯前进。又叫她按住小司机的头，稍停一会松开手，救火车能自动开着走。

教了几遍后，冬冬学会了，还创造性地用脚踩踩司机的头，让它自动前行。

钻圈

孩子病情轻一点，就要玩耍。

病床下，有个放洗脸盆的铁圈，冬冬钻进去钻出来，玩得很开心。

她指指铁圈，又拍拍爸爸的头，再指指圈下和圈上。

让爸爸也去钻圈？这任务，爸爸怎么都完不成。

系统脱敏

冬冬在医院，住32床。医生们评价，在病儿中，就11床和32床脾气厉害。

每次输液她都拼命挣扎，都哭得汗流浃背，有时连气都喘不过来。她怕一切穿白大褂的人，怕量体温，更怕用竹皮板子，捺着舌头看嗓子。有一次，医生把竹皮板子伸进冬冬口里，她下狠劲咬着，就是不松口。咬了三分多钟，竹皮板子裂成了两半。

爸爸用系统脱敏的办法，带冬冬去护士办公室，和护士阿姨友好地打招呼；又带她去看其他小朋友打针等等。但愿通过这些方法会有些变化！

1986-9-7

喝牛奶

冬冬喝牛奶，还剩下了一点儿点儿。

爸爸说："没有了。"

她立即不高兴地叫起来。

因为"没有了"，就等于不能再喝了。

1986-9-8

双名词句

这些天，冬冬说了不少双名词句，如：

"冬冬妈妈"，意思是，冬冬想妈妈。

"冬冬木"，意思是，冬冬要积木玩。

"冬冬鞋"，意思是，冬冬要穿鞋或是要脱鞋。

这些双名词句，有点像指指点点的手势语。理解它们，要靠具体语境。

呼语

对话、打招呼，常用到呼语。呼语，是人际交流的润滑剂。

冬冬会用呼语，如："爸爸，再见！""再见，爸爸。"

呼语的位置可以在开始，也可以在后面。

用好呼语，可以保证人际交流的质量。

搭积木

冬冬玩积木，其实是在做搬运工：从盒子里倒出来，又放进去。

爸爸教她往高处摆。她可以摆上三块积木。

1986-9-9

祈使句

冬冬说"爸爸捡"，是让爸爸捡起掉在地上的东西。

如果说"冬冬捡"，可能有两个意思：或是要自己捡，或是要人给她捡起来。

溺爱

她特别爱跟姐姐撒娇和发脾气。

姐姐亲她宠她，也助长了她的娇气和任性。

在医院这几天，爸爸管得多点，她的任性与娇气，似乎有所收敛。

1986-9-10

病愈出院

冬冬住院十一天，今天病愈出院。

发烧，已控制了一个礼拜，喉炎和口腔溃疡也痊愈了。精气神不错，只是脸上气色还比较暗。

健康和饮食，是今后注意的重点。

1986-9-11

"我哩，冬冬我哩！"

刘伟哥哥拿了个可伸缩的纸花，向冬冬炫耀。

冬冬被撩逗得心里痒痒的，连连说："我哩，冬冬我哩！"

名字或称谓与"我"并用，在成人与儿童的交流中，也常见到，如"我爸爸……""我妈妈……"之类。

玩硬币

硬币在冬冬手中，有两种玩法：

第一种：她把三四枚硬币，叠放在手背上，再用另一只手托着这只放硬币的手，保持平衡，能坚持两分钟左右。

第二种：把硬币堆成堆儿，专捡一分的硬币，投进钱盒子里。吃不进去的大硬币，随手放一边。

从医院回来，独自玩的时间长了。玩得专注而有耐心。

1986-9-12

记住《漓江春晨》

爸爸对冬冬说"山水船"三个字。

她抬头，先看到《母爱》和《三位女郎和她的命运》，紧接着惊喜地指着《漓江春晨》那幅画，说："那 [pei]！"

认不准颜色

冬冬玩一条红、白、黑相间的三色围巾。

爸爸问她哪是红色、白色和黑色，她都指对了。

第二次，爸爸打乱了颜色的顺序，先问"黑色"，她指红色；又问"白色"，她指黑色。

第一次说对颜色，实属偶然。

双音节词语的衬音

一些双音节词，冬冬把第一音节发为 [A/ai] 的倾向，现在仍然存在。例如：把"米花"说成如 [A] 花"，把"积木"说成"[A] 木"。

甚至把"开门"也说成"[ai]门"。"开门"不是词，是个短语。

1986-9-13

参与讲《大灰狼》故事

在妇幼保健医院，爸爸讲《大灰狼》故事时，冬冬还是个听众。今天，爸爸再讲这个故事，她已是参与者。

爸爸说："一只大灰狼，嘴巴大又大，耳朵长又长！"

冬冬用手摸自己的嘴巴，扯扯自己的耳朵。

爸爸说："大灰狼的肚子——"

她拍拍自己的肚子，接口说："饿了！"

爸爸说："大灰狼去敲门——"

冬冬模拟声音："梆梆梆，梆梆梆。"

爸爸讲："小白兔说，'我有——'"

冬冬说："萝卜，白菜。"

爸爸接着讲："大灰狼说：'我不吃萝卜白菜，我要吃——'"

冬冬接口："肉肉。"

她不仅记住了基本的故事梗概，还突然能说这么多，很令父母惊奇。

玩积木

冬冬把玩积木叫"垒高高"，本领突飞猛进，能垒到十四块的高度。

今天，她垒到了十五块，正高叫"高高，高高"，"哗啦"一声，倒了。

她惋惜地说："倒了！"

她求援，一会儿叫"爸爸，帮忙"，一会儿叫"妈妈，帮忙"。

她能区别出积木不同的厚度和形状。垒底座，她用厚厚的长方形，如果递给她三角形或者不规则图形，她就随手一扔。摆放积木时，还让画面朝上。

摞书

冬冬不仅摞积木，还把家里能摞的东西，都摞得高高的。

爸爸买回几本书，她伸手要。递给她一本，叫着"还要"。爸爸把几本书都拿给她。她一本接一本地往高处摞，玩得很起劲。

原来喊"爸爸"是去声。近几日，把"爸爸"发成高平调，这是河南话的特点。

1986-9-14

"辣"的泛用

冬冬把味道较浓的食物，皆称之为"辣"。

比如：放糖太浓的甜水，放酱油的青菜等等。

"咱俩吃"

姐姐削苹果。

等待在一旁的冬冬，拍拍姐姐的肩膀，说："咱俩吃。"

"咱"是第一人称，"俩"表双数。这是人称系统的重要进步。

1986-9-15

求援

梅香带覃覃来家。两个孩子争夺玩具，不可开交。

冬冬向姐姐喊道："姐姐，上！"

知道求助、搬援兵了！

习得"我、你、他"

（1 岁 9 个月　1986-9-16—1986-10-15）

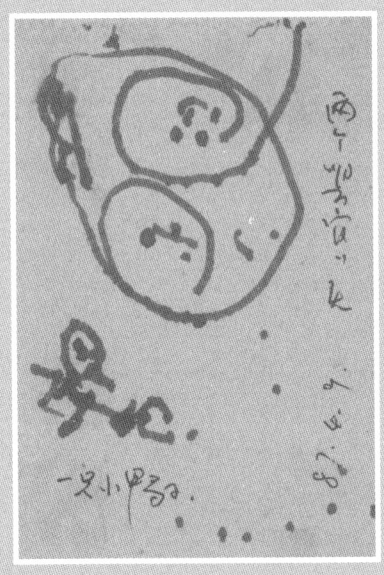

小鸭（1987 年 4 月）

1986-9-16

"包包"

冬冬从托儿所回来。

妈妈问："冬冬，中午吃饭了不？"

冬冬点头，答："吃了。"

妈妈又问："吃的什么呀？"

冬冬："包包。"

今天刚去托儿所一天，又出现了发烧流鼻涕的症状。

"羞、丑"

姐姐给冬冬洗完澡，自己也开始洗。

冬冬看姐姐脱衣服，划着脸蛋说："羞哟，羞哟！"

姐姐把她推出门。

妈妈问冬冬："你们干什么呀？"

冬冬说："丑，丑！"

妈妈问："谁丑？"

冬冬说："姐姐丑，冬冬丑！"

1986-9-17

再次发烧

大病了一场后，冬冬的抵抗力很弱。也许在托儿所又着凉了，昨天晚上再次发烧。服药，退烧。

留冬冬在家，细心照料。

"不要……"

冬冬用"不要"来否定，省略中间的动词，如：

"不要手"，意思是：不洗手。

"不要屁"，意思是：不擦屁屁。

"不要尿"，意思是：不想尿尿。

这是把"要"作为主要动词用了。

1986-9-18

喜欢薄积木

冬冬仍有清水鼻涕。在家疗养。

玩积木。原来只拣厚的长方形，今天对薄积木感兴趣。把厚积木扔到一边，拣出所有的薄积木，堆放在一起，然后搭建桥梁或者垒高高。

分类能力，日渐增长。

1986-9-19

为自己的画命名

冬冬在白纸上，用铅笔画一条竖线，称之为"长江"。

画一横一竖，横竖交叉，称之为"猫猫"。

1986-9-20

快乐地滑滑梯

晚上，姐姐带冬冬去托儿所滑滑梯。

刚走到图书馆，她哭着说："不要奶奶，不要奶奶！"

姐姐解释说："咱去幼儿园坐滑梯，不是去托儿所！"

幼儿园和托儿所相隔一条马路，紧挨着露天电影院。冬冬听见放电影的声音，督促说："进，进！"

她隔着铁栅门看见滑梯，高兴得大叫："[A]梯，[A]梯！"

姐姐拉着她的小手，登上滑梯，还没坐稳，就急着往下溜，差点儿撅着小脚丫。

冬冬跑上滑下无数次，玩得极其开心。

1986-9-21

不安稳的睡眠

最近三个夜晚，冬冬睡不安稳，每晚都有两阵哭闹，要"姐姐"。

爸爸千方百计哄她入睡，实在哄不下，就抱她出去转悠，美其名曰"找二妮去"，一直晃悠到她睡熟为止。

有时，妈妈讲故事。讲月宫里的嫦娥和玉兔，讲骑大白鹅的小冬冬有多神气，最后还得承诺，明天晚上，不仅让姐姐搂着她，还让她双手抱着姐姐的脖子睡觉。

早上，冬冬很早醒来，要妈妈跟她玩。

晚上没休息好的妈妈，闭着眼睛养神，有一搭没一搭跟她说话。

她不满意妈妈的这个状态，拍着妈妈脸儿说："睁眼，看看冬冬！"

自言自语

冬冬自言自语的次数越来越多，说话的时间也越来越长，有时可一气说上五分钟左右。

有些自言自语，与她正在做的事情相关。比如玩积木时，她拣出长长的积木垒高高，说"高的，高的"；拿到薄的或者其他形状的积木，就扔到一边，说"不要，不要"；垒得太高了，积木倒了，说"倒了，倒了"。

有些自言自语，与当时的行为无关。比如，冬冬一边折腾手中的玩具，一边说：

"姐姐走了，不要冬冬了！"

"爸爸，不要冬冬了，走了！"

"冬冬不要妈妈了！"

"冬冬不要爸爸了！"

"冬冬不要姐姐了！"

……

关于她要谁不要谁，或是谁不要她的话题，目前都是她最为关心的。

"要妈妈"

冬冬自语道："冬冬不要妈妈了！"

陪伴她搭积木的妈妈，故作生气状："说什么？你不要妈妈？你不要妈妈，妈妈可走了！"

她抬头，笑着，改口说："要妈妈。"

她说"不要××"时，表情很得意。

却最怕别人说"不要冬冬"，即使你是笑着说的，她一听，立马眼泪花花。

1986-9-22

"不要慌"

深夜，冬冬叫："冬冬尿尿！"

爸爸忙爬起来把尿，停了好久都没有尿。爸爸有两次想把她拉回床上，她都不同意。第三次拉回被窝时，她连着说："不要慌，不要慌！"

两声酷似大人说的"不要慌"，把睡眼蒙眬的父母给逗乐了。

又停一会儿，她果然尿了，给爸爸一个圆满的答案。

男女的标记——长发

电视剧《甄三》是清末武林故事，剧中的男人，留着长长的辫子。

冬冬对留长辫子的男人，一直喊："阿姨，阿姨！"

她区分性别的主要标记，是有无长发。

1986-9-23

哭，也得去托儿所

冬冬退烧了，今天送去托儿所。

走到半路，冬冬就开始哭。到教室，托儿所阿姨来接，她紧抱爸爸的脖子，不松手。阿姨还是硬夺了过去。

爸爸出门，躲在墙角偷听：冬冬哭了一会，停止哭泣，和小朋友们玩了起来。

水，也是"脏"

爸爸抱冬冬经过西一村的南院，遇到了比冬冬小两个月的女孩熊楠。

爸爸让冬冬跟熊楠握手。

冬冬握着熊楠的手，突然叫"脏"。

楠楠妈妈翻开熊楠的手，原来楠楠手上有水，没有擦干。

睡觉时，她还一直记着这件事，对妈妈说："脏，楠楠脏！"

1986-9-24

《大灰狼》的故事

冬冬多次听爸爸讲《大灰狼》的故事。

现在，爸爸讲一句，冬冬接一句。两人一替一句，能讲出完整的故事来。

"没有人呀"

爸爸抱冬冬去小冯叔叔家。

门虚掩着，推门进去，屋里没人在。

冬冬左瞅右瞧，说："没有人呀！"

1986-9-25

学习《春晓》

昨夜，爸爸教冬冬吟孟浩然的《春晓》："春眠不觉晓，处处闻啼鸟。夜来风雨声，花落知多少。"

这是正式教冬冬的第一首诗。今天，冬冬已经可跟着大人溜这首诗了。每句开头两字，发音清楚，一句的最后一个字，也较清楚，但中间的发音含糊不清。

会唱的歌

冬冬跟着大人，可以一起唱的歌有：

①《济公》的插曲："鞋儿破，帽儿破，身上的袈裟破；你笑我，他笑我，一把扇儿破。南无阿弥陀佛，南无阿弥陀佛，南无阿弥陀佛，南无阿弥陀佛，哎嘿，哎嘿！无烦无恼无忧愁，世态炎凉皆看破。走啊走，乐啊乐，哪里有不平哪有我，哪里有不平哪有我，鞋儿破，帽儿破，身上的袈裟破；笑我疯，笑我癫，酒肉穿肠过。南无阿弥陀佛，南无阿弥陀佛，南无阿弥陀佛，南无阿弥陀佛，哎嘿……哪里有不平哪有我，哪里有不平哪有我……"

②电影《摇篮》插曲："八月十五月儿明呀，爷爷为我打月饼呀。月饼圆圆甜又香啊，一块月饼一片情啊。爷爷是个老红军哪，爷爷待我亲又亲哪。八月十五月儿明呀，爷爷为我打月饼呀……"

③她在托儿所学会的两句儿歌："妈妈爱我我爱她，妈妈盼我快长大……"

学唱歌，旋律最重要

① "济公歌"，是冬冬从一岁两个月开始，时常听的录音。

一开始，她听到这句"南无阿弥陀佛"，就拖长腔接唱"哎——"；之后，随大人唱一句中的最后一个字，如"鞋儿破、帽儿破"的"破"字；"你笑我，他笑我"的"我"字；"到处游"的"游"字；"皆看破"的"破"字。

近几日，她主动唱"走哇走，乐呀乐"。

②《摇篮》插曲，"八月十五月儿明呀"，虽然只唱最后两个字"明呀"，但哼哼的旋律，还挺是那回事。

③ "妈妈爱我我爱她"，"我爱她"三个字最为清晰，但能跟着大人哼下来整个音调。

孩子学歌时，首先学会的是旋律，歌词次之。学吟诗，首先是那些突出的字眼和韵律。

习得"我、你、他"

冬冬洗完澡。

妈妈喊姐姐："二妮，快点过来，给冬冬戴兜兜。"

姐姐答应一声，跑去找肚兜。

冬冬踢蹬着腿，喊道："姐姐，不要戴。"

爸爸给冬冬穿上肚兜，看冬冬情绪好，想做一个人称理解的实验。

爸爸问冬冬："你是谁？"

冬冬："冬冬。"

爸爸："我是谁？"

冬冬："爸爸。"

爸爸指妈妈："她是谁？"

冬冬："妈妈！"

冬冬能够理解"我、你、她"。会使用"我",偶尔说出"你"和"咱",还没有说出第三人称代词"他/她",但在会唱的歌词中有("你笑我,他笑我""妈妈爱我我爱她")。

1986-9-26

眉毛、胡子和头发

爸爸问:"冬冬,爸爸的眉毛呢?"

冬冬用手摸爸爸的眉毛。

爸爸又问:"爸爸的鼻子呢?"

冬冬捏着爸爸的鼻子,嘻嘻地笑。

爸爸再问:"你告诉爸爸,爸爸的胡子在哪里?"

冬冬从爸爸的脸蛋一直摸到下巴。

爸爸接着问:"爸爸的头发在哪里?"

冬冬一把抓着爸爸的头发,不放。

她能够分辨爸爸脸上的须发。

"冬冬看看"

天黑了,姐姐先抱冬冬回家。到楼梯口,冬冬指着过道旁自行车上的儿童座椅,兴奋地说:"冬冬椅。"

上楼,进家门,姐姐把她递给爸爸,又下楼去背妈妈。

冬冬拽着爸爸的手,也要跟姐姐下楼,说:"冬冬看看。"

入托后的变化

上托儿所后,冬冬的生活节奏有了不小的变化:

①吃饭睡觉有规律。食欲不错,晚上十点前就能入睡。

②擦鼻涕，会用手绢。有鼻涕，拉起缝在衣襟上的手绢，先在鼻子下抹一下，又在左右两个脸蛋上各搌一下；如果胸前没有手绢，条件反射地拉起衣服前襟，在鼻子脸上揩。

③有小便，不仅告知大人"尿尿"，还蹲下身子，做出要便便的姿势。

自称愿意去托儿所

之前，家人问冬冬"你去托儿所哭了没有"，她每次都回答"哭了"。

今天从托儿所回来，妈妈照例问："冬冬，今天哭了没有？"

冬冬说："没有哭。"

妈妈问："托儿所好不好？"

冬冬答："好。"

妈妈又问："明天去不去？"

过去在多数情况下，她都会先摇头，接着蹦出来两个字"不去"。今天的回答，却是干脆响亮的"去"字。

1986-9-27

上托儿所的纠结

早饭后，爸爸正在换出外的衣服，冬冬却伸开双臂要妈妈抱，口里连说："走，走！"

妈妈回应："好。一会儿就走！"

"不要走，"冬冬情绪烦躁，不让爸爸往她衣服上别手绢，喊道，"不要，不要去！不要去！"

爸爸哄她说："姐姐快下班了，咱们接下班的姐姐，好不好？"

冬冬同意了。路经菜场时，她便开始烦躁不安。到了托儿所，她却松开搂着爸爸的双手，转身趴在托儿所阿姨怀里，大哭不止。

下午，爸爸接冬冬。冬冬一看见爸爸，便哭叫着扑进爸爸的怀抱。但很快又转身跑回去，跟班里的小朋友挥手"bye-bye"后，才让爸爸带她回家。

1986-9-28

"爸爸接"

冬冬仍不愿去托儿所，甚至连相关话题都不让人提起。

父母没有心软，坚持送她去托儿所。今天，她没再哭叫，只是刚走出家门口，就连着说了几遍"爸爸接"。

晚上，她又多次对姐姐说，要"爸爸接"。

什么叫"辣""脏"

①一直以来，冬冬把开水或豆腐脑里放糖多而太甜，或者有酱油醋的味道，统称为"辣"或者"阿椒"。

②食物掉到地上了，或者手上、脚上有灰尘，或者衣服上有油渍，冬冬都称之为"脏"。

③爸爸抱冬冬去买小白菜。冬冬指指白菜叶子上的尘土、水渍，说："脏，脏。"

"处处闻——鸟"

从托儿所回来的路上，爸爸又教冬冬吟《春晓》。

教了几遍，她突然模模糊糊地自语："处处闻——鸟。"

一开始，爸爸没听懂。仔细琢磨，突然领悟，她在自语《春晓》的诗句"处处闻啼鸟"。

1986-9-29

胡子

一家三口躺在床上。

爸爸问："冬冬，爸爸有胡子吗？"

冬冬摸摸爸爸的下巴："爸爸有胡！"

"胡"的发音，有点像"回"。

爸爸又问："冬冬有胡子吗？"

冬冬直接回答："没有。"

爸爸再问："妈妈有胡子不？"

冬冬摸摸妈妈的下巴，说："妈妈没有胡。"

爸爸又问道："冬冬会长胡子吗？"

冬冬说："冬冬不要长胡！"

爸爸问的是客观可能"会不会长胡子"，冬冬则从主观愿望上回答"不要长胡子"。

让爸爸倒水

夜里醒来，冬冬一只手搂着爸爸的脖子，另只手把爸爸的胡子、眉毛和头发摸了一遍，然后叫："冬冬渴，冬冬渴了！"

妈妈说："爸爸累了。让妈妈给你倒水，好吗？"

"不要妈妈起，爸爸起！"她大声叫道，"爸爸，起，冬冬渴了！"

冬冬很会心疼生病的妈妈。家里只要有他人在，她就不让妈妈干事。

1986-9-30

指不在场的"她"

凌晨六点半，窗外传来"豆腐——"的叫卖声，把冬冬从睡梦中唤醒。她踢腾着小脚，极其兴奋地嚷嚷："豆脑，豆脑！"

妈妈问："真是卖豆脑的来了。你想喝豆脑了？"

"喝，想喝！"冬冬说着，就去抓爸爸的头发，"爸爸，起，豆脑！"

爸爸翻身起床，朝窗外大叫一声："卖豆腐脑的，等一下！"

冬冬也高兴得大叫："不要慌！"

爸爸抄起大碗，急步跑下楼去。

冬冬说："冬冬爸爸走了！不要冬冬喝了！"

妈妈问："什么？谁不让冬冬喝了？"

她朝着窗外一扬下颌，说："她。"

这是冬冬第一次使用第三人称"她"。

1986-10-1

亲吻爸爸

下午，正在托儿所玩的冬冬，转脸看见出现在教室门口的爸爸，猛跑过去，扑进爸爸怀里，亲昵地叫声"爸爸"，双手捧起爸爸的脸，亲亲这边的脸颊，又亲亲那边。

回到家，爸爸跟妈妈叙说这个令人感动的情节。

冬冬脱口而出："冬冬要姐姐接。"

1986-10-2

数数漏掉"四"

爸爸教冬冬做体操。她学着爸爸的模样，伸平两条胳膊，自己边做边喊："一、二、三、五……"

大人曾教冬冬扳着手指数数，从一数到十。今天，她自言自语："一、二、三、

五、六、七、八、九、十。"说完马上鼓掌，一副洋洋得意的模样儿，岂不知还是漏掉了一个"四"。

其中的"七"和"十"，读音很相近。

大人提醒她，漏掉了一个"四"。她又开始数，每次说完"三"，接着就数"五"，仍把"四"隔过去。

1989-10-3

认识红色

冬冬玩积木经历了三个阶段：从搬运工、摞高高到简单造型。

现阶段的简单造型是：用两块长方形和三块正方形，摆成一个不规则的平面，上面再放一个鲜红的大圆锥。

妈妈碰掉了造型中的圆锥。圆锥滚落到椅子下面。

冬冬大声叫："捡，红的，红的！"

妈妈用脚从椅子下踢出来圆锥积木，问："冬冬，你说，你刚才说，这是什么颜色？"

"红的，红的，"她一股脑地把桌子上的积木，全都推落到地上，说，"爸爸捡，妈妈捡！"

apple、car

大人想教冬冬认卡片上的"爸爸、妈妈、冬冬"等字，她一点都不配合。只要看见写字的卡片，就拿起来又撕又拽，然后天女散花般抛向空中，笑看碎片缓缓飘落。

多多来家玩。离开时，把带来的《儿童英语》，忘在了沙发上。

爸爸指着"苹果、小汽车"，教冬冬学这两个英语单词。教了几遍，爸爸指着"汽车"，她说"car"，指着"苹果"，她也说"car"。

一会儿，冬冬想吃苹果，嚷道："还要 apple，还要 apple！"

冬冬把刚学的英语单词 apple，现学现用了。

1986-10-4

"渴"和"喝"

黎明前，冬冬叫："渴了！"

爸爸下意识地应答了一声，又睡着了。

冬冬说："爸爸不要冬冬喝！"

她已能正确区分"渴"和"喝"这两个音近词语了。

理性的作用

早上，大人一说去托儿所，本来兴高采烈的冬冬，笑容立马消失。从开始别手绢儿的那一刻起，就开始"嘤嘤"地哭泣。哭归哭，却没有反抗，任凭爸爸往衣服上别手绢儿，任凭爸爸抱她出门坐上自行车，走一路哭一路。

到托儿所，哭声更加响亮。但随着保育员婆婆伸出的双手，她转身顺势趴到婆婆怀里，号啕大哭起来。

1986-10-5

"他走了"

翀翀妈喊儿子回家吃饭。

冬冬指着翀翀的背影，说："他走了，翀翀哥哥走了！"

又说出了第三人称单数"他"。

"不要"

"不要"的使用频率很高，用法多样。

①多多唱着歌从楼上下来。

冬冬听见歌声，忙把手中的巧克力，放进毛衣的袖筒里，说："不要多多看见。"

②一群小朋友围追堵截一只小猫咪，冬冬很兴奋地参与。最终，小猫咪还是跑掉了。

冬冬对妈妈说："不要冬冬玩了，不要咪咪了。"

"咪咪"是小猫的昵称。冬冬认为小猫也有意志，跑掉了，就是不跟她玩了。

1986-10-6

学《悯农》

教李绅的《悯农》："锄禾日当午，汗滴禾下土。谁知盘中餐，粒粒皆辛苦。"

把手绢藏起来

早上六点多，妈妈催促爸爸："快起床去买馒头，还得送冬冬去托儿所呢！"

"买馍馍吃，不去阿园！"冬冬接妈妈的话茬儿，说，"怕，怕奶奶！"

"阿园"是幼儿园（其实是托儿所）。"奶奶"是指托儿所的保育员，也就是上文说的"婆婆"。

带着别针的手绢儿，在桌上放着。

早餐时，冬冬拿起手绢儿，转身藏进棉被里。她以为，把手绢儿藏起来，就可以不去托儿所啦。

"她（他）"的泛用

冬冬从托儿所回到家，喝了两口水，就下楼跟小朋友们去捉迷藏。爸爸也把妈妈背到楼下，呼吸新鲜空气。

菁菁转圈儿圈儿，冬冬在后面紧追不舍。有一次，菁菁藏到了田伯伯的身旁。

冬冬说："在伯伯这儿！"

妈妈问："谁是菁菁姐姐？"

冬冬用手指菁菁，说："她。"

爸爸又依次问了谁是家家、田伯伯、张惠姐姐、张红姐姐、妈妈等人，冬冬用手一一指着被问及者，都同样回答"她"。

爸爸抱起她，问："爸爸呢？"

冬冬指着爸爸的鼻子说："他。"

爸爸又问："冬冬呢？"

冬冬拍自己的胸脯，说："她。"

"她（他）"的使用在泛化，对谁都用第三人称代词。

坐在石狮子上"照相"

在花园。姐姐把冬冬放在石狮子的肚子上，做照相的游戏。冬冬指指自己的嘴巴，又指指肚子。

姐姐问："你肚子饿了？想吃大狮子？"

她连连摆手，指指自己的头，又指指狮子的头。

姐姐明白了：冬冬不愿坐在狮子的嘴巴里和肚子上，想坐到狮子头上。

姐姐把她放在狮子头上，做给她照相的姿势。她很高兴。

她玩够了，从狮子上下来后，指指姐姐，指指狮子头，让姐姐也坐上去。

姐姐爬上了狮子头。

冬冬模仿姐姐的动作，用手捂一下眼睛又迅速挪开，也算是给姐姐照相呢！

赛跑

姐姐从荷花池中，摘一片荷叶递给冬冬。冬冬放在鼻子下面闻闻，说："香香，香香。"

她跟姐姐比赛谁跑得快。她先往前跑一段，向后招招手，让姐姐骑车撵她。姐姐的自行车快追上了，她折身跑回来大叫："不要走，不要走！"

姐姐停下来。冬冬又跑了好长一段路，再回身招招手，让姐姐再次追赶她。

"不要……"

①冬冬头顶床板翻跟头，双腿刚竖起，就歪向了一边。

姐姐忍不住"扑哧"一下笑了。

冬冬说："不要笑！"

②冬冬大叫："尿尿！"

姐姐赶快跑来，一副急匆匆的样子。

冬冬说："不要慌。"

1986-10-7

不怕妈妈，怕爸爸

凌晨五点多，冬冬醒后哭闹着要"姐姐"。在哭声中，尿了一床。

妈妈问："湿了没有？"

冬冬："湿了！"

妈妈："舒服了吧？"

冬冬摇摇头。

妈妈："还尿不尿床？"

冬冬："不尿！"

妈妈："还哭不哭？"

冬冬："不哭！"

妈妈拽过一块儿薄垫子，垫在尿湿的被褥上。

过了会儿，她开始折腾，先露出上半身，紧接着把整个身子袒露在被子外面。妈妈怎么劝说，她都不听，只得使出了杀手锏，说："你不听话，是吧，那我可喊爸爸了！"

冬冬连忙用手捂着脸，说："怕。"

妈妈："怕？你怕谁？"

冬冬："怕爸爸！"

妈妈："你怕爸爸啊！那你怕妈妈吗？"

冬冬："不要怕妈妈。"

妈妈："爸爸，看看冬冬——"

妈妈话音未落，她忙把小腿蜷进被窝里，双手拉着被子，盖在自己的脖子下。

1986-10-8

修正自己的话语

下午，田伯伯去医院看病，顺路去托儿所接冬冬。

田伯伯刚接到冬冬，爸爸也到了托儿所。回到西一村上楼梯时，冬冬放轻了脚步，对爸爸说："偷偷地！"

冬冬所谓"偷偷地"，是她和爸爸"密谋"以突然出现的方式，给妈妈一个惊喜：过去，爸爸曾让她假装睡熟了，放轻脚步抱她上楼；有时扯着她的小手，交代说"偷偷地，别让妈妈知道！"

妈妈听见冬冬在楼下跟田伯伯说"再见"，出门迎接到楼梯口。

冬冬笑眯眯地对妈妈说："伯伯阿冬冬！"

爸爸反问："什么'阿冬冬'？"

冬冬又改口说："伯伯接冬冬！"自觉地把"阿"改说为"接"。

"妈妈倒，冬冬喝！"

妈妈把事先晾好的白开水，倒进她平时喝水的瓶子里。

冬冬说："妈妈倒，冬冬喝！"

这是一个完整的并列复句。

1986-10-9

"爸爸拿，冬冬吃。"

爸爸从教工食堂，买回了早餐。

冬冬说："爸爸拿，冬冬吃。"

并列复句又一例。

"不"

早上，冬冬用冷水洗脸。

爸爸问她："水冷不冷？"

冬冬答："不冷。"

想象

冬冬听见走廊里有骑车子的动静，兴奋得大叫："多多，车，车！"

妈妈说："你喜欢车子。让爸爸也给你买一辆，好不好？"

冬冬说："冬冬车，'唪儿唪儿'走了！不要妈妈了！"

当她说到"不要妈妈了"时，一脸的得意。

第一个量词"把"

冬冬索要东西，总想要最多的。其表达的方式是：两条胳膊向前一伸，两只小手一握一放，说："要把。"

这会儿，她想吃米花，说："要把。"

"要把"，就是"要一大把"，是"很多"的意思。

"把"，是冬冬使用的第一个量词。

1986-10-10

"bye-bye"

冬冬跟着爸爸出门，对着姐姐连连挥手，说："bye-bye，姐姐。"

近段，爸爸把冬冬送到托儿所要离开时，冬冬总能和爸爸"bye-bye"。

好孩子"不要哭"

当大人用"冬冬听话""冬冬是个好孩子"等话语鼓励她时，她总接口道："不要哭。"

不哭，才是好孩子。冬冬初步有了自己的评判标准。

试衣

小姨寄来了一套漂亮的新衣服，冬冬很喜欢。平时她最讨厌穿脱衣服，这次竟然很高兴地答应试穿。

她穿上新衣服，站到穿衣镜前，左右转动身子，说："妈妈看看，冬冬看看。"

1986-10-11

指示代词"这"

冬冬的早餐牛奶还很烫。

爸爸把杯子里的牛奶，往奶瓶里倒一点儿点儿，晃荡几下，让她先喝着。然后用杯子和奶瓶来回倒腾着晾凉。

"这凉。"冬冬指指奶瓶，又指着杯子，说，"这不凉。"

这是冬冬第一次使用指示代词。

表演捉鸡、摸鱼、骑鹅

冬冬把五块积木排成一行，用大拇指和小拇指夹着挤紧，一下子拿起来，悬空半分钟都不会散落。手的力度在增强。

爸爸说："冬冬，你表演一个捉鸡子！"

她弯下腰，伸开双臂，眼睛瞪得溜溜圆，瞅准跟踪的"鸡子"，向前一扑，双手往地下一按，把捉到的鸡子"抱"在怀里。

爸爸说："嗯，不错，真会捉鸡子了。来，给我们捉条鱼吧！"

冬冬双手交叉着，在胸前摸来摸去，随后双手狠劲一握，捧给你看。双手捧着的，就是所谓的"鱼"。

妈妈说，很多小朋友没见过大白鹅，只有冬冬在老家看见过大白鹅。

冬冬得意地笑。

妈妈又说，如果你骑着大白鹅在托儿所里玩耍，托儿所的奶奶和伯伯们，都会抢着要骑你的大白鹅的。

她更加得意了，很慷慨地说："奶奶骑，伯伯骑，哥哥骑，姐姐骑。"

冬冬见过这三种动物，捉过鸡，却没有真正捉过鱼，也没有骑过大白鹅。捉鱼是靠想象表演的。

关于大白鹅的话题，已过去了十多分钟，她突然拍拍妈妈的肩头，说："爷爷买（大白鹅），冬冬骑。"

会留客的小主人

田伯伯送冬冬上楼，就要离开。冬冬伸开双臂，拦着不让田伯伯走。

田伯伯开始逗趣："哪个把我饭吃啊？[1]"

冬冬说："上冬冬家里！"

伯伯问："有鱼没有？"

冬冬答："冬冬有鱼。"

冬冬说得对，今天家里还真的有鱼。

伯伯又问："有肉吗？"

冬冬愣了一下，从卧室跑向厨房，问正在做饭的爸爸："没有肉？"

"没有肉？"是个问句。她是问爸爸晚饭"有没有肉"。

主动说"谢谢"

晚上，第一教工食堂有舞会，姐姐抱冬冬去玩。

冬冬一会儿要姐姐抱着看，一会儿要从姐姐怀里溜下来，手舞足蹈地学他人跳舞；之后，她拉着姐姐的手，挤进跳舞的场子中间，加入跳舞的行列里。

跳舞者，一腿后跷，冬冬也学着使劲地向后跷起一条腿。可没能保持住平衡，一下子跌倒在地。

一位正在跳舞的男士，马上扶起她。

她忙说："谢谢叔叔！"

"阿"的泛化

冬冬跟姐姐提要求："我要阿橘！"

---

[1] 武汉方言：谁给我饭吃？

姐姐："什么？你要什么？"

"阿橘！"冬冬指指橘子说。

成人从未把橘子说成过"阿橘"。

大人教冬冬把白萝卜说成"萝萝"，她也曾接受了"萝萝"的说法。但今天，她把萝卜叫"阿萝"。

双音节词中的第一个音节，由于语言能力不济，冬冬习惯用[a/ai]来代替。之后似乎形成了一种"阿化"习惯，出现了许多"阿×"词，甚至把会说的双音节、三音节词也都说成"阿×"。这其中，"阿姨"的泛化使用也许起到了助力作用。

1986-10-12

"爸爸加油，冲啊！"

从西一村到托儿所，要上一个长长的大坡。爸爸骑车带冬冬上坡时，常教冬冬说："冬冬，说，'爸爸加油，加油，冲啊！'"

经过反复强化，之后每到上坡处，不用爸爸提示，冬冬都给爸爸鼓劲，高叫："爸爸加油，爸爸加油，冲啊！"

数数的趣事

冬冬从一到十数数，仍然漏掉"四"。

如果没有大人跟她同时数数，或者她数到"十"后，还没人喝彩，她就会从"八"重新念起，把"十"当作"七"来处理。

"七"和"十"，她仍然读得很相近。难道是音近联想？

1986-10-13

"爸爸再见"

去托儿所的路上，如果自行车前行人较多，爸爸就会提示冬冬："冬冬，前面有人，快摇铃！"

冬冬忙伸出小手，按车把上的铃铛，响起一串串清脆的铃声。

她仍不愿去托儿所。一走过图书馆，就开始带着哭腔地大叫："不去，不去阿园！"到了托儿所门口，哭叫得更凶。但爸爸一推开教室的纱门，她就从爸爸怀里乖乖滑下去，跑进小朋友群中，满脸泪痕地回头跟爸爸招手，说："爸爸再见！"

"不要有"

冬冬一不小心，头磕在桌角上，左眼角碰破了一块儿皮。父母有些发慌，一阵忙乱，找药棉、找红药水涂抹在撞伤处。

大家都安慰她说"好了，好了"。

看大家都围着她转，她也高兴起来，说："好了！不要有。"

"不要……"

全家四口人，只要一人不在家，冬冬就哭闹着非要这个人不可。此时，她常用的语句有这些：

①"姐姐走了，不要冬冬了！"

②"爸爸不要冬冬了，走了！"

如果爸爸、妈妈和姐姐都在家，她会这样说：

①"不要爸爸，要姐姐。"

②"不要姐姐，要爸爸。"

③"不要妈妈，要爸爸。"

④"不要姐姐，不要妈妈！"

晚上与姐姐外出散步，大路边停放着一辆汽车。

她很感兴趣，说："要车，不要姐姐。"

1986-10-14

并列复句

①爸爸做好午饭，来喂冬冬。

冬冬说："爸爸做，冬冬吃。"

②冬冬从翀翀家拿回瓜子，让爸爸剥瓜子，说："爸爸剥，冬冬吃。"

爸爸说："叫妈妈剥，好不好？"

冬冬说："妈妈有。"

瓜子吃完了。

"没有了，跟翀翀要。"她跑出去，用力推翀翀家的门，要瓜子去了。

自述被爸爸接时的程序

冬冬躺在家里的床上睡午觉，自言自语："冬冬爸爸来了，接冬冬。不要哭。爸爸好！"

这表明她头脑中已经"植入"了程序：从爸爸接她那一刻起，自己要做哪些事情。首先"不要哭"，然后用礼貌语问一声："爸爸好！"

"爸爸走了，找找。"

午睡后，冬冬坐在床上吃苹果，不动声色地尿湿了被褥。爸爸有点生气，拿走了她手中的苹果，说："你多大了，还醒着尿床！"

她看看爸爸，又看看妈妈，说："爸爸不要气，妈妈不要气！"

"说得好听，你这样不懂事，大人能不生气吗？"爸爸说着走出了房间。

冬冬突然难过起来，说："爸爸走了，不要冬冬了！"

妈妈问："爸爸为什么走了？"

冬冬说："怨冬冬。"

妈妈又问："怨冬冬？什么事怨冬冬？"

冬冬答道："尿尿。"

家家和李阿姨听见冬冬哭，站在家门口看热闹，故意说："爸爸走了，不要你了，看你咋办？"

冬冬说："爸爸走了，找找，找找！"

"往后可别尿床了，我去给你找找。"李阿姨说着，走开了。

菁菁来了。

冬冬又急切地对菁菁说："爸爸走了，找找。"

菁菁答应后，也离开了。

过了一会儿，爸爸从外边回来了。

妈妈说："冬冬，爸爸回来了，你还不赶快承认错误？快说'今后不尿床了'！"

冬冬拉着爸爸的手，说："爸爸，不尿了！"

爸爸抱起她，说："错了就改，还是好孩子！今后要尿尿，要大声喊人，知道不？"

冬冬点点头，说："菁菁找。"

冬冬认为，是菁菁把爸爸找回来的。

"懂事"的宝贝儿

下午五点，爸爸提议出去散步。他先把冬冬抱下楼，让她坐在张家婆婆身边，说："你等着，我去背妈妈。"

冬冬自言自语："爸爸背妈妈，冬冬等，不要哭！"

爸爸把妈妈背到楼下。冬冬跑过来，拉着妈妈的手，步子小小的慢慢的，搀扶着妈妈往前走。

1986-10-15

几个发音

冬冬在学说"叔叔、姑姑、糖糖"几个词。

把"叔"发成"斧[fu]"；把"姑"发成"补[pu]"；把"糖"发成[kaŋ]。

"阿"泛化到人名上

覃发高叔叔把他女儿覃覃手中的芝麻饼，掰给冬冬一半。冬冬啃了几口，又伸手向覃覃要。

覃叔叔说："冬冬还有，不要妹妹的。"

冬冬连说："阿高不要冬冬吃了！"

"阿高"是指覃发高叔叔。

诗意的月牙

太阳西坠，一轮淡黄的月亮爬上柳梢。

妈妈指着月亮说："冬冬，你看天上的月亮！月亮，月亮出来了！"

冬冬说："弯弯的，尖尖的。"

"你说什么？"妈妈没听清她说什么。

"弯弯的，尖尖的，像船儿！"她又说。

妈妈开心极了，使劲亲吻她的小脸。她"吱吱"地笑着，再次重复了"弯弯的，尖尖的，像船儿！"

半年前，冬冬听幼儿磁带《月亮姑娘为什么没有衣服穿》，"弯弯的，尖尖的，像船儿"是其中的一句台词。半年后，她看见悬挂天上的月亮而情景触发，竟然能从脑海里提取出来。

小猫和姐姐，谁吃谁？

（1 岁 10 个月　　1986–10–16—1986–11–15）

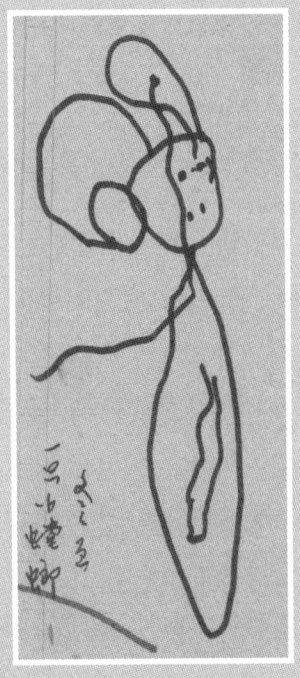

螳螂（1987 年 9 月）

1986-10-16

纸条与绷带的联想

早上，冬冬把一张卫生纸，撕成细条条扔在床上。妈妈把纸条贴在她小腿上，一条、二条、三条……

"不要动，打针！"冬冬由纸条贴在皮肤上，联想到住院打吊针贴的绷带。突然，她皱着眉头，发出痛苦的呻吟，"哎哟，哎哟！"

"疼吗？"妈妈问。

"不要疼！"冬冬答。

妈妈又问："既然不疼，那为什么还要'哎哟'？"

"疼！"冬冬回答。

大家"不要怕"

从托儿所同路回来，还有后楼上的一个小哥哥。

刚进西一村，一只小猫跑过来，爸爸叫"猫咪咪"，冬冬也学着叫"猫咪咪"，小猫停下猫步，东张西望。

爸爸放下冬冬，弯腰疾步而前去捉小猫。手指尖已经触到猫尾巴，小猫向前纵身一跳，快速逃走了，把大家都吓了一跳。

唯独冬冬很淡定，安慰大家说："爸爸不要怕，哥哥不要怕，阿姨不要怕，冬冬不要怕。"

回到家，她绘声绘色地跟妈妈学猫叫，模仿小猫是怎样迅速逃跑的。

被打和打人

邻家一位小朋友来家，拿起茶叶盒又扔下，接着又摸杯子、勺子什么的，一刻都不闲着。

正坐在沙发上喝水的冬冬，开始不高兴了，手指小朋友制止，小朋友置若罔闻。她喝完水，径直走过去，举起奶瓶，竟然朝小朋友头上砸去。

妈妈立即拽着她拿奶瓶的胳膊，她却用另一只手，使劲把小朋友推到门外，然后"砰"一声关上门。

这是见到冬冬第一次动手打小朋友。

前些天在托儿所，冬冬左耳前被抓破很大一块儿。托儿所的阿姨告诉爸爸"是冬冬自己抓破的"。此后一连几日，嘴角、左腮和右脸蛋上，都留下了长短不一的血痕。估计这诸多伤痕，都是孩子之间争夺玩具或者打架留下的印记。

前天她去邻居家，刚坐到沙发上。邻居家小朋友跑过来，一把抓着她的头发就打。她双手紧捂着头，弓着身子，一头扎在沙发里，一动也不动，连逃跑的念头都消失了。

孩子走向社会的第一项任务，就是要学会与人相处，而自卫，是其中一个最重要的组成部分。冬冬从出生到如今，家长常用"打人是坏孩子"教育她，所以她打不还手。

今天是冬冬满一岁零九个月，在幼儿群体的启蒙下，她也学会了"动用武力"。

1986-10-17

人称对换

①妈妈："冬冬再见！"

冬冬："妈妈再见！"

②姐姐："冬冬羞，冬冬丑！"

冬冬："姐姐羞，姐姐丑！"

③妈妈："冬冬坏蛋！"

冬冬："妈妈阿蛋！"

"姐姐大，冬冬小"

姐姐洗床单：把洗衣粉倒入盛满清水的大盆里，再把床单泡进去，脱掉鞋袜抱着冬冬跳进去，踏着音乐节奏踩床单，仿佛是在跳欢快的舞蹈。

冬冬挣扎着要下去，连连嚷道："冬冬踩，冬冬踩！"

姐姐故意打了个趔趄，说："冬冬不行，太小。等你长大了再踩！"

冬冬说："姐姐大，冬冬小。"

白居易《赋得古原草送别》

冬冬背诵孟浩然的《春晓》，最为熟练；背诵李绅的《悯农》有两句尚需提示。

爸爸又教她学第三首诗，白居易的《赋得古原草送别》："离离原上草，一岁一枯荣。野火烧不尽，春风吹又生。远芳侵古道，晴翠接荒城。又送王孙去，萋萋满别情。"

为客人表演

冬冬怕人怯生。家里来客人，她总想躲起来。

今天稍有进步。朱道明老师来家，冬冬为朱老师表演了"老头走路""老鼠钻洞""猴子磕头""跳舞"等等，还背了几句诗歌。

交替喝水和豆腐脑

下午，冬冬刚进家门，就叫："渴，渴，冬冬渴了！"

她一口气喝了半杯白开水，而不愿再喝爸爸早已为她准备的豆腐脑。

爸爸为了让她喝有营养的豆腐脑，说："来，冬冬，一替一下喝。喝一口水，喝一口豆腐脑，好不好？"

冬冬同意了。爸爸喂她一口豆腐脑，问："冬冬，该喝什么了？"

冬冬说："水。"

爸爸喂她一勺水："告诉爸爸，该喝什么呢？"

冬冬说："豆腐脑。"

冬冬一口豆腐脑，一口白开水，交替进行，很少出错。但也有例外，有时她只想喝水，就连说两三次"水"，再说"豆腐脑"。

1986-10-18

馒头蘸酱

馒头蘸酱，是冬冬的最爱。

妈妈说："酱里有辣椒，小心被辣着。"

"辣椒？不辣，吃！"冬冬自信地说着，掰下一点馒头，蘸上酱，放进口中。

捍卫"所有权"

朱叔叔骑着自家的自行车，带走了冬冬的小椅子。回家试试看是否好用。如好用，也打算买一个。

冬冬不同意，大叫不止。

爸爸说："叔叔就试一下，你叫什么呀？"

冬冬说："叔叔不要冬冬坐了，骑走了。"

冬冬担心小椅子被拿走，自己没椅子坐。

1986-10-19

"骗人"的小把戏

冬冬在床上翻跟头打滚，折腾个没完，就是不愿睡午觉。

妈妈说："冬冬，妈妈困了，想睡一小会儿。你坐这儿看着，别让阿五（老鼠）来，好不好？"

"好！"冬冬坐在妈妈枕边，瞪大眼睛盯着大门口。

妈妈刚闭上眼睛。

她推着妈妈的头叫起来："妈妈，妈妈！"

妈妈："干什么？"

冬冬："阿五来了！"

妈妈："在哪儿呀？"

她煞有其事地用双手扑打着枕头，说："打，冬冬打，阿五走了！"

如此这般，又喊又打，折腾了三四次。

妈妈烦了，说："冬冬，妈妈瞌睡了。阿五来了你就打走它，不要再叫妈妈了，好不好？"

冬冬答："好。"

安静了一小会儿，她用手扒开妈妈的眼睛，笑眯眯地叫道："妈妈，妈妈，阿五来了！"

爸爸"讲课去了"

自从学会了《春晓》，冬冬经常吟诵《春晓》中的诗句。

晚上九点多，爸爸坐火车到河南许昌函授。

冬冬看着爸爸远去的背影，揉着眼睛说："爸爸走了，不要冬冬了！"

姐姐问："爸爸干什么去了？"

冬冬说："讲课去了。"

姐姐："到哪儿讲课去了？"

冬冬："河南。"

"南"的发音若"兰 [lan]"。

1986-10-20

告姐姐的状

早上，冬冬在床上跑来跑去，就是不穿衣服。姐姐好不容易给她套上一只袖子，她笑着跑开，迅速甩掉那只袖子，然后转着圈地跑。

姐姐追上去捉着她，说："再捣蛋，姐姐可不给你弄了！"

冬冬向妈妈告状，说："姐姐不给弄了，不给冬冬穿了！"

提要求

早餐一般是吃包子喝豆浆。

冬冬不吃包子皮，只吃包子里的肉馅。

她对姐姐说："姐姐挖，冬冬吃！"

"长"与"短"

积木在电视柜的顶上。冬冬够了几次，都够不到。

姐姐说："冬冬，姐姐来吧！姐姐胳膊长，你的胳膊短。"

冬冬学着说："姐姐长，冬冬短。"

1986-10-21

上托儿所的纠结

上托儿所已将近两个月。去还是不去？冬冬的情感和理智仍在交战中。早饭后，姐姐对妈妈说："大姑，我送冬冬走了！"

冬冬马上拿手绢，让姐姐用别针，把手绢固定在衣服的前胸上，说："别，别！"

冬冬低头看姐姐别手绢，交代说："姐姐接冬冬，冬冬坐。"

拿手绢，让姐姐接，坐自行车，看似心甘情愿要去托儿所，但一到托儿所的教室门口，她就开始大哭，把全班的小朋友带动得哭声一片。

哭归哭，她还是很乖地朝教室里走。走进教室，还转身和姐姐挥手"再见"。

用两种话说"鞋"

冬冬穿鞋子。她指着鞋子，用武汉话说："鞋鞋[1]！"

看妈妈一愣，她开始笑，笑得很诡秘，似乎在炫耀。

妈妈追问："你说什么？什么'孩儿孩儿'的？"

冬冬改用普通话说："鞋鞋。"

托儿所的规矩

晚饭时，冬冬一手扶碗一手拿勺，往嘴巴里送一口饭，就把扶碗的左手背在身后。

妈妈问："在托儿所吃饭时，扶碗的手要背到身后，是吗？"

她高兴得连连点头。

1986-10-22

对等惩罚

朱虹老师，是我家的邻居，女儿琳琳比冬冬小两个月。两个孩子经常在一起玩耍。琳琳的小姐姐，拿着琳琳的小手，故意轻拍姐姐和妈妈。

"阿琳打姐姐。"冬冬不知所措地说，"阿琳打妈妈了！"

姐姐问："冬冬，琳琳打妈妈了，你怎么办？"

冬冬说："冬冬打阿琳妈妈！"

---

[1] "鞋"，武汉话为[xai]，类似"孩"的发音。

似乎只有这样才对等，才不算吃亏。孩子的思维，很有趣。

调皮搞怪

学校图书馆的于翔阿姨，有事来家找爸爸。爸爸不在家，她就逗冬冬玩，两个人很快混熟了。于阿姨心灵手巧，能折叠出许多形象逼真的纸手工。

阿姨说："冬冬，你给我背一首诗，我就给你叠一只小鸟。"

"春眠不觉晓，"冬冬背了《春晓》第一句，就开始出怪招：挤眉弄眼，头部后仰，发出怪叫声……

妈妈说："别调皮好不好？快背诗！"

冬冬怪腔怪调地回答："没有啊！"

阿姨威胁她说："你不背诗歌，我不让你接爸爸！"

一句"不让你接爸爸"，极有威慑力。冬冬开始背"春眠不觉晓，处处闻啼鸟。夜来风雨声"，但怎么也想不起第四句的"花落知多少"。她又从第一句背起。第一句，反复背诵了六次。

在座的人都笑翻了，她仍然一本正经地背诵第一句。

妈妈看她实在背不下去，提议说："给阿姨背一个'锄禾日当午'吧？"

冬冬一气呵成："锄禾日当午，汗滴禾下土。谁知盘中餐，粒粒皆辛苦。"

她能流畅地背诵刚学会的《悯农》，却因为调皮搞怪，背不完整早已烂熟于心的《春晓》。

冬冬背了诗，突然提出"阿姨抱抱！"的要求。说完这句话，她朝着妈妈又噘嘴巴，又挤眼睛地做鬼脸。

1986-10-23

"睡得好"

冬冬爬到饭桌上。琳琳也被抱到桌子上，坐在冬冬的身边。她怕琳琳尿到饭桌上，指着琳琳的屁股说："尿尿。"

小姐姐忙解释，琳琳刚撒过尿，不会尿到桌子上。

"脱袜袜！"她指指自己的脚，又指指琳琳的脚，说，"冬冬袜袜，阿琳袜袜。"

两个孩子玩了半个多小时，小姐姐抱起琳琳要回家。

"不要走！"冬冬伸出双臂，搂紧琳琳，说，"不要起！睡，还睡。"

小姐姐说："睡不好！"

冬冬说："睡得好。"

第一次出现"得"字补语句。

"站站！"她让琳琳再站回桌子上，自己又躺桌面上，拍拍肚子，说，"盖盖！"

姐姐误以为，冬冬是想让琳琳坐在她肚子上。于是，抱起琳琳，轻轻放在冬冬的肚子上。可她仍然叫着"盖盖"。

冬冬看大家都不明白，便爬下桌子，拽一个小棉被裹在自己身上，又爬上桌子躺下。

1986-10-24

自嘲

妈妈故意逗冬冬："冬冬，你昨天晚上怎么对姐姐说的？你说，'冬冬亲爸爸，亲姐姐，不亲妈妈'了？"

冬冬笑嘻嘻地说："冬冬阿蛋！姐姐阿蛋！"

"阿蛋"，是坏蛋的意思。"阿"的泛化用法。

"给"

①天黑了，妈妈准备带冬冬上楼回家。

妈妈说："咱们要回家了。你要给谁再见？"

"给伯伯再见，"冬冬说着，跑到田伯伯面前，挥挥手，说，"伯伯再见！"

②冬冬吃着糖块儿，又剥开一块儿糖。

姐姐问："你给谁吃？"

冬冬把糖块儿送到妈妈嘴边，说："给妈妈吃。"

"大""小"和"太大"

①姐姐问冬冬："咱们一家谁大？"

冬冬答："爸爸大，妈妈大，姐姐大，冬冬小。"

这种合乎事实的回答，占绝大多数。但有时也会回答"冬冬大"。

②姐姐剥橘子。橘子瓣儿太大，冬冬一口吞不下去。

冬冬指着橘子瓣儿，说："太大！"

"太大"的说法，已出现过两次。

"不要……"的发展

曾被冬冬挂在嘴边的"不要有、不要咸、不要酸、不要辣"等等，现在中间的"要"字逐渐消失。

吃橘子。姐姐问她："橘子酸不酸？"

冬冬答："不酸。"

姐姐问："甜不甜？"

冬冬答："甜。"

姐姐又问："辣不辣？"

冬冬答："不辣。"

"谢谢妈妈"

花生糖太硬，冬冬咬不动，需要大人的"二次加工"。

妈妈把花生糖咬成小块儿块儿。冬冬每次接到花生糖，都说一句"谢谢妈妈"，妈妈每次都回应"不用谢"或"不用客气"。

"猪八戒、孙悟空、唐僧"

从托儿所回来，冬冬突然说："猪八戒、孙悟空、唐僧。"

冬冬说完，很是得意。估计是托儿所教的儿歌。

1986-10-25

"不要吃冬冬"

邻家小哥哥刘伟，坐在沙发上，满把手攥着一块儿烤红薯。可以看见的，是只能啃着的那一点儿点儿头。他拿出红薯，啃一口，迅速藏在腿弯下。然后面无表情地咀嚼着，咽下去，又拿出来啃一点，又藏起来。

他的故弄玄虚，勾起了冬冬极强的好奇心和食欲。冬冬一双眼睛，紧盯着刘伟那只紧攥烤红薯的手，一上一下地移动着。

刘伟既不离开，也不分给冬冬吃。吃和看，持续了漫长的几分钟。

冬冬终于忍不住了，气恼地大叫一声："不要吃冬冬！"

其实她的意思是"不让冬冬吃"（红薯）。

1986-10-26

午觉

星期天的午觉时间。

托儿所的保育员曾说，冬冬在托儿所不睡午觉，但守规矩，静静躺在小床上，睁大眼睛不说话。爸爸想试试她是否真的守纪律，故意说："睡午觉时候，托儿所的小朋友不准说话！"

冬冬安静地躺在床上。不久，轻轻地"啊啊"两声，小腿尝试着轻轻地动了动。

爸爸说："托儿所的小朋友不能动！"

她安静了几秒钟，又动动腿，又轻声"啊啊"。

如是者三，得寸进尺。

爸爸又说："小朋友不准说话！"

爸爸话刚落音，冬冬便扯着嗓门大声"哇哇"起来，异常兴奋。爸爸再次重申不准说话不准动弹的纪律，冬冬干脆从床上站起来，摇头晃脑地"哇哇哇哇——"

爸爸拽着她，试图不让她动。她甩开爸爸的手，边"哇哇"大叫，边上蹿下跳地扭动屁股，把床板弄得"咯吱"作响。

逆反心理？

午觉的表现，大家觉得冬冬有些逆反。晚上，爸爸让冬冬背诗，她又不干。爸爸以逆反对逆反，正话反说："好呀，不准冬冬背诵'春眠不觉晓'！"

冬冬马上背起来："春眠不觉晓，处处闻啼鸟。夜来风雨声，花落知多少。"

爸爸又说："冬冬，你不听话，已经背了《春晓》，那可不准再背诵'锄禾日当午'了！"

她调皮地看着爸爸，神气活现地背诵起"锄禾日当午，汗滴禾下土……"爸爸再用激将法，她又背诵了"离离原上草……"

大人要她做的，她偏偏不做；而大人不让干的，她非要干，干起来还非常带劲儿。小小年龄，已经有逆反心理了？

感叹词"噢"

冬冬在床上，翻了一个很漂亮的跟头。爸爸夸张地鼓掌。

冬冬发出一声赞叹："噢！"

以前冬冬的感叹词多用"哎"，"噢"是从昨天才开始用的。

表演"哭一个"

父女俩玩"哭一个"的情景游戏。

爸爸设定情景："冬冬，因为你不听话，爸爸打了你。你表演哭一个！"

冬冬马上挤着眼睛，拖着长音佯哭："哎呀，姐姐！"

大多数的孩子，在哭叫时都叫"妈妈"，冬冬是个例外。因为冬冬出生后，都是姐姐在照看她。

记得奶瓶放谁家了

冬冬要喝水，却找不到奶瓶。

妈妈问："宝贝儿，告诉妈妈，你把奶瓶放在什么地方了？"

"在她家里！" 冬冬想了想，箭一般地冲出去。

转眼间，拿回了遗忘在多多家的奶瓶。

数数续记

冬冬从一到十数数，依然忘掉"四"，仍把"十"读得像"七"。念过"十"，拐回去念"八"和"九"。再往下数数，又念"十三、十五、十六、十八、十九"，中间依然隔过去"十四"和"十七"。

1986-10-27

"妈妈老，冬冬不老"

妈妈剥瓜子，冬冬吃瓜子仁。

妈妈说："妈妈剥，冬冬吃。等妈妈老了，剥不动了，冬冬给妈妈剥着吃，好不好？"

冬冬用极其认真的口吻，安慰妈妈："妈妈老，冬冬不老。"

揪肉肉的游戏

姐姐跟冬冬做"揪肉肉"的游戏。姐姐揪一下冬冬的屁股，往冬冬嘴巴里送去："来，冬冬，吃点你的肉肉吧？"

冬冬也揪一下自己的屁股，送到自己口中。她揪得很认真，非要揪到屁股上的肉不可。

妈妈说："把你的肉肉儿，揪给爸爸吃一点儿？"

她在自己身上揪一下，捏紧拇指和食指，送到爸爸嘴边。手捏的架势，似乎真有肉肉儿。

谬赞花香

四天前，窗台上的吊兰，开了几朵非常雅致的小白花。

今天，妈妈把吊兰开花的事告诉大家。爸爸拉冬冬去窗台前看花。

她用鼻子闻闻吊兰，表情陶醉地说："真香，真香！"

其实花朵早已枯萎，变成了蔫蔫的暗黄，已无香味。

角色游戏

冬冬能在大人的提示下，完整地讲述大灰狼的故事梗概，但不能按照角色要求，来扮演故事中的人物。

爸爸问："冬冬，你扮演小白兔，可以吗？"

她点头同意。

故事进展到大灰狼敲门。

爸爸扮演大灰狼："咣咣咣，小白兔在家吗？"

冬冬答："不在。"

爸爸问："你是谁呀？"

冬冬答："冬冬。"

爸爸说："噢，冬冬啊？你是小白兔吧！我的肚子饿了，有肉肉吗？"

冬冬答："没有肉肉。"

爸爸："小白兔，你的脸蛋不是肉肉吗？屁股上不是肉肉吗？我吃一点吧！"

冬冬开始叽叽嘎嘎地笑，连连后退，捂着要被揪的地方。

她还没有把自己与角色分离出来。演好角色游戏，需要更高的智力。

1986-10-28

形容词小结

冬冬使用了以下十四个形容词：

酸、甜、苦、辣、大、小、香、臭、好、坏、美、丑、黑、白。

1986-10-29

关于姓和名的对话

妈妈："冬冬，你姓什么呀？"

冬冬："李。"

妈妈："爸爸姓什么？"

冬冬："李。"

妈妈："爸爸叫什么？"

冬冬："明明。"（有时会答成"爸爸"或者"冬冬"）

妈妈："那妈妈姓什么？"

冬冬："白。"

妈妈："妈妈叫什么？"

冬冬："兰兰。"（有时会答成"妈妈"或者"冬冬"）

妈妈："冬冬叫什么？"

冬冬："冬冬。"（有时会答成"兰兰"）

大多数可以答对，但答错的概率也不小。

经历的，都会留下痕迹

冬冬常用自言自语的方式，表达印象深刻的生活经历。如：

早上起床，她咳嗽了几声，便拿一根棉签，说："抹抹，不要动。好了。哎——妈妈，哎——爸爸，哎——姐姐！"

爸爸说，你咳嗽了，去医院看病吧。

冬冬说："冬冬病了，看病。抹抹，打针，不要动，好了！"

"抹抹"，是指打针前用棉签抹上酒精消毒。"不要动"，是重复扎针时护士的语言。"好了"，表示已经拔出针头了。这三者，完全是她生病打针时，一整套程序的再现。

搭积木

冬冬一边搭积木，一边自言自语："冬冬要积木，高高，不要扔！捡，姐姐捡，冬冬捡。"

"积木"有时说成"阿木"。"高高"，意思是要把积木垒得高高的。

边做事边说话，是儿童的一大特点。这些话语，或是对人说，或是对自己说。自言自语，有助于儿童的思考和做事。

谁"吃"？

当阳的艾阿姨来武汉。晚饭时，艾阿姨端着盛鱼的盘子，准备喂冬冬吃鱼。

冬冬挥舞双手，喊道："不要吃阿姨，不要吃妈妈，吃冬冬。"

冬冬以为艾阿姨要自己吃鱼，或是要给妈妈吃。她的意思是：给冬冬吃，不让阿姨和妈妈吃。

1986-10-31

"不要……"

家里没橘子，冬冬却还想吃。

爸爸说："老鼠把橘子拉跑了！"

冬冬说："不要爸爸，不要妈妈，不要冬冬！"

意思是：老鼠把橘子拉跑了，不让爸爸、妈妈和冬冬吃了。

看病的进步

冬冬自从妇幼保健医院出院后，这是第一次去校医院看病。

医生用肛表量体温时，她"吭吭"了两声；听诊器按在胸前，她也很听话，任凭听诊器在胸前移动；医生用竹板压着舌头，看嗓子是否发炎，她也只哭泣了两声。

冬冬上呼吸道感染，嗓子发炎，需要打青霉素。轮到冬冬打针了，她先哭了两声，然后自己爬上了打针的高椅子。

爸爸夸奖冬冬，说："表现不错，到底是托儿所的小朋友。"

1986-11-1

趣语

艾阿姨喂冬冬吃饭。

冬冬推开碗，对妈妈说："冬冬不吃阿姨，吃妈妈。"

意思是，要让妈妈喂她吃饭，不愿意让阿姨喂。

弄疼了妈妈

冬冬在床上玩，垒了积木又看小画书。一会儿，她把两块小手绢儿，塞进妈妈的脖子里。妈妈被弄得痒痒的，忍不住笑起来。

她似乎感到妈妈的笑声和塞东西有关，接着把画书、积木、水壶、手绢等，只要能拿得到的，不停地往妈妈脖子里塞，然后又一样一样往外掏。

她捞起一块儿形状不规则的积木，也硬往妈妈脖子里塞。积木被衣领挡着了，她使起蛮劲儿来。积木擦破了妈妈颈部的皮肤。

妈妈不由得叫了一声："哎哟，好疼啊！"

"不要疼！不要哭！" 冬冬说着，把自己的小脸儿，贴在妈妈脸上，温柔地擦来擦去。

1986-11-2

"我还要 or——"

在楼下玩。田伯伯拿个大橘子，悠闲地扔上落下，还时不时夸张地瞟冬冬一眼。

冬冬忙说："谢谢伯伯！"

"我也没说给你吃，你谢么事[1]谢？"田伯伯双眉一扬，说着把橘子递给冬冬。

伯伯递橘子的同时，提出要坐冬冬的椅子。

冬冬不同意。

伯伯说："那把橘子还给我！"

冬冬不知这是逗她玩的，看看橘子，看看椅子，左右为难，差点儿哭起来。

冬冬吃完了橘子，说："我还要 or——"

---

[1] 么事：武汉话，"什么"的意思。

昨晚，爸爸曾教她橘子的英语单词 orange，今天是不是用上了？

1986-11-3

似睡非睡中的清醒话

艾阿姨凌晨五点起床，准备回当阳。她走进卧室，问："刚才是冬冬哭的吧？"

冬冬闭着眼睛回答："冬冬没哭。"

妈妈指着沙发上的水壶，说："艾阿姨，记着把芳芳的小水壶带上，冬冬有小水壶。"

"阿姨不要冬冬水壶。"冬冬说着，硬从被窝里爬起来，让姐姐抱她出门，目送阿姨下楼。

事后发现，艾阿姨把水壶还是留给了冬冬。

谁跟谁一起跳

晚饭。姐姐说，冬冬，快些吃。吃完饭去跳舞，把阿覃、阿香姑姑、阿高叔叔都叫上，咱们一块儿去。

冬冬大口大口地吃饭，说："冬冬跟阿高叔叔跳，阿香姑姑跟阿覃跳，阿香姑姑跟冬冬。"

"小燕子"的创作

琳琳的小姐姐唱儿歌《小燕子》，冬冬也跟着唱："小燕子，穿花衣，年年春天到这里——"

小姐姐要继续唱下去。

冬冬摆手制止，唱道："飞呀飞，飞呀飞！"

家人没教过她《小燕子》这首儿歌。"飞呀飞"是她即兴编出来的。

黄鹂鸟，飞了

一只塑料玩具，取名叫"黄鹂鸟"。冬冬喜欢玩它，能用双手捏出"吱吱"的叫声。今晚，她不再满足小鸟的叫声，又寻求新玩法新刺激。

她坐在小椅子上，双手挤紧黄鹂鸟，往空中一扔，猛地甩出去一个抛物线，黄鹂鸟似乎复活了，快速地飞了出去。

黄鹂鸟落在地上，她对姐姐说："掉了，姐姐捡！"

姐姐捡起来，她再抛出去……

椅子当马骑

冬冬和姐姐，面对面坐在小椅子上。

"换换！换换！" 她嚷着，就去拽姐姐带靠背的椅子。

她坐上姐姐的小椅子，脸朝后，双腿搭在椅子两边，做骑马状，用力掀动着椅子靠背，说："跑，跑！"

把小椅子当马骑！

谁黑谁白？

小姐俩照镜子。

姐姐："冬冬，看看咱俩谁白？姐姐白，冬冬黑。"

冬冬："冬冬白，姐姐黑。"

姐姐："姐姐白，冬冬黑。"

冬冬："冬冬白，姐姐黑。"

姐姐："冬冬黑。"

冬冬："姐姐黑。"

姐姐："姐姐白，冬冬黑。"

冬冬："冬冬白，冬冬黑。"

问答的时间长了，冬冬被搅糊涂了，也就说不清楚谁黑谁白了。

1986-11-4

"打死你"

前天下午，邻家一小朋友推门出来，碰见了走廊里站着的冬冬。

那小朋友脱口而出："打死你！"

冬冬也回敬一句："打死你！"

今天，妈妈问冬冬什么是"打死你"，她使劲儿拍打妈妈的头，来诠释"打死你"是什么意思。

绝不能让"打死你"变成口头禅。不文明的语言，必须扼杀在摇篮里。

排队的顺序

上午，姐姐带冬冬去看病。

冬冬自语道："冬冬病了，看病，打针，不哭。"

医生刚去解冬冬的扣子，听肺部呼吸，她就哭起来。但听诊器按在心脏上，哭声就停止了。医生检查喉咙是否发炎，她张大嘴巴，很配合，让医生用竹板压着舌头。

排队打针。冬冬前面是位男学生。

冬冬说："叔叔打完，该冬冬了！"

下午，又去打针，没哭。冬冬前面又有一位男同学，她又说："叔叔打完，该冬冬了。"

"该"的使用，愈发成熟了。

"大书"和"小书"

冬冬重新摆放书桌上的书本。把小书本摞到大书本上，摞得高高的。

她搬动厚重的《现代汉语词典》，说："大书。"

拿一本《新华字典》，看看，说："小书。"

"凉、酸"的条件反射

①下午，姐姐接冬冬，让她把小手放在自行车的车把上。

"凉。"她碰下车把，忙缩回手，双手抱在胸前。

②姐姐剥一瓣儿橘子，递给冬冬。

她刚放到嘴边，就激灵灵地打了个寒噤。

还没尝到酸，就有了酸的感受。

1986-11-5

楼上楼下地折腾

爸爸从湖北松滋县函授回来，到家已是深夜时分。冬冬醒来，发现躺在身边的爸爸，推着叫道："不要爸爸，不要爸爸！姐姐！姐姐！"

她不让爸爸睡大床，要姐姐陪她。爸爸出差期间，一直是姐姐睡在大床上，陪伴妈妈和冬冬。姐姐听见叫声，连忙从楼下跑上来，抱她到楼下房间睡觉。刚脱掉衣服，她又哭叫着"回家"。她认为楼下房间不是"家"。姐姐只得又把她抱回楼上。

一整夜，冬冬睡得都不踏实。睡梦里，一直"吭吭"着哭泣。

妈妈生活不能自理，夜里都是爸爸照管冬冬。爸爸仅离开了三天，便和爸爸生疏了。

1986-11-6

第一次用"谁"

爷爷奶奶要到武汉小住一段。

冬冬翻看相簿，看到她跟爷爷奶奶的合影。她认识爷爷奶奶，但绝不认可他们怀抱的那个小女孩就是自己。

冬冬指着照片上的自己，问："这是谁？阿琳？"

爸爸说："是你，小冬冬。"

"阿琳，"冬冬扯着哭腔，说，"爷爷不要冬冬了，奶奶不要冬冬了！"

"谁"是疑问人称代词。这是冬冬第一次使用。

"鸡、鸭、鸽"

夜里十一点钟，爸爸从火车站接回爷爷奶奶，还有一只灰白色的鸽子。

冬冬醒来，笑眯眯地看着爷爷奶奶，马上又被"扑扑棱棱"的鸽子所吸引，大叫着："鸡，鸡，鸡！"

爸爸说："不是鸡子，是鸽子！"

她又叫："鸭，鸭！"

爸爸又说："不是鸡子，也不是鸭子，是鸽子。"

她跟着爸爸重复："鸽，鸽！"

1986-11-7

鸽子"怕冬冬"

早上醒来，冬冬口里叫着"鸭，鸭"，翻身下床就去捉鸽子。鸽子扑闪着翅膀，在房间里窜来窜去。鸽子飞起来时，冬冬被吓得藏在妈妈身后。

妈妈问道："是冬冬怕鸽子，还是鸽子怕冬冬？"

她嘴硬地回答："怕冬冬。"

冬冬对自己有鸽子，很是自豪，一次再次地向邻居们炫耀说："冬冬家里有——鸽。"

1986-11-8

"它"

冬冬用"它"指称任何东西。

①"我吃它！"——指橘子。

②"我要它！"——指书本。

③"它！"——指鸽子。

说"它"时，都以手指示。

"没玩够"和"没有够"

①近两个晚上，冬冬都在摆弄书桌上的书。一本接一本地摞起来，摞得很高很高。

今天晚上，她又要玩书。

妈妈问："你已经玩了几次，还没有玩够？"

她回答："没玩够，没有够。"

②冬冬喂鸽子，往地上撒一把又一把的粮食。

爸爸说："别撒了，够了！"

她又回答："没有够。"

帽子、鞋鞋掉了

电视片赛马：万马奔腾，竞争激烈，赛场的地面上散落很多帽子和鞋子。

"帽子掉了，"她指着自己的头，又指指自己的脚，说，"鞋鞋掉了——马！"

说到"马"时，声调很激昂。

1986-11-9

陪爷爷奶奶出游

爸爸带着冬冬，陪爷爷奶奶去黄鹤楼和归元寺旅游。归元寺香火很旺，很多人烧香跪拜。见别人磕头，冬冬也跪在地上，模仿着又磕头又作揖。

回来坐公交车，奶奶抱着她。人很挤，她看不见爸爸，大哭："爸爸，爸爸不见了！爸爸不见了！"

爸爸听见冬冬哭声，扒开人墙探过头，连喊"冬冬，冬冬"。

她看见爸爸后，才停止哭泣。

1986-11-10

歌词，记得准确

妈妈："冬冬，你还记得电视里阿姨教的儿歌吗？'一条大花狗，蹲在大门口，眼睛黑又亮，想吃肉骨头。'来，咱们边拍手边唱！"

冬冬和妈妈拍手唱儿歌。当娘俩说到"眼睛黑"时，妈妈说的是"眼睛黑又亮"，冬冬说的是"眼睛黑黝黝"。

原歌词中，的确是"黑黝黝"，她比妈妈记得准。

1986-11-11

句中夹用"嗯"

①冬冬和覃覃一起玩儿。

冬冬吓唬覃覃说："大阿五，咬，嗯、嗯，阿覃屁屁！"

冬冬说着，指指自己的屁股。

②妈妈要去厕所。进厕所有一个台阶，妈妈迈不上去，每次都需人帮忙扶

一把。冬冬跟着妈妈来到台阶前，伸开双臂，抱紧妈妈小腿，做出要抱妈妈上台阶的姿势。

妈妈说："冬冬还小，等你长大了，才能抱妈妈上去！"

冬冬说："冬冬长大，嗯，妈妈上去，尿尿。"

说较长句子时，总夹杂"嗯、嗯"或者"哼、哼"等"小零碎"。也许是大脑中信息编码跟不上，需要思索、选词的缘故。

小医生

爸爸买了套清洗录音机磁头的工具：三根红色的塑料小棍儿，小棍儿两头裹着棉花；一个圆圆的、带着长柄的反光镜；还有一瓶洗涤液。这成了冬冬最为喜爱的玩具。

"听听。"她拿出反光镜，按在妈妈胸前，还不时移动反光镜的位置，像医生使用听诊器。

"抹抹，"冬冬玩过"听心脏"的游戏，又拿出小棍棍，往妈妈身上抹两下，又直着往肉里插下去，说，"不要动，打针！"

"还要抹抹，"她一会儿又说，"我要听听！"

跟布娃娃过家家

冬冬最喜欢当医生，把布娃娃当病人，做喂药打针的看病游戏。

她把大人对她做的事，全部迁移到布娃娃身上：喂它吃饭，往它嘴巴里塞馍馍；又开它双腿把"尿尿"；"噢、噢"地拍着它入睡；还给它裹一块手帕，生怕它感冒了。

1986-11-12

"妈妈不让冬冬吃阿薹！"

冬冬病了。发烧咳嗽，食欲不振，却喜欢吃生蒜薹。

妈妈低声对姐姐交代："大清早的吃生蒜薹。伤胃。快拿走，别给她。"

"妈妈不让冬冬吃阿薹！"冬冬委屈地说。其实妈妈声音不大，但还是被她听见了。

这是个较长的兼语句，"冬冬"是"不让"的宾语，又是"吃阿薹"的主语；句法和语义的难度都挺大的。

把"蒜薹"说成"阿薹"，"阿化"现象这时还存在。

站在叠凳上

爸爸买了个红色的塑料小凳子。

冬冬把新凳子放在另一个高椅子上，站上去，摇摇晃晃，像玩杂技。

爷爷站在一边，伸开双臂保护，问："叫招不叫招？"

冬冬大声回答："招。"

以前，她不管爬多高，总是叫着"不要招"。这次，看来真有点害怕了。

1986-11-13

"还要……"

①她让姐姐抱着出外，说："还要姐姐抱！"

②"还要它，"冬冬指着桌子上的杯子说。

③妈妈很少抱冬冬。妈妈抱得越少，她越想让妈妈抱。姐姐刚从妈妈怀里接过她，她就拧缠着身子，连连说："还要妈妈抱抱！"

④睡觉前，冬冬小声哼唧着："爸爸抱抱，还要爸爸抱抱。"

吓唬人的"大阿五"

冬冬不怕大老虎，不怕父母，只怕"大阿五"。不听话时，大人用"大阿五"吓唬她，十有八九是奏效的。

①今天，她终于知道，大人是故意拿"大阿五"吓唬她的，接话说："冬冬不怕，'阿五'怕冬冬。"

②早上，她蹬开被子，把整个身子袒露在被子外。妈妈好不容易拉棉被给她盖上，又被她几脚，就踢蹬了下去。

妈妈无奈，说："不听话，是呗？我可叫'大阿五'了！"

她缩着脖子，佯装害怕，大叫："妈妈救我，阿五咬冬冬屁屁！"

③夜里，她常把两只脚露在被子外面。

妈妈说："盖着小脚，会感冒的！"

她嘻嘻地笑着拿"大阿五"开涮："阿五——，来咬冬冬脚脚！"

抱姐姐

妈妈听见冬冬说"抱姐姐"，笑着问："什么？抱姐姐？谁抱姐姐？"

冬冬答："冬冬抱姐姐！"

妈妈笑了："冬冬抱姐姐？说错了吧！"

冬冬答："冬冬。"

妈妈又追问："你能抱得动姐姐吗？"

"抱！"冬冬说着，伸开双臂拥抱一下姐姐，表示自己有能力抱姐姐。

1986-11-14

对"呢？"问句的回答

冬冬醒来，没看见爸爸，大叫："爸爸走了！"

妈妈说："爸爸去买早餐了。爷爷呢？"

冬冬："睡觉。"

妈妈："奶奶呢？"

冬冬："睡觉。"

妈妈："爸爸呢？"

冬冬："买馍馍、包包去了！"

妈妈："妈妈呢？"

冬冬："在家里。"

妈妈："冬冬呢？"

冬冬："在家里。"

妈妈："鸽鸽呢？"

冬冬头一摆，双手一摊，说："飞了！"

保卫自己的玩具

冬冬不允许小朋友分享她的玩具。

如果有人抢她的玩具，根据年龄不同，她采取的制止方式也不同：年龄比她大的，她以哭抗议；与她年龄相仿的，来一场激烈的争夺战；比她年龄小的，不由分说，劈手就夺。

如果抢不过，就向姐姐求援，叫着"姐姐抱"，让姐姐把所有玩具抱在怀里，她这才心安理得。

1986-11-15

有趣的童语

①冬冬醒来，捧着妈妈的脸颊亲吻，说："亲妈妈！"

爸爸也把头凑了过来。

冬冬把爸爸的头推到一边说："亲妈妈，亲不要爸爸！"

爸爸说："你说什么？"

"亲不要爸爸！亲不要爸爸！亲不要爸爸！亲不要爸爸！"

妈妈纠正她："不是'亲不要爸爸'，是不亲爸爸。"

冬冬说："冬冬不要亲爸爸！"

爸爸扯高声调："好哇——"

爸爸话音未落，她忙趴在爸爸脸上啄了两下，说："明明，亲爸爸！"

②午饭，冬冬剩下一点米饭，已经凉了。爸爸把米饭倒在小盘子里，准备喂鸽子。

冬冬很开心地说："不要吃冬冬了，鸽鸽吃！"

意思是，冬冬可以不吃米饭了，给鸽子吃。

语序的不当排列，造就了很别致的童语。

小猫和姐姐，谁吃谁？

《看图识字》的封面上，有一幅图：小姑娘手掂一条鱼，小猫蹲在地上，仰着头眼巴巴地望着那条鱼。

昨天，冬冬指着小猫说："小猫吃姐姐。"

妈妈说："不对，小猫想吃鱼！"

冬冬坚持说："小猫吃姐姐。"

今天，冬冬和奶奶又一起看画册。

冬冬又说："小猫吃姐姐。"

奶奶说："小猫吃鱼。"

冬冬这才说："小猫吃姐姐的鱼。"

"吃姐姐"与"吃姐姐的鱼"，差别也太大了点。

并列复句

冬冬吃着无花果，看着姐姐洗衣服，说："姐姐洗衣，冬冬吃无花果。"

第二个量词"个"

冬冬玩积木：先把床上的积木搬到桌子上；再把桌子上的积木搬到床上。

后来，拣出两块儿大积木，放在妈妈手里。放一块儿说一声："妈个，妈个！"

所谓"妈个"，即"妈妈一个"。这是继"把"之后的又一个量词。

"它"的趣用

使用"它"的频率越来越高，越来越有趣。

冬冬指着桌上的一大堆东西，说："还要它！"

爸爸问："它？它是谁？"

冬冬回答："它！"

爸爸追问："它？它是谁？"

她拣出那个"它"，拿给爸爸看，说："它！"

会背五首五绝

冬冬早已会背诵孟浩然的《春晓》、李绅的《悯农》和白居易的《赋得古原草送别》。

最近，学会了王之涣的《登鹳雀楼》："白日依山尽，黄河入海流。欲穷千里目，更上一层楼"；还有李白的《静夜思》："床前明月光，疑是地上霜。举头望明月，低头思故乡。"

今天，冬冬又学骆宾王的《鹅》："鹅、鹅、鹅，曲项向天歌。白毛浮绿水，红掌拨清波。"

到晚上，她便会背《鹅》的前两句了。

改"骑动"为"骑得动"

（1 岁 11 个月　1986-11-16—1986-12-15）

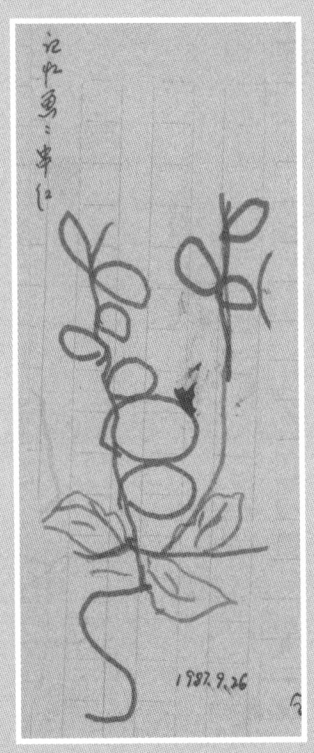

串红（1987 年 9 月）

1986-11-16

吟儿歌 "一条大花狗"

早上，冬冬跟着大人一起吟诵："一条大花狗，坐在大门口，眼睛黑黝黝，想吃肉骨头；一条大花狗，坐在大门口，吃了肉骨头，对我点点头。"

上午，母女俩坐在楼下晒太阳。妈妈用问答式，要冬冬复述儿歌"一条大花狗"。

妈妈说："一条，一条什么呀？"

冬冬接："大花狗。"

妈妈："大花狗。坐在哪儿呀？"

冬冬："大门口。"

……

在一问一答中，她顺下了整个儿歌。

"卷卷袖"

晚上，室外很冷。

姐姐抱冬冬外出，特地给她穿上大衣。衣袖较长，手活动不方便。

冬冬："卷卷袖。"

动词重叠之后带宾语，这时首见。

1986-11-17

宠爱 "阿西"

爸爸又给冬冬买了个洋娃娃：金黄的头发，蓝蓝的眼睛，取名叫"阿西"。

冬冬（有时会叫她"阿冬"）很宠爱她的"阿西"。她铺上小褥子，搭上枕巾，把阿西放在上面，又拉一块儿小毯子，给阿西盖上，盖得严严实实的。

一会儿,她双手架起阿西的双腿,放在痰盂上把尿。还找来卫生纸,给阿西擦屁股。更乐意为阿西做"抹抹、听听、打针"的游戏。

提炼故事梗概

冬冬成了"故事迷"。要大人讲故事,成了她生活中的主旋律。她丢下这本画册,又拿起那本画册。说得最多的话,就是"还要妈妈讲讲""还要姐姐讲讲""还要爸爸讲讲"……

她对《老实人与吝啬鬼》,印象深刻。大人只讲了两遍,她就能从家里八本画册中,挑出哪本是《老实人与吝啬鬼》。

晚上,她又缠着姐姐讲《老实人与吝啬鬼》。姐姐事先没做准备,只能一边掀画册一边讲述。冬冬不耐烦了,迫不及待地说:"老实人,吃包包,馍馍,肉肉,完了,走了,哭了。"

用七个词语,提炼出《老实人与吝啬鬼》的重要情节。胸中能够形成故事梗概,与喜欢听这个故事应有关系。

1986-11-18

褒贬游戏

早上,冬冬醒来,搂着妈妈的脖子,小脸贴着妈妈的脸,说:"要妈妈,不要爸爸,爸爸蛋!"

妈妈追问:"什么蛋?是坏蛋吧!"

冬冬也笑了,说:"爸爸是阿蛋。"

一抬头,看见刚下班推门进家的姐姐,忙从被窝里往外爬,边爬边说:"姐姐抱冬冬。爬呀爬,找姐姐。"

"安排"任务

冬冬穿戴整齐，准备去托儿所，满脸严肃地对家人说："爸爸早接，妈妈在家里等冬冬！"

"早"是"早点"的省略。这是第四次说"早"了。

托儿所带来的变化

爸爸下午去托儿所，看见冬冬正往桌子上爬。小朋友们看见爸爸进教室，大声叫她："李纤，爸爸接你了。"她玩兴正浓，似乎没听见，继续往桌子上攀爬。

婆婆告诉爸爸："你们家的冬冬，可打得[1]，还把别的小朋友当马骑。"

在托儿所这几个月，冬冬的性格的确发生了不小变化：

①不再胆小怕事。行为的基本规则是：人不犯我，我不犯人。人若犯我，决不留情。

②社交能力在增强。昨天去医院，遇见她的同学熊楠，老远就叫"楠楠"；到医院，又看见同学晶晶，高声叫"晶晶"的名字。

③养成了较好的生活习惯。冬冬临出教室时，记住向保育员婆婆要她的帽子，回家后就把帽子摘下来，放在桌子上。

④她在托儿所不但锻炼了心理素质，还学会了几首儿歌。如"小燕子，穿花衣，年年春天到这里"；"猪八戒，鼻子长，后面跟着个沙和尚。沙和尚，挑个箩，后面跟个老妖婆。老妖婆，坏坏坏……"；"拍拍手，吃窝窝……"等等。

1986-11-19

无花果的魅力

早上，冬冬和妈妈一替一句地背儿歌"一条大花狗"。背了儿歌，妈妈又提出：

---

[1] 可打得：武汉方言，意思是会打架、敢打架、打架吃不了亏。

"冬冬，咱们背一首诗吧？"

冬冬："不要！"

妈妈："为什么不要？你背了诗，妈妈就给你买无花果！"

无花果很有魅力。冬冬一口气背诵了《春晓》等六首诗歌。但在背白居易的《赋得古原草送别》时，开始调皮捣蛋，背得磕磕巴巴不流畅。

爸爸说，昨天下午从托儿所回来的路上，这首诗还背得滚瓜烂熟呢。

妈妈做服药示范

冬冬已咳嗽二十多天了，有时咳得连气都喘不过来。一直打消炎针，还有口服药。喂孩子吃药，真难。传统的捏着鼻子硬灌，父母下不了手，只能采用说服、许诺和示范相结合的办法。

妈妈做服药示范：

冬冬把一粒粒药片，放进妈妈嘴巴里。妈妈喝水、仰头、咽下药片。然后，让她按照妈妈喝药的程序，把药片放进口中，再喝水吞下。

她很乖地放药进口，喝下一大口白开水。水，咽了下去，药片全留在口中悉数吐出，苦得眼泪花儿花儿，直吧唧嘴。模样很可怜！

兑现打针不哭的诺言

爸爸从托儿所接到她，直奔医院去打针："冬冬，咱们现在去打针，不要哭，好吗？你不哭，明天咱就不打了。"

冬冬："不要哭，不要疼。明天，不打针了！"

锋利的针，扎进臀部。冬冬皱了下眉头，不哭也不闹。

出医院回家，路经花园，冬冬要找大石狮子玩。

爸爸："咱们先买无花果，再找大狮子玩儿，好吗？"

冬冬："嗯，买了无花果，要它。"

"它"指的是石狮子。

代词"他""这儿"

①在楼下，田伯伯跟冬冬玩。

爸爸问："冬冬，你跟谁一起玩？"

冬冬指指田伯伯："他，伯伯。"

②冬冬拿一个橘子，从床这头扔向床那头。

爸爸问："橘子呢？橘子在哪儿？"

她捡起橘子，拿给爸爸看："在这儿！"

③从医院出来，路经七号教学楼。这里有几条岔路。

爸爸问："咱们从哪儿回家呀，冬冬？"

冬冬指指楼道说："上这儿。"

"脏"的泛化

①橘子上有个疤痕，冬冬说："脏了。"

②《看图识字》上，有个行走的小男孩，裤子的膝盖上有花纹。

她指着花纹说："脏，脏了。"

喜欢《松鼠理发师》

爸爸去汉口，买回两本小画册：一本是汉乐府民歌《江南》，一本是押韵的《松鼠理发师》。

《松鼠理发师》没有跌宕起伏的故事，但绘画颇为生动。冬冬很喜欢，让家里的这个人讲了又让那个人讲。妈妈让她看着图画，跟着妈妈念下面的字。她用手捂着下面的字，不让妈妈念。

妈妈说："咱们念《江南》吧，这是爸爸妈妈读大学时学过的！'江南可采莲，莲叶何田田……'"

冬冬把《江南》推到一边，拿过《松鼠理发师》，说："不要，不要，还要它！"

睡觉时，爸爸坚持为冬冬朗诵了两遍《江南》。

1986-11-20

用"肉肉"诱惑爸爸

昨晚爸爸写论文，一直到凌晨三点钟才躺下。早晨想多睡会儿。

"爸爸，起，吃馍馍。馍馍里有肉肉！"冬冬说着，去拿搭在椅子上爸爸的衣服，放在爸爸身边，让爸爸起床穿衣。

她把大人对她的手段，镜像般运用到大人的身上。

它，就是鱼

买的两条大青鱼，在洗脸盆里悠哉悠哉地游动。

冬冬从奶奶怀里挣脱出来，说："看它——看鱼！"

这次，代词"它"与所指代的名词"鱼"前后出现，起到了相互注释的作用。

谁好谁坏?

爸爸："冬冬，爸爸问你，咱们家谁最好？"

冬冬："冬冬好。"

爸爸："还有谁好？"

冬冬："妈妈好，爸爸好。"

爸爸："那谁坏呢？"

冬冬："爸爸坏。"

爸爸故作愤怒地瞪圆眼睛："嗯？谁坏？"

冬冬急忙改口："妈妈坏。"

妈妈反问："你说谁什么？"

冬冬笑了："爸爸坏。"

爸爸拉着冬冬的一只胳膊，做出要扔出去的架势："再说爸爸坏，爸爸把你扔到外面去！"

冬冬乐不可支，笑着说："不要坏，不要，不要……"

看病游戏

冬冬做看病游戏时，总要带全一整套工具。拿了"抹抹、听听"，还要"药水"。

她把手中的小棍和清洁水递给奶奶，说"拿着"；用反光镜按在奶奶的胸前，翻来覆去地听心脏；又脱下手套，递给妈妈说"先拿着"，然后，自己跑出门玩耍去了。

把药片藏起来

冬冬把药片送进妈妈嘴里，妈妈喝口水咽下。按照约定，妈妈吃药后，该冬冬吃药了。

父母督促她，她不吭声，停了一会儿，煞有介事地把药片放到舌头上，手却停在嘴巴里。微微一低头，从口中迅速拿出药片，丢在身后的被窝里。抬起头，笑嘻嘻地看着父母。

爸爸问："你的药呢？"

她伸手，让爸爸看。

妈妈也故意问："你的药呢，喝了没有？"

她摊开双手，伸伸舌头，说："没了！"

妈妈从被窝里找出来药片，问："这是什么？"

她嘻嘻笑着，任凭大人磨破嘴皮子，就是不吃药。

吓唬的是谁？

晚饭后，冬冬用力关上门，飞快地跑回妈妈身边，神秘兮兮地说："阿五来！"

妈妈问："阿五在哪儿？"

冬冬答："在门口！"

妈妈又问："在门口？阿五咬谁？"

"咬小娃娃！"冬冬惊慌失措地藏爸爸身后，说，"阿五来，阿五来，咬！"

开始是为了吓唬别人，最后连自己也害怕了。

1986-11-21

让人剥橘子，却不让人吃

爸爸拿橘子递给冬冬，说："让妈妈给你剥剥。"

冬冬："爸爸剥。"

爸爸："爸爸不会。"

冬冬："爸爸会。"

爸爸："好吧，如果爸爸剥，爸爸就吃橘子！"

冬冬夺过橘子，递给妈妈。妈妈剥完橘子，爸爸随手掰下一瓣递给了妈妈。冬冬伸手抢了去。

妈妈说："妈妈不吃。先拿着，等你吃完了，再给你。"

她不搭话，只是紧攥橘子，不撒手。

1986-11-22

一长段话

武汉南湖有家医院，据说治疗类风湿关节炎很有效。爸爸骑自行车带着妈妈，一大早出门去看病。

早上冬冬起床，双手一替一下地敲打胸前，口里念着"咚嚓嚓咚嚓嚓咚咚嚓"，似乎是鼓点声。可能是托儿所教的？！

她打完"鼓"，左顾右盼，没发现父母的身影，说："妈妈病了，看病，打针。"

奶奶送冬冬去托儿所。祖孙俩刚走一小段路，冬冬的俩胳膊往上一架，做出要人抱的姿势，说："想爸爸，想爸爸！"

奶奶抱起她，她就不再说想爸爸了。

下午，爸爸接冬冬，问："冬冬，今天哭了没有？"

她说："哭了。爸爸走了，不要冬冬了！婆婆说，'爸爸来了！'"

召唤鸽子

在 19 平方米的房间里，鸽子飞来飞去，拉了许多鸟粪。奶奶剪短它的翅膀。鸽子不能再飞，只能在室内悠闲地散步。

冬冬手指一蜷一伸，频频向鸽子招手："鸽，鸽，来，来，冬冬叫你！"

吃葡萄

奶奶买了两串葡萄，冬冬很喜欢吃，吃得还剩下最后几颗。

奶奶说："冬冬，别吃了，等姐姐下班回来，给姐姐一块儿吃，好不好？"

过了个把小时，姐姐回来了。

冬冬忙拉着奶奶，说："奶奶，姐姐吃葡萄。"

1986-11-23

物名与代词

过去，冬冬习惯用"它"来指代所有的东西。

近日，她较多使用实物的名字，如："阿西、小房子、钱、积木"等等。

"明明"="爸爸"

冬冬一高兴起来，就冲着爸爸叫"明明，明明"。

爸爸故意凶巴巴地问："你喊什么？"

冬冬一缩脖子，连忙改口："爸爸！"

看爸爸脸上浮起笑容，她又调皮地用"明明"称呼爸爸，把叫"爸爸"和"明明"当游戏做。

会转弯的思维

①冬冬把一大把碎纸屑，撒在妈妈头上。

妈妈拍了她一下，说："冬冬，你干什么呀，坏蛋！"

冬冬："妈妈阿蛋！"

妈妈："不说妈妈坏蛋了，咱说爸爸坏蛋，好吧！"

冬冬开始笑："爸爸阿蛋！"

妈妈："姐姐坏蛋！"

冬冬更开心："姐姐阿蛋！"

妈妈说："其实，爸爸和姐姐都不是坏蛋，冬冬才是坏蛋！"

冬冬马上反击说："妈妈阿蛋！"

②妈妈准备去洗手间。

冬冬正在吃玉米面做的膨香酥，一把拉着妈妈说："不要慌着走！"

妈妈停下脚步，问："干什么？"

冬冬把膨香酥，塞进妈妈口中，然后推着妈妈，说："走，走！"

改"骑动"为"骑得动"

爸爸带冬冬上街买菜，说："冬冬，我给你讲大灰狼的故事，好不好？"

冬冬摇摇头，说："不要。"

爸爸又说："咱们背'白日依山尽'，好不好？"

冬冬又摇摇头，说："不要。"

爸爸："那咱们学'一去二三里，烟村四五家，亭台六七座，八九十枝花'[1]，好不好？"

冬冬眼睛一亮，说："要。"

这是她第一次听到这首诗，很愿意听爸爸吟诵从未听过的诗。

自行车上一个陡坡，爸爸有点吃力，速度较慢。

爸爸说："冬冬，爸爸骑不动了。"

"爸爸骑动！"冬冬马上又自我修正为："骑得动！"

这也是自我修正语言的例子。"自我修正语言"，是语感建立的一种表现。

1986-11-24

给奶奶想办法

去托儿所的路上，冬冬总要奶奶抱，不想自己走。

奶奶说："奶奶胳膊疼，抱不动！"

冬冬说："奶奶不要疼。抹抹，打针，好了！"

"天天吃妈妈"的推演

冬冬在托儿所学的儿歌："我家有个胖娃娃，大大的眼睛黑头发。不吃饭，不喝茶，天天吃妈妈！"[2]她由"天天吃妈妈"演变成一系列的："天天吃爸爸""天天吃姐姐""天天吃奶奶"……

小故事迷

冬冬最喜欢的画书，哪怕是睡觉和吃饭时，都得攥在手里。晚饭后，她拿本画册，坐在姐姐面前，说："冬冬听，姐姐讲。"

---

[1] 宋朝理学家邵雍的《蒙学诗》。

[2] 妈妈：指"妈妈的乳房"。

1986-11-25

语言游戏

冬冬边玩积木边自言自语："亲妈妈，亲爸爸，不要亲爸爸。亲冬冬奶奶，不亲阿覃奶奶，不亲冬冬奶奶。"

冬冬用对比句式，一说一大串地做"语言游戏"。

1986-11-26

第三个量词"只"

"这只手没有了！" 冬冬两手各拿一个柑子。把右手的柑子递给奶奶，又把左手的柑子放在桌上，用右手指着左手说，"这只手没有了！"

接着，她右手拿起桌上的柑子，晃动空空的左手，说，"这手没有了，还拿。"

"只"，是冬冬习得的第三个量词。代词"这"也用得恰切。

"（长）大了冬冬学习"

奶奶送冬冬去托儿所，路经图书馆旁的小树林。树林里有石桌石凳，经常有学生在此读书学习。奶奶对冬冬说："等冬冬长大了，在这儿学习。"

下午，奶奶接她回家，看见树林的石凳上坐满了大学生。她很不高兴，气恼地说："冬冬，冬冬哩，大了冬冬学习！"

她以为，树林里的这些石桌石凳，经奶奶那么一说，所有权就成了"冬冬哩（的）"。

训练记忆力

爸爸对冬冬进行记忆力训练。

规则是：桌上摆着小猫、小鸟、小狗三样动物玩具。让冬冬闭上眼睛，大人拿走其中一件，再让她睁眼看，说出来少了什么。

第一次，冬冬睁开眼睛的第一个冲动，就是使劲拉大人藏在身后的胳膊，伸长脖子，直接要看你手中拿了什么。

训练到第四次，她才明白规则，歪着脑袋，认真查看桌子上少了什么玩具……总共做了十次，猜中了三次。

1986-11-27

会背《蒙学诗》

冬冬仍不喜欢《江南》，而《蒙学诗》很快记住了。这是她会背的第七首诗。

"大书"和"小书"

冬冬对"大书""小书"的定义为：大本的《看图识字》、长条的《彩霞姑娘》、《松鼠理发师》等，统称为"大书"；而开本较小的连环画等，则被称为"小书"。

她看完一本画书，直接扔在地上，还伸手要："要大书，不要小书。"

夜已深，冬冬毫无倦意。需要上早班的姐姐，眼皮瞌睡得直打架，和冬冬"再见，晚安"。

冬冬通情达理地说："还回来，跟冬冬玩儿。姐姐还回来！"

爸爸自编"老鼠与黑猫警长"故事

冬冬最怕老鼠，但对老鼠又特别感兴趣。听大人讲故事，只要涉及"老鼠"二字，她眼睛会突然放光，注意力也特别集中。晚上躺在床上，爸爸讲"老鼠游黄鹤楼"，其情节是：

有两只老鼠，小老鼠叫灰灰，大老鼠叫银银，住在黄鹤楼上。这两只老鼠，想去闯天下。武汉三镇太大，四肢行走，身体太累，速度太慢，打算偷辆车子。偷谁的车呢？偷多多的吧，车子太小了；偷阿琳的吧，车子坏了；偷冬冬家的吧，冬冬家没有车；就偷阿覃家的吧，阿覃有辆漂亮的救火车。今天，阿覃的爸爸妈妈带阿覃去水果湖儿童公园了，家里没人。灰灰和银银悄悄地溜到阿覃家，灰灰一按小司机的头，救火车就"突突"地跑起来。跑啊跑啊，跑到大东门的警察岗楼前。岗楼里，站着威武的黑猫警长，黑猫警长一看……

冬冬对黑猫警长感兴趣，也很满意老鼠偷走阿覃家的救火车，并且记着了"大东门"这个地名。

爸爸考虑，要想激起冬冬听故事的兴趣，最好围绕着她熟悉的人和物，编一系列的小故事。

1986-11-28

利用游戏做复习

近日，冬冬喜爱认图，跟姐姐认了一个又一个，专注而认真。

睡觉前，爸爸用游戏的方式，让冬冬记牢已学会的诗歌。爸爸的手按住了谁的鼻子，谁就得背诵一句诗。

爸爸挥舞着右手，在空中"呜呜"地转几圈，手指落在妈妈鼻子上，妈妈立即背"白日依山尽"；爸爸的手又在空中转两圈，按在冬冬的鼻子上，冬冬接口背"黄河入海流"……

就这样，爸爸做空中转圈的手势，妈妈和冬冬一替一句，背完了冬冬所学过的七首诗。

妈妈又唱"爸贝贝"，冬冬接唱"妈妹妹"，冬冬和妈妈合唱"啊啊啊"。这是冬冬一岁多时自编的儿歌。

妈妈唱"小燕子"，冬冬接唱"穿花衣"……

在欢快的气氛中，冬冬重温了所有学会的诗歌和儿歌。

搬凳上床

冬冬想上床，跟妈妈一起玩儿。她站在床前，先把左腿搭着床沿，屁股就势往上靠……尝试了几次，都未能坐上去。

妈妈让她喊奶奶帮忙。

冬冬自己想办法，她搬把小凳子，放在床前，蹬上凳子，转身坐到床沿上，脱掉鞋子，爬到妈妈身边。

要勺子

楼下有人来炸米花（爆米花）。爸爸排一个多小时的长队，才炸回了大米花。

冬冬端着盛满米花的小杯子，先捏了几个放进口中，大叫："勺，小勺，要小勺子！"

爸爸递给她一个小勺，她用勺子舀着吃。舀一勺，吃一大口。

1986-11-29

安慰妈妈

妈妈咳嗽得厉害，直喘粗气。

冬冬凑到妈妈脸旁，安慰说："妈妈不要哭，冬冬在这里！"

妈妈喘息着，一笑："好孩子，妈妈不哭！"

冬冬又说："爸爸接冬冬，阿高叔叔不要接冬冬！"

意思是，不要阿高叔叔接冬冬。

表演认画册

朱老师来家找爸爸，爸爸出外还没有回来。

妈妈跟朱老师拉家常，说冬冬最近一段很喜欢画册，在众多的画册中，能准确拿出你要的。

画册《枣核》，大人曾经讲过三遍。

妈妈："冬冬，叔叔想看《枣核》，给叔叔找出来吧！"

冬冬在八本小画册中，拿出画书《枣核》，递给了朱老师。

此后，妈妈又让她拣出《吝啬鬼》《彩霞姑娘》《松鼠理发师》等，她都能按照妈妈的要求，一本一本找出来递过去。

模仿伯伯骗人的动作

田伯伯来家。冬冬使用的欢迎方式，不够热烈，伯伯故意表现出有点不高兴。

伯伯说："伯伯家有糖！"

冬冬很想吃糖。但伯伯撩逗她，一次再次地吊她的胃口，让她做这事做那事，还黑虎着脸吼了她，终于把她折腾哭了。

她抹一把泪水，平静地说："冬冬家里有糖！"

伯伯说："冬冬家有糖？那你拿来我看看！"

冬冬手往怀里一掏，朝外一亮一伸，神气活现地说："没有了！"

伯伯说冬冬骗了她。其实这一招，冬冬是跟田伯伯学的，连其神情和动作，都模仿得惟妙惟肖。

形容词＋称呼

母女俩面对面躺在床上。妈妈摸着她的脸蛋，说："小冬冬呀，小冬冬！"

冬冬也摸摸妈妈的脸，说："小妈妈呀，小妈妈！"

妈妈："大冬冬。"

冬冬："大妈妈。"

妈妈："老冬冬。"

冬冬："老妈妈。"

妈妈："坏冬冬。"

冬冬："坏妈妈。"

妈妈："好冬冬。"

冬冬："好妈妈。"

对应置换如此工整？妈妈把刚才的对话，告诉了爸爸。

爸爸决定再验证一次，说："小冬冬呀，小冬冬！"

冬冬："小爸爸呀，小爸爸！"

爸爸："大冬冬呀，大冬冬。"

冬冬："大爸爸呀，大爸爸。"

爸爸："大冬冬。"

冬冬："大爸爸。"

……

依次置换，一句都没落下。

1986-11-30

"再、就"

冬冬一边拿饼干一边说："再拿一个不拿了，再拿一个就走。"

"再"是副词，表示"又一次"。

"就"也是一个时间副词，表示两件事情紧接着。

掌握副词，语言表达更精确，而且也带来认知发展的精细化。

嫌少

奶奶装了小半碗米花，递给冬冬。

冬冬把碗还给奶奶，不高兴地说："冬冬少！"

奶奶把碗装满了，她这才开心地去吃。

出去晒太阳

阳光灿烂。

爸爸为冬冬穿上大衣，带一家人出去晒太阳。冬冬高兴地说："爸爸出去，妈妈出去，冬冬出去，阿太阳！"

"阿"现在成了一个具有广泛替代作用的音节。

而且，冬冬说话有个新特点，同一件事，同一个动作，会把所有的人一个一个都说到。比如出去晒太阳，就把爸爸、妈妈、冬冬都说一遍。

1986-12-1

家人，都在干什么

冬冬会说"好朋友、干活、砍柴、洗衣、抓得紧紧的、旅行、香、甜"等词句，这些词句，大多数来自于画书。

爸爸系着围裙在厨房做晚饭。

冬冬说："爸爸做饭，奶奶肚疼，妈妈咳嗽，姐姐上班，冬冬上阿园。"

间接表达

①爸爸让冬冬吃饭。

冬冬说："肚饱了。"

不直接说"不吃"二字。

②冬冬吃葡萄干。

姐姐说："冬冬，给姐姐吃！"

冬冬说："姐姐捏。"

不直接说"不给姐姐拿"，让姐姐自己去捏。

姐姐捏了一粒葡萄干，往冬冬嘴里送。

冬冬推着姐姐的手，说："姐姐吃。"

姜糖

妈妈一直咳嗽，用姜糖止咳。

冬冬掏出一个小块儿姜糖，塞进妈妈嘴里，说："小的不辣，甜，香。"

用"不辣"来说明，她为什么让妈妈吃小块的。

教《望庐山瀑布》

冬冬学会了七首五绝。

今天，爸爸尝试教七绝诗，李白的《望庐山瀑布》："日照香炉生紫烟，遥看瀑布挂前川。飞流直下三千尺，疑是银河落九天。"

1986-12-2

尿床之后才报告

冬冬紧缩在被窝里，不起床的理由是"冷"。大人只顾逗弄她快点起床，却忽略了她内急的晨便需求。

妈妈一摸，她身子下边湿了，忙拉她进妈妈的被窝，责备她："要尿尿，为什么不喊？"

她扯高声调，笑着回答："喊了，爸爸——冬冬尿尿！"

已经尿床了，再喊还有用吗？令人啼笑皆非！

编故事，让奶奶抱着走

去托儿所的路上，奶奶只要远远看见有汽车，就忙抱起冬冬。

冬冬利用奶奶这一心理，刚下楼，就说："奶奶，车！"

奶奶说："没有车。"

冬冬把手竖在耳朵旁，很神秘地说："听，响，车！"

一辆汽车从大门口飞驰而过。

冬冬指着远去的汽车，说："看，车，车！"

奶奶抱着走一段，让她下来走。她搂紧奶奶的脖子，说："听，车，车来，车来！"

奶奶说："不是车，是飞机响！"

她坚持说："车来！"

"狗，狗呢？"

下午，爸爸带妈妈打针，然后去托儿所接着冬冬，再去滑滑梯。

冬冬突然叫："狗！狗！"

妈妈环视四周，问："又瞎扯，哪儿有狗？"

爸爸："是没有狗啊。嗯，大概跑到院子外了吧？"

她仍手指滑梯旁横卧着的一堆东西，胆怯地慢慢逼近，说："狗！狗！狗！"

所谓的狗，原来是被截去树干，凸显在地面的树根：多杈的枯根，极像狗的耳朵和狗腿。

爸爸又带她去西院坐火箭。

她还是惦记着"树根狗"，问："狗，狗呢？"

1986-12-3

热和冷

冬冬往妈妈身上裹棉被，不停地念叨着："包包，包包！"

妈妈说："冬冬，别包了，妈妈热！"

冬冬继续裹，说："冷，冷！"

"子"的类推

在认图识字的小画册里，有很多带词尾"子"的名词，如"猴子、狮子、鸡子"等等。

于是，冬冬把"锅"类推为"锅子"，把"手"类推为"手子"。

球——ball

爸爸教冬冬看图识字，曾把"球"教为英语词"ball"。

今天姐俩翻书看，翻到了有"球"的一页，冬冬指着"球"说："ball。"

"咬口"与"咬阿口"

冬冬拿着馒头，让爸爸妈妈吃，说："爸爸咬口，妈妈咬口。"

"口"用作量词，但前面缺少数词。

爸爸纠正说："不是'咬口'，是'咬一口'。"

冬冬说："咬阿口！"

"阿"的功能真多呀。

要笔，画画

①冬冬指着白颜色的笔说："要这笔！"

"这笔"之间少说个量词。

②笔筒里插着几支已经没有水的笔。

冬冬拿出来一支在纸上画几下，扔在一边，说："要显。"

意思是要写得显的笔。

③冬冬想让爸爸画画，说："爸爸写个。"

没等爸爸画，她又夺回笔说："冬冬会写！"

④冬冬把笔递给姐姐，说："姐姐画，冬冬看。画老和尚！"

记住了诗句的尾部

从托儿所接冬冬回来的路上，爸爸和冬冬一起背《望庐山瀑布》。

冬冬记住了每句诗最后的几个字，如："生紫烟""挂前川""直下三千尺""落九天"等。

"冬冬跑，姐姐追"

明月当头。冬冬追逐天上的月亮，追逐自己的影子……跑累了，把两条胳膊往上一架，撒娇地说："姐姐抱抱，还要姐姐抱抱！"

姐姐说："你跑得快，姐姐都追不上了。跑呀，姐姐在后面追你！"

"冬冬跑，姐姐追！"她推着姐姐一步步后退，之后掉头就跑。

姐姐追上来，抓着她，她高兴得手舞足蹈。

1986-12-4

能记四个月之前的事？

积木和小篮子，是今年暑假两位河南老乡送冬冬的礼物。

奶奶问："冬冬，积木是谁买的？"

冬冬头一扬，说："什么叔叔、阿姨买的！"

用"什么"表示记不清的、不便说的或不必说的，是需要较高的语言智慧的。

奶奶："不是什么叔叔阿姨买的，是爸爸买的吧？"

冬冬回答："不。叔叔买的，阿姨买的！"

认出自家的车

下午，爸爸让妈妈在医院排队打针，自己带着香蕉，去托儿所接冬冬。

冬冬一边剥香蕉，一边说："冬冬剥，嘴吃。"

"冬冬车！" 到医院前，冬冬看见自家的自行车，叫喊着跑向自行车，使劲去摇自行车的脚蹬子。

武汉方言词"蛮"

前天，田伯伯教冬冬武汉话，"鞋子"听起来像"孩子"，"吃饭"听起来像"七饭"，把"很好"说成"蛮好"。

今天冬冬画蜜蜂，在一张纸上画满了圈圈点点。妈妈夸她："画得还真像！"

冬冬歪着脑袋，自我欣赏："蛮像。"

夜出买糖

糖盒里，还剩下最后一块儿糖。

冬冬拿出来，说："冬冬吃完，还买。"

晚上九点半，冬冬闹着让爸爸抱她去买糖块儿。这个时间，商店肯定关门了。爸爸抱冬冬出门到路灯下，为转移买糖的注意力，说："冬冬，咱们抓灯好不好？"

冬冬："好。"

爸爸："冬冬蹦啊，蹦起来，去抓呀！"

冬冬："冬冬不要蹦，没有阿鞋！"

她真的只穿了袜子，没穿鞋子。

爸爸抱着她，蹦跳起来抓路灯，冬冬笑个不停。蹦跶了一会儿，爸爸让她闭上眼睛，开始往回家的路上走。

她猛地睁开眼睛，说："爸爸，走错了！"

爸爸："走错了？那你告诉爸爸，从哪儿走？"

她指大门口："从这！"

爸爸又让她闭上眼睛，一步步向后退着走。

冬冬又睁开眼睛，看看周围，说："爸爸，错了！"

爸爸只得走冬冬指的大路。到了岔路口，一条路去商店，一条路去托儿所。

爸爸故意往托儿所的路上走。

冬冬忙说："错了！"

爸爸只得拐到去商店的路上。商店门上悬着一把大锁。

冬冬说："关门了。"

爸爸问："商店关门了，怎么办？"

冬冬答："等等。"

父女俩站在商店门前等了许久。

爸爸说："我们去找商店的人，好不好？"

冬冬点头同意。

爸爸抱她从武汉工业大学东门进去，转个大弯往家里走，路两旁的高楼上灯火辉煌。

冬冬指着大楼，说："在楼上！"

她认为，商店卖东西的人，就住在这楼上。

画画儿

冬冬画画儿，开始注意大小有序，注意构图的完整性；从单线条向三角形发展；三角形中，还画几个小道道或者几个小点点。

奶奶对冬冬画的画儿，总是给予赞美和肯定，这使冬冬大为高兴。

冬冬说："奶奶教冬冬！"

奶奶说："奶奶不会教！"

冬冬再次请求："奶奶教冬冬画！"

这又是一个兼语句，"冬冬"既是"教"的宾语，又是"画"的主语。它是由主谓宾句"奶奶教冬冬"扩展来的。

1986-12-5

模仿河南话

爸爸很困，想挣扎着起床，"嘭"一下又趴下了，整个身子袒露在被子外面。冬冬拍打爸爸的屁股，说："打屁股，打屁股……"

奶奶怕爸爸感冒，用老家话说："快盖住被子，你作啥哩[1]！"

冬冬也用河南腔调重复奶奶的话："你作啥哩！"

大家忍不住笑起来，冬冬也大笑不止。

"上高高"

爸爸到托儿所接冬冬，见她正扒着纱门，眼巴巴地往外看。

爸爸一拉开纱门，她箭一般冲向院里的铁架子，说"上高高"，手脚并用，利索地爬到了铁架子顶端。

"辣"的联想

麻辣花生豆。冬冬让妈妈咬开外面的硬壳，她只吃里面的花生米。

妈妈说："硬壳，有一点儿点儿辣味儿，也很好吃！"

冬冬说："有辣味儿，治咳嗽，打针！"

妈妈咳嗽了很长时间，吃药打针，并用吃姜糖辅助治疗，她把三者联想在了一起。

1986-12-6

难忘的中秋赏月

星期六下午，华中师范大学冬季长跑。

---

[1] 作啥哩：河南方言，意思大致是"瞎折腾什么呢"。

爸爸从托儿所接到冬冬，避开了平时走的大路。从图书馆往北拐，经行政楼绕道走。还没到行政楼，冬冬就说："月亮！"

爸爸问："月亮？哪儿有月亮？"

冬冬说："月亮。爬呀爬呀！爸爸爬，妈妈爬，姐姐爬，冬冬爬！"

这是中秋节晚上，全家在行政楼前草坪上赏月的情景。中秋节至今已两月有余，这期间，没有人提过赏月的事，也没有去过行政楼。但自行车刚一转弯，她就能"触景生情"。

谁好谁不好

冬冬一个劲儿地闹人，姐姐心烦，大声吼了她。爸爸忙接过冬冬，千方百计调整她的情绪。

冬冬说："姐姐不好，爸爸好！"

她的评价标准是以自我为中心：对自己好就是好；对自己不好就是坏。

谁喂谁

冬冬喂妈妈吃药，把药片拿到手里，说："妈妈喂冬冬。"

其实她想要表达的是：冬冬喂妈妈（吃药）。一激动，把话说反了。

画画儿的变化

冬冬画画儿的兴趣越来越浓，一进门就要纸和笔。除了她自己画画儿，还让妈妈画"飞机、火箭、冬冬、冬冬头、头发"等等。

画画儿风格也有变化：由前两天的粗犷变为清秀；三角形变为圆形。她还指点着自己所画的图形，随想象命名为"葡萄、老妖婆、彩霞姐姐"等等。

1986-12-7

手势语

冬冬坐在自己的小车子上，让爸爸推着走了几圈。她指指小车，又指指爸爸，意思是让爸爸坐在小车上，她来推。

爸爸把一只脚放在小车脚踏上，另一只脚站在地下，亦步亦趋地向前走。

冬冬不满意爸爸的一只脚站在地上，弯下腰，指指爸爸的脚，让它也放在脚踏上。

早已会用语言表达，竟然还用手势语。

很清楚谁大谁小

冬冬说："爸爸大，冬冬小。"

爸爸故意说："冬冬大，爸爸小！"

冬冬坚持说："爸爸大，冬冬小！"

爸爸的同学黎叔叔也来凑热闹，开玩笑地说："冬冬大，爸爸小！"

爸爸问："冬冬，黎叔叔说得对不对？"

冬冬不回答。

待黎叔叔离开后，冬冬说："不对，冬冬小，爸爸大！"

不说违心话

冬冬搂紧爸爸的脖子，用甜美的嗓音喊："爸爸呀，爸爸呀！"

此时，田伯伯走过来。

爸爸教冬冬说："冬冬，你对伯伯说'冬冬喜欢你'！"

冬冬头一扭，说："不要！"

爸爸多次引导，冬冬皆以"不要"应之。

田伯伯笑了，说："冬冬说实话。"

自从上次田伯伯大吼了她之后,她再也不愿意去伯伯家,看见伯伯就躲起来。

边画画,边唱歌

冬冬一边画画,一边哼歌:"没有花香,没有树高,我是一棵小草……"

家人没教过这首歌,她从哪儿学的?

一连串的口误

①画满了一张纸,她又提要求:"冬冬没有了,冬冬给。"

她是要大人给她拿纸。

②到吃饭时,冬冬还不愿意停下手中的画笔。

妈妈说:"冬冬,别写了,快吃东西。等吃完了,再写!"

冬冬说:"冬冬不要吃,冬冬不要写!"

其实,她想表达的是,冬冬不吃饭,冬冬要画画。

连着发生"冬冬给""冬冬不要写"的"口误",是情急所致,还是画画分散了注意力?

1986-12-8

臭与香

冬冬凌晨醒来,喊:"阿西尿尿,屙屎!"

爸爸问:"喊什么呢?阿西尿尿?阿西不会尿尿。是冬冬,冬冬要屙屎吧?屙不屙?"

冬冬答:"屙屎!"

爸爸拉她起床。

她推开家门,探头往厕所瞄了一眼,厕所门关着,灯亮着,说:"有人!"

爸爸领她去对面的厕所。

爸爸说："哎呀，好臭啊！"

冬冬说："香！"

爸爸说："臭。不香！"

冬冬说："不香！"

这是她继"冷"与"热""大"与"小""好"与"坏"之后，掌握的又一组反义词。

闹腾的早晨

早上，冬冬不愿起床，大哭。给她穿棉袄，她就是蜷曲着胳膊，不伸进袖子里。

爸爸好不容易给她套上一只袖子，拽出来小手，她趁势一倒，缩进妈妈的被窝里。用力撕拽掉棉袄的袖子。

妈妈说："冬冬，让奶奶给你穿衣服，爸爸给妈妈穿，好不好？咱俩比赛，看谁先穿好衣服！"

冬冬点头同意。

奶奶抱起冬冬，爸爸拿来妈妈的棉袄。她眼睛瞪得溜溜圆，紧紧盯着妈妈穿衣服的速度，生怕自己输了。

穿上衣服洗完脸，爸爸督促她快点吃饭去托儿所，指着门外，说："看，高奶奶来了，接冬冬来了！"

她干脆放下碗，说："不要高奶奶。脱鞋鞋！"

妈妈忙转移话题："冬冬，你看，昨天晚上的这张画，还没有画完呢！"

她拉过桌上的纸张，说："冬冬写字，奶奶去！"

"奶奶去"，是让想象中的高奶奶走开，不要来接冬冬。

爸爸整理好去托儿所的东西，对冬冬说："快点，爸爸要走了！"

"爸爸等一下！"她推开纸笔，忙去找奶奶别上手绢。

玩火箭的所有权

冬冬从托儿所出来，坐了滑梯，又坐上火箭。两个大班的小女孩儿，也正往火箭上爬。冬冬用手推，用脚踢。

爸爸讲道理：滑梯和火箭，是幼儿园小朋友共同拥有的，人多了才好玩。冬冬这才停止了攻击。

小女孩儿用力摇摆，冬冬很羡慕。

爸爸鼓励说："大朋友行，中朋友行，小朋友行，冬冬也行！"

冬冬开始使劲晃动着，说："冬冬行！大姐姐行，小姐姐行！"

又有一个小男孩，爬上了火箭头，站在冬冬曾经站过的位置。

冬冬哭起来，认为小男孩儿占有了她的领地。

"妈妈救我"

床上的被子尚未叠起来，堆放得像座小山。

冬冬爬上被子，一屁股坐下，被子摇摇晃晃。她身子往右一侧棱，惊呼道："妈妈救我！"

跳舞，唱歌

姐姐抱冬冬跳舞。她右手抓着姐姐的左手，左手搭在姐姐的肩上，让姐姐搂着她的腰，左晃右动一会儿；然后换左右手，把头猛地一摆，很有点国标的味道。

晚上，姐姐带冬冬到大礼堂看学校文工团演出。

回到家，冬冬扯开大嗓门，引吭高歌。唱完，鞠个躬说："算了，点点头，谢谢！"

大人鼓掌，她自己也鼓掌。

奶奶说："冬冬，再表演一个节目吧！"

冬冬表演刚看过的舞蹈"放风筝"：脸上挂着二号微笑，平移着小碎步，双手平伸在身体两侧，不停地弹动手指，身子往右侧过去，又往左倒过来。

1986-12-9

开电视

冬冬早上一起床，就要看电视。

妈妈说："我的手没力气，按不动开关键。你喊爸爸过来弄！"

冬冬说："冬冬弄不动，爸爸抱着阿动。"

"阿动"是"按动"。她是说，如果被爸爸抱起来，她就可以够得着电视的开关键了。

"不要冬冬馍馍"

奶奶递给冬冬一块儿馒头。

她摆着手说："不要冬冬馍馍！"

这句话意思是，"冬冬不要馍馍"。

"我不戴"手套

爸爸要送冬冬去托儿所，却未找到手套，边往外走边说："算了，不太冷，不戴了！"

这时，奶奶找到了手套。

妈妈高声喊："别慌啊。找到手套了，戴上啊！"

"我不戴！"她跑到楼梯口，回头看，见妈妈没有追出来，说，"妈妈不走！"

爸爸说："那咱走吧？"

冬冬说："爸爸早接，滑滑梯！"

"地球"

父母同去托儿所接冬冬。

她正跟两个小朋友手拉着手，似乎在做游戏。转头发现爸爸妈妈，甩掉小朋友，高兴地朝门口跑来。

爸爸带她到西边幼儿园的院子里，坐进形似地球的大转椅上。

爸爸问："这是什么？"

冬冬毫不迟疑地回答："地球。"

一个月前，在覃覃家见过一次地球仪。这个大转椅，与地球仪的确有相似之处。

"脱鞋鞋，上妈妈床上！"

冬冬从托儿所回到家，搬把小凳子，放在床前，蹬上小凳子，坐在床沿儿上，边脱鞋子边说："脱鞋鞋，上妈妈床上！"

冬冬到了床上，又是打滚儿又是翻跟头。

妈妈怕她不小心翻到床下，紧紧地拉着她。

她极力挣扎，大叫："妈妈的手，不要招冬冬！"

杜甫的《春夜喜雨》

教冬冬学杜甫的《春夜喜雨》："好雨知时节，当春乃发生。随风潜入夜，润物细无声。野径云俱黑，江船火独明。晓看红湿处，花重锦官城。"

学英语

电视节目，第一次播放《瑛瑛学英语》，冬冬很认真地看。学了以下单词和句子：

① hello（喂，你好）

② look（看）

③ nice（好）

④ how nice（很好）

⑤ come（来）

⑥ let's play（让我们一块玩）

⑦ let's sing（让我们一块唱）

1986-12-10

"kiss 手"

爸爸边亲吻冬冬的小手，边说："kiss，kiss！"

冬冬转身吻妈妈的脸，又伸出自己的右手，说："妈妈，kiss 手！"

妈妈吻吻她的小手，她非常高兴。

基本会背《望庐山瀑布》

从托儿所回来的路上，冬冬复述故事《枣核》时，用"枣核又蹦又跳"来形容枣核。

爸爸和她一起背《望庐山瀑布》。爸爸提示了第一句的"日照"两字。背诵时，她省略掉了第四句的"疑是"两字。

"爸爸大，背妈妈！"

从托儿所回来，刚到大门口，朱叔叔就把爸爸叫走了。

妈妈搂着冬冬的脖子，说："冬冬，妈妈上不去楼，怎么办？你把妈妈背回去吧！"

冬冬说："冬冬小。"

妈妈说："那妈妈怎么上楼呢？"

冬冬指着爸爸远去的背影，说："爸爸大，背妈妈！"

啃骨头

妈妈夹一个鸭翅膀，问："冬冬，啃骨头吗？"

"妈妈，啃！"冬冬接过骨头，有滋有味地啃起来，突然大叫道，"啃骨头，塞牙疼！"

妈妈让她张大嘴巴，原来有一丁点肉丝，塞进了她的牙缝里。

爸爸用牙签，为她剔出牙缝里的肉，问："还啃不？"

冬冬回答："不啃啦！"

小姑生病了

今天接到爷爷从家里寄来的信，说小姑生病了。冬冬要画画，奶奶连忙去拿纸。她推奶奶离开桌子，说："妈妈拿，奶奶走！"

冬冬一边画画，一边自言自语地说："小姑病了，大姑病了。"

"姑"的发音似"补 [pu]"。

晚上，奶奶跟爸爸商量回老家的事。

冬冬又接话茬儿，说："小姑病了，小姑要奶奶！"

她竟知道奶奶与小姑的亲情关系！

说好听话

"冬冬尿尿！"冬冬一声大叫。

奶奶慌忙跑向冬冬，说："不要慌，不要尿！"

恰巧，此时姐姐推门进屋。

冬冬说："不要奶奶把，要姐姐把！"

姐姐抱她去厕所，问，为什么不让奶奶把？非要姐姐把？

冬冬说："姐姐好！给姐姐说好听话呢！"

知道什么是"好听话"。会说"好听话"，也是进步。但是，告诉他人自己是说的好听话，也过于直白了点儿！

"吃过了"

奶奶炸了些藕丁。

姐姐问："冬冬，吃藕不？"

冬冬答："吃过了！"

这是第三次用"吃过了"。

四天前，妈妈让她吃东西，她说"吃过了"；前天姐姐让她吃面条，她也是这样回答的。

"过"是表示"完成"的时态助词。

"我"和"阿"

冬冬"阿呜"一声，扑上去咬爸爸的衣领。

爸爸用夸张的语气惊叫着问："你，吓死人了，你干什么呀你？"

她笑着说："阿咬阿爸爸哩衣裳！"

冬冬会说"我"，这里把"我"说成"阿"。

1986-12-11

在托儿所

早上，她边说边表演："小白兔，蹦蹦跳，吃白菜，吃青草！"

父母曾向托儿所的保育员尉迟奶奶，打听冬冬在托儿所的表现。尉迟奶奶的评价是：冬冬"吃得[1]"，"不吃亏"。她还说，每次发点心，稍微慢一点，冬冬就叫喊"冬冬吃完了，还要"。

---

[1] 吃得：武汉方言，"会吃""能吃"的意思。

爸爸问她，托儿所教些什么儿歌？

尉迟奶奶说：每天都会教一些儿歌。老师教儿歌时，冬冬不怎么跟着念。但独自一人时，可以背出来。午睡睡在小床上，背得最好。

可知，冬冬突然冒出的几句儿歌和故事，都是托儿所老师教的。

边吃边画

早饭。

冬冬边吃饭边画画。妈妈让她吃根腌萝卜条。

她说："冬冬写字，冬冬不吃萝卜！"

学儿歌"筛罗罗"

冬冬跟奶奶学会了河南儿歌："筛罗罗，打面面，问冬冬[1]，吃啥饭？吃油膜，炒鸡蛋。不吃不吃两三碗。"

"鹅"

昨天晚上，冬冬把自己画的画，命名为："鹅。"

妈妈："还真有点像鹅！"

冬冬不接话茬儿，却背诵道："鹅、鹅、鹅，曲项向天歌。白毛浮绿水，红掌拨清波。"

学了诗，到时就能用。

改编儿歌

早上，冬冬玩小狮狗，边玩边唱："大花狗，大门口，黑黝黝，想吃肉骨头。"

这是儿歌大花狗的"剪辑版"。

---

[1] 对不同的人，可以灵活运用不同的名字。

"这"的广泛指代

①"这没有画，"她指着没画的半张纸，又指着画过的半张纸，说，"这画了"。

② "冬冬用这！"冬冬手里拿了两支笔。

③"这，"她亮出右手的圆珠笔。又亮出左手里的钢笔，说，"爸爸用这。"

此前，曾经有用"它"广泛指代的现象。现在，"这"也开始广泛指代了。

教妈妈画画儿

冬冬拿一支笔，硬塞到妈妈手里，说："冬冬教妈妈！"

妈妈："冬冬教妈妈干什么？"

冬冬用力握着妈妈的手，在纸上乱画："冬冬教妈妈画！"

人称代词"你"

①晚饭，冬冬用馒头蘸酱，吃得有滋有味。

奶奶往冬冬嘴里塞了口馒头。冬冬推着奶奶的手说："你吃。"

奶奶咬了一口馒头。冬冬很满意，自己也咬口馒头说："冬冬吃。"

②姐俩在床上疯闹。

姐姐说冬冬："坏蛋！"

冬冬回敬一句："坏蛋！"

小姐俩相互看着对方眼睛，用手指着对方鼻子，说对方是"坏蛋"三个回合。到第四次，冬冬首先用了"你"字："你坏蛋！"

其前偶尔说过"你"。现在，"我、你、她（他、它）"的使用，都比较多了。

"妈妈记冬冬哩日记"

妈妈正往笔记本上，誊写记录的冬冬的语言片段。

冬冬伸开双手，要妈妈抱。姐姐弯腰抱走她，说："妈妈忙，正记你的日记呢！"

二十多分钟后，冬冬站上椅子，探头看妈妈写字，笑着说："妈妈记冬冬哩[1]日记！"

1986-12-12

爷爷来看冬冬

昨晚，爷爷来到武汉。

冬冬很兴奋，从被窝里跑出来，看一眼爷爷，又笑着躲进被窝里，对妈妈说："爷爷来咾[2]！"

妈妈问："爷爷来干什么？"

冬冬自豪地说："看冬冬！"

"不要"

爸爸喂冬冬吃饭。

冬冬不让，指着妈妈，让妈妈喂，说："妈妈好，不要爸爸好。"

"不要"的这种用法已经逐步减少，但还会偶尔出现。

推测

妈妈一天要去医院打两次针，冬冬总想跟着去。父母常常趁她不注意，偷偷溜走。今天，又在她玩兴正浓时，爸爸带着妈妈悄悄离开了家。

冬冬环顾四周，没找到爸爸妈妈，自言自语道："爸爸哩[3]？妈妈哩？爸爸带妈妈去打针！"

---

[1] 哩：河南方言，这里相当于"的"。

[2] 来：发音为[nai]；咾：河南方言，相当于"了"。

[3] 哩：河南方言，这里相当于疑问语气词"呢"。

推测正确。

1986-12-13

妈妈的"好朋友"

凌晨，冬冬醒来，缠着妈妈讲故事。听完故事，双手拍着自己的小腿，说"下，下，下"；又用右手拍着左手，说"左，左，左"；又换左手拍着右手，说"右，右，右！"

妈妈问："太了不起了，会说左，会说右了！谁教给你的？"

冬冬说："婆婆教的！爸爸妈妈去上班，我不哭，我不闹！"

妈妈问："你不哭，你不闹，你是妈妈的什么呀？"

冬冬答："好朋友！"

妈妈说："不是好朋友，是'好宝宝'！"

冬冬坚持说："好朋友！"

认"门、冬"二字

昨晚，爸爸在纸上写了"门、冬"两个字，领着冬冬念了两遍。

早上，姐姐也在纸上写"门、冬"，冬冬不认识。爸爸重写这两个字，冬冬迟疑了片刻，总算蒙对了。

姐姐和爸爸写的字形有差别，姐姐写的"冬"，捺拉得不够长，而"门"框，叉得又太开。

晚上，她再认这两个字，一下子认出了"冬"，但有几次把"门"说成是"房子"。

买豆腐脑的游戏

冬冬搬把椅子,先放在楼梯口,跑回来拿个小篮子,里面放一只红杯子,又从抽屉里拿出五分钱,跑到楼梯口,坐在椅子上。她把五分硬币丢进杯子里,高喊一声:"买豆腐脑哟!"

妈妈叫了一声:"卖豆腐脑的!"

"给你。"冬冬掂起篮子跑回家,从杯子里象征性地捏起点东西,递给妈妈。又依次给爸爸、爷爷和奶奶手中放一下。

奶奶说:"我再买杯豆腐脑!"

冬冬一手接钱,一手拿杯子,回身跑到楼梯口的小凳子前,做出一连串动作:把手中的钱丢进杯子,把杯子伸出去又缩回来,再跑回家去,递给奶奶杯子。

最初,冬冬是卖家,现在又变成了买家,变换扮演买卖两个角色。

她来来回回跑了五次。为家里的五个成员,每个人都买了一次豆腐脑。

"龟兔赛跑"的影响

冬冬很喜欢电视木偶剧《龟兔赛跑》。只要听到"爬呀爬呀",就高兴得手舞足蹈。

①她能讲《龟兔赛跑》的主要情节:"乌龟爬呀爬呀,小白兔睡熟了。小白兔,小白兔,醒醒,乌龟爬过来了!""乌龟得了金牌!"

②画画,由原来画小蜜蜂,到画圆圈又到画乌龟。现在一拿到笔,就说:"画乌龟!"

1986-12-14

自编顺口溜

深夜醒来,冬冬从爸爸被窝钻进妈妈被窝,搂着妈妈的脖子,用很甜美的声音喊道:"妈妈,冬冬来了!"

妈妈随口答道："冬冬来了好！"

冬冬用小脸依偎着妈妈的脖颈，说："冬冬来了好，坐火箭，爬高高！"

妈妈很高兴："哈哈，我们的小冬冬会编顺口溜了！"

她也高兴得"咯咯"直笑。

给家人发饼干

冬冬打开柜门，去拿饼干。她先数家里的人数"一，二，三，四"，又指指自己："五！冬冬也吃！"

这次数数，没有漏掉"四"。

她拿出五块饼干，说："爸爸一个！妈妈一个，冬冬一个！"

她递给爸爸、妈妈、爷爷、奶奶每人一块儿。大家吃饼干，她却拿着饼干不吃。

妈妈奇怪地说："你也吃一块儿呀！"

冬冬说："冬冬不吃，冬冬吃阿糕！"

"阿糕"是面包。

背"随风潜入夜"

从开始教杜甫的《春夜喜雨》，冬冬就不愿意跟着念。

今天情绪不错，大人一开始说"好雨知时节"，她也跟着说，第二句比较生疏，"随风潜入夜"最为熟练，其他两句仅仅可以跟着溜下来。

她背得熟练的，声音大而洪亮；稍微生疏和跟着溜的词句，语调低而含糊。

分走爸爸的筷子

吃午饭，冬冬拿走爸爸的一根筷子。

爸爸说："把那一根给我！"

她扬起手中的筷子，振振有词地说："爸爸一个，冬冬一个！"

似乎拿走爸爸的筷子，是理所应当的事情。

与爸爸争书桌

晚饭后，爸爸坐在桌前，打开小台灯，准备写作。冬冬又挤着身子趴在桌上。

爸爸说："过去玩去，爸爸要写东西！"

冬冬说："冬冬写东西！"

奶奶拉她离开。

她大叫："冬冬学习，冬冬学习！"

一脑门子的认真劲儿。

爸爸拿笔和纸，准备写几个字，让她比着写。

她推着爸爸的手，说："冬冬哩，写爸爸哩！"

这话的意思是：这张纸是冬冬的。爸爸要写，写你自己的纸上去。

同音字引发的串联

冬冬会唱不少流行歌曲，会背诵八首诗。八首诗中，有不少的同音字常常发生"串联"。正在背诵甲诗，突然串到了乙诗上。比如：

① 在背"飞流直下三千尺"，接下来，可能说《蒙学诗》中"烟村四五家"。因为两首诗中都有一个"三"。

②"时"和"十"同音，背"好雨知时节"，下一句也许就是"八九十枝花！"

③"八九十枝花"和"花落知多少"，中间都有一个"花"字，经常来回颠倒。

④"花落知多少"和歌曲"妈妈给我多少吻"，因为两句中都有"多少"而经常弄混。

1986-12-15

很乖地看病打针

昨夜，冬冬又高烧。不知从何时起，几乎每个月的16号前后，冬冬都会生病。

上午，爸爸带冬冬看病，她很懂事，顺从地让医生塞肛表、听心脏，医生刚把竹板伸进冬冬口中，她便很配合地张大嘴，发出"啊啊"声。

冬冬是重感冒，要打青霉素消炎。冬冬不动声色地看着护士做皮试，就连打臀部肌肉针，也没有哭一声。

学校医院和托儿所是近邻。打针出来，冬冬不想去托儿所，对爸爸说："不叫高奶奶看见！"

冬冬以为，不让高奶奶看见，就可以不去托儿所了。

再学《望天门山》

李白的《望天门山》，是冬冬从出生到十一个月之间，经常听大人诵读的。今天爸爸教她这首诗两遍后，问："冬冬，你小时候就听过这首诗，还记得吗？"

冬冬答："记得。"

估计她是顺着爸爸的话音说的，未必真记得。

爸爸又问："谁教的？"

冬冬答："爸爸妈妈！"

今天，爸爸教了五遍，冬冬就能跟着溜下来了。爸爸决定观察这首诗的学习进度：如果比其他诗歌学得快，说明早期教育还是有些作用的。

回答"为什么"的问题

中午，冬冬坚决不喝药。姐姐急了，捏着冬冬的鼻子，用小勺子硬灌。冬冬大哭。爸爸接过冬冬，终于哄平静了。

爸爸："冬冬，爸爸也让你喝药，爸爸坏不坏？"

冬冬："不坏。"

爸爸："姐姐坏不坏？"

冬冬："坏。"

爸爸："为什么姐姐坏？"

冬冬："坏，姐姐灌药！"

爸爸："爸爸不灌药，冬冬自己喝！"

冬冬："冬冬自己喝！"

"灌"发音似"办 [pan]"。"自己"中的"自"，发音似"记 [tɕi]"。

自造词"关走"

冬冬跑进房间，关上门，不让父母进屋。爸爸站在一边，抽着烟看热闹。妈妈请冬冬开门，她不理。妈妈用身子轻轻撞门，她还是不开，叫着："让妈妈关走！"

"关走"是个自造词，大约是"关上门，让人走开"的意思。

妈妈故意使劲地挤呀挤呀，终于从门缝里挤回了室内。

她又叫着："把爸爸关走！"

"一边⋯⋯，一边⋯⋯"

（ 2 岁　1986-12-16—1987-1-15 ）

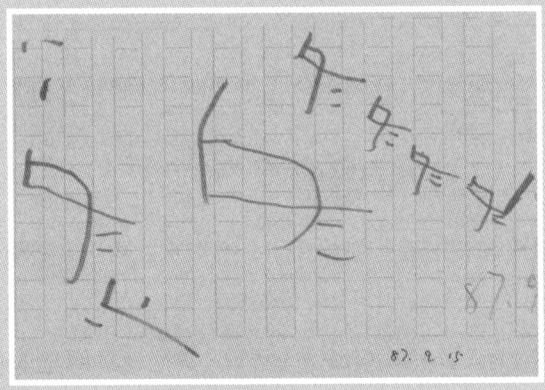

学写"冬冬"（1987 年 9 月）

1986-12-16

吃药，打针

　　早上，冬冬吃药还是不配合。大人说，如果她肯吃药，就让她吃花生米。她爬上椅子，理直气壮地说："冬冬吃花生米，不喝药！"

　　上午在医院打针，自己爬上椅子，在针扎进的同时，伴以"哈哈"的笑声。这一"英雄壮举"，得到所有人的赞美。

　　回家后，奶奶问她："打针哭了不？"

　　冬冬说："没哭，'哈哈'。"

　　下午，还不到打针时间，冬冬就闹着要去医院。她追求再一次"哈哈"的刺激，享受周围人的赞许。

　　由于最近总打针的缘故，她画画时也总要求："妈妈画打针，爸爸画医院。"

自我解嘲说"错了"

　　冬冬用圆珠笔画画，在纸上划拉几下，不出水。她认真看看，笔，拿颠倒了，自我解嘲说："错了！"

　　冬冬换了笔，用力画出些横竖线来。接着，又把笔颠倒过来画，说："错了！"

　　把笔颠倒过来画，又颠倒过去画。反复多次，以此为乐。

"救我"和"帮我"之不同

　　冬冬从椅子翻到附近的沙发上，再从沙发爬到茶几上。想完成这一连串惊险动作，常需要他人的帮忙，她总会叫："奶奶救我！"

　　妈妈说，你要人帮忙，应该说"谁谁帮我"；遇到危急时，才能喊"谁谁救我"。

　　随后，冬冬又在两个物件之间跳来跳去。距离太远，腿的长度够不到，她就叫"奶奶帮我"；身子摇摇晃晃要摔倒，她忙大叫："妈妈救我！"

奶奶的影响

奶奶头晕天旋地转。躺在床上，不敢动弹一下。

奶奶住在一楼。冬冬常常说"奶奶在底下"，有时也说成"奶奶在楼下"。爸爸和冬冬去看望奶奶。奶奶去厕所了。冬冬不让爸爸关门，说："等奶奶回来。"

冬冬看见奶奶身影，忙跑去搀扶着，说："慢慢的，好好的。"

这是平时奶奶嘱咐冬冬的话，现在，冬冬把这话用到了奶奶身上。儿童的语言和行为，就是成人语言和行为的一面镜子。

情绪烦躁

冬冬夜里高烧，鼻塞，呼吸不畅，一个劲儿地闹人。爸爸寻找让她兴奋的话题，问她愿不愿意坐"地球"、滑滑梯？

她情绪顿时好起来，但突然又气馁地说："腿疼不能去。"

"这痒，"因为说到腿疼，她的注意力又转到腿上。她指指右腿的疙瘩，又指左腿，"这不痒。"

1986-12-17

"好"与"坏"

昨夜冬冬尿床，妈妈和姐姐数落了她。

她大哭大叫："爸爸抱抱。""不要妈妈。""姐姐坏，爸爸好。"

不但哭，还记仇。姐姐百般讨好，她就是不理睬。躺床上，妈妈挨着她，她身子往一边挪挪。这种"记仇"情绪，持续了一个多小时。

早上醒来，她说："妈妈好，爸爸坏。"

爸爸说："爸爸坏？爸爸不扶你上椅子了！"

冬冬赶快改口，说："爸爸好。"

与爸爸对着来

爸爸买回早餐，说："冬冬，你如果不起床，我可不让你吃饭。"

冬冬说："冬冬端走，不要爸爸吃。"

爸爸问："不要爸爸吃什么？"

冬冬答："馍馍，包包。"

与爸爸换笔用

爸爸用钢笔伏案写作，冬冬用圆珠笔，也趴在书桌上作画。画了一会儿，她要与爸爸换笔，说："笔，换换！"

三天会背《望天门山》

因冬冬生病，近来很少背诗。

但从开始教李白的《望天门山》到会背诵，仅用了三天时间。她不仅学会了，还背得很清晰，很流畅。

1986-12-18

告状

姐姐要冬冬洗脸。冬冬转圈圈躲避着，还向妈妈告状："妈妈，姐姐打冬冬哩！"

姐姐一把抓住她，问道："瞎说，姐姐打你了没有？"

冬冬只好老实地回答："没有。"

"阿蛋"终于变成"坏蛋"

妈妈洗过脸，开始擦面霜。

冬冬摸着妈妈鼻梁上的伤疤，说："冬冬搽过了！"

妈妈问："冬冬，妈妈这个伤疤，是谁碰的？"

冬冬说："爸爸咬哩，爸爸是坏蛋！"

"是"的发音似"系 [ɕi]"。

"都、先"

冬冬吃着肉松，指着桌子上的橘子、书本和台灯，说："这是冬冬哩！这是冬冬哩！这是冬冬哩！都是冬冬哩！"

小朋友喊她出去玩。

她把正吃的肉松放在妈妈手里，说："先拿着，不要吃冬冬哩！"

"歪了"

冬冬的小车子，放在楼下的走廊旁。她顺手推了一下，一颗松动的螺丝钉滚落在地，车子歪向一边。

冬冬说："歪了！"

"绕口令"

邻居家小哥哥淘气。他爸爸很生气，把他从家里撵了出去，声称再也不准他回家。冬冬听邻里间谈论这件事，自语道："哥哥爸爸，不要哥哥了；冬冬爸爸要冬冬！"

看这话说的，就像绕口令似的。

搞出来大月亮

晚上出外。天阴沉沉的，没有月亮。

姐姐说："没有月亮，有什么办法呢？叫爸爸把月亮搞出来！"

冬冬接口道："爸爸叫大月亮搞出来，冬冬看！"

1986-12-19

还要米花

米花，放在电视柜顶层。

冬冬吃完了碗里的米花，还想吃，跑到爸爸跟前，说："爸爸，还弄！"

有字的纸，不能用

冬冬要画画。爸爸递给她一张写过字的纸。

冬冬说："这写过了！"

家里写过字的纸，不是爸爸的文稿，就是学生的作业。大人多次说，不能使用有字的纸，看来，教育卓有成效。

爸爸递给她一张白纸。

冬冬画了个圆圈，圆圈下画两条竖线，右边的竖线下又画一个小圆圈，说："冬冬画姑娘！"

学英语

电视《瑛瑛学英语》已经播出六讲。

昨晚，冬冬一听"hello hello"歌，就开始兴奋；今晚一听"hello hello"歌，就跟着节奏边唱边舞。节目结束了，她还闹着要"hello"，不愿意再看其他电视节目。

她似乎并不反感学英语，但进步不大。其特点是不喜欢跟着念。爸爸计划采取两种方式，调动她的兴趣：

①不管她是否跟着念单词，大人都不停地灌输。背诗是个很好的例证，听多了，自然就记住了。

②日常多用英语对话。如：

妈妈："hello，冬冬。"

冬冬："hello，妈妈。"

妈妈："let's sing，冬冬。"

冬冬："let's sing，妈妈。"

……

1986-12-20

画蜜蜂

冬冬画了一个大椭圆，几条射线。

妈妈问："冬冬，你画的是什么呀？"

"小蜜蜂！"冬冬拿着所谓的"小蜜蜂"，给妈妈看了给爸爸看，又拿给奶奶看。

阅历，产生联想

8 月底生病住院，冬冬学会了"打针、听听、抹抹、不要动"等词语；这次感冒咳嗽，又知道了发烧、咳嗽、体温、皮试、吃药等看病程序；还有用针扎破无名指，取血化验，抽血后，用棉球按在针眼处止血等等。

"冒血了，"她玩红墨水，不小心涂到了手指上，撕片儿纸，贴上去，说，"粘粘。"

"粘"的发音似"丹[tan]"。

用"……呢？"主动提问

冬冬让大人讲故事，总用"××讲，冬冬听"的句式。听故事时，偶尔插上两句自己会说的台词。大人所提的问题，她也能回答。

这两天，有个明显的变化：她拿着画册，指着画册上的人和物，开始向大人提问。

冬冬指着画册《吝啬鬼》，问："吝啬鬼呢？"

妈妈指给她看。

她又问："老实人呢？"

妈妈又指给她看。

冬冬指着国王问："这呢？"

妈妈说："国王。"

她又指宫女问："这呢？"

妈妈说："宫女。"

接着，依次用"这呢"，询问了国王身边的侍卫和跪在地上的吝啬鬼。

"你"

下面对话中的格格巫、大嘴等，都是电视动画片《蓝精灵》中的小动物。冬冬熟悉它们，更喜爱它们。

妈妈说："冬冬，对爸爸说'老五咬你'！"

冬冬对着爸爸做咬人状："咬你！"

妈妈："还有格格巫！"

冬冬对爸爸："格格巫咬你！"

妈妈："还有大嘴！"

冬冬再次对爸爸："大嘴咬你！"

妈妈："还有波斯猫！"

冬冬笑着推推爸爸说："波斯猫咬你！"

"按灭、按明"

睡觉时，爸爸按灭了台灯。

冬冬说："爸爸按灭了！"

爸爸又把灯按亮。

冬冬说："按明了，黑猫警长不来了！"

成人说"按亮"不说"按明"，但"按明"也应是合乎语法的。

自编故事，吓着了自己

夜已深，冬冬仍无睡意，与父母亲昵玩耍。她自编故事："阿覃哭了，老五咬阿覃了。阿琳哭了，老五咬阿琳了。冬冬没有哭，老五没有咬冬冬。"

这段话，全凭想象。老五咬所有小朋友，就不咬她自己。琳琳回奶奶家已一月有余，她仍把她作为故事中的一个人物。

刚讲了故事，她突然惊叫："黑猫警长，黑猫警长！"

妈妈问："黑猫警长在哪儿？"

冬冬答："黑猫警长阿（在）屋里！"

妈妈问："在哪个屋里？"

冬冬答："在冬冬屋里。"

爸爸也来凑趣，大叫："救命啊，冬冬！"

冬冬翻身抱着爸爸的头，安慰说："不要哭，不要怕，冬冬阿（打）走了。"

她劝爸爸别怕，自己却害怕起来，翻身把头藏进妈妈怀里，搂紧妈妈，连叫："怕，怕！"

1986-12-21

"有 + 动词"

冬冬咳嗽多日，不见好转，食欲极差。买条活鱼改善生活，哄着她多吃一点。

妈妈挑了鱼刺，鱼肉放在勺子里，说："妈妈闭上眼睛了。这是谁呀，谁把我的勺子偷跑了？"

爸爸接过勺子，小声对冬冬说："快点，妈妈看不见，我们快吃掉它！"

冬冬张大嘴巴，高高兴兴地吃下鱼肉。爸爸再把勺子放在碗里。

妈妈睁开眼睛，看看碗里的勺子，夸张地说："哎，谁把我的鱼肉偷吃啦？"

爸爸一脸无辜地说："我们没有偷。说，冬冬，我们没有偷！"

冬冬说："有偷！有偷！"

"有偷"是偷了的意思。想让孩子建立"攻守同盟"，难！

南方某些方言有"有＋动词"的说法，冬冬顺着"没有偷"，造出了"有偷"的说法。

冬冬是冬冬哩！

妈妈和冬冬之间的一段对话：

妈妈："冬冬，你是谁的？"

冬冬："姐姐是冬冬哩！"

妈妈："奶奶呢？"

冬冬："奶奶是冬冬哩！"

妈妈："爸爸呢？"

冬冬："爸爸是妈妈哩！"

妈妈："那妈妈呢？"

冬冬："妈妈是爸爸哩！"

妈妈："冬冬呢？"

冬冬："冬冬是冬冬哩！嗯，不是妈妈哩，不是奶奶哩！"

妈妈："那谁不是冬冬哩？"

冬冬："爸爸是冬冬哩！妈妈是冬冬哩！"

在冬冬的意识中，全家人都是她的。

亲疏分明

妈妈饿了，让冬冬拿块儿饼干。

她推开柜门，探头瞧一眼，说："没有饼干，吃完了！"

姐姐下班进家。

冬冬忙跑到柜子前，从柜门里掏出饼干，一个劲儿地让姐姐吃。

"两个"的两种位置

爸爸又买回一个小娃娃，也是为了呼应"阿冬"的名字，取名叫"阿夏"。冬冬很喜欢。

奶奶把阿西和阿夏并列放在书架上。

冬冬把"阿夏"也叫成"阿西"，说："阿西两个。"又说："两个阿西！"

自控能力

①中午，冬冬拉着妈妈去李阿姨家串门。菁菁姐弟俩正在分糖块儿吃。菁菁递给冬冬一根山楂条。

冬冬说："不要，不要，冬冬家里有，冬冬家里有！"

菁菁硬把山楂条往冬冬手里塞，冬冬忙把双手背在身子后面。

妈妈说："姐姐给，你就要着吧，说'谢谢姐姐'！"

菁菁也说："你妈让你要，快吃吧！"

冬冬接过山楂条，坐在小椅子上吃起来。

②妈妈带冬冬去对门的林阿姨家。

林阿姨让她背诗，她摇摇头。

林阿姨拿出一小袋饼干，作为背诗的交换条件。饼干很有魅力，她一边吃饼干一边背诗。

家里做好了饭，爸爸来喊吃饭，她把爸爸推到门外。奶奶来喊，她也装作没听见。妈妈再三督促，她才勉强答应回家。

林阿姨让把吃剩的半袋饼干带走，她跃跃欲试。

妈妈说，好孩子不拿别人的饼干袋，只有吝啬鬼才"把口袋抓得紧紧的"。我们拿走两块儿饼干，把袋子还给阿姨，等下次来了再吃，好不好？

冬冬松开了抓饼干袋的手，跟着妈妈回家了。

过去，她想要的如果得不到，一定又哭又闹。今天的两件事，冬冬表现出听话、懂事、有自制力的一面。

1986-12-22

守规矩

爸爸让冬冬吃虾米，提条件要她"每次只能吃一个"！

冬冬说："吃 [uɛ][1]，不吃俩。"

冬冬很守规矩，如果勺子里舀了两个虾米，她就让爸爸把勺子里的虾米，抖下去一个。

老经验

快春节了，中文系给每个老师分了几条鱼。

爸爸问妈妈："这几条鱼怎么处理？"

冬冬抢着说："找盆，养。"

前几次，养在盆子里的是活鱼。这次系里分的是冷冻鱼，冬冬仍用养起来的老办法。

和玩具的情感交流

冬冬让阿夏叉开双臂，放在桌上坐着。把不倒翁放进阿夏怀里，拉着阿夏的双手扣在一起。阿夏和不倒翁拥抱在一起，一副相亲相爱的样子。

"冬冬看看，"她笑眯眯地把脸凑过去，蹭蹭阿夏和不倒翁的脸儿，说，"挨脸！"

---

[1] [uɛ]，阳平，"一个"的合音。这是成系统的，如"两个"合音为"俩"，"三个"合音为"仨"等。

误判声响

奶奶和爸爸脚跟脚地走出家门：爸爸上厕所，奶奶去厨房清洗装鱼的袋子。

冬冬很神秘地说："妈妈，你听[1]，你听，爸爸尿尿，爸爸尿尿，不要慌！"

恰巧奶奶回房间，听到了这些话，解释说，那阵很响的流水声，是她直接用水管里的水冲洗鱼袋子的声音。

奶奶吃皮她吃仁

奶奶带冬冬买瓜子。

冬冬说："奶奶吃皮，冬冬吃瓜子（仁）！"

奶奶说："奶奶不吃皮！"

冬冬笑了，说："奶奶卡，冬冬不卡。"

原来，她也知道瓜子皮卡嗓子，瓜子仁才好吃。所以把好吃的瓜子仁分配给自己。

连动句

晚饭后，冬冬想到覃覃家玩，伸开双臂让爸爸抱，说："爸爸抱着找阿覃。"

这是一个连动句，还使用了"着"。连动句的句法和命题都较复杂，标志着孩子的语言和智力都发展到一个新的阶段。

自己推车

父女俩到楼下推小车子。

她推开爸爸的手，说："冬冬推，爸爸不推。"

---

[1] "听"，发音似"丁[tiŋ]"，声母还是不送气音。

尝试教"两岸"的趣事

《望天门山》中有"两岸青山相对出"；《早发白帝城》的诗里有"两岸猿声啼不住"。

妈妈今天教冬冬学李白的《早发白帝城》，是想观察一下这两个"两岸"，她能否分得清楚。妈妈刚说到"朝辞白帝彩云间，千里江陵一日还。两岸——"

冬冬立马接口道："两岸青山相对出，孤帆一片日边来。"

妈妈说，是"两岸猿声啼不住，轻舟已过万重山"，冬冬仍然说"两岸青山相对出，孤帆一片日边来"。

如此看来，音同、音近的诗句，孩子最容易混淆，近期内不宜再教。

1986-12-23

托儿所的新鲜感

冬冬病了十天，在家待了十天。今天送托儿所，刚出家门，她就开始哭。下午五点接。她正扒着纱门往外张望，看见爸爸，大叫："爸爸！"

她离开教室，跑去滑滑梯，上高高。路经西院，还要坚持进去，说："地球，坐地球！"

爸爸说："只准坐一次，咱就回家！"

她点点头。但坐过地球，又去滑飞机、滑滑梯，再去荡秋千。把秋千称为"木马"。

爸爸说："冬冬，回家吧，咱们抱着鸽子来荡秋千，好不好？"

冬冬答应："好！"

抱鸽子荡秋千的理由，很有用。

厉害的白猫警长

爸爸新编故事《灰灰逛黄鹤楼》中，黑猫警长是一个重要角色。黑猫警长手持警棍，站在警察叔叔身边，十分威风。"灰灰"最怕的就是黑猫警长。

今天，冬冬创造了一个像黑猫警长一样厉害的白猫警长。晚上，她装作害怕的样子，躲进妈妈怀里，说："怕，怕！"

妈妈奇怪地问："你怕什么？"

冬冬："怕黑猫警长，怕白猫警长！"

姐姐把冬冬揽在怀里，拍她入睡，说："没有白猫警长。睡觉吧，天黑了！"

"没有天黑，没有！" 冬冬从姐姐怀里挣出来，爬到妈妈身边，说，"阿五来了，咬妈妈哩脖脖，咬妈妈哩手手，咬妈妈耳朵！"说到"咬"妈妈哪个地方，就用手摸妈妈的那个部位。

这段时间，用词多了，发音不到位的现象也就突出了。在这一段话里，"来了"的"了"，发音似"鸟 [niɑu]"；"手"，发音似"朽 [ɕiu]"；"耳"，发音似"[ɛ]"。

1986-12-24

哭了一个小时

凌晨四点多，冬冬喝了一奶瓶白开水，一直睡到七点多还未醒。

奶奶摇醒她把尿，解出了一点大便。奶奶拿卫生纸动作慢了点，她开始大哭。奶奶以为她已经解决了问题，又抱回床上。在十来分钟的哭声中，尿了一床。

爸爸很生气，巴掌高高扬起，轻轻落下，拍了两下。她哭得变本加厉，既不穿衣服，也不让爸爸碰，只让奶奶一个人抱着。

从摇醒到穿上衣服，整整用了一个小时。

假设句

姐姐给冬冬梳头，叫："冬冬——"

冬冬拖着长音，"哎——，姐姐扎辫——子！"

她摸摸姐姐的辫子，又揪揪自己的头发。意思是，也给她扎姐姐一样的辫子。

姐姐给她扎了两条小辫儿，交代说："不准揪掉！"

冬冬接口说："揪掉了，姐姐不给扎了！"

这是一个假设句。假设分句与结果分句间有因果关系。使用假设句，是把握因果关系的开始。

"冬冬会……"

近段，冬冬常用自豪的口吻，说自己会干这，会干那，如"冬冬会拿""冬冬会说""冬冬会干"等。

①今天，她从滑梯上很顺溜地滑下来，喜滋滋地夸自己："冬冬好会滑哟！"

"好……哟！"是一个很有用的感叹句式。

②她要上床，常说"脱鞋鞋，上妈妈床"。

今晚，她坐在床沿儿上，用一只脚踩着另一只鞋的后跟，一用力，鞋子被踩下来了，高兴地说："冬冬会！"

姐姐问："冬冬会什么？"

冬冬答："会脱鞋！"

教第十二首诗

昨天下午，教贺知章的《咏柳》。这也是一首在河南信阳时就教过的诗。这次仅用两天，冬冬就背熟了。

晚上，妈妈说，再教她一首新诗。话音未落，冬冬连连说："不要，不要！"

妈妈把刘禹锡的《望洞庭》念给她听，"湖光秋月两相和，潭面无风镜未磨。遥望洞庭山水色，白银盘里一青螺"。念完后，问："冬冬，好听吗？"

冬冬答："好听！"

妈妈问："你小时候听过，还记得吗？"

"记得。"她频频点头。

这是冬冬学的第十二首诗。"记得"的回答，依然靠不住。

易混的字形、语音

①冬冬认识了"冬、门"二字，今天又教"爸、妈、姐"三字。"冬"和"爸"容易混，"妈"和"姐"容易混。

②《咏柳》中有"二月春风似剪刀"句，冬冬念完这一句，接下来就说："春风吹又生。"

坚称自己有胡子

妈妈故意问："冬冬，妈妈有胡不？"

冬冬摸摸妈妈的下巴，说："没有。妈妈没有胡。"

妈妈又问："冬冬有胡不？"

冬冬笑着答："有。"

妈妈问："有？在哪儿啊？"

冬冬指了下巴，又指脸蛋儿，说："在这儿，在这儿！"

姐姐用自己的脸去蹭蹭冬冬的脸，说："有胡？有胡？看谁扎谁？"

冬冬笑得喘不过气来，说："冬冬扎姐姐！"有时说成："我扎姐姐。"

多次问，她仍坚持自己有胡，可以用胡子扎姐姐。

1986-12-25

不愿听批评话

洗过脸，冬冬把胭脂抹在下巴和脖子上。

妈妈帮她擦掉了胭脂。

奶奶说了她几句。

冬冬说："奶奶烦，妈妈不烦。"

追加说明信息源

①爸爸骑车带冬冬。风很大。

爸爸问："冬冬，你的帽子掉了怎么办？"

冬冬说："'爸爸，冬冬帽帽掉了！'冬冬喊哩！"

②奶奶让冬冬吃了香蕉之后再去写字。

冬冬说："'吃了再写，'奶奶说哩！"

③妈妈说："冬冬说哩，'老五咬冬冬的脖脖啦！'"

冬冬回敬妈妈："'老五咬妈妈的脖脖'，妈妈说哩！"

例①是冬冬的一种设想，并没在现实中发生。②③两例是引言性质，表明是复述他人的话。追加说明信息源的现象，表明孩童在世界认知中，已经开始把自己和他人区分开，从"我即世界"开始迈向"我和其他共同构成世界"。

狮子老鼠，都能煮煮吃

昨晚，母女俩谈论起花园里的大石狮子。

冬冬说："煮煮，冬冬吃！"

今天，妈妈说，冬冬呀，你可别再害怕老鼠了。爸爸力气可大了，一下子就能捉到老鼠，捉到大老鼠了——

冬冬接口道："煮煮，给冬冬吃！"

"错了"

冬冬不在家时，爸爸把大桌子和小桌子调换了位置。她回来发现了这一变化，指着小桌子说："错了！"

"错"的用法，显然和大人不同。在她的心目中，世界也许本该如此，变变样子，就"错了"。

称呼对换

冬冬和奶奶做"词语对换"的游戏。

奶奶："冬娃娃！"

冬冬："冬奶奶！"

奶奶："小娃娃！"

冬冬："小奶奶！"

奶奶："大娃娃！"

冬冬："大奶奶！"

奶奶："小乖乖！"

冬冬语塞，不会对换成"大乖乖"。

"怪"与"不怪"

奶奶和姐姐都说家乡话，爸爸妈妈在外说普通话，在家也说河南话，冬冬学会了不少河南话。如"怪"[1] "扳倒"和"扳"等。

冬冬对付"挨怪[2]"，会采取两种策略：

一是故作不知，转嫁他人。

如：她做了错事，爸爸批评她。她却说："爸爸怪妈妈哩，不是怪冬冬哩！"

二是赔笑脸，央求别批评她。

如：她穿着鞋子在床上跑来跑去。妈妈说："快点下去，把床都弄脏了。"

冬冬笑眯眯地看着妈妈，说："妈妈不怪，妈妈不要怪！"

跟妈妈做游戏

"杀死妈妈！"冬冬手拿鸡毛掸子，像拿了一杆枪似的，猛地向妈妈刺过来。

---

［1］ 怪：河南方言，相当于普通话的"批评"。

［2］ 挨怪：受批评。

鸡毛掸子刚碰触到妈妈的胳膊，枪又马上变成了肌肉针，说，"打针，不要动！"

妈妈很配合，说，谢谢小医生！

"老五来了，冬冬保护妈妈！"在妈妈胳膊上轻轻扎一下后，扔掉鸡毛掸子，扑向妈妈打滚儿撒欢，搂脖子、揪头发、摸耳朵……疯打起来没完没了。

妈妈累得气喘吁吁，大喊"饿了，想吃苹果"，试图以此终止这场耗费体力的游戏。

冬冬亲昵地摇晃着妈妈，说："冬冬拿苹果，给妈妈吃！"

1986-12-26

多次用"我"

冬冬扒着右边床帮，细声细气地喊道："妈妈，我在这儿呀！"

妈妈故意问："冬冬，在哪儿呀？我怎么看不见你呀！"

冬冬回答："我在这儿呀！"

"我找找你，好吗？"妈妈很快转过脸，定定地看着她，似乎刚发现她。

她大笑着跑开了。跑到门口，又折返身来，藏在床左边下，又喊妈妈："妈妈，我在这儿呀！"

捉迷藏的游戏令她兴奋不已，玩了半个小时左右。

叙述曾经发生的事

①去托儿所时，冬冬在饭遮襟[1]的口袋里装满了瓜子。

回来后，姐姐问："冬冬，你的瓜子呢？"

冬冬说："吃完了。高奶奶嗑哩，冬冬吃。"

姐姐又问："别的小朋友吃了没有？"

---

[1]　饭遮襟：罩在外套外面的一种服装，作用是避免弄脏外套。儿童多穿戴。

冬冬答："吃了。"

②晚上，冬冬经历了两件事：一是邻居的小哥哥翀翀给她香蕉；二是捉迷藏时，撞在电视柜的棱子上，摔了一跟头。

爸爸有本科生的课，十点钟才回到家。

"翀翀哥哥给冬冬香蕉了！"冬冬拉着刚进家门的爸爸说，"冬冬板倒过了！"

"过"字，用得奇怪，爸爸一下子没听懂，问："什么板倒过了？"

冬冬又重复说："冬冬板倒过了！"

"过"，表示经历或过去完成。这里的"过"虽然用得不好，但说明冬冬已经开始建立"过去"的时态意识。

简单的因果关系

北风呼啸，冬冬缠着爸爸要外出。爸爸抱着她，从敞开的窗口往外看。冬冬一缩脖子，打个冷噤，说："冷，刮风了！"

"冷"与"刮风了"具有因果关系。冬冬说过好几个因果复句了，但没有使用因果关联词语。

"胡搞"

晚上是爸爸的科研时间。爸爸想早点进入写作状态，多次催促冬冬睡觉。

冬冬嬉皮笑脸地说："不睡觉！胡搞！胡搞妈妈，妈妈胡搞！"

姐姐上班，接触武汉人很多，常用武汉方言"胡搞"，来否定冬冬的行为。今晚冬冬连说几个"胡搞"，但意义和用法都不恰当。

1986-12-27

旁听到的信息

早饭时，爸爸没见姐姐，问："二妮呢？"

冬冬抢着说："二妮烫发去了！"

没人告知她姐姐去烫发，是在妈妈和奶奶的对话中，她旁听到的。

"不摔倒"

冬冬把字纸篓扣在地下，坐在上面，双腿一替一下用力，疾速地往后滑动。

爸爸制止她，说："别这样，摔倒啦！"

冬冬很自信地说："不摔倒！"

"不摔倒"是"不会摔倒"或"摔不倒"的意思。

1986-12-28

"扣"的泛化

衣服上的扣子，冬冬称之为"扣"。

钢琴上的螺丝钉，也被她冠名为"扣"。

"扣"，这个概念在泛化。

诗与情景

①爸爸俯案写作。

冬冬爬上桌旁的椅子，拍着爸爸的手背，说："冬冬找爸爸来了！"

爸爸拿笔和纸，让冬冬画画。

她一边画，一边吟："鹅、鹅、鹅，曲项向天歌。白毛浮绿水，红掌拨清波。"

也许是想画大鹅？

②冬冬一边上楼梯一边吟："欲穷千里目，更上一层楼。"

情景挺合适的，这说明，她对诗句的意义有了一定理解。

"后头"

中文系理论语言学教研室准备寄出去一批杂志。爸爸带姐姐和冬冬，往信封上贴邮票。贴完邮票，姐姐带冬冬先离开。

走出中文系大楼，冬冬问："爸爸呢？"

姐姐说："在后头。"

回到家，妈妈问："冬冬，怎么你俩先回来了？爸爸呢？"

冬冬向身后一指，回答："爸爸在后头哩！"

见识多起来

①看电视连续剧《凯旋在子夜》，冬冬学会了"打炮、打仗"等词语。

②见穿白大褂的，说："大夫打针。"

③姐姐工作时用的白帽子。冬冬看见了，便叫："医生，姐姐是医生，打针！"

④她表演"打针"，要求对方："笑笑，哈哈。"

1986-12-29

"也"

正吃午饭，姐姐下班回来了。冬冬把炸花生米递给姐姐吃。

姐姐吃过花生米，又去舀虾米，说："我尝尝虾米好吃不？"

冬冬说："虾米也好吃。"

"也"的这种用法，起码牵涉两个事物和两个命题的平行比较，说明冬冬的比较思维能力，有了新发展。

逗趣

晚上，姐姐哄冬冬入睡。

冬冬说："姐姐是冬冬的好朋友，妈妈是冬冬的好朋友，爸爸是冬冬的好朋友，奶奶是冬冬的好朋友。"

姐姐忍不住哈哈大笑，笑得冬冬有点不好意思。

她娇声娇气地叫："二——姐姐。"

"二"的发音又重又长。叫完后，大概发现声音有点怪怪的，并从中发现了乐趣，便接连不断地叫："二——姐姐，二——姐姐……"

喊了"二姐姐"，脸转向妈妈，喊"白丰兰"；又转向姐姐，喊"二姐姐"。然后打趣地说："妈妈是二姐姐！"

语言，也是可以用来逗趣的。

1986-12-30

"中山"的类化

一个多月前，爸爸带家人去武昌阅马场，阅马场上有孙中山先生的铜像。此后，冬冬只要看到电视上有站立的雕塑，都称为"中山"。

近来，发展到她自己往椅子上一站，也叫"中山"。别人站在床上、椅子上，也是"中山"。

"中山"，成了雕像、准雕像的代名词。

学用"这"帮助提问

从托儿所回来的路上，买了三个氢气球。冬冬很快会说"氢气球"。认识了杉树，还学会说"杉树"这个词。

妈妈教冬冬发问："你问爸爸'这是什么呀？'"

冬冬问："爸爸，什么呀？"

妈妈强调，问话时必须用"这"字，要说"这是什么呀？"教了几次，她还是说："爸爸，什么呀？"

过了一会儿，冬冬突然问："爸爸，这是什么呀？"

此后她又说："爸爸，什么呀，这？"

把"这"放到了句尾。爸爸告诉她，说"这"的时候，要用手指着问的东西。

这让冬冬顿时兴奋起来。

她指着大狮子问："爸爸，这[1]是什么呀？"

爸爸回答："这是大狮子！"

"大狮子！爸爸，这是什么呢？"她又指右手的历史系教学楼。

爸爸说："大楼。"

她重复说："哦，大楼！"

……

一路上，见什么问什么，兴致盎然。近来，她已有主动询问的端倪。但所问的，多是已知事物，今天用"这"，问了许多未知之物。

1986-12-31

老家

奶奶说起爷爷。

冬冬说："爷爷回老家了！"

妈妈问："老家是哪儿呀？"

冬冬说："爷爷的地方！"

这样解释"老家"，还挺有道理的。

"一大把"表示多

"都是冬冬哩！这，这，这，这！"冬冬指点着家里的一切。说着，她爬

---

[1] "这"，发音似"借[tɕiɛ]"。

上椅子，想拿桌子上的画书，却只捞到一张纸。

她扭头对爸爸说："拿不到，要一大把！"

"不卖冬冬了"

气球的命运，终归是爆炸。昨晚爆一个，今天又炸一个。姐姐带冬冬到昨天卖氢气球的地方，想再买回一串氢气球。但卖气球的却不在了。

冬冬挺失落地说："卖完了，不卖冬冬了！"

要把否定句说利落，还真不容易。

"拿不动、咬不动"

①食品柜里放了几斤葵花子。

冬冬打开柜门提袋子，提不起来，说："拿不动！冬冬小，妈妈大！"

②吃糖块儿。

过去，都是大人把糖咬成小块儿给冬冬。今天，姐姐让她自己咬开糖块儿。

冬冬说："咬不动。冬冬牙小，姐姐牙大。"

"拿不动、咬不动"，都是"动词＋不×"结构，"不×"作补语。

听出来话外音

冬冬喝了一大杯子白开水。隔几分钟，就要上一次厕所。

正吃饭。冬冬说："尿尿！"

奶奶说："又尿尿啊？"

姐姐抱冬冬去厕所。

冬冬说："奶奶怕尿尿！"

姐姐问："怕谁尿尿？"

冬冬说："怕冬冬尿尿。"

冬冬听出来奶奶说"又尿尿啊"有言外之意，但这言外之意未必就是"怕冬冬尿尿"。

1987-1-1

"一边……，一边……"

吃过晚饭，冬冬就要脱鞋子上床。

姐姐说："可以。你脱了鞋子上床，可不准再下去！"

冬冬说："下去，姐姐怪冬冬！姐姐生气了，不要冬冬了，去上班。"

她做了一连串的假设。不仅想到从床上"下去"后，姐姐会"生气"，会受到批评，还想到所导致的严重后果：姐姐"不要冬冬"和"去上班"。

傍晚六点五十分，电视台播放《瑛瑛学英语》。

冬冬端坐在床沿儿，准备看节目，又提出"吃瓜子"的请求。

妈妈说："看 hello，注意力要集中。等看了 hello，再吃瓜子，好不好？"

冬冬不同意，说："一边看 hello，一边吃瓜子。"

"一边……，一边……"是典型的并列复句格式，这是冬冬第一次使用。

《山居秋暝》

教王维的《山居秋暝》："空山新雨后，天气晚来秋。明月松间照，清泉石上流。竹喧归浣女，莲动下渔舟。随意春芳歇，王孙自可留。"

用歌声讨好父母

冬冬夜里睡觉，一点都不老实，不是伸出去胳膊腿，就是干脆蹬开被子，把身子裸露在外面。更为过分的是，隔不了多大会儿，就叫着"尿尿"。其目的，就是追求晾一下的刺激。

她看妈妈有点不高兴，忙趴妈妈脸边唱："妈妈爱我，我爱她！"

从被窝里送出去、拉回来，折腾多次，爸爸实在受不了了，说："爸爸困死了。

一个晚上，能把多少次尿？！"

　　她又趴在爸爸的耳旁，唱道："爸贝贝，啊——啊——啊！"

　　用歌声讨好父母，是冬冬的一大法宝。逗乐了父母，她更兴奋！

1987-1-2

"不擦擦"

　　冬冬有着独生子女共同的特点：让所有亲人都围着她转，她才高兴；谁不在家，她就偏要谁。爸爸上课去了，冬冬闹着要爸爸。

　　姐姐对她说："爸爸去上课，回来给冬冬买糖糖！"

　　冬冬说："买冬冬糖糖吃，快回来！"

　　"买冬冬糖糖吃"的内容太复杂，冬冬没能很流畅地组织语言。

　　爸爸上课回来，真带回了糖块儿。

　　"吃糖糖[1]！"冬冬张口说话，糖块儿掉在了地上。

　　奶奶从地上捡起糖块儿，说："擦擦！"

　　冬冬用手捂着糖块儿，说："不擦擦。"

　　在成人语言里，动词重叠不接受"不"的否定，"不擦擦"一般说成"不擦"或"不用擦"。

守信用

　　天很冷。从托儿所出来，冬冬提出滑滑梯的要求。

　　爸爸说："小手冻得冰凉冰凉的，只准爬一次！"

　　冬冬说："爬一次，不爬了！"

　　爸爸再次叮嘱："只准爬一次！明天暖和了，爸爸带你爬了滑梯，还去坐火箭。"

---

　　[1]　"糖"的发音，有时发成送气音，有时发成不送气音。

冬冬高兴地答应了："爬滑梯，坐火箭，明天！"

她很守信用，真的只滑了一次滑梯，跟着爸爸回家去。

这段对话中，出现了"一次""明天"。但都是顺着大人的话说的。

会找托词

冬冬坐在自行车前杠的小座椅里。

爸爸问："前面有人，怎么办？"

冬冬答："摇铃！"

爸爸说："有人了，摇铃啊！"

冬冬找托词，说："冬冬手冷，爸爸摇！"

"那边"

冬冬最喜欢的事，就是跟爸爸挤在一张桌子上，一会儿要纸，一会儿要笔。

爸爸说："上那边画去。爸爸在这写字！"

冬冬到小桌子处，说："那边冬冬画哩！"

冬冬第一次说远指代词"那"，但是，是顺着爸爸的话说的。

而且按照规则，"那边"应转换为"这边"，冬冬还不会转换。

"不要胡乱"

爸爸写会儿文章，跑过去和冬冬玩一会儿。父女俩玩起来，就像两个小疯子。

奶奶说爸爸："别在这胡乱了，读书去吧！"

冬冬双手推着爸爸，往书桌前走，也学着奶奶的腔调，说："不要胡乱，上这儿读书，好好写字！"

看大家笑她，更来劲儿了，又说："不要胡乱。胡乱了，冬冬打爸爸！"

"胡乱了，冬冬打爸爸！"是个假设复句，包含因果关系。

1987-1-3

"得劲儿" "不得劲儿"

奶奶感叹，人老了，嗑不动瓜子了。

冬冬说："奶奶嗑不动，姐姐嗑动。"

奶奶："奶奶的牙，不得劲儿[1]。"

冬冬："奶奶牙不得劲儿，姐姐牙得劲儿！"

她不会由"嗑不动"推出"嗑得动"，而说成"嗑动"，补语还是有难度的。但能由"不得劲儿"推出"得劲儿"，还是相当不错的。

画画

冬冬画画构图：画一个圆，画一条线串起来；有时，在圆内画两个圈圈，谓之"眼睛"，还评论说："连着了。"

"冬冬会画。冬冬长大了，会画小白兔！"她画了只形似小白兔的东西，让大家欣赏，"让奶奶看看，妈妈看看。"

"画"，发音为 [fa]。"看"，发音似"旦 [tan]"。

1987-1-4

闹夜

昨夜，全家人围着冬冬转到十一点，奶奶和姐姐才下楼去休息。刚离开，冬冬就吵着要奶奶和姐姐。

爸爸说："你要姐姐？姐姐给你塞虫虫[2]！"

冬冬说："不要姐姐，要奶奶！"

---

[1] 不得劲儿：河南方言，"不舒服"或"不中用"的意思。得劲儿："舒服"的意思。

[2] "虫虫"，是指一种塞入肛门的退热栓。

爸爸说："还是要爸爸吧，爸爸没有给你塞过虫虫！"

冬冬说："爸爸塞过。"

妈妈连忙说："妈妈没有塞过吧？"

冬冬："妈妈喂药。要奶奶！"

爸爸抱她下楼。奶奶刚接她入怀，她就拉了奶奶一身稀屄屄。爸爸刚回楼上，她又哭叫着"要爸爸""要妈妈"。姐姐抱她上楼，她又哭着"要奶奶""要姐姐"。

爸爸无奈，只好让姐姐管冬冬。凌晨一点半，爸爸让姐姐下楼睡觉，他独自哄冬冬，模仿小白兔又蹦又跳，表演大灰狼追小白兔，还陪着她写字、跳舞、捉迷藏……一直折腾到凌晨三点多，冬冬才睡去。

凌晨四点多，冬冬又拉一次肚子。看来是肠胃性感冒。

"哪儿"问句

冬冬自言自语："大灰狼咬爸爸了，冬冬救命！"

妈妈："我不信。爸爸会叫着'冬冬救命'吗？不可能！"

她不接妈妈话荏儿，却左顾右盼找姐姐，问："冬冬姐姐呢，跑哪儿去了？"

"哪儿"问句，是继"呢"问句、"这是什么呢/呀？"之后，发展出来的第三个问句类型。

1987-1-5

"没"字否定词

早上起床，她看见小鞋子摆在五屉柜上，说："没见袜袜，见鞋鞋。"

"不上去"

覃覃和冬冬一起爬椅子。冬冬爬了上去，覃覃没有爬上去。

冬冬很兴奋："冬冬会上去，妹妹不上去。"

"妹妹不上去"，应为"妹妹上不去"。"不"的否定使用，还不到位。

妈妈的愧疚

冬冬不缺少亲情和关爱，却羡慕别的孩子能被妈妈拥在怀里，享受被妈妈抱的感受。

从她学会说话，"妈妈生病""妈妈胳膊疼"，是她常挂嘴边的语言。夜里，爸爸搂着她入眠；渴了，指明要爸爸起来倒水；大小便，叫爸爸、姐姐，很少指派妈妈为她做事。

中午在楼下玩，看见王阿姨抱着覃覃外出。她便吵着回去找妈妈，让妈妈抱抱。奶奶说，妈妈病了，没法抱她，等妈妈病好了再抱她玩儿。可她还是坚持要回家。

到家，冬冬趴在妈妈怀里，充满期待地看着妈妈，说："妈妈病了。妈妈病好了，抱冬冬上门儿！"

妈妈眼睛一酸，顿时泪如雨下……

"它想跑"

①冬冬把所有的画书，都抱在怀里。书本太多，从小胳膊里探头探脑地要溜出来。

她看着要掉的书，说："它想跑！"

②画画，每画一笔，纸张都会动一下，冬冬说："想跑。"

她把桌子上的东西，一股脑推到地上，说："它想跑。"

糖块儿和巧克力

①冬冬已能分清巧克力和糖块儿。

昨晚去田伯伯家。伯伯说给巧克力，却给了一块儿糖。

冬冬对奶奶说："田伯伯给糖糖。"

②在楼下晒太阳。田伯伯让冬冬去她家。

田伯伯："冬冬，你吃不吃巧克力？"

冬冬："冬冬家有！"

伯伯变魔术似的，拿出一个酒心巧克力，说："你吃不吃？"

冬冬："吃。"

田伯伯："不是冬冬家有吗？"

冬冬："冬冬家没有。"

1987-1-6

"这儿"

昨晚，爸爸腰疼得厉害，睡在沙发上。姐姐睡在大床上搂冬冬，凌晨四点多去上早班，爸爸又回到大床上睡。

冬冬醒来，说："姐姐上班去了，爸爸睡这儿。"

凭听觉做判断

①冬冬躺在床上，听见室外有搓衣服的声音，说："奶奶洗衣服。"

②鸽子扑闪翅膀，在地下"嚓嚓"地转圈，便说："鸽鸽。"

以上判断都正确，但冬冬并没目睹，是通过听觉推理出来的。

"爷爷"是专有名词

爸爸同窗好友徐杰叔叔的父亲来家。爸爸让冬冬叫"爷爷"。

冬冬不同意，说："冬冬爷爷回家了，爸爸爷爷！"

爸爸说："这是徐爷爷，不是爸爸爷爷！"

冬冬认为跟爸爸有关系的那位爷爷（爸爸爷爷）才是"爷爷"。"爷爷"在她的语言系统中是个专有名词。经多次催促，她才勉强叫声"徐爷爷"。

1987-1-7

因人而改歌词

前几天，冬冬会唱"妈妈爱我，我爱她，妈妈盼我快长大……"

今天，她变换着称呼唱这首歌，对着爸爸唱："爸爸爱我，我爱他，爸爸盼我……"

姐姐下班回来，她又对着姐姐唱："姐姐爱我，我爱她，姐姐盼我……"

这也算是个人生智慧，既能讨人喜欢，又能表达自己的情感。

想操纵电视

冬冬让大人抱她开电视机，手指使劲一按，就出现了电视画面。但她不满足只有画面，不停地提条件，一会儿要"hello"，一会儿要"小白兔"。似乎最讨厌电视画面上的男性，叫着"不要爷爷[1]"，"不要叔叔"。

爸爸告诉她，电视台放什么，咱就得看什么。大道理，对冬冬只能生效两分钟，之后她又吵个不停。

"大"和"小"的对比应用

①她指着自己的眼睛和嘴巴说："大眼睛，小嘴巴。"

又指着妈妈的嘴巴和鼻子说："妈妈小嘴巴，大鼻子。"

②妈妈："妈妈给你讲《秃秃大王》的故事，好不好？"

冬冬调皮地笑，说："秃秃小王！"

③常自语说"大人，小人"或者"牙大，牙小"……

---

[1]　"爷爷"，此时已经不是专有名词了。

杜甫的《绝句》

教杜甫的《绝句》："两个黄鹂鸣翠柳，一行白鹭上青天。窗含西岭千秋雪，门泊东吴万里船。"

1987-1-8

"和……一块儿……"

冬冬提议，让"爸爸和妈妈一块儿玩"。

这是第一次用"和"，并把"和"与"一块儿"连着运用。

不准唱冬冬的歌

冬冬半夜醒来要喝牛奶，点名让爸爸冲奶粉。爸爸腰疼得厉害，起床非常困难。妈妈起床冲牛奶，冬冬很不高兴。

爸爸故意撩她，唱她最喜欢的歌："爸贝贝，啊——啊——啊……"

冬冬阻止爸爸："不要爸爸唱冬冬哩歌，不准唱冬冬歌！"

表总括的"都"

①冬冬说："爸爸睡觉，妈妈睡觉，冬冬睡觉，都睡觉。"

②她自语："日出？回家！妈妈回家，冬冬回家，姐姐回家，奶奶回家，都回家。"

时间名词"明儿里"

早上，还未起床，冬冬高叫："屙屎！"

奶奶说："等一下，穿上衣服好不好？"

冬冬说："不好！屙屎！"

奶奶拿过便盆把冬冬大便，打趣地说："好臭啊，臭死人了！"

冬冬说："明儿里[1]，奶奶回家啦，冬冬哭！"

奶奶问："想爸爸妈妈不想？"

冬冬答："不想。"

奶奶说："哄[2]奶奶哩吧？"

冬冬迟疑了一下，说："想爸爸，想妈妈。爸爸回家，妈妈回家，都回家！"

冬冬解过大便，让奶奶拿纸，说："冬冬趴着，擦屁屁。"

冬冬开始表述未发生的事情，认知上是一大进步。时间名词"明儿里"（明天、以后）一词的出现，是一个标记。

给自己找理由

晚上，爸爸带着奶奶和冬冬，去萧伯伯家做客。

"伯伯家没有厕所。" 冬冬尿急，撒在伯伯家床前。

接着，冬冬让爸爸拿拖把，说，"拖拖！"

1987-1-9

调皮、固执的小家伙

越是大人不让干的事，冬冬非要干；她认为是对的，一定坚持到底。

①中午，冬冬要小便，妈妈让她上厕所或者蹲痰盂。

她蹲在床前，笑着看妈妈，小便在地上。便后，还绕着水汪汪的尿渍走，绕一圈又一圈。

②父母带她到学校的行政楼前。

"来捉，来捉，爸爸来捉。"她在草坪上打滚儿，学动物爬，让爸爸追，

---

[1] 明儿里：河南方言，"明天"或者"以后"的意思。

[2] 哄：说好听话让人高兴，或是说好听话骗人。

开心不已。

起风了。爸爸抱起冬冬，放到自行车前杠上，妈妈坐后座上，爸爸推着车，大家边走边背诗。

该冬冬背杜甫《绝句》的第四句，她说成了"门泊东吴落九天"。

爸爸说："错了，是'门泊东吴万里船'！"

冬冬坚持说："落九天！"

爸爸又纠正："不对。是'万里船'！"

冬冬仍然坚持："落九天！"

妈妈也来帮腔："冬冬，你错了，是'万里船'，不是'落九天'！"

冬冬固执地说"是'落九天'"，并回身捂着爸爸的嘴巴，不让爸爸说话，自己却一个劲儿地说："落九天，落九天，落九天……"

爸爸转移话题："千山鸟飞绝——"

冬冬再次回身捂爸爸嘴巴，连说："不要，不要！"

1987-1-10

叙述打架的经过

从托儿所回来，妈妈发现冬冬脸上有泪痕，便询问她是否哭过？

冬冬："哭了。"

妈妈："为什么哭？和小朋友打架了？"

冬冬："打架了！"

妈妈："和谁打架的？"

冬冬："晓晓。"

妈妈："嗯。为什么打架？"

"争玩具。"冬冬揪起自己的右脸蛋，发出"吭、吭、吭"的用力声，意思说就是这样打架的。

妈妈："你还手了没有？"

"打了。"冬冬手抓上衣前襟，模仿怎样还击的。

不知这叙述是否真实。

动量词"下"

覃叔叔带着覃覃，来找冬冬玩。回家时，邀冬冬一起去他家玩。冬冬伸开双臂要爸爸抱，说："爸爸抱冬冬去！"

妈妈对爸爸说："去吧，带冬冬出去玩一会儿！"

爸爸去拿冬冬的帽子，覃叔叔先扯着覃覃向门外走去。

冬冬着急了，大喊："等下冬冬，不要跑！"

"下"是个表时间的动量词，这是第一次发现冬冬使用。

"请、同意、可以"

①晚饭时。

冬冬指着身边的椅子，对爸爸说："爸爸请坐！"

妈妈问："冬冬用了礼貌语言'请'字，表扬一次。冬冬，你同意喝点牛奶吗？"

冬冬答："同意。"

②冬冬在翀翀家玩。翀翀送她回来，带回一本练习本。

奶奶对翀翀说，让冬冬玩一会儿，等一会儿再还给他。

翀翀说："不要了，让冬冬玩吧！"

冬冬接话说："哥哥同意冬冬写字了！"

③看电视。

妈妈问她吃不吃瓜子？

她说："不同意。"

过了会儿，姐姐又说给她嗑瓜子，她说："可以。"

"请、同意、可以"，都是书面语，可能是在托儿所或通过电视学到的。

1987-1-11

板凳的另一种功能

冬冬把小板凳翻个四条腿朝天，当小车开，自语道："坐好了，开车了！"

左摇右晃开了一会儿"车"，又招呼奶奶坐她的"小车"："奶奶来！"

人称代词"自己"

爸爸掏出棉花糖，一块块递给冬冬吃。这中间，爸爸不自觉地往自己口中放了一块。

冬冬说："爸爸不要冬冬吃了，爸爸自己掏！"

爸爸问："爸爸吃你的棉花糖了吗？没有。"

冬冬说："爸爸掏吃了。"

这是记录到的冬冬第二次用"自己"。"自己"也是一个人称代词，其前常有一个它所指代的名词或代词出现。

争玩具，也想

冬冬："想姥姥，想舅舅，想舅妈，想小姨……"

姐姐："那你想不想茵茵表姐？"

冬冬："不想，茵茵和冬冬争玩具，冬冬哭了！"

姐姐："真不想？"

冬冬："想。茵茵争玩具，冬冬不高兴。"

冬冬跟姐姐聊天，她所"想"的人，都是姐姐家的亲属。为什么会这样想？

用哭要挟

近一个月来，冬冬常常以哭闹要挟大人。父母对她说，有事好好说话，心平气和地提要求，别哭闹。她就是不听。

爸爸抱起她。她拧缠着身子反抗，哭叫着要下地。

妈妈教给她："冬冬，你说'爸爸，冬冬下去！'，爸爸就会放你下去了！"

她不说，只是一个劲儿地哭泣。爸爸也硬着头皮，坚决不放开她。僵持了大约十分钟，她终于抽泣着说："爸爸，冬冬下去！"

爸爸这才把她放下。

父母多次有意识地坚持，冬冬的任性似乎稍有好转，但愿可以见效。

再次用"一边……，一边……"

冬冬吃着瓜子，又让妈妈讲画书。

妈妈说："等你吃了瓜子，妈妈再给你讲书，好不好？"

冬冬说："一边吃瓜子，一边讲。"

"瓜子"，发音似"八几 [pʌ tɕi]"。

"不要"

冬冬在床上跳来蹦去，踩疼了妈妈的手。

妈妈批评她太不小心。

她安慰妈妈说："妈妈不要哭，妈妈不要怪！"

第一个"把"字句

冬冬拉扯着妈妈手中的书，说："妈妈不看书了，把书给姐姐，妈妈抱冬冬！"

"不热了，慢慢吃"

姐姐做了碗面糊糊，冬冬急于吃。姐姐说，稍等一会儿，面糊太热，烫嘴巴。

冬冬懂事地说："等冷[1]好了，给冬冬喝；等冷好了，给冬冬吃。"

---

[1] 冷：使动用法，"使冷"之意，可作"晾"讲。

姐姐说："你看，这还冒多大的热气呢！"

冬冬理解地说："冒烟哩，等会儿哩。不热了，慢慢吃。"

"会儿"是继"下"之后，冬冬发出的第二个表时间的动量词。

"冷乎乎哩"

冬冬打着赤脚，站在书桌上，说："冷乎乎哩！"

"冷乎乎"是个自造词，可能是由"热乎乎"等类推出来的。这也预示着冬冬开始习得形容词的生动形式了。

摸灯管，踩糖纸

①冬冬伸手去摸台灯的灯管。

奶奶阻止她："有电，不能摸。我害怕！"

冬冬淡定一笑，仍伸手去摸，说："我不害怕！"

②爸爸剥了糖块儿，把糖纸递给冬冬，让她扔到字纸篓里，她顺手丢在地下。

爸爸让她捡起来。她不仅不捡，还做着鬼脸，故意在爸爸面前扭来扭去。

爸爸弯腰去捡糖纸，她用脚踩着，连连在糖纸上踩几脚。

打针游戏

冬冬依然爱做打针的游戏：为别人打针，总让人发出"哈哈"的笑声；奶奶故意装着"哭"，她安慰道："不要哭，不要怕。"

她递给奶奶一支毛笔当作"针"，让奶奶给她打针。

奶奶刚拿棉签"抹抹"，她便做出害怕的样子："我怕，我怕！"

奶奶学着冬冬安慰人的模样："不要怕！"

她还是缩着身子，做躲避状，大叫："我怕，我怕，我怕！"

"我"的使用增多了。

1987-1-12

要人做事

冬冬让奶奶把苹果咬成小块儿，说："咬，冬冬吃！"

认识自家的衣服

武汉天气潮湿，洗过的衣服被褥，要在太阳下晾晒。阴干的衣服，霉味儿太大了。进入冬季，不仅要晾晒刚洗过的衣服，就连床单和被褥等等，隔几日也要拿到太阳底下晒一晒。

楼下有很大一个空场，扯了无数根绳子，绳子上搭满了衣服、被单、被褥等等。冬冬指着绳子上的东西，如数家珍："爸爸的棉袄，冬冬的布衫，冬冬的裤裤，都洗咧！"

"过、姑"发音，仍不到位

①冬冬说："冬冬过去！"
②电视中一个女孩哭了。冬冬说："姑娘哭了。"

"过"，发音为[po]。"姑娘"的"姑"，发音类"不[pu]"。"过、姑"都发成了双唇音。

"谁"

妈妈坐在床沿上看书。

冬冬走过来，说："妈妈，不看书了！"

妈妈："不看书干什么？"

冬冬："抱冬冬，坐怀里。"

她坐在妈妈怀里，讲自编的故事："谁呀？谁咬奶奶的屁屁呀？老五咬奶奶的屁屁，我知道。"

这是记录到的第二次使用"谁"。

试图找出原因

妈妈从床边站起身，没站稳，打了个趔趄。

冬冬说："妈妈站晕了，妈妈喝醉了！"

"站晕、喝醉"都是合格的动补结构。

1987-1-13

"咋办呢"

爸爸昨晚赶写一篇论文，黎明前才睡觉。

冬冬嚷着喝牛奶。

妈妈说："冬冬喝牛奶，妈妈也想喝牛奶。"

冬冬说："咋办呢？爸爸冲，冬冬不冲！"

"咋办呢？"是方式问句，能够询问方式，又是一个语言和认知的进步。

"大懒蛋"与"不懒蛋"

早上起床，冬冬先跑到琳琳家转一圈，回来说："爸爸睡觉，妈妈睡觉。琳琳爸爸上班去了！"

妈妈拍拍床："来吧，你也来睡觉呀！"

冬冬指着床说："爸爸大懒蛋，妈妈大懒蛋！"

妈妈反问："什么？你说谁懒蛋？"

冬冬忙改口说："爸爸大懒蛋，妈妈不懒蛋！"

形象的比喻

天在下雨。爸爸穿上雨衣，骑上自行车，把雨衣前半部分从冬冬头上罩下去，带冬冬去医院打针。

冬冬说："老母鸡。"

爸爸的雨衣，像母鸡的双翅，护着自己的孩子。形象而奇妙的比喻。

1987-1-14

"我"与名字同用

冬冬吃完甘蔗，伸手还要，说："我要吃甘蔗，冬冬没有吃饱。"

自己剥糖块

她自己动手，剥光了一块儿糖，自豪地说："冬冬剥出来哪，冬冬！"

《赤日炎炎似火烧》

冬冬已能熟练背诵《江雪》。

又教《赤日炎炎似火烧》："赤日炎炎似火烧，野田禾稻半枯焦。农夫心内如汤煮，公子王孙把扇摇。"

这是宋代施耐庵《水浒传》第十六回中，白胜在黄泥冈上唱的歌。

1987-1-15

"不太疼""还有一点儿"

黎明时分，冬冬发烧。

妈妈："你发烧了，打针太疼，先塞个虫虫吧！"

冬冬不愿塞虫虫，说："不太疼。"

早上，奶奶问："冬冬，病好了不？"

冬冬："没有病好。"

奶奶："还发烧不？"

冬冬："还有一点儿。"

最后，冬冬终于同意让塞虫虫，说："一边吃糖糖，一边塞虫虫。"

这是记录到的第三次使用"一边……，一边……"

特别有意思的是，冬冬今天说出"不太疼"和"还有一点儿"，"不太、一点儿"都可以更精准地刻画程度，减缓语气，提高语言的表现力。

太阳和月亮

太阳出来了。

冬冬说："太阳出来了，弯弯的，尖尖的，像小船。"

她把对月亮的描述，用到了太阳身上，张冠李戴。

自制力

看病。医生说，冬冬高烧可能烧出了肺炎，忌吃生冷瓜果和瓜子之类。

不让吃瓜子，冬冬很伤心。从医院回来，对妈妈说的第一句话是："医生说，不让吃瓜子！"

冬冬自制力不错。虽然很想吃瓜子，但坚持不吃，只用很委屈的语气说："医生不让冬冬吃瓜子！"

危险感

卡在自行车前杠上的小椅子，固定它的绳子有些松动。冬冬坐上去，小椅子直摇晃，急呼道："姐姐！"

姐姐说："别怕，掉不了！"

冬冬说："可掉！"意思是"可能会掉下来"。

语言游戏

近日，冬冬爱说"爸爸是妈妈，妈妈是爸爸"或者"爸爸是白丰兰"，拿称呼或名字颠来倒去地自娱自乐。

今天，妈妈故意指着爸爸说："他是妈妈！"

冬冬反驳道："爸爸不是妈妈，冬冬妈妈是妈妈！"

总目录

上

人生第一年（1985-1-16—1986-1-15）

人生第二年（1986-1-16—1987-1-15）

中

人生第三年（1987-1-16—1988-1-15）

人生第四年（1988-1-16— 1989-1-15）

下

人生第五年（1989-1-16—1990-1-15）

人生第六年（1990-1-16—1991-1-15）

赘记：幸福的一家人（1991-4-10—1991-7-29）

附录

李宇明 著

人生初年 中

一名中国女孩的语言日志

1987.1.16—1989.1.15

商务印书馆
The Commercial Press

初期人形（1987 年 9 月）

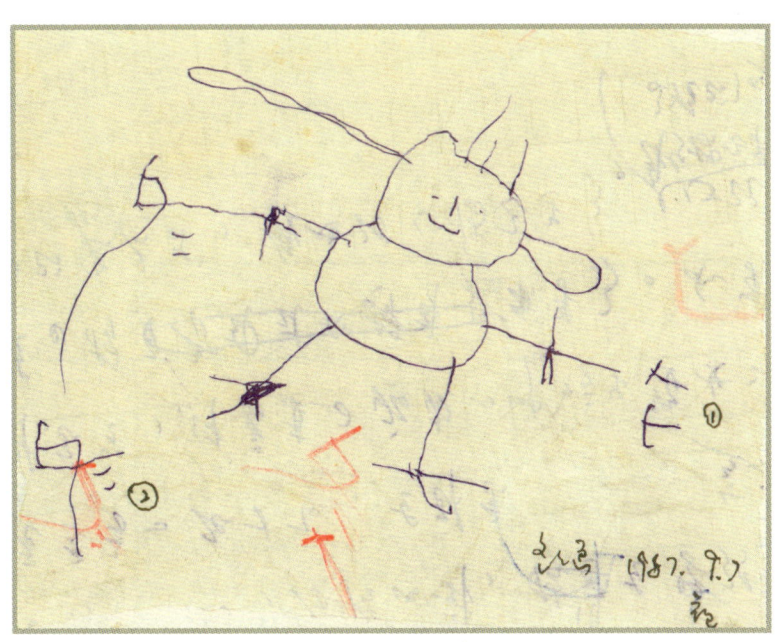

初期人形（1987 年 9 月）

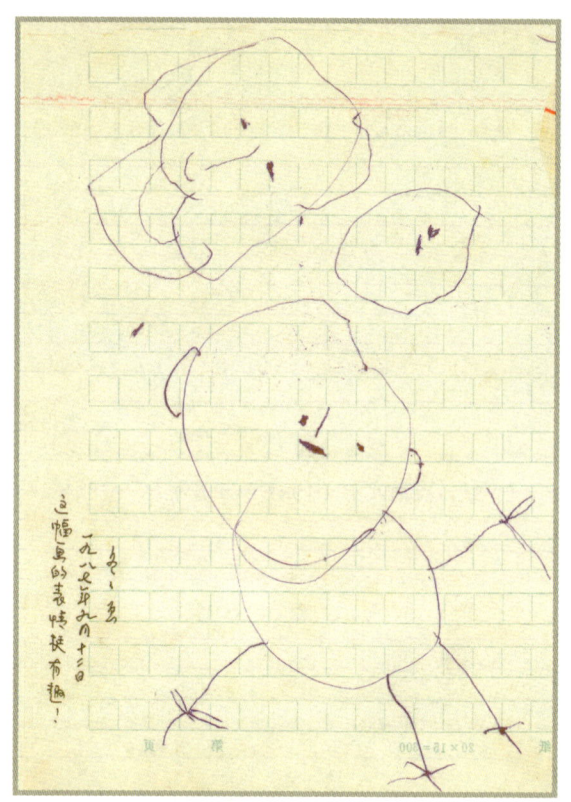

丰富的表情（1987 年 9 月）

夸张的人（1987 年 9 月）

踩石孩童（1987 年 10 月）

两个小朋友（1989 年 10 月）

父亲与爸爸（1990 年 7 月）

目 录

中

人生第三年（1987-1-16—1988-1-15）

人生第四年（1988-1-16— 1989-1-15）

中

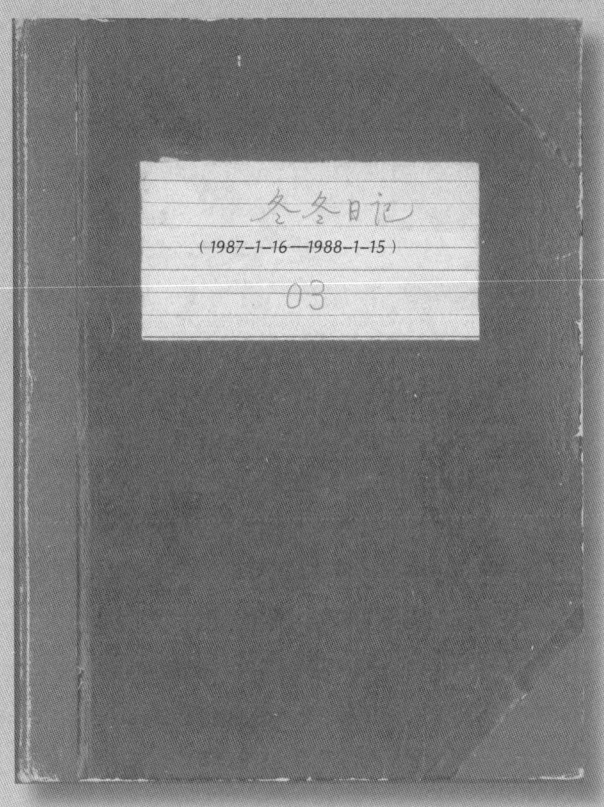

冬冬日记
（1987-1-16—1988-1-15）
03

人生第三年

（1987-1-16—1988-1-15）

我是大人

（ 2 岁 1 个月　　1987-1-16—1987-2-15 ）

踩石块的小淘气（1987 年 9 月）

1987-1-16

没有纪念形式的生日

今天是冬冬两周岁生日。她已能熟练背诵十六首诗歌。

原打算，生日时照相留念，可她高烧不退，只能往后推了。

1987-1-17

"好漂亮啊"

姐姐做了满头发卷。

冬冬也拿发卷，往自己头上比划。她搬着姐姐的头，左看右看，说："来，来，来，我看看，好漂亮啊！"

条件交换

奶奶让冬冬吃梨子。

她伸手接梨子，说："吃梨子，不喝药！"

1987-1-18

生病的宝贝儿

冬冬仍发烧，昏昏沉沉地睡着。这次吃药很乖，不用多费口舌。

为让她的情绪好一些，爸爸带她去商店买了巧克力，让她玩姐姐带回来的挎包……这些，都提不起她的精神，仍无精打采。

1987-1-19

又一个"把"字句

冬冬想喝牛奶，但奶奶到处找不到奶瓶。

冬冬说："大老五把冬冬的奶瓶偷走了！"

这是一个很完整的"把"字句。

"再看一遍"

冬冬抱着鸽子，指看相册上的人物："冬冬讲书，鸽鸽听。这是邢爷爷，这是爸爸，这是妈妈，这是姐姐，这是冬冬。讲得好听吧？"

对相册里不认识的人，她说："我不知道！"

冬冬很快翻完了一本相册，合上，再打开，说："再看一遍。"

"一遍"这个动量词，第一次记录到。

"也"

夜里太冷，根本暖不热被窝。妈妈喊爸爸再拿毛毯，压在棉被上。

爸爸问："谁冷啊？"

妈妈说："我冷。"

冬冬接口道："我也冷！"

1987-1-20

谁拿去了油壶

奶奶去厨房做饭，找不到我家的油壶了。爸爸闻声去厨房。

冬冬看爸爸离开，忙说："爸爸生气了。"

妈妈说："爸爸没生气，到厨房找油壶去了。不知道是谁把咱家的油壶拿走了！"

冬冬说："谁走了？冬冬看看。"

妈妈说："看看吧，去厨房看看！"

冬冬走到门外，大声喊："谁拿去了？谁拿去了？"

"坏、大坏蛋"

①冬冬说："黄猫警长咬冬冬，黄猫警长坏。"

"坏"，发音为 [fai]。

黄猫警长是继黑猫警长、白猫警长之后，冬冬又创造出来不同颜色的一个警长。

②晚上，冬冬尿床。

奶奶问谁尿床了？她开始哭。

爸爸忙说，不是冬冬尿床，是妈妈尿的床。

她马上不哭了，说："妈妈尿床，妈妈坏，妈妈是大坏蛋！"

③全家一起看电视，她不喜欢看的人物，就叫："大坏蛋！"

试图用"大坏蛋"这三个字，赶走电视上她不欢迎的人。

1987-1-21

"……以后"

冬冬拿着红颜色的水笔，在白墙上画圈圈，戳点点。

爸爸板着脸问："爸爸生气了，你还点不点？"

冬冬说："不点了。点了以后，爸爸生气。"

开始用表示动作、行为顺序的"以后"。方位的先后、动作的先后，是掌握时间先后的基础。

"酸不酸？"

奶奶剥个橘子，让冬冬拿给妈妈吃。

冬冬把橘子递给妈妈，问："酸不酸？"

这是冬冬的第一个反复问句。

"一点也不……"

打青霉素肌肉针，冬冬不仅不哭，还依然用"哈哈"来表示自己的勇敢。最疼时也只"吭吭"两声；拔出针，立即说"不疼，一点也不疼"；回家总对妈妈说"冬冬坚强"。

"一点也不……"是一个很常用的表示强调的格式。

今天打针回来，冬冬没再对妈妈说"冬冬坚强"，而是说："冬冬难过了！"

打了六天肌肉针，宝贝儿的心理承受能力，快到了极限。

"医生"和"老爷爷"

冬冬咳嗽一直不好。很多人建议去看中医。给冬冬看病的中医是位白发苍苍的老爷爷。冬冬把中医开的药称之为"老爷爷的药"，并说："医生不好，医生坏。老爷爷好。"

她不把中医看成医生。是因为老中医比较慈祥，只号脉，看舌苔，不用听诊器之类的仪器。

"小不点儿"

冬冬和奶奶捉迷藏。

冬冬说："奶奶捉小不点儿，没捉到。"

把自己称为"小不点儿"，还挺有意思。

慷慨

多多来家。

冬冬说："冬冬有玩具，玩吧！"

不错，能与小朋友分享玩具了。

现在进行时的萌芽

冬冬玩积木，边玩边说："我喜欢姐姐呀！姐姐，我在这玩哩！"

"在这＋动词＋哩（呢）"是个重要格式，它可发展为表示现在进行时态的格式。

1987-1-22

我是大人

早上，冬冬爬进妈妈的被窝。

妈妈说："看你的膝盖多凉！快，妈妈给你暖暖！"

冬冬说："凉，特凉！"

妈妈把她的小腿，拉进自己的怀里暖着。

她捧着妈妈的脸，说："妈妈，我想你。"

暖热了冬冬的身子，妈妈让爸爸给她穿上衣服。

她要自己穿，一字一顿地说："我是大人！"

天冷，不能由着她折腾。爸爸拿棉袄，拉起冬冬的一条胳膊，塞进袖筒里。

"爸爸是坏蛋！"冬冬又扭头对妈妈说，"好漂亮的妈妈啊！"

妈妈说："妈妈不漂亮，冬冬漂亮！"

冬冬说："冬冬不漂亮，妈妈漂亮！"

妈妈暖了她冰凉的膝盖，她"投之以桃，报之以李"，说"想妈妈"，夸"妈妈漂亮", 让妈妈开心。在"我想你"中, 第一、第二人称代词同用, 是个重要进步。

"的"开始代替"哩"

从前, 冬冬多用河南话的"哩", 如"这是冬冬哩!"

近日, 冬冬逐渐用普通话"的"代替"哩", 如"冬冬的""是的"等。

姐姐回家看望谁

学校放寒假, 姐姐和奶奶回了河南老家, 父母和冬冬一家三口留武汉过年。

邻居们问冬冬: "二妮上哪儿去了?"

冬冬: "姐姐上班去了。嗯, 姐姐回老家了, 捉大白鹅, 捉小白兔!"

邻居: "姐姐回家干什么呀?"

冬冬: "看姥姥, 看舅舅, 看舅妈。"

她竟然知道姐姐回去都看望哪些亲人, 知道姐姐跟姥姥、舅舅、舅妈的亲属关系。

"大坏蛋、坏家伙"

冬冬趴在床上看电视, 被子挡着了她的视线, 叫道: "看不着。"

妈妈移动被子时, 不小心打翻了床头柜上装满开水的杯子。

冬冬: "妈妈是大坏蛋, 妈妈是坏家伙!"

妈妈: "为什么妈妈是大坏蛋?"

冬冬: "妈妈把杯子弄倒了!"

有时候, 她自己做了坏事, 也自语道: "冬冬是大坏蛋!"

1987-1-26

"太"

夜里睡觉，爸爸怕冬冬冷，尽力把身子贴近她。

冬冬嫌太挤，大叫："太狠了！"

涂唾液

冬冬在脸上涂抹唾液。

妈妈制止她，她伸手把唾液抹在妈妈脸上。妈妈越制止，她抹得越起劲。到了后来，妈妈拍她一下，她蘸一下口水，往妈妈脸上抹一下。妈妈再拍她一下，她再蘸一下抹一下……

听到的，都当真

父女俩从马房山买菜回来，刚走到一门洞前，冬冬转身就往覃叔叔家跑，被爸爸一把拽住。

她挣着说："阿高叔叔叫去哩！"

此时，楼外并没有覃家的人。估计是在一小时前，覃叔叔在楼下，看到窗户旁的爸爸往窗外晾晒腌鱼，曾问过一句："冬冬在家吗？"

冬冬听到了这句话，就认为覃叔叔是想让她去家玩。

不懂比赛规则

冬冬和多多，在楼前的大路上比赛跑步。

两个孩子蹲在同一起跑线上，没等喊"跑"的口令，冬冬起身就跑。听见后面有脚步声，返身去推多多，并斜着身子横挡着多多的去路。如此三四次之多。

冬冬还不懂比赛规则。

1987-1-27

尿床

冬冬夜里睡得很熟，连尿床了都没有醒。醒来，发现床上湿了，嘴巴撇撇地要哭。

妈妈忙安慰她："别哭，不是冬冬尿的，是妈妈。"

她马上高兴起来："妈妈尿哩。坏东西，妈妈是坏东西！"

桂竹园

武汉工业大学的桂竹园。

"红旗，没有大把！"冬冬指指飘扬的几面红旗，又指点着桂竹园里的假山和小桥流水，说，"山，水。"

"大把"，仍然表示多数。

爸爸让她从小桥上走。

她说："不能走，会掉水里的。"

"能、会"都是能愿动词。这句话说明，冬冬已经会预测某种行为的结果。

爸爸扯着她过小桥，她身子向后缩。爸爸做示范，在桥上昂首挺胸走了几步，再回身拉她的手，她这才让爸爸扯着过桥。

1987-1-28

"吧"字问句

①冬冬唱儿歌："小燕子，穿花衣，年年春天来这里。我问燕子你为啥来，燕子说，这里的春天最美丽！"

冬冬边唱边舞。唱完，问妈妈："好听吧？"

②她穿上新衣服，问爸爸："好看吧？"

要别人正面评价，常用"吧"字问句。

《红豆》

冬冬会背了王维的《红豆》："红豆生南国，春来发几枝。愿君多采撷，此物最相思。"

从满两周岁那天起，冬冬又不愿意跟着学诗了。大人让跟着念，她王顾左右而言他。这首《红豆》，她是听会的。

体验放炮

春节将至，鞭炮声阵阵，烟花五彩缤纷。爸爸抱着冬冬，满校园跑着看烟花。冬冬高兴地叫："看放炮。"

晚上，父女俩出去放炮。

冬冬拿着长手柄的小礼花，爸爸握着她的手臂舞动。看着飞跃的花环，高兴异常。冬冬连放了几支，还要放，说："去放炮，爸爸去放炮！"

瞌睡了，眼睛看不清楚

冬冬看电视，揉着眼睛说："看不清，看不清……"

爸爸忙把她抱在怀里，惊慌地问："看清爸爸的脸了没有？"

她点点头。

爸爸又问："看清爸爸的鼻子了没有？"

她又点点头。

小不点儿瞌睡了，不是眼睛出了问题。爸爸揽在怀里拍她睡觉，很快就睡熟了。

1987-1-29

"前面、后面"

除夕，大雪纷飞。

上午，去萧伯伯家拜年，冬冬说，她知道萧伯伯的名字。

下午，到武昌县华林，去给邢福义爷爷拜年。三辆自行车。爸爸带着冬冬，萧伯伯带着女儿，萧家小哥哥自己骑行。哥哥的车子一会儿跑在前面，一会儿又放慢速度，走在后面。

小哥哥的车子跑到爸爸前面了，冬冬说："哥哥在前面，姐姐[1]在后面。"

小哥哥的车子和冬冬平行，冬冬说："哥哥的车子撵上来呐！"

武汉话的"一哈子"

下午五点，邻居刘师傅邀爸爸去菜场，图便宜买回一大捆细细的紫菜薹。爸爸跟着刘师傅学习腌菜。冬冬也"帮忙"，一根一根地抽出紫菜薹，扔在地上。

爸爸制止她。

她扯着武汉腔说："玩一哈子[2]！"

1987-1-30

"回家拿碗吃饭"

一大早，冬冬就跑到邻居张明臣叔叔家玩。父母喊冬冬回家，她摆着手说："不要爸爸，不要爸爸，不要妈妈，不要妈妈！"

张叔叔说："让孩子在这玩吧！"

到吃早饭时，张叔叔说："冬冬，回家拿碗去！"

---

[1] 指萧伯伯的女儿。

[2] 一哈子：武汉方言，相当于普通话的"一下子"。"哈"是"下"的方言音变。

"回家拿碗吃饭！"冬冬很高兴，走出门还回头关照说，"不要关门！"

"回家拿碗吃饭！"是由三个动作构成的复杂句子，且包含有目的关系。句子虽是随着张叔叔的话接下来的，但也表明语言和思维水平发展到一个新阶段。

电视的作用

①电视播放孔雀舞。

冬冬说："阿姨要飞天上。"

②看电视连续剧《红楼梦》。

一顶轿子抬进荣国府。她指着轿子说："我不知道！"

爸爸说："轿子！"

她也跟着说："轿子。"

对电视中看不懂的，都用"我不知道"来询问。

前与后

①冬冬常用手指前胸，说"前"，用手拍脖子后面，说"后"。

②她还可以以他人为坐标，来区分前后。

"坐妈妈前面，"她指着妈妈的前面。又指指妈妈的背后说，"坐妈妈的后面。"

预料后果

①冬冬从整把的干面条中抽出几根，掰成一段一段的，撒在地上。

妈妈阻止她。

她说："再抽一个！再抽了，妈妈怪！"

②吃瓜子。冬冬说："再吃一个。吃瓜子肚疼！"

③她要出去和小朋友玩，妈妈交代她别和小朋友打架。

她说："打了，妈妈怪冬冬！"

事情并没有发生，她已经预料其后果。

1987-1-31

"先、好"

早上，冬冬说："冬冬先起来，妈妈先睡着！"

穿好衣服，她又说："冬冬穿好衣服，妈妈没有穿。"

一个"先"表示顺序，一个"先"表示暂时性。

"好"是完成补语。都是较难的语言现象。

感叹句

①她吃一块儿糖，说："好甜哪！"

②跑到室外，缩着身子说："好冷啊！"

跑回家依偎在妈妈怀里，说："好暖和！"

③东区蜡梅园。蜡梅竞放，幽香四溢。

冬冬嗅着蜡梅，说："好香啊！"

④冬冬背了王维的《红豆》，问爸爸："好听吧？"

"好"加形容词表感叹，配之以"哪、啊、吧"等语气词，语言表达就更生动了。

谈论姐姐

一个春节，全家换洗的衣服攒成了堆儿，爸爸要去洗衣服。

妈妈说："把我的衣服留下来。二妮快回来了，让她洗。"

冬冬问妈妈："白林鹤！你知道白林鹤吧？"

妈妈故意问："白林鹤？白林鹤是谁呀？"

冬冬自豪地说："冬冬姐姐。冬冬姐姐真好呀！奶奶真好呀！给冬冬买橘橘，买苹果，买香蕉，买 apple！"

第一次用"我们"

爸爸准备把妈妈和冬冬送到楼下晒太阳。

冬冬马上响应，说："出去，晒太阳。"

爸爸回楼上一个多小时后，从二楼的窗口频频向楼下招手。

冬冬说："爸爸叫我们回家哩！"

爸爸下楼，搬着椅子和冬冬先上楼。

冬冬说："妈妈撵不上我们了！"

爸爸对冬冬说："快跑，不让妈妈追上！"

冬冬跑回家，坐在沙发上，说："累了，歇歇！"

"我们"表第一人称复数。"我们"的使用，说明冬冬开始建立人称代词的单数和复数系统。

"两分钱"

冬冬把硬币从存钱盒里倒在桌子上，拿起硬币让妈妈看："一分钱。"

妈妈一看，是个二分钱的硬币，问："冬冬，你说这是几分钱？"

冬冬回答："两分钱！"

不一定认识币值，估计是蒙的。

想法不让妈妈生气

午饭时，冬冬从张叔叔家回来拿碗，又要到张叔叔家吃饭。爸爸、妈妈想教训教训她，把她关在门外。她哭起来，推开门缝，探头探脑，不敢进家。过了一会，爸爸把她拉进门。妈妈假装不理。

冬冬对爸爸说："妈妈生气了！"

爸爸说："在家好好吃饭。吃完了饭，妈妈就不生气了！"

冬冬说："冬冬吃饱了，妈妈不生气了！'春眠不觉晓，处处闻啼鸟。夜来风雨声……'"

饭后，她蹭到妈妈跟前，弯腰给妈妈系鞋带，说："妈妈的鞋带开了！"

妈妈问她，你总想吃别人家东西，对不对？

冬冬说："不对。"

妈妈问："以后改不改正？"

冬冬点头。

"我要站起来"

冬冬钻到桌下，握着交叉的钢管桌腿，说："冷森森哩！"

钻进去容易，想出来难。她大声求助："我要站起来！"

"站"是卷舌音，这次发对了。还带上了趋向动词"起来"。

1987-2-1

"冬冬是个小天使"

昨晚，冬冬跟着翀翀哥哥出去玩。右太阳穴上撞了一个大青包，很疼，哭着入眠。半夜醒来，爸爸担心地问她疼不疼？

冬冬很坚强："大包，不疼！"

妈妈感叹："真是个小天使！"

冬冬高兴了："冬冬是个小天使！"

"火车没有来"

看电视。

火车飞驰而来。她说："火车来了！"

屏幕上，火车隐去了。

她说："火车没有来！"

"不吃一点儿"

晚饭。冬冬不想吃饭。

爸爸："冬冬，吃一点儿吧！"

冬冬："不吃一点儿。"

"疼不疼吧？"

她指着自己头上的血包，问爸爸："疼不疼吧？"

这是冬冬使用的又一个"反复问句"。

再论好与坏

在床上，冬冬用小脚踢爸爸，说："狗屁股！"

爸爸一把捉住了她的脚："说，你说什么？"

她又踢又叫："爸爸坏！妈妈坏！姐姐好！"

妈妈："为什么爸爸坏，妈妈坏？"

冬冬："爸爸打冬冬，妈妈打冬冬，姐姐不打冬冬！"

妈妈："姐姐没有打冬冬？"

冬冬："不打冬冬。"

妈妈："妈妈打过你，就坏了？"

冬冬调皮地笑着："妈妈是个大坏蛋！爸爸是个好坏蛋！"

1987-2-2

冬冬和爸爸

①爸爸给冬冬穿衣服。

她摸摸爸爸的脸儿，拉拉爸爸的西装领子，赞叹道："好漂亮啊！"

②冬冬想让爸爸抱她出外，架起两条胳膊，说："还要爸爸抱抱！"

爸爸不失时机地提条件："夜里也让我搂着你睡觉，好不好？"

冬冬答应："可以。"

到了晚上，她依然不让爸爸搂着入睡。小孩子的话，也是可以不算数的。

③爸爸用绳子拴个滚轮，让冬冬拉着往前跑，滚轮紧紧撵在冬冬身后，发出"吱吱咛咛"的声音。

冬冬玩得很兴奋，称赞："爸爸好会弄啊！"

不同的问句

冬冬常向父母发问："我长大没有呀？"她希望自己快点长大，也常说"冬冬长大了"。经常说的问句还有：

"这好看吧？"

"冬冬会吃吧？"

"这好不好呀？"

"好听吧？"

这些问句，从类型上看，基本上都是是非问和反复问，疑问程度都比较低，近乎"无疑而问"。

"打吊针打哩了"

"打吊针，打这了！"冬冬摸着自己额角上的大包，又说，"打头上了！打吊针打哩了！"

在额头上"打吊针"，发生在9月1日妇幼保健医院。四个月后，额头上碰了一个大包，冬冬就又联想起"打吊针"的事，说明起码有四个月的记忆能力。

此外，"打吊针，打这了！"和"打吊针打哩了"，用两个相同的动词"拷贝性"连接，都成较为复杂语法、语义关系。

回忆

爸爸带冬冬去广埠屯的洪山商场。

冬冬说："吵架，吵架！"

春节前，奶奶带她去商场，曾见有人吵架。这是回忆性叙述。

联想

隔壁邻居挪动家具，声响很大。

冬冬说："打雷哩！"

物件也有意志

凡是拿不牢稳、滑动或者要掉下去的，冬冬都说"××要跑"。

仿佛物件也有意志。这就是儿童式的思维。

能愿动词"敢"

晚上，冬冬要爸爸带她出外散步。

妈妈说："外面漆黑漆黑的，你也敢去？"

冬冬说："我敢去！"

到今天，冬冬掌握了"会、能、可以、想、要、敢"等能愿动词。

1987-2-3

有趣的表达

①冬冬探头看水池中游动的鱼。

爸爸拽着她的衣襟，说："爸爸保护你，不怕！"

冬冬说："我要怕！"意思是"我不可能不害怕"。

②冬冬抱着海棠树树干，说："爬高树。"因为海棠树很高。

③冬冬用"我要多多"，表达想去多多家的意愿。

以功能命名

对门的多多家来了客人，热热闹闹地在聊天。

"多多爸爸打架哩，多多妈妈打架哩！真的！"冬冬午觉醒来，侧耳听听。翻身下床，跑向多多家，很快又折身跑回，隔着纱门告诉爸爸，"说话的来了！"

她把"客人"，称为"说话的"。

串词儿

①背李白的《早发白帝城》。

她把"朝辞白帝彩云间"的后三个字说成"上青天"，下句竟然成了杜甫的"窗含西岭千秋雪"；把"两岸猿声啼不住"，背成"两岸青山相对出"。

②看《红楼梦·刘姥姥进大观园》，冬冬对疯疯癫癫的刘姥姥很感兴趣，大叫："刘姥姥，刘姥姥！"

爸爸教刘姥姥自嘲的顺口溜："老刘，老刘，食量大如牛，吃个老母猪不抬头。"

冬冬一会儿就学会了。但常把"不抬头"说成"点点头"，估计是同儿歌"一条大花狗"中的"朝我点点头"弄混了。

理解电视剧情

冬冬能够看懂一些电视情节了，有时还能与剧中的人物命运产生共鸣，跟剧中人一起哭，一起笑。

剧中发生了车祸。小姑娘哭着扑向倒地的妈妈。

冬冬"吸溜"几下鼻子，说："好难过呀！"

知识迁移

跟着电视《少儿节目》中的鞠萍姐姐学游戏。

冬冬扳着手指说："小不点儿睡着了，二胖子睡着了，大个子睡着了。你睡了，我睡了，大家都睡着了！"

很快，冬冬把此格式变成了："爸爸吃饭，妈妈吃饭，冬冬吃饭，大家都吃饭！"

有时，不是所有人"都"做同一种事，她也用"大家都……"，导致"都"的总括失当。比如："妈妈睡觉，冬冬写字，爸爸写字，大家都写字！"

很勇敢的"敢摸"

冬冬额头上的大包很疼。她逢人便诉说。睡着了，还说梦话："疼，疼，包！"

寒假快结束了，姐姐也快从老家回来了。

冬冬说："姐姐来了，看看包，不让摸。奶奶来了，看看包，不让摸。"这是对未来可能发生的事情的悬想。

妈妈附和道："谁都不得摸，只有冬冬摸。"

冬冬开心地笑了："只有冬冬摸，冬冬敢摸！"

说话时，神气十足，似乎"敢摸"是天底下最勇敢的行为。

1987-2-4

"冬冬勇敢"

傍晚，父母带冬冬去武汉工业大学的校园里散步。一下楼，冬冬就往前跑，对爸爸招手，说："爸爸在后面跟着！"

大路旁，横卧着两棵刚刚锯倒的大树。

冬冬从一棵树干上迈过去，到另一棵树前，说："又一个。"

爸爸说，这会儿去桂竹园，可能关门了。

冬冬说："冬冬看看关门了没有？没有关门了，咱们去。"

第一次出现"咱们"。而且使用了假设句，虽然还没有关联词语。

不巧，桂竹园果真关门了。可冬冬非要进去。妈妈劝说，等冬冬长大了，有力气，用脚一踢，门开了。

冬冬高兴起来，说："冬冬勇敢，爸爸不勇敢！"

爸爸不甘示弱地说："不对，爸爸也勇敢。"

表示可能的动补句

冬冬："冬冬累了，妈妈抱抱！"

爸爸："不行，妈妈抱不动！"

冬冬："妈妈抱动！"

成人的说法是"妈妈抱得动"。这种表可能的动补结构，冬冬虽有过成功的运用，如"冬冬跑得动"，但还时常用错。

连续发问

冬冬不认识或者不懂的东西，常问："这是什么呀？我不知道！"

她如果不满意大人的答案，会一直追问下去。

梦话

深夜，睡熟的冬冬喃喃自语，似乎在说梦话："还有哩！还有哩！"

1987-2-5

"有手""没有手"

冬冬吃着糖块儿，又让爸爸给她抓米花。

爸爸说："自己的事情自己干。"

冬冬说："冬冬没有手，爸爸有手！"

冬冬手拿糖块儿，不能去抓米花，被称之为"没有手"。爸爸的手闲着，被称之为"有手"。

电视叔叔念的诗，她也会

电视连续剧《旋涡》：一个英国人念挂在墙上的一幅字画，是柳宗元的《江雪》："千山鸟飞绝，万径人踪灭……"

冬冬兴奋地接着吟下两句："孤舟蓑笠翁，独钓寒江雪。"

爸爸说："看，你会的诗，电视叔叔也会，你再背个《早发白帝城》吧？电视叔叔还会背呢！"

冬冬说："冬冬不会。"

爸爸趁机再教李白的《早发白帝城》。这次，冬冬一反近日常态，跟着爸爸念了一遍又一遍。

1987-2-6

"咱俩"

该吃早饭了，爸爸还没起床。

冬冬对妈妈说："不要爸爸吃，咱俩吃完。"

妈妈第二次听到冬冬使用"咱俩"。前两天刚出现过"咱们"。

附加疑问句"好不好呀？"

妈妈带冬冬外出。

"公园关门了？没关门，咱们去，好不好呀？"冬冬说完便跑。

"好不好"是附加疑问句，常用来征询意见，商量事情，缓和语气。

爬高台散记

冬冬指着车来车往的大道，说："冬冬没有去过！"

妈妈问："爸爸没有带你去过吗？"

冬冬答："没有。"

妈妈："车多，妈妈不敢带你去。咱们在院子里玩一会儿吧！"

路旁，一株红梅，繁花似锦，如火如荼。郁郁葱葱的雪松，被水泥砌的高台围了起来。冬冬欲爬上高台，尝试了几次，都未成功，说："太高了，冬冬坐不上去。"

她又走到梅花树下，一下接一下地蹦跳，想摘朵梅花。

妈妈问："摘到梅花了吗？"

冬冬说："太大了！"

爸爸来接，抱她站上高台，拉着她的小手，保护她沿着窄窄的边，走一圈又一圈。爸爸累了，坐在台沿儿上歇歇，挡着了她的路。

她嚷道："爸爸，冬冬起来，爸爸起来！"

玩够了，冬冬要从高台上下来，蹲下身子，想跳下来，说："从这下来！"

发音小记

① "过"，过去曾发音为 [po]，现在发对了。

② "衣服"的"服"，发音似"胡 [xu]"；"饭"，发音似"换 [xuan]"。

"小人"

妈妈说："妈妈是大人，冬冬是小孩儿。"

冬冬赞同地说："妈妈是大人，冬冬是小人。"

有时，她还会说成"冬冬小人"。

除了"小人儿书"之外，成人语言很少说"小人"。冬冬的"小人"是跟"大人"

对比类推出来的。类推不仅是儿童思维的重要方式，也是语言发展的重要方式。

托儿所学的儿歌

冬冬在托儿所学的儿歌，只记住只鳞片爪，如"我坐，像你一样坐"，紧接下来便拍拍头，拍拍腿，拍拍左胳膊、右胳膊，说："上上上，下下下；左左左，右右右。"

1987-2-7

姐姐回来了

凌晨，有敲门声。

爸爸问："是二妮吗？"

"姐姐，姐姐，姐姐放假回来了！"听见敲门声，正熟睡的冬冬猛地醒来，一骨碌起身下床，抱着姐姐亲了又亲，说，"姐姐，一块儿去玩吧！"

1987 年 1 月 8 日，曾经记录到冬冬说"一块儿"的句子："爸爸和妈妈一块儿玩。"

"一边……，一边……"

①冬冬躺在床上，说："冬冬一边睡觉，一边唱歌！"

这里的"睡觉"是躺在床上，相当于"躺在床上唱歌"。

②姐姐让冬冬吃苹果，她想吃橘子，最终让步，说："一边吃苹果，一边吃橘子。"

意思是：我可以吃苹果，但还要吃橘子。

故意捣乱

姐姐从老家带回花生，花生米与没剥的花生混在一起。冬冬也参与分类工作。

她拣出一个带壳的花生，问："这是带壳哩？"

得到大人的肯定，她放进篮子里，但时不时地，会把花生米也扔进带壳的篮子里。

姐姐拣出一粒花生米，问冬冬："这是不是带壳的？"

冬冬说："不是！"

很显然，她能分得清楚。但在大人扭头的瞬间，她又调皮地把花生米扔进带壳的篮子里。

1987-2-8

"还"

早饭，冬冬依次指着桌上的三盘菜，说："这还没吃哩，这还没吃哩，这还没吃哩！"

姐姐把每盘菜都夹一些，放在冬冬面前的小碟里。

她指着大盘里的胡萝卜说："这还没有吃够！"

"干××坏事"

①冬冬爬上沙发，把杯子里的水，一点一点倒在地上。倒完后，拿着水杯下沙发，跑到糖缸跟前，揭开缸盖，往杯子里舀几勺白糖，再一点一点地撒在地上。干得正欢，被刚进房间的爸爸捉住了，问："冬冬，你干坏事了没有？"

冬冬承认："干坏事了！"

爸爸："说说，干什么坏事了？"

冬冬："干糖糖坏事。"

②"我去打多多！"坐在沙发上吃甘蔗的冬冬，突然起身跑到多多家，举起手中甘蔗，去敲正吃饭的多多。爸爸紧随其后，忙拉着她的手，让跟多多道歉。冬冬最终说了"对不起"。

回到家里，妈妈问："冬冬，你又干坏事了？"

冬冬回答："干了多多坏事！"

老家儿歌

奶奶在武汉时，给冬冬教了不少老家的儿歌。冬冬很喜欢，常常跟着唱，有时还边唱边做游戏。她学会了八首儿歌：

①《月姥姥》：月姥姥，黄巴巴，爹织布，娘纺花，一个小孩要吃妈。拿个刀，割给他。看他再遭[1]还吃啥？不吃不吃吃俩仨。

②《小老鼠》：小老鼠，爬灯台，偷油吃，下不来。喊小妮，抱猫来。（老鼠）"吱咛"，跑咪。

③《山老鸹》：山老鸹，胖墩墩儿。我上姥家住一春儿。姥姥看见怪喜欢，妗子看见瞅一眼。妗子妗子你别瞅，豌豆开花我就走。豌豆白，我再来，一直住到孬花柴[2]。从哪儿走？从河里走。河里有泥鳅。从山上走。山上有石头。走到稻场哩，碰上个卖糖哩。啥糖？打糖[3]。打给老爷尝尝。粘着老爷的牙，给老爷舀碗茶。粘着老爷的嘴，给老爷舀碗水。卖糖哩，你走吧，俺娘出来没好话。高底鞋，牡丹花，一脚踢你个仰八叉。

④《盘脚盘》：盘，盘，盘脚盘。脚盘高，磨大刀。大刀快，切辣菜。辣菜辣，切苦瓜。苦瓜苦，切豆腐。豆腐浓，切棵葱。葱花芫荽，小脚锯离。

⑤《筛罗罗》：筛罗罗，打面面，我问小孩儿吃啥饭？吃油馍，打鸡蛋，不吃不吃两大碗。

⑥《板凳板凳撅撅》：板凳板凳撅撅，里头坐个大哥。大哥出来买菜，里头坐个奶奶。奶奶出来烧香，里头坐个姑娘。姑娘出来作揖，里头坐个公鸡。公鸡出来打鸣儿，里头坐个小虫儿（麻雀）。小虫儿出来蹦蹦，里头坐个豆虫。

---

[1]　再遭：意为"以后，往后"。

[2]　花柴：棉花棵子。

[3]　打糖：麦芽糖。

豆虫出来爬爬，里头坐个娃娃。娃娃出来磕头，里头坐个孙猴。

⑦《金豆银豆》：金豆银豆，"呵啪"一溜，不抓张三抓刘秀。刘秀没搁家[1]，抓着木疙瘩。木疙瘩去赶集，抓着他二姨。他二姨，包角子[2]，一抓一窝子。

⑧《挑营》：热蒸馍，蘸秦椒，您那营里兴俺挑！挑谁？挑您那边的王八羔。

反问句

妈妈灌了一奶瓶水，递给冬冬，让她给窗台上的花浇水。她很乐意，拿奶瓶给每个花盆里都倒点水。边浇边说："这水不能喝，浇花哩！"

水倒完了，她让妈妈再灌，还自我表扬："冬冬怪中用的！"

妈妈递给她奶瓶时，手没拿牢，奶瓶掉在了地上。

她质问妈妈："你是咋搞哩了？你是咋搞哩了？"

那神情，那语气，活脱脱是个小大人！

"你是咋搞哩了？"是个反问句，这是第一次记录到冬冬使用反问句。

与月亮赛跑

姐姐带冬冬去徐阿姨家，明月当空。

冬冬往前走几步，指身后的月亮说："月亮！月亮撵冬冬哩！"

姐姐："快跑，不让月亮撵上！"

冬冬拉着姐姐猛跑，扭头一看，月亮仍然紧随其后，大叫："不要月亮，不要月亮！"

几片云彩飘过，月亮钻进了云层里。

冬冬这才长出了一口气，说："月亮进去了！"

---

[1] 没搁家：不在家。

[2] 角子：类似包子的一种面食，形状似大饺子。

想吃酸果果

在徐阿姨家，冬冬和小哥哥玩得高兴，忽见桌子上有酸果果。用手摸摸，再看看姐姐，分明想吃。

姐姐瞪了她一眼。

她忙跑到姐姐身边，说："冬冬不吃，冬冬不吃！"

小哥哥拿个酸果果递给她，她又抬头看姐姐的表情。

姐姐点点头，她才接过来，说："姐姐让冬冬吃了！"

对吃的诱惑，有了初步的自制。

1987-2-10

自己穿棉裤

起床，冬冬拉着棉裤，就往腿上套，说："我自己穿！"

棉裤外面还罩有一件单裤，腰上缝有松紧带，腿怎么也伸不进去。她把棉裤颠倒过来，把脚伸进下面的裤腿里，更穿不上，不由得感叹一声："冬冬没有长大，穿不上。"

发音记录

过去，把"叔叔"的"叔"，发为 [fu]，今日发为 [su]，是舌尖前音。

"那里"

爸爸抱冬冬站在二楼窗口。

冬冬指着楼下晾晒的大衣说："姐姐衣服在那里！"

爸爸问："在哪儿？"

冬冬回："在外面。"

这是冬冬第二次用远指代词"那"，上次说的是"那边"。远指代词比近指代词发展得晚，使用频率也低。

姗姗妈妈

爸爸带冬冬去中文系办公室。

"姗姗妈妈好！"冬冬一走进办公室，就向邻居姗姗妈妈问好。

爸爸办完事情，牵着冬冬离开办公室。

冬冬扭头挥手说："姗姗妈妈再见！"

爸爸纠正说："说，伯伯再见！"

冬冬又说："姗姗伯伯再见！"

无论是叫"妈妈"或者"伯伯"，都带上她熟悉的姗姗的名字，来说明其人属性。据观察，这种现象在儿童语言中具有普遍性。

"吃完了，还买"

路旁，有卖甘蔗的，冬冬停下脚步，就是不走了。爸爸拉拉她，督促说："冬冬，干吗？走啊！"

她盯着甘蔗，不说话，也不动。

爸爸说："想吃甘蔗，是吗？家里还有甘蔗，回去吃！"

她点点头："家里有甘蔗，不买。吃完了，还买。"

爸爸纠正她的话，说："吃完了，再买！"

她仍说："吃完了，还买！"

看来，语言发展没到一定的阶段，成人的纠正和示范，作用不太大。

1987-2-11

肚疼

昨夜，冬冬睡梦中喊叫了几次"肚疼"。父母轮流给她揉肚子。估计肚里有蛔虫了。她又要喝水，喝了半奶瓶。又说："喝水多了，肚疼！"

妈妈告诉她，肚子疼跟喝水没关系，又讲了都有哪些东西会造成肚疼。

冬冬说："吃瓜子肚疼，吃花生肚疼！"

妈妈说："还有，小脏手拿东西吃，捡地下沾上细菌的东西吃，都会肚疼。小细菌钻进肚子里又咬又打，肚子才疼呢！"

冬冬说："冬冬不听话，冬冬生病了！"

自我约束

①冬冬醒来，看见桌上摆着饭菜，高兴地说："吃饭啦！冬冬吃完，不让姐姐吃！"

她穿好衣服，伸手就去拿桌子上的奶瓶，又急忙缩回去，说："喝水肚疼，看看[1]，不喝了！"

②鸡蛋羹蒸咸了。

爸爸说："冬冬，别吃了，太咸！"

她恋恋不舍地说："吃一点儿，不吃了！放放[2]，明天吃。"

从这两件小事可以发现，她已用理智来约束自己。

一长段话

冬冬自己蹲在痰盂上。父母打趣她，为何不报告就擅自行动？

她流畅地说了一长段话："妈妈，冬冬屙屎，给冬冬擦擦屁股吧！妈妈不

---

［1］"看"，仍然说成 [tan]。
［2］"放"，发音为 [xuɑŋ]。

屙屎，妈妈不憋哩慌，冬冬憋哩慌！"

用语言提要求

近段，冬冬惯用哭闹来要挟大人。父母发现这一问题后，一直注意开导，要她用平和的语言提要求。有时还故意设置情景，逼她说话。到今天，已初见成效。

①冬冬洗脸，手伸进脸盆里好几次，都被爸爸故意挡了回去。最后，她只好对爸爸说："爸爸，冬冬洗吧！"

洗了脸，她提出自己要"抹面霜"，挖一团面霜抹在脸蛋上，白花花的，像戏剧中的小丑。

爸爸为她涂抹均匀。

"也不要，我要走！"冬冬用力推开爸爸的手，转身就跑，被爸爸一把抓住。她申辩说，"爸爸没有洗的，冬冬洗的，该爸爸洗的！"

意思大约是：冬冬已经洗过脸了，爸爸还没有洗；该爸爸洗脸了，先别管冬冬。

②爸爸正伏案写作。

她扒着爸爸胳膊，去夺爸爸手中的钢笔，要画画写字。

爸爸不给，说："你想干什么？说啊，'冬冬要写字'！"

两个人僵持一会儿。

冬冬终于说出"爸爸，冬冬写字"。

"吧"

冬冬拿起两个石球相撞，发出清脆的声音。

她喜滋滋地说："响吧？"

一个球，滚落在地，发出很大的声响。

她很得意地说："好听吧！"

什么都"冷"

天气骤变，北风呼啸。冬冬一出托儿所教室，就搂紧爸爸脖子，连连叫着："冷，冷！"

爸爸问："冷？谁冷？"

冬冬答："树冷，天冷，冬冬冷！"

借着现实情景，爸爸教她毛泽东的诗词《卜算子·咏梅》："风雨送春归，飞雪迎春到。已是悬崖百丈冰，犹有花枝俏。俏也不争春，只把春来报。待到山花烂漫时，她在丛中笑。"

一个多月来，冬冬只喜欢顺口溜。但在上下托儿所的路上，她倒是愿意跟着学诗。

初步建立语感？

爸爸给冬冬穿衣服，赞美道："这个饭衣真好看！"

"冬冬有，他们不有！"冬冬自豪地拽拽自己的饭衣，紧接着立即自我纠正道，"冬冬有，他们没有！"

在普通话里，"有"受"没"否定，而一般不受"不"否定。把"不"换成"没有"，语义上并无大变化，但语法上搭配得当了。

1986 年 11 月 23 日，曾记录到冬冬把"爸爸骑动"自我修正为"骑得动"。"自我修正语言"，特别是由于语法原因而自我修正语言，是语感建立的一种表现。今日又记录到将"不有"自己纠正为"没有"。结合近期问句、人称代词、结果补语、句子类型等语言发展的情况看，是否可认为冬冬已初步建立了语感？

1987-2-12

"好朋友"的标准

早上，冬冬自己洗脸抹面霜，又缠着姐姐给她擦胭脂抹口红。姐姐觉得那样不好看，不愿意干，一甩手走开了。

冬冬向妈妈告状："姐姐不给冬冬抹胭脂，姐姐不给冬冬抹口红，姐姐不是冬冬的好朋友！"

打疫苗

冬冬把自己的托儿所教室叫"小阿园"，托儿所西边的幼儿园院子叫"大阿园"。

今天，托儿所打预防乙肝疫苗。医生还未到，爸爸带冬冬在大阿园里玩了一会儿木马和地球，又把她送回教室。爸爸刚出大门，医生就来了，爸爸又去接冬冬。

她大为欢喜地说："冬冬又出来了！"

这个"又"字用得特别传神。

到保健室，冬冬主动抬起胳膊，没一点怯意。扎上针，不但没哭，还"哈哈"了两声。打完针，还彬彬有礼地对医生说："谢谢！"

1987-2-13

吓唬孩子的教训

凌晨四点多，冬冬在睡梦中尖叫大哭。

爸爸忙推醒她，问："冬冬，为什么哭？是做梦了吧？梦见什么了？"

冬冬说："看见大和尚了，咬冬冬！"

平时，大家用"大老五""大和尚"等，吓唬冬冬。看来真把冬冬给吓着了。

爸爸解释说，剃光头发在寺庙里修行的，是大和尚，他喜欢和小朋友一起玩耍。大和尚也是人，不咬人。

冬冬慢慢平静下来："大和尚来，冬冬和他玩。黑猫警长——"

妈妈说，黑猫警长，是一只当上警长的猫，专门抓坏人的。黑猫警长也不咬人。

冬冬："冬冬跟它玩。"

为让孩子听话，采用任何方式来吓唬孩子，看来都是不妥的。

会背《咏梅》

惊梦后，冬冬不愿再入睡，说："包饺子，妈妈，包饺子！"

妈妈："你喜欢吃饺子？"

冬冬："喜欢。"

妈妈满口答应，等起床后，一定包饺子。

令妈妈欣喜的是，她竟然主动要求教她《咏梅》。几遍后，基本上会背了。黎明前的两个小时，她不仅会背了《咏梅》，还把原已会背的诗词，都复述了一遍。

父母一起来接的幸福

下午，父母一起去托儿所接冬冬。

冬冬走出教室，先被一个滑冰的男孩所吸引。她一边跑一边喊："滑冰的，滑冰的！"

爸爸伸手拉住她。她一转脸，发现妈妈也在，扑上来搂着妈妈的腿，亲昵地叫着："妈妈，妈妈！"

滑滑梯。她先探头看看滑梯下面有无小朋友，然后用极快的速度，从高处滑下去，一屁股跌坐在地上。站起身，又过来搂着妈妈，激动地说："妈妈爸爸接冬冬哩！"

爸爸去推自行车。

"没见爸爸呀？"她左顾右盼地寻找爸爸，"冬冬赶快跑，爸爸会捉住的！"

妈妈："跑什么？被爸爸捉住了，又能怎么样？"

冬冬装作害怕的样子："抱着上街。"

爸爸推过自行车，抱她坐车，让妈妈在自行车后面坐好了。

她担心地说："妈妈摔着！"

她还记得，妈妈曾从车后座被甩出去的情形。走一会儿，她回头叫一声"妈妈"，妈妈应答得稍微慢点儿，她就担心地连连喊："妈妈！妈妈！"

"冬冬有吃"

冬冬吃了梨罐头，又去喝白开水。

罐头瓶中还剩下两块梨子。爸爸让妈妈吃掉了一块儿梨子："冬冬，瓶子里还有一块儿梨子，吃掉它！"

"还有一块儿哩！"冬冬仔细看看瓶子里，说，"没有了，都是冬冬吃哩！"

妈妈逗她："爸爸吃了，妈妈吃了，姐姐吃了，冬冬也吃了，大家都吃了！"

冬冬说："爸爸没有吃，冬冬有吃。"

爸爸笑了："'冬冬有吃'，这话不对。"

冬冬也笑了："冬冬学爸爸，爸爸学冬冬！"

她以为，爸爸说"冬冬有吃"，是学她刚才说的话。

小大人的语言

到楼下放炮。爸爸先用打火机点燃烟，到放炮时，用烟火点燃炮捻。

冬冬很内行地说："好放炮！"

爸爸放完炮，手拉着晒衣服的绳子，下意识地荡来荡去。冬冬也要荡秋千，爸爸不同意。绳子又细又糟，支撑不了冬冬的体重。

冬冬生气了，说："我上去，不管你了！"

听语气，似乎是她在带爸爸玩儿。

"像、来"

电视中，出现木雕神像的画面。

"像木偶。"她说着，起身向书桌跑去。

爸爸问："你去干什么？"

冬冬说："找笔来写字。"

这个"来"已经很虚化了，表示"要做某事"。

"一边……，一边……，一边……"

姐姐抱着冬冬，悠着拍着想让她睡觉。冬冬却想去家家的家里玩，说："一边走，一边睡觉，一边上家家家。"

她的意思是：姐姐抱着冬冬睡觉，走到家家的家里去。

"大家都害怕冬冬摔大包"

晚上，冬冬在床上又疯又打又翻跟头，差点儿跌到床下。妈妈忙拽着她，说："把妈妈吓死了，会摔下去的。"

冬冬摸着妈妈的脸儿，说："把妈妈吓的！"

妈妈问："难道你不害怕？"

冬冬颇为得意地回答："害怕。大家都害怕冬冬摔大包！"

这是一个复杂的句子，主谓宾套主谓宾，"冬冬摔大包"这个主谓宾短语又作"害怕"的宾语。

1987-2-14

肯定自己，也夸奖别人

自己的事情，一定要自己做，是冬冬近日的一大特点。不仅要自我肯定，还学着夸奖他人。

①她洗过脸，擦过香香，又要抹胭脂。

姐姐让她对着大穿衣镜自己抹。

她抹着胭脂，感叹说："姐姐多好啊！"

姐姐要给她梳头。

"我自己梳，不要疼！"她梳理着自己的头发，说，"冬冬可勇敢啦！"

②冬冬拿奶瓶浇了花，自我赞美："冬冬怪中用的。"

③姐姐穿件新衣服。

她上下打量，赞叹道："姐姐好漂亮啊！"

④爸爸做了个小拖车。

她拉着拖车，边走边说："爸爸好会弄啊！"

关在门外的记忆

快吃午饭了，冬冬又要去邻居家。

姐姐一把拉住她，说："不能去。又想挨打了，是不是？"

冬冬马上回应："爸爸打屁股。妈妈生气了，把冬冬关在门外。"

看来，她对那次被关在门外记忆深刻，教育有成效。

"再吃一个，算了"

冬冬还没有成人的"是非"观念，一切都以她"想"与"不想"为准。不想吃花生米，会说"不吃，吃了肚疼"；想吃花生米，马上变成了"吃花生米，不肚疼"了。

今天要吃花生米，妈妈不让。

她捏起一个花生米，放在口中，说："再吃一个，算了！"

名字游戏

冬冬拿称呼和名字做语言游戏。她指着妈妈叫"爸爸"，指着爸爸喊"妈妈"，指着自己的鼻子说"白丰兰"。

今天，她把认识的人，也引进她的游戏中。

她指指妈妈，说"这是郭阿姨"；又指着爸爸，说"这是张叔叔"；然后指着自己的鼻子，说"这是多多"。

爸爸指着自己和妈妈说："我是阿高叔叔！她是阿汇阿姨，你呢？"

冬冬接口道："阿覃。"

张叔叔家、阿高叔叔家，说得都对。爸爸又用贝贝家、朱可家来询问，冬冬都能答对。这说明，她已经知道，身边各个家庭的家庭成员了。

"甜言蜜语"喊爸爸

凌晨，冬冬喊着要"喝水水"，刚睡熟的爸爸"哼哼"着应答了两声，又睡着了。

她惟妙惟肖地学着爸爸"哼哼"，接着柔声细语地叫："我亲爱哩爸爸，起来吧，冬冬要喝水水，冬冬要吃饼饼！"

爸爸又"哼哼"地答应着，却鼾声依旧。

冬冬一把揪起爸爸的头发，大声喊："起来吧，起来吧，亲爱哩爸爸！"

爸爸猛地坐起来，怔怔地看着大家。

妈妈说："冬冬要喝水！"

爸爸像个机器人似的，机械地完成了三个动作：披衣、倒水、躺下，马上又睡着了。

1987-2-15

"老乡"

窗外，传来"馄饨，谁买馄饨"的叫卖声。

冬冬跑到窗台前，踮起脚尖向外面看，说："老乡，又是老乡！"

爸爸曾经告诉她，卖馄饨的是河南老乡。

商量的语气

①冬冬在床上又翻跟头又打滚。

父母伸开双臂把住床两边，怕她跌下去。

冬冬翻到爸爸跟前，被爸爸捉住了不放。

她请求道："爸爸，放我走吧！"

②冬冬趴在茶几上，大叫："我要写字！我要写字！"

爸爸故意不理她，只管干自己手中的事。

她改用缓和的语气，说："爸爸，我要在这儿写字。我要在这儿写字，好吧？"

爸爸爽快地答应道："好。"

"我们、我"

①准备去买菜。

冬冬拉着爸爸说："我们走，我们走吧，不管妈妈了！"

用"我们"来指她和爸爸，是第一人称代词复数的排除式用法。相当于"咱们"。

买菜回来，爷俩走到楼下。她回身指着小路，说："冬冬从这儿回来的！"

②晚饭后，姐姐要带冬冬去看电影。

爸爸故意打趣，说他也要跟着去。

冬冬说："我带你去！"

"休息休息"

大路旁，停了辆破汽车。

冬冬坐在驾驶座上，半靠在沙发上，懒洋洋地说："冬冬休息休息！"

她坐一会儿，站起来玩一会儿，又坐下，说："玩了了，休息休息！"

当时，电视正播放日本动画片《聪明的一休》。这些话，明显是在模仿一休。

惊梦于"妈妈摔倒"

（2 岁 2 个月　1987-2-16—1987-3-15）

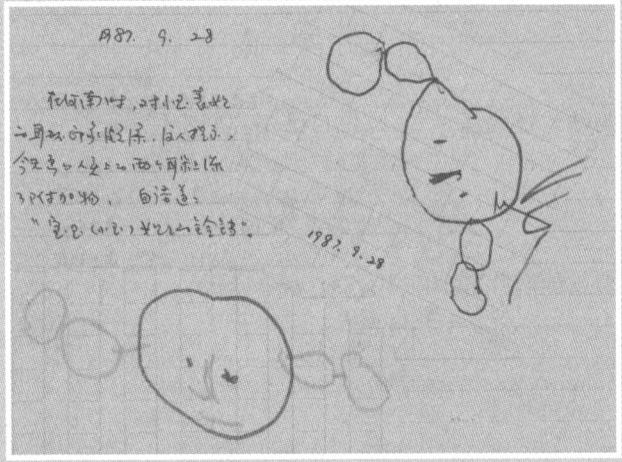

夸张的耳环（1987 年 9 月）

1987-2-16

"一次、这个"

①姐姐从托儿所接到冬冬，两人一起做"跳高高"的游戏。

跳了好多次，姐姐提出回家去。

冬冬坚持说："还来一次。"

②冬冬躺在爸爸妈妈中间。

"妈妈在这个，爸爸在这个！"冬冬指指妈妈，又指指爸爸。

"这个"是"这边"的意思。

武汉方言"佬"

冬冬说妈妈是"好哭佬[1]"，说自己是"好吃佬"。

"不让"的排比

窗外，传来孩子们阵阵喧闹声。

正吃甘蔗的冬冬，说："不让多多吃，不让阿覃吃，不让阿琳吃，那里的小孩儿不得吃[2]！"

爸爸的策略

夜深了，妈妈想躺下休息，冬冬不同意。

爸爸说："冬冬，先让妈妈睡下，咱们给她塞虫虫，好不好？"

冬冬兴奋了，说："好！妈妈一躺下，就给她塞虫虫。"

妈妈终于能躺下休息了。

爸爸吟诗当作催眠曲，哄冬冬入睡。有诗词为伴，她早已忘了给妈妈塞虫

---

[1] 佬：武汉方言，指代人，略含贬义。"好哭佬""好吃佬"即"好哭的人""好吃的人"。

[2] 不得吃：河南方言，意思是"不能让他们吃"。

虫的事。

1987-2-17

为何每月生一次病?

冬冬昨晚闹人,不睡觉,是因为又发烧了。为何每月都生病?为何每次生病,都赶在月中的 16 号左右?

在托儿所,孩子感冒交叉感染,可能是主要原因。再者,爸爸教书做科研,白天上课,夜里睡得晚。起床后,就急匆匆送冬冬上托儿所。接回时,太阳已落山。无论是大人还是孩子,户外活动少,晒太阳机会少,抵抗力较差。

人称代词

① "你给我讲吧!" 冬冬让姐姐讲故事。

② "咱们都吃完了!" 吃了午饭,放下碗,冬冬让妈妈嗑瓜子,说,"咱俩吃。"

③冬冬让洋娃娃学走路,说:"它会走路。"

人称代词系统,就差"你们""他们"和表示尊称的"您"没有出现了。

《赠汪伦》

教李白的《赠汪伦》:"李白乘舟将欲行,忽闻岸上踏歌声。桃花潭水深千尺,不及汪伦送我情。"

1987-2-18

逐渐增多的问句

①卡片掉了一地。

冬冬边捡卡片,边质问妈妈:"你把这给我弄掉,干什么呀?"

她捡起一张有破损的卡片，问："给我弄烂，干什么呀？"

那神情，那语气，似乎真是妈妈干的坏事，其实都是她自己的"杰作"。

②妈妈喝水。

冬冬问："妈妈，你喝完没有呀？"

③爸爸买两盒香烟，放进抽屉里。

冬冬问："买啥东西呀？"

④坐在床沿上的妈妈，努力想站起来。

她连忙问："妈妈，你干什么呀？"

近期问句逐渐增多。"干什么呀"使用较多，有疑问，也有反问。

"现在"

冬冬想吃花生米。妈妈说，再等一小会儿，姐姐回来后就炒花生米。熟花生米，吃了不肚疼。

冬冬说："不要，我要现在吃。"

"现在"是第一次出现。

妈妈拿笔记录："你等一下，妈妈记下来！"

冬冬嚷道："我要记下妈妈，我要记下妈妈和冬冬。"

要自己看书

妈妈讲画书。

冬冬说："妈妈，冬冬看书吧！不要妈妈讲。"

不识字，却想自己看书？所谓的看书，不过是拿着画册，颠过来倒过去乱翻一通罢了。

"真是笑死人了"

冬冬说："我想吃橘橘！"

爸爸问："橘橘呢？"

冬冬从抽屉里拿出一个，说："在这里呀！"

姐姐剥开橘子皮，撕下一瓣给她。

冬冬说："好大一块儿呀！"

爸爸虚张声势，故意去抢冬冬的橘子，两个人玩得很开心。

冬冬看全家人都很高兴，评价说："真是笑死人了！"

冬冬近期感叹性、评价性话语增多。评价，是语言的一种重要功能，也是智力发展的重要标志。

单音称谓

称谓，冬冬一直采用重叠式。

从昨天起，出现了"爸、妈、姐"单音称谓。这种现象是否出现得早了点？

崴着脚了

冬冬从枕头上往床上跳，崴了脚。爸爸给她又揉又捏，让她活动活动。她跪在床上，试图站起来，尝试了几次都失败了，说："冬冬不能走了！"

爸爸扶她慢慢移步，她连连叫疼。爸爸忙抱起她，不敢让她再走。

她反倒请求："爸爸，帮我走一走吧！"

爸爸双手架在她腋下，慢慢移动了四五步，她说："冬冬可以走了，不疼了。"

"走一走"这种加"一"的动词重叠式，第一次出现。

1987-2-19

可爱的理由

早上，冬冬说："爸爸，冬冬喝水。冬冬肚子里没东西了！"

"肚子里没东西"，既不是渴的原因，也不是想喝水的理由。

《赠汪伦》《枫桥夜泊》

冬冬已会背李白的《赠汪伦》。

又开始教张继的《枫桥夜泊》："月落乌啼霜满天，江枫渔火对愁眠。姑苏城外寒山寺，夜半钟声到客船。"

《赠汪论》中，有"忽闻岸上踏歌声"，其中的"岸"字，她立即联想到"两岸青山相对出"。《枫桥夜泊》中有"月落乌啼霜满天"，其中的"霜"字，她接下就吟"疑是地上霜"。

孩子的耳朵，犹如一部精细的辨音机，任何一个同音字都逃不过去。

妈妈不能坐矮凳子

①穷人的孩子早当家，有个生病的妈妈，孩子也早懂事。两岁多一点的冬冬，也特会关心妈妈。妈妈关节变形，不能下蹲，坐不了矮凳子。家里的床沿儿，是妈妈经常坐的地方。妈妈站起身，冬冬忙拍着藤椅说："妈妈，坐椅子呀！"

妈妈刚移动脚步，她又把藤椅往床边推推，说："冬冬搬椅子，妈妈坐。"

②去邻居家。

邻居家的煤火炉旁，有个矮凳子，冬冬要妈妈坐下，妈妈笑着说不坐。冬冬明白了，忙指着高椅子说："妈妈，坐。妈妈，坐。"

"let's go"的误用

冬冬曾跟着电视学了几句英语。这个节目停播后，大人也没继续教下去。

她在椅子上，想下到地面，说："let's go，让我下去！"

1987-2-20

雪中吟雪

一场大雪。好一个银装素裹、琼楼玉宇的世界！冬冬一觉醒来，看见窗外纷纷扬扬的雪花，兴奋地穿衣起床，让爸爸带她出外看雪。

她走出楼下大门，"即景抒情"，背诵起与"雪"相关的诗词："风雨送春归，飞雪迎春到……"；"孤舟蓑笠翁，独钓寒江雪"；"窗含西岭千秋雪，门泊东吴万里船"。把自己学会的、跟雪景有关的诗词，统统搜罗出来，背了一遍又一遍。

玩了一会儿，爸爸怕她感冒，督促她回家。

冬冬不同意，说："好大哩雪，冬冬没看完！"

"吃过了"

冬冬要吃瓜子，姐姐拿米花搪塞她。她吃完米花，还要吃瓜子，说："冬冬没吃够！"

姐姐说："不吃瓜子，吃米花吧！"

冬冬说："冬冬吃过了！"

冬冬的动补结构正在快速发展，补语用词有"够、过、完"等。不过，有时说得还不太准确。

"还有没有呀？"

冬冬从柜子里拿玩具，摸出一副很精致的蚊帐钩，说："冬冬拿玩具，冬冬的。"

妈妈说："这是爸爸的。"

"冬冬的！爸爸给冬冬做的。"冬冬又在柜子里翻弄，扯着长调，问，"妈妈，还有没有呀？"

这是第一次观察到，冬冬使用"有没有"反复问句。

"冬冬有本事"

妈妈拿着杯子，去水龙头上接水。冬冬把妈妈推到一边，自己拿杯子接。

妈妈说，你个子太矮，够不到。

冬冬说："冬冬有本事！"

她尝试了几次，手都够不到水龙头，只得把杯子还给妈妈，叹息道："冬冬太小了！"

仍不会换用"这"和"那"

爸爸和冬冬玩"杀羊羔"的游戏。看谁能突破对方的防线。玩了好一会儿，爸爸的防线，她始终突破不了。

冬冬用手指自己这边，说："爸爸在这头！"

爸爸："好。那你呢？"

冬冬指爸爸那边，说："冬冬在这头。"

应该变换为"那头"的。

1987-2-21

语气词"噢"

①今晚，冬冬在姐姐的鼻子边发现一个红疙瘩，问："在哪儿碰的？"

姐姐："不是碰的，是长的。"

冬冬恍然大悟："噢，自己长的。"

②冬冬问妈妈："你是谁呀？"

妈妈："我是妈妈呀！"

冬冬："噢，你是妈妈呀！"

冬冬用"噢"，表达自己有所领悟。

冬冬的娇气

冬冬在很多事情上，都像男孩般泼辣，但也有娇气的时候。如：

①脸蛋儿上起了几个小疙瘩儿。她用手摸来抠去，逢人便指给看："疙瘩儿！"

②她额头上碰了个青包，不厌其烦地说："碰个大包。"

③膝盖上擦了一块儿皮，爸爸用紫药水抹抹，早已痊愈。可每晚脱棉裤时，她都要查看一番。只要没睡熟，一次次把膝盖伸给妈妈看，看一次说一次："冒血了，疼，现在还疼！"

又一次用"现在"这个时间词。

理发的理由

明天，爸爸要带大学四年级的学生到武汉电力学校实习。妈妈建议爸爸去理个发。父母对话被冬冬听见了。

冬冬说："我要理发，冬冬头发长了！"

她不仅提出要理发，还说出理发的理由——"头发长了"。

"进去、出来"

"从这里进去，"冬冬弯腰钻到桌子下面。又指着桌子另一边，说，"从这里出来。"

1987-2-22

绑着手

做游戏。

冬冬拿根绳子，把妈妈的双手绑在一起，说："进去吧！"

妈妈的双手，从绳子里挣脱出来。

冬冬说："出去吧！"

"进去、出来"，要说的是，手进到绳子里和从绳子里挣脱出来。

动词重叠

①衣架上，挂着刚洗过的毛巾。

冬冬总想去摸，说："摸摸，不弄掉。"

②冬冬扔了一地积木，用脚在上面乱踩，说："这踩踩，怪好玩儿的。"

冬冬喊爸爸，也来踩积木。

爸爸告诉她，把积木扔在地上踩，是不对的。

"冬冬踩，"她一边踩，一边说，"不踩是对的，踩了是坏的。"

"和……一块儿"

姐姐要去南湖上班。

冬冬也要跟着去，说："我要和姐姐一块儿走！"

1987-2-23

"那一天……"

冬冬自言自语地说："那一天呀，冬冬尿床了。那一天呀，冬冬尿棉裤了。那一天呀，冬冬找多多，妈妈生气了。爸爸打屁屁，关在门外。"

妈妈问："谁把你关在门外了？"

冬冬答："妈妈。"

妈妈："冬冬哭了没有？"

冬冬："哭了。"

妈妈："谁把你抱回来的？"

冬冬："爸爸。"

以前，讲故事常用"有一天"做开始语，今天叙述已经发生的事，用"那一天"。在回忆的三件事中，唯独对 "打屁屁"和"关在门外"，叙述得特别详细。

冬冬基本会背《枫桥夜泊》。第一句较为生疏。

爸爸是姐姐的姑父

妈妈的大学同学马贺兰阿姨，从河南信阳来家。吃晚饭，开了一瓶红酒。冬冬频频和大家碰杯："爸爸碰杯！""妈妈碰杯！""阿姨碰杯！"

马阿姨问冬冬："冬冬，妈妈姓什么？"

"白，"冬冬答道。随即联想起和"白"有关的诗，随口道，"李白乘舟将欲行，忽闻岸上踏歌声。桃花潭水深千尺，不及汪伦送我情。"

饭后，妈妈和马阿姨拉家常，妈妈说了一句"她姑父"，被冬冬听见了，就重复说："姑父！"

妈妈问："谁是姑父？"

冬冬说："爸爸。"

妈妈："爸爸是谁的姑父？"

冬冬："妈妈的。"

大家笑起来。

妈妈说："好好说，爸爸是谁的姑父？"

冬冬指指姐姐："姐姐的姑父。"

1987-2-24

"天亮了，我要天亮"

清晨起床。冬冬说："天亮了，起床吧。"

晚上一按灭灯。冬冬说："灯灭了，天黑了。"

最近，晚上睡觉，她不让关灯。爸爸按灭了灯，她就大叫："天亮了，我要天亮！"

首次用"别"

冬冬在床上翻滚。姐姐坐在床边看着她，一只手温柔地拍着她的小屁股。

冬冬开玩笑地连声大叫："别打人呀，别打人呀！"

过去常用"不要"，这是第一次用"别"。

两个问句

①冬冬戴着玩具小手表去托儿所。

回到家，妈妈问她小表丢了没有。

她卷起袖子，让妈妈看："看见没有呀？"

②冬冬把甘蔗渣吐在桌子上。

妈妈收拾桌上甘蔗渣。冬冬伸头往妈妈手里看："拿哩啥呀？"

妈妈扔掉甘蔗渣，赶紧去记录这个问句。

冬冬夺过笔，说："不用冬冬的鹅毛笔，冬冬写字。"

冬冬心目中的"盒子"

冬冬摆弄记录语言发展的日记本。日记本，是硬壳的。玩着玩着，外面的硬壳和里面的纸芯，脱离开了。

冬冬说："姐姐，这盒子给冬冬玩吧！"

日记本的硬壳，与"盒子"还是有差异的。

父女的对话

爸爸吃西红柿，既没有剥皮，也没有烫洗。

冬冬对爸爸说："没剥的，烫烫吃。"

爸爸又拿起桌上的甘蔗，做出要吃的样子。冬冬伸手去夺，爸爸把甘蔗举得高高的。

爸爸："我拿的是什么？"

冬冬："甘蔗。"

爸爸："是谁的甘蔗？"

冬冬："冬冬的。"

爸爸："谁买的？"

冬冬："爸爸。"

爸爸："谁好呀？"

冬冬："爸爸好。"

爸爸："为什么爸爸好？"

冬冬："爸爸给冬冬。"

问物的"什么"问句，问人的"谁"问句，问原因的"为什么"问句，冬冬都能自如回答。

"妈"和"妈妈"

冬冬拍着妈妈的脸儿，叫："妈！"

妈妈答应道："哎！"

冬冬说："不喊妈了，喊妈妈。"

妈妈感兴趣地问："为什么不喊妈了，喊妈妈？"

冬冬回答道："姐姐怪。姐姐说'不要叫妈，叫妈妈'。"

插入语的运用

晚饭后，爸爸去电力学校看正在实习的学生，十点多才回家。冬冬让爸爸抱抱，爸爸说有事，还要出去一会儿，回来再抱她。

冬冬不满地说："爸爸刚回来，又走。"

过了很大一会儿，爸爸还没回来。冬冬喊着要"爸爸"，姐姐随口说："爸爸打老五去了！"

冬冬说："爸爸打老五去了。爸爸不是讲课去了。姐姐说的。"

"刚"是个时间副词，第一次记录到冬冬使用。

"姐姐说的"是放在句末的插入语，说明信息的来源。

1987-2-25

"没法"

爸爸带冬冬理完发，下楼，冬冬要扶着栏杆往下走。爸爸不同意，栏杆实在太脏了。

冬冬说："太脏，冬冬没法扶。"

"掉"

①父女在家做游戏。

冬冬："那一天，冬冬干什么呀？"

爸爸："那一天啊，你拿钱去买甘蔗。钱给你，买甘蔗去。"

冬冬接过钱，说："不要掉了，掉了没法买甘蔗。"

"掉"是"丢失"的意思。

②甘蔗只剩下一截。

冬冬说："掉一个了。"

"掉"是"剩下"的意思。

再次用"别"

冬冬从口袋里掏瓜子给姐姐，让姐姐嗑出瓜子仁。姐姐嗑完了，又向冬冬要瓜子。

冬冬说："别慌，别慌！"

学名与乳名

爸爸透过托儿所教室的纱门，见迟奶奶正俯身跟冬冬说话。冬冬一扭头，发现了爸爸，马上跑出来。

爸爸问："奶奶跟你说什么呀？"

冬冬答："阿园奶奶叫我'李纤'，小朋友叫我'冬冬'！"

逗趣的"臭"

睡觉前，冬冬闻闻妈妈的耳朵，说："妈妈的耳朵臭！"

妈妈也闻冬冬的鼻子，说："冬冬的鼻子臭！"

冬冬很高兴，随即把妈妈的头发、脸蛋、眉毛、眼睛、嘴巴等，都用"臭"来形容了一遍。

1987-2-26

"那头儿"

冬冬往床的另一头放枕头，说："我要脱衣服睡觉，我要睡那头儿。"

远指的"那"用得多起来了。

"赶快"

爸爸要到楼下房间写东西，和冬冬再见。

冬冬说："爸爸，赶快回来。"

妈妈的小帮手

冬冬很懂事。母女俩出外散步，从不提让妈妈抱的要求。妈妈走路不稳，她总小心翼翼扯着妈妈的手。到邻居家玩，总找高凳子让妈妈坐。

①早上，妈妈想起床，让爸爸帮忙。爸爸连声答应，却还在睡梦中。

"妈妈，我挡[1]你！"冬冬说着爬起来，双手使劲地往上抬起妈妈的头，让妈妈借助她的力量起床。

②晚上，妈妈要去洗手间。

冬冬督促看电视的姐姐："姐姐，快去呀！"

姐姐莫名其妙，问："上哪儿呀？"

冬冬说："妈妈怎么上呀？"

去厕所，要上一个高台阶。冬冬认为妈妈上厕所，需要人帮助。

姐姐说："妈妈可以上了，不帮忙就行。"

识字

①冬冬认识了"门"字。

翻看诗词《绝句选》，发现有个"门"字，兴奋不已，指着说："门，门。"

②爸爸制作几张卡片，有"钢笔、冬冬、香蕉、橘子、爸爸、妈妈、姐姐"等字，冬冬暂时认识了。

记忆力训练

在桌上摆"瓜子、饼干、苹果、橘子、糖块"等五样实物，随机拿去一样，让她猜桌上"少了些什么"。猜对一次，奖励一个瓜子仁吃。她很喜欢这种方式。

在猜的过程中，一次猜中的占多数。有时会沉吟良久，转动眼睛，似乎真会动脑筋了。大约五分钟后，注意力不再集中，开始捣乱，乱说一气。

《滁州西涧》

冬冬会背诗词二十二首。

---

[1] 挡：河南方言，是"从一端往上抬"的意思。

今天，教韦应物的《滁州西涧》："独怜幽草涧边生，上有黄鹂深树鸣。春潮带雨晚来急，野渡无人舟自横。"

1987-2-27

"黑、红、大把"

冬冬的小皮鞋，前面有一个黑三角，其余部分都是红色。

她指着鞋子说："这是黑哩，大把是红哩！"

仍然用"大把"来形容多。

"听过、看过"

冬冬对自己熟悉的，喜欢用以下句式谈论：

①冬冬说："冬冬看过，小白兔呀，大灰狼呀，雪山怪兽呀，在电视里面。"

②冬冬说："'好雨知时节，当春乃发生。随风潜入夜，润物细无声'，冬冬听过，电视叔叔说的。"

表示经历体的"……过"，看来是掌握了。

"那儿"

冬冬在妈妈怀里坐了会儿，又要离开。妈妈问她要干什么？

她用手指指爸爸的书桌，说："我要，我要，我要在那儿写！"

远指代词"那儿"已经掌握。

"着"

爸爸写了两张卡片：一张是"小白兔"，一张是"大灰狼"。

冬冬把它们排列在一起，说："比着看看。"

"就"

姐姐吃生花生米，被冬冬看见了，也要吃。妈妈不同意，说吃生花生，容易肚疼。

她盯着姐姐正在咀嚼的嘴，说："姐姐就吃生的了！"

1987-2-28

纠错

冬冬背《悯农》，常把"粒粒皆辛苦"，念成"粒粒皆皆辛苦"。纠正了几次，仍改不过来。

爸爸故意重复冬冬的口误，说："谁知盘中餐，粒粒皆皆辛苦。"

冬冬着急地对爸爸说："不是的，不是的。'粒粒皆辛苦'。"

分工

冬冬要喝牛奶。姐姐把牛奶热好，放在桌上晾着。爸爸把牛奶倒在奶瓶里。

冬冬说："冬冬好喝，姐姐好热，爸爸好倒。"

这个"好"读去声，表示负责做什么的意思。这种用法大概属于河南方言。

"和……不一样"

华中师大的电影院是露天的。晚上，全家人去看电影，爸爸用自行车推着妈妈和冬冬，姐姐拿着几个凳子，紧跟其后。

冬冬看不到姐姐，大叫："姐姐，姐姐，我要姐姐！"

喊"姐姐"的次数多了，爸爸故意"哎"地应了一声。

冬冬说："我要姐姐。"

爸爸逗趣地："我就是姐姐。"

冬冬："你是爸爸！爸爸是爸爸，妈妈是妈妈，姐姐是姐姐，姐姐和爸爸不一样！"

到了电影院，妈妈跟姐姐说起刚才发生的事。

冬冬接口说："爸爸不是妈妈，爸爸不是姐姐。"

"和……一样/不一样"，是一个表示比较结果的格式。"爸爸是爸爸，妈妈是妈妈，姐姐是姐姐"这样的格式，也很有特点。

1987-3-1

重叠造词

冬冬早年自造的"抹抹、听听"等重叠形式，已很少使用。连"爸爸、妈妈"，也试图使用"爸、妈"这样的单音节形式。可最近又把"头"说成"头头"，把"手"说成"手手"等，又开始以重叠形式自造名词。

化妆

冬冬洗过脸，说："我自己擦香香！"

姐姐打开面霜瓶，她用食指挖出一团，涂在额头和脸上，然后用两手掌均匀揉搓。

"还抹口红！"她伸手捞过口红，站在穿衣镜前，在上下唇上各抹一下。

她又拿起梳子，在头上梳几下，说："抹了口红，还抹什么呀？梳头。"

妈妈说："冬冬，你梳过头了？！"

冬冬让妈妈看，问道："你看梳过没有呀？"

喜欢梳妆打扮，是女孩的天性。

不让干的，偏要干

爸爸发表"严正声明"：爸爸的桌子爸爸用，冬冬的桌子冬冬用，不允许趴在爸爸桌上乱画。越不让干，冬冬好奇心越浓。瞅个空当，跑过去趴爸爸桌上乱画一通。

今天亦如此。爸爸去做饭。冬冬爬上椅子，拉过一张白纸，拔开钢笔，在上面画了个痛快。

爸爸从厨房里端着饭走回来，一路高喊："冬冬，吃饭了！"

"不要爸爸听见了！"她忙从椅子上跳下来，神秘兮兮地交代妈妈。其实，她是怕爸爸看见她的"杰作"。匆忙中，把"看"说成了"听"。

搬凳子上茶几

冬冬会念挂历上"众志成城"四字，但不解其意。

挂历在茶几正上方，茶几两旁是沙发。平时，冬冬想翻看挂历，要站在茶几上才够得着。

茶几上有水渍。

爸爸说："你等下，我先擦擦茶几！"

冬冬接口道："擦擦，冬冬再上。"

恰巧，菁菁来家，坐在沙发上，冬冬没法再从沙发爬上茶几。她左顾右盼，搬来小凳子，放在茶几前，蹬上凳子，想再爬上茶几。但凳子放得远了点，胳膊够不着茶几。她跳下凳子，往前挪动凳子，说："挪挪！"

她顺利地爬上了茶几，很惬意地掀着看挂历。

看来，儿童的语言并不都是只与人交际的，有时也是用于思维的，或者说是"自我交际"的。

创造条件、利用"工具"达到目的。冬冬的智力，已比黑猩猩高了许多。

呕吐

下午，冬冬突然呕吐，把中午吃的红薯悉数吐出，不知何因？

呕吐后，一直昏睡，父母异常担心，难道是春季流行的脑膜炎？不发烧，身上也未发现斑点，没有脑膜炎的征兆。需要仔细观察。

"它"

晚上，冬冬让姐姐给她脱衣服，说："棉袄脱它，毛衣脱它。"

这个"它"，复指前面的名词，起到加重语气的作用。

1987-3-2

发烧

冬冬没发烧。送她去托儿所，拜托保育员多观察些。

下午四点钟，父母一起去接冬冬。保育员说，冬冬懒懒的，不想动，中午吃东西很少。

爸爸用双唇触冬冬的额头，稍微有点发热，随即带医院看病。化验血，白血球11000。何医生说，消化不良所致，不是流脑。打庆大霉素和氨基比林。

夜里十一点，冬冬体温38.7度。

爸爸又带冬冬去校医院，再打庆大霉素和氨基比林。后半夜睡得较踏实。

"你们"

妈妈躺在床上。

冬冬指着妈妈说："小朋友不要说话，说话了，打你们！"

"打你们"三字发音很重，眼睛威严地扫视一圈，装出一副吓唬人的面孔。看表情，听语气，可能在模仿托儿所的保育员。

惊梦于"妈妈摔倒"

凌晨三点，冬冬突然"啊"的一声大叫，从噩梦中惊醒。妈妈连连轻轻拍她，安慰她，询问是不是做梦了，做的什么梦。

冬冬回答："怕妈妈摔倒了！"

妈妈不解地说："妈妈没有摔倒呀？"

"那一天，妈妈在外面摔倒了，"冬冬抽泣着，说，"妈妈摔倒了，冬冬哭了！"

妈妈不由得一阵心酸。

那是春节前的一个下午。爸爸带妈妈去医院打针并接冬冬。冬冬坐车子前杠的小椅子里，妈妈坐车后座。回家时，自行车行驶到西一村的大转弯处，妈妈从车后座甩出去摔倒在地。爸爸突感车身晃悠一下，想停下，可自行车的惯性作用，已冲出了好几米远。

路边的人大喊："李老师，快停车！快停车！白老师摔下去了！"

爸爸带冬冬跑回来。冬冬拉着还躺在地上的妈妈，大声哭喊："妈妈，妈妈！"

自那次摔倒后，一家三口再出行时，爸爸骑车更加小心，冬冬也常交代"妈妈不要摔倒了"。事实上，并非爸爸速度快，坐在后车座上最安全的办法，是需要用手抓紧后座，而妈妈变形的手，根本不会用一点点力气！

此事已过去两月有余，冬冬再次惊梦，还记着这回事！本该无忧无虑的孩童时代，可因为有个长年卧病的妈妈，让小小年纪的冬冬，时常为妈妈的病痛和安全担心。

1987-3-3

"广节目了"

窗外传来广播体操的音乐。爸爸督促冬冬起床。

冬冬揉揉惺忪的睡眼，爬起来，又钻进妈妈的被窝，说："天亮了，广节目了！"

她把"广播节目"，说成"广节目"。纠正几次，仍说是"广节目了"。

踢球

爸爸带冬冬出外踢球。

冬冬已学会用脚尖踢着球"带球"跑。球，滚到路旁的枯叶上，她弯腰用手去拿。

爸爸说："用脚踢过来，不准用手，这是踢球的规则。"

她不答话，干脆走开，站到远远的地方看着，等爸爸把球踢过来。

会用"请"

冬冬听见外面的脚步声，忙拉开门，很客气地对爸爸说："请进来吧！"

她已多次使用"请"字。是否开始建立礼貌系统了？

看手表

冬冬撩开袖子，看手脖上的玩具手表，说："两点了，没有好节目了！"

所说的时间，一般都不对。但知道戴手表的作用，是为了看时间。

1987-3-4

对付爸爸的法子

父女俩去小卖部买牛肉干。爸爸撕开袋子，尝了尝。

冬冬说："爸爸，不要吃冬冬的！"

爸爸说："冬冬，咱先把牛肉干放起来，等会儿再吃！"

冬冬不同意，开始跟爸爸争夺牛肉干袋子。爸爸故意抢了去。

"爸爸拿走了，冬冬吃指甲！" 她当真啃起指甲来！

无效的问句

①她问别人："我想吃什么呀？"

自己想干什么，自己知道，还需要问吗？

②她想喝水，便说："我要喝水吧？"

近几天，用"吧"的次数特别多。

1987-3-5

别催我，找人说话吧

冬冬有了大便感，就说"我要拉屎"。"拉屎"两字，声调低沉而急促，似乎多耽搁一秒钟，就会拉在裤子里。今天她蹲痰盂，却不急不慌的。

姐姐有事外出，有点不耐烦，催促她："快点，快点，等什么？"

冬冬说："姐姐说话吧！"

姐姐问："给谁说话呀？"

冬冬指指坐在床沿儿的妈妈，说："给妈妈。"

言外之意是，姐姐和妈妈说话，就不急着催人了。

1987-3-6

"不还要尿床"

爸爸、姐姐都不在家，冬冬在床上玩，突然叫："尿尿，尿尿！"

妈妈忙下床去拿痰盂，交代说："等下！"

话犹不及，冬冬尿在床上了。

妈妈问："说说吧，这是谁尿的？"

她佯装没听见。

妈妈数落她："冬冬啊，你都两岁多了，还尿床？看爸爸回来，打谁的屁股！"

她不语。

妈妈又问："别不说话，表个态吧，你还尿床不尿？"

她看着妈妈的眼睛，用很坚定的语气说："不还要尿床。"

用否定副词"不"，来否定整个句子。

第一个设问句

冬冬见多多喝着牛奶进了厨房，立即跑回家，对妈妈说："我也喝牛奶。"

妈妈冲了奶粉。

"是牛奶吗？"冬冬喝着牛奶，自问自答，"是的。"

这是第一个设问句，显示自己也有牛奶喝。

1987-3-7

《关雎》

学诗经《关雎》的前四句："关关雎鸠，在河之洲，窈窕淑女，君子好逑。"

很快，冬冬会背了这四句。

"这"和"那"

冬冬指点着厕所里的东西："这是木棍，这是痰盂，那是废纸篓。"

近指代词和远指代词掌握得不错。

"爸爸和人说话"

爸爸在楼下晾晒衣服。田伯伯从外面回来，停下脚步，跟爸爸聊天。

冬冬站在二楼楼梯口大叫："爸爸！"

爸爸应了一声。

这时，朱叔叔上楼。

冬冬又高喊："爸爸！爸爸！"

朱叔叔故意说："你爸爸上街了！"

冬冬说："爸爸和人说话，说完话，还带冬冬玩儿！"

称呼转换

有三首歌，冬冬唱得最为熟练："妈妈爱我我爱她""小燕子""济公之歌"；而"小草"和"打月饼"，只会唱其中的几句。

冬冬唱："妈妈爱我，我爱她——"

爸爸说："你唱得不对，是爸爸爱我——"

冬冬接着唱："我爱他，爸爸盼我快长大……"

她把歌词中的"妈妈"全部换成了"爸爸"。然后，又按"妈妈爱我，我爱她"的歌词，完完整整唱了一遍。

李清照的《如梦令》

冬冬和爸爸一替一句背诵李清照的《如梦令》：

爸爸："昨夜雨疏风骤，"

冬冬："浓睡不消残酒。"

爸爸："试问卷帘人？"

冬冬："却道，海棠依旧。"

爸爸："知否？知否？应是——"

冬冬："绿肥爸爸！"

爸爸："你说什么？什么绿肥爸爸？"

冬冬叽叽嘎嘎笑着跑开，边跑边喊："绿肥爸爸！绿肥妈妈！绿肥姐姐！"

"哄"鸽子出来

鸽子从椅子下钻出来，迈着潇洒的步子，巡视整个房间。妈妈怂恿冬冬去捉鸽子。冬冬一路小跑，扑向鸽子，把鸽子赶到了床下面。

冬冬弯下腰，亲昵地叫道："鸽，鸽，鸽，冬冬亲亲。"

鸽子不出来。

冬冬环顾四周，问："鸡毛掸呢？"

她拿鸡毛掸子，探进床下，左右摆动，细声细气道："鸽，鸽，出来吧，我想你了！我亲你呀！"

使用哄小孩儿的语气，来"哄"鸽子。

"妈妈看谁的"

午饭后，姐姐、妈妈坐在床沿儿守候，希望冬冬快点入睡。

冬冬说："冬冬睡觉，姐姐看冬冬，妈妈看谁的？"

妈妈反问道："你说妈妈看谁的？"

冬冬笑了，说："妈妈看冬冬，姐姐看冬冬，爸爸在写字。"

1987-3-8

《清明》

教杜牧的《清明》："清明时节雨纷纷，路上行人欲断魂。借问酒家何处有？牧童遥指杏花村。"

假设句

早饭，妈妈给冬冬戴海绵遮襟。

她很乐意，说："妈妈给冬冬买哩。不用了，饭吃衣服里了！"

"不用了"是个假设句，意思是如果不戴遮襟，饭就会吃到衣服上。

"再吃一个不吃了"

"不吃花生米，吃了肚疼！"冬冬似乎很明理，可紧接着，又说，"再吃一个不吃了。"

这是两个十分复杂的句子。"吃了肚疼"是个浓缩的"假设—结果"句，"吃了"是假设，"肚疼"是结果。"吃了肚疼"又是补充说明"不吃花生米"的理由。"再吃一个不吃了"是个复杂的表示条件关系的句子，"再吃一个"是"不吃了"的条件。冬冬使用如此复杂的句子，表达了她既想吃又不能吃的复杂心情。

"肚疼，拉屎"

"肚疼，拉屎！"说着，冬冬急急地跑向厕所。

过去，大便就是大便，跟肚疼无关。现在，大便前总叫着"肚疼"。也许是真的肚疼，也许是条件反射。

打屁屁

冬冬如不听话，家人总拿爸爸"打屁屁"来说事，冬冬也常自言自语，"冬冬错了，不听话，爸爸打屁屁"。由此类推，不管谁不听话，都得承受"打屁屁"的惩罚。

①鸽子飞到电视柜里。

冬冬叫道："出来吧鸽鸽！不出来，打你屁屁！"

②妈妈拍她一下。

冬冬说："不听话的妈妈，我要打屁屁了。"

"外头"

突然下起了大雨，爸爸带冬冬匆匆跑回家。

冬冬气喘吁吁地告诉妈妈："外头下雨了！"

"鞋干了，冬冬穿"

冬冬很喜欢那双浅红方口的小单鞋，多次爬上椅子，摸摸摆放在窗台上正晾晒的那双鞋子，看看晾干了没有。

"冬冬摸摸，"她爬上椅子，把手伸进鞋子里，说，"不干。"

停一小会儿，她再次爬上椅子摸鞋子，自语道："冬冬摸摸，鞋干了没有？鞋干了，冬冬穿。"

这一阶段，冬冬喜欢自言自语，一边做事情，一边说自己在做的事情。这是在用外部语言帮助思考问题。

她突然有所发现："没有鞋带了？"

妈妈说，鞋带没有丢。刷鞋子时，姐姐抽掉了鞋带。

冬冬从窗台上拿了两双鞋，爬下椅子，把鞋子整齐地摆在床前。每双鞋子，挨在一起。

爸爸告诉她，鞋不干，摆在床前，会发霉的。她这才无奈地又把鞋子摆上窗台。

关上厕所的灯和门

我家的卧室和外面的公用厕所斜对角。打开门，就可看到厕所。冬冬对厕所里是否有人，判断很准确。如果厕所亮灯关门，她就说"有人"。

她最讨厌厕所的门开着。如果厕所开着门、亮着灯，她就跑去关灯、关门；即使没亮灯，门开着，她也去关门。

去厕所大小便。一进厕所，她就让爸爸"关门"，便后出来，要爸爸"关灯"。

感叹词语

感叹词语增多，是冬冬目前语言的明显特点之一。

"怪好玩的""真漂亮呀""冬冬怪中用的"，成了她的口头禅。

1987-3-9

"不清早了"

冬冬刚起床，就要玩积木。

爸爸说，早上时间紧，要跑步，要做广播体操，不是玩积木的时候。

她懂事地把积木往床上一丢，说："不清早了，玩积木。"

意思是，不是清早的时候，再玩积木。

《游子吟》

冬冬已会背杜牧的《清明》，又教孟郊的《游子吟》："慈母手中线，游子身上衣。临行密密缝，意恐迟迟归。谁言寸草心，报得三春晖。"

她笑眯眯地评论："怪好听的。"

记忆力训练

今天，又进行"拿走了什么"或者叫"桌子上少了点什么"的训练。

桌子上摆了六种东西，爸爸藏起来其中的"门拉手"。

冬冬叫不出名字，着急地说："那是什么呀！"

妈妈笑了，说："就是让你猜那是什么的，你问别人干什么？"

冬冬叫不出名字，却知道藏的是什么。她跑到抽屉旁，边拉边说"这里面有"，拿出一个同样的门拉手。

前两次，都猜中了，爸爸奖励她一碟瓜子仁。

第三次，爸爸又藏起东西。

她提出要先"看看瓜子"，再去猜。姐姐亮出了瓜子仁，她这才去"猜"藏了什么。

爸爸又出新点子，让她记"位置"。

第一次，爸爸改变桌子上的茶杯的位置，第二次，爸爸改变奶瓶的位置……

位置记忆似乎不太难，她都能一次猜准。

"你去拿一个吧"

冬冬从托儿所回来，喝了红枣水，又坐在妈妈怀里，专心致志吃煮熟的枣：揪起一丁点枣肉，放进口中慢慢咀嚼。吃完了枣肉，又一点儿一点儿地啃枣核，吃得津津有味。

爸爸在厨房做饭，回来拿佐料，见冬冬吃得悠然自得，做出欲抢红枣状。抢两次，都被冬冬挡了回去。

第三次，冬冬突然大方起来，指着桌上盛有红枣的奶锅，说："爸爸，你去拿一个吧！"

"你去拿一个吧！"的"去拿"，构成趋向连动式。2月13日记录到冬冬使用"来 + 动词"。

水蒸气大了，饭就熟了

冬冬站在家门口看厨房，煤气炉恰在冬冬的视线中。水开了，冒出很大的水蒸气，她叫道："爸爸，快去吧，饭熟了！"

没人告诉过她，锅里冒气，水就开了。这是她多次无意识观察，得出的结论。

找人帮忙

爸爸上课去了。家里只有母女二人。

冬冬要喝水，妈妈却打不开水瓶盖，说："唉，妈妈太不中用了。冬冬，你在家等着。我去找家家帮忙！"

冬冬跑在妈妈的前头，边跑边喊："家家，帮帮妈妈忙吧！"

想方设法，享受母爱

孩子想要妈妈的爱抚，本是天经地义的事情，而妈妈给予冬冬的却很少。

聪明懂事的冬冬，千方百计享受肌肤相亲的母爱。如：

①想让妈妈抱抱，她搬个小凳子，放在妈妈跟前。自己爬上凳子，坐到妈妈怀里。

②想看电视，个子太矮，手够不到开关，让妈妈抱她去按。妈妈想抱她，却弯不下腰。她爬上沙发，双手搂紧妈妈的脖子。到电视机前，她再腾出一只手去按开关。

③爸爸和姐姐经常背着她做游戏，她也要妈妈背。她让妈妈坐在床沿儿，自己爬上床，顺势趴在妈妈背上。妈妈慢慢起身，背着她在室内走个来回，问她："舒服吗？"

她高兴地回答："舒服。"

除了对妈妈有要求，还试图帮妈妈的忙。

昨晚帮妈妈脱衣服，先拉开妈妈上衣的拉链，再使劲往下扒袖子。今早又帮妈妈穿衣服，累得气喘吁吁，竟然还真帮妈妈穿上了棉袄。

1987-3-10

学以致用

孟郊的《游子吟》，冬冬已能跟着大人顺下来。

冬冬学诗的特点：大人念，她听。听几遍，按其节律，跟着溜，记着诗词中最感兴趣的几个字。大多数时候记住的是诗词句中的最后"三个字"。一首诗词中，只要记着两句中的"三个字"，离会背就不远了。

在这首诗中，她先记着"迟迟归"和"身上衣"。

院子里，晾晒着一绳衣服。

冬冬指指衣服，说："身上衣。"

爸爸问："谁的身上衣？"

冬冬说："阿姨身上衣。"

调整妈妈的情绪

晚上，洗衣机发生故障，折腾个把小时，还未恢复正常。大家都很烦。妈妈坐在床沿儿，一言不发。

冬冬用脚踩着妈妈的脚，双手搂着妈妈的脖子，攀爬进妈妈怀抱里，用脸儿在妈妈脸上蹭蹭，说："妈妈，高兴点吧！"

妈妈说："什么高兴点儿？"

冬冬连说了四五次："妈妈不要生气了，高兴点儿吧！"

妈妈换上一副笑脸儿，说："妈妈高兴了，妈妈没有生气！"

"点儿"放在一些动词和形容词之后作补语，是常见的表达祈使的方式。

想当好孩子

天晚了，冬冬非要去邻居家玩。

姐姐说："出去吧。我把你关在门外边，不让你回来。一点都不听话！"

冬冬说："冬冬是好孩子！"

姐姐说："坏孩子！"

冬冬说："不是坏孩子，冬冬是好孩子。"

妈妈说："好孩子要听话，你听话了吗？"

冬冬说："没有。"

妈妈说："冬冬，听话！听话才是好孩子。"

在冬冬闹着要出去时，爸爸也发点小脾气。

冬冬跑到书桌前，拉着爸爸的胳膊，说："爸爸，你不要生气了吧！"

爸爸说："爸爸不生气了，冬冬也不要生气了！"

冬冬高兴了。

冬冬很看重别人的评价，想当个"好孩子"，也极注意他人的情绪，拿自己纯真的稚气和爱心，让大人心理平衡。

1987-3-11

"抱不动、抱得动"

爸爸徒步从托儿所抱冬冬回家，有点累了，说："冬冬，你下来走一会儿吧。"

冬冬说："冬冬累了。"

爸爸说："爸爸也累了。"

冬冬说："冬冬也累了。"

爸爸开玩笑地说："如果你抱爸爸，那会怎么样呢？"

冬冬说："冬冬抱不动。"

爸爸问："冬冬抱不动谁呀？"

冬冬答："爸爸。"

爸爸说："那爸爸抱不动冬冬，怎么办？"

冬冬说："抱哩动。"有时也说成"抱得动"。

"抱不/得动"的补语格式，到这个年龄段应该是掌握了。

打妈妈屁屁

晚饭吃饺子。爸爸专为冬冬包了一盘很精致的小饺子。冬冬回来，爸爸端给她看，小家伙喜不自胜，总想重新摆摆水饺。

爸爸说："不能摸，摸了打屁屁。"

妈妈也跟着凑热闹："不要摸，摸了打屁屁。"

冬冬说："摸了，打屁——打妈妈屁屁。"

1987-3-12

快与慢

早饭，冬冬与妈妈比赛吃馒头。

冬冬咬一口，看一眼妈妈的馒头还剩多少，说："妈妈吃哩（得）慢，冬冬吃哩（得）快。"

目前，她至少掌握了八对反义词：

大与小，香与臭，好与坏，快与慢，上与下，冷与热，亮与黑，前与后。

"还"

晚饭是饺子。

冬冬不喜欢吃饺子，咬一口，嚼成碎渣吐出来。妈妈很不高兴。

冬冬说："妈妈生气了。"

爸爸说："爸爸妈妈辛辛苦苦包的饺子，你不吃，她能不生气吗！"

"不吃饺子，妈妈还生气的。吃饺子，妈妈不生气。"冬冬说完，咬上一口饺子，为的是让妈妈高兴起来。

"谁、什么、干什么"

①爸爸吃掉冬冬小碗里剩下的饺子。

冬冬玩了一会儿，去拿她的小碗，一看碗空了，高声问："谁呀？谁给冬冬吃了？嗯？"

②刘伟和翀翀正玩一辆小车，发出"呼呼啦啦"的响声。

冬冬说："在我地下搞什么呀？"

③郭阿姨来家倒一杯开水。

冬冬问："到我家干什么呀？"

④她找不到爸爸，大声喊："爸爸，爸爸！"

没人应声。

冬冬问妈妈："妈妈，爸爸干什么去了？"

"我们"的误用

爸爸、姐姐和冬冬，每人吃一根香蕉。爸爸和姐姐，很快吃完了。

冬冬说："我们还没吃完的。"

所谓"我们"，只有她一个人。

《夜雨寄北》

《游子吟》已背得很熟练。今晚又教李商隐的《夜雨寄北》："君问归期未有期，巴山夜雨涨秋池。何当共剪西窗烛，却话巴山夜雨时。"

轮流背诗

冬冬和妈妈一替一首，轮流背诗。

轮到冬冬背诗了，她走到电视前，端端正正地坐在小椅子上，背完诗后再走回床前。轮到妈妈背诗词了，她把妈妈也推到电视前，让模仿她的姿态去背诗词。母女俩一来一往，背了十五首诗词。

1987-3-13

"光"的副词用法

早上，冬冬起床，见邻居家的门开着，颠儿颠儿地跑过去。刚到门口，邻居家小朋友跑过来，大喊大叫着推搡冬冬。

小朋友的妈妈说："×× 情绪不好，冬冬等会再来！"

"情绪不好，来了光打架。"冬冬说着，返身往家走。

"再"

吃饭，爸爸要给冬冬围围嘴，冬冬却先要坐到床沿上。两人谁也不让谁。

冬冬想了一个折中的办法，说："爸爸，上床再围吧！"

"拉亮"与"拉灭"

一段时间以来，冬冬常把"拉亮灯"和"拉灭灯"弄颠倒。

中午，冬冬从厕所出来，要爸爸把灯"拉亮"，爸爸纠正她是"拉灭"，如此者三。

晚上，冬冬又从厕所出来，正确使用了四次"拉灭"的说法。

1987-3-14

"你拍一，我拍二"

冬冬蹲痰盂，自得其乐地拍着手，说："你拍一，我拍二；你拍三，我拍四；你拍五，我拍三；你拍六，我拍七……"

然后又说："我拍七，你拍六！"

数字顺序有点乱，但说得非常起劲儿。

"早点回来，注意安全"

爸爸去汉口买东西。冬冬送爸爸到楼梯口，看着爸爸下楼，说："爸爸，早点回来，注意安全！"

爸爸没有听清冬冬说什么，愣了一下。

冬冬又重复了一遍："爸爸，早点回来，注意安全！"

妈妈对爸爸说："冬冬要你'注意安全'！"

爸爸返身上楼，极为感动地拥抱着小女儿，说："好，爸爸注意安全，你也要听话，啊！"

平时，在她爬椅子、下楼梯时，大人常提醒她"注意安全"。此时，她把大人的提醒用在了父亲临行时。而且，还使用了"早点"这个时间副词。

妈妈应在家休息

下午，爸爸骑自行车去接冬冬，妈妈步行到花园，等待回来的冬冬。冬冬看见妈妈，跑上阶梯，说："不在家，出来干什么呀？"

妈妈没听清，问："你说什么？"

冬冬又重复了一次她的反问句："不在家，出来干什么呀？"

妈妈问："你说谁呢？"

冬冬说："妈妈。"

妈妈说："妈妈想冬冬了，来接接你呀！"

冬冬"噢——"了一声，转身跑开了。

"喜欢"

①托儿所的奶奶问爸爸，冬冬是否有个姐姐？她跟托儿所奶奶拉家常，说"姐姐不在家，上班去了。冬冬喜欢爸爸，喜欢妈妈，喜欢老师。"

这里的老师，是指托儿所的老师。

②冬冬把妈妈弄生气了，连忙说："妈妈，我喜欢你。你不要生气呀！"

1987-3-15

"老太太"="老婆婆"

早上，爸爸给冬冬穿衣服，喊着："冬娃娃，老冬宝！"

"老冬宝"是爸爸对她的昵称，从"冬冬"的乳名演化而来。

冬冬说："不喊老冬宝，喊冬冬哩。"

爸爸又让妈妈起床，说："起来吧，老太太！"

冬冬笑着说："老婆婆！"

韵律的感知

父女俩背诵《夜雨寄北》。冬冬把它变成了下面的样子：

爸爸："君问归期——"

冬冬："未有爸。"

爸爸："巴山夜雨——"

冬冬："涨秋爸。"

爸爸："何当共剪——"

冬冬："西窗妈。"

爸爸："却话巴山——"

冬冬："冬冬。"

紧接着，她又纠正为："夜冬冬。"

她接口说"冬冬"，又改口为"夜冬冬"，大约认为此处应是三个音节，有了点韵律的感知。

比较句

"真的好吃，"冬冬吃一口肉松，又递给妈妈，说，"妈妈尝尝，好吃吗？"

"尝"，发音似"糖[taŋ]"。看来发卷舌音还有些困难。

妈妈尝了点儿："嗯，和烤鱼片一个味道儿。"

冬冬回答："比烤鱼片好吃。"

妈妈："是吗？"

冬冬又吃了几口，说："没烤鱼片好吃！没有见过烤鱼片肉松。"

"比烤鱼片好吃""没烤鱼片好吃"的使用，不仅说明冬冬有了比较意识，而且可以使用正、反比较句。

"鸽鸽、鸽子"

"这个辣椒弄地下了！"冬冬拿着一个红辣椒，跑来对爸爸妈妈说。

爸爸问："谁弄掉的？"

冬冬说："鸽鸽！"

妈妈："鸽鸽？"

冬冬："鸽子。"

"这、咋"

冬冬爬上椅子，拿张纸问："我要写字。这中用不中用呀？"

妈妈反问：你说呢？

"妈妈，这不中写。这，不中用吗？这，有字。"她放下有字的纸，又拿张白纸去找爸爸。

前几天，妈妈曾经拿着冬冬的手，教她写过几个字。

她问爸爸："妈妈教我写字，这咋写的？爸爸，妈妈教我咋写的？"

近来，她用"咋、怎么"，作为询问方式的疑问词。

耳朵掉了没有？

爸爸问："冬冬，你的耳朵掉了没有？"

冬冬摸摸左耳朵，又摸摸右耳朵，高兴地说："没有。"

爸爸又问："看看爸爸耳朵掉了不？"

冬冬摸完爸爸的两只耳朵，说："没有。"

爸爸再次问："你的耳朵掉了没有？"

冬冬这次没再摸自己的耳朵，直接回答："没有。"

爸爸问："告诉爸爸，你有几只耳朵？"

冬冬答："两个。"

爸爸亲亲她的脸蛋。

她伸手摸爸爸的下巴，说："爸爸光扎人！"

"阿姨，摘花不对"

（2 岁 3 个月　1987-3-16—1987-4-15）

我们两家人（1987 年 3 月）

1987-3-16

诗词与情境

①早晨，落在窗户上的小鸟，"啾啾"鸣叫着。睡眼惺忪的冬冬，用梦呓般的语调，说："闻啼鸟！"

鸟飞走了。

冬冬说："鸟飞了！"

"飞"，发音似"灰[xuei]"。

②电视柜上方，悬挂着一幅有"山、水、船"的水墨画，叫《漓江春晨》。她仰头，突然说："到客船。"

③翻看画册，有一只大白鹅，冬冬吟"鹅鹅鹅……"这首诗。

④上楼梯。一边上，一边念："欲穷千里目，更上一层楼……"

遇到吻合的情景，在不经意间，自然而然地跳出些诗句。古人教蒙童读书，不管懂不懂，只管背诵。看来还有一定道理。

在托儿所学的

①冬冬用两手的手指，指着自己的耳朵，不停地重复说："请你像我一样做，我就像你一样做！"

过去，她一直说成"我做像你一样做"，原来正确的说法是"我就像你一样做"。

②她手拍自己身体的前后、左右、上下等部位。边拍边念叨："前前、后后、左左、右右、上上、下下"，语言和动作对照，十分准确。

细腻的心理

①冬冬吃糖块儿，吃完还要，妈妈说没有了。

她不相信，掏妈妈口袋，拉出一块儿手绢，不好意思地说："是手绢。"

以前，她掏不出糖块，只表示无所谓或失望，而今天，却表现出不好意思的神态。

②妈妈和冬冬一起上楼。

她先跑上楼梯，眼神关切地盯着艰难上楼的妈妈，问："妈妈，你能上来吗？"

过去，"不能"一起使用，这次是"能"独立使用。

1987-3-17

教诗的记录

教李商隐的《无题》："相见时难别亦难，东风无力百花残。春蚕到死丝方尽，蜡炬成灰泪始干。晓镜但愁云鬓改，夜吟应觉月光寒。蓬山此去无多路，青鸟殷勤为探看。"

冬冬很感兴趣《无题》的第一句。

近几日，冬冬会背了李商隐《夜雨寄北》、韦应物《滁州西涧》和张继《枫桥夜泊》等。偶尔有哪一句想不起来需成人提示时，她常用"还有什么呀？"的句式。

表经历的"过"

表经历的"过"字，冬冬已较好掌握。如：

"这个地方我去过。"

"冬冬见过。"

"冬冬看过。"

"冬冬吃过。"

"冬冬喝过。"

"冬冬玩过。"

"冬冬穿过。"

"冬冬写过。"

"过"前的动词，都是具体动词，还没有心理动词，如"想过"。

不怕疼的小英雄

冬冬夜里微烧，清晨退热，送托儿所。下午去托儿所接冬冬，仍烧。去医院，体温 38.6 度，咽喉充血，流清水鼻涕，诊断为感冒。

做皮试，冬冬没有畏惧感；打青霉素肌肉针，仍以带着哭音的"哈哈"来宣泄。真是小英雄！

1987-3-18

不听话，不是好孩子

每天早晨，冬冬都不情愿穿衣服，总想光着身子往外跑。爸爸拿衣服来到床边。冬冬拉棉被裹上头，还让妈妈一起做："妈妈，咱俩进去！"

看妈妈没有把头缩进被窝里，她憋粗了声音，吓唬妈妈："老头子，过来呀，咬妈妈！"

"老头子"，也是常用来吓唬人的虚拟形象。妈妈附和着做害怕状，但又说，谁不穿衣服，不听话，就不是好孩子！

她突然笑了，说："高奶奶说，'冬冬不听话，不是好孩子，不给冬冬吃饼饼！'"

舟＝船

冬冬背诵韦应物的《滁州西涧》中"野渡无人舟自横"一句时，用手指着"山、水、船"那幅画。

她知"舟""船"为同物？

自己会端碗吃饭

十多天来，冬冬自己端碗吃饭，又不撒在地上。看来，眼、手、嘴的协调能力，又有了新的发展。

雨"落到地下上"

大雨倾盆。玻璃窗敞开着，雨点飘落在窗前的桌子上。冬冬倚窗而望，兴奋异常。

爸爸问："雨从哪儿落下来的？"

冬冬答："从天上。"

爸爸问："雨落到哪儿去了？"

冬冬说："落到桌子上！"

爸爸问："还落到了哪儿了？"

冬冬答："落到地下上。"

"落到地下上"，她是把"地下"当作一个名词来理解的。这也说明她掌握了"名词＋上"这种方位表达式。

1987-3-19

"再也"

①冬冬因为脱裤子，托儿所奶奶向爸爸告了状。

妈妈问："冬冬，告诉妈妈，做什么坏事了？"

冬冬说："冬冬脱裤子。"

三天来，她不管是大便还是小便，都先把罩在外面的毛裤褪到脚脖上。大人多次告诉她，毛裤也是开裆裤，不用脱就能大小便。看来无用，她在托儿所亦如此。

　　按理说，这是个好兆头，冬冬可以穿刹裆裤了。今天，在家又要小便，她仍先把裤子脱到腿弯处。爸爸抱着她，心平气和地解说，为何不需要脱裤子？

　　冬冬语气很坚决地说："我再也不脱裤子了。"

　　②爸爸："×× 这几天情绪不好，不要去找她，好吗？"

　　冬冬向爸爸保证："我再也不去了。"

"看我们勇敢不勇敢？"

　　冬冬爬上沙发，很自豪地说："看我们勇敢不勇敢？"

　　代词"我们"活用为"我"。"看"是虚化用法，因为"勇敢"是体验出来的，不是"看"出来的。

环境的熏陶——武汉读音

　　冬冬在托儿所，接触的多是武汉人，她也学会了一些武汉用语和发音。例如：

　　① [tʰʌ]：意思为"烫、热"。

　　② [uo]，曲折调：表示感叹。

　　③ "猪八戒"的"戒"，"上街"的"街"，声母都读如"哥 [k]"。

　　④ "鞋"，声母读如"喝 [x]"。

　　她不仅会用武汉话把"鞋鞋"说成"孩孩"，也会用普通话，说："鞋，还有一只哩！"

1987-3-20

看电视

　　① "没意思[1]，不看了！"她不喜欢看电视中的运动节目。

---

[1] "意思"的"思"，发音似"希 [ɕi]"。

②有不愿意看的节目，说："冬冬看过的。"

③有喜欢看的，就说："怪好玩的！"

④她试图理解电视内容，向大人询问："他怎么了？"

⑤有时发问"这是什么呀？"或者"干什么呀？"

新词语

冬冬常用"可怜，可怜"来表示感叹。

学会"厨房、厕所"等名词。

1987-3-21

谁快谁慢？

上午，姐姐用自行车推着冬冬和妈妈，路遇冬冬班上的保育员奶奶。

冬冬问过"奶奶好"之后，自行车很快就超过了奶奶。她脚蹬小椅子，站起身，几次回头瞭望，说："我们走得慢，奶奶走得快。"

不知冬冬用的是什么速度参照系？

"挖墙"

姐姐去托儿所接冬冬。走进教室时，见冬冬正在大哭，裤子耷拉在腿弯处。

奶奶对姐姐说："这个冬冬啊，一整天就是脱裤子，不撒尿时也脱。"

路上，姐姐问冬冬："你除了脱裤子，还做了什么坏事？"

冬冬说："冬冬挖墙了。"

什么是"挖墙"？大概是用指甲在墙上乱划吧。

吃烤鱼片

姐姐带冬冬去买鸡蛋。事先说好的，买了鸡蛋，还买烤鱼片。姐姐只带了三元钱，买鸡蛋，钱就花光了。

　　冬冬不满意，回来告诉妈妈："姐姐没有给冬冬买。"

　　没等妈妈答话，她又跑去找爸爸，说："姐姐没给冬冬买烤鱼片，怎么办呢？"

　　爸爸说："走，爸爸带你去买。"

　　买来烤鱼片。冬冬在烤鱼片塑料袋的上方撕个小口，从里面往外掏着吃。吃着吃着，她弄颠倒了袋子，自语道："找不到地方了！"

　　终于找到了开口。鱼片大，开口小，掏几次都掏不出来，说："拿不出来了！"

　　走到楼下，吴伯伯和田伯伯故意撩逗她，围追堵截要吃烤鱼片。

　　"还有一点儿点儿，"冬冬连着往嘴里塞鱼片，又扬起袋子，一下子倒进口中，随手把袋子一扔，说，"给！"

"死"与"活"

　　冬冬喜欢拉开妈妈的上衣。用力一拉，暗扣"啪啪"作响，一下子全开了。拉开暗扣后，还要脱掉妈妈的棉袄。

　　妈妈跟她讲不能拉开不能脱的道理，无济于事。说轻了，她嬉皮笑脸；如果硬不让干，便开始哭叫。

　　妈妈说："好宝贝儿，别脱，冷，妈妈会冻死的！"

　　冬冬边拉边说："妈妈冻死吧！"

　　妈妈说："妈妈冻死了，你可没有妈妈了！"

　　"我要收拾你！"她一头扎进妈妈怀里，乱抓乱挠。妈妈忍不住笑了。她也高兴了，说，"活了吧？妈妈活了吧？"

1987-3-22

"一个"

　　星期天，冬冬醒来了，大声喊："妈妈，过来吧，你过来吧！"

妈妈正在洗脸，让爸爸先过去看看。

爸爸拿两个柑子走过来，冬冬说："我拿一个！"

爸爸递给她两个。

她一手接一个，又递给爸爸一个："你剥一个。"

背诗记录

冬冬开始喜欢李商隐《无题》的后四句，最喜欢"晓镜但愁云鬓改"这一句。

"只、个"

冬冬在厨房看姐姐做饭，故意踩地上的水渍，鞋底弄湿了。

"爸爸，这只鞋湿了！" 回家坐在沙发上，脱下一只鞋递给爸爸，再脱下一只鞋，说，"爸爸，这个鞋湿了！"

爸爸接过鞋子，问：鞋子湿了，怎么办？你想个办法吧！

冬冬说："晒干吧！我不穿这个了，我穿靴头[1]。"

她换上一双干爽鞋子，又跑去厨房玩，一会儿回来，指着鞋子，说："这只鞋又湿了！"

"不这样"

冬冬让爸爸从钥匙串上取下来一个钥匙，说："它会动了，爸爸拧。"

独个钥匙，容易丢失。姐姐挥拳迈腿，教她打少林拳，以转移想取下钥匙的注意力。

冬冬吓得连连后退，说："姐姐不这样。"意思是"不要这样"。

"叫女哩"

电视中的女歌星演唱《我爱你塞北的雪》。

---

[1] 靴头：一种棉鞋。

冬冬问："她叫什么名字？"

姐姐："我没看清字幕。"

妈妈："歌名是《我爱你塞北的雪》吧。"

冬冬不满意："她叫什么名字啊？"

原来，她是问歌星的名字，可大家都没留意歌星的名字。

姐姐胡诌："她是个女的。"

妈妈也随口调侃："叫'阿姨'。"

冬冬点点头，认同了姐姐的说法："嗯，叫女哩！"

1987-3-23

对"字"感兴趣了

爸爸在学校医院的取药处取药，把冬冬抱上取药的窗台。她抬头，看见"取药处"三个大字，问："爸爸，这是什么字呀？"

爸爸告诉了她。

她用手指着，连着念几遍："噢——，取—药—处！"

这是她第一次主动学"字"。也许第一次有了"字"的概念，并把"字"和"画"区别开。过去她要纸张和笔乱画时，总说："我要写字。"

不让你来我家

下午，爸爸带着冬冬，外出办事。下楼遇到田伯伯。田伯伯说天太冷，不该让冬冬出去。

爸爸觉得有道理，就让冬冬在田伯伯家玩。她把伯伯家的瓜子全装进口袋里，之后便吵着要回家。

田伯伯送冬冬到楼上，玩了一会儿，冬冬说："伯伯走。"

田伯伯说："我不知道家，你送送我？"

冬冬送伯伯到楼下走廊，说："你自己回家吧！伯伯再见！"

田伯伯说："我还不知道家在哪儿，再送送我！"

冬冬又往前走几步，到了伯伯家的厨房门口，说："你自己走吧，伯伯再见！"

田伯伯又要再送冬冬到楼上。

冬冬说："不要伯伯，不要伯伯。"

伯伯说："你会摔倒的，我送你回到家就走。"

冬冬同意了，但条件是不让伯伯牵她的手。到二楼，她又说："伯伯走，不要伯伯。"

田伯伯骗她，说是去菁菁家。就在冬冬进屋关门的瞬间，伯伯已经窜进房间里。冬冬气得大叫不止。

教诗记录

教苏轼的《饮湖上初晴后雨》："水光潋滟晴方好，山色空蒙雨亦奇。欲把西湖比西子，淡妆浓抹总相宜。"

1987-3-24

时间概念

每个星期六下午，托儿所都让幼儿带回家一些点心和水果。保育员对孩子说，今天星期六了，明天星期天，不来了！

冬冬对"星期六"记得特清楚，只要不想去托儿所，不管当日是星期几，都说"星期六，不去了"。

上个星期天，她曾说对过一次："今天是星期日，不去托儿所了。"

如果她要的某东西，家里没有了，她常说"没有了，明天去买"；她有时也说"不吃了，明天吃"或者"明天不去了，今天去"等等。

用的时间词有"明天、今天、现在""有一天、那一天"等，时间概念，

751

还在形成过程中。

"以后"用于讲故事

冬冬学说"以后"，不是用在现实生活中，而是在讲故事时。

她讲《毛毛虫和小田鼠》："有一天啊，毛毛虫在树上吃树叶子，一只大鸟，朝它头上叼了一下，摔伤了！摔伤了以后呀，它爬呀爬呀……"

祈使句

早饭，姐姐坐在冬冬和妈妈中间。冬冬想坐妈妈身边，对着姐姐的椅子，说："让开！"

大家笑着调侃说，椅子不会自己让开。

冬冬对姐姐说："把桌子挪挪！"

完全是一副命令口吻！

想象力

过去，冬冬只是在桌下钻过来钻过去。今天，她钻在桌下面，双腿伸到桌子交叉的钢架上，吊起了整个身子。

姐姐说："你们看，你们看，冬冬把腿伸到哪儿了？小心，会摔着的！"

冬冬说："学蚂蚁爬树的。"

动画片《米老鼠和唐老鸭》，有过蚂蚁搬运食物的镜头。她把双腿架在钢架上，想象成蚂蚁爬树，两者的确有相似之处。

从桌子下爬出来，她指着桌子上的奇形怪状的图案，说："这是老头子，这是大狐狸！"

"拧拧"

①妈妈打开录音机，想把冬冬已会背的诗词录下来，作为永久纪念。她却

喊叫着要"拧拧"，按按这个键，拧拧那个钮，让录音无法进行下去。

②她伸手拿过茶几上的闹钟，翻个面来，说："拧拧！"

爸爸说："不行，不行，这可拧不得。"

她注视"嗒嗒"走动的分针，再次要求："拧下来吧！"

"拧拧"是动词重叠式。用动词重叠式表祈使，有减缓语气的作用，是一种重要的语言技能。

处所问句

冬冬指着橄榄果问："这是什么呀？"

妈妈说："橄榄。"

冬冬又问："在哪儿买的呀？在什么地方买的呀！"

妈妈说："在商店。"

冬冬说："噢，在商店。还有什么呀？"

冬冬已经会用"哪儿"，但"什么地方"是冬冬第一次使用，而且把"哪儿"和"什么地方"前后换用，说明她知道二者之间的同义关系。

问"开会"的画面

《新闻联播》，闪现出正襟危坐的人群的镜头。

冬冬问："这是干什么呀？"

爸爸说："开会。"

冬冬不满意这个回答，又连着问了四五次，爸爸都以"开会"这两个字来回答她。

电视画面上，邓颖超正在看着发言稿致开幕词。

冬冬问："老奶奶干什么呀？"

爸爸说："老奶奶读书！"

冬冬问："老爷爷干什么呀？"

爸爸说："开会。"

她又指着一个喝水的爷爷问："他在喝什么呀？"

爸爸说："喝水。"

冬冬第一次使用表示动作正在进行的"在"。

"热"和"凉"

"姐姐的热，"冬冬指着姐姐的饭，又指自己的小碗，说，"冬冬的凉！"

让爸爸教写字

"爸爸教！"冬冬拿着笔，跑到书桌旁，拿起爸爸的手，让手把手地教她写字。

爸爸握着她的小手，写了"冬冬、门、钢笔、爸爸"。爸爸写一个，让冬冬念一遍。她都认对了。

爸爸又写"取药处、打针、医院"等词语。冬冬跟着爸爸，念一遍又一遍。

冬冬对写字、识字，似乎有些许兴趣了。

1987-3-25

"拧开喝"

早上，姐姐先煮了牛奶，再给冬冬穿衣服。穿好衣服，姐姐一摸奶锅，牛奶已经凉了。冬冬也凑热闹摸摸，说："凉了了！"

前一个"了"表示动作完成或状态实现，后一个"了"是语气词。

冬冬的瓶装牛奶，喝得还剩个瓶子底。她想打开奶瓶。自己使劲拧瓶盖子，拧不开，递给爸爸："里面有虫子，咦咦咦，咬着嘴巴了，拧开喝！"

"开"自行车

冬冬从医院门前的台阶上，往下跳，双脚能同时着地。

路上，冬冬不坐爸爸的自行车，蹦蹦跳跳地走。爸爸提醒她走慢一点儿，不要摔着了。

冬冬回答："冬冬不会掉进大深渊哩！"

她突发奇想，要自己开自行车。爸爸抱她坐在车座上，身子摇摇晃晃地坐不牢稳。爸爸又让她坐到车后座。这次，她双手抓紧车座，身子挺得笔直。爸爸夸冬冬坐得好。

冬冬自夸说："我长大了！"

之后，她又坐回车上的小椅子里，双手掌着车把，想象着自行车是朝妈妈开过来，说："轧死妈妈吧！"

爸爸骑上车子，带冬冬抄小路回家。

冬冬说："爸爸也开错了！"

"没有错。"爸爸说着，拐弯去物理系大楼。

冬冬更加肯定地说："爸爸开错了！"

告别语和道歉语

①爸爸出门，跟冬冬挥手"再见"。

冬冬也挥挥手，说："爸爸，再见！注意安全，不要摔倒了！"

②冬冬用小勺子敲打姐姐的头。

姐姐叫道："好疼。"

冬冬忙说："不要紧。对不起，对不起！"

想奶奶了

"我写三个字，你再写。"冬冬正抢夺爸爸的笔，书桌上的一封信，转移了她的注意力。她问，"这是什么呀？"

妈妈说，小姑的来信，并念信给她听，信中有关于奶奶回河南老家后的情况。

冬冬突然又问："河南在哪儿呀？"

姐姐说："在武汉的北面，很远很远的地方，要坐火车。"

冬冬说："我要河南，我想奶奶了。"

姐姐说："冬冬想奶奶了？"

冬冬说："奶奶胳膊疼。"

姐姐说："奶奶胳膊疼，怨谁呀？"

冬冬说："怨爷爷。"不说自己让奶奶抱、累疼了奶奶胳膊的事。

什么都要问

①冬冬正在床上玩，突然喊道："尿尿！"

姐姐忙抱起她，往外跑，慌慌张张地说："莫尿，莫尿！"

冬冬不解地问："姐姐高兴什么呀？"

姐姐的着急慌张，被她认为是高兴的表现。

②姐姐告诉她，小姨、姨父和茵茵表姐很快就来武汉了。

冬冬又问："小姨从哪儿走呀？"

姐姐说："从泌阳县呀。"

③她发现桌子上湿漉漉的，忙问："那咋搞的了！"

其实，那是她把水洒在桌子上留下的水渍。

什么都问，什么都想知道。

1987-3-26

教诗记录

冬冬基本会背《饮湖上初晴后雨》，又教她苏轼的《题西林壁》："横看成岭侧成峰，远近高低各不同。不识庐山真面目，只缘身在此山中。"

"太冷了"

爸爸催促："冬冬，快走，上医院打针去。"

冬冬说："太冷了！"

路上，冬冬又连连叫："冷。"

爸爸问："谁冷？"

冬冬说："冬冬冷。"

在家真高兴

冬冬一进家门，甩掉鞋子，爬上床，又蹦又跳地翻跟头，开心极了。在床上蹦够了，拽掉袜子，下床，打着赤脚在地上跑来跑去。

房间小，床和桌子之间距离极窄，她把一双赤脚伸进桌下。

爸爸说："小心，你伸不出来的！"

冬冬很有把握地说："伸哩来！"

"我也写个字"

爸爸正伏案工作。冬冬双脚蹬上椅子的横杠，趴在爸爸椅子背上，搂着爸爸的脖子问："写的什么呀？"

爸爸说："写论文呀！"

她夺过爸爸手中的钢笔，说："我也写个字！"

爸爸告诉她，这是钢笔，不能划，会划破纸的。

冬冬说："这个笔，不能划，划了——好烂！"

第一次用"因为……"

爸爸说："奶奶不能来哄冬冬了，奶奶胳膊疼！"

冬冬问："奶奶因为什么呀？"

原因问句的出现，标志着疑问功能基本齐全，疑问句系统基本建立起来。虽然这个问句在语义上还不太明确，可以理解为问奶奶为何不来管她，也可理解为问奶奶为何胳膊疼。

记忆训练的方式

对冬冬记忆的训练，主体是背诗、儿歌和复述故事。另外，还应用了其他一些方法：

①一张图画，有多种元素构成。

让她观察画中人、物所处的位置，说出画中都有些什么。

②记忆一连串数字和电话号码等。

③桌上摆实物，说出少了什么？多了什么？位置有何变化？

④看橱窗摆设，看数分钟后，看看能记住多少。

⑤公园游玩，记忆各种建筑物之间的排列顺序。

1987-3-27

象声词

冬冬声情并茂，语调十分紧张地说："老头子骑着大狐狸——'咔、咔咔'地响。"

使用"咔，咔咔"象声词，来形容"老头子"走路的声响。

追根问底

早饭后，一家三口外出，路遇多多的妈妈。

"阿姨上哪去了？"冬冬又问，"多多的妈妈呢？"

多多妈妈骑自行车，已经超在了前面。她又问："郭阿姨上哪儿了？"

冬冬说的"阿姨、多多的妈妈、郭阿姨"，是询问的同一个人。

爸爸回答："阿姨上班去了！"

冬冬又问："上哪儿上班去！"

爸爸："到托儿所那边。"

冬冬："上什么班呀？"

爸爸："工作。"

到托儿所旁，冬冬没看到郭阿姨，又问："阿姨上哪儿去了？"

孩式的逻辑

冬冬想看蚂蚁上树，跟小朋友们一起蹲在树根旁，扒开地面上的浮土，用小棍子捅进小洞洞里，但没找到蚂蚁，发问："蚂蚁虫在哪呀？蚂蚁虫上哪儿去了！"

姐姐告诉她，天太冷，蚂蚁还在洞里睡觉，天暖和了，就会从洞子里爬出来，寻找食物。

晚上，冬冬对爸爸说："天冷，蚂蚁都在洞里。大灰狼来了，蚂蚁出来了。"

前一句话，是成人传授给她的知识；后一句，是她想象出来的。在她幼小的心灵中，大灰狼最狡猾最厉害，可以吃小红帽、奶奶和小白兔，所以，连蚂蚁也害怕大灰狼。大灰狼来了，蚂蚁不是因为害怕而躲起来，却很听话地从洞里爬出来。

"肚子喝得饱饱的"

晚饭，冬冬喝一小碗大米粥。已经吃饱了，仍想喝水、喝牛奶，这是她临睡前的"必修功课"。

姐姐说，小肚子圆鼓鼓的，吃饱了，不能再吃东西了。

她摊开双手，说："咋喝茶[1]呀！咋喝牛奶呀，肚子喝得饱饱的！"

---

[1] 茶：河南方言，指白开水、糖水等。

759

重叠"饱饱"作补语，句法组合够复杂的了。

1987-3-28

中文系的楼

从医院出来，她指着六号楼说："冬冬走过！"

又走到一座楼旁，冬冬问："这是什么呀？"

爸爸说，这是物理系楼，又指给她看前面的图书馆。

到中文楼前，爸爸问："这是什么楼呀？"

冬冬："大楼。"

爸爸："什么大楼？"

冬冬："高大楼。"

爸爸换个角度，问："是哪个系的大楼？"

冬冬："中文系。"

1987-3-29

以退为进

昨晚，小姨一家三口，还有小姨的同事一块儿来武汉。人多热闹，冬冬很高兴，玩到十二点还兴致盎然。

电视柜下有袋红枣。冬冬拿一粒，放进口中。

爸爸说，枣子太脏，还没洗。要想吃，可以拿开水冲一下。

"我不吃一大口，"冬冬咬下一小块儿，说，"我吃一小口，吃一点儿点儿。"

听语气，似在退让，其实是以退为进。

爸爸说："不管大口小口，你总是吃了。不能吃，吃了会肚疼的。"

"我尝尝，好吃不好吃！"冬冬躲过爸爸夺枣的手，又咬了一口，说，"我尝过了。"

"好多好多的人"

小姨一家陪着客人，逛武汉市景点。

冬冬问："茵茵表姐呢？"

姐姐告诉她："上街去了！"

冬冬追问："上什么街呀？"

姐姐："黄鹤楼。"

冬冬说："有好多好多的人，黄鹤楼。"

"我再也喝"

过去，冬冬生病吃药，如有外人在，会一口把药喝下，还像打针时"哈哈"一笑，以显示小英雄的风采。这两天，任凭怎样说，任凭让谁人看，就是不喝药。

爸爸接她回家，路经校医院。

爸爸说："咱们打针去吧，你也不喝药。"

冬冬说："我再也喝。"

意思是我以后喝药。

尿床的游戏

冬冬常以"尿床"要挟大人：蹲在床上，表情木呆，紧紧盯着对方的眼睛，做出真要尿床的模样儿。这时，谁也弄不清，她是来真格的还是逗着玩呢，不得不连忙抱她下床。

大人们忍不住笑她，说她会装。冬冬更开心，极喜欢追求这个自己制造出来的喜剧效果。

这会儿又做尿尿状，语气轻松地说："我这样尿吧！"

开始用"这样"作状语了。

"爹爹怎么了？"

午饭后，冬冬去家家家玩，又慌慌张张跑回来，问："爹爹[1]怎么了？"

妈妈把"爹爹"听成了"姐姐"，说姐姐没什么呀！

"不是的，爹爹怎么了？"冬冬纠正妈妈。

反复多次，姐姐听懂了，说："冬冬，你是问'爹爹怎么了？'"

冬冬："是的。"

姐姐："谁的爹爹？"

冬冬："菁菁爹爹！"

菁菁的爹爹常住汉口的汉正街，很少过来。妈妈问："菁菁爹爹怎么了？"

冬冬拉着姐姐说："去看看，去看看。"

姐俩到了菁菁家。爹爹正躺在帆布椅上，闭目养神。爹爹看冬冬一脸惊奇，故意扯长武汉腔说："爹爹死了！"

姐姐赶快打圆场，说："爹爹在睡觉。"

她跑回来，告诉爸爸妈妈说："爹爹在布椅上睡觉。"

"这是椅子，"晚上，冬冬画画，先画了方框，又在上面点个小点，说，"这是爹爹的头。"

"怎么呀"

冬冬一边脱鞋，一边自语："脱鞋怎么呀？"

意思是为什么要脱鞋，误用了"怎么"。

1987-3-30

"她爸爸呢？"

冬冬问："伯伯呢？伯伯上哪儿去了？"

---

[1] 爹爹：武汉方言，"姥爷"的意思，是文中"家家"的丈夫。

妈妈问："哪个伯伯呀？"

冬冬指着茵茵，说："她爸爸呢？"

妈妈说，茵茵表姐的爸爸，你应该叫姨父。

1987-3-31

"我才不要呢"

和茵茵同来的小朋友佳佳，用冬冬的奶瓶喝牛奶。

冬冬不高兴，说："我也要奶瓶，我的奶瓶。这是我的奶瓶！"

姐姐用"你是小主人"和"她是客人"的道理来劝说，都无用。于是，姐姐就说奶瓶里有虫，会咬佳佳的。

冬冬释然了，说："里面有虫虫，我才不要呢！"

"爸爸别教，我会了"

爸爸写文章。冬冬又爬上椅子后背，搂着爸爸的脖子。

爸爸问："你干什么呀？"

冬冬："看爸爸写字呀！"

爸爸："看什么字呀？"

冬冬："好字呀！"

冬冬也要写字。

爸爸说："下来，我教你！"

冬冬说："爸爸别教，我会了！"

用"别"表祈使性否定。

1987-4-1

不停地要喝水

冬冬夜里喝水多，尿床的次数增多。大人责备的话还没有出口，她就开始大哭。

凌晨一点多，又是如此。妈妈讲《小熊的红皮靴》《大灰狼来了》的故事，她的情绪才逐渐平静下来。妈妈看她有睡意了，说："妈妈再讲一个故事，咱就睡觉，好不好？"

"不讲了！"冬冬说，"我要喝水。"

冬冬一口气喝完了半杯水，说："还要喝。"

妈妈又倒了小半杯，冬冬喝完后还要喝。

妈妈说："妈妈累了，休息一下，再倒水，好吗？"

冬冬说："妈妈休息休息，给冬冬热牛奶呀！倒茶呀！好不好？"

喝了水，她又精神起来，还讲起了故事："老狐狸骑着老头子，来了！咬多多呀，琳琳呀，菁菁呀，还有什么呀！"

"还有什么呀"，是让人提示下面故事情节的说法。

记忆犹新的摔倒

前天晚上，姐姐骑车带着冬冬摔倒在地。冬冬额头摔破流了血，今天结了薄薄一层痂。冬冬下意识地用手去摸痂。

妈妈说："不能抓，不能摸，会流血的。"

冬冬让爸爸看，说："不能抠，抠了会淌血的。"

睡得正香的爸爸，"哼哼"应答了两下。

冬冬不高兴地说："爸爸不看，睡着了！在路上摔的了！"

妈妈说："谁把你摔着的？"

"姐姐。"冬冬叙述道，"姐姐摔倒了，冬冬摔倒了，叔叔扶车，一个伯伯，一个弟弟。"

在摔倒的现场，的确有一个过路的叔叔，帮忙扶起自行车；一个抱小孩子的老爷爷（被她记成"伯伯"的），说天黑，骑车子很危险等等。她记得很清楚，连在场的小弟弟都没有漏掉。

冬冬的这段叙述，就像是剧本的"舞台提示"那样简练，是她这个时期话语组合的基本特点。

"这边"和"那边"

爸爸邀请他指导的十位实习生，到家做客。爸爸坐在沙发上，与学生聊天。两位女生坐在南窗下，一位男生站在电视柜旁。

冬冬问："好多好多哩叔叔，好多好多哩阿姨。叫什么阿姨？她叫什么阿姨？"

妈妈回答："邓阿姨和孙阿姨。"

冬冬又问："那边是什么呀？这边是什么呀？爸爸那边是什么呀？别写字，你看看。"

妈妈忙着记录她刚说的话。她抓着妈妈手中的笔，让回答她的问题。看妈妈顾不上理她，又自答道："那边是爸爸，那边是叔叔，这边是阿姨。"

爸爸和男学生，离冬冬较远，故用"那边"；女学生邓阿姨和孙阿姨，离冬冬相对近一点，故用"这边"。但用"什么"指问人，还不合规范。

吃葡萄干

冬冬吃葡萄干，边吃边问："吃完了怎办呢？"

妈妈说："吃完了再买。"

"好吃呀！"她捏起一个葡萄干的把儿，问，"这是什么呀？"

妈妈说："葡萄干。"

冬冬递给妈妈看，强调说："不是的。"

"是葡萄干的把子！"妈妈这才看清楚，她捏的是接连葡萄上的一截干枯的把儿。

"哟，葡萄干把子呀！"冬冬笑了。

她又捏起一个深紫色的葡萄，问："这是坏的吧？"

经验

①天黑了，门外高跟鞋的响声，由远及近。

冬冬头都没回，用肯定的语气说："姐姐回来了。"

是的，姐姐下班了。

②冬冬看见姐姐拉开折叠的桌子，并挪动椅子，便大叫："该吃饭饭了！"

③姐姐头发湿湿的。她说："姐姐洗头了。"

1987-4-2

制服大老虎的方法

清晨，学校广播响了。

爸爸说："冬冬，起床吧！起床后，咱俩一起踢球去。"

冬冬钻进妈妈被窝里，对爸爸说："你一个人去踢吧！"

姐姐起床了，用一起去打老虎哄冬冬起床，两人一同念儿歌："一二三四五，上山打老虎，老虎不吃面，去吃大坏蛋。"

冬冬问："老虎在哪儿呀？老虎在什么地方？"

姐姐答："老虎在老虎洞里。"

冬冬说："洞里有好多好多的老虎。姐姐捉一个吧！"

姐姐说："我害怕，你自己去捉吧！"

"我也害怕，"冬冬想了想，似乎是下了很大的决心，说，"我去吧！我怎办呢？"

见没人回答她的"怎办呢"，她走到电视柜前，拉开屉子说："拿个绳子拴住它。"

在花园，仍怕"大老五"

下午，爸爸把母女俩送到花园，自己去中文系办事。

冬冬和妈妈捉迷藏。第一次，她躲在树丛后面让妈妈找："我藏，妈妈找。"

第二次，自己背对着妈妈，站在小树旁让妈妈找。

在这个阶段，她依然认为，她看不到妈妈，妈妈也看不到她。

上台阶，从外语系到行政楼前的草坪，她想跑进去玩耍。妈妈指给她看草坪中间竖立的牌子，上面写着"不准践踏草坪"。

冬冬说："不让进。进去了，叔叔打屁屁。"

她从不摘人工栽培的花。在山崖下的迎春花前，她征求妈妈的意见："我一个，你一个？"

妈妈点头同意。

"妈妈一个，"她递给妈妈一朵迎春花，又摘下一朵，说，"这是冬冬的。"

山崖上，有很多大小不一的洞洞。她把小手伸进去掏掏，说："大老五的洞，在里面吃东西。"

外语系楼东边的高坡上，有一座水塔，冬冬试图爬上水塔，妈妈坚决不同意。

冬冬自我安慰地说："有老五，我害怕！妈妈，老五咬我屁屁了！"

妈妈说，老五只咬坏孩子，不咬听话的好孩子。

她摸摸屁股，扭头看看，哈哈大笑说："冬冬的屁屁盖着的。"

冬冬认为，屁股盖着，老鼠（老五）就咬不住了，就可放心了。

"给我买……"

①冬冬想吃甘蔗，说："妈妈，给我买甘蔗吃吧！"

妈妈带她到卖甘蔗的地方，卖甘蔗的老奶奶已经收摊了。

冬冬说，"老婆婆真坏！婆婆是坏东西！"

②一个小女孩，正骑着小车在院子里转圈圈。

冬冬对妈妈说："妈妈，给我买辆小车吧！"

这是第三次提给她买小车的请求。

③翀翀和翀翀妈在院子里打羽毛球。

冬冬说："妈妈，给我买羽毛球拍吧！"

④上楼，她又提出："妈妈，给我买枪吧！啪—啪啪！"

原来刘伟正拿枪玩。

这时，爸爸出现在窗口，连连招手。

冬冬高声叫着："爸爸，给我买'啪—啪啪'吧！"

用"啪—啪啪"枪的响声，代替名词用。

两个词不达意的句子

昨晚，没到睡觉时间，冬冬就动手脱掉妈妈的棉袄。

姐姐怕妈妈感冒，连忙又给妈妈穿上。

冬冬拽着姐姐的手，说："我自己穿。"

她想说，她给妈妈穿！

早上，她穿上衣服后，问还在睡觉的爸爸："你怎么睡的呀？"

意思是你为什么还睡着，不起床呀！

1987-4-3

自我纠正

冬冬把手伸向爸爸，要求道："挽挽手。挽挽袖再洗。"

"挽"，口语念若"扁"。她先说"挽挽手"，觉得不妥当，改说"挽挽袖"。"挽"的对象是"袖子"，"手"是"挽"这个动作的关联者。冬冬的这个自我纠正表明，她对动词带什么样宾语有了初步的感觉。

模仿爸爸写字抽烟

冬冬趴到桌上，一只手拿笔乱画，另一只手，从烟盒里摸索出一支烟，噙在嘴边。

妈妈夺过香烟，责怪她不该把烟放进嘴里。

她争辩说："爸爸写东西的，爸爸抽烟的。"

妈妈说自己的

爸爸指着梨子问冬冬："这是什么呀？"

冬冬："梨子！"

爸爸把梨子切成薄片。妈妈吃了两片，说："不能再吃了。"

爸爸："冬冬，听见了吧，妈妈说，'不能再吃了'！"

冬冬："我吃，我要吃。"

爸爸："妈妈说谁的？"

冬冬："说妈妈自己的。"

爸爸："说冬冬的吧？"

冬冬知道妈妈不是说她的，摇头否定。

杀鸡

覃叔叔在楼下杀了两只鸡。和王阿姨一起，每人择一只鸡的鸡毛。

冬冬慌慌张张地跑回家，说："鸡子死了！"

妈妈："鸡子死了！你怎么知道鸡子死了？"

冬冬："鸡子睡那儿，死了。"

妈妈："谁杀死的？"

冬冬："叔叔呀，阿高叔叔呀，阿姨呀，都杀死了！"

"县官"有何特征？

看电视。

冬冬把穿官服的人通称为"县官"。问："没有一大把县官了？"

直到这时，冬冬还用"一大把"表示多。

昨晚看重播的春节联欢晚会：一个聚宝缸，一个县官跳进去，随后拉出了许多县官。

爸爸问冬冬，县官是什么样子？

"有圈圈！"冬冬用手叉叉腰。

爸爸："哦，玉带！"

"帽帽，"冬冬指指头，又扯扯自己的两只耳朵，说，"耳朵长又长。"

她抓着古装剧"县官"的特征，腰上的"玉带"，头上呼扇呼扇的长帽翅。

1987-4-4

全家"一块儿去踢球"

早上，冬冬让姐姐陪她到楼下踢球，但姐姐要给妈妈洗头。

妈妈叫醒爸爸，让爸爸陪她去踢球。

她不同意，说："不要爸爸，要妈妈，要姐姐！"

爸爸无奈地穿衣起床。

她说："洗了了，爸爸、妈妈、姐姐，一块儿去踢球，啊！"

和自己无关

妈妈站在厨房的窗户旁，喊在楼下与冬冬一起踢球的爸爸："李宇明，快回来，吃饭了！"

爸爸答应了一声。

冬冬推了爸爸一把，说："爸爸，妈妈喊你哪！你快去吧！"

让爸爸回去，自己却站着不动，好像吃饭与她无关。

写报纸上

爸爸在电视报上，划下几个要看的节目。

冬冬爬上椅子，也想写字，却没有找到纸，嚷道："爸爸写，妈妈给我拿；爸爸写报纸上，我写纸上。"

妈妈递给她一张纸，准备走开。

冬冬喊道："妈妈，你白走，你在这写字。"

"爸爸不摔倒"

几天前，姐姐骑车带冬冬，两人摔了一跤。自此，每次到那个摔倒的地方，冬冬总要唠叨："姐姐坏蛋，姐姐把冬冬弄倒了，姐姐坏！"

看爸爸不接话茬儿，她又说："爸爸不摔倒。"意思是，爸爸不会让她摔倒。

今天，姐姐带冬冬去商店买烟。她坐上，只让姐姐推着自行车，不让骑，怕再次摔倒。

大人、小人与小孩

冬冬说："爸爸是大人，妈妈是小人，冬冬是小孩儿。"

说到谁，就用手指着谁。

1987-4-5

"下午"

早上，冬冬问："姐姐上哪儿去了？"

妈妈："在楼下睡觉。"

冬冬明白了，说："噢，姐姐没上班。下午上。"

这是冬冬第一次使用比"一天"短的时间词。对时间的认识又精细了一步。

点眼药

妈妈点上红霉素眼膏，躺床上休息。爸爸故意逗冬冬，说也要给冬冬点眼药。

冬冬说："我没睡觉的，不点眼药，我怕点眼药。"

妈妈擦去眼药膏，坐起来。

冬冬问："妈妈，眼睛好了吧？"

妈妈说，眼睛好了，不信你也试着点一次。

"不睡觉，天还没亮，"她又纠正说，"天没灭！"

冬冬的逻辑：点眼药，就得闭上眼睛，像睡觉一样。天黑了才睡觉，而现在天还没黑。"灭"当"天黑"讲，是晚上睡觉时，拉灭灯产生的联想。

"二"，表多数

彩笔袋里有十二支笔。爸爸让冬冬数数。

她把多数说成"二个"，有时也说"二个，四个"。

只要不是"一"的，她都说成"二"。

复杂的"把"字句

冬冬把桌上的东西，除了墨水瓶，一股脑儿地推到地下，还说："我不是故意的。"

爸爸说，不错，你还没把墨水瓶也推下去。

冬冬说，她想"看看"墨水瓶里的墨水。

爸爸吓唬她："别动墨水瓶。里面有大狐狸，有老头子！"

冬冬说："冬冬不怕老头子。我把老头子弄到楼底下，叫他摔大包！"

她前几天头上摔了一个大血包。自此认为，摔大包，是最严厉的惩罚了。

1987-4-6

"比……还……"

冬冬自己穿衣服。套上裤子，麻利地拉到了膝盖上。姐姐夸她"中用，有本事"。

她自豪地说："比爸爸还中用的。"

"你能……"

妈妈正讲的画书，滑落在地。妈妈要冬冬捡起来。

"你能捡起来的！" 她看一眼掉地下的书本，头也不回地走开。

一个"能"字句，就把捡起书的责任，推给了妈妈。

"保护"

最近，冬冬多用"保护"一词。

①在公园里，妈妈脱下冬冬的毛衣，放在石凳上。

冬冬从石凳旁跑开，转身交代妈妈，说："妈妈保护衣服。"

②大孩子们爬上了石狮子，她也想爬，说："妈妈保护我，别让我摔倒，咱们一块儿去吧！"

③她爬上桌子，大叫："爸爸保护我！"

1987-4-7

掘蚂蚁洞

昨天下午在花园里，冬冬终于看到了成群结队的蚂蚁，惊喜万分。

今天一起床，她拿一块儿馒头，拉着姐姐，下楼去掘蚂蚁洞："把蚂蚁弄出来吃东西，冬冬的馍馍喂蚂蚁。"

"把蚂蚁弄出来吃东西"，又是一个复杂的"把"字句。此时的句子长度明显增长。句长，是衡量语言发展的一个重要指标。

"高高兴兴地"作状语

多多戴了一副太阳镜。

冬冬说："爸爸，给我买眼镜吧，给我买好眼镜吧！"

爸爸答应给她买眼镜。然后，爸爸就拿一本画册讲故事，转移冬冬的注意力，怕她马上就要眼镜。

冬冬指点着画面，说："小白兔高高兴兴地去捡蘑菇。"

冰冷冰冷的

下午，买根冰糕。妈妈要尝一点儿。

冬冬不同意，其理由是："冰冷冰冷的，妈妈吃了会哭的。"

"肯定"

天已黑，姐俩去买汽水。小商店黑着灯关着门。

冬冬说："没有人，肯定没有人了。"

不仅判断正确，而且还用了"肯定"这个词。

风婆婆

晚上，打开南窗通风。冬冬光着身子，兴致勃勃地在床上打滚翻跟头，怎么都哄不进被窝里。

姐姐吓唬她，说："风婆婆来了，张着大嘴，'啊呜'，只吃光肚子！"

"风婆婆来了，把人吃掉了。没人倒茶了，倒牛奶了！"冬冬故作害怕状，说，"没办法啊，可吓人——人了！"

"茶"，发音似"达 [tʌ]"。

姐姐说："是啊，可吓人了。赶快睡被窝里吧！"

冬冬说："我有本事，我有办法。风婆婆，你敢来，我推。风婆婆要来了，我打它。"

好说歹说，总算躺进了被窝。停了会儿，她突然踢开被子，说："我要起床看看。"

1987-4-8

一字之差

冬冬经常翻看的画册叫《红套鞋》。姐姐把它说成了"红套帽"。

冬冬笑起来，说："姐姐说是'红套帽'。"

"这样"

爸爸让冬冬单独睡一个被窝。

她拉开被窝，躺进去，说："爸爸，我就这样睡。"

这是第二次用"这样"作状语。

语序出了问题

①冬冬玩积木一个多小时。玩腻了，就胡乱扔在地下。

爸爸告诉她，这样是不对的。

她表示："我不地下扔。"意思是不往地下扔积木了。

②她闹着要"写字"。

拿到纸和笔后，说："我不先写。"意思是"我先不写"。

图书馆

冬冬跑进图书馆，见墙壁四周挂有一幅幅彩照，很高兴，指着彩照问："这是什么？这是什么？"

进图书馆之前，爸爸就告诉她，图书馆，不准大声喧哗。但她还是忍不住尖叫几声。

再用"什么"问人

大路上，迎面走来两个女学生。冬冬指着问："这是什么呀？"

妈妈纠正她："这是阿姨。应该问'她是谁呀？'"

又走过来一个男生，冬冬又问："这是什么呀？"

"大桥"

最近，冬冬最感兴趣的活动是摘树叶，玩泥巴，拿棍子掘洞洞找蚂蚁，捡些小石子排成一溜，美其名曰："大桥。"

玩积木

玩积木。把长方形的积木排成一排，挤紧，用两只手"抬"起两边。多数时候，在抬起那一瞬间就解体了。她自语："重来。"

和爸爸一起搭积木。她立起正方形的积木，把长方形立在正方形的棱子上，问："是这样吗？"

爸爸："不是的。"

她再把正方形积木立在长方形的棱子上，问爸爸："是这样吗？"

爸爸："不对。"

冬冬又把长方形立在正方形的平面上，问："是这样吗？"

爸爸："是的。"

她按爸爸肯定的方式搭高高，积木越垒越高。

1987-4-9

看画册

冬冬看小画册，一下子翻到封底。说："这没有，里头有。"

她用力过猛，画书变成了两半，问："撕烂了，怎么办呢？"

提问，有明显的倾向

①冬冬递给姐姐一个开瓶器，指指汽水瓶，说："用这弄开，然后呢？"

打开了汽水瓶，当然是喝汽水。她的问话，不是有疑而问，而是希望大人给一个她想要的答案。

"然后呢"，曾出现在讲故事的情节中，第一次出现在冬冬的日常用语中。

②路上，她问爸爸："这是干什么呀？"

爸爸回答说："上托儿所。"

她仍追问："这是干什么呀？"

爸爸只好说："去幼儿园坐滑梯。"

她得到了自己想要的答案，就说："好！"

见长的自控力

姐姐带一瓶水果罐头，用自行车推着妈妈和冬冬，去妇幼保健医院看生病住院的覃覃。冬冬很想玩覃覃的小风琴和小公鸡，覃覃都不让。

冬冬说："妹妹生病了。"

王阿姨开了一瓶橘子罐头，准备喂覃覃。

"这是阿覃的，"她依偎在妈妈怀里，眼巴巴地看着打开的罐头，又指指带给覃覃的罐头，说，"这是冬冬的。"

妈妈笑着摇摇头。冬冬没有伸手要。

心疼妈妈

从妇幼保健医院回家的路上，有一段八百米左右的上坡路，姐姐推不动两个人。妈妈下车步行。

冬冬听见妈妈的喘息声，说："妈妈累了，休息休息。"

姐姐问："在哪儿休息？"

冬冬答："在路上。"

1987-4-10

长大，长高

冬冬要从坐的自行车小椅子上，往地下跳。这很危险，大人阻止她。她申辩说："我长大了，会蹦下来，我会蹦下来。"

多数时间，她认为自己长大了。但也时常怀疑地问："我长大了没有呀？"

"我长高没有呀？"她站在床上，个头高出了坐在床沿儿上的妈妈。说着，还不断地伸头往穿衣镜里看，看自己比妈妈高多少。

"不行"

爸爸："冬冬，把茶缸盖子拿给姐姐！"

"这不行，我要写字！"冬冬说这句话时，正低头画画，连头都不抬。

"因为什么呀"

冬冬拉着妈妈的衣襟，"噼噼啪啪"一阵响，妈妈上衣的暗扣全开了。紧接着，她又趴在妈妈怀里，一个挨一个地按暗扣。

妈妈说："快给我按上，要不，我可打你屁屁了！"

她停下，质问妈妈："打我屁屁，因为什么呀？"

第二次用"因为什么"。

"有点烫"

姐姐剥鸡蛋。

妈妈问："烫不烫？"

姐姐答："不烫。"

冬冬说："烫。"

姐姐说："不烫！"

冬冬坚持说："烫。"

妈妈说："冬冬，你摸一下，试试烫不烫。"

冬冬接过鸡蛋，说："有点烫！"

"有点"的应用，表明冬冬的表达在向着更精细化方向发展。

"你不漂亮，我才漂亮"

姐姐为冬冬洗手洗脸洗脚，又抹了面霜，准备睡觉。

她跳到床上，自豪地说："我长大了，我会自己找窝儿[1]，我喜欢漂亮！"

"找窝儿"，是说找到被窝儿。

姐姐笑着说她"臭美"。

她指着姐姐说："你不漂亮，我才漂亮。"

1987-4-11

"然后呢"

冬冬在小本子上画画。先画一个大圆圈，又添几条腿，边画边说："这是一条腿，然后呢，还有一个屁屁。"

---

[1] 指她能找到被窝儿。

她自言自语，用语言指挥自己画画。

"一会儿"

冬冬要拿着胶水玩，妈妈不让。

她紧握着胶水瓶子，说："我玩一会儿，好吧？"

"一会儿"表示时间概念。

1987-4-12

会操心了？

姐姐去买早餐。冬冬也要跟着去："咱俩一块儿去买馍！"

妈妈说："天太冷，你别去了！"

冬冬说："我和姐姐一块儿去！"

买馒头回来，没有发现放在楼下走廊的自行车，问姐姐："咱哩车子，弄哪去了？"

姐姐告诉她，自行车昨晚放在一楼房间里了。

不让彩笔掉落的办法

冬冬把十二支彩笔，全抓在手里。手小，握不住，彩笔纷纷落地。妈妈说，妈妈弯不下腰，冬冬没有穿鞋。彩笔掉到地上，没人能捡。你想个办法吧？

冬冬也说："想个什么办法呀？"

妈妈："你想想呗。"

冬冬："我想想，怎么办呢？不弄太多了。太多了，会掉的。妈妈捡不着，老头子来了，会吃掉的。"

冬冬没想出怎么捡彩笔的办法，但找出了解决问题的办法：少拿些彩笔，手可以握紧，当然就掉不了了。

蘸唾沫去擦鼻涕

冬冬又着凉了，清水鼻涕流个不停。妈妈伸手拿餐巾纸，被她抢过去，要"自己弄"。擦了几下鼻涕，又蘸唾沫，往鼻子下擦。

妈妈说，擦了鼻涕的纸有细菌，不该碰嘴巴。

冬冬说："不是的。我不弄了，擦擦算了。"

趁妈妈不注意，她又试图把纸团放在嘴边去蘸唾沫。

妈妈故作生气状，说："你不听话，我不亲你了，我亲阿覃去。"

妈妈这句话，让她停下了蘸唾沫的动作，用讲故事似的语调说："妈妈呀，最不喜欢冬冬了！"

妈妈问："那妈妈最喜欢谁？"

冬冬说："阿覃呀！"

语气和表情，颇有些不平之气！

跟谁学的？

正吃着饭，她突然说："爸爸妈妈好打冬冬屁屁，把爸爸妈妈都扔到厕所里！"

冷不丁冒出的这句话，让父母大为吃惊。父母从未说过"把××扔厕所"这样的话，也没听谁教她说过。

妈妈问："你刚才说什么？"

她笑眯眯地重复了这句话。

这是跟谁学的？

哄"阿夏"睡觉

中午。妈妈跟冬冬玩，爸爸做记录：

冬冬拽过来小毯子，包着阿夏，说："给阿夏包包，给他喂点水吧？"

她把阿夏放在枕头上，拍他入睡。又很快爬起来，说："你一个睡吧，我不搂你了。"

"你一个，我一个，"她掂起小毯子，盖到阿夏身上，边拍边唱，"小娃娃，睡觉了。你睡觉，我睡觉，大家都睡觉。"

妈妈让她搂着阿夏，躺在床上睡一会儿。

"我抱抱他，我给他喝茶！"她抱起阿夏，煞有介事地捏他的嘴巴，一连做了六次。

盖在阿夏身上的小毯子，滑落到床上。

冬冬捡起毯子，重新包包，说："看我收拾你，看我收拾你……"这句话，她说了十多次。

她一边包裹阿夏，一边唱道："小娃娃，睡觉喽！咪咪躺在妈妈怀抱里，数星星，星星啊星星多美丽，明天的早餐在哪里？"

把托儿所学到的歌曲，变成哄着阿夏入睡的催眠曲。

妈妈说："阿夏要睡觉了，放床上吧，让他睡一会儿。"

冬冬用枕巾包上阿夏，放在枕头上，说："他不会睡觉，我把他弄睡觉。"

阿夏"睡觉"了。

冬冬下床，拿钢笔"写字"。墨汁沾手上，不小心又抹在了脸上，小脸涂得像个小花猫。姐姐拿湿毛巾，给她擦脸。

她夺过毛巾，给阿夏擦脸："擦擦脸，难看死了，丑死了。"

爸爸拿来两只深色袜子，当作阿夏的裤子；再用两只白袜子，套在阿夏的胳膊上，还在阿夏头上，系一块儿小手绢。

看着阿夏的装束，冬冬高兴得直笑，提出："我给他系一块儿。"

爸爸催她赶快睡午觉。

"我给阿夏包包，我再睡觉。我等会儿再睡觉！"她把阿夏放在被子上说，"我把这放这，我就睡觉！"

1987-4-13

受伤之谜

冬冬的右脸蛋上，有一道血淋淋的抓痕，非常刺眼。

托儿所的婆婆对爸爸说："今天得告冬冬的状，她把中文系姓周的小朋友额头上，抓了三道很深的血痕。冬冬的脸上，是另一个小朋友抓的。"

婆婆还说，冬冬不听话，老师拉着她拽着她，她还扑上去又抓又挠。

走出教室，爸爸问，冬冬，你脸上的血痕是谁抓的？

冬冬答："冬冬自己抓的。"

爸爸为惩罚她打架，没让坐滑梯和火箭，直接带回家，这令她大为不快。

回家后，妈妈又再三追问，到底是怎么回事？但她既不承认曾经打了谁，也不说谁打了她，只说是"冬冬自己抓的"。

妈妈生气了："胡扯，自己抓的？自己怎么可能抓出恁深的血印？"

冬冬这才委屈地说："强强抓的。"

妈妈问："强强抓的？那为什么你一直说是你自己抓的？奶奶批评了你，是不是？"

她点点头。

妈妈："你跟别人打架了，对不对？"

冬冬又点点头。

妈妈再问："说话，打架对不对？"

冬冬答："不对。再也不打了。"

按照婆婆的说法，冬冬脸上的血痕，不是她跟别人打架时落下的，是被另一个小朋友抓破的。为何自己被打了，却不承认被打呢？这是什么心理？

1987-4-14

"得"

已可熟练运用"得"字补语句。

①早上，姐姐和冬冬一起跑步。姐姐提议："咱俩比赛，看谁跑得快！"

冬冬回答："我跑得快。"

②吃了午饭，爸爸去听中文系实习学生的讲课，和冬冬挥手再见。

冬冬要跟爸爸同去。

爸爸说："你吃过饭再去吧！"

冬冬说："我一会儿去撵你。"

妈妈说："你去撵谁？"

冬冬说："我去撵爸爸。"

妈妈说："不吃饭没有劲儿，撵不上哩！"

她推开饭碗，说："撵得上哩！"

"阿姨，摘花不对"

图书馆前的花园。一位穿着时髦的少女，手中已有四五朵花了，还弯着腰在花园里寻觅花朵。

妈妈怕对冬冬产生不良影响，准备离开，但还是被她看见了。

冬冬说："妈妈，阿姨摘花！"

妈妈说："摘花是不对的。"

此时，一个四五岁的小男孩，跑到少女面前说，阿姨，这花不能摘！

少女头也不抬，佯装没听见，还是自顾自地寻找盛开的花朵。

男孩又上前一步，说"花不能摘"！

少女没说话，飘然而去。男孩这才回到他妈妈身边。

妈妈带冬冬买了冰糕，再回到花坛时，又看到那个少女在摘花。自行车的前筐里，已有半筐红花，正采黄花。

冬冬说："阿姨摘花不对！"

妈妈说："你过去吧，你去对阿姨说。"

冬冬跑到少女面前，大声说："阿姨，摘花不对！"

那少女，依然我行我素。

冬冬眼泪花花，站在原地不动。妈妈走过去拉着她的小手离开。

冬冬频频回头，说："妈妈，她还摘花。"

扭动，就是县官

电视《丑小鸭》，是讲日本儿童如何做游戏的。两个花枝招展的日本姑娘，一步三摇地移动着小碎步。

冬冬说："像县官一样！"

妈妈问："为什么像县官？"

冬冬指指自己的头，扭动了几下。

"一块儿、一起"

在室外。冬冬拿着小棍子，到处挖洞洞找蚂蚁窝。遇见有泥巴的地方，又开始玩泥巴。

她让妈妈也参与其中："妈妈和我一起去吧！妈妈和我一块儿玩泥巴吧！"

分享

冬冬吃瓜子。

多多来了，冬冬把瓜子分给多多。多多很想吃，接过瓜子，犹豫一下，又把手中的瓜子放在床上。她怕她妈妈批评她。

冬冬说："她不吃算了。"

1987-4-15

就是让爸爸抱着

早上，父母带冬冬散步到学校北区。出家门，爸爸抱起冬冬，她却反抗，说："爸爸，请我下来！"

知道用"请"，但少一个"让"字。

冬冬走累了，伸开双臂让爸爸抱。爸爸抱她过了公路，让她下来走，她不同意，指着前面的路说："那里没有大灰狼！"

言外之意，这里有大灰狼，到没有大灰狼的地方，才能下地自己走。

爸爸一直抱到西一村楼下，问："这里没有大灰狼，你上楼回家吧！"

她搂紧爸爸的脖子说："楼太高了。"

平时，非要自己上楼，甚至连别人扶一下，她都不让。这会儿，下决心让爸爸抱着！

卖油郎

花园的水池里，有许多游来游去的小红鱼，还有窜来窜去浮在水面的"卖油郎[1]"。

冬冬指着卖油郎，问爸爸："那一个，叫什么名字呀？"

昨天她问过妈妈这种小动物，妈妈不知名字，今天她又问爸爸。

找钱币

冬冬玩的三个硬币，被爸爸藏起来一个。

冬冬只找到了两个，问："还有一个呢？"

爸爸："你再找找！"

---

[1] 卖油郎：一种浮在水面像蜘蛛模样的水生小动物。通称为鼋蜻或水鼋。

她一边找，一边自言自语："放哪儿去了？"

"我没怎么"

睡觉。冬冬踢开被子，露出赤裸的小胖腿。妈妈拉上被子，又被她踢下去，来回好多次。妈妈无奈，高喊爸爸过来管管她。

爸爸过来，按紧了被头，问："冬冬，怎么了？又做坏事了？"

冬冬申辩道："我没怎么。"

"没写你的东西上"

爸爸为有个安静的工作环境，把家里十九平方米的房间，用大立柜、碗柜一分为二，隔出一个独立的昏暗的小"书房"。

冬冬觉得小书房很神秘，常常独自跑进书房，乱翻东西。

爸爸叫她："冬冬干什么去了？又到里面乱画了！"

她回答道："爸爸，没写你的东西上。"

听的是"刺"，说的是"气"

（2 岁 4 个月　1987-4-16—1987-5-15）

冬冬与表姐（1987 年 3 月）

1987-4-16

"别人"

①在幼儿园坐转椅，小朋友们都离开了，只剩下冬冬一个人。

爸爸说："这么多转椅，都是冬冬的。"

冬冬高兴地说："这都是冬冬的，不是别人的。"

②姐姐带她下楼，收晒干的衣服。

她指着其他衣服，说："这是别人的，不是我们的。"

这是第一次记录到冬冬使用"别人"。"别人"也是一个人称代词，指除了自己或某些人之外的其他人。冬冬在这里使用"别人"，是在表述领属权属于谁的问题。

"都大"

冬冬和一个小哥哥，同时往高梯上爬。

"冬冬长高没有呀？"她爬上高梯，伸开双臂，自豪地说，"小哥哥大，冬冬也大，都大。"

独立行事

晚饭后，她要去接快下班的姐姐。

妈妈说："天黑了，别下去了！"

她边说边往外走："下去，接姐姐哩，不叫下去，哼！"

"这、那"

冬冬指着玩具，对爸爸说："我要这，你要那。"

1987-4-17

奇妙的想象

午饭，爸爸给冬冬夹花菜吃，她只咬了一小口菜梗。爸爸问她为何不吃完？

她说："我把尾巴咬掉它。"

既是一个"把"字句，又用"它"复指"尾巴"，增加了"把"字句的处置意味。而且把菜梗想象成尾巴，也很有趣。

"不行"

冬冬走石子路，妈妈紧随其后。

她转身拉着妈妈，说："不行，不要从这走！"

"这好走不好走呀"

姐姐带冬冬去草坪上玩耍，没走大路，走的是坑洼不平的近路。

冬冬责问："姐姐，这好走不好走呀？"

"咱俩一起盖吧"

向平阿姨送冬冬的礼物，外包装还没打开。

妈妈问："这是谁给你的？"

冬冬答："一个姨给的，解开看看。"

情急之下，把"阿姨"说成了"姨"。解开礼物的外包装，里面是一个可爱的洋娃娃。

她拽过一条枕巾，招呼妈妈说："咱俩一起盖吧！"

"你挨你，我挨我！"

看电视连续剧《蛙女》。

冬冬问："蛙女的爸爸妈妈呢？上哪里去了？"

蛙女上床睡觉了。

她说："咱们也睡着吧！"

妈妈让她睡到妈妈的被窝里。

她不干，说："你挨你，我挨我！"

近来，话语基本上流利起来，前后照应的词语多起来，"舞台提示"般的话语少多了。但也常有一些奇特的表达，"你挨你，我挨我！"便是其中一例。

1987-4-18

不能用凉水洗脸

爸爸让妈妈洗脸。

冬冬对爸爸说："你给妈妈用凉水洗脸了，怎么办呢[1]？"

爸爸拉她的小手，放在水盆里试水温。她试了水温，知道水是温的，说："给妈妈洗脸，干干净净的。"

她拿手巾在水中蘸蘸，只管往自己脸上胡噜，说："擦干净，再擦。"

她要端脸盆。

爸爸说："你端不平。"

冬冬说："端得平。"

"还长着呀"

冬冬把胭脂抹到了下巴上，却不让人帮忙擦，说："我自己擦。"

过一会儿，爸爸问："擦完了没有？"

冬冬说："还没有呀？还长着呀！"

---

[1] 妈妈患严重的类风湿关节炎，不能沾凉水。

"长"的用法有点奇怪。

大家笑，她更乐，指着妈妈和姐姐，说："姐姐也美，妈妈也美，冬冬没有眉毛。"

她大约是想说"冬冬不美"，却说成了"没有眉毛"。心急说错话的事常常有，比如妈妈喂她吃饭，她对妈妈说："请你像我一样喂！"真实意思大概是"请你像我一样吃"。

自娱自乐

冬冬把玩具乱扔到床上、地下。刚到家的爸爸，随手捡起一个毛绒玩具，扔到床上。

冬冬故作害怕状，缩着身子躲到一边说："别叫它咬着我了。"

听的是"刺"，说的是"气"

冬冬从小就会吃鱼，再小的刺都能吐出来，鱼刺上不带一丁点儿鱼肉。虽如此，爸爸还是不放心，吃鱼时一个劲儿地交代："有刺了，吐出来，啊！"

冬冬说："有刺。""刺"的发音，像"气"（[tɕʰi]）。

爸爸故意模仿她的发音，问："有气？"

冬冬说："不是的，有刺。""刺"的发音还是像"气"。

爸爸用正确的发音："有刺（[tsʰɿ]）。"

冬冬点头说："是的，有刺。""刺"的发音还是像"气"。

这段对话很有趣。冬冬知道"刺"的正确发音是舌尖前音 [tsʰɿ]，但囿于发音器官，自己只能发成舌面音"气"（[tɕʰi]）。但她能辨别出舌尖前音和舌面音的不同。故而当爸爸模仿她的发音时，她就纠正；爸爸正确发音时，她就点头。但是，不管她是纠正还是肯定，自己所发的音还都是像"气"一样。听说不一致现象，是世界各国儿童语言发展中都曾有的共性。

此外，此期 [n] 和 [l] 这两个辅音，会发 [n]，不大发 [l]。

1987-4-19

画的意义

冬冬画几个圆圈，又用直线串起来，说："我排队了。"

她的画，大人看不懂，但从她的言语推测，仿佛是有意义的。

推断

妈妈洗澡，冬冬也要洗。姐姐说，先给妈妈洗，再给她洗。她很听话，去小书房找爸爸。

冬冬听见妈妈喊"二妮，拿裤子"，便大叫道："她洗好了！"

她没看到妈妈和姐姐，但从"拿裤子"三个字，能推断出妈妈洗完澡了。推理能力，在不断增强。

1987-4-20

"那头"和"那一头"

"爸爸的窝在那头！"冬冬醒来，发现爸爸睡在床的另一头，随后又补充说，"床的那一头。"

自言自语的类型

冬冬一边玩，一边叙说，内容大致有三类：

①自己提问题，自己来回答，这占自言自语中的绝大多数。

②用大人对她的态度和语言，对待玩具，如讲故事、教诗、对话、教训人、打屁屁等等。

③也有很多含糊不清、不知所云的音串。

画画

冬冬扔掉小纸片，要换成大纸，说："还换换。"

她在大纸上画一笔，说："翻过来。"

画个长线条，说："这大桥。"

画个小圆圈，说："我就写小的，还画一个小蜜蜂！"

一会儿自豪地说："我会画大灰狼，哼！"

指着一支彩笔，说："那一支。"

又提出换纸，说："爸爸，换换纸吧！"

爸爸递给她一张纸和一支笔。

她说："给我盖子呀！"

"盖子"指笔帽，可能是湖北方言，冬冬在托儿所学到。爸爸递笔帽给她，冬冬没接稳，笔帽掉在地下。她对爸爸说："把盖子捡起来！"

妈妈一直躺在床上休息。

冬冬又画了一会儿，对爸爸说："把妈妈弄起来，咱们写字吧？"

"我不卡死"

姐姐说，吃鱼时一定要小心，鱼刺卡在嗓子里，会死人的。

冬冬用不屑的语气，说："我不卡死。"

意思是鱼刺卡不住我，卡不死我。"不"的位置没放对。

几个句子

①冬冬堆积木。

她用双手比划着："大的，小的，这么长——！"

②妈妈拿药瓶，手一滑，瓶子掉地下，碎了。

她说："瓶子摔破了。瓶子摔破了怎办呢？"

爸爸弯腰捡药片。

冬冬手指散落在地的药片，说："又掉一个的，还掉一个的。"

③妈妈往红肿的关节上涂抹药酒。

冬冬也来帮忙，蘸点药酒，在妈妈胳膊上涂抹一下，问："再蘸一点吧？"

1987-4-21

"你看一张，我看一张"

冬冬站在椅子上，大声喊叫："妈妈过来，妈妈过来，过来管冬冬，冬冬摔倒了怎么办？"

妈妈扶着椅子。

她顺手从桌上拉两张报纸，说："你看一张，我看一张，啊！"

自编故事

冬冬堆着积木，自言自语："爸爸呀，走到门口，找啊，找啊，找不到了。"

"俺俩、的话"

冬冬缠着爸爸一起哄阿西玩。

爸爸说："你一个人管阿西吧，爸爸有事。"

冬冬不同意："俺俩管阿西，阿西哭了怎么办呢？"

"俺俩"是不能包括听话对象的，应当用"咱俩"。

她轻轻地拍着阿西，似乎在哄他睡觉："阿西睡觉呀，不然的话呀，老虎会来咬你的。"

"的话"是一个表示假设的语气词，用在表示假设的分句后面。冬冬过去的假设分句，都不带假设标记的，"的话"是冬冬第一个表示假设的专用词。

"什么样子"

夜里，整栋楼突然断电，漆黑一片。爸爸点亮半支蜡烛。

冬冬问："这是什么呀？"

妈妈答："蜡烛。"

冬冬问："蜡烛是什么样子呀？"

她已看到了蜡烛的模样。问话的目的，是让大人给她一些描述性的语言。值得注意的是，这是冬冬第一次用"什么样子"来提问题。

"因为……"

姐姐随意往床上一躺，被硬邦邦的玩具娃娃硌着了，疼得大叫一声，顺手把娃娃拽出来，扔在一边。

冬冬指着阿西说："她硌姐姐，她坏，因为她坏。"

这是第一次在非问句中用"因为"，虽然原因的表述并不合适。

语气词、"请"

冬冬说话带语气词"啊"，以表示叮咛；句前或句后用"哼"，表示不满或自鸣得意。礼貌用语的"请"，已多次运用。

做好早餐，妈妈让冬冬喊爸爸起床。

冬冬拉着爸爸的胳膊，说："爸爸请起！"

语言教育的体会二则

一、在游戏中学习，引发兴趣：

一段时间以来，冬冬不愿再学诗词。最近，教她刘禹锡的《竹枝词》："杨柳青青江水平，闻郎江上唱歌声。东边日出西边雨，道是无晴却有晴。"虽然有很好听的旋律，她依然不情愿学。

爸爸出主意：让妈妈教冬冬念一句，冬冬转教给阿西一句。用传递的方式教诗，冬冬很高兴。

二、"套板模式"：

所谓"套板模式"，是将儿童在日常生活中已习得的惯用语，有意识地因时因情而用。如"不然的话"，如冬冬从讲故事中学得的"找啊找啊"。

下面的一个例子，最有表现力：

在医院打针，冬冬连连叫疼。

回到家，妈妈问冬冬："今天是什么样的阿姨打的，疼得如此厉害？"

冬冬说："坏伯伯打的。"

妈妈问："好看吗？"

冬冬说："不好看。"

妈妈说："下一次，咱们找个好看的阿姨打针，眉毛长长的，嘴唇红红的。"

冬冬记住了这个描述。如果说哪个阿姨长得好看，就会说"眉毛长长的，嘴巴红红的，可漂亮了"。"眉毛长长的，嘴巴红红的"，起到了"套版模式"的作用。

1987-4-22

"把这拿过去"

"把这拿过去，"冬冬爬上椅子，趴在书桌上，把火柴盒扔到一边，又推推烟灰缸，掂起一本书递给妈妈，说，"打[1]这弄过去！这拿过去，写字。"

妈妈把桌子收拾干净了，她又不写了，说："我要写字，爸爸不愿意。"

她说话时，爸爸正不停地记录她说的话。因为爸爸没说话，她以为爸爸"不愿意"。

---

[1] 打：意思是"从"。

这段话语材料显示,冬冬已经能熟练运用"把"字句和复合趋向动词"过去"。

有求，就得必应

①冬冬想吃米花，对着姐姐喊叫："拿过来，勺子！"

②她要喝水。大人正忙，没及时倒水。

她问："你不给我喝茶，咋办？"

自编故事

冬冬摆弄着玩具，自编的故事开头常用"有一天呢"。如：

"有一天呢，有一只小黑熊坐在门口，等它的爸爸。"

"有一天呢，一条大灰狼来了。"

1987-4-23

学会的童谣

①冬冬早上醒来，念念叨叨："两个小娃娃，一起打电话，喂，喂，喂，你在哪儿呀？我在托儿所里——跳舞，唱歌，唱小燕子。"

②"红的花，白的花，都开了。"

"我要还吃"

冬冬吃了一个蒜薹，又说："我要还吃！"

妈妈纠正她："不是'我要还吃'，是'我还要吃'。"

"我还要吃！"她重复了一次。

等到她再次提出要吃时，一着急，又说成："我要还吃。"

"画"

冬冬指着蜡笔问："这能画不？"

妈妈说，这就是为你买的，当然可以。

她用红色蜡笔，在纸上画了几下，说："再来一次，好不好呀？"

冬冬常把"画画"和"写字"混用，这次用对了。

"为什么"

去马房山买菜，路经武汉工业大学。

冬冬问："为什么走这里呀？"

"请"的使用

冬冬学用新词语，有个倾向：起初用对，中间用乱，慢慢又能准确运用。礼貌语"请"的使用，就是这样。

用错的：①"爸爸，请我上床上。"

②"妈妈，请我喝茶。"

③"爸爸，请我下来！"

用对的：①"请进来吧！"

②"爸爸，请起！"

③"请你像我一样喂！"

④"请你像我一样做！"

倔脾气？

楼下的青草丛中，有一堆儿草木灰。冬冬用棍子拨来拨去。扬起的草木灰，容易眯着眼睛。妈妈让她停手，她不听，只管干自己的。

"再搞，我就打你。"这一切，都被站在一边的邻居吴伯伯看在眼里。吴伯伯捡起一根又长又软的树条，高高扬起，朝冬冬身上轻轻甩了两下。

冬冬起身，阴沉着小脸儿，直挺挺地站着。

吴伯伯说："说，还搞不？"

冬冬不回答。

吴伯伯又说："走，去找你妈妈！"

她不动，也不应答。

恰巧爸爸下楼，抱起冬冬去撵鸡子，给伯伯一个台阶下。一气玩了二十多分钟，情绪稍有好转，她这才承认，自己玩草木灰"错了"。

用"什么"问人

爸爸和吴永德伯伯在小书房里谈话。

冬冬问妈妈："爸爸给什么说话呀？"

妈妈说："吴伯伯。"

爸爸笑着反问："冬冬跟什么说话呀？"

冬冬回答："给妈妈说话。"

问人还不会用"谁"，依然用"什么"。

1987-4-24

"谁"问句

爸爸上楼，速度很快。

冬冬扯着妈妈的手，慢慢地走，说："爸爸是大人，会一步一步地上，我不会。"

"一步一步地"是数量词重叠形式作状语。

楼下传来自行车倒地的声音。

妈妈说："不是咱家的车子吧？"

冬冬朝下面大喊："谁把车子摔倒了？用刀子扎它。"

"用刀子扎它"，从哪来的暴力语言？"谁"的出现，是在主语的位置，表示施事的语义角色。

"不""请"的误用

①早上，姐姐做菊花蛋米酒：把生鸡蛋搅拌以后，用烧开的米酒倒在放鸡蛋的碗里。冲开后，鸡蛋穗儿呈现菊花状。

冬冬不愿吃。姐姐说，吃蛋，才能长高。

冬冬说："像爸爸这么高，像妈妈这么高，像姐姐这么高。不吃菊花蛋，不长高。"

"这么"作状语，与"像"结合构成"像……这么+形容词"的比较格式。

"不长高"应为"长不高"。

②冬冬拿着笔和纸，对爸爸说："爸爸请我呀，爸爸请我写字。"

自我修正的句子

冬冬吃完咸牛肉，伸出双臂，要爸爸抱她起来，再去橱柜拿。

爸爸说："咸牛肉，没有了。就是抱着你，也拿不成。"

冬冬说："我拿成。"

爸爸说："拿不成。"

冬冬改口道："拿得成。"

"那""哪"

①冬冬要笔写字，指着笔筒："我要那一个。"

②冬冬要苹果吃。

妈妈故意问："你是吃香蕉，还是要吃梨子呀？"

冬冬一本正经地问："哪有香蕉呀？"

角色扮演

冬冬戴着玩具眼镜，说："我是医生，我看病来了！"

用道具化装扮演角色。不同角色有不同特点。

"你不要进去"

多多在纱门外，推着门说："我要进去！"

冬冬用身子顶着纱门，说："你不要进去。"

"去"和"来"，还不会转换。

"然后"

"我来讲故事吧！"冬冬用蜡笔画许多圈圈，画一条线串起来，说，"然后呀，把这扯住；然后呀，把这弄着。"

"然后"表示动作的先后。动作先后是相对的时间概念，比绝对的时间概念先掌握。

"别"

冬冬用蜡笔摆三角形，一边摆，一边自语道："不行的，它会掉的。"

妈妈有事离开。

冬冬叫着："别慌！妈妈你别走！"

"一会儿"和"一小会儿"

姐姐催她吃饭。她说："等一会儿，等一小会儿！"

把"一会儿"进一步限定为"一小会儿"，时间表达更为精细了。

1987-4-25

"拿手里"

冬冬故意把蜡笔扔在地上。

妈妈说："你又扔地下，妈妈弯不下腰，你又不捡。那可就捡不到了！"

冬冬说："捡得到。"

妈妈离开，她也从小书房里跑出去。

妈妈问："蜡笔，捡起来没有？"

冬冬答："捡得到。"

妈妈问："在哪里？"

冬冬伸开手，蜡笔的确在手里，说："拿手里。"

更好的表达应该是"在手里"或"手里拿着呢"。

她把蜡笔堆放在桌上，说："妈妈，来看看摆什么呀？"

"能""不能"

爸爸用肤轻松药膏，涂抹冬冬屁股上的小疙瘩。涂抹后让她趴床上，以免衣服蹭掉药膏。为让她多趴一会儿，爸爸也趴在床上，这叫"陪趴"。

她拍着爸爸，说："我看不见你的屁股，弄开，弄开。"意思是让爸爸也撩开衣服。

爸爸起身，她也想站起来，摇晃几下，差点摔倒。她忙趴下，再站起来，说："能站起来，不能坐。"

小花招

冬冬食欲不振。

吃饭时，姐姐说饭后去买饼干，以备冬冬饥饿时添补一点，她要跟姐姐同去。姐姐趁机提条件，往她的小碗里拨了两块儿米饭，如能吃完，就带她一块儿去。

她端起小碗，抄起勺子，吃一大口米饭，说："不吃了（[liau]），姐姐一个人买饼干。"

一会儿，她放下碗，说："吃了（[liau]）了。"

姐姐给她穿鞋子，准备带她出去。

妈妈收拾碗筷，发现饭桌上有米饭，问："冬冬，米饭，是你拨出来的？"

她不正面回答，辩解说："太大了。"

一点儿点儿的小孩儿，就有小花招。

1987-4-26

"吗"问句

早上，冬冬让妈妈帮她洗脸。妈妈说手疼，还是让爸爸帮忙。

她拉着妈妈手，看看，问："妈妈手疼，是上楼梯摔哩吗？"

什么是红的？

冬冬拿笔画画，自语道："我非写字。哎，哎，拿红的。什么是红的？这是红的。"

妈妈说："错了，这是黄色的。"

你弹琴，我跳舞

冬冬让妈妈弹钢琴，说："你好[1]弹，我好跳舞。你好弹，我好跳舞唱歌。"

"好久"

冬冬从柜子里拉出影集，说："好久没有看过了，好看些。"

---

[1] 好：去声，河南方言，"A好……，B好……"表示分工。

"好久"，又一个表示时间的词语。

几个有趣的句子

①外面下着雨。

冬冬对妈妈说："妈妈，看我下雨吧？"

意思是"带我出去看下雨吧"。

②冬冬要喝水。

爸爸故意说："我不会倒。"

冬冬着急地说："你会得倒。"

③冬冬对爸爸说："俺俩睡，俺俩睡！"

爸爸躺在床上。她让爸爸睡床的另一头，并让爸爸竖起双腿，说："俺俩蹬腿。"

显然这里应说"咱俩"，而非"俺俩"。

爸爸问："谁和谁蹬腿？"

冬冬说："爸爸和冬冬。"

"我"逐渐代替名字

冬冬指着爸爸说："你敢打妈妈，我打你的屁屁。"

爸爸说："我什么时候打过妈妈？我打你的屁屁吧！"

冬冬一脸的调皮，说："你打我的屁屁，我打你的屁屁。"

这段时间，用"我"的次数多起来，用"冬冬"的次数少起来。"我"逐渐代替名字使用。

1987-4-27

过去与未来

妈妈对冬冬说，快放暑假了，今年咱回老家，你就可以跟茵茵表姐一起玩了。

冬冬："表姐争玩具。"

妈妈："茵茵表姐长大了，不会跟冬冬争玩具了！"

"争了。"冬冬说的，仍是过去时。

妈妈："没有。"

冬冬："有。"

妈妈："没有。"

冬冬："有。"

1987-4-28

"这李宇明……"

冬冬醒来，看爸爸还在睡觉，便问妈妈："这李宇明怎么了？"

妈妈解释说："爸爸睡得晚，还没有睡醒呢！"

妈妈倒开水，准备吃药。

冬冬说："不要倒完了，啊，给我留一点儿，啊。"

汽水与肚疼

从托儿所出来，冬冬要喝汽水。

爸爸说："喝汽水肚子疼。"

冬冬说："天黑了，喝了肚疼；天不黑，喝了不肚疼。"

很久以前的一天晚上，她要喝汽水。姐姐说，天黑了，喝汽水肚子疼。她记下了这句话。

"慢慢、轻轻"

刚下过雨，地面湿滑。

在花园的山茶花树旁，冬冬手拉铁栅栏，小心翼翼地边走边说："慢慢地走，

慢慢地走，轻轻地走。"

"灯叫猫吃了"

傍晚，姐姐带冬冬出去玩，说："冬冬，你自己走，好不好？"

冬冬要姐姐抱着，说："天黑了。"

姐姐说："天黑了怕什么，有路灯。"

冬冬说："没有灯，灯叫猫吃了。"

"叫"表示被动，这是一个被动句，也许是第一个较合格的被动句。

此时路上，灯火辉煌。不知她编的是什么故事桥段。

1987-4-29

"这边……，那边……"

下午，爸爸接冬冬回来，走的是僻静小路。

"这边没车，"冬冬指行走的小路，又转身指中文系大楼说，"那边有车。"

1987-4-30

穿旗袍

早上，爸爸帮冬冬穿小旗袍。

冬冬说："爸爸，你不会穿。"

爸爸说："谁说我不会穿？看，穿上了，好看吧？"

她摸摸自己胖乎乎的胳膊，说："光胳膊。"

"得劲""舒服"

妈妈关节疼痛。躺在床上，停一会儿，就需要翻个身，换个睡姿。

冬冬说:"你睡着不得劲,我睡着得劲,睡着舒服。"

"得劲"与"不得劲"正反否定,"得劲"与"舒服"同义串用。

1987-5-1

鸟与鸡的不同

爸爸:"冬冬,鸡子是鸟吗?"

冬冬:"不是鸟。"

爸爸:"为什么不是鸟?"

冬冬:"鸟会飞。"

冬冬区别鸡和鸟的主要特征,看来是会不会飞。

妈妈:"鸟在哪儿飞?"

冬冬:"天上。"

妈妈:"鸡呢?"

冬冬:"不会飞。"

妈妈说,有翅膀都会飞。鸡可以飞到树上,但飞不到半空。

"会帮……忙的"

田伯伯家买了电冰箱,姐姐带冬冬去看热闹。

吴伯伯对冬冬说:"让你妈妈也去买一个。"

冬冬说:"妈妈买不到的。"

吴伯伯说:"你妈妈咋买不到?"

冬冬没有正面回答,却说:"爸爸会帮妈妈忙的。"

"帮忙"是个离合词。将"帮忙"拆开使用,中间插入被帮者。

武汉方言的"哟"

冬冬近来多用武汉方言的语气词"哟"，如：

①她在阿西头上系一块儿手绢，说："我给它弄一块哟！"

②爸爸粘信件的封口，她也要干："拿个信，给我来粘哟！"

③督促大人带她出外玩："走哟！"

"着"

冬冬跌倒了。

姐姐故意逗她："看看，屁股蹾掉了不？"

她站起身，摸摸屁股，笑着说："我屁股长着的，不会蹾掉的。"

"着"作为时态助词，有表附着、表状态持续、表正在进行等用法。冬冬现在用的"着"，都是表附着、表状态持续的，尚未出现表动作正在进行的。

抻袖子、钉扣子

①冬冬帮妈妈穿衣服，怎么也穿不上，埋怨道："叫你抻袖子，你不抻。"

②姐姐用黑线钉扣子。

冬冬说："你缭了了，我用白的缭。不用黑的缭，黑的光扎手。"

"黑的光扎手"是补充说明自己用白线不用黑线的理由，虽然这理由未必成立。

1987-5-2

学习

①冬冬跟妈妈学画画。妈妈画了几朵莲花。

冬冬惊叹道："妈妈画好多好多的花呀！"

②妈妈拿来一件小衣服，让冬冬练习扣扣子。

她摆弄了半天，还是扣不上，说："妈妈，还教我扣扣子。"

"茶"的发音

"茶"，冬冬还是发音似"它 [tʰʌ]"，阳平。

大人教了多遍，冬冬终于发得像是"茶"的音了。

"从哪儿来的"

①冬冬指着地上蠕动的虫子，问："虫子从哪儿来的呀？"

②她摸着手脖上的一个小疙瘩，问："疙瘩从哪儿来的呀？"

"从哪儿来的"是问来源、问起源的，儿童有一个对一切事物都很感兴趣的阶段，而且常常问得成人答不上来。能不能提出问题，能够提出什么样的问题，标志着一个人处在什么样的水平上。冬冬近来"从哪儿来的"的问话增多，正在开启人生智力发展的新阶段。

1987-5-3

督促爸爸起床

早上，她推着正酣睡的爸爸，说："爸爸，广播体操了，你起床吧？"

近来，督促爸爸起床，是她最喜欢做的一件事。

学残疾人走路

西一村，办了个残疾人裁缝培训班。

一个二十多岁腿部萎缩的男孩子，右腿向外甩着走。冬冬在后边撵着看。等那人走过楼房的拐角，她脚步一跐一跐地走回来。

妈妈问："你这是干什么？"

冬冬说："我给你学一学。"

妈妈告诉她，他们是残疾人，是世界上最痛苦的人。你长大后，有本事了，要尽量帮助他们。

充满童趣的理由

①妈妈头枕着了"阿西"。

"阿西枕住了。" 冬冬推推妈妈的头，连叫，"阿西，阿西。"

姐姐问："你叫阿西，她为什么不答应你？"

冬冬说："她嘴巴太小了。"

②爸爸去买早餐，姐姐在厨房里忙碌。听见冬冬"哇哇"大哭，姐姐急跑回来，见她半蹲在床上，岔开双腿，床单湿了好一片。

姐姐问："又尿床了。为什么不下来尿？"

冬冬哭着说："床太高了。"

"胖胖的"

冬冬捏一根火柴棍，翻过来倒过去地看，说："胖胖的一个火柴。"

火柴不能用"胖胖的"来形容，但说明她会用"胖胖的"这个词了，而且还放在数量词"一个"的前面。最近，冬冬掌握了不少形容词的重叠形式，话语表达也生动了很多。

调侃

冬冬画画，注意力很集中。姐姐猛地出现在背后，她颤抖了一下，说："吓一跳。"

姐姐问："为什么？"

冬冬开玩笑地说："大灰狼来了。"

先后次序

姐姐要收拾饭后的桌子。冬冬拽紧姐姐的手，不让动。自己却随手捞块儿毛巾，说："我擦了了，你再擦。"

背诗跳舞，平等竞赛

晚上，研究生小魏带着他四岁多的女儿姗姗来家，冬冬和姗姗交替表演节目。

姗姗唱首歌，冬冬唱"小燕子"；姗姗背曹植的《七步诗》，冬冬背孟浩然的《春晓》；姗姗背了王之涣的《登鹳雀楼》，冬冬背了李绅的《悯农》；姗姗背了张继的《枫桥夜泊》，冬冬背李白的《静夜思》；姗姗背了骆宾王的《咏鹅》，冬冬也会背这首《咏鹅》。姗姗背诵时，她嘴巴不出声地跟着动。过去，只要是她会的诗歌，就成了她的专利，别人是碰不得的。

每次轮到冬冬背诵诗词时，她都站起身，彬彬有礼地走到电视机前，站立，鞠躬，握着双手，放在胸前。背诵完了，再走回去，坐下。

姗姗爸又让姗姗跳舞。

姗姗跳了舞，冬冬学小白兔蹦蹦跳跳……

这次，冬冬有两大进步：落落大方，遵守一替一次平等竞赛的原则；不重复别人已背诵的诗。其不足：在咏诗时，低眉垂眼，没有表情。

1987-5-4

"好吃得很呢！"

早饭，冬冬喂爸爸吃馒头，说："吃了长高，能打大灰狼。"

爸爸口大，吃得快。

冬冬说："一下子吃肚里，会肚疼的。"

爸爸让冬冬吃个豆角。

冬冬品尝后，感叹说："好吃得很呢！"

爸爸笑了。

她说："我的爸爸可高兴了！"

"爸爸写的东西，我不画"

妈妈躺在床上，冬冬悄不声地跑进爸爸书房。

妈妈高声喊："冬冬，快出来！别把爸爸的东西弄乱了！"

冬冬说："爸爸写的东西，我不画。"

她画了一连串的圆圈，又用直线连起来，说："我给我拴。"

笔筒中，有支彩笔没了笔帽。

她拿着彩笔进卧室，问妈妈："这怎么搞的呀？笔帽呢？"

今天，她不把笔帽说成"盖子"了。

电视中的故事

①电视中，一个演员表演婴儿的哭声，冬冬说："他学妹妹哭的。"

②冬冬讲电视《婉丽》的情节："婉丽的妈妈生病了，住院打针，死了，婉丽哭了。"

到了晚上，电视屏幕上又有《婉丽》的镜头。

冬冬大喊："婉丽，婉丽。"

③看电视连续剧《蛙女》。

冬冬多次重复："亲爸爸，后爸爸。"

冬冬所说的"后爸爸"，被大人误听为"好爸爸"，问："你说的是'好爸爸'吗？"

她摇摇头："后爸爸！蛙女的亲爸爸呢？蛙女的妈妈呢？"

想听《雪山怪兽》的故事

冬冬拿画册找爸爸讲《雪山怪兽》，被椅子绊了个趔趄，笑道："差一点儿绊倒。"

她把画书递给爸爸，催促道："拿着讲呀，拿着讲。"

这个"着"仍是表示状态的延续，而不是表示动作的正在进行。

爸爸讲完故事。她跑到门口，又折身跑回，装作很害怕的样子："看看雪山怪兽来不来？"

"被"字句

爸爸提议出外散步。冬冬不想去，找理由说："有大灰狼。"

爸爸说："没有大灰狼。"

冬冬说："噢，爸爸被大灰狼打死了。"

大家纠正她说："错了。是大灰狼被爸爸打死了！"

她跟着大人说了三次，只说对了一次。

"被"字句的出现，是语言发展中的一件大事。

"爸爸把大灰狼打死了"

吃饭，爸爸为刺激冬冬的食欲，说这是大灰狼的肉，很香。

冬冬顺着说："这是大灰狼腿上的肉，爸爸把大灰狼打死了。"

"爸爸把大灰狼打死了"与"大灰狼被爸爸打死了"，事情相同，意义近似，但"被"字句要难于"把"字句，因此儿童也先会说"把"字句。

1987-5-5

有主见

冬冬要去厕所，爸爸让冬冬喝了牛奶再说。两人相持不下。爸爸退一步，说，那好吧，咱一边喝牛奶，一边到厕所解手。

冬冬不同意，手指奶瓶说："掉下去怎么办啊？"

"最"

冬冬的右眼肿了。

爸爸抱紧她，点眼药水。冬冬极力挣扎，大叫："姐姐，姐姐！姐姐点得最好，可喜欢我了！"

明知姐姐上班了，却只要姐姐帮她点眼药。似乎这样就可以躲过这一关了。

首次使用"最"，可以表达"最高级"了。

"不要" "要非"

冬冬玩着积木，自语道："姐姐不要我尿尿，我要非尿尿。"

如果把"要非"说成"非要"，就顺理成章了。"非尿尿"，也可以理解为"非尿尿不可"。

比喻

上午，爸爸曾承诺，晚上带冬冬去看电影。已是傍晚时分，爸爸还未睡醒。冬冬推着爸爸，说："我叫你起，你不起！"

爸爸无奈地坐起来。

她拉着爸爸的手，说："咱们一块儿走。"

爸爸带她看完电影。离场的人群，从露天电影院挂银幕的低处，涌向出口的高处。

冬冬说："叔叔阿姨，跟上山一样儿。"

"跟……一样儿"是个表示比较、也可以表示比喻的格式。"跟上山一样儿"是个较为恰切的比喻句，标志着认知的进步。

1987-5-6

充足的理由

冬冬尿在了卧室的地上。

妈妈责备她："怎么回事？不蹲痰盂，尿到地上？"

冬冬答："没有痰盂。"

痰盂的确不在家。

妈妈："为什么不出去？"

冬冬："门关着。"

妈妈："为什么不喊妈妈？"

冬冬："妈妈看书。"

"门关着"，又一次用表示状态延续的"着"。

各说各的

冬冬到多多家，找多多玩。

多多正在穿裤子，说："我正在穿裤子！"

冬冬说："我家里裤子，好多好多的。"

多多比冬冬年龄稍长，会使用"正在"表示现在进行时。而且，冬冬看似也在说"裤子"，其实与多多的话题并无关联。孩子之间的对话，常常是各说各的。

不同称呼

冬冬调皮地喊爸爸"李先生""李老师""明明"。

田伯伯问冬冬："李先生是谁？"

冬冬指爸爸。

田伯伯又问："明明是谁？"

冬冬又指爸爸。

田伯伯再问："李小姐是谁？"

冬冬指指自己。

田伯伯哈哈大笑："哎呀，小不点儿，你可会转弯了！"

田伯伯本想拿爸爸开涮。以为不管问什么，冬冬都会指爸爸。没想到，冬冬能区分"先生"和"小姐"，而且反应还挺敏捷。

"我找不到"

冬冬端来一个盘子，里面有米花和虾片，她让妈妈把虾片挑出来。妈妈让她自己挑。

她说："我找不到。"

"拿给我看看"

冬冬吃完了一个雪糕，仰脸问："没有了吧？"

姐姐说，雪糕没有了，但可以喝金银花茶。

冬冬指指杯子，说："拿给我看看。"

"拿给我看看"，是一个连动结构，很像是大人话。

姐姐把茶杯递给她。

金银花在开水中上下浮动着，她说："毛毛，是毛毛。"

姐姐说："是金银花。"

冬冬说："花上长毛毛了，是的。"

"是毛毛""是的"，都是说了一句话，再自我确认一下。

请人帮忙的好听话

①冬冬想爬滑梯。拉着姐姐的手，说："好姐姐，给我帮帮忙吧！"

②她要喝水，就说："好姐姐，给我倒茶吧！"

叫好

冬冬和姐姐，一替一首背诗词。

姐姐背完一首诗，冬冬鼓掌叫好："好，好，背得好。"

脏字眼

冬冬掰着自己的手指，从一开始数到十，总数不对，不好意思地笑。

大家也忍不住笑起来。

冬冬瞪姐姐一眼，说："你笑狗屁！"

这是第一次听到她说脏字眼。

用对的"因为"

①晚上，冬冬和姐姐在床上，又疯又打又叫又笑，妈妈有些烦了。

冬冬："妈妈，你怪她！"

妈妈："你让妈妈怪谁？"

冬冬："姐姐。"

妈妈："因为什么？"

冬冬："因为她怪我。"

妈妈："她为什么怪你？"

冬冬："我给她打架了！"

②她自编的故事，是把姐姐变成了铁砣砣，盖到缸里，并说："把盖子盖到大缸里了。"

姐姐："为什么盖姐姐？"

冬冬："因为你不听话！"

妈妈闭上眼睛休息。

她推几下妈妈："妈妈你别睡，给我说个悄悄话。"

这两段话，说明冬冬逐渐在学会使用"因为"。①中的"因为她怪我"虽然是顺着"因为什么"的问话而答，但答的原因还对。②中的"因为你不听话！"是回答"为什么"的提问，也很合适。

铁眼、肉眼

夜已深，冬冬依旧兴趣盎然，一个劲儿疯闹。

姐姐说："你不瞌睡，是铁眼啊！"

冬冬说："不是铁眼！"

姐姐说："是肉眼？"

冬冬说："不是肉眼，我是眼睛！"

还不懂"铁眼""肉眼"是什么意思。

1987-5-7

"可响"与"不可响"

早上，冬冬正穿鞋子，看见了门外探头探脑的多多，嚷道："干什么？你干什么？"

多多跑开了。

冬冬对妈妈说："我一说，她吓跑了！"

她使劲跺跺脚，鞋子发出"嗒嗒"的声响。冬冬说："我的可响了，她的不可响。"

"她"指的是多多。"不可响"的出现，说明否定的运用，不是每一次都能合格的。

"戴着滑"

冬冬去滑滑梯，让爸爸给她戴上帽子，说："戴着滑。"

路上，冬冬要掌握自行车的前进方向，自己"开"自行车。路上人多，她让爸爸"掌把"，理由是："有人了，撞着人怎么办呀？"

"后面"

冬冬搬个小椅子，放在爸爸椅子后面。站上去，扒着爸爸的椅子背，说："我坐在你的后面。"

其实，她说这话时，是站着的。

语感

下楼，碰见林泉阿姨。

林阿姨问冬冬："冬冬，你是跟姐姐一块儿去瞧戏的吧？"

冬冬说："不是瞧戏，是看戏。"

平时家人不用"瞧戏"这个词。她过去是自我纠正话语，这次是纠正他人的话语。话语纠正，是与语感的建立相关联的。掌握一种语言，最重要的就是建立语感。

"好久"

冬冬躺在被窝里，拥抱着妈妈说："妈妈，我好久没见你了。"

其实，她天天跟妈妈在一起。

1987-5-8

"不穿妈妈"

早上，姐姐让她起床。她抱紧妈妈的脖子，不愿意穿衣服。

姐姐说："你不起来，我可给妈妈穿衣服了。"

冬冬说："不穿妈妈，我要睡觉。"

这话的意思是，既不愿意妈妈穿衣服，自己也不愿意起床。

大灰狼屙的狗屎

妈妈提醒她，路中间，有一摊稀鸡屎。绕过去，别踩上，鸡屎，脏，臭！

冬冬问："鸡屎是谁屙的呀？"

妈妈反问："你说呢？"

冬冬答："鸡子屙的。"

妈妈又问："那狗屎是谁屙的？"

冬冬说："大灰狼屙的。"

冬冬见过鸡屙鸡屎，却没有见过狗和大灰狼拉屃屃。

玩魔方

魔方，原来在冬冬的手里，只是欣赏品，扭动几下，动不了，就搁下了。

今天，她终于可以转动一个面了，很兴奋，说："我长大了，我会弄了！"

会认字，很自豪

在中文系楼前，有许多学生站在宣传栏前看报纸。冬冬挤到最前面，凑热闹。

妈妈说："别看了，你也不认识字。咱家有报纸，我读给你听。"

冬冬说："我会写字。"

妈妈说："会写，也不一定认识。"

冬冬说："认识。认识'冬冬'，认识'钢笔'！"

妈妈说："还认识什么？"

"认识'坏蛋'的'坏'，认识'好阿姨'的'好'，认识好多好多！"冬冬一脸的自豪。

　　会把一个词（"坏蛋"）或短语（"好阿姨"）的成分抽出来说，还是第一次观察到。这种"抽说"，有利于了解词语的内部构成。

"怎么"

冬冬在食品柜里发现一块儿饼干。她拿起饼干问："咋搞的，露出来了？"

妈妈说，妈妈饿了，拿饼干时，掉了一块儿。

冬冬还问："怎么露出来了？"

冬冬的两个问句，似乎没任何推进。妈妈的回答，对她没起一点作用。

"已经下班了"

晚饭时分。

冬冬："姐姐已经下班了。"

妈妈："还没有。姐姐去上班了。"

冬冬："姐姐下班了。"

这是冬冬第一次用"已经"。"已经"是个重要的时间副词，与"完成体""经历体"的表达非常相关。

看舞会、参加舞会

今晚，大球场有"桂子山之春"艺术节舞会。妈妈和姐姐带着冬冬，站在高处的栏杆后面看。

冬冬说："我要参加舞会。"

妈妈说："咱这不是在参加舞会吗？"

冬冬说："不是的，是看舞会。我要下去。"

姐姐说："学校有规定，不让小孩子下去。"

冬冬指指下面的小朋友："她都下去了，我也下去。"

姐姐说："人家有票，我们没票，不让下去的。"

冬冬说："我家有好多好多的票，我们回家去拿。"

站在一旁的熟人，听见姐俩的对话，送给一张入场券。姐姐抱着冬冬进场。

进场后，冬冬只要姐姐抱，又吵着闹着找爸爸要妈妈。姐姐很生气，抱她又来到场外。

冬冬到妈妈跟前，说："姐姐说哩，'妈妈也去，爸爸也去，姐姐也去，把我关屋里，不叫我去。'"

把姐姐发脾气时说的话，叙述得很完整。其神情和语气，模仿得惟妙惟肖。

1987-5-9

"二"仍表多数

冬冬："咱们一家——"

姐姐："有谁呀？"

冬冬："有爸爸，有妈妈，有姐姐，有冬冬。"

姐姐："一共几口人？"

冬冬："二口人。"

姐姐："不对，四口人。"

冬冬："四口人。"

姐姐："说，咱家有几口人？"

冬冬："二口人。"

数字，仍然以"二"表多数。

有用的教育

冬冬索要药膏，自己涂抹胳膊上的小疙瘩，说："我没有弄太多，爸爸说，'不能弄太多，太多了，会死的'。"

爸爸的确说过类似的话。

坚决不说"没关系"

到睡觉时，冬冬已经吃了几个小面包。还要吃，姐姐掰下来一小块儿给她。

冬冬大哭。妈妈和姐姐都哄不下，只好请爸爸出马。

爸爸用夸张的动作，佯装着打姐姐，打妈妈。姐姐再三说"对不起"，冬冬就是不接受姐姐的道歉。

爸爸问冬冬："爸爸打妈妈了没有？"

冬冬："打了。"

爸爸："爸爸打姐姐了没有？"

冬冬："打了。"

爸爸："姐姐道歉了没有？"

冬冬："道歉了。"

爸爸："怎么说的？"

冬冬："'对不起'。"

爸爸："你说'没关系'了吗？"

冬冬："没有。"

爸爸："为什么不说？"

冬冬："我生气了！"

又过了一会儿，冬冬情绪有些好转，问爸爸："姐姐上哪去了？我要姐姐。"

爸爸故意说："她要吃你的面包，怎么办呢？"

冬冬毫不犹豫地回答："我一口吃完它。"

这种说法，已经带点"小夸张"。

1987-5-10

苍蝇拍

冬冬看见苍蝇拍，立即拎在手里，说："这是我的，我可以打苍蝇。"

苍蝇拍，是今年第一次拿出来的，更无人提及打苍蝇之类的事。苍蝇拍打苍蝇的信息，是去年夏天存储下来的。

"爬高腿"、穿袜子

冬冬让姐姐躺床上，双腿竖直伸高。她往姐姐的腿上爬，被她称为"爬高腿"。

冬冬边穿袜子边说："这是我的，白的，穿一下（[xA]）呀，我好走路。"

她已经学会了穿袜子。

佯睡

冬冬喝完水，刚枕着爸爸的胳膊，马上闭眼，蜷身，似乎睡熟了。菁菁觉得好玩，小声笑着说："她睡着了，睡得好快呀！"

妈妈说："别理她，让她睡午觉！"

妈妈话刚落音，她一下子坐起来，笑着说："以为我睡着了！"

"以为"用得很合适。

这时是下午一点多，一直玩到三点，才真正去睡。

记忆清楚的歌词

菁菁唱歌："没有花香，没有树高，我是一棵小草……"

冬冬边听边拍手，还连声叫好："不错，不错，唱得不错。"

菁菁又唱："竹子开花了喂……"在整首歌中，漏掉了两句歌词。

冬冬大叫："唱得坏，错了。"

爸爸问："哪错了？"

冬冬唱："'咪咪呀咪咪，请你相信，我们没有忘记你'，是这样唱的！"

在座的人都笑了。

她更得意，扯开嗓子唱起来，在"明天的早餐在哪里？"之后，还加上自编的新词："在这里。"

有疑而问

毛笔头从笔杆上脱落。冬冬好奇地摆弄过来摆弄过去，闹不清是怎么回事，问："爸爸，这怎么了？"

爸爸做了解释。等妈妈走进来，冬冬又问："这怎么搞的了？"

最近，冬冬真正的有疑而问的句子增多，但是问句种类仍然比较少。在这个片段里，就只用"怎么"提问。

给奶奶写信

春节后，奶奶没再来武汉，冬冬一直念念不忘。

昨天上午，她在书桌上乱画，说："我要写奶奶的信。"

今天，她把一个信封折叠起来，涂上胶水，说："给奶奶粘个信封。"

1987-5-11

不想走路的理由

爸爸没骑自行车，下午上完课，直接去接冬冬。路上，冬冬要爸爸抱，说："好多好多的自行车，轧着了咋办啊？"

爸爸抱她到人行道上，让她自己走。

冬冬说："这么多石头，咋走呀？"

爸爸抱着走一段，她要自己走。刚走几步，又说："我也累了。"

冬冬浑身懒懒的，不想走，一直让爸爸抱到家。到家不到一个小时，开始高烧。

捉蚊子

5月份的武汉，蚊子已经成群结队。有人打个形象的比喻：女孩子飘逸的裙子，就是蚊子扑闪的翅膀。家人开门时随手关门，但蚊子还是随人入室，像一架架小轰炸机，"嗡嗡"地叫个不停。

冬冬和姐姐一起捉蚊子。她很机敏，竟然捉到了两只。

捉到第一只蚊子时，冬冬很高兴，说："捉住了，打死了！"

捉到第二只蚊子时，更兴奋，竟把话说成："我捉死了。"

看小人儿书

冬冬翻读故事书《365 夜》，不小心撕破了扉页。她拿书找爸爸，说："我再也不撕这个了，粘粘吧。"

她对《小红帽》的插图，很感兴趣，盯着看了好大会儿。她发现妈妈有想翻页的迹象，忙说："看完了再翻。把大灰狼的嘴巴打掉。"

"翻"，发音似"欢 [xuan]"。

1987-5-12

"们""更"

昨天，冬冬曾经说"叔叔阿姨们"，把"们"加在名词后面表复数。今天用得更多。

冬冬边看画书边说："不要叔叔，要阿姨。叔叔坏，阿姨不更坏，叔叔更坏。"

"更"是表示"比较级"的副词。之前冬冬会用"最"，今天又说出了"更"。

妈妈问："谁更坏？"

冬冬不接话茬儿，只管自说自话："妈妈拿大刀，我拿小刀。咱们一起去打大坏蛋们。"

妈妈再问："哪里有大坏蛋？"

冬冬指着画书说："咱们看大坏蛋们！"

"我们、咱们"等表复数的代词是一个词，而"名词＋们"是自由组合。

"名词＋们"格式的出现，特别是"大坏蛋们"这样成人不怎么说的组合出现，表明儿童的单复数系统已经建立起来。

"经常"

冬冬的自言自语多了起来。

今天，在未受任何暗示的情况下，自语道："妈妈经常生病，冬冬经常不生病。妈妈经常肚疼，我经常不肚疼。"

又出现了一个表示时间的词语"经常"。"经常"有形容词、副词两种用法，这里是副词用法。

老猫猴

姐姐讲河南民间老猫猴[1]的故事。

冬冬从未见过老猫猴，其感受是："可厉害了，它有嘴巴，啊呜，吃了。"

1987-5-13

玩具归位

妈妈让冬冬把堆在茶几上的积木，装进小篮子里。把玩过的东西归位，养成良好的习惯。

冬冬对妈妈说："咱们一起装吧！"

"好"

吃饭时，冬冬边吃边说："吃饱了，好爬树。"

这个"好"，是表示"便于做什么事"的意思。

---

[1] 老猫猴：亦作"猫猴、毛猴、老猫儿"。河南方言，"老虎"的讳称，也是用来吓唬小孩子的一种想象中的动物。

懂事的小可爱

①妈妈躺在床上，稍停一会儿，就要他人帮忙翻一次身。冬冬看妈妈很痛苦，拿糖块儿塞进妈妈口中，说："妈妈，给[1]。没有病了吧？"

妈妈笑了，说："没有病了。"

冬冬高兴了，说："还吃一个吧？"

②她扶妈妈下楼，总不时地询问："妈妈，腿还疼不疼啊？"

如果妈妈说"不疼"，她会很高兴，连说"妈妈病好了，能送我上托儿所了"，或者"能打大灰狼了"。

一些句子

①爸爸："我给你塞个虫虫吧？"

冬冬："你没有。"

意思是爸爸没有"虫虫"，塞不成。这比直接否定智慧多了。

②冬冬在爸爸桌子上拿到一个报销单据。

爸爸说："扔它吧！"

冬冬说："扔它，咋办呀？"

③她指着自己的头，说"帽帽"。

意思是头上的帽子要掉，让爸爸给她戴好。

④"等会儿再吃饭"，"等会儿再喝水"，"等好了再吃药"，"那次吃药了，这次不吃药"等等，均是为不想干的事，寻找开脱的理由。

⑤裤子尿湿了。妈妈问她为何不叫姐姐帮忙？

她理直气壮地说："我喊姐姐了。姐姐——，喊不应！"

---

[1] 给：河南话，发音为 [kai]。

1987-5-14

生病的宝宝

冬冬病了三天，在家待了三天。父母利用一切可能，带她到大自然中。上午，爸爸把妈妈和冬冬带到中文系西边的花园，然后就匆匆去上课了。

妈妈坐在喷泉的水泥沿儿上，让冬冬自己去玩。

冬冬懒洋洋的，只想依偎在妈妈怀里。妈妈督促再三，她才向花园的草丛里走去，多次重复说："怪难走的。"

1987-5-15

"刚、可以"

妈妈让冬冬再吃一根香蕉。

她双手一摊，说："我刚吃了。"

爸爸买回四个轮的小车。妈妈凑趣地说，她也想坐坐冬冬的小车子。

冬冬忙阻止，说："你大我小，我坐可以。"

母爱的力量

下午，爸爸让妈妈带着冬冬在行政楼前的草坪里玩，待下课后，他再接娘俩回家。

爸爸刚离开半个多小时，冬冬小脸通红，额头热得烫手，哭着要回家。此处离西一村的家，有二里远。平时，妈妈走路都晃晃悠悠的，娘俩怎么回家？但，如不及时吃退烧药，就现在这个热度，很可能会烧出肺炎来。

妈妈很纠结：行政楼离中文系很近，可爸爸此时正讲课，绝对不能中途打断爸爸授课。假若妈妈牵着冬冬的手走，中间休息几次，也有回到家的可能。但冬冬高烧得厉害，不停地发出"吭吭"声，浑身软得像根面条，哪里还能步行？

怎么办？妈妈决定背冬冬回家。

妈妈手扶水泥台子坐下。水泥台高出地面，弥补了妈妈双腿不能太弯曲的缺陷。然后，让冬冬爬上水泥台，趴在妈妈的背上，双手紧搂妈妈的脖子，双腿夹紧妈妈的腰部。只有她把双手双腿固定在妈妈身上，才不至于被摔下去。

妈妈背着冬冬，一摇一晃艰难地行走。但每一步，都走得扎实稳当。走到西一村大门口，有四个台阶。妈妈在上第二个台阶时，昏昏然的冬冬，突然说话了："妈妈，我下去，我自己走吧！"

到家，一量体温，40.5 摄氏度。

有一点，妈妈想不明白，冬冬烧得迷迷糊糊的，怎么感受到妈妈正上台阶呢？

爸爸和姐姐，当知道是妈妈背冬冬回来的，都惊呆了，连连叫着"不可思议"，感叹母爱的伟大！

小鸟"叫绿了我的小伞"

（2岁5个月　1987-5-16——1987-6-15）

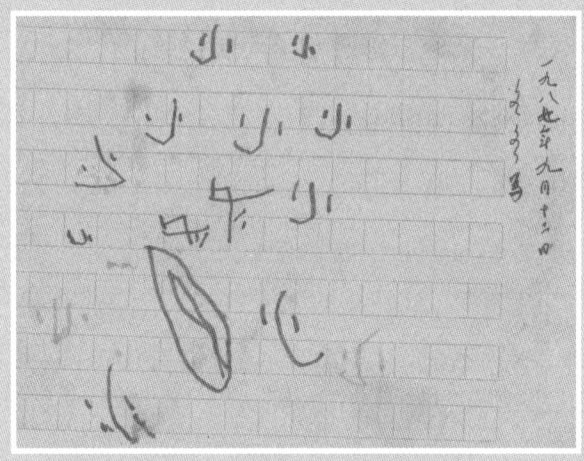

学写"小冬冬"（1987年9月）

1987-5-16

手势语代替语言

冬冬高烧不退，住院输液。口腔溃疡多处，喝一口水都很困难。

扎静脉针时，不哭不闹不挣扎。她不愿说话，也不让别人说话。要干什么，只打手势。情绪烦躁不安，动不动，就皱眉头。往昔那个活泼天真的小天使，变成了专横烦躁的小霸王。

1987-5-17

称呼放在句尾

冬冬仍未退烧，情绪不佳，输液。

她把称呼放在句尾，如：

"给我吧？爸爸。"

"别怪我呀，妈妈。"

1987-5-18

"漂亮的小包包"

输液后，中午十二点返家。冬冬仍咳嗽、流鼻涕。高烧，基本上控制住了。口腔溃疡开始愈合。冬冬食欲不好，姐姐从南湖食堂带回几个小笼包。

冬冬吃了一个，又要，说："要漂亮的小包包。"

小鸟为什么会飞？

窗外，飞过一只麻雀。

爸爸问："冬冬，小鸟为什么会飞？"

冬冬答： "它小！"

看这答案！

画画儿

①冬冬边画画儿边说： "圆圆的头，长长的尾巴、耳朵。"

冬冬画完，让妈妈看：画了一个圆圈，圆圈上有几道长短不一的射线。

②她说爸爸： "你写你的，我写我的。"

"你……你的，我……我的"，是表示各干各事、互不关涉的格式，语法学上称之为 "构式"。儿童语言发展到一定阶段，就开始发展各种构式了。

爸爸为逗她开心，在纸上乱画。

冬冬说： "爸爸写大画呢！看你写大圆，看你写的什么大圆呀？！"

她以为爸爸也学她画圆，但看到的是一个大椭圆，口气甚为不满。

③爸爸画了一条活灵活现的鱼，也让冬冬画条鱼。

冬冬说： "我不会呀！"

"唱了歌了，跳舞了了"

还不到睡觉时间，冬冬就开始往下拽裤子。大人阻止她。她振振有词，说： "唱了歌了，跳舞了了，脱这。"

"唱歌、跳舞"是同样类型的词语，第一个 "了"都应当插在中间才顺当。

冬冬脱了衣服，爸爸忙拉被单给她盖上。怕她再受凉，爸爸也躺在她身边。她感到很奇怪，不知道爸爸为何也躺下，问： "我瞌睡，你怎么也瞌睡？"

1987-5-19

"洗洗"

冬冬坚持自己洗脸。在手上抹几下香皂，自语道： "用香皂抹抹手，然后呢，洗洗。"

不想吃药的"由头"

爸爸端着温开水，拿着药，让冬冬把药吃下去。

她骑着车子在房间里兜圈圈，说："先放那儿，爸爸喊我喝药就喝。"

爸爸叫："冬冬，来喝药。"

冬冬说："我还没骑到那儿哩！"

等她骑车跑到房间的另一头，爸爸又叫她吃药。

她说："太远了。"

爸爸追到她跟前，喂药。药粉撒到了地上。

她说："不要紧，等会扫扫。"

几个问句

①翻看小画书《新来的小朋友》，一个小姑娘在哭。

冬冬问："她为什么哭了？"

②爸爸出外办事。

冬冬拉着妈妈去送爸爸，说："到楼梯口。"

看着爸爸走下楼梯，她又问："爸爸为什么走了？"

③自行车的前杠上，有一条小绳子，便问："绳子干什么？"

④冬冬跑到公共厨房看爸爸做饭。

灶台上有盆水，她把手伸进去。爸爸说她不该这样做。

她不满地说："我洗洗怕什么？"

"明天、那一天"

冬冬看见一只大苍蝇趴在玻璃窗上，说："我明天捉。"

晚上，路灯齐放，一家人外出散步。

冬冬让姐姐带她捉蝇子。姐姐问，要上哪儿捉蝇子？

冬冬说："那一天，小姑放假了，带我去捉蝇子。"

姐姐答应，明天一定带她去捉蝇子。

冬冬说"明天"，未必理解"明天"的含义；"那一天"，之前是指过去的某一天，这里是指未来的某一天。较多地使用这些"词不达意"的时间词语，是建立时间概念的前奏。

南湖的长虫

姐姐说，今天在南湖体育系操场，看到一条长虫[1]，跑得好快好快。

冬冬好奇地问："你见到什么了？"

姐姐说："长虫。"

冬冬问："在哪儿有长虫啊？"

姐姐说："南湖。"

冬冬似乎明白了："噢，南湖。那儿有好多好多的长虫！"

姐姐开玩笑地说："学生都是长虫！"

冬冬还不懂得幽默，惊奇地问："长虫咋变作人？"

1987-5-20

"没那个好吃"

冬冬捏块儿凉拌黄瓜给妈妈，问："好吃吧？"

妈妈说好吃。

爸爸走过来，尝了块儿黄瓜，又吃了用辣椒炒的猪血。吃得似乎很香。

冬冬问妈妈："没那个[2]好吃，啊？"

---

[1] 长虫：河南方言，"蛇"的别称。

[2] 那个：指猪血。

关照妈妈

①妈妈正往手脖上戴一只玳瑁镯子，据说有治疗类风湿的作用。

冬冬盯着妈妈戴手镯的动作，问："你会戴吗？"

②冬冬吃完米饭，又喝西红柿鸡蛋汤。

冬冬见妈妈迟迟不动勺子，催促说："多好喝呀！爸爸喝了，你怎么不喝呀？"

③冬冬让妈妈闭上眼睛，拿卡子在妈妈头上比划着，说："扎着眼睛可不得了，闭上眼睛。"

躲避喝药的办法

冬冬在床上玩，姐姐让她喝药。她不说不喝药，只是不让姐姐靠近她。姐姐站到床这边，她跑到床那边。捉来捉去，总也捉不到。她高兴得"咯咯"直笑。

爸爸过来帮忙。两人合力抓到了她。

平时，她被爸爸抓着，会又叫又嚷，这次却笑着说："爸爸，别拉我，我跟姐姐疯着玩的。"

爸爸放开她。

她对姐姐说："放这，等会再吃。"

喝下药后，她又提要求："爸爸带我出去玩，外面多好呀！"

1987-5-21

"这是我吗"

画册上，一个妈妈正为女儿做新衣。

妈妈开玩笑，说："你看，妈妈为冬冬做新衣呢！"

冬冬反问："这是我吗？"

妈妈说："是啊，是冬冬。"

冬冬手指小姑娘，说："不是的，是她！"

相册奇谈

相册的第一页，是萧伯伯抱着女儿的照片。

冬冬指问娟娟是谁？

妈妈回答，那是伯伯的女儿。

第二页，是爸爸、萧伯伯与其他人的合影。

她没看到娟娟，问："萧伯伯的女儿跑哪去了？"

妈妈没明白冬冬的问题，说："萧伯伯的女儿上学去了。"

冬冬又问："上什么学呀？"

妈妈说："小学。"

冬冬又指着爸爸的照片问："他的女儿，跑哪儿去了？"

妈妈说："他的女儿，是谁的女儿？"

冬冬说："爸爸的女儿。"

妈妈说："啊，你问爸爸的女儿呀？你说说，她跑哪儿去了？"

冬冬大笑，说："爸爸的女儿，跑这儿来了。"

翻看到爸爸和妈妈的合影。她指着戴眼镜的妈妈，说："那是阿姨，那是爸爸。"

妈妈说："错了。那是妈妈，不是阿姨。"

冬冬说："那是小孩儿的妈妈。"

妈妈问："那你告诉妈妈，小孩儿叫什么名字呀？"

冬冬自豪地拍着胸脯，说："妈妈的小孩儿叫冬冬。"

"不"作语气词

爸爸把洗干净的枇杷果放在盘子里。

冬冬拿起一个，问："我能吃了吗？"

爸爸说："当然！"

她一口气吃了四个，向爸爸炫耀，说："你没吃四个不？"

这个句尾的"不"，只能作语气词解。

"明天"

冬冬责备妈妈："你打我，我打你。"

妈妈说："你说清楚。我什么时间打你了？"

冬冬说："明天。"

在"今天""昨天""明天"三个重要的时间名词中，"昨天"还未出现过，"明天"还没有用准确过。

"待小姑亲"

姐姐："你待大姑亲还是小姑亲？"

冬冬："待小姑亲。"

姐姐："为什么待小姑亲？"

冬冬："小姑待我好嘛。"

姐姐："大姑待你也好啊。"

冬冬："大姑打我嘛。我小姑带我捉蝴蝶呢！"

不解言外之意

吃饭时，冬冬手舞足蹈，打翻了饭碗。

妈妈问："碗打碎了，你得劲了吧？"

冬冬一本正经地回答："不得劲！"

冬冬只理解字面意思，不理解妈妈说的是反话，有言外之意。

1987-5-22

"跳舞蹈"

姐姐和冬冬，一替一个表演节目。

冬冬报节目，一本正经地说："下面该姐姐表演一个跳舞蹈！"

"不会"

①冬冬看爸爸写字，说："我不会写字，我太小了。"

②她用小水壶给窗台上的兰花浇水，问妈妈："你不会浇不？"

1987-5-23

年龄与称谓

昨晚，舅舅和表姐夫带着刘堃来武汉。舅舅已年过五十，表姐夫三十多岁，叫冬冬小姨的刘堃，才四岁多一点儿。

冬冬早上醒来，问："爷爷呢？"

妈妈："什么爷爷呢？"

冬冬："老头儿呢？"

妈妈："什么老头儿？"

冬冬："舅舅，我的舅舅呢？"

她称刘堃为"哥哥"，说："哥哥睡觉，我也睡觉！"

经大人多次纠正，才说："他是堃堃，叫我小姨！"

"他是哥哥。"她指了指表姐夫，又指着刘堃说，"他不是哥哥，是堃堃。"

孩子最初的称谓，和辈分无关，只和孩子眼中的形象及年龄相关。

告状

刘堃吃过油条，没洗手，去摸冬冬的脸儿。

冬冬说："妈妈，他往我的脸上抹！"

自己编的洗衣歌

姐姐洗衣服，冬冬也来帮忙。

冬冬一边洗，一边唱着自编的歌："洗呀洗呀，搓呀搓呀……"

感叹

①走到花园，冬冬说："花真漂亮啊！"

②洗过澡，冬冬说："干干净净多好看！"

1987-5-24

无疑而问

①她把帽子戴在头上说："怎么样，妈妈？"

与其说是征求妈妈意见，不如说是夸耀自己戴帽子的本领。

②冬冬说，姐姐小刀上有个小姑娘。

妈妈不相信。

她拉过姐姐，指着姐姐腰间钥匙链子上挂着的小刀子，说："上面有个小姑娘，有吧？不是小姑娘是什么？"

由"无疑而问"到"有疑而问"，再到"无疑而问"，是问句语用功能的新发展。

玩水

火炉武汉，房间里像蒸笼。

爸爸伏案写作，胳膊上的汗渍，常浸湿稿纸，模糊字迹。爸爸对付炎热的办法是：白天，桌子旁，放盆冷水和毛巾，出汗时洗一洗，擦一把；晚上，弄盆冷水，把脚泡在冷水里。

冬冬想玩桌上盆子里的冷水，说："我洗干干净净，好打大灰狼啊！"

爸爸配合她，把水端到地上，拿来一个杯子，让她舀水浇到地面上，降降温。

"我洗洗手再浇地！"她开始洗手，洗杯子，再舀半杯水，从高处"哗哗啦啦"往地上倒，水花四溅。她玩得很开心。玩了会儿，爸爸让她到书房外面去找妈妈玩。

她不动，说："我洗洗这个杯子，好喝茶！"

爸爸把水盆端到桌子上。

冬冬叫起来："我的杯子拿出来！"

爸爸拿出杯子，准备倒掉盆里的水。

"洗洗手，再攉[1]，"她一手拉着水盆不放，伸出另一只手，让爸爸看她手背上的小窝窝，说，"灰，灰，灰"。

近日来，她既不直接否定大人的提议，也极少用哭闹要挟，而是用不是理由的理由，来坚持自己的行为。

与多多的对话

①多多穿条花裙子，掂起裙子的一角，对冬冬说："这是去年买的。"

冬冬也拉着自己的裙子，说："我的妈妈，给我买的漂亮的裙子。"

这是她跟人斗气比富。

②冬冬和多多，各拿一把纸扇。

冬冬说："你扇我的，我扇你的。"

两个人交换扇子扇几下，再交换过来。

---

[1] 攉：河南方言，大致相当于"泼"。

口头禅"不会的"

冬冬连着吃了六块儿水果糖。妈妈阻止她说，吃糖多了，牙齿里会长虫子，很疼。

她说："不会的。因为妈妈在这的，不会长虫的。"

"不会的"，是冬冬近日的口头禅。"因为"的理由也不成立。

与爸爸分享饼干

冬冬吃饼干，也递给爸爸一块儿，问："爸爸，你还吃不？"

菁菁和冬冬

①菁菁送冬冬一个活蚕蛹。

冬冬拿着蚕蛹的末端，蚕蛹连连摇头。她模仿蚕蛹，不停地把头摇来晃去，对妈妈说："它这样动。"

②菁菁教冬冬做广播体操。冬冬很快学会了第一节。菁菁还重复教。

冬冬说："我会了，你还教什么呀？"

③菁菁讲画书。

冬冬指着画册上一头极夸张的肥猪，说："小熊啊，小猪啊，这个，不[tʂao][1]！"

因果关系

①"姐姐，"快到姐姐下班时间了，门突然打开，冬冬误以为是姐姐回来了，见无人应答，便自我纠正，说："风。"

②冬冬弄湿了衣裙，跑回来让换干衣服，说："湿了会感冒的，会流鼻涕的。"

门，既然不是姐姐推开的，那就是被风吹开的；穿着湿衣服，会流鼻涕感冒。

---

[1]　[tʂao]："知道"合音。

这是冬冬对因果关系的把握。

谁哭，老鼠就咬谁

冬冬把枕头放在自己腿上，做洗衣的动作："洗呀洗呀，搓呀搓呀。翻过来，洗呀，洗呀，搓呀搓呀。好沉呀！"

姐姐说，同事家的孩子特别爱哭，哭起来没完没了。

冬冬接话茬儿说："叫妈妈买大老五，咬哭的小孩！"

姐姐问："如果你哭了呢？"

冬冬答："哭了咬我。"

比较句

①爸爸吃晚饭。

冬冬问："爸爸，你喝什么呀？在哪儿盛的呀？"

爸爸说："面条。你想喝，让姐姐给你盛一碗。"

她尝了一点，说："比花生米好吃。"

她是用"比"字句，拿今晚面条跟中午的花生米做比较。

②爸爸张大嘴巴，要吃冬冬的鼻子。

冬冬指着姐姐的鼻子，说："她的鼻子大，你吃吧！"

姐姐说："冬冬的鼻子大，吃冬冬的。"

冬冬再指着姐姐，说："她的鼻子更大了。"

用"更大"表示比较的结果。

谬理

冬冬不想让他人吃她的东西，所找的理由，还都是为他人好。

①冬冬和妈妈各拿一支冰棒。

田伯伯故意说要吃冬冬的冰棒。

冬冬把冰棒背到身后，说："她不能吃，咬不动的。"

冬冬吃完了自己的冰棒，又要妈妈的，说："你拿着掉了咋办？"

②下午，冬冬喝着汽水在楼下玩。

吴伯伯说："冬冬，你的汽水把[1]我喝。"

冬冬不接话茬儿，却对爸爸说："他喝会肚疼的。"

"爸爸真能干啊"

晚上，爸爸带冬冬到楼下乘凉。

此时，楼下的大门已经插上了。爸爸打开门闩，开开门走到院子里。

冬冬赞叹道："爸爸开开了，爸爸真能干啊！"

1987-5-25

树叶子

①从托儿所回来，冬冬指着路两旁绿油油的树叶说："树叶子绿了。"

②她把铁盒中的茶叶，也称为"树叶子"。

"不懂"

①冬冬拿着画册找妈妈念。正在忙着的妈妈，让她自己看去。

她说："我看不懂。"

②乌云满天，暴雨将至。

爸爸抱冬冬站在窗户旁，讲雨前天空、大地、树叶、大风等情境的变化，她听了一遍，让爸爸还讲。

爸爸说："还讲什么呀，你自己看呗！"

---

[1] 把：武汉方言，"给"的意思。

冬冬说："我不懂。"

听响声，做判断

从厨房里，传出了铝锅掉地上的响声。

冬冬说："谁把我的盆子弄掉了。"

反应很敏捷。听响声，知道是盆子掉地下了。几家共用一个厨房，用"我的"，也太武断了点。

两岁四个多月的冬冬，一切皆以自己为中心。其显性标记是用"我"代替了自己的名字。

童言

①冬冬在妈妈的鼻子、脸、眼睛等处，随意抓一下丢到地下，说："妈妈，我把你的灰弄掉！"

②冬冬问："妈妈，你见过'绿肥红瘦'吗？"

③田伯伯搔她的痒痒。她扭动着身子，连喊："妈妈捂住。"

④姐姐买回一枝转枝莲，花芯儿里像是裹着一只小鸟。

冬冬掰开花瓣，说："小鸟，摸摸它的尾巴吧！"

1987-5-26

"明天"的误用

昨天深夜，她哭着要找姐姐，把妈妈弄生气了。

今早，她对姐姐说："妈妈怪我了。"

姐姐问："为什么？"

"我要去南湖找姐姐。"她又转头问，"妈妈，你为什么不喜欢我呀？"

妈妈："我怎么不喜欢你了？"

冬冬："你打我！"

妈妈："什么时候打你了？"

她说："明天。"

讲"道理"

爸爸准备送冬冬去托儿所。

冬冬说："爸爸，我吃完黄瓜再走。"

黄瓜还没吃完，又要去厕所拉屎。

爸爸开玩笑地说："算了，不要拉了。"

冬冬说："肚疼，屙屎。不让我屙屎，憋死了咋办？"

气泡与虫子

冬冬想喝汽水，请求道："姐姐开，姐姐开一瓶。"

打开汽水瓶盖，立马溢出许多泡沫。从汽水瓶底，又往上涌起许多小泡泡。

冬冬大叫："妈妈，你看，虫子。"

冬冬让姐姐喝汽水："这么多的汽水，你咋不喝呀？"

姐姐尝了一点儿，说："真甜！"

冬冬说："比冰棒甜。"

又是一个"比"字句。

一连串的问话

冬冬坐在床上，连声叫："妈妈，妈妈！"

妈妈正低头找袜子，既没回头看她，应答声音也较低。

她不满地说："在哪儿？怎么没听见呀？怎么没听见，是我喊你呀！"

妈妈忙说对不起，问她喊妈妈干什么？

冬冬："妈妈，你的胳膊好没有呀？"

妈妈："好了呀。"

冬冬："妈妈，你能带我去买菜吗？"

妈妈："能呀！"

冬冬："妈妈，能带我去买螃蟹吗？"

妈妈："能。"

冬冬："能带我去买西瓜吗？"

妈妈："能。"

冬冬："妈妈，能带我去买大乌龟吗？"

妈妈："能。"

冬冬："妈妈，能带我买豆腐皮吗？"

妈妈："能。"

冬冬："妈妈，能带我买豆腐脑吗？"

妈妈："能。"

冬冬连发七问，所问内容，都不重复。

"你的胳膊好了"

冬冬叫："痒，挖[1]！"

妈妈给她抓了会儿痒痒，但她仍叫着"痒"。

妈妈说："不行了，我的胳膊疼。"

冬冬说："你的胳膊好了。"

妈妈说："谁说的？"

冬冬说："妈妈说的。"

的确，妈妈刚才说过"胳膊好了"。

------

[1] 河南把"挠痒"叫"挖痒"。

1987-5-27

学诗再记录

冬冬最近会背诵：

杜牧的《山行》："远上寒山石径斜，白云生处有人家。停车坐爱枫林晚，霜叶红于二月花。"

马致远的《天净沙·秋思》："枯藤老树昏鸦，小桥流水人家，古道西风瘦马。夕阳西下，断肠人在天涯。"

今日再学张若虚的《春江花月夜》："春江潮水连海平，海上明月共潮生。滟滟随波千万里，何处春江无月明？江流宛转绕芳甸，月照花林皆似霰。空里流霜不觉飞，汀上白沙看不见。江天一色无纤尘，皎皎空中孤月轮。江畔何人初见月？江月何年初照人？人生代代无穷已，江月年年只相似。不知江月待何人，但见长江送流水。白云一片去悠悠，青枫浦上不胜愁。谁家今夜扁舟子？何处相思明月楼？可怜楼上月徘徊，应照离人妆镜台。玉户帘中卷不去，捣衣砧上拂还来。此时相望不相闻，愿逐月华流照君。鸿雁长飞光不度，鱼龙潜跃水成文。昨夜闲潭梦落花，可怜春半不还家。江水流春去欲尽，江潭落月复西斜。斜月沉沉藏海雾，碣石潇湘无限路。不知乘月几人归？落月摇情满江树。"

冬冬跟着念了几遍，已会背诵前四句。

增多的语言现象

①礼貌语言增多，如："爸爸请进"，"姐姐，谢谢你"，"妈妈，对不起"等，都在自觉运用。

②"不会的""我不懂"等成为口头语。

③单音节称呼多起来，如"爸、妈、姐"。

④"咋办"或"怎么办"多用。

⑤喜欢引用他人的话，如"奶奶说的"，"爸爸说的"。"引语"的使用

也是一种重要的语言能力。

"茶"的发音实验

5月2日，曾经记录冬冬"茶"的发音似"它[tʰA]"，阳平。大人教了多遍，冬冬终于发得像是"茶"的音了。今天再做"茶"的发音实验。

爸爸故意模仿冬冬，把"喝茶"发成"喝[tʰA]"。

冬冬连说："不对，不对！"

爸爸用正确发音说："喝茶。"

冬冬说："对，是喝[tʰA]。"

冬冬说"对"时，自己还是把"茶"发成[tʰA]。爸爸连着纠正几次，冬冬最终发出了清晰的"喝茶（[tʂʰA]）"。

这个实验有两点收获：

第一，冬冬知道"茶"的正确发音，只是自己发不出来。在今年的4月18日，曾经记录到与之相似的情况：冬冬把"鱼刺"的"刺"发得像"气"，而成人故意把"刺"发成"气"时，她便纠正，但是她自己仍然把"刺"说成"气"。

语言感知与发音器官的运动能力不一致的情况，西方学者也有报道。比如英语儿童在习得"鱼"的时候，把 fish 发成 fis。当成年人模仿他把鱼说成 fis 时，他会纠正，但儿童纠正他人时自己说的还是 fis。

第二，冬冬发出翘舌音（[tʂ、tʂʰ、ʂ]）的条件基本成熟。因为她有了翘舌音的音感，而且经过爸爸多次纠正，她有了发出翘舌音的实践。

"她说，'给爸爸找个新妈妈'"

三天前的下午，冬冬和妈妈在楼下玩。

田伯伯说："让你妈妈上楼给你拿裙子。"

冬冬说："妈妈腿疼，板大包了怎么办？"

田伯伯故意说："摔大包怕什么？让你爸爸再给你找个花妈妈！"

冬冬说："没有妈妈怎么办？"

今天晚上，冬冬突然说："他说，'给爸爸找个新妈妈。'"

大家都听不懂，连问："你说什么？什么新妈妈？"

冬冬回答："他说，'给爸爸找个新妈妈。'"

妈妈记起来田伯伯开的玩笑。

爸爸问："谁说的？"

冬冬答："田伯伯。"

这事已经过去了三四天，今天并没有人提这样的话题，又无田伯伯在场，她还记得这事，可见她对这句话，印象多么深刻。

理由

冬冬骑小车在院子里兜圈子，家家站一旁观看。

爸爸说："你让家家坐你的小车吧！"

冬冬说："家家大，骑着坐不下。"

推想的情景

①天黑了，冬冬还要出外。

姐姐说："我不出去，你一个出去玩吧！"

冬冬答："回来一看，没见爸爸了，妈妈了，姐姐了，我一个人哭了！"

她在推想，自己回家如果找不到家人的情景。

②"六一"快到了，大人商量着买个游泳圈，作为送给冬冬的儿童节礼物。

冬冬说："跑气了咋办？"

小画书中，有小猪的游泳圈跑气后瘪掉了的内容。

"也"

①冬冬坐在痰盂上大便，说："妈妈也屙臭臭，我也屙臭臭。"

爸爸问她拉完没有，她说："屙了，还没屙完了的。"

②睡下，刚关上灯，她又要喝水。

妈妈说，自己也想喝茶，但灯亮了，来了大灰狼怎么办？想以此转移冬冬喝水的念头。

冬冬说："妈妈想喝茶，我也想喝茶。"

追问与推断

爸爸为记下刚才冬冬说的话，翻身下床，按亮台灯。

冬冬："我的爸爸呢？"

妈妈："爸爸呀，去记你的话了！"

冬冬："什么记我的话呀？"

妈妈："记你说的话。"

冬冬："记我什么话呀？"

妈妈："记你刚才说的话。"

冬冬："记我说的话，干什么呀？"

爸爸回到床边，为记下刚才的这段话，又跑回书桌前。

冬冬明白了，说："爸爸又去记我的话了。"

1987-5-28

"再见"

昨晚，她跟着爸爸读了一遍《风在哪儿？》。

早上，她自语道："'风在我脸上'，它就来了。"

爸爸起床，准备去买早点，招手道："冬冬再见！"

冬冬也向爸爸招手："爸爸再见！早点回来，注意安全！"

稍停，她回过神来，问爸爸："你上哪儿去呀？"

看来，刚才向爸爸招手和说的那些话，都是不假思索的"话套子"。

经验联想

①冬冬捡起地上的黄瓜头儿，正准备往嘴巴里塞，被妈妈阻止，说不能吃。

她接口道："吃了，有细菌，会生病，打吊针。妈妈捏鼻子，姐姐捺着腿，吃药！可难过了！"

看来，大道理，都懂得！

②姐姐胃疼。

冬冬着急了："这怎么办呢？上厕所屙屎去。"

感觉，很奇特

菁菁把冬冬的身子平放在椅子上，头稍后仰，双腿下垂。

冬冬惊叫起来："她抱住我，到悬崖里去。"

她仰头垂腿睡在椅子上，竟然产生了"到悬崖里去"的感觉。

自我评价

冬冬边脱衣服，边说："我也要脱衣服，自己脱，不叫别人替我脱。"

她脱光衣服，拉床单盖上一条腿，另一条腿还露在外面，笑着说："盖错了。"

"盖错了"是没有盖好的意思。自己的事情自己做，做了事，还能进行自我评价。

蚊香

夜里，点燃的蚊香烟雾袅袅，燃烧过的灰烬坠落在地，仍保持完整的圈状。

冬冬指着落在地上的灰烬，问："这是断了？"

姐姐说："是断了。"

冬冬拿卡子碰碰蚊香，一段燃烧过的香灰坠落下来，说："把灰捣掉了。"

1987-5-29

好蚊子，坏蚊子

冬冬指着自己中指上的小疙瘩，问妈妈："这是怎么了？"

妈妈："还不是蚊子咬的了！"

冬冬："什么蚊子呀？"

妈妈："坏蚊子。"

冬冬："好蚊子不咬，坏蚊子咬。蚊子是怎么咬的？"

妈妈讲了蚊子吸血的过程

冬冬："从哪来的蚊子呀？"

现在的冬冬，什么事情都喜欢刨根问底。妈妈告诉她蚊子繁殖的地方是垃圾堆、草丛和臭水沟，并答应下午带她去看看。

冬冬："妈妈带冬冬，爸爸拿大棍，姐姐拿大棍，冬冬拿大棍，都去打蚊子！"

妈妈说，蚊子长翅膀，会飞。大棍是打不着的，只能用双手拍或蚊香熏。听说用手就能拍到蚊子，冬冬很高兴。

"是……，还是……"

爸爸让冬冬吃酥饺。

她问："是做的酥饺，还是买的酥饺？"

这是冬冬的第一个选择问句。

"老头儿喜欢看姑娘"

今晚所有的频道，都是老教师在讲数学。冬冬不喜欢，吵着"要女的"。

爸爸调侃道："不能只看姑娘，老头儿也好看。"

冬冬说："老头儿喜欢看姑娘。"

爸爸有点吃惊，问："谁说的？"

冬冬答："爸爸。"

爸爸更是莫名其妙，问："爸爸什么时候说的？"

冬冬说："刚才，刚才说的。"

冬冬大概把"老头儿也好看"的"好"听成了"爱好"的"好"。"好（去声）看"就是"喜欢看"。

而且，"刚才"也是第一次记录到的。此前只用"刚"。

1987-5-30

"咦"

早上，冬冬推爸爸起床。

冬冬对妈妈说："他睁开眼睛看看我，他又，咦，又睡着了！"

她活灵活现的一个"咦"，把妈妈逗乐了！

腋毛和头发

冬冬和爸爸疯着玩。

"爸爸弄摔倒了，怎么办？"冬冬说着，打了个趔趄，身子一歪，忽然发现爸爸的腋毛，吃惊地问道，"这头发，怎么跑这来了！爸爸，怎么跑这来了？因为，怎么跑这来了？"

最后一问冒出个"因为"，看似突兀，但透露出"怎么"是问原因的。

爸爸跟她解释了头发和腋毛的异同和作用。

看画书

①冬冬让讲《狼来了》，督促道："爸爸讲啊！刚才，我讲了。"

第二次记录到"刚才"这个时间词的使用。

②她指着一只小羊说："这怎么搞的，没有脸呢？"

所谓"没有脸"，是画书上只画了这只小羊的背部，没有画头。

画书中有羊群、牧羊狗和狼。她说："好多动物啊！"

把羊、狗、狼都归入"动物"，有了一定的归类意识和能力。

③爸爸指着一只小狗，说："a dog。"

冬冬说："a dog，a dog 是什么呀？ a dog 是狗。"

连用"因为……"

冬冬躺在床上，深咳了几声，身子歪到一边，背对妈妈，头深深地埋进枕头里，小模样儿挺可怜的。

妈妈问她怎么了，为何如此难受？

她回答说："因为咳嗽了，因为干哕[1]！"

"这个"

冬冬学写字，写一个"门"字。字较小，被她命名为"小门"。

她突然说："我想起来了！"

妈妈问："想起什么了？"

冬冬说："想起这个。"

"这个"并无所指。

妈妈问："这个，是什么呀？"

冬冬说："这个，不怎么样！"

在追问中，她始终没有说出，"这个"是什么东西。

"我扎扎试试"

冬冬把盒子里的大盖钉，撒落到地上。

---

[1] 干哕：想呕吐。

妈妈说："钉子会扎脚的。"

冬冬说："不会的。"

妈妈说："会的。"

"我扎扎试试！"她说着，用一枚小钉子，往自己脚上扎。

妈妈担心地问："怎么样？"

"不怎么样！"她很自豪地回答。

冬冬使用的"我扎扎试试"，是很值得记录的一笔。从语法学上看，动词"扎扎"重叠，就有尝试的含义。"试试"已经虚化为表示尝试的标记。

"非"

天黑了，她坚持去楼下："我非要去！"

在成人语言里，"非"是个否定词，"非……不可"是个固定说法。当"不可"经常不在"非……不可"中出现时，"非"的意义就发生变化，由否定变为强调。儿童一开始学的就是"非"的强调用法。冬冬近来多用强调副词"非"，坚持己见，是自我意识的不断觉醒与强化。

"一……就……"

"我肚子疼，要尿到裤子上了！"冬冬大喊。

爸爸忙抱她到厕所小便。裤子没有搂起来，尿湿了一小片儿。

冬冬说："不要紧，一尿，尿湿了。"

姐姐埋怨她，不该尿在裤子上。

冬冬说："这没注意嘛。我一搂起来，就尿裤子上了。"

"一……就……"表示前后两个动作连接很紧，是一种复句紧缩格式。

"一会儿"

从托儿所回来，冬冬从口袋里，掏出一块儿蛋糕和一个鸡蛋，说："托儿所的，发的蛋糕；托儿所的，发的鸡蛋。"

爸爸让冬冬把东西放在桌上。

她提要求，说："爸爸，我要玩一会儿。"

眼见为实

冬冬不愿意穿袜子。

爸爸说，大家都穿了袜子。她不相信，非要核实一下不可。

"穿袜子了，"她让爸爸抬起一只脚，看一眼，顺手按下去，又拉开爸爸另一条裤腿，说，"我看看这只脚。"

学会的儿歌

"小手绢，四方方，天天挂在我身上。又擦鼻子又擦汗。干干净净真好看。"冬冬骑着小车，念念有词地背儿歌，并强调说，"托儿所的奶奶教的。"

妈妈问，托儿所奶奶还教了什么？

冬冬接着说："妈妈没有回来，不能把门开开。大灰狼进来了，怎么办？小白兔说的。"

诗歌、舞蹈和童话，是儿童成长最好的营养品。

1987-5-31

害怕孤单

冬冬骑着小车子，独自跑到大广场里兜圈子。爸爸隐隐听见冬冬的哭声，急急赶过去。

她擦着眼泪说："就我一个人了，妈妈没在我跟前。"

其实并没有发生什么事，只是她没有看见妈妈。

夸张的说法

姐姐跟冬冬闹着玩，装作很使劲地"拧"她的脸蛋。一不小心，碰着了冬冬的眼睛。

冬冬紧闭双眼，说道："我眼，揉瞎了。"

反问句

爸爸给冬冬擦鼻涕，没擦干净。

冬冬抹一把脸，不满意地问爸爸："你擦的啥呀！"

姐姐上夜班去了

姐姐准备去上夜班。

冬冬不理解，问："姐姐，你下了班了，还要上啊？"

姐姐："没办法，轮到上夜班了！"

姐姐走出去，随手关纱门，留下了个小缝隙。

"把门关好，蚊子跑进来，怎么办？"冬冬高声告诉姐姐，然后自言自语道，"我姐姐上班去了，妈妈保护我的，爸爸也保护冬冬的。"

跟爸爸捣乱

冬冬把自己的腿，插进爸爸坐的椅子腿里，大叫："腿，腿！"

爸爸忙把她的腿拉出来。

她用手揉着腿，说："撇着了！"

刚消停了一小会儿，她又爬上椅子，扒着爸爸的肩头，说："我看你怎么写？"

爸爸说："老实点，好不好？"

冬冬不理茬，拿起钢笔，拧开笔帽，递给爸爸，说："我给你打开。"

爸爸接过钢笔，把她已经认识的字，写在一张纸上，要她念出来。

她指着空余的白纸，说："这有好多好多的，怎么不写呀？"

病了，吃药

①冬冬又发高烧。

她说："我病了，在流鼻涕。感冒了，我要吃药。"

"在流鼻涕"的"在"，表示动作正在进行。两个月前的 3 月 24 日，曾经记录到一个类似的用法：冬冬指着电视上一个正在喝水的爷爷问："他在喝什么呀？"

②爸爸说自己的腰椎好疼。

冬冬接口道："快吃药了，爸爸。"

扇扇子，头发动

冬冬扇着扇子，惊奇发现头发会动。说："我的头发会动，妈妈的头发会动。"

妈妈问："头发为什么会动？"

冬冬答："扇子风来了，就会动了！"

让爸爸抽烟提神

夜深了，冬冬还精神着呢。爸爸让妈妈先睡觉，自己哄冬冬。他也困了，一个哈欠接一个哈欠。

冬冬问爸爸："抽烟吧？"

爸爸说："不抽。"

冬冬说："啊，不抽。"

爸爸写作时，总叼着一支烟，美其名曰"提精神"。冬冬发现爸爸哈欠连连，提议抽烟解乏，好继续陪她玩。

1987-6-1

"叔叔保护爸爸的"

中山大学的周小兵叔叔和华中工学院的唐志东叔叔来家，跟爸爸商议儿童语言习得的出书事宜。快到中午，爸爸出外采购待客物品。

冬冬："爸爸，你要干什么去呀？"

爸爸："我去买菜。"

冬冬："买黄瓜吗？"

爸爸："买。"

冬冬："快点回来！"

爸爸："好。"

在爸爸开门往外走时，周叔叔也跟着出去。

冬冬问："叔叔为什么去呀？"

妈妈说："和爸爸一块儿去买菜。"

冬冬说："街上有好多好多的汽车，好多好多的车子，撞着爸爸怎么办？叔叔保护爸爸的！"

后来，她又自言自语："我才不去呢，好多好多的车子，撞着我怎么办？"

"不咬得动"

"这个咬得动，"冬冬吃包子，又指盘子里的酥饺说，"这个不咬得动。"

"不咬得动"的说法，表明她对可能补语的否定规则，掌握得还不够熟练。

"这个"和"那个"

冬冬从外面进来，对爸爸说："爸爸，给我买这个！"

"买什么呀？"爸爸不知道她的"这个"，指的是什么。

冬冬指指外面说："买那个，像小哥哥一样的这个。"

经姐姐解释才明白，冬冬喜欢张魁哥哥玩的跳棋。

"这个"和"那个"，均指"跳棋"。

拉家常

冬冬："爸爸，你的爸爸呢？"

爸爸："你说呢？"

冬冬："你的爸爸死了？"

爸爸："胡说，我的爸爸是你的爷爷，他在河南。"

冬冬："啊，爷爷在河南等你回去。我的舅舅呢？"

爸爸："在河南。"

冬冬："我的小牛呢？"

爸爸："在河南家里。爷爷给你放着，在山坡上吃草。"

冬冬："山坡上有没有大灰狼？咬着了怎办呢？"

爸爸："爷爷劲儿可大了，把大灰狼打跑了。"

冬冬："小山上，有没有大灰狼？"

"睡觉叔叔"

爸爸、周小兵叔叔和唐志东叔叔三人，谈兴极浓，一直交谈到下午四点钟。

大人督促旁听的冬冬去睡午觉。

冬冬反问："叔叔怎么不睡觉呀？"

妈妈说："叔叔睡过觉了。"

周叔叔也说："叔叔已经睡过觉了，快睡吧！"

由这句话，她把周叔叔命名为"睡觉叔叔"。

唐叔叔问："谁是睡觉叔叔？"

她指指周叔叔，说："他。"

比较

①冬冬喝汽水，说："姐姐买的好喝，爸爸买的更好喝。"

②识图。冬冬可以比较出两条直线的长短。但把相同长度的曲线和直线放在一起，她认为直线比曲线长。

"一"

冬冬认识并会写"一"字。

"我看不见"

冬冬叙述过去的或在外面发生的事情，常用"我看不见"。

对门的小朋友多多哭了。

冬冬问："谁在哭？"

姐姐说："多多。"

冬冬说："我看不见。"

姐姐告诉她："看不见，可以听见。"

她点点头。

1987-6-2

维护自己的权益

①冬冬带四块儿饼干下楼，分发给在场的家家、吴伯伯、田伯伯和自己。刚发完饼干，菁菁来了。

冬冬说："没有菁菁的了。"

菁菁要冬冬的饼干，冬冬把手背在背后，说："我没有了怎么办？"

②田伯伯要坐她的椅子，她不让，说："你家有椅子的。"

"吃药，挤眼睛干什么呀"

一楼的张伯伯，站在门洞口喝中药，挤眼咧嘴，表情很夸张。

冬冬惊奇地问："伯伯挤着眼睛，干什么呀？"

田伯伯说："他吃药，药苦。"

冬冬问："吃药，挤眼睛干什么呀？"

大人们都笑了。这还真不好解释。

冬冬现在习惯用"干什么"问原因，相当于"为什么"。

"楼梯口有味气"

下楼时，妈妈说，这个味道好难闻，是谁家下老鼠药，药死老鼠啦。

等一会儿，冬冬上楼，途中又跑了回去，大叫："楼梯口有味气，楼梯口臭死人了。"

"味气"是她的创造。

《大老鼠》故事的演变

冬冬愿意听大人之间的交谈，不懂就问："说什么呀，讲讲。"

田伯伯跟冬冬讲《大老鼠》的故事。晚上，妈妈让她复述一遍。

冬冬绘声绘色地说："大老鼠呀，钻到了箱子里，有裙子呀，和裤子呀。有一天，老爷爷一看，大缸里没有大老鼠了，大灰狼把老鼠吃掉了，老爷爷哭了。"

这个"和"，是连词用法，过去的"和"，多是介词用法。

此外，在田伯伯讲的故事中，是老爷爷捉老鼠，到她嘴里却变成了大灰狼吃老鼠。

1987-6-3

"一步一步"

爸爸先上楼。

冬冬拉着妈妈的手，慢慢走，说："妈妈慢点走，爸爸已经一步一步地上去了。"

又出现了"已经"。

"一步一步"，是形容爸爸一步上一阶楼梯。

"大鼻涕"

冬冬擦出一大坨鼻屎，说："大鼻涕。"

近来，冬冬常能对事物命名。

"我拉天黑"

她急匆匆跑进厕所，说要拉屎。蹲了好大会儿，什么都没有。

姐姐笑她虚张声势，她也笑起来。

出厕所，她拉电灯开关，说："我拉天黑。"

"拉天黑"，其实就是拉灭灯。没了灯光，周围就黑暗了。

"现在"

冬冬指着脚面上被蚊子叮咬的一个大包，说："我的脚咬了，我要洗洗。"

爸爸端盆凉水给她洗脚。她又嚷着要喝水。

爸爸说："等洗了脚再喝！"

冬冬说："我现在就要喝。"

这是记录到的冬冬第三次用"现在"。

与爸爸卧谈

父女俩躺在床上玩耍。

爸爸："我吃你的小脚脚吧？"

冬冬："不行，你吃了，我怎么走路啊！"

爸爸："我吃你的小手手吧？"

冬冬："没手了，怎么拿棍子呢？"

爸爸："我吃你的鼻子，好吧？"

冬冬："鼻子臭。"

爸爸："那我吃你的头发吧？"

冬冬："头发也臭。"

爸爸："吃耳朵怎么样？"

冬冬："耳朵也臭。"

"像……这样"

夜里十点钟，出外乘凉。在水泥路上，父女俩对着玩儿玩具小赛车。

冬冬对爸爸说："你蹲着。"

爸爸半弯着腰，叉开双腿，说："我这样吧？"

冬冬蹲下身子，做个示范动作，说："像冬冬这样蹲！"

1987-6-4

武汉腔

电视放映了《黑猫警长》之后，是《晚间新闻》。"晚间新闻"这四个字，一个接一个地跳出来。

冬冬大叫："又是这个，讨——嫌——"

后两字音拖得很长，活脱脱的武汉腔。

不让妈妈喊她"妹妹"

姐姐一句用一个"我的妹妹"，和冬冬逗乐。

妈妈也凑热闹："我也喊你妹妹吧，小妹妹！"

冬冬说："我是你的女儿，你喊'我的妹妹'，干什么呀？"

妈妈说："你的名字叫小妹妹呀！"

冬冬说："我是冬冬。"

1987-6-5

理发

爸爸带冬冬去理发。到上坡处，爸爸说："上坡了，快喊'爸爸加油'，喊哪！"

冬冬说："还没上坡哪，'加油！加油！'"

她模仿爸爸说"加油"的腔调，意思是"加什么油啊"。

冬冬刚剪过头发，回到家，照着镜子问："我漂亮不漂亮啊？"

妈妈说："漂亮。"

冬冬说："爸爸也漂亮，妈妈不漂亮。"

爸爸也刚理过发，妈妈没有理发。

"一……，就……"

①姐俩刚出门，冬冬就喊着累，并做出腿发软、东倒西歪的模样。

姐姐说她装出来的。

冬冬辩解道："我一走，我就累了。大老虎把我摔倒了，因为我累了。"

②捉到一只萤火虫。

爸爸用手罩着萤火虫，让它的光更亮些。

冬冬说:"一挡住,它就死了。"

"你怎么不高兴啊"

冬冬对妈妈说:"妈妈,睁开眼吧!"

睡意极浓的妈妈,勉强睁开眼,看着冬冬。

冬冬说:"你怎么不高兴啊!"

这法子,不灵了

姐姐在楼下住。已是深夜十二点,冬冬还要找姐姐。

爸爸把她放在自己肚子上,像骑马奔跑一样的上下簸动,说:"宝贝儿,闭上眼睛骑马马,一会儿找到姐姐了。"

冬冬说:"我没找到姐姐。"

爸爸说:"闭上眼睛,找得到的。"

冬冬说:"在屋里,怎么找得到呀!"

1987-6-6

谁欺负了谁

在走廊里,冬冬和小朋友吵嘴,气得哭起来。妈妈让她回家,她站着不动,只是哭。无奈,妈妈硬把她拽了回来。

一进房间,她就抽泣着扑向爸爸:"爸爸,妈妈欺负我了!"

爸爸问:"妈妈为什么欺负你呀?"

冬冬:"我不进来嘛!"

爸爸:"你为什么不进来?"

冬冬:"我在外面哭了,因为妈妈怪我。"

"拉天亮" "拉天黑"

天黑了。

"拉天亮，"冬冬拉电灯开关。拉开电灯，周围就明亮起来了。她再把电灯拉灭，说，"拉天黑。"

"别"

爸爸做出要搔冬冬痒痒的姿势，双手一替一下地向她逼近。

她吓得全身缩成一团，连说："别，别！"

1987-6-7

像……一样

冬冬翻开画书，捏着两页，用手指拨来捻去，试图分离开："我怎么分不开呀？"

爸爸帮她捻开书页。插图是一张桌子。

冬冬说："桌子，像我们的桌子，像我们的桌子一样。"

大人的语气

①冬冬的眼角发红。爸爸给她上眼药水，她不配合，左躲右藏。

爸爸说："点了眼药，咱们捉小猫儿。"

冬冬立马蹲在爸爸跟前，说："那可以。"

②父女俩逗乐疯打。爸爸佯装着咬了一下冬冬的屁股。

她笑得喘不过气来，说："别胡闹了。"

"后面"

冬冬说："后面痒，脊梁痒。"

后果很严重

在马路上骑小车。

姐姐教育她，骑车子，一定要有人陪，千万不要一个人上马路。就是在院子里，也要躲开汽车和自行车。万一撞上了，是会死人的。

冬冬说："碰死了，可麻烦了。找不到爸爸了，找不到妈妈了，也找不到姐姐了。"

对付蚊子叮的办法

路旁有个纸篓，她坐上，说："找个地方坐下！"

姐姐问："干什么？"

冬冬吐出一点唾液，涂抹到小腿肚儿的疙瘩上，说："坐下，抹抹腿。"

"你去外边去洗衣服去"

姐姐搓洗已浸泡的衣服。冬冬要掺和，姐姐不让。

"你干你的，我干我的。" 冬冬对姐姐说了，又转向妈妈，说，"妈，她干她的，我干我的。"

她对姐姐说时用"你"，对妈妈说时用"她"，人称代词使用娴熟。

妈妈附和道："对。"

有了妈妈的支持，她更来劲了，对姐姐说："你去外边去洗衣服去！"

三个"去"字，云集一句，说明连动结构也掌握得很好了。

可大可小的"大""小"

①姐姐要尝尝冬冬的烤鱼片。

冬冬说："不能吃，吃了肚儿疼。"

姐姐问："那你吃了，为什么不肚儿疼呀？"

她说："我大你小呀！"

②出外，她要姐姐抱。

姐姐说："你抱我吧！"

冬冬说："不行，我小你大。"

在冬冬这里，确定"谁大谁小"采用的是"实用主义"标准。

条件关系

晚上八点钟，冬冬又发烧，爸爸带她到医院打针。返家时，听见学校电影院放映电影的声响。

冬冬问："什么响？"

爸爸答："放电影呢，去看吧？"

冬冬说："回家搬了凳子，再来看。"

爸爸说："为什么搬凳子呢？"

冬冬说："不搬凳子，人家不让看。搬了凳子，人家才让看。"

1987-6-8

"一会儿"

妈妈收拾五屉柜上的东西。

冬冬说："妈妈，咱俩一块儿认字吧！"

妈妈说："等一下，我收拾完就来。"

冬冬说："一会儿，让姐姐收拾吧！"

妈妈拿笔和纸，赶快记下这句话。

冬冬问："你干什么？"

妈妈说："写几个字。"

冬冬说："一会儿，让姐姐写字吧！"

这两个"一会儿"，都是"等一会儿"的意思，单独使用，时间意义更为突出。

看图说话

妈妈让冬冬看图讲故事。

冬冬说："我不知道。"

妈妈说："看了就知道了。"

冬冬说："看了，我也不知道。"

冬冬拗不过妈妈，终于同意自己拿着画书看了。

她拍拍床沿儿说："这是我的位置。"

妈妈说，妈妈坐床沿儿，你搬把椅子，坐在妈妈面前。她不干，却让妈妈搬椅子。

妈妈说："妈妈搬不动。"

冬冬说："妈妈可以弄得动。"

"可以"与"得"合用。

摘花罚款

菁菁的胸前，插了一朵栀子花。

冬冬压低声音，对菁菁说："不要让老爷爷看见了。看见了，会罚款的，要注意点儿。"

"点儿"用作"注意"的补语，可以起到减缓祈使语气的作用。

"黏糊糊的"

冬冬正吃奶油杏肉，田伯伯故意伸手跟她要。

冬冬说："黏糊糊的。"

田伯伯说："黏糊糊的我不怕，我吃完了，洗洗手。"

冬冬送给了田伯伯一块儿。

家家也来凑热闹，伸手要冬冬的奶油杏肉。

冬冬又从袋子中掏出一块，递给家家。

家家脸儿一扭，说："我不要，黏糊糊的。"

冬冬说："黏糊糊的，洗洗手啊！"

"洗洗手"，是刚从田伯伯那儿听来的。

"我去过了"

爸爸让冬冬到外面玩一会儿。

"噢，你去吧，我去过了，"冬冬拿梳子，要给爸爸梳头，说，"我给爸爸头发弄一弄。"

关于大灰狼

爸爸声称，要带冬冬寻找大灰狼的踪影。地点是华师附小旁边浓密的树丛里。

冬冬说："等一会儿，再拿小刀子。我看了，我再拿小刀子！"

意思是，等看到了大灰狼，再拿小刀子。

玩了半个多小时，累了，爸爸背她回家，说："冬冬，如果大灰狼咬爸爸的屁股了，怎么办呢？"

冬冬说："不会的。爸爸穿着裤子的，大灰狼弄不住，咬不住。屁屁没露着，屁屁盖着呢。"

被抓的惨状

冬冬脸上被蚊子咬了个大包。痒，忍不住去抠。姐姐看见了，用手挡一下。

冬冬说："抠烂了，可麻烦了。"

姐姐发现冬冬的右手背上，破了一块儿，直往外浸水。问她是怎么弄的。

冬冬先闭上眼，紧接着，又双手捂着眼睛，说："孙可挖我的。他挖我的手，我闭着眼！"

"晚安"

姐姐陪冬冬看电视连续剧《卡卡》。困极了，准备下楼睡觉。

冬冬不同意，说："还有一集，看完了再晚安。"

姐姐坚持下楼了。

爸爸停下手中的工作，去陪冬冬。

她撒娇地扑向爸爸，说："要爸爸哄睡觉，爸爸哄我睡觉！"

1987-6-9

起床

早上，冬冬指着妈妈说："姐姐起床了，我也起床了，爸爸也起床了，你怎不起床呀？姐姐，你给她弄弄被子！"

她知道，妈妈自己拉不掉身上的被子。盖着被子，就无法翻身起床。

"乱七八糟的"

冬冬对用毛笔写字，很有兴趣。但她每次伸出笔蘸墨汁，都被姐姐挡回去。

她跑去找妈妈告状："她不让我蘸，我非蘸不可。"

姐姐说："你把桌子收拾干净了，我就让你蘸墨汁！"

冬冬无奈，一边捡桌上的书本，一边嘀咕道："这怎么搞的？乱七八糟的。"

要姐姐帮厨

爸爸在厨房里忙碌晚餐。

姐姐刚推开家门，冬冬就拉着姐姐，说："姐姐，你到外面去一下吧！到厨房里去一下吧。"

姐姐说："去厨房干什么？"

冬冬指指厨房里的爸爸，意思是让姐姐帮厨。

1987-6-10

"正在走哟"

早上，爸爸领着冬冬下楼。

站在楼梯旁的家家，问："冬冬，怎么不去上学？"

冬冬说："正在走哟！"

"正在＋动词"表示动作正在进行。这是第一次记录到"正在"，也是典型的正在进行。此前记录到"在＋动词"，表示正在进行，都不如今天的"正在"典型。

"像……一样"

姐姐用手绢叠个布娃娃，往冬冬的脚上一放，冬冬忙缩回脚，布娃娃从脚上掉下去。姐俩就这样放上、缩回，一玩就是半个小时。

冬冬乐不可支，说："像钓鱼的一样儿。"

看画书

姐姐拿着画册，让冬冬讲故事。

冬冬绘声绘色地讲："大灰狼一看，小猴子没见了，小猴子跑到更大的深渊了。"

画书中，一个小朋友在刷牙。

冬冬说："'洗口'，奶奶[1]说的。"

---

[1] 奶奶：指托儿所的保育员。武汉话，把"刷牙"叫"洗口"。

"别碍我的事唦"

爸爸整理书桌上的书籍。

冬冬挤过去，铺纸写字，叫道："别碍我的事唦！"

表强调的"是"

冬冬叫："我要下去！"

大家笑了："你就在地上站着呢，还往哪儿下去啊？"

是口误。冬冬指指床沿儿，要坐上去。刚坐上床沿儿，她突然抱着脚，大声喊叫起来。

大人问怎么了。

她说："弄疼了！"

无缘无故的，怎么会弄疼了？看大家不相信，她又强调说："是弄疼了。"

这里的"是"，表示强调。

打针，背诗也疼

去医院打针，路遇修倜阿姨，她也带她女儿李勉去医院。

冬冬说："她怎么又来了？"

昨天中午，冬冬曾在医院附近碰到过李勉。

打肌肉针时，爸爸让冬冬背诗。

冬冬没说话。爸爸问她，为什么不背诗？

冬冬说："背诗也疼！"

到家了，爸爸从自行车上抱下冬冬。冬冬的脚还没挨到地，爸爸就松了手。

冬冬说："爸爸，给我弄摔倒了，怎么办呀！"

问话常用"干什么"

从医院出来，走的不是平时回家的路。

冬冬问："这是干什么呀？"

爸爸说："这是去行政楼。"

她不理解，又问："拐弯干什么呀？爸爸带我干什么呀？"

爸爸告诉她，去行政楼办点事就回去。

1987-6-11

风，在哪儿

幼儿《一日一课》。大人启发冬冬，风在何处？最初，她极喜欢用这句话回答："风在我脸上。"

在武汉工业学院的桂竹园。刮来一阵大风，放在石条上的那几张纸片，被吹落在地。

妈妈问："冬冬，风在哪儿？"

冬冬答："风在天上，风在树上。"

妈妈又问："树叶动了没有？"

冬冬答："动了。"

妈妈让冬冬捡起纸，说："风还在纸上。纸动了没有？"

冬冬："没有。"

此时，风已经停了，纸片的确没动。

小鸟"叫绿了我的小伞"

坐在花园的水池旁。

妈妈指着天空问："冬冬，天上有什么？"

冬冬："有小鸟，有老鹰。"

妈妈："听听，花丛里还有'唧唧'的声音。是什么在叫？"

冬冬："小鸟叫。"

妈妈："还有什么？"

冬冬："不知道。"

妈妈："是小虫子吧？"

冬冬："是的。"

妈妈："唧唧，唧唧，小鸟叫呀叫呀的，叫绿了树叶，叫红了鲜花，还有什么呢？"

冬冬接口道："叫绿了我的小伞！"

小花伞，正放在冬冬的身边。这是她说的最有诗意的一句话。

再次用"是"，表强调

电视中的阿姨在洗澡，冬冬也要洗澡，说："她洗澡了，她是洗澡了。我也要洗澡。"

姐姐："好，先去厕所，再洗澡！"

冬冬去厕所，用鼻子一闻，大叫"臭臭"，捂着鼻子跑了出来。

只要哪里有臭味，她都会把鼻子捂上。

1987-6-12

"那天、这天"

早上，冬冬问妈妈："妈妈，你现在高兴吗？"

妈妈说："高兴啊。"

冬冬："那天不高兴，这天高兴了！"

"明天"泛指未来

王汇阿姨一家出差，让爸爸给他们家看门。

早上，冬冬问："妈妈，爸爸呢？"

妈妈说："在下面睡觉。"

冬冬说："爸爸在王汇阿姨家写东西，没有在下面睡觉，你胡扯。"

该吃早饭了。

冬冬跑到一门洞的王阿姨家，去叫爸爸。爸爸让她先回家，自己随后就到。

冬冬临出门，扭头对爸爸说："爸爸，我明天还来看你！"

这句话里"明天"的意思是"等一会儿"。冬冬的"明天"仍在泛化中，用"明天"通指"以后的时间"。

地下湿，是下雨了

中午时分，下了一阵蒙蒙细雨。冬冬一出托儿所，就叫："下雨了！"

妈妈："你怎么知道下雨了？"

冬冬："地下湿了。"

从地下湿，推测出是下雨了。可以"以果溯因"，有了一些常识。

玻璃中的螃蟹

一个小玻璃工艺品，玻璃里密封着一只小螃蟹。

冬冬问："这是什么？"

爸爸说："这是螃蟹。"

冬冬："拿出来看看吧！螃蟹咬人吧？"

爸爸没顾上回答，忙去记录她说的这些话。

冬冬问："爸爸，你写字干什么呀？"

爸爸说："你说呢？"

冬冬说："记冬冬的话。"

就是让爸爸抱

爸爸要去做晚饭。

冬冬拉着爸爸不放："爸爸抱我玩。"

爸爸说："爸爸饿了，妈妈饿了，冬冬也饿了，让爸爸去做饭，好不好？"

冬冬就是不放手，说："姐姐回来了做吧！"

1987-6-13

"一……，就……"

小车，是用许多螺丝钉把零件组合起来的，掉螺丝钉是经常的事。妈妈在地上捡了个螺丝钉，问这是谁弄掉的？

冬冬说："我一坐，它就坏了。"

"……时候"

冬冬要喝凉白开，妈妈不让。

冬冬说："姐姐上班回来的时候，她就喝。"

"……时候"是时间状语，表示动作、行为、事件的时间参照点。

"小动物"

①冬冬看到电视中的小鸟，问："这是什么小动物呀？"

②她翻开画册，常说："找小动物。"

"一点儿"

姐姐把锅里剩下的米饭，全倒在爸爸碗里。

冬冬叫道："给我留一点儿！"

爸爸把米饭拨给了她一些。

冬冬说："多倒一点儿！"

教研室不好玩

爸爸带着冬冬去教研室。爸爸做事，让冬冬一个人玩。不大会儿，她就闹着回家。爸爸问为什么？

冬冬说："那里不好玩。"

到了西一村墙外门口，冬冬指挥爸爸："拐弯。"

看演出

昨晚，姐姐带冬冬去学校看演出。

台上跳舞，她也要跳。

话剧中有警察，她称之为"黑猫警长"。

模仿

①冬冬模仿田伯伯扬眉吊眼的矫情，活脱脱一个田海燕伯伯。

②田伯伯两次用身子拦住路，不让冬冬进大门。冬冬又用此办法对待多多。多多往哪儿闪躲，她就又开双腿，拦到哪儿。

③她推小车子，先把小裙子撩到车座上，又用一只脚蹬着车轮子。说："姐姐就是这样骑的。"

模仿，能最快地促进儿童的进步。

1987-6-14

"我忘了喝茶了"

冬冬要喝茶。姐姐把开水倒进杯子，放在桌上晾着。

她在床上又跳又唱，玩了好一会儿，突然停下来，说："我忘了喝茶了。"

泛指代词"人家"

①幼儿之间的争吵打闹，是生活的一部分。

既然避免不了，冬冬采取的策略是："人家打我的时候呀，我就打人家；

人家不打人家的时候呀，我不打人家。"

②妈妈给冬冬穿一条带花的裤子。

她左躲右闪，就是不愿穿，说："人家说丑。"

妈妈问："丑？谁说丑？"

冬冬答："吴宗华说的。"

吴宗华是田伯伯家的十多岁的儿子。

1987-6-15

"洗头的"

香皂，被冬冬称为"洗头的"。

不知其名，便以其功能命名。

妈妈不能上椅子

新买的画书，放在书架的最高层，必须站椅子上方能取到。冬冬想看画书，围着书架转来转去。

妈妈尝试着将右腿搭在椅子上，看能否站上去拿下来。

冬冬一把拽着妈妈的腿，说："不能上，等会儿姐姐来吧！"

看爸爸打篮球

爸爸带冬冬去打篮球。

冬冬看见一位老爷爷，忽闪着鹅毛扇乘凉，说："我想也有这个扇子。"

"这个"应为"这样的"。

去球场，途经菜场。

冬冬提议："买点菜吧？买点辣椒，买点西瓜吧？"

"点"的运用，已经娴熟。放在动词和宾语之间，使动作行为有种轻便感。

打球回来，冬冬评价爸爸打球时的表现："爸爸光跑，抢不到球。"

看不懂《守株待兔》

冬冬已能看懂电影和电视的一些情节，也能看懂故事书中的插图，如"狼来了"等等，却看不懂连环画。

连环画书《守株待兔》，由四幅图画组成：第一幅，一个农夫在地里除草；第二幅，农夫瞪大眼睛，惊奇地看着那只撞死的小白兔；第三幅，农夫掂着小白兔查看；第四幅，农夫背靠树根，傻呆呆地坐着。

大人对照四幅图画，讲述这个寓言故事。冬冬首先不能接受小白兔死亡的事实。她最喜欢的小白兔，怎么能死掉呢？

连环画的故事，是前一幅和后一幅图串联起来的。她看不懂这种形式的画书。冬冬指着第三幅画，不解地问："老头子为什么把它掂起来？看，他把它捡起来，掂着看呢！"

她又指着第二幅画："那他咋不掂起来？"

电影和电视剧，把无数定格变为运动形象，人物像现实生活一样活动着。而连环画的故事情节，需要读者在大脑中，让一幅一幅画的内容关联在一起，用"时间流"把画面流动起来。

冲洗石头

楼洞门口，一名工人手执水龙头，冲洗一大堆石头。

冬冬问："这石头，为什么堆在这儿呀？"

爸爸说，石头是准备盖房子用的。

冬冬指着石头说："大的石头，小的石头。"

水从石头堆上流下，形成无数条潺潺小溪。

冬冬又问："为什么往下流水呀？"

爱观察，并不断用"为什么"问原因，是个可喜的现象。

今天、明天和昨天

（2 岁 6 个月　　1987-6-16—1987-7-15）

大狐狸（1987 年 10 月）

1987-6-16

注射疫苗后的副作用

昨夜，冬冬醒了好多次，睡眠质量特别差。天亮时，大叫着胳膊疼。妈妈一看，冬冬的左胳膊上，肿起一个大疙瘩。

妈妈："用热毛巾给你敷敷，好吗？"

冬冬："可以。"

妈妈："是打疫苗针，打的了吧？"

冬冬："是的。"

妈妈："是你们班所有的小孩儿都打了，还是就你一个人打了针？"

冬冬描述打疫苗的情景："所有的小孩儿都打了针，所有的小孩儿都哭了。奶奶抱着，坏医生狠往里扎，扎上了。"

第一次记录到用"所有"这个表示"全部、一切"的词。"所有"与"都"配合使用，使话语更具表现力。

新奇的消防车

下午，西区苗圃的煤气站发生煤气泄漏事件，空气中弥漫着刺鼻的味道。一辆接一辆的消防车，开进校园严阵以待。为避免因做饭、打电话甚至是鞋掌上的钉子擦出火花而发生火灾，苗圃周边的住户，一律不准进家，被疏散到西区教师一食堂附近。

冬冬从托儿所出来，看到路旁三五成群的人们，交头接耳，还有五六辆红色消防车，立即被一种紧张的气氛所感染。

她兴奋地问爸爸："讲，讲，这是怎么回事呀？"

成长的烦恼

今天的冬冬，整整二岁零五个月了。

父母把记录冬冬的语言发展，定位为对人类进化的一个方面的科学观察，把它当作一份事业来做。只要冬冬醒着，她就是中心，大家的注意力都在她身上。她的任何变化，都逃不过父母的眼睛。父母欣赏她的点滴进步，也不可避免地放大孩子身上的弱点。如：

①冬冬的情绪不稳定，易生气动怒。

②依赖性强，不愿独自外出，总缠着大人。

③见人不愿意问候寒暄。问起原因，答曰："我不高兴嘛。"

④学诗基本上停滞了。不管用何种办法，她都不愿意张口。

在孩子的成长过程中，有优点也有不足。幼儿还没烦恼意识，大人就已经先给烦恼上了。

1987-6-17

今天、明天和昨天

冬冬拉着菁菁，要去楼下打羽毛球。菁菁说，今天太晚了，明天再玩。

冬冬同意了，说："明天了，再打着玩；今天了，不打着玩了。"

能正确使用"今天"和"明天"，爸爸很高兴，想知道她会用"昨天"吗？

爸爸问："冬冬，你什么时候，看见过救火车的？"

冬冬答："昨天。"

这是第一次记录到冬冬用"昨天"。从词汇场的角度看，直到今天，冬冬已经有了"昨天、今天、明天"，表示过去、现在和未来的三个重要的时间词。在她的语言中，也出现过"现在""等会儿""一会儿"，讲故事时也用过"从前呀""有一天""那一天"等等。但冬冬还很少谈论过去，也常把未发生的事情归为"明天"。

也许，这是幼儿习得时间概念的一个特点，一个阶段。

"我的脚被扎住了"

冬冬独自在家，在盛满清水的脸盆里刷杯子，折腾得满地是水。妈妈要进屋。她又叉开双腿把着门，说："不让看，不让看。"

妈妈站在门外等待。她拿扫帚扫水。

妈妈说："算了，别扫了。"

她连说："就扫，就扫。"

鞋袜弄湿了。她一把拽掉，继续挥舞着扫帚扫水。

"哎哟！我的脚呀，我的脚被扎住了！"她突然惊叫起来。果然，脚底板上扎了一个细竹签儿。

自己弄湿的屋子，自己把它收拾好，是一个好习惯。特别是"我的脚被扎住了"这个句子，用了"被"字，而且这个"被"之后，没有施事成分，直接放在动词前面。这表明，"被 + 名词 + 动词"和"被 + 动词"这两种"被"字句的基本用法，她都掌握了。

见什么问什么

新买的沙发到货了，爸爸和姐姐到广埠屯商场去拉沙发，妈妈带冬冬去迎接。路上，冬冬见什么问什么，标准一个"问话大王"。

到上坡的汽车房处，有块长木板扔在路边。

冬冬问："这是什么呀？为什么在这呀？放在什么地方呀？"

下坡路的右手，竹子围起了个小圈子。

冬冬问："里面装的是什么呀？为什么在这呀？好干什么呀？"

拐弯处，传来机器轰鸣声。

冬冬停下脚，问："妈妈，我耳朵里响的是什么呀？"

妈妈说："耳朵里没响什么，是耳朵听见的声音，那是机器的响声。"

妈妈的脚面上，被蚊虫什么的叮了一口。

冬冬弯下腰，摸摸妈妈的脚，安慰说："不要紧的，等会儿就好了。"

成群结队的蚊子和蠓虫，不断袭击冬冬。

她弯腰抓小腿，说："好痒呀，坏蚊子！"

关心妈妈

①冬冬在新沙发上又翻跟头又打滚，开心极了。一回头见妈妈坐在床沿上，说："妈妈，我陪你吧！"说着，跑到床边，双手搂着妈妈的脖子，亲昵地依偎在妈妈怀里。的确是名副其实的"陪"。

②妈妈喝水呛着了，直咳嗽。

她忙拍拍妈妈的头，又揉揉妈妈的肚子，说："不要噎着了。"

1987-6-18

"如果"

去桂竹园。冬冬想吃冰棒。武汉工学院院子里的转弯处，曾有过卖冰棒的，但今天已经卖完了。她发愁地问："这怎么办呢？"

爸爸说："别着急，再找找！"

远远看见汽车工业学院 1 号教学楼旁，有卖冰棒的小推车。

冬冬说："妈妈，爸爸看那儿有不？如果没有冰棒，再上那边买。"

假设句，冬冬的话语中早就出现了，但使用"如果"这一表假设的连词，还是第一次。妈妈不相信自己的耳朵，连忙追问一句："你说什么？"

冬冬重复说："爸爸看那儿有不？如果没有冰棒，再上那边买。"

甜瓜、桃子

爸爸买回甜瓜和桃子。冬冬没见过甜瓜，说是"苹果"。爸爸告诉她这不是苹果，是甜瓜。接着，爸爸指着甜瓜问："冬冬，这是什么？"

冬冬答："黄瓜。"

爸爸连着纠正七次。到第八次，她终于答对了是"甜瓜"。但后来爸爸再问，冬冬仍说是"黄瓜"。直到第十一次，冬冬才不假思索地回答出"甜瓜"。

爸爸又拿桃子，教冬冬认了三次，问："告诉爸爸，这是什么？"

冬冬答："桃子。"

过了一会儿，爸爸指着桃子问冬冬，冬冬想了想，说："不知道。"

爸爸再教一遍"桃子"，冬冬跟着说"桃子"。

"像……一样"

冬冬指指大楼，再指自己："大楼多高呀，像冬冬一样儿高。"

妈妈："这个比方不对，冬冬怎么能跟大楼比？"

冬冬："妈妈高，大楼像妈妈一样儿高。"

妈妈："妈妈可没有大楼高！"

冬冬："妈妈像大楼一样高。"

"像……一样"，把一个事物同另外的事物做比较或是做比喻，是发展认知的好方法。但要用得合适，还不是一蹴而就的。

1987-6-19

"披着"

起床，冬冬穿上漂亮的小旗袍，却不让扣扣子，说："这样披着就行。"

姐姐说："不行，会感冒的。"

冬冬连叫："不要紧，不要紧，等会儿再穿。"

第一次记录到"披"，而且其后还用了一个表示附着和状态持续的"着"。

前、后、上、下

冬冬和菁菁做游戏。

菁菁："我打你前面！"

冬冬："我打你后面！"

菁菁拍冬冬头："我打你上面！"

冬冬敲菁菁腿："我打你下面。"

菁菁："打你鼻子。"

冬冬："打你嘴巴。"

此后，两人对肚子、腿、头发、耳朵、眼睛等身体部位都说了一遍。

菁菁打冬冬一个身体部位，冬冬便找另一部位反击。一次都没有重复对方的语言和部位。

这个游戏也像是一个语言实验。冬冬已经理解了"前面、后面、上面、下面"这些方位词，理解了一些表示身体部位的词语。

背诗，唱儿歌，复述故事

①冬冬熟背《春江花月夜》的前十二句。背了这句，自己想不起来了，问："还有什么呀？"

②她能复述《狼来了》的故事情节，能说出其中几个完整的句子。对大灰狼吃小白兔的情节，有所创新。

③从托儿所学来的儿歌："老爷爷，戴帽子，梳头发，刮胡子。说话伸脖子，走路摆架子。"

"骑着"

上陡坡时，爸爸推着车子走。冬冬很懂事地说："上坡不能骑着，下坡能骑着。"

一会儿，又有一个小坡，爸爸一鼓作气冲了上来。

冬冬松了口气，说："好吓人哪！上坡！"

回到家，爸爸交代妈妈，赶快把这几句话记下来。他说，"骑着"的"着"，有点表示动作进行的意味了，虽然"骑"这个动词还不典型。

冬冬紧紧抓住妈妈的手说："妈妈，你别记我说的话！"

"梅子"与"桃子"

爸爸从托儿所接到冬冬，朝校医院方向走。冬冬问："为什么从这走哇？"

爸爸告诉她，这是去汪国胜叔叔家的路。就是从这儿走，也能走回家。

冬冬说："从那边走也可以，都一样。"

到汪叔叔家，冬冬吃梅子。

爸爸教了她四五遍"梅子"。最终，冬冬还是把梅子说成"桃子"。

爸爸说："桃子甜，梅子吃着有点酸。"

冬冬说："又酸又甜。"

"又……又……"可以用压缩的方式表达事物的两种或多种属性，语句简练，内容丰富。

"甜黄瓜"

冬冬问："妈妈，今天还买甜黄瓜吧？"

妈妈不解地问："什么甜黄瓜？"

冬冬说："买桃子吧？还买黄瓜吧！"

妈妈说："黄瓜和桃子，都是要买的。你还想吃什么？"

冬冬说："甜瓜！"

原来她想吃的是甜瓜。冬冬昨天把甜瓜叫黄瓜，经爸爸多次纠正，她才说对。今天则又造出个"甜黄瓜"。而且又一次出现了"今天"。

"打粉"

冬冬洗完澡，趴到床上，让爸爸给她身上扑粉，说："打粉。"

痱子粉盒，上面有几个小洞洞，用力拍打，痱子粉就飘洒出来。冬冬把这一动作命名为"打粉"，很形象。

自己动手

①冬冬自己拿着起子，去开汽水瓶的盖子。虽经过多次努力也未能打开，还得让大人帮忙，但模仿开瓶盖的动作，还是很到位的。

②她拿一张纸，蒙在未喝完的汽水瓶子口上，往下一捋，说："盖住。"

第一次说"突然"

冬冬在花园里玩耍，不慎摔倒，姐姐忙抱她起来。

冬冬说："冬冬扳倒了，姐姐赶快跑来，抱冬冬回家。"

她回到家，没看到妈妈，嘴里喊着"妈妈"，急匆匆跑去厨房寻，又被横放在门口的棍子绊了一跤，大哭起来。

爸爸回来了。

冬冬告诉爸爸，她自己摔倒的事："有一天啊，我突然滑扳倒了。找妈妈的时候啊，滑扳倒了。"

刚才发生的事，也说"有一天"，完全是讲故事的笔法。还说了"突然""……的时候"，显然比较注意时间因素了。

"按亮"与"按灭"

准备睡觉了。爸爸先按灭悬挂在房间中央的电棒，再按亮床前的台灯，等母女俩躺下后，拿走台灯。

冬冬说："我按一遍吧。按灭，按亮。"

爸爸让她按开关。她手指的力气小，按不亮，问："它怎么不灭呀？"

爸爸教她用手掌，使劲往下按，灯亮了，再放开。她接连不断地按亮、按灭，非常开心。

爸爸准备去工作，要把台灯拿走。

冬冬不让，说："我还按。"

1987-6-20

认识五官

"脸蛋儿在哪里？"冬冬一边问，一边用左手指左脸蛋，用右手指右脸蛋，说，"脸蛋儿在这里。"

"嘴巴在哪里？"她指着自己的嘴巴，自问自答，"嘴巴在这里。"

之后，她依次指着鼻子、眼睛、头发、耳朵等自问自答，并说："这是奶奶教的。"

1987-6-21

唱歌表演

冬冬和多多一替一次表演唱歌。多多唱歌时，冬冬只动嘴唇，不发出声音；在冬冬唱时，多多也跟着唱。

冬冬制止她，说："你唱了了，你还唱呀？"

钢琴腿

冬冬拿着玩具钢琴去多多家玩。回来时，丢了一条腿。冬冬用"人家偷走了"来回答妈妈的询问。妈妈说，没人偷走它，是你玩掉了。

冬冬一脸的茫然。

爸爸把安装好的两条钢琴腿，都拔出来，让冬冬再给钢琴装腿。

冬冬一边往洞洞里塞腿，一边说："就是这样呦！"

两条钢琴腿，很快装上后，凸显了那个空着的洞洞。她突然跑出房间，直奔多多家，拿回来一只钢琴腿，给钢琴装上。

爸爸没有说教，让冬冬自己去操作感悟。

"五 W 一 H" 实验

爸爸看到一个文献上说，五岁的小孩可以回答"五个 W"的问题。这五个 W 是：What（何事）、Who（何人）、When（何时）、Where（何地）、Why（何故）。

爸爸准备对冬冬进行五个 W 的实验，同时还要加上一个 H（How，怎么，如何）。这个实验可以叫作"五 W 一 H"实验，其实也可以叫作"六何"实验。

爸爸："你吃西瓜了没有？"（何事）

冬冬："吃了。"

爸爸："什么时候吃的？"（何时）

冬冬："今天。"

爸爸："和谁一起吃的？"（何人）

冬冬："冬冬、妈妈、爸爸。"

爸爸："在哪儿吃的？"（何地）

冬冬："在屋里。"

爸爸："怎么吃的？"（如何）

冬冬双手往嘴巴上一捂，模仿吃西瓜吐瓜子的样子："噗，吐个子。"

爸爸："为什么要吃西瓜？"（何故）

冬冬："我肚子饿了，我吃西瓜。"

爸爸："你吃什么呀？"

冬冬大笑："我吃大黄鹤楼，吃甜瓜，吃西瓜。"

爸爸连续追问，冬冬觉得是在做语言游戏。到后来，她就云山雾罩地说起来。

爸爸对这个实验很兴奋：冬冬还不到两岁半，就基本可以回答"五 W — H"的问题。五个 W，亦即新闻的五要素，能回答五个 W 的问题，就具有了全面描写一个事件的能力。

1987-6-22

买酸奶

爸爸在托儿所接到冬冬，直接往家走。

冬冬说："不是上汪叔叔那里的。"

"在路上，碰到了一个卖酸奶的地方[1]。"回到家，冬冬对妈妈说，"那是个外国人！爸爸送的。"

冬冬说的外国人，其实是在托儿所门口见到的。昨天晚上，冬冬要找爸爸，妈妈说，爸爸去接待外宾了。今天见一外国人，便说是爸爸"送"的。"送"是接待的意思。

眼泪

冬冬掌握了一些常识。

今天，她照着镜子，用手绢擦眼睛，问："泪，什么泪呀？是哭的吧？"

"这、那"

冬冬一边看书，一边说："我妈妈买的书，商场买的书。买的这，还买的那。"

自制力

晚上，黄晓红、李睿瑞两位学生来家。冬冬表演舞蹈。

"我喝茶，"冬冬拿起奶瓶喝两口，又放下，说，"不跳舞，不能喝茶。"

---

[1]　平时，爸爸接到她，经常会在托儿所门口买一瓶酸奶。今天是在一教工食堂前买的。

大家笑她。

她跳了几下，又去拿奶瓶，可又立即放下，自己对自己说："不跳舞，不能喝茶。"

冬冬想"喝茶"，但仍强迫自己放下奶瓶去"跳舞"，如此反复多次，很是纠结。两岁半的幼儿，用自语的方式，命令自己按要求做事，具备了一定的自制力。

1987-6-23

爸爸与姐姐

冬冬缠着爸爸不放，非要抱她出去不可。

爸爸故意说，天黑了，我害怕。

冬冬说："爸爸怕天黑，姐姐不怕天黑。爸爸小，姐姐大。"

爸爸说："胡扯，爸爸怎么小呢？"

冬冬"嗤嗤"地笑，说："爸爸高，姐姐也高。"

每次姐姐下班时，天都已经黑了，但姐姐仍抱冬冬出去玩，因而她得出"姐姐不怕天黑"的结论。

1987-6-24

客套话

现代汉语教研室李金元伯伯来家，与爸爸交谈了半个小时，准备离开。

正在洗手的冬冬，扯高嗓门喊道："伯伯，再见，我不送你了。"

她听会了大人送客的礼貌用语。

动物的归类

冬冬合上画书，自豪地对妈妈讲："我认识了，好多动物，我认识了。"

画书中有猪、牛、羊、马、鸡、鸭、鹅、麻雀、老鹰等。冬冬把家畜和飞鸟，都归类为"动物"。

1987-6-25

害怕吃"苦药"

冬冬又在咳嗽，流清水鼻涕。服下感冒药后，她说："我喝的苦药，我害怕吃药。"

"去"和"来"的使用

爸爸带冬冬在院子里散步，路遇住在后面楼上的萧文杰老师。

爸爸故意说错话，看看她的反应："冬冬，你邀请萧叔叔，说，'萧叔叔，我们去你家吧？'"

冬冬对着萧叔叔说："萧叔叔，你来我们家吧？"

把"去"换成"来"，就把去萧叔叔家变成了来自己家，也就符合"邀请"的含义了。

"然后"，表先后顺序

妈妈坐在窗户下的书桌前，整理记录冬冬语言的纸片。冬冬听见萧文杰叔叔在楼下的说话声，推推妈妈说："我看萧叔叔，然后我下来。"

她先让妈妈离开，自己站上椅子，隔着玻璃，看萧叔叔在干什么。看了萧叔叔，自己又从椅子上下来。这一连串的动作，表明她正确理解了刚才说的"然后"。

也会无情无绪？

①姐姐亮出一条新裤子，说："冬冬，姐姐为你做一条新裤子，好看不好看？"

"不怎么样！"冬冬望了一眼，脸无表情，好像新裤子与她没有关系似的。

②冬冬坐在沙发上发呆。

爸爸夸张地抓她，挠她，逗她乐。她眼皮都不抬，说："别理我。"

这种状态，也许是孩子成长中的另类情绪？

讲故事用的词语

冬冬能流畅讲述《狼来了》的故事。

会用"第二天""开玩笑""不相信""结果"等词语。

1987-6-26

"七点钟了，八点钟了"

"我喊爸爸起床！"冬冬喊爸爸起床，变成了最有趣的游戏。她拍着房门叫，"爸爸，七点钟了，八点钟了，起床吧！"

"七点钟，八点钟"，并非实指，大约是说时间很晚了。

"准备"的误用

早上，冬冬蹲痰盂，开始说"撒尿"，又说"拉屎"，拉出来一点儿点儿便便后，说："我准备拉呢！"

已经拉过了，不能再用"准备"。妈妈觉得有趣，赶紧去记录。

"妈妈，干什么呀？记冬冬说的话的？"冬冬大声重复，"准备拉呢！"

冬冬重复"准备拉呢"，是便于妈妈记录自己说的话。

在乎父母的情绪

今天冬冬从幼儿园回来，脸上又新增了五六条深浅不一的抓痕。妈妈心疼极了。

冬冬说："妈妈，你为什么不高兴呀？你高兴点吧？"

1987-6-27

睡眼蒙眬吟诗句

凌晨五点钟，冬冬翻个身，睡眼惺忪，嘴里咕哝一句："不知江月待何人！"

妈妈哑然失笑，重复了这句"不知江月待何人"，调侃她像《红楼梦》中的香菱，对诗词如此入迷，睡梦中还琢磨诗词呢！

她醒了，笑了，来了兴致，跟着爸爸，竟然把《春江花月夜》这首诗从头到尾念了一遍。

摘朵花，送爸爸

冬冬下楼，见爸爸正靠着树干等她，很高兴，连喊："爸爸，爸爸。"

爸爸摆摆手，让她过来。

"我给爸爸摘朵花吧！"冬冬穿行在草丛中，弯腰摘朵小白花，递给爸爸，说，"爸爸，给你这一朵花吧！白的花，红的花，不一样！"

1987-6-28

"咱们"用得恰切

蒙蒙细雨。爸爸邀请实习结束的学生们来家聚餐。一大早，家人就开始做准备工作。去菜场买菜，妈妈也要跟着同去。

冬冬说："妈妈，你不要去了吧？爸爸，咱们一块儿走。"

在这段话里，"咱们"使用得当，很明显是包括爸爸，排除了妈妈。

"洗水"

冬冬只要接触到水，不管是洗澡还是洗脸，就开始玩个没完没了。

她洗脸。拿条毛巾，在盆子里蘸水，一下，二下，三下……无休无止。爸爸跟她讲道理：不能只用毛巾蘸水玩儿。要先撩水洗脸，拧干毛巾，把脸儿擦干净。

冬冬说："擦干净了，再洗水！"

这里的"洗水"，是用毛巾蘸水的意思。

此阶段，冬冬的自造词语多了起来。

"也"字句

冬冬兴奋地刷杯子："我真能干呀！刷了以后呀，还刷。"

爸爸提醒她，小心点，别把衣服弄湿了。

冬冬说："听话了，爸爸喜欢，妈妈喜欢，姐姐也喜欢。"

炫耀自己能干，还不忘贬低其他人。她一边刷杯子，一边洋洋得意地说："爸爸也不会，妈妈也不会，姐姐也不会，冬冬也会。"

"也"字句，大多数用得对，可"冬冬也会"没用对。排比句，具有一种惯性，说了"爸爸、妈妈、姐姐"，到她自己这里，却拐不了弯了，只好说成"冬冬也会"了。

"我的"

妈妈近段病情加重，卧床的时间更加多起来。

冬冬上楼来，叫着"爸爸"，先跑到厨房看一眼爸爸，又喊着"妈妈，妈妈——"，跑到卧室的床边，搂着妈妈的脖子，说："妈妈，我去厨房里，走回头一看啊，我的妈妈在家里。"

姐姐说，冬冬跑到厨房门口瞅一眼，见妈妈不在厨房，就扭头跑回来了。

妈妈正在读弗洛伊德的《梦的解析》，这本书常放在床头。

冬冬伸手够书，说："拿我的书"！

1987-6-29

"骗人"

"姐姐抱我解手，妈妈不抱我解手！"冬冬在痰盂上蹲了好大会儿，不好意思地笑着说，"我骗人，没有屎。"

今天，使用了"解手"这个忌讳词语。

把同学说成"学生"

冬冬跟同班的两个小朋友一起，做滑滑梯游戏。

"堃堃！她是我们的学生。我们呢，玩得可好了！"冬冬站高处，指着一个刚离开的小姑娘说。

一会儿，另外一个女孩儿也被妈妈带走了。

冬冬又说："这也是我们的学生。"

躲雨

爸爸接冬冬回家的路上，突然，下起了倾盆大雨，路上行人飞奔。父女俩躲进附近的读报亭下避雨。

冬冬指着读报亭外的雨点，不解地问："雨怎么不下我呀？"

"下"，其实是想表达"淋"的意思。

"说话的"

①冬冬问："妈妈，今天晚上电视有好节目吧？上集是打了仗，下集是说话的。"

用"今天"限制"晚上"，时间表述就更精确了。

她把电视剧情分为两类："打仗"和"说话的"。

②冬冬去找多多玩。多多家来了客人。

她回来对妈妈讲，多多家来了"说话的"。

这是冬冬第二次把多多家的客人称为"说话的"。

"客人"

邻居问冬冬："你姐姐在哪儿上班？"

冬冬答："南湖。"

邻居："干什么？"

冬冬："洗菜，切菜，做饭饭。"

邻居："姐姐给谁做饭呀？"

冬冬："给客人。"

除了亲人和经常来往的邻居，冬冬把其他人都称为"客人"。这也是一种分类。

背串的一句诗

冬冬背《春江花月夜》中的"海上明月共潮生"时，常背成"海上明月松间照"，与王维的诗句"明月松间照"串起来。

1987-6-30

"小弹琴"

临近暑假，家人商量回河南老家的行程。

冬冬说："放假了，咱们回家去呀！"

姐姐说："你表演个节目，才叫你回老家！"

冬冬深深地鞠个躬，报幕说："下面，该冬冬表演个小弹琴！"

意思是弹奏她的小玩具钢琴。

"天天"

冬冬从自己的西红柿蛋汤中，捞出一块儿西红柿，放进妈妈碗里，说："吃吧，妈妈，红红的。我天天吃这个。"

妈妈："谢谢冬冬。你也吃吧！"

冬冬也吃一块儿，吐出皮儿，放在桌子上，说："放一边吧！"

"天天"是时间词重叠，表示"每一天"。这还是个新说法。

舌尖音的问题

①"水、手、书"的声母 [ʂ]，发成不翘舌的舌尖前音"丝 [s]"。"狮"的声母 [ʂ] 发得像"希 [ɕ]"。

②"转"的声母 [tʂ] 发得像"得 [t]"。

③"子"的声母 [ts] 发得像"己 [tɕ]"。

电扇

新买回一台鸿运牌的暗红色小台扇。台扇摇着头来回转动，送出缕缕凉风。

冬冬很好奇，想用手摸摸，被大人制止。她再伸手，再被大人挡回去；又伸手，又被挡回去……来来回回，成为一种互动游戏。

台扇有定时功能。时间到了，"咔嗒"一声断了电，风停了。

"怎么不转了？"冬冬跑过去，按开电钮，台扇又转动起来。

"怎么不扇我呀？"扇叶还没转到她跟前，她大叫。转到她跟前，凉风徐徐吹来，她感叹道，"好凉快呀！"

姐姐关上台扇。

冬冬绕过爸爸的腿，到放台扇的桌子旁，说："真热呀，一头汗！"

"真热呀，一头汗"，是她再打开电扇的理由，也是她在绕着弯子说话。

"这、那"

晚饭。饭桌上放着一碗炒好的葫芦菜。

冬冬指着菜问："这是什么呀？我摸摸那个吧？"

"这、那"使用不统一。

妈妈说："可以。"

冬冬端起菜碗瞧瞧，又放下。没放稳，菜碗在桌子上转了个圈。

冬冬说："掉下，就完蛋了！"

最后这个假设复句，用得还挺熟练。

捉迷藏

盛夏的晚上，室内蚊子"嗡嗡"叫。燃起艾蒿，房间很快笼罩在烟雾中。为达到最好的灭蚊效果，人也少受危害，便关门闭户，全家人去校园散步，避开这个时间段。

姐俩捉迷藏，路两边没什么地方好藏的。先是姐姐藏冬冬找，每次冬冬总能找到姐姐。轮到冬冬藏姐姐找了。她跑开几步，弯下腰，撅起小屁股，低下头，紧闭双眼，这就算藏好了，大叫："姐姐，找我吧！"

依然是：只要自己看不见别人，就以为别人也看不见她。

1987-7-1

石头像什么？

托儿所外的小树林里，有许多小石头。冬冬捡来一些小石头，摆在林中的石桌上，称之为"排队"；把石头堆在一起，说是"黑熊"；又指着较大的白色石头，说："像面包一样。"

父女之乐

爸爸坐在椅子上。冬冬用脚使劲蹬爸爸。她每蹬一次，爸爸都夸张地叫一声："哎哟，我害怕！"

冬冬咯咯直笑，说："再来一次！"

使用语言的技巧

到睡觉时间，冬冬缠着姐姐，要到楼下睡。姐姐提条件，可以下楼，但不准闹着找爸爸妈妈。

姐俩到楼下刚躺下，冬冬就"哼唧"起来，姐姐多次问"怎么了"，她就是不说话，只是"吭吭"个不停。

姐姐问了多次，冬冬抠着手指头说："手上有疙瘩，痒，上去抹抹香水。"

"香水"，就是止痒的花露水。只有楼上卧室才有。用"抹香水"做理由，既不食言，不使姐姐生气，也能达到上楼找父母的目的。

1987-7-2

背诗记录

《春江花月夜》，冬冬会背前二十四句。如想不起下一句，就问："下面还有什么呀？"

过去《春江花月夜》的"海上明月共潮生"，常常会串到"明月松间照"。但今天的背诵是正确的。

诗，可以止疼

冬冬陪妈妈到医院打针。

她一直细心观察着妈妈，问："妈妈，疼不疼呀？"

妈妈说："你说呢？"

"妈妈，不要哭！"打完针，她扶着妈妈，从打针的凳子上站起来，问，"妈妈，能走吗？"

冬冬的问话，把护士王阿姨逗乐了。

王阿姨说："小人精！你妈妈不能走，你背着她吧？"

冬冬牵着妈妈的手，走出注射室，仰脸看着妈妈，开始背诵《春晓》。背完诗，问："还疼不疼呀？"

妈妈笑了，说："你背诗的时候呀，妈妈就不疼了，这会儿又疼起来了！"

她又忙不迭地背《春江花月夜》，问："妈妈，你还疼不疼呀？"

懂事的宝贝儿，好令妈妈感动！

"想……就……，不想……就……"

准备去托儿所。

她想逃学，出门时说："想去就去，不想去就不去，是吧？"

冬冬提出吃西瓜，妈妈答应了。

冬冬很得意："想吃就吃，不想吃就不吃！"

同一个"想……就……，不想……就……"句式，不同情境下使用，心情不同，用意不同。

良好的自我感觉

冬冬玩积木，自言自语："多多不是好多多，朱琳不是好朱琳，张慧不是好张慧，冬冬是好冬冬。"

一口气说了二十七个音节，别的小朋友都不好，就她好。自我感觉太好了。

"那天"，表过去

冬冬从沙发上跳到床上，又从床上跳到沙发上，不停地跳来跳去。说："我还去一趟呢。"

　　妈妈警告说："小心，别把头摔破了！"

　　冬冬说："那天，我摔破了头！"

　　冬冬回忆过去发生的事，以表示接受妈妈的警告。

线条的想象力

　　①冬冬在地上画图形，把形成三面半包围的弧线，都叫作"帽子"。

　　爸爸说："把帽子给我戴上！"

　　冬冬说："它在地下的。"

　　②画两条交叉的长线条，称之为"香蕉""月亮"；大圆圈是"大乌龟"；一条线是"长江"；一条竖线加一横线曰"大桥"，还有"高楼""大灰狼"等等。

小海豹

　　看电视。小海豹从冰洞中往外爬。刚爬出半截身子，又滑进了冰窟窿里。冬冬着急地问："它的妈妈会拉它吧？它的妈妈会不会拉它呀？"

　　妈妈说，海豹妈妈不可能拉小海豹的。

　　冬冬问："为什么不能拉它呀？"

　　妈妈说："海豹妈妈和小海豹一样，胳膊都很短，拉不住小海豹。"

　　冬冬问："为什么胳膊短呀？为什么不拉它呀！它为什么不会走路呀？腿跑到哪里去了？"

　　一连串的"为什么"，极强的求知欲。

　　爸爸开玩笑地说："冬冬，你去吧，找小海豹玩吧？"

　　冬冬说："我们没有胳膊，怎么办呢？"

　　她的意思是，人类没有海豹式的上肢，没办法跟海豹玩。爸爸拉起她两只手，做飞翔状，说："这不是胳膊吗？"

　　冬冬甩开爸爸的手，说："这是手。"

踢脚的游戏

冬冬和菁菁做踢脚的游戏。她用脚踢菁菁，菁菁也用脚还击冬冬。两个人一替一下，来来回回地踢。如果踢出去的脚被对方捉住了，就算是输了。

冬冬把脚踢出去，很快缩回来，并得意地说："你捉不住我不？"

拆开贝雕探奇妙

一个摆件，是用贝壳组成的风景画：追逐的白云飞鸟，山峦小溪旁的亭台楼阁，青翠欲滴的椰子树，还有半掩的拱形小门。

冬冬指着贝雕逐一提问："这是什么呀？这是什么呀？这是什么呀？"

爸爸耐心地一一回答。

她问："能打开看看吗？"

打开看看？这是儿童探索未知的求奇心理。牛顿、爱迪生的幼年，都干过这样的事情。鼓励孩子的好奇心，满足探求未知的欲望，爸爸毫不犹豫地答应了。虽然很舍不得。

冬冬动手撬贝雕。

"这安着哩，我怎么弄开咧？"冬冬先从贝雕的正面边沿儿去抠弄，无从下手。又翻个面。背板上，有两条腿和几个铁皮扣。冬冬抠了几下，说，"把它弄倒了以后，再安上。"

"我怎么不弄开呢？"她再把贝雕平放在桌面上，抠弄一会儿，仍打不开，就求助于旁观的菁菁，问，"姐姐，你看弄什么办法？"

菁菁笑笑，没接话茬儿。

妈妈指点：先拉直背面的铁扣，再用手指，插进缝隙里慢慢撬动。

冬冬耐心地去拉铁扣，食指往缝里插时，被夹了一下，疼得"嗷嗷"直叫。她不再抠缝隙，而是把贝雕翻过来倒过去地倒饬，突然"哗啦"一声，镜框、表面玻璃和背板脱离开来，贝雕画框解体了。

冬冬欣喜地说："差点把我的头弄出血。妈妈没长大，菁菁没长大，白林鹤没长大，爸爸没长大，就我一个人长大了。"

接着，冬冬把贝雕上凸显的景物摸了一遍。

菁菁指着一个小院门，问："这是什么？"

冬冬说："动物园的门。"

在电视《幼儿家庭英语》中，冬冬见过动物园的门，和这个很像。

菁菁指着亭子上的直尖尖，说："这怎么是直的，为什么没有小球？"

冬冬反问道："动物园怎么有小球呢？"

菁菁又问："动物园里怎么没有人？"

冬冬说："人都回家吃饭睡觉去了。"

贝雕拆开，冬冬很激动。爸爸也跟着小女儿一起激动，开怀大笑，瞬间变成了一个大男孩儿。当然，这个贝雕想要再整合起来，那可就难了。

1987-7-3

爸爸的话，是依据

刚起床，冬冬就要画画，神秘兮兮地说："偷偷地。"

妈妈笑了，问："为什么要偷偷地呢？"

冬冬回答道："那一天，爸爸说，偷偷地画。"

妈妈笑，她也笑。

"以为……"

冬冬打着赤脚，踩在水泥地上，说："地板好凉呀！"

菁菁突然闯进家，闪身躲在冬冬身后。

冬冬扭头一笑，说："以为是我的白林鹤的。"

"你不相信我"

朱金声老师来还书。爸爸问朱叔叔吃过饭没有？朱老师说吃过了，是在食堂里买的饭。

"我上餐馆里吃饭吧？"冬冬把书拿到沙发上，说，"小的书，大的书，都是我拿出来的。"

妈妈没听清楚，要她重复刚才说过的话。

她不高兴了，说："这大的书不？这小的书不？你不相信我。"

家人都要在一起

深夜，冬冬哭着要姐姐。妈妈答应下楼找姐姐。她马上停止哭泣，问："那姐姐起不起来开门呢？"

妈妈带她出门。她回头看看熟睡的爸爸，说："爸爸在家哭了怎么办？"

妈妈说："走吧，爸爸不会哭的。"

到楼下，敲开门，姐姐把她接过去，还没等关上门，她就"吭哧"起来，要上楼找爸爸。姐姐送妈妈和冬冬到楼上，又要跟着姐姐下去。姐姐带她下去，她又要上楼去。最后，姐姐只好和衣睡到楼上的沙发上，冬冬这才算安心入睡。

小宝贝儿，你可真折腾啊！

1987-7-4

"你们"

早上，冬冬趴在床上模仿打枪。翘起右手的拇指和食指，指向大衣柜，说："啪、啪啪，你们怕不怕我'啪啪'呀？"

今天的"你们"是自发产生的。今年的3月2日，曾经记录到冬冬用模仿托儿所老师的语气，指着妈妈说："小朋友不要说话，说话了，打你们！"

"我害怕一个人关在屋里"

妈妈去医院打针，爸爸不想让冬冬跟着。冬冬不同意，说她在家会哭的。妈妈问她为什么会哭？

冬冬答："我害怕一个人关在屋里。我要是哭起来，怎么办呢？"

"害怕"是表示心理活动的动词，这类词语，冬冬用得逐渐多起来。

爸爸只得带着她一同去。到上坡处，爸爸下车，推着自行车前行。

冬冬说："骑上呀。骑着走得快！"

1987-7-5

陪妈妈去医院

上午，阳光灿烂。姐姐推着冬冬和妈妈去医院。

"太阳一出来，晒胳膊。这个胳膊晒好了，"冬冬摸摸自己右边的光胳膊，又指指左胳膊，说，"这个胳膊，晒好了。"

"晒好了"是什么意思？不明白。

上坡，姐姐推不动。妈妈下车慢慢走。

冬冬说："上坡，妈妈下车。下坡，妈妈不下车。"

折腾的午觉

午休时刻，冬冬很兴奋，又蹦又唱，和姐姐捣乱，跟妈妈疯闹。

大人让她睡觉。

冬冬躺下，说："睡一觉，再起来唱。"

她刚躺下，又爬起来，转了一圈，又躺下说："睡一会儿，再玩。"

冬冬似乎一直没有形成睡午觉的习惯。一直折腾到下午五点多，才真正睡熟。

讲解自己的画

昨天，冬冬曾经把乱画一气的纸张，摆到大家面前，讲解她画的都是些什么。今天，她又要去画画，宣告说："我写了，跟你们讲一讲。"

第二次自发用"你们"。

她还是把"写""画"混为一谈。她边画边讲，画完了，也讲完了。

之后，她一边拍手一边督促大家："欢迎呀！热烈欢迎，热烈欢迎！"

估计，这应该是把托儿所的课堂，搬到家里表演的。

1987-7-6

"茶变成了牛奶了"

"幼儿园像我家，老师叫我好娃娃，我说老师像妈妈！"冬冬刚唱了几句，就叫着喝茶。水刚倒进杯子里，又嚷着喝牛奶。

姐姐在杯子的开水里，倒上奶粉，搅拌均匀。

冬冬看着杯子里白白的乳液，很感兴趣，说："茶变成牛奶了，奶粉弄的了。"

两句话，概述了事情的过程、结果和原委。观察能力和表述能力都有进步。

"非常"的用法

妈妈告诉爸爸，刚才冬冬用错了两个"非常"。

爸爸用造句做示范："冬冬，听我怎么说，'我非常喜欢吃馍馍'。"

冬冬笑着说："我非常吃饭。"

还是用"非常"直接修饰一般动词。

爸爸吓唬她说，好好学，如果再说错，就打屁股。

她嚷嚷着跑开了："挨打我。"

现实与未来

多多一家回沔阳老家去了。

冬冬听见有人敲多多家的门，跑出去，告诉敲门人："没有人呢，都回家了！多多回沔阳，冬冬回河南。"

多多是回了湖北沔阳，但"冬冬回河南"，却是计划中的事情，尚未发生。

《老猴精》的故事

姐姐讲老家传统故事《老猴精》。

冬冬问："我怎么没看见呀，妈妈在书上看的吗？"

意思是她没有看过《老猴精》的画册。

证明自己长大了

动画片结束了，晚间新闻即将开始。

冬冬连叫两声"讨嫌"。

"讨嫌"，武汉方言，相当于普通话的"讨厌"。

妈妈笑着说她："一点点的小人精，还说'讨嫌'？"

她反问妈妈："我长大了，还一点点呀？"

妈妈说："长大了？那你怎么光知道自己吃饼干，就不给妈妈拿一块儿？"

冬冬忙递给妈妈一块儿，说："妈妈，我给你送饼干来了！"

通过给妈妈饼干，来证明她自己真的长大了。

1987-7-7

"小时候"是开篇语

冬冬叙述已发生的事，常用"小时候"开头：

①"小时候，妈妈不让我出来。"

②"小时候，我爱哭，'咯哇哇，咯哇哇，'爸爸就叫我'老歌'。"

"咯哇哇"，模拟儿童哭声的词语。爸爸过去真的谑称冬冬为"老歌"，理据来自她"咯哇哇"的哭声。

"告别"

汪国胜叔叔和爸爸谈完事情，将要离开。

冬冬挽留汪叔叔，说："还在这儿玩一会吧！"

爸爸拉过冬冬，说："来，跟汪叔叔告别，说'bye-bye'！"

冬冬说："我看电影，我看戏，我看电视的时候呀，我告别了。"

"看电影、看戏、看电视"说了一大串，其实是在找合适的词。妈妈问："谁和谁告别了？"

冬冬说："上面的哥哥告别了。"

意思大致是，电视上哥哥的画面消失了。

"像……一样"

①冬冬吃饭稍微快了些，自嘲说："我喝饭像打枪一样。"

这是"喝饭"与"打枪"两个事件之间的比较，已经在向"比喻"过渡。

②妈妈剪了头发。

她端详一会儿，说："妈妈像老师一样。"

这是两个人物之间的比较。

姐姐说："什么像呀？妈妈就是老师！"

冬冬连连点头。

"妈妈，我来关心你了"

瓢泼大雨。雨点从窗外飘进书房里。

冬冬说："桌子淋湿了。"

妈妈说："桌子淋湿了没关系。你快点上床！"

"你看我睡觉多舒服！"冬冬爬上床，搂紧妈妈的脖子，说，"妈妈，我来关心你了。"

趋向动词"来"用得准确。"关心"是个书面语，听起来，是小孩子说大人话。

女儿应该陪妈妈

冬冬跟菁菁一起玩转枝莲，说："我一个手会转。你妈妈呢？"

菁菁说："我妈妈病了，住院了。"

冬冬说："你怎么不去看她呀？"

妈妈住院，女儿应当陪伴。这是冬冬的看法。

菁菁说："我等一会儿就去！"

冬冬推断说："她在楼上。"

昨天，冬冬陪妈妈到医院打针，看见菁菁在楼上，说是陪妈妈输液。于是她推断，菁菁妈妈是住在医院的楼上。

玩鞋

冬冬放下玩具，掂起爸爸的拖鞋往外走。

爸爸喊："冬冬，你别拿我的鞋子呀！你拿走了，我怎么穿？"

冬冬指着运动鞋，说："你穿运动鞋。"

爸爸说在家穿拖鞋，不穿运动鞋。

冬冬说："我用了，你再用。"

这是记录到的，冬冬第一次使用"用"。

修鞋

爸爸的皮鞋开线了，姐姐带冬冬去修鞋铺。修好鞋回来，冬冬一手掂一只鞋，敲门叫道："开门哪，爸爸，我拿皮鞋来了！"

这个"来"应是"回来"的意思。

她要爸爸穿上皮鞋，爸爸不穿。

冬冬不高兴了，说："我要不理你，看你怎么样！"

1987-7-8

一长串话

朱金声叔叔家的女儿朱可，比冬冬大四岁。妈妈跟朱老师在客厅说话，冬冬跟朱可在卧室里玩耍。

冬冬跑出卧室，对妈妈说："妈妈，你这有没有我的纸和笔呀？我要写字。姐姐说，不叫在那屋里写。那是姐姐的位置，这儿是我的位置。"

一口气说了四十个字，事情说得很完整很清楚。

上镜子里去

姐姐带冬冬回家，一进门，条件反射地随手带门。紧随其后的冬冬，一把推开门，说："我需要过来吵。"

她进房间的速度太快，一头撞在穿衣镜上，忙问："没有撞坏吧？"

爸爸说："没有。镜子好好的。"

冬冬在镜子前，看着自己，说："我上那里边去吧？"

这句话，是与她撞到穿衣镜上相关联的。撞破了镜子，就可以进入镜子的"那里边"了。

近来，冬冬的话语里，"需要、位置、关心"等带书面色彩的词语，慢慢多了起来。

"只有……，才……"

学校放暑假了。爸爸想利用假期做点科研，让妈妈和姐姐先带冬冬回老家。出家门时，妈妈故意说："冬冬，跟沙发说再见吧！"

冬冬说："沙发没有手。只有人，才有手。咋再见呢？"

妈妈说："那就跟你的小车，再见吧！"

冬冬说："小车也没有手，怎么再见呢？"

这段对话，说明冬冬知道"咋"与"怎么"是同义词。而且，出现了"只有……，才……"这样表示条件的格式。

"没有爸爸可难受了"

坐公共汽车去武昌火车站，再坐火车回河南老家。

冬冬说："我最喜欢这样的大车了。"

这个"最"用得正确。

爸爸把娘仨送上火车，就回华师了。

火车刚到江岸，冬冬说："我要回家。"

姐姐问："回哪个家？"

冬冬答："回华师的家。"

过了会儿，冬冬又说："我要爸爸，没有爸爸可难受了。"

1987-7-9

回老家的火车上

火车上。冬冬夜里十点钟入睡，凌晨三点半醒来，精神很好。凌晨四点，在河南明港下火车，再坐小火车。

七点钟，坐上开往泌阳的小火车。在车上，冬冬又睡了一会儿。醒后，又讲故事，又背诗，又唱歌，颇得周围旅客的好评。

错了的称谓

上午十点钟，到马谷田姥姥家。

舅舅看冬冬的小腿上有块儿伤疤，心疼地问："你哩腿，咋摔住了？"

冬冬说："骑车子，不注意摔倒了。"

舅舅出去办事了。冬冬看不到舅舅，问："老爷爷呢？"

妈妈说："不是老爷爷，是舅舅。"

姐姐去厨房帮舅妈做饭。

冬冬说："姐姐帮奶奶做饭去了！"

妈妈纠正她："姐姐帮舅妈做饭去了，是舅妈。"

冬冬把小青、小玉两个表姐，都称为"阿姨"。

此时，冬冬的称呼依据仍是年龄，而不是辈分。每次称呼错误，被人纠正了，冬冬仿佛都有点不好意思，但下次仍然叫错。

想爸爸了

刚离开武汉一天，冬冬就闹了无数遍："要回家，我要回家！"

大人问："回哪个家？"

冬冬答："回武汉的家，我想爸爸。"

1987-7-10

"小玉姐姐"是"贾宝玉姐姐"

早上，母女俩还没有起床，小玉的影子，在蚊帐外面晃了一下。

冬冬问："谁呀？"

妈妈说："小玉姐姐。"

冬冬说："噢，是宝玉姐姐。"

之后，她就把小玉姐姐称为"贾宝玉姐姐"或者"林宝玉姐姐"。已经受到《红楼梦》故事的影响了。

油炸肉干

小青让冬冬吃油炸过的肉干。妈妈不让。

冬冬问："那是什么呀？"

妈妈说："是虫虫。"

冬冬说："不是虫虫，是好吃的东西。"

初识小狗

昨天，刚到舅舅家门口，两条大狗飞跑着迎过来。冬冬马上缩紧身子，说："它要吃我。"

姐姐说："小狗子亲冬冬。"

冬冬说："它亲我们。"

这会儿，一条黑狗在院子里游来晃去。

冬冬问："小狗，白小狗呢？昨天，洗脚的时候呀，小狗亲我了！"

的确，昨天冬冬洗脚的时候，一条黄狗舔了冬冬的脚丫。她把黄狗称之为"白狗"。这时，那条黄狗颠颠地跑了过来。狗通人性。虽从未谋面，它们却亲热地围着妈妈和冬冬转来转去。

冬冬说："狗，白狗吧，两个狗。狗也不咬我，猪也不咬我，都亲我。"

"还要它叫唤！"冬冬想一下，突然明白了，"噢，来人了才叫唤！"

"……才……"是重要的表示条件的副词。

融入家乡

在武汉，冬冬多数时间是跟家人待一起。到老家，她就像一粒水珠，融进了大海里。舅舅有六个孩子：四个表姐，两个表哥。大松年龄最小，冬冬该叫"小哥哥"。

冬冬不解地问道："怎么是小哥哥呀？他怎么没长大呀？他吃饭就长大了。"

她看见舅舅，追着叫"爷爷"，很快又不好意思地自我纠正，说："我的舅舅。"

舅舅家附近有个池塘。风乍起，浪花飞溅到岸上。

冬冬离池塘远远的，说："这里不能去，掉进去会淹死的。"

一个深沟。浓密的青草，掩盖了沟底。姐姐带冬冬迈过去。

冬冬自语道："这里都是陷阱。"

农村的空场上，可以随意大小便。

冬冬一脸自得地说："想拉臭臭就拉臭臭，不想拉臭臭就不拉臭臭。"

善意的谎言

从离开武汉那一刻起，冬冬一直想爸爸，闹着回武汉找爸爸。姐姐编故事说，武汉家里没有人，爸爸到郑州出差去了。

冬冬信以为真，说："回家，回这个家（即舅舅家），不回武汉那个家。武汉家里没人了。"

自编儿歌

冬冬来了灵感，自编一首儿歌，还边歌边舞：

"一个小娃娃，正在打妈妈，打呀打呀打妈妈。爸爸回来了，他就不打了，他就打爸爸。打呀打爸爸。"

听曲调和歌词，是由儿歌《一个小娃娃》演变而成的。原歌词是：

"一个小娃娃，正在打电话。喂——喂——喂，你在哪里呀？喂——喂——喂，我在幼儿园！"

冬冬的小花伞

细雨绵绵。房间内，正用艾蒿熏蚊子，烟雾缭绕，气味儿呛鼻。全家人打着雨伞，在院子里坐等气味儿消散。

冬冬的小花伞，是从武汉带回来的。舅妈故意要借冬冬的小伞一用。

冬冬说："舅舅给你买。"

舅妈开玩笑说："我就要你的。"

冬冬说："我从好远好远的地方买的。"

舅妈说："给我吧！"

冬冬指着伞面说："这好多小动物，好得很哪！"

舅妈准备进屋去。

冬冬把小伞递过去，说："你打打吧，舅妈！"

舅妈笑着摆摆手说："不打了。"

冬冬说："没下雨，没有下大雨呀！"

这是冬冬对舅妈不用她小伞的解释。并不知道舅妈一开始就是逗她玩的。

冬冬转动小伞，自豪地对打着大伞的姐姐说："我会一个手拿着。你会这样转吗？两个手抓着，然后呀，转呀，你这样的大伞，能这样转呀？你会这样弄吗？你会这样转，弄吗？你弄看看。这样的小伞能这样转吗？"

随着小伞的转动，装饰在小伞上的穗子被拉长了。

冬冬说："这长的，剪掉它吧！"

1987-7-11

饺子煮熟才能吃

舅舅家招待客人的最好食物是饺子。

冬冬指着剁好的饺子馅，说："这是做饺子吃的。"

舅妈拿个包好的生饺子，递给她，说："冬冬，吃一个吧。好吃不？"

冬冬说："这还没有做熟的。"

她知道，饺子煮熟才能吃。

"我们的武汉在哪儿呀"

冬冬站在椅子上，看着椅子后面的空地，取名"大深渊"。她又坐回椅子上，摇晃几下。随着身子的晃动，椅子也晃荡起来，问："怎么没安好呀！"

姐姐说："你别摇晃啊！"

冬冬停下来，问："我们的武汉在哪儿呀？"

姐姐指着东南方隐约可见的远山，说："在大山的那边。"

冬冬说："那大山挡住不让过，怎么办呢？"

与刘堃的交往

冬冬的大表姐叫林燕，她的孩子叫刘堃，比冬冬大两岁。从辈分上，应当叫冬冬小姨。冬冬与刘堃玩，颇有优越感：

①冬冬唱"小宝宝""小娃娃"，刘堃也跟着唱。

冬冬大声地说："你唱狗屁！你唱得不对！"

②刘堃坐在小椅子上，冬冬也要坐，刘堃不让。

冬冬说："我顷刻回武汉去，不跟你玩了。我顷刻，到很远很远的地方去，不跟你玩了，我回武汉去。"

"顷刻"，在河南泌阳，这是个口语词。这是冬冬回到乡下刚学的。

③刘堃一不小心，踩了冬冬的脚。

冬冬跟妈妈告状："他踩住了，他踩住我的脚了！妈妈打他呀！"

1987-7-12

"会罚款的"

下午，小玉带着冬冬和刘堃，去东地掐苋菜。苋菜地旁边是自己家种的花生。小玉让刘堃去"薅花生"。

冬冬说："不能薅，薅了会罚款的。"

在学校花园里，摘花是要罚款的。她把这个规矩运用到了薅花生上。

回来，正碰上大松淘气，挨打了。

冬冬悄悄告诉妈妈："挨揍他。"

出汗了，找电扇

冬冬吃饭，热得满头大汗，问道："他们怎么没有电扇呢？他们家怎么光有灯，没有吊扇呀？"

冬冬出汗，联想到武汉的家里，有电灯又有吊扇，而舅舅家只有电灯却没有电扇。城乡差异，孩童怎知？

"光有……，没有……"是个新的表达。

"他们"是一个很少说的词。至此，人称代词除了尊称"您"，单数、复数都出现了。可以说人称代词系统基本掌握了。

人、牛不同类

今天，冬冬对舅舅一家的称呼，没有再出现过错位现象。

"这是大牛，这是小牛，"冬冬指着路边的牛群，然后指指自己、姐姐和妈妈，说，"我们都是人。"

安慰妈妈

妈妈躺在床上，听见冬冬跑回家的脚步声。

冬冬扒着床帮，问："妈妈，你睁开眼睛干什么呀？"

妈妈说："睁开眼睛看你呀！"

冬冬说："我出去了，你还看我呀？"

妈妈说："听见你回来了。"

冬冬说："你等着我回来呀！"

妈妈胳膊上起了很多小疙瘩。小玉用药水擦洗，太用力，妈妈不由得喊叫了一声。

冬冬忙凑到妈妈跟前，像个小大人似的，说："妈妈，我在这里，一会儿就好了。妈妈，这里好多好多人。我看着你。不疼。妈妈勇敢、坚强。"

冬冬为让妈妈开心，又绘声绘色讲述"狼来了"的故事，还用了一句平时没用过的"狼向小羊扑过去"的台词。

"等着""看着"的"着"，有点接近于表示动作正在进行。

1987-7-13

时间

冬冬抬起左手腕看了一下，说："二分钟了，该睡觉了！"

其实，她的手腕上并未戴表。

姐姐反问："什么二分钟了？"

"十点钟了，该睡觉了。"冬冬说着，向里间跑去。

表姐妹的语言游戏

小姨带着茵茵回到姥姥家。小玉带着茵茵和冬冬玩。下面是表姐妹三人的对话：

小玉："我是一个高个儿。"

冬冬："我是一个低个子。"

小玉："我是一个勇敢的人。"

冬冬："我是一个坚强的人。"

小玉："我有一个漂亮的冬冬表妹。"

冬冬："我有一个漂亮的表姐。"

茵茵："我有一个漂亮的表姐和表妹。"

小玉："你是一个聪明的人。"

冬冬："你是一个好孩子的人。"

1987-7-14

刺猬

姐姐吃掉冬冬剩下的半碗稀粥。

冬冬从外边跑回来，找不到自己的剩饭，叫道："白林鹤把我的饭，偷偷喝完了？"这是一个较为复杂的"把"字句。

舅妈说："你不吃，还不让姐姐吃？"

冬冬请求舅妈，把关在铁笼里的刺猬放出来。

舅妈说："把刺猬放出来？钻洞子里咋办？"

冬冬说："拉胳膊，拉腿，拉脸。"

"拉脸"的意思，大概是"拉头"。

舅妈说："刺猬身上有刺，扎人咋办？"

冬冬说："弄掉刺！回武汉，给爸爸看。"

舅舅说："它身上有刺，捉不住咋弄？"

冬冬说："刺？关笼子，我掂回家。"

舅舅、舅妈不断提出问题，冬冬想出各种"解决问题"之法。

上树摘核桃

院子里的核桃树，硕果累累。小玉姐姐让冬冬摘核桃。

冬冬问："怎么摘呀？"

小玉说："上去摘也行，用棍子打也行。"

冬冬抱着树干，跃跃欲试，说："上去摘！怎么上呀？"

"别"

妈妈批评大松，已经十几岁了，只知道玩，长大了，怎么办？

冬冬扑到妈妈怀里，撒娇说："别吵了，别吵了！"

妈妈说："我怪你大松哥哥，你为什么不让我怪？"

冬冬说："别怪了，别怪了！你是我的妈妈。"

不可理解的事情

大姑和小姑，从张庄来马谷田看冬冬。

冬冬和大姑坐在床上聊天。大姑多次纠正冬冬的语言和行为，冬冬不高兴，攮大姑走。大姑故作生气地走开。躺在另一张床上的小姑，也跟着大姑出去了。

冬冬问："小姑怎么也走了？小姑呢？"

妈妈问："那大姑呢？"

冬冬说："大姑生气了！小姑没有生气，怎么也走了？"

"小姑没有生气，怎么也走了？"前后句含有转折关系。

"老头子"是吓唬人的

在姥姥家，茵茵跑进房间倒水喝。

"屋里有个老头子，还不出来呀？"冬冬扶着门框，吓唬屋里的茵茵。她说完，跑到姥姥身边，说，"我吓唬茵茵的。"

姥姥家的门外就是一条大路。冬冬独自往大路上跑。

姥姥也拿"老头子来了"吓唬冬冬，让她不要到大路上去。

冬冬笑着对妈妈说："姥姥吓唬我呢，没有老头子。"

1987-7-15

道歉

冬冬和茵茵争夺一块儿糖。冬冬下狠手，在茵茵脖子和眼皮上，抓伤好几块儿。茵茵委屈得大哭。妈妈让冬冬跟茵茵道歉。

冬冬对着茵茵连说了三声"对不起"，还说了"我再也不打你了"的话，茵茵仍然号啕大哭。

妈妈哄茵茵："宝贝儿，别哭了，等回县城了，让您姨父[1]狠狠揍她一顿！"

正玩糖块儿的冬冬接口道："我说过'对不起'了，为什么还要打我？"

妈妈说："那就再说一句'对不起'，好不好？"

冬冬说："我说过了，还说？"

---

[1] 冬冬的爸爸。

丑化"新冬冬"以争宠

（2岁7个月　1987-7-16——1987-8-15）

收获的喜悦（1987 年 7 月）

1987-7-16

"我会走了"

昨天下午，姐姐带冬冬去东岗的庄稼地里。刚下过雨，地上又湿又滑。在禾苗茂盛的庄稼地里，冬冬不知道该怎样走路。

今天，姐姐又带她去地里。她不管是庄稼还是野草，只管大踏步地踩过去，兴奋地喊道："我会走了，我会走了！"

刷牙

冬冬正准备刷牙。

舅妈高喊："别刷牙了。饭做好了，该吃饭了！"

冬冬放下茶缸和牙刷，说："把它放这，吃了饭再刷。"

水壶

刘堃拿冬冬的水壶。

冬冬立马夺过来，递给姐姐，说："拿个地方。"

意思是让放个刘堃看不到的地方。

叫妈妈"白阿姨"

①冬冬玩水，弄湿了裤子。妈妈让她去找小姨换条干净的裤子穿。她迅速跑开，但很快又跑回来，说："她不跟我换，她给人家洗衣服的。"

茵茵也证实说："大姨，妈妈正洗衣服呢！"

冬冬随着大叫："对不对呀，阿姨，白阿姨？"

她竟然喊妈妈"白阿姨"？妈妈反问道："你叫什么？"

冬冬快速跑开，更加起劲地叫："白阿姨，白阿姨！"

②冬冬和茵茵姐俩玩折纸。

冬冬把卡片对折了一下，拿给妈妈看："白阿姨，是这样画的吧，我叠的好吧，白阿姨！"

小小年纪，竟试图跟妈妈开玩笑。

1987-7-17

不懂就问

①家人用家乡话谈论家乡事。

冬冬听不懂，常着急地问："说的什么话呀？我不知道。讲，讲呀！"

②听林钦说，明天要去明港。

她追问："他上明港干什么呀？他说，'上明港去呀？'"

③小玉从地里干活回来。

冬冬发现，小玉穿的是姐姐的鞋子，问："你干什么穿姐姐的鞋呀？她回来没有？姐姐为什么不回来？"

在一起的小姐俩

小姨带着茵茵和冬冬，从舅舅家去姥姥住的地方。路上，茵茵摔个跟头，大哭起来。冬冬帮忙拍去表姐身上的土，说："我扳倒了，从前我就不哭。"

会说"从前"，但不一定用得对。话犹不及，过个小水沟，冬冬打了个趔趄，自嘲道："差点没摔倒。"

到了姥姥住的地方，茵茵去厕所解手。冬冬跟在屁股后面，喊："姐姐，我也拉大手。"

茵茵便后洗手，冬冬也学着去洗，惊叫道："好凉呀，冻死人了！"

1987-7-18

"奶奶"与"姥姥"

冬冬要喝茶。恰巧姥姥走过来。

冬冬说："不让奶奶倒茶吧？"

妈妈不解地问："你说什么？谁是奶奶？"

冬冬又说："不让奶奶倒茶吧？"

称呼又弄混了。

妈妈故意问："什么奶奶？"

冬冬自我更正说："噢，姥姥。"

有趣的表达

①暴雨天。家里又闷又热。小青坐在冬冬床边，不紧不慢地给她扇扇子。

冬冬说："把雨扇走吧！"

②冬冬吵着上街去找小玉。姐姐告诉她，小玉姐姐上街捉知了去了。

冬冬说："街上肯定有。"

③冬冬一边玩折纸，一边自言自语："我不喜欢好多小孩，就喜欢一个小孩，就喜欢一个小朋友，跳舞。"

外面传来邻里的吵闹声，冬冬要跑出去看。

妈妈说："不能去，人家打咱怎么办？"

冬冬说："不要紧，不会的。不会打你的，你也不是打架的。"

骂人话

舅妈跟冬冬逗着玩。

冬冬指着舅妈，突然冒出一句"去你妈的"。紧接着，又指姐姐，指妈妈，重复这句骂人的脏话。

大家很惊讶，追问冬冬从哪学来的？她笑而不答。

妈妈说，今后不准再说骂人话。骂人不是好孩子！

她仍嘻嘻笑着不说话。

过一小会儿，她又指着舅妈说"去你舅妈"，指着姐姐说"去你姐姐"。在大家还没有反应过来时，她又指着妈妈说："去你妈的！"

冬冬还不懂得，"去你妈的！"是一句骂人话，由此还推演出"去你舅妈""去你姐姐"。看来真应该"童言不忌"了。

1987-7-19

比喻？

①冬冬用比喻："小狗像个大狐狸一样。"

②冬冬形容吹圆的猪尿泡："像个氢气球。"

"像……""像……一样"，既表示比较也表示比喻。比喻是从比较发展来的，这两句，已经有比喻的味道了。

喂鸽子

舅舅家有一大群鸽子。舅妈撒一把粮食，鸽子们"扑扑棱棱"一阵声响，从房檐上飞落地下，争先恐后地捡食吃。冬冬也抓点谷子，伸手喂鸽子。鸽子伸头去啄冬冬手里的谷子，吓得她连忙缩回小手，说："把我的手叨住了。"

舅妈仍怂恿她抓粮食喂鸽子。她说："我太小了，我不会喂，我找不到嘴。"

"我找不到嘴"是个充满童趣的说法。随着经历、思维的发展，儿童也对表达有了新要求，因此可能出现较多的"独创性"话语。

处女作"大舅舅，喝醉酒"

舅舅去乡下朋友家，喝醉了酒。表姐们带着冬冬去接舅舅。舅舅脚步踉跄，冬冬嘻嘻哈哈地笑着紧跟其后，像个不倒翁似的东倒西歪，模仿舅舅的醉态。

回到家，她跑进厨房，拉着正做饭的舅妈的衣裳角，说："舅妈，我给你唱个大舅舅吧？"

舅妈说："唱吧，大舅舅有啥好唱头。"

"大舅舅，喝醉酒。左边歪，右边歪，歪呀歪呀摔倒了。"冬冬摇头晃脑地唱，接着，她又把最后一句改为"歪呀歪呀摔了个大跟头"。

前几天，她曾自编了"一个小娃娃，正在打妈妈"的儿歌，那是由学会的儿歌顺口"改编"成的。而这首《大舅舅》，才算是她真正的"处女作"。

晚上，冬冬又对妈妈说："妈妈，我给你唱个《阿姨去游泳》吧，'阿姨去游泳，姑娘去游泳，蛙女去游泳'。"

爸爸离不开她

繁星闪烁的夏夜。挂在大槐树上的马提灯，火苗跳跃了几下，突然熄灭了，院子里显得漆黑而静谧。母女俩进行了一场与爸爸有关的聊天。

妈妈："冬冬，爸爸给你写信了没有？"

冬冬："没有。爸爸心里难受，他就哭了。"

妈妈："爸爸为什么哭？"

冬冬："他想冬冬了，喊'冬冬'，我也听不见。"

妈妈："如果爸爸给冬冬写信，会写什么呢？"

冬冬："'明天回家吧，住几天回家吧！冬冬——'我也听不见，也不能关心他。爸爸一边走一边哭，遇见大灰狼怎么办？"

冬冬和爸爸朝夕相处，很不习惯没有爸爸的陪伴。从离开武汉的那一刻起，冬冬就叫着想爸爸。今晚，她采用孩儿式独有的思维，想象着爸爸多爱她，又多么离不开她！

1987-7-20

扑克牌的命名

表姐们玩扑克牌,被冬冬称之为"下棋";纠正多次,她才把扑克牌说成"牌"。

冬冬把纸牌中的"大王、小王"统称为"鬼";把11、12、13这些带"人"的图像,统称为"王"。扑克牌凌乱了,她让妈妈帮忙弄整齐,说:"给我整齐一下吧!"

冬冬和表姐们

①下午,仍是倾盆大雨。冬冬要喝水,但热水瓶里已经没了开水。

冬冬说:"一天没喝茶了。不下雨了,烧茶去吧。"

说"一天都没喝茶了",有些夸张。但对于喜欢喝水的冬冬来说,大半天没喝水,时间也足够长的了。舅舅家的厨房,在主屋的另一头。去厨房,要冒雨跑一段路。既然"不下雨了",当然应该去烧水了。其实,当时雨还在下。

②雨终于停了。小玉带冬冬上街转了一圈。回来后,冬冬对妈妈说:"先吃甜瓜,后吃梅子,后吃瓜子。"

小玉的确给冬冬买了这三样东西,吃东西的先后顺序,也都说得对。但用"先……后……后……"表示先后顺序,还有点拙笨。

③冬冬跟小青疯打,说:"我大你小!丫头,疯丫头。"

在电视剧《红楼梦》中,贾母叫凤姐为"凤丫头"。"疯、凤"音近,"疯丫头"的说法,来自《红楼梦》的联想。

姐姐是"大坏蛋"

姐姐炸焦鱼。从厨房拿来一条小鱼,让妈妈鉴定一下,看炸焦没有?妈妈尝了点,说,可以了。

姐姐拿着那条鱼,转身跑回厨房。

冬冬不满地说："坏姐姐，不给我吃。拿过来，不给我吃。这个大坏蛋。"

1987-7-21

大白鹅被狼吃掉了

舅舅买了两只五六斤重的大白鹅。昨天中午炖了一只，另一只拴在院子里，准备等爸爸回来一起分享。

昨夜风雨交加。今晨起床后，大白鹅凭空消失了。院子里，残留下零乱的动物脚印。全家人倾巢出动寻找，在南面的玉米地里，发现了肚子已被掏空的大白鹅。

冬冬也跟着凑热闹，回来后激动地对妈妈说："大白鹅被狼吃掉了。"

又是一个合格的"被"字句。

"像"

①大路上，远远走来一个十多岁的男孩子。冬冬高叫一声："大松哥哥！"

人走过来，发现不是，自嘲地说："像大松哥哥一个样儿。"

②全家人吃西瓜。啃过的西瓜皮，随手扔到院子里，堆了一小堆。

冬冬说："成了小山羊，看着像。"

打趣

几天的瓢泼大雨，把乡村公路变成了泥塘子。妈妈在泥泞路上走得很艰难。冬冬跑着迎接妈妈，大叫着："妈妈受伤了，快来人哪，把妈妈救过来！"

1987-7-22

去奶奶家

上午，小玉骑自行车，送妈妈和冬冬去奶奶家。冬冬很兴奋："我去奶奶家，要回河南啰!"

小玉说:"冬冬,奶奶家啊,有个爷爷,有个奶奶。"

冬冬接着说:"还有一个老太儿。"

妈妈说,见了爷爷奶奶和老太儿,要有礼貌,要鞠躬。

冬冬说:"我从前就会。"

"从前"这个时间词,用得好。

又想回舅妈家

小玉把人送到张庄后,就回了马谷田。到夜里,冬冬吵着要找"宝玉姐姐",要"回舅妈家"。

妈妈有点烦,说,别闹了,刚到奶奶家,又要回舅妈家。非要回,那你一个人回去吧。

冬冬说:"我走不到家,怎么办?"

妈妈说:"能走到的。"

冬冬说:"我找不到,怎么办?"

妈妈说:"好吧,等天亮了,妈妈和你一起回去。"

冬冬说:"妈妈,你能走得动吗?"

两岁半的冬冬,还听不出来妈妈说的是气话。"能走得动"是用双重方式表示"可能":一是用能愿动词"能",二是用表示可能的动补结构"动词 + 得 + 补语"。这说明,此时冬冬不仅建立了"能愿"语义范畴,而且具有了表示这一语义范畴的语法能力。

1987-7-23

"是谁在说话呀"

清晨,冬冬睁开眼,问:"这是在谁家呀?"

妈妈："在奶奶家！"

"是谁在说话呀？"她又问，"宝玉姐姐呢？"

两句话说了两个"谁"。特别是"是谁在说话呀"，是个无主语的兼语式，"是"前不能再加主语，"谁"既是"是"的宾语，又是"在说话"的主语。这是汉语的一种特殊句式。值得注意的是，这句话里还用了"在"表示动作正在进行。这种用法的"在"，还是第一次记录到。

起床后，便去看老太儿。老太儿双目失明，回房间拿东西，要摸着墙，慢慢行走。

冬冬不解地问："老太儿为什么扶着东西走？"

冬冬的"大草原"和"小河"

下午，冬冬拉着妈妈的手，去看她的大草原。

她绘声绘色地说："妈妈，我带你去大草原吧？大草原，有月季花，红花，白花，可漂亮了！还有山羊，小鸟，羊。许许多多的小动物！那边还有许许多多的小房子。"

看完"大草原"，又拉着妈妈去小河边，说："这有小河。小河里有小鱼，有一只小花猪在游泳。"

对"大草原"的描述，是真实的。对"小河"的描述，加入了想象的成分。"小河里有小鱼"，却没有"小花猪在游泳"。这个"在"，也是表示动作的正在进行。

也想坐石头上

冬冬很快和村里的小朋友混熟了。小伏拿着冬冬的项链，戴在自己的脖子上。

冬冬说："你拿我的东西，真烦人！"

小伏赶快把项链还给冬冬。

小朋友们都坐在石头上，她也要坐。妈妈不同意。

冬冬说："我没地方坐咋办呢？"

给爷爷说话

爷爷问冬冬，回来都坐了啥样的车。

冬冬回答："坐了公共汽车，坐大火车。坐了大火车，又坐了三轮车。又坐小火车，就到你们家了！"叙述的情况，大体属实。

爷爷故意问："坐恁些车呀，还坐了三轮车？"

冬冬眉飞色舞地说："坐着三轮车，'砰，砰，砰'，到了大火车站。我突然一下子要吃鸡蛋，又不想吃鸡蛋。"

妈妈是和尚，是小白兔

妈妈拍冬冬入睡，顺口说了句："睡吧，你这个小白兔。"

冬冬立即反击："你这个和尚。"

妈妈忙换种说法："你是个勇敢的孩子！"

冬冬说："你是个坚强的和尚，你是个聪明的和尚。"

小家伙认准了，妈妈就是"和尚"。

妈妈说："来，冬冬，拍妈妈睡觉，关心一下妈妈。"

冬冬先摸摸妈妈的脸，再轻轻拍着妈妈的胸口，说："噢，噢，小白兔，要睡觉了！"

此时，妈妈又变成了小白兔。

1987-7-24

不能找新冬冬

吃中午饭，冬冬要小姑抱。奶奶说，小姑要吃饭，不能抱。不吃饭，饿死了咋办？

冬冬说："不要紧，再找个新小姑吧！"

大家哄笑起来。

冬冬尽情地发挥，说："找个新大姑，新爷爷，新奶奶。"

奶奶问上哪儿找？

冬冬答："街上。"

妈妈也打趣说："那好，我也去找个新冬冬！"

冬冬着急了，说："不行，新冬冬不漂亮。"

晚上，妈妈试探着跟冬冬商量："你住在奶奶家，妈妈到小姨家住几天，可以吧？"

"小姑抱我回来，找不到妈妈了，我哭了怎么办呢？"冬冬说，"妈妈一个人回武汉去，找个新冬冬，新冬冬是好哭佬，是坏冬冬。"

自从妈妈说要找个新冬冬，她便极力贬低这个虚拟的"新冬冬"。在冬冬的话语里，增加了许多想象的成分。

1987-7-25

放飞的蝴蝶

一群小朋友，在河边捕蝶，把那只最漂亮的黑蝴蝶送给冬冬。

妈妈问："蝴蝶高兴吗？"

冬冬答："蝴蝶可高兴了。"

妈妈说："蝴蝶不会高兴吧？你想啊，如果把人的双手绑起来，没有了自由，人会高兴吗？"

冬冬想了想，松开蝴蝶，双手往上一扬，黑蝴蝶飘飘悠悠地飞走了。

妈妈问她为什么要放飞蝴蝶？

冬冬说："蝴蝶心里难过。"

"鸡把我的知了噙走了"

雨后的地面上，有许多小洞洞，顺着小洞挖下去，能挖出白白嫩嫩的知了幼虫。按河南农村的说法，小孩子吃了油炸的知了幼虫，可以健胃，增加食欲。

小姑挖到两只知了幼虫，放在厨房的锅台上。一只大公鸡飞上锅台，叼起知了幼虫，扑闪着翅膀，一路高歌着跑掉了。

冬冬目睹公鸡飞上锅台、叼走知了幼虫的全过程，小脸气得绯红，跑回房间告诉妈妈："鸡把我的知了噙走了。"

以其人之道

农村小朋友对从城市回来的小孩儿，有很重的好奇心。他们手扯着手，围成一个圆圈坐下，让冬冬在圆圈中心跳舞。

冬冬极羡慕小朋友能坐在地上。

妈妈说："你也可以坐。但你要跳个舞，才可以坐地上。"

冬冬跳完一支很欢快的"小燕子"，半蹲着身子，正准备坐地上时，突然对妈妈说："你唱一个歌，我让你坐地下。"

1987-7-26

冬冬也生气了

今天，大姑把妈妈和冬冬送到县城小姨家。姨父和小姨以冬冬为中心，时时处处都让着冬冬，这让同是独生子女的茵茵，极感失落，连晚饭都不想吃了。

妈妈告诉冬冬，茵茵姐姐不高兴了，赶快哄哄姐姐，向姐姐道歉。

冬冬对着茵茵，连连说了十多个"对不起"，又拉胳膊又拽腿地表示友好。茵茵始终不理她。

"她不理我，我生气了。"冬冬气愤地掉头走开。

1987-7-27

自我约束

小姨家厨房门口的大缸里，栽着一棵看樱桃，果实累累，又红又圆。冬冬极想摘个红豆豆，多次伸出手又缩回来。

妈妈告诉她，看樱桃是看的，不能摘。

冬冬调皮地说："摘花，罚你的款。"

冬冬说这句话，是在约束自己的行为。"摘花罚款"是学校公园的公示语，冬冬在"罚款"中间插入"你的"，是在模仿基础上的创造。

"妈妈哄不了我"

大姑跟妈妈商量，她准备回张庄。

正在低头玩积木的冬冬，抬头看着大姑，很认真地说："妈妈哄不了我。"

姨父说，这个冬冬啊，特缠着大姑。

冬冬说："妈妈身体不好，妈妈哄不了我。"

1987-7-28

我的家最好

小姨问："你是哪里来的？"

冬冬："我从舅妈家来的，我从武汉来的。"

小姨："谁家最好玩？"

冬冬："我的家最好玩。我从来就不哭，茵茵哭的。"

又用了一个表时间的副词"从来"。

1987-7-29

"先"与"后"

①小姨带着茵茵和冬冬，一起做杀人游戏。

冬冬指茵茵说："先杀她，后杀我。"

②姨父买回水果。

冬冬说："我先吃，她后吃。"

冬冬咬口桃子，递给妈妈："好吃，你尝尝，好吃得很哪！"

事件不同，先后次序也不同，就看什么对自己是有利的。

"抢"

"抢"，是冬冬近日用得最为频繁的动词。

只要看见茵茵手里有东西，冬冬第一反应就是说："我去抢吧！"或者"我抢过来吧！"

1987-7-30

"我一口吃完了"

准备吃午饭。冬冬洗完手，看饭桌周围已没了空椅子。她半蹲下身子，叫道："没有椅子，我坐地下了，啊！"

小姨赶快拉过来一把椅子，让冬冬坐下。

"我一口吃完了！"她扬起手中的空小碗。话语中充满了夸张。

"这屋、那屋"

小姨家只有一间房子。她们把房间让给冬冬母女，自己借住到朋友家。夜里十点，小姨领着茵茵往外走。

冬冬说："小姨，干吗上那屋睡去呀？睡这屋算了！那屋有大灰狼，咬你我可不管。"

1987-7-31

关心妈妈

妈妈独自去公用厕所。

冬冬跑进去，说："妈妈，你怎么一个人来了？"

1987-8-1

副词"只"

大人上厕所，让她在外面等着。

她告诉小姨："只剩下我一个人，我没有哭。"

看电影

爸爸从武汉来到县城小姨家。晚上，姨父与大姑、茵茵一起去电影院看电影。冬冬也要跟着去，父母不同意。

冬冬扯着大姑的衣角，说："我不闹人，不找爸爸，不找妈妈，我也要去。"

大姑看她表态坚决，就带了同去。

一开始，她注意力很集中。刚放正片，她就哼唧着要找茵茵姐。茵茵正在影院后面，和一群小伙伴玩耍。姨父抱她找到茵茵，冬冬又请求到外边去玩。抱到外面，又闹着找爸爸妈妈。

整个过程，冬冬没有说一句回家的话，可都是围绕这个目的而"哼哼唧唧"。姨父只得抱她回家，去找爸爸妈妈。

1987-8-2

真亲姐姐

今天姐姐也从马谷田来县城了。冬冬看见姐姐的身影，叫着扑过去："白林鹤来了！"

姐姐亲亲她。她则紧紧搂住姐姐，说："白林鹤来了！你饿吧？白林鹤！"

这么小的孩子，竟能想到姐姐饿不饿。

捉老鼠

一只小耗子，从院子的水池旁飞窜过去。

冬冬连忙追过去，没追到，对姐姐说："你拉头，我拉腿，爸爸拉身子，妈妈拉肚子，把它弄回家。"

她在想象着，大家如何一起捉老鼠。

大灰狼咬坏孩子

爸爸故意逗冬冬，说："看哪，大灰狼来了，大灰狼要咬你！"

冬冬说："我不是坏孩子，我又没有哭，我长大了。"

以"坏孩子""哭"和"长大了"这三条标准，来证明大灰狼不应该咬她。

1987-8-3

"害怕"

今天，一家三口准备去爷爷家，姐姐要回马谷田。

冬冬像一条小尾巴似的，紧贴在姐姐身后，生怕姐姐悄悄溜走。姐姐刚转身进屋，就听到冬冬的哭声，连忙跑出来。

她拉着姐姐的手，说："我害怕走了！"

丑化"新冬冬"以争宠

从泌阳县城坐长途汽车，到高邑街下车，离爷爷家的张庄还有三里路程，一家人顺着水渠缓缓步行。渠水清可见底，倒映出高矮胖瘦三个人影。爸爸开玩笑，说把冬冬扔在渠水中，洗个痛快澡。

冬冬说："不要扔我，我漂亮！"

爸爸问："谁不漂亮？"

冬冬答："新冬冬。新冬冬没有耳朵，没有鼻子，没有眼睛，没有嘴巴，只有一只手，真丑极了！"

冬冬成"漫画家"了。

十天前，妈妈开玩笑，说要找个新冬冬，冬冬就说新冬冬"是好哭佬，是坏冬冬"之类等坏话。这次，没人提到"新冬冬"，她为了不被扔到水渠里，竟然推出了新冬冬，并把新冬冬丑化到了极致。

1987-8-4

游泳

父女俩去小河游泳，玩得十分开心。

妈妈也散步到小河旁。

冬冬对妈妈说："小伏拉我，我拉你，你拉爸爸，咱们一块儿游泳。"

肚子疼，吃撑了

午饭后，冬冬弯着腰，直叫着肚子疼。妈妈忙问怎么了？

冬冬回答："吃得撑了，吃得饱了，吃得撑住了！"

"得"后的补语成分，变换着说，说明结果补语已经掌握。

月亮像小姑娘的眉毛

静谧的夜空，浮悬着一弯上弦月。

冬冬仰望满天繁星和弯弯的月牙，说："月亮像小姑娘的眉毛，像月牙。"

两个"像……"，"像小姑娘的眉毛"用得颇有诗意。

1987-8-5

鸡大腿

冬冬很卖力地啃着一条鸡大腿。

爸爸故意夺过来，张大嘴巴，做出要吃状。

冬冬说："好爸爸，我还没吃一口呢。我吃一点儿，再给你。"

肚子饿，吃苹果

"苹果真好吃呀！"冬冬吃着苹果，感叹道。很快吃完一个，说，"我还要吃！"

妈妈逗趣："你还要吃？别人也想吃呀！"

"别人的肚子饱饱的，就我一个人饿了。"冬冬说，"爸爸肚子不饿，妈妈肚子不饿，大姑肚子不饿，小姑肚子不饿，就剩我一个人肚子饿。"

"怎么办"

妈妈坐在床沿上，冬冬站在妈妈腿上，个头显得很高。

大姑："你个子恁高，背背我吧？"

冬冬："你有脚，为什么让我背呢？我摔倒了怎么办？"

大姑："摔倒了，再爬起来呗！"

冬冬："我喊不应妈妈了，哭了怎么办？"

大姑："哭了，我抱着哄哄你！"

冬冬开心了："大姑抱我，我还哭。哄哄我就不哭了。"

童话世界

融入乡村红花绿草的童话世界中，冬冬也变成了童话人物。

①一只狸花猫，侧卧在洋槐树下，懒洋洋地晒太阳。冬冬扔去一块儿馒头，小猫猛地跳起来，惊慌失措地跑掉了。

冬冬目送猫咪远去，说："小猫，你不吃东西，我就生气了；你不吃，我不喜欢你！"

②路旁，一只小山羊低头吃草。

冬冬频频招手："小山羊过来，小山羊过来！"

小山羊头也不抬，一点都不领情。

冬冬生气了，说："不过来，不听话，我要回武汉了，不管你了！"

赋予动物以性情，是孩童世界中特有的一道风景。

1987-8-6

"被"字句

小姑又捉了几只知了幼虫。油炸后，剥掉硬壳让冬冬吃。

奶奶故意问："知了跑哪儿去了？"

冬冬指指嘴巴，说："被我吃了。"

"谁也不唱了"

夜里，到睡觉时间了。冬冬提议让每个人都唱一支歌，其中包括爷爷和奶奶。手指点到爷爷，紧接着奶奶、大姑、小姑、爸爸和妈妈。

冬冬说："妈妈唱了了，谁也不唱了，大家睡觉。"

"谁也不唱了"中的"谁"，不表疑问，表任指，意思是"所有人"。

1987-8-7

给大姑梳头

老太儿梳头：先用梳子蘸点水，往头上梳几下，再蘸水，再梳，直到梳通为止。

冬冬学着老太儿的模样儿，用梳子蘸水，给大姑梳头。梳几下，扳过大姑的脖子，笑眯眯地看着大姑的脸儿说："我给你弄弄，又干净，又漂亮！"

在她第二次蘸水时，被大姑一把抓住了。

冬冬说："好大姑，别打我。"

大家笑她嘴巴甜。

冬冬说："不好姑，她就不让我弄了。"

"不好姑"的意思是，如果不说大姑好的话。

往事复现

下午，姐姐接妈妈和冬冬，从奶奶家回到马谷田姥姥家。

冬冬突然问："姐姐，我在武汉看到了什么？"

姐姐说："看你这话问的，我咋知道你看见什么了？"

冬冬说："我在武汉看到一个什么呀？"

妈妈笑了："是看见一只大灰狼吧？"

冬冬突然蹦出来一句："×× 姑姑挨打了。"

姐姐问："谁打 ×× 姑姑了？"

冬冬说："×× 打了大姑，×× 姑姑跑了。"

这事发生在离开武汉的一个多月之前，冬冬之后的叙述也与事件吻合。此时无人提起，又没见到故事中人，她怎么会突然想到这些的？

1987-8-8

父女趣谈

上午，爸爸和大姑，也从张庄来到姥姥家。大姑这次要一起去武汉。

爸爸问冬冬："你昨天下午，为什么不吭声就跑到舅舅家了？"

冬冬说："我喊你，你不答应。"

爸爸问："你还逃跑不？"

冬冬答："不逃跑了。"

爸爸问："再逃跑呢？"

冬冬答："我再逃跑了，你喊我大坏蛋。"

看来，喊"大坏蛋"，是最大的惩罚。

火车候车室里

下午，坐小火车去明港，再乘大火车回武汉。在明港大火车站的候车室里，冬冬兴奋地跑来跑去。

她从两条长椅的窄缝里挤过去，频频向爸爸招手，说："你过不来！你过不来！"

爸爸故意问："告诉我，从哪儿能过去呀？"

冬冬跑过来，扯着爸爸的手，从椅子另一头转过去。

姐姐剥了一个熟鸡蛋。冬冬吃掉蛋清，硬把蛋黄塞进妈妈口中，劝说道："吃吧，有劲儿，能打大灰狼。"

一辆载货的大火车呼啸而过，候车室的地面都颤抖起来。

冬冬忙把妈妈的头搂在自己怀里，说："不要怕，有我哩，我来保护你。"

1987-8-9

神气的小主人

凌晨六点十分到武汉。坐 66 路公共汽车回华中师大。许多人还扒着汽车车门，使劲往里挤，汽车已经开动了。

上了车，姐姐气愤地说："这车真成问题，人还没上完，就开了。"

冬冬接口道："人没坐满，就开了。"

把姐姐的话，转换成自己的语言，而不是单纯的模仿。

回到家的冬冬，俨然像个小主人，对大姑说："大姑，你喝茶吧！"

她又指着沙发对大姑说："我们新买的沙发。"

1987-8-10

小大人的语气

①冬冬和爸爸比赛吃饭，爸爸故意做鬼脸、扮怪相。

冬冬笑着说："看你的样子！"

②妈妈要嗑瓜子。

冬冬表示怀疑地问："瓜子，你能嗑吗？"

妈妈："能啊，嗑瓜子还是可以的。"

冬冬："你做饭，不行啊。"

1987-8-11

"不会……，光会……"

大姑跟妈妈聊家常，算算老家还有谁没来过武汉。

冬冬问："大家跟我说说，谁没有来呀！"

冬冬见到多多，说自己回河南了。

多多说："噢，回南河了！"

冬冬跑回来，对妈妈说："多多不会说'河南'，光会说'南河'，笑死人了！"

西瓜和丝瓜

由于[s]的发音问题，冬冬总把丝瓜说得像"西瓜"。

妈妈纠正说："不是西瓜，是丝瓜。"

冬冬笑着说："咱们两个都说错了。"

熟练的"被"字句

爸爸找不到奶瓶，问："冬冬，你的奶瓶呢？"

冬冬："被格格巫拿走了！"

格格巫，是电视连续剧《蓝精灵》中的一个人物。

谁都不得罪

菁菁喂冬冬吃炒丝瓜，问："冬冬，你最喜欢谁？"

冬冬说："菁菁姐姐。"

田伯伯问："咱俩谁最漂亮？"

冬冬说："咱俩都漂亮。"

菁菁问："爸爸和妈妈谁最漂亮？"

冬冬说："爸爸漂亮，妈妈漂亮，大姑漂亮，姐姐漂亮，冬冬漂亮，大家都漂亮。"

1987-8-12

到东湖游泳

8月的武汉，热浪滚滚。

夕阳西下，全家人准备去东湖游泳。大姑和姐姐已经换了游泳衣。冬冬对大姑说："你别洗，洗了会淹死的。你看我怎么洗的，你学会。"

"洗"，即"洗澡"，河南泌阳把"游泳"也叫"洗澡"。

姐姐端盆水，让妈妈洗把脸。冬冬先玩嗨了，洗了脸，又洗头。

爸爸催促道，好了，好了，别洗了好不好？我们要上东湖呢！

冬冬不想马上离开，还要继续玩水，回答道："有蛇，咬着怎么办？"

由两辆自行车组成的大队人马，终于出发了。姐姐带着大姑，爸爸带着冬冬和妈妈。上陡坡，车子左晃右扭，有些吃力。

冬冬说："上坡了，爸爸。你累吧！"

爸爸说："冬冬，你喊'加油'，爸爸就不累了！"

冬冬忙喊："加油！加油！"

东湖旁，有一排造型独特的铁门，犹如飘忽闪烁的云影。大姑教冬冬"云"的英语读法"cloud"。而冬冬则说"门"的英语："a gate，还有 a gate 吗？"

湖面上，停泊着无数只小船。

冬冬说："两个小船，船上有人。"

她还是用"两个"表示多数。

1987-8-13

知道害羞了

在河南老家，野外可以随地大小便。

在室内，爸爸看冬冬蹲下身子，似乎要解手，跑步出外，拿回了痰盂。

冬冬关上门，再蹲到痰盂上，说："拉屎，关门，关紧一点儿。"

"我长大了"

雨后的湿地上。冬冬用小木棍挖洞洞，挖一个又一个，玩得满头大汗。吴伯伯抽着烟，站一边冷眼看冬冬，说，在院子里挖洞，罚款，把你扔到楼顶上去。

冬冬抬头看吴伯伯一眼，手没停，继续撬起一坨坨泥巴，说："我长大了，能打过你。"

回到家，冬冬对父母叙说刚才发生的事情，说："我能用手抓他。"

晚上，冬冬甚至提出，想下楼去找吴伯伯打架。

爸爸故作胆小状："那可不行，我打不过，我害怕。"

冬冬鼓励爸爸："别怕，他小，我长大了。"

回趟河南老家，她的胆子变大了许多。

1987-8-14

听懂言外之意

正吃饭。冬冬闹着要吃冰棒。大姑放下饭碗，抱冬冬出外买冰棒。前天游泳，大姑的脚扎破了，走路一跛一跛的，抱着冬冬很是吃力。

回来的路上，大姑说："我的脚，好疼呦！"

冬冬说："我又没有穿鞋子！"

大姑说脚疼，并没说让她自己走。她从大姑的话语中，猜出大姑的意图。在回答大姑时，她说了自己不能下地走路的理由。

冬冬拍拍大姑的肩膀，说："不要紧，过一会儿就好了，走吧！"

1987-8-15

脚底板不脏

冬冬打赤脚在水泥地上乱窜，脚底板上常常弄得脏兮兮的。这会儿，她又要往床上爬。爸爸拽着她，说，不能上，看你那脚底板子多脏！

冬冬坐回沙发，抬起脚板让爸爸看："看，不脏呢！"

原来大姑在厨房给她刚洗过脚。

给汽车安嘴巴

冬冬极怕蚊子，蚊子叮一下，就起个大包，抓挠后流很多黄水。

紫药水可以消炎。姐姐在她的每个大包处，涂抹紫药水。她不过瘾，夺过棉签，蘸点紫药水，在大包周围又圈又点。大家取笑她是"斑马腿"，她很乐意接受这个绰号。

在马路上散步，一辆汽车擦身而过。爸爸说，好怕人，汽车会咬人的。

冬冬说："汽车不咬人，汽车没有嘴巴。给它安个嘴巴！没有嘴，它怎么吃饭呀！"

把人之所需，赋予世界万物，是儿童思维的一个特点。

模仿爸爸歪头托下巴

冬冬用右手拇指和食指，卡着下巴，歪着头。

大姑很奇怪，问："冬冬，捂着脸干什么？"

冬冬说："像爸爸一样。"

大家回头一瞧，爸爸正托着下巴，注意力很集中地盯着电视看。

聪明的分配

姐姐剥葵花子的速度很快，但仍供不上冬冬吃。

冬冬拿着装葵花子的袋子，给大姑倒一堆儿，给妈妈倒一堆儿。之后，转着圈，依次收取剥好的葵花子仁。

谁跟前的葵花子剥完了，她再去倒一些。

模仿电视人物

电视剧《海灯法师》中，士兵打死了两个学生。扯着学生的两条胳膊，拖在地上拉走了。

冬冬说："他刚才捡到一个人，看见没有呀？他好难过，好可怜！"

两个"他"的指代不一，第一个"他"指士兵，第二个"他"指学生。把士兵拖人走，说成"捡到一个人"。还用了时间词"刚才"。

大姑向大家介绍了刚才电视的故事情节。

冬冬往地下一躺，滚来滚去，模仿学生被打时挣扎的惨状，说："一下子就死了，他就这样翻过来翻过去。"

为吐鱼刺而吃鱼

（2 岁 8 个月　1987-8-16—1987-9-15）

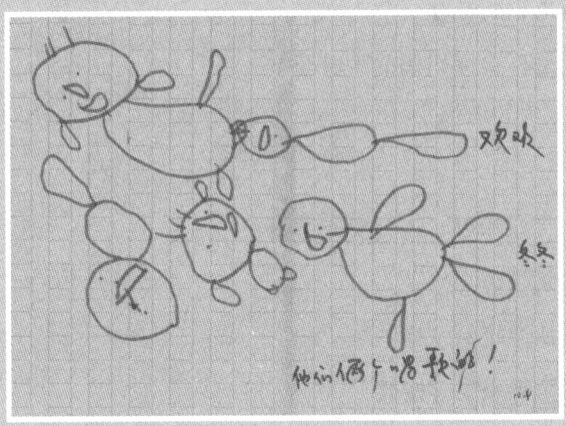

唱歌的孩子（1987 年 10 月）

1987-8-16

知错不改

电视教儿歌，有句歌词是"我能用它来学习"，常被冬冬说成"能用我来学习"。说时常伴以手势，指指电视机。

大家越是纠正她，她越连连说"能用我来学习！"

穿妈妈的大鞋子

冬冬穿妈妈的大鞋子，"踢踢踏踏"地在家里走来走去。她边走边说："我穿错了，我以为是我的鞋哩。"

其实，她就是喜欢穿妈妈的大鞋子。

音近误听

①冬冬一会要吃米饭，一会要吃蒜薹。

姐姐："你怪啰啰哩！"

冬冬："嘿，像姥姥一样。"

她把"啰啰"听成了"姥姥"。

②姐姐提议买些"橡皮泥"，让冬冬捏玩具。

冬冬笑了："噢，'橡皮你'，不是你，是我。"

把"泥"误听为"你"。

"吃别人的东西，不是好孩子"

上午，冬冬去了菁菁家。

姐姐去找，看见冬冬手里正拿着一根棒棒糖。没等姐姐说话，冬冬忙解释说："我不吃，她非要我吃。"

下午，妈妈故意说："你喜欢别人家东西，是吧？下楼看看，吴伯伯家有冰棒没有？”

冬冬说：“吃别人的东西，不是好孩子！”

“动也动不了”

爸爸吓唬她，说：“你再来回跑，我可要打你了！”

冬冬比爸爸更厉害：“你敢？我打死你，你活不成，动也动不了！”

“动也动不了”是个表示强调的新说法。

1987-8-17

惟妙惟肖地模仿

①妈妈拿药。手一滑，药瓶掉在地下，碎了，不由得尖叫一声。

冬冬正在窗下玩橡皮泥，忙问：“妈妈，你怎么了？”

妈妈没说话。

冬冬模仿姐姐平时说她的语气，说：“你的样子！”

②中午，妈妈喊大姑拿个苹果过来。

下午，她想吃苹果，双手捂着胸口，模仿妈妈的语调，说：“我吃一口吧，心里难受死了！”

欲擒故纵

午休，玩“咬”脚丫的游戏。爸爸用牙齿轻轻“咬”冬冬的脚指头，她笑得喘不过气来。

“我不吃你脚脚，我跟你玩的！”她慢声细语地说着，突然拉着爸爸的脚丫子，张大嘴巴，下狠劲地去咬……

又唱又跳

冬冬兴致勃勃，唱着谁也听不懂的歌，只求押韵。其中有两句不押韵的，她自嘲说："我唱不清楚了！"

难道她有韵律的感知了？

她又唱又跳，不让大家睡觉，说："大家不要闭着眼。闭着眼，我就不能蹦到那儿了！"

最后一句，表现出儿童的特殊视点：别人闭着眼，不是自己不能蹦到那儿，而是蹦到那里，别人也看不见。

"找个新妈妈"

从覃覃家回来，冬冬指着自己的胸口问妈妈："王汇阿姨，这怎么了？"

大姑说，刚才王阿姨胃疼得厉害。

妈妈接口道："是谁把她气的了吧？我们家冬冬不气妈妈，妈妈就不心口疼！"

冬冬突然说："那找个新妈妈吧？"

冬冬这话，不知道是要给覃覃找个新妈妈，还是要给自己找个新妈妈。

1987-8-18

"疼死了"

冬冬的脚板，被瓶碴子割了个大口子，说："爸爸，你看哪，一个碴子割的了！"

爸爸扳起她的小脚看，很心疼地说："好大的口子，疼不疼？"

冬冬说："大得很！可疼了，疼死了！"

只有蚊子才叮人

在室外，蠓虫、蚊子成群结队，追撵着冬冬叮咬。

大姑问：“蚊子怎么光吃你的肉呀？”

冬冬说：“我的肉好吃！”

大姑说：“好吃？我尝一口！”

冬冬推开大姑，说：“你又不是蚊子！”

意思是，只有蚊子才叮人。

“二少”

桌上有两块糖。

妈妈说：“冬冬，你查一查，这是多少个糖块？”

冬冬看了一眼，说：“二少。”

平时总用“二”表多数，这次说“二少”，是不是觉得只有两块糖，有点太“少”了？

1987-8-19

生布娃娃的气

冬冬噘着嘴巴去找妈妈。

妈妈问：“冬冬，你怎么了？怎么不高兴了？”

冬冬说：“我生布娃娃的气了！”

妈妈：“为什么生她的气？”

冬冬：“她不睡觉。她从来就不睡觉，我打她的屁屁。”

因为布娃娃“从来就不睡觉”，就生气？这是她不睡午觉，惹大人生气的“迁移故事”。

不同情景的不同态度

①冬冬正玩积木。菁菁来家，闪来闪去，和冬冬藏猫猫。

其实，在菁菁进门时，冬冬就发现了她，但装作没看见，只顾玩自己的。直至菁菁把脸靠在冬冬的肩膀上，她这才回头，说："原来是你呀！"

这里的"原来"，表示发现了真实情况。用好这个词，还是有难度的。

②爸爸要她背诗。

她不背诗，要唱儿歌，说："我非背《小燕子》[1]！"

③妈妈洗头。

冬冬站在旁边，安慰说："好妈妈，别害怕，洗头的，有什么害怕的？我就不怕。"

三种场景，冬冬用了三种态度和语言：不在意的淡然，不激怒对方的坚持，以己为榜样安慰和鼓励妈妈。

"你刚拿的钱呢"

姐姐把钱攥到手里，想偷偷溜出去买菜。

冬冬盯着姐姐问："你干什么呀！"

姐姐说："我没干什么呀。"

冬冬说："你拿钱干吗？"

姐姐手往后面一背，把钱放在了洗衣机上。再摊开双手说："我没有拿钱！"

冬冬不解地问："你刚拿的钱呢？"

此前，她会用"刚才"，现在又使用时间副词"刚"。

---

[1]　《小燕子》，是一首儿童歌曲。歌词是：小燕子，穿花衣，年年春天到这里。我问燕子你为啥来？燕子说，这里的春天最美丽。

1987-8-20

"大人用大的，小孩儿用小的"

姐姐买回一个大蝇子拍。

冬冬找出小蝇子拍，说："这是小的，大人不能用。大人用大的，小孩儿用小的。"

"肯定"

冬冬要吃饼干。

妈妈说，你刚吃过饭，还不饿呢，别吃了。

她定定地看着妈妈，说："我肯定饿得很。"

谈论往事

冬冬问妈妈："那一天，我上娟娟姐姐家，你忘记了吧？"

娟娟，是舅爷家的小表姐。冬冬在老家时去过娟娟家。

妈妈答道："没有忘。

冬冬："我可喜欢娟娟姐姐了。我还喜欢谁呀？我还喜欢林钦哥哥。"

冬冬用"那一天"，谈论过去的事情，表示事情发生的时间。

"我还喜欢谁呀？"是个设问句，自问自答。但在这里，似乎有"让自己想一想"的语用功能。

1987-8-21

"透、死、很"

冬冬看电视，常发议论。如"好看透了""难看透了""丑死了""大得很"等。用"透、死、很"等作补语，表示极致。

1987-8-22

"包不得好"

家人包饺子，冬冬也要参与。

大姑说："冬冬，你先把米饭吃了，就包得好。"

冬冬不愿吃米饭，反驳道："吃了，包不得好。"

"包得好""包不好"这样的肯定式、否定式，冬冬是已经掌握了的，但是一着急，话冲口而出，又说错了。

1987-8-23

"两、一大把"表多数

下午，去东湖游泳。湖面停泊着许多小船。

爸爸："这里船多不多？"

冬冬："多。"

爸爸："有多少只？"

冬冬："两只。"

爸爸："不对，应说'许多'。告诉爸爸，这里有多少船！"

冬冬："一大把。"

仍用"两（二）""一大把"表示多数。

抽象的数量词

今年的4月5日，曾让冬冬数十二支彩笔，只要不是单支的，她都说成"二"（有时说成"四"）。用"二"表多数。

5月9日，更确认了冬冬用"二"表多数的现象。她能够说清楚家里有"爸爸、妈妈、姐姐、冬冬"，但问几口人时，说是"二口人"。纠正多次，跟着说对了。

再问，又成了"二口"。

今日，冬冬把"二"换成了"两"，仍是用"两"表多数。

仅此而言，四个半月来，数量意识好像没有多大进步。看来，数量概念是比较抽象的概念，掌握起来并不那么容易。在此时的儿童认知中，也许只有"单数"和"复数"的二分意识。

"舒服药、不疼药"

近段大姑的耳朵一直疼痛。父母商量，让大姑去医院看看，用什么办法治疗治疗。

正在床上跟姐姐疯打的冬冬，突然站起来跳到沙发上，扳着大姑的头说："抹点药就好了。抹点舒服药就好了。抹点不疼药就好了。"

什么才是"舒服药、不疼药"呢？

孤立爸爸

从东湖回来的路上，冬冬不坐爸爸的车子，非要找姐姐。弄得大家都不开心，说再也不带她去东湖游泳了。

她摸着妈妈的脸说："妈妈，不要生气，我再也不哭了。"

爸爸说："不哭？别说得好听，下次我可不带你去了。"

冬冬说："我跟姐姐、大姑、妈妈玩，你一个人去。"

看大家都不接话茬儿，冬冬又说："我一个人去，我骑小车子。"

1987-8-24

"因为我害怕"

姐姐抓回两只小蛐蛐，放在桌子上，让它们相互厮杀。攻击性特别强的一只，猛地一蹦，蹦到冬冬身上，冬冬吓得尖叫着躲开。

大姑问："你为什么不抓住它？"

冬冬答："因为我害怕！"

表示原因的"因为"，已经能熟练使用了。

关于"胡子"

冬冬摸着爸爸的鼻子，问："这里为什么不长胡子？"

爸爸笑着反问，你说为什么？

她又摸着爸爸的下巴，说："这里长胡子，不好看。"

爸爸："我问你，你长胡子没有？"

冬冬："没有。冬冬没长大。"

爸爸："妈妈长大了没有？"

冬冬："妈妈长大了。"

爸爸："妈妈有胡子没有？"

冬冬："没有。长胡子不好看。"

胡子与年龄、与性别以及与美丑的关系，还不是她这个年龄段能理解的。

1987-8-25

"……就是了"

早上，尚未起床。爸爸把脚伸到了妈妈睡觉的地方。

妈妈说："快点把脚拿开。别伸到我这儿，太霸道了。"

冬冬对妈妈说："你起床就是了。"

小不点儿学会息事宁人？常见冬冬有"……就是了""……算了"的说法。

选择问句

冬冬看画册《小白兔和大灰狼》，问："妈妈，你说说，它是大灰狼呀，还是小白兔呀？"

这是一个完整的"是……，还是……"的选择问句。

"最喜欢吃别人家的"

菁菁说，她家煮了毛豆，让冬冬过去吃。

冬冬高高兴兴地跟着菁菁走了。

妈妈喊她回来，说不能吃别人家的东西。想吃毛豆，明天妈妈上街买，煮很大很大一碗。

冬冬说："我最喜欢吃别人家的。"

玩积木

大姑陪着冬冬玩积木。

冬冬推推大姑，说："别碍我的事！"

垒起来的积木，轰然倒塌。冬冬说："风吹的，把电扇关上！"

几块积木，掉在地上。

"我赶快把它捡起来，"冬冬捡起积木后，问大姑，"别人会怪我吧？"

1987-8-26

积木也有孩子

冬冬玩的积木，散落了一沙发。大姑把积木捡到塑料袋里。

冬冬说："别那着弄，别慌呀！"

大姑停下收拾。

冬冬开始搭积木：把一块大积木和一块小积木，并列排在一起，指着小的说："它是它的好孩子。"

她把人际关系，转移到积木上。

"先……，然后再……"

"先画个圆圈，然后再画个尾巴！"冬冬一边画小蝌蚪，一边说。

由吸溜声猜出的

菁菁说："冬冬，上姐姐家，给你好吃的。"

妈妈问："菁菁，你家又做了什么好吃的了？"

菁菁做吸水状，口里发吸溜声。

冬冬抬起头，叫道："我要吃冰棒！"

菁菁的动作和声音，冬冬很快联想到是冰棒。

1987-8-27

"不是……，是……"

冬冬和覃覃关系好。刚起床，她就跑去覃覃家。

大姑去叫冬冬回家吃早饭，冬冬不走。大姑刚离开，她就哭起来。大姑又拐回去，问："为什么哭？"

覃覃说，是她打了冬冬。

冬冬回到家里，对妈妈说："不是打我了，是大姑走了，我哭了。"

"两"仍是"多"的意思

冬冬爬上床，开始蹦跳。富有弹性的棕板床，一蹦弹起好高。大家都夸她跳得好。她说："我跳了一大高，我跳了两米高，跳了两高。"

要表达自己跳得很高，用"一大高""两米高""两高"。"一大"是"一大把"之省，冬冬仍然用"一大把""两"表示多。另外，"数量＋高"作补语，是表达的新发展。

比较

①爸爸画小人儿人儿头。

冬冬说："不像，不像。我画得像。"

②姐姐和冬冬各看一本画书。

冬冬对姐姐说："看我的，你的没有我的漂亮哪！"

琐记

①冬冬喝下一瓶汽水，拍拍肚子，说："它在我肚子里边的。"

②她穿上裙子，歪头扭腰，摆个姿势，自语道："像个老妖婆吧？"

③午饭，大姑让冬冬吃肉。她尝了一点，说："好嫩呀！"

④看露天电影，突然下起大雨。冬冬说："躲起来啊，回家啊！"

"×着"

①冬冬正玩积木，妈妈从外边进家。

她猛抬头，说："我想着妈妈是大灰狼来着，吓得就跑，吓得直发抖。"

②冬冬睡在父母中间。为使她赶快入睡，妈妈说："快搂紧我，我害怕！"

冬冬说："老五有爸爸把着哩，干吗害怕呀！"

"想着、把着、来着"的用法，很有点意思。"想着"表示心理活动；"来着"的意思很虚，几乎只表语气；"把着"的"着"表示动作正在进行。

"高兴不高"

冬冬把自己的画，拿给爸爸看，又让妈妈、姐姐和大姑看，说："大家都高兴不高呀！"

她的意思是"高兴不高兴"。双音节的动词、形容词正反重叠，说起来太长，有减少一个音节的趋势。但成人语言可以说成"高不高兴"，不说成"高兴不高"。

会写"人"字

冬冬会写"人"字。但写出的"人"字，或是躺着，或是捺特别短，或是捺出头与撇交叉。

大人模仿她写的"人"字，问她是什么，她却说："不知道。"

好朋友，不该打

两个小朋友在沙发上，玩得很高兴。覃覃突然扬起巴掌，打了冬冬一下。

冬冬说："阿覃，别打我呀，我们是好朋友，好朋友还打呀？"

1987-8-28

"我的眼睛，也被皮胶粘住了"

昨晚九点多，妈妈躺在床上。冬冬不让妈妈入睡，叫着："妈妈，睁开眼睛看看我呀！"

妈妈说："我的眼睛，用皮胶粘住了，睁不开了！"

今早醒来，冬冬的第一句就是："妈妈，我的眼睛，也被皮胶粘住了。"

冬冬"活学活用"，也说自己被皮胶粘住了眼睛。而且，她使用的"被"字句很复杂，"粘住"是个动补结构，"也"字表示与昨晚妈妈话语的关联。

大姐姐的特权

冬冬领覃覃来家，说："妈妈，给覃覃发冰糕。"

覃覃吃冰糕，速度很慢，冰糕化成水，一滴滴往下滴落。

冬冬很着急，说："我给你 [ɕye ɕye][1] 呀！一下子化了，淌这上面了。"

覃覃不让。

---

[1] [ɕye ɕye]：河南方言，用嘴嘬着，移动，用唇把水什么的吸去或除掉。

冬冬说："我是大姐姐呀！"

1987-8-29

有趣的句子

①大姑把一块儿模型，投进盒子里。

冬冬说："叫你别放，你非放。"

大姑说："我就放了怎么样？你呀，你是个好赖皮。"

冬冬纠正道："好冬冬。"

过去也曾有人开玩笑说她是"坏蛋"，她回答"好坏蛋"，有时说"不坏蛋"。

②大姑指着地图说："我们生活在陆地上。"

冬冬学着说："我们生活在陆土上。"

③"你脚上恁脏，都蹭到我腿上了！"爸爸推着她的小脚。

冬冬看看脚板："不恁脏。"

正确的说法，应当是"不脏"。

④"有这号的，"冬冬在笔筒里挑选要用的笔，拿出一支，说，"我写个不要脸，你写个要脸。"

"写"表示"画"，"要脸""不要脸"，是说要画有头或没有头的动物。

⑤大姑抱她去水管上洗脚。

她不同意，挣扎着说："根本洗不净！"

⑥冬冬对正在看书的大姑说："你再翻，我就不愿意了，我就睡觉去了！"

"我就"，几乎成了她近期的口头禅。

孤立姐姐

今晚，姐俩去看电影。冬冬又闹人了。姐姐不高兴，回家数落她如何如何地不听话。

冬冬："我找好多大人，一下子给你蹬到海里，淹死你。"

姐姐："我总不喜欢你！"

冬冬用孤立爸爸的办法来孤立姐姐："有爸爸、大姑、冬冬，不让你去。"

看大家笑，她更来劲儿了，说："我和爸爸、大姑、妈妈在一块儿，叫你一个人上姥姥家去。"

叫姐姐去"姥姥"家，怎么分得如此清楚？

1987-8-30

两个复杂的句子

①冬冬把妈妈的鞋子藏到桌下，说："爸爸，你拾也拾不出来。"

"拾也拾不出来"，同前面记录到的"动也动不了"，是一种格式，都有强调的意味。

②妈妈躺在床上。冬冬上床，再拿一个枕头，挨着妈妈睡下，说："我给我自己拿个枕头。"

"我"与"自己"连用为"我自己"，是人称使用的一种重要方式。

选择问句

妈妈说饿了。冬冬忙去拿水果。一手拿苹果，一手拿梨子，问妈妈："还是要苹果，还是要梨子呀？"

妈妈说："听你的！苹果梨子都可以。"

她把水果堆放在床上，又拿起梨子："先吃梨子，后吃苹果！"

"还是……，还是……"的选择问句格式，虽然不如"是……，还是……"用得多，但还是合格的。

牙齿怎么是黑的

冬冬看见爸爸的牙齿发黑，问："你的牙，怎么黑呀？"

爸爸说："爸爸老了。"

冬冬笑了，说："我也老了，我的牙也黑了。"

姥姥和奶奶

爸爸讲《小红帽》的故事，情节中有去看姥姥的表述。

冬冬说："去看奶奶，你忘了吧？"

《小红帽》中并没有去看奶奶的情节。她也许觉得，故事中看了姥姥，应该再去看奶奶，这才公平合理。

喜欢覃覃

早上，冬冬跑到覃覃家门口，高喊："我的好朋友呢？"

刚吃了午饭，又要去覃覃家，妈妈让她睡个午觉。

她说："阿覃正在看我哩！"

"正在……哩"，是一个表示动作正在进行的句法框架。

1987-8-31

往塑料袋装水

冬冬往塑料袋里装满水，要爸爸摸一摸。爸爸佯装不干，说怕把手弄湿了。

"捏紧，光淌。这光漏，啊，我给你包包。"她把塑料袋递给爸爸，又去拿毛巾，说，"不要紧，我给你擦，我给你擦去。"

她给爸爸擦过手，又把水袋子放进脸盆里，说："叫它泡一会儿，啊，还没弄满哩，等一会就弄满了。"

"还"

冬冬和覃覃玩了一个上午。中午，覃叔叔来接覃覃。

冬冬不同意，对覃叔叔说："她还没吃饱哩！"

以此理由，阻拦覃覃被爸爸接走。

沙发上也不凉快

"妈，你睡这吧，我给你留着地方呢！"冬冬想让妈妈躺在自己身边，把身子往床边挪挪，拍着床说。

"着……呢"是个新的句法格式。

躺在床上，她连着说："热，热。"

妈妈说："去沙发上睡，那儿凉快！"

冬冬下床，躺到沙发上感受了一下，说："不凉快，也不凉快，真的不凉快！"

三个短语，三个层次。用"不"，否定妈妈的"凉快"；用"也"，和床做对比；用"真的"，来确认其真实性。

空气、巨人

①"这是空气，对不对？"冬冬指着画书里的云彩问。

大姑说："这是云彩，不是空气。空气是摸不到看不见的。"

②画画。

她画了个大头，说："画高个子，高个子的大巨人。"

1987-9-1

扎辫子的老师

学校开学，冬冬上幼儿园。

她从小六班升为小四班。爸爸带着她找了好大一会儿，才找到小四班的教室。爸爸陪她在教室里玩了一个多小时才离开。这次冬冬最大的进步，是爸爸离开时，没有哭闹。

下午，她多次对爸爸说："爸爸，你找不到地方了。"

爸爸问，你们班里的老师，长得什么样子？

冬冬说："扎辫子的老师。"

爸爸问，谁给你穿的鞋子？

冬冬说："我自己。"

1987-9-2

字的用处

冬冬让大姑讲画册。

大姑问，怎么讲？

冬冬用大人的口吻说："你认认字，就得了嘛。"

躲避

冬冬独自出门，去覃覃家。走到楼梯拐弯处，回身朝房间里大叫："大姑，看看田伯伯、吴伯伯在不在？"

大姑从厨房窗户上，探身向楼下看去，告诉她两位伯伯都不在。

她这才急匆匆地下楼去。

1987-9-3

"如果……"

冬冬与妈妈商量，不去幼儿园了。

妈妈避开话题，说，吃饭吧，不说这回事。

她端起碗，说："如果不吃饭了，妈妈让我上幼儿园。"

这是第二次使用"如果……"来标示假设句。

关心姐姐

在姐姐进门的瞬间，冬冬就发现了姐姐膝盖上包着纱布，问："姐姐，你的腿怎么了？"

姐姐说，骑自行车，路上跌倒，膝盖摔破了。

冬冬说："你打开，我看看。姐姐不保护好自己。"

"自己"用来作宾语。

自诩"画家"

冬冬在纸上画了一个长长的线条。

姐姐说："你画的是一把大刀，可以杀××。"

冬冬笑了："这是画上的。"

她知道，画上的大刀是杀不了人的。

妈妈指着画与画之间的距离，说："别离太近了。"

"没有离得近！"她一边画，一边自诩道，"画家！"

妈妈也拉过一张白纸，在上面涂鸦。

冬冬看了一眼，对妈妈说："你涂得不像，涂得乱七八糟。"

冬冬画了一面纸后，又翻过来。纸薄，透出笔痕来。她惊奇地问："这面怎么画过了呀？"

长和秃

"我喜欢长的，不喜欢秃的。"冬冬扯着大姑的头发说。

这里的"秃"，是"短头发"的意思。

"听不懂"

爸爸和客人谈话。妈妈把电视机的声音，拧得很小。

冬冬说："太小了啊，我听不懂啊！"

过去常把"听不懂"，说成"我不知道"，如"你们说什么呀，我不知道，你讲！"

1987-9-4

鼓励妈妈

冬冬夜里醒来，要喝水。妈妈起床倒水。

冬冬问："妈妈，你有手劲吗？能倒水吗？"

妈妈说："能。"

冬冬说："妈妈，你好有劲呀，拿水瓶，倒满了。"

后一句的意思是："那水瓶可是满的呀。"

"昨天"

爸爸去打球，冬冬要妈妈带她去接爸爸。走了水泥路，又穿过大片草地。妈妈问，还要从哪里走，才能到篮球场？

冬冬说："从这转过去。"

途中，她在路旁的草丛中大便，担心地问："人家会怪我吧？"

妈妈说，你年龄小，没有人会责备小孩子。

冬冬说："小孩儿可以，大人不可以。"

冬冬离开拉便便的地方。

妈妈指问那堆儿便便，那是谁拉的？

冬冬说："不是我拉的，是小朋友拉的。"

妈妈："不对，是你拉的。"

冬冬："是昨天拉的。"

1987-9-5

照看车子

去邮局寄信件。爸爸一转眼，不见了冬冬的人影。忙从邮局跑出来，发现她站在自行车旁。

爸爸问："冬冬，你怎么跑到这里了？"

冬冬说："我看车子呀，车子会掉的。不看，车子丢了怎么办？"

"掉"和"丢"，在冬冬的词库里，是同义词。

报复姐姐

姐俩到露天影院看电影。中间，冬冬又闹着回家。姐姐生气地拍她几巴掌。回来后，她向妈妈告状，说自己挨打了。

妈妈问她为什么挨打？

冬冬："因为我要回家，姐姐打了我。"

她很不高兴。不但不给姐姐好脸色，还动不动就抠姐姐胳膊，掐姐姐的腿，说："我要搬家，搬到平房里，你回来了，找不到我。"

1987-9-6

画人点睛

冬冬画完人头和身子，又加上两只眼睛。

爸爸说："给眼睛添上眼球吧！"

"添个眼球吧！红颜色呀，绿颜色呀，我都画了。"她用笔在眼睛中间点个小点儿，又添上了两只脚，自我欣赏地说，"我画成了吧？"

认识鸡爪子

爸爸用筷子夹了个卤好的鸡爪子，问冬冬："这是什么？"

冬冬答："鸡爪子。鸡爪子我不吃。鸡爪子臭。"

"比"的奇特用法

冬冬玩积木，把形状相同的放在了一块儿，自语道："这比这一样。"

自我中心

①大姑跟妈妈说起老家的事。

冬冬没兴趣听，连连摆手说："不说了，不说了，我最讨厌你们说话了。"

②只要大家不围着她转，她就不高兴。最不喜欢的是，全家人都盯着电视屏幕看。

此时，她会大叫："关它吧，不好看。"

1987-9-7

"最怕"

从幼儿园出来，爸爸摸摸冬冬额头，比平时热一些。去看医生，量肛表，体温是 37.5 度。

从医院走出来，冬冬说："我最怕量体温了。"

写字画画的飞跃

冬冬会写"人"字之后，今天晚上又学会写"冬"字。

她画小孩子，先画圆圈的头和大肚子，画的胳膊和腿，是四条射线。两只眼睛，一大一小，耳朵又尖又长，几根稀稀疏疏的头发。最为开心的是，给头像添耳朵和头发。画完后，开始在人像右边，写个"人"字；又在左边，写"冬冬"二字。接着，又在右边的"人"下，添了一个"人"字，似乎注意了对称美。

冬冬越画越兴奋，一直画到凌晨两点，还不愿入睡。

爸爸是"黑猫警长"

凌晨三点，冬冬哭，爸爸怎么都哄不住。

后来，冬冬说："害怕大灰狼！"

爸爸开导她，不要怕大灰狼。

冬冬说："爸爸是黑猫警长。黑猫警长有枪，打死它。"

爸爸问："冬冬，你怎么了，怎么又不想睡了？今天在幼儿园，睡觉了没有？"

冬冬答："没有睡觉。"

爸爸问："为什么？"

冬冬答："因为我不想睡。"

"因为"用得对，但回答的原因太笼统，这主要是对因果关系的认知问题。

1987-9-8

要从幼儿园回家

中午，天色阴沉。爸爸去幼儿园，给冬冬送一件稍微厚点的衣服。

冬冬一见爸爸，就把在幼儿园用的小被子挟在腋下，哭着说："我病了，上医院看病。"

爸爸当然不高兴，把小被子扔回她的小床上，离开了。

下午回到家，妈妈问："冬冬，你要把小被子拿回来？你觉得这样做对不对呀？"

冬冬："不对，是不对呀！"

大姑："冬冬，我听说，爸爸中午给你送衣服，你挟着小被子要回来？"

冬冬："是的。"

大姑："你哭了吗？"

冬冬："我哭了。"

大姑："怎么哭的？"

冬冬揉着眼睛，再现一边哭一边叫的情景，说："'爸爸，抱我回家，抱我回家！'爸爸没让我回来，'咣当咣当'地走了。"

大姑："爸爸走了，你哭了，老师怎么说的？"

冬冬模仿老师腔调："老师说：'别哭了，别哭了，我给你发饼干。'给我发了饼干，又玩。玩了一会儿，爸爸就来把我接回来了。"

能够较好地复述过往的事情和他人的话语。

"你给我剥吃它"

桌上有几颗青青的莲子。

冬冬："给我留了一点儿，是吧？"

妈妈："姐姐在南湖采的莲子。就这么多，全给你留下了。"

冬冬："你给我剥吃它。"

一句话，用了"我、你、它"三个人称代词。

参加电视大奖赛

爸爸说，冬冬如能学会写字画画，就能参加幼儿电视大奖赛了。冬冬立马搬一把小凳子，放到电视机前，昂首挺胸，站上了小凳子。

妈妈不解地问："冬冬，你这是干什么？"

冬冬答："不搬凳子，够不着呀！"

她所看的竞赛场面，都是在电视里出现的。也许她认为，要参加电视大奖赛，必须到电视机里面去才可以！

1987-9-9

别说去幼儿园那句话

刚端上早饭，冬冬就没头没脑地来了一句："别说那句话。"

爸爸问："说什么呀，听不懂。告诉爸爸，别说哪句话呀？"

追问许久，冬冬才说："上幼儿园的那句话。"

父母做了许多动员工作，冬冬最终同意去幼儿园。穿鞋子，试穿了好几双，都穿不上，小脚长大了。

冬冬一边扔鞋子，一边说："等我脚长小了，再穿。"

她知道脚大了，鞋小了，但不知道，脚不可能再长小了。

接待客人

下午，在华中师大读本科的老乡小曹来家。

"曹叔叔好！"冬冬很有礼貌地问好，还捏一粒葵花子，递给小曹。

曹叔叔让她表演跳舞。她双手叉腰，耸动双胯，双手有节奏地上举，很有迪斯科的味道。

她想上床，把堆放在床上还没折叠的衣服，一股脑推到地下。

小曹："衣服，是你扔的吧？"

冬冬："不是的，是掉下去的。"

小曹要离开，她不让。大姑告诉她，叔叔要回教室学习。

"我也要学习！"冬冬扭身回家，并对送客的大姑交代说，"走路的时候要小心，要注意。"

"一下子泼你脸上"

爸爸提醒冬冬："喝水时，不要把水洒在地下。"

冬冬说："胡扯。我泼你脸上。一下子泼你脸上。"

不让她把水洒地下,她要把水泼人脸上,也太狠了点!

为吐鱼刺而吃鱼

冬冬会吃鱼吐刺,有着南方人的本领,常自豪地说:"我能吐刺。"

虽然如此,大人还是怕小鱼刺卡着她。大姑耐心地为她挑出每一个细小的鱼刺。冬冬不买账,竟然把挑好刺的鱼肉,一下子倒进放鱼的大盘里,还双手捂盘,不让人动。

大姑拉开冬冬捂盘子的手,挑出刚才那块儿没刺的鱼肉,再把大鱼刺扎到鱼肉上做伪装,让冬冬吃。这样一来,很快就诞生了一个"挑刺、扎刺、吃鱼吐刺"的"工作链":爸爸挑完小刺,把鱼肉夹到冬冬盘子里;大姑往鱼肉上再扎几根大刺;冬冬大口吃鱼,开心地吐出大鱼刺。

冬冬为吐刺而吃鱼,吃得很嗨。很快,大半条鱼就进了小肚儿肚儿里。

这个年龄的孩子,就是要"迎难而上",做力所不能及的事情。

睡梦中的"大老五"

深夜,冬冬"啊"的一声,突然惊醒。惊出一身冷汗。

爸爸忙问怎么了?做梦了?

冬冬叙述她做的梦,还不停地摸着小手指:"大老五咬了我一家伙,疼。妈妈倒茶去了,没有保护着。"

爸爸:"你打它没有?"

冬冬:"没有。我看了一看,疼死了。"

爸爸:"大老五什么样子?"

冬冬:"大老五,像个小乌龟。"

"大老五"本来是"大老鼠"的音变,但梦中的形象,倒变成了像乌龟一样的小家伙!

"咬了我一家伙""看了一看",这两个句子也很有意思。"一家伙"通俗而夸张，"看了一看"是动词重叠式。此时冬冬已经掌握了动词的四种重叠方式"VV、V一V、V了V、V了一V"。

1987-9-10

"它"

冬冬一边嗑葵花子，一边说："坏的扔掉它，好的不扔它！"

"坏的""好的"是"的"字结构，"它"在宾语位置上，复指主语位置上的"坏的""好的"。"它"的这种在本句中复指的用法，还是第一次记录到。

教妈妈学画画

她画画，让妈妈看，说："你看看，我怎么画的，你学学。"

打不过，也躲不开

这两天，大姑接冬冬，都看见她坐在教室里哭泣。

回到家，妈妈问她为什么哭？

冬冬说："孙可打我了。"

妈妈说："你打不过他，就别跟他玩，躲着他啊。"

冬冬无奈地说："我不理他。我躲不开哟！"

1987-9-11

"个"

①冬冬要给大姑梳辫子，对姐姐说："给我一个皮筋儿咧。"

②"来个小客人，叫个阿覃。"冬冬快乐地跑回家，覃覃紧跟其后。

1987-9-12

喜欢写字画画

冬冬对写字画画特感兴趣。不管是早上起床还是刚从幼儿园回来，直接趴在桌上，写画起来。

学会写"小"字。像美术字体，很漂亮。

只要画了或写了第一笔，即顺势而画、而写。所以，可画躺着的人物，也可写出横躺着的字。

画人：先画一个圆圈，接着点眼睛。耳朵，头发都能画到应有的位置。点了眼睛后，再画鼻子嘴巴。如果眼睛是竖着的，鼻子嘴巴也跟着画下来。冬冬画的人可能是躺着的，但签名都是直着的。

1987-9-13

想象出的情节

冬冬凌晨醒来，推搡爸爸，让爸爸去睡沙发。早上，她对大姑说："不要爸爸。爸爸过两天就回来了。"

大姑问："爸爸上哪儿去了？"

冬冬说："把爸爸赶到中文系去了。"

大姑问："为什么赶爸爸？"

冬冬说："爸爸坏，不让我写字。写字好哇！"

这是想象出来的桥段。此时的爸爸还睡在沙发上，做着香甜的梦呢。

冬冬见妈妈记录她的话，夺走妈妈的铅笔，递去红色彩笔，说："用这个写，别的都不显。"

"别的"是一个特殊的"的"字结构，表示"其他的东西或人"。

识数

爸爸尝试让冬冬认颜色，数彩笔。买回一盒彩笔、六个莲蓬。教了一会儿颜色，又掰开莲蓬，剥出莲子，让她数数，可正确答出"3 个"和"4 个"。

冬冬吃着莲子，指了爸爸，又指妈妈，说："不让你们两个吃，我和大姑一块儿吃。真的不让你们吃！"

对付老鼠的办法

大姑故意说，大姑呀，最害怕的，就是大老鼠。

冬冬忙跑去关门，说："我想个办法，把门关上。"

大姑又说："大老鼠从窗户里钻进来，怎么办？"

"它进不来，我去把窗户关上！"冬冬说着，又跑去关窗户。

对"电"的理解

妈妈拍冬冬入睡，爸爸顺手按灭了台灯，说："格格巫把电偷走了，灯不亮了。"

冬冬说："我们把格格巫打死，把电再安上。"

"电"怎么"安"呢？没准，在冬冬的心目中，"电"，是个可安可卸的物件。

1987-9-14

鞠躬，问好！

今早，妈妈送冬冬去幼儿园。

路上，冬冬做鞠躬的动作，说："见了老师，要鞠躬。"

"老师好！"到幼儿园，老师正坐在教室门口，迎接孩子们入园。冬冬停下脚步，给老师鞠了个九十度的躬。转回身，跟妈妈挥手再见。跑进教室，走到桌边，搬个小椅子，和小朋友们围成一个圆圈，开始做游戏。

画人和河

冬冬的人物画，第一次有了脖子。头侧向左边，一只眼睛大，一只眼睛小，两只脚都向右拐。但上半身和头部，基本符合人体比例。

"不用算了，我放起来了！"冬冬收起彩笔，放到笔筒里，说，"我放到这，你找不着。"

她画几条波浪线，组成一条大河。

妈妈故意调侃："呦，恁长的河，你跳过去吧？"

冬冬发问："画的河，我怎么跳呀？"

1987-9-15

"老天爷呦"

冬冬想坐在凳子上，脚后跟撞着了凳子腿，凳子迅速后移……她一屁股蹾在地上，夸张地感叹道："老天爷呦！"

"已经"

冬冬吓唬妈妈，说："格格巫在外面了。它已经在外面，你相信不？"

面具

冬冬对姐姐说："你肯定不知道面具。"

"面具"，指的是《新英汉彩画词典》上的一幅面具图片。

与镜中的自己对话

"你看我穿鞋子,啊。我穿一个鞋子,你穿一个鞋子,啊？"冬冬站在镜子前,和镜中的自己对话。说着，她掂起一只鞋子，送到镜面上。

爸爸问："我问你，镜子中的冬冬，会不会说话？"

"会！"冬冬对着镜子挤眉弄眼，并高声大喊，"啊——啊——"。

两个反问句

大姑喂冬冬吃药。

冬冬不愿意吃："非让喝药，能行？"

爸爸说，勇敢的孩子，自己拿着药片，往嘴里送，不要大人喂药。

冬冬问爸爸："掉了怎么办？你说？"

"不黏糊糊的"

冬冬让大姑吃糖块。糖块很黏。大姑未把话挑明，磨磨蹭蹭地不愿拿。她揣测大姑的心理，说："大姑，你拿着吃，不黏糊糊的。"

"不"可以直接否定"黏"，不能直接否定"黏糊糊"。"黏"是性质形容词，"黏糊糊"表示状态，是状态形容词。

发音琐记

"茶、吃、床、吹、追"等翘舌音的字，有时发翘舌音，有时仍然发不准确。

语言学家雅可布逊认为，儿童先掌握人类语言中共有的语音，然后再掌握本民族特殊的发音。翘舌音是汉语的特殊发音，冬冬掌握得比其他语音晚一些，是有道理的。

与玩具猫聊天

（2 岁 9 个月　1987-9-16—1987-10-15）

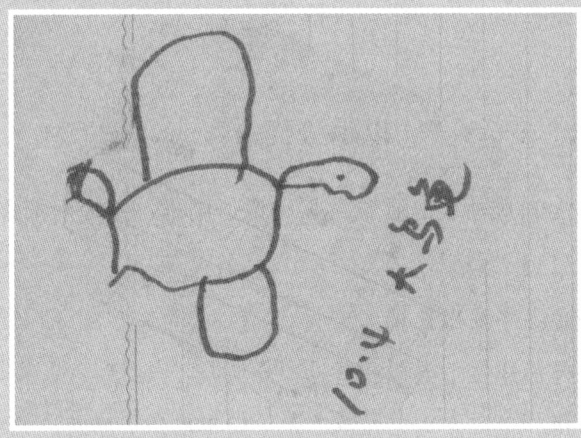

大乌龟（1987 年 10 月）

1987-9-16

"难看"

爸爸把一块奖牌，挂在冬冬的脖子上。

冬冬一把拽下来，说："戴在前边多难看呀！"

踩石头的小孩

冬冬画了一个长耳朵的小孩子。小孩的脚下，增加两个小圆圈，自语道："踩了两个小石头。"

1987-9-17

以手势代语言

近两日，冬冬口腔溃疡，食欲不振，说话困难，连喝水都疼得龇牙咧嘴。她用手势代替语言。

天刚蒙蒙亮，冬冬要出去玩。

大姑说："外面连一个人也没有。"

冬冬探头外望，见一个人正在路上走，用手指给大姑看。

1987-9-19

"刚才"

凌晨两点要喝水。妈妈起床，倒一杯水，冬冬一口气喝完，又要喝。妈妈把第二杯水递给她，告诉她，这个水是用三种饮料勾兑成的，用来消炎去火的。

冬冬问："你刚才倒的什么呀？"

"原来是皮子"

又去看医生。口腔科的马医生换了一种治疗口腔溃疡的方法：先用漱口水漱口，再用碘甘油涂抹，然后贴上口腔膜。

这个办法很有用。半个小时后，冬冬开口说话了，还想吃东西了。

大姑赶快去做饭。

冬冬弯腰从地上捡起一个南瓜子，看看，说："皮子。原来是皮子。"

"原来是皮子"是对上一句的补充，表明她原以为是个完整的南瓜子，没想到竟然是个没有仁的皮子。

"明天"还是泛指未来

晚饭。冬冬吃一口黄瓜，喝一口稀饭，吃得极香。

她对大姑说："明天你别回家，好不好？你做饭，可好吃了。真的好吃。"

近来，没人谈论大姑回家的事。

"真是的"

冬冬站在椅子上写字。

菁菁搂起裤子让冬冬看，说："你别摔倒了，你看，我就摔了一跤。"

冬冬说："真是的，你怎么不保护自己？我害怕你扳倒。"

用"真是的"，颇有点大人味儿。

虫子咬人

冬冬抓一把瓜子，站到高处，再撒到盒子里，享受瓜子"哗哗啦啦"的碰撞声。

爸爸一边看书，一边下意识地手摸盒子里的瓜子，嗑瓜子吃。

冬冬说："瓜子有虫子咬人。爸爸吃了，也咬爸爸。"

1987-9-20

猜出来的

覃发高叔叔拿饼干给覃覃，覃覃用胳膊挡了一下。

冬冬抓着覃叔叔拿饼干的手，说："她不吃，她不吃。"

覃叔叔问："你咋知道她不吃？"

冬冬："我猜的呀！"

"拽"和"摸"

冬冬使劲拉扯饼干袋子。

妈妈说："干吗呢？别拽呀！"

她停止了撕拽，用手轻轻地挨挨，说："我摸摸。"

懂得"拽"和"摸"的不同。

想吃菱角

去菜市场。冬冬看见卖菱角的，非要不可。

姐姐说："菱角太硬，你咬不动。"

冬冬说："我能吃。我能咬得动。你看，我的牙可利了。"

"很"作补语

路上，冬冬很眼馋熊楠手中的玩具。

她对姐姐说："我没见过。我想要得很。"

"可没法办了"

冬冬让大姑给她扎个小辫子，再别上花蝴蝶结发卡。

打扮好。她边走边说："慢儿慢儿走，这个掉了，可没法办了。"

"差不多"

冬冬捡块儿小石头，蘸点水，再沾些土，然后在水泥地上磨。磨掉泥土，还原小石头故有的模样。又捡到一块儿沾满泥土的小石头，让妈妈看，说："这差不多吧？"

"这差不多吧？"指的是刚捡到的这块儿石头，与上一块儿小石头很相似。

什么系的人上什么楼

爸爸带着冬冬和妈妈去中文系。路经政治系大楼，冬冬问这是什么楼，并拉着爸爸要进去。

爸爸说，这是政治系大楼，咱们去中文系。

冬冬说："政治人上政治楼，中文系的人上中文系的楼。"

爸爸觉得很新奇，冬冬竟然知道什么系的人到什么楼上去，而且还自造新词"政治人""政治楼"。

今天风大，妈妈和冬冬都穿了两件上衣。冬冬忽然发现爸爸只穿了衬衣，没穿外套，问："你怎么不穿件衣服呀？"

"件"这个量词，是第一次见到冬冬使用。

1987-9-21

"因为……"

①爸爸："冬冬，你为什么不去幼儿园？"

冬冬："因为我不想去。"

②夜里，冬冬醒来要小便。爸爸抱她刚走到门口就尿起来。不仅尿湿了她自己的睡衣，也尿湿了爸爸的裤子。

爸爸责备冬冬："说说，你怎么尿在我身上了？"

冬冬回答："因为我没去厕所。"

"因为……"所引出的原因，还不是实质性的，这说明对因果关系的把握远不到位。

此外，"然后呀""……以后"等句间关联词语或篇章关联词语，也用得多起来，不过主要用在讲故事的时候。

不同的"一"

冬冬一边写着"一"字，一边自言自语："这是长一，这是短一。这是大一，这是小一！"

"下次"

冬冬又吃了别人家的零食，妈妈很不高兴。

冬冬说："妈妈，我下次再也不吃别人的东西了。"

1987-9-22

不去医院

冬冬有点发烧。大姑准备抱她去医院看病。

冬冬说："我也没有病。"

大姑说，好，不去看病，那咱出去玩，好吧？

她跑进姐姐的怀里，调皮地看着大姑，说："姐姐好极了。我不听你的话。姐姐喊'预备起'，我就起来了。"

为不去医院，就说自己没病，还不惜拉上姐姐，来孤立大姑。

感叹句

①"真胖啊，你！"她握着爸爸的手腕，感叹道。

"你"后说出来，作为补说成分。

② "幸福得很哪！"冬冬吃着苹果说。

"很"作补语。

知过即改

冬冬吃饭，从不老老实实坐在饭桌前。一边吃一边游逛，还把口中嚼不烂的茄子，吐到了床上。

姐姐批评了她。

她说："我再也不吐床上了。"

过了一会儿，她把一口菜吐到饭桌上，说："这就对了嘛！"

好朋友之间

覃覃今天生日。冬冬送覃覃生日礼物。覃覃一手接礼物，一手递给冬冬饼干。

冬冬接过饼干，拍着覃覃的肩膀，说："她是我的好朋友。"

覃覃又拿一块儿饼干给冬冬。

冬冬不解地问："怎么光给我呀？"

覃覃受到称赞，又拿一大把饼干给冬冬。

冬冬夸奖覃覃，说："好大方呀！这 [pei] [1] 吗？还有呢！"

1987-9-23

"然后……"

学校在原来的养鸡场上，盖了几排平房，以改善青年教师的住房。平房肯定潮湿，但它有独立厨房、独立厕所，对青年教师很有吸引力。整个西一村，

---

[1] [pei]：河南方言，读音如"背"，"不是"的合音。此处指手中没吃完的饼干。

像过盛大节日一般，成群结队去看房子。

晚饭后，全家人也去看新盖的平房。冬冬渴了。爸爸让大姑抱冬冬先回去。走到一教工食堂，大姑说累得很，走不动了。

冬冬说："大姑，你先累一点儿，到家歇一歇，开开门。走一走，就到家了。然后再给我倒茶。"

1987-9-24

"刚才"

到了起床时间，冬冬就是赖在床上不起来，理由是："我刚才累得慌了。"

"刚才"指什么时间，还不确切。

"我喝完了"

"我喝完了，没给你们留一点儿！"冬冬说着，把绿杯子扬了个底朝天。

后一句是对"喝完了"的进一步补充。"没给你们留一点儿"的意思，是"一点儿也没给你们留"。

"不要紧"

吃饭，冬冬夹菜，菜汤滴到妈妈身上。她忙说："妈妈，不要紧，我们再洗洗。"

画，不是真的

冬冬临摹画画，说："比着书画。"

她指着画书上的水果，说："这是梨子，这是苹果。"

爸爸故意说："让我吃一点儿梨子吧！"

冬冬说："这不能吃，这是在画上的。"

"因为……"

①冬冬看画书《吝啬鬼》。

妈妈问："冬冬，告诉妈妈，人为什么不能当吝啬鬼？"

冬冬答："因为吝啬鬼坏。"

②昨天在幼儿园，冬冬和贺莹打架了。

妈妈问："为什么和贺莹打架？"

冬冬答："因为她不喜欢我，我也不喜欢她。"

谁怕谁的语言游戏

幼儿园老师告诉爸爸：老师让小朋友背唐诗，冬冬举手，非常积极，落落大方。

路上，冬冬突然说："爸爸，我怕你。"

爸爸说："不要怕，我是爸爸。冬冬，我怕你。"

冬冬拍着爸爸的手，说："不要怕，我是冬冬。"

有情节的画

①今天冬冬画画：圆球是太阳，一道曲线是大树。

冬冬说："太阳落在大树里边了。"

②冬冬又画，嘴里说："老鹰叼小鸡。"

妈妈指着她画的景物问："这是什么？"

冬冬："月亮。"

妈妈："这是什么？"

冬冬："小鸡。"

妈妈："这又是什么？"

冬冬："星星。"

老鹰，并不形似。但她坚持认为就是老鹰。头上一点，是眼睛；身子两旁，是翅膀；后面拖得长长的蓝色，是尾巴。

③冬冬画大灰狼，自言自语说："大灰狼就有一个眼睛。"

④她又画一个人头，自语道："三毛。"

画的三毛，竟然有四根头发。

1987-9-25

独特的词语组合

院里路两旁的野草，非常茂盛。有一种野草，柄茎细长而光滑，顶端有两寸长的毛茸，俗称"毛毛狗"或"毛狗"。

"大长的，"冬冬递给妈妈一个大毛毛狗，又跑过去摘一根小毛毛狗，说，"小短的。"

"大长的""小短的"，分别从"大小""长短"两个维度进行词语组合，有点独特。

惊恐的一幕

在一教工食堂门口，冬冬跑到大路上玩。一辆运货的汽车驶过来，她不知所措，快跑几步，站在拐角的路边上。谁知，汽车也在此拐弯，给人的感觉，汽车就是照直奔她而来的。

冬冬的小脸儿都吓绿了。

事后，她跟爸爸说："我在边上吧，它在中间吧，它拐个弯，吓得，光跑，光跑。"

就是想打扰爸爸

爸爸伏案工作。冬冬也趴在桌上，伸头认爸爸书稿上的字，认出一个"大"，认不出稍微有点连笔的"小"字，说："你写得快，我认不清楚。"

爸爸说，认不清就不认了。别在这捣乱，去找妈妈，看画书吧。

她顺手拿本画册，缠着爸爸，指着几何图形问："这是什么形状呀？这是什么颜色呀？"

真性情

爸爸带冬冬上楼回家。田伯伯把着大门，叉开四肢，目光炯炯，连连对冬冬说："叫我，叫我！"

冬冬不说话，也不叫"伯伯"。

田伯伯"咣当"一声，关上大门，在门里叫道："叫我！不叫我，别想回家！"

冬冬还是不理她。

爸爸赶快打圆场，对冬冬说："冬冬，你对伯伯说，'我今天饿了，没有力气了。等吃饱了，一定叫伯伯好！'"

冬冬依旧不说话。停了好大一会儿，田伯伯无奈，只好打开门，放冬冬进来。

回家后，妈妈问她，为何不叫伯伯？

冬冬答："我真的不想喊，因为我不高兴。"

1987-9-26

"肚儿肚儿想"

爸爸去幼儿园，看见冬冬满眼泪花，正被老师抱在怀里。

爸爸："怎么了，怎么哭了？"

冬冬："想爸爸了。"

爸爸："想爸爸了？你哪儿想爸爸了？"

冬冬："肚儿肚儿想。"

爸爸："还哪儿想？"

冬冬："没有哪儿想了。"

路上，遇见原来托儿班保育员高奶奶，冬冬没有打招呼。

爸爸问冬冬，为什么不和高奶奶打招呼？

冬冬说："你不叫我上那个班嘛！"

回到家，她狼吞虎咽地吃酸辣馅包子，嘴巴辣得发出"吸吸溜溜"的响声。吃一个没饱，还要吃，看来是饿极了。与其说"肚儿肚儿想爸爸"，还不如说是"肚子饿了"。

常识

①冬冬拿起桌上的手表，装模作样地说："我看几点了。"

②茶缸里装满开水。她想用手摸。大姑说"烫"，她急缩回手，说："好烧呀！"

③爸爸骑车带着冬冬，在西一村的院子里，转了好几个小圆圈。

冬冬问："你的头，转晕了吧？"

爸爸说："转晕了。"

冬冬说："快停下吧？"

冬冬懂得了一些常识：想知道时间，去看手表；水烫，会"烧人"；转圈会头晕，停下来就不晕了。

条件

冬冬喜欢在床上翻跟头。爸爸在床边摆上一组沙发，以防她来回翻动，不小心跌到床下。

她让大姑唱歌，大姑不唱。她弓着腰，双手按床，说："你不唱，我就翻过去。"

冬冬使用条件复句，跟大姑讲条件；用翻跟头，来威胁大姑。

"高、低"

冬冬指挥爸爸扔衣服，说："扔太低了，扔高一点儿。"

爸爸扔，冬冬接。

她接住了衣服，说，"我最喜欢扔高的。"

用"太"在前面修饰"低"，用"一点儿"在后面修饰"高"，句法手段多样，程度表达灵活，语言有了新进步。

老师、医生的角色游戏

①师生的角色游戏。

冬冬是老师，讲《吝啬鬼》的故事，说："想看了，我给你讲！"

当学生的大姑，举手说："老师，我渴了！"

冬冬一本正经地说："我给你倒开水喝。"

②医生和患者的游戏。

冬冬是医生，给当病人的大姑打针。她拿起大姑的手臂，翘起三个指头，依次搓搓，抹抹，说："我可会打针了，又慢又轻。"

大姑说："医生，我感冒了，我好难受。"

冬冬说："我多少病就治好了，你感冒病就治了，还生病，不给你治了。我不来了，让一个人生病。"

"我多少病就治好了"不仅显示自己医术高明，也是对病人的安慰。而且"多少"在这里不表疑问，而是表示数量、种类很多，是一种较为特殊的用法。

大姑揉着眼睛，佯装哭的模样。

冬冬的表情和语调都很严厉，说："不要管她，让她哭。"

大姑"哭"得愈发厉害，并口口声声称冬冬为"小老师"，于是"医生"的角色又变成了"小老师"。

冬冬开始用缓和的语气说："学生，别哭了；学生，我怪爸爸的。"

角色游戏，不仅能换位思考，还是促进儿童认知和语言发展的好方式。

大家都喜欢她

冬冬从覃覃家回来，很高兴地对妈妈说："覃发高也喜欢，王汇也喜欢，覃覃也喜欢，梅香也喜欢。"

她还太小，尚不懂得，即使没有当着人说话的"背称"，也不能直呼其姓其名。这种说法，在成人语言里是不礼貌的。

1987-9-27

快与慢

冬冬和覃覃，争论谁跑得快。

冬冬说："我的妈妈跑得快，梅香大姑跑得慢，她是个小笨蛋。"

这是"以亲疏论快慢"。说话间，一辆自行车从身边飞驰而去。

冬冬赞叹道："他骑得好厉害呀！"

爸爸的书

爸爸新买的书，摆了一床，还没来得及分类。邻家小姐姐坐床沿上，翻看了一本又一本。

冬冬不喜欢小姐姐看爸爸的书。小姐姐走后，冬冬指着书本说："大姑给这样弄的，××来，给我坐了一下，我可烦了，我可不喜欢她了，我再也不喜欢她了。"

妈妈赶快去记她的话。

冬冬忙问："妈妈，你记谁的话呀？"

妈妈说："记你的话。"

冬冬说："我的话好听，是不？"

"明天"泛指未来

今天，冬冬见了田伯伯，仍不问好。

大姑问她："你怎么不说'伯伯好'？"

冬冬说："我不高兴。明天我高兴了，高高兴兴地喊'婆婆好'，'伯伯好'！"

"明天"仍然是表示未来的时间，而不是真正的"明天"。

1987-9-28

妈妈的担忧

上午十点，覃叔叔从幼儿园回来告诉妈妈，看见冬冬一直在哭，还说，"我想妈妈了，我不高兴，我想回家。"

妈妈放心不下，午饭后去幼儿园。冬冬已在午睡。小床上没有被单，也没枕头，只有赤裸的棉絮做垫子。她蜷曲在被窝里，可怜极了。

虽然妈妈轻手轻脚，还是被冬冬一眼捕捉到了，憋屈很久的情绪喷薄而出，放声大哭。她下床穿上鞋子，说："我想妈妈了。我生病了，回家吃药。"

孩子的确在流清水鼻涕。

老师反馈说："李纤自生病后，很爱哭，娇气，整天愁眉苦脸的。这样下去，自己也吃亏。"

刚走出教室，她马上高兴起来，并承诺，明天去幼儿园，一定高高兴兴的，再也不娇气了。

健全的人格，需要愉快稳定的情绪。一想到孩子情绪低沉、可怜兮兮的模样儿，妈妈的心，就开始隐隐作痛：恨不得去做一名幼儿老师，或者变成一只小蜜蜂，全程跟踪冬冬一天，看她在幼儿园，是如何度过那漫长时光的！只有知道问题出在哪儿了，才好对症下药，制订出更合乎实际的教育计划。

耳环是"铃铛"

在河南老家时，冬冬对小玉的耳环印象颇深。

今天画画，人物两只耳朵上有了附加物。她自语道："宝玉姐姐的铃铛。"

把耳环说成"铃铛"，反映了儿童的联想命名能力。

豆腐脑引发的风波

早晨，窗外有卖豆腐脑的叫卖声。冬冬嚷着要喝豆腐脑。大姑跑出去，买回了一大碗。妈妈把大碗里的豆腐脑，倒进小杯子里。不知为什么，妈妈殷勤的这一倒，竟然惹恼了冬冬。

她把倒进杯子的豆腐脑，"哗哗啦啦"地倒回大碗里，又掂起空杯子，猛地朝妈妈的大腿上狠狠砸了一下。紧接着，她爬上桌子，把大碗里的豆腐脑，又往杯子里倒，"噗噗哒哒"撒了一桌子，一直把大碗里的豆腐脑倒完为止。

冬冬倒豆腐脑的整个过程，连贯且有气势。大姑静观其变，没说一句责备的话，默默地拿来手巾揩净桌子。

"大姑，对不起！"她主动道歉，并喝了一杯子豆腐脑。喝完豆腐脑，若无其事地绕过沙发，看都不看坐在沙发上的妈妈，跑楼下玩去了。

十多分钟后，冬冬回来，跑到妈妈跟前说："妈妈，对不起！"

妈妈佯装没听见，把脸儿扭向一边。

冬冬说到第三次"对不起"后，自己加上一句："没关系。"

大姑忍不住笑了。

冬冬指着妈妈，对大姑说："她不说'没关系'。"

大姑问："你说说，你怎么妈妈了？"

冬冬说："我也不知道。"

大姑让她教给妈妈学说"没关系"。

她一字一顿地说："妈妈，你说，没—关—系！"

妈妈仍不理她。

冬冬撇下妈妈，径直走到抽屉旁，拿出个网兜，说："我走了，我带着东西走了，你在后面撵我吧！"

大姑问："你上哪儿去？"

冬冬说："我去旅游去了。"

她希望用出外旅游，引起妈妈的注意。

一直到最后，妈妈也没闹清楚，冬冬为何突然发脾气。据估计，冬冬也不明白，妈妈为什么生气而不理她。看来，用"生气不说话"的办法，不一定能起到教育儿童的作用。

讲解自己的画

冬冬能够把自己所画的图画，串成一个小故事。她讲解说："大狐狸，尖尖的尾巴，要吃掉它。它可害怕了，给它个萝卜让它吃。它不吃。"

与玩具猫聊天

冬冬跟玩具小猫聊天："小猫，小猫，你睡中间，我给你看看大灰狼啊！小猫，小猫，你会亲人啊。小猫，你亲我啊！小猫，小猫，快睡着啊，我给你拿书看，我给你拿书看。来，我跟你讲故事咧。讲《大家玩》，我跟你讲，你听。它呀，非常高兴。有一天呀，它呀，你看，小猫，你看呀！"

妈妈问，它看了没有？

冬冬说："它看了。妈妈，它喜欢我。"

冬冬一边说，妈妈和大姑一边记录。

"有一天呀，有一个地球仪上，有花花儿[1]，它可高兴了，它坐着飞轮去找爸爸。有一天呀，有个大象，在河边喝水。有一天呀，熊来了，小熊妈妈来了，

---

[1] 指地球仪上的图形。

打扮得可漂亮了。我还得跟你讲，小猫，我最亲你了，听话，不要闹人，我给你找书看。" 她又找出一本小画，眉飞色舞地说，"小猫来，我跟你讲。"

冬冬能与玩具猫聊天，既是生活经历的外显，也是"万物有灵论"的体现。但从聊天的话语组织来看，冬冬还不能围绕一个中心展开故事，谈话都是碎片化的。

整理小人儿书

邻家小姐姐来家，又一屁股坐在冬冬的小人儿书上。冬冬不高兴，偷偷掐小姐姐的大腿。小姐姐离开后，冬冬说："我讨厌××，我不喜欢她。"

冬冬整理着床上的书，说："这怎么搞的，乱七八糟的。我讨厌她，给我弄得乱七八糟的。"

1987-9-29

师生角色游戏

冬冬状态不好。午饭后，爸爸就把她从幼儿园接了回来。为形成她上幼儿园的正确观念，妈妈和冬冬做角色游戏。冬冬理所当然地当老师，妈妈还是当学生。

妈妈："老师，我不想去幼儿园，怎么办？"

冬冬语气极其轻松，说："不去算了！"

妈妈："那爸爸、妈妈非让我去？"

冬冬："我不让你去。在家里，不去幼儿园。"

妈妈看这招没用，只好换了话题："老师，我去幼儿园，不高兴，想爸爸妈妈，怎么办？"

冬冬说："不要紧，等爸爸妈妈接你。"

害怕弄疼妈妈

冬冬在床上跳来跳去，一个趔趄，差点儿摔下去。妈妈用胳膊拦了一下，她才站稳了脚步。这一用力的遮挡，妈妈的胳膊被撞疼了。

妈妈看冬冬满脸惊慌，便问："冬冬，你怎么了？"

冬冬答："我怕妈妈胳膊弄疼了。"

1987-9-30

儿歌《小白兔》

冬冬唱：

"小白兔，白又白，两只耳朵竖起来，爱吃萝卜和青菜，蹦蹦跳跳真可爱。"

这是从幼儿园学来的儿歌。

"我们、你们"

"真面呀！"冬冬啃着苹果，向大姑炫耀，说，"我们不让你们吃。"

"我们是谁？"大姑问。

冬冬说："我们是妈妈和冬冬，你们是爸爸和大姑。"

在复数人称代词中，冬冬较多使用"我们、咱们"，而较少使用"你们、他们"。

鸡蛋的妈妈是母鸡

冬冬吃煮鸡蛋。一小块儿鸡蛋清，从嘴角滑溜出来。

她笑着说："鸡蛋想找妈妈的。"

妈妈说："请问，鸡蛋的妈妈是谁呀？"

冬冬说："老母鸡。"

1987-10-1

数时间，守信用

冬冬从幼儿园出来，要滑滑梯，说："我滑两分钟。"她上了滑梯，开始拖着长音数数："1、2！"

姐姐宣布，说："够了！"

冬冬不依："太短了！我要滑十分钟。"

由此看来，在冬冬的认知世界里，"两"还是有表"多"的意思。

她一边滑滑梯，一边自己数数，从 1 数到 10 后，跑到姐姐跟前，说："不滑了，够了，走吧！"

有了数字概念，却不知念出的"1"，并不等于一分钟。

1987-10-2

让姐姐抱着

姐姐和冬冬商量，一起去菜市场买菜。

冬冬答应去买菜，还未出门，就先声明："我不想走。"

姐姐问："你不想去买菜了？"

冬冬说："我想去。"

她是想去买菜，却打着让姐姐抱着去的主意。

"几点钟起床"

刚躺下睡午觉，冬冬问："妈妈，几点钟起床呀？"

妈妈说，不管几点钟，只要睡醒了，就起床。

她睡醒了，说："妈妈，你刚刚睡过觉，干什么还睡，还睡，还睡？"

冬冬睡前问"几点钟起床"，睡醒用"刚刚"，很显然，话语中的时间因素增多了。

"刚、刚才、刚刚"这几个相近的时间词，都会说了。

1987-10-3

儿歌《妈妈》

冬冬又唱一首学会的儿歌：

"妈妈，妈妈，你快坐下，请喝一杯茶，劳累了一天，你多辛苦了。让我亲亲你吧，我的好妈妈。"

适度的惩罚

冬冬变得更加任性起来。父母不轻言惩罚，要么保持沉默，要么一笑了之。今天实在让爸爸太生气，于是采取了惩罚的手段。

事情的缘由：

爸爸带冬冬上街买菜，碰到了小朋友熊楠。楠楠的爸爸买完菜，要带女儿离开，冬冬不让走。碍于面子，楠楠父女俩只得等着和冬冬一起回来。

回到西一村，冬冬又要楠楠一起来家。楠楠爸爸同意了。

冬冬和楠楠一起玩，一起认字。

妈妈指着"羊"字，楠楠认识，冬冬曾经认识过，这次却说是"马"。妈妈纠正了她，她不高兴，坚持说是"马"。进而，她连诗歌比赛也不参与了。

中午，楠楠爸爸来接楠楠，冬冬大哭，不让楠楠走。爸爸带着冬冬送楠楠。到楠楠家门口，冬冬又闹着要去楠楠家。到楠楠家，黑板上有楠楠正学的粉笔字，冬冬捞起黑板擦，要擦掉黑板上的字……

爸爸下决心，要教育教育她，便硬是带她回家。回来的路上，冬冬哭了一路，到家仍大哭不止。爸爸把她放在床上，招呼一家人出外，关上门，让她哭个够。

站在门外，听着孩子哭声，父母心里好痛！漫长的五分钟过后，父母推门进去，她仍保持着放在床上时的姿势，仍直着大嗓门哭个不停。

爸爸把她抱在怀里，讲大道理。冬冬终于停止哭泣，向爸爸妈妈道歉，说"对不起"，保证今后再也不任性了。自此时到睡觉前，她说话做事，似乎不再那么专横跋扈了。

今天的事，暴露了父母育儿上的一大缺陷：夸奖多批评少。虽说阳性教育很重要，好孩子是夸奖出来的，但自信和自负，仅仅一步之遥。

惩罚手段不能常用，但在必要的时候，偶尔适度用一次，还是必要的，应该也是有效的。

1987-10-4

画画的新发展

今天，是冬冬对画画最感兴趣的一天，也是她画画最多的一天。

一、过去她画画，都是画后端详一会儿，再解说画的是什么。今晚，则是边画边说，说自己要画什么，有了设计。画完，还自己取个画名。

二、原来的画，大多是单图，今天则多为群体，画中的人和物有相互联系。如鱼妈妈和鱼儿子。命名为《小鱼在水里》的这张画，有大鱼、小鱼、青蛙和水面的波纹。

三、再现生活。如《她们两个唱歌》和《上幼儿园哭，哭的孩子》，都取材于周围发生的事。

四、人物画有变化。原来的四肢是四个线条，今晚，变成了四个圆筒筒。画的大猪是人形，神态酷似猪八戒。第二头小猪，还戴了顶帽子。

爸爸怎样我怎样

爸爸到外地去函授。

冬冬从幼儿园回来，没见到爸爸，很难过。于是，说了下面一段话：

"爸爸上课我也上课，

爸爸回家我也回家，

爸爸坐火车我也坐火车，

爸爸过长江我也过长江，

爸爸坐轮船我也坐轮船。"

1987-10-5

想和爸爸玩一会儿

大姑去幼儿园接冬冬。冬冬看见大姑，问的第一句话是："妈妈在家是吧？爸爸在家不在？"

冬冬知道妈妈在家，但不知道爸爸是否从外地回来了。附加问的疑问程度低，几乎是无疑而问，用来问妈妈是否在家，很合适。是非问疑问程度较高，用来问爸爸是否在家，很合适。这两个问句，表明冬冬的问句水平已经接近成人语言。

大姑说，妈妈在家，爸爸出差还没回来。

冬冬说："他干什么现在不回来呀？"

晚饭时，冬冬自言自语："爸爸没有回老家吧？我好久没见他了，我想和他玩一会儿！"猛然看见书桌上的手提包，又说："他怎么没拿这个黑包？"

每次爸爸外出，总掂着这个黑色手提包。

出现了"现在""好久"两个时间词。

"但是"

在校园里，一个小女孩迎面走过来。冬冬忙跑上去，拉着她的手，很熟悉很亲热。

大姑问："你认识她？"

冬冬："她是我的好朋友。"

大姑："她叫什么名字？"

冬冬："她是我的好朋友，但是，我不知道她叫什么。老师知道她叫什么。"

第一次使用表示转折的连词"但是"。

"因为"

妈妈和冬冬同看一本书。

冬冬说："你一页一页看的，不给我讲就行了，讲得多了，就不好了。"

妈妈问："为什么不让讲？"

冬冬："因为我不想听。"

"一页一页"是数量词语重叠作状语。"因为"所引出的理由也很恰当。

画得丑，坚决不看

妈妈画了只形似的小猫咪。

冬冬看一眼，连连叫："不像小猫，丑死了，我不看。漂亮的我看。你不画漂亮的，我不看。"

大家都说，小猫，就是这个模样。

她却坚持说："丑，不像！"说着，就把小猫画扔到地下。

有趣的表达

①大姑故意说："冬冬，你是我的小老师吧？"

冬冬不好意思地笑："哎，你别说那句话吧！"

②冬冬洗澡，对姐姐说："把门关上，别人会笑我的。"

姐姐问："为什么？"

冬冬双手捂着肚子，做害羞状："我光肚儿。"

"光肚儿"是河南方言，意为光着身子，没穿衣服。

1987-10-6

老师说，像个小大人

冬冬坐在小藤椅上，吃无花果。妈妈夸她很像小大人。

她很自豪地说："老师说我像个小大人。"

妈妈追问："你做了什么事情？老师说你像小大人的？"

她站起身子，模仿老师说话的口气，一本正经地说："你像个小大人！"

玩磁带、叠手绢

晚上，冬冬一口气背了十五首诗词和七首儿歌。如果注意力高度集中，即便是平时已遗忘的诗句，也能顺口溜出来。妈妈打算录音，作为永远保存的资料。

冬冬对安装好的录音机感兴趣了：打开磁带盒子，装上、卸掉，翻来覆去折腾了个把小时；之后又开始叠手绢，叠了拆，拆了叠地玩了半个多小时。

冬冬边装磁带盒子边自语道："这儿有个眼眼，然后呢，把这装进去。"

最近多用"然后"，以表示一个动作之后，接连发生的新动作。

冬冬做事，极有耐心，且不易转移注意力。这些良性品质，都是学知识搞科研的必要素质。但也就是她的贪玩，妈妈录音的计划没能实现。

诗词六首
（1987-10-06）

唐·孟浩然《春晓》、唐·李绅《悯农》、元·马致远《天净沙·秋思》、唐·孟郊《游子吟》、唐·白居易《赋得古原草送别》、唐·王之涣《登鹳雀楼》

1987-10-7

去幼儿园

冬冬去幼儿园，看到商店的大门敞开着，有人进进出出，便问：

"大姑，上班了是吧？"

大姑："是的。"

冬冬："姐姐怎么没回来呀？"

姐姐在南湖食堂上班。按照常规，别人上班时，姐姐应该下早班。

大姑送冬冬到幼儿园门口，听见很多刚入园孩子的哭叫声。

冬冬说："羞死了。"

今天，她也认为上幼儿园哭是"羞"的。一反常态，昂首挺胸地走进教室，并转身和大姑挥手再见。

"一大把"

幼儿园旁边的玉兰园里，有几大片灌木丛，粉红色的。

大姑故意问："冬冬，你们这是什么花呀？"

冬冬："我也不知道是什么花。是好看的花儿吧？我看着像……我看着像……"

"我看着像"这句话是对"好看的花"的补充，但最终没有想起来花的名字。

冬冬在路旁采了一大把野花，让大姑带回给妈妈："采了一大把，五颜六色的。"

这个"一大把"，不知道是真实的"一大把"，还是表示多数的"一大把"？

幼儿园的委屈

下午，冬冬闷闷不乐。大姑询问怎么了，她模仿老师生气的语气说："你不乖，把你弄到外面去，不让你回来。"

大姑问："谁说的？老师？"

冬冬委屈地说："是的，不让我唱歌，不让我跳舞，不让我玩

诗词七首
（1987-10-06）

宋·邵雍《蒙学诗》、唐·李白《望庐山瀑布》、南宋·李清照《如梦令·昨夜雨疏风骤》、唐·王维《山居秋暝》、唐·张若虚《春江花月夜》、唐·柳宗元《江雪》、《诗经·关雎》

铃鼓。"

大姑问："那让你干什么？"

冬冬又模仿老师的口气："让你吃饭，睡觉，玩！"

妈妈问："老师对其他小朋友好不好？"

冬冬："好。"

妈妈："对你呢？"

冬冬："不好。"

妈妈："为什么呢？"

"因为我不听话，"冬冬接着又模仿老师恶狠狠的声调："把你弄到房子后面，让狗狗吃掉。"

后来方知，今天老师教《小燕子》。这首歌，她早已会唱，每唱还必伴舞。猜想，老师教唱时，她肯定没老老实实跟着学，从而扰乱了课堂秩序，所以受批评了？

说起班里的老师，冬冬是满肚子的委屈与牢骚。幼儿园的老师，这些发着狠吓唬人的语言，对孩子们的心理影响颇大。

"学生"指同学

角色游戏的好处，是可以让孩子按照角色的要求，换位思考，换位做事。冬冬扮演老师，大姑当学生。

冬冬左顾右盼，问："我的学生呢？"

大姑指着自己的鼻子，说："我不就是你的学生吗？"

冬冬："覃覃、楠楠是我的好朋友，是我的学生。"

吃饭长大的

冬冬骄傲地说："我是一个大姑娘，阿覃是一个小孩。我长大了，吃饭长大的。"

1987-10-8

"幼儿园和动物园不一样"

冬冬刚起床，宣称："我要去动物园。"

妈妈："是幼儿园吧！如果幼儿园变成了动物园，那可就好玩儿了。"

冬冬也笑了："幼儿园和动物园不一样。"

妈妈："是的，幼儿园里——"

冬冬："是小朋友。"

妈妈："动物园里呢？"

冬冬："是小动物。"

妈妈故意岔开话题，有意淡化冬冬不想去幼儿园的念头，但她仍念念不忘，说："今天是星期二。今天是国庆节。月亮出来了，出去赏月。"

会说"今天"，但事实上，今天星期四，国庆节也过去七天了。

微妙的环境气氛

送冬冬去幼儿园，大姑一边走，一边讲"中秋节"的故事，冬冬听得极认真。一进幼儿园大门，她用力拉拉大姑的手，说："大姑，到幼儿园了，别讲了。"

老师和小朋友已在教室里。在这种氛围里，不能自顾自地说话讲故事，忽视他人的存在。

幼儿的社会化进程，是指幼儿从一个生物人，逐渐掌握社会的道德行为规范与社会行为技能，逐渐成长为一个社会人的过程。冬冬的一句让大姑停下别讲故事的话，有着极不寻常的意义。它代表着，在由自然人进化为社会人的历程中，冬冬迈出了重要的一步。

像狮子，像熊猫

冬冬指着花园水池中的一块假山石，说："那个像大狮子。"

妈妈问："你说的是哪一个？"

冬冬："我说的是底下那一个，不是上面那一个。"

妈妈："噢。告诉妈妈，上面那块儿石头像什么？"

冬冬："那个像大熊猫。"

点名字，干什么？

冬冬对妈妈说："我跟你说，那里有个旦旦，把我的脸抓得冒血，她抓我的眼。她真厉害，我不理她。"

旦旦，是冬冬班里的一个小朋友。

妈妈说："不理她，是对的。咱躲远点！"

冬冬问妈妈："点名字干什么？"

妈妈："你们班今天点名字了？"

冬冬点点头。

妈妈："怎么点的？"

冬冬："李纤。到。"

她不理解为何点名，但觉得很有意思。

"她不理我，我也不理她！"

冬冬指着一个年轻姑娘的背影说："那个是我的老师。"

妈妈："什么老师？"

冬冬："孟老师。"

妈妈："你为什么不理她？"

冬冬："她不理我，我也不理她！"

其实，老师走在前面，根本就没有看到她。

自编顺口溜二首
（1987-10-06）

《大舅舅》《小娃娃》

模仿老师

冬冬把铃鼓举过头顶，学着老师的架势，把铃鼓摇得叮当作响。她突然停下，用威严的目光，扫视一圈，说："给我说谁哭了？他不听话，让他哭吧，我不喜欢他的。"

"难"的用法

在花园里，冬冬走台阶。上一阶，感叹道"这好难走呀"，又走上一阶，说："这也难走呀！"

她攀登又高又陡的栅栏时，说："这个也好难搞呀！"

大姑抱她站上水池沿，慢慢行走，并警告她小心，别掉到水里。

她说："我要掉在里边，再也见不到大姑了，大姑可难过了。"

冬冬用了四个"难"字，都用得恰如其分。

"在……呢"

晚上，大姑带冬冬出外散步。

冬冬说："我们在赏月呢！"

"在……呢"是一个表示正在进行时的格式。

大姑说："月亮还没出来呀！"

冬冬说："大灰狼把月亮吃掉了。"

在马路上行走。她推大姑走马路外边，自己走马路的里边，说："有车车，你走那边，我走这边。"

从她学走路，大人都让她走马路的外边，离汽车远一点，用身体护着她。这次，她按照大人对她的方式，来对待大姑。

儿童就是成人行为的一面镜子。

儿歌五首
（1987-10-06）

《我的好妈妈》《小白兔》《小手绢》《解放军》《小燕子》

1987-10-9

"如果……"

覃叔叔送覃覃到医院打针，顺便送冬冬去幼儿园。路上，有两个大学生在打羽毛球。

冬冬说："他们怪有意思的，接不住球！笑死人了！他们是累了吧？"

覃覃说她害怕打针。

冬冬安慰覃覃："阿覃打针不哭，我就喜欢她。如果她哭了，我就不喜欢她。我从前小时候，我就不哭。"

又一次出现表示假设的连词"如果"。

"正……着……呢"

下午，大姑接到冬冬，来到三号楼前，看见覃叔叔带着女儿正在等待她们。冬冬跑上阶梯，说："我正等着你们呢，我以为你们不来呢。"

她尚不知先到和后到，跟谁等谁之间是什么关系。

"正……着……呢"是表示正在进行时的完全结构，有表示动作正在进行的副词"正"、助词"着"和语气词"呢"。特别是"着"，过去多用作表示附着和持续，而在这句话里，毫无疑问是表示进行时态的。

"白知了、黑知了"

冬冬蹲在地上，用小棍子挖地下的小洞洞，说："洞里有知了，有白知了、黑知了。"

今年暑假，小姑曾带她挖过知了。白颜色的，软软的，藏在地

电影《济公》主题曲
（1987-10-06）

下的小洞洞里。黑颜色的，已长出翅膀，飞落在树上；要爬上树，才能捉到。

新学儿歌两首

①"一二三四五，上山打老虎。老虎不在家，碰到了小松鼠。小松鼠，有几只？让我数一数。数来又数去，六七八九十。"

②"小鸡小鸡早早起，拍拍翅膀练身体。稻草田里找虫吃（有时说："到草地里找虫吃"），我们一起真快活（有时说："我们一起吃得饱"）。"

唱第二首儿歌时，她伴以表演，双手叉腰，手心朝外，并让妈妈跟着学。

"不是这样，是这样！"她纠正妈妈的动作，拿妈妈的手，刚要外翻，突然又放下妈妈变形的手，说，"你手疼？不会做，是不？"

饿了，要东西吃

夜里十点，冬冬突然说："我想见爸爸怎么办呢？"

妈妈问："你想爸爸了？"

冬冬答："不是的，我肚子饿了。"

大姑煮鸡蛋，剥开皮，发现蛋黄还没完全凝固。

冬冬很有经验，说："没煮好，蛋黄不熟。"

吃了鸡蛋，又吃罐头，感叹道："呀，好好吃呀！"

大姑下楼睡觉，冬冬说："注意不要让大群老猫儿咬着你了！咬着你了，我救不成你！"

1987-10-10

"大孩儿、小孩儿"

冬冬说："别人都说我是小孩儿，爸爸、妈妈、大姑和姐姐，说我是大孩儿？"

妈妈问："你想当大孩儿，还是想当小孩儿？"

冬冬答："想当大孩儿。"

画画

①冬冬画人头：画好眼睛、鼻子、嘴巴，再画圆圈，圈起这三个器官，然后再画眉毛，省去了过去最夸张的耳朵和头发。

②画的苹果和气球的图形，比较合乎比例。

③开始学画蜻蜓。

"老师喜欢我嘛！"

下午，妈妈跟大姑一起去接冬冬。冬冬从楼上跑下来，一眼看到妈妈，惊喜地说："怎么两个人来接呀！"

大姑看冬冬胸前的手绢变了样，问："冬冬，你的手帕，老师是不是又给你别了别？"

冬冬高兴地说："老师喜欢我嘛！"

儿童式的思维，给点阳光就灿烂。

牵挂大姑

学校电影院，连放两部电影。看完第一部，冬冬和妈妈、姐姐就回家了，大姑留下看第二部。

冬冬说："天黑了，该睡觉了，大姑怎么还不回来？外面有大老虎。"

1987-10-11

对形状感兴趣

①冬冬学画葡萄，很认真。但要画出大小相同的圆球球，并非易事。第一个葡萄，画得比较圆，第二个，又长又大，第三个……

画葡萄，应该是在两个圆下面的中间，再加一个圆，而她只会一个接一个地画椭圆。到最后，她终于发现，画一串葡萄，应该画成"三角形"。

②叠手帕。她提出叠长方形、正方形和三角形。自己叠，也要别人叠，翻来覆去，乐此不疲。中间常伴以"这是什么样的形状呀？"的问话。

新学的儿歌

"啦啦啦，啦啦啦，我是卖报的小行家。一边走，一边叫，今天的新闻真正好。七个铜板就买两份报。"

冬冬唱最后一句，伸出食指和中指，以表示"两份"。

取书，读书

妈妈躺在床上。冬冬从书架上取书，扔床上，砸着了妈妈的脚，妈妈连连叫疼。她连忙赔笑脸："我再也不砸你的脚了，都是我不注意。"

这样的道歉显得真诚，既有保证，又有归责。

冬冬拿本书，头枕着叠高的被子，把书放在双腿上，半躺着看，说："妈妈，靠在腿上看。"

妈妈问："书中有什么？"

她说出两种彩绵的名称："龙凤花纹，双羊双树纹。"

此页的确是这两幅图，也是这九个字。但她并不认识，是大人带她一起阅读时，学会的。

"蚂蚁拉不动我"

姐姐用自行车带冬冬出去。她刚坐上小椅子，就交代姐姐："走好路不扳倒，走坏路扳倒。摔死了，你见不成我了咋办呢？还有蚂蚁，蚂蚁把我拉到洞子里怎办呢？"

姐姐说："你大，蚂蚁小，不会把你拉到洞子里的！"

冬冬高兴了，说："我大，蚂蚁拉不动我。"

扮演老师

在家午睡。冬冬扮演幼儿园老师。她让大姑躺在床上，先整理大姑的衣服，说："我给你整齐一下。"

冬冬把大姑的领子往后抻抻，又拉拉衣裳边，说："把它弄后面好看。"

她又来给妈妈整理裤子。让妈妈站起来。先拉拉里面的裤头，又拽拽外面的裤腰，再让妈妈弯腰伸腿，看衣服穿伸展了没有。

接着，教大人学习"大拇指在哪里"。她先把手背在身后，边唱边把两手大拇指并拢在一起，让大姑模仿拇指并拢，说："合着。"又把两个大拇指勾在一起，对大姑说："伸出来，捆着。"

之后反复教大姑唱《卖报歌》，歌词并不准确，如把"今天"说成"街上"，把"小行家"说成"小黄家"。

1987-10-12

桂花飘落何处

下雨了。冬冬打把小花伞走在前面，大姑在后面扶了一下。冬冬不满意地说："大姑，你别扶。一扶就歪了。"

"一 A 就 B"是个紧缩复句格式，既表示假设的条件及结果，也表示 AB 两者紧密衔接。使用这样的格式，可以把话语变得紧凑。

浓浓的桂花香味儿，弥漫在雨后的桂子山头。

冬冬嗅嗅，说："好香呀！"

大姑说，这一场风雨，昨天还盛开的桂花，已飘落了许多。

冬冬问："怎么落了？落哪儿了？"

说赏月
（1987-10-06）

月亮像皮球，像盘子。月亮上有嫦娥、小白兔、吴刚，有桂花酒。去草坪赏月，要带萝卜、白菜，喂妈妈、喂姑姑、喂……

1023

大姑启发她："你动动脑筋。"

冬冬想了想，说："落在地下了。"

观察行人

冬冬一边走路，一边观察路上的行人，还不断发表自己的新发现。一个中年女性迎面走来。她问大姑："那个女的怎么不高兴呀？"

大姑问："你怎么知道的？"

冬冬说："你没看见是吧？她过来了，你看看！哈哈，她不会过来了，她一个星期才回来呢！"

"一个星期"在冬冬看来，是个很长的时间。

两个女学生。一个急匆匆地赶路，一个面无表情地站在路边。

冬冬又说："别人为什么不高兴啊？"

冬冬自己情绪好，很奇怪别人为何不高兴？

"我耳朵想的"

大姑问冬冬："你猜猜，今天爸爸回来了没有？"

冬冬肯定地说："回来了！"

大姑奇怪地问："哎，你怎么知道的？"

冬冬回答："我耳朵想的。"

可能是家人谈论今天爸爸函授结束，要回来，她听到了，记下了。

走到楼下，家家告诉冬冬，爸爸回来了。

"胡扯，爸爸没有回来！"她说着，用试探的眼神看看大姑。

她并不确定爸爸是否回来，还是飞奔上楼，推开门，叫着喊着扑上床，捧着爸爸的脸蛋，亲了又亲。亲了，还不尽兴，又要上床去。大姑抱她上床，她又抱住爸爸，亲个不停，把爸爸感动得热泪盈眶。

这一阵狂吻，把孩子对爸爸的思念之情，宣泄得淋漓尽致。

没有什么
（1987-10-06）

母女游戏，互说"没有什么"，从身体说到物件，充满童趣

1987-10-13

"还下着的"

冬冬一觉醒来，听见窗外淅淅沥沥的秋雨，说："还下着的。"

一个"还"字，把昨夜和今早联系了起来。

形容高兴的句式

冬冬表示自己高兴，会用两种句式：

① "非常高兴。"

② "高兴得不得了。"

状语和补语，都已会用。

"雨"的谜语

冬冬问："妈妈，'千条线，万条线，落到水中都不见'。这是什么呀？"

还没等妈妈回答，她自己就说出了谜底："雨。"

这是冬冬学会的第一个谜语。

1987-10-14

"它们都在跑"

冬冬用蘸了蓝墨水的粉笔，在墙上画画，边画边解释说："这是大狐狸，这是小白兔，它们都在跑。"

又一次出现"它们"，又一次使用副词"在"表示动作正在进行。

《卖报歌》

路上，冬冬教爸爸唱《卖报歌》。她仍把"小行家"说成"小

佯装打电话
（1987-10-06）

爸爸乘船出行，冬冬欲找爸爸。妈妈让冬冬模拟给爸爸打电话。说着说着，又成了现实对话

黄家"。爸爸纠正了几次，她才改了过来。

1987-10-15

"弄"

冬冬要自己穿背带裤。把背带套在肩膀上，站在穿衣镜前瞧瞧，还要求大人给她"弄整齐"。

过去都说成"整齐一下"，把"整齐"这个形容词作动词用，总觉得有点不对劲。使用动词"弄"，"整齐"作结果补语，听起来通顺多了。

动武

琳琳爸爸带女儿来家玩。冬冬不大喜欢琳琳，跑过去又推又搡，还说粗话"打死你"，大姑忙拉住她。

事后，大姑数落她："冬冬，你不能这样！琳琳的爸爸在这里，你当着他的面打琳琳，她爸爸会打你的！"

冬冬说："我的爸爸也在这里，我爸爸会怪他的。"

害怕是假装的

深夜，冬冬就是不想睡。这时，门"吱吱"响了几声，开了。

大姑故意捂脸缩肩，冬冬也似乎很紧张。两人慌慌张张钻进被窝里。

大姑问："这是什么呀？"

冬冬笑着说："我知道，是风。"

知道是风吹开的门，仍配合着做害怕状，会做游戏了。

羽毛球掉树上怎么办
（1987-10-06）

姑姑问冬冬，爸爸妈妈的羽毛球掉在树上了，怎么办？冬冬的办法是摇树或坐飞机上去

故事不是现实

冬冬讲《大灰狼的故事》："一个大灰狼，长长的耳朵，尖尖的鼻子，两个眼睛像电灯泡。"

妈妈故意说："哎呀，好吓人！"

冬冬说："别怕，别怕，我讲故事的。"

她不仅认为，图画上的动物是假的，不会伤害人；而且还明白，故事中的动物也是假的，不足以让人害怕。

"欢乐一个"

冬冬用小本子当指挥棒，挥动着对大家说："我们大家欢乐一个。"

"如果"：想象的翅膀

（*2 岁 10 个月　1987-10-16—1987-11-15*）

小猪（1987 年 10 月）

1987-10-16

推测

冬冬下学回来，走到楼梯口，碰见张家婆婆，很有礼貌地问"婆婆好"。在楼上的父母，听见冬冬的说话声，忙从家里跑出来接她。

冬冬问："你听见我的跑步声了，是不？"

爸爸点点头，抱起她，故作吃力状。

冬冬说："太重了，我。"

"我也想"

爸爸喊大姑"妹妹"。

冬冬问爸爸："喊妹妹干什么呀？我也想喊妹妹。"

爸爸告诉她，你只能叫大姑，妹妹不是你叫的。

"干什么"在这里是问原因的，使用得有点泛化了。

1987-10-17

"一个跟一个"

冬冬特别喜欢玩积木。她把垒得高的积木，称之为"大楼"；用积木排长队，自语道："一个跟一个地走。一个一个地走。"

猜想，这可能是幼儿园老师，让孩子们排队时所说的话。

崇拜老师

冬冬崇拜老师，崇拜到不仅模仿老师的语言和行为，还多次模仿女老师甩头发的动作，更不准人说老师的坏话。

妈妈问："是老师好，还是妈妈好？"

对唱儿歌《小燕子》
（1987-10-07）

冬冬答："老师好。"

妈妈又问："是老师好，还是冬冬好？"

冬冬答："我们都好。"

"一下、一分钟"

冬冬拿爸爸的书，被爸爸一把按住了手。

冬冬说："爸爸，我要读一下给你！"

意思是"读一下就还给爸爸"。

爸爸仍然不放手。

冬冬伸出一个手指："读一下，一分钟。"

1987-10-18

报复与同情

楼下的房间，几家合用。张魁的奶奶病了，忽高忽低地呻吟，吓醒了熟睡的冬冬。陪在奶奶身边的张魁，俯身给奶奶说了句什么。

冬冬大叫："吵死了，吵死了！"

两个月前的一个中午，冬冬玩耍，把张魁哥哥吵醒了。张魁扯着武汉腔大嚷："吵死了，吵死了……"冬冬再现张魁当时的表现。

大姑欠起身，想看看张奶奶病得怎么样了。

冬冬问："大姑，你干什么去呀？"

大姑说："去看看奶奶。"

冬冬按着大姑不让动："不要看她！"

此时，恰巧姐姐起身穿衣服，该去上班了。

冬冬交代说："姐姐，你起来，去看一看。"

姐姐看完张奶奶，就上班走了。

唱儿歌串词
（1987-10-07）

唱儿歌，把词唱串了，从《太阳公公》唱到《小松鼠》

冬冬问："姐姐怎么现在上班呀？有大老虎。"

虽然用同样的大喊大叫来对付张魁，有报复的意味；但还是提出让姐姐去"看一看"，是同情心在起作用。

1987-10-19

"我长大了，给妈妈治好病"

妈妈送冬冬去幼儿园的路上，不由得感叹："等冬冬长大了，妈妈也老了。"冬冬不断重复妈妈的这句话，大概觉得这句话很有意思。

妈妈问："冬冬，等你长大了，妈妈也老了，你怎么办呢？"

冬冬说："我长大了，给妈妈治好病。"

"起来"

爸爸躺在床上，很快睡熟了。

冬冬指着爸爸说："他没盖被子，就睡着起来了。"

意思是"爸爸没盖被子就睡着了"。

儿歌

冬冬又学会一首儿歌：

"宝宝宝宝有礼貌，进园先问老师好，回家问声爸爸妈妈好，大家都夸宝宝有礼貌。"

1987-10-20

不起床的理由

早上七点，大姑推醒了冬冬。虽然不是自然醒，冬冬却没生气，

儿歌《两个小娃娃》
（1987-10-07）

指着爸爸说："他不起来，妈妈和冬冬也不起来。"

妈妈让她喊爸爸起床。

她凑到爸爸耳边，说："你不起来，我才不起来呢！"

爸爸没有回应。

冬冬欠起身子，看看饭桌，又躺下了，说："没做好饭呢，做好饭我才起来。"

大姑以穿裙子上幼儿园诱惑她。这招很管用。她掂起一件连衣裙，在身上比划着，说："这个裙子，穿着也好呀！"

夹皮沟，广埠屯

冬冬大便干结，疼得直哭。父母带她去医院，用了支开塞露，情绪马上好转。父母商量，从医院直接上街买些香蕉。

路经夹皮沟[1]的斜坡旁，冬冬说："大深渊。这是伯伯家，伯伯要搬家！"

其实，萧伯伯家早已从夹皮沟搬走了。

下坡，进入梧桐林荫大道。

冬冬又说："下面是广埠屯。"

爸爸问："去干什么呀？"

她说："给我买水果。"

采蘑菇和大箩筐的关系

大姑带冬冬去买菜。冬冬边走边唱："采蘑菇的小姑娘，背上一个大箩筐……"

大姑故意问："背上一个大箩筐？你怎么没有背'一个大箩筐'

---

[1] 此处四面地势较高，房子建在洼地里，是解决青年教师住房的临时建筑。地形如同京剧《智取威虎山》中的一个叫作夹皮沟的地方，故有此谑称。

自得其乐讲画书
（1987-10-07）

拿本画书，边翻边讲，断断续续，自得其乐。太阳公公，螃蟹，小朋友，小花猫，小白兔，小公鸡……书上的和心里的，一股脑儿倒出来

啊？"

冬冬一笑，说："这没有蘑菇啊！"

去采蘑菇，才需要背大箩筐，这是她的简单推理。回答得多机智！

"一……就……"

①大姑一手抱着冬冬，一手提着菜篮子，走得很吃力。

冬冬听见大姑的喘息，知道大姑累了，故意说："大姑，我累得慌。"

大姑也故意说反话："我呀，一抱冬冬就不累了。"

冬冬说："爸爸一抱我就累得慌，妈妈一抱我就累。"

②妈妈哄冬冬睡午觉。讲故事，讲完一个又让讲，毫无睡意。

爸爸说，别讲了，赶快睡觉吧。

冬冬说："我不瞌睡了，我不瞌睡了。一讲我就不瞌睡了，不讲我就瞌睡了。"

不许打妈妈

家人准备外出。冬冬找不到袜子，说："我的袜袜不见了，被大老虎偷走了。"

爸爸游戏般地拍下妈妈，说："快说，你把冬冬的袜子藏哪儿了？"

冬冬一把抓住爸爸的手，说："你再打我妈妈，我把你的手捆起来。"

转述故事

冬冬从覃覃家回来，跟妈妈说："妈妈，我跟你说啊，我跟你说，覃覃呀，小时候一身毛，像个小动物。头发光光的，像个小和尚。"

这段话，是王阿姨讲覃覃小时候的故事。

原本如此

在院子里，妈妈带着冬冬，梅香带着覃覃。冬冬玩弄梅香的头发。妈妈说，别摆弄了，把梅香姑姑的头发弄疼了。

冬冬说："就是疼的头发。"

意思是她头发这么长，就是容易弄疼。

联想前几日她画小孩儿，有的小孩儿头像月牙儿，有的有眼睛没耳朵。妈妈问她，小孩子为何没有耳朵？

冬冬回答："她就没有耳朵。"

有时候，小孩儿头上只画两只大眼睛，没有鼻子和嘴巴。

大姑问她为什么？

冬冬答："她就这样嘛！"

1987-10-21

时间状语后置

妈妈随意拍了冬冬一下。

冬冬装作很疼的样子，一边去找爸爸，一边说："等一会儿我跟爸爸说，我跟爸爸说，等一会儿。"

本来，她走向书桌是找爸爸告状的，见爸爸正聚精会神地看书，早忘记了告状的初衷，手扒书本问爸爸："你读什么呀，刚才。"

"等一会儿""刚才"，都是时间状语后置。

先打，后打

冬冬的脸儿，在幼儿园被抓破了好几块儿。她说，是和一个叫吴江的小朋友打架了。大姑追问，打架？是谁先动的手？

冬冬说："他先打我，我先后打他。"

"先后打他"应是"后打他"。用"先打""后打"，说明她不再一味退让。

在幼儿园，有打架的，也有好朋友。

冬冬说："周尅是我的好朋友。那一天，我们一块儿住院了！"

1987-10-22

名词 + "们"

今天，冬冬的脸上又被抓破了一大块儿。

爸爸问："告诉爸爸，这是谁抓的？"

冬冬说："我在幼儿园，不跟你说，出去了跟你说。"

出幼儿园，爸爸再问，冬冬王顾左右而言他："楼上是大班，是大哥哥大姐姐们。画的画，真好看啊。老师带我们去看了。"

"们"加在"大哥哥大姐姐"之后表示复数，于此可见，单数和复数的使用，已经得心应手。

"一天一天地"

"我吃青菜太多了，我能屙出来了。"冬冬独自去厕所，解完手，又说，"我一天一天地长大了。"

鼓动人去看电影

冬冬鼓动覃叔叔去看电影："今天有好电影，有唱戏的，有唱歌的，说相声的，说话的，我们看电影去。"

一口气列举了许多她想象的电影内容。"说话的"，是指电影中人物的对白！

1987-10-23

舒服，不舒服

早上，冬冬坐椅子吃的饭；晚上，是坐在床沿上吃饭。她自己评论说："坐在椅子上，不舒服；坐在床上，舒服。"

话急多口误

梅香问大姑："你感冒好了没有？"

冬冬抢着说："我也没感冒好，我也感冒了。"

她想表达"我也感冒了"，但因急着抢话茬儿，出了口误"我也没感冒好"。但有了口误，自己还知道纠正。这就是语感在起作用。

大班和小班的不同

路遇李冕妈妈，用自行车带着女儿。

冬冬说："李冕好哭佬，我不是好哭佬。好哭佬上小班，小班里有婆婆和奶奶，大班里有老师。"

李冕比冬冬小将近一岁，当然上小班。孩子只记得现在不是小班，却忘记了自己也曾在小班待过。

吃花生的趣事

饭后，姐姐从口袋里掏出花生，给冬冬一把，给覃覃一把。

冬冬问："姐姐，你还有没有呀？你怎么买这么多呀？"

姐姐答："就这么多，全给你们了！"

覃覃把花生放在床上，冬冬随手拿了一个，覃覃忙把花生攥在手里。冬冬想让覃覃再把花生放床上，覃覃当然不干。

冬冬问："她怎么不放下呀？"

大家都忍不住笑了，你真不知道为什么啊？

大姑剥出花生米，让冬冬吃。

冬冬说："你再剥一个，我咬着你的手。"

大姑依然送花生。冬冬张大嘴巴，轻轻咬着大姑的手指，逗得大姑直笑。

冬冬担心地问："吃了，会不会拉不下来屎呀？"

大人曾把大便干结，归结为吃炒花生上火的缘故。

用"会不会"这种能愿动词的正反重叠形式作状语，还是很有难度的。

假设连词"要是……"

冬冬说："爸爸，你出去看看，有大灰狼没有？要是有大灰狼，你就打它，好不好？"

爸爸故意问："要是有大灰狼，怎么打？"

冬冬说："爸爸，你拿大木棒，出去以后呀……"

"要是""如果"都是假设连词，"要是"具有口语色彩，"如果"具有书面语色彩。冬冬第一次使用"要是"，之前多次出现过"如果"。口语色彩的词语，晚于书面语色彩的词语，这是儿童所处的特殊语言环境造成的。

"茶"的发音实验

冬冬扮演老师，教爸爸说"喝茶"。她把"茶"音发得像"挞 [tʰʌ]"。妈妈纠正她，但她发音仍如前。

爸爸故意学冬冬，把"茶"发得像"挞"。

冬冬认为自己和妈妈说得都对，而爸爸说得不对。

她可听出发音的对错，也力求发正确音。自己发得不准，还自以为发得对，把大家逗得直乐。这种"听说不契合"的情况，其前在"刺"等的发音上也出现过，是儿童语音发展中的共性现象。

1987-10-24

"非要"

①爸爸让冬冬好好睡觉。她却不停地在床上翻滚，调皮地说："我非要乱七八糟。"

②爸爸伏案写作。她挤到桌子前，要凑着台灯画画，说："我非要在那儿写。"多次用"非要"，表达不达目的决不罢休的决心。

"快一点"与"慢一点"

大姑给冬冬提裤子，用力大了点。冬冬叫着屁股疼，告诉妈妈："她快一点了，我屁股疼，她不慢一点儿。"

给大姑扎辫子

冬冬画人，头上只有发辫和眼睛。看画册，首先指出的人物，也是有长发的。看来，她喜欢长发。

晚上，她在大姑的右耳旁，扎了两个小辫子，称之为"林宝玉姐姐"；她解开头绳，散开发辫，又在大姑两耳旁，各扎一个辫子，说"像个小姑娘"；她推推大姑的脸，要大姑把辫子"放到后面去"。

"热"，不是"发烧"

爸爸看冬冬脸蛋通红，忙用嘴唇凑上去，试她额头的体温。这是检验是否发烧的土办法。

冬冬说："不是发烧，是有点热。"

"不是……，是……"也是一个常用的辩说格式。

"一大把水，我们过不来了"

一条很宽的臭水沟。

冬冬过了水沟，说："一大把水，我们过不来了。"

还是用"一大把"表多数。

"茶、床"的发音

爸爸纠正冬冬"茶"和"床"的发音。反复多次，冬冬终于可以准确发出这两个音了。

纠正说话的语调

近段，冬冬常用含嗔撒娇的语调，或是"哼哼唧唧"的哭腔，要挟大人。每到此时，大人立马提醒她："别用这种声调。大人不喜欢，好好说！"

她一改愁眉苦脸的样子，提高声调，说出自己的要求。

原来，含嗔撒娇或哭腔，是故意为之。

1987-10-25

不是理由

①冬冬拿本书下楼去。回来时，书本弄散了。妈妈问怎么弄坏的？

冬冬："我刚出去就弄坏了。"

妈妈："为什么？"

冬冬："因为妈妈没跟我一块儿去。"

②"我，长高了，"冬冬很自豪地挺胸仰头说，又指指身边的覃覃，说，"阿覃，长低了！"

荷池涟漪

冬冬喜欢往假山的池水中丢石子。石子入水，激起圈圈涟漪，百看不厌。她每次跑去捡小石子，小手只能拿过来几个。

她来回跑了几次后，捡起一片硬树叶，又捡许多小石子放上面，双手托到水池旁，然后把小石子一个个投入水中。

忽然，冬冬指着水面说："那有一个鱼儿，我看见了。"

妈妈忙问："在哪儿？"

冬冬一笑，说："它跳到荷叶上去了。"

鱼儿跳荷叶上，一幅极具动感的美图。可此时水池中并没有鱼，是想象出来的场景。

陪妈妈去医院

妈妈推醒冬冬，自己去医院打针，让她做个伴儿。她一骨碌爬起来，揉揉眼睛说："我正睡着，妈妈把我搞醒了。"

"正睡着"是正在进行时。

路经上坡处的商店，大门敞开着。

冬冬说："上班了，我看见了。"

妈妈说："我怎么没看见？"

冬冬说："太阳出来照着，我就看见了；没太阳，我就看不见。"

其实是在讲，有光线就能看得见。

妈妈催她走快点，否则医生就下班了。

冬冬说："肯定下班了，当然不骗你。"

"当然"是个副词，表示就是如此，或合乎事理情理。使用"当然"，意味着说话人知道有客观的事理、规则存在。

仍羡慕长发

迎面走来两个女孩子。

冬冬羡慕地说："一个长头发，一个短头发。"

妈妈笑了："你喜欢长头发？"

"老师的头发可长了，哎，到屁股上，"冬冬手摸后背，又弯腰摸脚面，"哎，到脚板上。"

冬冬把老师的长发描写得有多夸张，就知道幼儿老师对孩子的影响有多大！

过去的，都是"昨天"

夜深了，冬冬躺在床上想入非非，竟然想吃葡萄："姨父给我买葡萄了，昨天姨父给我买的葡萄。"

姨父买葡萄，是暑假在老家的事。葡萄极酸，大人吃一粒，就酸得龇牙咧嘴。但她一气吃了半斤多。

已过去了几个月，她仍记得这事。这个"昨天"可"昨"得不近。

1987-10-26

妈妈去幼儿园接冬冬

妈妈去幼儿园接冬冬：一个小男孩趴在窗户上，冬冬在小男孩的头上捣弄着什么，注意力非常集中。

小朋友们叫她："李纤，李纤，你妈妈来了！"

她发现妈妈，跑出来，牵着妈妈的手。

妈妈说："来，让我看看你的脸儿！"

冬冬极不情愿地一扭头，说："没有抓破。我们明天上广埠屯，上黄鹤楼，坐船[1]，老师带我们去，我和大哥哥大姐姐一块儿去，我一个人去。"

妈妈知道她所谓的"我一个人去"，是不与爸爸妈妈一起，就问："就你一个去？不要爸爸妈妈了？"

冬冬很得意地笑着说："我带你去。我们一起过河，游泳，'扑腾'，跳下去了。妈妈一下去，把我拉到岸上了！"

---

[1] 黄鹤楼矗立在长江边上，可以坐船过江。冬冬常把黄鹤楼与坐船连在一起。

一个小男孩走出教室。

冬冬说："他是我们的同学张旭，这是她大姑接他的。他的妈妈在家里。"

她喜欢观察路上的行人。一个身穿运动衣的小伙子，擦肩而过。

冬冬问妈妈："他怎么不挂棍子呀？"

妈妈问："挂棍子干什么呀？"

冬冬说："他的脚疼呀！"

细看，小伙子的右脚，的确有点跛。

这一路的对话，用了"我、我们、你、他（她）"等代词。特别是多用第一人称代词"我"，而不是自己的名字。"自称己名"阶段已经过去。

整治小偷的办法

梅香姑姑叙述她遇见一个小偷的惊险情节。冬冬听着听着，有些害怕起来，直往大姑的身后躲藏。

大姑安慰她："别害怕呀，小偷也是人。"

冬冬说："不是，不是。我们下去，用石头砸他，用泥巴打他，然后拉回家，让奶奶吃。"

这里的两个"用"都是介词，介词的宾语"石头、泥巴"是广义的工具性事物。一开始"用"是动词，之后逐渐发展出意义较虚的介词用法，但却一直用得不多。原因可能是：其一，介词"用"带有书面语色彩，口语中常用"使、拿"；其二，介词"用、使、拿"的应用，需要"工具、手段"这一认知范畴的建立。

玩具"当然"不会站

大姑说，冬冬还不会做真正的游戏。

冬冬说："如果是看书的话，就会做游戏了。"

意思是，读书识字了，就会做游戏了。

大姑故意说："我看书了，那阿夏怎么不会做游戏，怎么都站不好呀？"

冬冬说："它是个玩具啊，它当然不会站。"

"一大堆儿"

冬冬要去找覃覃。妈妈说，现在不能去，覃覃生病了，发烧流鼻涕，要去医院打针。

冬冬说："我也生病了，鼻涕一大堆儿。"

妈妈夸张地把脸扭向一边，说："哟，一大堆儿鼻涕，吓死人了！"

冬冬愈发凑近妈妈的脸，说："流到你鼻子上。"

1987-10-27

单用"别！"

冬冬手里的卡片，"哗哗啦啦"掉地上好几张。妈妈想弯腰，帮忙捡起卡片。

冬冬说："别！"

妈妈停下来。冬冬推推妈妈的腿。

妈妈不知何故，问："干什么？"

冬冬说："碍着我的事儿了！"

原来，妈妈的脚边，有几张散落的卡片，挡着了冬冬捡卡片的手。

动物园

冬冬指着画册上的动物园，说："我们就上这个动物园，从我长大了。"

"从"，大约是"自从"的意思。

女娲补天、牛郎织女

①冬冬对《女娲补天》的故事，很感兴趣，很快记住了"共工、颛顼、不周山"等名字。故事情节，只要大人在关键处提示几个字，就能讲下去。

她听了《女娲补天》，又让讲电视剧《蛙女》。她知道，"女娲"和"蛙女"并非一人，但喜欢把这两个名字连在一起说，也许是"娲、蛙"同音的缘故。

②听《牛郎织女》的故事。她不能理解，织女为何要留在人间？叫嚷着："叫她上天，叫她上天！"

1987-10-28

家人的焦虑

爸爸到幼儿园，见冬冬低着头，落寞地坐在小椅子上。有个小朋友又打她了。

爸爸问："你又挨打了？为什么不还手？"

冬冬委屈地说："我没有力气。"

近段，她常常被动挨打，家人备感焦虑。过去教育她的是"骂不还口，打不还手"，现在需要改变方略了。

大姑说："冬冬，明天去幼儿园的第一件事，就是去打××，把他打哭，没力气也要打。人，不能懦弱，不能逆来顺受。"

冬冬不高兴地说："别说那句话了，真讨厌。"

"那句话"，就是大姑刚说的那段话。

睡觉时，冬冬自语道："××是个小杂种。"

"好长时间"

妈妈躺在床上。冬冬上床，依偎在妈妈怀里，说："妈妈，我好长时间，没有跟你睡一块儿了。"

用"好长时间"来表示时间之久。其实昨晚还睡在一起呢。

画上的大灰狼

冬冬玩积木和识字卡片。识字卡上，有只张牙舞爪的大灰狼，大家都装作害怕的样子，逗她开心。

冬冬笑了，说："这是画上的。"

弄拧巴了的"冬"字

十天前，她写过"冬"字。今晚又写，上头"反文"的下面多写了一道。书写数次，皆不能写对。

大姑为她示范，她不让，却让大姑照她的写。大姑模仿她写了一遍，她却认为大姑写得不对。

大家禁不住笑起来。这一笑，惹恼了冬冬。她又哭又闹，不让其他人碰，只让爸爸一人抱。爸爸哄了好大一会儿，才算安抚下来。

她又让爸爸写"冬"字。写一个又一个。过一会儿，她拿笔写，"反文"下还是多一道。她生气地把笔和纸扔得远远的，不愿再写了。

1987-10-29

儿歌

冬冬学会一首儿歌：

"我爱我的小飞机，轰隆轰隆响。请你快快上来，我把飞机开。呜——"，唱完，转一个圈。

"时候、刚才"

①爸爸准备外出，说香烟在桌上，等小曹来了，用香烟招待他。正玩积木的冬冬，抬头问："小曹叔叔来我家的时候，爸爸哪儿去了？"

她知道，爸爸之所以交代，肯定是客人来家时，爸爸不在家。

爸爸回来时，小曹已经离开了。爸爸问："小曹来了没有？"

冬冬回答："曹叔叔来了，刚才来的。"

②冬冬和妈妈一起吃饼干。冬冬说："你慢点嘛，刚才，就吃完了。"

"刚才"意为很短的时间。

妈妈说，好吧，我不吃了。那我问你，饼干留给谁吃呀！

冬冬想了想，说："什么时候了，我们请高奶奶、魏奶奶、迟奶奶和马奶奶，到我们家做客。"

这四位奶奶，都是冬冬在托儿班时候的保育员。

"因为就什么呀"

爸爸："冬冬，你猜我生谁的气了？"

冬冬："生我妈妈的气。"

爸爸："为什么生你妈妈的气？"

冬冬："因为，因为什么呀？我不知道。因为就什么呀？！"

她看出爸爸生气了，但不知道爸爸为什么生气，用了"因为"，但说不出来原因。

1987-10-30

"够"，表程度

冬冬对着镜子梳头。

妈妈说："过来，让我看看漂亮不？"

冬冬看着镜中的自己，说："够漂亮的了，还叫漂亮呀！"

"没有天黑"

天阴沉沉的，暴风雨即将来临。大姑带冬冬走在浓荫下的梧桐大道上，视野中的万物更加灰暗了。

冬冬说："天黑了。"

穿过林荫大道，来到开阔的广场上。

冬冬又说："没有天黑。"

她把"没有"放在前面，显然是把"天黑"作一个词看。

"可能"，表猜测

大雨滂沱。爸爸问冬冬，太阳公公哪去了？

冬冬说："睡大觉，还没起床！"

爸爸说："还没起床？懒蛋，你给他打个电话吧？"

冬冬摇摇头，意思是打不了电话。

爸爸说："太阳，是被大灰狼吃掉了吧？"

冬冬点点头，说："可能是的。"

"真烦死人了"

冬冬表示厌恶的词汇有："不喜欢、讨嫌、讨厌、烦人、烦死人"等。

夜深了，大姑让冬冬睡觉。

冬冬说："我不想睡觉，还不到时间呢，大灰狼没有下山。"

大姑让她看手表，说："你看看几点了？"

"九点半了，大灰狼下山了。" 她瞅了一眼手表，连忙钻进被窝里。

午夜时分，冬冬要大便。蹲到痰盂上，喃喃自语道："这会儿不想睡觉，等会儿了再睡觉。真烦死人了！这会儿就叫睡觉，我不喜欢这会儿就叫睡觉。"

1987-10-31

"七点半"

早上，冬冬拉开袖子，看一眼手腕，做出看手表状，然后趴在爸爸耳边叫："爸爸，七点半了，还不起床呀？"

不知道是不是"七点半"。但"七点半"，的确是到了起床的时候。

讲述自己跳舞的情况

爸爸坐在床沿上。冬冬拉着妈妈，让妈妈紧挨着爸爸坐下，说："坐在爸爸旁边。"

妈妈问，干吗呢，坐这干吗？

"妈妈，你知道小燕子怎么跳的？小燕子，飞呀飞，我飞不快，也飞不高，一下子摔到老师腿上了。李老师笑死了，笑得躺到床上，笑得不得了。"她做小燕子飞翔的动作，说，"我对老师说了，爸爸去讲课，姐姐去上班，妈妈和大姑在家给我玩。"

她用一长段话语，讲述自己跳"小燕子"的情况，特别是李老师的反应，有声有色。这让父母了解到，冬冬跟幼儿园老师之间，有了较为和谐的互动。

1987-11-1

观察，模仿

①早上。冬冬摸摸妈妈的脸，对大姑说："真好玩，胖乎乎的，像个小猪儿。大姑快来玩吧！"

②姐姐修自行车，眯起一只眼睛，瞄瞄两个车轮是否成一条直线。

冬冬问："姐姐为什么要皱着脸呀？"

③电视上，一位老爷爷笑眯眯的。

冬冬问："他为什么这样呀？"

妈妈："什么样子？"

冬冬用上嘴唇紧裹着下嘴唇，模仿老爷爷瘪着嘴巴笑的模样。

老太儿的眼睛

妈妈跟冬冬商量：春节放假，爸爸妈妈留在学校，她跟大姑一块儿回老家。

冬冬很爽快地答应了，说："我回家了，你们不要哭，要高高兴兴地玩儿。你不要喝辣酒。喝辣酒会死的，爸爸能喝辣酒，不会药死。"

"喝辣酒会死的"，是昨晚电视剧中的一个情节。一个小孩儿的妈妈，生气喝下毒药被毒死了。

妈妈说："你回老家，看看姥姥、爷爷、奶奶，还有老太儿。"

冬冬说："老太儿的眼睛瞎了，弄到医院看看。"

妈妈笑了："哟，你真能干，还带老太儿去看病？"

冬冬说："我说，小姨帮忙去医院。"

暑假时，小姨曾把老太儿带到县医院，找医生看过眼睛。

1987-11-2

关注自身形象

①早上，冬冬自己穿上裤子。走了几步，觉得裤子不舒服。她拉拉裤子，不满意地说："裤子搞得乱七八糟的。"

②冬冬从外面跑回来，站到镜子前，把帽子往头顶上推推，叫道："妈妈，拉开灯！"

妈妈拉开电灯，问："怎么了？"

冬冬上下打量自己，说："像个小护士。"

"……以后"

大姑喊正在搭积木的冬冬吃饭。

冬冬说："我摆成大灰狼以后，我就吃。"

爸爸说，来吧，先把香蕉吃了，再去吃饭。

冬冬说："不能配着吃，是吧？吃了拉不下来屎！"

其实，香蕉是可以与饭配着吃的。吃香蕉，大便不易干结。

她经历过几次大便干结，留下了极痛苦的印象。有时她挑食，大人只要说，如果不吃这东西，就拉不下屎。她就会把原来不想吃的东西，大口大口地吃下去。

枝头的小燕子

校园里，路两边的法国梧桐树，北风脱去了它的绿叶，只剩下鹅黄色的小吊铃，悬挂在光秃秃的树杈上，极像在风中飞舞的小燕子。

冬冬说："我要是小燕子，就飞上去，听听，'唧唧，唧唧'。"

"要是"表示假设；"唧唧，唧唧"是模仿小燕子的叫声。

"如果"：想象的翅膀

爸爸调侃说："冬冬，爸爸妈妈也是好孩子，对不对？"

冬冬摇摇头说："爸爸妈妈是好大人，冬冬是好孩子。覃覃是小孩子，我是大孩子。"

爸爸说："对，冬冬是好孩子。我要是冬冬呀，我就不闹人。"

冬冬说："我要是爸爸，我就是大人。大人不上幼儿园。"

她在爸爸假设的基础上，运用了推理。同时，父女俩也都是各取所需。

冬冬又说："如果我是爸爸的话，我就不上幼儿园；如果我是大姑的话，我就会做饭；如果我是妈妈的话，我就不上幼儿园。"

大家乐了。用许多"如果"，让冬冬接下文。

爸爸："如果你是个小狗——"

冬冬："我就会'汪——汪汪'。"

爸爸："如果你是条大灰狼——"

冬冬张大嘴巴，猛地朝爸爸一扑，做咬人状："我就会'啊——呜，啊呜'。"

爸爸："如果你是只小鸟——"

冬冬伸开双臂，说："我就会在天空飞呀飞。"

爸爸："如果你是一棵大树——"

冬冬双手使劲向上伸："我就会长。"

爸爸："如果你是风——"

冬冬身子转了360度："我就会刮。"

爸爸："如果你是老师——"

冬冬声音突然变得很严肃："我就会打人。"

爸爸："如果你是被被——"

冬冬："我就会盖被子。"

爸爸："如果你是凳子——"

冬冬："我就会坐。"

……

这一连串对话，可以看到：

①冬冬使用的假设表达方式有"要是……""如果……的话"。爸爸使用的是"要是……""如果……"，冬冬可根据爸爸提出的假设，做出相应的回答和动作。这说明冬冬假设复句的理解和表达，都已成熟。

②一些假设，如"被被""凳子"，确实不便回答。从冬冬的回答看，她还区分不了被动和主动的关系。

③可以把上述提问，看作是"假设游戏"。假设是想象的翅膀，是一把打开智慧之门的钥匙。

三个不地道的句子

①睡觉，妈妈侧身而眠。冬冬拉着妈妈的胳膊，说："你拐来脸儿！"

②冬冬说："老师不给我剪指甲。给我剪指甲了，我不厉害××！"

××是她幼儿园的小朋友。"我不厉害××"，意思是"我没有××厉害"。

③冬冬对大姑说："他们两个像小胖猪，我们两个也像小猪，但是呀，我们不像。"

用"但是"表转折，不过说得前后矛盾，缺乏照应。

1987-11-3

"但是"

妈妈让冬冬吃橘子。

冬冬说："我知道有橘子，但是我不吃。"

这个"但是"用得不错，比昨天的"但是"用得好。

冬冬和覃覃

妈妈坐在楼下，看冬冬跟一群小朋友做游戏。冬冬拉着覃覃手，走到妈妈跟前，说："阿覃，你站起来让阿姨看看，你长得什么高。"

冬冬知道改换称谓，从覃覃的角度把妈妈说成"阿姨"。

妈妈夸覃覃个子长得快，长得高。

"我最喜欢覃覃了，比老师还喜欢覃覃的！"冬冬话音没落，就被覃覃随手抓了一把。

冬冬说："我不喜欢你了，你再打我！"

覃覃说："我不打你了！"

"你要不打我，就喜欢你，我刚才说的！"冬冬一脸严肃地告诉覃覃。

1987-11-4

"因为太阳有光"

迎着朝阳，走在去幼儿园的路上，光线很刺眼。爸爸问冬冬，你敢不敢直看太阳？

　　冬冬："敢。"

　　爸爸："刺眼不刺眼？"

　　冬冬："刺眼。"

　　爸爸："为什么刺眼？"

　　冬冬："刺眼，因为太阳有光。"

"长大"与"长小"

幼儿园开办舞蹈班。

冬冬兴奋地告诉妈妈："我上大班了，能跳舞蹈班了。"

幼儿园的舞蹈班不招小班的孩子，只收中班和大班的。

妈妈说："是啊，你已经长大了。"

冬冬说："我一天一天地长大了，小孩们一天一天地长小了。"

任何人只会慢慢长大，不可能越长越小，这是自然规律。冬冬还不懂"长"的确切含义。

"老师说的"

准备吃饭。冬冬突然站起身，说："吃饭前要洗手，吃饭时不说话。老师说的。"

自夸

爸爸的大学同学李涛叔叔，带两个同事来家。老同学相逢，谈笑风生。李涛叔叔谈起上大学时的恋爱史，更是妙语连珠。

冬冬玩着积木，说："那个叔叔惹别人笑，真是笑死人了。"

被称为"那个叔叔"的人问："冬冬，你在幼儿园和别人打架吗？"

冬冬回答："我们班的××好抓人，好抓脸。他不敢抓我，我可厉害了，一抓一大块儿，他不敢抓我。"

1987-11-5

庇护自己的玩具

妈妈说："冬冬，把丑小子阿夏拿过来！"

冬冬说："他不是丑小子，是漂亮的小娃娃。"

她把两个积木摆在一起，放在阿夏身边，说："它们两个是一块儿的。"

"和"与并列关系

冬冬受到大姑批评，很不高兴，说："爸爸和妈妈，和姐姐，和冬冬都上街，就你一个人上街，看你怎么办？"

意思是，你批评我，全家人一起上街，不让你同行，你一个人单独上街，看你怎么办。在表达上，并列关系之间，一般只用一个"和"就够了。

1987-11-6

比喻

冬冬翻看画书，自语道："小偷两眼黑油油的，像灯泡。可吓人了！"

"像灯泡"，是个不错的比喻。比喻是一种重要的表达方式，也是一种人生智慧。

"也"

①冬冬拿项链，在自己的脖颈上比划着，说："我戴着多好看呀，阿覃戴着也好看。"

②她早上醒来，侧耳细听，对大姑说："琳琳的爸爸和妈妈，跟邻居都吵架了！"

大姑："我听着不像吵架呀，是说话的吧！"

冬冬歪着头，又做出听的样子，说："我听着也不像。"

1987-11-7

"我把袜子装起来了"

早上，冬冬穿上衣服。

妈妈高声问大姑："小辉，冬冬的袜子，放哪儿了？"

冬冬说："我把袜子装起来了。"

妈妈："装哪儿了？"

她从放积木的塑料袋子里，拉出一双袜子。

对付大灰狼的招数

电视剧《失落的梦》，多次出现一个少女哭泣的镜头。冬冬说："动动脑筋。光哭，真是烦死人了。我觉得，也是烦死人了。"

大姑说："能动脑筋的人，是喜欢学习的人。"

冬冬马上接口："我可学习了。"

大姑说："我问你，如果遇到了困难，怎么办呢？"

冬冬说："动脑筋，想一想。"

大姑说："如果有一只大灰狼来了，你想出了什么办法？"

冬冬说："我一爬一爬，爬上去，从楼上拐个弯；下来，跑到有人的地方。有棵大树挡着我，这么大的树，它看不见我。"

对付大灰狼的三个招数："拐个弯"甩掉大灰狼；跑到人多的地方；躲在大树后面，大灰狼看不见。

冲过去

邻居们常常逗冬冬玩，故意把着楼下大门，不让冬冬进门上二

电影插曲《卖报歌》
（1987-11-07）

楼回家。这时的冬冬，要么一言不发，站在原地等待；要么气恼得大哭大叫。

下午，黎叔叔也来了兴致，叉开双腿，把着大门，不让冬冬进门上楼。

冬冬犹豫了一下，看看黎叔叔，斜着肩膀直接冲过去，说："我冲过去。"

黎叔叔急忙躲开，连连说："好厉害，我害怕！"

"要是……，就……" "一……，就……"

冬冬玩积木。大姑与她做"假设游戏"。

大姑说："我要是冬冬，我就打架。"

"我要是大姑，我就摆大楼。"冬冬边说边拿积木摆大楼。已经摆得很高了，又放上一块儿，"大楼"一下子倒塌了。

大姑不由得叫了一声："好！"

冬冬生气了，说："好狗屁！不好狗屁！掉了。你一揪我的头发，它就掉。"

大姑把三个泡沫发卷卷在一起，试图放在积木上。

冬冬拿过来，一一拆开。大姑夸她心灵手巧。

冬冬很开心，让大姑再卷，她再拆，自信地说："我真的搞得开。"

边看电视边发问

看电视剧《失落的梦》。

①小伍子开车的镜头出现了四五次。

冬冬问："那个叔叔为什么光开车呀？"

②吴恋掉了头发。

冬冬问："恋恋头发怎么掉了？我的头发没有掉。"

③吴恋跑到大桥上，慢慢倒了下去。

冬冬问："她为什么不找医生呀？"

④陈霞和吴恋，坐进医院的车子，旁边还有一辆小汽车。

冬冬问："她为什么不坐那个小汽车呀，刚才。"

⑤吴恋的妈妈要去看女儿。

邻居询问，妈妈难为情，不愿说出女儿住在妇产医院。

冬冬问："她（指吴恋）为什么住那个医院呀！"

冬冬边看边问。一连串的"为什么"，表现出孩子的求知欲。也说明，她能看懂一些电视情节。

表转折的"可是"

冬冬讲故事："有一只小白兔，它可想吃蘑菇了，可是呀，有一只大灰狼，有一只小灰狼……"

她正讲得起劲，姐姐跟妈妈说她工作上的烦心事。

冬冬大声说："我讨厌你们说话。别说话，我睡觉的。"

扣扣子，解扣子

"这一扣子，怎么老不进去呀？"冬冬最近经常练习扣扣子和解扣子。

她解开扣子，爬上床，一件件地脱掉衣服，只剩下一件小背心和裤头。然后反问妈妈："妈妈，是不是你给我脱掉的黄毛衣呀？是不是呀？你为什么要给我脱呀？"

男的？女的？

冬冬摸摸大姑的脸儿，说："你是个小伙子吧？"

大姑："小伙子是男的，还是女的？"

冬冬："男的。"

大姑："姑娘呢？"

冬冬："女的。"

大姑："公主呢？"

"如果……"的问与答
（1987-11-07）

爸爸用"如果你是……"提问，让冬冬做相应回答，意在开发智力。又让冬冬提问，她开始用不好"如果"，但一两个回合后便能自由提问。问答之间，充满想象力和童稚逻辑

冬冬："女的。"

大姑："王子呢？"

冬冬："男的。"

大姑："国王呢？"

冬冬答不上来了。

大姑："王后呢？"

冬冬："是个男的吧？女的吧？"

1987-11-8

"我们三个"

妈妈带冬冬先到武汉工学院院内玩。半个小时后，爸爸会来找娘俩，再一起去马房山买菜。冬冬远远看见骑车子过来的爸爸，高兴地叫道："快走，我们三个。"

"三"，用对了。

自造词"割刀""河浪"

①还惦记着昨天晚上看的电视《失落的梦》。

冬冬问："恋恋为什么割刀呀？她的头发怎么掉了呀？"

②爸爸用"仓颉造字"的故事，哄冬冬睡觉。其中有"以物形造字"，冬冬接口道："见树就画个树，见大河，就画个河浪。"

"割刀"是"开刀"的意思；"河浪"是仿"海浪"而造。这两个词，虽然成人语言中没有，但确实符合汉语的构词法。

"我们的叔叔"

两位老乡到武汉看病。晚饭后，爸爸送他们下楼睡觉。

冬冬问："我们的叔叔呢？"

只要守着，就心安

冬冬想吃饼干。睡觉前吃东西，总不是好习惯。大人没及时拿给她，她不高兴。妈妈问她，你这样闹人，到底想干什么？

冬冬说："我刚说过，我要吃饼干。"

爸爸把饼干袋，放在她身边，承诺等她睡醒了，就可以吃。

冬冬抓着饼干袋子，说："我把它夹着。夹着以后，再睡觉。"

1987-11-9

"漂亮、美丽美丽"

①冬冬给姐姐梳头，说："姐姐，我给你弄漂亮些。"

②冬冬站在大立柜的镜子前，整理着头发，说："我刚弄好的，我美丽美丽。"

听到她说"美丽美丽"，躺在床上的妈妈，忍不住笑了。

冬冬扭头跑到床前，挨挨妈妈的脸儿，问，"妈妈，你能不能好呀，这个病？"

"美丽美丽"是形容词ABAB式重叠，放到谓语位置上，有"使动"的意味，"我美丽美丽"是让我变得更美丽一些的意思。冬冬的这句话，成人听来有点怪，但却是合乎语法的。

被大风刮倒的后果

大姑扯着冬冬，从幼儿园往家走，被大风吹得趔趔趄趄，走不了也站不稳。

冬冬说："大风把我们刮倒了，爸爸和妈妈可不愿意。"

大姑说："是啊。"

冬冬说："冬冬姐姐也不愿意。"

大姑说："当然啦！"

冬冬说："大家都不愿意。把我们刮倒了，怎么吃饭？怎么做饭？怎么上幼儿园？怎么走路？"

摆积木

①冬冬摆上三块儿薄薄的积木，说："两只小朋友，对吧？黄的小朋友，红的小朋友，绿的小朋友。"

小朋友的量词用"只"。明明是三块积木，后面也说有黄小朋友、红小朋友、绿小朋友等三个小朋友，却说是"两只"小朋友。"两"仍表多数。从二到三，认知上还真不容易。

②妈妈夸她积木摆得有形。

冬冬自豪地说："我一队一队地摆的。"

"太讨嫌，讨嫌！"

家人正吃晚饭。邻家小朋友琳琳使劲推纱门，想进屋子里。冬冬放下饭碗，跑过去，把琳琳挡在门外，说："我们吃饭的，你还来，太讨嫌，讨嫌！"

句子关联

冬冬在床上翻跟头，自豪地说："大家都不会这样，就我一个人会这样。"

大姑轻轻拍了她一下。

冬冬说："大姑一拍，我的屁股就疼。刚才，又把我的屁股打疼了。"

冬冬现在的句子，已较为通畅，主要是注意了句子之间的各种关联。前一个复句，"不会这样"与"会这样"对照，"大家"与"我一个人"对照，"就"把上下句系联起来。后一个句群，"一……，就……"关联起"大姑拍"与"我屁股疼"的关系。"刚才，又"既把大姑

积木房子
（1987–11–07）

积木建成的房子，冬冬分给大家住：她与姐姐住，妈妈与姑姑住，爸爸自己住自己的

的拍打动作与自己的话关联起来，也把前面的判断与后面的话关联起来。

这些关联，有词汇、语法、逻辑等多个层面的手段，是儿童语言和认知发展到现在这个阶段的综合表现。

动脑筋，想办法

冬冬从幼儿园回到家，异常兴奋地说："我自己，在路上动了动脑筋，想了个办法……"大家都等她说出什么办法，她却戛然而止，没有下文了。

接话茬儿

①大姑讲自己读高中时的趣事。

冬冬正在玩积木，接话说："大姑，你说清楚一点儿！"

②家人谈论说，学校电影院最近放映的《音乐之声》，值得一看。

冬冬很突兀地插话说："好孩子的妈妈死了。"

大家一愣，后来才想到，这是春天时候，电影院放映《好孩子》中的故事情节。

冬冬在做别的事情，耳朵可没闲着，常常接大人的话茬儿。

"热"与"出汗"有因果关系

在床上，冬冬连着翻了几个跟头。接着，使劲撕扯衣服，说："我热。"

妈妈一把拽着她说："冷，别脱衣服！"

冬冬辩解道："我身上出汗了。"

出题目，讲故事

近段，冬冬常出个题目，让他人编故事。

今天，冬冬让大姑讲"小红帽、大灰狼和猎人"的故事。但大姑讲的故事中，只出现了"小红帽"和"大灰狼"。

冬冬说："这还没有讲呀！"

大姑不解："什么没有讲？"

冬冬说："小红帽讲了，大灰狼讲了，猎人还没有讲。"

题目中所有人物，都得讲到，少一个都不行。

1987-11-10

学公鸡打鸣

凌晨，冬冬趴在床上，双手捂着嘴巴，学公鸡叫："[kou kou kou—]，天亮了，快起床了！"

睡意正浓的父母没有搭腔。

她继续学鸡叫："[kou kou kou—]，不天亮了，你看天没亮。"

有点语无伦次。其实她是想说，天亮了没有？

"我看看，"她见父母还不接话茬儿，起床爬上桌子，手扒窗纱往外看，自语道，"外面有什么好看的？"

猎人和手枪

冬冬挥舞着玩具小手枪，说："我是手枪人，我有枪枪，我是猎人。"

"手枪人"是个自造词。

大姑："你还有什么？"

冬冬："没有什么了。"

姐姐："你是猎人。猎人应该有什么？"

冬冬："有枪。"

姐姐："有枪干什么呀？"

冬冬："打猎。"

冬冬又对琳琳炫耀说："这还是我妈妈给我买的手枪。那个手枪，是我妈妈跟爸爸给我买的。从前时候，我妈妈给我买了一大把手枪。"

"一大把"还是表示多数。

捉迷藏

捉迷藏。爸爸藏，冬冬找。她揪着爸爸，欢呼道："找到了，找到了，大灰狼找到了，我胜利了。"

不知道"大灰狼"是指爸爸，还是指她自己。

"装"与"包"

冬冬用大手绢包进去几个小手绢，对爸爸说："里面装的手绢。"

爸爸告诉她，应该说是"里面包的手绢"。

过了一会儿，冬冬又对妈妈说手绢时，就改为"里面包的手绢"了。

幼儿的学话能力很强。

不让爸爸睡床上

昨天，爸爸为赶篇论文，让大姑陪冬冬睡觉，自己在沙发上和衣而眠。今晚，冬冬学着爸爸的样子，拉床被子放沙发上，再脱掉衣服，盖上棉被睡下。

爸爸问："冷吧？"

冬冬说："冷，是冷。"

爸爸抱她上床，顺势躺下来。

"这是大姑的位置。你睡到沙发上去。"接着，冬冬用教训的口吻对爸爸说，"把你扔到大山沟里去。哪个像你这样！都不脏，就你脏。"

1987-11-11

"唱戏的人"

妈妈说，下午准备去 ×× 家。

冬冬说："她不讲卫生，不讲道理，我不给她拿糖吃。我什么都有，我不给她。"

她往头上搭条枕巾，对着镜子照照，说："我是唱戏的人。"

看妈妈笑，冬冬越发兴奋起来。又拉出一块毛巾，边往妈妈头上搭边唱："一只小鸭和小白鹅，唱的什么歌？跳的什么舞？跳的迪斯科。"

"跳的什么舞？跳的迪斯科"，是典型的设问句。

想老四了

冬冬搭着积木，自言自语道："我的老四，什么时候，能来给我疯着玩呀？"

"老四"是冬冬的小姑。小姑在姊妹中排行第四，大家都叫她"老四"。冬冬也跟着叫。

骗不了她

大姑摸一下积木，随即握上空拳头问："冬冬，你猜我拿的什么？"

冬冬看一眼，说："什么也没有。"

"好看、漂亮"

①冬冬拉拉自己的上衣，又摸摸姐姐的裤子，说："人家的衣服不好看，我们两个衣服好看。"

②冬冬给姐姐梳了头，说："我给姐姐理发的。你看看，漂亮不漂亮呀？"

姐姐顺着她的话说："冬冬梳的头发，肯定漂亮。"

"高"和"矮"

冬冬问："我会不会变高呀？像大姑一样高！我会不会变矮呀？像老师一样矮。"

她使用"高、矮"相对的比较句，过去常说的是"高、低"。但"矮"，用得不符合现实；再矮的老师，也比她高！

1987-11-12

不起床的，是懒蛋

到早饭时间，老家来看病的客人还没上楼来。

冬冬学着鸡叫："[kou kou kou——]，天亮了，叔叔和伯伯个懒蛋，还不起床呀？"

爸爸说："不能说别人懒蛋！"

她一低头，偷偷地笑。

角色变换

爸爸扮演大灰狼，张牙舞爪地扑上来，"嗷嗷"叫着吓唬冬冬。

冬冬一把抓住爸爸，说："你还不还做坏事？"

"还不还"的正反叠用，不符合成人语言习惯。

这时，爸爸转换角色，大叫："救命呀，我是小白兔，快来抓大灰狼呀！"

冬冬也马上变换为大灰狼的角色，边跑边说："你在屋里，我在山上，你看不见我！"

"假设游戏"

冬冬跟着大姑下楼，刚出门，一阵狂风刮来。她用手按着自己的头发，说："我刚梳好，给我搞得乱七八糟的。风，真是的。"

大姑趁机与冬冬做起"假设游戏"："如果你是风——"

冬冬："我就吹人的头发。"

大姑："如果你是一朵鲜花——"

冬冬："我就摘掉。"

又把主动与被动关系搞拧巴了。

大姑："如果你是一只小鸟——"

冬冬："我就在天上飞呀，飞呀！"

大姑："如果你是一片树叶呢？"

冬冬："我就轻轻地飘呀，飘呀，飘到地上。"

大姑："如果你是一只大熊猫？"

冬冬："我就在桂竹园里。"

桂竹园里，的确有几只大熊猫果皮箱。

猎人和外星人

冬冬拿块儿糖给大姑，说："大姑你吃吧，吃了长得和猎人一样高，会打枪。"

"和……一样高"，是一个新出现的比较格式。过去只有"像……一样""和……一样"，现在在"一样"后面加上一个形容词，表示比较的维度。

大姑说："谢谢冬冬。大姑是猎人，那你是谁？"

冬冬说："我是外星人。我的名字叫'外星人'。"

大姑问："外星人？谁给你说过外星人？"

冬冬说："电视上说的！"

大姑急忙起身，记下她说的话。

她大声对大姑说："大姑，注意，记住这句话。"

1987-11-13

"当然""还"

①爸爸问冬冬，一块儿去食堂买馍好不好？

冬冬说："我当然要去！"

②爸爸去厕所。

冬冬在厕所外面喊道："你怎么还不出来呀？"

③有朋友送爸爸两颗子弹壳玩。冬冬让一颗弹壳当妈妈，一颗弹壳当儿子。

她把弹壳儿子举得高高的，说："孩子长高了，妈妈还没长高。"

"影响"

正是午睡时分,琳琳突然推门进入房间。冬冬一下子坐起来,说:"把我的妈妈就叫醒了。这个琳琳!影响我们,影响别人!"

称呼应因人而变

冬冬、覃覃和大姑,三人在过道里捉迷藏。大姑闪身藏了起来。冬冬信心满满地说:"我一定会找到你的。"

此时,楼梯口蹿起的煤炉火苗,吸引了她的目光。她跑去瞧瞧,马上回家告诉妈妈:"妈妈,烧起来一个大火。"

覃覃也跑过来,跟着喊:"妈妈!"

冬冬指着妈妈对覃覃说:"喊她阿姨。"

表演节目

冬冬说:"我唱一个歌,让大家高兴点儿!"

大家鼓掌。

冬冬走到卧室中间,弯腰鞠躬,开始报节目:"下面由冬冬表演一个,和爸爸表演一个小燕子。"

1987-11-14

"就"

①冬冬把积木搭得很高,警告大人说:"不要动,一动就倒了。"

②她从衣架上,取下一顶红帽子,说:"我有一个帽子,给爸爸戴上。戴上就好看了。"

一下儿

爸爸手里拿着几颗子弹壳,给冬冬一颗。

冬冬伸出手，说："一下儿给我！"

"一下儿"是全部的意思。

捉老鼠

楼下，传来大呼小叫声。

爸爸趴窗户往下看：一群青年教师，正在围追堵截一只大老鼠。爸爸马上拉着冬冬飞奔下楼，加入追逐老鼠的活动中。果真是老鼠过街，人人喊打！

一会儿，冬冬气喘吁吁跑上楼，激动地告诉妈妈："爸爸把老鼠踩得吐血！"

"得"后面引出一个描写性的词语（如"吐血"）或短句，增加了表达的生动性。

"不怎么样"

冬冬把废纸扔地上，转头便走。爸爸拽住她，说："别跑，你把纸丢地上了。如果我把你丢地上，那会怎么样？"

冬冬甩脱爸爸的手，说："不怎么样，那是。"

"了（[liau]）"

饭后，大姑忙着收拾碗筷。

冬冬却让大姑给她扎辫子，说："不扎辫子不好看，老师说我也不好看，小朋友们说我也不好看。"

大姑忙完了家务，问冬冬："现在你说吧，有什么要求？"

冬冬说："你没有听见我说话吧？我刚了（[liau]）。"

大姑说："你刚才说，大家都说你不好看？我不相信你说的！"

冬冬说："你都不相信我？我可相信你呀！"

在冬冬的语言系统里，"了（[liau]）"似乎是一个表"完成"的专门化句法成分。

"一个人两个"

冬冬把自己的大拇指，命名为"胜利者"，把小拇指比作"小不点儿"。她翘起大拇指，又伸出小拇指问："阿覃，你是哪个拇指呀？"

覃覃不理她，只管自己玩积木。

冬冬拿出四个香蕉，递给覃覃两个："一个人两个。"

覃覃忙丢下手中的积木，接过香蕉，高高兴兴地吃起来。

"一个人两个"是个表示分配的格式。有了这个基础，就可以进行乘法和除法的计算。

1987-11-15

积木里有故事

冬冬用堆在沙发上的积木，摆成各种各样的图形。

"我把它挪到这儿来，有什么关系呀？"她挪动一块积木，又在一个厚积木四周，圈上薄积木，左看右瞧，说，"你看，一个小姑娘来了，多么好看呀！妈妈你看，多么美丽的小姑娘呀！"

买菜途中

去马房山买菜，途经武汉工学院。

冬冬问："大姑，这是马谷田吧？不是。这怎么会是马谷田？到马谷田得坐火车。"

大姑问："你说这是不是马谷田？"

冬冬又看了看，用肯定的语气说："我看着这像火车站。"

到一个上坡处，大姑催促她走快点。

冬冬说："上坡我跑不快。我可能不可能是个大黑熊呀？"

看电视时，她曾问过："大黑熊走路为何慢腾腾的？"估计应该是由自己走得慢，而联想到慢腾腾走路的大黑熊。

童话脚本：两只鸡的内心独白

（2 岁 11 个月　1987-11-16—1987-12-15）

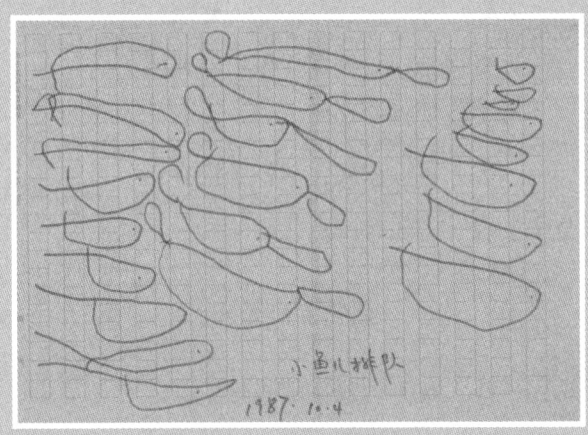

小鱼儿排队（1987 年 10 月）

1987-11-16

"也"

冬冬一觉醒来，揽过爸爸的脖子，说："你不起来，我们两个也不起来。"

"我们两个"是指她和妈妈。

幼儿园的规矩

冬冬放下饭碗，很威严地说："幼儿园就擦嘴巴。不擦嘴巴，我就不让说话！"

自嘲

冬冬蹲痰盂，大人督促她："快点，该去幼儿园了。"

她自嘲地说："今天这么慢？！"

又停了一大会儿，大人再次催问："好了没有？"

她仍然不动身子，说："还有一点儿。"

腿疼的常识

大姑揉着腿说："昨天晚上，腿特别难受。"

冬冬问："你把腿伸出来了没有？"

依冬冬的经验，如果腿伸出被窝，晾着了，是会疼痛的。

语文课学到的

冬冬告诉大姑，今天上的是"语文课"，学会了下面的话："小朋友们想一想，哪个动物鼻子长？大象鼻子最最长。"

关于大红花

幼儿园的李老师说，小朋友得大红花，必须做到三好：吃饭好，睡觉好，学习好。路上，爸爸问冬冬，今天为何没有得到大红花？冬冬避而不谈。

回家后，大姑又问起大红花的事。

冬冬说，老师让她和闵婕一块儿，站到教室中间，最后老师让她们坐下了，她们可高兴了。

大姑问，你俩为什么站中间？是否又打架了？

冬冬答："跟谁也没有打架。"

大姑问："那为什么让你们站中间？"

冬冬答："老师跟我疯着玩的。"

话至此，大人没再追问。

晚上，冬冬对妈妈说，阎江打了她，闵婕上前帮忙打阎江。老师就让她俩站中间了。后来，青青和楠楠也站中间了。

妈妈问："你站中间？哭了没有？"

冬冬答："没有哭。"

妈妈问："别的小朋友哭了没有？"

冬冬答："没有。"

妈妈问："站中间是好事还是坏事？"

冬冬答："坏事。"

晚上九点刚过，她就困得睁不开眼睛，很快睡熟了。午觉可能没睡好。

父母商议，对幼儿园的大红花，顺其自然，既不刻意要求她，为得大红花过分约束自己，也不能贬低大红花给人带来的荣誉感。

摆积木

冬冬坐在床上，要在床上摆积木。爸爸从抽屉里拿出积木，递给妈妈，妈妈转递给冬冬。

冬冬高兴地说："爸爸妈妈还给我，真好！"

爸爸用积木建一座大楼。

冬冬说："你放得不整齐。"

爸爸偷走几块积木。冬冬发现积木少了，找爸爸要。

爸爸伸出右手，说："不是我。"

冬冬盯着爸爸左手看，说："拿过来我看看。"

爸爸只得伸出拿积木的左手。但趁冬冬一不注意，他又藏了积木，说："大灰狼偷走了。"

冬冬说："大灰狼已经上山了，它害怕我。"

爸爸说，大灰狼上山了，我把格格巫抓回来了！

冬冬笑了，说："它是假的，是人造的玩具。"

看来，"格格巫"也唬不住她了。

1987-11-17

"肯定、真的"

①冬冬让大姑照画册上的图摆积木，说："这是个幼儿园，肯定是个幼儿园的。"

大姑说："积木，可能摆不成幼儿园！"

冬冬说："摆一座一座的大灰狼，一队一队的小朋友。"

大姑说，积木也摆不出来大灰狼和小朋友，但可以摆一只蝴蝶的图形。

冬冬说："真的大姑，我不相信你。"

②大姑把苹果切成三块儿。

冬冬吃了两块，妈妈问她还吃不吃。如果不吃了，就收起来。

冬冬回答："我肯定吃的。"

"肯定""真的"都是表示语气的形容词、副词。冬冬近来这类词语的使用多起来，句子的情感色彩也浓了起来。

此外，还第一次见到"一座一座的大灰狼，一队一队的小朋友"这样的句子，数量词语的重叠形式作定语。

不知道得了红花

爸爸在幼儿园教室的黑板上，看到"想一想"的儿歌；在荣誉栏里，看到李纤名下贴了一朵大红花。三十八位小朋友中，有六名得了大红花。

爸爸问："冬冬，你今天得大红花了？"

冬冬说："不知道。"

她不认字，尚不能把李纤名下的大红花，和自己联系起来。

爸爸用肯定的语气告诉她，今天她得了大红花。

冬冬仍摇头，说："不知道！"

一问一答的"想一想"

途中，冬冬用刚学到的儿歌跟爸爸一问一答。

冬冬："小朋友们想一想，哪个动物鼻子长？大象鼻子最最长！"

爸爸模仿冬冬，说："小朋友们想一想，哪个动物耳朵最最长？"

冬冬："白兔耳朵最最长。小朋友们想一想，哪个动物叫声最最响？"

爸爸想了想，说："老黑牛。"

冬冬："小朋友们想一想，哪个动物叫声最小？"

爸爸一下子没词了，竟然回答："蚊子。"见冬冬没有反对，接着提问："小朋友们想一想，天上什么飞得快？"

冬冬："小鸟。"

爸爸："小朋友们想一想，地上什么跑得快？"

冬冬凭经验答："自行车。"

爸爸："小朋友们想一想，什么东西最好吃？"

冬冬："饼干。"

爸爸："小朋友们想一想，什么叫声'汪汪汪'？"

冬冬："小狗。"

……

这种"想一想"的问答方式挺好，可以了解儿童的已知，扩充儿童的新知，发展儿童智力。

都

冬冬画了一幅图，解说道："大灰狼把花都吃到肚子里去了。"

这个"都"是表示语气的，有"甚至"的意思。

不耐烦的"别"

全家看电视。刚忙活完的大姑，询问之前的故事情节。妈妈把声音压到最低，告知大姑。

冬冬不耐烦地打断妈妈："妈妈，你别瞎说了。"

之前有两次，她也用这种口吻说爸爸。

"因为……，所以……"

晚上八点，爸爸要去校门口，接从河南回来的姐姐。冬冬不同意。爸爸问为什么？

冬冬说："因为有大灰狼，大灰狼把你咬死怎么办？所以不让你去。"

这是"因为、所以"俱全的因果句，过去只有"因为"。

不过，大姑说，这种"因为、所以"俱全的因果句，已出现过三四次了。

1987-11-18

弯腰太累

今天，冬冬又得一朵大红花。

花生米散落在地上。妈妈让冬冬捡起来。

冬冬说："我弯不下去腰，弯腰太累。"

妈妈笑："弯个腰就怕累？那你还能干什么？"

"等春节了，我和姐姐一块儿回去，给你拿好多好多的花生，好多好多的鸡。"冬冬用拿花生和鸡子，回答妈妈能干什么，但就是不捡掉在地上的花生米。

妈妈问："回去？回哪儿？"

冬冬答："回河南呀！"

花生米淹死了

大姑抱着冬冬，探头看正煮的花生米。开锅了，花生米在水中上下翻滚。

冬冬惊呼："花生淹死了，我们就吃不成了。"

把无生命的东西人格化，是幼儿心理的一个特点。

"我是人"

天黑了，散养在院子里的鸡，纷纷回到鸡窝里。

姐姐说："冬冬，你和鸡子睡一起吧！"

冬冬说："我不，我是人。"

1987-11-19

调麦乳精的程序

冬冬掂来麦乳精袋子，给妈妈，说："妈妈，倒了水，再往里弄，那着甜，那着甜的。"

鸡子呢？

姐姐从老家带来几只活鸡。

冬冬从幼儿园回来，没看到鸡，急问："鸡子呢？是大姑把鸡杀死的吧？"

没见到鸡，以为被杀了。妈妈告诉她，鸡子拴在了院子里的树桩上，它们正在觅食呢。

维护自己的话语权

冬冬正跟妈妈述说幼儿园发生的事情。大姑问晚上做什么饭，妈妈马上转移话题，安排晚饭。

冬冬的话被打断，她很不满意，说："我的话还没讲完的，我的话！"

1987-11-20

"我爱妈妈"

正吃着早饭，冬冬突然想起去幼儿园的事，说："我叫大姑送，不叫妈妈送，妈妈身体不好。"

大家笑起来。

冬冬忙解释道："我爱妈妈，亲妈妈。妈妈一抱我，就摔倒。"

调皮

电视正播放杂技节目。

冬冬扒着爸爸的肩膀，往上爬，也演起杂技来，说："我玩玩你。"

爸爸说，爸爸怎么能玩呢？别爬，下来，好好看电视。

冬冬又跪在爸爸跟前，拉开爸爸的裤腿，一下接一下揪爸爸腿上的汗毛，说："不是头发，是毛。"

知道了头发与其他毛发的区别。

这会儿，她就是想要调皮，就是想和爸爸逗着玩儿。

缝隙 = "眼儿"

桌子和墙壁之间，有条小缝隙，冬冬把脚慢慢伸了进去。大姑问她要干什么？

冬冬说："我的脚，从眼儿里钻进去了。"

1987-11-21

自诩"听话、能干"

①妈妈去厨房拿东西，冬冬独自在家。

冬冬说："妈妈，刚才我一个人在家，可听话了。"

②爸爸说，冬冬今天在幼儿园又得了大红花。

妈妈问："冬冬，告诉妈妈，老师怎么说的？"

冬冬模仿老师的腔调，说："老师说，'最能干的孩子，得大红花。'"

妈妈又问："你们班都是谁得了大红花？"

冬冬说："晓晓，我。我可能干了，自己穿衣服。"

两个孩子，应有两个妈妈

准备去萧国政伯伯家。爸爸收拾好东西，先走出门。

冬冬喊："别走，我们一块儿走。"

路上，父母聊起夏天在东湖游泳的趣事。

冬冬说："大家都去，不淹死我。大家都保护我。"

爸爸说，萧伯伯家的两个孩子，都很懂事。

冬冬问道："他怎么有两个孩子呀？他有两个妈妈吧？"

看来在冬冬的意念里，一个妈妈只能有一个孩子。

到萧伯伯家，父母让冬冬表演节目，她不干。

回家的路上，她说："你们两个说了，我就不跳；你们两个不说，我就跳。"

"老师"的威严

桌上刚摆上饭菜，姐姐就到家了。

冬冬说："不能说话，吃饭前。我们都吃饭了，就你一个人上班，我们见不到你了。"

姐姐说自己已经吃过饭了。坐下来，招呼冬冬吃饭。

冬冬对姐姐说："你说话。"

按规矩，姐姐不吃饭，就可以说话。然后，她又对爸爸和大姑说："你不能说话，你吃饭。"

全家人都装作很守纪律，像幼儿园小朋友一个样儿，静静地吃饭。

学话

冬冬对姐姐说："大姑说瞎话！"

姐姐问："大姑说什么瞎话了？"

冬冬说："'我和姐姐一块儿看电影，不要让爸爸妈妈去'，大姑说的！"

童话脚本：两只鸡的内心独白

夜幕降临，冬冬从楼下牵着两只鸡上楼梯。左拉右拽，好不容易把鸡子拉上二楼。稍一松手，鸡子又蹿又跳，跑下楼去。

冬冬气喘吁吁地跑回家，说："一只鸡说：'我不去楼下，我上楼上'；另一只鸡说：'我不到楼上，到楼下去。'另一只鸡被饿死了，被病死了。"

冬冬的这段话，竟然像讲童话一般。她仿佛能够听懂"鸡语"，揣摩出两只鸡的"心思"来。还编排出不愿意上楼的那只鸡死掉了的结局。此时的冬冬，语言和心智皆发展到了一个可编写"童话脚本"的新阶段。

大姑没听懂她说的是什么，问："什么病死了饿死了的？"

冬冬强调道："是病死了呀！"

1987-11-22

想要一个小弟弟

花园里，小推车里坐着一对双胞胎。

冬冬不解地问姐姐："那个妈妈怎么生了两个孩子呀？小时候我就想要个小弟弟。妈妈一天一天的，给我生个小弟弟、小妹妹。"

一个妈妈为何会有两个孩子？这是冬冬想不明白的问题。想要一个小弟弟，也是冬冬目前最大的心愿。

"更、隐蔽"

①皮球，平时放在厨柜的最高处。

冬冬想玩球，爬上椅子，还是够不着。她又搬个小凳子，摞在大椅子上，说："这更高。"

②邻家小朋友使劲推纱门，想进来。

冬冬急忙抱过她的玩偶"阿夏"，藏在被子下面，说："隐蔽起来，隐蔽它们。"

学穿衣扣扣

①冬冬扣扣子，问："就这两个扣子？怎么回事呀？妈妈！"

衬衫上的确只有两枚扣子。

②妈妈教给冬冬，怎样辨别裤子的前后。

冬冬说："穿里面的裤子，我知道前后。"

妈妈指着裤子的前面问："为什么这是前边？"

冬冬："因为我不知道。"

以其人之道

大姑病了。爸爸让大姑吃药，大姑跐跐拧拧，就是不吃。

冬冬说："灌，喝不？捏鼻子，就是捏鼻子！"

这是冬冬不吃药时，大姑常对付她的办法。

大姑说："我怕你不是？"

冬冬说："怕我就是。"

幼儿园老师的语言神态

做角色游戏。爸爸妈妈当学生，老老实实地端坐在小椅子上。冬冬当老师，用棍子当教鞭，很神气地走来走去。

妈妈可怜巴巴地说："老师，我想回家，我想妈妈了。"

冬冬递给妈妈一个魔方，说："别闹，玩吧！"

爸爸觉得好玩，也跟着起哄，嚷嚷着也要玩具。

冬冬头一摆，说："没有你的东西玩。"

这场景，估计是幼儿园老师们言行的真实再现。

"我们不愿意"

每天早上，大姑都把两只活鸡，牵到楼下，晚上再牵回来。姐姐提议，先杀掉一只，炖汤给妈妈补身子。

冬冬不同意，说："你杀死了，我们不愿意。真烦人。"

自己不愿意，竟然用"我们"，似乎懂得了"人多势众"。

烦人的麻烦事

冬冬不想睡午觉。大姑说，如果不睡午觉，大灰狼就跑来了。

冬冬说："大灰狼晚上吃人，这个时候也吃人？真烦人！白天来，真麻烦！还来！还来！真麻烦！"

不想睡午觉，大灰狼还偏偏白天来，这真是烦人的麻烦事。

大姑有办法，说："你快睡下！就是大灰狼来了，也不咬人！"

冬冬还是有点纠结，问："为什么大灰狼下来咬人？"

妈妈说："大灰狼咬人，是为了惩罚不听话的孩子！"

冬冬无可奈何地说："就这样惩罚，真是麻烦！"

要玩积木

大姑给冬冬念画书。冬冬不耐烦地夺走书本，扔在床上，嚷嚷着要玩积木。

大姑说："没有积木，积木让大灰狼叼走了，找不到了！"

冬冬说："你放起来了，我看见你放的。"

大姑只得搬出来积木，说："在这玩儿，别感冒了！"

冬冬指指鼻子说："我没感冒，你看，我没流鼻涕。"

懂得感冒与流鼻涕的因果关系。

教大姑唱歌

冬冬教大姑唱流行歌曲《小草》，大姑跟着中规中矩地唱。

冬冬："没有花香，没有树高，我是一棵无人知晓的小草。"

大姑："还有啥？"

冬冬："没啥了，就这两句。我那老师就教了两句。"

方舒与"放大镜"

大姑教冬冬认挂历上电影明星的名字。教了几遍"方舒"，问："这是谁呀？"

冬冬迟疑了许久，说："方、方——，放大镜。"

这可能反映了冬冬的"同音记忆"方式。大家都哄笑起来。

冬冬急切地催大姑："你说，你说呀！"

大姑故意地："我也不知道，我说什么呀？"

冬冬："你刚才说的？"

大姑："我刚才说的放大镜？"

冬冬："不是的，你刚才说的什么呀？"

她想启发大姑，说出"方舒"的名字。大姑启而不发，让冬冬无可奈何。

拿棍子助威

冬冬拿着梳子，对大姑说："我梳你的头发，我当然要梳你的头发。"

大姑扬起巴掌，威吓道："你梳我的头，我打你的屁股！"

"屁股疼了。"冬冬笑着跑开，从墙角拿根棍子，说，"这又是一个大棍子呀！"

意思是说，我不怕，这里有大棍子。

梳头

冬冬对着镜子梳头："我梳头，我梳漂亮一点儿。"

爸爸夺过梳子，给她梳了一下。

冬冬说："你给我弄乱了。"

爸爸说："弄乱了？来，我再给你弄美丽一点儿！"

冬冬说："不美丽。妈妈，他给我弄丑了！"

爸爸想再给她梳一梳子，她连忙跑开，说："你瞎乱扯！"

1987-11-23

"我是妈妈的妈妈"

路遇中文系同事，爸爸停下来和她说话。冬冬悄悄拉爸爸的衣襟说："爸爸，妈妈把我的好东西都吃完了。"

回到家，爸爸让妈妈赶快记下这句话。

冬冬调皮地指着妈妈说："我是妈妈的妈妈，你是个小孩子。"

儿歌

冬冬又学会四句儿歌：

"老师本领大，什么都会画，画个洋娃娃，笑哈哈！"

1987-11-24

送行

爸爸去北京出差，大姑和冬冬送行。大姑拉着行李，走在前面。爸爸扯着冬冬的小手，紧随其后。

冬冬说："一直送，送到长江大桥那个地方。"

爸爸说："快走呀。一会儿找不到大姑了！"

冬冬说："你整天这样。你能找到，我也能找到。"

"孟老师说的"

到了睡觉时间，冬冬又要玩魔方，说："我玩一小会儿，就。"

"就"放在句末作为补加成分，这是汉语口语的一个特点。

冬冬这次很守信用，果然只玩了一会儿，就脱衣睡觉。脱掉裤子，大姑发现冬冬的膝盖很脏，问："你咋搞的，恁脏？"

冬冬捏着嗓门说："'让你爸爸回家给你洗澡'，孟老师说的。"

1987-11-25

绕口令似的"谁"

早上，大姑催促冬冬起床，承诺起床后，就去找覃覃做游戏。

冬冬忙爬起来，说："谁起来，就不上谁家；谁不起来，就上谁家。"

这两个"谁"，一个指自己，一个指覃覃。

"他是小孩儿"

在楼下，东湖大学一位有腿疾的男学生，艰难地蹒跚行走。

冬冬指着残疾人，说："他没有大姑大，他是小孩儿。"

在冬冬看来，除了大人就是小孩儿。

没擦屁屁

冬冬起床后，没解大手，就直接上学去了。从幼儿园回来，妈妈问："冬冬，你今天在幼儿园拉屁屁没有？"

冬冬："拉了。"

妈妈："拉完屁屁，擦屁屁没有？"

冬冬："没有。"

妈妈："为什么不擦屁屁？"

冬冬用恶狠狠的语调说："'李纤，上床睡觉去'！"

"摆倒"

冬冬同意妈妈参与摆积木。但提醒说，一定要注意，千万别把摆好的积木弄倒了。妈妈已经很小心了，可棉袄袖子还是扫了一下，垒得高高的积木，"哗哗啦啦"倒塌了。

冬冬说："我不叫你摆倒，你非摆倒。这不，摆倒了吧？"

"摆倒"，是她自创的说法。

1987-11-26

"补天"

"我长这么高，我也能补天。"冬冬看完《女娲补天》，马上爬到椅子上，

双手叉腰，

说，"怪滑稽人的。"

"几天"

冬冬拿一大把树叶，说："小树叶子，都跑到我手里了。"

姐姐说："我也有树叶。冬冬，爸爸呢？你告诉姐姐，爸爸上哪儿了？"

冬冬说："我爸爸上南昌——"

姐姐说："去南昌了？不会吧？"

冬冬又改口："北京开会去了，停几天就回来了。"

第一次记录到冬冬使用"几天"这个时间词。

奇怪的理由

冬冬整理大姑的长头发，用大小不一的卡子，卡出不同的发型。

大姑问："你敢不敢玩老师的头发？"

冬冬答："不敢。"

大姑问："为什么不敢？"

冬冬答："她不蹲下。"

伯伯的名字

在路上，冬冬看见萧伯伯和另一个骑车人，交谈着飞速而过。她指着远去的萧伯伯，说："我刚才看到一个人，他的名字叫萧国政。"

她认识伯伯，但说话还不会带尊称。

被被烂了一个大窟窿

大姑："你中午都吃了什么？"

冬冬："幼儿园有两个菜！"

大姑："两个什么菜？"

冬冬："我说不清楚，我说不来。我的被被烂了，烂了一个大窟窿。"

大姑："被被烂了？怎么会烂了？"

冬冬："我玩线头。"

门上的"蚊帐"

今天，姐姐洗了挂在纱门上的布挡子。冬冬回来，发现了这个变化，问："蚊帐怎么没见了？"

妈妈："蚊帐？哪有什么蚊帐？"

冬冬："门上的蚊帐，怎么没有了？"

妈妈："噢，那是布挡子。"

冬冬："门挡子弄哪去了？"

"门档子"这个词，造得也不错。

妈妈："姐姐洗了。"

冬冬："姐姐什么？我不知道。"

1987-11-27

被子，果真开线了

昨天，冬冬说她"玩线头"，把被子玩了一个大窟窿。今天，大姑送冬冬到幼儿园，专门去看了她的被子。小被子两头的缝线，果然都被拆开了好长一大截子。

午睡时间，冬冬根本睡不着，但又必须老老实实待在床上。据估计，玩线头是她趁老师不注意，为打发时间偷做的功课。

"你看那个学生！"

冬冬招呼家人，围坐在她身边，说："学生，都在我身边呀！"

妈妈故意离开。

冬冬指着妈妈说："你看学生，你看那个学生！"

妈妈只得转身，坐回椅子上。

故意捣乱

妈妈用汉字积木，摆出漂亮的小白兔图案。冬冬用手随意一挥，小白兔不见了。

妈妈："为什么把我的小白兔弄坏了？"

冬冬："不说，不说，不说哪回事！"

妈妈："怎么不说？"

冬冬："我是故意的。"

妈妈："为什么？"

冬冬："因为我想摆许多小国家。小国家摆那儿，好看死人。"

垒得像城堡似的积木，"哗哗啦啦"倒塌了。她佯装惊慌，说："我吓死了，吓得发抖。"

用"吓得发抖"，形容害怕的程度。最近讲故事，还常用"不感兴趣、不好意思、看着看着"等词语。

第一次用"许多"。此前讲故事时用过"许许多多"。

1987-11-28

苗族人

冬冬给自己扎了个辫子，说："我是苗族人，我是苗族姑娘。"

妈妈打趣道："哟，还苗族姑娘呢！"

冬冬又给妈妈梳头，说："你是苗族姑娘。"

妈妈又打趣，说："咱俩一个民族啊！"

冬冬退后一步,欣赏为妈妈梳的发型,说:"我看美丽不美丽,美丽死人啦!"

自我修正语言

捉迷藏。

冬冬让妈妈闭上眼睛,她去藏猫猫。

冬冬交代妈妈说"别大眼",然后立即纠正为"别睁开眼"。

角色游戏

冬冬做老师,妈妈当学生。

妈妈:"老师,我上你们家去吧?"

冬冬:"那可不行!"

妈妈:"为什么?"

冬冬:"因为我们家太穷,什么也没有人。"

意思大约是没有什么人。

妈妈:"呵,没有人?那有什么呀?"

冬冬:"没有什么东西。这有爸爸,这有妈妈。什么也没有。"

意思是,老师家里没什么东西,别去了。这里多好,有爸爸,有妈妈。原来穷不穷,主要是看家里有没有人!

解词:"沉"就是"大"

姐姐抱起冬冬,显得有些吃力。

冬冬:"我沉吧,姐姐?"

姐姐没听懂:"什么?"

冬冬:"我沉吧?'沉'就是'大'。"

河南话中,"沉"是"重"的意思。"A 就是 B"是用一个词语解释另一个词语的格式。冬冬会解词了。其实,解词也就是在谈论语言。

由此及彼

菁菁的爸爸，一直在咸宁生活。调来武汉的手续还没有办完。

妈妈问菁菁："菁菁，你爸爸回来没有？"

菁菁："没有。"

正玩积木的冬冬，抬起头，问："她爸爸也上南昌了？"

妈妈："没有。"

菁菁："李叔叔[1]上南昌了，什么时候回来？"

妈妈："去北京了，还得几天回来。"

冬冬："是得几天回来，你不相信，看看去！"

"我觉得好吃"

冬冬把盛给她的米饭，全倒进妈妈碗里。妈妈尝了尝，说好吃，劝她也吃点。冬冬舔了几粒米，果真好吃，又慌忙从妈妈碗里，把米饭舀回来。

大姑说："别要妈妈的，锅里有。"

冬冬不理睬，只顾往自己碗里扒。

大姑倾斜饭锅让她看，说锅里还有很多米饭呢！

冬冬头也不抬地说："我才不看哪！"

姐姐下班回来，妈妈让姐姐再吃些米饭，说味道不错。

冬冬连连点头，说："我觉得好吃。"

1987-11-29

"还是"

到了该起床的时间，冬冬躺在被窝里，搂着妈妈的脖子，说："还是妈妈

---

[1] 指冬冬的爸爸。

亲呀！"

妈妈说："当然是妈妈亲了！该起床了！"

她不接话茬儿也不动弹。停了好大一会儿，才说："还是穿衣服吧！"

妈妈这才明白，她说"还是妈妈亲呀"的真正含义，是不想穿衣服起床。

积木都是小朋友

冬冬"咕咕咚咚"拉抽屉，说："好紧哪！"

妈妈问："你拉抽屉，要干什么？"

冬冬说："拿积木。到处都是。"

妈妈去帮忙。原来一个长条积木，卡在抽屉缝里。这就是冬冬所谓的"到处都是"。

冬冬掂起一个小积木，拟人化地问："小不点儿，吃了没有？"

妈妈应道："吃过了。"

冬冬拿起一个大积木，问："大胖子，吃过了没有？"

妈妈应道："还没有呢。"

冬冬又拿起一个积木，问："这个，吃过了没有？"

妈妈指着那一大堆积木，说："吃过了，这些都吃过了。"

冬冬说："知道，知道，我知道了，原来是这么回事呀！"

积木，都是冬冬的"小朋友"。

1987-11-30

"但是"

妈妈从外面回来，看见冬冬满脸泪痕。妈妈问怎么了？

冬冬说："头上摔了一个大包！琳琳站在门口，爸爸去赶她。我站在床上，但是，我摔倒了。"

没弄明白，她是怎么摔倒的。也没弄明白，为什么要用"但是"。

1987-12-1

和小姨聊天

小姨来武汉看病。

冬冬问："小姨，那一天，你怎么来的？"

小姨说："坐火车呀！"

冬冬发巧克力，说："每个人都拿一块儿。"

第一次记录到冬冬用"每"这个词。

吃了巧克力，又翻看照片簿。

冬冬指着自己的照片，说："把这两张取下来，回家了，给茵茵表姐看看。"

小姨笑着说："小人精！"

冬冬也笑了，说："一会儿我们包饺子吃，然后上幼儿园。"

冬冬的话语里，表示时间的词语多起来，使谈论的事件都有一个时间参照。

如"那一天""回家了""一会儿""然后"等。

1987-12-3

故意跟小姨逗气儿

小姨给冬冬买了件漂亮的毛线连衣裙，让她试穿："我看看，你穿着漂亮不漂亮啊？"

冬冬说："漂不亮。"

她原意是想跟小姨逗气儿，把"不漂亮"说成了"漂不亮"。

小姨紧紧地抱着她，说："调皮鬼，我叫你说不漂亮！"

冬冬挣扎着说："不来气。"

意思是说小姨抱她抱得太紧，勒得出不来气。

不知所云

冬冬说："妈妈，你好几天没送我了。我没听见你的飞机响啊！"

妈妈说："妈妈送不送，跟飞机响有什么关系？"

护着自己的发卡

去幼儿园时，卡子是卡在头上的；从幼儿园回来，卡子不见了。

妈妈问，卡子呢？

冬冬从口袋里掏出花卡子，往桌上一拍，说："我害怕老师把我这个卡子收起来！"

三个疑问句

①爸爸从外面回来。

冬冬问："爸爸，你干什么去呀？刚才，刚才你干什么去呀？"

②姐姐下班回来，推门进屋。

冬冬问："姐姐，冷吧？"

③电视中，一个男孩子在哭。

冬冬问姐姐："他为什么哭呀？那个小姑娘上哪儿去了，姐姐？"

这些问句，带有称谓、时间词、语气词等，话语表达丰满而灵动。

1987-12-4

老师的范儿

玩角色游戏。冬冬扮老师，神气活现，要求学生中规中矩。她拿一个花生米，问："这圆圆的，像什么呀？"

大家回答："花生！"

回答得并不好，把"像什么"回答成了"是什么"。但是冬冬很满意，注意力大约全在当老师的感觉上。

冬冬点头称赞，接着头一扬，帽子掉在地上，自嘲道："一仰脸，就掉了。"

她捡起帽子，戴在头上，又指挥大家说："我铃鼓一敲，你们就站队，好不好？"

大家齐声说"好"！

模仿小朋友的语气神态

冬冬穿着小姨买的连衣裙，高高兴兴去幼儿园。下午回来，妈妈问小朋友对她新衣服的评价："告诉妈妈，楠楠怎么说？"

冬冬提高声调，笑嘻嘻地说："真好看呀！"

妈妈又问："欢欢呢？"

冬冬皱着眉头，说："丑死人了！"

大姑问："邹欣说好看吧？"

冬冬模仿文静的邹欣，柔声细气地："邹欣说，'哎呀，这样美丽的冬冬，真好看！'"

三个小朋友，三种不同的语气和表情，三种不同的风格。冬冬的模仿，大体符合这三个孩子的个性特点！

冬冬的语气词也逐渐丰富起来：兴奋时用"哎呀"；头碰疼了，惊叫道："哎哟，好疼呀！"

"他什么都不叫"

在幼儿园，冬冬又和一个小朋友打架了。

妈妈问："告诉妈妈，和你打架的，叫什么名字？"

冬冬说："他叫镇镇，他什么都不叫。"

意思是他就叫镇镇，不叫别的名字。一激动，话都说不通顺了。

1987-12-5

"没"

早上，冬冬赖着不起床。

爸爸说："太阳出来了！"

冬冬问："看见没？"

爸爸说："看见了。快起来吧，大公鸡就起来了！"

冬冬问："出来没？"

"没"单独使用，出现在句中的，早就有。出现在句末表疑问的，还是第一次记录到。过去这样的情况都是用"没有"。

增多的疑问句

①天冷了，妈妈让冬冬穿上新棉袄。

冬冬似乎不解地问："穿这个干什么呀？"

妈妈："好看呀，暖和呀！"

冬冬："嗯，穿这个不错。"

答话像个小大人。

②昨晚，爸爸讲民间故事《大头和尚绿绿脆》，哄她入睡。

早上，她想起了《大头和尚绿绿脆》的故事情节，问："大姑，这是怎么回事呀？怎么打架呀？"

③冬冬见画书破个大口子，问："这怎么烂了呀？"

大姑："不小心撕破的。"

冬冬又拿一本画书，让大姑看："你看这烂了没有呀？"

④爸爸给孩子们表演武打动作。

冬冬拉着阿覃的手，问："阿覃，爸爸好玩不好玩呀？"

⑤大姑把广柑切成西瓜牙形状，让冬冬和覃覃一起吃。

冬冬为覃覃做示范："看冬冬姐姐怎么吃西瓜？吃，西瓜真好玩，我老是吃西瓜。"

⑥冬冬表演了节目，问："妈妈，我做得好不好？"

妈妈夸奖说："好，好，好极了！"

冬冬很满足地笑了。

⑦冬冬翻看画册，看到一头跳跃的牛，问："它怎么会跳呀？"

⑧冬冬使劲拉门，说："门怎么老关着呀？"

"老"在这里是个时间副词，表示"经常""一直是"的意思。

⑨冬冬吃果脯，自问自答："看看是哪个呀，原来是绿的。"

⑩她依偎在大姑的怀里，问："我亲你吧，大姑？"

爸爸的故意干扰

冬冬唱《小草》，自得其乐。爸爸想试试她抗干扰的能力，就高声朗诵诗词，故意跟她打岔。

冬冬有点生气了，说："我不玩了。他一唱，我就唱不好了。"

把朗诵也称为"唱"。"唱"的外延也太大了点。

"每"

①冬冬给大家分橘子，说："每个人分一个。"

②冬冬看《儿童故事画报》，发表评论："每本书上，有每个'儿'字。"

意思是，每本画报上都有一个"儿"字。此例说明，"每"的用法还没有完全掌握。

关注小姨

小姨去医院做了手术。刀口异常疼痛，小姨感叹："疼得怎厉害，咋办呢？"

冬冬有办法，说："没关系，弄一石头，砸死它。"

这办法，显然不能奏效。不过，冬冬很不习惯小姨愁眉苦脸的样子，说："小姨像个大狐狸。"

这个比喻从何而来？不知道。

妈妈说："瞎说。小姨疼得厉害，才这样的。你要多关心她才对。"

这话还真管用，小姨准备喝稀粥，冬冬忙关切地问："烫[1]不烫呀，小姨？"

手术后，小姨活动十分受限，洗澡更是艰难。

冬冬问："妈妈，小姨怎么这样洗呀？"

烟味，讨厌人

电视里有人抽烟，此时爸爸也正抽烟。冬冬看一眼爸爸，说："你看他抽烟，你也抽烟？"

爸爸笑了笑，没有说话。

冬冬又说："抽烟，有个烟味，烟好弄鼻子，讨厌人！"

"弄鼻子"，大约是呛鼻子的意思。

看电视，提问题

①电视画面中一只小猫咪，一闪而过。

冬冬："小猫怎么不叫呀？"

大姑故意说："刚叫。"

冬冬："怎么没听到啊，我？"

大姑："我们都听到了！"

冬冬："它怎么不叫哇？"

②小姑娘郁郁寡欢，很不耐烦地推搡腿边的小猫。

冬冬："那个小姐姐，怎么烦小猫呀？"

---

[1]　烫：冬冬读若"挞[tʰʌ]"，是武汉方言的读音。

③小姑娘用一条棍子，使劲抽打牛的屁股。

冬冬不懂，问："扎屁屁，干什么呀？"

大姑："什么扎屁屁？"

冬冬又转换语序："干什么扎屁屁呀？"

主动转换语序，又一次说明冬冬有了"听话人意识"。

以下是冬冬看电视《失踪的女中学生》时的问话：

④剧中的阿姨，用小车推着一个小孩儿。

冬冬："推着小弟干什么呀？"

⑤两个女学生、一个妈妈站在一起。

冬冬："她怎么两个学生，一个妈妈呀？"

她仍然为一个妈妈有两个孩子而纠结。

⑥一列火车飞驰而过。

冬冬："火车，我坐过的。"

爸爸急忙拿卡片记她的话。

冬冬扒住爸爸的手，说："这是什么呀？写这什么呀？什么什么都写？还有就写的。"

⑦中学生王佳失踪了，许久未在镜头中露面。

冬冬急了，问："妈妈，小姑娘怎么不出来呀？怎么那样，妈妈？"

⑧王佳在街上一个劲儿地奔跑。镜头又切换到火车上，坐在火车上的王佳爸爸，愁容满面。

冬冬问："她在街上跑的。他怎么不在大街上跑呀？"

还不懂电影蒙太奇手法。认为女儿在大街上奔跑，爸爸也应该在街上寻找才对。

⑨镜头切换到学校里。

冬冬没有看到王佳，问："王佳呢？"

妈妈："王佳失踪了！还没有找到。"

冬冬："那上边的女儿跑哪儿了？爸爸的女儿？"

妈妈："她爸爸正找她呢。"

冬冬："他为什么找她呀？"

⑩王佳在一个房间里。

冬冬问："佳佳从哪儿回来的呀？"

咳嗽和流鼻涕

梅香带覃覃来家。

冬冬问覃覃："你是不是找我来了？"

梅香："覃覃是找你玩的。冬冬，谁给你买的新棉裤？"

冬冬："我爸爸上北京给我买的。"

梅香说，这几天，自己咳嗽得难受死了。

冬冬忙抽张卫生纸，递给梅香姑姑，说："你咳嗽，我不咳嗽。你有没有鼻涕呀？你还有没有鼻涕呀？"

1987-12-6

"昨天、那叫丑"

昨夜，冬冬一直哭泣闹人，怎么都哄不下。无奈，父母离开房间，让她独自在家哭个够。今早，冬冬很委屈地说："昨天晚上，你们两个都出去了，就我一个人在家里哭，怎么办？"

大姑："我们都听说了，你哭起来没完没了。那你叫不叫很厉害呀？"

冬冬摇摇头："不叫，那叫丑。"

"昨天"，这次用对了。估计以后还会出现反复。

"美丑"评价已经超出了容貌，进入到行为范畴。

母女合唱《妈妈的吻》
（1987-12-06）

"也不能"

该起床了。冬冬拉被子盖着头，藏在被窝里做游戏。大姑想把她从被窝里拽出来。

冬冬说："也不能打屁屁呀，也不能打胳膊呀！"

不停地发问

在这个阶段，冬冬什么都问，不管是懂的还是不懂的，不厌其烦。

①大姑缝补一只袜子。冬冬好奇地问："干什么的？"

②冬冬看见大姑看书，也寻找自己的书，说："我的书呢？"

③电视画面里有条大鳄鱼，冬冬问妈妈："害怕吧？"

④父母在谈大姑的事情。

正在玩积木的冬冬，突然接话说："我们不跟大姑说，好吧，爸爸、妈妈？"

⑤妈妈让冬冬拿块儿绿色积木。

冬冬用手指着积木："这不是，这吗？"

⑥冬冬装模作样地念《古代动物园》画书。

妈妈笑了："跟真的认字一样！"

冬冬不解地问："干什么跟真的一样？"

⑦吃饭。妈妈拿不稳手中的勺子，饭菜常摇晃着掉下来。

冬冬说："我喂你好不好？"

妈妈说，不用，妈妈慢慢来！

冬冬用手摸着妈妈的脸蛋，惊奇地说："一吃东西，它就动！"

⑧路上，脚踏干枯的落叶，发出"吱吱呀呀"动听的和声。

冬冬问："这是什么来的呀？"

⑨妈妈叫爸爸："快过来！"

爸爸答应道："哎！"

冬冬问："'哎'，是什么意思呀？"

询问"哎"这个词语的意义，又是谈论语言之一例。

"像"

①大家看电视。

冬冬看看小姨，又看看姐姐，说："像睡着了一样儿。小姨和姐姐，看了一眼，又睡着了。"

②她把吐出来的广柑籽，摆在桌上，说："这像蝌蚪！"

这是个真正的比喻。

看图纸，摆积木

冬冬摆积木，不再只是随意往上摆，而是看着图纸上的线条，摆出形状来。她对着书房大叫道："爸爸，把图形都拿过来，把图纸也拿过来，看着图纸好摆！"

北京和大老虎

爸爸找不到洗脸毛巾，开玩笑说，爸爸的毛巾被大老虎吃了。

冬冬接口道："爸爸，你不上北京啊！你不上北京，大老虎就不吃你的手巾了啊！你不上北京就行了！"

爸爸："说得对。爸爸不上北京了，好不好？"

冬冬："上过了，大老虎怎么能来呀，爸爸？"

爸爸："格格巫把它搞来的吧？"

冬冬："不是的，它自己来的。"

爸爸："老虎自己来的？我怕怕。"

冬冬："谁出去，它就吃。"

"打扰"

大姑跟冬冬一起，用小手绢叠花朵。

爸爸问大姑话。

冬冬不耐烦地说："叠小花花。打扰我们，打扰我们叠小花花。"

1987-12-7

有疑而问

①上星期六，冬冬去幼儿园，拿的是小姨的手绢。

今天是星期一，她又要带小姨的手绢，问："小姨的手绢呢？"

②当时，只有个别人家因工作需要配有电话。邻居们有事，经常借用，也经常为邻居们传电话。

今天一早，楼下有人喊："李宇明，电话！"

冬冬似睡非睡地问妈妈："那个叔叔，喊爸爸干什么呀？"

③爸爸买了两只玩具小熊。先存放起来一只，让冬冬玩其中一只。

冬冬："爸爸，小熊的那一个呢？我找不到了，我们两个。"

④姐姐带回几块饼干。

冬冬咬了一口，说："这是什么饼干呀？好吃吧，姐姐？"

⑤冬冬拿个广柑，翻来覆去地甄别，自语道："这是，这是什么呀？这是广柑？这是橘子？嗯，这是广柑，它不酸，光甜。"

⑥"姐姐，你走了好几天，怎么又回来了？"

冬冬是问上个月姐姐回老家的事情。

正反问句

①冬冬摆积木："妈妈，我摆得好不好呀？摆得一队一队的。"

妈妈："摆得好。真是一队一队的。"

冬冬："妈妈，我累死了。你帮我一块儿弄好了，好不好？妈妈，你给我摆一个大山！"

娘俩垒得高高的积木，轰然倒塌。

冬冬："妈妈，我们重新摆，好不好呀？妈妈，你看是不是这样啊？我不知道怎么摆的，妈妈，怎么摆呀？"

②冬冬对妈妈说："我当妈妈，你当孩子，好不好呀？"

③爸爸夹一块儿骨头给冬冬，故意说："吃骨头，好不好？"

冬冬："叫爸爸吃骨头，好不好？叫爸爸吃骨头，扔过去，给。"

④天冷了，幼儿园要求拿回小薄被，换厚棉被。还有一条小毯子在幼儿园，冬冬也想带回来，说："再有一天，还过几天，我们把小毯子也拿回来，好不好，爸爸？"

⑤屋门敞开着。

冬冬："你们冷吧？冷不冷？"

妈妈："好冷，真冷！"

冬冬跑过去，关上了门。

⑥冬冬想吃橘子，问："妈妈，这酸不酸呀？"

⑦她在头上扎了许多小辫子。对着镜子左端右详，问："爸爸妈妈，看我漂亮不漂亮呀？"

以上问句中的正反结构，有"好不好、是不是、冷不冷、酸不酸、漂亮不漂亮"等。它们或者构成正反问单独使用，或者与别的问句配合使用；"好不好"有时候相当于征求意见，只具有附加问句的作用。

为何"朝爸爸的脸"？

自行车的小椅子，卡在前杠上。骑车行走时，爸爸和冬冬的脸儿都朝着正前方。今天，冬冬异想天开，要移动椅子，面对着爸爸。

爸爸问："冬冬，为何要面朝爸爸？"

冬冬竟然说："不知道。"

爸爸故意说："那你问一问吧？"

冬冬真的问："干什么，我朝爸爸的脸呢？"

爸爸回答："爸爸可以看到冬冬啊！"

冬冬被爸爸猜中了心思，高兴得"咯咯"直笑。

发巧克力和饼干

小汪叔叔跟爸爸在书房交谈。

冬冬拿着夹心巧克力，发给妈妈、大姑和姐姐，又跑进书房，给爸爸和汪叔叔每人一个。转眼间，爸爸的巧克力消失了。

冬冬问："你的呢？爸爸，你的巧克力呢？"

爸爸手一扬，说："没有巧克力呀！"

冬冬说："我不喜欢你。妈妈，你吃了没有？"

妈妈答："没有。"

冬冬说："我不喜欢你！姐姐，你吃了没有哇？"

姐姐答："吃了。"

冬冬指指姐姐，又指指大姑，说："我也喜欢你，我也喜欢你。"又指指爸爸和妈妈，说："我不喜欢你们两个。"

姐姐问："为什么呀？"

冬冬说的理由竟然是："他们两个不吃夹心的。"

紧接着，她又发饼干。

冬冬看到汪叔叔、爸爸和妈妈的饼干，都还摆在桌上，说："你们三个没有吧？"

"两个""三个"都用对了。

冬冬的妙对

小汪叔叔和爸爸一起出门。

冬冬："爸爸，你想上哪儿呀？"

爸爸："我想出去一下。"

冬冬："我也想出去一下。"

爸爸发现冬冬顺着说，就想难难她，说："你还是不出去为妙呀！"

冬冬："我还是出去为妙呀！"

爸爸有些惊讶，把句子稍作变化，说："你还是不出去的好呀！"

冬冬："我还是出去的好呀！"

与爸爸一替一句，"妙"对"妙"，"好"对"好"。目的只有一个，跟爸爸一起出去。这妙对，连汪叔叔都很惊讶！

模仿老师和妈妈

大姑："冬冬，幼儿园的李老师、息老师和孟老师，哪个最漂亮？"

冬冬："她们三个长得都很漂亮。"

说起老师，又勾起了冬冬玩角色游戏的瘾。她当老师，让大姑、妈妈都当她的学生。大姑故意不守规矩，"哇啦哇啦"地乱吵吵。

冬冬训道："老师说话可以，小朋友说话不可以。"

妈妈说："老师，我要唱歌！"

冬冬变换角色，模仿妈妈的口吻说："还唱吧，孩子。在幼儿园学的什么歌，给妈妈唱唱。"

学会儿歌二首

第一首："生黄豆，磨豆浆，小朋友们快来尝。豆浆甜，豆浆香，每人喝一杯，身体长得胖。"

第二首："早上空气真正好，我们大家来做操。伸伸腿，弯弯腰，踢踢腿，蹦蹦跳，天天做操身体好。"

"讨厌"成了口头禅

①妈妈正记录她的语言。

她抢妈妈的笔，说："妈妈，你写什么？我讨厌你写。"

②冬冬蜷起一条腿，单条腿蹦着走。姐姐一直注视着她，怕她摔倒。

冬冬："这是爸爸教给我的。姐姐，我讨厌你看。"

③妈妈和人聊天，没有理她。

冬冬拉拉妈妈的胳膊，说："妈妈，我讨厌你们说话。"

条件

冬冬正在摆积木。

妈妈问："我想跟你做游戏，干不干呀？"

冬冬答："干。等我摆了（[liau]）。"

冬冬的"了（[liau]）"表示"完成"，有专门的功能，比成人语言的"了（[liau]）"更虚化。

误解

①冬冬生气地说："老师说我每天吃巧克力。我没吃巧克力，她当然知道！"

据估计，可能老师们聊天，说巧克力的事，她听到了，误以为是说她。

②田伯伯让冬冬去她家，冬冬不去。

爸爸问冬冬："为什么不去田伯伯家？"

冬冬说："我喊'田伯伯好'，她不答应！"

不骗人，真得了大红花

大姑摆桌子，一家人准备吃晚饭。

冬冬说："我在幼儿园吃了饭了。"

大姑问："你得了大红花不？"

冬冬说："得了。真的，我不骗你。"

爸爸证实，冬冬今天是得了大红花。

冬冬依偎在妈妈怀里，说："在幼儿园时，我想，是妈妈吧？我一看，是爸爸来了！"

由吃饭联想到手套

冬冬说："妈妈，吃吧，吃了好长高！"

妈妈答应好好吃饭，让她也再吃点。

冬冬扬起手中的积木，说："那我怎么能吃呢？"

姐姐下班回来。

冬冬跑去拿饼干，说："姐姐，你想吃什么，我就给你弄什么！"

两个"什么"前后对应。前一个"什么"表任指，后一个"什么"作呼应。使用上有一定难度。

姐姐："好妹妹。你吃过饭了没有？"

冬冬："吃了，在幼儿园。我在家，哎呀哎呀，等不到你回来！"

姐姐："在幼儿园吃的什么饭呀？"

说起幼儿园，冬冬忽然想起来："我的手套忘在幼儿园了。"

1987-12-8

早晨

冬冬一早起床，就跑到楼下房间去看小姨。小姨还躺在床上。冬冬问："你怎么还不起床呀？"

小姨说："病了。"

冬冬有些奇怪，又问："过几天，你还没好呀？"

冬冬看见床上的毛毯，说："这里为什么有毛毯呀？"

回到楼上，冬冬见爸爸也没有起床，以为也像小姨一样，病了。

冬冬问爸爸："生病了，怎么样呀？"

早饭做好了，妈妈让姐姐把饭送到楼下。

冬冬说小姨："她怎么不想上来了呀？"

忽然，她想起了今天还得上幼儿园的事，便问："今天是什么天啊，大姑？"

"从前小时候"

早上，大姑给冬冬穿鞋子。试了几双，都不合脚。冬冬说："皮鞋太小了。我从前小时候穿的，它太小了。"

其实，她所说的"皮鞋"都不是皮鞋，是布鞋。

"从前小时候"，也用过好几次了。

"大的、小的"

冬冬从袋子里掏出饼干摆图形，自语道："大的放这里边，小的不放。"

"没咋"

冬冬漫不经心地嗑瓜子，瓜子皮散落一地。大姑说，再不好好吃，就把瓜子没收了。

冬冬说："没收它干什么？"

大姑说，瓜子都掉地上了，没看见啊？

冬冬突然蹲下身子。

妈妈问，哎，哎，你咋了？

冬冬说："没咋。"

母女对话

①母女俩翻看幼儿园的照片。

妈妈说，冬冬最喜欢的是孟老师。

冬冬说："还有呢，还有息老师呢。"

②中午，妈妈从床上坐起来。

冬冬："你起来干什么呀？妈妈，我问你。"

妈妈："该吃饭了吧。"

冬冬："怎么能行呀？我还没吃饭，你怎么吃饭呀？"

我们 = 我

晚饭，排骨炖萝卜。冬冬端一小碗萝卜往外走，又回头交代说："我站楼梯口去吃，去了后回来吃。"

意思是，吃完还回来盛。

冬冬很快吃了一碗儿，又跑回来，说："还要，我们两个都要。"

"我们"其实就是指她自己。"两个"说的是萝卜和排骨。

1987-12-9

"太多"

冬冬给小姨送饭。她端着菜，小心翼翼地下楼，自语道："弄得太多了，我一下，它就[kʰan]$^{[1]}$。"

前面出现过"太小、太重、太累、太穷"等，这次又用了"太多"。看来程度副词"太"已经掌握了。

———————

［1］　[kʰan]：河南方言，音如"刊"，意为器皿倾斜，器皿中的液体等溢出。

如厕

爸爸带冬冬去厕所，说："冬冬，加油！"

冬冬："爸爸，你一加油，我就拉下来了。"

只喜欢受表扬

晚上，姐姐带冬冬去大礼堂看文娱节目。回来后，冬冬挺高兴地模仿和表演。姐姐说，看演出时，遇见一个小男孩叫余文培，跟着节奏跳舞，跳得很不错，好像是经过专业训练的。

冬冬问："姐姐，我跳得好不好？"

姐姐随口一说："你跳得好个屁！"

冬冬不跳了，趴进被窝里，"哼哼唧唧"不高兴起来。

妈妈一直追问怎么了。冬冬委屈地说："姐姐说我跳得不好。"

父母变换各种方式开导，直至慢慢入睡。

几天前，菁菁教冬冬跳舞，说她学得不像。她的表情，马上晴转多云，甚至生气地扔掉手中的果脯。连着几天，菁菁要教她跳舞，她都拒绝。

爱听表扬话，是人的共性。但冬冬听不得批评，连一句中性的、真实的评论，她都不高兴听。这可不是个好现象。

1987-12-10

从老家带花生

大松从河南来武汉，说了不少老家的事，勾起了冬冬回老家的念头，并想象着要带回很多东西来。

冬冬说："我给你们拿好多好多的花生，你好吃，你们高兴好不好？"

大姑说："当然高兴了！"

大姑说着，随手扔给冬冬一个酒心巧克力，差点砸到冬冬脸上。

冬冬调侃地说："把脸打破了！"

"但是"

冬冬说，息老师并不喜欢她。

妈妈："为什么？息老师不是很喜欢你吗？"

冬冬："但是她弄我的卡子，取我的纱巾。"

几天前，息老师围了冬冬的红纱巾，还卡了冬冬的花卡子，试试好不好看。

1987-12-11

"越……越……"

西一村三栋的裁缝培训班，捉了个入室盗窃的小偷。整个院落的大人小孩，都兴奋异常，络绎不绝地跑到囚禁小偷的地方看热闹。捉老鼠和捉小偷，是最易引发群情激动的两件事情。

妈妈让冬冬梳辫子，不想让她去看热闹。

冬冬对着镜子梳头，说："我们不是说好，梳好了，去看小偷那个屋里吗？我的头发越长越长！"

见过三个老鼠

菁菁说，她刚才在厕所里看见了一只大老鼠。

冬冬顺着菁菁的话题说："在那个厕所里面，我见过一个老鼠，两个老鼠，三个老鼠，都见过的。"

画蜗牛

上午，又到了小姨去医院做手术的时间。爸爸让大松下楼，催促小姨早点出发。

　　冬冬问："妈妈，叫谁走呀？"

　　妈妈说是小姨去看病，然后拉过纸和笔，和冬冬一起画画。

　　冬冬说："画个蜗牛，好不好呀？"

　　妈妈说："可以。"

　　冬冬边画边唱："蜗牛背着重重的壳呀，一步一步地往上爬。"

　　妈妈也画了一只蜗牛。

　　冬冬说："大蜗牛。谁画得大呀？"

见长的本领

　　冬冬的画书，放在五屉柜的最高处。她想看花仙子画册。躺在床上的妈妈，尝试着从床上坐起来，想帮忙拿画册。

　　冬冬说："妈妈别急，我去拿。拿一个花仙子哟！站个小凳子，好不好？"

　　妈妈点头同意。

　　冬冬搬来凳子，站上去，取下书，炫耀地说："你没见过？有好多书！"

　　妈妈问，书上都有什么呀？

　　冬冬指着画册上的姑娘，说："她像梅香，像阿覃的那个幺幺。"

　　"幺幺"，鄂西方言，指小姑。句子中，"阿覃的那个幺幺"，是对"梅香"的解释。

鱼刺

　　冬冬吃鱼，吐出来的鱼刺，整整齐齐地排列在桌上。大姑学冬冬，也把鱼刺放得很整齐。

　　冬冬惊奇地问："大姑，你怎么会吐刺呀？比我会吐刺一样的。"

　　"比"，用得不好，应当用"和、跟"等介词。也许在她的心目中，知道这是一个比较句。

说反话

妈妈问冬冬："说说吧，为何不想去幼儿园，老师对你好不好？"

冬冬反问道："李纤对你好不好？你为什么不让我上幼儿园呢？"

"心疼"

妈妈批评了姐姐几句。

冬冬忙阻止："妈妈，别吵了！"

爸爸为不让姐姐难堪，故意说："爸爸那么好，你还吵！"

冬冬说："爸爸这么好，你还吵，什么意思？"

冬冬的善解人意，让妈妈很感动，说："好宝贝儿，你让爸爸妈妈好心疼！"

冬冬说："心疼我干什么？"

她能够把"你让爸爸妈妈好心疼"，转变为"心疼我"，语言能力有了不少提高。

1987-12-12

察言观色

大清早的，冬冬无缘无故地大哭，让父母极为心烦。起床后，她故意在妈妈面前走来走去。妈妈故意视而不见。

冬冬忍不住了，说："妈妈，你不是刚才发脾气了吗？"

妈妈："我是发了脾气。那我跟谁发的脾气？"

冬冬："跟我。"

妈妈："为什么跟你发脾气？"

冬冬"扑哧"一笑，说："你又发脾气了！"

从妈妈的声调中，她分辨出，妈妈还没有消气。

早饭后，她指着自己的棉裤，对姐姐说："这是爸爸妈妈给我买的，但是爸爸妈妈打我。"

姐姐故意问："爸爸妈妈为什么打你呀？"

冬冬说："姐姐，别说那句话了吧！"

"那句话"，是指她早上起床时大哭不止。

俩＝两个

爸爸："冬冬，说说理由，你为什么不想去幼儿园？"

冬冬："那一天，你不让我吃饭，让我上幼儿园。"

爸爸："谁？"

冬冬："就你。"

妈妈："你是谁？"

冬冬指了妈妈，又指爸爸说："就你。就你们俩，就你们两个。"

"俩"是"两个"的合音，前后互用，说明冬冬已经理解了二者的同义关系。

美的感受

①冬冬把自己的头发梳理到一边，自语道："我像白雪公主。"

②爸爸用积木摆了一栋高耸的大楼，问："冬冬，爸爸聪明不聪明？"

冬冬高兴得直拍手，说："聪明，比冬冬还聪明。"

"像……""像／和／跟……一样"是"平比"格式，"比……还……"是"差比"格式。到了这个年龄段，儿童就是在不断学习这样的特定格式。

她又让爸爸摆一只孔雀。在爸爸的手下，积木立马呈现出一只拖着长长尾巴的孔雀。

冬冬感叹道："孔雀尾巴真好看。"

"已经"

大松回河南老家去，姐姐送大松去火车站。

父母带冬冬去幼儿园李老师家。路上，冬冬说："不让大松哥哥走！"

爸爸："好，我们打电话，不让他走。"

冬冬："大松哥哥已经走了。"

"已经"一词运用得很准确。

黑夜里的发现

冬冬刚从外面回来，又闹着出去。爸爸说天黑了，没人了，不能出去了。她指着走廊，说："那不是刘伟吗？"

爸爸："不是。"

冬冬又问："那不是张起吗？"

连着两个反问句，表明了冬冬坚持想出外的意愿。爸爸只得陪她去校园里散步。

她指着满天的星斗，问："星星为什么出来呀？"

冬冬穿的棉袄是丝绸质地的。夜幕中，有一束路灯的光晕，反射到她的衣服上。她惊奇地说："我的棉袄，一黑一亮，发光。"

1987-12-13

老师是榜样

父女俩躺在床上。冬冬当老师，爸爸是学生。她轻拍爸爸的肚子说："小学生睡觉吧，老师就睡觉了。"

"就"相当于语气副词。连老师都睡觉了，小学生当然也应该睡觉了。

洗头

姐姐抱着冬冬洗头，让她的脸朝上。

妈妈说："我的头也该洗了。我也躺着，让姐姐给我抓痒痒，行不行？"

冬冬说："不行，你太重，你太沉了。"

理解了"沉""重"的同义关系。

冬冬洗完头，说："那一天，我没闭上眼睛，姐姐弄得太慌了，一下子弄到我眼睛里了。"

羽毛球裁判

大姑和姐姐在家打羽毛球，冬冬当裁判。

冬冬说："一下子打过来，一下子打过去。我看着你们，谁赢了，我欢迎你们。"

前两句描述羽毛球的来回穿梭，"一下子"表示球速之快。"看着"是用"×着"表示动作进行时。"谁"与后面的你们有"同指"关系。短短几句话，不仅表明冬冬是一个"称职"的裁判，是一个"称职"的解说员，而且语言的表达也通畅了不少，特别是句子与句子之间的联结，有了不小的进步。

认字、看书的好处

①冬冬说："我的头发越长越长，是吧，姐姐？我认字了嘛！"

②冬冬脱着衣服说："要看书学习，才能脱衣服的。妈妈这么大了，还不会脱衣服的。"

在冬冬的心目中，认字了，看书了，本领就大起来了，头发能长长，自己也会脱衣服。

太阳与灯光

大姑讲《后羿射日》的故事，说后羿射掉了九个太阳，问："冬冬，还只剩下一个太阳的时候，还能不能射呀？"

冬冬答："不行，没有灯光了！"

"灯光"应是"光亮""光明"的意思。冬冬认为，再射就没有光亮了。

"现在"

大人聊的一些家务事，冬冬似乎都知道。

妈妈问，这是大姑跟你说过吗？

冬冬说："不是现在，是在信阳。"

前面也多次说"现在"。这里用"不是……是……"格式，把"现在"与过去（"在信阳"）对举，说明对"现在"的理解基本到位。

自谦

小姨夸冬冬是个漂亮的小姑娘。

冬冬连连摆手，自谦道："这不漂亮，丑死了。这不是漂亮的姑娘，是丑姑娘。"

冬冬如此自谦，还是第一次见到。

看日历

冬冬翻看日历，说："这不是星期一？"

近来，常对星期几感兴趣，是因为与去不去幼儿园相关。但是，此时还不能正确说出是星期几。

十足鸟与老鹰

大姑与冬冬一起看画书。

大姑："这是十足鸟。"

冬冬："是老鹰吧？"

大姑："不是老鹰，是十足鸟。"

冬冬："不是十足鸟。那我看着像老鹰啊！"

这么……，这么……

冬冬扣扣子，用了很长时间还没扣好。

小姨问："冬冬，你衣服上咋怎些扣子呀？"

冬冬答："别人就这么多，我也这么多。"

"特别"

冬冬拿梳子，给妈妈梳头发，梳了两下，说："特别好看，不像疯子了。"

第一次记录到冬冬使用"特别"。

"不像疯子了"，包含着一个预设：在给妈妈梳头之前，妈妈的头发"像疯子"。以此更加说明"特别好看"，也是对自己梳头成效的肯定。

广柑的效用

冬冬吃着广柑，说："这广柑，是能屙下来屎的。吃多了，屙不下来。"

她了解广柑的通便效用。但即使吃多了，也不会产生大便干结的现象。她说这话，大约是提醒自己别太贪吃。儿童的话，有时是对自己说的。

积木和耳环

冬冬的毛衣袖上，悬挂了块儿积木，大家指给她看。

她笑了："我像宝玉姐姐一样。"

由积木挂在袖上，联想到耳朵上的坠子。"宝玉姐姐"，是指表姐小玉。小玉的耳朵上，经常带着两个大耳环。

看电视《坎坷》

电视剧《坎坷》中有个情节，是夜总会老板被警长带走了。

冬冬指着警长问："他为什么不抓他呀？"

由于用了两个代词"他"，大人没听懂她说的是谁抓谁。没人回答她，她也不再问。故事继续进展。主人公埃斯特，生病躺在床上。

冬冬："她生病干什么呀？"

妈妈："生病干什么？谁想生病啊？这会儿她快病死了！"

冬冬："病死干什么呀？"

妈妈："你应该问'为什么会生病？为什么快病死了'，不该用'干什么？'"

冬冬不解妈妈的话，继续发问："她最后怎么样了？"

妈妈："我也不知道。"

1987-12-14

"了"

大家吃枣子。妈妈拿第三个枣子时，冬冬不满地说："吃了两只了，还吃？"

"动词＋了＋数量词＋了"，是个表示完成体的格式。这句话也表明，冬冬知道"两""三"的意义，确证用"两"表多数的阶段过去了。

"太狡猾"

爸爸讲《乌鸦和狐狸》的故事。

冬冬评价说："大灰狼和大狐狸太狡猾了，乌鸦不听话。"

故事里并没有大灰狼，她把大灰狼也捎带了进去。

教妈妈游"旱泳"

冬冬把两个小凳子接龙在一起，当作小河，要教妈妈游泳，说："摆个小水，我'扑腾'在水里，我给你们学一学！"

她躺在小椅上，示范游泳，觉得不舒服。说："这不行，穿得太厚了。"

冬冬翻过身来，改用双手向身子两边划水的动作，一边做，一边说："就这样的，这样，就这样的。妈妈，你会不会游泳呀？"

妈妈说："不会。"

冬冬展开了想象的翅膀，接着说："我一下到海里，就'扑腾'，弄得爸爸一身水。像小伏、大姑一样'扑腾'过了，小花'扑腾'过了！"

"小伏""小花"，都是老家的小朋友。"小水"是自造词。"扑腾"被她用作游泳的代名词。

"发抖"

爸爸切水果，手一滑，小刀掉到地上。爸爸下意识地往后退了一步。

冬冬说："他吓得发抖。"

妈妈："爸爸发抖了？"

冬冬："我害怕大姑回河南老家。"

从"发抖"，联想到让她害怕的事——大姑回河南老家。

"既然"

晚上九点多，该睡觉了。

冬冬："我想睡觉。我自己睡，不要别人陪着，妈妈。"

妈妈："太好了。这才是好孩子。睡吧！"

冬冬脱掉衣服，躺到被窝里，问："妈妈，你睡觉吗？"

妈妈："让我睡，我就睡，我听你的。"

冬冬："既然你听我的，我也听你的。"

第一次记录到冬冬用"既然"。"既然……，也……"表示条件关系。"既然"是予以认可的事情，在此基础上再做出判断。

策划者

爸爸告知妈妈，等一会儿，向平老师过来。

冬冬："向平阿姨为什么要来呀？她来干什么呀？"

爸爸："跟你玩啊，她喜欢你。"

冬冬："喜欢我？我怎么跟她捣乱呀？"

爸爸："想怎样捣乱，就怎样捣乱！"

冬冬："好哇，那可好玩儿！"

向平还没到家，冬冬就"策划"着怎么"捣乱"！喜欢谁了，可真是了不得！

看电视，问问题

电视连续剧《悄悄消去的雾》。一位病危的女兵躺在床上。

冬冬："她怎么了？"

妈妈："她生病了。"

冬冬："她生病干什么呀？"

女兵的父亲剥了一根香蕉，女兵推开。

冬冬："她为什么不吃香蕉呀？"

妈妈："她心里难过。"

女兵流泪。

冬冬："她干什么哭呀？"

妈妈："她生病，快死了！"

冬冬："她干什么死呀？"

女兵死后，电视画面中，又出现了几组女兵生前的镜头。

冬冬不理解了，问："她不是死了吗？"

要儿童理解蒙太奇，还真不容易。妈妈说，这些镜头，是活着的人，脑海里浮现出来的往事。

冬冬又问："人会死，干什么呀？"

她听到了指导员的哭声，说："我听到哭声了，是谁哭的呀？"

1987-12-15

评论小朋友

冬冬发烧，去医院看病打针。

"这一会儿，我屁股不疼了。"一个多小时后，冬冬整个状态好了很多，话也多起来，说，"我不喜欢××，我不搭理他，他不好。我到东边去，他也到东边去；我到右边去，他也到右边去。那怎么能行呢？……那一天，还××，还有××，还有××，她们三个打我起来了。××好打我，还理我，我不喜欢她。"

听脚步辨人

妈妈和冬冬，在行政楼门前的草坪上玩耍。爸爸匆匆上楼，去科研处报销学术会议的费用。

冬冬问："什么是报销呀？"

妈妈做了解释。玩了一会儿，冬冬说："我听见爸爸的脚声！"

"脚声"是自造词，成人语言说"脚步声"。

妈妈："不会吧，我怎么没有听见？"

冬冬又侧耳细听，说："爸爸下来了，听见爸爸声音了。"

话音刚落，爸爸就从行政楼走了出来。

"半天"

垒积木。冬冬指着一块儿积木，说："别的可以，这是我的。我给你装个大吊车，你就悠呀悠呀，悠了半天，还没到。好吧？"

"半天"，表示时间长。

大姑喊大家吃饭。

她连连摆手，说："我摆好了再说。"

小动物才有尾巴，我是人

（3 岁　1987-12-16——1988-1-15）

活泼的孩子（1987 年 10 月）

1987-12-16

"嗯？"

①冬冬睡在小病床上输液。妈妈躺下陪她。

冬冬问妈妈："你也没打针，干什么陪我在医院里睡觉，嗯？"

②冬冬在床上走来走去。新上衣的银线，在灯光下闪闪发光。

冬冬好奇地说："嗯？光发灯。"

"光发灯"是个弄错了的词语组合。

③冬冬对自己的新衣服很满意，说："爸爸，你怎么还穿这个裤子呀？你和妈妈怎么还穿这个裤子呀？爸爸和妈妈和大姑和姐姐都没买新的，我有新的，你们怎么没有呀？嗯？"

"嗯"是个语气词，冬冬用它来表示疑问和惊奇。

比较画册

爸爸给冬冬读《幼儿科学画册》。

冬冬拿着画册上下册的封面，反复比较，看不出差别，问："怎么是一样的？"

何处来的妖怪

冬冬让妈妈喝药，说："妈妈喝了这个板蓝根[1]，就会长这么高，比天还高呢。"

这是比喻性的夸张。

妈妈打趣说："比天还高，那不成了妖怪了？"

冬冬："你是从哪来的妖怪呀？"

妈妈："从森林里来的。请问，你是从哪里来的妖怪？"

---

[1] 治感冒的中药冲剂。

冬冬："我从地下来的。"

1987-12-17

打吊针

冬冬提要求："妈妈，我不打吊针。"

妈妈："乖乖地吃药，就不打针！"

冬冬："我吃药乖。不打吊针。弄别的东西，我就不害怕了。"

"吃药乖"是"乖乖地吃药"的变换。"别的东西"指"打吊针"之外的治疗方法。

直到下午，仍然高烧不退，大姑不得不带她去医院打吊针。

冬冬："大姑，你生病了没有呀？"

大姑："我没有生病。"

冬冬："我怎么生病了！？"

1987-12-18

积木认字、摆图

积木上的汉字，冬冬已认得三十四个。她可以用积木摆小熊猫图案，还记得其他四个图形所需的材料。只要听说摆什么图案，立马就能把所需积木，一个接一个地扔给你。

妈妈拼小白兔图案，说："冬冬，摆小白兔，挣两块儿积木。"

"挣"是河南方言，意思是"少"或"欠"。

冬冬从地上捞起来两块儿，说："没挣。"

不知道她是如何记忆的？其记忆方式，或与成人不同。

冬冬与大姑

①大姑抓冬冬的痒痒。

冬冬笑得喘不过气，说："你干什么抓我呀？"

大姑："抓你，亲你呀！"

②冬冬拿朵大红花，扳着大姑的头，说："你看，我有个大红花，插在你头上。"

这个"看"，已经虚化，并非真的要让人看。

小货郎

冬冬拿来蜂乳，问："妈妈，我能不能吃呀？"

妈妈说，大姑在厨房，你去问她吧！

冬冬跑去厨房找大姑。一转眼，她举着洗菜的方形塑料篮，在过道里边走边吆喝："卖盒子哟！卖盒子哟！"

她把洗菜篮，称为"盒子"，也算有创意。

这时，同班的小朋友李文清，去菁菁家玩。

冬冬跟同学打过招呼，又跑回家对妈妈说："他从来没跟我打过架。"

妈妈问："是吗？你刚才卖什么呢？"

她又高喊："卖豆子呀！卖鸡蛋呀！"

冬冬多次见过卖鸡蛋、卖鸡、卖豆腐脑的小贩。看见洗菜的容器，便产生联想，俨然一个小货郎。

灯泡和天亮

晚上，姑侄俩在校园里散步，路灯闪烁。

冬冬比划着说："大姑，要是把房子上，安上这么大个灯泡，天就亮了。"

这是一个奇特的想象。

出现在"这么"后面的形容词有"多、大、慢、好、高"等。但是，还没有见到她使用"那么"。这也是"这、那"使用上的不平衡现象。

1987-12-19

评点

①清晨，传来"鸡子，卖鸡子哟"的叫卖声。

冬冬朝窗外喊："你不就是卖豆腐、卖鸡子的吗？"

②电视中，一位日本姑娘，摇摆着身子唱《樱花》歌。

冬冬说："她站不住了！"

她不知道这是人家的一种唱歌姿态。

生病的宝宝

冬冬呼吸困难。夜里只能坐一会儿，再趴着睡一会儿。她请求道："妈妈，我要起来，睡着不舒服。"

"但"

姐姐带冬冬看大学生冬季长跑比赛。冬冬只让抱着，不愿意走路。

姐姐问："你想不想看？"

冬冬答："我想看，但不想走。"

会用了"但是"，这里又记录到用单音节的"但"。

1987-12-20

"生病了，不去幼儿园"

早上，一家人都在梳洗。

冬冬说："谁洗过脸，就搽香香，梳头。我生病了，不去幼儿园。"

小姨附和道，生病了，就不去幼儿园。

只要可以不去幼儿园，即使生了病，冬冬也很开心。她对着镜子梳头，说："耳朵后边扎个小辫子，那就好看了！"

小姨忙拿来皮筋，给冬冬扎了个好看的小辫子。

"这样、那样"

姨父来武汉。冬冬告知姨父，说幼儿园小朋友们，是如何相互推打、相互抓挠的。

姨父担心地问："他抓你的脸了？"

冬冬轻松一笑："我说的是昨天的事。不是这样的事，是那样的事。"

"昨天"还是泛指过去。

"这样、那样"的指代不明，但是，"这样、那样"对举着说，这还是第一次。

泌阳人，应该什么都会

冬冬让小姨、姨父合作，用积木摆个动物造型。两个人都是第一次接触积木图案，一边看图纸一边摆，速度很慢。

冬冬说："你们两个是泌阳的，还不会摆呀！"

"泌阳"，是河南南部的一个县级城市。小姨和姨父，的确是从泌阳过来的。

1987-12-21

"别慌"

冬冬低头搭积木。妈妈说，别搭积木了。家里人多，做捉俘虏游戏最好玩。

冬冬说："别慌，等我把大桥摆好！"

"等"的这种用法，冬冬早就会。前面加个"别慌"，这还是第一次见到。

"明天、再过几天"

妈妈："冬冬，病好了，该去幼儿园了吧？"

冬冬："明天，我再去幼儿园。"

妈妈："说话算数？明天真去？"

冬冬："再过几天，再去幼儿园。"

从"再过几天"的修正话语看，也许冬冬明白了"明天"的意义。

玩积木

冬冬玩着积木，自言自语道："昨天，我见到了一个疯子，在桂竹园。我也不知道她叫什么名字。"

大姑向大家证实，昨天真的见了一个疯子。

冬冬想把一根长条积木立起来。立一次，倒一次。她发着狠地说："我把它站着。"

报节目

大姑说，看电视《坎坷》，沙发上有五六个垫子，建议家里的沙发，也多放些垫子。

冬冬问："我们的有多长，大姑？"

这个"多"后面，虽然紧随着一个"长"，但看语境，她是问数量的。冬冬会用形容词和副词"多"，问数量的"多"，还是第一次用。

大姑说："我们家只有三个垫子。冬冬，咱们不玩积木了，唱歌吧？"

"下大雪了！"冬冬站起身，一边往地上撒积木，一边说："报节目，下面有大姑唱，冬冬解放军好表演。"

她把撒积木比喻为"下大雪"。自己扮演解放军，说成"冬冬解放军"。这个"好"，还是分工做什么的意思。

列举

冬冬洗完澡，钻进被窝里，说："幼儿园不让洗澡。大班的小朋友不让洗澡，小班的小朋友不让洗澡，老师不让洗。"

用列举法，把幼儿园的人都包括进去了：大班的小朋友，小班的小朋友，还有老师。

妈妈笑了，说："那天孟老师怎么说你的？'让你爸爸给你洗澡'！"

冬冬也笑了，说："还不是洗澡了吗？"

1987-12-22

"那个"

吃饭时，大姑忙着为家人盛饭夹菜。

冬冬指着大姑，说："我要你吃。我们幼儿园就不是这样的，就不乱跑。"

大姑去了厨房，她也跟去了。从厨房回来，咀嚼着一块儿肉，喊道："那个更香了。"

"那个"表远指。嘴里的肉，应当用"这个"近指。

担心姐姐

昨晚，姐姐带冬冬出去玩。她对着这个尚不懂事的小妹妹，诉说了自己情感上的苦闷。

中午刚过，冬冬就着急地问妈妈："妈妈，姐姐说她今天死。我说不要死，她就没有死。今天，怎么还没有回来呀！"

到了下班时间，还未见到姐姐，这便引起了冬冬的担心。

上街买菜

去广埠屯买菜的路上，冬冬问大姑："她什么样说的？跑到我们面前。"

刚才，有个并排走路的人，大腔大调地说话。这会儿，那人已经走到前面去了。冬冬问那人说的是什么，不应当用"什么样"，应当用"怎么样"。

大姑说："别想了，那是疯子的胡言乱语！"

从家去街上，走的是大路。回家时，抄近路。

大姑故意问："你认识这条小路吗？"

冬冬说："我忘了。"

大姑说："那怎么办？我也忘了。"

冬冬想了想，说："我们回到楼梯上，再走吧。我这会儿想妈妈了。"

所谓"楼梯上"，其实是大路与小路的交叉口，有几个台阶。

就是要跟爸爸玩

爸爸正伏案工作。

冬冬一手拿羽毛球，一手拿蝇子拍，跑到爸爸身后，把蝇子拍插在爸爸的椅子上，说："一个尾巴！"

爸爸想把调皮的冬冬支开，说："别捣乱，找妈妈玩去！"

她缠着爸爸，跟她一起去打羽毛球。

爸爸忙着工作，不理她。

冬冬拽着爸爸的衣襟说："'打羽毛球'，听懂了没有？"

她以为爸爸没有"听懂"她的话。

爸爸无奈，只得站起身，说："走吧！"

冬冬说："去吧，我拿着。"

意思是，你去拿羽毛球拍吧，我拿着羽毛球呢。

帮妈妈脱棉袄

冬冬帮助妈妈脱棉袄。

妈妈说："不行，你不会脱。"

冬冬连撕带拽，坚持做下去，终于把妈妈的棉袄脱了下来，说："我给你脱，这不是脱掉了吗？"

1987-12-23

夸张

①冬冬让爸爸往空中抛她，一次再次，兴奋地说："扔这么高，扔到天上去。"

②冬冬一手拽着妈妈的耳朵，一手揪着妈妈的鼻子，说："我看你耳朵，像大象耳朵，大鼻子像大象，多好玩！"

"被"字句

冬冬快三岁了，大人想让她尽快学会用杯子喝水，于是藏起了奶瓶，还编了一个格格巫偷跑奶瓶的故事。她信以为真。

今天，她在抽屉深处发现了奶瓶，恍然大悟，说："我的奶瓶，是被爸爸放起来了。"

交换

冬冬吃着熟藕片，同时提出要吃瓜子。妈妈说，等吃了藕片再吃瓜子。

冬冬说："你不给我瓜子，我不给你藕。"

1987-12-24

"是……不是……"

冬冬和覃覃在一起，覃覃把幼儿园说成了"幼阿园"。

冬冬纠正覃覃说："是幼儿园，不是幼阿园。"

自我纠正

晚饭，炒了几个菜。家人准备喝点红酒。

冬冬说："每个人分一个杯子。"

大人喝酒，她也不甘寂寞，掂起果汁的大口瓶子，就往杯子里倒。大人怕倒洒了，忙阻止她。

冬冬自信地说："我可以倒 [kʰan]（洒）。我可以不倒 [kʰan]（洒）。"

冬冬自觉把意思说反了，赶紧自我纠正。

数量和大小

冬冬要看书。妈妈问她看什么书。

"我看什么什么的。"她连看什么书还没有说清楚，就又说要吃饼干，"我要吃饼干。爸爸，我要吃饼干。三块儿，大的三块儿，大的。"

爸爸拿两块小饼干和一块大饼干，放在她手里。

她拣出两块小的，还给爸爸，要求调换成大饼干。

爸爸，当然认得

冬冬一页页翻看爸爸大学时代的相集。

爸爸指着大学毕业集体照，说："这多人，你肯定找不出爸爸。"

冬冬在合照中，聚精会神地找了一会儿，找到了爸爸，指着说："这当然是你。"

1987-12-25

性别、胡子与抽烟

爸爸和姨父惬意地抽着烟。冬冬坐在一边，看着袅袅上升、慢慢飘去的烟雾。

爸爸开玩笑说："冬冬，你看，妈妈也想抽烟了！"

"妈妈没有胡子，都是女孩儿，"冬冬指指大姑和妈妈，又指姨父和爸爸说，"他们两个是男孩儿。男孩儿吸烟，女孩儿不吸烟。"

爸爸问："为什么男的吸烟，女的不吸烟？"

冬冬答："因为男孩儿有胡子，女孩儿没有胡子啊！"

这原因，有点奇怪。大家笑。

爸爸问："陶希思，是男孩儿还是女孩儿？"

冬冬毫不迟疑地回答："女孩儿。"

大姑问："吴江呢？"

冬冬答："男孩儿。都没有胡子。"

看来，冬冬判断的依据是：男孩儿有胡子，会抽烟；女孩儿没胡子，不会抽烟。依此推理，快两岁的邻家男孩陶希思，没有胡子，当然是女孩儿。但说到同班同学吴江，她知道吴江是男孩儿，虽然吴江与陶希思一样，都没有胡子。

接着，爸爸跟她讲了女性与男性的典型特征，又讲了大人和小孩的性别问题。

"谁爱茵茵表姐？"

姨父来武汉照顾小姨，把不到五岁的女儿茵茵，暂时放到舅妈家照管。

"妈妈，茵茵表姐一个人在河南，"冬冬先伸出一个指头，又伸一个指头，问，"两个人都来了，谁爱茵茵表姐呀？"

两个人，指姨父和小姨。"爱"，是照顾的意思。此时，并无人提起茵茵的事。

学会捉迷藏

之前，冬冬捉迷藏，闭上眼睛，只要看不到别人，就觉得自己藏严实了；已经藏过的地方，仍多次去藏身，还炫耀说："你肯定找不到的，我藏个地方。"

今天捉迷藏，她藏在门后，喊道："我藏好了，大姑，快来找！"

大姑夸张地大呼小叫，装模作样地到处找，逗得她笑个不停。大姑从门后一把抓住她，她一脸的迷惘，不知为何被找到，说："我又没有吭声。爸爸，你给我找个地方。"

爸爸认为，冬冬快三岁了，应该学会些捉迷藏的规则了。教给她，不仅要藏在较为隐蔽的角落，每次还得换个位置。比如：躲进大立柜里，关上门；躺床上，盖上被子，蜷曲着身子；身子往后收缩，坐在大立柜顶部……只要藏起来，就不能再动弹，也不能再出声，也不能笑。

几次之后，冬冬终于掌握了捉迷藏的两大要素：藏得隐秘；不能出声。再藏时，钻到床下、桌下，或用椅子挡住自己，即使别人走近了，她也屏住呼吸。更有趣的是，已被人拽住了胳膊，她还是紧缩着身子，一动不动。

1986-12-26

"这个"

饭菜已经端上了桌子。

冬冬不愿去饭桌前，提出："我看这个电视好吗？"

"这个电视"指正播放的电视节目。

妈妈："现在不行！"

冬冬："为什么？"

妈妈："吃了饭再看。"

眼，尖着呢

小姨手术后，上下楼很不方便。姨父端着饭菜，到楼下跟小姨一起吃。

大姑又做好一个汤。

爸爸说："二妮，给您小姑端碗汤下去！"

妈妈说："别端了，她可能不喝汤。"

冬冬接话说："她当然不吃了，她吃肉了呢？！"

给小姨夹菜时，冬冬正低头玩积木。看似漫不经心，却把什么都看在眼里了。

格格巫的魔法

动漫电视剧《蓝精灵》。格格巫在房间里念咒语、施魔法，一团乌云飘过来，立马下起瓢泼大雨。

爸爸说："看，下大雨了！"

冬冬："怎么家里下大雨呀？"

1987-12-27

"昨天、今天"

小姨躺在床上。冬冬问小姨："你昨天已经好了，今天怎么又生病了呀？"

昨天，冬冬跟小姨玩了好大会儿，便以为小姨的病好了。今天，冬冬见小姨又躺着，不理解小姨怎么又病了。

夜空

冬冬与妈妈一起在院子里散步。满天星斗，还有一弯月牙儿。

她问："妈妈，月亮为什么出来呀？月亮出来了，天黑了，没有人了。妈妈，星星为什么晚上出来呀？"

冬冬知道了，晚上的天空才有星星和月亮；还想知道"月亮为什么出来"，为什么到"晚上"才有星星？这些看似平常的问题，大人回答起来还有点难度。

1987-12-28

大和小

冬冬看看爸爸的鞋子，又看看自己穿的鞋子，说："我们不一般大。你的大，我的小。"

自相矛盾的"太饱"和"太饿"

冬冬从幼儿园回来，直奔楼下小姨住的房间，去看望小姨。

姨父让她吃香蕉。

冬冬说："我吃得太饱了，在幼儿园。我在幼儿园吃得太饱了。"

回到楼上，冬冬说："我要吃冰棒，我太饿了，饿得很。我非要吃，非要吃冰棒。"

不想吃东西，就说"太饱"；想吃东西，又说"太饿"，真是个"橡皮肚"。

爸爸让冬冬把橘子皮扔到垃圾桶里："你想吃冰棒？你帮我个忙，我也帮你的忙。"

冬冬觉得爸爸话里有话，却不甚明了，追问道："帮什么呀？"

1987-12-29

抱得紧，像大蛇

冬冬要跑开。爸爸紧紧抱着她的腰，就是不让她跑掉。

冬冬怎么都挣脱不掉，只好说："爸爸，请放开我吧！"

爸爸就是不放开。

冬冬说："一条大蛇，缠着我。"

1987-12-30

关于太阳公公的对话

傍晚，父女俩在校园里散步。

爸爸："太阳公公要睡觉了。"

冬冬："他瞌睡了，是不是？"

爸爸："是的。他会唱歌吗？"

冬冬："不会。"

爸爸："为什么呀？"

冬冬："他没有嘴啊！"

爸爸："他会跳舞吗？"

冬冬："他没有腿。"

爸爸："他会干什么呀？"

冬冬："他什么也不会干。"

这时，大姑找来了，说教工一食堂正开舞会，要带冬冬一起去。

冬冬一下子兴奋起来，说："大姑，我们一起去看跳舞的吗？快走吧，人家舞会跳完了。"

1987-12-31

"小疮"

冬冬醒来，指着爸爸额头上的小疙瘩，说："妈妈，爸爸头上一个小疮。"

"小疮"，是一个自造词语。

妈妈说："那你就给爸爸揉揉吧？！"

冬冬说："不揉，疼！"

原来，昨晚冬冬就看到了爸爸头上的小疙瘩，忍不住用手去摸摸。她摸了一下，爸爸叫"疼"。今早妈妈让她揉揉，她坚决不干了。

飞翔

电视中，老鹰伸开双翅，低空盘旋。冬冬感到很奇怪。爸爸说，冬冬伸开两臂，也可以像鹰一样飞翔。

冬冬开始模仿老鹰，一上一下地忽闪着双臂，说："这样就能飞了吗？这样？"

爸爸答："对。身子向一边倾斜，会飞得更高，飞得更远！"

冬冬斜着身子转了两圈，虽然飞不起来，但是感觉很好。

突然，她发现爸爸的下巴上，有道刮胡子留下来的青痕。她摸着爸爸的下巴，说："你这怎么剃成这个样子？"

"拉"和"按"

晚上睡觉，小台灯放在床边的桌上。

爸爸说："冬冬，睡觉吧。我要拉灯了！"

冬冬指着台灯，纠正爸爸的话，说："电灯是拉的，这里是按的。"

纠正得好！电灯开关都是绳拉式的，只有台灯是按的。

1988-1-1

小动物才有尾巴，我是人

今天是元旦，小奇叔叔从安阳电厂来武汉。他跟冬冬一起看图书上的火车图片。

冬冬："你坐过火车没有呀？

叔叔："当然坐过！"

图书上，有一条长长的大尾巴。

冬冬："这是谁的尾巴？"

叔叔说了"猴子、狐狸、老虎"等动物，她都不满意。

叔叔开玩笑说："这是冬冬的尾巴！"

冬冬把身子一扭，说："你看，我没有尾巴。小动物才有尾巴，我是人。"

一个多月前，大人让冬冬到鸡笼里，跟鸡子睡在一起。冬冬不去的理由就是"我是人"。当"人"的意识逐渐明显起来时，知道动物"非我族类"，认知上就前进了一大步。

化装，演节目

冬冬问小奇叔叔："你当演员好吗？你演个节目好吗？"

叔叔笑而不答。

冬冬又招呼全家人："每个人都要化妆，还要唱歌，还要跳舞。"

玩具手枪

小奇叔叔给冬冬买了支玩具小手枪，可以连发多颗子弹。冬冬爱不释手，到处乱射。一颗带花的子弹，射到大立柜上，她高兴得大叫起来，说："我射到那点儿上去了。"

大姑让她别射那么高，否则不好取下来。

她晃动手中的另一颗子弹，说："这[pei]吗？"

电视画面中，出现了一个老奶奶。

大姑说："冬冬，快点用枪打呀！"

冬冬不打，说："她不是坏人。"

大姑说："真是好孩子。手枪，只能打坏人，不能打好人！"

"可"

冬冬拉着大姑，说："春节，大姑别回家了，你做的饭可好吃了。"

1988-1-2

贺年卡

元旦前后，爸爸收到许多贺年卡，大小、图案、颜色皆不相同。冬冬把贺年卡摆在书桌上，不停地评价说："这个最好看！这个最漂亮！这个和那个不一样。"

小姨问："贺年卡为什么不一样？"

冬冬答："那不是好看些吗？"

黄鹤楼图像

电视中，出现了黄鹤楼的图像。

冬冬对小姨说："你忘了，我们上过黄鹤楼，照过相。"

"你忘了"这类插入语，逐渐多起来。

1988-1-3

用积木做"皮试"

冬冬边听电视音乐，边摆弄积木。爸爸用遥控器，把电视转到《新闻联播》节目。

冬冬："咋的不唱歌了？"

爸爸："别管闲事，玩你的积木吧！"

冬冬随手拿块儿积木，往爸爸手臂上一扎，说："打皮试。"

爸爸："什么打皮试？"

冬冬："有一天，我和小二一块儿打吊针。又有一天，我给多多打吊针。"

"小二""多多"，都是冬冬熟悉的小朋友。

什么都"讨厌"

近日，冬冬变成了《蓝精灵》中的"厌厌"。只要她不喜欢的，全用"讨厌"来表达。

①妈妈看书。

她夺过书本扔到一边，说："我讨厌妈妈看书。"

②大姑做饭。

冬冬说："大姑，我讨厌你做饭。"

③爸爸和学生谈话。

她抓着爸爸的胳膊说："爸爸，我讨厌你说话。"

④小奇叔叔说准备回安阳。

冬冬说："我讨厌叔叔走，讨厌大姑回河南。"

⑤妈妈躺床上休息。

冬冬说："妈妈，我讨厌你睡觉。我要你起床，我想让你起床，你就得起床。"

老师的行为做派

①爸爸的几个学生来家。

冬冬抓把瓜子，一一递给大家，模仿老师的口吻，说："给，给妈妈带回家，啊！"

②"学生们快坐下，老师我要跳绳了，"冬冬一边示范跳绳动作，一边说，"再一跳，跳过去；再一跳，跳过来。"

1988-1-4

扮演卖豆腐的

冬冬找根小竹竿，当作扁担，边走边喊："卖豆腐哟！卖豆腐哟！谁买豆腐哟！"

妈妈说："卖豆腐的，我买一块儿豆腐吧！"

冬冬把"扁担"象征性地放在地上，顺手往下一捞，把"豆腐"递给妈妈，问："钱呢？"

妈妈掏一下口袋，往冬冬手里一放，说："给你！"

冬冬说："我的妈妈，你的儿子好不好呀？"

冬冬做事，常询问对她的评价，还喜欢父母称她为"儿子"。她自己今天也自称为"儿子"。

"没有饭的人"

电视演《南北少林》，荧屏上，有滚动字幕。一句话说完了，字幕也就消失了。

冬冬说："这完了吧，你看？"

冬冬指着画面上的一个乞丐，说："没有饭的人。"

大人曾教过她，这种拉棍讨饭的，叫"要饭的""讨饭的"，而"没有饭的人"是她自造的词语。

大人与她多次讨论，她才同意命名为："讨饭的人。"

1988-1-5

会摆的积木图形

汉字积木，正面是汉字，背面是图案，可摆出五种动物。

冬冬说："我会摆小熊猫和小白兔。但是，我不会摆两个小猴子和那个大象。"

她的确只会摆这两个图案。

要吃午饭了，桌上还堆着许多积木。

冬冬说："我把东西都全部拿下去。妈妈，我好不好孩子呀？"

使用了"全部"，但"都"应当放在"全部"的后面。"我好不好孩子呀"，应当是"我是不是好孩子呀"。

小奇叔叔也过来帮忙。

冬冬惊异地发问："小奇叔叔的牙，一个在里面，一个在外面，这怎么回事呀？"

"上太阳里边"

大姑洗了头，长发湿淋淋的。

冬冬推着大姑往外走："上太阳里边晒一晒。"

1988-1-6

化妆

昨晚，姨父带着茵茵来到武汉。冬冬化了个淡妆。爸爸说很好看，并说从今以后，只要出门，都要化妆。

冬冬感叹道："那可漂亮极了。"

用了双重手段修饰"漂亮"：前加表示强调的语气副词"可"，作状语；后加表示最高程度的副词"极"，作补语。

雨雪之别

傍晚，大雨滂沱，冬冬突然高烧。姨父和爸爸，抱着她冒雨去医院打退烧针。

路上，冬冬说："那一天，就下了大雪。"

姨父问，下雨和下雪一样吗？

冬冬答："不一样。"

姨父又问，怎么个不一样？

冬冬说："下雪了，我穿得厚厚的，滑冰。下雨了，我不能在地上，因为地下滑。"

1988-1-7

"很久很久以前"

昨晚，妈妈探头窗外，看看冬冬他们是否从医院回来了。夜色中，似乎看见一个黑衣人，鬼鬼祟祟溜着墙根走。

爸爸回来，妈妈告诉爸爸黑衣人的事。似睡非睡的冬冬，听了一耳朵。

今早，冬冬没头没脑地问："爸爸，昨天也来一个什么呀？"

爸爸："来什么呀，你想说什么呀？"

冬冬："很久很久以前，妈妈在外面是怎么回事呀？一个黑的？"

"昨天"的事情，到了冬冬嘴里，就成了"很久很久以前"了，瞧这时间概念。

"太窄"

冬冬讲起昨晚去医院打针的事，说："昨天晚上，我扳倒了。到了外面，爸爸和姨父抱着我，我才醒过来，是不是呀，妈妈？"

茵茵纠正她："错了，你是从沙发上扳下去的。"

冬冬说："沙发上太窄了！"

看贺卡、照片

①冬冬和茵茵一起欣赏爸爸的贺卡。冬冬把贺卡叫作"照片"。

贺年卡上，一个放风筝的图案。

冬冬："它怎么弄天上去呀？"

茵茵："一个线连着风筝。风一吹，就飘上去了！"

贺卡上，小白兔的眼睛，因看的角度不同而有变化。

冬冬翻过来倒过去地审视，问："它怎么不转呀？"

②冬冬和大姑，一起看在老家时的照片。

冬冬："××怎么长得这个样子呀？"

大姑："长得这个样子，是什么样子？"

冬冬："长得漂亮。"

大人的语感，冬冬的第一句话是贬义。但从"长得漂亮"分析，"怎么长得这个样子呀"并不含贬义。语用色彩上儿童与成人还有差异。

"我不高兴"

小姨一家暂住在楼下，大姑去后楼同学家借宿。晚上，冬冬要和大姑一起睡。冬冬尚在发烧，父母不放心。大姑抱她去后楼，爸爸跑出去又追了回来。

回到家后，冬冬说："我还有一件事，大姑把我抱到后面睡，爸爸把我抱到这里，我不高兴。"

1988-1-8

正反问句

①冬冬的病还没有好利索。爸爸说，要再去医院看看。爸爸和冬冬穿好衣服，准备出门。

冬冬问："大姑，你去不去呀？"

②冬冬服下一粒感冒清药片，自豪地说："妈妈，我勇敢不勇敢？"

1988-1-9

"谁"的言外所指

茵茵把糖盒的盖子，打开又合上。

冬冬瞥一眼茵茵，说："谁把我这个糖吃完了，我就不愿意！这是留给我自己吃的，不让别人吃。"

"谁"虽是个疑问代词，这里却实有所指。她觉得，茵茵拿着糖盒，就有吃糖的嫌疑。说这话，是旁敲侧击。

1988-1-10

"本来"

茵茵已会折叠很多动物。冬冬拿张纸，还只是胡乱地折来叠去。

茵茵说："冬冬，你叠的啥呀？"

冬冬头也不抬，说："我本来就不是叠的啥！"

冬冬是第一次使用"本来"。"本来"是个副词，意思是"原计划"之类。"啥"，被冬冬误解为可折叠之物，也挺好玩儿的。

"妈妈要见我"

在院子里，冬冬想回家。

冬冬对大姑说："你把我抱进去，妈妈要见我。"

其实是她想找妈妈。

爸爸帮助脱袜子

爸爸帮助冬冬脱袜子。爸爸拽下冬冬的袜子，扔在沙发上。

冬冬赞美道："能干，能干！"

接着，爸爸拉起她的脚指头，用牙齿轻咬。

冬冬笑得喘不过气来，说："好了，好了，别咬了！"

1988-1-11

"稠"和"稀"

大姑打开一瓶橘子罐头。

茵茵说："我要稠哩！"

冬冬说："我要稀哩。"

"想着""可是"

大姑给冬冬讲画书，她不愿听。大姑问她，你看过这本书吗？

冬冬答："我没看过。可是，我想着不好看。"

第一次记录到冬冬用"想着"，第二次记录到用转折词"可是"。近段，"想着、觉得"等表示心理活动、心理感受的词语多起来，也使句子的构造复杂起来。

爸爸，你错了不？

冬冬问爸爸："那一天，我想上后面睡，你不想，你不叫我上后面睡。你说你错了不？"

爸爸说："噢，你是说前天的事情，爸爸当然没有错。你还在发烧，要是半夜烧得厉害了，大姑怎么办？你说我错没错？"

冬冬说："错了。"

很久以前，爸爸轻轻拍打了她两下，她也曾用这种语气质问爸爸："爸爸，你昨天晚上打了我，你说你错了不？"

父母没有封建家长意识，认同"代际民主"的理念。敢于质疑爸爸，质疑尊者，应是具有人生意义的。

你看老师多辛苦

冬冬当老师，讲《大灰狼》的故事，说："大灰狼一口把小山羊吃掉了，也把小白兔吃掉了！"

当学生的爸爸，突然想起一件事，高声喊"芳妮，过来一下"。

冬冬说："请你别吵闹，你看老师多辛苦呀！"

姐俩跳舞

茵茵和冬冬在床上跳舞，配合默契。大人们阵阵喝彩。

冬冬说："弄到电视上，多好看呀！"

妈妈凑趣地说："这不就是电视吗？我们正看电视呢！"

冬冬张牙舞爪扑向妈妈，憋粗了声音，说："别让魔鬼抓住你了！"

水果湖和长江

冬冬去过水果湖儿童乐园。自此，水果湖这个名字便常被她提起："妈妈，水果湖有多远呢？有我们家远吗？"

妈妈说了路途的远近，又说，等哪天有时间，全家人一块儿去东湖划船。

冬冬说："我们这么多人，会掉到长江里的！"

妈妈问："为什么？"

冬冬说："因为船太小了。我说不好了，我再也不说了。"

1988-1-12

"玻璃" "割肉"

①冬冬把三角板称为"玻璃"。

这是从材料的相似度上命名的。

②去厨房，看到大姑正切肉，准备做晚饭。

冬冬说："大姑，你别割肉了。"

"做客"

妈妈的手划破了，用药膏和纱布包扎了一下。冬冬指着妈妈手上的纱布，说："你的这有问题，包着干什么呀？"

"是有点问题。"妈妈转移话题，问，"你是谁，我怎么不认识你呀！"

冬冬立即做起角色游戏来，说："我是周静芳阿姨。"

周静芳是大姑的同学，与冬冬很熟悉。

妈妈："噢！你来干什么呀？"

冬冬："我来做客。"

推测言外之因

十天前，为转移小姨疼痛的注意力，爸爸把电视机搬到楼下的房间。

冬冬想看电视，对爸爸说："爸爸，下去看电视吧！"

爸爸："爸爸不敢去！"

冬冬："怎么不敢去？拿着那个手电筒。"

冬冬推测，爸爸"不敢去"的原因是"怕黑"，便说拿着手电筒。

挽留

小姨和姨父商量回河南的时间，被冬冬听到了。

冬冬对小姨说："小姨，你家别走了，就在这住下吧！"

"你家"是"你们一家"的意思。

"分配"

晚上。冬冬说："妈妈，给你分配一下好吧？我和妈妈一个窝，爸爸和大姑一个窝，姐姐和小姨一个窝，姨父和茵茵表姐一个窝。"

"窝"指被窝。冬冬的"分配原则"是亲疏关系，但还不知道，能睡一个被窝的，最重要的依据是性别，还有夫妻关系。

1988-1-13

小骆驼的死

电视片中的小骆驼死了。

冬冬："它怎么死了？"

大姑："它冻死的。"

冬冬："别的怎么不死呀？"

大姑："因为天太冷，它年纪太小了。"

挂历女郎

1987 年，挂历封面是戴帽子的女郎，只露出一张红红的嘴唇和白皙的下巴。

冬冬问："小姑娘眼睛呢？小姑娘的眼睛弄哪里去了？"

她这个年龄，还欣赏不了这种美！

"互相"

冬冬和周尅成了最要好的朋友。

大姑："周尅对你好不好？"

冬冬："我们是互相。"

冬冬第一次用"互相"。"互相"是一个表示彼此同样对待的副词，副词不能作"是"的宾语。冬冬虽然把它误作形容词用，但大人能听明白她的意思。

书包是"用布做的"

冬冬斜挎着自己的新书包，让大姑抱她。大姑说，不能抱，会把你的新书包抱坏的。

冬冬说："不会的，大姑，用布做的，怎么能抱坏呢？"

跳舞与活动

冬冬在跳舞。

大姑问："你在跳舞？"

冬冬答："不是，我是在活动。"

"活动"是上位概念，跳舞是一种娱乐活动，是下位概念，不能用"不是"否定。"在"是表示动作正在进行的副词，"在活动"一起作"是"的宾语，语法关系也是挺复杂的。

自嘲

睡觉。她钻被窝，却钻到盖在上面的薄被子这一层里了。爸爸打趣说："冬冬，不知道哪个是妈妈的被窝了？"

冬冬自嘲说："我傻了，我老了！"

她似乎知道，人老了，会变傻的？

冬冬从薄被层里爬出来，钻进被窝里，睡了会儿，又想爬出来。爸爸用眼睛瞪她，她忙钻进去，说爸爸："好吓人呀！"

妈妈说："呵，还知道害怕呀！"

冬冬说："妈妈，我吓得不得了！"

既然不瞌睡，就讲故事吧。妈妈讲了故事，该冬冬讲了。她不但不讲，还佯装生气地把脸扭向一边。

妈妈用手摸摸冬冬的脸儿。她突然把脸转过来，说："小赖皮，我不是好好的吗？"

"商量商量"

妈妈说，如果冬冬春节回老家的话，还需要去商场买套新衣服。冬冬接话说："妈妈，不给我买新衣服了，咱们商量商量好吧？"

第一次用"商量"，且还重叠使用。

1988-1-14

表姐妹的小摩擦

茵茵表姐的胳膊肘，轻轻地碰了几次冬冬。

冬冬不高兴，说："你老是抓，怎么回事？"

"老是"，"总是"的意思。"抓"也使用得不准确。

茵茵玩玩具。

冬冬不乐意，对爸爸说："我的东西不能拿，你说是吧，爸爸？"

1988-1-15

大姑改主意了

昨晚，大姑计划今天去洪山商场，给冬冬准备点生日用品什么的。说："去洪山商场，路有点远，要坐公共汽车。"

冬冬问："大姑，公共汽车和共工一样吧？"

共工是神话《女娲补天》中的一个人物，因与"公共"音近而引发联想。

今日凌晨，大雪纷飞。天气突变，让大姑临时改变了主意，不去洪山商场了。

冬冬追问："大姑不是带我们上洪山的吗？上洪山买面具。大姑为什么不带我们去呀？"

生日蜡烛的风波

明天是冬冬的生日，姨父买了生日蜡烛。

冬冬高兴地问："谁买的蜡烛呀？"

大姑指指姨父。

茵茵问，给她买了什么？

姨父说，这次没有买。等她过生日时，再买礼物！

茵茵生气地走开了。

冬冬不明白茵茵为何生气，问："她怎么这样生气了，她怎么？"

自此，两个孩子开始斗气怄气，这个哭了那个哭，哭叫声此起彼伏。

爸爸批评冬冬任性，扬起巴掌，做出打人的姿势。

事后，冬冬责备爸爸："爸爸，你刚才错了没有？"

单腿跳行

冬冬穿上了一双新鞋子。新鞋磨脚，走路一瘸一瘸的。

爸爸问，是不是新鞋子不合脚？

冬冬答："我不知道，反正它疼。"

"反正"是表示肯定的语气副词，冬冬第一次使用。

爸爸教冬冬把疼的脚抬起来，单腿跳着走。

冬冬很快学会了，向妈妈炫耀："妈妈，你会不会扳着腿走路呀？"

喝蜂王浆的请求语

冬冬想喝蜂王浆，便对爸爸说："我喝一点儿，怎么样？"

正在伏案工作的爸爸，没有反应。

她拉拉爸爸的胳膊，说："我喝一口吧？爸爸，好吧？喝一口吧？"

爸爸起身，打开一瓶蜂王浆，倒入杯子，加水调匀。

冬冬一口气喝下去，说："我还要喝一杯蜂王浆！"

量词用了"一点儿、一口、一杯"。开始的请求语，用的量词是小量的"一点儿、一口"，喝完一次后用的是大容量的"一杯"，有点"得寸进尺"。

追加说明

在冬冬说话的同时，爸爸赶紧把她的话，记在用白纸裁成的卡片上。用的是铅笔，字迹不太明显。

冬冬看了，说："不显吧？这个笔不显吧，爸爸？"

"显不显"是最主要的对话信息。冬冬先把最重要的信息说出来，再把次要信息补出来，将句子说完整。这是重要的语用技巧。

比喻

①大姑带茵茵和冬冬去理发，自己也烫了刘海儿。

冬冬觉得大姑烫发不好看，说："大姑，你不像一个大姑了，像个理发店。"

只有孩子才会这样比喻。

②冬冬嘴里叼着一块饼干，问道："爸爸，像体温表那样，你会不会呀？"

她从叼饼干，竟联想到口含体温表量体温的形象。

爸爸说："爸爸当然会。哎，我能吃一块儿你的饼干吗？"

冬冬说："可以。但是，你得提要求。"

爸爸满足了冬冬提要求的要求，吃了块儿饼干，又说："我再吃你一块儿饼干，好不好？"

冬冬很爽快地说："你再吃去吧！"

"垃圾堆"

大姑挑起一根面条，喂冬冬。冬冬不承情，反而说："我最不喜欢吃面条了。你给我弄的，我就弄不好了！"

妈妈端过来一大碗刚煮好的骨头，让冬冬吃。她啃了几口，就跑出去玩了。一会儿，她跑回来，问："妈妈，你刚才端的是什么呀？"

妈妈觉得她是明知故问，故意地乱说了一个名称。

冬冬知道妈妈是开玩笑，也迎合地说："不对，是垃圾堆。"

妈妈大笑。

冬冬也大笑，说："啊，骨头。"

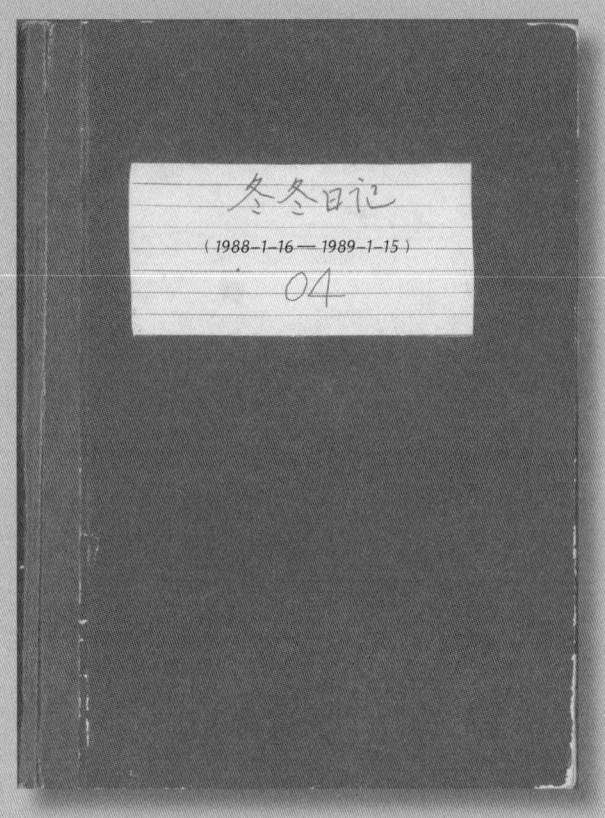

人生第四年

（ 1988–1–16 —— 1989–1–15 ）

泪水，从眼里流出来

(*3 岁 1 个月　1988-1-16—1988-2-15*)

生日派对（1988 年 1 月）

1988-1-16

"爸爸待我真好呀"

今天，是冬冬三周岁生日。预订了一个生日蛋糕，邀请茵茵、覃覃同贺。王阿姨带来照相机，拍照留念。

中午时分，冬冬就急不可耐，说："看蛋糕去。"

爸爸："什么时候呀？"

冬冬："这个天。"

"这个天"的意思是"今天"。

晚上，冬冬看到桌上的大蛋糕，高兴极了，搂着爸爸的脖子打坠儿，说："爸爸待我真好呀！"

"恁些儿"是多是少？

姐姐把工作服白大褂带回家洗洗。

冬冬指着白大褂，问："这一个，是谁给你的呀，姐姐？"

姐姐说，是食堂发的工作服。说着，从口袋里掏出两袋糖块和五块巧克力，作为给冬冬的生日礼物。

冬冬异常高兴，说："姐姐，你怎么买恁些儿呀？"

"恁些"在河南话中，不儿化表示多，儿化的"恁些儿"，有嫌少的意思。

姐姐有点不好意思，忙问："是不是嫌少呀？"

冬冬说："不是，是嫌多。"

对字词感兴趣

①画书中，把冬天叫作"冬爷爷"，把夏天叫作"夏爷爷"。

冬冬问爸爸："'冬爷爷'和'夏爷爷'是不是一样？'夏'，'下雨'的'下'？"

②冬冬问："妈妈，为什么叫'姨父'，不叫'父姨'呀？"

字词很抽象，对字词感兴趣，是认知能力的一种提升。

1988-1-17

"把"字句

①冬冬吹着勺子里的热汤，自语道："我把它凉一凉。"

②冬冬梳自己的头发辫，边梳边说："我把它系好。把它弄后面。"

不明白就问

①爸爸跟学生交谈。

冬冬听不懂，便问妈妈："我爸爸说啥呀？"

②电视图像，快速地变换和移动。

冬冬不解地问："假的为什么会动呀？"

③冬冬正吃香蕉，爸爸伸手要。冬冬顺手递一根，爸爸又摆手不要了。

冬冬质问道："你不是吃香蕉吗？为什么又不吃香蕉呢？"

妈妈的病，真难治

妈妈喝中药的表情很痛苦。

冬冬说："妈妈，你用牛奶茶喝，好不好呀？牛奶茶可好喝了，牛奶茶可好甜，好甜好甜的。"

奶粉加糖，用水调匀，冬冬称之为"牛奶茶"。冬冬吃药时，常让她用"牛奶茶"服用。

妈妈说："牛奶茶是好喝，可治不好病！"

冬冬说："我病好了[1]，你的病怎么还没治好呀？真难治，妈妈的病。"

---

[1] 指她的感冒。

妈妈让她找茵茵表姐玩去。

冬冬说："妈妈，我不喜欢表姐在楼梯口'咕咚咕咚'[1]的。我喜欢妈妈给我做一架小飞机，我扔到天上去，再扔到空中，你信不信呀，妈妈？"

她听不太懂茵茵说的方言，倒是真的。

和大人"疯着玩"

冬冬用小木棍敲击桌子，对大姑说："你唱歌，我弄拐杖，好吧？"

她把木棍叫作"拐杖"。

大姑开玩笑说，我不想唱歌，就想勒死你妈妈！

冬冬说："我勒死你，你再这样。"

妈妈说："还是冬冬亲妈妈！"

冬冬搂着妈妈的脖子，亲昵地说："我不想把妈妈勒死，我真的，妈妈。"

大姑说，好啊，不让勒死妈妈，我就勒死你吧。

这段对白，是模仿的《狼和小羊》里的套路。

于是，姑侄两个人开始追逐。冬冬急慌慌地跑了几圈，突然蹲在地上，捂着脸哭起来。

大姑扒开她的手，要看她是真哭还是假哭。

冬冬放开手，笑着说："我疯着玩的，你看，没泪。"

"给学生讲课去"

"爸爸，我去干点事。"冬冬边说边走出去。停了一小会儿，又走回来。

爸爸问："你刚才干什么去了？"

冬冬答："给学生讲课去。"

---

[1]　茵茵说的是河南方言，语速快一点儿，冬冬有时就听不懂。

"从前"

冬冬对覃覃说："爸爸从前给我买的生日蛋糕、生日蜡烛。"

这里说的"从前"，其实是昨天的事。时间概念真是不容易建立呀！

1988-1-18

喊爸爸起床

早上，爸爸赖床。冬冬又推又叫，都没能喊起来；到吃早饭时，爸爸大声喊，把沙发上的毛衣扔给他。

冬冬凑近爸爸的脸，笑嘻嘻地问："你不是不起床吗？怎么又起床了？"

卡子的游戏

冬冬拽下妈妈头上的卡子，夹在书本里。又故意抖动书本，卡子掉落在桌上，说："妈妈，你的卡子跑没影了，我的书本里没有。"

"跑没影"的表达，很生动。

妈妈也效仿她的做法，把桌上的卡子推落地上，说："卡子呢，跑哪儿了？"

冬冬严肃地对妈妈说："这个事你做错了没有？你改正下！"

明显的，幼儿园老师的口吻。妈妈捞起笔纸，记录这句话。

她扒着妈妈的肩膀，一个劲儿地问："是记冬冬的话呀？是不是记冬冬的话呀？嗯，干什么呀？"

1988-1-19

谁管我呀？

妈妈给家人分工：大姑买菜做饭，爸爸管小姨和两个孩子。

冬冬问："那我呢？"

其实，妈妈已经说了"两个孩子"。

还干什么

冬冬自得其乐，唱着谁也听不懂的歌。不唱了，转脸问妈妈："妈妈，我唱了歌了，还干什么呀？"

卖米酒的

大姑说冬冬，不要再吃那多糖块儿，否则，牙齿会坏掉的。冬冬又拿一块儿糖，对着大姑炫耀说："今天，我非要把这个糖吃掉不可啦。"

这话说得挺坚决的。此时，楼下传来卖米酒的叫卖声。

冬冬也跟着喊："卖米酒喽，卖米酒喽！"

大人们笑了。

冬冬也笑了，说："妈妈，我变成卖米酒的吧？"

生气了，就站楼梯口

冬冬一生气，就跑到楼梯口直直地站着，让大家知道她在生气。今天，两姐妹为争玩具闹别扭，茵茵也气哼哼地站在了楼梯口。

冬冬叫了几声，茵茵不理。

大姑："茵茵回来了没有？"

冬冬："没有。我喊她，她不理我。"

大姑："你怎么不上她跟前去叫？"

冬冬："我一上她跟前，她就跑了。"

大姑："你怎么知道？"

冬冬："我当然知道。"

这是冬冬自己常用的手段，她当然知道。

1988-1-20

茵茵的新衣

茵茵穿件新衣服。

冬冬上下打量一番，说："她变了一个样子，她变样子了。"

"就是了"

小姐俩在楼下玩球。冬冬不高兴，跑楼上告状。

大姑："你想玩，可以跟姐姐要呀？"

冬冬："她有力气，我要不过来。大姑，你有办法吗？"

大姑的办法是："中午，不让她吃饭，好不好？"

冬冬无奈地叹口气，说："我不跟她玩，就是了！"

"熏蚊子的"

冬冬拿着蚊香盒走过来，说："爸爸，你从哪儿买的呀？我打开一看，原来是熏蚊子的。"

她知道蚊香的功能。

爸爸问："你打开了？"

冬冬说："我不叫打开，茵茵非要打开。"

她把打开的责任，推给了表姐。

画画儿

冬冬让爸爸陪同她画画儿，说："明天早上，我给你画个'小矮人'，好吧？"

爸爸问："你说要画什么？"

冬冬答："小人。"

爸爸问："什么是'小人'？"

冬冬答："就是小的人的意思，叫'小人'。"

"大坏蛋，这是。"她画了个老头儿，又画香蕉，边画边说，"我会画香蕉，我不会画裤子。大香蕉陪着小香蕉。爸爸，我会画香蕉了！"

其实，她画的两个香蕉，更像平放着的裤腿。就这，还说自己不会画裤子？

"加了一个苹果。" 她在画的花朵上方，添了一个小球球，又画了许多小串串，说，"爸爸，我画了月季花。"

爸爸问："你画的是月季花？"

冬冬看了看，又说："你想一想吧？这一大串的小鱼。"

"我画好多画，我会。" 她自言自语道。过了一会儿，又说，"爸爸，我画好了。爸爸，我写好了。"

爸爸拿起她的画查看。

她又夺过来，指着画纸，说："这边还没画好的，还没画完。"

三岁的幼儿，是行动性思维，语言伴随动作。她画画儿时，边画边说；也有好多画，是完成后再加以解说的。

1988-1-21

熏蒸治病

妈妈用传统的中医方法治病。煮开中药，倒入大盆中，脚插进去，熏双脚和双膝。为怕热气散去，用小毯子围起来，夹子夹着接口。

冬冬问："这是怎么回事呀？这怎么用夹子夹住呀？"

药膏

冬冬："妈妈，那是什么呀？"

妈妈："那不是小刀子吗？"

冬冬："不是的，在那边，拿过来看看。"

冬冬说着，跑过去拿来，递给妈妈。

妈妈："这是止疼的药膏。"

冬冬："是药膏呀！"

"什么什么的"

冬冬告表姐的状，很委屈地对妈妈说："茵茵表姐说我'小口妮''黑包'什么什么的。"

河南方言，"小口妮"，是指脾气厉害的女孩儿；"黑包"，指吝啬，或是吝啬的人。冬冬还用"什么什么的"，表示还有其他这一类的说法。

妈妈笑了，问："你知道什么是'小口妮''黑包'吗？"

冬冬答："知道，就是偷人家东西。"

"写笔"

冬冬让爸爸讲故事，说："你后说，我前说。"

应当用"先"字。

爸爸说："好。你讲个科学的故事。将来，你也去搞科学研究。"

冬冬说："你将来能写笔。"

"写笔"也是自造词语，意思是用笔写字写书。

田伯伯太厉害

田伯伯来家，冬冬没打招呼。田伯伯故意激怒冬冬，说冬冬不中用，是小笨蛋什么的。冬冬气哭了。事后，大姑问冬冬，为何不与田伯伯争辩？

冬冬说："我也不敢这么使劲吵，他太厉害了。"

推理

捉迷藏。爸爸躲在冬冬背后。

妈妈问："你猜猜，你的背后是谁？"

冬冬立马回答："爸爸。"

妈妈又问："你怎么知道是爸爸，不是姐姐？"

冬冬扬起脸，指指姐姐，说："是爸爸。姐姐在那儿。"

冬冬知道，一物不能两在。既然姐姐在那里，背后就只有爸爸了。这是在用推理捉迷藏。

1988-1-22

想要弟弟妹妹

冬冬："娟娟妈妈，一个妈妈怎么两个儿子呀？怎么生的呀？我也想要个弟弟，抱着他好玩儿。还是我要个小妹妹吧！要个小妹妹，抱着好玩儿。我要一个小妹妹，多好呀？！"

爸爸："让覃覃来给你当小妹妹，好吗？"

"可以。"冬冬又想了想，说，"覃覃好跑。还有小弟弟，还有小妹妹，我要。妈妈，我真想要一个。"

妈妈笑着不说话。这个问题，实在不太好回答。

冬冬又转回头对爸爸说："我要有一个小弟弟、小妹妹多好呀！我上哪儿去找呀？"

爸爸："我给你想个办法。你喜欢哪个小朋友，咱就把他带回来。"

冬冬担心地问："他的妈妈会愿意吗？他到家好跑。"

妈妈灵机一动，说："妈妈给你画个不跑的小弟弟小妹妹，好不好？你要什么样子的？"

冬冬说："我要红颜色的、绿颜色的、紫颜色的、蓝颜色的、黄颜色的、紫红颜色的、解放军颜色的、警长的颜色的。"

此时，冬冬仍纠结着，一个妈妈怎么会有两个孩子？自己非常想要弟弟妹妹，主要是抱着很好玩。但是，如果到外面找来弟弟妹妹吧，既担心那些孩子们的妈妈不同意，还担心他们来家了，也"好跑"。更有趣的是，她要的弟弟妹妹们还有不同的色彩，她要八种颜色的弟弟妹妹，其中包括解放军和警长的颜色。

关灯

冬冬让爸爸关灯，说："大灯亮着，小灯按灭。"

1988-1-23

"妹姐妹"

大姑教冬冬一些人伦关系：爸爸和大姑是兄妹关系，妈妈和姐姐是姑侄关系……

冬冬总结说："什么关系呀？大家都妹姐妹。"

所谓的"妹姐妹"，大约是"姊妹"的意思。

大姑："瞎扯，谁跟你是'妹姐妹'呀！"

对话需要两个人

冬冬："来，我们大家对话。"

大姑："谁跟谁对话？"

"你和我，"冬冬又指姨父和爸爸，说，"他和他。"

人称代词"我、你、他"用得很合适。

大姑："对话要两个人？能不能一个人对话？"

冬冬："不行，要两个人。"

罐头、面条、瓜子

①冬冬刚吃完饭，又想吃罐头。

爸爸怕罐头太凉，吃后肚疼，故意拖延打开罐头的时间。

冬冬急了，嚷道："你怎么不把罐头拿来？你怎么不开呀？"

②冬冬吃面条。

她嫌大姑给她夹得太多了，说："你别扒[1]这么多，一下。"

③姐姐边看电视边嗑瓜子。

平时，姐姐嗑瓜子，都是把瓜子仁给冬冬吃，这次是自己嗑自己吃。

冬冬不满意了，问："姐姐，你自己吃干什么呀？"

姐姐笑着说："吃了舒服呀。"

冬冬说："那我也不舒服呀！"

"也"，是个误用。意思是，你舒服了，我不舒服。

爸爸，姐姐

冬冬回来，没看到爸爸，问："爸爸上哪儿去了？"

妈妈说，爸爸在隔壁房间写论文呢。

冬冬说："爸爸老是写东西，老是不跟我玩，不跟我讲故事，那有什么好玩的？那我也不理他了！我也不理姐姐了。她明天早上不给我拿糖吃，肯定不给我拿糖吃。"

前者是当时真实的心境，谈对爸爸的感受；后者是对姐姐的推测。姐姐曾承诺，明早下班拿糖块儿给冬冬。她很担心姐姐失信。

两分钟与一个钟头

冬冬在床上翻来滚去，不想睡觉，说："妈妈，再睡两分钟，我起床吧？"

妈妈说："不行。你至少要睡一个钟头。"

冬冬说："为什么还要睡一个钟头？我不明白。"

---

[1] 扒：河南方言，动词，意为用筷子"夹""挑"。

她扒着床帮往地下看，发现床前的痰盂上，新换的一个红盖子，问道："换个盖子干什么呀？咱们替着尿，你尿一次，我尿一次。"

冬冬大约弄不清楚，两分钟和一个钟头究竟有多长。但知道一个钟头比两分钟时间长。而且懂得"替着"（轮换）的意义。

睡觉之前

冬冬不想睡前洗澡。恰巧，此时水管里的水，细得像一条线，近乎断流。

大姑说："水小，也得洗，要不明天早上没水——"

冬冬接口道："那可麻烦了。"

1988-1-24

影子的长与短

大姑带冬冬踏着月光散步。路灯下，冬冬高兴地追逐着投射在地上的长长的影子。走到月光下，月亮悬在正头顶，身子投射的影子极短。

冬冬惊奇地问："这怎么短呀？"

光学原理，不好讲呀！

"汽车有没有家"

迎面一辆汽车飞驰而过。

冬冬问："汽车有没有家呀？"

把汽车当作人或是动物了。

命名之由

来到学校的花园。

冬冬问："这怎么叫花园呀？"

对命名之由感兴趣了。

1988-1-25

"看"和"看看"

①冬冬抓一大把瓜子，让爸爸抱着她，给她嗑瓜子吃。

冬冬说："从我手里拿一个。"

很快，冬冬手中的瓜子嗑完了。冬冬下地，再去拿瓜子，说："我看看有没有，好吧？有好多，我拿一大把，好吧？"

②茵茵正翻看一本画册。

冬冬问："你干什么拿我的？"

茵茵不说话，也不抬头，眼睛只盯着书本看。

冬冬对妈妈说："我看一下，她不让我看。"

③茵茵摸自己口袋里的东西。

冬冬想知道口袋里有什么，茵茵用手护着，不让她看。

"我看看也不让看。"冬冬极为不快。为此，她故意气茵茵，高高举起一袋无花果，大声吆喝道，"我有无花果，谁要，我就发给她一袋。"

"冷气"

天太冷，妈妈不让冬冬下楼。冬冬硬是跑下去，又很快跑回来，开心地说："妈妈，我试了一下，没有冷气。"

"试"这个词，用得好。"冷气"是冬冬的自造词。

"一个泡泡一个泡泡的"

冬冬喝酸奶。酸奶瓶壁上，粘附着许多小泡泡。她对小泡泡发生了兴趣，看了又看，说："这个也怪好玩的，一个泡泡一个泡泡的。"

"一个泡泡一个泡泡的"，是"数＋量＋名"结构重叠起来作谓语，是一种生动的表达方式。

几个问句

①姨父去火车站买票。回来时，已经过了吃饭点。爸爸问姨父吃过饭没有，在哪个地方吃的？

姨父说："吃了，在火车站。"

冬冬问："吃的什么饭呀？"

②爸爸找不到梳子，问谁看到了。

冬冬从沙发上拿起梳子，说："这不是梳子吗？"

③看天气预报。

姐姐说："明天零下三度。"

冬冬说："那不更冷了吗？"

1988-1-26

我长大了

早上，冬冬自己边穿衣服边说："我是不是长大了？妈，我长大了，我不爱哭了。"

冬冬过了生日后，的确更加活泼开朗了。

吃冰棒

天极冷。冬冬想吃冰棒，姨父竟然真给她买了。事后，妈妈再次强调，现在不能吃冰棒以及不能吃冰棒的理由。

冬冬不在乎地说："我就吃了根冰棒，那有什么要说的呀？"

接对词语
（1988-01-26）

爸爸说一个词或句子，要求冬冬对一个词或句子，词语之间应有关联。但冬冬所对之词，或有关联，或无关联，多是看见什么说什么

也

院子里的孩子们交换情报，谁都看了什么电视节目。

冬冬说："昨天晚上没有唐老鸭，也有舍利。"

"舍利"是动画片《亮眼睛》上的主人公。这个"也"，用得不对。

悄悄话

小姨说，姨父昨晚又拉了肚子。

姐姐刚下班，一进门，冬冬就拉着姐姐，附耳说悄悄话："姐姐，你来，我跟你说个事。姨父为什么又拉肚子了？"

茵茵看冬冬说悄悄话，很不满意，说："鬼道啥呀！"

"鬼道"是河南话，意为"不庄重""爱说长道短、拨弄是非"等。冬冬听不懂，问姐姐："她说的什么呀，茵茵？"

抹香脂

姐姐的嘴唇上，有几个血口子。

冬冬想办法："抹点香脂好吗？"

姐姐说，冻裂的口子，抹香脂也没有用处。

冬冬追问："怎么不抹？"

小小翻译官
（1988-01-26）

爸爸说一个词，要冬冬译为英语。"树、门、大山"都能译出英语词，"大楼"也临时学会了

1988-1-27

"丑死了"

①妈妈和姐姐都烫了头发。

"你们俩不像以前了，丑死了。"冬冬又说，"妈妈，我觉得你烫得不好看。"

妈妈问："姐姐的呢？"

冬冬说："你们俩都不好看。"

②院子里，一群小朋友在跳舞。

冬冬说："姐姐[1]跳得丑死了，大家都笑她。"

"丑"，在上段对话里，指容貌；在后面一句话里，指行为。

孩子对爸爸的心理期待

冬冬无缘无故地哭闹。爸爸故意气势汹汹地，高高扬起巴掌。她立马停止了哭泣，直视着爸爸的巴掌，说："当爸爸的都是这样的，光生气，打。别人当爸爸都这样。我哭，爸爸怪我。"

冬冬的"当爸爸的都是这样的"，来自于前几天茵茵也哭得没完没了，姨父生气，轻轻拍了茵茵两下。

妈妈问："冬冬，告诉妈妈，爸爸对你好不好？"

冬冬说："好。但是，好打我。我一哭，他不是抱着我亲一亲，讲道理。"

听了这话，爸爸忙抱起冬冬，在她脸上亲一下，道歉说："冬冬，对不起！"

冬冬说："我哭的时候，你跟我讲道理啊！爱打我，我去找个新爸爸去。"

爸爸保证说，今后不打她了。如果她犯了错误，就抱起她来亲一下，再讲道理。

冬冬又说："那你怎么不这样哩？！"

在短短几天内，冬冬两次评论爸爸，可见孩子对爸爸是有心理期待的。今日一席话，准确描绘了在孩子心目中，父母教育孩子，应该采用什么样的教育方式、教育方法。

"吃口心脏吧"

妈妈提议，每个人讲个故事！

---

[1] 姐姐：指其中一个年龄比冬冬大的小朋友。

冬冬正吃杏肉，说："我吃完了，再谈论，好吗？"

妈妈说："可以。赶快吃！"

冬冬指着自己的胸口，说："妈妈，我心脏疼。"

妈妈说，胸口的地方，是胃，不是心脏。为让她有感性认识，拿着她的小手，按在妈妈心脏的位置。

冬冬很高兴地摸着妈妈的胸脯，说："妈妈，我吃口心脏吧。"

"谈论""心脏"，都是书面语色彩的词。

1988-1-28

太阳公公和女娲

早上，妈妈说："冬冬，起床吧，太阳公公已经出来了！"

冬冬说："我怎么看不见呀？"

妈妈说："你闭着眼睛，当然看不见，要睁大眼睛才行。"

冬冬说："我只能睁小眼，不能睁大眼。"

"只"是一个副词，表示仅限于某个较小的范围。冬冬很少使用"只"，见到的有"只有""只剩"。今天的"只能"，还是第一次使用。而且，"小眼""大眼"之说也很形象：睁不开眼睛，谓之睁"小眼"；睁得开眼睛，谓之睁"大眼"。

冬冬又问："妈妈，太阳公公是不是女娲变的呀？"

爸爸讲《女娲补天》的故事时，曾说过空中五彩斑斓的早霞，就是用五色石炼成的。冬冬从太阳公公散发的光芒，联想到女娲补天的故事。

联想，是幼儿成长的一双翅膀。

买梨子的路上

冬冬咳嗽了好大一阵子，喘息着说："每天就这样咳嗽一阵儿，

为什么叫"老咯"
（1988-01-26）

冬冬有个浑号叫"老咯"。爸爸问她为什么叫"老咯"，她竟反说爸爸叫"老咯"，爸爸小时候"咯哇哇"地哭！真是个"调皮佬"

可难受了。"

妈妈很心疼，说："咱去买梨子，放白冰糖，煮梨水喝，治咳嗽！"

她拉着妈妈的手，一起去马房山买梨子。

路上，冬冬说："我记得妈妈腿很不好，我记得妈妈腿，两个很不好。"

路经武汉工学院，院内路旁有个很深的大洞。

冬冬问："我要是掉进大洞里，你怎么办？"

妈妈笑了，反问："你说呢？"

冬冬想了下，说："你用大棍子把我捞出来，我赶忙爬呀爬！"

妈妈夸奖冬冬会动脑筋。

这段对话，冬冬的语言很丰富。用"每天……一阵子"表示对自己疾病的担忧；用"我记得"表示所知之事；用"要是"表示假设情况的发生；"用大棍子把我捞出来"，是"用"字句、"把"字句连用，把复杂的意思清晰地表达出来。三岁过后，冬冬的语言面貌真的很不一样了。

"我要是被大灰狼吃掉了……"

暑假在舅舅家，大白鹅被狼吃掉的事，冬冬记忆深刻。

她说："姥姥家的大白鹅，被大灰狼背走了，背到草丛里吃掉了。姐姐，我要是被大灰狼吃掉了，你怎么办？"

姐姐反问道："你说，我怎么办？"

冬冬的招数是："你拿一根大棒子，把大灰狼打死，用刀子割开它的肚子，把我弄出来，把大白鹅也弄出来。"

两个半月前（1987年11月7日），冬冬谈论过对付大灰狼的三个招数："拐个弯"甩掉大灰狼；跑到人多的地方；躲在大树后面，大灰狼看不见。这些招数都是消极逃避。而这一次不同了，自己被

抽烟人是"男胡子"
（1988-01-26）

爸爸和姨父抽烟，是"男胡子"。自造词，挺有趣

大灰狼吃了，则要加之刀棒，死而剖之。救出自己时，还不忘也救出大白鹅。

说话绕圈子

冬冬跑进书房。爸爸正在工作，说："冬冬，出去玩，别跟爸爸捣乱！"

冬冬说："不是来玩的，是拿手套的。"

她拿起手套，指着书架上幼儿教育的书，说，"这是我的，谁也不准动。"

爸爸说，你的书，没人动你的，快点走吧！

她拽着爸爸的胳膊，亲昵地说："爸爸，我练习骑车子！"

这才是冬冬来书房的真正目的，说话还学会了绕圈子。爸爸起身，去推冬冬的小车子，车座有些晃动。

爸爸说："我看你的车子怎么了？是不是坏了？"

冬冬说："是，这个螺丝掉了。"

一颗螺丝钉真的松了。看来冬冬早就知道。爸爸找来钳子，把螺丝拧紧。

"没到站"

冬冬扶着小车的车把，茵茵在后面推，走了一小段路。

爸爸说："好喽，到站了。"

到站就要停车。茵茵不推了，车子停下来。

冬冬不同意，说："还没到站呢！"

她用"没到站"，来表达自己不想停下来的愿望。

没说"这么长"的话

爸爸忙去记录冬冬的话。

冬冬问："干什么？"

爸爸说，要记你说的话。

冬冬说："我没说什么话呀，爸爸？"

爸爸又转身，记下了刚说的这一句。

冬冬的兴趣还在车子上，拽着写字的爸爸，说："怎么还没记完呀，爸爸？我的没有这么长。爸爸，你干什么呀，爸爸。"

注意观察

①爸爸择葱，冬冬也跟着做家务。

冬冬指着葱，问："这个为什么一掐一个印，才掉下来呀？"

②天阴沉沉的，没有阳光。

冬冬问："妈妈，天气咋变了呀？"

接话茬儿

①妈妈的关节疼得厉害，爸爸提议去医院做做按摩。

冬冬问："妈妈，按摩干什么呀？"

②爸爸夸覃覃不爱哭，是个好孩子。

冬冬连连问："那我呢，那我呢？"

③近日，大人常议论，青年教师有搬到养鸡场青年住房的可能性。冬冬听到心里去了。

大人们今天又在说此事。冬冬冷不丁冒出一句："要是搬家了，多高兴呀！林阿姨和朱叔叔怎么两个屋呀？"

别人并未跟冬冬说话，但她耳朵管用，还会冷不丁地接话茬儿。

"像……那样"

妈妈整理冬冬脖子下的围巾，用力可能大了点儿。

冬冬说："你这是干什么呀？像大姑那样？把我勒死了怎么办？讨厌死人！"

肚肚、心脏"想"小姨
（1988-01-28）

小姨要回老家，冬冬说她会想小姨。小姨问哪儿想？冬冬说"肚肚想""心脏想"。小姨很激动，建议冬冬与她一起走。冬冬说，她要与妈妈一起生活

1181

睡觉还是离不开爸爸妈妈

冬冬要下楼找小姨睡觉，对爸爸说："把我的衣服拿下去，我在底下睡。"

"底下"指楼下的房间。爸爸让姐姐带她到楼下。很快，她又上来了。

爸爸问："你吵吵着要下楼，怎么又回来了？"

冬冬抱着爸爸，答道："因为我想你们两个了。"

会开玩笑了

睡觉前，爸爸想跟冬冬玩一会儿。她推着爸爸，说："赶快看你的报纸去吧！"

爸爸不走，去捉她。

她在被窝里钻来钻去，自言道："我是小乌龟！"

爸爸捉到了冬冬。她双手一拍枕头，装作生气了。紧接着，又回眸一笑，说："我跟你开个玩笑。"

睡被窝里吃苹果

妈妈要爸爸拿个苹果过来。

冬冬问："妈妈，你干什么拿一个苹果？给谁吃呢？"

妈妈反问她："你说给谁吃？"

冬冬有把握地说："冬冬。"

冬冬拿到苹果，高兴得又蹦又跳。

爸爸说："我想，被窝里暖和，你应该是钻进窝窝里面吃。"

冬冬故意拧着劲说："我想，我不应该睡到窝窝里面吃。"

话虽如此，冬冬还是钻进了被窝里去，说："吃这个苹果的时候，不要看报纸。"

这是个熟透的面苹果，啃一口，直往下掉碎渣渣。

冬冬边吃边说："我这个面糊糊的，妈妈！可面可面的，真面，你尝一尝，妈妈！"

为说苹果"面"，连着用了三种语言手段："面糊糊的"，加重叠后缀"糊糊"；"可面可面的"，前加表强调的语气副词"可"，再重叠；"真面"，前加表示"的确"意义的副词"真"。

1988-1-29

冬冬和茵茵

①吃饭。茵茵顺手把一块儿馒头，丢进爸爸的碗里。

冬冬对爸爸说："放到她碗里。"

②冬冬拉着茵茵比个头，说："我们到跟前比一比，来！来，比一比。"

茵茵不接话茬儿，走开了。

③冬冬踮着脚，想把梳子放到五屉柜上。个子矮，放不上。

冬冬说："这桌太高，我够不着。茵茵来了，我就小了。我再也不给你汉字积木什么什么的了！"

因为茵茵来了，冬冬觉得自己变小了。这就是儿童的"相对论"。为此，竟然就不让茵茵玩她的汉字积木了。又一次记录到冬冬使用"什么什么的"。

有胡子，才扎人

爸爸故意逗冬冬，说："冬冬有胡子。冬冬长胡子喽！"

冬冬不理爸爸，径直走到妈妈跟前，把下巴贴在妈妈脸上，蹭一蹭，问："扎不扎人呀？"

是的，如果不扎人，就是没有胡子。

改"小孩儿"为"大人"

河南儿歌："红眼绿鼻子，四只毛蹄子。走路踏踏响，专喝小孩儿的稀鼻子……"

大人在说到"专喝小孩儿的稀鼻子"时，会故意憋粗声音，拖长音调，做出姿态，把冬冬吓得连忙跑开。今天，冬冬学会了这首儿歌，并把"专喝小孩儿的稀鼻子"，改为"专喝大人的稀鼻子"。每次说到这一句，她都高兴得手舞足蹈，张牙舞爪地去抓大人的鼻子。

"但是"之妙

童话故事中，常出现大灰狼等凶恶的动物。冬冬让妈妈证实："没有大灰狼，妈妈是骗我的。"或者说："没有红眼绿鼻子，那是假的。"

妈妈看着冬冬期待的眼神，不忍心再吓唬她，只好说，对，那些都是假的。

对于这个问题，妈妈很纠结。常常承认了是拿这些动物吓唬人之后，再用"但是"来个转折。只要一说"但是"，不管有无下文，冬冬就"嗖"一下子，钻进被窝，一动也不动。

由此可见，她真正懂得"但是"的转折义了。

吃饭

中午，冬冬端着满满一碗米饭，出去转了好大会儿，可连一粒米都没吃。大姑很生气，夺过饭碗，放在桌上。

冬冬眼泪汪汪地走开了。按照平时的脾气，她会跑到楼梯口生闷气！没想到，她出去转了一圈又跑回来。见大姑正吃她的米饭，夺过碗来，往碗里夹几块藕，端着碗吃起来。

好胜而不争强？

大姑提醒妈妈，冬冬好胜，却不争强。谁比她强点，她就承受不了：情绪低落，甚至会放弃竞争。不久前菁菁教她跳舞，就是这样。

今天上午，冬冬和茵茵比赛背诵诗歌。你一首我一首，很流畅地背了十多首。茵茵背诵李白的五绝："危楼高百尺，手可摘星辰。不敢高声语，恐惊天上人。"

冬冬没学过这首诗，就开始闹情绪。大姑说，你可以背其他诗。冬冬不干，以至于后来大哭起来。

大姑提醒得对。好胜的前提，应是争强。今后，应加强这方面的教育。

自我保护

夜里，大家刚睡下，冬冬就要去解手。大姑让她独自去门外的厕所。她推开厕所门，又回身喊道："大姑，你帮我一下吧。厕所里水不深[1]，但是我不会叉腿。"

厕所便池是蹲位的，比较宽。她想叉开双腿蹲在上面，的确没有安全保证。

1988-1-30

"害怕爸爸丢了"

上午，爸爸和姨父一起上街。中午时分，姨父回来了，爸爸没有跟姨父一起回来。姨父刚进家，冬冬却莫名其妙地哭起来。大家问她，为什么哭？

冬冬哭着说："我害怕爸爸丢了，我也害怕姨父弄丢了。"

姨父安慰说，别担心啊，爸爸有事去了中文系，很快就回来。

冬冬马上破涕为笑，蹦蹦跳跳出去玩了。

吃甘蔗，爬床

冬冬想吃甘蔗了，说："妈妈，我刚才那个大的，不是放篓里了？"

姐姐拿出甘蔗来。

冬冬爬上床，坐在床沿儿，准备吃甘蔗。她拿甘蔗的手，往后摆了一下，

---

[1] 大便池中的水。

一不小心，碰着了妈妈的下巴。

妈妈问："你怎么拿着甘蔗，往妈妈脸上捣？"

冬冬调皮地说了个不是理由的理由："你不理我吗？"

然后，跷起穿鞋子的双脚，高举着甘蔗，横爬到床的另一边，说，"妈妈，我从床上撅着脚爬过来了。"

"撅着脚"是个奇特的说法，意思是抬着脚。因为穿着鞋子，怕把床弄脏了。

冬冬用这个姿势，"爬"过来停一停，"爬"过去停一停。"爬"了三次，说："我休息了三下了。"

就是想掺和

①冬冬把她的玩具钢琴，搬到爸爸的书桌上，弹了一会儿，又去扒拉爸爸的书。

爸爸问：你找什么？

冬冬答："爸爸，我想看看书，弹钢琴。我要喝酸奶茶，休息了以后。"

"书"，指的是琴谱；"酸奶茶"，是水冲奶粉。其实，她就是想跟爸爸掺和。

②爸爸抽着烟写作。

冬冬也想嚐一下烟头，对爸爸说："请我吹一下，好吗？"

用了礼貌语"请"。把吸烟说成"吹"。

吃面

晚饭是面条，这是河南人的饮食习惯。

冬冬坐的椅子，离饭桌远了点。她拉拉爸爸的袖子，再指自己的椅子，说："离多远，你看？"

爸爸帮她调整了一下椅子。大姑让冬冬和茵茵比赛吃面。冬冬刚学会用筷子，每次只能夹一根面条，往口中送时，还常常滑落。

冬冬说："我当然不吃得快了，我吃得慢。"

小姨说："冬冬，喝点汤，好不好？喝面条汤聪明。"

冬冬说："我也知道。"

小姨说："这就奇了怪了？我刚看到报纸上说的，你咋就知道了？"

冬冬笑着说："懂的。我想的，我想的，自己。"

过了一会，冬冬对小姨说："搂住我，好吗？"

小姨爽快地答应了。冬冬忙夹一根面条，放进小姨碗里，算是感谢。

大姑问，为什么给小姨夹面条？

冬冬答："我待小姨亲。小姨，听我唱唱，好不好？"

大家一起鼓掌起哄。冬冬推开饭碗，扯高嗓门，载歌载舞，唱起了《采蘑菇的小姑娘》。

1988-1-31

"简直不要命"

早上，妈妈吃中药。

冬冬感叹道："苦死了，简直不要命！"

"简直"是一个带有夸张意味的副词。冬冬第一次用。

"麻烦"与"不麻烦"

上午，冬冬和茵茵去商店买零食。茵茵一袋糖片，冬冬一袋麻花。回到家，茵茵把糖片先让大姨吃。冬冬却把自己的麻花袋，抓得紧紧的。

妈妈说："冬冬，让大家尝尝你的麻花。"

冬冬说："不准大人尝。大人吃了就麻烦，小孩吃了不麻烦。商店的阿姨说的。"

冬冬故意吃得津津有味，说："我的麻花可好吃了。妈妈，我给你。"

妈妈说："我不能吃，吃了麻烦。"

冬冬说："不麻烦，不麻烦。"

妈妈问："关于麻烦的事，真是商店阿姨说的？"

冬冬说实话了："商店阿姨没有说，我骗你的！"

冬冬伸手跟茵茵要糖片，说："我尝尝你的。"

茵茵不说话。

冬冬把手中的麻花递给茵茵，说："你吃我的，我吃你的，互相好吗？"

"互相"的词性，还是没有掌握。

"神经头"

爸爸和姨父聊得很开心，不时地开怀大笑。

冬冬说："爸爸是神经头！"

冬冬心目中的"神经头"，可能就是这样子的。

吃饭之时

饭菜已摆上桌。

冬冬看大家都坐好了，自己找不到座位，对爸爸说："爸爸，别人都吃饭了了！我没法坐了！"

"吃饭了了"，意思是都吃起饭来了。

爸爸让冬冬坐在膝盖上。冬冬坐上膝盖，觉得个子高了，问："你看我长高了没有？"

大家齐声附和，说冬冬了不起，长得真高！

"我学会用筷子了！" 冬冬继续表现她的"了不起"，夹起一根青菜向大家炫耀。话犹不及，青菜滑落了，说，"掉了，都掉在我身上了。"

"仨"

冬冬掂起桌上的一本画书，问："妈妈，我记得是仨书，怎么一本了？不是三本吗？"

她知道"仨"与"三"的关系。

女孩和男孩，不能睡一起

晚上，妈妈和冬冬在楼上，其他人都到楼下去，看电视连续剧《马永贞》。

冬冬拍着被窝说："这边让妈妈睡，这边让姐姐睡。"

妈妈："爸爸呢？"

冬冬："爸爸去跟大姑睡。"

妈妈："那可不行，爸爸是男的！"

冬冬："男孩儿和男孩儿睡一块儿，女孩儿和女孩儿睡一块儿。我们两个是女孩儿，还要和爸爸睡一起？"

这又是个不好解释的问题。

"没有……，只有……"

冬冬："妈妈，你说，让我上幼儿园，错了没有？"

妈妈："怎么错了？"

冬冬："幼儿园里没有汉字积木，也没有搭房积木，只有颜色积木，不好玩，我不想去。"

拿痰盂

全家人都在楼下看电视。冬冬要解手。妈妈喊楼下的人上来帮忙。冬冬也跟着妈妈大声喊："你们的冬冬要尿尿了！"

喊叫了好大会儿，还是没有人上楼。

她问妈妈："他们待不待我亲呀？那为什么不来呀？"

妈妈只好自己去厕所拿痰盂。冬冬关心妈妈，不让妈妈起床，赤裸身子爬出来，使劲压住妈妈的头。妈妈呼吸困难，本能地用力反抗。"咕咚"一声响，冬冬的头撞在床头上，大哭起来。

大家听见哭声，匆忙跑上楼来。

1988-2-1

"客人来了，打扮漂亮一点儿"

冬冬自己扎了无数个小辫子，把长短不一、花花绿绿的头绳，都挂到发辫上。

爸爸正和两个学生谈论文。冬冬兴高采烈跑到书房，学生们看她俏皮的模样儿，偷偷地笑了。冬冬出来，对妈妈说："妈妈，那几个阿姨笑我了，她们说我不好看？"

妈妈说："她们不会说你不好看！"

冬冬说："笑我干什么呀？刚才她们怎么笑我呀？"

妈妈说，笑你，是喜欢你。小女孩儿打扮得好看，大家都喜欢。

"我是一个小姑娘，客人来了，打扮漂亮一点儿。我去上班了！"她朝门口走两步，又回身看着妈妈和姐姐，严肃地说，"同学们，我的同学们都是这样的，四个辫子，五个辫子。哎，二姐，看我漂亮吗？"

"我是京剧"

电视里，正播放京剧。

冬冬模仿花旦的打扮，把纱巾围在腰间做裙子，再拉两条枕巾，裹在胳膊上，当水袖。歪头斜身，甩动水袖，小碎步地转圆场。

大家鼓掌。

冬冬高兴地说："我是京剧。我是一个大京剧，我唱一首大京剧。"

把脸当气球吹

冬冬对着爸爸的脸吹气。边吹边说："是个大气球，你的脸。"

她买过气球，看过瘪气球被吹圆的过程。把爸爸的脸当气球吹，联想很奇特。

画小花

冬冬正画画。

爸爸："你画的是什么？是大树吧？"

"不是，是个小花。"冬冬又说："我想叫妈妈看一看。"

自己取筷子

吃饭时，冬冬去给大家拿筷子。筷笼挂得较高。平时她拿筷子，都是让别人抱着，她才能把手伸进筷笼里。

这次，大姑又本能地想要去帮忙。

冬冬阻止道："别弄，我自己掏。"

1988-2-2

"在家等着"

妈妈的堂妹梅姨来武汉办事，住在家里。冬冬很喜欢梅姨。该睡午觉了。梅姨说，冬冬能乖乖睡午觉，就带她去买好吃的。

冬冬说："梅姨，你给我买无花果。我不去，你一个人去，我在家等着。"

见不到我，你怎么办？

冬冬拿一条纱巾，在脖子里绕来绕去。妈妈说，不能使劲勒脖子。一不小心，会勒死人的。

冬冬似乎误解了，说："你勒死我，就再也见不到我，你怎么办？"

妈妈解释说："妈妈怎么会勒死你？你好好的，怎么能见不到？"

冬冬又说："妈妈，你怎么办？"

妈妈明白了她的关注点，说："你是说如果见不到你怎么办，对不对？那可不行！"

冬冬满足地笑了。

1988-2-3

"换一换"

茵茵的鞋子湿了。

冬冬说："我要给她换一换。"

刺与鱼刺

昨晚，冬冬手指上扎了个小刺。大姑拿个小针，要把小刺挑出来，冬冬不让。

今早，冬冬一直翘着手指，说："我的手一碰就疼，一按就疼，一拨就疼。妈妈，我勇敢不勇敢呀？"

"碰、按、拨"三个动词，描述了三种情况：不经意地触到刺，用手轻按刺，用针挑刺。大姑听冬冬自夸勇敢，故意逗她，模仿冬冬有次吃鱼，被鱼刺卡住的狼狈相。

冬冬不知是模仿她被鱼刺卡住的样子，误以为是大姑被卡住了，担心地问："你怎么样呀，大姑？你卡着没有呀？"

没有路灯，害怕

晚上，爸爸带冬冬在校园散步。

冬冬突然叫起来："我害怕。"

爸爸问："为什么？为什么害怕？"

冬冬说："这里没有灯。"

"一小点儿"

妈妈在床上休息。

冬冬啃着大苹果，问："妈妈，你怎么不睡呀？"

妈妈说："你吃苹果，妈妈也想吃点儿苹果，可以吗？"

"咬一小点儿！"冬冬递苹果给妈妈，又突然把手蜷回去，说，"我给你咬。"

她吝啬地咬下一小口儿苹果，递给妈妈。

1988-2-4

"回来、回去"

春节将至，回河南过年的事，又被家人提上了议事日程。

父母商量，今年不让冬冬回去了。妈妈对冬冬承诺，在武汉过年，会买好多好多的鞭炮，还带她去放炮、捡炮等等。

冬冬被妈妈所描绘的热闹情景所吸引，表态说："我再也不想离开你了。"

她表态虽然很坚决，但对于回不回老家，内心仍很纠结。一会儿说回去，一会儿又说不回。

妈妈说："别回去了。你回老家了，妈妈想你怎么办？"

冬冬说："老家的好多好多人都想我。武汉的人想我了，我就回来；河南的人想我了，我就回去。"

"回来""回去"用得挺好。"回"是"回家"的"回"，她已经认为武汉是家，河南也是家。"来、去"的使用，需要有地点参照。朝向参照点的移动为"来"，离开参照点的移动为"去"。人们一般是把自己作为参照点的，但这句话里，冬冬是把武汉作为参照点来使用"回来""回去"的。

爷爷的话题

冬冬问妈妈："你见过你的爷爷没有？"

妈妈说："没有。"

"你小时候在爷爷家，肯定见过！"冬冬又问，"你们家在哪里呀？你小时候的家在哪里呀？"

冬冬把自己的经验，套用在他人身上。冬冬去过自己的爷爷奶奶家，见过自己的爷爷，就认为妈妈也应该见过妈妈的爷爷，甚至对妈妈"小时候的家"也感兴趣了。

命题讲故事

冬冬让人讲故事，她来命题，就像"命题作文"一样。

她要妈妈讲小鸡的故事。

妈妈讲了小鸡遇到的种种危险，又说，一群小蝌蚪，游了过来……

冬冬认为，妈妈讲跑题了，说："讲小鸡小鸡，怎么讲成这个了？"

不要叫我"小伢"

妈妈带着冬冬，路遇中文系的同事，介绍冬冬说"这是我家小伢"。离开后，冬冬问妈妈："妈妈，你怎么叫我'小伢'呀？"

妈妈："'小伢'是武汉话里'小孩儿'的意思！"

冬冬："我希望你不要叫我'小伢'。"

挑刺与嫉妒

茵茵比冬冬大两岁，讲故事，条理清楚，头头是道。冬冬不服气，常常去挑刺。茵茵刚讲了"土匪弟弟"的故事。

冬冬说："土匪弟弟？茵茵说的，她骗我的。一会儿说，不是土匪弟弟。"

最让冬冬妒忌的是，小姨每天晚上都搂着茵茵睡觉。

夜里十点，小姨、姨父和茵茵一家三口下楼睡觉，冬冬拉着小姨说："我不叫你走，非叫你睡这。"

小姨说："那可不行。走吧，你也下去，今晚小姨搂着你睡觉！"

冬冬高兴了，跟着小姨、姨父和茵茵下楼去。一边下楼一边喊："妈妈，两个大人和两个小孩走了，啊！"

不大会儿，楼下传来了她的哭叫声。

大姑跑下去，抱她上来。原来她坚持要脱茵茵的衣服，茵茵不同意。

冬冬委屈地说："我从前给她脱过。她自己不会弄，非要人家弄，不叫我弄，我就没有办法。茵茵一下子把我推到那个沟里了。"

茵茵让小姨脱衣服，"人家"说的是小姨。"沟里"，也不过是床的里边。

1988-2-5

剪纸

冬冬学着剪纸，有点难，说："这我学不会，怎么回事呀？怎么这么难铰呀？我不想再剪了。"

"蘸墨水的同志"

妈妈把冬冬的语言卡片，转抄在笔记本上。妈妈写一个字，冬冬要过笔，去蘸一次墨水。

冬冬边蘸墨水边说："我是蘸墨水的同志。"

以工作命名，还用了当时大人之间的称谓"同志"。

"三大根"

茵茵吃甘蔗。

冬冬对姨父说："这时候，她吃我的了。明天你给我买三大根。"

前天，冬冬用了"咬一小点儿"，今天又说"三大根"。数量词语中间加上"大、小"，不仅是对数量大小的实质性描述，更反映说话人的主观态度。

小孩儿教育大人

小姨生病，情绪特别低落。姨父说了几句玩笑话，小姨就生气了，放下筷子，赌气下楼去。冬冬端着小姨的饭碗，追着叫"小姨，小姨"，撵了下去。

过了一会儿，冬冬回来，饭碗是空的。

妈妈惊奇地问："冬冬，饭呢？你让小姨吃饭了？"

冬冬点点头，说："我跟小姨说'你要改正，不要这样'。"

小孩儿竟然教育大人？

"不想再活下去了"

冬冬："妈妈，茵茵老惹我生气！"

妈妈："那你惹姐姐生过气吗？"

"她惹我生气，我跟她吵架。"冬冬话锋一转，说，"妈妈，我真的不想再活下去了。"

妈妈很吃惊：小姐妹闹点小矛盾，就不想活了，这也太夸张了吧。

冬冬："你为什么不给我买地球仪？"

小题大做！"不想再活"，原来是没给她买地球仪！

1988-2-6

冬冬的"紧张"

中午，南湖食堂突发了一个小事故。

姐姐叙述当时的情景，说："我当时紧张死了！"

冬冬："姐姐，你怎么紧张啊，紧张的？"

姐姐："你知道什么叫'紧张'吗？"

冬冬："怕人家抓住。"

泪水，从眼里流出来

冬冬玩了四十多分钟的积木，打个哈欠，说："我一睁眼，这水儿就跑出来了。"

妈妈说，这"水儿"，是"眼泪"。

冬冬调整了一下刚才说的话："我一打哈欠，泪就跑出来了。"

妈妈："冬冬，泪水，是从哪儿跑出来的？"

冬冬："从眼里。"

妈妈："泪水，为什么从眼里流出来？鼻子里怎么不流泪水呢？"

冬冬："妈妈，给我说，泪是怎么流出来的？"

冬冬现在对生理现象、自然现象，非常感兴趣，总是究根问底。这是观察力、好奇心、求知欲综合作用的结果，也预示着知识大发展时期即将到来。

1988-2-7

坚定信心回老家

冬冬把爸爸买回的鞭炮，摆在床上，边摆边说："一天放两支。"

从姐姐等人上街买东西，为回老家做准备开始，冬冬就变得闷闷不乐。

妈妈问她，为什么不开心？是想跟大姑一起回去吗？

冬冬说："不回去。妈妈想我怎么办？"

大姑问，冬冬，你回老家吗？

冬冬答："回去。"

大姑："你回去，想爸爸妈妈怎么办？"

冬冬："不想。"

大姑："哭不哭？"

冬冬："不哭。"

大姑："哭了怎么办？"

冬冬："挨怪，打屁屁。"

妈妈说："好吧，想回去就回去吧！你去跟爸爸说一声！"

冬冬跑到书房，说："爸爸，我要回去了，你同意吗？"

爸爸："同意。你回去真不闹人吧？"

冬冬："不闹人啊，没关系的！"

爸爸："你回去，要看看老太儿的眼睛，好了没有？"

冬冬："我相信老太儿已经好了。我想老太儿已经好了。"

爸爸："回去了，给爷爷奶奶跪下磕个头？！"

冬冬："跪那儿磕头，可不行。"

既然得到了父母的同意，冬冬便开始收拾衣服，把衣服往小包里装。大姑说，衣服太多，装不下。她又从包里一件件地拉出来，忙得不亦乐乎！

晚饭后，准备出发了。冬冬走到妈妈跟前，吻了一下，马上闪开身，跑到离妈妈远远的地方站住。下楼，坐在自行车上，又吻一下妈妈，高高兴兴地说"再见"。爸爸要推自行车，冬冬让姐姐推，生怕爸爸再把她推回来。

回老家之心，太迫切了！

棍子、大枪与大灰狼

冬冬跟大姑和姐姐一起回老家。火车上，大姑讲故事。

冬冬对《大灰狼》的故事很感兴趣，说："棍子和枪不一样。棍子不厉害，枪厉害。大灰狼能把棍子咬断。"

大姑说："买一支猎枪，你去打大灰狼？"

冬冬神气地说："给我也买一个大枪，里边装点毒药，到大森林里，啪啪……，把大灰狼打死了。"

大姑把故事顺下去："打死了，拉回家，剥了皮，煮煮吃！"

冬冬装出害怕的样子，说："大姑，我不敢看它的脸。"

大姑："为什么呀？"

冬冬："它的脸丑。"

伴随着车轮"哐当哐当"的行进节奏，冬冬瞌睡了，说："大姑，我想睡觉，我没精神。"

大姑："怎么了？"

冬冬："因为我不得劲儿！"

1988-2-8

到马谷田

从明港大火车站下车，再转小火车。上午十一点左右，就到了泌阳县马谷田街。大姑回张庄奶奶家，姐姐带冬冬去姥姥家。

冬冬很快跟姥姥、小玉姐姐熟悉了。但认为姐姐和舅舅家不是一家人，多次要上姐姐家去。

1988-2-9

漂亮的小姑

上午，大姑把冬冬接回张庄爷爷家。

大姑问她，为什么刚到舅舅家一天，就吵着要来奶奶家过年？

冬冬答："到奶奶家过年，找老四过年。"

奶奶问："是冬冬漂亮呀，还是小姑漂亮呀？"

冬冬："老四漂亮。"

大姑问她，小姑怎么漂亮？

冬冬："大姑，老四的眼睛长得小。"

小牛

爷爷家的两头牛，拴在院子里的大树上，吃喝拉撒都在院子里。冬冬捂着鼻子跑过院子，说："好臭呀！"

大姑指给冬冬看：一头小牛，正钻进母牛肚子下吃奶。

冬冬很惊讶，大叫："一个小牛娃儿，在吃她妈妈的小屁股哩。"

小猫

一只猫咪从院子跑过去。

冬冬对大姑说："小猫四个腿，她听我的话，不听你的话。"

"苦的、甜的"

爷爷想抱冬冬。

冬冬缩着身子，往后退。指着墙上的照片，转移爷爷的注意力，说："你看一看。"

爷爷让她吃花生。

冬冬说："不吃，苦的。"

奶奶递给她一个花生米。

冬冬接过花生，嘻嘻地笑，说："甜的。"

放炮小指挥

冬冬伸出食指和中指，要小姑放炮，说："一次放两个。"

小姑点燃了两个响炮。

冬冬让大家继续放炮："小奇叔叔放两个，大姑放两个，爷爷放两个，我和小姑不放两个。我和小姑是指挥。"

放炮仗，还需要设"指挥"一职。

"散步"

一群小朋友找冬冬玩。

冬冬脖子里的红纱巾，被北风吹得飘了起来。小朋友们想帮忙拉一把。她身子一扭，制止说："我才不让你们招。"

冬冬背着手来回踱步，对小朋友们说："谁都不准走！我走一走，散步的。"

质朴的农村小朋友，很听话地站在原地，只有她一个人走来走去。

1988-2-10

追鸡

一群散养的鸡子，悠闲地觅食。冬冬跑过来，鸡子吓得"咯咯嗒嗒"地一阵乱飞。她跟在鸡子后面，穷追不舍。

奶奶逗趣说："鸡子害怕你，你是女总统。"

冬冬辩白地说："我现在是个小冬冬。"

洗碗

奶奶洗碗，冬冬也参与。很快，她的棉袄袖子湿了大半截。

奶奶说，别在这捣乱了，找姑姑玩去。

冬冬说："我喜欢大人和我一起弄，我也喜欢奶奶和我一起弄。"

与农村的小朋友

孩子们邀冬冬去村外玩儿，大姑同意了。冬冬第一次单独走过村口的独木桥。后来，大姑问她，摔跤了没有？

冬冬："没有。桥可宽可宽了。小朋友们一个一个地过，然后大人过。"

村里的小朋友们，众星捧月似的围着冬冬转。

冬冬很得意，说："每个人都看看我写什么字。"

她画了个大蜗牛，解释说："这是圆方形的。"

期待月亮和星星

冬冬白天也要放炮。大人告诉她，天黑了，出了星星才能放，那样才好看。

天刚黄昏，冬冬就叫起来："怎么没有月亮和星星呀？天黑了，怎么还没有月亮和星星呀？"

1988-2-11

只有人，才能当总统

早上起床，冬冬转了一会儿床头上的转轴，说："光转没意思。"

"光"是个副词，相当于"只"。

小奇叔叔带她出外看牛。

叔叔："咱家的牛娃儿，能不能当女总统？"

冬冬："不能。"

叔叔："为什么？"

冬冬："因为它是牛，它不是人。"

1988-2-12

也想去赶集

大姑要上高邑街去赶年集，冬冬也要跟着去。

大姑说："咱们商量商量，你在家等着好不好？"

冬冬说："我不同意，我不同意你的意见。你一个人，黑猫警长会把你抓起来的。"

"我不同意你的意见"，是个很成人化的表达。

姑侄调侃

冬冬独自跑到院子外面，玩了好大会儿才回来。

大姑开玩笑地说："你出去这大会儿还不回来。我想啊，你是掉到厕所里了？"

冬冬反击说："我想，你掉到桶子里了。我们两个都想着。"

"我们两个都想着"，大约是说两个人都说了"我想"，都在思考着。

牙齿的秘密

冬冬神秘兮兮地跟奶奶耳语，说："奶奶，我跟你说个事。小伏姑姑的牙齿掉了一个。小奇叔叔的牙齿一个在里边，一个在外边。"

1988-2-13

不是两下，是三下

冬冬吹肥皂泡泡，五颜六色的肥皂泡漫天飞舞。

小姑接过瓶子吹了几下。

冬冬看看瓶子里，说："你看给我吹得不多少了。"

"不多少了"，意思是"没多少了"。

小姑说："还多着呢。人家只吹了两下呀！"

冬冬说："你吹了三下。"

扎辫子

冬冬给大姑扎辫子。

大姑说："别扎了，我现在就想睡觉。"

冬冬说："我很快就扎完了。"

1988-2-14

偎被窝取暖

北风呼啸，家里没有取暖设备。关紧门窗，家人偎在棉被窝里取暖。

大姑从外面回来，叫着"风太大"。

冬冬问："把你刮跑了吧？"

大姑跟冬冬讲《渔夫和妖怪》的故事。

冬冬接话说："妖怪没讲道理，就把他们（指渔夫）吃掉了。"

冬冬边听故事，边给大姑扎辫子。扎了拆，拆了扎，没完没了。边扎辫子边说："不好看，我重新给你梳吧。"

正读中学的小姑，坐到被窝里，默默地看书。

冬冬对小姑说："你怪幸福呀！"

小姑问："我咋幸福了？"

冬冬说："你有两个哥哥，我没有。你怪幸福呀！"

这时，邻居婆婆抱着孙子来串门。冬冬听见敲门声，跳下床，用后背紧紧顶着门板。

奶奶说："冬冬，快开门，不开门人家会生气的。"

冬冬打开门，见人已离开，说："我才不管她呢！"

让奶奶开心的小甜嘴

爷爷上街买菜。冬冬吵着要找爷爷。

奶奶说："不能去，街上人太多。"

冬冬惊奇地问："是不是都是爷爷？"

奶奶大笑，转移话题："冬冬，明年你还回来呀，我们都想你。"

冬冬说："他们打我了，我就回来；他们不打我了，我就不回来。"

奶奶说，就是你爸爸妈妈不打你，你也回来，好不好？你在武汉都想谁呀？

冬冬说："我还想爷爷，还想奶奶，半夜就想，还想小姑。"

奶奶很高兴。真会哄人开心！

把太阳叫起来

晚上，冬冬要用鞋刷，蘸上水，刷洗自己的小鞋子。大姑说，太阳公公睡觉了。鞋子湿了，晒不干。

冬冬说："我能把它叫起来。"

大姑问："你用什么办法叫？"

冬冬答："我轻轻地，不让它听到我的脚声。"

1988-2-15

包饺子

过春节，包饺子，全家都有帮厨的习俗。大姑擀饺子皮，冬冬也要学着擀。

冬冬说："我什么都想学。"

大姑让出位置，叫她站在桌前，学擀饺子皮。

她突然双手捂脸儿，说："羞。"

叔叔故意地说："羞？是你没洗手，就擀饺子皮吧？"

叔叔连问几次，看来是说对了。冬冬一低头，说："你别问了！"

煮好饺子，冬冬尝了一个，说："真香啊！真好吃啊！我在武汉就不吃饺子。"

叔叔问："为什么在武汉不吃饺子？"

冬冬答："因为妈妈不让我包。"

听这话的意思，好像是自己包了饺子，自己才喜欢吃。

三和四，哪个大

（3 岁 2 个月　1988-2-16—1988-3-15）

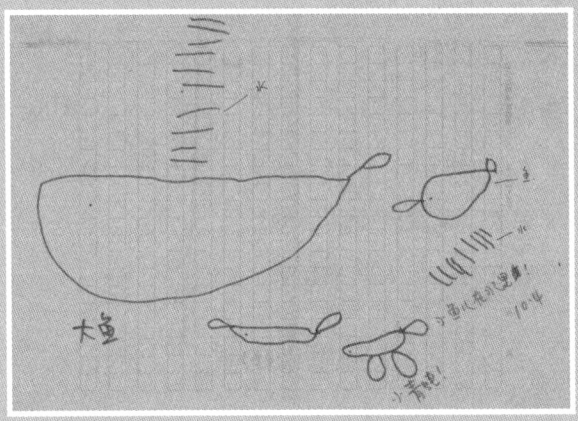

鱼儿和青蛙（1987 年 10 月）

1988-2-16

听不懂爷爷奶奶的话

室外，大雪纷飞。

爷爷交代冬冬，下雪了，出去别跑恁快，会摔大跟头的。

冬冬对大姑说："我听不懂爷爷的话，我还听不懂奶奶的话。"

雪人，就是三个胳膊

姑姑叔叔们议论，雪再下大一些，就在院子里堆个雪人。

冬冬说："我给雪人堆三个胳膊。"

叔叔问："人是几个胳膊呀？"

冬冬答："两个。"

叔叔又问："人是俩胳膊，那你为啥要给雪人堆三个胳膊？"

冬冬又答："雪人，就是三个胳膊嘛！"

原来，冬冬没有把雪人与人联系起来。

从哪里来的雪？

早饭后，大家催冬冬快点出去玩。

冬冬说："别慌，等着我。"

大人督促说："别磨叽了，赶快走啦！"

冬冬回答："还没下厚呢！从哪里来的雪呀？"

大人："从天上。"

冬冬继续追问："从哪儿天上呀？"

看来只回答"天上"，冬冬是不满意的。而成人，确实想不到所谓的"天上"，还需要怎么去细分。

辫子当枕头

睡觉。

大姑对冬冬说："你枕着我的辫子了？"

冬冬回答："大姑，我把你的辫子当枕头了。"

还有点小幽默。

1988-2-17

大年初一

大年初一早上，叔叔和小姑喊冬冬起床。

冬冬缩在被窝里，说："冷死了。"

叔叔说，起床吧，要放炮了。

冬冬说："算了吧，别放了。"

村里的小朋友们来找冬冬，把很多捡来的炮送给她。她从中间掐断小炮，一个接一个扔在火堆里，"哟哟"地冒出火花。

忽然，一个炮响了，"嘣"的一声，把已经失明的老太儿，吓得大声惊呼。

冬冬安慰老太儿，说："没关系，老太儿。"

"俩"

①老家有内外两出院子。家人习惯把房间外的地方，统称为"外边"。

冬冬不懂，问："我们怎么有俩外边呀？"

②冬冬见大姑、小姑都喊奶奶"妈"，问："你们俩怎么都叫妈呀？"

"这个"

大姑喂冬冬吃饺子。

冬冬说："你把这个给我弄开。你把这个吃掉，我还把这个半拉儿给你。"

"半拉儿"，是指"半个"或者"一大块儿"。

冬冬吃饺子，不吃皮，光吃馅，大姑得一个接一个地给她"剥"饺子吃。

"继续"

大姑正给冬冬讲故事。

奶奶进来说事，打断了故事情节。

冬冬说："讲吧，再讲，继续讲。"

第一次记录到"继续"这个词。

吓人的狮子形象

农村的春节很热闹。除了除夕夜不间断的鞭炮声，邻里间相互拜年，走街串村的舞狮子，也是一道亮丽的风景。今天，村里来了一队舞狮子的，冬冬尾随着涌动的人流，一直跟着看热闹。

到中午，小姑拉她回家吃饭，她一甩胳膊，说："不，我活动活动。"

冬冬"活动活动"之后，回到家里，跟奶奶描述自己所看到的："我跟你说吧，我见到一个大灰狼，两只红的眼睛，两只红红的眼睛，两个长胳膊，一个吃人的大嘴巴，一个大脑袋，可吓人了。它要吃我，我'哧溜'跑回家了。"

冬冬说的"大灰狼"，其实是大狮子。她的这段话，有真实的描述，但也加上了不少夸张和想象。

1988-2-18

"粉面条"

有一道传统菜，是猪肉炖粉条。

冬冬说："我一吃粉面条，就肚子疼。"

把"粉条"说成"粉面条"，是因其形似面条，新事物与老经验的结合。至于说，一吃粉条就肚疼，倒不一定真实。

"味道"

过年，亲戚之间要相互送点心，称为"馃子"。馃子在农村也是稀罕物，不是经常可以吃到的。

冬冬吃点心。

大姑问，好吃不？

冬冬递给大姑一块儿，说："好吃，你没尝什么味道？"

第一次记录到冬冬用"味道"。

大灰狼和小白兔的故事

室外的石头，冻得像铁块儿一样坚硬，像冰块儿一样冰凉。

冬冬跟着一群孩子跑累了，想坐下来休息。刚坐下，马上弹跳起来，说："我一坐石头，屁股就疼。我的屁屁一会儿就好了。"

她跟小朋友们讲"大灰狼和小白兔"的故事：

"有一个小白兔，在山上采蘑菇。突然来了一只大灰狼，不知从哪个大森林钻出来的大灰狼。小白兔把篮子扔了，跑回家里对白兔妈妈说：'白兔妈妈，一只大灰狼！'白兔妈妈就和小白兔一起跑呀跑呀，把篮子捡回来了。完了。"

1988-2-19

"我也要干事情"

大姑忙着切菜，准备做年饭。

冬冬也要干活，说："你怎么干事情了？我也要干事情。"

扔粉条

吃饭。冬冬用筷子，挑起一根粉条。用红薯粉做成的粉条，很滑溜，不好扔。

冬冬说："这粉条，怎么一扔就掉呀？"

1988-2-20

到舅舅家

姐姐去张庄，接冬冬回马谷田舅舅家，然后准备回武汉。姐姐交代说，回去要跟舅舅和舅妈磕头拜年，他们才给压岁钱。

冬冬说："都没在家，怎么磕头呀？"

十几里路，一会儿就到了马谷田。

冬冬对舅舅说："你们这儿不好玩，没有小朋友。"

1988-2-21

"头发是慢慢长长的"

冬冬说："我知道我的事情了！"

姐姐问："什么事情？"

冬冬说："我的头发是慢慢长长的。"

鸡公山

大姑、姐姐和冬冬，辞别家乡，一起坐火车返回武汉。过了信阳，就能看见叠峦起伏的鸡公山。冬冬指着鸡公山，说："这里边是什么？"

大姑："石头。"

冬冬："能不能爬上山坡呀？"

大姑："可以。"

冬冬："能不能爬上山顶呀？"

大姑："能。"

冬冬："有没有蘑菇呀？"

大姑："应该有吧！"

半个月，就与爸爸妈妈生疏了

大姑、姐姐和冬冬，三人回到西一村家里，已是凌晨一点了。

爸爸打开门，一把抱起冬冬。她垂下眼帘，一声不吭。妈妈拉她入怀，她使劲挣扎。准备睡觉了，非要跟大姑睡一起。冬冬说，她不认识爸爸妈妈了。

冬冬小脸儿黝黑，皮肤粗糙。脸蛋和嘴唇上，裂了几个大血口子。仅仅半个月的光景，她就变得高腔大嗓，满口的河南腔：一句一个"俺"，一句一个"中"。除了学会的方言词，声调的变化，最为明显。

大姑说，冬冬在老家一直玩得很高兴，没说想爸爸妈妈。常一个人跑出去，找小朋友们玩耍，少了很多小性儿和娇气。

1988-2-22

认地球仪

大姑教冬冬认地球仪。七大洲四大洋，冬冬总是顺口说成"一百大洲、三百大洋"，"三洲五大洋"。

冬冬指着日本岛说："我跟你说，日本人住在哪里，好吧？"

她找出了南极洲。爸爸说，南极很冷，一年四季都是冰雪。

冬冬说："我不怕冷。我穿着棉袄。我到南极洲去滑雪。"

"谁像你这样……"

睡午觉时，冬冬在被窝里钻来钻去。

妈妈拍她一下，说："谁像你这样睡午觉？"

冬冬说："谁像你这样怪人？"

喝米酒

酒酿，武汉叫米酒，是一种日常食品。

一夜之间，冬冬又与爸爸熟悉了，总黏着爸爸。她让爸爸倒杯米酒，接过来一饮而尽，说："我真是光想喝酒，爸爸。"

爸爸拿着杯子和勺子，倒来米酒，说："冬冬，干杯。"

冬冬说："你怎么拿着勺子干杯呢？"

她喝完米酒，站上沙发，扒着爸爸的头发看，说："你长得好快呀！"

大约是赞美爸爸的头发。

捡炮

爸爸带冬冬下楼散步。院子里的枯草丛中，有很多爆竹放过的残留物，冬冬称之为"小圈圈"。父女俩扒开草丛，饶有趣味地寻找。按照年俗，这叫作"捡炮"。

天太冷，爸爸提议回家。冬冬兴致正浓，哪能同意回去？她的意见是："继续找小圈圈，到人家门口找小圈圈，好吧？"

回到家里，爸爸带冬冬去洗手间。刚蹲下，冬冬就问："臭不臭，爸爸？闻见臭没有呀？我屙了屎，咱们两个再去捡一大把小圈圈，好吧，爸爸？"

解过手，冬冬把脚丫伸到爸爸怀里取暖，说："满身都是凉的呀！"

1988-2-23

理解错了

昨天移动家具，爸爸用力过猛，又扭伤了腰。

早上，爸爸翻身时，忍不住大叫一声："哎哟，我腰疼！"

冬冬说："我没要你抱。"

其实，爸爸并没有言外之意。

转移话题

正在校园里散步。突然飘起雨点，雨点越飘越紧。骑车路过的黎叔叔，递给爸爸一把雨伞。

爸爸让冬冬"谢谢黎叔叔"。冬冬把头一低，像没听见爸爸话似的。黎叔叔曾经跟她开玩笑，把着门不让她回家。还"记仇"呢。

回到家，爸爸把这事告诉妈妈。妈妈讲了一大堆应当谢谢黎叔叔的话。

冬冬却说："天好冷呀？！"

"需要"

冬冬蹲痰盂，要大姑给她拿个小椅子，说："我需要一下小凳子！扶着，不扳倒，放中间。"

"需要"是个书面语词，冬冬第一次使用。

大姑去厕所倒痰盂，发现大便池堵塞了，水下不去了。

冬冬以为，是谁堵了厕所门。爸爸回来，冬冬问："爸爸，是不是你堵着？"

爸爸莫名其妙。

冬冬说："厕所，是你堵着的吧？不让我们进。"

掀盒盖、吃花生

冬冬去掀糖果盒。盒盖上有许多花生壳，冬冬一掀，掉了一地。

冬冬说："盖盒子上的时候，我没注意。"

"盖盒子上"不大好懂。

冬冬吃花生米，发出清脆的响声。

冬冬说："我牙齿哏得累。"

"准备"

冬冬想画画，手边没有笔和纸。

于是，她朝爸爸书房跑去，说："我到那边准备一下去。"

骑车上坡

爸爸骑车带着冬冬，冲上一个小陡坡。

冬冬问爸爸："你跟姐姐学的吧？"

姐姐用车子带冬冬，曾经一口气冲上过陡坡。

"了了"

①冬冬看着大姑盛饭，提醒说："已经盛满了了。"

②冬冬高声喊："爸爸快吃饭，已经做好饭了了。"

第一个"了"，音[liɑu]，表示完成。这种情况已多次出现。

1988-2-24

"一半、两半"

爸爸说，这个苹果太大了，一人吃一半吧！

冬冬说："一个人吃一半？两半可以，一半不可以。"

爸爸把苹果一切两半，让冬冬选一半。

"我看看，我吃哪一半？"她左看右瞧，选了较大的一半。

痒与不痒，全看心情

小孩吃饭，要穿上饭衣，以免弄脏衣服。大姑让冬冬套上饭衣，然后再吃饭。

冬冬说："你们不穿饭衣，我也不穿饭衣。"

说服商量都无用。大姑来硬的，拉着冬冬的胳膊，往衣袖里塞。冬冬也不示弱，胳膊使劲往回蜷。大姑吼了两嗓子。冬冬恼了，起身离开饭桌。

为了缓解气氛，大姑故意挑逗冬冬，让冬冬给她抓痒痒。

冬冬说："我不给你抓。"

大姑笑着说："不让你给我抓。我给你抓抓，怎么样？！"

冬冬说："我身上不痒。"

冬冬经不住大姑百般讨好，两人重归于好。冬冬又让大姑给她抓痒痒。

妈妈笑冬冬："刚才，你不是说身上不痒吗？"

冬冬说："痒。我骗大姑的。"

出不出门都有理由

连着两天的瓢泼大雨，地面又湿又滑。冬冬正看动画片，姐姐要带她去滑滑梯。

冬冬说："下雨，怎么坐呀，上面都是水。"

看完了动画片，冬冬又提出到外面去玩。妈妈说，外面太滑，会摔跤的。

冬冬说："不会摔倒，很有劲儿。"

模仿爸爸抽烟

冬冬从烟盒里抽出一支香烟。妈妈让她快放下。

冬冬说："我当爸爸，你当儿子。"

妈妈说："你就是当爸爸，也不能抽烟。抽烟会生病的。"

冬冬扬扬手中的烟，模仿爸爸的语气，说："没关系，抽了这一支，不抽了。"

妈妈说："那可不行，生病会死的。"

冬冬模仿爸爸平时的腔调，说："我死了，还有你妈妈呢！"

1988-2-25

自言自语

冬冬还是喜欢自言自语，一边做事一边说话。

①吃饭时，饭桌旁空出一把椅子。

冬冬说："多个椅子，姐姐没来。"

意思是，姐姐还没有回来，多了个空位置。

②冬冬自言自语："多点吃青菜。"

应当是"多吃点青菜"。

③她拿起球拍，说："我从来有的，我从来打过的。"

④冬冬骑小车子："我明天还得去上班，那我今天就去上班。"

1988-2-26

比新冬冬厉害

妈妈说，冬冬，你如果再不爱学习，妈妈就找一个新冬冬了。

冬冬说："新冬冬更坏了。"

妈妈问："新冬冬坏？那你坏不坏？"

"也坏！"冬冬跑去找爸爸，说，"我比新冬冬还厉害的，妈妈说得不对。"

"开"和"闭"

①冬冬想打开车子的锁，说："这个车子，怎么打开，怎么闭着呀？"

受"开锁"的影响，造出"闭"的用法。

②冬冬拿丝巾给妈妈围上，说："闭上脖子。"

这个"闭"，应是"围"的意思。

参与家务劳动

大姑去摆饭桌，冬冬帮忙从厨房端饭端菜。她端着一盘炒好的酱豆，边走边叫："酱豆过来了。"

吃饭时，冬冬多次尝试夹酱豆，说："这个酱豆真难扪呀。我一扪，它就跑。"

饭后，大姑收拾走碗筷，扔下一块儿抹布，让冬冬把桌子擦干净。

冬冬胡乱擦了几下，说："我不弄好。"

意思是"弄不好"。不知为什么，近几天不流畅的句子出现了不少，连早已掌握的"弄不好"这样的结构，也把否定词"不"放在了动词前面，像刚刚学着说话时。

笑说爸爸

冬冬拿来苹果，让爸爸从中间切开，说："给我们两人，一个人分一半。"

冬冬给妈妈一半，自己吃一半。

这时，爸爸对着地球仪，给冬冬讲地理知识。说到兴奋处，一挥手，碰掉了冬冬的苹果。

冬冬笑爸爸，说："爸爸说着七大洲、七大洋，一下子把苹果搞掉了。"

赌气

晚上，爸爸有本科生的课。冬冬很是牵挂，多次跑到楼梯口去接爸爸。爸爸讲课回来，放下教案，转身就去抱她。

冬冬一扭身，赌气不让抱，说："我不叫你抱，你回来得太晚了。"

数落爸爸

爸爸伏案写作，香烟不离手。其思想，仿佛是靠香烟一根一根地燎出来。

冬冬数落爸爸："你抽烟，那一次就生病了。你还抽烟，还抽烟，下次还生病，你知道吗？"

1988-2-27

"但是"

妈妈说，从老家回来了这几天，冬冬的小脸滋润多了，不皱了。

冬冬说："是不皱了，但是，嘴巴还疼。"

嘴唇上的几个血口子，至今还没愈合，能不疼吗？

妈妈的袖口，不小心扫着了冬冬的脸儿。

冬冬对妈妈说："我要把你打死，一口气就能把你打死。"

口头禅

近日，冬冬的口头禅是："我跟你说吧！"和语气词"哎呀！"

冬冬叙述睡午觉的情景："爸爸，我跟你说吧，我在床上，大姑跟我讲了一遍故事，我一扭头，就睡着了。"

有火，才能烧

姐俩到楼下放炮。第一个炮，响了。姐姐又点燃一个，迅速扔在地上。冬冬探头看看，炮焾熄灭了，说："不烧了吧？没有火，怎么会烧哩？"

炮焾燃烧，一般用"燃"或"着"，没有说"烧"的。

1988-2-28

堆雪人，打雪仗

清晨，漫天飞雪，好一个银装素裹的世界。

刚起床，大姑就带她下楼。雪有半尺多厚，一脚踩下去，像踩在松软的棉花上。两个人都很兴奋，捧雪放进绿色的脸盆里，很快就堆起来一个精致的小雪人。

冬冬说："把我的手冻掉了。"

爸爸起床后，也马上跑出去，跟冬冬打雪仗。一下子把冬冬摔倒在雪地里。

妈妈问冬冬，为什么不跑快点？

冬冬说："那雪这么厚，我能跑得了吗？"

这一天，冬冬除了吃饭，几乎都待在院子里玩雪。

科普知识

对着地球仪，爸爸给冬冬讲地理。

①今天，冬冬终于记住了世界有"七大洲"。

②地球围绕太阳运行一圈，冬冬说是"一年"，有时说是"一个天"。

③冬冬说，如果去美洲，需要坐"轮船""飞机"，有时说成"飞船"。

1988-2-29

假花，不会死掉

地球仪从桌子上掉下去，破了。

冬冬说："我不爱护它了，我真的不爱护它了。"

"爱护"，大约是"爱""喜欢"的意思。

地球仪滑落时，还连带着一束塑料花，一起飘落在地。

妈妈故意说，冬冬，快点把花儿捡起来。如果花死掉了，就不好看了。

冬冬说："它不会死，它是假的，怎么会死呢？它又不应该是人！"

妈妈说，把花插在花瓶里。

冬冬说："妈妈，我来插吧，你没有技术。"

午饭

大姑为大家盛饭。

冬冬端起小碗，自己去盛米饭，说："你们都自己，我也自己。"

大姑问："你行吧？"

冬冬说："不会不行的。"

大姑盛完了锅里的米饭。

冬冬探头看看，说："她弄完了，把米。"

大姑夹一块豆腐，放在冬冬碗里。

冬冬说："你怎么老挑豆腐呀？"

"但是"

家里来了客人。

冬冬端出糖果盒，说："我给每个人放了一个。"

大家表示感谢。

冬冬让大姑吃糖，大姑说咬不动。

冬冬说："你的牙，太没力气了。"

妈妈尝了尝，说："不错，很甜。"

冬冬也咬了点，说："太硬，但是。太硬了，不好嚼。"

"但是"本应在"太硬"前面，放在后面，是补加性质的。

雪人化了

冬冬下楼，看昨天堆的雪人，发现已经开始融化。

冬冬说："都化了，雪人，这里的。怎么已经都化了呀？"

帮妈妈盖被子

妈妈躺床上，想拉条棉被盖着。折腾了好大一会儿，也没盖到身上。

冬冬正在蹲痰盂，说："妈妈，没有人给你盖被子吧？等一会儿，我给你盖。"

她从痰盂上站起来，擦干净，爬上床，帮妈妈盖好被子。

"自理"

晚上。冬冬在床上玩了一会儿，说想吃饼干，立马翻身下床，穿上妈妈的鞋子，打开冰箱，很得意地说："妈妈，我是个好孩子吧？我学会了自理。"

冬冬长大了，很多事情都要"自理"。比如，自己把花插花瓶里，还说妈妈"没有技术"；饭要自己盛，说"你们都自己，我也自己"；客人来了会发糖果，给每人放一个；帮妈妈盖被子；自己开冰箱拿饼干……

1988-3-1

"大雪把树压倒了"

今天，幼儿园开学。去幼儿园，路经中文系。中文系楼前的一棵大树，被大雪压倒了。

从幼儿园回来，冬冬说："我跟你说吧，妈妈。中文系大门楼梯口，一棵大树倒了，树把大雪，大雪把树压倒了。"

冬冬用"我跟你说吧"口头禅开始，叙说雪压倒了大树的事情。一开始说成了"树把大雪"，突然觉得不对，又改口说"大雪把树压倒了"。自己说话，自己有监听，说错了马上修正话语。

劝人吃饭

晚饭是蒸包子。

姐姐下班进门，冬冬拿包子给姐姐吃。姐姐说吃过饭了，在南湖食堂吃的。

冬冬说："南湖的包子，没有这里的好吃。"

1988-3-2

"我替妈妈去上班"

早上起床，大姑催促冬冬快点穿衣服，否则就晚了。

冬冬说："我不想上幼儿园。就是，你催着我上幼儿园。"

饭后，冬冬说："我不去幼儿园呀，我不去，我在家跟妈妈玩！"

爸爸说："家里没有人，妈妈也要上班。"

冬冬说："我一个人玩。我替妈妈去上班。"

她替妈妈上班了，妈妈就可以在家里跟她玩了。真是孩童的想法！

但说是说，还是跟着爸爸去了幼儿园。下午爸爸接她时，情绪还不错，表示第二天还去幼儿园。

冬冬问爸爸："你怎么一个人来接我？妈妈为什么不打针？"

包元宵与吃元宵

今天是元宵节，爸爸邀请在华师读书的三位老乡，来家吃元宵。

小赵一边包元宵，一边逗冬冬，说："谁不包，谁不吃！"

冬冬说："不对。谁包，谁吃；谁不包，谁不吃。"

大家笑起来。冬冬也笑了，并马上修正自己的话，说："谁包，谁不吃；谁不包，谁吃。"

开火煮元宵了。

冬冬跑到多多家，对多多说："请你到我家吃元宵，好吗？"

"谁包"和"谁不包"，说得像是绕口令似的。最可贵的是，冬冬主动邀请邻家小朋友吃元宵，懂事了。

"我没有话说"

冬冬的个性，有些许变化，虽还拘谨内向，却不那么怯生了。随之而来的，也出现了逆反的苗头：你让她干什么，她常以"我不会"应对。大人说，你不会，可以"学一学""想一想"，她却依然我行我素。

大人让她使用礼貌语言，跟人"再见""问好"，她干脆就不接话茬儿。

事后，大人问她"为什么"。

冬冬说："我没有话说。"

1988-3-3

不想去幼儿园

正月十六的早上，仍吃元宵。冬冬听见走廊上邻居们的脚步声和说话声，问："大家为什么不吃元宵呀，他们？"

早饭后，她哭了，搂着妈妈脖子，说："我跟你说吧，妈妈，我替你上班！"

还是那句口头禅，还是"替你上班"的老套路。冬冬看大人态度很坚决，非要她去幼儿园不可。她提条件"要大姑送"。

过了一个寒假，冬冬又不适应幼儿园生活了。

真瞌睡了

晚上，外面鞭炮声震耳欲聋。冬冬缠着爸爸，去买炮放炮。

爸爸指着书本上的字，对冬冬说："白胡子爷爷说，上幼儿园哭的孩子，是不能买炮的。如果这个孩子，第二天上幼儿园不哭，就可以买很多很多的炮！"

冬冬说，第二天上幼儿园，一定不哭。爸爸就带着冬冬去买炮放炮。

不到九点，冬冬就要上床睡觉。

大人说："再玩会儿，睡得太早了。"

"我中午没睡觉，我瞌睡！"躺在床上，突然发现斜插在墙上的一束花，惊奇地问，"怎么贴到那上面了呀？"

妈妈说不是"贴"，是"插"，并催着她快睡觉。

冬冬说："妈妈不睡下，我也睡不着。"

1988-3-4

谁得了大红花

爸爸去幼儿园接冬冬，问她早上去幼儿园哭了没有。

冬冬回答："哭了。在家哭的，哭了三声。"

冬冬告诉爸爸，幼儿园发了瓜子。

爸爸："瓜子呢？为何不给我留点儿？"

冬冬："没有留。"

爸爸："每天都发瓜子吗？"

冬冬："每天不发。"

意思是，不是每天都发。

爸爸："你今天得了大红花。还有谁得了大红花？"

冬冬："我得了吧，熊楠得了吧，乔基得了吧，所有的小朋友都得了红花。我说的是真的，不是假的。"

好胃口

晚饭。冬冬从厨房里跑回来，问："妈妈，你吃炸的汤圆还是吃馍馍？"

妈妈："先吃汤圆，后吃馒头！"

冬冬用筷子串起一个汤圆，说："你不会用筷子。我相信，妈妈。"

"相信、不相信"冬冬早就会用，但这种表示对自己话的自信用法，还是第一次。的确，妈妈用不了筷子。

炸汤圆，大家都喜欢吃，一会儿吃得还剩下两个。冬冬用手罩着碗，不让别人再夹。

大姑问，你霸拦着汤圆，能吃完吗？

"我能够吃完。"冬冬说着，把碗推向另一边，让大姑够不到，还对姑姑说，"爸爸给你盛去了。"

冬冬狼吞虎咽地吃掉两个汤圆，又提议跟妈妈比赛吃馒头。她看妈妈的馒头块儿小了些，连忙说："妈妈，别吃那么快，快了肚子疼。你怎么不相信我的话？"

妈妈问她，今天晚上怎么像饿狼一样？你中午都在幼儿园吃了些什么？

冬冬："我们今天吃的粉面条！"

大姑问冬冬："小饿狼，你还能吃几个馒头，我拿去！"

冬冬开玩笑地说："我能吃三个大姑！"

大家都笑了。

冬冬又正经地说："我能吃三个馍馍，大姑。"

"所有的"

最近，冬冬常用"所有的""是真的，不是假的"。

妈妈问："姥姥待你亲不亲？"

冬冬："不亲。"

妈妈："为什么？"

冬冬："她不把所有的东西拿给我吃，只给我拿一圈一圈的。"

"一圈一圈的"，指的是蛋糕。在农村，蛋糕是最好吃的东西。宝贝儿，你真是不知姥姥有多亲你呀！

1988-3-5

幼儿园，成为心理压力

凌晨时分，冬冬醒来，烦躁不安地"吭吭"。妈妈睡意蒙眬，问她怎么了。

冬冬："妈妈，我想告诉你上幼儿园的事。"

妈妈："上幼儿园有什么事？"

冬冬："我长得上天了，替你上班，你的学生会笑死的！"

早上，冬冬一睁开眼就"嘤嘤"地哭起来。

大姑问哭什么？

冬冬："我不上幼儿园。"

大家都不接这个话茬儿，故意淡化幼儿园这个话题。冬冬一直哭了二十多分钟。

去幼儿园，已成为冬冬沉重的心理负担。

"吐"与"吹"

冬冬对着爸爸的脸吹口气，解释说："我不是吐你的，我是吹你的。"

爸爸也对着她的脖子吹了口气，说："我也不是吐你的，是吹你的！"

她曾经吹爸爸的脸，说是给氢气球吹气。由此对话，可以知道冬冬懂得了"吐"与"吹"的不同。

橘子与广柑

冬冬对爸爸说："我吃橘子。"

爸爸从冰箱里拿出一个广柑。

冬冬用手指甲掐了几个竖痕，说："我开。广柑。可甜，一点儿也不酸。

甜死了，把我。"

通过剥广柑皮，冬冬可区分出橘子与广柑的细微差别。

午餐肉与罐头

家家送来一个刚炸出来的春卷，给冬冬吃。住筒子楼的邻居们，有这样的习惯，谁家做了好吃的，就送给邻居的孩子们尝一尝。

冬冬："妈妈，家家给我了一个什么？你去看看。"

妈妈："是春卷！刚才，爸爸还打开了一盒午餐肉！"

冬冬吃了春卷，又吃午餐肉，高兴地说："我吃肉肉了。"

爸爸纠正说："这是肉罐头。"

冬冬不相信，反问道："你说这是罐头？"

她曾经吃过玻璃瓶的水果罐头。这个铁盒装的午餐肉，冬冬一下子还整合不进"罐头"这个概念里。

看电视

电视正在播放《动物世界》，一大群白天鹅在水面游弋。

冬冬："大白鹅在水里干什么呀？是黑天还是白天？"

她把"白天鹅"说成"大白鹅"，把"黑夜"说成"黑天"。

这时，一个小姑娘出现在画面中。

冬冬问："这个叫谁呀？"

应该说"是谁"，或是"叫什么"。到了这个年龄，冬冬的表达面宽了，自造的词语和表达方式也喷泉般地涌出。这是语言和认知快速发展的一个标记。

姐姐一边在大盆里洗衣服，一边看电视。天气冷，先烧一壶开水备用，不时在凉水中掺兑些热水。

冬冬摸了一下水壶的外壳，说："热水凉了。"

姐姐洗着衣服，不时抬头看眼电视。看得入神时，忘记了搓衣服。

冬冬说："你们都看得傻了，姐姐看得也不洗衣服了。"

一个"傻"字，还挺传神的。

1988-3-6

打狼之梦

深夜，冬冬要解手，推爸爸起床，去厕所拿痰盂。爸爸应答一声，翻个身，又睡着了。

她使劲摇晃爸爸，趴在爸爸耳旁，大声说："你回来再睡懒觉，不是一样的嘛？！"

爸爸被弄醒了，起床拿回痰盂。

冬冬看见她的小胶鞋摆在床前，对妈妈说："昨天晚上，我的小胶鞋在那边；今早上一梦，梦到这边了。"

"一梦，梦到这边了"，还挺有诗意的。

妈妈问："你真的做梦了？"

冬冬说："我跟你说吧，妈妈。我梦见一个大灰狼，要吃我，我就跑呀，跑呀！李宇明爸爸来了，拿了个大木棒，把大灰狼打死了，把所有的害怕的东西，都打死了。"

爸爸能打死所有"害怕的东西"。可见，爸爸在孩子心目中，就是英雄的形象！

清晨背诗

星期日。冬冬一觉醒来，其快乐的情绪，犹如窗外明媚的阳光。

妈妈："冬冬啊，你有多长时间没背诗了？我估计吧，你学的诗全都忘记了？"

冬冬："没有忘，我什么都没忘。"

妈妈："没忘？那你还会背诵杜甫的'两个黄鹂'吗？"

冬冬："会。"

她说"会"，还真的张口就来，流畅地背了整首诗。此后，她又背诵了孟浩然的《春晓》、李绅的《悯农》、王之涣的《登鹳雀楼》、李白的《静夜思》、李白的《望庐山瀑布》、孟郊的《游子吟》、马致远的《天净沙·秋思》、邵雍的《蒙学诗》"一去二三里"等十来首诗词。

爸爸故意逗她："背诗背得好。咱再说说上幼儿园的事吧！"

冬冬笑嘻嘻地说："我不说。说了以后，你就让我上幼儿园。"

爸爸说："好吧，咱不说幼儿园！那你还能回忆起'好雨知时节'吗？"

冬冬说："回忆不起来了，忘了。"

"双杠"运动

冬冬一手摁沙发，一手按着床帮，吊起身子来，悬空地荡来荡去。像是"双杠"运动。

她高声喊道："妈妈，你再不看，我就没劲了。"

1988-3-7

喝酸奶

前天，爸爸买了三瓶酸奶。冬冬昨天喝了一瓶，今天又喝了两瓶，三个空瓶子并排放在茶几上。

"妈妈，我还要吃一百个糖。"冬冬吃着糖块儿，忽然看见了酸奶瓶，问，"多往[1]喝的三瓶呀？"

妈妈："你今天喝了几瓶？"

---

[1] 多往：河南方言，意为"什么时候"。

冬冬："两瓶呀，你什么时候又喝了一瓶？"

她只记着今天喝的两瓶，却忘记昨天喝的一瓶。

爸爸又去买酸奶。

冬冬很高兴，不停地玩弄语言游戏，说："过两天喝两瓶，过一天喝一瓶。"

酸奶买回来了。冬冬一口气喝下一瓶，把吸管伸到瓶底，吸得干干净净。喝完一瓶，还要喝。妈妈说，你已喝了一瓶了，如果再拿一瓶，只能喝几口。

冬冬点头，但拿起奶瓶一下子就喝了半瓶。

妈妈："别喝了，牛奶太凉了。你喝几口以后，让妈妈喝！"

冬冬："再回[1]了，给你买一瓶。"

既然说不通，妈妈就来硬的，刚从冬冬手里夺过酸奶瓶，她又利索地夺回去，说："我再喝一口吧！"

妈妈："好，你再喝一口了，让爸爸喝点儿，好不好？"

冬冬："我刚才让他喝，他不喝。"

爸爸拿过奶瓶，递给妈妈，说："冬冬，酸奶不是你一个人的，妈妈也得补充点营养啊！"

妈妈抿了一小口，说："冰凉冰凉的。刚咽下去，胃就有点难受了。"

冬冬说："你喝得多，有点胃疼！这么好喝呀！"

屋里，不该戴帽子

动画片。一个戴礼帽的人讲述跟电有关的知识。

冬冬说："那是帽子吗？在屋里，还不把帽子弄下来，是怎么回事呀？到屋里，应该把帽子弄它。"

---

[1] 再回：河南方言，意为"下一次"。

1988-3-8

兑现中午接回家的承诺

星期一早晨，一起床，冬冬就"吭吭哧哧"。谁都明白，她为何"吭吭哧哧"，可谁都不挑明"吭吭哧哧"的原因。

妈妈说："冬冬，你看看，爸爸、妈妈、大姑和姐姐，谁像你这样'吭吭哧哧'的？"

冬冬："你们都'吭吭'过。"

妈妈："那你就说说，哪个人'吭吭'过？"

冬冬："你们小时候都'吭吭'过。"

很智慧的回答！

大姑跟她扮演师生角色的游戏。大姑承诺，中午就接她回来。冬冬乖乖地去了幼儿园。一进幼儿园教室，跟大姑再见时，她又哭起来。

十一点半，父母准时出现在她眼前。

冬冬："我想着不是你们俩来接的。"

爸爸："你想的是谁来接你呀？"

冬冬："我想着是姐姐来接我。"

土与水

爸爸让冬冬观察土在水中的变化。

她带着小铲和盆子下楼到院子里，先用小铲子剜土，放进盆子里，再加上水，很自信地说："时间长了，它就化了。"

前几天下雪，她目睹了雪溶于水的奇妙变化。她以为土跟雪一样，也能溶于水。三岁多的幼儿，有了联想和类推的意识，但还需有相应的知识作为支撑。

疯人之语

冬冬让大姑把旅游纪念章，别在她的外罩上。

她说："给我别个牌，整天都不弄掉。那一天，我跟大姑一块儿去桂竹园，碰见个老疯子，问'你们有没有牌呀！'我们说'有'。"

由"旅游纪念章"联想到老疯子问"牌牌"，还能转述老疯子的话。

和年龄相关的问题

①冬冬高举双臂，两脚蹦跶着向上蹿了几蹿，问："妈妈，等我长到四五岁的时候，我能抓住你的头发。"

②冬冬问："妈妈，一百岁的小朋友，得不得大红花呀？"

到了四五岁的年龄，肯定能抓到妈妈"头发"，但是，"一百岁"，还能算小朋友吗？

"四五岁"，是用相邻的两数表约数，这是汉语表示约数的一种重要手段。

数奶瓶

冬冬从冰箱里拿一瓶酸奶喝。爸爸故意把她揽在怀里，要她平躺着喝。她不躺下，讲道理说："会喝肺管里的。爸爸，请放开我吧！"

爸爸放开她，她一会儿就喝完了。接着，又把吸管伸到瓶底，搅搅，蘸蘸，放进口中"咂咂"，说："我看起来，还是一个酸奶味呀！"

"我"是多余的。蘸出来的一点酸奶，那是意外的收获。

在大姑接过空瓶子的瞬间，就不见了冬冬的人影。

妈妈赶去放冰箱的房间，见冬冬又拿出一瓶酸奶。妈妈把酸奶放回去，数落她说，冬冬啊，你怎么狗窝里放不住剩馍？爸爸这次买了五瓶，你能一下子都喝完？

"能。"她去数冰箱里酸奶的瓶子，说，"一瓶，两瓶，三瓶，四瓶。四瓶，不是五瓶！"

冬冬忘记了，她自己刚才喝过了一瓶。这与"骑着驴找驴"的故事，有异曲同工之趣。

她现在会数五以内的物件，能计算三以内的加减法。

讨价还价

①爸爸让冬冬把拖鞋拿过来。

冬冬："不拿。你不让我喝酸奶嘛！"

爸爸："你给我拿鞋子，我让你喝酸奶。"

冬冬掂起鞋子，边走边说："你怎么放这边了，把鞋。哎哟，好沉呀，龟子小鞋。"

"龟子小鞋"的意义不明。

②妈妈说，冬冬啊，咱定个规矩，你每天只能喝一瓶酸奶。

冬冬讨价还价说："喝两瓶。"

妈妈让步了，说："可以，两瓶就两瓶。你刚喝了一瓶。等两个钟头后，再喝，好不好？"

冬冬又讨价还价，说："再等一个钟头！我非等一个钟头再喝不可。"

虽然，冬冬可能说不清楚"两个钟头"和"一个钟头"，究竟有多长，但她知道"两瓶"比"一瓶"多，"一个钟头"要比"两个钟头"短。

非用不可

爸爸用毛笔蘸红墨水，修改文章。

冬冬也要用毛笔和红墨水，说："谁用就用，谁写就用。爸爸，请给我红墨水吧！谁用一下子就行了。"

爸爸让她等一会儿，自己很快就改完了，并说："别着急，墨水多得很呢。"

冬冬说："多不很。"

爸爸说："好吧，你只写一小会儿？"

"写三会儿，写一大会儿，"她把整个笔头探进墨水瓶里，提出来，笔尖在瓶口抹两下，说，"点得太多了！"

心一急，语言就有点乱。"谁""多不很"就是典型的例子，还把"蘸"说成"点"。有趣的是，她知道"三"比"一"多，把爸爸说的"写一小会儿"，改说为"写三会儿"；之后发觉这说法不合习惯，又改说为"写一大会儿"。

近段，她特别关注数字的多少问题。

积木识字

大姑当裁判，妈妈和冬冬比赛认汉字积木上的字。规则是：谁认识哪个字，就先拿到手里，然后说出是什么字。

冬冬注意力非常集中。只要是她认识的字，立马抢到手，并说出是什么字。她很快拣完了认识的字。剩下的，都是她认不太准的。

妈妈给她足够的时间，让她去寻找，去辨认，并很夸张地伸长胳膊，做出要抢的架势，还故意拖长音调，提示说"这是个××字吧？"冬冬的视线，随着妈妈手的移动而移动，抢到后，能立马说出是什么字。准确率在80%以上。

大姑让冬冬找"言"字。冬冬犹豫不决，眼睛在汉字积木上来回扫描。

妈妈："妈妈看看，哪个是'言'字呀！"言"字啊，在哪儿呀？"

冬冬飞速转动眼珠，发现"言"字，立刻伸手抢来，高兴得"咯咯"直笑。

之后，妈妈做裁判，冬冬和大姑一起做识字游戏。再后，大姑和妈妈竞赛，冬冬也很神气地当了一把裁判。

经过三轮认字，原来十多个回生的字，她都重新找回了记忆。

冬冬有极强的争胜心。汉字积木每次重新摆放后，她双手一齐上，把自己认识的字，迅速抢过来抱到怀里，生怕被别人拿走了。

"因为"的妙用

大姑提议，用汉字积木搭大楼。

冬冬说："我住三楼，我住七楼和八楼。"

姑侄两个做认字、建大楼的游戏，眨眼间一个多小时过去了。冬冬尿急，去厕所小便，竟然尿了裤子。大姑忙抱回她，脱掉裤子，用热毛巾擦洗干净，让她躺在被窝里。

爸爸调侃说，"冬冬，还不到睡觉时间，你为什么脱光肚儿？"

冬冬说："我不想告诉你，因为我想脱光肚儿。"

不想说自己的糗事，说个不是理由的理由。这是"因为"句的妙用。

彩色头绳的联想

冬冬头上扎了许多彩色头绳，随风飘舞。她捋着长长的头绳，说："我像个维吾尔族的姑娘。"

电视中的维尔族姑娘，的确有无数根小辫子。

彩色的头绳上，脱了一根长线，从头顶一直垂在地下。

冬冬："我是仙女。"

画画

冬冬边画边说："我又开始画画起来了。"

"起来"是多余的。学话的过程，常把相近的成分杂糅在一起。

挥舞大棒

大姑从冬冬旁边走过。她抡起木棍，追赶大姑。

大姑："打我干什么呀，你去打大灰狼吧！"

冬冬："打人的棒，不能打死大灰狼！"

妈妈准备出门。

冬冬用木棍指着妈妈，喝道："停住！不能动！"

妈妈："为什么？"

冬冬学着电视上的套路："我打死你，再走一步。"

1988-3-9

"该上幼儿园"的时间

早上醒来，冬冬问："妈妈，几点钟了？四点钟了吧？"

妈妈看看电视柜上的钟表，说："八点多了。"

冬冬惊叫："那不是该上幼儿园了吗？"

妈妈故作漫不经心地"哼"了一声，算是对她问话的一个回应。

冬冬又在床上躺了一会儿，穿衣起床，高高兴兴地去了幼儿园。

随着年龄的发展，冬冬可以讨论时间了。但愿，今天就是她上幼儿园不再哭闹的转折点！

三和四，哪个大

冬冬逐渐识数了，数量概念在逐步建立，数字也频频出现在她的生活和语言中。今天，爸爸做了个跟数字相关的小实验，看冬冬对数字掌握到何种程度。

爸爸："冬冬，三个多，还是四个多？"

冬冬："四个多。"

爸爸："是四个多，还是三个多？"

"三个多，"冬冬想了一下，又纠正自己，说，"四个多。"

爸爸伸出一双手，左手翘起四个手指，右手翘起三个手指，问："哪个多？"

冬冬拉爸爸左手："这个多。"

爸爸左手伸三个手指，右手四个手指。

冬冬又指右手："这个多。"

爸爸两只手同时伸出三个指头，问："这两只手，哪个手指多？"

冬冬迟疑了片刻，答："两个一般齐多。"

这个小试验，说明冬冬已经具有四以内加减法的水平。试验中，冬冬说错了一次而又立即自我纠正。这次失误，可能是受问句的后一句影响而发生的。

"小朋友流血了"

冬冬从幼儿园出来，激动地告诉大姑："我跟你说吧，大姑。我们幼儿园的小朋友流血了，鼻子上，嘴巴上，衣服上。"

大姑："流血了？谁流血了？"

冬冬："一个小朋友滑，他也滑，一下子碰着了。"

大姑："滑？滑什么？"

冬冬："滑滑梯呀。"

大姑："你们的李老师在吗？"

冬冬："昨天和今天都没有来。"

幼儿叙述事件，最先说出自己感兴趣的部分。需要大人继续追问，才可说清楚事件的来龙去脉。

"演戏的、演武的"

电视中，小朋友在表演节目。

冬冬："他们演戏的，他们演武的。"

妈妈问，什么是演武的？

冬冬没直接回答妈妈的问题，又问："他们干什么呀？"

她的"演武"，也许是电视剧中有武打或是打仗的场景？

红墨水、黑墨水

爸爸写毛笔字。

冬冬："爸爸，你怎么还用红墨水呀？怎么不用黑墨水呀？"

其实，爸爸用的就是黑墨水，冬冬是担心爸爸把红墨水用完了。

睡觉前，爸爸跟冬冬玩了一会儿，就去书房工作了。停一会儿，爸爸来卧室拿书。

冬冬问："又干什么来了，爸爸？"

"昨天"

冬冬拉开冰箱，看见酸奶瓶："这还不是昨天的吗？"

"昨天"，用对了。

吃甘蔗

冬冬吃甘蔗，问："妈妈，怎么把水吸到肚子里，把皮吐出来呀？"

其实，她从小就会吃甘蔗。但这个问题，还真不好回答。

"小骗子"

冬冬要吃糖。大姑说，没有糖了。

冬冬："妈妈，把糖盒给我，大姑可能骗我的吧？"

妈妈把糖盒递给她。

冬冬打开糖盒，里面还有不少糖块儿，大叫："大姑骗我的！大姑真是个小骗子呀！"

1988-3-10

扑粉

冬冬叫："屁屁疼，疼死了。"

爸爸给她扑了粉。

冬冬跟妈妈说："我屁股疼，爸爸给我撒了一粉，给我撒了粉。"

穿袜子

冬冬学着穿袜子，又拉又拽，折腾了好大一会儿，袜子才套到脚尖上。

她感叹说："往上去不容易的，爸爸。"

自夸

冬冬自己洗脸，抹了香香。

她对大姑说："你看我，不抹粉，就够白的了。"

这种用法的"够"，是一个表示程度高的副词。

追根究底

爸爸用自行车带着妈妈和冬冬，先把冬冬送进幼儿园，再带妈妈去打针，然后去上班。路上，冬冬不断按响自行车的铃，问："爸爸，这铃怎么响的啊？"

爸爸讲不清铃的工作机理，只得说："冬冬按响的呀！"

冬冬对这样的回答很满意，又问："妈妈，你是看了病，再去上课？"

妈妈："是的。"

冬冬："上哪儿上班呀？"

妈妈："七号楼。"

冬冬："哪个是七号楼呀？我不认识。你从哪儿走呀？"

什么事情都究根问底，这是儿童的天性。

量词"张"

冬冬趴在爸爸的书桌上："我还想写字，爸爸。给我一张纸，给我一张笔。"

受前一个量词"张"的影响，把笔的量词也说成"张"。

"昨天，今天，又一天"

冬冬说起自己上幼儿园没哭的历史，如数家珍，很是自豪："我上幼儿园没有哭，昨天，今天，又一天，我都不哭。"

表达时间，跟"昨天，今天"并列的，竟然还有"又一天"。

"全部"

睡觉，姐姐给冬冬脱衣服，先解开罩衣的扣子。

冬冬说："你给我扣上，全部扣上！我自己脱。"

两个月前，冬冬用过一次"全部"。

近段，她常常把"我长大了，什么我都自己干"挂在嘴边。

1988-3-11

量词"个、双、对、朵"

昨天，爸爸给冬冬买了两双小鞋子。冬冬把鞋子排队放好。放下小皮鞋，又拿起红布鞋，对爸爸说："这个鞋太重了，爸爸。"

今天，她穿着新鞋子去幼儿园，回来后又寻找另一双鞋，说："那对鞋怎么找不到呀？妈妈，我还想穿那双两朵花的鞋子。"

对"鞋"，量词用"个、双、对"；对"花"，量词用"朵"。

改变说法

冬冬掂起来饭衣，问："这谁的棉袄？"

儿歌二首
（1988-03-22）

《小白兔》《小小公鸡》

爸爸："你说什么？这是棉袄？"

冬冬改口："这谁的衣服呀？这是谁的衣服呀？"

"棉袄"是误说。

自信

妈妈问，冬冬，今天哪些小朋友表现最好？

冬冬说："今天我表现得最好了。"

关心爸爸

晚饭后，爸爸去招待所看望一位朋友。已经九点多了，还未回来。

冬冬多次问："爸爸怎么还没回来？"

妈妈："爸爸还得一会儿回来。"

冬冬："爸爸得一会儿了（[liɑu]），怎么还不回来？"

"爸爸得一会儿了"，意思是已经有一会儿了。这句话，更证明"了（[liɑu]）"在冬冬的语言系统中，是表示"完成时"的一个成分，比成人语言更虚化，更专门化。

妈妈："爸爸要和伯伯说话。"

冬冬："那个伯伯住得远吗？"

妈妈安慰她，不远，别担心。

谁是最亲的人

妈妈："冬冬，我问你，你最亲谁？"

冬冬："我最亲妈妈、爸爸、大姑和姐姐。"

妈妈："最最亲谁呢？"

冬冬："爸爸、妈妈、大姑和姐姐。"

妈妈："谁对你最亲？"

她说："你们。"

坚决不说亲某个人。是智慧，还是的确认为四人都是最亲的？

"就"

糖块儿和瓜子，都放在糖盒里。冬冬刚躺下，又跳下床打开糖盒，说："我拿一个瓜子。"

妈妈叮嘱，说："晚上不能吃糖，你拿些瓜子吧！"

冬冬伸开手让妈妈看，说："我就没拿糖。我就拿了几个瓜子哩！"

两个"就"都是副词，但意义不同。第一个"就"，意义是"本来"；第二个"就"，意义是"仅仅""只"。

1988-3-12

上幼儿园

准备出发去幼儿园。

爸爸故意问："冬冬，脸上这么白，擦粉了？"

冬冬答："擦粉，就起小包儿包儿，可难看死了。"

不直接回答擦粉没有，通过间接方式来回答，这在语用上是个进步。问与答之间，包含着逻辑推理。

爸爸扯着冬冬的手，准备下楼。

冬冬说："我好多天上幼儿园，就不哭了。"

的确，这段时间，她上幼儿园真不哭了。

高与低

大姑带冬冬去王阿姨家玩。

冬冬上一个台阶，又跳下来，说："我一下去就低，我一上去就高。"

这是冬冬的"高低辩证法"。

"真的、马上"

家家在公共厨房做饭，从二楼窗户望下去，看见姐姐回来了，高声告诉冬冬，快点儿下去，姐姐到楼下了！

冬冬扒着窗台，伸头往下张望，看到推车子的姐姐，折身跑回家告诉妈妈："家家说，姐姐真的回来了；家家说，姐姐马上回来了。"

"两天喝一瓶"与"一天喝两瓶"

冬冬在冰箱里找酸奶。没找到，很生气，说："我要喝酸奶，你们不给我买，我明天、今天都不喝了。"

妈妈说，爸爸回来就去买，但每天只能喝一瓶。

冬冬说："两天喝一瓶。一天喝两瓶。"

她一开始，习惯地把妈妈规定的天数，加倍为"两"；话一出口，感觉不对，便调整"两"和"一"的位置。"两"和"一"的位置不同，结果大相径庭。

"三个牛奶"

大姑用奶粉调配牛奶。

冬冬一连喝了三杯，说："我已经喝了三个牛奶，我一分钟就喝完了。"

牛奶的量词用"个"，表现出冬冬量词"个化"的倾向，即多用"个"作量词。

"一分钟就……"，带有夸张的意味。

1988-3-13

"我跟你说吧"仍是口头禅

冬冬常用"我跟你说吧"作为开篇语：

①"我跟你说吧，妈妈，那个龙医生的孩子，喝酸奶就长这么高。"

龙医生是校医院的一位中医推拿大夫。

②"我跟你说吧，好久以前，菁菁姐姐给茵茵和我泡泡糖嚼，不能咽。"

③"我跟你说吧，什么时候我学会照相的吧，一天，两天，四天，五天，我就学会了。"

"去"

冬冬蹲完了痰盂，对爸爸说："你给我拿纸去！"

这里，用"来、去"都可以。冬冬用"去"，强调的是到放手纸的地方去拿；若用"来"，强调的是把手纸拿过来。

"那"

爸爸说，昨天去武钢办事，整整坐了两个小时的汽车。

冬冬："爸爸，怎么不带我去呀，爸爸？"

爸爸学着冬冬的表达模式，说："我喊你，'冬冬——'，喊不应啊！"

冬冬："那你怎么不上幼儿园去接我呀？"

这个"那"，就像是一个"发语词"，没有意义。人们口头上，常带各种各样的这样的"小零碎"。

红领带

爸爸去参加一个学术会议，西装革履，还特意打了条领带。

冬冬很新奇，说："爸爸，给我拿个红的，给我拿个红领带。爸爸，你为什么戴领带呀？"

"什么"

冬冬："爸爸，今天是什么星期呀？"

"什么星期"，是在问星期几。

爸爸开玩笑地问："是谁在问什么星期呀？是新冬冬吧？"

她拉着爸爸的手，去摸自己的脸，说："我是旧冬冬。你看我的脸儿，一样不一样？"

一说"新冬冬"，把问"星期几"的事，就扔到一边去了。

冬冬踮起脚尖，问："妈妈，看我长多高呀！我有什么尺呀？"

"什么尺"，是在问个头有几尺。

看来，冬冬用"什么"和"几"问数量，还不够熟练。

照相机的电，会用完的

爸爸买了一台傻瓜照相机，激动地带家人到桂竹园里拍照。为练习摄影技术，爸爸见什么拍什么。

冬冬："爸爸，你照了几次相呀？"

爸爸："照了好几次了。"

冬冬："那把电用完了！"

"那"也是个发语词。

在桂竹园的假山中间，有个黑乎乎的大洞。爸爸让钻洞到东门，妈妈建议从旁边绕过去。

冬冬："你们是想回家吧？"

不管是钻洞，或者是绕过去，都是回家的路。冬冬玩兴正浓，还不愿意回家，故有此问。

"这儿疼，喝哪种药"

冬冬一直叫着肚子疼。

妈妈："你这几天一直叫着肚子疼，该吃点治胃疼的药了。"

冬冬："我喝板蓝根就好了。"

妈妈说，板蓝根，是治感冒的；肚疼，要喝治胃的药。

冬冬转身问大姑："我这儿疼，喝哪种药呀？大姑，你以前喝哪种药呀？最好喝的药是甜药，可好喝了，你就没有喝过。"

量词

冬冬的量词多用"个"，现在使用的量词种类多了，有"双、对、杯、朵、只、钟、次、尺、瓶、支、本、件、种……"。有些用得对，有些用不对。量词的掌握，看来需要一个过程。

①"我有三朵蝴蝶！"冬冬指着墙上贴的纸蝴蝶。

② 喝酸奶："喝半杯，留半杯，放在冰箱里面，明天再喝。"

③"我们幼儿园都发了小红花了呀。一个小朋友一只，三个小朋友三只，两个小朋友发两只。"

④穿裤子。冬冬说："我穿两双裤子，三双裤子。"

观察生活

①冬冬对着大穿衣镜，咀嚼糖块儿，自语道："吃东西，嘴巴怎么老动呀？"

②大姑去上课了。

冬冬看见大姑的棉衣，还挂在衣架上，问："大姑的大棉袄没有穿，怎么回事呀？"

③爸爸使劲抖动被面，把被子叠起来。既抖平了被子，又抖掉了被子上的尘屑。

冬冬歪着头看了一会儿，问爸爸："你一掀被子，它就动，你信不信？"

如厕

冬冬去厕所，大姑拿着卫生纸在一边候着。她伸手要卫生纸，大姑不给，说她擦不干净，大姑帮她擦。

"不是，不是。你拿着，等我屙了了，给你，你擦呀！"冬冬说，"妈妈说，我屙小便时候，屙大便时候，都要用纸擦，慢慢擂擂就好了。"

慢慢长大了

冬冬去年的羽绒服太小了，大人商量再买件新棉袄。

冬冬说："那时候我小，现在我慢慢、慢慢地长大了。"

"那时候"指过去。用两个"慢慢"，生动表现长大的过程。

"缺点已经过去了"

冬冬边脱衣服边说："脱它，全部脱它，脱光肚儿肚儿的。"

她脱掉衣服，换上一件连衣裙，坐在沙发上，认爸爸写在黑板上的字。爸爸擦掉冬冬已学会的字，再写新字。

爸爸刚刚写上，冬冬就拉着爸爸的手，去擦黑板，说："我给它糙糙。"

"糙糙"是擦擦的意思。

爸爸说："冬冬，还没认呢，你就擦。我得跟你说说这个缺点！"

冬冬摆着手说："缺点已经过去了。"

初春的玉兰园

桂子山，最美的景色在春秋。

初春，法国梧桐树上干枯的悬铃，随风摇曳，"窸窸窣窣"作响。已经泛绿的松柏，还挂着晶莹剔透的冰柱，而幼儿园旁的玉兰园，已是生机盎然。洁白的玉兰花肆意地怒放：花朵，大如荷花；花瓣，质若丝棉；一片连着一片，宛如飘落在绿洲中的片片白云。

家长每次接送冬冬，都带她去玉兰园里驻足停留，接受美的熏陶。

冬冬捏起坠落在地面的玉兰花瓣，放在鼻前闻闻，说："一出气它就香，不出气它就不香。"

她让爸爸拍照留念，说："爸爸，你给我拿照相机去！"

好吃的糯米发糕

从幼儿园回来的路上，冬冬对妈妈说："我昨天一看见妈妈，我就想哭。"

妈妈："为什么一看见妈妈就想哭？"

冬冬："我不知道。"

路经教工食堂，妈妈带她在食堂买了糯米发糕。

冬冬说："好吃得最很。黑天也买，下雨也买，大雪也买，冷也买。"

"最""很"同用，什么时候都买，可见糯米发糕有多好吃。

1988-3-14

问中含答

冬冬："妈妈，你说上幼儿园有什么意思呀？"

妈妈："你说呢？"

冬冬不答。

其实，她是想让妈妈说，上幼儿园没有什么意思，问话中已有答案。

三轮车

冬冬骑着自己的小三轮车，走了几步，停下来看看，问："妈妈，怎么我一走，它就转呀？"

妈妈讲了车轮运行的道理，并引导她查看小车有几只轮子？

冬冬数了车轮的数目，问："车子怎么三个轮子呀？"

观察爸爸抽烟

爸爸写东西时，下意识地把手中的香烟，往嘴边送一下又一下。

冬冬："怎么张嘴烟气就跑呀，爸爸？"

妈妈敷药过敏

校医院的龙医生热心快肠，用土方配外敷药，以缓解妈妈关节的疼痛。妈妈每天都要去医院换一次药。

冬冬看看妈妈的手脖，说："包着哩？怎么样包的呀，妈妈？"

妈妈的手脖奇痒无比。大姑解开绷带：手脖上已经布满了红点点。

冬冬："疼不疼呀，解着？"

妈妈："不疼。又过敏了。"

"怎么过敏哪，妈妈？"冬冬问，"妈妈，还是那个龙医生给你治的病吗？"

妈妈："对。每天还要打针！"

冬冬："妈妈，还是那个恶婆婆给你打针？怎么老是那个恶婆婆呀？那个好看的阿姨呢？"

飞碟

妈妈讲科幻故事"飞碟"。

冬冬弄不懂飞碟为何会飞，从哪儿飞过来又飞到哪里去的，便问："大姑，小飞碟从哪儿来的呀？"

大姑："从天上。"

冬冬："它怎么来的呀？"

大姑："我也不知道。等你长大了，当个科学家，好好研究研究，弄明白它怎么来的。"

冬冬："我不当女科学家，我要当女总统。"

爸爸从外面回来取东西。

冬冬又接着问爸爸："小飞碟是怎么样来的呀？"

爸爸说，我有急事出去，以后有空再给你讲。

冬冬说："我非要知道，给我讲！"

关于"哭"的对话

乍暖还寒。武汉正经历一场西伯利亚寒流。

上午近十时，大姑去幼儿园送衣服。正滑滑梯的冬冬，看见大姑，赶快跑过来。刚穿上衣服，就开始抹眼泪。大姑忙把她送到老师跟前，仓皇而逃。

下午，冬冬回到家，对妈妈讲："大姑去给我送衣服，我想回家，就哭了。"

妈妈："听大姑说你哭了。哭了多大一会儿？"

冬冬："我做了个梦。一梦，突然不哭了。"

看来是哭着入睡的，还做了梦。

妈妈说："你如果这样，天再冷了，大人还敢给你送衣服不？"

冬冬："不敢。"

妈妈："今后还哭吗？"

冬冬："不哭了。"

妈妈："哭，是无用的！你见过爸爸、妈妈、大姑、姐姐哭过吗？"

"没有，"冬冬话锋一转，问，"你们小时候哭过吗？"

妈妈回答："当然哭过。可哭的次数很少。"

妈妈讲，爸爸四岁时，冬天，爸爸到农村的食堂去打饭。过独木桥时，脚一滑摔下去，掉到冰河里，都没有哭。

妈妈："你说说，爸爸坚强不坚强？"

冬冬："坚强。"

妈妈："如果是你，你哭吗？"

冬冬："哭。我大哭。要是你，哭吗？"

吃巧克力

饭前，冬冬从冰箱里拿巧克力，吃得有滋有味。

妈妈看见了，很生气地问："都快吃饭了，还吃巧克力？谁让你吃的？"

冬冬答道："不凉。"

前几天，她要喝刚从冰箱里拿出来的酸奶，大人告诉她"太凉，喝了会肚疼"，没让她喝。这次不是酸奶，但冰箱里的巧克力，也同样存在"凉"的问题。所以，她用"不凉"当作理由。

"不信你看一看"

冬冬往身上套衣服。折腾了好大一会儿，也未穿上。爸爸一直盯着她看，终于忍不住了，说："算了吧，你可能穿不上。"

冬冬说："我可穿得上，不信你看一看。"

"试试"

冬冬用勺子舀饺子吃。刚舀起来，又滑落碗里。爸爸教给她用叉子扎饺子。

冬冬："我从你这碗里搞出来一个饺子，试试你能扎着不？"

"每天"

①冬冬把一张电影票拿在手里，故作聪明地对爸爸说："我没拿什么，爸爸。"爸爸不说话，只是笑。

冬冬说："一天用一个票看电影。每天用一个票看电影。"

②大姑剪短了辫子，冬冬横看竖看，就是看不顺眼。

冬冬拽着自己的头发，说："每天不剪这头发，就长得好长好长的。你剪了，就短了。"

惟妙惟肖的模仿

冬冬想拉开电冰箱门，妈妈不让。她眼神诡秘，用右手食指竖在嘴唇上，口发"嘘"声。

这大概是幼儿园老师，阻止小朋友说话时的一个手势语。

1988-3-15

与熊楠的对话

冬冬从幼儿园回来，说她中午跟熊楠睡一个床，没有睡着觉："我和熊楠趴着，坐着。老师说：'熊楠睡下，冬冬睡下。'"

妈妈问，熊楠也不睡午觉？

冬冬点点头，说："我跟熊楠说，我给她两个糖，她给我两个豆豆。那好，我两个豆豆，她两个糖。"

她说着去拉冰箱，看巧克力还在，高兴了，说："妈妈，我跟你说吧，我跟熊楠说，我家有巧克力，她不相信。"

妈妈："熊楠怎么说的？"

冬冬："'你家没有巧克力'。"

"……时候"

①冬冬对着镜子吃东西，发现自己脸上的肌肉在动，问："妈妈，吃无花果的时候，怎么这也动，这也动，这也动呀？"

她一边说，一边指指自己的右脸、左脸和下巴。这个问题，已经问过多次了。

②冬冬说话爱翘起上嘴唇，像一只啄木鸟。大人告诉她，这种表情不美。今天，大家并未涉及这个话题，她突然告诉妈妈："妈妈，我说话的时候没有噘嘴。"

习惯，通过多次纠正，还是可以改变的。

③姐姐今天轮休，下午接冬冬。

冬冬从幼儿园回来，换上雨鞋，下楼去踩水，说："姐姐走的时候，怎么不给我带这雨鞋呀？"

"走的时候"，是指去幼儿园的时候。

④冬冬不停地开冰箱关冰箱，问："开开的时候，它就亮；一关，它就黑呀？"

"……时候"，语法上一般是作句子的状语，语用上是确定一个时间参照点。有了它，表达就会精密很多。

"轻轻飘飘地"

大姑："冬冬，如果你是一朵小花……"

冬冬："我就轻轻飘飘地，飘到南海去。"

客人怎样喝的酸奶？

今天天凉，妈妈把两瓶酸奶放进了冷冻室。冬冬到家，打开冰箱的冷藏室，没找到酸奶，便追问其下落。妈妈编了个故事，说家里来了个客人，肚子饿了，就把酸奶喝了。

冬冬急问："客人？他们叫什么名字呀？"

妈妈随意说了一个人名。

冬冬又问："是一替一个喝的吧？那怎么没有了呀？"

还没等妈妈回答，冬冬回想起妈妈只说了一个人名，又追问道："是喝了一个又喝一个吧？那怎么不给我留点呐？"

妈妈准备出去，她跑去关上门。

妈妈问："为什么不让我出去？"

冬冬说："因为你好要赖。"

妈妈不明白，什么事要赖了？难道她看出"客人喝酸奶"的破绽了？

母女的这段对话，一开始是在预设不同的情况下进行的。妈妈的"故事"，是一个客人喝了两瓶酸奶；冬冬知道有两瓶酸奶，直感是被两个客人喝了。妈妈只说了一个客人的名字，冬冬仍然没有意识到是一个客人，还猜测他们是"一替一个"，把酸奶给喝了。等到她"悟出"是一个客人时，又猜测是"喝了一个又喝一个"。

儿童这时的交际，都是有"预设"的。预设的水平，决定着交际的质量高低。

还是要喝酸奶

冬冬还是要喝酸奶。妈妈提议，冲奶粉代替酸奶。她不同意，说："我不喝酸奶茶，我非喝酸奶不可。"

把奶粉叫作"酸奶茶"，是冬冬的独特命名。

妈妈："明天晴天了，咱们再去买酸奶，好不好？"

冬冬："你给我留点酸奶，我就喝，你不给我留点酸奶，我就杀死你！先杀你的脖子，再杀你的衣服，杀烂它。"

在冬冬看来，杀脖子和杀衣服，同样厉害。

长大后的"雄心壮志"

（3 岁 3 个月　1988-3-16—1988-4-15）

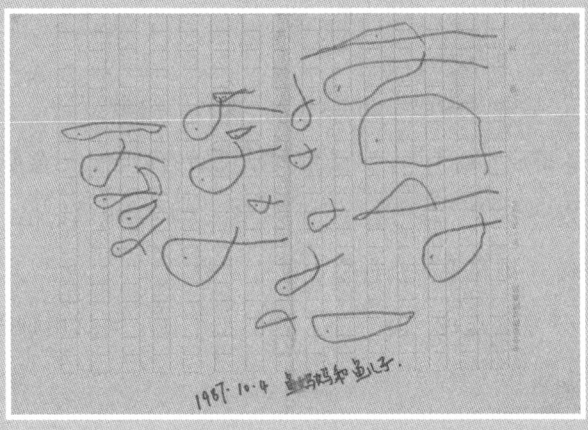

鱼妈妈和鱼儿子（1987 年 10 月）

1988-3-16

暗示，闹出的笑话

早饭，在炸花生米里，放了几块儿炒鸡蛋。大姑夹块儿鸡蛋给冬冬，问："知道这是什么？"

"不知道。"冬冬伸筷子夹菜，袖子蹭着盘子沿儿，沾上了油污。

大姑提醒她："注意，袖子。"

爸爸让冬冬闭上眼睛，往她口中送一块儿鸡蛋，问："冬冬，你猜，这是什么？"

冬冬回答："袖子。"

大家都忍不住哈哈大笑。

冬冬也笑了，吧咂着嘴巴，品尝味道，说："鸡蛋。"

把"鸡蛋"，猜成"袖子"，是受到大姑说话的影响。儿童易受暗示，如例：

①春节前，冬冬认字，总记不住"头"字。为加深她的记忆，在教"头"时，就用手摸摸她的头。她马上心领神会，说："头。"

②有一次，教了多遍的"草"字，仍然记不住。大姑用脚踢她的屁股，她马上说："屁股"。

不懂就问

①晚饭时，冬冬问："爸爸怎么天黑的时候，才来接我呀？"

妈妈："你是嫌爸爸接得晚了？"

冬冬："是的。"

②冬冬反问大姑："一个长鼻子，你忘了？"

③她手上抹了些香皂，说："爸爸，你闻闻香不？更香了，啊！"

④墙上挂着网球拍。

冬冬问："新的是吧？新的？那当然好了！"

⑤姐姐打开电视机，没图像，也没声音。

冬冬跑向书房，大叫："我告诉爸爸去。爸爸，电视机坏了。"

爸爸过来一捺，有了图像和声音。

冬冬惊叹不已："又好了？那怎么回事呀，妈妈？怎么爸爸一招，它就亮呀？"

⑥冬冬指着酸奶，说："怎么医生说，冰了它，就好喝；不冰，就不好喝呀？"

⑦妈妈要姐姐把酸奶从冷冻室里拿出来，在温水里解冻。

冬冬："那你怎么不早点说明哩，妈妈？"

这句话连说了三遍。

冬冬喝着酸奶，说："龙医生说的，一天喝一瓶酸奶。两天喝两个酸奶，一天喝一个酸奶。"

⑧爸爸修改文稿，交替使用红、黑两种颜色的笔。

冬冬看了一会儿，问："怎么一会儿用那个笔，一会儿用这个笔呀？"

"最白最白的"

吃饭时，冬冬抢走了爸爸的筷子，又拿给爸爸一双黑筷子，说："明天，我给你拿一个最白最白的白筷子。"

"最白最白"的重叠形式，还是第一次记录到。

冬冬让妈妈看她的筷子："一个长，一个短。妈妈，你看看。"

太喜欢吃花菜了

刚吃过晚饭，冬冬发现菜篮子里还有花菜，提出让再做一盘。

爸爸："你要吃什么样的？"

冬冬描述道："花菜。一个根，还有小花，那样的花菜。"

爸爸："明白了，你说的是花菜！想吃，自己去炒吧！"

冬冬："我不会放盐。"

爸爸："没关系，等你炒好了，我跟你一起去放盐。"

冬冬："我太低了，我不会炒。锅太高，我太低。"

理由很充分，还真想吃！

大姑炒好了花菜，冬冬一人独霸。一个菜花，没有夹牢，掉在饭桌上。她忙捡起来，放进口中，解释说："老师说的，掉桌子上，也应该捡起来吃。"

冬冬吃得津津有味，盘底还剩下一些碎渣渣，说："给大姑留点儿。"

大姑笑说不吃。

冬冬又接着吃。吃得干干净净，把光盘子递给爸爸，一本正经地说："爸爸，你吃点吧！"

大家笑她的贪婪和幽默，她也笑了。看起来，吃得非常开心。

辩解

冬冬蹲痰盂，小脸儿憋得通红。大姑数落她，吃青菜太少，所以拉不下来便便。

"我拉下来了。我拉的稀屎，真的。你不相信，你看看，"她自我辩解，又说，"我在幼儿园没拉屎，就想屙。"

讲卫生，不生病

春节，在老家的小火车站，一群人围着看一个病死的孩子。她和村里孩子们一起在野地里玩，也曾看到新坟。孩子们告诉她，里面埋的是死人。冬冬对此印象深刻。

冬冬："爸爸，我们老家的人死了，埋住了。火车站死了一个小孩儿。"

大姑："哎，打住，打住！已经过去多长时间的事了，别说了，好不好！"

冬冬继续追问火车站那个病死的孩子："他三岁零几个月？"

大姑："三岁零四个月。"

冬冬："三岁零四个月？我记得他住在哪个家呀？那个死小孩住在哪个家

呀？"

大姑："不知道。"

冬冬："那个小孩，怎么不叫爸爸妈妈上医院打针呀？"

大姑："打针也救不活。他病得太重了。"

冬冬："那我的病，生得重呢？"

大姑："你不会生重病的。"

冬冬："我怎么不会生死那个重病呢？"

大姑："放心吧，你不会的。你讲卫生，爱清洁呀！"

"我没有洗手洗脸呀，我忘了，大姑。"冬冬说着，忙跑去洗手洗脸。

换被子

晚上，冬冬要大姑睡大床，爸爸睡小床。爸爸说，小床不行，被子太短，盖不着脚。

冬冬说："你给我们换换被子呗！"

还真是个办法！

1988-3-17

扣子和拉锁

前天，冬冬对大姑说："扣子掉了，给我钉扣子。"

大姑一看，冬冬的衬衣上，果然掉了一枚扣子。

今早，冬冬跟妈妈比赛穿衣服。

"老师先穿裤子，后穿衣裳。"冬冬很快穿上衬衣，套上裤子，开始扣扣子。

妈妈故意说："小辉，快点呀，冬冬快扣完扣子了，今天我要输了。"

冬冬："你不是扣子，你是拉锁。"

冬冬的上衣是扣子，妈妈的外罩是拉锁。冬冬清楚着呢。

数量词

①楼房顶上，"噼噼啪啪"一阵乱响，滑落几大块冰坨坨。

冬冬说："从房子上掉了三个雪。为什么雪从房子上掉了呀？"

"三个"表示多，冰、雪确实不好区分。

②玉兰花，在风中摇曳。

冬冬说："白玉兰花，还有一大把。"

③电视剧《严凤英》，戏班子准备散伙。

冬冬问："上哪走呀？他们拿一大把东西干什么呀？她是谁呀？"

"一大把"，还时不时地用来表示多。"一大把东西"，指捆起来的道具。

④冬冬吃着枣子，说："就这几个是好的？都是坏的！"

"摸"

前天，冬冬曾说，手绢找不到了。今天从幼儿园回来，非常高兴地说："妈妈，我的手绢找到了。"

妈妈："在什么地方找到的？"

冬冬："在棉裤口袋里摸出来的。"

一个富有表现力的"摸"字，表情、动作，活灵活现。

"就着"

冬冬喝着酸奶，吃着饼干，说："爸爸，你往后给我买一大瓶酸奶，好吧？吃这个，喝酸奶，就着喝。"

"这个"说的是饼干。"就着"是搭着吃的意思，第一次记录到"就"的这一用法。

几个短句子

①"起来，你的脚！"冬冬要往地下洒水，让爸爸把脚抬起来。

②一边洒水，一边叫："下雨了！"

③让爸爸给她抓痒痒："爸爸，痒死。"

④冬冬伸手摸了下热腾腾的包子，又忙缩回手，说："这个包子黏，一招就一个印。"

⑤拉开冰箱："怎么一关一黑，一开一亮呀？"

"什么"

①早上，冬冬问："今天是什么星——？"

妈妈笑了。

冬冬立马又问："今天是什么呀？"

学会问星期几，还真不容易。

②冬冬拉肚子了，问："妈妈，我屙稀屎，那怎么办呢？我喝什么药呀？"

联想

冬冬把一个盛药的空瓶子，扔进垃圾盆里，说："大姑，就是一个小孩儿，把这个扔到水里，把大姑扎疼了。"

由一个空药瓶子联想到，去年8月份大姑在东湖游泳，脚被碎瓶碴儿割破的情形。

上下句子感染的口误

①冬冬弹玩具钢琴，对妈妈说："妈妈，我弹一下钢琴，你唱一下歌。"

②玻璃窗外，还有尚未融化的雪。冬冬自语道："再见一个雪，堆一个雪人。"

"一下、一个"都分别用对一次，用错一次。"唱一下歌"是顺着上句说下来的，"见一个雪"是下一句"堆一个雪人"逆向感染的。

说反话

冬冬打开冰箱，问："妈妈，还有点肉吧，妈妈？"

妈妈开玩笑地说："有肉。你一说吃肉，妈妈怎么就想——"

冬冬忙跑开，说："我就要不想打你。"

意思是，我不想打你，你也就不要打我了。

"打扮"

冬冬指着化妆盒子说："我要那样的盒子，打扮我头。"

冬冬是个爱打扮的姑娘，却很少使用"打扮"一词。她在去年9月底，跟玩具小猫讲故事时，用过"打扮"一词。

鼓励妈妈

妈妈说，打了半个月的针，都是那个恶婆婆打的，可疼了，疼得直想哭。

冬冬鼓励妈妈说："我叫那个恶婆打针，我生病了。我就不哭，我可勇敢。"

1988-3-18

你怎样，我就怎样

爸爸说，冬冬今天起床太晚了。

冬冬接口道："你早点起，我也早点起；你晚点起，我也晚点起。"

大人的行为直接影响孩子。只要第二天上午没课，爸爸常会熬夜到黎明，养成了晚睡晚起的"猫头鹰"习惯。所以，每当大姑让冬冬起床，给她穿衣时，她总提出"先给爸爸穿"的要求。

长辫子

早上，冬冬对着穿衣镜搽面霜，大姑站一边注视着。

冬冬笑着问："你看迷了吧，大姑？"

她憧憬，自己将来有一条长长的辫子，说："那就没有谁比我的更长了。要再长长，就长到妈妈身上了。那我就长高了。再长三岁，我就长得比你高，长得比天高。"

有条长辫子，长个高个子，是冬冬近阶段的期待。

"再长一岁"

冬冬站在五屉柜前，手向上伸，能摸着自下而上的第三个屉子，说："我再长一岁，就能够着这了！"

冬冬再次伸长胳膊，摸到第四个屉子，说："我再长一岁，能够着这了！"

冬冬又踮起脚尖，终于摸着了最上面一层的桌面，说："我再长一岁，就够着这了。"

"白"和"黑"

①冬冬挑选头绳和卡子，说："那要[1]扎两个黑夹子，一个白夹子，那才真好看呐！"

②她从冰箱里拿面包，说："我手太白了，弄不脏。手黑了，弄得脏。这怎么回事呀？"

"大"与"小"

冬冬跟一门栋的小曼，商量怎么堆雪人。她说："你拿着那个盆子，好吧？我换上那个胶鞋，你怎么不穿那个胶鞋呢？"

"盆子"前面加"那个"，是有意义的；"胶鞋"前面加"那个"，在这里是多余的。冬冬的语言中，常出现这种"多余限定"的情况，像英语的名词

---

[1] 要：即"要是"，表假设。

前面经常出现冠词一样。

两个孩子铲着雪，又拿自己的高低与床的长短做比较，是自己大还是床大？

小曼："我跟小床一样大。"

冬冬："我和小床不一样大。"

妈妈笑问："冬冬，不一样大，是你大，还是床大呀？"

冬冬说："我小床大。"

口头禅"（那）怎么回事呀？"

"那怎么回事呀？"或"怎么回事呀？"几乎成了冬冬的口头禅。

①冬冬问："妈妈，我的嘴唇红不红呀？"

妈妈："红啊。"

冬冬："那怎么回事呀？"

②她吃着面包，一路小跑，被碎石块儿绊了一下。

冬冬立马停下来，问妈妈："拿着面包还能站[1]起来，怎么回事呀？"

③大姑给冬冬扎辫子，用牙齿咬着头绳的另一端。

冬冬问："你怎么用牙齿咬呀？那怎么回事呀？"

雪脏了

开始融化的积雪上，覆盖着尘土和枯枝败叶，脏兮兮的。

冬冬问："这雪怎么还没化完呢？妈妈，怎么搞脏了呀？"

爸爸什么时间回来？

今天大姑有课，妈妈去幼儿园接冬冬。

冬冬："妈妈，爸爸怎么不来接我呀？"

---

[1] 并未摔倒。

妈妈："爸爸去青山开会了。"

冬冬："怎么又去开会了？爸爸几点钟回来呀？"

回到家里，冬冬仍问："爸爸几点钟回来呀？他几点钟上课呀？"

妈妈："爸爸不是上课，是去开会。今天晚上回来。"

冬冬："我怎么没有看见爸爸回来？我怎么没有看见爸爸去呀？"

妈妈："爸爸走时，你还在幼儿园。"

冬冬："我睡完觉的时候，爸爸才回来吧，那怎么回事呀？"

五比四多

晚饭前，妈妈告诉冬冬："冬冬，今晚有鱼吃！中午给你留了四块儿鱼。"

冬冬不满足地说："怎么不给我留五块鱼呢？"

"一大把"

冬冬很喜欢连衣裙，连睡觉都不愿意脱下。她跟大人讲条件，说："你给我买好多，买一大把连衣裙，我把这个脱了；要是不给我买，我就不脱。"

妈妈答应，买很多很多，她这才同意脱去连衣裙。

上句说"买好多"，又补充说"一大把"，还是用"一大把"表示多。

"我听见的"

冬冬："尤青青的衣裳，被小偷偷跑了。"

妈妈："谁的衣裳？"

冬冬："尤青青的衣服都偷走了，只穿了一身衣服。"

意思是，只剩下身上穿的一身衣服。

爸爸："谁跟你说的？"

冬冬："尤青青跟老师说的，我听见的，我就知道了，我就跟你们说一说。"

1988-3-19

喜欢连衣裙

昨夜冬冬起床解手。妈妈递给她棉袄，让她披上，以防感冒。冬冬随手把棉袄扔到地上，说："我穿连衣裙就不感冒，我不穿连衣裙就感冒。"

上幼儿园，仍坚持要穿连衣裙。妈妈让她在连衣裙外面，再套件外罩。

冬冬同意了，又说："到那脱掉，然后把这个给爸爸送回来。"

"那"指幼儿园。"这个"指外罩。

手势语

①冬冬问爸爸："头发扎得好看不？"

爸爸伸出大拇指，说："你看，冬冬，知道这是什么意思吗？"

冬冬："能干。"

爸爸："是非常好的意思。"

②大米粥煮得又稠又黏。吃完饭，冬冬的嘴唇上涂了一层米糊糊。

冬冬用右手食指，横在嘴巴上，上下晃动，似乎在做刷牙动作。

妈妈问："不懂，你这是要干什么呀？"

冬冬扑哧笑了，说："要手巾擦嘴巴。"

个子高低

李阿姨说，多多跟李文青打架，把李文青打哭了。

妈妈："李文青比多多高出来一头，还打不过多多？"

冬冬忙问："我比谁高呀？"

妈妈："你比覃覃高。"

冬冬手举过头，又压低在腰际，说："我这儿高，她这么低，我只比她高呀？"

意思是，要高出很多，不只是比她高的问题。

妈妈："除了覃覃，你还能比谁高？"

冬冬往小凳子上一站，说："我要是站这上面，就这么高了。"

1988-3-20

定时语言记录（上午 10 点—10 点 40 分）

今天是星期天，对冬冬做了 40 分钟的定时语言记录。整理如下：

场景一：拿积木，看桌面

爸爸让冬冬去拿汉字积木。

冬冬说："咱们两个一起拿。"

她拿着积木，扒着书桌的桌沿儿看："那上面都是什么呀？"

爸爸抱起冬冬看桌面。

她看了看，说："没有什么。"

场景二：当裁判，认汉字

冬冬往茶几上摆积木，说："我一个一个拿，好不？两个拿，好不？"

妈妈："想拿几个，就拿几个。随你便。"

冬冬："妈妈，你好当裁判。我当裁判。"

妈妈："你和爸爸比赛认字，你还当裁判？好吧，听你的！"

冬冬既是比赛者，又是裁判员。

她看到一个认识的字，喊出这个字的同时，随手拿起来。

爸爸定规矩：参加认字游戏的人，双手都抱到胸前。当裁判员喊出要选的字，说"开始"后，两个人再动手去找，去抢，否则就是违规。

冬冬同意。这个规则，她正确使用了四次。

到第五次，冬冬说："开始！不是，"牛"，开始！"

爸爸故意用手掌遮盖着所有的积木，做出随时要抢的姿态。

冬冬说爸爸："别把着哟！你就没抱着！"

意思是说爸爸手没抱到胸前，有违规嫌疑。

冬冬把自己认识的字，都拣放在一边，说："我们一个一个给它摆整齐，好不？你摆这个地方。"

她挑出四个自己不熟悉的，对爸爸说："这是其他的，你认这些字。"

"其他"是个指示代词，指除了某个或某些之外的人和事物。这是第一次见到冬冬使用。

场景三：摆大楼

冬冬提议："咱们摆大楼好吧！这样摆，好吧？谁摆谁？积木唱歌。再放一个，好吧？来，我们两个摆一个大高楼，好吧？"

爸爸和冬冬，各自搭建了一座很高的大楼。

冬冬拿走爸爸大楼上一个积木，说："再搞一个楼，好吧？不搞了，不搞了。"

爸爸："你拿我的积木，干什么？"

冬冬笑眯眯地看了一眼爸爸："我给你拿下来，好呀！快倒了，爸爸。"

爸爸的大楼越建越高，不理睬冬冬的劝告。

冬冬说："慢慢地，你就知道，会的。"

说话间，冬冬的大楼倒了，说："好，不建了。我们一起摆，好吧？你别捂着，一个跟一个。这是老师，这是学生，这都是学生。你别摆，你摆不整齐。"

"老师"指大积木，"学生"指小积木。

话音刚落，爸爸的大楼也倒塌了。

冬冬又提议："再摆一个，好吧？这一个吧，这一个吧，摆大楼好吧？"

爸爸和冬冬又开始重新摆大楼。

冬冬："在这摆算了嘛，那我可摆不成了，啊！你的摆不高，我的摆得更高了。"

她请求爸爸："你给我摆一个，好不好呀？你给我摆！在哪呀，爸爸？你把这个放进去，再把这个放进去。再来一个好不好呀？"

场景四：摆图形

冬冬用手推倒了积木大楼，说："再重摆，好吧？拿着这一个重摆。你放这。"

爸爸按照她的吩咐，放上一个积木。

她也放上一个，说："就这样放。学着我摆，好吧？再重摆哟！我给你弄个小白兔，好吧？弄个小熊猫。这是哪个耳朵呀？是这个耳朵，是这个耳朵呀？是这个耳朵吧？"

小熊猫图案的积木，少了一块儿。

"别慌呀，爸爸。这儿还有一个呢？"冬冬在积木堆中，找到了那块儿积木，异常高兴，说，"啊！小熊猫！摆小白兔呀！这没有呀？"

场景五：穿鞋子

小白兔的图案，少了两块儿。

冬冬拉开抽屉找积木，结果扒拉出来新买的鞋子，拿出一只，说："这个鞋，试试可以吧？这个鞋，放地下可以吗？"

大人同意她试穿。

冬冬说："爸爸，你给我按。"

"按"，即扣上鞋襻儿。

爸爸说，这双鞋子，现在穿着太大了。

冬冬："不大。"

她把另外一只鞋子也递给爸爸："给。"

场景六：画什么

冬冬穿上鞋，走到妈妈身边，发现妈妈在做记录，开始抢夺妈妈手中的笔，说："妈妈，把花弄它，好吗？我要红笔写字。"

她说的这"花"，其实还不存在，是她想用笔画花。她夺走笔，转向爸爸，说："给我画花儿，爸爸。给我画个水莲花，再给我画一个月季花。好多小点点，这上面没有点点。"

爸爸画花朵，她往花上添点点，说："再给我画一个花，再给我画一个，画一个，画一个小船，画一个小船。我给你画点点，来。"

场景七：假设游戏

爸爸边画边说："假若你是一只小船？"

冬冬："我就不会跑。"

爸爸："假若你是一支笔？"

冬冬："我就会写字。"

爸爸："假若你是张纸？"

冬冬："我就不动。"

场景八：画点点

爸爸画好一只小船，冬冬往船上画点点。她指着船帆说："上面没有点点，下面有点点。"

冬冬又转向妈妈，说："妈妈，给我画花好不？你给我画一个——，那花，好吧？一串串的花，好吧？"

妈妈："是迎春花？"

冬冬："画迎春花，爸爸。"

爸爸画迎春花。

"再画一个，底下。我画一个吧？！"她自己动笔，画出几条射线，说，"这叶子。你给我画一个、一个纸！"

"底下"，指纸的下半部分。"一个、一个纸"，指一张纸。

爸爸画了一个平行四边形。

冬冬不满意，说："你给我画一个像大姑那样的画！"

爸爸："大姑是什么样的画？"

冬冬："一个滴喽儿、一个滴喽儿的那样。"

爸爸画了一棵大树。

"爸爸画得不对，不对！"冬冬把本子翻过来，说，"里面，再给我画一个这，这一个花呀？！"

没人明白，她要的是什么形状的花。

冬冬不高兴了，说："看爸爸，再给我画一个这样的花。我跟你说吧，给我画这样的花，这样的花呀！"

爸爸画了菊花。

冬冬："你给我画菊花？不对，我不要这样的花，不好画点点。"

原来，她需要别人画的花，是能往上面点点子的花。爸爸在菊花瓣上点了几个点儿。菊花瓣上，也可以点点儿？她高兴了，说："比着这画。这还没点完的。"

场景九：大姑画的是手绢

爸爸扔掉了一个空火柴盒。

冬冬忙问："扔它干什么呀？看一看，好吧？"

这时，大姑回来了，问冬冬："送邢爷爷了没有？"

冬冬："送了，刚回来。爸爸不会画那样的花，那一个，那一个，那一天你画的那个花，一个小滴喽儿，一个小滴喽儿。"

看大姑没听懂她的意思，解释道："那样的嘛，画手绢。"

在四十分钟里，冬冬有五项活动，九个场景。幼儿的注意力，容易转移。不停地提要求，不停地转换话题，这就是孩子的常态！

"明天"

爸爸跟冬冬谈论上幼儿园哭不哭的问题。

冬冬保证说："明天起来，我不哭，就马上就去。"

"一般短"

大姑玩弄着冬冬的头发，说："冬冬的辫子，两个一般长。"

冬冬拿条长围巾，比比自己的辫子："两个一般短。"

"一般长"的"长"，不是长短之"长"，而是"长度"之"长"；其否定形式，不是"一般短"，而是"不一般长"。冬冬还不知道"长""短"这两类形容词的不同用法。

"还说人家的呢？"

冬冬用吸管，喝刚冲好的板蓝根，说："把我的舌头烫的，红红的。你看看。"

大姑看看冬冬的舌头，顺手把桌子上的瓜子皮推到地上。然后，拿扫把扫地，边扫地边对冬冬说，地扫干净了，不能再乱扔脏东西。

冬冬说："谁把这弄地下了？还说人家的呢？"

是呀，大姑，是你把瓜子皮推到地上的，还说人家！

1988-3-21

长大后的"雄心壮志"

淅淅沥沥的小雨。冬冬想让大姑送她上幼儿园。妈妈说，大姑不会骑车子，还是让爸爸送。

冬冬埋怨说："昨天天黑了，爸爸叫大姑学车子，她学也不学。"

她掂着一只鞋子，围着床转圈，去找另一只，自言自语："那一只鞋嘞？我的那一个嘞？鞋会放哪个地方去呀？"

大姑："连鞋子都找不到，还说自己长大了？"

冬冬："我一会儿就想长大了。我能当女总统了。我快上大学了，能替妈妈上班了，替妈妈上班，上研究班。"

妈妈："你读了研究生以后，想干什么？"

冬冬："留学呀！我一个人去，不叫别人一块儿，长大了嘛！我和三个弟弟一块儿去。"

爸爸笑了，说："三个弟弟？呵，谁给你生三个小弟弟呀？"

冬冬："爸爸生一个小弟弟。我这么高了，爸爸生这么一丁点儿的弟弟，我抱着他，抱得动。"

说"一丁点儿的弟弟"的时候，手往低处比。

爸爸哈哈大笑，说："好吧。如果想留学的话，你可得好好学外语！"

冬冬频频点头，说："学外语，可以听懂外国人说话，还可以教小朋友们。"

"大"与"小"

冬冬拿两个瓶子，说："一个大瓶子，一个小瓶子。妈妈，你看。"

妈妈开心地："不错。冬冬知道哪个大哪个小了！"

电视剧《严凤英》

看电视剧《严凤英》，冬冬记住了"黄梅戏""《小辞店》"和"严凤英"三个词语。

严凤英和小桃红两个人在一起。

冬冬问："哪个坏，哪个好呀？"

大姑："严凤英是好人。来，咱们每个人讲一个故事。"

冬冬："我听说，我不会讲故事。"

意思是，她会听，不会讲。

1988-3-22

"一样" "不一样"

①冬冬刚塞进嘴里一块儿"怪味糖"，就"哇哇"大叫，说："还是那个糖，跟昨天的一样，是不是呀？"

②她喝板蓝根冲剂，说："爸爸，你用勺子舀着，我好吸，像那一天一样，好不好呀？"

③妈妈："你中午和谁睡一块儿的？"

冬冬："黄璐。"

妈妈："幼儿园小朋友的床，是一样的吗？"

冬冬："一样的。一样的床，不是不一样的床——一个高，一个低。"

"那个"

①楼下门口的水池子里，漂起来一块儿手绢。冬冬对爸爸说："我跟你说吧，爸爸，谁的那个手巾，扔到那个水管里面了。"

她以为，手绢是从水管里流出来的。

②冬冬一直对大姑剪短头发耿耿于怀，说："理发的那个小李，把大姑弄得这个样子，不像大姑了。"

③她跟大姑要黑色头绳，说："我要那个，茵茵说我是菩萨，我说茵茵是菩萨的那个。"

这些句子中的"那个"，有些是必要的，有些属于"多余限定"。

"差不多"

冬冬谈论幼儿园的老师，说："老师穿白大褂。"

妈妈："那不是像医生了。"

冬冬："还给护士差不多耶！"

穿裙子

①冬冬今天是穿连衣裙去的幼儿园。

回来后，妈妈问："冬冬，叶子今天去幼儿园了没有？"

冬冬："叶子去了呀，她还穿裙子。明天她还感冒。"

前天，叶子穿裙子感冒了。她推测，叶子今天穿裙子，明天还会感冒。

②电视连续剧《严凤英》中，有个穿裙子的人物。

冬冬说："我多往学会唱戏了，你给我做一个最好看最好看的裙子，好吧？"

什么都要问

①爸爸接回冬冬，又立马扛着煤气罐下楼去换煤气。半个小时后，爸爸在楼下高声喊大姑，帮忙把煤气罐抬楼上去。

冬冬问："爸爸回来了？爸爸怎么马上回来了？喊谁呀，爸爸？"

妈妈说，爸爸是喊大姑。

冬冬问："喊大姑干什么呀？"

②冬冬站在自己的小车子后面，双手扶着后座，问："怎么不走呀，妈妈？"

妈妈："你怎么不骑车走哇？"

冬冬坐上小车，双脚猛蹬几下车轮，说："妈妈，你看，这样会走不会走呀？"

③《新闻联播》，播放两伊战争尸横遍野的场面。

"都死了，妈妈！"冬冬又跑到书房，对爸爸说，"爸爸，人们都死了，真的。那是好人还是坏人呢？"

爆炸的气球皮

冬冬在床下，发现一个爆炸了的气球，说："怎么爆炸了一个气球呀？是谁爆炸的呀？我想弄一个，弄一个？我现在忘记了，那一个什么呀？那一个，我想弄那一个。"

冬冬所谓的"弄一个""那一个"，是用嘴巴吹气球皮，再吹出一个"小气球"。

大姑展开气球，让她吹"小气球"泡泡。

冬冬边吹边唱："呜呜呜，吹喇叭。妈妈，我给你弄个好不好呀？"

表演卖豆腐的

妈妈："我饿了，得吃点东西。"

冬冬："我哩，不肚子饿。"

妈妈："你不饿我饿。我先吃点豆腐吧？"

冬冬马上拿根小竹竿做扁担，放在肩上，吆喝道："卖豆腐的！卖豆腐谁买哟！两角钱一个豆腐，你买不买呀？"

妈妈说："买，我买豆腐。"

她放下"扁担"，弯腰往地上捞一把，拿出"豆腐"，象征性地放在妈妈手上，说："三毛钱，一个豆腐。"

价钱马上变了。

炫耀辫子

冬冬在头上扎了很多个辫子，异常兴奋地在房间里走来走去。大家怂恿她，出去找菁菁玩。

"我怕他们笑我！"冬冬话是这样说，又忍不住走出门，侧耳听听，问，"谁唱歌？"

大姑说："菁菁唱歌呢。你去吧，他们会夸你漂亮的。"

冬冬犹豫片刻，拉着大姑，说："你给我一块儿去。"

过了好一会儿，两个人回来了。

妈妈问："菁菁姐姐说你漂亮吧？"

冬冬笑嘻嘻地回答："妈妈，她们笑了，她们笑我漂亮。"

儿歌《迎春花》
（1988-04-17）

"大"的形象

冬冬从外面跑回来，神情慌张，说遇到了一个"大"。

妈妈问："'大？'什么是'大'？"

冬冬形容道："黑黑的。满脸黑隆隆的，一点也没人。"

根据语境推测，所谓"大"，就是没有人，到处很黑，很可怕。

妈妈说："你已经长大了，什么都不要怕。"

冬冬马上理直气壮："要是刮风了，要是下雨了，要是天黑了，我'咕咚'下去了。"

"手耳环"

冬冬对姐姐说："你给我买个戴手上的耳环，好不好？"

姐姐："什么是手上的耳环？"

冬冬伸出手指："给我买一个手耳环呀？"

姐姐明白了，所谓的"手耳环"，就是戒指。于是，把自己的玩具戒指，戴在冬冬的手指上。

冬冬又要戴项链。

姐姐找出玩具项链，扣的地方，已经生锈，抠弄了好大一会儿，也未能解开。

冬冬推测说："又搞断了吧？"

看电视，提问题

冬冬看电视，只要看不懂的，就会发问。严凤英演唱《打猪草》，发型很奇特。

冬冬问："怎么一个长一个短呀？这怎么回事？男的是谁？"

大姑答："五仔子。"

冬冬又问："五仔子，怎么也唱戏起来了呀！刚才那上面的人干什么？她（指严凤英）怎么弄好多小辫辫？到明天，今天，好多天，弄一个长辫辫，要弄一个短辫辫，那怎么办呢？"

严凤英很苦闷，学会了抽烟。

冬冬惊讶地问："她怎么学会了抽烟呀？"

又有一个严凤英抽烟的镜头。

冬冬用肯定的语气说："严凤英真的学会抽烟了？女孩子怎么也抽烟呀？"

抛绒球的游戏

大姑手拿绒球，向上一扬，说，把它扔到了电棒上。冬冬不信，探头看看，说："你的手上，我看一看。"

大姑伸开双手，让她看。

大姑手里没有，肯定随手扔了。冬冬在地上，找到了绒球球，往上一抛，说："我扔得高不高？我站到一个凳子上，我扔得高。"

绒球球，落到洗衣机上。

冬冬支使大姑，说："你去拿去，你上桌子上。"

大姑："我不去。你扔的，你去拿。"

冬冬："那我怎么上去呢？"

此时，爸爸腰疼，喊大姑过去捶腰。

冬冬跑过去安慰爸爸，说："爸爸，你咬着牙，就不疼了，你坚持一下。"

要酸奶

冬冬说："妈妈，我上幼儿园没哭！"

妈妈夸她："不哭，就是好孩子。"

冬冬紧接着问："怎么不给我买酸奶呀？"

要大姑唱歌

冬冬扎了一头色彩缤纷的辫子，让大姑跟她一起跳舞唱歌。

大姑正看电视，不愿意配合。

冬冬说："你不给我唱，我瞌睡；你给我唱，我不瞌睡。"

这也是讲道理的一种方式。

帮爸爸捶腰

爸爸又让大姑拿玻璃瓶子给他捶腰。冬冬凑热闹，也拿根竹棍，在爸爸身上乱敲。

妈妈制止她。

她说："大姑弄我也弄，大姑不弄我也不弄。"

不想睡觉

夜里十一点多，爸爸要冬冬赶快睡觉。

冬冬对爸爸说："你睡我也睡，你不睡我也不睡。"

爸爸无奈，说："我现在就睡，你睡不睡？"

冬冬调皮地一笑，说："你睡，我也不睡。"

1988-3-23

洗脸

冬冬用毛巾蘸水洗脸。忽然丢下毛巾，一个劲儿地揉眼睛。爸爸问她，眼睛怎么了？

冬冬说："不是，爸爸，那个水太大了，把我的眼睛治辣了。"

原来毛巾太湿，水进了眼睛里。这种表述，很奇特。

辫子扎太紧

大姑给冬冬扎了两条小辫子。

她跑去找爸爸，说："这个扎着的地方疼死。扎着的这个、这个毛毛的地方，疼死，爸爸。"

"毛毛"，说的是头发。

还没等爸爸接腔，她又跑到镜子前看发辫，回身责备大姑，说："我说不好看，你非不相信。"

要妈妈一起出外玩

冬冬想去楼下玩雪水，说："妈妈，我想跟你一块儿去玩。"

妈妈："妈妈不去。你一个人去吧，注意别把水灌到袖筒里了。"

冬冬："你不去，我就灌到袖子里面。你去了，我就不灌袖子里面。"

妈妈："你出去了，妈妈站到窗口看着你。"

冬冬："我跑好远好远的地方，你看不到我。"

妈妈："那也没关系。只要你不去马路。"

冬冬："我跑到马路上去。"

为让妈妈出去跟自己一块儿玩，故意拧着劲儿说。

为何记她的话？

冬冬说了几句话，妈妈忙去记下了。

她一扭头，看见妈妈在写字，问："记谁的话呀？怎么不记你们的呀？怎么光记我的话呀？怎么不记你自己说的话呀？怎么光记我说的话，怎么不记他们的呢？那怎么回事呀？"

冬冬不明白妈妈为何记录她说的话，不厌其烦地问。问话中出现了"谁、我、你、你们、他们、自己"等人称代词。

游泳圈

冬冬指着挂在墙上的游泳圈，说："长大了，我会游泳了。我不要游泳圈了，放在家里算了。"

看见游泳圈挂在墙上，便演绎成自己会游泳了，不再需要游泳圈了。现实与未来交融在一起。这是儿童思维的一个特点。

"给我，你右手的那个"

妈妈吃面包。冬冬伸手，妈妈不明白她伸手的意思，用左手握着她伸来的小手。

她说："给我，你右手的那个。"

"那个"，指的是妈妈右手里拿的面包。原来，她也想吃面包。

小幽默

晚饭，有米饭和凉拌海带。海带丝又细又长。妈妈说，这个海带丝呀，像老头儿的胡子。

冬冬幽默地摸下鼻子，说："胡子？给我粘上吧？！"

逗得大家哈哈大笑。

冬冬吃口米饭，说："我尝着不好吃。"

擦桌子

饭后，大姑擦桌子。冬冬也拿块儿小抹布，擦自己的小桌和茶几，说："这也干净，那也干净，就爸爸那不干净，大姑那也不干净。"

她擦的地方都干净，爸爸的桌子和大姑的饭桌，却不干净。褒了自己，不忘贬他人一下。

光与影

傍晚时分，大姑带冬冬出外散步。路灯下，冬冬对投在地上的长影子和短影子，很感兴趣，仍然前走走，后退退，反反复复，乐此不疲。

路旁的水坑中波光涟漪，一轮晕黄的月亮在水面晃悠。冬冬看了会儿水中的月影，又跑到阴影里，左右摆动身子，既没有月亮，也没有自己的影子了。

冬冬不解地问："没有光，就没有影子。这怎么回事呀？"

1988-3-24

冬冬与周尪的对话

下午，爸爸去接冬冬，也顺便把周尪带回家来。下面是两个孩子的对话记录。

场景一：帽子服饰

刚进家门，冬冬就对周尪说："把帽子取它。"

妈妈："为什么取帽子？"

冬冬："不冷。"

周尪的衣服上有几道金线。

冬冬指着周尪胸前的金线问："这是什么呀，周尪？"

周尪："灯。"

冬冬："口袋上还有[1]？"

周尪："口袋里有手帕。"

场景二：抽烟的话题

爸爸抽烟。

周尪："爸爸抽烟，抽烟不好。"

冬冬："抽烟会生病的，我跟妈妈说的。妈妈，抽烟会生病的，你说是不是呀？"

---

［1］还有金线。

场景三：做什么游戏

冬冬蹦了一下："你看我会这样！"

周尪指魔方，说："我们玩这玩吧！"

大姑："周尪，背首诗好不好？"

周尪："等一会儿。欢迎你到我家来，我就跟你背一个。我妈妈给我买了一个小鞋套。"

场景四：吃饼干瓜子

冬冬说："周尪，你闭上眼，我给你拿个东西吃。"

冬冬拉开抽屉，拿小饼干给周尪，又给周尪抓瓜子。

周尪用牙咬开瓜子，把瓜子皮放在糖果盒盖上。

大姑问周尪，"会不会嗑瓜子？"

周尪说："我用牙齿咬。"

场景五：关于年龄的讨论

冬冬："我长一岁，就比爸爸还高。我过很多生日的时候，我就八岁了。我五岁，比小二还大一些。"

"小二"，周尪的乳名。

周尪："三岁半，快二岁了。"

冬冬："过生日的时候，我就三岁了。"

大姑："冬冬，三岁以后是几岁？"

冬冬："我不知道。"

周尪："还不是五岁吗？"

场景六：男孩女孩

爸爸："冬冬，周尪，你们俩谁是男孩儿，谁是女孩儿？"

冬冬："我是女孩子，他是女孩子。"

爸爸："不对。你是女孩子，周尅是男孩子。"

冬冬："他怎么没有胡子呀？"

场景七：比赛诗词儿歌

大姑让他俩比赛背诗。

周尅说："看谁跑得快些。"

冬冬鞠躬报节目，让周尅唱"小呀嘛小二郎"。

周尅不会这首歌，说："我妈妈会教我。"

场景八：玩魔方

开始玩魔方。

冬冬："妈妈，怎么对黄的呀？"

周尅："打开玩吧，怎么打开呀？给我玩一玩，好吧？"

场景九：喝板蓝根

冬冬："我想喝板蓝根，你也喝板蓝根，好吗？咱们俩都感冒了，咱们俩都喝板蓝根，好吧！"

周尅："回家，妈妈给我配一个，我睡觉时再喝一个药。"

爸爸冲了一包板蓝根给冬冬。

冬冬拿来勺子和吸管："爸爸，还这样好不好呀？你一边吹，我一边喝。我在老家也是这样喝的。我们老家从来没有板蓝根。"

板蓝根冲剂，比较烫，用嘴吹着，水凉得快一些。所以有"一边吹一边喝"之说。

冬冬连连给周尅抓瓜子。

周尅："我不要这么多。"

周尅拿瓜子皮，丢在垃圾桶里，说："丢在这盖里。"

冬冬也抓了几个瓜子，说："我们两个就着吃，好吧？我们两个就着喝！"

吃着瓜子，喝着板蓝根，谓之"就着"。

周尅："我在幼儿园一下子喝完了！"

冬冬："我三下就喝完了。"

场景十：打嗝儿

周尅："明天你到我们家来玩。"

"好的！"冬冬说着打了个嗝儿。

周尅笑了："你看她打嗝儿了。"

冬冬也笑了："我打嗝儿了。"

周尅："刚才她打嗝儿了，嘴巴里面叫了。"

场景十一：转动魔方

到了吃晚饭的时间。

妈妈："孩子们，该吃饭了！你们吃不吃饭呀？"

周尅："我等会儿要回家的。这给我玩一玩，好吧？把这个给我玩一玩，好吧？"

冬冬很大方地把魔方给周尅，说："行。"

周尅转动了一下魔方，很是惊奇，说："你看是这样子的！"

妈妈催促道："孩子们，吃饭后再玩，好吗？"

周尅："我们不吃饭，明天你到我们家来。"

场景十二：哥哥姐姐

爸爸："周尅，冬冬，你们两个谁是姐姐，谁是哥哥？"

冬冬："我是姐姐。"

周尅："我是哥哥。"

场景十三：周老师接周尅

周尅的爸爸周光庆老师来接周尅。

周尅连连叫："我不愿意。"

爸爸迎出来，让周老师进家坐下。

周尅也说："坐吧！"

冬冬也很有礼貌，说："请坐吧，伯伯。"

周尅父子俩走后，大人们说，星期天，可以带冬冬去周尅家玩。

冬冬说："我们吃饭的时候，你们去接我，好不好呀？"

1988-3-25

"爸爸夸我是个好孩子"

早上，冬冬说："我跟你说吧，爸爸。咱们俩一块儿到大门口，我一个人走到幼儿园里面，教室里面，叫声'老师早''老师好'，你再离开。"

爸爸向她伸出大拇指，说："不错。冬冬，这是什么？"

冬冬："爸爸夸我是个好孩子。"

爸爸："对。冬冬是个好孩子！"

冬冬又自豪地加上一句，说："我上幼儿园没哭。我每天上幼儿园都不哭。"

学会了"星期几"

冬冬问今天是"星期几"，常常说成"什么星期"。

爸爸故意问："冬冬，今天是什么星期呀？"

冬冬笑了："爸爸说今天是'什么星期'。不对，今天是'星期几'。"

大家鼓掌。

冬冬又说："妈妈，等我会背很多很多的儿歌，你给我买很多很多的面具。今天，我是几岁了呀？"

胶囊探秘

这几天，冬冬一直服用速效感冒胶囊。她觉得胶囊很神秘。今天，她终于按捺不住好奇心，拔开胶囊，把里面的药粒倒出来，说："我要看，好好看看。"

第一次记录到冬冬使用"好好"。"好好"是个副词，表示"尽情地""尽力地"等意思。

问与答

①冬冬翻来覆去地摆弄小喇叭。

爸爸："小喇叭像什么呀？"

冬冬："像个手电筒一样儿。"

②爸爸做鬼脸，说："冬冬，看我。"

冬冬脸一扭，说："我不知道干什么。"

爸爸想要的交际目的，没有达到。

③大姑："太阳落山了。"

冬冬："太阳有没有爸爸、妈妈、大姑和姐姐呀？"

大姑："没有。就它一个人。"

冬冬："它会哭的，它会哭的。要是我没有妈妈，我就一个人生活。"

④冬冬脱去棉衣，蹲到痰盂上小便。

大姑想让她快点上床，说："快点起来，大姑给你讲故事。"

冬冬："马上你就忘了？"

这回答，完全是相声素材。

浮力实验

大姑为冬冬演示浮力与重量的关系：舀来一盆水，丢在水里一张白纸。纸片漂在水面上。冬冬用手往下戳纸，纸片沉在盆底。随着手的离开，纸片又浮起来。

她撕碎小纸片，扔进水盆中，说："如果这是一种小船吧，这个，这一个，好多好多的小船。"

1988-3-26

"什么天"

冬冬骑小车。路滑，在拐弯处摔了一跤。车子和衣服上沾满了泥巴，鞋子、袜子也湿漉漉的。

妈妈要她回家换衣服，她坚持骑下去。说幼儿园要比赛骑车子，需要练习。妈妈没听说有比赛这回事，多次询问比赛的真与假。

冬冬回到家，马上问爸爸："今天上幼儿园，那个比赛不比赛呀？"

爸爸说，今天不比赛。

冬冬又进一步追问："什么天比赛呀？"

联系到"什么星期"等，冬冬"什么"的词语搭配，有些泛化。

看《西游记》

看电视《西游记》。被妖精抢去的娘娘，手脖上有两串刺，让妖精不能近身。

冬冬说："明天我也要买两个那个。我要上电视，妖精一挨，'吱啦'，一个大包。"

"明天"泛指将来。叫不出名字的东西，用"那个"指代。

"那个"

①妈妈问冬冬，今天周尉去幼儿园没有？

冬冬回答："小二好几天没去了，真的。生的那个感冒病。"

②大姑说，不卑不亢，大方得体的孩子，才能上舞蹈班。

冬冬说："要是我在那个舞蹈班，学了那个舞蹈了，回来我给你们学学。"

两个"那个"，都有点"多余限定"。

酒心巧克力

大姑买了五个酒心巧克力，冬冬一口气吃掉了三个。又去开冰箱拿，大姑阻拦她："别吃了，好吧？你要再这样子，下次我只给你买一个。"

冬冬："你就给我买一个呗！我吃一个，就不吃了。"

大姑："你还怪牛气啦。从今往后，我再也不给你买了。"

冬冬："我非吃，让姐姐给我买三个。留一点儿给爸爸、妈妈和姐姐。"

大姑："说得好听，我啥都不给你买了。"

冬冬："啥也不给我买，算了。"

不管大姑说什么，冬冬很坚定，还剩下两个巧克力，今天非吃掉不可。

认字

认汉字积木上的字。

冬冬拿个"寸"字，说："这个字，我认识不认识？我认识。"

这个字，她有时能认对，多数会认错。

妈妈："你认识？那你再念一遍，这是什么字！"

冬冬："我刚才说过了嘛！"

大概，她又忘记这是个什么字了。

"加法"

冬冬很开心，炫耀自己在幼儿园获得的荣誉："我得了两朵大红花，再得一朵，三朵大红花。"

不错，有了自己的"小目标"了。

三包无花果

冬冬："我还有三包无花果！"

大姑："在哪呀？"

冬冬："你给我买去耶！"

儿童常常把现实和未来交融在一起。没到手的东西，也可以算作拥有。

"一点儿点儿的"

冬冬要大人给她画鱼。

她用右手掐住左手的小拇指肚儿，说："给我画三个鱼，给我画这么一点儿点儿的鱼儿子。"

吃苹果

冬冬要吃苹果，爸爸把苹果切成小片片。

她边吃边说："长大了，我自己削苹果，我自己弄这，我自己拿着吃。"

"弄这"，是说"把苹果切成一小片一小片的"。父母皆用"嗯、嗯"表示赞同。

冬冬："你们俩'嗯嗯'，干什么呀？"

用飞机"飞"人

冬冬吃过苹果，又拿巧克力。她用力剥掉裹着巧克力的纸，说："卖巧克力的师傅，弄得好紧呐！卖巧克力的师傅，把巧克力弄得好紧哪！"

冬冬用巧克力纸叠了一架飞机，朝爸爸身上投过去，说："爸爸，我飞你，啊！"

"你说的"

大姑曾承诺，冬冬喝下药了，就带她去骑小车子。冬冬乖乖地喝了药，说：

"大姑，我想下去骑车子。"

大姑："可以，你看多多回来了没有？你俩一块儿去骑。"

冬冬："我想，你说的，我喝了，你带我下去骑车子。"

知道用"你说的"作为理由，还强调"你带我"这个承诺。

1988-3-27

儿歌

昨天，爸爸去了唐志东叔叔家。回来后说，唐叔叔在育儿上，下了很大功夫，我们也要努力。

爸爸把冬冬已认识的字，编成儿歌。第一首儿歌的第一句是"小刀子尖又尖"。

冬冬边跟着说："小刀子可尖了，可以削苹果。"

爸爸问，小刀子还能干什么？

她回答："能把人戳死。我学了一百个，真的，妈妈。"

冬冬说的"一百个"，是说她学会的儿歌。

"你学了一百个？没有吧！那你唱个我听听！"妈妈用激将法。

冬冬高兴地唱起了"公鸡呜呜啼……"，笑着解释说："我突然想起了这个歌。"

"下午"

上午，冬冬在覃覃家玩了半个多小时，准备回家。刚走出覃覃家门，冬冬说："妈妈，下午了，我们俩一块儿到覃覃家去玩。"

第一次记录到冬冬使用"下午"。

"实际上"

冬冬跟爸爸去商店，买回一把粉红色的塑料梳子。她对妈妈说："爸爸说我们没有梳子，实际上有梳子。"

"实际上"这类小词，能够丰富语言的表达。

牛鼻圈

冬冬把一条金线，横放在自己的鼻子上，说："穿眼儿眼儿，就像牛鼻子，穿个棍子一样儿。"

在老家时，她曾看过黄牛鼻子上的牛鼻圈。这动作，这语言，是农村见闻的再现。

1988-3-28

与小赵谈桥

读生物系的老乡小赵来家。冬冬跟他拉家常，说："那个火车站的那个小孩死了。"

这是冬冬春节回老家，路上遇到的事情。这件事，冬冬印象太深刻了。

小赵问冬冬见过桥没有？

冬冬："见过。"

小赵："桥上走什么？"

冬冬："人。"

小赵："能走车吗？"

冬冬："不能。"

小赵："长江大桥能不能走车？"

冬冬："能。"

冬冬叙述在水果湖儿童公园看到的景物，说："我到那个儿童乐园，那个桥上也有许多海鸥。海鸥在天上飞。海鸥'啪啪'把桥走坏了，修修。"

小赵："海鸥？海鸥是什么样子的？"

冬冬要相簿，说："我现在忘记了，我们照的那个相片，找出来看一看。"

朱可的发辫

母女俩在楼下散步。冬冬远远看见朱可站在一门栋的大门外，发辫上扎了三朵花，又用一条发卡围了个圈。

冬冬："朱可怎么打扮成那个样子呀？妈妈，过去看看，她怎么打扮成那个样子？怎么回事呀？快点看看，她一会儿就回家了。"

舞台规矩

冬冬与妈妈表演节目，商定妈妈唱歌，她表演舞蹈。妈妈已经开唱，冬冬还站着不跳。妈妈问她为什么。

冬冬解释道："走大门的时候，不能跳；走大门的时候，不能唱。"

这里所谓的"大门"是指舞台的上场口和下场口。

这是谁定的舞台规矩？

"没得了"

夜里十点了，爸爸要关电视。

冬冬不同意，说："那个好看的电视，就没得了。"

1988-3-29

"早点接我，晚点送我"

大姑说，覃覃每天去幼儿园，送得早，接得晚。

冬冬说："我也要这样。"

大姑顺着她的意思说："好哇，明天早上，我们早点送，晚点接。"

冬冬赶紧开口说："我想这样——早点接我，晚点送我。"

吹蜡烛

冬冬炫耀自己吹蜡烛的本领，说："我两岁的时候，我一个口，就把两个蜡烛吹灭了；我过一岁生日的时候，我一口气就把一个蜡烛吹灭了；过三岁生日的时候，我一下子把三个蜡烛吹灭了。"

从这段话可以看出，冬冬知道过几岁的生日，要插几根蜡烛。

一百，表多数

爸爸指着水牛画下面的字，念："水牛，一头大水牛。"

冬冬不理爸爸，跑去拿瓜子，说："我给每一个人，发一头瓜子。"

"一头瓜子"，是受"一头大水牛"的影响，出现的口误。

冬冬在每人手里放一粒瓜子，洋洋得意地说："我认识好多字，我还认识一百个字呐！"

前天说学会了儿歌"一百个"，今天说认字"一百个"。"一百"是多少？她不管，反正是很多很多。

画画

爸爸喊冬冬画画。冬冬不理，爬上椅子，去拿化妆盒，说："我打扮打扮上郑州了，现在到时间了。"

爸爸接过化妆盒，把笔和纸推给冬冬。

冬冬边画边说："画个烟，像爸爸抽的烟一样儿。"

姐姐伸头看了一眼。

冬冬说："你一看，我就认不清楚了；你不看，我就能认清楚。"

这是她现在常用的句子类型，把责任推给别人。

"我突然想起这个，"冬冬画了兔子的两只耳朵后，开始又蹦又跳，唱道，"小白兔，白又白，爱吃萝卜和青菜……"

1988-3-30

"再"

①冬冬想喝酸奶。妈妈说，酸奶太凉。喝在口中，含一会儿，暖热了，再慢慢往下咽。

冬冬很赞同妈妈的说法，说："暖热，在嘴巴里，再掉在肚子里。"

②冬冬拿着汉字积木，走向沙发，说："我再去拿个魔方。"

"害怕"

①姑侄两人带着相机，去桂竹园照相。

守园的老爷爷，看一眼大姑手中的照相机，便尾随在大姑和冬冬身后。她们到哪儿，他就跟到哪儿。

大姑说："老爷爷跟过来了。"

冬冬不解地问："老爷爷怎么害怕照相机呀？"

照相机不多见，冬冬不知道，其实老爷爷是对照相机感兴趣。

②姐姐用小刀裁纸，准备叠小船。

冬冬说："我最害怕姐姐弄刀了，我最怕姐姐这弄一个口子。"

"这"，指的是手。

"骗你好玩"

冬冬蹲在痰盂上，很久没有动静。妈妈问她，坐痰盂上干吗呢？

冬冬笑嘻嘻地回答："我骗你的，妈妈。"

妈妈："骗我干什么？"

冬冬："骗你好玩。"

1988-3-31

叠小船

冬冬学叠小船，刚学了一会儿，就站起身，想离开。妈妈督促她再叠一会儿。

冬冬对大姑说："妈妈说，我'学不会叠小船，爸爸回来会生气的'，真的。妈妈说，'再来一遍'。"

在大姑和姐姐的帮助下，冬冬叠了三条小船，兴高采烈地拿给妈妈看。

妈妈问："学会了？"

冬冬挺认真地说："得好大一会儿的，妈妈，可难。那个就是我自己叠的。"

在大人的指点下，她可以折叠出一条漂亮的小船了。

"四五岁"

冬冬用黑毛线编织了两条长辫子，分别挂在耳朵两边，很得意地说："我长到四五岁的时候，我的辫子就这么长。"

1988-4-1

生病去医院

昨天下午，冬冬从幼儿园回来，就叫着肚子疼，接连呕吐了五次，昏昏入睡。

今早醒来，她软绵绵地说："这个我感冒了，这个我没有劲儿，这个我走不动路，我不去幼儿园。"

妈妈说，生病了，当然不能去幼儿园了。起床吧，咱去医院看病。

冬冬："还是那个恶婆婆打针吧？"

妈妈："不是，是好看的阿姨。"

冬冬："恶婆婆上哪儿去了？"

妈妈开玩笑地说："恶婆婆回家抱孙子去了！"

妈妈用体温表给她量体温。

冬冬低声问："妈妈，我不知道'体温表'是什么意思？"

妈妈做了解释。

去医院的路上，冬冬附在妈妈耳边说："我告诉你吧，有个事情回家我再告诉你。"

医院的马医生交代：孩子重感冒，不能再喝米酒。

回到家，冬冬对爸爸说："医生说的，不能喝米酒。"

冬冬很听话，不喝米酒，却提出喝酸奶，说："龙医生的儿子，就是喝酸奶喝高的。我成天喝酸奶，你看我长高了没有？"

"成天"这个时间词，是第一次记录到。

由想喝酸奶，冬冬联想起老家的事，说："娃蛋家穷得很，没有一点儿饭吃。"

"娃蛋"是河南老家一个小孩儿的乳名。娃蛋家的事，可能是在老家时，爷爷奶奶跟别人聊家常时，她听过一耳朵。

耳环，"啊喔呃"

冬冬描绘她心目中的耳环，说："我要那样的耳环，带星星花的，闪光的，一走一明亮，不走不明亮。"

爸爸忙去记下这句话。

冬冬问："你记你的话吧？你记你的'啊喔呃'吧？"

"啊喔呃"是拼音 ɑ、o、e。

爸爸只是"嗯嗯"应答两声，手不停地在纸条上记录。

冬冬拉着爸爸的胳膊，说："我笑了一下。你别记了吧，爸爸？不用记了。"

她知道，爸爸记录的东西与她相关。爸爸低着头写字，没有看到她又"笑了一下"，所以告知。

"够了"

经过两天的练习，冬冬会熟练叠小船了。她指着一堆儿自己折叠的小船，说："够了，再叠就拿不住了。"

"塑料花，怎么会香啊？"

冬冬拿一束塑料花，让爸爸插进花瓶里，说："这一瓶多好看啰，好看极了！"

爸爸接过花，放在鼻子前闻闻，装出一副很陶醉的模样，说："好香啊！"

冬冬笑了，说："塑料花，怎么会香啊？"

生病，"想去也不得去"

昨晚，冬冬又呕吐了几次。早上，她对大姑说："我那时候，吃的那粮食，受也受不了，吐了。"

仍没食欲。大姑炸的肉丸子，她只尝了一个。为让她多吃点东西，妈妈和她做"大压小"[1]的游戏，谁输了，谁吃一个丸子。她输了两次，又吃了两个。

爸爸下课回来，又提出和冬冬玩"大压小"，哄着她多吃点东西。

冬冬说："谁输了谁吃，谁赢了谁不吃。你尝尝什么味儿，爸爸？"

她又吃了一个丸子，爸爸让她再吃点青菜。

冬冬说："胃里吃得够满的了，着 ([tʂuo]) 不下了。再吃，就着不下了，就吐了。"

"着不下"，河南方言，意思为"盛不下"或者"装不下"。

姐姐下班回来，问她为什么不去幼儿园？

冬冬说："想去也不得去。"

"受也受不了"和"想去也不得去"，完全是大人话。

---

[1] 两人同时出手，各伸一个手指，比大小。拇指压食指，食指压中指，中指压无名指，无名指压小拇指，小拇指压大拇指。依此类推。

为何讨厌爸爸写字

爸爸只要一伏案工作，就开始抽烟，整个房间烟雾缭绕。

冬冬说："你再抽烟，下次还会生病的。"

爸爸不理她，只顾埋头写东西。

冬冬说："爸爸写字干什么呀？你写字干什么呀，爸爸？我讨厌爸爸写字，我喜欢爸爸跟我一块儿玩儿。"

讨厌爸爸写字的原因，原来是想让爸爸跟她一块儿玩儿。

"第二个名字"

冬冬说大姑："你一个名字叫小辉，第二个名字叫芳二妮。"

其实大姑的乳名叫"芳妮"，二姐的乳名叫"二妮"，她把两个人的乳名，合在一起了。

第一次记录到冬冬使用序数"第二个"。

"的"的作用

冬冬躺床上，爸爸坐桌前。爸爸随机做个有"的"和无"的"的小实验。

爸爸说："冬冬，你看不见爸爸。"

冬冬指指爸爸："这不是嘛？"

爸爸又说："你看不见爸爸的——"

冬冬问："我看不见什么呀？"

爸爸："你看不见爸爸的手。"

冬冬指指爸爸的手："这不是吗？"

"你看不见爸爸"和"你看不见爸爸的——"，冬冬做不同的理解。她知道"的"字后面还有话。

1988-4-2

"每个人……一碗"

早上，冬冬帮忙给大家盛饭，说："我给每个人都盛一碗。"

她先给自己盛，接着，果真给每个人都盛了一碗饭。

她完全理解"每个人……一碗"的平均分配的意义。

"全部都吃光了"

冬冬当老师，妈妈扮学生。冬冬手里有很多兰花豆，妈妈向她要。第一次，冬冬很慷慨。第二次，她不满意地说："把李老师的全部都吃光了。"

知道自己是"李老师"，知道"全部"的意义。说话带着小夸张的意味。

听故事，回答问题

妈妈讲《小田鼠和毛毛虫》，讲完，就故事提出问题，要冬冬回答。

妈妈："冬冬，毛毛虫摔伤了几次？"

冬冬："两次。"

妈妈："对。怎么摔伤的？"

冬冬："被蜜蜂蜇了下，摔伤了。"

妈妈："对。小田鼠帮了毛毛虫几次忙？"

冬冬："两次。"

妈妈："不对，第二次小田鼠没帮忙。小田鼠为什么没帮毛毛虫？"

冬冬："它不理它。"

第一个"它"指毛毛虫，第二个"它"指小田鼠。

妈妈："对。该你讲故事了。"

四个问题答对了三个。按照事先约定，妈妈讲了故事，该冬冬讲。

冬冬却说："我没有听懂，再给我讲一遍。"

妈妈："哪儿没听懂？"

冬冬："田鼠怎么不帮毛毛虫呀？"

刚才，她已经说出田鼠不帮忙的理由，是"它不理它"。但她认为，即使毛毛虫不理小田鼠，毛毛虫有困难，小田鼠也应帮忙。

1988-4-3

特殊的"的"

姐姐推门进家，冬冬尾随而入，说："你开耶！你开的门，你闭！"

"闭"是"关门"的意思。

"你开的门"中的"的"，是个特殊助词，用在已经发生的"过去"的事情，起强调作用。

"从来"

姐俩去买菜，路经煤厂，发现在进入马房山的街口处，新修了一个门。

冬冬问："从来就是一个门，怎么有两个门呢？"

"从来"是个时间副词，表示从一开始到现在的时间段。

暖手

冬冬从外面回来，手很凉。妈妈用双手捂住她的两只手，给她暖暖。过了一会儿，冬冬抽出手，摸摸妈妈的手，说："我把手暖热了，你把手暖凉了。"

有趣的表达。

"其实"

冬冬小车的车座太硬。爸爸在车座上绑了件棉衣。大姑上课回来，问这是谁干的？

冬冬说："爸爸绑的。他说骑着跑得快，其实跑不快。"

"其实"是个副词，含有转折意味。

"就"

晚饭，大姑端个小咸菜，放在桌上。妈妈坐在沙发上没动。

"就一个菜，没有了。"冬冬猜想妈妈之所以不过去吃饭，是以为菜还没有上齐呢，便说了这句话。

"就"做"只有"讲。冬冬说这句话，是要妈妈快来吃饭。

1988-4-4

骑车的"水平"

冬冬想骑车去学校的中心花园，对姐姐说："看大狮子以后再拐回去，你同意不同意？你同意我就这样干，你不同意我就不这样干。"

"同意、不同意"，都是书面语。

姐姐赞同。

冬冬双手掌把，做"靠腿"练习。一只脚触地，猛蹬几下，又站上去，靠冲力滑动一大段距离……反复多次，极其得意，说："姐姐，我水平怎么样？"

她把这种过程描述为："我蹬后面，用脚跷起来，就那样跑。"

"河、禾"

冬冬认字。她曾学过"禾"，又学"河"字。

妈妈领念"河"字。

冬冬："'河边'的'河'，'禾苗'的'禾'。"

"河、禾"同音，儿童易产生同音联想。

"先、后"

冬冬进家门时，手里掂着棉袄。妈妈问她，在幼儿园，你就把衣服脱了？

冬冬："不是，是爸爸在外边脱的。先脱裙子，后脱棉袄。"

"饭、馍"

大姑："冬冬，你在幼儿园吃的啥饭？"

冬冬："不是啥饭，是啥馍。"

武汉话，"饭"专指米饭，馍不属于狭义的饭。冬冬显然是受了武汉话的影响。

1988-4-5

"尝一尝"

妈妈又开始吃中药。姐姐用食指，蘸一下碗里的药，试试汤药的温度。

冬冬跑到妈妈跟前，说："姐姐吃你的药了。她先尝一尝，你的药什么味儿。"

首次去舞蹈班

学校音乐系办的幼儿舞蹈班，设在大礼堂，已有二十多个小朋友参加。下午，爸爸带冬冬去观摩。教舞蹈的陈老师把冬冬接到舞台上坐下。

陈老师边唱边舞，教儿歌《两个小娃娃》。冬冬开始只是听，后来一起跟着大家唱。过了一会儿，陈老师让冬冬入队，跟大家一起做动作。之后，陈老师又教《拍手歌》，动作简单，冬冬均能跟得上节奏。

老师让小朋友们休息。话音刚落，"老学员"们在舞台上"嗷嗷"大叫，追逐打闹。家长们看到自己的孩子怪相百出，爆笑连连。冬冬孤零零地站在舞台上，一动不动，一会儿放声大哭起来。

爸爸抱她下来，问她为什么哭？

冬冬说："她们笑我！"

爸爸说："她们没有笑你。人家笑的是他们自己的孩子。"

没等舞蹈班结束，冬冬就要回家。

回家后，冬冬快乐起来，主动表演《两个小娃娃》的舞蹈。时间虽短，可跟着陈老师学的那几个动作，倒是表演得像模像样的。

喊爸爸吃饭

已到晚饭时分，爸爸还在书房跟学生们谈毕业论文。

冬冬说，她在幼儿园吃过了："吃的是蛋糕，三角形的。"

妈妈说："你那是零食，不是晚饭。快去喊爸爸吃饭！"

冬冬跑到书房门口，喊："爸爸，我们都吃了饭了，你不吃，会饿死的。"

她跑回来告诉妈妈："爸爸说，他不需要吃饭。"

学生们离开后，爸爸才过来吃饭。

冬冬拿块儿蛋糕递给爸爸，说："给，爸爸，就着吃。"

1988-4-6

爸爸戒烟

中午十二点整，爸爸宣布，抽这一支烟后，不抽了，坚决戒烟。

这"最后"的一支烟，刚抽了半截，冬冬就又夺又抢。爸爸舍不得呀，又深深抽了几口。冬冬气得大哭。爸爸只得把烟头递给冬冬。她扔到地下，用脚使劲踩踩。

爸爸用泡泡糖做戒烟的代替品，以此抑制十几年来形成的烟瘾。

冬冬看爸爸嘴巴在蠕动，问："爸爸嘴巴干什么呀？爸爸嘴里吃的什么呀？吃的什么名字呀？"

爸爸只顾咀嚼。大姑告诉她，爸爸吃的是"泡泡糖"。

她更加好奇地问："怎么不想说话呀，爸爸？"

1988-4-7

"哟"

瓶子里插着几支桃花，张扬着春天的气息。

冬冬喊妈妈看花："妈妈，快来看哟，这花开得极大哟！"

"哟"是个有表现力的语气词。

"自己的事自己做"

爸爸带着冬冬在校园散步。突然狂风大作，气温骤降。爸爸忙脱下外罩，给冬冬披上。她不愿意穿，说："人家会笑我的，穿着爸爸的大袄。"

回到家，爸爸给冬冬换上她自己的衣服。

冬冬推开爸爸，说："自己的事自己做，别人的事别人做。"

1988-4-8

关注妈妈

一变天，妈妈全身的大小关节，都更加疼痛起来。以至于食不知味，夜不能眠。整个人情绪极为低落。

冬冬问："妈妈，你怎么了？你脸上哭皱着，干什么呀？"

"哭皱"是河南方言，愁眉苦脸的样子。

1988-4-9

"这"和"那"

昨晚拖地，今早地板上还残留着干了的水渍。冬冬指着身边的地面，又指指门口，说："这没干，那干了。"

"他们全家出家了"

家家带领她们一家人，说说笑笑地走下楼去。冬冬极其羡慕地说："他们全家出家了。"

"全家"是冬冬第一次使用。"出家"用得可爱。

爸爸抱起她，开玩笑地说："走，咱们也出家去！"

冬冬奋力挣扎，说："爸爸放开我吧，剪剪皮，疼死我了。"

她玩积木，手指上起了潜皮。爸爸放下她，剪了冬冬手指上的潜皮。

冬冬又从箱子里扒出一块儿积木，说道："我玩那个积木，好久以前我就没玩过。"

鼓励爸爸戒烟

爸爸戒烟的过程很痛苦：不仅思路枯竭，写不出来东西，而且口腔溃疡得厉害，涎水流个不停。整个人变得没精打采。爸爸说，如果真不行，就算了，不戒了。

冬冬一本正经地跟爸爸讲道理，说："抽烟会生病。熊楠的爸爸就不抽烟，谁的爸爸都不抽烟，外面的。"

讲道理，会举例子。"谁的爸爸"之"谁"，是有指的，但又说不出来名字。

"签个小名"

冬冬参加了幼儿园的绘画班。她叙述在绘画班做的事，说："我告诉你们，幼儿园，就是画好了，签个小名；不画好，不签小名。"

所谓"签个小名"，大约是绘画班的老师，让孩子们在自己的画上写上名字，名字要写得小一点。老师要保留孩子们的第一张作业。

假哭策略

冬冬和多多在院子里骑车。听见楼下的哭声，大姑急忙跑下去。原来是大孩子们，要骑她俩的小车子。两个孩子一起大哭，把大孩子吓跑了。

看见大姑下去，她俩都破涕为笑。

多多笑着说："我们俩都是骗子。"

冬冬点点头，说："多多说得极对！"

过去，"极"都是放在后面作补语，这里，放在形容词前面作状语。

1988-4-10

李老师的头发

冬冬玩着积木，突然说了一句没头没脑的话："李老师的头发长了，可笑死人了。昨天，把我的泪都笑出来了。"

大人追问方知，幼儿园的李老师新烫了头发。因老师发型的改变，而引起了孩子们的注意。

"像猪八戒那样大"

中午，爸爸的学术朋友谭达人叔叔来家。吃午饭时，冬冬大方得体，还频频举杯祝酒。

谭叔叔说："祝你爸爸的肚子再大些。"

冬冬笑了："像猪八戒那样大。"

大小男孩儿的胡子

爸爸与谭达人叔叔谈论，幼儿是根据有无胡子分辨男女的。

今年的 3 月 24 日，爸爸曾问周尅和冬冬："你们俩谁是男孩儿，谁是女孩儿？"

冬冬："我是女孩子，他是女孩子。"

爸爸："不对。你是女孩子，周尅是男孩子。"

冬冬："他怎么没有胡子呀？"

谭叔叔听后，忍不住哈哈大笑起来。

冬冬对爸爸说："我们幼儿园有男孩儿，有女孩儿。像你吧，大男孩儿有胡子，小男孩儿没有胡子。"

过去，她一直以有无胡子来分辨男女，今天有进步。

谭叔叔夸她聪明。

冬冬很高兴地吃了一大口饭，说："长得越高越胖。"

大约四个月前，记录到冬冬说自己的头发"越长越长"。今天的"越高越胖"，大约是"又高又胖"的意思，是"越……越……"格式的误用。

声音大点

冬冬让姐姐念书。姐姐的声音比较小。

冬冬说："怎么不大一点声音？！"

姐姐问为什么要大点？

冬冬说："大点声音听得见呀！"

"朵"

冬冬提要求，在她头上扎三朵花，卡一个卡子。

姐姐故意大惊小怪："什么？这么多？你再说一遍？！"

冬冬重复说："三朵花，一朵卡子。"

后一个"朵"误用，是前一个"朵"带出来的。

"好几种"

冬冬画画，说："我用好几种颜色画画！"

姐姐看不懂她画的是什么，让她解释。

冬冬说："你看懂了，我再给你说。"

第一次使用"几种"和"好几种"。

1988-4-11

祝酒词

爸爸喝白酒，冬冬喝甜酒。所谓的甜酒，其实是凉白开里放点白糖。

爸爸："祝冬冬在舞蹈班跳舞。"

冬冬："祝爸爸在舞蹈班看舞。"

爸爸："祝冬冬快点长大。"

冬冬："祝爸爸长大了当个女总统。"

爸爸："爸爸当个大胡子总统。"

冬冬："没有。"

爸爸："祝冬冬将来当个女科学家。"

冬冬："祝爸爸将来当个男科学家。"

爸爸："祝冬冬将来当个女博士。"

冬冬："祝爸爸将来当个男博士。"

这种模式，既训练了冬冬的反应能力，也是一种正能量的教育。

饲养小白鼠

生物系的小赵，给冬冬拿来一只做试验用的小白鼠。小白鼠全身雪白，红水晶般的眼睛，尖尖的耳朵，煞是灵动可爱。

冬冬打开铁笼子的小门，放进盛满清水的碟子，让小白鼠喝水。小白鼠缩在笼子的一角，不敢动弹。她故意哈哈大笑，吓唬小白鼠，说："它害怕怎么样呀？一笑它，就不敢出来了。"

大姑说，你离它远点，它害怕人！

冬冬问："它怎么喝水呀？它不会跑出来吧？它会跑出来，那怎么办呢？"

大姑："跑出来，没关系，逮住它。"

冬冬："它跑得可快呀？它跑了呀？"

大姑："放心吧，不会的。"

冬冬："怎么不会呀？我也想喝水，我也想喝这里头的。"

大姑说，那可不行。

小白鼠嘴巴上的胡子，随着身体的蠕动而抖动，吸引了冬冬的注意力。她问道："它怎么有胡子呀，怎么回事呀？小猫也有胡子呀？"

"我会拧人，还会打人"

琳琳玩冬冬的铃鼓。

冬冬给自己扎了辫子，站在镜子前，欣赏头上的发辫，问琳琳："我像严凤英一样吧？"

琳琳不接腔，低着头只顾玩自己的。

冬冬也想玩铃鼓了。琳琳左躲右藏，就是不放手。

冬冬说："一会儿不给我放下，我就发脾气了。我会拧人，还会打人。"

"摇摇摆摆的"

冬冬和刘伟捉迷藏。

刘伟躲藏的速度很快，想捉到他很难。这次，刘伟藏到堆满废物的黑暗角落里，被冬冬发现了。冬冬探头看看，却不敢进去。跑回家，对大姑说："我看见那里边，有一个摇摇摆摆的。"

1988-4-12

儿歌《迎春花》

冬冬唱道：

"迎春花，开黄花，朵朵张开小嘴巴。她是公园小号手，迎来春到吹喇叭。嘀嘀嗒，吹的啥？小朋友们不摘花。"

唱完，她解释说："这是幼儿园里教的歌。"

是印象派，还是现代派

冬冬画了一张谁也看不懂的画。

大姑故意说："画的什么呀？这是印象派的画吧？"

冬冬摇摇头："不对。"

妈妈也打趣："是现代派的画？"

冬冬连连点头："是的，妈妈说得正确。"

无论是"印象派"，还是"现代派"，对于三岁多一点的冬冬，都是难以了解的。但她却煞有介事地摇头和点头，好像自己是真懂得似的。

1988-4-13

累得"发抖"

冬冬形容"热、凉、笑、苦、累、爱、喜欢"等，除用"极了、最、死了、要命"等修饰词语外，还有更形象的说法。

①昨夜，她搂着妈妈的脖子，说："还是有这样的妈妈不错呀！我最爱妈妈了。"

②今早，她跟着爸爸去食堂买馍。路上，可怜巴巴地对爸爸说："我身上发抖。"

爸爸："发抖？你冷吗？"

冬冬："我累的了，抱抱我。"

人们常用"冷得发抖"。没想到，劳累，也能使人"身上发抖"。

穿连衣裙的疑问

大姑让冬冬穿上连衣裙。

冬冬怀疑地问："我的爸爸妈妈知道不？"

大姑："知道。"

冬冬："他们不同意吧？"

大姑："同意。"

冬冬："他们怎么同意呀？"

大姑："天热了。"

不愿上舞蹈班

自冬冬在大礼堂学跳舞哭了一次，之后很怕在陌生人面前表演，更害怕去学舞蹈。父母不愿硬逼她，让她以旁观者的角色去舞蹈班，以求潜移默化，逐渐适应。

下午，爸爸、妈妈以给她买雪糕作为交换条件，带她去了舞蹈班。大门一开，冬冬随着等候在门前的小朋友们，一起涌了进去。

冬冬拉拉妈妈的手，往边上退退，说："中间是跳舞的。"

妈妈说："你也可以站中间跳舞啊？"

冬冬："我学不会。我太小了，他们大了。"

在老师教舞蹈的时段里，冬冬也情不自禁地跟着比划几下。过不大会儿，又开始"哼唧"着要离开。

爸爸不高兴地"哼"了一声。

冬冬反问道："你哼什么呀哼！"

"A 什么 A ？"是种表达不满、表示愤怒的格式，常用于斥责。

以子之矛

去商店买饼干。冬冬点名要买的那种饼干，姐姐认为不好吃，但还是依着她买了。

回来的路上，姐姐尝了一块儿。

冬冬说："不好吃嘛，你吃？"

与刘伟捉迷藏

冬冬和刘伟追逐着捉迷藏。刘伟爬上树，探头往下看。

冬冬说："像小猴子一样。"

刘伟从树上跳下来，摔倒在泥水里。

冬冬乐不可支，跑回家对妈妈说："他在那个高头[1]不，往下一跳，摔倒了。"

1988-4-14

"穿哪条裙子都漂亮"

冬冬掳起裙子一角，很优雅地转了一个圆圈，问妈妈："我漂亮不漂亮？"

妈妈频频点头，说："漂亮，很漂亮。"

冬冬说："那怎么回事呀，我穿哪条裙子都漂亮呀？"

"哪"在这里不表疑问，而是表"任指"；"哪条裙子"是任意一条裙子。"谁"的任指用法早就有，"哪"的任指用法这是第一次见到。

一种拒绝的说法

爸爸让冬冬写出她已经会写的几个字。

冬冬："我写不出来。"

其实是不愿意写。

---

[1] 高头：武汉方言，即"高处"。

和数量词相关的句子

①妈妈让冬冬再拿过来一块儿积木。

冬冬说："几个了？再拿一个，那不更多了吗？"

②过去，冬冬总用"一大把"，来形容多数。

今天她解释说："一大把，就是好多好多。"

③晚上九点多，两个学生来家，说还没吃晚饭。

姐姐赶快下面条，冬冬也要陪着吃一点儿。

冬冬挑起碗里的一根面条说："妈妈，我没有他们那么多面条，我只有一点儿点儿。"

④姐姐削苹果。

冬冬问："你怎么没有削掉半拉儿呢？"

姐姐不解地问："削掉什么半拉儿？"

冬冬指指大姑说："大姑是弄了三个口子。"

早上，大姑曾让冬冬看她削苹果时，不小心划开的几个血口子。原来说的削掉半拉儿，削的是手呀！

1988-4-15

归因于爸爸

冬冬起床，非要自己穿衣服扣扣子。抠弄好大一会儿，却未能扣上一个扣子。爸爸笑了她。

冬冬说："爸爸一说我，就扣不上扣子了。"

自己扣不上扣子，竟然怨爸爸了。

老师的影响力

冬冬只穿了一天健美裤，就坚决不穿了。不仅不穿健美裤，连她最喜欢的连衣裙也不愿穿了。事后得知，不穿这两件衣服，都与幼儿园老师有关。

老师给冬冬脱衣服，曾说过"健美裤不好脱。穿了，对身体没好处"的话。

还有，天太热，老师要帮她脱掉连衣裙，她坚决不让。老师很生气，罚她站在桌上，美名曰"凉快一下"。这些都是冬冬告诉家长的。

广告的影响

昨晚电视《广而告之》上说："小儿化妆，有害无益。"

今早洗过脸，妈妈让她在额头上，用胭脂点个红圆点。

冬冬不同意，说："不是没好处吗？"

藏泡泡糖

泡泡糖，是爸爸戒烟的替代品，万万不能让冬冬都摸出来吃掉。在妈妈再三督促下，爸爸把刚买回的十个泡泡糖，藏在书桌抽屉的深处。

爸爸从幼儿园接冬冬回来，转身去书房，变戏法似的拿个泡泡糖给冬冬。之后，爸爸刚离开书房，冬冬就悄不声地溜进书房去，又笑嘻嘻地跑出来，手里多了一个泡泡糖。

晚上，爸爸拉开抽屉，放泡泡糖的地方已空空如也。原来，冬冬在拿那个泡泡糖的同时，顺便转移了其他的泡泡糖。

爸爸在书柜的最下一层，找到了泡泡糖。冬冬还真动了点心眼儿，做了点伪装——胡乱地用几本书，把泡泡糖遮挡一下。爸爸开怀大笑，索性跟冬冬玩起了藏泡泡糖的游戏：他把泡泡糖，放在桌子上的一大摞书后面。冬冬再去原来的地方拿泡泡糖，找不到了。冬冬开始满屋子溜达，到处翻找，终于在书后面找到了。这次，她干脆把它们放进了自己衣服的口袋里……

父女俩的藏与找，斗智斗勇，颇具情趣。

有兴趣的数字

前几天，每当大人说，"冬冬，给你买两个冰棒，好吗？"她总伸出三个手指，说："三个冰棒。"

近几天，又爱从一数到五。

她喝着酸奶，说："我喝一个分钟，喝两个分钟，喝三个分钟，喝四个分钟，喝五个分钟。"

大姑对冬冬说："来，唱一支歌吧！"

冬冬接口道："唱两支歌吧，唱三支歌吧，唱四支歌吧，唱五支歌吧！"

冬冬对数字感兴趣了，家长应抓紧十以内加减法的教育了。

为故事命名

（3 岁 4 个月　1988-4-16—1988-5-15 ）

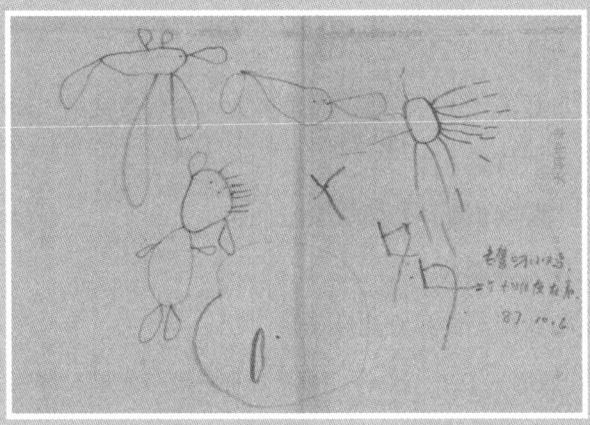

老鹰叼小鸡（1987 年 10 月）

1988-4-16

不是理由的理由

冬冬吃冰棒。妈妈想"尝一点儿"。

冬冬："你尝一点儿，我会肚儿疼的。大姑说的。"

妈妈："那就太奇怪了。我尝冰棒，我肚儿疼，怎么是你肚儿疼呢？我尝一下，试试看疼不疼。"

冬冬没办法，只好把冰棒递给妈妈，说："尝一小点儿。"

她不愿让别人分享时，总找一些不是理由的理由。

让"读"故事

冬冬不再满足让人"讲"故事，而是要大人拿着童话书"读"故事。今天，妈妈读安徒生的童话故事《小锡兵》。

冬冬："我一听到鱼那个地方，我就想哭。"

妈妈："为什么想哭呀？"

冬冬："我怕鱼把小锡兵吃到肚子里。"

读故事，有其独特之益：其一，领会书面语描写之妙；其二，丰富词汇量；其三，为过渡到自己读打基础。

1988-4-17

父母不要打孩子

夜里，冬冬又发烧。看她睡熟了，爸爸悄悄塞了一个小儿退热栓。她突然清醒了，很明事理地说："一会儿就好了。"

妈妈："说什么呢？什么就好了？"

冬冬："塞个虫虫，一会儿就退烧了。我要是不感冒不发烧，该多好呀！"

既然清醒了，爸爸开始跟她聊天："冬冬，你知道爸爸为什么戒烟吗？"

冬冬想了想，说："爸爸听我的话。"

妈妈："对，你让爸爸戒烟，爸爸就戒了。爸爸好不好呀？"

冬冬："不好，爸爸好打人。有时候打人，有时候不打人。"

爸爸："爸爸好打人？那是因为爸爸跟你讲了多少道理，你都不听，爸爸这才打你的。"

"你就不会抱着我亲亲，讲道理！"冬冬又说，"妈妈，你错了没有？"

妈妈："我怎么也错了？"

冬冬："你打人！"

妈妈："我什么时候打过你？"

冬冬："你把我关在屋里。一个人在屋里哭，你们在外面。"

这是半年前爸妈有意要教训她的事，她还记着呢！对父母的这些心理期待，在两个多月前，冬冬曾经表达过。

吃冰棒

武汉逐渐炎热起来。大姑把奶粉和白糖，用凉白开搅拌，放进冰棒的模具里，冷冻凝结后，就成了冰棒。饭前，冬冬要吃冰棒，妈妈让她饭后吃。

冬冬很任性，说："我吃三块儿，我现在就吃。"

妈妈说："你如果不听话，往后就不再做冰棒了。"

冬冬说："不给我做，我不吃。"

妈妈生气地"哼"了一下。

她不放过妈妈这个"哼"声，说："你哼什么哼？"

在她的哭闹下，大姑拿出一根冰棒。

冬冬把冰块儿含在口中，说："大冰块儿，我把它化成小冰块儿了。"

平等交换

刘伟来找冬冬玩。此时，冬冬正从糖盒里往外拿糖块儿。妈妈让她送给刘伟一块儿。

"我给他一个糖，我们是好朋友！就像小豆子帮助小胖子一样。"冬冬送给刘伟一颗糖块儿，又说，"我给他一个糖，他也应该给我一个糖。"

"小豆子""小胖子"，都是画书里的人物。

冬冬说的"应该"，是猜想刘伟包包里面，也是有糖块儿的。

哭，是没用的

冬冬与琳琳打羽毛球。不知怎的，琳琳拿着羽毛球和球拍，跑开了。冬冬很生气，追上去，夺过羽毛球和球拍，跑回家来。琳琳追来，倚着门框，大哭不止。

"别哭，下去打，"冬冬心软了，回身拿羽毛球和球拍，递给琳琳，说，"我教你。"

她带着琳琳下楼。十多分钟后，冬冬携带羽毛球和拍子，气呼呼地又跑回来了，当然，身后还有琳琳的哭声。

邻居们跑过来看热闹，问冬冬，你到底怎么琳琳了？

冬冬说："她哭，我就不给她；她不哭，我就给她。哭，我不给，哭没有用。"

1988-4-18

两个比喻

①冬冬把妈妈的头发，一直往后面梳，说："像个外国人，这样。"

②一条湿毛巾，搭在长棍上。

冬冬左看右瞧，说："拖把，扫地的拖把。"

"我是解放军"

冬冬腰里系了一根宽皮带，很威武地说："我是解放军。"

爸爸说，哎，解放军，咱俩玩一会儿。

她推着爸爸，说："你在这儿，耽误我们睡觉啊！"

大姑忍不住笑了。

冬冬问大姑："什么？你'哈哈哈'？"

用另外的语调，模仿他人的话语等，也是表达讽刺、斥责的一种语用手段。

1988-4-19

计算器

冬冬玩电子计算器，注意力很集中。爸爸怕玩坏了，趁她不注意，收了起来。午饭后，冬冬仍想玩，说："我要机子。"

爸爸："什么鸡子？"

冬冬："那个机，那个一按一出字的，那个机子。"

冬冬叫不出计算器的名字，会用描述法来表达。先把它归入"机"这一大类，然后描述"一按一出字"的典型特征；这种描述法，与逻辑学的"属＋种差"定义法，也差不太远了。"机"是属，"一按一出字"类似种差。

爸爸接着调侃说："机子？还鸭子呢！"

爸爸用"鸡子""鸭子"来打趣，彻底把冬冬弄晕乎了。

爸爸的胡子

冬冬发现爸爸胡子长长了，说："爸爸的胡子直着长，长到地下。一根一根地长。"

此表述，很夸张，很奇特。

"干音乐舞蹈的"

冬冬挎个包包，向门外走去。

妈妈问，你一个人准备上哪儿去？

冬冬："你说我上哪儿去了？我马上就要上班了。"

妈妈："上班？你上什么班？"

冬冬："干音乐舞蹈的。"

她对教音乐、舞蹈的老师，很感兴趣。

妈妈的卷发

妈妈教冬冬识字，她却忙乎着给妈妈弄发卡，说："我不叫你卷头发，你非卷不可，卷了不好梳。"

妈妈没接话茬儿。

冬冬："妈妈，盘头上好看不？弄一个包，好看不好看呀？"

妈妈教字的目的，没有达到，有点生气了。

冬冬见妈妈不说话，感觉到有点不对劲，问："你刚才不是还好好的吗？"

妈妈："谁好好的？"

冬冬："你呀？你怎么？"

妈妈："我怎么了？"

冬冬："你怎么不吭声了？"

因妈妈的不说话，惹恼了她。她揽着妈妈的头，不管不顾地拽下发卡，往地上一摔，哭着跑出去。

宁死也要花圈

马路上，一辆汽车上拉了几个花圈，飞驰而去。

冬冬："我要花圈。"

姐姐："花圈可不是随便要的。人死了，才送花圈。"

冬冬："我也要死。我怎么不死呀？"

姐姐："瞎说。人老了才死。"

冬冬："你怎么不死呀？"

姐姐无语。

到家后，姐姐把刚才路上的事告诉了妈妈。

冬冬："妈妈，你怎么不死呀？我就四岁了，怎么还长不高呀？我也要死。"

妈妈："宝贝儿，死可不是好玩的。死了，什么都不知道了，还要埋到土里面。"

冬冬："火车站上的那个孩子，怎么没有埋到土里呀？"

她很会找特例，叫大人啼笑皆非。

这是她第二次要花圈。凡是不懂的、得不到的，兴趣特别浓厚。

1988-4-20

序数

冬冬："爸爸第一回来，妈妈第二回来，我第三回来。"

爸爸："你为什么是第三回来？"

冬冬："我是个小懒猪。"

"这还不错嘛！"

冬冬吃饭，汤汤水水地洒了一桌子。听见大姑走进房间的声音，她吓得连忙钻到了桌子下。

妈妈："出来吧，你又不是故意的，大姑不怪你。"

她马上钻出来，开心地说："这还不错嘛！"

1988-4-21

"那怎么回事呀"

①早上，爸爸还在睡懒觉。

冬冬说："爷爷睡在牛屋里不起来，爸爸也不起来，两个懒蛋，那怎么回事呀？"

春节时，冬冬曾看到睡在牛屋的爷爷，到吃早饭时还没有起床。

②冬冬问妈妈："外边的爸爸，都不抽烟，那怎么回事呀？"

"外边的爸爸"，是指其他孩子的爸爸。

"怎么"不表疑问

冬冬不想去幼儿园。爸爸许诺了许多条件。她最后表态，仍是"我怎么都不愿上幼儿园"！

"怎么"不表疑问，而是"不管如何"的意思。

1988-4-22

抽血化验

幼儿园体检，抽血化验肝功能。

早上起床，冬冬就说："老师说肚子瘪着，不让吃饭。"

爸爸鼓励她，抽血时要勇敢，不要哭叫，给其他小朋友们做榜样，争取当第一。

冬冬同意了。

下午回来，冬冬描述幼儿园抽血的情景："扎着脖子，睡在桌子上，疼得哟，要死。"

妈妈："扎谁脖子了？为何不扎胳膊？"

"所有的小朋友都扎这。"冬冬指指胳膊，又说，"扎不着了，扎脖子！别的孩子，也扎脖子，整个楼上都听见了。"

妈妈："你哭了没有？"

冬冬："哭了。"

和姐姐斗嘴

冬冬最喜欢让姐姐陪她睡觉。可当姐姐给她盖上被子，不让她晾出来两条小腿时，她可就恼了，说："我一会儿发起脾气来，要哭的。"

姐姐："你哭，我把你从楼上扔下去。再不听话，我不搂你了。"

冬冬："你走吧。就不想让你在楼上睡！我要爸爸！"

姐姐顺着冬冬的话，挟着被子下楼了。

1988-4-23

"许多许多"

大姑的牙龈流血了。

冬冬跟妈妈学说："妈妈，大姑在路上，牙流血了，吐了好多个唾沫，许多许多。"

第一次用"许多许多"。此前用过"许多"，讲故事时用过"许许多多"。

吃药

冬冬感冒仍不见好。上幼儿园，带了三粒小儿感冒速效片，让她分两次吃，一次一粒半。晚上又喂药。妈妈提议碾成粉末，喝下去时不那么痛苦。

冬冬不让："不砸碎，用茶，一口喝下去。"

估计在幼儿园吃药，就是一口喝下去的。

1988-4-24

碰碰车，不是大人坐的

妈妈说，"五一节"放假时，咱们全家都去儿童乐园，坐碰碰车。冬冬不同意："你会摔倒的，碰碰车好小好小的，不是大人坐的。"

购物

姐姐带冬冬上街，准备买块儿花布料，给冬冬做条裙子。一进农贸小市场，冬冬对塑料花头绳感兴趣了，说："李贝贝就是这样的，我非要不可。"

姐姐说，太难看了，走吧。

进入广埠屯商场，她看中了花卡子，兴奋得大叫："对了，对了，奚老师戴的就是这个。"

姐姐问她，是否真的喜欢这个卡子？

冬冬："这个好看，这个好看，这个好看，明天再来买。"

已经买了花头绳和卡子，冬冬仍没忘记小市场的塑料花，说："就刚才的那个好看，我非要不可。再不买，我可不愿意了。"

姐姐不理她的话茬儿，带她上楼挑选做裙子的布料。

她拿一块儿红布，裹在身上比划："我只看中了这一种颜色。"

买完东西，姐姐算账，说这次花了将近十元钱。

冬冬接口说："花钱怕什么呀？"

仙女与"大男哥哥"

购物回来。冬冬把布料披在身上，旋个圈，说："我最喜欢那样的红的。我想把它披在头上，但是披不上，那是怎么回事呀？妈妈，我是个仙女呀！"

她其实是在叙述在卖布料的店面里的那一幕：布料很光滑，刚披到身上又立马滑下来。

大姑说，仙女就喜欢穿裙子，女孩子穿裙子好看。

她把发卡放到爸爸头上，比划一下，说："哥哥穿裙子好看不好看？大男哥哥呢？试试，我给你弄个男的。"

1988-4-25

美丽的蝴蝶花

冬冬突然冒出一句"小小花蝴蝶"，妈妈惊喜地追问，什么是小小花蝴蝶？幼儿园学的？大姑也凑热闹，说她也想知道，表演表演吧！

冬冬开始唱儿歌《蝴蝶花》。不仅高声唱，且还伴以舞：

"你瞧那边也有一只小小的花蝴蝶，我悄悄地走过去，想要捉着它。为什么蝴蝶不害怕？为什么蝴蝶不害怕？哟，原来是一朵美丽的蝴蝶花。"

趁机，妈妈教冬冬认识"美丽的蝴蝶花"这六个字。

科学家的故事

冬冬记住了日历上"哥白尼"是"天文学家"，爸爸又教她认识"爱因斯坦"：爱因斯坦是德国人，犹太民族，物理学家，是世界上最聪明的人。经多次重复，她基本上记住了以上这些知识。

世界上，还有女科学家。下一次，应讲讲"居里夫人"的故事。

"小月亮，像小船"

在校园里散步。冬冬大便。妈妈催问，完事没有？

"我屙到天黑才能屙完，看不见路怎么办呢？"冬冬指着东边的月亮，对妈妈说，"你看，天黑了。小月亮，像小船，坐上它，飞上天。"

1988-4-26

"讨厌毛毛"

大姑给冬冬扎发辫。冬冬让大姑把她的刘海儿都拢上去，说："我讨厌毛毛，跟你一样儿讨厌毛毛。"

观摩跳舞

妈妈又带冬冬去舞蹈班观摩。家长们坐在舞台下，欣喜地观看自家孩子的表演。

冬冬："怎么大家都坐在这里呀？她们怎么不坐到台上呀？"

妈妈："台上是小朋友学跳舞的地方。"

课程中间，几个妈妈跑到舞台前，夸张地做着手势，还大声嚷嚷。

冬冬："那四个妈妈，怎么站在台子前呀？她们干什么呀？"

妈妈说，她们在提醒自己的孩子，注意看老师的舞步。

冬冬："他们怎么长大了，我怎么长不大呀？"

妈妈说，人都是慢慢长大的。妈妈指着身边的一个小女孩，问冬冬她俩谁大？

冬冬："她没长到三岁呢！"

中间休息时，小朋友们嘻嘻哈哈到处乱跑。妈妈让冬冬也一块儿去玩，她却不肯离开妈妈半步。

妈妈问为什么？

冬冬："我害怕老师让我上台跳舞。"

孩子的模仿性极强。几次"观摩"，卓有成效。冬冬的举手投足，有了明显的变化。

1988-4-27

"什么"表任指

冬冬拿一本书，让妈妈读。她的规则是，她指到哪儿，妈妈就得念出那个地方的字。

冬冬："你怎么什么都认识呀？"

"什么"不表疑问，表任指。

"什么时候"

姐姐手工缝制裙子。冬冬想立刻就能穿在身上，说："你怎么还没有做好呀？什么时候做好呀？急死我了。"

"你们四个"

今天温度比较低。冬冬去幼儿园，想穿夏天的裙子，全家人都反对。

冬冬："我把你们都杀死，都怨你们四个。"

除了冬冬，家里还有爸爸、妈妈、大姑和姐姐，恰恰四个人。

五官的功能

父女俩做跟五官相关的游戏。

爸爸："我的眼睛能看东西。"

冬冬："我的眼睛有黑的，有白的。使坏了，就像老太儿一样了。"

爸爸："嘴巴好干什么？"

冬冬："嘴巴说话。哑巴了，就说不出话了。"

爸爸："嘴巴还会干什么？"

冬冬："吃东西。吃不成饭就饿死了。"

爸爸："耳朵呢？"

冬冬："听啊！聋了，就听不见了。"

她不仅说出五官的功能，还能说出万一这个部位出了问题，会带来什么后果。

1988-4-28

绕口令、谜语和儿歌

爸爸说，有个同事的孩子，已经写了十多首诗了。

"我四岁了，才能写好多好多诗！"冬冬毫不示弱，一口气说了一个绕口令、一个谜语和三首儿歌：

①"一面小花鼓，鼓上画老虎，娃娃敲破鼓，妈妈拿布补，不知是布补鼓，还是布补虎。"（绕口令）

②"嘀嗒嘀嗒嗒嗒嗒，嘀嗒嘀嗒嗒嗒嗒，为什么没有腿，为什么没有嘴？它会告诉我们什么时候起，什么时候睡。"（谜语）

③"太阳眯眯笑，看我起得早，拿起小榔头，叮当叮当敲。"（儿歌）

后又改为"拿起小篮子，地里去拔草。"

④"早上空气真正好，我们起来做早操。伸伸臂、弯弯腰，踢踢腿、蹦蹦跳，我们做操真正好。"（儿歌）

⑤"春天在哪里？春天在哪里？就在小朋友的眼睛里。你看那小鸡唧唧唧。"（此儿歌，她还没记全）

两个"小赵"

小赵要带冬冬去踢球。

冬冬说："我害怕，球在草坪里丢了。"

琳琳和琳琳爸，也走过来凑热闹。

小赵问冬冬，琳琳的爸爸叫什么？

冬冬答："也叫小赵。"

"像……一样"

①姐姐买回一副大墨镜。

冬冬说："你戴上不好看，像个黑猫警长一样儿。"

姐姐："那你戴上吧！"

冬冬戴上墨镜，开始跳舞："我一歪头，一下子掉了。"

②电视上有位老婆婆。

冬冬说："她怎么像我老太儿一样老。"

"像……一样"后面再加一个形容词"老"，表意就更加显豁了。

"锻炼身体去"

幼儿园的女孩儿们，多数穿了裙子。

"我们班的男孩子，都没有穿裙子！爸爸穿裙子，会把人笑死的！"冬冬说着，推着小车子往外走，说，"我锻炼身体去的。"

"要花圈"

①回家的路上。

冬冬突然说："我想死。"

爸爸奇怪地问："为什么想死？"

冬冬："要花圈。"

爸爸："我知道你喜欢花，咱们去看月季花，月季花开得可好看了。人要是死了，就看不成了。"

冬冬："看不成也要。"

②大人不让她吃太多冰棒。

冬冬大发脾气："我想死。我想让冰块冰死。"

想死的目的只有一个，就是为了要花圈。儿童的思维很特别，而"死"字，恰是大人最最忌讳的。

"不想让……"

妈妈要去做气功，冬冬不让。

妈妈："不去做气功，妈妈的病就不能好。"

冬冬："我就不想让妈妈好。"

妈妈："如果妈妈的病不好，就无法带你玩。"

冬冬："我就不想让妈妈带我玩。"

1988-4-29

比喻

①冬冬跟大姑开玩笑，说："大姑，你的眼睛像泡泡糖的眼睛一样儿；我的眼睛像大灰狼的眼睛一样儿。"

②冬冬跳舞，搂起小裙子，露出了圆溜溜的小肚子，自嘲地说："像猪八戒的大肚子，进不去了。"

"像你一样高，一样胖"

梅姨把她带来的苹果和广柑，说成都是送给冬冬的。冬冬不解地问："给我拿的？为什么不给你们拿呀？"

她还弄不懂成人的语言交际策略。

妈妈故意逗她，说："梅姨爱你呗！"

冬冬更不懂了，说："那梅姨怎么不爱你们呀？"

妈妈："也爱我们呀。你年龄小，多吃点，能长高个子。"

冬冬笑了："长得像天一样儿高。那我就能跟太阳公公玩了。"

"像天一样"是高的极限，冬冬经常这样夸张地说。

爸爸："我就是太阳公公。来，我跟你玩！"

冬冬爬上床，踮着脚尖，对爸爸说："量量我长高了没有？"

爸爸用手拃过之后，告诉她，她真的长高了。

冬冬又说："你称我多重，有几斤？"

爸爸答应说，一定会找时间称称，冬冬有几斤几两了？

冬冬说："好多好多红薯，吃到我口里，我会长得像你一样高，一样胖的。"

1988-4-30

儿歌"老师本领大"

天太热，妈妈让冬冬只穿短袖上衣和裙子。

冬冬："出去人家看不看呀？光肚儿人家看不看呀？"

妈妈："你穿了衣裳，就不是光肚儿了。来，你给妈妈唱首儿歌吧！"

冬冬唱道："老师本领大，什么都会画。画只小鸡唧唧唧，画只小鸭嘎嘎嘎。"

青杏

体育系到磨山春游，姐姐也参加了。姐姐摘回来几个青杏蛋。冬冬咬一口，酸得直咧嘴。姐姐让她再吃一口。

冬冬："吃过了，酸死了。"

妈妈让冬冬形容一下，"杏"是什么样子？

冬冬："那个圆球球，里面酸酸的，就是杏。"

爸爸趁势教她学习"杏、酸"两个字。

月亮像什么

冬冬曾用"小月亮，像小船"来形容天上的月亮。

今天，妈妈问："冬冬，月亮都是什么样子的？"

冬冬："月亮弯弯的，像小姑娘的眉毛，像镰刀，像小船，像圆盘，像小桥。"

这些比喻句，囊括了月亮在不同阶段的不同形态。

妈妈夸奖她说得好，又问她："你能坐着月亮上天空吗？"

"坐上它，飞上天！怎么样是飞呀？"她歪着脑袋想了想，伸开两臂，迈着小碎步转了一个圈，说，"像小鸟一样飞呀飞。"

1988-5-1

为故事命名

晚上，冬冬让大姑读《外国童话和寓言选集》。

大姑说："你听了故事，要给故事起个名字，好不好？如果你同意了，我就读。"

冬冬点头答应。

大姑读了《驴子的影子》的故事："冬冬，给这个故事起个名字吧？"

冬冬说："是大灰狼和小白兔的故事。"

显然不对。

大姑连连摇头，说："不对，故事里没有大灰狼，也没有小白兔。有的是驴子和它的影子，名字应该叫《驴子的影子》。"

经过大姑这么一点拨，冬冬很快掌握了故事情节与名称之间的关系。

第二个故事是《牧鹿和刺猬》。

冬冬说："它的名字是《刺猬和牧鹿》。"

大姑又读了《小偷和狗》的故事。

冬冬说："它的名字是《狗和小偷》。"

第四个故事是《乡下姑娘和牛奶桶》。

冬冬说："它的名字是《乡下姑娘》。"

第五个故事是《狮子和公牛》。

冬冬说："它的名字是《狮子和公牛》。"

第六个故事是《狼和山羊》。

冬冬说："它的名字是《山羊和狼》。"

第七个故事是《披着狮皮的驴》。

冬冬说："是狮子。"

这个名字偏了点。七个故事中，有五个命名是完全合适的。

接着，妈妈讲安徒生的《天鹅》。

冬冬说："它的名字是《白天鹅和艾丽莎》。"

这个故事，的确是以艾丽莎作为主线的。

之后，爸爸自编了好几个故事，让她命名，她都能抓住故事的主要线索，给出合适的命名。

让冬冬给故事命名的创意特别好：

①听故事时，冬冬注意力特别集中，不放过任何一个细节。

②及时梳理故事的主要情节。

③增强概括能力和逻辑思维能力。

"我眼里怎么没有你"

冬冬跟妈妈对视。她发现妈妈眼睛里，有自己的小脸儿，惊讶得叫道："你眼里有我，我眼里怎么没有你呀？"

妈妈："你只要看我，眼里就有我。你咋知道，你的眼睛里没有我？"

她跑到镜子前，看自己的眼睛，说："我眼里怎么没有妈妈呀？"

妈妈做了解释，冬冬仍是一脸的狐疑。

镜像关系，是个比较复杂的关系。三岁多的孩子，想弄懂这些，尚有难度。

1988-5-2

"本来"

爸爸按开电扇的电源，刹那间，电扇转动起来。

冬冬看到旋转的电扇，又看到电扇指示灯亮了，问爸爸："你把它搞亮干什么呀？它本来是不亮的？"

验血得去幼儿园

妈妈准备去医院看病。

冬冬："你化验血不化验，妈妈？"

妈妈："化验。"

冬冬："那你也得上幼儿园。"

前几天，冬冬曾在幼儿园做过体检，其中有一项是化验血。由此得出"验血得去幼儿园"的经验。

数手指，算年龄

冬冬计算自己的年龄："一岁的时候，变成二岁；二岁的时候，变成三岁；三岁的时候，变成四岁；四岁以后变成五岁。"

她一边说着，一边扳着手指数数。

1988-5-3

吓人的，是妖精

冬冬用钳子夹着一朵花，在头上比划，问："妈妈，好看不？"

妈妈说："别把钳子放头上。吓死人了。"

冬冬："把老师也吓跑了，那我就变成了妖精。"

"我不让你写我的坏话"

近两天，冬冬间歇性地呕吐。估计跟吃生冷的东西相关。

从幼儿园回来的路上，她让大姑买了冰棒，喝了酸奶，又要喝汽水，还说是老师说的："'回去，让你们爸爸妈妈，给你们买冰棒，买汽水。'我还没喝一次汽水呢！"

大姑不买，冬冬就赖着不走。无奈，大姑说，可以买汽水，但必须回家后再喝。

冬冬点头同意，到家立即打开瓶塞，畅快淋漓地喝起来。

妈妈摸着她的小肚儿，说："看你哟，肚子喝得这大，会爆炸的。"

冬冬："我想那样。我也像猪八戒的肚子那样大。"

妈妈赶快做记录。

冬冬："妈妈，你干什么呀？"

妈妈："记下你刚才说的话。"

冬冬抢了纸又拽笔，说："我不让你写我的坏话。"

"我自己生活"

妈妈反复讲不能多吃冰棒的道理。

冬冬烦了，发着狠说："我把你们都打死。我自己生活，我自己做饭，考研究生，卖冰棒。"

妈妈："你自己生活？你会做饭吗？除非当小乞丐吧？"

冬冬："那我就变成了讨饭的了，变成了穷人。到幼儿园去讨饭。"

"我想爸爸，还想要面具"

爸爸到湖北省钟祥县去函授。行前告诉冬冬，如果她听话，就买个面具回来。

冬冬把脚放在桌子上，问："这样，爸爸给不给我买面具？"

大姑："不给。"

冬冬忙把脚收回去。

晚饭时，大姑说："多吃点，爸爸回来一看，哎，冬冬长胖了，可高兴了。"

冬冬："爸爸一看我吃胖了，会一下子抱着我们的。那要是我吃不胖呢？"

晚上睡觉。冬冬说："我想爸爸了，我真的想爸爸了，但是我看不见他，我心里好难过哟！"

妈妈："你是想爸爸，还是想要面具？"

冬冬："我想爸爸，还想要面具。"

1988-5-4

"你肚子里的故事，都进到我肚子里了"

冬冬说："我的肚子里蛮多故事。你肚子里的故事，都进到我肚子里了，那怎么回事呀？"

"蛮多"是武汉话，意思为"很多"。这是冬冬第一次使用。

妈妈笑："妈妈一讲，你就学会了，你聪明呗！"

她知道自己的故事，是从大人那里学来的，但说成"你肚子里的故事，都进到我肚子里了"，倒是别出心裁。

"明亮不明亮"

冬冬高兴起来，做着鬼脸，尖着嗓门，唱了一首儿歌《蝴蝶花》。

冬冬问："我用这个腔儿，明亮不明亮呀？"

也许只有嗓音学家，才会用"明亮"来形容尖嗓音。

柔声请人帮助

睡觉前，大姑把广柑切成若干块西瓜瓣的形状。

"好好地啃一顿。"冬冬吃了广柑，心满意足地躺在床上，说，"吃得好舒服呀！"

她刚躺下没多大会儿，又想去解手。妈妈让她自己去开灯。

冬冬柔声细语地说："妈妈，我求求你，把灯按亮吧！"

她已有过两次柔声细语让人帮忙的记录。一次是让大姑陪她睡觉，一次是请姐姐起床倒水。

1988-5-5

"我不相信"

早上，气温比较低。冬冬上幼儿园，套裙外面穿了件薄外罩。

上午，姐姐又送去两件衣服。下午回到家里，她身上只穿着套裙，其他三件衣服，姐姐在手里拿着。

冬冬："这怎么给我带去三样耶？"

姐姐："怕你冷啊！"

冬冬："'这个围裙好好看呀'，奚老师说的。"

"围裙"属口误，指她的套裙。

妈妈："本来就好看呀！"

冬冬："我不相信。"

期望大人的赞赏

菁菁来家找冬冬。

冬冬从小篮子里拿个大苹果，说："妈妈，我想请李菁姐姐吃个苹果。"

妈妈点头同意。她递给菁菁一个，自己也拿一个，爬到床上，紧挨妈妈坐在床沿，说："你看见我是怎样上来的吗？"

妈妈："看见了，冬冬真能干。"

她又伸出脚让妈妈看，说："妈妈，我的鞋子穿对了没有？"

妈妈："对，是对的。"

冬冬："那怎么回事？"

这句问话，是向大人讨要表扬呢！

"每个人都有"

冬冬的胳膊上有个小疤痕，不停地抠摸。妈妈说，那个疤痕是接种疫苗留下的，每个人都有。妈妈拉起自己的胳膊让她看，大姑和姐姐，也拉起胳膊让她看。

冬冬："爸爸有没有？"

妈妈："当然有。"

冬冬："哟，每个人都有。"

针线串珠

冬冬想戴珠子手链。手链环太小了，手伸不进去。姐姐剪开手链，串起一颗颗珠子，准备重新做个手链。

冬冬也想串珠子，姐姐当然支持。冬冬用针线串第一颗珠子，很激动很紧张，手有点发抖。串到第三颗，动作就灵活多了。串好手链，冬冬戴在手腕上，向大姑炫耀，说："你不知道我是怎么串上的！"

大姑不相信，手链是冬冬自己串好的，便动手去撸手链。在取下手链的瞬间，手链断了，"哗啦"一声响，珠子纷纷坠地。三个人捡起珠子，又开始串手链。串好了，手链上却空出一个位置。

冬冬从空位置推测出："还掉一个怎么办呢？"

姐姐趴地下寻找，没找到。

冬冬："不找了，算了。找不到，算了。"

话音未落，又掉了一颗珠子。

姐姐立马找，也没找到。

冬冬安慰说："掉两个没关系的。"

这次，她表现出了少有的豁达。

"我是一个技术员"

冬冬站上椅子，跳到地下，又站上去，反复多次，很得意地说："我可以吧，我是一个技术员。"

冬冬早就会说"可以"，但用"可以"表现自己很行，还是第一次。

"技术员"，其实是想说自己是"运动员"。

"光花钱"与穷光蛋

妈妈夸冬冬很乖，吃饭吃得不错。

冬冬则接口道："光花钱。"

妈妈："什么叫光花钱？"

冬冬："光花钱是给别人的。'我们家是个穷光蛋'，爸爸说的。"

姐姐："告诉姐姐，什么是穷光蛋？"

冬冬："穷光蛋是讨饭的，穿着破衣服，我在电视里看过。"

姐姐："爷爷家是不是穷光蛋？"

冬冬："不是，因为他有饭吃。"

姐姐："如果有人说咱家是穷光蛋，你怎么说？"

冬冬提高声调："我们家不是穷光蛋，我们家有钱，都花给别人。"

冬冬对"穷光蛋"的认识，就是没有饭吃。她经常跟大姑、姐姐一起买东西，知道钱"都花给别人"了。

1988-5-6

姐姐是大人

电视剧《严凤英》的情节：一顶轿子抬走翠英。

冬冬："那大姑娘呢？"

姐姐："结婚了。用轿子抬走了。"

冬冬："那她怎么不坐轿子呀？"

"她"，说的是严凤英。

姐姐："她年龄太小。大人才结婚。"

冬冬："那你怎么不结婚？"

姐姐："我不是大人。"

冬冬："你是大人。"

称呼的不同

冬冬："李老师叫肖老师小肖，叫陈老师小陈，奚老师小奚。"

妈妈："那奚老师称呼李老师什么？"

冬冬："叫李老师。"

冬冬又说："李老师叫我李纤（降调），奚老师叫我李纤（升调）。"

幼儿园的李老师，年纪较长，其他三位相对年轻，故李老师以"小×"称呼他人；而他人尊敬李老师，则以"李老师"称呼。关于对"李纤"的叫法，李老师说普通话，奚老师说武汉话，故有降调、升调的区别。

妈妈拍拍她，夸她观察力强！

冬冬说："我有一个缺点，爱哭；不爱睡觉，就这两个缺点。"

呵，还挺有自知之明！

1988-5-7

关厕所的惩罚

冬冬近段有点小逆反，动不动就发脾气。

今天，她往头上披枕巾，要当漂亮公主，大姑帮忙拉了一下枕巾，她就火了，把所有的装饰品，统统扔在地下。大姑哄不下，妈妈拉她入怀，她狠掐妈妈的胳膊……哭闹了一个多小时。

大姑气不过，抱起她，关进厕所里。在厕所里，她依然又哭又叫，就是不求饶。时间一秒一秒地过去了，好漫长好难熬啊！大姑心软了，又从厕所里把她抱出来，好声好气地劝慰她，别再哭闹了。

冬冬冲着大姑叫道："你把我的袜子弄湿了。"

妈妈再次把她拥到怀里，好声安慰。

冬冬哭泣着说："大姑把我关到厕所里，没穿鞋子。我把裤子尿湿了，袜子也尿湿了。"

她果然没有穿鞋子，裤子和袜子都湿漉漉的。妈妈讲了大姑为何把她关厕所。并说，小孩子不听话，许多家长都用关厕所来惩罚。

冬冬："好多小朋友都关在厕所里边，紧关，紧关！"

午饭后，妈妈胃疼得厉害。冬冬问妈妈为什么胃疼？

大姑数落她说："都是你把妈妈气的了，还不赶快跪下，承认错误！"

她很听话地跪在地上，双手合十，说："阿弥陀佛，善哉善哉！"

大家忍不住笑了，冬冬也开心起来。

不穿鞋子

冬冬从床上到地上，打着赤脚。妈妈让她穿上鞋子。

冬冬："我不穿。"

妈妈："不穿鞋，会把脚割破的。"

冬冬："穿袜子的。"

妈妈："袜子太薄，会割破。"

冬冬："鞋子也会割破的。"

忘带手绢

今天是冬冬上绘画班的时间。姐姐下班后，直接去幼儿园接她。

冬冬："姐姐，我淌鼻子了，我没拿手绢，我就抹脸上，不抹就淌嘴里了。"

姐姐："你好恶心啊！明天一定记住拿手绢。"

"但是……"

妈妈问，在绘画班都学什么？

冬冬："小篮子里放的糖，但是我不会画。"

妈妈："你们班有人会画吗？"

冬冬："有人也不会，小二也不会画。"

1988-5-8

束腰的叔叔

她站在桌子上，扒着窗户朝外看，说："看见了一个束腰的叔叔。"

大姑也探头望去，原来是肖文杰老师正站在院子里，身着短袖上衣，把上衣用皮带束进裤子里。

"你们两个、咱们三个"

妈妈、大姑和冬冬一起行动起来，目的是为了找全汉字积木。

"大姑，你们两个别管了。"冬冬找得有点不耐烦了，说，"咱们三个别管它了。"

1988-5-9

爸爸的"形象师"

爸爸刚从外地函授回来，脚上穿着球鞋，走路发出"踢踢踏踏"的响声。

冬冬："爸爸，你穿那双鞋干什么呀？"

爸爸："好看吗？"

冬冬："不好看，好玩。爸爸，你换双鞋子穿吧，不好看。"

爸爸脱掉球鞋，换了双拖鞋。

冬冬又拿梳子，说："爸爸，我给你梳头吧，你看你的头发多乱。"

1988-5-10

告大姑的状

冬冬向爸爸告状："爸爸，我告诉你吧，大姑把我扔到厕所里，没穿鞋子，只穿袜子，我把裤子都尿湿了，袜子也弄湿了。大姑还要把我扔进厕所里冲走。"

前面说的都真实，最后一句，是想象。

还没等爸爸发表意见，冬冬突然问爸爸："'白丰兰'的'白'，是怎么写的？"

1988-5-11

"我发脾气了"

姐姐捡起地上的一条花裙子，问："这是谁扔的？"

冬冬看了一眼，说："我发脾气了。"

"你们怎么还记住呀？"

大姑对妈妈说："昨天晚上，冬冬想让我做裙子，却不想跟我一起睡楼下，说，'大姑，明天晚上再做吧，你休息一下吧！'冬冬说这话的目的，是想上楼找妈妈睡觉。"

冬冬笑着说："你们怎么还记住呀？"

1988-5-12

爸爸的胡子与老生的胡子

冬冬摸着爸爸的胡子，问："它怎么往上长啊？人家都是往下长的。"

爸爸："谁的往下长啊？"

冬冬："唱戏的。"

爸爸没有及时剃胡子，有点长，是所谓的"向上长"；唱古装戏老生，长长的胡子下垂着，冬冬认为是"往下长"的。

这是冬冬细心观察的结果。

"早就"

煮熟的鹌鹑蛋，冬冬剥皮。手一滑，鹌鹑蛋猛地跳了出去。她条件反射，忙用双腿夹住，说："要不，早就掉地下了。"

"我是好孩子"

冬冬叙述在幼儿园发生的事："吴江打我的头，我把他的脸儿扭一圈。娇娇打黄梅的头。他们两个是坏孩子。我不打人，不拧人，我是好孩子。"

妈妈赞同她"是好孩子"的说法。

冬冬开心地笑了，说："妈妈，我很笑，很笑，笑得眼泪都出来了，雷先生喜不喜欢呀？"

在爸爸为她编的一个故事里，主管下雨打雷的天官叫"雷先生"。

"笑得眼泪都出来了"是个较为复杂的句子。"眼泪都出来了"这个短句，作"得"后的补语成分，用来补充说明"笑"的程度或状态。掌握好这样的复杂句子，还是不容易的。

1988-5-13

"我也搞完了"

妈妈往日记本上誊写几天来的冬冬语言记录。快到中午了，妈妈放下笔，伸展双臂，说："累死我了，总算搞完了。"

冬冬正在往画上画点点，也抬起头说："我也搞完了。你搞完了，我也搞完了。"

"因为……"

冬冬两条小腿肚上，被蚊子咬的疙瘩，连成了一大片。抓疙瘩，成了她每天的必修课："妈妈，我的腿又淌血了。"

妈妈："怎么搞的？"

冬冬："因为我挖的呗！"

因果关系，用得极为准确。

蝴蝶是两只翅膀

冬冬和妈妈画画，在同一张纸上各画了一只蝴蝶。

冬冬："蝴蝶是两只翅膀，不是三只翅膀。这不像。你画的哪个呀？哪是你画的呀？你看床上，蝴蝶怎么画的呀？我看那个花蝴蝶，有两个翅膀，上面有两个点点。"

冬冬让妈妈看床上，是因为床单的图案，是争奇斗艳的玉兰花，并有几只姿态各异的蝴蝶。

带颜色的爷爷、妈妈

黄弗同教授主编的八校合编教材《理论语言学基础》，爸爸是编者之一。爸爸带着冬冬去黄弗同教授家，交谈即将定稿的一些问题。

冬冬回来，告诉大姑："去黄爷爷家，白爷爷家，绿爷爷家。"

大家笑她由黄爷爷的姓氏，联想到其他颜色。

看大家笑，冬冬更来劲儿了，把妈妈也"染"成各种各样的颜色："李宇明妈妈，白妈妈，黑妈妈，红妈妈，紫红妈妈。"

妈妈姓白，她说"白爷爷"时，已经把妈妈的姓氏，隐性地牵扯了进去。之后，又把话题转向妈妈，似乎水到渠成。

1988-5-14

上了电视，怎么"下来"？

电视上，小朋友表演歌舞。妈妈说，等冬冬长大了，也可以上电视，表演唱歌跳舞。

冬冬说："那我可下不来了！"

是的，如果人进了电视里，怎么"下来"呢？

"互助互爱"

冬冬："××抓我的脸儿。"

妈妈："他又抓你的脸？你该怎么办？"

冬冬："老师批评不？小朋友要互助互爱啊！"

1988-5-15

滑冰鞋

冬冬对爸爸说："给我买双滑冰鞋。一穿就摔倒了，人家笑我摔倒了。"

后两句，是设想自己穿上滑冰鞋的情景。儿童的话语，经常伴随着想象。

爸爸很疼爱女儿，很快就给她买了滑冰鞋。

"或者"

母女俩去武汉工学院散步，路遇一位两个肩膀不一样高的男人。冬冬形容那人的模样："就像是背了个书包一样，或者是拿了个篮子一样。"

妈妈问，还像什么？

冬冬："或者是上树一样，或者是上墙一样，或者是钻洞。"

她第一次用"或者"。"或者"是个书面词语，是表示选择关系的连词。

冬冬前后使用的五个比喻中，前两个较贴切，后三个"或者"句，就是顺口而说了。

数数

冬冬一口气吃了十个果冻，把空盒子摆到桌子上：两个一排，一排口朝上，一排口朝下。她摆好后，问："是第一个还是第二个？是第二个还是第四个？是第五个还是第七个？"

一连串打乱序数的说法。

妈妈让她按照顺序数数，冬冬又从一数到十。

"老年人不好玩，年轻人才好玩"

爸爸大学同学王锋叔叔，从北京出差到武汉，来家叙旧。王锋叔叔翻看名人挂历中的老年名人画像。

冬冬："伯伯怎么好看老头像呀？老年人不好玩，年轻人才好玩！"

"好"，是"喜欢"的意思。

"耳环"的构词类推

（3岁5个月　1988-5-16—1988-6-15）

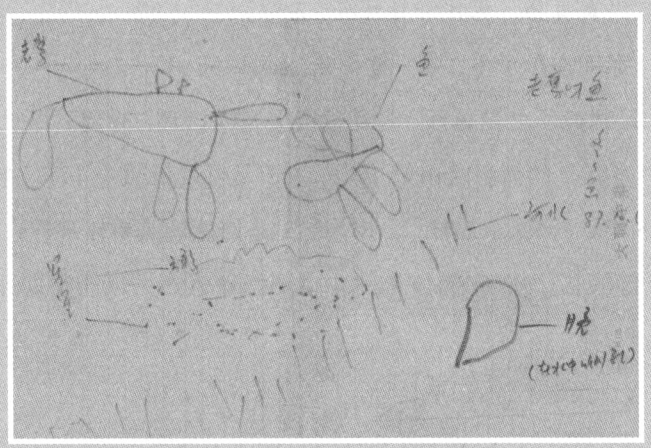

老鹰月夜叼鱼（1987年10月）

1988-5-16

"耳环"的构词类推

冬冬喜欢耳环，更喜欢耳环的闪光状态。

她的观察是："一走一明亮，一坐下一明亮，一说话也明亮，一站起来也明亮，不走就不明亮。"

"明亮"是对耳环闪光的描述。

妈妈："你恁喜欢耳环，就给你弄一个长长的，一直到脖子里的耳环，怎么样？"

冬冬："没有耳朵，算什么耳环呀？"

妈妈："那就在鼻子上，弄一个耳环，可以吧？"

冬冬："搞到鼻子上是鼻环，弄到嘴巴上是嘴巴环，弄到下巴上是下巴环。"

她知道"耳环"的命名之由是"耳"，于是可以依照"耳环"的构词原理，类推出"鼻环、嘴巴环、下巴环"。构词法，是语感的重要体现，是语法的基础，具有巨大的语言创造力。它能够帮助儿童更好地表达，也能帮助儿童认识未知的世界。

引用他人话，为自己"帮腔"

武汉工学院出面，办了个气功培训班。妈妈每天晚上都去参加。天黑了，冬冬见妈妈还没出门，便问："那你为什么不上武工呀？"

妈妈："不想上武工了。"

冬冬："那你就不上武工呗！你不上武工，就不会病好。"

妈妈："不病好，就不病好呗！"

冬冬："'你必须必须病好'，大姑说的。"

她经常引用他人的话，来为自己"帮腔"。

分配星星

夜空,星光灿烂。

冬冬指着天空一颗明亮的星星,对爸爸说:"那一个星星,算你的了。"

爸爸欣然接受,说:"好哇!除了爸爸,你还给谁一颗星星?"

冬冬开始分配天上的星星,说:"爸爸一个吧,妈妈一个吧,大姑一个吧,姐姐一个吧,冬冬一个吧!"

一家五口,人人有份。

1988-5-17

"雷先生"的花环

冬冬特别害怕下雨时的打雷声,常常追问"为什么会有雷声","是谁让打雷的"?"雷先生",这个子虚乌有的天官,对冬冬很起作用。雷先生喜欢的,她就做;雷先生不喜欢的,她就不做。

早上,她不想起床,吸溜着鼻子,撇着小嘴巴,做出一副时刻准备哭的模样。

妈妈:"冬冬,你听,雷先生笑了。"

冬冬:"雷先生笑什么呀?"

妈妈:"他喜欢你呗!"

冬冬:"他跟其他孩子笑吗?"

妈妈:"他对好孩子才笑呢。告诉妈妈,雷先生爱笑不爱笑?"

冬冬:"不爱笑,爱发怒。一发怒就打雷。"

因有"雷先生",今天早上,冬冬起床、吃饭都很乖。

《雷先生》中有一个情节,孩子如果听家长的话,它就送一个漂亮的花环。冬冬今天听话,"雷先生"应兑现送花环的"承诺"。午饭后,大姑采来一大束野花,编了个色彩斑斓的花环,放在桌上候着。爸爸接到冬冬,告诉冬冬"雷先生"送来花环的好消息。

冬冬惊喜地问："已经了了吧？"

"已经了了吧？"意思是问"已经送来了？"

爸爸肯定地回答，送来了，在家里呢。

"但是"

冬冬画画。边画边说："我想画小草，但是没地方了。"

"觉得"

冬冬喝牛奶，说："我觉得不好吃，你们觉得好吃，那怎么回事呀？"

奇特的要求

冬冬指着大姑和妈妈，说："你们再长低，我看一看怎么长高的。"

她想让大姑和妈妈，重现由低长高的过程，以便了解人是如何成长的。

1988-5-18

长短句《雨中的小伞》

窗外的雨点，像断了线的珠子，下个不停。在家憋了半天的冬冬，闹着要出外看雨。妈妈同意了，但要她观察雨点是怎样砸在伞上，又怎样落在水中的。回来时，要做一首下雨的诗。

冬冬跑出去十多分钟。回来，小伞湿漉漉的。她果真吟起诗来：

"雨，哗啦啦，

把我的雨伞打湿了，

雨落到水里，

角色游戏之
"老师和学生"
（1988-06-15）

母女做师生角色游戏，冬冬当然是老师，妈妈只有做学生的份儿。正好，妈妈想通过"瞌睡、想说话、求抱"之类的问题，窥知冬冬的幼儿园生活

黑了，

脏了。"

冬冬曾有一句富有诗意的"叫绿了我的小伞"，模仿儿歌"两个小娃娃，正在打电话"的韵律；在老家，还有一首自创的"大舅舅，喝醉酒"。今天，又创作了这首长短句。

"这不是……吗？"

冬冬看《看图说话》。

她指着书上的图片说："这不是……，这不是老博士和小滴答吗？这是新书还是旧书呀？"

这是一套连环画，每个月来一本新的，故有"新书、旧书"之问。

要跟妈妈一起去

妈妈准备去武汉工学院学练气功。

冬冬："爸爸，我也去。等姐姐回来了，叫她去接我好不好？"

1988-5-19

问路

听人说，教气功的晏老师，住在武汉工学院校内的招待所。除了教气功，还单独给人治病，据说效果很好。妈妈久病不愈，爸爸决定带妈妈去试试。爸爸的自行车，前面坐着冬冬，后面坐着妈妈。一路上，爸爸向多人打听招待所的位置。

爸爸问冬冬，爸爸为何要向那些人问路？

冬冬："不知道。"

爸爸："谁不知道？"

冬冬："爸爸不知道。"

爸爸："为什么问他们？"

冬冬："因为他们去过。"

1988-5-20

儿歌"鞋子""红玫瑰"

冬冬兴致勃勃，把过去会背的诗歌，完完整整背了一遍。已经回生的，一遍又一遍地跟着爸爸念，有激情，有耐心。

之后，她还背诵了幼儿园新教的儿歌《鞋子》和《红玫瑰》：

《鞋子》："我的鞋子真好笑，走起路来吱吱叫，小猫把它当老鼠，跟在后面喵喵叫。"

《红玫瑰》："宝宝，宝宝，你快睡觉，你可梦见花园里，有朵红玫瑰。嗯——，有朵红玫瑰。"

"其实……"

深夜。妈妈讲了三个故事，冬冬仍没睡意。

冬冬说要拉便便，翻身下床，蹲了会儿痰盂，又爬回床上，说："我没拉，我骗你们的，其实我不想拉。"

妈妈拉起薄毯子，盖上她的肚子。没过多大会儿，她拉掉毯子，又坐起身来。

妈妈："你又想干吗？"

冬冬："我拉肚子。吃那个鬼面条吃的了。我想拉肚子了吧？"

妈妈："肚子真疼了？"

冬冬点点头，下床蹲一会儿，站起身子朝痰盂里望望，说："没拉肚子，其实。"

妈妈说她瞎找理由，纯粹是不想睡觉的瞎折腾。

冬冬不接妈妈的话茬儿，边唱边表演："妈妈，我给你唱个儿歌吧！小小猫，喵喵喵；小小鸡，捉到虫子叽叽叽；小青蛙，蹦上蹦下哇哇哇。"

"从前、现在"

妈妈画画。

冬冬："你的手，从前疼得很厉害很厉害，现在已经不疼了，对不对？"

"从前……，现在已经……"，通过时间词的前后关联，语句和思想都显得很有条理。

"什么"

冬冬拿一粒红珠子，说："妈妈，你看这个红什么呀？我在床下找到的。爸爸，你放起来，它在鱼片里面。"

"鱼片"是指装鱼片的小袋子。

"红什么"是"红珠子"，冬冬一时叫不出它的名字来。"什么"在这里就像一个空格，把不懂的地方空下来，让人去填空。掌握了这种"留空"法，可以不因为叫不出事物的名字，而耽误表达。

读书忘食

大姑边吃饭边看书。

冬冬推推大姑："你怎么不吃米饭？"

大姑眼睛从书本上移开，开始吃饭。

冬冬一笑，说："妈妈，她忘记了。我一说，她就知道了。"

"大粪蛋"

冬冬让爸爸给她扎头发。爸爸正忙，推说不会。

冬冬："爸爸是个大粪蛋。"

"大粪蛋"是"大笨蛋"的口误。

爱吃虎皮辣椒

虎皮辣椒这道菜，又酸又甜，冬冬很爱吃。她用两手罩着盛虎皮辣椒的菜盘，说："那是我的辣椒，不能吃。可辣了！很辣！"

她说虎皮辣椒辣，是在动小心思。

爸爸："虎皮辣椒，到底什么味道？"

冬冬："又甜又酸。假的。不辣，好吃得很。"

爸爸："你喜欢，大家都不吃，能吃，你都吃了吧！"

冬冬就着虎皮辣椒，吃了满满一小碗米饭，连着打饱嗝。

她笑着埋怨爸爸："就你给我搞的了。再来一遍好不好？"

"再来一遍"，意思是再做一盘虎皮辣椒。

爸爸："你的小肚子都吃得圆鼓鼓的，快撑破了。还来一遍啊？"

爸爸笑着说着去夹菜，掉下一个菜叶。

冬冬笑爸爸："爸爸说着说着，吃饭都掉了。"

"说着说着"这种格式，表示正在干某件事情时，又发生了另外的事情。是正在进行时的一种表达方式。

1988-5-21

提篮采花

去桂竹园。冬冬要自己提篮子，去采野花。

爸爸说，手拿篮子，就无法采花了。

冬冬一扬下巴，说："用口。用嘴巴指。"

原来，她可以用口说，用嘴巴指，哪里有花，让别人去采，再放在她的小篮子里。

花衬衫

妈妈穿了件花衬衫。

冬冬数着妈妈衬衣上的花朵，自语道："这么多花，能查得完吗？"

1988-5-22

命名

冬冬翻跟头，说："我是杂技团。"

半个月前，她在椅子上"演杂技"，说自己是个"技术员"。过去，理了发，便说人或自己是"理发店"。

晚上，冬冬索要儿童读物《晚间故事》，说："我要我的小书画。"

"小书画"，也是一种命名。

人的量词

冬冬对邻居李伯伯说："我家四家人。"

把"四口人"误说成"四家人"。

"戴"衣服

冬冬掂着爸爸的衣服，扯高嗓门，问："这是谁的衣服呀？我戴上合适不合适呀？"

看《警花出更》

电视播放《警花出更》的主题歌。

冬冬很陶醉，感叹道："好好听呀！"

"原来"

她跑楼下玩了一会儿。

回到家，说："我想着是不冷的，原来是冷呀！"

1988-5-24

想戴着发卡去幼儿园

冬冬问大姑："明天我就戴着发卡，两个小滴溜儿，上幼儿园。行不行呀，大姑？"

大姑："行。"

冬冬："要是不行的话嘞？"

妈妈哼歌

妈妈小声唱歌。

冬冬："妈妈，你'哼'的什么呀？"

妈妈："唱歌啊！"

冬冬："唱歌怎么'哼'呀？"

妈妈："没'哼'呀。"

冬冬："你'哼'了！"

咬文嚼字

冬冬问："'武'，吴江的'吴'，跳舞的'舞'，'汉'是什么意思呀？"

妈妈说，"武汉的'武'，不是吴江的'吴'，也不是跳舞的'舞'，是武术的'武'；'汉'，是汉族的'汉'，汉语的'汉'。"

冬冬："是男子汉的'汉'吧？老家的'老'，是老人的'老'吧？"

妈妈："太对了！"

冬冬："又说对了。"

分辨语素或词的意义，是在谈论语言问题。对语言自身感兴趣，是认知发展的一个重要领域，也更有利于儿童的语言发展。

1988-5-25

说"园园"

冬冬说，她跟小朋友园园在一起，玩得很开心。

妈妈问，园园多大了？

冬冬举手过头，说："她这么大，和张慧、李菁一样高。园园姐姐可好了，我们玩得可高兴了。"

"一直"

去幼儿园时，冬冬把手绢塞进裤袋里。回家来吃冰棒，小手弄得黏糊糊的。妈妈让她找毛巾擦擦手。

冬冬从裤子口袋里拉出手绢，说："我一直没有拿出来。"

"一直"是个与时间和动作状态相关的副词，表示始终没有变化。半年前，冬冬用过"一直"，这是第二次记录到。

"你看呢"

妈妈夸冬冬自己会玩，不再缠人了。长大了点儿，真的不一样。

冬冬问姐姐："你看呢？"

姐姐："我看，你也很会玩儿。"

冬冬："我能不能得奖呢？要是我哭了呢？爸爸呢？"

用"你看"来征询他人看法，"看"的意思已经很抽象。

"爸爸呢？"是想知道爸爸的看法。此时爸爸正在北京出差，不在家。

1988-5-26

"毒打"

今天，冬冬从幼儿园回来，一直闷闷不乐。家里有客人，她竟然捂着妈妈的嘴巴，不让妈妈说话。客人走后，妈妈批评她不该如此，她开始大哭。妈妈气不过，拿她的小鞋子，拍了她两下。

事情过后，她躺在妈妈怀里，说："你要是犯了错误，我也用鞋子毒打你。"

竟然使用"毒打"一词，可见"打"的心理效力。

妈妈："对不起，妈妈不该打你！告诉妈妈，你今天在幼儿园怎么了？情绪为什么这样不好？"

冬冬："萧老师用针扎我的胳膊，好疼啊，我疼哭了。"

妈妈："萧老师用针扎你？为什么？"

冬冬："因为我不睡觉，从床上爬了起来。"

所说的老师用针扎她胳膊，是真是假？无法求证。

缺点就像"毒蚊子"

幼儿园的李老师告诉妈妈，冬冬的优点是爱学习，但不能让人提缺点。只要一说她的缺点，连眉眼都变了。晚上，母女俩做了一场跟缺点相关的谈心活动。

妈妈："纤纤，听老师说，你哪儿都好，可有一个缺点。"

冬冬："我不爱睡觉，好哭！"

妈妈："你不爱睡觉的毛病，只是其中一个。还有一个缺点，你很怕别人说你的缺点。"

冬冬不语。

妈妈："说缺点，你不高兴？"

冬冬："不高兴。"

妈妈："其实谁都有缺点。你说说我们大家的缺点，好吗？"

冬冬："爸爸好打人，妈妈爱怪人，大姑把我关到厕所里，姐姐——，不知道了。"

妈妈："看，人人都有缺点吧。你说妈妈爱怪人，如果妈妈不改正这个缺点，你高兴吗？"

冬冬："不高兴。"

妈妈："如果妈妈改正了，不怪你了，你高兴吗？"

冬冬："高兴。"

妈妈："今后，你如果有了缺点，让不让别人说？"

冬冬："让。"

理性上，冬冬似乎想通了。

出差刚回来的爸爸，也加入了讨论，对冬冬说，缺点就像一个个毒蚊子，改正了缺点，就是打死了蚊子；如果不改正，就会咬一个又痒又痛的大包。

一到夏天就饱受蚊子折磨的冬冬，频频点头，很愉快地接受了爸爸的这个形象比喻。

"而且"

妈妈让冬冬画一只小鸡。

"小鸡？小鸡我当然会画了。"她画完小鸡，又说，"我要荷叶边的裙子，而且还要画点点的。"

冬冬的意思是，不仅要画有荷叶边的裙子，还要在荷叶边上点上点点。这是冬冬第一次用"而且"。"而且"是递进关系复句中使用的连词，表示关系的"进一步"。

1988-5-27

推车下坡

大姑刚会骑自行车，推车去幼儿园接冬冬。下坡推着，也得用力。

冬冬："大姑，别人下坡都不用力气，走得可快了。"

大姑："你怎么知道？"

冬冬："爸爸跟我说的。"

哑嗓子的妈妈

妈妈重感冒，嗓子嘶哑。

冬冬在门外喊声"妈妈"，听见妈妈答应的声音，说："妈妈，你怎么弄个这么不好听的腔儿呀？"

声音嘶哑，真是"不好听的腔儿"。

妈妈："妈妈声音哑了。"

冬冬："明天，让大姑给你弄点喉咙的药，吃吃就好了。怎么还哑了呀？我还想要妈妈病弄好。"

"明天"，也许是明天，也许仍是泛指未来的时间。

1988-5-28

"脑子"和"大脑"

妈妈说天太热，把冬冬的头发剪短些，凉快。

冬冬："不要剪，不要剪，我会长长的，脑子说的。"

猜想，她是模拟大脑说的话：不要剪头发，剪了也白剪，头发还会长长的。

妈妈："什么？什么脑子说的？"

冬冬："脑子，大脑。大脑说的。大脑说得可难听了。"

妈妈："大脑说得有道理，头发会长长的。"

冬冬："那你就说错了，对不对呀？"

她认为，妈妈要把头发剪短，是错的；大脑说，还要长长，是对的。但不明白，大脑为何说"难听"话，说了什么"难听"话。

姓氏小发现

冬冬："为什么姓李的多，姓白的少呀？李发舜、李贝、李宇明、李辉、李冬。"

是的，在冬冬的周围，姓白的少，姓李的多。

1988-5-29

模仿妈妈

午饭的凉菜，是糖醋凉拌黄瓜。冬冬喜欢喝拌黄瓜渗出来的汁儿，她让妈妈也喝。妈妈尝了点儿，酸得直咧嘴巴。

"我们两个就不嗑皱[1]着脸儿，"冬冬指指自己和大姑，又模仿妈妈平时的语气，说，"她怎么这个样子，啊——，啊——，多不好看！"

被小朋友打脑袋

下午，冬冬和××一起下楼骑车子。半个多小时后，她跑回来说："妈妈，××打我了，就这样，'啪'，一下子。"

冬冬指自己头的右边。

妈妈："她'啪'一下，你呢？"

冬冬："我没有还她。我想着，她怎么会这样呢？"

妈妈："为什么事，她打你？"

---

[1] 嗑皱：河南方言，指皱脸蹙眉的样子。

冬冬："因为，我没有把捡的长棍子给她。"

妈妈怕孩子们的冲突升级，说："把你的车子搬回来，别玩了！"

冬冬下楼，把三轮车推到楼梯口，朝楼上喊："大姑，我弄不动，实在太重了。"

"实在"是个副词，表示的确、真正的等意义。

"死，可不是个办法"

冬冬不愿睡午觉。妈妈说，不睡午觉，就不准喝酸奶。

冬冬："那会把我渴死饿死的。老师亲我，你们不亲我。老师有时候喜欢我，有时不喜欢我。你们把我渴死饿死怎么办？死，可不是个办法。"

宝贝儿，你把"不准喝酸奶"与"渴死饿死"联系起来，可有点"上纲上线"了。

1988-5-30

每天都有许多问题

①妈妈每天坚持练气功。

冬冬问："练功，是怎么练的？"

②大姑从家里出来，随手关上纱门。冬冬问："人们怎么一出来，就关门呀？"

③姐姐吃果脯，掉在地上一个。冬冬问："大人怎么也会弄掉哇？"

④"花园的花，不能摘对不对呀？野花能摘，对不对呀？"冬冬问。

⑤冬冬弹玩具钢琴，问："每个手指都动，对不对呀？"

1988-5-31

信任爸爸的车技

冬冬："她们骑车子我害怕，就爸爸一个人骑，我就不害怕。"

"她们"指的是大姑和姐姐。她俩骑车带冬冬，都摔过跟头，唯独爸爸没让冬冬摔倒过。

"大压小"，比输赢

冬冬跟爸爸做"大压小"的游戏。

冬冬："我们两个谁赢，谁吃鸡蛋和酸奶；谁输，不吃鸡蛋和酸奶。"

攀扯爸爸

爸爸正伏案写作，妈妈让冬冬睡觉。

冬冬："爸爸写字我也写字，爸爸不写字我也不写字。"

1988-6-1

"六一"，害怕表演

幼儿园通知，"六一"节，小四班表演舞蹈《小白兔》，家长们要去大礼堂观看，跟孩子们一起欢度儿童节。早上，大姑给冬冬换上表演服，化了淡妆，戴一顶小兔帽子，一身小白兔的打扮。

冬冬："我要是不这么听话，老师就不发给我。"

意思是说，因为她听话，老师才发给她表演服装。

"我不想上去。"轮到小四班演出了。很多小朋友早跑到舞台上又疯又打，冬冬却拉着妈妈的衣服不放。已经有点怯场、后悔的意味了。

李老师把冬冬领上舞台，站到舞台中央。冬冬惶然四顾，竟然放声大哭。妈妈只好带她离开舞台。

冬冬胆小，人多的场合，显得拘谨而木讷；冬冬敏感，任何不和谐的音符，都觉得那是冲她来的……

到了台下，冬冬闹着要回家，妈妈只得依她。

妈妈为何不高兴？

天很热。知了的聒噪声，此起彼伏。走不大会儿，母女俩已是汗流浃背。路旁的树荫下，有个卖汽水、冰糕的小摊位，冬冬想喝汽水，可妈妈没带钱。冬冬不情愿地离开了小摊位，但没有像平常那样的矫情。

冬冬："妈妈，你今天高兴不高兴？"

妈妈："你说呢？"

冬冬："你说呢？"

妈妈："你看高兴不高兴？"

冬冬摇摇头。

妈妈："你真不知道，妈妈高不高兴？"

冬冬："不是。是不高兴。"

妈妈："妈妈为什么不高兴？"

冬冬："因为我没上台演节目。我错了，我改正。"

妈妈勉强笑了笑，无语地向前走，有点"冷暴力"。

冬冬紧跟在妈妈身后，走了几步，再也忍受不了这种沉默，说："妈妈，你不高兴，我可也不高兴了啊！"

妈妈换上一副笑脸，温柔地拉了拉她的小手。她马上高兴起来，真是给点阳光就灿烂。走到了幼儿园门前，她竟然蹦蹦跳跳地跑进了幼儿园。

这个年龄段的孩子，极容易遗忘不愉快的情绪。但这次凸显的弱点呢？难道父母真的太娇惯她了？

反坐凳子

冬冬把小凳子翻过来，四条腿朝天。她要坐上去，妈妈阻止她，说太危险。

冬冬："我想坐哪儿就坐哪儿，你别管我。"

"想怎么样就怎么样"，是个任性的表达；是处在"逆反"期中的儿童，经常使用的句式。

称饭票

冬冬用弹簧秤，去称一张饭票。妈妈说，饭票太轻，称不了。她在饭票上挖个小洞洞，用弹簧秤的钩子钩上。紧接着，跟弹簧秤对起话来："这是几斤呀？你答应我，行不行呀？"

说出了重量单位"斤"。在饭票上挖小洞，钩起饭票去称重的思路，值得称道！

妈妈弯不下腰

妈妈弯不下腰，成了生活中最大的障碍。如果家里只有妈妈和冬冬，且出了某种状况，妈妈只能采取"油瓶倒了也不扶"的方式。

①搭在椅子上的几件衣服，滑落到地上。

冬冬："妈妈，衣服掉了。"

妈妈："没关系。"

冬冬："怎么没关系呀？"

妈妈："等会儿捡起来。"

冬冬："你弯不下去腰，怎么办呢？"

②冬冬玩水，裤子弄得湿漉漉的。

妈妈能帮她扒掉湿裤子，再换条干净裤子，但脱掉系带子的鞋子，妈妈是帮不了的。

妈妈说，别脱鞋子了，脱掉湿裤子，直接穿干净的裤子就行。

冬冬对不脱鞋子直接穿裤子的做法，有些为难，说："那我把裤子搞脏了，还得换一个呢？"

1988-6-2

"不然"

冬冬拿一把梳子，对还未起床的爸爸说："你起来不？不然，我用梳子挖你。"

"不然"是一个表示否定假设的连词，意思是，"如果不是这样的话"。冬冬曾经在一年多前，说过"不然的话"，但那是有点模仿意味的，与现在情况不同。

"开把"

路上，冬冬也想自己掌控自行车的方向，说："爸爸，我开把。"

连说了三次"开把"。"开把"是"掌把"的意思，受"开车"说法的影响，自己造的一个说法。

应该如何称呼人

今天是姐姐接冬冬。姐姐回来告诉妈妈，在路上碰见了覃发高老师。

冬冬纠正说："不是叫覃发高，是叫覃发高叔叔。大人叫覃发高，小孩儿叫覃发高叔叔。"

姐姐说，冬冬是一个小馋猫。一个冰糕，几大口就吃完了。

冬冬："还说我啦，你才是小馋猫呢！"

"那时候……，现在……"

"六一"节，爸爸给冬冬买了一辆玩具小摩托车。

冬冬爱不释手，说："买的这个摩托车，我喜欢，不然我就没有了。那时候我玩具少，现在我的玩具多了。"

又出现了"不然"。

"那时候……，现在……"是对比性质的表达。"那时候"指过去的某个时间段。

不弄坏自己小手

冬冬剪纸。

爸爸劝她休息一会儿，说："会累坏你的小手的。"

冬冬："我不弄坏。我不会弄坏的。"

"不弄坏"，是不会弄坏"手"的意思。

1988-6-3

妈妈生病，好伤心啊

妈妈重感冒，三天高烧不退，嗓子疼痛嘶哑。最糟糕的是，也把冬冬给传染了。

冬冬看看躺在床上的妈妈，扭头对大姑说："啊，好伤心呀！"

大姑莫名其妙地问："谁好伤心呀？"

冬冬："妈妈。"

大姑："她怎么了？"

冬冬："妈妈还没治好病。"

大人不应该哭

电视上，大人哭了。

冬冬问："大人怎么还哭呀？好丑啊！小孩应该哭，大人不应该哭。"

在孩子的心目中，小孩儿啼哭是正常的。长大成人后，是不应该哭啼的。

仙女和仙女妈妈

夕阳西下，暑气稍解，人们在院子里的竹床下面洒上水消暑。冬冬躲到大姑身后的阴影里，说："太阳下山了！"

大姑往旁边一闪，光线照在冬冬脸上。

冬冬说："太阳公公出来了，仙女飞来了。这是夏天，真热啊。"

妈妈坐在竹床沿儿。

冬冬往床上一躺，说："仙女妈妈，人把我弄倒了！"

妈妈："哪个人呀？"

冬冬指指大姑："就是那个漂亮的，穿新裙子的那一个，会走路，还会笑。"

她又起身，像扇动翅膀一样，呼扇着两条胳膊，说，"下雨了，天热了，仙女都飞来了。"

大姑也躺在床上乘凉。

冬冬踩着大姑的肚子，晃晃悠悠地说："妈妈，踩了一个大石头，硬邦邦的。仙女妈妈，我碰见了一个坏人，就在那个动物园。"

扮演理发师傅

冬冬拿一条枕巾，围在妈妈脖子上。这会儿，她扮演理发师傅的角色，说："我给你理发店！"

她常把"理发"说成"理发店"。

妈妈顺着她的话说，好呀，给妈妈理理发吧，妈妈的头发太长了。

冬冬把妈妈的头发轻轻地揉了几下，拍几下妈妈的肩膀，取下枕巾，使劲一抖，说："多舒服呀，理发店。"

"我姓李纤"

邻居："你姓什么？"

冬冬："我姓李纤。"

姓与姓名，还混着呢。

高烧

夜里，冬冬高烧到 39 度，还肚子疼，但就是想喝酸奶，说："喉咙疼，还肚子疼，还想喝！"

大姑用药棉蘸酒精，在冬冬的脖子、腋下、手心、大腿内侧以及脚心等处，涂擦酒精，物理降温。

冬冬："大姑到处抹。"

大姑说，到处抹，还不退烧，热得烫手，怎么办？

"就像太阳一样热，"冬冬摸摸自己的额头，又伸手摸大姑的脸儿，说，"大姑像雪一样凉。"

爸爸："发烧并不可怕。"

冬冬："是的。发烧有什么可怕的呢！"

凌晨一点，该用的退烧药，都用了一遍，仍不退烧。爸爸决定，立马去医院看病。

冬冬很高兴地说："现在收拾收拾，去看病。"

长短句《月夜》

大姑陪伴爸爸，抱冬冬去医院，打了退热针。高烧，很快消退了。凌晨三点，冬冬起床解手，凝视从玻璃窗外倾泻的一抹月光，溜出一首长短句来：

"月亮月亮亮晶晶，

关上窗户拉灭灯，

大灯灭了，

小灯灭了，

大家都睡觉了。"

1988-6-4

想象的游戏

发烧生病，就不能吃冰棒，这让冬冬很不开心："要是不生病，我可以吃，对不对，妈妈？"

妈妈："那当然。只要你的病一好，大姑立刻就去买冰棒！"

冬冬高兴了，说："刚才有大姑，现在怎么没有大姑呀？大长脸说：'大姑吃到我肚子里去了。'那他们该哭了——'大姑呀，我的大姑到哪里去了呀？'"

开心了，小脑子也灵动了，突然冒出来一个"大长脸"妖怪，居然还能吃掉大姑！

自编的顺口溜

冬冬新编的顺口溜：

"五十的老头子，

抱个大棍子，

两眼黑乎乎，

看不见东西。"

"想……，就……"

夜里，到了睡觉时间。

爸爸："冬冬，今晚你让爸爸睡在哪个屋里？"

冬冬："你想睡哪儿，就睡哪儿，不管。"

1988-6-5

"把大姑全部都吃光"

冬冬在沙发上跳来跳去。大姑怕她摔下去，随手拉她一把。

冬冬："我本来跳得很好，你说我跳得不好？"

大姑童心大发，接连不断地拉一下拽一下地撩冬冬，终于把冬冬给惹火了。

妈妈："这个大姑呀，怎么能这样呢！咱找个大不列颠的动物，把大姑一口吃掉，只留一双脚脚，好吧？"

冬冬："不行，把大姑全部都吃光。"

1988-6-6

"先……，再……，然后……"

到冬冬服药的时间。

妈妈说，冬冬，你先去解手，再喝药，然后吃西瓜。

"先拉屎，再吃西瓜，然后再喝药！"冬冬变换语序，把吃药放在最后，又说，"我不要妈妈喂，不要爸爸喂，让大姑喂药。"

这会儿，恰恰大姑去上课了，专挑不在家的人。

父母劝说，吃了药，病就好了；病好了，就可以喝酸奶、吃冰糕了。

酸奶和冰糕，还是很有吸引力的。冬冬磨蹭了很长时间，终于答应了，说："好，我就一口喝了它。"

"还差一本"

冬冬拿了三本小画书，滑落掉一本。她查看手中的画书，说："怎么还差一本呀？"

自己拿了几本书，看来心中有数。

"继续"

冬冬画了几个串红。她让妈妈接着画下去，说："你最继续接着画。"

不知为何说出个"最"。

"继续"是多余的，但由这种多余的用词现象可以知道，冬冬懂得"接着画"是"继续画"的意思。

"我想没错"

妈妈："冬冬，再捣乱，我把你蹾到地下去。"

冬冬："你敢？！"

妈妈："你以为我不敢。你还真想错了。"

冬冬："我想没错。"

冬冬应当说"我没想错。"这样的句子，她还回答不了。妈妈的真意，并不在想错没想错，而是说，"敢"把她蹾到地下去。

"我没病好"

爸爸："冬冬，你的病好了吧？"

冬冬："我没病好。"

又是一个"没"的位置没放好的例子，说成"我病没好"才合适。

爸爸想逗小女儿开心，故意把刚洗过的脚丫子，伸到冬冬面前。

冬冬把脸一扭，说："我才不闻哩！"

"才"是个语气副词，对所说的事表示强调。

爸爸笑眯眯地看着冬冬。

冬冬："你高兴什么？你为什么高兴？"

爸爸忍不住了，一下子笑出声来。

1988-6-7

跟爸爸学会"睡懒觉"

早上，冬冬赖在床上不起来，振振有词地说："都是跟爸爸学会的，睡懒觉。"

"去、来"

父女俩在院子里，散了半个多小时的步。爸爸让回家，冬冬不愿回，说："你要是再进去，我就不让你出来了。"

她以自身为参照，正确使用"去"和"来"。

爸爸只得又带她在院子里玩了一会儿，才回去。到家，大姑说，今天幼儿园老师说，要来做家访。

"我领他们去，"冬冬忙又改口，说，"我领他们来。"

冬冬的改口，说明她确实掌握了"去、来"的用法。

1988-6-8

"高级""深渊"

①冬冬让大姑把抽水管放到冰箱上，说："放个高级的地方。"
②阿夏从桌上掉落在地上。

冬冬："阿夏掉到大深渊里了。"

"高级"和"大深渊"的用法，都很奇特，也充满着童趣。

胖瘦

冬冬对妈妈说："爸爸是大胖子，妈妈是大瘦子，我是小瘦子。我们两个一样，他不一样！"

用"大小""胖瘦"进行比较和分类。

"让"

冬冬吃完一盒冰激凌。妈妈伸手去接她的空盒子。她一扭身，把空盒子放在茶几上，说："你要是让我吃那一盒，我就把这个盒子给你；你要是不让我吃那一盒，我就不让盒子给你。"

所谓的"那一盒"，是指冰箱的冷藏室里还存放的一盒冰激凌。

"让"是一个特殊动词，表示指使、容许等"使让"关系，冬冬早就会用。最后一个"不让"用得不对，是上一个"不让"，顺势把它给带出来的。

自我解嘲

冬冬准备洗澡。

大姑先往澡盆里倒一壶热水，刚加进凉水，冬冬就性急地穿着鞋子跳了进去。她忙自我解嘲道："它自己弄进去的，鞋子自己弄进去的。"

"吹风"

中午，爸爸准备打开电扇。

冬冬问妈妈："你愿意不愿意吹风呀，妈妈？愿意吗？嗯？"

她知道妈妈体弱怕风，开电扇之前，征求一下妈妈的意见，做得挺对。

1988-6-9

不安全感

姐姐骑车带冬冬。快下坡了，冬冬一定要姐姐下车，推着车子走。

冬冬："板冒血了，上医院，用布补一补。"

姐姐："补不住的。"

冬冬："用大布补。"

皮肤又不是衣服，怎能用布补？冬冬说的"补"，其实是缠上绷带。

失灵的魔术

冬冬咽喉痛，给她买了盒喉片。她吃个不停，妈妈把喉片藏了起来。过一小时，只拿出来一片。

冬冬问，怎么还有喉片？从哪来的？

妈妈说，变魔术变来的。

冬冬说："妈妈真好，妈妈会变魔术。"

存放的喉片吃完了，妈妈的魔术失灵了，变不出来了。

冬冬大声喊叫："妈妈，你给我变魔术吃。"

"咬爸爸的嘴"

下午，冬冬在楼下的水池旁，把抽水管安在水龙头上，接水玩水。

爸爸下课回来，冬冬一下子扑进爸爸的怀中，还激动地亲吻几下。回到家，冬冬对妈妈说："有一个孩子呀，她亲爸爸。亲爸爸亲得太狠了，就咬爸爸的嘴。"

"咬"，就是吻。爸爸一脸的幸福，连连点头。

妈妈也很高兴，问："你的抽水管呢，怎么没有拿回来？"

冬冬："被刘伟要走了。他用虫子咬我。"

萤火虫

黑夜，飞来闪去的萤火虫，在浓密的草丛里时隐时现。冬冬很高兴，又有点害怕。妈妈说，萤火虫不会咬人。爸爸自告奋勇，蹚进草丛中去捉萤火虫。

冬冬："它怎么不咬人？它没有嘴巴？它是好的，是保护人的。"

1988-6-10

母女晨话

清晨，妈妈带冬冬出外散步。有几只小麻雀，在地上跳来跳去。

冬冬："麻雀有两条腿，怎么一蹦一蹦地走的呀？"

这问题，妈妈也回答不了。

草丛里的便便上，有苍蝇飞来飞去。

冬冬："我的臭尻尻上，怎么有恁些蝇子呀？它们干什么？"

到了一棵女贞树下。

冬冬："地下恁些黑点点，是什么呀？"

妈妈："树上的虫子，拉的尻尻。"

冬冬："这不能踩吧？"

妈妈："小虫子的屎，可以踩。"

冬冬："大虫子拉的屎呢？"

妈妈语塞。回答小虫子时，并没有想到大虫子的事。

明白"上午"与"下午"

去幼儿园的路上。

爸爸："冬冬，现在是上午，还是下午？"

冬冬："这是上午。吃了饭，睡了午觉是下午。"

这个解释，说明冬冬真的懂得了上午和下午的含义。

家和幼儿园，哪里是"学知识的"？

妈妈从医院理疗出来，路经幼儿园的大操场。小朋友们正在大操场里活动。妈妈看见了人群中的冬冬和覃覃。便躲在樱花树后，想看看冬冬平时的状态。

小二班老师，带着小朋友们跳绳。冬冬站在一边，没有参与。大约一分多钟，冬冬转身朝覃覃的方向走去，突然发现躲在树后的妈妈，哭着跑来，中间还跌了一个跟头。

冬冬抱着妈妈，哭着说："幼儿园不好玩，老师不管我们了。我要回家！"

妈妈带她找奚老师请假。她在老师面前，鼻子吸溜得山响，似乎感冒得很厉害，不回家吃药，绝对不行了。可一离开老师，她便活泼起来，说："幼儿园不是学知识的，家里是学知识的。"

此前，冬冬曾这样"定义"幼儿园："幼儿园是学知识的，我想上幼儿园。幼儿园有这么好的老师，待我这么亲，我怎么能不去呢？"

"他们干什么呀？"回家路上，冬冬指着测量道路的人问，又指着大楼说，"这楼好高呀！我住最高一幢。"

冬冬围着妈妈，一会儿跑前，一会儿跑后，又拉着妈妈的手，说："你走得太慢了，还是我牵着你吧！"

迎面走过来一个小朋友，哭着闹着要妈妈抱。

冬冬说："我妈妈病了，我不让妈妈抱。让他们抱，把他们累死，不累死妈妈。"

妈妈问她，明天去不去幼儿园？

冬冬答："去。明天妈妈还把我接回来。"

小宝贝儿，让妈妈说你什么好呢？

穿反了裤子

"那一个字是在前面的，怎么穿到后面去了呀？"冬冬自己穿裤子，穿反了前后。

前面的裤腿上有一个"u"字。她发现后，让爸爸给她脱下，再重新穿上。

"这是土豆"

吃饭。

冬冬指土豆说："你们大家全忘记了吧，这是土豆。"

这很像幼儿园老师在讲课。

鸿运扇

家里新买了一台红颜色的鸿运扇。

冬冬让爸爸开电扇，说："你不把那个电扇拿来，我光打你。"

不愿意让小朋友走

冬冬和小朋友陶希思一起玩，十分开心。陶希思要回家，她不愿意，说："我本来不高兴的。"

她是想说，玩得很高兴，他要走，我就不高兴了。

和琳琳在一起

昨天下午，冬冬在楼下跟赵家的琳琳一起玩水。玩着玩着，琳琳舀一大杯水，从冬冬头上浇下来。冬冬大哭起来。

今天，琳琳又来家找冬冬玩。

"我可厉害了！谁要是欺负我，我就要把他抓冒血！"冬冬先放硬话，又跑到妈妈身边，说，"那一天，我抓了她，大姑就亲了我一下。"

冬冬搭积木。琳琳跑回家，也拿来自己的积木。冬冬把自己的积木装进了塑料袋。琳琳摸了一下袋子。

冬冬说："不装你的，摸别人的干什么呢？我就不装她的。你装我的没有呀？你刚才装我的干什么呀？"

冬冬把袋子里的积木，放进装玩具的抽屉里。琳琳也想把她的积木，塞进抽屉里。

妈妈说："琳琳，你的积木，放你家去！"

冬冬说："你又不是我们家的人。"

茶几上，有两个子弹壳。琳琳伸手摸了一下。

冬冬说："你想干什么？你想拿我的子弹？"

琳琳爸来叫女儿回家洗澡，琳琳不愿意离开。

冬冬说："你脏乎乎的，我才不想跟你玩。我想跟很干净、很干净的孩子玩。"

大点的孩子对小点的孩子，总是不那么客气。

1988-6-11

雨打池塘迸"花朵"

雨点落到池塘里。

冬冬说："雨点一迸一迸的，像一个个花朵。"

肠子说，"饱了……"

冬冬吃着玩着。妈妈说，别玩了，快点吃饭。她把一张湿透的纸，贴在桌上，说："我马上把它贴好。"

大姑催促道："别贴了，吃饭吧！"

冬冬说："肠子说：'饱了，饱了，不用吃了。'"

前几天学脑袋说话，今天又学肠子说话。

垂下来的灯绳

电灯开关的绳子，下垂着。

"怎么这样，干什么呀？"冬冬说着，用小手拽着开关绳子，电灯电线都斜了过来，说，"这样多好呀！"

玩阿夏

夜里十点，冬冬还在玩她的阿夏。爸爸催她快睡觉。

冬冬不接话茬儿，却摸着阿夏的脸说："哎呀，这么长时间了，你还没弄完呢？就快睡觉了，你知道吗？"

1988-6-12

口误

冬冬连叫："痒，痒！"

爸爸问："哪儿痒？"

她回答："哪儿痒？什么地方痒！"

爸爸抱着她抓痒痒。

抓完痒痒，冬冬想下来，爸爸紧抱着，就是不放开她。

冬冬挣扎着说："爸爸，你请放开我吧？"

回答"哪儿痒"，是应当告诉具体地方的，不能说"什么地方痒"。"你请放开我"，是想说"请你放开我"。心急出口误，看起来是个规律。

猫的吸引力

刘伟怀里抱着一只小猫，在冬冬跟前晃来晃去。

冬冬很羡慕，说："我家也有一只猫子，知道不知道？"

刘伟："你家也有猫子？"

冬冬："我河南老家有只猫。"

刘伟："我老家有十只狗。"

冬冬："我老家有四只猫，五只狗。"

午睡时间，冬冬正说"要睡觉"了，刘伟推门而入。

冬冬说："我想睡觉的。"

刘伟神秘兮兮地告诉冬冬："我把猫子杀了，快点来。"

"我马上就去，"冬冬信以为真，忙翻身下床，穿上鞋子，对刘伟说，"帮我系鞋带！你杀的那个猫子，我看一看？"

好蚯蚓，坏蚯蚓

下午，冬冬跟随一群孩子去挖蚯蚓。回来后，她跟妈妈讲她挖蚯蚓的过程："我跟他们一块儿挖蚯蚓的，挖了好几个。有好蚯蚓，有坏蚯蚓。"

妈妈："什么是好蚯蚓，什么是坏蚯蚓？"

冬冬："虫子就是坏蚯蚓，蚯蚓就是好蚯蚓！"

他们要挖的是蚯蚓,挖着虫子,就是"坏蚯蚓";与虫子比,蚯蚓就是"好蚯蚓"了。这是孩子的分类法。

卖布的

冬冬手提两条枕巾,在床上走来走去,吆喝道:"卖布哟!卖布哟!"

爸爸:"我买块儿布。多少钱?"

冬冬:"二毛钱,三毛钱,很多钱,很贵很贵。我妈妈告诉我,'很贵不能买'。"

冬冬引用妈妈的话,说明成人的知识传递,还是有作用的。但在暗中,她已经变换了买卖的角色,"很贵不能买"是买家的心理。

"说你调皮,你还哭?"

爸爸躺在床上。冬冬双脚踩在爸爸腿上,说:"这是木板。我坐下,休息一下。"

爸爸腿一歪,冬冬翻倒在床上。

冬冬手指爸爸,对妈妈说:"你说他调皮不调皮?"

妈妈说,女儿对爸爸,不能用这种口气。

冬冬看着爸爸说:"说你调皮,你还哭?"

肥皂盒

冬冬把肥皂盒扔在水盆里,开始洗澡。洗完了澡,怎么都不愿意从澡盆里出来。

妈妈说:"快出来吧,你看水里有多大个虫子!"

冬冬捞起肥皂盒,调侃道:"多大的虫子?肥皂盒。"

"好像"

爸爸跟妈妈说话。

冬冬对大姑说:"他好像是说我,在地下爬来爬去。"

她怀疑,爸爸在向妈妈说她"在地下爬来爬去"的事情。用"好像",表示不确定。

乌云遮日

妈妈讲故事，有一句"乌云遮住了太阳"。

冬冬接着说："遮着几天，发不出几天。"

意思是，"几天都发不出光芒"。

复习复习

冬冬："大姑，你给我画幼儿园那样的小船。"

大姑："我没见过幼儿园的小船。怎样画？我画不好。"

冬冬："那你复习复习。"

"复习复习"，大约是做做准备的意思。

长短句《龙虾》

刘伟送给冬冬四只活蹦乱跳的小龙虾。龙虾夅起两条长须，在桌上进进退退，十分可爱。

冬冬连叫："害怕。"

大姑说，多好玩啊！你看，它俩互相瞪着干什么？是不是想打架呢。小诗人，作一首诗吧！

冬冬观察一会儿，说：

"龙虾，龙虾，

为什么打架？

你为什么打架？

饭碗都 [kʰan] 了！"

这时，刘伟把两个龙虾上下摞在一起。

冬冬接着又接续她的"长短句"：

"一个龙虾，

上面还有一个龙虾。

它们两个，

逗着玩打架。"

龙虾有几只？

龙虾不停地爬呀爬，爬到了桌面的发卡旁。冬冬幸灾乐祸地对大姑大叫："上到你发卡上了！"

爸爸拿来筷子，让冬冬拨弄龙虾，数数有几只。

冬冬用筷子拨动着龙虾，查数："一、二、三、四，四个。"

爸爸："如果再加一个呢？"

冬冬："五个。"

两只龙虾，慢腾腾地爬动。另外两只，趴在桌上一动不动。

冬冬："两个虾子不走，两个虾子走了。"

1988-6-13

"奇怪的小疙瘩"

冬冬摸着腿说："妈妈，我这儿有两个奇怪的小疙瘩。"

"奇怪的小疙瘩？"又是蚊子咬的包包。

"大家夸她好太阳"

夕阳西下。阳光从树叶间斜射过来。爸爸指着地上斑驳陆离的影子，问："冬冬，这像什么？"

冬冬："像电视上阿姨穿的裙子，一闪一闪的。"

爸爸："那你形容一下吧！"

冬冬："太阳从树下过，照着树，照着人，大家夸她好太阳。"

虽不押韵，但有诗意，把太阳、大树和人，都囊括其中了。

小计

今天，父母把冬冬已学会的东西，做了个小结：

古今诗词：36 首；

儿歌：55 首；

流行歌曲：10 首；

自己作长短句：4 首（包含模仿的儿歌"一个小娃娃"）。

1988-6-14

粽子，发音如"菌子"

早上。冬冬催着爸爸起床，说："练身体，搞健康，行不行？快起床吧！"

爸爸起床后，就去教工食堂买馒头，也买回两个粽子。

冬冬："我从来没吃过那一个。"

"那一个"，指粽子。

晚上，冬冬又要吃粽子，说："妈妈，我还想吃粽子。"

"粽子"，音发得像"菌子"。

妈妈："没听懂，吃什么菌子？"

冬冬："三角形的。"

妈妈："三角形？蛋糕？"

冬冬："不是。没上幼儿园时候吃的，早上吃的。"

妈妈这才明白，她要的是"粽子"。

"比着……"

冬冬要妈妈给她做一件衬衣，说："我想让你们，给我比着尹江的做一个。

一个花纹一个花纹的，一个红花一个红花的。"

她有了自己的审美标准。

妈妈答应了。又交代冬冬，今天去幼儿园穿的是套头衬衣，不好脱。中午睡觉时，就别再脱了。

冬冬："老师一看不好脱，就不给我脱了。"

看望病中的大姑

妈妈说，大姑生病了。

"妈妈别伤心，大姑会病好的。"冬冬安慰了妈妈，又说，"我不上幼儿园了，大姑生病，我在家招呼她。"

下午，冬冬一回来，直奔一楼的房间去看大姑。

为让生病的大姑高兴，她舞动着长项链，说："大姑，你看我 [zou][1] 得像不像一朵花呀？"

大姑笑着说："像！"

冬冬说大姑："好久以前，你不给我们做饭，你怎么不给我们做饭吃呢？"

大姑问："你说的'好久以前'，我在哪儿呀？"

冬冬说："在河南。你怎么不是武汉人呢？"

原来，说的是大姑没来武汉以前的事。

冬冬回到楼上，掏出口袋里的瓜子放桌上，说："妈妈，快来一下，我给你说个事。好多的叔叔阿姨都来看大姑了，这是给大姑拿的瓜子。"

心跳得"咣咚、咣咚"的

冬冬站在椅子上又蹦又跳，手舞足蹈。爸爸故意晃动几下椅子。她立即抓紧椅背，责问爸爸："干什么呀，你？"

---

[1] [zou]：河南方言，音似"揉"，阳平，意与"甩"相近。

爸爸说："我没干什么呀！"

"我的心就跳快了，'咣咚，咣咚，咣咚，'听见了没有？"冬冬刚说完自己害怕了，又要从椅子跳到床上，交代爸爸说，"拿好椅子。"

不知她刚才是真的心跳加速，还是夸张的说法。

"在唱美好的歌"

冬冬唱了歌，说："这就是一个女孩儿在唱歌，这就是一个女孩儿在唱美好的歌，怎么样？"

爸爸带着欣赏的语气说："嗯，好听！还真敢捅词，还'美好的歌'呢！"

对"没有"的否定

冬冬："妈妈，你脱下鞋，我用下鞋，好不好呀？"

妈妈："用妈妈的鞋子，干什么？"

冬冬："搬椅子，搞体操呀。"

爸爸："别折腾妈妈了。你看妈妈多难受啊，连个笑脸儿都没有。"

"是的，妈妈连一个笑脸儿都没有！"冬冬应声附和道。

妈妈笑了笑。

冬冬又说："妈妈连一个笑脸儿，都有。"

冬冬用"有"来否定"没有"，但是她忘了"连一（个）……都……"这种格式，"都"后面必须是否定的，所以"妈妈连一个笑脸儿，都有"，这话听起来别扭。

评论爸爸的画

上了绘画班，冬冬之前的画画激情，反倒消失了。

在绘画班，她学会了"横、竖、波浪线"几个术语，还有几个图形的名称，但最初喜欢画的"鱼、鸡、人"等，不愿再画，也不愿跟着大人学。

爸爸画一个小孩儿的脸，画个三角形当鼻子。

冬冬："人的鼻子，就不是三角形的！"

爸爸又画了一个杯子。

冬冬："不像我们这个杯子一样，对不对，妈妈？"

"像……一样"可以，"不像"之后一般不带"一样"。故而"不像我们这个杯子一样"，感觉不太顺溜。

与小朋友打架

爸爸让冬冬把痰盂端出去。

冬冬："我才不把痰盂拿过去的。"

妈妈："幼儿园的小朋友，自己的事情要自己干！"

冬冬："妈妈，明天我不上幼儿园了！"

妈妈："为什么？说说原因。"

冬冬："陈晔打我。"

妈妈："她为什么打你？"

冬冬："我抢她的手绢。我也打她了，把她打哭了。"

妈妈："她打你，你还手，对不对？"

冬冬："对，这么坏。"

长短句《老头子》

妈妈问冬冬，前几天，你作了关于老头子的诗，是在哪儿见过老头子的吧。

冬冬："一个老头，没有眼睛，在武工见的，好可怜哟！"

于是，她又编起顺口溜，亦即我们谑称的"长短句"：

"又看见一个老头子，

挂个大棍子，

一头栽到深渊里。

头发弄湿了，

衣服弄湿了，

他被淹死了。"

长短句《稚子心》

妈妈胃部剧疼，难以忍受。

冬冬给妈妈揉肚子。揉了一会儿，仰起小脸儿，笑眯眯地看着妈妈，问："妈妈，不疼了吧？"

妈妈："不疼了，好了！谢谢宝贝儿！"

妈妈说胃不疼了，冬冬很开心，在房间里踱着方步，随即吟诵出一首"长短句"：

"妈妈肚子疼，

冬冬给妈妈揉呀揉。

冬冬笑，

妈妈也笑，

妈妈的肚子就不疼了。"

1988-6-15

"黑路"与"白路"

蒙蒙细雨。马路两旁，树叶茂密处，是干的；没有树的路面，湿漉漉的。

冬冬说："我要走黑路，不走白路。"

"黑路"是淋湿的路面，"白路"是没淋雨的路面。

冰箱吸手

大姑劝冬冬多吃饭。说：吃饭少，没力气，开冰箱时，小手会被冰箱吸进去。

这样说，主要是想让她少吃零食多吃饭，不想让她动不动就去开冰箱。冰箱开关次数多，费电。

冬冬："爸爸，你也是的吧？你不吃饭，你也吸得进去吧？"

爸爸点头，大姑点头，妈妈也跟着点点头。

冬冬："怎么大家都不吃，都吸得进去呀？"

这下子，大家都不知该如何作答了。

"小脑子黑了"

大姑带冬冬和琳琳去学校公园。让她俩结伴玩，自己坐在石凳子上看书。

半个多小时过去了。大姑突然觉得，好久没听到两个孩子的说话声了。她急忙起身，找遍公园都无影无踪。急头怪脑地跑回家，冬冬竟然在家里。

大姑心放下了，气却上来了，揪着冬冬狠狠地批评了一顿。

冬冬："是琳琳让我走的。"

大姑："她让你走的，你就听了？不会用脑子想一想，这对不对？"

冬冬一脸无辜地说："我的小脑子黑了。"

"小脑子黑了"，是何典故？

日月星辰，为何都跟我走

（3岁6个月　1988-6-16—1988-7-15）

石狮之上（1988年6月）

1988-6-16

记忆中的半个西瓜

昨天上午买的西瓜，冬冬一口气吃了半个。晚上，爸爸用半个西瓜招待了客人。今早，冬冬起床后，到处找，没找到。爸爸说别找了，家里没有西瓜了。

冬冬不相信，问："妈妈，你们是不是把它放起来了？"

"干咳嗽"

冬冬："妈妈，你去医院吗？"

妈妈："今天妈妈不想动，不去医院了。"

冬冬："我也病了，妈妈。我就干咳嗽了一点儿。"

"干咳嗽"，没有痰的咳嗽。

何时长大，何时没长大？

①爸爸："冬冬，你自己赶快穿衣服！"

冬冬："我自己不会穿，要你给我穿。"

②妈妈让冬冬出去玩。

冬冬："我一个出去玩，有什么意思呢？"

妈妈："你长大了。"

冬冬："我没长大，我什么都不知道。"

当冬冬不会走路时，非要自己走；会走路了，老想让人抱着走。平时，衣服她都坚持自己穿，不让别人帮助，而现在又不想自己穿了；平时，天天叫着"我长大了"，而现在不想一个人出去玩，又说自己没长大，什么都不懂了。

这就是"孩童逻辑"！

儿歌《娃哈哈》
（1988-06-16）

捉金龟子

刘伟带冬冬一块儿去捉榆树上的金龟子。

冬冬回来，告诉妈妈："今天上午，刘伟去找那个不咬人的东西给我。刘伟说，'它有牙，还有嘴，可吓人了'。"

冬冬知道金龟子是"不咬人的东西"，刘伟说它"有牙、有嘴"，还真吓不住冬冬。

玩球

与刘伟一起玩球。刘伟把球扔到了冬冬的身上，有时还落到脸上。

冬冬告诉爸爸："刘伟哥哥弄我一身，还弄我一脸。我要是哥哥，就不砸女孩儿脸上。"

拿人名字说事

冬冬跟吴亮哥哥一起玩。

她问吴亮："吴亮，怎么不亮呀？"

摆大楼

冬冬舀水，对爸爸说："我给你做饭吃。"

爸爸："我吃过饭了。"

冬冬："什么时候吃过的？没有吃吧？"

既然爸爸已经吃过饭了，她便拉着爸爸摆积木，说："你摆积木，我吃饼干。怎么不摆呀，你？"

爸爸摆了一座大楼。

冬冬："不一样，就是不一样。"

她及时地表扬爸爸一下，又让爸爸把积木图案翻个面，说："翻

儿歌《我的小宝贝》
（1988-06-16）

1399

个面子，再来一个大楼吧！"

爸爸："好。你就摆个沙发大楼。"

冬冬："什么？"

爸爸："摆个沙发大楼。"

冬冬："不会摆。"

其实，爸爸也不会摆，也不知道"沙发大楼"是什么样子。

发卡丢了

冬冬跟着一群小朋友，玩到天黑才回家。到家，发现头上的发卡丢了。

她顺手拿个手电筒，喊大姑："大姑，我那个妈妈的发卡丢了，我们去找一找吧！到操场找一找。找不到，还得上多多家去找找。"

冬冬说的这两个地方，都是她下午玩过的地方。

计算器与电灯

梅香带个电子计算器，让冬冬玩。冬冬很喜欢，小手指连续不停地按，一直按到电池耗尽。计算器按不亮了，便追问，计算器为何打不开，为何没有光亮？

大姑说，没有电，打不开屏幕，就没有光亮。

冬冬指着家里的电灯问："怎么天亮，还可以呀？还有光哪！"

1988-6-17

电池

录音机旁有两块儿电池。

冬冬指着问："这是什么呀，爸爸？"

秀秀武汉话
（1988-06-16）

　　母女对话，冬冬故意拿腔作调，带出一些武汉话的味道。其实，她的武汉话一直都说不地道

爸爸："电池。"

冬冬指着录音机说："什么电池呀？是不是这里面的电池呀？"

窗台外面的凉鞋

在纱窗外面的窗台上，晾晒着爸爸的凉鞋。

冬冬："爸爸，你的鞋子，是怎样搞出去的呀？是关着窗户，这样扔出去的吧？"

冬冬想不明白：纱窗关着，鞋子怎么跑到外面去的？

桃子上的毛毛

买回桃子，冬冬立马就要吃。大姑说，桃子表面有层毛毛，弄到身上会痒。要洗洗才能吃。

冬冬："怎么痒啊？我姥姥给我买的大的，就没有毛毛。"

去年暑假回老家，姥姥买过桃子，她没有注意过桃子上面有毛。事情过去整整一年了，今日吃桃，竟回忆起姥姥买的桃子。

这么大的孩子，记忆力可以保持一年。

1988-6-18

咸鸭蛋

早餐煮的是咸鸭蛋。

大姑尝了点儿，忙吐出来，说："咸死。"

"不太咸，有点咸。"冬冬吃着咸鸭蛋，又说，"我想出来一个办法。什么办法呢？"

"不太咸，有点咸"，都表示咸的程度低。她现在常使用同义并列的表达方式。

谁给她取的名字
（1988-06-16）

与妈妈谈论名字。冬冬坚持认为，给她取名姐姐也参与了；尽管妈妈反复说，名字是爸爸、妈妈给取的

看电视，问"观众"

电视里，正在播放电视歌曲大奖赛的颁奖典礼。

冬冬："发这么多东西干什么呀？"

解说词中有"观众"二字。

冬冬："'观众'是什么呀？"

与爸爸拳击

冬冬与爸爸做拳击游戏。爸爸故意步步退让，说："别打呀，小朋友要团结友爱。"

冬冬继续进攻，说："我是坏人。"

爸爸一下子抓住她的小手。

冬冬："别弄我的手。"

爸爸刚放开她，她就用手猛砍几下爸爸的腿，说："他没有腿了。"

妈妈："他怎么没有腿了？"

"我把他的腿杀掉了。爸爸，你给我来一遍拳击吧？"冬冬说着扑上去，说，"看我的厉害不厉害！"

爸爸一把抱起她，扔到床上。

冬冬在床上摊开四肢，说："你看我死了。你看我一点声音也没有。"

1988-6-19

"到底"

冬冬让姐姐陪她出外玩，说："你去不去，到底说？"

"到底"是一个表示深究的疑问副词。第一次记录到冬冬使用它。

数脚指头
（1988-06-16）

数自己的脚指头。数完一只脚，再数另一只，竟然数出了六个脚指头

"你们说说"

冬冬当老师，让大人跟着她拍手："拍起来了冇呀？你们说说。"

"冇"是武汉方言，意为"没有"。

"你们说说"这种"第二人称 + 动词重叠"格式，表示委婉祈使。

"怎么样？"

冬冬用吸管吸了满满一管牛奶，说："怎么样？"

"怎么样？"用于反问，有自我炫耀的意味。

描述事物

冬冬："大姑，你给我讲一讲那是什么？那白色的大长方形，里面一个小正方形的，是什么？"

"白色的大长方形，里面一个小正方形"，是对事物的描述。

不想吃蛙肉

当时，武汉很流行吃青蛙。

邻居小朋友的爸爸，从外地回武汉，带了一兜活青蛙。冬冬和一群孩子，围观了杀死青蛙、剥掉蛙皮的整个过程。

青蛙做好，邻居送冬冬一小碗青蛙腿。冬冬不要，一溜儿小跑回来。

冬冬无可奈何地说："妈妈，我真不想吃。"

"××人"

冬冬说爸爸和大姑："你们两个是傅家坡人，东家坡，新加坡。"

妈妈："我是哪里的人？"

冬冬："你是糊涂的人。"

"傅家坡"是武昌的一个地名，离华中师大不远，冬冬去过不少次。"东家坡"是因"傅家坡"而造出来的一个地名。由"傅家坡、东家坡"联想到"新加坡"；由"傅家坡人、哪里的人"联想到"糊涂的人"。联想是思维的重要机理，这也是词法的作用。

"冰"

冬冬指着酸奶，说："没在冰箱里冰的时候，不好喝；冰箱里冰了，好喝。"把"冰"作为动词用，还是第一次。而且知道冰过的酸奶好喝。

询问"愉快、活泼"的意义

今天是星期天。除了一日三餐，冬冬一直在院子里跟小朋友们玩。

妈妈："冬冬，今天玩得愉快吗？"

冬冬："什么叫'愉快'呀？"

妈妈："就是高兴呀！我们家的小冬冬，今天活泼极了！"

冬冬："现在很活泼。'活泼'，什么意思啊？"

妈妈做了解释。

冬冬："你玩得活泼不活泼？"

不懂的词语，知道询问意义，语言知识就会快速增加。

1988-6-20

"快点走，下雨了"

暴风雨到来之前，天低云浓，闷热闷热的。

爸爸在幼儿园接上冬冬，骑上自行车，跑得飞快。路遇陶希思的妈妈带着儿子，还慢慢腾腾地步行。

冬冬高叫："陶希思，快点走，下雨了！"

老师"发脾气"

早上气温低，冬冬穿的衣服比较多。中午天热了，她却不让老师给她脱减衣服。幼儿园老师把这事告诉了爸爸。

从幼儿园回到家，妈妈问冬冬，到底怎么回事？

冬冬："肖老师、奚老师说：'我们总是要整你的。'老师给我发了一个好大的脾气。"

一个月前，她曾学幼儿园老师的话："'那个李纤，我也治不了她，'陈老师说。"

小小年纪的冬冬，不愿意做的事情，坚决不做。

"搞"

爸爸刮胡子。

冬冬说："搞着你的胡子。你不得扎人了吧？"

爸爸刮了胡子，就扎不了她了。找不到合适的动词，就用"搞"。

"最滑稽了"

冬冬站在穿衣镜前，边戴发卡边说："女孩戴着好看，男孩戴着最滑稽了。"

知道"滑稽"一词。

"什么"表列举

姐姐问，冬冬，你是想吃雪糕，还是吃冰激凌？

冬冬答："什么雪糕呀，什么冰激凌呀，都给我做。"

"什么雪糕呀，什么冰激凌呀"的这个"什么"，没有实在的意义，出现在多项列举中。

逗乐子：英语字母歌
（1988-06-16）

唱英语字母歌。或故意抬高一些音，或故意发成象声词，阴阳怪气逗乐子

脱裤子

冬冬自己脱裤子，脱得不顺溜，很急躁地说："妈妈，我裤子里边好热呀！"

看电视剧《哑妻》

电视连续剧《哑妻》，哑妻又怀孕了，丈夫害怕再生一个哑巴儿子，就煎了一碗中药，逼着妻子喝下去。哑妻的表情万分悲伤。

冬冬："他要她喝一杯药，要她死。你看她吃了药死了没有？"

妈妈说《哑妻》中的男主人公："他那头上光滑的，一天不知道抹了多少油？"

冬冬："一天打三百零九个油。"

"三百零九个油"，还有整有零的。

1988-6-21

"们"

冬冬去幼儿园，头上扎了两个大球球。

下午回到家，冬冬对妈妈说："奚老师说，'你这俩大豆豆'，都笑起来了，老师们和学生们。"

不好回答的问题

妈妈把衬衣束进裤腰里。

冬冬："好好丑啊，好丑啊！你的裤子和衣服！"

妈妈："丑吗？我觉得挺好看的！我小时候……"

冬冬："妈妈，你们小时候怎么没有我呀？"

又是一个妈妈不好回答的问题。

雨"厚"，"走岸上"

大雨倾盆。爸爸骑车接冬冬。

冬冬："这么厚的雨，会把我们淋死的。爸爸，你走岸上，小心骑到水里。"

用"厚"，形容雨大；小水坑的边沿，称为"岸"，还挺有点儿意思。

"好几个"

大姑带冬冬去街上买桃子。刚走几步，塑料袋破了，桃子滚落在地。冬冬查看塑料袋，说："这个地方漏了，一下子漏了好几个桃子。"

晚安祝词

要睡觉了，大姑和冬冬互道晚安。

大姑："晚安，冬冬！"

冬冬："晚安，大姑，祝你梦见好多优美动听的歌儿。"

这祝词，挺浪漫。"优美动听"，是书面用语。

1988-6-22

"二十多两"

爸爸抱起冬冬，夸张地说："哎哟，冬冬好重呀！"

冬冬："我二十多两了。"

度量衡的单位，掌握得越来越多。数概念在发展，数词的使用，也有一些大数了。

对镜做鬼脸

冬冬对着镜子做鬼脸，自言自语："这是什么笑容呀？"

与姑姑聊天
（1988-06-16）

聊天。聊到吃饭吃油条、怎么出去玩、怎么不穿衣服、小鸟有翅膀才会飞。具备了不少常识

"……算了"

冬冬摆弄大姑的头发，说："你们把头发剪了算了，我一个人不剪。"

大姑递给冬冬一个头绳，说："那可不行。来，今天我用这个。头绳买这多天了，我一天也没戴过。"

冬冬："你一天也戴过。"

不能用"我一天也戴过"，来否定"我一天也没戴过"。"一天也……过"，"也"后面倾向于用否定形式。

"……什么的"

冬冬在电视柜下乱扒东西，碰掉一个茶杯，碎了。大姑责备她，做事太不小心。

冬冬："不是的，大姑。李老师叫明天拿果冻盒，做小狗玩具什么的。"

她找出几个果冻盒，洗干净，用袋子装起来。

"什么的"是个助词性成分，表示这一类东西。

声音的传递

一位青年教师搬了家，学校把这个相邻的房间分给了我们，住房条件稍有改善。爸爸把这个房间 用做书房，终于有了读书人渴盼的工作间。

冬冬躺在卧室的床上，想喝水，使劲叫"爸爸"。

在书房写东西的爸爸，应答了一声。

冬冬好奇地问："声音怎么从这里传到那里，又传到下边？"

"那里"指爸爸的书房，"下边"指楼下。

动物世界
（1988-06-16）

从萝卜花串到蘑菇、花，又说到树林里的动物，有大灰狼、大狐狸、花脸，竟然还有个叫"大不列颠"的。水中有鱼有虾，还有卖油郎; 青蛙的儿子是蝌蚪，蝌蚪长大是青蛙

冬冬开始关心"声音传递"等物理现象了。

转移他人的注意力

凡是专门给她买的玩具，玩上半天，就不喜欢了，如漂亮的发卡、耳环、发带、项链，还有花十几元买的玩具摩托车。但对于他人的东西，却倍感兴趣，比如妈妈的发卡，姐姐的项链、眼镜等。

大姑摸透了冬冬的这一心理，把两个大球球，说成是自己的，并说自己极其喜欢，只是借给冬冬用几天。冬冬对这两个大球球，愈发爱不释手。今天，大姑多次索要，非要收回大球球不可。

冬冬转移话题，伸出抹过指甲油的手指，对大姑说："你看这马上要掉了，再抹抹好不好？"

冬冬去洗盒子。大姑又拿球球的话题逗趣。

她不接话茬儿，拿个空盒子说："大姑，你帮帮我，把水弄满它。"

吃晚饭的时候，冬冬还只顾玩自己的。

妈妈："冬冬，你再不吃饭，妈妈可生气了！"

冬冬突然捂着肚子叫道："哎哟，我肚子撑得好疼呀！"

之后又连叫两次肚子疼！还没有吃饭，肚子怎么可能已经饱胀了？大家不提让她吃饭的话题，她也没再叫着肚子疼。

冬冬知道了怎样转移他人的注意力。

照相

妈妈说，找个时间，让冬冬和刘伟照张合影。

冬冬对刘伟说："你看看，你照的相，漂亮不漂亮！"

刘伟："漂亮。"

冬冬："漂亮？你没照。"

冬冬想说的是，等两人照完相，叫刘伟看看，他照得漂亮不漂亮。刘伟回答的"漂亮"，让冬冬感到奇怪了：还没照呢，你怎么就知道漂亮呢！

"哭也没用"

看电视。

冬冬："他们哭干什么呀？"

大姑："小豆子死了。"

冬冬："死也不能哭呀？"

大姑："伤心哪！"

冬冬："哭也没用呀！"

1988-6-23

"（不）像……那样"

①早上，冬冬已经打扮齐整，站在门口等爸爸去幼儿园。

冬冬："爸爸，快走吧，要不就晚了，就像昨天那样了。"

"要不"具有假设—转折的作用。"要"表假设，"不"是对上文的笼统否定。

②床上的被子折了三折，叠成长条形状，横放在原来放枕头的地方。

冬冬往床上瞄了一眼，问："这个叠的，怎么不像从前那样啊？"

"从前那样"，指被子曾叠成的豆腐块形状。

"明天……，后天……"

今天去幼儿园，冬冬拿了昨天已经洗干净的果冻盒。从幼儿园回来，她很高兴地说："李老师很感动，说：'谢谢你，李纤小朋友。'"

大姑说，昨天李老师真布置了拿果冻盒的作业。全班 48 个小朋友，只有冬冬一个人拿了。

冬冬："明天拿，后天也要拿。"

第一次使用"后天"。"明天"与"后天"并用，起码说明冬冬懂得了"明天"的含义。

"不怎么样""怎么样！"

父女俩用积木垒大楼。

爸爸："冬冬，你看看，爸爸搞得怎么样？"

冬冬："不怎么样！"

爸爸故作声势，做出用手抓她痒痒的姿态，问："说，爸爸搞得怎么样？"

冬冬连连后退，笑着说："怎么样！"

"不怎么样"的否定形式，并不是"怎么样"，不能用一般的否定规则。

年、月、日

冬冬画画，爸爸往上写日期。

爸爸："今年是一九——"

冬冬："八八年。"

爸爸："六月二十三——"

冬冬："号。"

这是爸爸在有意识地教她认识日期。

谎称打架还了手

大姑："冬冬，看看小朋友们都回来没有，下楼跟他们玩去。"

冬冬："我不想去。"

大姑："为什么呀？"

冬冬："他们打我。特别是那个陈果。"

提问大姑
（1988-06-16）

与大姑相互提问，看谁能难住谁。冬冬提出一连串问题：小鸟为何有翅膀？小鸡有翅膀为何不会飞？大鸡会不会飞？大树会飞吗？大树上有没有花？有没有小鸟、麻雀、啄木鸟？大树能不能做窗户。提出问题不容易，提出难住人的问题更不容易

大姑："我怎么不知道，哪个是陈果？"

冬冬："你忘记了，就那个陈果。"

大姑："他打你，你就等着让她打了？"

冬冬："打了，大姑。"

陈果比冬冬大四五岁，冬冬肯定不是他的对手。冬冬谎称"打了"，是怕大姑批评她懦弱。

"好大会儿"

爸爸要出去一下，冬冬也要跟着去。

爸爸故意逗她说："去开会，你去不？"

冬冬说："不去，那要等好大会儿。"

没等多大一会儿，爸爸回来了。

冬冬问："你说你开会去了，怎么没有去呀？"

"直着"

大姑的腿上，被蚊子叮了几个疙瘩。

冬冬："它直着飞过来咬的。"

一个"直"字，道出了蚊子的迅猛和无所顾忌。

看电视

电视上演杂技。马背上驮着老虎。

爸爸："老虎会吃马的。"

冬冬："不会，它关在笼网里。"

意思是，演完节目，就会把老虎关在笼子里，吃不了马。

电视中，外国人在悬崖上表演跳伞。

爸爸："冬冬，你看这是——"

各有各的路
（1988-06-16）

　　姑姑问火车在哪里跑？冬冬答在铁轨上，并发挥说铁轨是火车的路，汽车走我们的路（人和汽车都走马路）。接着，姑姑又问船的路、飞机的路，问飞碟、小鸟、小鸭的路，还问小桌的路，这不是故意刁难人嘛

冬冬："宇宙人。"

把跳伞者命名为"宇宙人"，挺有想象力。

自己报幕

冬冬准备表演节目。她清清嗓子，拿一支笔当麦克风，模仿报幕员挺胸抬头的姿态，说："下面，我演唱的第二首歌——"

小小的报幕员，像模像样的。

"拐"

冬冬写字。

写"小"的竖钩时，问："往这边拐吧？"

"吐血"

冬冬裤子上有血点。

妈妈挺焦急地问，怎么有血？发生了什么事？

冬冬很平静，说："哪个小朋友，在我的裤子上吐血了吧？"

使用工具，寻找插珠

塑料玩具插板，有筛子般的插孔。五颜六色的插珠，圆圆如豆，下面带一个可插的细柄。大家都把插珠叫作"豆豆"。使用插珠，可在插板上插出各种图案。

冬冬正在玩插板，一颗插珠掉到沙发底下。她在沙发下摸索了一会，没有找到，对大姑说："拿电把吧！"

大姑："拿电把也看不见，豆豆在里面的。"

冬冬："那挪沙发吧！"

大姑挪动沙发。沙发下面也没有。

冬冬对大姑说："还挪！"

现在，如果出现了某种状况，冬冬总会积极找原因，主动想出解决问题的办法。

打开酸奶瓶

睡觉前，冬冬要喝酸奶，说："我下午喝了一瓶，还可以喝？"

她的确懂得了"下午"的意义。

妈妈说："可以！"

冬冬拿了酸奶，又找小刀，开盖子。

大姑要帮忙。

冬冬不让，说："你打开灯。"

折腾了好大会儿，她还是未能打开瓶盖。

大姑："你打不开瓶盖吧？"

冬冬："我看不见呀！"

把打不开瓶盖的原因，归结为灯光暗，"看不见"。

1988-6-24

上午，下午

爸爸跟冬冬解释，什么是"上午"和"下午"。

冬冬笑着说："爸爸，'上午''下午'，你分不清了吧？"

爸爸想让她弄明白，她却说爸爸分不清了。这说法，太逗！

"搀"

冬冬上楼梯，一路蹦蹦跳跳。爸爸怕她摔倒，紧随其后。

她回过头来问爸爸："你怎么老搀着我呀？"

爸爸是在保护她，却被误解为"搀"着她。

"不会"

回到家，看见妈妈正躺在床上。

冬冬："妈妈，你怎么不会接我呀？"

此处的"不会"，等于"不能"。

"已经冻好了"

冬冬拉开冰箱，取出家庭自制的冰棒，说："谁说没有冻好呀？已经冻好了！"

没有谁说，冰棒还没冻好，是她取冰棒时，自己心里想的，就用设问句说出来了。

"我舍不得说"

冬冬："老师把掉在地下的油条，让我吃。"

大姑问是怎么回事。

冬冬："掉在地下了吧，我不要，奚老师非要给我。"

大姑："后来呢？"

冬冬："最后，我舍不得说。"

"我舍不得说"，是"不好意思说"的意思。

大姑："怎么能让孩子吃脏油条？真是个小混蛋！"

冬冬："大混蛋！小孩子是小混蛋，大孩子是大混蛋。"

"不懂我的指挥"

冬冬和琳琳，总是玩不到一块儿去。

"从此以后，我再也不跟你玩了。"冬冬很气恼地说琳琳，又转头对着妈妈说，"她不听话，不听我的指挥，我不跟她玩。"

世界几大洲几大洋
（1988-06-16）

姑姑问冬冬，世界有几大洲几大洋？冬冬总答不正确，与大人连打带闹，大洲大洋的数目一问一变，倒也有趣

妈妈："琳琳还小，不大懂事。"

冬冬："她不懂我的指挥。"

评论"哭"

电视剧《警花出更》。剧中人被关在黑屋里，号啕大哭，从床上滚到地下。

冬冬："没什么好吓的。我要是关在小黑屋里，我就不'呵呵呵'，从床上滚下来。"

"呵呵呵"，是模仿剧中人的哭声。

金龟子

大姑带冬冬在一棵榆树上，捉到了好几只金龟子。薄薄的竹签，插在金龟子的背上。手执竹签，金龟子就不停地扇动翅膀，发出"哼哼嗡嗡"的声音。玩了半天，金龟子不动弹了。

冬冬："它不想飞，它想休息一下，它累了。"

妈妈："金龟子怎样才能飞起来？"

冬冬："树上有风了，它就会跑了。"

妈妈："为什么呢？"

冬冬："风把它刮飞了。"

1988-6-25

预见性

大姑带冬冬到厕所解手。

冬冬刚蹲在便池上，一伸手搂起大姑的长裙子，解释说："我把你的裙子搂起来了，要不就被我尿湿了。"

"以前……，现在……"

爸爸把冬冬放在自行车前面，妈妈坐在后面，爸爸推着自行车走。冬冬要爸爸赶快骑上。爸爸故意逗她，说两个人太重了，带不动。

冬冬说："你以前就能带两个人嘛！现在为什么就不能带两个人呢？"

"以前"与"现在"对举，说明她已经建立了"过去"与"现在"的观念。

"像……这样"

冬冬剥着蚕豆皮，让大家模仿她："把皮子剥掉，像老师这样剥掉光。"

有些常识了

晚上，父母的两个大学同学来家。聊了一个多小时，爸爸送客人下楼。

冬冬："他们两个住在一块儿吧？"

爸爸："你怎么知道？"

冬冬："他们两个一块儿走。"

1988-6-26

午餐

星期天，午饭。

爸爸："冬冬吃豆角！"

冬冬："我刚吃过。"

爸爸让她吃鸡蛋，蛋黄也要吃下去。

冬冬："我吃黄，吃了长高。"

大姑："冬冬，搞点汤好不好？"

冬冬："不搞，搞点汤，我喝不完。"

冬冬现在说话，常常会讲个理由。吃蛋黄，是因为"吃了长高"；不再要汤，是因为怕"喝不完"。

戴妈妈的墨镜

在花园照相。

冬冬从妈妈脸上摘下墨镜，自己戴上："还是我戴吧，你够漂亮的了。"

"他骗我的"

刘伟跟冬冬索要金龟子，从公用厨房一直撵到家里。

冬冬："我手里本来没有金龟子，他说我手里有，他骗我的。我伸开手一看，其实没有金龟子。"

刘伟知道冬冬手里没有金龟子，跟她闹着玩，谎称她手里有。冬冬把这种情况表述为"骗"。

"骗"的使用，过于宽泛了。

"各用各的"

爸爸买果冻，放在五屉柜的最上层。睡前，不能吃果冻，冬冬是知道的，但她极想吃。

冬冬："大姑，你给我开开上面的抽屉，我拿上面的东西。"

拐弯抹角地避开"果冻"二字，有点意思！

冬冬吃了果冻，妈妈拿毛巾给她擦嘴。她硬拽着毛巾不放，非要看清楚是谁的毛巾。

妈妈："别看了，是妈妈的毛巾。"

冬冬："各用各的耶！"

"各"在这里是人称代词，相当于"各自、各人"。

"可能性"

冬冬："大老虎晚上出来不出来呀？"

妈妈："有这种可能。"

冬冬："有这种可能性？你给我拿痰盂，有没有这种可能性呀？"

妈妈："嗯，当然有这种可能性！爸妈就你这一个孩子，什么事都愿意为你做！"

冬冬："妈妈，你们没有一个孩子，你们哭不哭呀？都哭得要死。"

"病了，也不该打人呀？！"

已是深夜，冬冬仍无睡意。

爸爸身体不舒服，想尽快休息，说："冬冬，你就这缺点。你不睡，爸爸妈妈也睡不成。"

冬冬："自己管自己。"

她折腾个没完没了。爸爸有点不耐烦，扬起巴掌吓唬她。

妈妈赶快调解，说："冬冬，别闹了，你看爸爸病了！"

冬冬："病了，也不该打人呀？！"

1988-6-27

"要是……的话"

爸爸的病一直不见好。

冬冬说："要是爸爸真是病得很的话，我们三个人带爸爸上医院，抽血，抽脖子上血化验。"

"把小朋友的饭，都吃到肚子里"

大姑嘱咐冬冬，到幼儿园要好好吃饭。如果没吃饱，还可以向老师要。

冬冬："把小朋友的饭，都吃到肚子里？老师怪吗？"

"你这当大姑的，真不像样子"

大姑用脚轻轻踢冬冬，一下接一下。

妈妈："你这当大姑的，亲也不是这个亲法！"

冬冬："我要是当大姑，就不这样！你这当大姑的，真不像样子。"

1988-6-28

半个月，是三天

冬冬懒洋洋地玩着小摩托车，叹口气说："好没意思呀！"

大姑："再停半个月，小奇叔叔来武汉，带你出去玩，就有意思了！"

冬冬："半个月？三天，是吧？"

看电视，不让人说话

电视播放健美操比赛。大人们边看边评价。

冬冬："看这的时候不要说话。一说话，就学不会了；一说话，就听不清说的什么了。"

1988-6-29

不让老师脱衣服

爸爸接冬冬。肖老师、奚老师再次向爸爸告状，说冬冬太任性，不让老师给她脱衣服。路上，爸爸问冬冬脱衣服的事。

冬冬："我要皮脸。奚老师把我弄到外面，说叫我'哭够'。"

儿歌《春天在哪里》
（1988-06-16）

肖老师说'活该'。"

爸爸："为了什么事，老师这么狠？"

冬冬："我不热，非要给我脱衣服。"

从她学老师说的"哭够""活该"，可以想见老师一定很生气，她一定也哭得非常厉害。

回到家，妈妈开导说，老师脱衣服，是为你好。老师要脱，你就让脱掉好了。

冬冬仍坚持说："我不热，我真的不热。肖老师说，'明天你别上幼儿园了'。"

"病好了，就不好玩了"

父女俩已经到了西一村楼下，仍未发现妈妈的身影。

冬冬："妈妈怎么不来接我们两个呀？"

爸爸："妈妈走得慢啊！"

冬冬："她这样走，怪好玩的。病好了，就不好玩了。"

1988-6-30

日月星辰，为何都跟我走

夜晚，爸爸带冬冬去学校招待所，看望一位学术朋友。自行车前面的单杠上，没放平时坐的小椅子，冬冬坐着不舒服。

冬冬："把我的屁股都坐麻了。"

爸爸停下车子，让冬冬下来活动活动。

冬冬："我走太阳走，我走月亮走，我走星星也走，那怎么回事呀？"

爸爸："你站着不动，看看月亮和星星还走吗？"

冬冬站着，看看夜空，又看看地下，迷茫地摇摇头。

爸爸讲了一通天文知识，问冬冬听懂没有？

冬冬又摇摇头。

自然界、人类社会、心理、语言，是人类的四大认知领域。冬冬这一阶段，对自然界的现象很关心，比如身影在不同光线下的长短变化，声音是如何传递的，金龟子怎么飞起来，日月星辰为何跟着人走，等等。早期的儿童，把自然界与人类社会同等看待，"万物有灵"；随着儿童对自然界现象的关注和观察，逐渐建立人类社会与自然界的分野，促进认知进入新的发展阶段。

自豪

冬冬双手攀着爸爸的脖子，像一只小猴子，从床上荡到沙发上。

冬冬："妈妈，我还可以吧？"

1988-7-1

字音关联

冬冬幼儿园班上，有位小朋友叫梁小静。

冬冬："梁小静，就是《严凤英》里'小梁先生'的'梁'嘛！"

吃凉东西，就生病

冬冬吃了两个西红柿，还要吃。妈妈不同意，说吃凉东西，容易生病。

她看妈妈态度坚决，就跑去书房找爸爸，又回来对妈妈说："我的伯伯，我的爸爸，都说停三分钟，连大姑也同意了，你还不同意呀？真是的！"

"伯伯"是正在与爸爸谈话的学术朋友。

妈妈："谁同意都没用。至少停一个小时，你才能再吃。"

刘伟从门前走过，朝屋里探头看看。

冬冬："伟伟哥哥，今天我又生病了，你知道我为什么生病吗？就是吃凉东西吃的了！"

还没生病呢，就把可能变成了现实。但不能以此判定，儿童是在说谎。

向邢爷爷展示自我

今天，爸爸把自己的导师邢爷爷接到家里。两人在书房里谈学术。

"真的！"冬冬听说邢爷爷来了，非常高兴，跑进书房，高声问好，"爷爷好！"

邢爷爷慈祥地拉拉冬冬的小手。

冬冬转身，兴奋地跑进卧室，对妈妈说："把地球仪拿来，叫邢爷爷看看，哪儿是他去的美国？"

邢爷爷去美国开会，冬冬和爸爸曾去火车站送行。邢爷爷在地球仪上，指出美国的位置，又指出上次去德国开会的位置。

冬冬又跑回卧室，问："妈妈，我做的小姑娘呢？"

前天，她把乒乓球当身子，用鸭蛋壳当头，手工做了一个小女孩儿。

冬冬把小姑娘拿给邢爷爷看，爷爷夸奖说，小姑娘做得很形象。

爸爸拿出记录冬冬的儿歌和"自由诗"，让邢爷爷看。

邢爷爷称赞说："意境不错，还押韵呢！"

邢爷爷很开心，即兴为冬冬画肖像画。寥寥几笔，一个生动逼真的小冬冬跃然纸上。

1988-7-2

用樟脑球圈蚂蚁

妈妈："明天咱们去东湖。带些樟脑球，圈蚂蚁！"

冬冬："那里的蚂蚁最多，那里的蚂蚁很多。是小蚂蚁吧？这么一点点的小蚂蚁？"

妈妈说，东湖有大蚂蚁，也有小蚂蚁。

樟脑球味道很冲，可以熏晕蚂蚁。但冬冬用樟脑球圈蚂蚁，蚂蚁照样能从圈子里跑出来。因此她认为，如果有小小的蚂蚁，用樟脑球画圈，也许就跑不出去了。

"去年"

冬冬："妈妈，你去年怎么不会游泳呀？"

妈妈："不只是去年，就是今年，妈妈也不会游泳呀！"

冬冬第一次用"去年"这个词。冬冬的时间概念认知，是由"天"向"星期、月、年"大的方向拓展，同时也向"上午、下午，小时、分钟"小的方向拓展。"天"是"自然认知点"，然后不断向宏观和微观两个维度拓展。在其他领域的认知上，也遵循由"自然认知点"向宏观、微观拓展的路向。

1988-7-3

"虽然、当然"

早上，邻居们议论，昨晚赵家夫妇打了一大架，打得头破血流。

冬冬插话说："我没看见，虽然我知道。"

大姑："你没看见，怎么会知道？"

冬冬："我当然知道了，要不早就告诉你们了。"

"虽然"是一个表示让步转折的连词，掌握它，表达就会更精密。

1988-7-4

模拟大人语气

冬冬戴上爸爸的太阳镜，小小的脸蛋遮去了三分之二。她不敢出门，说："人们会笑我的！"

妈妈："笑什么呀？"

冬冬模仿大人语气，惟妙惟肖地说："'这个小家伙，这个这么小小的小家伙，戴这么大个眼镜，笑死人了！'"

这种模仿，是想象模仿，是经验的运用，更准确地讲，应当叫"模拟"。在模拟中，极力突出"小家伙"，与"大眼镜"形成强烈对比，显示了说话的技巧。

同义复用

冬冬说刘伟："刘伟哥哥怪厉害的，他好厉害呀，他可厉害了！"

"怪厉害、好厉害、可厉害"，是同义表达。这一阶段，冬冬喜欢"同义复用"，仿佛是在展示自己的"语言技能库"似的。

长生不老

冬冬纵身一跳，跳在了妈妈肚子上。

妈妈："哎哟哟，一只大青蛙跳在我身上，老师说——"

冬冬："不杀它，一口吞下去，可以长生不老。那她就长生了。"

妈妈本来用"老师说"，想引出保护益虫之类的话题，冬冬竟然拟想了个妖精吃唐僧肉的"青蛙版"。

1988-7-5

"因为……"

又是一个星期天，冬冬一早就起来了。

她说："太阳公公是懒蛋，因为它起得晚。太阳什么时候出来呀？仙女什么时候能看到呀？"

"看"与"不看"

在去公园的路上。

冬冬把自己的项链戴在妈妈的脖子上，以为会引起很多人关注，结果行人还是各走各的，她不解地问："怎么他们不看你呀？"

冬冬走到太阳下面，问："我走，怎么太阳也走呀？"

妈妈拿照相机拍照，吸引了很多人的目光。

冬冬问："那么多人，怎么都看你呀？"

与小朋友的对话

冬冬跟一群小朋友在走廊里做游戏。

张起突然对冬冬说："我不跟你玩了！"

冬冬："为什么不跟我玩？"

张起："你不跟我玩嘛！"

冬冬："我跟你玩了呀！"

去东湖游泳

去东湖游泳的路上，冬冬看见什么，就问什么，就谈论什么。

路过一排楼房。

冬冬："这是什么地方呀？里面有人没有？他们干什么的呀？"

东湖，湖水荡漾。

冬冬："波浪，好多好多的波浪。"

湖面停泊的小船。

冬冬："小船，小破船！里面怎么没有人呀？它在这干什么呀？"

1988-7-6

西瓜，让妈妈吃"白的"

妈妈："冬冬，过来，妈妈吃点西瓜。"

她把西瓜递给妈妈，指着西瓜皮的地方，说："你吃白的？"

妈妈："你要妈妈吃白的？是白的地方好吃，还是红的好吃？"

冬冬："红的好吃，红的甜。"

"这不是……"

爸爸高声问，他今天要换洗的衣服在什么地方？冬冬指着搭在椅子上的裤子，说："这不是你的裤子吗？"

"表示表示"的误用

冬冬在地上捏起一根长头发，问道："这么长的头发，是谁的呀？"

大姑："你的吧？"

冬冬："你的长，我的很短。这有多长呀，你表示表示。"

"表示表示"的意思，是"比划比划"。

有字纸，不能用

大姑的大学同学周阿姨来家。

冬冬忙跑到书房要纸笔，说："我想写字，给周世宇她们看。"

爸爸拿了一张有字的纸给她，问："能不能用这张纸？"

冬冬："不能。"

爸爸："为什么？"

冬冬："因为它上面有字。"

从小大人就告诉她，"白纸可以用，有字的不能用"，怕她乱用爸爸写有东西的纸。长此以往，冬冬养成了不用写过字的纸的好习惯。

轻与重

电扇把塑料袋吹离地面，在半空中旋转。

妈妈："塑料袋怎么吹上去了？"

冬冬："因为它很轻。"

妈妈："你的冰棒，能被风吹走吗？"

冬冬："吹不走，它很重。"

1988-7-7

"连……也……"

天热，许多成年女性都剪短发。

冬冬："我看是夏天都剪头发了，连娟娟妈妈，也剪头发了。"

会扣扣子

爸爸："冬冬，你会不会扣扣子呀？"

冬冬："会的，怎么不会呀？！"

1988-7-8

"不搭理"

冬冬从幼儿园回来，路经一门栋，一群小朋友正在做游戏。她们看见冬冬，停下了正做的游戏，看着她。

冬冬："怎么洪阿他们不搭理我呀？"

"不搭理"，是"不搭讪""不打招呼"的意思。

"什么叫'没空儿'"

她要爸爸跟她一起写字。

爸爸："走，走，我这会儿没空儿！"

冬冬："什么叫'没空儿'呀？"

爸爸笑了："'没空儿'，就是'忙'，'没时间'。"

"怎么老跟着姐姐"

姐姐的同事小郑，与姐姐关系融洽，两个人经常在一起。

冬冬："小郑哥哥怎么老跟着姐姐呀？"

酸奶的颜色

冬冬："这酸奶不是白色的，是什么颜色的？"

1988-7-9

童言无忌

小郑来家。

妈妈："冬冬，你看谁来了？"

冬冬："我怎么不知道，那是小郑哥哥呢！"

大家笑起来。

冬冬："小郑哥哥，你为什么老跟着姐姐呢？"

她还不懂男女之事。

"伤心、担心、放心"

大姑把同学的一条项链电子表，带回来，戴到冬冬脖子上。冬冬从脖子上摘下来，想当玩具玩。妈妈不同意。

冬冬："妈妈，你不要伤心，我不会弄断的。"

妈妈："不是伤心，是担心。"

冬冬："为什么担心我呀？"

妈妈做了解释。

冬冬："妈妈，你放心吧，我不会弄断的。"

1988-7-10

"结果"

学校放暑假。晚上七点半，全家人回河南老家。

坐上火车，冬冬看见许多人还在站台上，说："许多人想上车，结果没上来。"

"结果"在这里是个连词，表示产生的某种结局。冬冬还是第一次使用。

1988-7-11

"本来"

回到张庄爷爷家。一群打着赤脚的小朋友，来找冬冬。

冬冬："你们怎么又没有穿鞋子呀？你们本来是有鞋子的呀！"

夏天，赤脚，是当地的习惯。冬冬见赤脚的小孩儿，就提醒他们穿鞋子。这一提醒，还果然有效，之后来找冬冬玩的孩子，都是穿着鞋子来的。

爷爷家养了只小猫。

爸爸教冬冬英语："cat。"

冬冬说："本来，我是会这个英语的。"

"听说"

冬冬瞟了爸爸一眼，像个小大人似的，说："我听说，你又吸烟了？"

爸爸："听说？听谁说的？"

冬冬："听妈妈。"

"听说"是表示信息来源的一种表达。会用它，就显得"言之有据"。

给爷爷吃花生米

冬冬往爷爷嘴里，送一颗花生米。

爷爷推辞说："我经常吃。"

冬冬："你经常吃，我也给你。"

冬冬用转折复句，表达不让爷爷推辞之意。

1988-7-12

不懂的方言词

玉香问冬冬："在家[kʰai]气不[kʰai]气？"

"[kʰai]"，去声。"[kʰai]气"，是老家近十几年兴起来的方言词，意味"舒服、舒坦"。

冬冬听不懂，问："什么叫'[kʰai]气'呀？"

长短句《闷热的乡村夜晚》

阴沉沉的夏夜，闷热得令人透不过气。奶奶带着冬冬、大姑、小姑，招呼左邻右舍，去村头的小河里去洗澡。手电筒一亮一暗，在乡间小路上晃悠闪烁。

冬冬"诗兴大发"，顺口而出：

"天上，

没有星星和月亮。

二十点钟了，

该睡觉了。

人们拿着手电筒乱跑，

上小河里去洗澡。"

1988-7-13

小老师

到了午觉时间。

冬冬模仿幼儿园老师的样子，说："小朋友们，现在上个小课子。把你们在家里做的小事情告诉老师。王同学、李同学，给我讲出来，唱出来，说出来，背出来，写出来。"

要大家"讲、唱、说、背、写"，逗乐了大家。充当学生的大姑、小姑和奶奶，都忍不住笑起来。

冬冬："现在老师要上课了，不要吵吵嚷嚷的。"

她从席上跳到地上，一不小心踩着了鸡屎，大哭起来。

奶奶说："老师，你别哭啊！"

冬冬早已忘记了老师身份，一边甩着脚，一边大哭不止。

监督爸爸抽烟

回到老家，乡亲们相互敬烟，爸爸戒烟前功尽弃，又开始抽起来。

爸爸刚点燃一支烟，冬冬就去抢。

爸爸伸高胳膊左躲右避，说："最后一支烟，不抽了。"

冬冬说："他在娟娟家，还抽了呢！"

"就是你们两个"

小姨一家来张庄看冬冬和妈妈。冬冬说了句什么话，大家都没听明白。

冬冬指着姨父和爸爸，说："姨父和爸爸，是个大笨蛋，听不懂我的话。"

姨父："你说谁听不懂你说的话呀？"

冬冬："就是你们两个，听不懂我的话！"

1988-7-14

警告鸡们

大雨过后，地上出现许多小洞洞。扒开小洞，掏出知了幼虫。炸黄了的知了幼虫，不仅味道鲜美，据说还有治疗伤食的作用。

奶奶说，家里养的小鸡，也很喜欢吃知了。

冬冬指着小鸡，说："谁吃我的知了，我就吃谁的鸡大腿。"

"一共"

早上，妈妈刚起床，走到院子里。

冬冬跑过来，很生气地说："妈妈，你们没起床，爸爸就吸了一支烟了。今天一共吸了两支烟。"

"一共"是个副词，也是算术用语，表示合在一起。

小时候的朋友

上午，爸爸去了高邑街。

冬冬："爸爸呢？"

大姑："去看他小时候的朋友去了。"

冬冬："好久没见过面了吧？"

大姑："是的。"

冬冬："萧伯伯不是爸爸好朋友吗？"

冬冬知道"小时候的朋友"，是"好久没有见过面"的朋友。

1988-7-15

拍全家福

全家人在院子里照合影。

　　冬冬指挥着大家排队："大人站在后面，小孩站在前面。大人个子高，小孩个子低。"

睡午觉

　　暑天极热，在东屋的地上铺上凉席，大家准备睡午觉。

　　冬冬不愿睡里边，说："我不睡里边，没有风，都被你们挡住了。"

伸出三个手指："一、百、下"

（3 岁 7 个月　1988-7-16—1988-8-15）

幼儿园的孩子（1987 年 10 月）

1988-7-16

皮肤过敏

冬冬刚出生四个月，第一次回张庄时皮肤就过敏，全身长满透明的水痘痘，奇痒无比。此后每次回来，都会出现皮肤过敏现象。这次，皮肤又过敏了。

大姑去高邑卫生院，取了些治疗过敏的药。

冬冬不愿意吃，故作沉思状，说："我想，我还是不喝药了吧！"

"好贵哟"

大姑记得冬冬喜欢项链电子表。上街时，就买了一个，挂在冬冬的脖子上。

冬冬高兴地玩弄着。

奶奶问冬冬："你知道不知道，这表多少钱？"

冬冬："我大姑买的，你问她吧！"

大姑打趣说："把你卖了也不够！"

冬冬正玩得起劲，头也不抬，说："好贵哟！"

她还不真正理解"把你卖了"的意思，要不然，绝对不会这么平静。

"感觉"

一位小朋友的脖子上，挂了一串杂色珠子。

冬冬："妈妈，我喜欢那五颜六色的项链，你也给我买个吧！"

妈妈："那不好看。"

冬冬："我想好看！"

妈妈："我觉得，它的颜色太杂了，不好看，同颜色的才好看。"

冬冬："爸爸也是这样感觉的？"

1988-7-17

星星拉着大树

闷热闷热的夏夜，繁星闪烁。

在院子里的大树下，铺一张大床，爸爸、妈妈和冬冬躺下乘凉。爸爸指着天上的牛郎织女星，绘声绘色地讲述民间的传说——牛郎织女的故事。

在爸爸话语停顿的瞬间，冬冬突然说："星星拉着大树。"

七个字，缩短了无限的时空距离。

"我相信……"

冬冬在勺子里，盛满了豆角和青菜，用极温柔的语气，喂妈妈吃饭："我相信，妈妈会一口喝下去的。"

简直就是一个小大人！

安慰妈妈

天热，席子直接铺在地上乘凉。妈妈刚躺了一会儿，脖子就开始僵直，全身骨头酸疼。

冬冬："脖子疼？明天早上，让大姑给你抹点药膏就好了。"

妈妈："好疼啊！"

冬冬："别吭！大灰狼听见会来咬你的，蜜蜂听见会来蜇你的。脖子疼，不要紧的。"

浇地

宋家场水库的南干渠，水清见底。支渠、斗渠、毛渠织成水网，铺盖着张庄的四野。在水渠中戏水，是冬冬的最爱。

冬冬和小朋友们，用水渠里的水浇地。

　　她拿小桶，从水渠中舀水。把桶浮在水面，再使劲拉向自己，水慢慢地灌进桶里。掂着半桶水，去浇水渠旁边的庄稼苗。

　　吃晚饭时，她对爸爸说："吃了饭，一家人都去 [kʰan] 水。"

　　所谓"[kʰan] 水"，是指水桶口下斜，往桶里灌水。

1988-7-18

"我是叫'白雪'吧？"

　　这次全家从武汉回来，径直奔了张庄，没有在马谷田停留。妈妈跟冬冬商量，什么时候回去看姥姥。

　　大姑跟冬冬开玩笑地说，马谷田的人，都是姓白的，姓李的不能去。

　　冬冬问妈妈："妈妈，我是叫'白雪'吧？"

　　"白雪"，是冬冬一个没有叫起来的乳名。她认为，若叫"白雪"，就可以去马谷田了。

人会放屁，雕塑不会

　　冬冬洗澡，水中有个很大的动静。

　　大姑故作惊奇，问："怎么有响声？哪里响的呀？"

　　冬冬："屁股。"

　　大姑："屁股怎么会响？"

　　冬冬："人嘛！不会响就不是人了！雕塑就不会响。"

　　大姑："雕塑？你在哪儿见过？"

　　冬冬："晏老师教气功的路上的雕塑。"

　　冬冬说的晏老师，是一位在武汉工学院教气功的老师。

"月亮挂天上"

晚饭时，群星灿烂，月牙悬空。

冬冬："我喝汤，月亮挂天上，我们两个不一样。"

1988-7-19

所谓的"受欺负"

冬冬还在吃早饭，门槛上就坐了一大群小朋友，等她一起出去玩。

但刚出去不大会儿，她就气呼呼地跑回来，说："他们都欺负我。什么大哥哥呀，什么大姐姐呀！什么这么长的大哥哥，这么长的大姐姐。玉香大姑说，'你给我唱支歌，不唱我就不跟你玩'。"

当说"什么这么长的大哥哥"时，双臂伸开比长度；当说"这么长的大姐姐"时，比得稍短些。

她很喜欢和孩子们在一起。孩子们常想让她唱歌、跳舞。如果她不同意，孩子们就以不跟她玩来要挟她。这让她很不开心。

看杀鸡

奶奶杀鸡，给冬冬改善生活。

农村杀鸡，不一刀杀死。先照脖子上割一刀，使劲扔出去，让鸡子在地上扑腾一会儿，再死掉。这样，鸡肉的味道才鲜美。

冬冬看鸡子在地上扑扑棱棱地挣扎，感叹道："鸡子好可怜呀！"

奶奶："可怜？你别吃肉，就不杀它了。"

冬冬不接话茬儿，却递给奶奶一顶帽子戴，说："给你帽子。"

1988-7-20

"其实"

村上，一个精神失常的女人，一边走一边哭叫。

冬冬："她装着哭的样子，其实没有哭。"

井中捞桶

农村人吃水，还是用井水。井水离地面有一丈多深，用勾担[1]或专门的井绳取水。大姑去井上打水，取水时把桶掉进了深井里，这是常有的事。家人借钉耙，找绳子，准备捞桶。

冬冬跑前跑后，兴奋不已，说："我想了个办法，绳子上绑个钩子，一钩上来了。"

过一会儿，冬冬又说："我又想了一个办法，用一个棍子绑个绳子，绳子上弄一个钩子。"

冬冬的办法真多，也都靠谱。

1988-7-21

"老妖精"，引发的激动

久未下雨，天气干旱，各种关于妖精的迷信传说，一个接一个。

上午，冬冬激动得小脸绯红，从外面跑进来，边跑边叫："妈妈，妈妈，有个老妖精，獠牙，一身白毛。好多好多的人去看，有大人，有小孩，有女人，有男人。"

传说在张庄南面的小山坡上，有人发现了"旱古装"。村民们真的成群结队，

---

[1] 勾担：挑水等的工具。一根扁担，两边缀着结实的绳子，绳子的一头跟扁担链接，一头挂上铁钩，用铁钩钩上桶襻。

跑去看究竟。小姑也带冬冬跟随人流看热闹去了。

冬冬对妈妈叙述道："许多人去看，有骑车的，有带小孩的，有走路去的。真的，在马谷田的。"

冬冬具有了场景叙述能力。

让大人轮次背诗

大姑给冬冬梳辫子。

冬冬笑着说："我以为是姐姐呢，我还以为是爸爸呢！"

扎好辫子，她站起身，开始扮演老师的角色，说："今天，老师给你们讲一个课，语言课。先背一首诗。"

她依次地指着小姑、大姑和妈妈，说："你先背，你先背，你先背；你先背，你后背，你后背；你第一背，你第二背，你第三背，你第四背。"

讲故事

冬冬讲故事，用"恰巧、正好、只得"等词汇。故事情节，趋于完整。

奶奶夸奖她会讲故事。

冬冬："原来我在武汉是瞎编的，现在讲得不错。"

用"原来"与"现在"对举，表示过去和现在的时间概念。

1988-7-22

听不懂姥姥的话

今天，从奶奶家来到马谷田的姥姥家。姥姥一人独住，年纪大了，说话有些啰唆。见了女儿，把许久积郁的烦心事，一股脑儿地倾诉出来……

冬冬不习惯没有小孩子跟她玩，更不习惯姥姥的表达方式。她对妈妈说："茵茵表姐烦她的姥姥，我烦我的姥姥。她说什么呀，我听不懂。"

她还不知道，她和茵茵是一个姥姥。

1988-7-23

亲情

小姨和茵茵，最近也要回姥姥家。冬冬很期待，盼望快点见到茵茵。她跟着表姐们，多次跑到汽车站去迎接。

姥姥很亲这个外孙女，买了很多好吃的东西。冬冬渐渐可以跟姥姥拉家常，有时还让姥姥抱一会儿。

冬冬对妈妈说："姥姥给我们吃桃子。等我们回来了，给她买冰糖。"

1988-7-24

白冰糖

上午，小姨一家来到姥姥家。

冬冬很兴奋。两个孩子四目相对，眼睛都舍不得离开对方。下午，小姨一家和妈妈、冬冬一起去县城。离开姥姥家时，姥姥分给两个孩子每人一小瓶白冰糖。

小火车，刚靠在马谷田的站台，人们就蜂拥而上。

冬冬对小姨说："小姨，我累了，你抱着我。"

刚上小火车，茵茵的冰糖瓶子掉地上，碎了。小姨把还能捡得起来的冰糖，放在冬冬的冰糖瓶里，随手递给了站在一旁的茵茵。

冬冬说："她拿住了，我就没有了。"

小姨问："姐姐拿着，怎么了？"

冬冬说："这是我的。茵茵表姐的，打碎了。"

茵茵把瓶子还给了冬冬。

冬冬每次倒出两个冰糖块儿，塞自己嘴里一个，跟茵茵分一个。分了三四次后，干脆一仰脖子，把瓶子里的冰糖，全倒进自己口中。

1988-7-25

自己要帮厨

在泌阳一中的小姨家。

早上起床后，冬冬对小姨说："小姨，你做饭，我端菜，我拿碗，好不好？"

方言"俺"

冬冬发问："妈妈，为什么泌阳人都说'俺'呀？"

她猎奇，此后每说一句话，都带一个"俺"字。

妈妈和人交谈。

冬冬打断妈妈的话，说："妈妈，你怎么也说'俺'呀？"

妈妈："我没有用'俺'。"

冬冬："用了，我听见的。"

身处异地，冬冬有语言敏感。

1988-7-26

食物"消化"之后

冬冬独自一人从公共厕所出来。小姨问她，去厕所干什么了。

她指着肚子，说："小姨，我从这儿，一下子屙下来了。"

小姨打趣地："你的肚肚里，都是臭屄屄？"

冬冬："不是的，是饭。饭慢慢地、慢慢地消化了，变成了屎。姐姐肚子疼，就这样'嗒嗒嗒'地拉下来了。"

耍调皮

冬冬："关着门干什么呀？"

妈妈："妈妈换衣服。"

冬冬："让不让我看呀？"

妈妈："女的可以，男的不许。"

冬冬："像姨父行不行？"

妈妈："不行。"

冬冬笑着，跑到隔壁的房间，喊叫正看电视的姨父："姨父，我妈换衣服的时候，你可以进去看。"

来回跑了三次，喊了三次。

1988-7-27

"太阳是蓝色的"

中午，冬冬拉着妈妈出外看太阳，说："妈妈，太阳是蓝色的，太阳的光芒也是蓝色的，那怎么回事呀？"

光线很强，的确是耀眼的蓝色。

姑娘与风王

妈妈给茵茵和冬冬讲《小锡兵》的故事。说到跳舞姑娘失踪了，让她俩动脑子，猜想跳舞姑娘到什么地方去了，发生了什么事情？

冬冬："跳舞的小姑娘，被大风王刮进了大厅里。"

妈妈："那可怎么办？想想办法，救她出来吧！"

冬冬："我拿个大刀，背起姑娘就跑。"

茵茵："等风王睡着了，我去把姑娘救出来。"

冬冬："不行，一响，风王就醒了。"

之后，茵茵和冬冬分别扮演跳舞姑娘和风王，还有救人的勇士等角色，玩得兴致盎然。

妈妈的连衣裙

妈妈穿了件黑色的连衣裙。很多女老师都说好看，隔壁的小静也来试穿。妈妈对小静说："如果你喜欢，明天就穿它上班吧！"

冬冬："妈妈穿这个最好看了。开始的时候，你穿着长，现在不长了。"

她说这话的意思，是生怕别人穿走妈妈的衣服。

1988-7-28

生病

昨夜，冬冬高烧，又呕吐又拉肚子。

由于生病，表现出很听话的一面。不让吃油条和花生米，就一点也不尝。

"诡道"

茵茵披着纱巾跳舞。

冬冬："你看茵茵，诡道哩！"

"诡道"，河南方言，意思为"张扬""不稳重"。

火车票的功用

冬冬捡起一张火车票，翻来覆去地看，自言自语："票？票是怎么的呀？票是上火车、下火车的吧？"

用朴素的语言，还真说出了火车票的功用。

1988-7-29

蚊子与蝇子

一只蝇子，飞落在冬冬的馍馍上。

冬冬："为什么蚊子老是趴我的馍馍呀？"

小姨："不是蚊子，是蝇子。"

冬冬："是蚊子大，还是蝇子大呀？"

夜问小姨

深夜，冬冬烧得更加厉害。小姨抱她出外吹风，物理降温。

冬冬望着满天繁星，问："星星是怎么出来的？"

小姨说，一个接一个出来的。

寂静的黑夜，小虫的鸣叫声格外响亮。

冬冬又问："这是什么叫声？"

小姨："蟋蟀。"

"蟋蟀？它没有牙齿吧？"冬冬又问，"青蛙是夜间出来吧？"

小姨："说得对，是夜里才出来的。"

冬冬："那怎么回事？"

1988-7-30

讨厌说她"事稠"

今天，姥姥也来到县城。

姥姥如数家珍，说起了冬冬和茵茵的个性差异。姥姥说冬冬"事稠"，也就是心眼儿多。

冬冬用不满的眼神看着姥姥，说："讨厌。"

妈妈："你说什么？你说谁讨厌？"

冬冬："姥姥讨厌。"

妈妈："不能这样说姥姥。"

冬冬："妈妈讨厌。"

妈妈："说妈妈讨厌？可以。既然妈妈讨厌，今后妈妈不理你了。"

冬冬："是。不是。是不认识的人讨厌。什么长头发，什么短头发，什么不认识的人。"

1988-7-31

"不想回武汉"

冬冬从外面跑回来，满脸是汗，激动地对妈妈说："泌阳人说的，'妈妈是河南人，我是武汉人，爸爸也是武汉人，不让我在河南，叫我回武汉'。我不想回武汉。"

冬冬把说这话的人，称为"泌阳人"；对"泌阳人"的"哪里的人就应当在哪里"的说法，极不满意。

1988-8-1

"真"与"假"

冬冬叫着肚子疼，说要'拉稀屉屉'，结果只拉出一点儿点儿。

大家都说她骗人。

冬冬："妈妈，肚子疼是真的，拉稀是假的。"

驻留泌阳的理由

妈妈想回武汉了。

冬冬："妈妈，还是在小姨家多住几天吧！"

妈妈："为什么要多住几天？"

冬冬："因为我想在这住，你也想在这住。"

"阵雨，就是一阵一阵的"

近几日，一直是雷阵雨天气。所以，冬冬对"阵雨"这个词，很是敏感。

泌阳一中的校园后面，有一大堆沙子，冬冬和茵茵在沙堆上玩得异常高兴。

"满天走石，下阵雨了！"冬冬往高处抛沙，说，"阵雨，就是一阵一阵的。"

"满天走石"，有古典小说的风格；对"阵雨"的描述还较贴切。

1988-8-2

猎奇心理

茵茵告诉冬冬，女厕所隔壁就是男厕所。冬冬很好奇，一直想进去看个究竟。

今天，冬冬很神秘地对妈妈说："那边是男厕所，有正方形，一点也不臭。"

妈妈："你怎么知道的？"

冬冬："我去看的。你不信，我带你去看看！"

"二分之一"

冬冬和茵茵一替一次地戴项链表。

"好，该你二分之一了。"冬冬摘下项链表，戴在了茵茵的脖子上。停了一会儿，又要过来，说，"我要二分之一了。"

第一次记录到冬冬使用分数。用"二分之一"表示"轮替"戴项链表，还有点意思；但是词性不正确，"二分之一"不能作动词用。

解词：卫生纸

冬冬："卫生纸，就是卫生的纸，不生病的。那怎么回事呀？"

这种拆分释义的办法，不是处处都好用的。

长短句《县城的傍晚》

小姨家的对面，就是教室。狭长的院子里，自然风根本吹不进来。大多数人家，只靠开风扇消除暑气。黄昏时分，家家亮起灯光，打开电扇。

冬冬说："妈妈，我给你作首诗吧！"

"太阳公公还没有睡觉，

把房子晒得很热很热。

人们，

都跑进屋子里，

打开电扇乘凉。"

冬冬的这首"长短句"，是一气呵成的。

1988-8-3

我从何来？

冬冬："妈妈，爸爸妈妈刚出生的时候，我就在泌阳，对吧？"

妈妈："不对。"

冬冬："那我就在妈妈心里，是吧？"

这似乎是一个可以接受的说法。

妈妈："太对了。"

冬冬："那怎么回事呀？怎么没在大姑的心里呀！"

妈妈无言以对。

儿童都会提出"我从哪里来"的问题。不过冬冬的这次提问，是爸爸妈妈出生时，她在何处？

吃大了肚子

冬冬吃西瓜。

她拍着肚子，说："够大的了，不能再吃了，再吃再大！"

玩模型

冬冬玩模型，捏出一个小钉子，问："这个小的放哪儿呀？可能是放这吧？"

"新闻联播"

冬冬翻书本，看到一幅中国地图，说："新闻联播。"

电视播放新闻联播节目时，有中国地图的图案。

1988-8-4

与茵茵堆沙子

茵茵和冬冬，用竹篮盛满沙子抬到房间里，准备各自垒一列"大火车"。茵茵先是用完了冬冬的沙子，却护着自己的沙子，不让冬冬用。

冬冬："你真是个大坏蛋！"

茵茵："你说我大坏蛋，我不给你沙子！"

冬冬："好，好，我是个坏蛋！"

1988-8-5

想爷爷奶奶了

大姑来县城。

"大姑,你把我带回家,好不好?"冬冬非要回乡下不可,因为想爷爷奶奶了。

妈妈:"如果我想你了,怎么办?"

冬冬:"让姨父把你送去。"

1988-8-6

去奶奶家临行之前

冬冬与大姑一起从泌阳县城回张庄。

早上,大姑叫冬冬起床:"冬冬,快起床,车要走了。"

冬冬很机灵地醒来,说:"就是不让大姑走嘛!"

看大家都笑了,冬冬忙改口说:"就是让大姑地下走嘛!"

她趴在妈妈耳旁,说悄悄话:"我只住一天,到了晚上,他们睡着了,我偷偷地回来。妈妈,你可别伤心啊!"

1988-8-7

老师姓什么

回到张庄,跟很多小朋友一起玩。

玉香:"冬冬,你们的老师姓什么?"

冬冬:"一个姓李的,一个姓肖的,一个姓奚的。"

从前说到老师,会在姓的后面带上"老师"。直接用姓氏介绍老师,这还是第一次。

跳舞,忘记了时间

冬冬:"昨天晚上,我们只顾跳舞的,忘记是什么时间了!"

大姑:"是啊。"

冬冬："那怎么回事呀？"

1988-8-8

太阳的床，什么样子？

昨晚约定，全家人一起床，不吃早饭，就去玉米地里掰玉米棒。

早上，冬冬醒来，问："大姑，咱上地里摘棒子去吧？太阳睡觉不，大姑？"

大姑："睡觉。"

冬冬："那怎么回事呀？"

大姑："它瞌睡了呗！"

冬冬："它的床是什么样的呀？"

大姑："像天一个样儿。"

"像健美裤"

冬冬把大姑的长袜子，套到自己腿上，说："我穿这，像健美裤，好玩儿。"

吃"甜秆儿"

河南老家，把比较甜的玉米秆叫"甜秆儿"。孩子们都喜欢像吃甘蔗一样吃甜秆儿。冬冬正啃着甜秆儿，玉香和小花来叫冬冬一起出去玩。

冬冬："你想玩，你一个人去吧！"

玉香："你别走了，在武汉，吃不成甜秆儿！"

冬冬想了一会儿，说："在武汉，我老不好吃。"

意思是，我就不喜欢吃。

"各种各样的乌云"

冬冬抬头看天空，问大姑："怎么有各种各样的乌云呀？"

1988-8-9

夏雨

早上，大雨倾盆。

多年来，爷爷在院子里养几箱蜂，算是农家副业。晴天时，蜜蜂在院子里飞来飞去，熙熙攘攘，采花酿蜜。下雨了，蜜蜂都躲进了蜂箱里。

冬冬看不见蜜蜂，担心地问："这下得够大的了，蜜蜂嘞？"

夏天的雨，说来就来，说走就走。大雨骤停，凉风习习。

一只老母鸡带着一只小鸡，在院子里漫步，转动着小脑袋悠闲觅食。

冬冬："这怎么回事呀，其他的小鸡呢？"

院子里的小木盆，接满了雨水。一只小青蛙，跳进木盆里游泳。

冬冬用小棍子捣捣木盆，说："我看着它的眼睛，像个癞蛤蟆。"

站立的猫

《看图说话》，有一只站立的猫。

冬冬："它怎么站着呀？"

在现实生活中，她见到的猫，大多是跑着、躺着或卧着的。

用蜡笔涂颜色

冬冬和小姑一起用蜡笔涂色。

大姑："冬冬，应该把小朋友的脸儿，涂成什么颜色？"

冬冬："红的。"

大姑："头发呢？"

冬冬："涂成黑的。"

大姑："嘴唇呢？"

冬冬："也是红的。"

大姑：“牙齿呢？”

冬冬：“涂成白的。”

大姑：“眼睛呢？”

冬冬：“涂成白的和黑的。”

她了解人体各部位的颜色，具备了常识。

蜡笔颜色，涂上去需要用劲。

冬冬：“小姑不用劲儿，怎么能涂黑呀？蜡笔就是用劲儿搞的。”

1988-8-10

写字就是“作业”

冬冬：“大姑，你教给我写作业。”

大姑写了一个“人”字。

冬冬：“‘人’字，不错。”

她又想出去荡秋千，说：“不打秋千，我的作业就写不好了。”

与奶奶聊天

冬冬给奶奶讲武汉的事情：“我们快搬到平房里去了。”

奶奶：“都是谁搬到平房里去了？”

冬冬：“萧飞家，覃覃家。”

奶奶问冬冬，为啥不跟大姑说？

冬冬：“我不想跟大姑说，还有一些事情不想跟大姑说。”

模仿杀鸡

冬冬看过一次奶奶杀鸡之后，她常常会捏着他人的鼻子，叫：“吐血！吐血！”随后，用手在他人身上乱抓乱挠，说：“择毛，择毛！”

"择毛"，是把鸡杀死后，浇上热水，拔下鸡毛。

不真实的回答

奶奶带冬冬外出。邻居们跟奶奶拉家常，冬冬独自跑回了家。

大姑问冬冬："你一个人回来了，奶奶呢？"

冬冬说："被人抓走了！"

爷爷又问："冬冬，奶奶在哪儿啊？"

冬冬回答："在睡觉。"

冬冬的回答不真实，不知是何动机，但使用的句子都较复杂，一个"被"字句，一个"在"字句。

1988-8-11

小床漏了

冬冬坐在小姑脊背上，悠来晃去。

冬冬："这个小床好舒服呀！好舒服呀！"

小姑一翻身，把她从背上歪了下去。

冬冬："呀，这个小床漏了，再换个小床，坐到大姑身上！"

冬冬说着，又骑到大姑身上。大姑又把她翻落到床上。

冬冬大笑："呀，这个小床又漏了！"

地道的河南话

下午，姐姐把冬冬接到马谷田姥姥家。

冬冬问姐姐："妈妈怎么不来接我们呀？"

姐姐："妈妈在床上躺着呢！"

冬冬进卧室，用地道的河南腔对妈妈说："妈呀，小鸡光上俺屋里屙屎。"

舅妈家养的小鸡，满院子乱跑。

冬冬说："这个小鸡大些，这个小鸡能搞。"

"能搞"，是可以杀了吃的意思。

1988-8-12

"先、后，最后"

姐姐催冬冬快吃饭。

冬冬："我刚才不是张着嘴巴的吗？"

姐姐："张着嘴巴有用吗？不咽下去东西，也吃不饱肚子！"

冬冬评点吃完饭的先后名次。

她指着姐姐说："你先吃完，我后吃完，妈妈最后吃完。"

"俺的脑子想的"

姐姐帮家人干农活，皮肤晒得黝黑，自嘲地对冬冬说："姐姐变丑了！"

冬冬："那姐姐，就变成丑姑娘了。"

妈妈开姐姐玩笑，说："如果变成丑姑娘，那小郑可不跟在你身后转了！"

姐姐哈哈大笑："冬冬，你还跟不跟姐姐？"

冬冬："跟呀，变丑了，还是我的姐姐！"

姐姐把冬冬抱起来，说："你可真会说话！"

冬冬："俺的脑子想的嘛。"

1988-8-13

先说与后说

冬冬想玩沙子，跟妈妈要杯子，妈妈顺手拿一个递给她。

冬冬："姐姐怪我怎么办？"

妈妈："怪你？她如果怪你，你跟妈妈说！"

冬冬："那姐姐已经怪我了！"

这句话的意思是说，姐姐已经怪过我了，再说，还有用吗？

妈妈："太对了。那我现在就跟姐姐说。"

冬冬拽着妈妈的衣服，催促着去找姐姐，说："走哇，走哇！"

"姥姥想把我们喂胖"

冬冬口渴了。姥姥拿出自己舍不得吃的白糖，化糖水让她喝。

冬冬说："姥姥想把我们喂胖，是吧？"

妈妈点了点头。

冬冬又进一步设想："爸爸回来一看，哟，是谁把你们搞得这么胖呀？是姥姥。"

看照片

姥姥家的镜框里，存放着妈妈和小姨少年时代的照片。

冬冬看着照片说："妈妈年轻时候漂亮，我希望妈妈年轻。这是小姨，这是妈妈，这是你们小时候吧？你们怎么没有腿呀？"

都是半身像，当然看不见腿！

1988-8-14

长短句《孩子、妈妈和大树》《雨中小景》

假期，爸爸到河南许昌函授了两个星期。再有两天，爸爸的函授就结束了。姐姐把妈妈和冬冬送回张庄，等爸爸回来一起去武汉。

天气闷热，妈妈想睡午觉，让冬冬也躺下。冬冬从床上爬起来，说："妈妈，我给你背一首新诗吧！"

于是，有了下面这两首"长短句"：

其一，《孩子、妈妈和大树》

"太阳真热真热。

妈妈说：'别往外面跑，

会把你的小脸晒黑的。'

孩子说：'我不怕晒，

非出去不可！'

大树说：

'太阳把你晒得很红，很紫。'

妈妈拍着肚皮说：

'真的，真的！'"

其二，《雨中小景》

"树，

哗啦啦，

树叶白白的[1]，

下雨了。

孩子们打着雨伞跑出去，

真凉快！

妈妈喊：'回来，回来！'"

在这两首小诗中，有了生动活泼的具象：孩子，妈妈，大树。个性鲜明的孩子，"打着雨伞""非出去不可"的任性；妈妈"拍着肚皮说"的动态，"妈妈喊："回来，回来"的无可奈何……其神情活灵活现，栩栩如生。

---

[1] "树叶白白的"，乍听起来，不合情理。其实在下雨前，小风飕飕地吹着，掀起层层树叶，树叶背面的确是白色的。不知是观察的结果，还是随心而说？

伸出三个手指："一、百、下"

中午，大姑给她扇扇子，搂紧她睡觉。冬冬挣扎着要离开，急欲出去玩。大姑说，不能走，非要扇"一百下"，你才能离开。

冬冬伸出三个手指："一、百、下！"

大姑问："一百下，是几下？"

冬冬狡黠地笑了："三下。"

在冬冬的嘴巴中，数数可以伸缩。如何伸，如何缩，全看目的。

昨晚睡觉，冬冬要大姑扇五下扇子，并数着数："一下，一下，一下；二下，二下，二下……""二下"，一直重复了八次。

此时的冬冬，不仅可以数数，而且可以用数字做游戏，具有了一定数字能力和语言智慧。

1988-8-15

"大后天"和"小后天"

冬冬："妈妈，你猜我明天几岁了？"

妈妈："明天啊，三岁半。"

冬冬："后天呢？"

妈妈："三岁半。"

冬冬："大后天呢？"

妈妈："还是三岁半。"

冬冬："小后天呢？"

妈妈："小后天？没有这种说法。"

在"天"的未来系列里，冬冬已经掌握了"明天、后天、大后天"。还自造个"小后天"出来。

"降落伞、跳落伞、飘落伞"

（*3 岁 8 个月　1988-8-16—1988-9-15*）

东湖游泳（1988 年 8 月）

1988-8-16

"爸爸在哪儿的地方"

早上，妈妈翻看地图。

冬冬也嚷着要看："我也要看，爸爸在哪儿的地方。"

应该说"什么地方"。"哪儿"本身就是问的地方，其后不能再加"的地方"。

1988-8-17

从张庄去武汉

昨天晚上，爸爸结束函授，从许昌回到张庄。今天一早，全家人准备回武汉。

凌晨五点钟，爸爸刚喊了一声"冬冬，快起床！"她马上醒来，用极甜的腔调喊妈妈："妈妈，快起来！"

爸爸用自行车推着母女俩，往村外走了很远，大姑还没有出村。

爸爸有点着急，说："这个大姑还不过来？车走了，就晚了！"

冬冬："大姑是不想回武汉了吧？"

从张庄出发，坐汽车到泌阳、驻马店，从驻马店再坐火车回武汉。在驻马店火车站，冬冬吃了一块儿冰糕，还想吃。

妈妈说，吃多了，会拉肚子的。

冬冬："好了。吃块儿蛋糕，补补肚子吧！"

在农村，蛋糕的确是作为补养品的，一般人吃不上。

1988-8-18

熟练运用数字

昨晚十一点多，回到华师西一村的家里。大家都很疲劳，午觉时间，睡得长了一些。冬冬不困，在室内室外穿梭不停。

冬冬推推睡在床上的爸爸："爸爸，我要吃果丹皮。"

爸爸睡眼惺忪，说："没有了。"

冬冬："还有两个，你放起来了！"

爸爸："我没有放。"

妈妈："别折腾爸爸，果丹皮在抽屉里。"

冬冬："三个抽屉我都找了，都没有。"

她找的是书房的抽屉，妈妈指指卧室的抽屉，说："在这个抽屉里。"

这次，从老家带回了六只土鸡，拴在楼外的自行车旁。妈妈站在窗前俯瞰，只看见自行车旁的五只鸡子。让冬冬下去查对一下。

冬冬下楼，查验了一下，朝楼上喊道："五只鸡，只有五只鸡。真的，妈妈。"

妈妈忙下楼查看，一只鸡躺在地上，被别的鸡挡住了。不仔细看，真的只能看见五只鸡。

一口河南腔

一个多月的河南生活，冬冬会说典型的河南方言"俺"，学会了几句骂人话，还会用大姑经常说的"你想挨的好"，以及姐姐的"我揍死你"，其声调、神态，模仿得惟妙惟肖，完全一个"河南侉子"。

儿童，就是语言天才，适应语言环境的能力，远过成人。

1988-8-19

"来、去"

中午，刘伟找冬冬下楼玩，冬冬不想出去。刘伟说，他以后再也不跟冬冬玩了。

冬冬很坦然地回答："好吧！"

刘伟："那你往后别上我家来。"

冬冬："好。你往后也别上我家去。"

为了跟刘伟较劲，"来、去"都用不好了。

1988-8-20

"是……，还是……"

爸爸半躺在床上，跟站在地上的冬冬打羽毛球。

冬冬发球，落在了爸爸身边。

爸爸故意大惊小怪，叫道："你打着我了！"

冬冬笑道："爸爸，你说的是真的，还是假的？是假的，还是真的？"

"降落伞、跳落伞、飘落伞"

电视上有跳伞表演。

冬冬站在椅子上，准备模仿跳伞，问："什么样的伞，都能跳吧？"

妈妈："那可不行，只有降落伞才行。"

冬冬："那跳落伞呢？"

妈妈："没有'跳落伞'。"

冬冬："那飘落伞呢？"

妈妈："如果有叫'飘落伞'的伞，也可以。"

冬冬："那雨伞呢？"

妈妈："雨伞更不行了。会摔死的。"

冬冬："比方说，我拿着雨伞，从楼上慢慢、慢慢地飘下来，会不会摔死呀？"

妈妈："当然会摔死的，千万不能！"

"跳落伞""飘落伞"，都是根据"降落伞"造出来的词，而且这两个词造得还不错。此前，她有大量的对语言感兴趣的例子，也自造过很多词，拆分过很多词。语言知识、语言智慧正在集聚、发展中。

1988-8-21

母女讨论优缺点

冬冬不仅爱打赤脚，还捡地上不干净的东西吃。这都是乡下的习惯。妈妈批评她，问她以后改不改？冬冬说改。妈妈说，谁都不完美，谁都有缺点。但想做一个高尚的人，就是要不断改正自身缺点。

冬冬："那怎么回事呀？"

妈妈又解释了一番。

冬冬："你有没有缺点呀？"

妈妈没想到她会这样问，坦率地说："妈妈身上有很多缺点。"

冬冬："你的缺点是什么呢？"

妈妈思虑了片刻，说："妈妈太不冷静。只要你不听话，我就想发火。妈妈应该讲明道理才对。"

冬冬："你的优点是什么呢？"

妈妈："亲你呀！"

冬冬："有没有没有优点的人呀？"

妈妈："没有优点？那就是坏蛋了。"

冬冬："不是坏蛋呢？"

妈妈："不是坏蛋，都有优点。"

妈妈又问冬冬，今后能改掉坏毛病吗？

冬冬："妈妈，你已经说了一遍，怎么还说呀？是怕我忘了吧？我记住的。真的，妈妈。"

她说这段话的时候，表情异常乖巧可爱。

听故事

冬冬听妈妈讲《白雪公主和七个小矮人》的故事，边听边说：

"白雪公主怎么这么白呀？"

"她妈妈怎么老想害她呀？那怎么回事呀？"

"我讨厌王后，我不想看她。"

同学重逢的想象

冬冬："妈妈，我想小朋友了，我想李老师了，真的。"

妈妈：下午带你去看红玲吧，她是你们幼儿园的小朋友。

冬冬："我们已经不认识了吧？红玲说，'你是谁呀？'我说，'我是李纤呀。'红玲说，'我怎么不认识你呀？'我说，'你是谁呀，我怎么也不认识你呀？'"

妈妈："你会认识红玲的！"

1988-8-22

想跟刘伟哥哥玩

冬冬去刘伟家，很快又跑回来了，问："大姑，刘伟呵愣着眼干什么呀？"

"呵愣"是河南方言，眼睛不直视、眼光不和善的样子。

大姑："他怎么呵愣着眼的？"

冬冬模仿了一下，又问："他呵愣着眼，是不想跟我玩。那怎么回事呀？"

大姑笑起来，觉得冬冬模仿得还挺像。

冬冬："我没吭声。我看着刘伟一步一步地走了。"

大姑："他不高兴着呢。"

冬冬："我想找他玩。"

大姑："那今天不要去，明天就好了。"

冬冬："那怎么回事呀？"

大姑："明天他就忘了。"

下午，刘伟隔着纱门，往房间里张望了一下，恰被冬冬发现了。

冬冬高兴地说："他已经忘记了。"

话音刚落，她箭一般地冲了出去。

夹不到菜，怨筷子笨

冬冬用大姑的筷子夹豆子。夹了多次，连一个豆子都未夹到。

冬冬："大姑的筷子好笨呀！"

冬冬把自己夹不到菜的原因，归结为"大姑的筷子笨"。这便像河南的一首民谣所说的：

"手不溜[1]，怨袄袖。

袄袖说，怨他娘。

他娘说，怨剪子。

剪子说，怨铁匠。"

好咸？

菁菁家只要做好吃的，总不忘给冬冬送一些。今天是辣椒鳝鱼。

冬冬把碗往桌上一放，说："李菁姐姐的好咸呀！"

其实是辣，不是咸。

长短句《雨后》

雨后天晴，冬冬趴在窗户上，朝后面的院子里望去，又得一首"长短句"：

"小鸡在地下跑，

---

[1] 溜：河南方言，意为"迅速、敏捷"。

1467

窗户都关着。

小河流呀流，

小朋友们都在荡秋千。"

大雨过后，院子里冲出了许多水道，哗哗啦啦，像小河的流水。雨过天晴，小朋友们在院子里玩耍。这首"长短句"虽不押韵，却取材于眼前所见，不仅注意到人与自然的关系，还有自然对人的影响，有了初步的叙事意识。

1988-8-23

"枯萎"

昨天下午，冬冬从院子里采回一束野花。白白的小花朵，极其雅致。她把花插在竹质的笔筒里。

今早，冬冬大叫："妈妈，花枯萎了！花枯萎了，怎么办呀？"

故意馋琳琳

冬冬学着刘伟哥哥的模样，把一截豆角攥在手心里，往嘴里送一点儿，再攥起来。

琳琳看得眼馋。

冬冬："琳琳，我这是葡萄，你信不信？"

冬冬吃完豆角，又回家拿花生，攥着拳头对琳琳说："我这次拿的是无花果。"

孩子们的战争

中午，门外一片嘈杂声。张起领着三四个小朋友，对着冬冬大喊："不跟你玩，都不跟你玩……"

小猴子和大鳄鱼的故事
（1988-08-23）

自编故事，说小鳄鱼（大鳄鱼一出场就成了"小鳄鱼"）找见了一只小猴子，就带人去捉它，一下子把它抱到水里，淹死了。不知怎的又冒出一只小白兔，大叫着："你这个大鳄鱼，我今天非要打你不可！"要编个囫囵故事，还真不容易

冬冬毫不示弱，说："我不跟你玩。"

冬冬想拉琳琳作同盟军，说："琳琳，你跟我玩吧？"

琳琳说："我不跟你玩。"

冬冬泪水盈盈地跑进屋子，说："妈妈，他们都朝我一个。"

妈妈安慰她说："他们闹着玩的。等大姑来了，你俩能把他们打得落花流水。"

冬冬破涕为笑，问："真的？"

正在厨房里做饭的大姑，听到孩子们的哄吵声，大声喊："冬冬，拿扫帚来。"

大姑冲出厨房，拿着扫帚，与冬冬一起追赶……顿时，刚刚还不可一世的孩子们，被撵得东躲西藏。

冬冬高兴了。一会儿，冬冬又跟孩子们一起玩起来了。

突然，张起又说："不跟冬冬玩。"

冬冬转身便走，说："不跟我玩算了，我从来就不想跟你玩。"

张起："那你还跟我们玩？"

冬冬："那你还找我玩？"

下午，妈妈带冬冬去桂竹园。刚走到岔路口，就碰见了刘伟和张起。

冬冬大叫一声："刘伟哥哥。"

两个小男孩儿，很开心地跑过来，一起去桂竹园。走着走着，张起又顺口说："我们不跟你玩。"

妈妈说："哎，哎张起，你怎么又来了？冬冬叫你们，不就是想跟你们玩的吗？"

冬冬："妈妈带我去桂竹园。"

两个男孩子也一同来到桂竹园，三个孩子相处很好。准备回家时，冬冬的脚撞在石头上，脚趾流血。两个男孩子自告奋勇，一替一段地把冬冬背回来。

妈妈夸奖他们是男子汉，大哥哥应该有这样的行为和品质。两个男孩子极其自豪，找到了自我价值实现的快乐。

事后，妈妈问冬冬，中午为什么事情争吵？

冬冬说："他们找我玩，我说'不去玩'。他们说，'好呀，我们也不跟你玩'。是他们不跟我玩的，我后说的。"

在幼儿期，一帮孩子欺负一个孩子，实不少见。恃强凌弱，适者生存的丛林规则，在儿童世界同样适用。成人不能让孩子处于孤立无援的劣势，要及时扭转局面、化解矛盾。

记住《白雪公主和七个小矮人》的原句

冬冬模仿《白雪公主和七个小矮人》中王后的声调说："宝镜，宝镜，你是挂在墙上，谁最漂亮？你看我的脖子多么光滑，是多么美呀！我的眉毛弯弯的，就像天上的月亮一样，啊，多么漂亮！"

她记住了故事中的原句。

1988-8-24

脚趾流血，想推迟去幼儿园

快开学了，冬冬又开始关心与幼儿园相关的事。

妈妈："现在不去幼儿园，到九月一日才开学呢。"

冬冬："妈妈，我不想九月一号去幼儿园，想三号去。"

妈妈："为什么？"

冬冬："我可以坐车子。但是我的脚趾还没好，我要想看看脚，怎么办呢？"

"奄眯眼"和"眨巴眼"

午觉。妈妈接连讲了几个故事，困了。

冬冬："妈妈，你跟我讲着讲着，怎么睡着了？"

妈妈："没有呀？"

冬冬："你奊眯眼[1]干什么？我眨巴眼，你奊眯眼。"

要求换新车

冬冬不满意自己现有的三轮小车，说："妈妈，我再长大以后，你再给我买一个两个滚轮的车子，好不好？"

"两个滚轮的车子"，就是自行车。

妈妈忙去记录这句话。

冬冬拉着妈妈手："妈妈，我不想让你写了，写了十多分钟了，够大的会儿，别写了吧？"

"还是……，还是……"

冬冬让大姑读画书。读完一本，再递过去一本。

大姑："读个没完没了，烦死人了！"

冬冬："还是你烦死人，还是我烦死人？"

这个反问句，有点儿力度。

"还不如……"

楼下散步。

冬冬指指小路，又指指远处的浅草丛，说："上这边，还不如上那边。"

"还不如……"，是通过比较而有所选择的表达方式。

"胖、瘦"

冬冬拿两个瓶子，说："一个胖，一个瘦。"

用"胖、瘦"来描述瓶子，也挺别致。

---

[1] 奊眯眼：垂下眼皮，似睡非睡。

1988-8-25

"还是……，还是……"

妈妈在厕所里。

冬冬捶打着厕所的门，问："妈妈，你上厕所干什么呀？是屙屎尿尿吧？"

妈妈没有应声。

冬冬又问："妈妈，你还是屙屎呀，还是尿尿呀？"

她仍然不知道，这类事情是应该避讳的。

"假话"

覃覃来家玩。中午，留她在家吃饭。

覃覃："我还要吃肉肉。"

妈妈从盘子里，夹出两块儿肉，放到覃覃碗里，说："吃吧，没有了。"

冬冬又在菜里翻找出一块肉片，说："这不是一块肉吗？妈妈，你说假话干什么？"

妈妈："哦，妈妈没看见。"

冬冬又在菜里翻找一会儿，说："真没有了。"

1988-8-26

胆子不小

冬冬和姐姐疯闹，说："我拧你！"

姐姐："拧我？你胆子不小！"

冬冬："我胆子不小吧？！"

难睡的午觉

中午，妈妈哄冬冬睡觉，想让她在上幼儿园前，就养成睡午觉的习惯。她一会儿要喝酸奶，一会儿要吃莲子，闹腾了两三个小时，妈妈说她不乖。

冬冬："谁都有缺点嘛！谁都有优点嘛！"

妈妈不说话，直直地看着她。

她看妈妈不接话茬儿，发着狠说："我打死你。"

妈妈："你还挺厉害的！"

她忙换上一副笑脸，说："妈妈，给我讲故事，我睡觉。"

1988-8-27

剥莲子

妈妈教冬冬剥莲子：手指甲先在莲子皮上，划出一条裂痕，再把莲子皮向两边分，露出白白胖胖的莲子仁。

"说不定，这个还要胖些。"冬冬拿个大莲子，让妈妈帮她挤出里面的莲子仁，说，"你什么都比我强。"

就因为剥莲子，让冬冬佩服起妈妈来了。

理直气壮

每天让冬冬睡午觉，简直就是一场战争。

妈妈："冬冬，你再不睡，妈妈可真不亲你了！"

冬冬："你怎么不亲我了？我怎么了？"

妈妈："你不听话！"

冬冬："我怎么不听话？我够听话的了！谁说我不听话了？没有人说我不听话呀？"

连着用四个不同的句子，理直气壮地表明自己"听话"。

大姑在哪里？

"大姑，大姑！"冬冬喊。能听见大姑答应的声音，却不见大姑的人影。

冬冬高声问道："大姑，你是在楼下呀，还是在楼上呀？还是在那屋呀，还是在厨房呀？"

1988-8-28

"一……，就……"

琳琳来找冬冬。玩归玩，但俩孩子在一起，总不能消停。

琳琳走后，冬冬说："妈妈，我一挨着琳琳就心烦。"

"悄悄地"

冬冬："妈妈，我走过来，他总是看着我。"

妈妈："谁呀？"

冬冬："刘伟。"

妈妈："刘伟怎么看你的？"

冬冬模仿刘伟慢慢转动脑袋的模样儿，说："就是这样。老是看我，悄悄地。"

1988-8-29

"干吗呀？"

①爸爸逗冬冬玩，故意搂得紧紧的。

冬冬极力挣扎，问："爸爸，你把我搂恁紧，干吗呀？"

②爸爸颈椎痛。妈妈用电动按摩器，用力按在爸爸脖子上。

冬冬："妈妈，你干吗呀？"

妈妈故意转移话题，说："妈妈的手脖，好疼啊！"

冬冬："手疼？怎么给他按脖子呀？手脖疼，也不能给他按脖子呀！"

过去多用"干什么呀"，近日多用"干吗呀"。

"晚上"

天黑了，大姑带冬冬去买烤鱼片，路经菜市场。

冬冬："晚上怎么不卖菜呀？"

让爸爸高兴的回答

爸爸："冬冬，来，爸爸教你写字吧！"

冬冬忙跑到爸爸身边，说："我就是等你回来，想让你教我写字的。真的，爸爸。"

最近，她常说些迎合大人的好听话。

1988-8-30

打"比方"

冬冬指着自己的鞋子，对妈妈说："我的这个鞋太滑了。比方，我小时候滑滑梯，穿这个鞋，一下子摔倒了。"

"太坏个什么呀？"

午饭。冬冬把馒头掰成满满一盘子碎渣。

妈妈："冬冬，你这是怎么回事？把馍馍弄成这个样子？"

冬冬："你说这话干吗呀，妈妈？"

妈妈："你说干吗？你这事，干得也太坏了吧！"

冬冬："太坏个什么呀？"

在"太坏"后面加上"个什么"，表示否定。

1988-8-31

坏老师、好老师

明天幼儿园开学。

冬冬评论起她的老师来："×老师、×老师是坏老师，她们老对付我。老是批评我，批评我，批评我，批评得我没办法了，我都不想上学了。"

妈妈："李老师呢？"

冬冬："李老师是好老师。"

女儿眼中的爸爸

冬冬指着爸爸，说："爸爸是我们家个子最高的一个男子汉，最胖最胖的一个胖国王。"

1988-9-1

牵挂着所有的家人

冬冬升入了小二班。爸爸去幼儿园接冬冬。

冬冬："妈妈在楼上，还是楼下呀？"

爸爸："妈妈在床上躺着呢！"

回家后，她没看到大姑，问："大姑怎么还没回去呀？"

她的意思是"回来"。

妈妈说，今天大姑有课，还没有下课呢。

大姑回来了。

冬冬："姐姐怎么还没下班呀，我就下学了。"

把家里的所有人都问个遍。

"因为……，所以……"

幼儿园的陈园长，住在我家后面的那栋楼上。今天，爸爸接冬冬从幼儿园出来，恰巧碰到她，一同回西一村。

冬冬："陈老师为什么住后面？我们为什么住前边呀？"

爸爸："你说呢？"

她想了一会儿，说："因为我们的门在前边，所以我们住前边。"

1987年11月17日前后，曾经记录到冬冬的"因为……，所以……"句，快十个月没见冬冬用过了。今天这句话的因果关系，表述得也不太好，差不多是"同语反复"。

幼儿园的课

大姑："冬冬，你在幼儿园上的什么课呀？"

冬冬："没上什么课，就做了一点儿游戏！"

大姑："什么游戏？"

冬冬："做了一点儿操。老师今天一天没批评我。"

妈妈："没有受批评？太好了！"

冬冬："老师说我乖。"

地球仪上的深圳

爸爸伏案工作。冬冬在书房里逛来逛去，拿拿这，摸摸那。

爸爸："冬冬，出去玩吧，别在这屋晃悠了。"

冬冬磨磨蹭蹭，就是不想离开书房，说："我不会打搅你的。我看看地球仪上，哪个是爸爸去的深圳呀？"

"我在床上想的"

晚上，冬冬躺在妈妈身边，搂着妈妈的脖子说悄悄话："睡午觉的时候，我在床上想，爸爸妈妈怎么还不接我呀？我在床上想的。"

1988-9-2

姐姐给谁织毛衣？

姐姐埋头织毛衣，冬冬围着姐姐转一圈又一圈。

姐姐："冬冬，你猜这是谁的毛衣？"

冬冬不假思索地道："小郑哥哥。"

近段，小郑和姐姐来往密切，但并没人明确告诉冬冬，两人可能会建立恋爱关系。

姐姐："不是的。"

冬冬："是妈妈的？是爸爸的？"

姐姐用手指点着冬冬的小眉头，说："是爸爸的。你呀，你呀，鬼灵精怪！"

冬冬笑着跑开了。

房子着火怎么办？

睡觉时，冬冬说："妈妈，我喜欢你白天跟我玩，晚上跟我讲故事。"

妈妈讲《小雪人》的故事。其中有个房子着火了的情节。

冬冬有些担忧了，说："妈妈，我刚才说的，我们的房子会不会着火？"

妈妈："我们家不会着火的！"

冬冬："我害怕我们家着火。要是着火了怎么办？"

妈妈："赶快跑到楼下去。"

冬冬："楼下着了火呢？"

妈妈："到院子外面去，到没有火的地方去。"

冬冬："能不能爬到树上去呀？"

一直到深夜，冬冬都在探究房子着火怎么办的问题。

母女卧谈

冬冬对爸爸"白天睡觉，晚上写东西"这个"坏习惯"，一直都非常不满。妈妈说，这的确不算是一个好习惯，但这个习惯，是爸爸多少年来养成的。爸爸白天要上课改作业，还要管你管我管做家务，只能晚上搞点科研。爸爸虽然天资聪明，但搞科研需要时间，需要心静。夜深人静之时，爸爸思如泉涌。咱们就允许他这样做吧。

冬冬："妈妈，我能变成一个最聪明的人吗？"

妈妈："当然可以。只要你努力。"

冬冬："我要是不努力呢？"

妈妈："如果不努力，就会成为一个——"

冬冬："不文明的人！"

妈妈："不仅如此，还是一个——"

冬冬："没有用的人。"

妈妈："对。"

冬冬："还是一个大坏新冬冬？！"

在冬冬的潜意识中，已初具社会人的评价体系。"不文明的人""没有用的人"，是不符合做人标准的。虚拟的"新冬冬"，仍不是她喜欢的形象。

1988-9-3

关于死亡的话题

冬冬和琳琳打羽毛球。不知为什么，两个孩子闹翻了，冬冬拿着羽毛球拍在前面跑，琳琳紧追不舍。冬冬愤怒地跑到大路上，站在大路中间。汽车来往穿梭。紧随其后的妈妈，吓得心惊肉跳。

晚上，妈妈跟爸爸讲起了那个吓人的瞬间。

冬冬："我跑到很远很远的地方，你们找不到我。我跑到大路上，让汽车轧死我。"

父母无言。

冬冬："妈妈，我要轧死了，你哭不哭呀？"

妈妈故作轻松地："你故意让汽车轧死的，妈妈才不哭呢。妈妈呀，再去找个新冬冬。"

虽然不刻意强化这个话题，却掩饰不了父母的担心。

怎样才能正确引导？

1988-9-4

插插板

冬冬在插板上插图形，插了一个三角形、一条曲线和一条直线，说是"高山，下面是一条小河"。

的确形似。妈妈插出了一条直线。

冬冬："你就这老一套。"

妈妈："你有几套？"

冬冬："三套。"

妈妈："一套好还是三套好？"

冬冬："当然是三套好了。"

冬冬所谓的三套，大约是她插的三种图形：一个三角形、一条曲线和一条直线。她说妈妈的"老一套"，也许就是妈妈插的那条直线。

自造词：面虫

玻璃窗上，趴着许多小硬壳虫。冬冬称之为"面虫"。

这些虫，真是从面粉里生出来的。

"盛多饭"

冬冬用饭勺，往自己碗里舀饭，说："这能盛多饭。"

意思是"饭能盛得多"。

大头针扎泡沫

冬冬把大头针扎在塑料泡沫上，一边扎一边说："这种情况，那种情况，各种各样的情况。"

她用红笔在泡沫上划一道线，再顺着红线往上扎大头针，说："顺着这个红线走。"

爸爸走过来。

她拉着爸爸的手，说："爸爸，你扎得更快了吧？你扎个看看，你扎个看看吧！"

"看看"是虚化用法，与视觉没有多大关系。

冬冬的游戏，越来越有章法了。

认字的联想

爸爸在纸上写字，让冬冬认。

冬冬拉过其中一张纸，放在自己面前，说："等会儿我还用的，这纸。"

她认字，运用的是联想法。如"花"：她先说"红——花"，然后大声念："花——！"

爸爸写"小二班"三个字。

冬冬认识"小"和"二"，依次推断出第三个字是"班"，说："小二班！"

1988-9-5

较真

冬冬听见响声，问："谁放屁了？"

爸爸："是机器人！"

冬冬："不是，是爸爸还是妈妈？"

"好像"

冬冬在卧室，拿一张纸，问："剪子呢？"

妈妈："我不知道。"

冬冬指指书房，说："在那屋里，好像。"

1988-9-6

打针，唱歌也疼

在医院打肌肉针。

爸爸："冬冬，爸爸问你，今天打针，你为什么不唱歌？"

冬冬："唱歌不唱歌都一样。"

这倒是大实话。打针，唱不唱歌，都是疼！

夸张

冬冬翻看的画书上，有一只丑陋的大猩猩。

她忙捂着眼睛，用夸张的语气说："这个大猩猩吓死人的，我连一眼也不想看。"

长短句《动物的叫声》

冬冬已经知道不少小动物的名称，也听到过它们的叫声。今天，她把它们的叫声，组成一首长短句：

"小狗小狗，你为什么叫？

小猫小猫，你为什么喵喵喵？

小鸡小鸡，你为什么叽叽叽？

小鸭小鸭，你为什么嘎嘎嘎？

是肚子饿了？

还是大灰狼来了？"

1988-9-7

爸爸的习惯

早饭时，爸爸还正在酣睡中。

冬冬说："爸爸就是这个习惯，白天睡觉，黑了（[lau]）写东西。"

"当然"

晚上，爸爸问："冬冬，你瞌睡不瞌睡？"

冬冬："当然瞌睡了。"

1988-9-8

不让妈妈看书

妈妈看书。

冬冬一把抢过书本，随手一扔，说："谁让你看书的？"

"因为……，所以……"

冬冬过去很喜欢花园里的石狮子，现在却连一眼都不愿看了。爸爸觉得奇怪，问她："冬冬，你为什么不喜欢大狮子？"

冬冬："因为大狮子坏，所以我不喜欢它。"

大狮子为何会坏？大人不明白。但这次的"因为……所以……"，用得很合乎规矩。

1988-9-9

和"花圈""死"相关的话题

冬冬："妈妈，我也想要个花圈。"

这个话题，妈妈不愿意谈，也不知道该如何谈，就没有接话茬儿。

冬冬："我是长得很老的时候死吧？"

妈妈："人老了，也不一定死。只有生病治不好，才会死。"

冬冬："人长老了，就死了？那楼下婆婆那么老了，怎么还不死呀？"

担心成为穷光蛋

冬冬："妈妈，大姑上课，姐姐上班，你给学生讲课，爸爸也是这样。我们家都有钱吧？"

妈妈："你是怕咱们家没有钱？"

冬冬："没有钱，就成了穷光蛋了。"

妈妈："如果没有钱，还能买好吃的东西吗？"

冬冬："不能呀！"

1988-9-10

"狠狠地"

冬冬和爸爸疯着玩，出手常常不知轻重。

她使大劲儿按着爸爸鼻子，按下去一个坑儿坑儿，说："狠狠地按它一家伙。"

妈妈没法子她

冬冬钻在桌子下面，抓着两个桌腿荡秋千。任凭妈妈千呼万唤，她就是不出来，极得意地说："你总是没有法子我。"

妈妈："我可生气了。"

冬冬："你生气也治不了我。"

妈妈："我治不了你？我可以不待你亲。"

冬冬："我待你亲。"

妈妈啼笑皆非，真的拿她没有办法。

电和电扇

冬冬躺在床上，目不转睛地盯着正在转动的电扇，问："电扇为什么会转呀？"

妈妈做了一番解释。

冬冬又问："为什么要用电呀？我能不能制造一个呀？"

1988-9-11

晨练

早上，妈妈带冬冬去楼下散步。有个小朋友看见冬冬，说："不

大灰狼和小白兔的故事
（1988-09-11）

　　有一天，小白兔去草丛里偷萝卜去了，突然听到一个很难听的大声音。原来，来了一只大狐狸，要把小公鸡吃掉。捉住了小公鸡，突然来了一只大蜂王。大老虎说，把大灰狼、大狐狸吃掉了。大人问冬冬小白兔呢？冬冬说，小白兔回家了。故事的人物出没无常，摇身多变，情节在合理与奇特之间，只管把反派人物吃了了事

1485

跟你玩，张起也不跟你玩。"

冬冬说："你说这有什么用呢？我妈妈跟我玩，我一家人都跟我玩。"

妈妈对她的回应，翘起了大拇指。接着，催促她去跑步，锻炼身体！

冬冬在院子里跑了一个来回趟，说："妈妈，一跑快，像跑满了蚊子一样多。"

这是描述她快速跑步时，腿上肌肉抖动的感觉。

自造词：熨发机

冬冬从书柜上拿一匹河马，往妈妈头上一贴，说："熨发机。"

这"熨发机"，大约是吹风机之类的东西。

"不可 you"

大姑："冬冬，thank you。"

冬冬："不可 you。"

意思是"不谢"，拿汉语否定英语。

关电扇

大姑关上电扇，但没有拔掉电插头。

冬冬："它正开着电哩。"

她的意思是，虽然按了开关，它还通着电呢，还需要拔掉插头才行。

"正……着……哩（呢）"，是个完整的表示现在进行时的句法格式。

"酸奶味"

冬冬扳过妈妈的脖子，嗅嗅妈妈的头发，说："妈妈，你的头发该洗了，有个酸奶味。"

诗歌《两个黄鹂鸣翠柳》
（1988-09-11）

虽然说法有点夸张，但用词很贴切。

不让爸爸抽烟

冬冬走进书房，看见爸爸正在抽烟。她劈手夺过爸爸的烟，对大姑说："大姑，你早些说，'爸爸，你别抽烟了，会生病的'。"

是爸爸抽烟，却责怪姑姑没有事先提醒爸爸。

红蓝圆珠笔

爸爸新买的圆珠笔，红蓝两用。

"这个笔，是从哪里来的呀？我怎么没见过呀？怎么按不下去呀？"冬冬很感兴趣，歪头看爸爸写了一会儿字，也没看出个名堂，说，"怎么写的，我不知道。"

爸爸把笔递给她玩。

冬冬在纸上画了一会，问："这笔帽儿怎安上哩？"

爸爸要她继续画画。她很快把红头捣坏了，爸爸让她用蓝色的继续画。

"还有一个头？"冬冬写了一下，说，"好显呀！"

撒纸成雨

冬冬把画过的纸，剪成细条条，站在椅子上顺手抛撒，说："下大雨了，下阵雨了。"

爸爸故意躲避着，说："雨好大，我可害怕！"

冬冬更来劲了，一边抛撒，一边说："爸爸，我再给你下一回。"

想做机器人

冬冬拿爸爸的两张卡片纸，叠图形，说："两张，怎么样？"

小白兔和小狐狸的故事
（1988-09-11）

小白兔和小狐狸去采青草，发现了萝卜，就吃起来。没吃完，小白兔就把萝卜带回家，又出去弄些萝卜回来，发现家里的萝卜不见了，原来是小老鼠偷吃了。故事中小狐狸这个主角不知跑哪里去了。冬冬的一个进步，是学会用"呀、啊、唉"来展开故事

妈妈："不够吧？"

冬冬又拿了几张，问妈妈："这能不能做机器人呀？"

嫌热

晚上睡觉，妈妈在她的肚子上裹了一条毛巾，又搭上了一条薄薄的小棉被。

冬冬："热！热！"

妈妈轻轻拍着她催眠。

"盖这么多东西，谁能睡得着？" 她说着扯掉小棉被，又拽下身上裹着的毛巾，说，"裹着，能不热吗？"

1988-9-12

"各人有各人的事"

给冬冬削苹果吃。

爸爸削完苹果，又切成小块儿，把苹果核和皮子递给冬冬，说："给，你知道这些东西扔到哪儿吗？"

冬冬伸出手接，又把手缩回去，说："还是你去扔吧！自己吐的嘛！各人有各人的事。"

人家的衣服也在淋着

楼下院子的绳子上，晾晒着一绳子衣服。中午阵雨，没顾上收。

下午，爸爸指着绳子上湿漉漉的衣服，说："冬冬，你看，咱家的衣服，还在外面淋着呢！"

冬冬："人家的衣服，不也在外面淋着吗？"

我对老师怎么说
（1988-09-11）

妈妈问冬冬，到幼儿园见了老师说什么。冬冬说，要老师给她戴一朵大红花，因为在家里听话，一点都不闹人。还说好好吃饭、好好睡觉、好好学习。这就是她心目中的"三好"孩子

儿歌：布娃娃

冬冬又学会了一首儿歌：

"我家有个布娃娃，大眼睛，黑头发。又干净，又美丽，一天到晚笑哈哈。让我抱抱你吧，让我抱抱你吧，我做你的好妈妈。"

"土匪"不在

冬冬扳着指头数，她们小二班里，今天都有哪些同学去上学了。

爸爸问："土匪呢，去了没有？"

"土匪？"冬冬一愣，迟疑片刻，说，"土匪不在。"

"土匪"是一个同学的绰号。这孩子很霸气，上个学期常欺负冬冬，故以土匪命名。

1988-9-13

自卫

冬冬说，今天王志揪了她的脸儿，揪得很疼，自己也毫不含糊地反击了："我扭他的手指。妈妈，你从前说的事，我都做了吧？"

妈妈莫名其妙地："我说什么了？"

冬冬："大姑说，'谁要打你，你就狠狠地打他'。我把他的手，狠狠地扭到桌下。"

冬冬所说，未必真实。但起码能说明，她有了自卫意识。

学会自卫，是儿童融入社会的一门必修课。没事不找事，有事不怕事。中国几千年的传统理念，还是有一定道理的。

包饺子

家人包饺子。冬冬也积极参与，一直玩弄面团。

姐姐制止她："别搞了，你干什么呀？"

冬冬："我包饺子怎么了？"

刘伟站在门口频频招手。

姐姐："快点，刘伟喊你出去玩呢！"

冬冬扔下面团，拽下一块儿毛巾擦手，说："大红手巾，长红手巾。"

爱认字

冬冬从外面回来，就让爸爸拿出汉字积木。

她很得意地说："我一回来就认字。"

"老师说的"

冬冬："老师说，'吃萝卜不生病'。"

妈妈应声附和。

冬冬："妈妈，'穿的衣服多了，会感冒的，'老师说的。"

去楠楠家玩

楠楠家住在后面楼上。冬冬去找楠楠玩。

妈妈带她到后楼的岔口处，在楼下等她。她一人跑去楠楠家，玩了很长时间，才下楼出来。

妈妈："你如果再不下来，我就准备让大姑去看看你呢。"

冬冬："看我干吗呀？"

妈妈："因为天都黑了，你还不下来！"

冬冬："我害怕天黑了，看不见路，我就回来了。下楼梯，我'腾、腾、腾'，跑得好快呀！"

晚上睡觉，她对妈妈说："我真害怕，你们忘了我在熊楠家了。"

武松打虎的故事
（1988-09-11）

爸爸有声有色地讲述武松打虎的故事，冬冬不断叫好。爸爸就故事情节提问，意在看冬冬听懂与否。冬冬其实都听懂了，有时故意乱答，顽皮可爱

"越……越……"

冬冬跟妈妈睡一个被窝，说："我越往这边睡，越有被子。"

1988-9-14

揣摩妈妈的心思

妈妈在厨房择菜，听见冬冬在楼下的嬉笑声，从窗户探头往下望。

冬冬心有灵犀，恰恰也仰头看窗户，大声喊道："妈妈，你是想着我回来了，就出来看，是吧？"

"干吗"

①一支小棍子，立在沙发旁。

冬冬问："你拿这个干吗呀，妈妈？"

妈妈："不是我拿的。"

爸爸："我拿的。"

冬冬："你拿它干吗呀，爸爸？"

②妈妈要出外。

冬冬忙问："你出去干吗，妈妈？"

自造词：饺子肉、忘记人

①冬冬把饺子馅，称之为"饺子肉"。

②冬冬："妈妈，你不是给我漯屁股吗，怎么又忘了？"

"漯"是河南方言，用热毛巾等敷在某处。

妈妈："我忘记了。"

怪声怪气的《小燕子》
（1988-09-11）

冬冬："你是一个忘记人吧？我怎么就不忘呀？"

"饺子肉、忘记人"，是两个自造词。

说人是"聋子、哑巴"

冬冬在书房喊妈妈，妈妈没有答应。

她从书房跑进卧室，说："妈妈，你是个聋子吧，你是个哑巴吧！"

1988-9-15

对爸爸的两点不满

冬冬对爸爸有两点意见，一是"睡觉晚"，二是"抽烟"。

①早上醒来，冬冬说："我真不想让爸爸再写东西了，把桌上的纸都烧掉它吧！"

妈妈吃惊地问："为什么呢？"

冬冬："他晚上不睡觉。"

②冬冬说："我过去了，爸爸正在抽烟，我一说'抽烟'，他就又放下了。"

小大人的口吻

覃覃和冬冬在一起，玩了个把钟头。覃爸爸准备带覃覃回家。覃覃跑过去，紧紧拽着冬冬的手，说："我要她去。"

冬冬说："我不想去嘛，你有什么办法呢？"

看电视《末代皇帝》

电视剧《末代皇帝》。溥仪和其他战犯，领到脸盆等洗漱用具后走向住处。

冬冬问："妈妈，他们怎么每个人都端着个盆子呀？我不知道他们端个盆子干吗的。"

她又看见溥仪衣服上的编号，又问："怎么衣服上也有那个'981'呀？"

第一次分床睡觉

培养冬冬独立人格的第一步，就是跟父母分床睡觉。

晚饭后，冬冬站在为她准备独睡的小铁床上，又蹦又唱。到睡觉时，看父母坚持让她独睡小床，便开始号啕大哭。爸爸用多种话题疏导。

冬冬在墙上画了一个粉笔道，说是天一亮，她就能看见粉笔道："我必须睡到妈妈那个地方，才能看见；看见这条线，才能梦见小白兔，睡到这儿，看不见。"

爸爸说，外面有大老虎，妈妈睡的那边，大老虎容易过来。

冬冬："我在那边睡着，关住门，就不行了吗？我必须挨着妈妈才能睡着。"

爸爸用坚强、自豪和荣誉来激励她，并开玩笑转移话题，说："多多把'河南'说成'南河'。"

冬冬也笑了："我们老家，又不是在河里。"

看冬冬短时间内很难入睡，爸爸回到书房工作，妈妈坐到床边讲故事。伴随着妈妈有节奏的轻轻拍抚，还有缓慢的催眠故事，冬冬总算睡熟了。

这一夜，冬冬无数次蹬开被子。这一夜，爸妈几乎一眼未眠。

冬冬讲爸爸的画
（1988-09-11）

爸爸画了大灰狼、小鱼、窗户三幅画，让冬冬讲。冬冬说，大灰狼吃小鱼，小鱼吃窗户。爸爸说，是大灰狼来了，小鱼从窗户逃跑。也许，儿童有儿童的逻辑事理吧

或者……，或者……，或者……

（3 岁 9 个月　1988–9–16—1988–10–15）

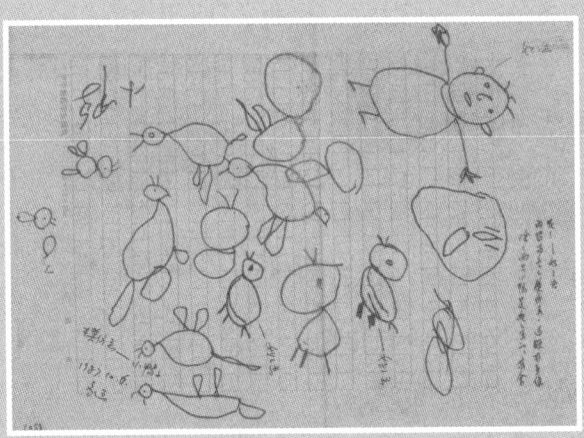

模仿画小鸭（1987 年 10 月）

1988-9-16

分床睡的自豪

早晨六点多，冬冬醒来小便后，便跑进了妈妈被窝里。

爸爸："冬冬，昨天晚上，你睡哪儿了？我怎么找不到你呀？"

冬冬："我一个人睡个地方。"

爸爸："不简单！今天跟幼儿园老师说说。"

冬冬："都向我学习。"

爸爸："对。我也向你学习！"

冬冬："你长大了，向我学习干什么？"

冬冬又笑着对妈妈说："爸爸说笑话的，说有大老虎，我一看，哪有大老虎呀！"

昨夜爸爸哄她入睡时，说门外有大老虎。

儿歌：小弟弟

冬冬又学会一首儿歌：

"三岁的小弟弟，

上了一年级。

老师说他年龄小，

背着书包往回跑。

跑、跑、跑不了，

了、了、了不起，

起、起、起不来，

来、来、来上学，

学、学、学文化，

画、画、画个火车头。"

识别图形
（1988-09-11）

爸爸用积木摆图形。冬冬认出了三角形、长方形、正方形，通过提示认出的有菱形（两条斜线）、平行四边形。之后，用积木摆的像花瓣，像太阳发光

1988-9-17

如厕

爸爸站在厕所外，高声问："冬冬，屙完了没有？"

冬冬："刚屙，怎么会屙完呢？"

或者……，或者……，或者……

爸爸从幼儿园接着冬冬，骑上自行车，身子故意先前倾再后仰，碰撞冬冬的身子，说："冬冬，你怂我，干什么呀？"

冬冬："是你怂我，还是我怂你呀？"

爸爸走的是直奔招待所的路，问："冬冬，这条路你没走过吧？"

冬冬："走过一次，是小郑哥哥带我买烟走过的！"

走了一段路，冬冬又说："走过两次，大姑学车子来过的。"

爸爸："冬冬，每天下午，都是谁把你接回家的？"

冬冬："或者是姐姐，或者大姑来接我，或者爸爸送我回去。"

"或者"并用，表示多项选择关系。冬冬早就掌握了"或者"的用法，今日三个连用，具有了把多项命题压缩为一个复杂命题的能力。

1988-9-18

正在形成的是非观

早饭前，冬冬拿把剪子向门口走去，说："妈妈，我要出去玩。"

妈妈："出去可以，拿剪子干什么？"

冬冬："我把它放在那屋里。"

"那屋里"，指书房。

摆图认字
（1988-09-11）

爸爸又用积木摆字，开始冬冬认不出来。爸爸说田野的"田"，爸爸拿去一块竖积木，变成一个"日"字，冬冬说是的是的。爸爸又拿去一块横积木，冬冬是方块，爸爸说是"口"字

1497

冬冬出了门，却照直朝楼梯口跑去。

妈妈推测：她拿着剪子，一定会下楼去剪青草。但没阻止她，心里却在盘算着，如何处理这件事。因为近段时间，大人一直要求她说实话，不能骗人。

"妈妈——！"很快，冬冬跑上楼，把剪子放在书房的桌上，跑回了卧室。

估计在这短短的几分钟时间，冬冬的思想交锋也一定很激烈。是瞒着妈妈下去剪青草，还是把剪子放在书房里？一声欢快的"妈妈"，表现出思想斗争胜利后的愉悦。

事虽小，妈妈很高兴。

我家的书多

琳琳的父母要带女儿去书店玩，问冬冬是否同去，说那里有很多很多的书。

冬冬："我们家还不是有很多很多的书！爸爸的书房里一排一排的。"

琳琳妈："昨天给琳琳买了两本小人书。"

冬冬："我的小人儿书，有一百，一千，一万。"

琳琳爸听了，觉得很好笑："嘿嘿，有一千，一万。"

事后，冬冬对妈妈说："其实我们家没有那么多。"

妈妈："那你为什么说那么多？"

冬冬："琳琳妈妈说她家书多嘛。"

知道攀比、要强。知道了"百、千、万"。

打招呼

菁菁正收拾她自己的自行车。

背诗与作诗
（1988-09-11）

爸爸让作诗，冬冬却背《春晓》。爸爸说，那是背诗不是作诗。冬冬明白了，开始作诗，说天上星星很多呀，天里飘来飘去，就是没找到夏天。春姑娘来了，到夏天了，刮风了，下雨了，树叶也落了。那是真的吗？不是不是，那是夏天。冬冬这诗已有诗的韵味，只是少点照应

冬冬打招呼，问："你干吗呀，菁菁姐姐？"

菁菁："修车子。"

不正面顶撞

近段，冬冬如果惹大人生气了，她既不正面顶撞，也不任性发脾气，常是压低声音，模仿老家话：

"你想挨的好！"

"我揍你呗！"

"你疯了吧！"

以此逗乐大家，化解不快。

不睡午觉

中午，妈妈让她睡午觉，她却要唱歌要跳舞。歌罢舞毕，又变换出种种新花样。目的只有一个，就是不睡觉。

妈妈大声喝道："快躺下！"

"有什么好发脾气的呢？" 她立即躺在妈妈身边，但身子还没放平，又马上跳下床去。

妈妈生气了，说："去，去，干脆别睡了，出去玩吧！"

冬冬："好，好，我就不睡了，我就出去玩。"

妈妈："赶快走，别来打扰我，听见没有？"

"听见咯，听见咯！" 冬冬嬉皮笑脸地扯着河南腔，一溜烟地跑了出去。

1988-9-19

小鬼在电视上，下不来

妈妈想躺下休息，冬冬缠着妈妈不放。

儿歌两首
（1988-09-13）
《找朋友》《丢手绢》

姐姐吓唬她说："快过来，看，电视上那个女鬼下来了。"

正在放的电视剧《聊斋·莲香》，里面有一个叫李青的女鬼。

冬冬笑了："不会的，小鬼在电视上，怎么能下来呢？"

"女同志、男同志"

一位小朋友的父母，到幼儿园给他们的孩子照相。

冬冬告诉妈妈："妈妈，今天我们照相了。我没有照。"

妈妈："谁去照的？"

"一个女人，"冬冬又改口，说，"一个女同志，一个男同志。"

妈妈："给谁照了？你为什么不照？"

冬冬："那个阿姨没请我照，所以我就没照。"

这是单独用"所以……"。

抱怨大姑回家晚

冬冬从幼儿园回来，进门便问："妈妈，大姑回来了没有呀？"

妈妈："还没有。"

冬冬："每天都回来这么晚，讨厌。"

"松"与"紧"

冬冬的辫子松了，妈妈给她紧了紧头绳。

冬冬："老师今天没给我扎辫子。"

妈妈："不扎，也没问题。头绳还比较紧！"

冬冬："松了，她也没给我扎。"

她以"松"对"紧"，可以准确运用这对反义词了。

老鹰抓小鸡的游戏

冬冬："妈妈，今天我们老鹰抓小鸡了。"

妈妈："是吗？老鹰怎么抓小鸡的？"

"一个小鸡，一个鸡妈妈，一个老鹰。"她闪动着两条胳膊转圈，边做动作边唱，"'小鸡小鸡叽叽叽，到我这里吃小米。'小鸡说，'小鸡小鸡叽叽叫，不吃小米做游戏。'鸡妈妈用翅膀挡着，拐个弯，又拐个弯。"

能够生动叙述"老鹰抓小鸡"的游戏。

"干吗滚蛋呀？"

妈妈正坐在床边抄写记录。冬冬爬上床，趴到妈妈背上，让妈妈背她。

妈妈："趴好，会摔倒的。"

"不会的。"她直起身，又猛地朝妈妈背上扑去，吓妈妈一跳。

妈妈："干吗呀，你？吓死我了。滚蛋！"

冬冬明知故问："干吗滚蛋呀？"

"你自己"

爸爸准备出去跟朋友聚会，高声问妈妈，自行车的钥匙放在哪里了？冬冬拿起茶几上的钥匙，递给爸爸，说："钥匙你自己放这里的，你还找不着？"

不让爸爸抱

爸爸回到家，弯腰抱起冬冬。

冬冬竭力挣扎，不让爸爸抱，说："你在哪儿喝了一杯酒吧？"

爸爸："你怎么知道？"

冬冬："我闻着，你嘴巴有个酒气。"

她越挣脱，爸爸抱得越紧。

冬冬叫唤起来："爸爸抱得太紧，我身上热起来了。"

爸爸故意用牙齿咬她的衣服。

冬冬："你看，我衣服脏不脏？"

谁在挤谁？

晚上，爸爸躺在冬冬身边，故意说："冬冬，你别挤我呀！"

"还是你挤我，还是我挤你？"冬冬推推爸爸，说，"你太胖了，长的，把我挤紧了。"

她常称爸爸是"胖国王"。睡觉时，既不让爸爸挨着她，也不同意爸爸睡她的小床。常说："睡你的书房的床上！"

爸爸不能病

爸爸喝酒后，身上燥热，很快把被子踢到了一边，裸露出来整个身子。

冬冬说："爸爸，你不盖好，会感冒的。你生病了，也没人管你、管我了。"

妈妈和冬冬一起用力，拉被子给爸爸盖上。

妈妈感叹："人呢，如果不生病该多好！"

冬冬："我生病没关系的。"

妈妈奇怪地问："为什么？"

冬冬："我生病了，有人管我，不要紧的。"

不到四岁的冬冬就明白：她病了，有爸爸照看她。要是爸爸病了，自己年幼，妈妈身体不好，就没人能管她和爸爸了。

1988-9-20

惊喜

冬冬的枕头上，新换了一条花枕巾。她惊喜地叫道："妈妈，这怎么搞的呀？"

妈妈："怎么搞的？当然是爸爸买的。"

冬冬感叹道："哪儿有这么漂亮的花手巾啊？"

和小朋友玩，最重要

冬冬身上被蚊子叮了好多个毒包。妈妈在毒包上抹了清凉油，又查看她的脚脖儿，是否还有被咬的疙瘩。

冬冬挣扎着跑开，说："我上熊楠家玩去。"

妈妈："别慌啊，我看看你脚脖上有包不？！"

冬冬边跑边说："黑了，怎么办？天就黑了。"

称谓

姐姐播放歌曲磁带，冬冬却要听磁带上她自己的录音。

妈妈让姐姐播放冬冬的录音。

冬冬高兴地对妈妈说："你是她大姑，姐姐应该听你的话。"

冬冬知道，妈妈是姐姐的大姑，而且大姑最有权威。

剥雪糕皮

冬冬要买雪糕吃，并说如果吃一支雪糕，晚上就单独睡小床。有此承诺，爸爸欣然应允。

她自己剥雪糕皮，一直剥到棍子处，问："我想把这皮子搞掉它，怎么搞呀？"

爸爸接过雪糕，剥掉了皮子。

冬冬担心地问："冰吧？"

"丑死了"

琳琳头戴花环，在过道里骑小车，很开心。

冬冬对爸爸说："丑死了，像个大灰狼，像个大妖精。琳琳干吗呀？骑车子干什么去呀？"

与小朋友的争斗

"上那屋看看，在不在那屋呀？"冬冬回到家，先跑向卧室，又跑到书房，找到了妈妈，说，"妈妈，你看王志给我挖的，下午流好多血。我拧了他一下，他没有哭。"

冬冬右手的大拇指旁，有两处血痕。

妈妈："他没哭。你哭了吗？"

冬冬："我哭了。熊楠给老师说了一下，老师叫王志站起来。"

妈妈："我记得，上次就是王志挖的你吧？"

冬冬："那一次，我拧他的手，他就没有哭。"

画红蓝线团

今天冬冬上绘画课，老师还布置了家庭作业。

她说："今天画的线团。老师说我画得很好，但是有点轻。明天早上，拿给老师的。如果老师看我画的不是红线团和蓝线团，会怪我的。"

朗诵故事

冬冬能完整地叙述童话故事《青蛙王子》《小妖鞋匠》和《荷勒妈妈》。

她站在凳子上，抬头挺胸，朗诵道：

"一只大公鸡，住在花园里。大公鸡去拾柴，大狐狸钻进了花园里。大狐狸钻在床底下，公鸡回了家。狐狸猛地一扑，公鸡飞到了门上……"

冬冬说，这是老师给他们讲的故事。

1988-9-21

"其实"

"熊楠说不跟我玩，我一下子把熊楠打哭了。老师说不让我吃饭，其实没有不让我吃饭。"冬冬告诉妈妈。

大姑："老师不让你吃饭？是楠楠给老师告状了吧？"

冬冬："不是。王志给老师告状的。"

"你说干什么去了"

冬冬在楼下玩，碰见了田伯伯。

田伯伯问："怎么没见你爸爸？他干什么去了？"

冬冬："你说干什么去了？在那屋写东西。"

"那屋"，指的是书房。

儿歌：太阳太阳起得早

冬冬又学会一首儿歌：

"太阳太阳起得早，她怕宝宝睡懒觉。趴在窗口瞧一瞧，咦，宝宝不见了。宝宝正在院子里，一二三四做早操。太阳夸宝宝，是个好宝宝。"

1988-9-22

为什么要舔嘴唇

冬冬一边抹胭脂，一边说："红的，可不是胡抹的；黑的，也不是胡抹的。对吧，妈妈？"

妈妈看她嘴唇太干，让她用舌头舔一下。

冬冬："舔嘴唇干什么呀？"

妈妈："舔一下，嘴唇就红了！"

冬冬："红就红呗，为什么要舔下嘴唇呀？"

这句话，是一个让步—转折复句。"红就红呗"是表示"认可"的特殊格式，并预示着下一句的转折。

"错误"

不知为什么，整个下午冬冬的情绪都很拧巴：在覃覃家玩得好好的，哭着闹着要回家；见了长辈们，不打招呼不问好；爸爸让她穿外套，她起身便跑……她的这些表现，都有点"小逆反"。

大姑说冬冬，你再不听话，爸爸可真要动武了。冬冬不大相信。大姑列举了好几件事，说爸爸为了这几件事要揍她，冬冬有点相信了。

冬冬急匆匆跑到书房，去拽爸爸正写字的胳膊。爸爸不理她，冬冬干脆去拉爸爸的手。妈妈看爸爸真要动火，忙带走了冬冬。这下，冬冬相信爸爸真的生气了。

半个小时后，爸爸去卧室睡觉。冬冬表态说："爸爸，今天我再也不做错误了。"

"错误"不能与"做"搭配。要么说"犯错误"，要么说"做错事"。

"习复习复"

妈妈教冬冬学苏轼的《水调歌头·明月几时有》，她却要求背过去已经学会的诗："咱们习复习复，还背从来的诗。"

把"复习复习"说成了"习复习复"；把已经会背的诗，说成"从来的诗"。

不愿分床睡

爸爸让冬冬睡自己的小床。

冬冬："我跟妈妈陪一块儿的。"

爸爸推着她，一步步走向小床的地方。

"我还没穿好鞋的，我会去的。"她穿上鞋，指指大床，又指指小床，问，"我睡这个床，还是睡那个床？"

爸爸妈妈都不搭话。

她利索地爬上大床，钻进妈妈被窝里，说："我还是睡妈妈床上吧！"

1988-9-23

"从来"

华师坐落在桂子山上。八月桂花香，沁人肺腑。姐姐把晒干的桂花，装进纸袋子里密封保存。

冬冬指着袋子，说："这是妈妈从来吃中药的袋子吧？"

"从来"是"从前"的误用。

"歌头"与"割头"

爸爸朗诵："'丙辰中秋，欢饮达旦，大醉，作此篇，兼怀子由。／明月几时有？把酒问青天。不知天上宫阙，今夕是何年。我欲乘风归去，又恐琼楼玉宇，高处不胜寒。起舞弄清影，何似在人间？转朱阁，低绮户，照无眠。不应有恨，何事长向别时圆？人有悲欢离合，月有阴晴圆缺，此事古难全。但愿人长久，千里共婵娟。'这是苏轼的词，词牌名《水调歌头》。"

"噢，《水调歌头》！'歌头'是'割头'的'割头'吧？"冬冬说着，做了一个用手砍爸爸脖子的动作。

不分床的理由

冬冬不想睡小床，对妈妈说："妈妈这几天不舒服，我和妈妈睡一块儿。"

妈妈："如果妈妈病好了，你就单独睡，好不好？"

冬冬点了点头。

《惠崇春江晚景》

学苏轼的《惠崇春江晚景》："竹外桃花三两枝，春江水暖鸭先知。蒌蒿满地芦芽短，正是河豚欲上时。"

长短句《小电扇》

冬冬的"长短句"（顺口溜）已经不少了，父母想帮她提高提高。

昨晚，父母第一次帮冬冬构思跟电扇相关的诗。作诗不易，三个人都说了好多好多句子，真正像样的却很少。

今晚，冬冬仰面躺在床上，看着天花板上一直转动的吊扇，随口念出一首还算押韵的长短句：

"小电扇，

转呀转，

带来了风，

刮跑了汗。

人们睡觉了，

它还转呀转。

吹得妈妈直叫喊。"

"直叫喊"三字，看似荒唐，却很真实。妈妈的类风湿关节炎，最怕电扇的风。只要吹会儿电扇，全身关节强直，像是生锈的机器人，动弹不得。

1988-9-24

"妈妈说的最对"

冬冬和爸爸在室内打羽毛球。为一个球的输赢，两人"争执"不下。

妈妈回来了。

冬冬跑上去，问："妈妈，我打到桌子里面了，我输了没有呀？"

桌子在爸爸的身后，当然算出界。

妈妈护短，说："没有，你当然没有输。"

冬冬很高兴地说爸爸："你输了，我妈妈说的最对。"

爸爸想起一件急事，突然起身离开。

冬冬忙拉着爸爸，问："怎么了，爸爸？你要干什么呀？"

人坐着，显得低

大姑和冬冬从窗户探头往楼下看。一个小女孩儿坐在小凳子上看书。

大姑："下面坐的是洪阿，还是李贝？"

冬冬："是洪阿。"

大姑："不会吧？洪阿怎么这么低呀？"

冬冬压低手，比着高度说："她坐着哩嘛！她才这么低，我才这么低。"

1988-9-25

小滴溜儿的耳环

冬冬拿个耳环给妈妈看，说："妈妈，把这个扔掉它，再给我买个新的吧！等我长大了买个穿眼眼的耳环，两个小滴溜儿。"

中秋赏月

今天是中秋节。

夕阳尚未西下，冬冬就嚷着要去赏月。终于盼到天黑，但月亮还未跳出地平线，她在家里更待不住了。

妈妈："冬冬，别慌。月亮还没出来，怎么办？"

冬冬："打着手电筒呗！"

妈妈："如果打手电筒，还算赏月吗？"

儿歌《一年级》
（1988-09-25）

1509

　　九点左右，月亮升到两竿子高。宝石蓝的天空，飘移着几朵白云，辽阔而宁静；桂花树释放的阵阵幽香，醇厚浓郁。整个桂子山头，醉了！

　　爸爸用自行车推着妈妈和冬冬，沿着行政楼前的桂花大道缓慢行进。

　　冬冬嗅着扑面而来的香气，说：“嗯，嗯，好香啊，好香啊！”

　　行政楼前的草坪上，早已欢声笑语一片。全家人找一片空地，席草而坐。冬冬把切好的胡萝卜丁，抛向空中，叫道：“小玉兔，吃萝卜啰！”

　　家人欢快地呼应道：“快点呀，小玉兔，下来吃萝卜啰！”

　　冬冬唱起来：“小玉兔，白又白，把你的白毛剪下来。”

　　爸爸递给她一个苹果，说：“不能剪兔毛。兔子没有毛就难看了！吴刚砍树挺辛苦的，给他个苹果！”

　　冬冬把苹果举得高高的，对着月亮，说：“吴刚，吴刚，快吃吧，吃了苹果会长胖。”

　　爸爸拔一些野草，放进小篮子里，说：“来，喂喂玉兔吧！”

　　小篮子里，很快装满了野草。

　　冬冬随意地抛撒着，还请父母也帮忙撒草，说：“爸爸妈妈，你们能帮我点忙吗？”

　　十一点多，冬冬疲惫了，坐在草地上，打起盹来。自行车还未骑到西一村，她就趴在车把上，甜甜地进入了梦乡。

1988-9-26

太阳七色

　　妈妈挤出药膏，涂抹冬冬脸上的疙瘩。冬冬一把抢过药膏，说：“我拿药膏玩。”

　　妈妈：“那是药膏，不能玩的。”

　　冬冬：“我比比颜色，可不可以呀？”

　　“可以不可以”的重叠，冬冬简略为“可不可以”，是“A不AB”式简略。

大姑问："你还会比颜色？大姑问你，太阳有几种颜色？"

冬冬："赤橙黄绿青蓝紫。"

大姑："那是几种？"

冬冬："五种。"

大姑："你查一查，到底有几种？"

冬冬扳起手指："赤、橙、黄、绿、青、蓝、紫，七种。"

"忘记人"

冬冬从幼儿园回来，说："妈妈，我两天没带手绢了。"

妈妈："对不起，妈妈忘记让你带手绢了。"

冬冬："你是个忘记人吧！忘记妈妈，忘记大姑，忘记爸爸。"

她又一次说"忘记人"，看来"忘记人"真的进入她的词汇库了。

睡意蒙眬的妈妈讲故事

万籁俱寂的夏夜。爸爸躺在床上，拉个被角盖着半个肚子，马上就呼呼入睡了。冬冬指着爸爸，说："连这都不会搞，笨蛋。"

爸爸睡熟了，她可精神着呢，一直让睡意蒙眬的妈妈讲故事。

妈妈用提问式，讲《青蛙王子》："……国王有几个女儿？"

冬冬："是有几个女儿，还是有两个女儿？"

妈妈："对，是两个女儿。小女儿最喜欢玩豆豆。"

冬冬："是豆豆还是皮球？"

妈妈："哦，是，是皮球。"

冬冬："是皮球哇还是金球哇？"

妈妈："噢，噢，是金球，是金球。"

冬冬很得意地笑起来。

妈妈睡意加重，头脑更加不清醒，说："小公主一看，说话的是一只癞蛤蟆。"

冬冬："妈妈，你讲的什么呀。是癞蛤蟆还是青蛙呀？"

妈妈稍醒了一些，笑了："对不起，宝贝儿，妈妈说错了，是青蛙。不行，妈妈瞌睡死了，不讲了，不能讲了，睡觉吧！"

冬冬转过身子，很快睡熟了。

1988-9-27

"每天"

冬冬先回到家，再跑厨房看看，又跑进书房瞧瞧，像刚发现似的，问："怎么每天都这么干净呀？"

妈妈："当然。干干净净，整整齐齐，是咱们家的追求。"

又被小朋友抓伤了

晚饭。大家都吃完了，冬冬还没有放下碗，解释说："我在幼儿园，马上吃完了。这太多了。"

大姑发现冬冬右手背上，又被人抓掉了一大块儿皮。询问怎么了？

冬冬："我这被挖了一大块儿。"

大姑问，是被谁抓的？

冬冬："我把和我睡一起的小朋友，抓得满脸都是印印。"

大姑："你也抓了别人？老师批评你了没有？"

冬冬："我问老师：'她先抓我，我又抓了她，对不对？'老师说：'对，应该这样。'"

背诗记录

苏轼的《惠崇春江晚景》，冬冬背得很熟练；《水调歌头·明月几时有》的下半阕，还有些生疏。

妈妈再讲《青蛙王子》

晚上，冬冬又让妈妈讲《青蛙王子》。

妈妈说，青蛙爬到小公主的小金盘里吃东西。

冬冬："是小金盘子哇，还是盘子呀？"

妈妈："当然是小金盘子。"

妈妈讲完了故事。

冬冬评价说："今天晚上，你没讲错。"

1988-9-28

家人话"粮本"

家人拉家常，说起以前的生活有多么艰难：冬冬出生前，姐姐就在信阳照顾生病且怀孕的妈妈。一个人的口粮两人用，日子过得紧巴巴的。冬冬出生后，报了户口，多一个人的口粮，生活质量提升了不少，能吃饱饭了。

冬冬："我在信阳有饭吧？"

"饭"，是指大家说的"户口""粮本"。

妈妈："当然有。"

冬冬："信阳的饭呢？"

妈妈："你的饭，就是个粮本，你到哪儿，粮本就可以带到哪儿。"

冬冬："那粮本好吃不好吃？那粮本好不好吃呀？"

妈妈："粮本本身不好吃。但拿着粮本，可以领到粮票，然后拿着粮票，就能买米买面做饭吃。"

曾幾《三衢道中》

学吟曾幾的《三衢道中》："梅子黄时日日晴，小溪泛尽却山行。绿荫不减来时路，添得黄鹂四五声。"

以电视人物为榜样

电视上，一个孩子独自睡在一张床上。

冬冬："他一个人睡觉，今天晚上我也一个人睡。我看见电视上的孩子一个人睡，我也想一个人睡。我看见电视上的孩子，跟妈妈睡一块儿，我也想跟妈妈睡一块儿。"

话讲得合情合理，可到睡觉时，她还是挤进了妈妈的被窝儿。

羊妈妈的鼻子

幼儿园的吴老师对爸爸说，李纤讲故事，表情丰富，声音洪亮。今后，老师会有意识地培养她，父母在家也要多给孩子讲讲故事。

妈妈问冬冬，是否在幼儿园讲过故事？

冬冬点了点头，说："我给你们讲个《小羊和狼》的故事吧！有一天，小羊肚子饿了，就要吃羊妈妈的鼻子，就'哈呼'一下，吃掉了。又有一天，小羊还想吃妈妈的鼻子，一摸，妈妈没有鼻子了，就找了一个鼻子给妈妈安上。一看啊，不是鼻子，原来是一棵青草，完了。"

故事情节中，小羊吃羊妈妈的鼻子、安鼻子和一棵青草，形象鲜明且妙趣横生。

但是，故事的题目是《小羊和狼》。故事中只有小羊，却没出现狼。之后，她又讲了一个《狼吃小羊》的故事。这次，她终于把狼和小羊，都纳入了故事情节中。

爸爸代替不了妈妈

夜里，妈妈关节疼痛加倍，辗转反侧难以入眠，更是无法照管冬冬。凌晨一点多，爸爸把妈妈送去书房的小床上躺下，自己搂冬冬。

凌晨四点左右，冬冬醒来，先摸摸爸爸的耳朵，又摸摸爸爸的嘴巴，叫道："我要妈妈。"

爸爸不吱声。

冬冬再次摸爸爸的耳朵和嘴巴，哭着要"妈妈"。

爸爸说，别哭了，外面有大老虎。冬冬哭声更加响亮。爸爸说，妈妈回河南了。冬冬披上衣服，也要回河南。没办法，爸爸只得把妈妈扶过来，睡到大床上。妈妈把她拥在怀中，甜言蜜语地哄了多半天，这才停止哭泣。

黑暗中，她是怎么区别爸爸妈妈的？

1988-9-29

跟爸爸搞着玩的

早上，父女俩一起下楼。

冬冬："我们到路上去散步去吧？"

爸爸："你说呢？"

冬冬突然说："爸爸是坏爸爸！"

爸爸："你说什么？"

冬冬："实际上，我是亲爸爸、亲妈妈、亲大姑、亲姐姐。"

爸爸："你亲爸爸？那为什么说爸爸是坏爸爸？"

冬冬："我跟爸爸搞着玩的。"

自我修正话语

① 冬冬讲起，她跟爸爸一块儿到"大森林"玩的情况。

她炫耀自己勇敢，说爸爸害怕得"直外跑"。

接着，冬冬又修正为："爸爸直朝外跑。爸爸吓得不得了。"

②冬冬让妈妈打开水瓶的盖子："妈妈，给我打开！"

妈妈打开瓶盖，把水倒进杯子里。

冬冬："给我闭上。"

妈妈："什么？什么'闭上'？"

冬冬："给我拧上。"

"所以……"

冬冬吃着苹果，让大人陪她一起看《看图识字》。

妈妈："你不吃苹果了，是不是？"

冬冬："我吃，但是我想认字。"

妈妈："只看字，记不住。找张纸，一边念，一边写！"

冬冬跑去书房，拿来一张纸，非常高兴地说："爸爸给我方格纸了。爸爸说这没有用，所以就给我了。"

"所以……"的又一次单独使用，不与"因为"相配。

"实话"

冬冬说，大棍子，可以打到毒蛇什么的。

妈妈随声附和，说"有可能"。

冬冬："妈妈，你说的是实话不是？"

节能意识

夜里，卧室内亮着大灯，爸爸又按亮了台灯。

冬冬："爸爸，这有灯了，为什么还要这个灯呀？"

冬冬说着，顺手按灭了台灯。

1988-9-30

"明天早上"

爸爸一边削苹果，一边和学生谈话。

冬冬不满地说："你削到明天早上也削不完！"

"明天"和"早上"连用，还是第一次见冬冬使用。时间的表达又精细了。而且，她不直接说爸爸削得慢，而是用如此夸张的方式表达，语用技能提高了。

妈妈没听懂

冬冬从幼儿园拿回来一些纸条。她一边向妈妈展示手中的纸条，一边说："妈妈，老师说的，和这个条条一样的面条，大，宽。我说的话，听懂了没有？"

妈妈摇摇头，真的不知所云。

冬冬的意思也许是，面条和这个纸条一样大（长），一样宽。但不知道是幼儿园吃的面条，还就只是纯粹的比较。"我说的话，听懂了没有"，这句话不知道是老师问小朋友的，还是她问妈妈的。儿童的话，脱离语境，很难理解。

1988-10-1

抠字眼

大姑擦茶几，不小心，把一块汉字积木碰落到地上。

冬冬："你给我扔了干什么呀？你给我捡起来，你给我扔的。"

爸爸："大姑不是故意的。咱不玩积木了，咱们上童童乐园，好不好？"

冬冬："'童童乐园'，还是'儿童乐园'呀？"

爸爸笑："对。是爸爸说错了，应该是'儿童乐园'！"

认不出照片上的人

冬冬翻看相册，指着十年前的全家福，问："这是谁呀？"

爸爸："这是小奇叔叔。"

冬冬："小奇叔叔这么大儿？"

意思是"这么小"。在问句中，"大"儿化可以表示"小"。

冬冬又指着爸爸，问："这个是谁呀？"

爸爸："是爸爸呀？"

冬冬歪着头审视："我怎么看着不像啊！"

还听《青蛙王子》的故事

冬冬又让妈妈讲《青蛙王子》。这故事，冬冬已听熟了，妈妈也讲烦了。妈妈用吃东西的话题，转移她的注意力。

十多分钟后，冬冬回过神来，问："那个故事还讲不讲呀，妈妈？"

1988-10-2

明天和今天

大姑出门之前说，上街去给冬冬买双鞋子。回来时，却两手空空。冬冬不高兴了。

大姑再次承诺说："明天，大姑一定去买。"

冬冬："整天都是'明天明天'，就没今天买过。"

重复别人的话，表示不耐烦和不信任等情绪，也是一种话语方式。

"所以……"

冬冬用"所以"的次数越来越多，也越来越熟练了。

①早上，冬冬要穿凉鞋。

妈妈："天冷了，不能再穿凉鞋。你看，大家都不穿凉鞋！"

冬冬："你们没有凉鞋，所以你们才不穿，等你们长小了再穿。"

②冬冬有些逆反。不管妈妈怎么做，她都不如意。

妈妈："既然我管不了你，那就不管你了。"

冬冬："爸爸管我。爸爸待我亲，所以爸爸管我。"

"我是信阳人"

大姑："我是河南泌阳人！"

冬冬："我是信阳人。我从信阳来的，所以我是信阳人。"

看来冬冬懂得了，人在何地出生，或是来自何地，就是何地人。

"但是，我有个条件"

冬冬拿着插板的三个插珠，让妈妈看，说："我从沙发底下捡起来的。"

妈妈："可能是前天掉的，一直找，都没有找到。冬冬真能干。去，把笔和纸递给妈妈。"

冬冬："好，但是，我有个条件。"

妈妈："说吧，什么条件？"

冬冬抬起一只脚：拖鞋的鞋襻断了。她让妈妈也剪掉另一只拖鞋的鞋襻，说："那样不舒服，主要勒得太紧了。"

"但是"，"有个条件"，"主要"等，都是书面语。在学校、幼儿园和现代传媒环境中成长的儿童，会接触较多的书面语。

小秃子

冬冬拿一个乒乓球和一个鸡蛋壳，准备做个小娃娃。她尝试着用小刀子，把鸡蛋壳的尖尖削平，结果把蛋壳弄碎了，无奈地说："我一使大劲，这个就破了。"

妈妈说，没关系，再找一个鸡蛋壳吧。这会儿，你先去把乒乓球洗干净。

她跑厨房水管上洗了会儿，回来告诉妈妈："妈妈，洗不干净了，真的洗不干净了，成了一个小秃子了，怎么办，妈妈？"

乒乓球上所画的五官和黑头发，是洗不掉的。

"不管……"

母女俩一起，拣出大米中的沙粒。

妈妈说："慢一点，大米都掉地上了！'谁知盘中餐，粒粒皆辛苦'。"

冬冬："'皆辛苦'，'苦'是没饭吃。不管是没钱的，还是要饭的，没钱买饭，吃不上好饭，对不对，妈妈？"

对"苦"的解释，很朴素。

冬冬在两岁半左右时，就会用"不管"。但那时的"不管"是个词组，"管"是动词，"不"是否定"管"的。而今天的"不管"是个连词，有"不论"的意思，是无条件复句的标记。

"小孩子，就是要犯错误的嘛！"

父母要做午饭了，冬冬喊着要打扮打扮。爸爸拿出梳妆盒，让她自己打扮。她先把长项链挂在发卡上，再把发卡往头上卡，自语道："你跑干吗呀？跑啊，你跑不了了吧！"

过了一会儿，她来厨房找妈妈，两个脸蛋红彤彤的，说："妈妈，我不小心把胭脂搞碎了。"

妈妈跟着她回屋内一看：床前一大片胭脂碎末儿……

爸爸问她，为什么总干坏事？

冬冬："小孩子，就是要犯错误的嘛！"

大姑回来了。

冬冬说："我把胭脂掉地下碎了。跟妈妈说，我不小心，我错了，我今天再也不这样了。妈妈就没有怪我。"

单说"妈妈就没有怪我"，却没有说爸爸的言外之意，是爸爸怪她了。

"技术高不高？"

爸爸端上饭菜，冬冬主动去拿筷子。

爸爸："你知道拿几双吗？"

冬冬："三双。"

冬冬用筷子托起一块儿牛肉片，得意地问："你看我，妈妈，技术高不高？"

妈妈："不错，学会用筷子了。来，再吃点青菜！"

冬冬："我想吃就吃，我想吃什么就吃什么，你别管我。"

1988-10-3

"因为……，再因为……"

冬冬起床，就询问什么时候开学："我从来不想上小二班，现在想上小二班了。"

"从来"还是指"从前"。妈妈问，为什么喜欢小二班了？

冬冬："吴老师说，'小二班了，长大了，但是老师还是得做不容易的事。老师给小朋友们穿衣服'。我自己穿。"

妈妈："为什么你自己穿衣服？"

冬冬："因为我大，再因为熊楠小，再因为她叫我姐姐。"

氢气球

冒着淅淅沥沥的小雨，全家人去东湖儿童公园。

在公园门口，买了个氢气球。冬冬很开心，使大劲儿挤它压它，氢气球爆炸了。她舞动着炸成碎片的气球皮子和空管子，吆喝道："谁买哟，买爆炸气球哟，买破气球哟！"

长短句《雨中的东湖》

烟雨朦胧。从东湖儿童公园出来，沿着东湖岸边转了一大圈。细雨中的湖边游泳场，简易的石栈道，蜿蜒伸展到湖的深处。爸爸牵着冬冬，沿着平台缓步而行。

她趴在石条上，探头观察落进水中的雨点，观察雨点入水溅起的小水花，随口吟出一首长短句：

"小雨点，

落在湖水里，

一点，

一点，

像小虫一样。

我伸手摸一摸，

一圈，

一圈，

白白的，

沾在手上。"

彩旗

国庆节，彩旗飘扬，许多楼顶上也插着彩旗。

冬冬："是怎么安上去的红旗？"

爸爸："爬到楼顶啊。"

冬冬："它怎么不掉呀？"

爸爸："用绳子绑着的。"

"结果……"

从东湖回到家，已经是下午三点多了。家人刚脱衣躺下，她又想穿衣服出去玩。妈妈问她，你不想睡觉，为什么还要脱衣服？

冬冬："我看见爸爸妈妈睡了，我也想躺一会儿。结果我不想睡了，结果我想出去玩。"

这两个"结果"，都想表达转折的意思，但用得有点牵强。

冬冬穿好衣服，悄悄地走出去找琳琳。

她悄悄地走，是怕打扰父母休息，体现出懂事的一面。

1988-10-4

选择问句

妈妈："冬冬，今天去幼儿园，跟老师讲讲你上儿童公园的见闻！"

冬冬："是儿童公园啊，还是儿童乐园呀？"

妈妈："是儿童公园。妈妈昨天看到公园门口，就是这样写的。"

组长的职责

从幼儿园回来，冬冬坐在床边跟妈妈聊天。

冬冬："老师喂我们药是这样的——倒在小杯子里，一口气喝完。"

妈妈："真的？你在幼儿园吃药这么乖？"

她挤着双眼，做出困得睁不开眼的模样，继续说："我一闭上眼睛，到起床的时候，也起不来，瞌睡得要命！"

妈妈："不会吧，睡午觉，你还有不想起床的时候？"

冬冬："老师说，'好不容易让熊楠当了组长'。"

妈妈："熊楠是组长？你是组长吗？"

冬冬："是啊。"

妈妈："真是吗？"

冬冬："是的。"

妈妈："我怎么没听你说过当组长了？"

冬冬："是的。我是第一组的，怎么不是的？"

妈妈："你什么时候当的？"

冬冬："那一天啊！"

妈妈："那你告诉妈妈，当组长都干什么？"

冬冬："帮老师干活啊，帮老师打人啊，帮老师刮鼻子呀！"

大姑："当组长就得不怕苦不怕死。"

冬冬："人都怕死。"

大姑："为什么怕死？"

冬冬："因为人死了，什么都不知道了。"

以前她常说人活着没意思，近日的生死观，有点儿改变了？

"大诗人、小诗人"

爸爸在小黑板上，用粉笔写了一首诗歌。

冬冬对刘伟说："爸爸什么都会。爸爸考研究生了。爸爸是有用的人。"

爸爸让刘伟每天下午也来跟冬冬一起学诗。

冬冬说："我要再学这么多呀，我就成大诗人了。我现在成了小诗人了。"

"到底说"

妈妈坐在沙发上。冬冬往妈妈身上披了一个毛毯，又搭上三四个枕巾。

妈妈："冬冬，你这是干吗呢？怎么一个劲儿地折腾妈妈？"

冬冬："你老是说'干吗，干吗，干吗'，冷不冷，到底说？"

"到底说"，是"老实说"的意思。

剪纸不是剪衣服

姐姐剪裁衣服。冬冬也把白纸剪裁成不规则的图形。

妈妈："冬冬，你也在剪衣服？"

冬冬："妈妈，你是个傻瓜吧？"

妈妈："我怎么是傻瓜？"

冬冬："你糊涂了。"

妈妈："我什么糊涂了？"

冬冬："我剪纸，你说我剪衣服。"

姐姐剪裁的裤子太瘦了。很生气，说今后再也不干这种事了。

冬冬："姐姐，你总是得学哟！我剪纸还不是不会，我一学学会了。"

现身说法，颇有几分道理。

"0分钟"

爸爸："今天晚上，我搂着你睡两分钟？"

冬冬摇摇头。

爸爸："不行？那一分钟，行不行？"

冬冬用大拇指和食指勾成一个圈，说："0分钟。"

爸爸："0分钟是多少？"

冬冬："0分钟是一点点儿。"

"0分钟"，竟然还有"一点点儿"的时间？对"0"的认识有误。

长短句《小雨点》

昨天冬冬吟诵了一首"长短句"。今天，妈妈又给冬冬念了一遍。

冬冬说："'一圈又一圈'是爸爸说的！"

爸爸说："你再好好想想，'一圈又一圈'，这句话到底是谁说的？"

冬冬想了想："我说吧，

'小雨点，

落在湖水里，

一点一点。

我变成小鱼，

飘了过去'。"

她把"一圈又一圈"，修改成了"一点一点"。

1988-10-5

弄懂了"0分钟"

昨晚，冬冬把"0分钟"说成是"一点儿点儿"。今天，爸爸多次说跟"0分钟"相关的话题：

①早上起床。爸爸说："昨天晚上，爸爸搂了你0分钟，对不对？"

"不对，"冬冬摇晃着小手，说，"搂了十分钟"。

②下午，爸爸抱冬冬上楼，又问："今天晚上，爸爸再搂你0分钟，行不行？"

冬冬："那就是没有。"

她终于弄明白了。0，就是没有的意思。一天的时间，就进步了。

王安石《泊船瓜洲》

冬冬已会背曾几的《三衢道中》，今天又开始学王安石的《泊船瓜洲》："京口瓜洲一水间，钟山只隔数重山。春风又绿江南岸，明月何时照我还。"

木头水笔

爸爸有一支又粗又黑的木头水笔。

冬冬要用它画画儿，说："妈妈，我用爸爸的黑笔，我不会给他弄坏的。"

妈妈："不行，不能用。"

冬冬："怎么不行啊？"

这支木头水笔，是稀奇物呀！舍不得给孩子玩。

"算什么妈妈"

冬冬睡下后，一会儿要喝水，一会儿要撒尿。

妈妈有些不耐烦。

冬冬："你光怪我，算什么妈妈呀？"

1988-10-6

"比比"

冬冬扒拉出来一块儿花手绢，很高兴："什么时候给我买的这个花手绢啊？谁给我买的呀？什么时间买的呀？"

大姑："这块儿手绢啊，是在信阳的时候买的，比你年龄还大些。"

冬冬拿手绢往身上一比："比比。哎，不大。"

大姑说的是比年龄大，她却拿来比身子。

自言自语

冬冬把三四个小板凳摆成一行，自言自语道："我还是沿桥吧，好不好？唉，没办法！怎么办呢？还搞个什么板凳呢？"

白居易的《暮江吟》

冬冬很快会背了王安石的《泊船瓜洲》，又学白居易的《暮江吟》："一道残阳铺水中，半江瑟瑟半江红。可怜九月初三夜，露似珍珠月似弓。"

1988-10-7

"要是妈妈也走了，就只剩我一个人了"

今天，只有冬冬和妈妈在家。

冬冬："我们一家人都不在家。爸爸唻，上王国华家去了；大姑唻，读书去了；姐姐唻，还没下班。只剩下我们两个。"

妈妈被她一本正经的模样逗笑了。

冬冬："要是妈妈也走了，就只剩我一个人了。三口人，五口人，还剩下两口人。"

意思是说，走了三口，全家五口人中只有两口人在家。会做减法了。

盼望星期天

爸爸抱起冬冬，问："冬冬，今天晚上，爸爸搂你几分钟啊？"

冬冬从爸爸怀里挣脱出来："几分钟也不搂。"

爸爸："好吧，今晚不搂，星期天再搂！"

冬冬："妈妈，什么时候星期天呀？"

妈妈："今天星期五。"

冬冬："明天呢？"

妈妈："星期六。"

冬冬："后天呢？"

妈妈："星期天。"

冬冬边说边数手指："一天，两天，三天。第一天，第二天，第三天星期天，对不对，妈妈？"

妈妈："对。"

冬冬高兴地："星期天才好玩呢！"

看电视剧《王昭君》

看电视剧《王昭君》。冬冬不断发问：

①王昭君被押送去看墓陵。

冬冬问："这是谁们[1]呀？押着她们干什么呀？这押着动不了了。"

②冬冬说王昭君："她老嗑着脸。嗑着脸干什么呀？"

"嗑"乃"嗑皱"之省。

③妈妈说，王昭君长得好看，要选她去和亲。

冬冬："她长得好看，选她做妻子也行啊！"

④宫女跳舞。

冬冬："为什么把那个嫱妹关在那里呀？当个妇女也行啊！为什么她们没关里面啊，爸爸？"

"她们"指的是歌舞宫女。

⑤昭君离开京城时，敬了三杯酒。

冬冬："他们怎都看她喝呀？嗯？"

⑥每天晚上播放两集《王昭君》，冬冬觉得不过瘾。

冬冬："怎么两集啊，每天晚上？"

1988-10-8

"男的当妻子不好看"

看电视连续剧《霍元甲》。

冬冬："怎么没见他的妻子呀？"

大姑："妻子是男的吧？"

---

[1] 谁们：指王昭君一行五人。普通话中似乎没有"谁们"的说法，但某些方言中有，一些文学作品中也可见到"谁们"的用法。

冬冬："不是，男的当妻子不好看。男的只能当爸爸和孩子。"

大姑："赵倩男是霍元甲的妻子吧？"

冬冬："不是的，不是的，是那一个。"

中国人与外国人

看完电视剧《霍元甲》，冬冬得出的结论是："外国人和外国人不打，中国人和中国人不打。中国人和外国人一起，就打架起来。"

1988-10-9

"拉灭、拉亮"

看电视，房间的大灯仍亮着。

妈妈漫不经心地吩咐冬冬："把鞋子脱掉，上沙发，把大灯拉亮。"

冬冬笑模笑样地问："是拉灭呀，还是拉亮啊？"

妈妈连连说："拉灭！拉灭！"

玩插板

玩插板。冬冬和妈妈约定，各插各的，最后评比，看谁插得最好。刚插了一会儿，冬冬问妈妈："是你的花美，还是我的花美呀？"

妈妈不表态："你说呢？"

冬冬："我的花不像花了，像条直线。"

问题太难，不好回答

妈妈的脚，绊了冬冬一下。冬冬打了个趔趄，差点儿摔倒，说："我以为这是个凳子的。"

妈妈拉她坐腿上，说："来吧，让你坐到凳子上！"

冬冬："妈妈，我提个问题，你得回答我。为什么昨天晚上你讲长发妹妹，只讲半截，嗯？"

妈妈："呵呵，对不起，我睡着了。"

大姑："我也提个问题，你回答我？"

冬冬："嗯？"

大姑："你说话时，嘴唇为什么不停地动？"

冬冬："搞得太难了，这个问题。"

大姑的难题，冬冬说不好回答。由此可知，冬冬回答问题，不再是随心所欲了。

给阿夏穿袜子的理由

冬冬给阿夏穿袜子，一边穿，一边说："你说他是阿夏，我记得他是人。他会走路，所以我给他穿袜子。"

"所以……"的使用，表明她给阿夏穿袜子的理由，是因为阿夏是人，会走路。

奇异之想

冬冬放下饭碗，就跑着去洗手间。她边跑边回头说："吃了饭以后，屙了屎，那感冒会好的吧！"

发展记录

①开学后，冬冬愿意上幼儿园了。她认为，老师很喜欢她。但对老师不发给她大红花，稍有不满。

②学习热情高涨：

a) 主动要求背诗，且记忆速度很快；

b) 从幼儿园回来后，就是学习时间，主动拿识字卡让大人考她；

c) 学了字，再拿纸笔去作画。

③独立意识在增强。自己的事自己做，如穿衣等。

④跟院子里的小朋友们和谐相处。减少了要大人陪着玩的次数。

⑤性情开朗了。见了熟悉的长者，主动打招呼并问好。

值得注意的：

①任性，她想怎样就怎样。

②自制力较差。学习时，注意力容易分散。学习时常伴以游戏，稍微感到没趣就走神。

③和小朋友们交往，自我调节的能力尚需培养。

1988-10-10

小心计

早上，冬冬要带着饼干和板栗去幼儿园。妈妈说，老师不让带东西。听话，不能带。

冬冬："喝过豆浆，上外面玩，偷偷地拿出来吃。老师来了，就装在口袋里，下午吃。"

妈妈："这样做，不好。这是欺骗老师！"

冬冬："妈妈，我告诉过你，你又忘了。喝过豆浆，就到外面玩，就拿出来吃。"

从这段话可知，冬冬已经学会躲开老师的视线，干自己想干的事，用"偷偷地"三字，表述她的心理活动。她认为，只要老师看不见，就不是欺骗老师，不是道义层面的问题。

病情"严重不严重"

下午，爸爸把妈妈送到医院打针，然后把妈妈留在医院，去幼儿园。接冬冬时，看见她正伴随着音乐跳舞。幼儿园前面有卖冰糕的，她想吃一个。

十多天来，冬冬感冒一直不好，流清水鼻涕。

爸爸："这会儿不能吃冰糕。咱去医院，让医生看看，你的病情严重不严重，严重了就不能吃。"

冬冬："不严重呢？"

爸爸："如果不严重，当然可以吃冰糕。"

爸爸与冬冬一起去医院，接妈妈。

冬冬见妈妈的第一句话，就是："你看病，严重不严重，医生说？"

得不到大红花的伤感

晚饭时，大姑问冬冬，带去幼儿园的饼干，用什么办法处理的？

"我只想着别人吃，就没想着给我自己吃。"冬冬还说，她今天很不高兴，没有得到大红花。

妈妈："也许你身上还有缺点，午觉睡好了吗？会吃饭吗？学习——"

冬冬接妈妈的话说："认真不？"

妈妈："是啊，如果这三条都做好了，老师才发给你红花。"

冬冬："妈妈，我想，我没搞缺点呀？每天早上我都帮老师挂餐巾。"

妈妈："每天早上都帮忙？"

冬冬："嗯。"

那语调，那神态，伤心极了。是的，她没有故意"搞缺点"，还帮老师挂餐巾，已经很尽力了。

妈妈说，虽然她没有得大红花，但近段的表现，父母非常满意。妈妈还——列举了那些让父母满意的事例。冬冬一扫刚才的不快，又开心起来。妈妈说：让爸爸问问你们班老师，我们家冬冬身上还有什么缺点？有缺点，咱就改正，做个好孩子，好不好？

冬冬频频点头。

一次吃 X 个

冬冬感冒咳嗽很长时间了，吃药也不见好。

冬冬："老师说：'有三个小朋友咳嗽了，有三个小朋友感冒了。'是谁呢？老师没有提名字。是李纤、武怡堃，还有谁呢？是闵婕她们。"

"是谁呢？"是个设问句。虽然老师没有提名字，冬冬也知道是谁病了。

到了医院，医生给冬冬和妈妈各开了 20 粒喉疼片。

冬冬就是"喉片大王"，自己的喉片没吃完，就要妈妈的，说："我想把你的一次吃三个，一次吃四个，一次吃五个，一次吃六个，一次吃七个，可以吃完了，对不对，妈妈？"

"因为什么呢？……所以……"

冬冬告诉妈妈，熊楠老是哈她，并说："我真不想跟她玩了。她扯我的手，又说不给我玩了。我又没说跟她玩！？"

妈妈："你不想跟熊楠玩了？"

冬冬："跟别人玩。光跟她一个人玩，有什么意思呢？因为什么呢？她老爱哈我，所以我不跟她玩。我现在真不舒服呀，妈妈，她哈我太狠了。"

"哈"是武汉话，"掐"或"抓"的意思。

"因为什么呢？……所以……"，是"因为……，所以……"句式的变体，"因为"之后多加了个设问。

妈妈："唉，怎么能这样呢！"

冬冬："大脑说：'别哈了，别哈了，我真是难受死了。'"

她心里想的什么，总说成是"大脑说"，很有意思。

妈妈没听懂，追问："谁是大脑呀？"

冬冬："大脑呀？头呀！头怎么是大脑呀？身子是不是大脑？鸡头不是大脑吧？"

妈妈只顾记录，来不及答复她。此时才说了一句："鸡头上，也有大脑。"

冬冬不解地："那怎么回事呀？"

"全国最大最大的大姐姐"

妈妈说，星期天唐叔叔的儿子要来家做客。他比你小两岁，是小弟弟，你是大姐姐，要像个大姐姐的样儿。

冬冬说："我要上小一班，小二班，小三班，小四班，小五班，小六班，我上小学了，他才上小二班，那我就是全国最大最大的大姐姐了。"

刘禹锡的《浪淘沙》

冬冬会背了白居易的《暮江吟》。

再教刘禹锡的《浪淘沙》："九曲黄河万里沙，浪淘风簸自天涯。如今直上银河去，同到牵牛织女家。"

"保持平衡"

姐姐把棉被叠成长条形状，放在床沿上。冬冬爬上去，平躺着。

姐姐提醒她："你会摔下去的。"

冬冬："我睡在上面，保持平衡就不会摔倒，对不对，妈妈？"

妈妈："对。"

冬冬："你们呢？"

"他是外国人吧？"

爸爸带着冬冬，从幼儿园回来。路遇也骑着自行车的张晋业叔叔。爸爸车子未减速，扬手"hello"一声，打过招呼。两辆自行车擦肩而过。

冬冬："他是外国人吧？"

爸爸曾说过，跟外国人打招呼，用"hello"这个词。

话外有话

正看电视连续剧《王昭君》。

姐姐附在妈妈耳边说悄悄话。

冬冬说妈妈："你不想看王昭君了吗？"

意思是，不让妈妈和姐姐说话。这种话外有话的责问，包含着一连串的推理。

"摸什么摸"

母女俩躺在床上说话。妈妈抚摸着冬冬的小手，从手脖摸到手指。

她笑妈妈："到头了，还摸什么摸！"

意思是，已经摸到手指头了，再摸就摸不到什么了。

"摸什么摸"，是个表示否定、制止的表达方式。

1988-10-11

穿衣服

早上穿衣服，冬冬不让大姑帮忙。大姑佯装生气地离开，冬冬又叫唤着"冷"，大姑才又走过来。

冬冬："哎哟，把我冻死了。"

大姑："就冻死吧，你不是想死吗？"

冬冬一脸无辜地说："什么时候我讲了？"

过去说过的话，早就忘记了。

"还是……还是……"

冬冬翻看《看图说话》。一只狗，张开血盆大口，做狂吠状。

冬冬："还是大灰狼还是狗？"

换电视频道

中央台八频道，正在预报天气。冬冬要求换台，看其他节目。

爸爸："说吧，拧哪一频道？"

黑白电视机是旋钮调频，所以用"拧"。

冬冬："拧哪一频道，我都看。拧到哪一频道，我就看哪一频道。"

中央台四频道，还是天气预报。

"还是那一频道，"冬冬转向姐姐，请求道，"姐姐，你给我拧一频道！"

姐姐又换了一个频道：小朋友们用刀切面团，擀皮包饺子。

冬冬问："那是不切手的刀吧？"

大人不让冬冬拿刀，说菜刀会割破手指，流血的。电视中小朋友的刀，冬冬认为是"不切手"的。

"如果……，就……"

在从幼儿园回家的路上，冬冬要吃冰棒。

爸爸："天冷，哪有卖冰棒的？"

冬冬："如果没卖的，我就不吃；如果有卖的，我就吃。"

路的两旁，果真没卖冰棒的。冬冬说话算数，也就没吵着要吃冰棒。

1988-10-12

"但是"

早上，冬冬穿上衣服，一直抠弄背心上的暗扣，怎么也扣不上："我在幼儿园，老师让我自己穿。我扣不上扣子，我怎么也扣不上扣子。"

爸爸："慢慢来，多练习练习。"

冬冬："但是，我扣不上。"

"因为……，所以……"

冬冬拿盒子里的曲形针，往硬纸上别。折腾好大一会儿，一个都没别上。

妈妈："冬冬，你不会别？来，妈妈教给你！"

冬冬："因为我没别过，所以我就不会别。"

"要是……，就……"

从幼儿园回来的路上，冬冬又要吃冰棒。

冬冬与爸爸再次达成"协议"："要是有卖的，我就吃；要是没卖的，就不吃。"

天气已经相当冷了，当然没有卖冰棒的。

"过、过敏、过瘾"

冬冬发现一本新的《看图说话》，十分高兴，说："妈妈，又给我买的新书？每天给我买新书，那怎么回事呀？"

妈妈："让你好好学习啊！"

冬冬："妈妈，你看过了没有？"

爸爸交代妈妈："快去记下这句话。这个'过'，很重要。"

冬冬："'过'？'过敏'了？"

爸爸："什么过敏了！"

冬冬："过瘾了吧，是过瘾了吧？"

词语的联想能力在增强。

"好像是小偷一样儿"

法国电视剧《莉莉》，剧中有个镜头：一双戴黑手套的手，一一拉开抽屉，拿出纸币，又从小盒子里，"哗哗啦啦"倒出硬币。

冬冬对妈妈说："那个东西，好像是小偷一样儿，偷人家的东西。《莉莉》

里边的。"

"他不是坏蛋是什么"

电视剧《王昭君》。有个情节是，单于的儿子刺杀王昭君。

冬冬跑去书房，对爸爸说："那个单于的孩子，是个坏蛋吧？"

爸爸："怎么是坏蛋？"

爸爸一直在书房工作，不知道冬冬说的情节。

冬冬："他要杀死王昭君。他不是坏蛋是什么呀，爸爸？"

用"不是坏蛋是什么"，来强调"是坏蛋"。这是一种特殊的强调格式。

1988-10-13

"看什么看"

爸爸用茶树油炒了一盘鸡蛋，黄澄澄的。爸爸想引起冬冬的食欲，便招呼她过来，说："冬冬，你看鸡蛋！"

冬冬："已经看见了，还看什么看！？"

颇有点不屑一顾的语气。

巩固对"0"的理解

妈妈："冬冬太淘气，今晚我坚决不搂她睡觉。"

爸爸为了巩固冬冬对"0"的理解，故意说："我搂0分钟。"

妈妈："冬冬，爸爸搂0分钟，是多少分钟？"

冬冬："0分钟，是不搂。"

妈妈："谁都不搂你，看你怎么办？"

冬冬："大姑，你搂我好吧？他们不搂，你搂我。"

大姑："好，我搂。但你也得让我搂才行啊。"

冬冬："要是谁也不搂我的话，我就一个人睡。"

这句话，很有点独立和自信，只不过是个"口头革命派"罢了。

染红纸

母女俩在书房里染红纸，准备做一些红花。妈妈突然想起，厨房里还烧着水，忙高声喊："二妮，水开了没有？"

姐姐："没开。"

冬冬："没开就没开，你干吗问呢？"

妈妈："我问一下，怕什么？"

冬冬："你想着开了吧？"

妈妈点了点头。

白纸染成红纸后，放在台灯上晾烤。台灯上放不下，妈妈把半干的一张红纸，随手放在了桌上。

冬冬拿起红纸，问："为什么这个不搞上去呢？"

妈妈说明理由，又让她去书房取湿红纸来烤。

没等爸爸说话，她拿着湿红纸就走："已经搞干了，看见了没有？"

1988-10-14

说话不算数，等于小动物

冬冬咳嗽多日。昨天去医院取药、打针，在家休息。她很听话、很勇敢。做青霉素皮试，自己伸出小胳膊；打针，自己爬上座椅，拉下裤子，脸上还挂着二号微笑。在场的人，连连夸她勇敢。

今天，冬冬想上幼儿园。

爸爸故意说："今天，咱不去！"

冬冬："你说让我去，又说不让我去，那你就是小骗子。"

大姑："不是骗子，是说话不算数。"

冬冬："那你就是说话不算数的人，是小动物。"

"说话不算数"就等于"小动物"，不知是如何推理的？

也想去图书馆

天黑了，姐姐还没下班回来。

大姑着急地说："二妮下班晚了。"

冬冬："天黑了，该姐姐下班的时候了。"

大姑之所以着急，是因为她要去图书馆占位置自习。

冬冬关上门，缠着不让她走，说："你要是带我去图书馆看看，我就放你走；你要是不带我走，我就不放你走。大姑，带我去一次，好不好呀？"

"嗯什么嗯"

妈妈坐在床沿上，摘抄冬冬语言日记中的正反问句，为爸爸准备论文资料。冬冬想坐到妈妈的腿上。但是爬了几次，滑下去几次。妈妈只顾忙着，没有帮她。

她向爸爸求援，说："爸爸，你扶我一下，好吧？好不好呀，爸爸？"

爸爸把她抱到妈妈腿上。她要用妈妈的笔画画儿，妈妈不给。

姐姐拿支红笔递给冬冬。

爸爸舍不得他的红笔，马上拿过来，说："这支笔，更不能使了！"

冬冬："更不能使了？"

爸爸："嗯。"

冬冬："嗯什么嗯？"

"我小时候，不知道小鸡在地下"

冬冬翻看她三岁前画的画。有一张画，画的是小鸡和小鸭。

冬冬："小鸡怎么在天上啊？"

妈妈："那是你画的，你说说为什么！"

冬冬："我小时候，不知道小鸡在地下。"

问刘爷爷好

刘兴策爷爷来家。

冬冬询问称呼："还是叔叔，还是伯伯？"

妈妈："叫爷爷。"

冬冬："爷爷好。"

刘老师没听见，没应声。

冬冬又高叫一声："爷爷好。"

刘老师高兴得直乐："好，好，小冬冬好！"

自编解说词

冬冬画了个大圆圈，里面套了无数个小圆圈，称之为"多眼睛王"。她又画了很多波纹，自编解说词，还让妈妈把她的解说词，写到画旁边："小王水，流到下面哈哈笑。又跳舞，又唱歌。做我的好云彩妈妈，云彩儿子可高兴了。"

"小王水"，不知道是什么意思。

妈妈："画这么多云彩。怎么没有太阳？太阳呢？"

冬冬："白天，太阳出来了，云彩挡着太阳。太阳公公把云彩赶走了。"

不想说的事情，就是不说

从幼儿园回来。冬冬的右脸蛋儿上，有一块儿极为明显的紫痕。

妈妈："冬冬，叫妈妈看看，脸上怎么了？"

冬冬挣脱妈妈，一扭身，把脸儿埋在床上，不说话。

爸爸站在床边，说："回来的路上，我问了她多少次，她都不说。"

妈妈："怎么回事？是打架了吧？"

冬冬："不是。"

妈妈："是磕碰的？"

冬冬："不是。"

妈妈："到底怎么搞的？是谁掐的了？快告诉妈妈！"

冬冬极不情愿地回答："是王韧掐的了。"

妈妈："为了什么？"

冬冬不接话茬儿，转身去找大姑。大姑也追问怎么了，她只回答"王韧掐的"四个字。

夜里，妈妈又问此事。

冬冬："我不想说。明天告诉你，好不好？"

妈妈："你真的不想说，也可以不说。但妈妈不明白，你为什么不愿告诉我们？"

冬冬："我怕爸爸打我。"

一个不该是谜的谜。小不点儿已经有了自己的秘密。

1988-10-15

包手指

冬冬在自己的手指上，缠了一块卫生纸，说："我手指甲烂了，就可以包住它，包住它。妈妈，我包住它了。"

"请喝一杯茶吧"

冬冬往杯子里倒水："我说行就行，对不对？我说话算数。"

妈妈："对。你说了算！"

她把水递给妈妈，说："请喝一杯茶吧？"

这是套用儿歌《妈妈》上的一句歌词。

妈妈："好，谢谢。"

冬冬又递过来一杯温开水，说："需要再喝一杯吗？"

妈妈："不喝了。"

冬冬："还喝一杯吗？"

妈妈："不喝。谢谢，不能再喝了！"

冬冬无可奈何地："唉！"

陈真

《新闻联播》，有个记者叫陈真。

这个记者陈真，被冬冬误以为是《霍元甲》上的陈真，问道："陈真，是哪个表演的呀？陈真表演的是谁呀，妈妈？谁表演陈真呀？"

一个事件，变换着不同方式询问，仍是此阶段的一个特点。

试探爸爸的底线

（ *3 岁 10 个月　1988–10–16—1988–11–15* ）

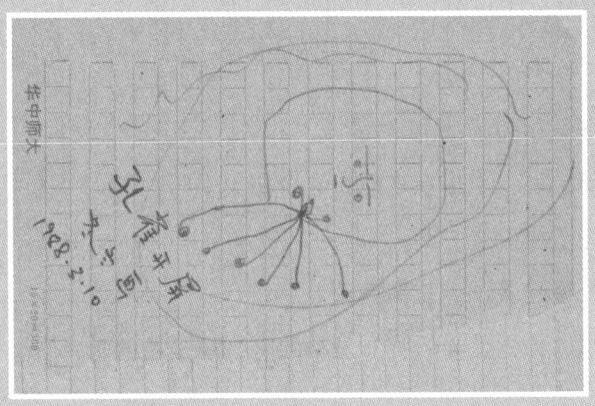

孔雀开屏（1988 年 3 月）

1988-10-16

"大合唱、大合认"

今天，唐志东叔叔一家来做客。冬冬表现出极其调皮活泼的一面。和弟弟一块儿背诗，被她称为："大合唱。"

她拿出识字卡，让爸爸跟她一起认，称之为"大合认"。

这是受"大合唱"的影响。

1988-10-17

妈妈的本事

①妈妈给冬冬扣扣子。

冬冬很惊讶，说："你现在能扣这个扣子了吗？"

②冬冬蹲完了痰盂。

妈妈用脚趾夹起盖子，盖到痰盂上。

冬冬："妈妈，你怎弄的呀？是粘的呀，还是搞的呀？"

凌晨，独自在书房玩

凌晨五点钟，冬冬就要起床。还保证，起床后不打扰爸爸妈妈休息。

冬冬："那屋开着门的吧？"

妈妈："哪屋？"

冬冬："爸爸的书房呀！"

妈妈："开着的。"

冬冬："我上爸爸书房去玩。"

妈妈："上书房玩？你一个人怎么玩？"

"我不告诉你，"她停顿一下，又说，"我跟你说吧，我上那屋了，不拿爸爸写过的东西，只看一看爸爸写的字。我就自己拿一张纸，一支笔，趴在小茶几上画画。"

计划很周密，说得合情理。事实证明，冬冬真的说话算数。

大姑上楼来，惊奇地看到独自在书房画画儿的冬冬，拉着她一起去做早餐，说："做饭去。"

冬冬："什么做饭不做饭的？"

1988-10-18

"爸爸什么都问在哪儿"

昨晚，武汉地区高校的语言学者，在华中师大中文系召开学术研讨会。散会时已经十一点多。爸爸挽留湖北大学的卢卓群老师住在书房里。

早上，爸爸招呼卢老师洗脸，却没找到香皂，高声问："小辉，毛巾在哪儿？""小辉，怎么找不到香皂？"

吃早餐。爸爸又问："小辉，辣椒酱放哪里了？"

冬冬对妈妈说："你听，爸爸什么都问在哪儿的。"

不管有人说什么，她都听得真真切切。

织毛衣的理由

姐姐展示已织好的毛衣。冬冬连夸"漂亮"。

妈妈故意问："冬冬，姐姐为什么给小郑哥哥打毛衣？"

冬冬："因为这儿天冷，那儿也冷，所以姐姐给他打毛衣。"

"这儿"指家里，"那儿"指姐姐和小郑哥哥工作的地方。

这是理由？

妈妈："哪里都冷，为何姐姐不给别人打毛衣？"

冬冬："因为姐姐不认识他们，所以不给打。"

妈妈："姐姐认识刘伟，怎么不给刘伟打？"

冬冬："因为姐姐跟刘伟吵架了，所以不给他打。"

姐姐："我什么时候给刘伟吵架了？"

冬冬："那一次。"

妈妈："姐姐还认识熊勤和张振高他们，也没吵架，怎么没给他们打毛衣呀？"

熊勤和张振高，都是姐姐的同事，都到家里来过。

冬冬："不知道了。"

冬冬连着使用了三次"因为……，所以……"。

1988-10-19

"老师说我画得乱七八糟"

冬冬用树叶端沙子，倒进一个小坑里，插上一棵小草："让它长大吧！"

妈妈："你也可以把它画下来。请问，你今天上绘画班，都画了什么？"

冬冬："我们今天画了小熊猫，还画了一大排气球，我画得可好了，但是老师没发给我小红花。"

妈妈："为什么呢？"

冬冬："老师说我画得乱七八糟。"

1988-10-20

自制力

出了幼儿园，爸爸说，爸爸有事，你只能在这里滑十分钟的滑梯。若是过去，千呼万唤她都不愿离开。今天刚玩了一小会儿，她就主动跑到爸爸身边，说："爸爸，十分钟到了，走吧！"

孩子的自制力，是慢慢培养起来的。对孩子的教育，不必心急，不可气馁，持之以恒，必有成效。

"爸爸，再教我一遍"

冬冬很敏感：某人的一句话，一个眼神，或者哪个小朋友说一句不跟她玩的话，都会使她情绪低落。

爸爸教她学会扬长避短，说："遇到这种情况，你要心平气和，说'我会背很多诗，我会跳舞，我还会做很多很多游戏……你不跟我玩，我还不跟你玩呢！'"

冬冬高兴得咯咯笑起来，跟着学说了一遍，再次要求道："爸爸，再教我一遍。"

孩子们之间的吵闹掐架，虽属正常，但如果处理不当，可能会让孩子变得自卑和懦弱，会伤害孩子的自尊和自信。大人必须教孩子几招，帮到实处。

1988-10-21

鞋袜之别

冬冬穿袜子，翻来倒去地尝试了几遍，才套到脚上，问："妈妈，袜子穿得对不对呀？"

妈妈："对，对的。袜子不认脚，鞋子才认脚。"

"认脚"是河南方言，意为分左右脚。

冬冬："那为什么呀？"

妈妈回答不上来了。又一个不太好回答的问题。

1988-10-22

与楠楠的对话

楠楠和冬冬玩积木。

楠楠把积木都扒拉到自己跟前，不让冬冬摸，说："我是客人，你得把好东西给我玩。你到我家，我就让你玩好东西。"

冬冬："你是客人，也不能要那么多呀？"

楠楠："你还吃我家东西，把我家的东西都吃完了。"

冬冬："不是我要的，是你给的。"

冬冬只能被动辩解。其实，楠楠刚吃过一碗专为冬冬做的面条。

1988-10-23

妈妈给她嗑瓜子

冬冬看着电视，让妈妈给她嗑瓜子吃。妈妈嗑了个瘪瓜子，里面没有瓜子仁。

冬冬："妈妈，是不是都给我吃了？"

这句话的潜台词是，妈妈偷吃瓜子仁了没有？

此时，她的眼睛注视电视，根本没看妈妈。她是根据嗑一个瓜子所需时长，来判断此时应该嗑出一个瓜子仁了。

1988-10-24

不合适的衣服

从幼儿园回来，冬冬对妈妈说："老师说，今天我穿这个毛衣太厚了。不穿太冷了，穿上吧，太热了。没办法，只得给我穿上。"

这是妈妈给孩子穿衣服时，考虑不周所致。

学习记录

冬冬的学习，现在有以下三个方面的特点：

a) 自觉温习已经会背的诗词；

b) 拿汉字积木认字组词，不厌其烦；

c) 喜欢拼汉字积木的各种图形。

自己有主意

晚上，爸爸陪妈妈练气功，大姑临近考试要去图书馆复习功课，姐姐值晚班……没有专人照看冬冬了。

爸爸："冬冬，送你去吴亮哥哥家里玩，行不行？"

正玩积木的冬冬，头也不抬，说："把我一个人锁到屋里算了！"

冬冬在说赌气话。父母无可奈何地相视一笑。

妈妈："今晚你跟吴亮玩，行吗？你说你喜欢吴亮的。"

冬冬仍低着头摆积木，还是那句话："我一个人锁在屋里算了。"

她生气了，却不动声色。一时弄得爸爸妈妈不知如何是好。

后来，爸爸决定让她和刘伟一起玩。

爸爸："你到刘伟家去玩，可以吗？你会好好玩的，是吗？"

冬冬："我一定能这样的。"

要小心眼儿

父母正准备出门，小郑来了，带她去校园玩。路旁有摆摊卖汽水的。冬冬连连喊："小郑哥哥，小郑哥哥。"

小郑忙去买汽水。冬冬喝过汽水，又要买糖豆，并交代哥哥："你对我妈妈说，'是小郑哥哥要给我买的。'"

冬冬又玩了一会儿，提出要回家。

小郑："再玩一会儿！"

"十二点钟了，妈妈和姐姐都回去了，"冬冬说着，独自向前走，速度很快，说，"你一个人在这儿，我要回家了。"

回到家。妈妈了解了情况，说："冬冬，为什么让别人给你买东西？"

冬冬："不是的，妈妈，是小郑哥哥要给我买的。"

妈妈："你吃了别人东西，为什么不告诉妈妈？"

冬冬搂着妈妈的脖子，撒娇地说："对不起，妈妈，我忘记跟你说了。"

妈妈说："这次就算了。记住，再也不能让别人买东西，听见没有？"

她狡黠地一笑："那他要给我买呢？"

在幼儿教育中，要求太严格，会让孩子为达目的而说谎。在这一点上，我们已经很注意了，但没想到，她还是采用了迂回战术。

自我保护，是人之天性！

1988-10-25

问称谓

爸爸跟妈妈说，于根元老师要来武汉教气功。

冬冬："你们喊于老师，我喊什么呀？"

妈妈："你喊于爷爷。"

冬冬："那我今天在家陪于爷爷吧，不上幼儿园了，行不行啊？"

妈妈："那可不行。"

冬冬："那为什么呀？"

"陈老师对我最好了"

早上，桌子上的一毛钱，被风吹落到地上。冬冬捡起来，说要带到幼儿园去，妈妈没有反对。

从幼儿园回来，冬冬很委屈地告诉妈妈："陈老师对我最好了。我的钱被田老师收走了。"

妈妈："钱，收走了？是你上课时玩钱了吧？"

冬冬："不是的，郑惠说，'她奶奶给她的'，我说，'是我妈妈捡给我的'，我就哭了，郑惠也哭了。"

妈妈："哭，多丑啊！哭是没用的，要讲道理！你哭了多大会儿？"

冬冬："我哭得不厉害。我们幼儿园的小朋友，有的哭得厉害，有的哭不厉害。"

田老师收走了钱，陈老师问明情况，把钱又还给冬冬。她觉得陈老师最信任她，对她最好。

1988-10-26

不让爸爸去工作

晚上，冬冬跟爸爸玩耍。

爸爸起身，说："玩够了，爸爸要写东西去了。"

冬冬："我非不让爸爸走。"

爸爸："爸爸写了东西，有了稿费，买你喜欢吃的苹果！"

冬冬："我不要苹果。"

爸爸："不要苹果，可以。给你买漂亮的衣服，好吧？！"

冬冬："我不要衣服。"

爸爸："那就买插板啊！"

冬冬："已经买了，还买什么插板呀！"

摆弄插板

爸爸与冬冬一起玩插板。

冬冬一边摆弄插板，一边说："我摆的对不对呀？你给我摆好不好呀，爸爸？"

她从插板上拔下插珠。其中有一个很紧，拔不掉，让爸爸帮忙才拔掉。紧接着，她准备去拔第二个，问："这个拔掉不拔掉呀？"

有不少插珠，应该是掉在了地上，但就是找不到。

爸爸："这些插珠，已经掉了多少了？"

冬冬："掉了很多了，掉了许多许多。"

她在插板上，插出了几朵花的图案。

爸爸："下一朵呢，应该插得更漂亮一点。"

冬冬："这够漂亮的了。"

玩积木

和大姑一起玩积木。

冬冬："你能不能和我一起摆呀？"

自造词

华中师大的西北门，是教学仪器厂，正在垒院墙。冬冬把垒墙说成"盖墙"或"堆墙"。妈妈带冬冬去仪器厂院内散步。

她把仪器厂的车间称为"城楼"，并问："这是什么村呀？"

自己的家叫西一村，故类推这里也叫什么"村"。

1988-10-27

礼貌的程式化

一辆架子车，悬空在教学仪器厂大门口，挡住了去路。来来往往的人们，只能从架子下面钻过去。

冬冬："妈妈，这怎么过呀？"

妈妈："钻过去呗。"

冬冬："你能不能弯下腰呀？"

妈妈："试一下，看看。"

在冬冬的帮助下，妈妈总算钻了过去。

冬冬："妈妈，你说'谢谢'了没有呀？"

妈妈连忙说："谢谢冬冬。"

冬冬满意地回答："不用谢。妈妈，我想吃巧克力饼干，你明天给我买吧！"

一家人，谁听谁的

冬冬边玩边念念有词："妈妈听爸爸的话，爸爸听妈妈的话。大姑听姐姐的话，姐姐听大姑的话。我听爸爸的话，爸爸听我的话。先是爸爸听我的话，然后我听爸爸的话。"

简直就是绕口令。

"爱管闲事的人"

在武汉工学院门卫处。

冬冬告诉妈妈："那里有个爱管闲事的人。"

妈妈："怎么爱管闲事了？他怎么说的？"

冬冬："'你们是哪里的？'爸爸说：'我们是西一村的啊！'那人又问：'你们来干什么？'爸爸说：'带着小不点儿来看吵！'"

她学说的，是昨天下午爸爸带她在武汉工学院散步时的情景。

小孩是被打大的

小朋友陶西斯，淘气不听话。被陶妈妈劈头盖脸地打了一顿。大姑跟姐姐议论陶妈妈，说："她呀，对孩子像对大人一个样儿。"

姐姐："她这样，陶西斯长大得快些。"

冬冬接话："我就是小时候做错事，大姑打我，把我打大了，是不是？是不是大姑？"

1988-10-28

黄巢《题菊花》

冬冬已会背黄巢的《题菊花》："飒飒西风满院栽，蕊寒香冷蝶难来。他年我若为青帝，报与桃花一处开。"

"鞋子气"

冬冬脱掉鞋子，抱着穿袜子的脚，闻闻，说："袜子有个鞋子气。"

1988-10-29

男人有力气

邻居吵架。家里"咕咕咚咚"乱响，锅碗瓢勺交响曲。热水瓶"嗖"的一下飞出门外，着地的爆破声响很大……楼上的小孩们挤到门口看热闹，冬冬也是其中一员。

冬冬跑回来跟妈妈叙述情景，叹息道："××的爸爸回来就好了！"

妈妈："为什么？"

冬冬："他有力气呀！"

意思是，××的爸爸回来，就可以劝开架了。

六种颜色，都是十个

夜里，冬冬穿着内衣，下床小便。妈妈让她披件衣服。

冬冬："一会就屙完了，还穿什么衣裳？"

妈妈听见有物件坠地的响声，让她看看是不是跳棋子撒在地上了。

冬冬去查了白色的跳棋子，说："妈妈，白色的够了。"

分辨颜色
（1988-10-28）

彩色的笔。先查几种颜色，6种。爸爸和姑姑拿出一支支彩笔，让她说出是什么颜色：黑色，黄色，红色，绿色，等等

妈妈："够了就算了，赶快回被窝里！"

冬冬："还没查别的呢！"

冬冬把六种颜色的跳棋，全查了一遍，报告说："妈妈，我查过了，都是十个。"

1988-10-30

"知道不知道？"

冬冬要用积木摆图形，楠楠却要认字。

冬冬："这不是认字，知道不知道？"

等待电视节目

电视报的节目预报说，今晚有童话故事《睡美人》。冬冬坐在电视机前，等啊等啊，等了十几分钟，《睡美人》还没播放。

冬冬急了："没有睡美人了，你说讨厌不讨厌？"

与楠楠玩

楠楠："我是客人，她是公主。"

冬冬："不对，不对。她是客人，我是主人。"

到吃饭时，大姑给楠楠盛了半碗面条。

楠楠连连推辞，却又忍不住，隔一小会儿，就挑起一根面条放到嘴里。

冬冬："吃了又不吃。"

意思是，说不吃了，又吃起来。

姐姐的眼睛

姐姐的上眼皮上，长了一个小疙瘩。

不睡午觉
（1988-10-28）

母女俩对话。冬冬说，老师说她不听话，睡觉睡得不好，瞎捣乱；再捣乱，就把小红花没收了。妈妈很想知道，午觉时间冬冬怎么捣乱的？冬冬坚持不说

姐姐："长得再大了，姐姐眼睛就要瞎了。"

冬冬："我亲姐姐，不会姐姐眼瞎的。"

意思是，姐姐的眼睛不会瞎的。

1988-10-31

自豪

每天晚上，冬冬都是听着妈妈的故事入眠。昨晚玩得太累了，刚躺下，就睡熟了。早上醒来，她说："妈妈，你没讲故事，我就睡着了？"

妈妈："是呀，乖孩子嘛，不听故事也能睡着！"

冬冬自豪地说："讲故事，我能睡着。不讲故事，我也能睡着。"

冬冬讲话，喜欢正反两面说。

长短句《小雨点（修订版）》

国庆节去东湖。冬冬曾在爸爸的引导下，溜出了一首长短句。今天又来了兴趣，在原来顺口溜的基础上，又即兴吟出：

"小雨点，

落在水里，

哗啦哗啦响，

像小虫子一样。

一片树叶，

落在水里，

漂呀漂，

漂得很远。

一条小船来了。

钓鱼竿说：

'钩一顶帽子，

给我主人戴。'"

1988-11-1

报复大姑

冬冬最喜欢听对她有利的话。如谁惹了她，她也绝不饶人。用"不亲××"或者"不听××的话"来要挟对方。

深夜，冬冬发烧了。

妈妈："怎么烧得这么厉害？天赶快亮吧，让爸爸带你上医院。"

冬冬："那就不上幼儿园了？"

妈妈："对！"

冬冬："妈妈说得对，我听妈妈的话。妈妈不上幼儿园，我就不去。"

早上，大姑给妈妈穿衣服。冬冬躺在床上，两只小脚交替踢腾玩耍，不小心踢到了大姑的脸。大姑顺手拍了她一下。

"我亲爸爸，亲妈妈，亲姐姐，就是不亲大姑。"冬冬说，"我长大了，你们都老了，对不对？"

妈妈："是啊。"

冬冬："我给爸爸、妈妈、姐姐干事，就是不给大姑干事。"

大姑："不干就不干。还轮不到你为我干事。"

冬冬："你的衣服很脏，很脏，脏透了，我也不给你洗。"

她设想了一个情节：大姑的衣服脏兮兮的，却没人给她洗……想到此，马上开心起来！

王维《九月九日忆山东兄弟》

学王维的《九月九日忆山东兄弟》："独在异乡为异客，每逢佳节倍思亲。遥知兄弟登高处，遍插茱萸少一人。"

1988-11-2

得寸进尺

冬冬已退烧，妈妈提议送幼儿园。大姑说，感冒还未好利索。如睡午觉再受凉复发，更麻烦，建议不去。

冬冬喝着粥，问："我不去幼儿园了，对不对？"

大姑："如果你能喝一碗稀饭，就不去幼儿园！"

冬冬："好吧！我要是这样，大姑每天都不让我上幼儿园，对吧？"

大姑没敢接话茬儿，只催促她赶快吃东西。

对妈妈不满意

午觉时分，冬冬在床上跳来跳去，把爸爸吵醒了，她却把责任推给妈妈，说："别吵！别吵！你吵什么？看把爸爸吵醒了吧！爸爸，你还是再睡一会儿吧！"

妈妈："宝贝儿，不想睡就算了。你穿好衣服，去喝酸奶吧！"

这正合冬冬心思。她穿衣下床，打开冰箱，拿出一瓶酸奶。

冬冬发现妈妈一直注视她，便说："你干什么呀？你怎么鬼眼鬼瞅的？"

与姐姐的对话

姐姐带冬冬去医院打针。冬冬这次生病打针，每次都不哭，还自己乖乖地坐上打针的椅子。

冬冬："我再打一次针，就好了吧？"

姐姐："是的。"

冬冬："我好可怜呀！"

姐姐："怎么可怜了？"

冬冬："我生病了，爸爸、妈妈和大姑还怪我。"

姐姐："为什么怪你？"

冬冬："因为我不听话！"

姐姐："不听话就得挨怪，对不对呀？"

冬冬："怪我不对。我错了，他们应该给我讲道理，也不能怪我呀！"

最近，因为她过于拧筋，大姑发了几次脾气。

冬冬又说："爸爸、妈妈、姐姐把我养大的，大姑她没养我，我不待她亲。"

你藏，我也会藏

冬冬吃了几个小橘子，还要吃。

据说，橘子上火，吃多了会口腔溃疡。妈妈说，要把橘子放起来。

冬冬："我也会藏起来，那有什么用呢？我一下子就找到了。"

1988-11-3

"还运什么运"

包饺子。冬冬的任务，是从厨房往卧室运饺子皮。

爸爸："冬冬，快去运饺子皮。"

冬冬："已经完了，还运什么运？"

爸爸不相信饺子皮已经没有了，再次催促她。

冬冬："完了，知道不知道？"

"好比说吧……"

冬冬突然发现：无名指伸起来的时候，小拇指想弯，却弯不下去，也会跟着立起来。她跟妈妈演示："好比说吧，一，二，三，四，就不行了。"

从大拇指到小拇指，分别用一到五的数值表示。"四"即无名指。"四"一立起来，"五"也就跟着起来了。

"好比说吧"，是专用于打比方的短语。这个短语还是第一次记录到。

1988-11-4

说了，但不知应不应该说？

昨天在幼儿园，冬冬脸上又被抓了一块儿。但她一直不说是被谁抓的。今天熊楠妈妈遇见爸爸，表达了对熊楠抓冬冬的歉意。

妈妈："冬冬，你脸上是楠楠抓的？"

冬冬："是的。"

妈妈："是你跟阿姨说，楠楠抓你了？"

冬冬："我跟熊楠妈妈说了，也跟熊楠爸爸说了，那对不对呀？"

妈妈："非常对，应该说。"

冬冬："那为什么呀？"

"声音从哪出来的"

看电视剧《哑妻》。

冬冬："他们的孩子怎么是哑巴呀？我们怎么会说话呀？"

妈妈讲了遗传致聋和后天致聋的问题。

冬冬听不懂，问道："那为什么呀？"

妈妈又讲了一遍。

冬冬用力咳嗽一声，问："妈妈，你知道声音从哪出来的吗？"

妈妈："从喉咙，再经过口腔发出来的。"

冬冬："那为什么呀？"

"我今天不高兴"

天黑了，冬冬从外面跑回家，第一句话就是："妈妈，我今天不高兴。"

妈妈："怎么不高兴？"

冬冬："反正我不高兴。"

妈妈："不高兴，总得有个原因啊？"

冬冬："溶溶哥哥搞了我的腰。熊楠把我扶起来，最后给我拍了拍身上的土，最后我和熊楠和好了。"

大姑："溶溶的妈妈在吗？"

冬冬点点头。

大姑："你为啥不跟溶溶妈妈说？"

冬冬："我说了，但是他妈妈不搭理我。"

1988-11-5

树木落叶有差异

母女俩在梧桐大道散步。妈妈让冬冬观察初冬的梧桐树叶，是如何飘落到地上的。

冬冬："我要是从树上掉下来，就摔死了。"

妈妈："树叶呢？"

冬冬："树叶也没有生命？！"

女贞树下。

冬冬抬头看满树绿油油的树叶，问："为什么它们不落叶呀？"

她发现了树与树之间的差异。

订书机下面胶垫的作用

冬冬折腾订书机，摸到下面的胶垫，问："为什么有这呀？这好干什么呀？"

妈妈："这叫胶垫，垫在下面，震动会小些。"

冬冬："怎么？我没听懂。"

听不懂的事情，越来越多。探究不懂的话题，也越来越执着！

"我说……"

大姑在楼下水管上洗头。

冬冬从幼儿园回来，撩起大姑的头发，说："我说谁的头发这么长？原来是大姑呀！"

叠轮船

冬冬一边叠纸，一边说："叠个东西，我要。叠个轮船。"

给大姑出主意

大姑想找个老师补习英语。

冬冬："不是随便都有的。要找那个老师，你总是得找呀，不找哪有呀？"

"尝尝"

爸爸用开水冲了两杯米酒，挨个尝尝米酒的浓度。

冬冬拍拍爸爸胳膊，问："哪个人的都要尝尝？"

星期天，想上学

冬冬说："明天是星期天，我还要上幼儿园。"

妈妈："你想上幼儿园？故意的吧？好吧，明天一定把你送去。"

冬冬："明天还想上幼儿园，怎么办呢？老师没有去，怎么办呢？把我关在里面出不来，怎么办呢？"

公园的动物们
（1988-11-05）

　　冬冬说，公园里有好多动物，小猫、大老虎、小鸡、大象，如数家珍。还造出了不少动物的名字，连小蚂蚁也没有忘记

其实，她明明知道，星期天不上学。

1988-11-6

饿了，吃饭香

午饭是米饭，还有一条红烧鱼，一碗热气腾腾的肉汤萝卜。妈妈夹出一块儿热萝卜，放在盘子里晾着。

冬冬眼巴巴看着那块萝卜，说："看这块儿萝卜给谁吃？！"

妈妈："当然给年龄最小的人吃了！"

大姑挑出鱼刺，把鱼肉放进冬冬碗里。

冬冬："人家还得吃米饭的，怎么光给人家弄鱼肉呀？"

妈妈夸奖了冬冬，午饭吃得不错。

冬冬："这回是真饿了，对不对，妈妈？"

画画和涂色

前天下午，幼儿园的吴老师对爸爸说："今天李纤画画得了第一！家长对她的绘画多训练一些！"

冬冬画画。大姑先凑热闹，画了张自画像，自嘲道："难看，不要嘴巴了！"

"大姑也得有个嘴巴呀？"冬冬说，"怎么画个妈妈呀？"

大姑让拿来水彩。冬冬又开始用毛笔蘸水彩涂色，这可是有难度的活。

妈妈说，叶子应该涂绿色。

冬冬的毛笔正蘸着绿色，说："人家知道，干吗要告诉人家呢？"

"人家"指自己，是一种修辞用法。

冬冬涂了一会儿颜色，有点不耐烦了，用发岔的毛笔，在纸上乱戳起来。

我长大了吗
（1988-11-05）

妈妈说，小时候要好好吃饭，才能长高个子。冬冬问，我长大了吗？妈妈反问，你呀，你看呢？冬冬说，没有长大。妈妈说，是因为不好好吃饭

妈妈批评了她。

冬冬说：“这是我小，不知道什么规矩，不知道规矩怎么搞的。我不是故意的，是那个笔呲着的。”

她辩解了一通，又叹了口气，说，“还是我不小心搞着的。”

这时，大姑喊大家吃饭。

冬冬：“不行，我得涂完它。坚决搞完它。”

冬冬悬空虚晃一笔，没有涂上颜色。

爸爸探头看冬冬涂色，说：“不错。”

冬冬笑了，说：“根本就没搞着。”

菊展的路遇

武汉市的菊展颇为壮观。菊花造型，错落有致，形态各异。夜晚，霓虹灯闪烁，明暗交织，如梦如幻。拍照的游客们如蜂如蝶，穿梭在菊花丛中。

看菊展回来的路上，一个小女孩和冬冬打招呼：“李纤！”

冬冬：“我们去看菊展，照相了！”

小女孩：“我们也去照相！”

冬冬：“那你怎么不拿照相机呢？”

小女孩指指跟在身后的人。

妈妈：“冬冬，和你说话的是谁？”

冬冬：“××。”

妈妈：“太瘦了，小脸够黑的了！”

冬冬：“她爸爸的小脸也够黑的了。”

妈妈指着推车子的人：“那是她爸爸？”

冬冬：“是的，怎么了？”

角色游戏之
“幼儿园打架”
（1988-11-05）

角色游戏，妈妈是学生，冬冬是老师。近段冬冬在幼儿园频频打架，脸上常常挂彩。妈妈很想知道孩子打架了，老师怎么处理，就说小朋友掐我，怎么办？扮作老师的冬冬说，打你就打你，再找小朋友打她。妈妈真说要找小朋友去打别人，冬冬竟然同意了，还点名让李纤（就是她自己）、周魁帮忙。妈妈得寸进尺地说，怎么打，教给我！我不会打人。冬冬模仿打肚子，并讲了她的一次打架经历，他们把人打哭了，老师还说，好，好，再来呀！好，好，再打呀

母女斗嘴

晚上睡觉，妈妈让冬冬帮妈妈拉掉裤子。

冬冬："光叫我给你帮忙，帮忙！"

妈妈："什么帮忙帮忙？"

冬冬："老让我给你帮忙，你还怪我？再怪我了，我就不给你脱。"

妈妈："不给我脱？那我就不待你亲。"

冬冬："你不待我亲，我也不待你亲。"

1988-11-7

"相互"

刚凌晨五点，冬冬就睡醒了，不停地在床上呲拧，盼望着天快点亮，好去幼儿园。她对待上学的态度，来了个180度的大转弯。

冬冬："妈妈，为什么幼儿园的老师，相互叫老师呀？"

她认为，老师的称谓是对学生而言的。老师之间称呼老师，有点奇怪。

第一次记录到冬冬使用"相互"。1988年1月，冬冬曾两次用"互相"，但是词性都没有用对。

和周尅在一起

今天幼儿园放学，周尅以哭来请求周爸爸，非让冬冬上他家不可。周爸爸把冬冬和周尅一起带回家去。天黑时，周爸爸带着周尅送冬冬回来。周尅又要留下来跟冬冬玩一会儿。

冬冬递给周尅一摞画片，说："我给他这么多，我这么少了。"

冬冬指着画片上的一头猪，说："你看这是什么？老肥猪在地下光滚。"

周尅笑，冬冬也笑，两个孩子一起傻呵呵地笑。

一张图片掉在了地下。

冬冬："掉了一个。小二捡起来！周尅捡起来！"

周尅捡起了图片。冬冬又递给周尅一张图片，说："周尅，这个给你，不能撕，知道不知道？"

周尅提出要画画儿。两个孩子收起图片，开始画画儿。

周尅画了一只小白兔和两个大苹果。

冬冬一边画一边说："看，塔画好了！塔也是个人，穿个好裙子。来，给他画个扣子。"

冬冬画的塔，像个水塔。他们各自画了一会画，兴致盎然。

妈妈："冬冬，你画的是什么呀？"

冬冬："小机器人。"

周尅的铅笔尖断了，说："我的红的，断了！"

冬冬："怎么断了，周尅？我画的蜻蜓有胖有瘦的。"

母女谈心

母女俩躺在床上。

妈妈："我想跟你谈个问题，你同不同意？"

冬冬开始不高兴地"吭吭"起来。

妈妈："你很多地方做得很好，妈妈很满意，只有一点——"

冬冬"吭吭"得更加厉害了。

妈妈："你为什么到周尅家要饼干吃？"

冬冬"嘤嘤"地哭起来。

妈妈："你到熊楠家去，要过东西吗？"

冬冬摇摇头。

妈妈："要别人的东西吃，不是好孩子，你是知道的。为什么还要？"

冬冬哭着说："我错了，我忘记妈妈的话了。"

妈妈安慰她："别哭了，人都会犯错误，你能承认错误，改正错误，还是好孩子。"

冬冬："我怎么没看见大人犯错误？"

妈妈："妈妈就犯过错误。"

冬冬："你犯过什么错误？"

妈妈："妈妈没耐心。一生气，就想发火打人。"

冬冬："那大人怎么没有耐心，光想打人呀？"

妈妈："妈妈打过你吗？"

冬冬："爸爸打我。"

妈妈："那是因为你不听话。孩子不听话都得挨打。"

冬冬："我怎么没见过别人的孩子挨打？"

妈妈："覃覃如果不听话，王阿姨、覃叔叔也会动手的。"

冬冬："梅香姑姑呢？"

妈妈："不打。"

冬冬："那为什么呢？我喜欢梅香大姑和覃覃，不喜欢王汇阿姨和覃发高叔叔，他们爱打人。"

妈妈说，今后爸爸妈妈都不打人了。

"他们四口人，我们家五口人。"冬冬说着，突然兴奋起来，说，"妈妈，你今天怎么不怪我呀？"

妈妈吻了吻她的额头，说："你不是说让吻吻你，跟你讲道理吗？"

冬冬开心地笑了。

1988-11-8

图片分类

妈妈为训练冬冬的图片分类能力，把画书上的图画，剪了一大堆。冬冬玩着图片，很高兴，问："好多的图片呀！妈妈，你在哪儿搞的呀？"

妈妈："在画书上剪的。剪了一个上午。"

冬冬："妈妈，你累死了吧？"

妈妈："没累死，还活着。"

冬冬："不是，你累死了没有？"

妈妈："没有呀，没累死。"

冬冬："你累不累？"

妈妈笑了："累，很累，但没累死。"

冬冬哈哈大笑。

妈妈让她拉开电灯。

冬冬："拉灯干什么呀？"

妈妈："妈妈的眼睛，看不清了。"

冬冬："我怎么看得清，你怎么看不清啊？"

妈妈："妈妈老了。"

冬冬："我还没长大，你怎么可老了？"

冬冬开始分类，挑出图片中所有的小动物，分成两堆：一堆儿是"好的"，一堆儿是"坏的"。她所谓的"好动物"，是黄牛、小羊、鸡子、鸭子等；她所谓的"坏动物"，是大灰狼、狐狸、老鹰、豆虫等。

1988-11-9

不踩树叶，树叶可怜

早上，冬冬提醒妈妈说："今天我要带手绢。昨天没有带手绢，有鼻子了，我用一个树叶子擦。"

不管说的真假，已比过去用袖子擦鼻涕，有了进步。

冬冬跟大姑一起去买早点，路上捡起一片落叶，说："这树叶好可怜呀！"

大姑："树叶怎么可怜了？"

"落在地上，"她小心翼翼地不踩树叶，还不停地弯腰捡树叶，说："看好路，不要踩住它们。"

大姑："这么多，怎么捡得完呢？"

冬冬："捡得完！捡不完，再回来捡。"

这有点"黛玉葬花"的意思。

冬冬回到家，说了句什么。

妈妈正和姐姐说话，没马上接她的话茬儿。

"我跟你说话，你总是没听见。"冬冬似乎很生气，转身便走。

说着玩，不能不高兴

母女俩比赛吃饭。冬冬先放下碗，得了第一。

冬冬："妈妈，你是个老臭脚，高兴不高兴？"

妈妈："我是老臭脚？当然不高兴了！"

冬冬："我说你是老臭脚，是说着玩的，也不是真的，你怎么不高兴呀？"

早上和晚上

晚上，冬冬画了一只形象逼真的蝴蝶。

妈妈："挺好的。把这幅蝴蝶给老师送去吧！"

冬冬："又不是早上，晚上怎么送老师呀？"

1988-11-10

"合影"，就是一块儿照相

冬冬画画儿。画盘里，装满了水。她跟大姑开玩笑，说："大姑，我把这水泼到你的脸上，可不可以呀？"

大姑："那可不行。别画了，咱们合个影吧！冬冬，告诉姑姑，什么叫'合影'？"

冬冬："就是在一块儿照相。"

又打群架了

下午，姐姐先把妈妈送到行政楼门前看菊展，再去幼儿园接冬冬。妈妈看到这姐俩的第一眼，凸显的是冬冬两个脸蛋儿都流着血。血淋淋的抓痕，深浅不一，面积很大。

姐姐非常生气，说："和王韧打架了。抓恁狠，王韧的个子嚇死人[1]！"

妈妈："这是王韧抓的？"

冬冬扭过头去，不说话。

晚上，妈妈又问她，为何与王韧打架？

冬冬："熊楠跟邱晨说，邱晨跟王韧说，让王韧打我，她就打我了。"

妈妈："你打不过王韧，是吗？"

冬冬："是的。"

妈妈："她为什么打你？"

"因为，因为——，我打不过她。"冬冬接着说，"我们三个人的力气可大了。"

妈妈给弄糊涂了，问："你们三个人？哪三个人？三个人，都是谁呀？"

冬冬开心地笑了："周尅呀！小二和我好，孙可和小二好，我们三个人都友好了，这怎么回事呀？"

"友好"是形容词，冬冬把它作动词用了。

妈妈顾不上纠正她的语言问题，说："三个好朋友呗！"

冬冬："小二打她的脸儿，孙可打她的右边，我打她的左边，把她围起来，打得她直哭。"

---

[1] 武汉方言，吓死人。"嚇"，音 hē。

按照冬冬还原的"打群架"的情节是：熊楠怂恿邱晨，邱晨怂恿王韧，王韧动手打了冬冬；冬冬挨打，周尅看不下去了，叫着好朋友孙可，三个人一起打王韧。

其情其景，表达得活灵活现。天晓得，她说的是真实的，还是想象出来的？

1988-11-11

电视的腔调

妈妈讲《聪明的一休》的情节，也希望冬冬遇事爱动脑子，不怕挫折，勇敢坚强，成为一休式的聪明孩子。

冬冬："妈妈，你别用这种腔调讲故事，好不好？"

妈妈："那你说，我该用什么腔调？"

冬冬学着电视上的声音，尖着嗓门说："'一休哥'，'哎'，下次再会！"

想去北京

最近，爸爸准备去北京开会。说如果冬冬听话，就可以带她去。自此，去北京，成了冬冬的一个梦想。

晚上，冬冬说："爸爸这次去北京，我也去。"

妈妈说，等下次吧。现在的北京比武汉冷多了，需要穿棉袄、穿大衣。

冬冬："我不怕。我不会脱掉棉袄的。"

妈妈："那好。今天晚上你跟爸爸睡一起。不然的话，你跟着爸爸去北京了，会不习惯的。"

冬冬："你再把我抱到爸爸床上，我就跑到爸爸屋里去，再也不上你房里来了。"

妈妈："没问题！"

冬冬："我让你一个人生活，我不管你了。"

妈妈："别说狠话了。赶快睡着吧！"

冬冬把脸背过去，不再言语。

妈妈以为她睡熟了，探头一看，她正生气流泪呢！

1988-11-12

今天星期六

"妈妈，我做了个梦，我去北京了。"这是冬冬早上醒来的第一句话。

冬冬又问，"妈妈，今天星期几了？"

妈妈："你说呢？"

冬冬扳着手指："星期一，星期二，星期三，星期四，星期五，星期六，今天星期六了，对不对？"

妈妈："对，今天是星期六了。"

冬冬："怎么有这么多星期六呀？"

学习的热情

从幼儿园回来，冬冬急忙找她的画具。

妈妈："冬冬，先喝点酸奶，好不好？"

冬冬："老师说，回来先学习，不能吃东西喝什么的。"

冬冬画画儿的热情很高，把自己想干的，说成是老师让完成的。老师的话是有权威的。

不但学画画儿，她还想学织毛衣。

冬冬对姐姐说："姐姐，我用你的针，弄几个毛线团，妈妈教给我打毛线，好不好？"

1988-11-13

"只给你一个"

冬冬摆动着满头的小辫子，问妈妈："我像不像个公主？像不像个小姐？"

妈妈："不管像与不像，你都是爸妈的宝贝儿公主！"

冬冬拉拉妈妈的毛衣袖子，说："你的毛衣上只有道道。"

妈妈："妈妈的毛衣，只有道道，不好看。来，把你毛衣上的花朵，摘点儿给我？"

冬冬穿的是缀满小花的黑色毛线衣。她听了妈妈的话，就在自己的毛衣上，做揪花朵的动作，说："给一个、给两个、三个、四个、十个。给你十个，我就没有了。还是不给你了吧？"

妈妈："别小气。再给一朵呗！"

冬冬想了想，说："只给你一个吧！"

待人亲，要有好吃的

舅舅从河南来武汉。早上刚进门，冬冬就大叫一声："舅舅！"

不错，不再把舅舅当作"爷爷"叫了。

中午，在河南洛阳学习的姨父，也从洛阳来家了。姨父扛来一个玻璃茶几，还买了许多好吃的。

冬冬吃着姨父带来的小零食，自语道："姨父给我买这么多东西，舅舅怎么不给我买呀？还是姨父待我亲。"

有好吃的，就是亲；没好吃的，就不亲。这是幼儿最直观的感受。

要舅舅帮忙

姨父带来的茶几，冬冬极喜欢。她多次要爸爸把茶几从书房搬到卧室去，爸爸都没同意。

爸爸上课去了。

她拉着舅舅的手，说："抬起来，听见没有？"

舅舅连忙帮她抬着茶几。

冬冬反复交代舅舅："别碰着了，听见了吗？我告诉你别碰着了，知道不知道？"

要舅舅帮忙的语气，像是将军命令士兵。

试探爸爸的底线

姨父说，他扛来的这个有机玻璃茶几，能支撑一百多斤。姨父说着，就站上去用力踩几下。令人捏一把汗。

这下子，冬冬可来了劲儿，大呼小叫地爬上茶几，又蹦又跳……虽然有姨父的示范，大人还是不放心。但越劝她下来，她越爬上跳下，越是闹腾。

爸爸拿起粉笔，准备在黑板上画道，说："我在黑板上画十下，你还不下来，就得挨打。"

冬冬笑模笑样盯着爸爸，腿往上一跷，爬上茶几蹦两下。看爸爸真在黑板上画了一道，她就跳下来。停一下，又爬上茶几，在上面蹦蹦跳跳，翻来滚去，乐不可支。

爸爸画下第二道时，冬冬干脆从爸爸手里夺过粉笔，爬上茶几一次，自己就在黑板上画一道……上下数次，她开始数粉笔道："一、二、三、四、五、六、七、八、九——"

念到"九"时，拖着长音，趴在茶几上不动了，转动眼珠看着爸爸笑。

爸爸不动声色，等待她画第十个道道。但她趴在那儿，既不说"十"也不去画道，只是歪着头调皮地笑。

双方正在对峙着，小郑和姐姐推门进家。大家跟小郑打招呼时，

谁有耳朵
（1988-11-14）

爸爸问冬冬，妈妈有没有耳朵？冬冬说有，还去摸摸。爸爸追问，妈妈为什么会有耳朵？冬冬说，人当然有耳朵了。爸爸说，小猫不是人，为什么有耳朵？冬冬说，动物也有耳朵，人也有耳朵。大树没有耳朵。爸爸又问，大灰狼有没有耳朵？冬冬故意说不知道。妈妈一旁启发说，大灰狼是动物还是植物呀？之后母女俩用"亚里士多德式"的推理，得出大灰狼有耳朵的结论。爸爸为巩固教育成果，又问小老鼠有没有耳朵呀？冬冬不仅说小老鼠有耳朵，还说小白兔也有耳朵。接着大家讨论鸡子、鸭子、麻雀有没有耳朵，后来又把话题转到了动物尾巴上

冬冬迅速从茶几上往下爬，还是被敏捷的爸爸一把抓住了。她叫喊着、嬉笑着、挣扎着，一头扑进小郑哥哥的怀里。

事后爸爸说，如果冬冬画了第十个粉笔道，还不下茶几，爸爸这一巴掌，她挨定了。可她只画到九，爸爸就无法打她。因为这是约定。

调皮的比喻

妈妈躺在床上，爸爸躺在沙发上。

冬冬拿着棉花糖跑来跑去，喂一口妈妈，喂一口爸爸，很得意地说："像喂猪娃儿一样！"

爸爸："你再说一遍，像喂什么？"

冬冬笑了，忙改口说："像喂人。"

小九九

相簿里，还剩下几个空白页。妈妈让冬冬把她自己的几张照片，插进相簿里。过了一会儿，冬冬跑进厨房，说："妈妈，装不下了。"

妈妈："不会吧？还剩几张照片？"

冬冬："两张。"

妈妈要看是哪两张照片。冬冬把手背在身后，迟迟不拿出来：一张是爸爸的讲课照；一张是爸爸和学生们座谈的照片。

冬冬用自己的照片，替换掉了相簿里爸爸的照片。

1988-11-14

"妈妈叫我干什么，我就干什么"

早上，妈妈交代她，在幼儿园睡午觉时，不要脱内衣。

谈论生日
（1988-11-14）

冬冬快过生日了，爸爸问冬冬生日是怎么过的？冬冬说，插个蜡烛，像我吧，五岁了吧，就插五个蜡烛。唱生日歌，吹蜡烛。爸爸说，吹完蜡烛以后呢？冬冬说，吹完蜡烛就吃蛋糕。爸爸说，蛋糕怎么吃呀，怎么分呀？冬冬很有经验地说，一块一块地分，不能把字搞掉了。接着又议论起自己生日都请哪些小朋友

冬冬懂事地说："妈妈叫我干什么，我就干什么，对不对？妈妈。"

知道爸爸的心思

爸爸递给舅舅一支烟，自己也拿了一支。

冬冬："爸爸，你不能抽烟！"

爸爸："我没抽，我就拿着。"

冬冬："拿着干什么？"

她心里明白：你拿着，不就是想抽的吗？

引以为豪的荣誉

下午，大姑去幼儿园接冬冬。老师说，冬冬睡午觉，没有脱内衣。

冬冬兴奋地告诉大姑："我得了一个红旗，三个红花。"

大姑："熊楠呢？"

冬冬："熊楠空的。"

长发漂亮

冬冬自己洗头。她先慢慢地把头发弄湿，说："湿透了吧？可能湿透了吧？还没有湿透？我的头发这么长，像一个大姑吧？"

妈妈不解地："嗯？什么像一个大姑？"

冬冬："我当然像大姑了，头发这么长，怎么能不像大姑呢？我长得这么漂亮，怎么能不像大姑呢？"

她的审美标准：长头发最美，大姑最漂亮。

喜欢的照片不送人

舅舅准备回河南。妈妈把冬冬菊展上的彩照，让舅舅带回去给姥姥看看。姥姥年老眼花，这张照片头像大，姥姥一定能看清楚外

小红旗和小红花
（1988-11-14）

　　爸爸问今天星期几？冬冬答星期一。爸爸问在幼儿园得了什么？冬冬说，一个红旗，三个红花。爸爸故作惊喜地说，怎么得了三个红花？都干了什么？冬冬乱说一通，仿佛不愿意"表扬自己"

孙女的模样儿。

冬冬从舅舅手里要过照片，说："哟，这个不好！"

大家一愣：她不是挺喜欢这张照片的吗？

爸爸："你不喜欢这一张？"

冬冬紧捏照片，说："我喜欢这个，我就喜欢这个！"

原来是不愿意把自己喜欢的送人。

妈妈："我们有底片，明天再加洗几张。把这个给姥姥带回去，好吗？"

冬冬："不，我就要这个。"

送舅舅去车站

舅舅要回家，姐姐送站。

冬冬："姐姐送哪儿，我也送哪儿。"

爸爸："姐姐要送到车站。"

冬冬："那我也送到车站。"

还没走出校门，小郑赶来了，跟姐姐一起去火车站。

冬冬被强制带回来，很不高兴。小郑和姐姐承诺，回来给她买果丹皮。

爸爸："姐姐不让你去，让大灰狼把她咬吃了！"

冬冬："不咬吃姐姐，咬小郑哥哥。大灰狼咬小郑哥哥一口，他就不找姐姐玩了。姐姐就给咱们一家出去玩了。"

爸爸说，等一会儿，小郑哥哥回来，会带回果丹皮的！

冬冬说："他要是不买果丹皮，就不让进屋。"

妈妈："我同意。"

冬冬："姐姐她也同意，对不对？"

妈妈："哈哈，那可不一定。"

冬冬："那为什么呀？"

小郑和姐姐送完舅舅回来，却忘了果丹皮的事。

他们推开门，冬冬叉开双臂双腿，堵在门口，大叫："不准小郑哥哥进屋。"

小郑连连自责："忘了，忘了！"

冬冬："你骗人！你是个小骗子，不让你进屋。"

"疼得重"

深夜，冬冬大叫屁屁疼。

妈妈："听妈妈讲故事，屁屁就不疼了！"

冬冬："讲故事也疼。"

妈妈："分散注意力，就疼得轻了。"

妈妈讲了《长发姑娘》的故事。

冬冬："妈妈，听了这个故事，还疼得重呀！"

妈妈："疼得重了？那怎么办？"

冬冬："你起来给我抹点粉，再讲个故事，就疼得轻了。"

"疼得轻"常说，"疼得重"不常说。

冬冬仍想听故事，又不忘提出解决"疼"的办法。

1988-11-15

肉真好吃

姑侄俩下跳棋。

姐姐把小碗里的卤肉，放在冬冬面前，问："可香了，吃点不？"

冬冬："我不吃，我的嘴巴疼。"

姐姐："你看看是什么？卤肉，你也不想吃？"

卤肉？冬冬探头一看，马上端起小碗吃一块儿："今天的肉真好吃，我还想吃。"

姐姐又切了几块儿卤肉放她碗里。

冬冬对大姑说："谁赢了，谁吃一口。谁输了，就不得吃。"

姐姐坐下，一边看冬冬与大姑下跳棋，一边剥花生。跳棋盘旁的花生壳，逐渐堆高起来。

冬冬："看你这一堆儿，看你们怎么弄。"

爬柜寻物

冬冬爬上五屉柜找东西。

爸爸提醒她："冬冬，小心别把摆件弄掉了。"

冬冬不在乎地说："没什么掉。"

意思是，没弄掉什么。

"别太紧张"

冬冬把贴到白纸上的画片揭下来，画片马上蜷成了一个圆筒筒。

妈妈说，让我试一试。

冬冬："妈妈，别太紧张了，紧张了就弄坏了。"

谁咬谁？

父女俩玩耍。爸爸吻着冬冬的脖子，说反话："哎，哎，别咬我呀？"

冬冬笑得喘不过气来，说："是你咬我，还是我咬你呀？"

爸爸："你咬我呀！冬冬，你叫什么名字？"

冬冬："你知道，干吗还问我？"

爸爸："我忘了！"

冬冬："你忘了？你自己好好想想。"

孩童式的 "谎言"

（3岁11个月　1988–11–16—1988–12–15）

我的小二班（1988 年 11 月）

1988-11-16

恰到好处的反问

冬冬喜欢吃大姑蒸的红薯。

爸爸："喜欢吃大姑做的？你说说，是谁给你买的红薯？"

冬冬："你不知道？"

爸爸："我不知道。"

冬冬："你给我买的，你还不知道？"

只记晴天，不管多云

中央电视台天气预报："武汉，晴转多云。"

冬冬："武汉吧？刚才是。"

爸爸："是的，是武汉。"

"我们明天有太阳？"冬冬说，"我们有太阳，明天。"

喜欢晴天，就不管转"多云"的事。

爸爸："晴转多云的意思是，开始有太阳，但下午可能有很多云彩！"

何时去北京？

冬冬问爸爸："你哪一天上北京呀？"

爸爸的注意力在书本上，没接话茬儿。

她又连着问："你几天上北京开会呀？我问你，停几天上北京开会呀？你上北京带我一块儿去玩，是吧？还有几天呀？"

爸爸："再有一个星期。"

冬冬："噢，一个星期。"

捕兽记
（1988-11-14）

对付大灰狼，爸爸给妈妈和冬冬分配武器：绳子，棒子，刀子。这些武器冬冬都要。爸爸让她选一种，冬冬选了刀子，并对爸爸说，你拿绳子，我拿刀子砍它脖子。妈妈不甘落后，说自己拿棒子打狼屁屁。爸爸说，我用绳子拴它尾巴。冬冬说，不拴住腿，它会跑。爸爸说，我拴住尾巴往后拽，把它尾巴拉断，成一个秃尾巴。冬冬不放心，建议爸爸还是拴住腿吧！爸爸说，我拴住腿，你怎么办？冬冬说，用刀子割它。妈妈说要三人配合，把大灰狼打死。接着议论怎么处置大灰狼，比如把皮拿来做大皮袄。爸爸又建议换厉害点的武器，用猎枪打大老虎、大灰狼。冬冬很高兴，要用大猎枪。爸爸说，冬冬用不了大猎枪，用小猎枪。冬冬模仿老虎被打伤之后的"痛"叫，接着分吃虎肉，竟然吃出来了鸡腿和鸡头

看电视，发议论

①郑绪岚唱台湾的校园歌曲，一副忧伤的表情。

冬冬："其实她没哭。怎么了？她的眉毛耷拉着。"

②舞蹈《原野》，金子和仇虎有一段舞蹈。

冬冬："怎么这么短呀？一开始就完了。"

诗词和儿歌

冬冬会背王维的《九月九日忆山东兄弟》："独在异乡为异客，每逢佳节倍思亲。遥知兄弟登高处，遍插茱萸少一人。"

又教古诗《蜘蛛》："蜘蛛结网，于树之枝。大风忽起，吹落其丝。蜘蛛勿惰，一再营之。人而不勉，不如蜘蛛。"

在幼儿园学会的三首儿歌：

《猫头鹰和田鼠》："田鼠田鼠真正坏，偷吃稻谷搞破坏。机智勇猛的猫头鹰，抓住田鼠大家都欢喜。"

《我把小手拍一拍》："小手小手拍一拍，我把小手举起来。小手小手拍一拍，我把小手藏起来。"

《小木梳子，梳呀梳》："小木梳，梳梳梳，给你梳头发。小剪刀，剪剪剪，给你剪头发。小吹风，吹吹吹，给你吹头发。梳梳梳，剪剪剪，吹吹吹，头发理好了。"

1988-11-17

起床后，要做什么

冬冬刚起床，爸爸就催促她，快点，该去幼儿园了。

冬冬："还没洗脸，还没有擦香香，还没有梳头，怎么上幼儿园？"

"这么好吃，谁不想吃"

吃早饭。

爸爸说，自己最喜欢吃咸萝卜条。

冬冬也说："真好吃呀！这么好吃，谁不想吃呀？"

关心父母

冬冬从幼儿园回来，进门见妈妈躺在床上，问："妈妈，只你一个人躺在家里呀？你是不是胃疼了？"

妈妈："妈妈没胃疼，谢谢宝贝儿！爸爸在书房呢！"

冬冬拿着葡萄干，跑进书房，说："爸爸，你太辛苦了，吃点葡萄干吧！爸爸，你还有几条才写完呀？"

爸爸在编写词典，以"条"为计算单位。用词准确！

爸爸："瞧你小脸脏的。是睡午觉起来，还没洗脸吧？"

冬冬："睡午觉起来，光洗手，不洗脸。她不管你洗脸不洗脸！"

"她"，说的是幼儿园老师。

涂颜色

颜料盒里总共十二色颜料，少了一种。大姑到处翻找，却没有找到。

冬冬："你自己放的，不知道放什么地方去了，是不是？"

大姑点点头，开始挤颜料，调颜色。

冬冬给小花朵上红色，说："这么难涂，谁能不给我找颜色呢？"

大家笑她。

她拿着蘸了颜料的画笔，跟大姑商量："我画你脸上好不好？蛮漂亮蛮漂亮的。"

大姑急闪身，躲藏起来。

冬冬到处找大姑，说："跑哪去了？这个大姑，我今天非弄弄她。"

变通

冬冬吃葡萄干。大姑想吃几颗，冬冬不给。大姑一把抓住了葡萄干的袋子。

冬冬忙捂紧袋子口，说："我给你拿，不是不给你拿。我们两个吃哟！"

1988-11-18

白饭衣和花手绢

冬冬的棉袄外面，罩了一件白色饭衣，整个人显得清爽大方。她说："妈妈，你看我像不像小姐？要是头上搞得花花叽叽的，就不像小姐了。"

大姑交代她，不要把花手绢弄脏了。

"我的手有点黑，但是不太黑，黑得不很。"冬冬又说，"这手巾真好看，不能搞脏了，新手巾怎么能搞脏了呢？"

"有点黑、不太黑、黑得不很"，同义形式重复使用，是这一时期的语言特点。

为何买这多火柴？

冬冬看见桌子上有四盒火柴，问："爸爸，你怎么又买火柴了？"

爸爸："不买火柴怎么做饭？"

冬冬："你买那多么干什么呀？"

爸爸："买多点，慢慢用呗！"

冬冬："那你买一包呢。家家家有没有？"

葡萄干

冬冬跟楠楠一起回西一村。楠楠对冬冬爸爸说，冬冬不给她葡萄干吃。回来后，爸爸问冬冬，楠楠说的话，是真的吗？

冬冬："她吃了我蛮多蛮多的葡萄干哩！"

妈妈问，都是哪些小朋友，吃了你带去的葡萄干？

冬冬："熊楠吃了十个，我只吃了三个，××吃了一个。"

妈妈："怎么不给周赳吃？"

冬冬："我给别人吃，熊楠就不高兴，就是这样的鬼熊楠。"

原来，最初冬冬没有主动送葡萄干给熊楠。熊楠发现后，抓着冬冬的口袋儿，把葡萄干掏了个干干净净。

熊楠关于葡萄干的话，说明幼儿思维的一个有趣点：好吃的东西，不在于她吃到没有，而在于你愿不愿意让她吃！不是心甘情愿给的，吃了也不算吃。

发奖金

"这是发给你的奖金哟！"冬冬发给妈妈一块儿饼干，又拿起一块儿山楂片，说，"这是我的奖金！"

妈妈："谢谢你的奖金！坐下，妈妈给你讲故事！"

冬冬横坐在小椅子上，说："我这样坐，可以舒服一点。"

妈妈没听清："你说什么？"

冬冬不耐烦地："我过去给你说过了，还问什么问？我这样坐舒服一点，得劲儿一点，知道不知道？"

"微笑着"

爸爸跟冬冬做游戏。瞪大眼睛，一点一点地逼近冬冬。

"你的样子好吓人哪！你的眼睛像我这样，微笑着。"冬冬说着，眯起眼睛，挤出一个微笑的示范动作。

妈妈："你们俩别疯了，该学习了！"

冬冬："但是我有个条件，你得答应我，我才学习。"

妈妈："什么条件？"

冬冬拿条毛巾，递给妈妈："你湿一湿，拧一拧，我擦干，才学习，我就这个条件。"

让学习，还需要把桌子擦一擦，得有个好的学习环境。

自造词：量尺

姐姐拿软尺，量量冬冬的身高。

冬冬说："这是量尺。"

1988-11-19

强记电影海报

从幼儿园出来，爸爸带冬冬去学校露天影院门口，反复念墙上的海报。要求她回来讲给妈妈听。

冬冬一进家就嚷："妈妈，今天晚上有电影！"

妈妈："什么电影片子？"

冬冬："《狐狸迷雾》，还有，还有……"

爸爸："还有《戴勋章的走私犯》。"

妈妈："两部片子呢。电影是几点开始？"

冬冬："三点，四点……噢，六点半！"

妈妈："今晚的电影要几张门票？"

冬冬："四张，五张，六张都可以。"

用真实生活来训练儿童的记忆力，是个不错的策划。今后应多给孩子一些训练。

1988-11-20

眼珠为何会转动？

妈妈："今天星期天，痛痛快快地玩一天吧。"

自我改编的《卖报歌》
（1988-11-14）

用《卖报歌》的曲调，
自己重新填词

冬冬："可以的，妈妈，但是我有个条件，你得陪我玩。"

妈妈同意。

冬冬："提问！"

妈妈："回答。"

冬冬："你的眼珠为什么会转动呀？"

这是模仿《聪明的一休》的一种"问答游戏"，一人提问，另一人必须回答。

坚强的人

什么样的人，才是坚强的人？

冬冬认为："把头拧掉它，把鼻子拧掉它。而且，把脸用玻璃扎破，流了血也不哭，把头杀掉了也不哭。"

这是冬冬第二次用"而且"。"而且"是表示进一步的连词，但其后面列举的"把脸用玻璃扎破，流了血也不哭"，并不比"把头拧掉它"更厉害。她所说的这五种情况，并没有按照"严重性"来排序。

妈妈笑了，说，这么厉害，你别吓人啊！

冬冬瞪着稚气的眼睛，证实道："真的，是真的，妈妈。"

这可能是她看电视得出的印象。

电梯，不是坐的

中南商场，安装了武汉市第一部电梯，很多人专程去体验。

上午，爸爸也带冬冬去了中南商场。离开家时，冬冬说："妈妈，我把看到的，回来给你说说。你回去吧，别送我了！"

从商场回来，冬冬对妈妈说："中南商场变了样子。"

妈妈："变样子了？你坐电梯没有？"

冬冬："不是坐，是站着的。一坐，不就坐在地下了？"

是呀，厢式直梯不是坐的，但为什么人们习惯说"坐电梯"呢？

冬冬还兴高采烈地告诉妈妈,路上看到了轧路机和菊展,还说:"特别是路上有蛮多蛮多好看的。"

会用"特别是"表示强调。

仰脸数鸽子

一群白鸽,打着旋飞过头顶。

冬冬仰头数鸽子:"一、二、三,数不够。"

"数不够",是数不过来的意思。

关注她人的话语特色

下午,大姑和黄芳带冬冬去书店租书。冬冬掂一本书给大姑,再掂一本书给黄芳。

大姑开玩笑地说:"看书得拿钱!"

"我们自己人,还要钱呀?"冬冬又说,"黄芳阿姨说话好带'吗'字!"

黄芳阿姨是武汉市汉南区人(汉南过去属汉阳),"吗"音似"芒 [maŋ]"。

大姑:"什么盲?没听懂!"

冬冬又说了一遍。

大姑仍听不明白,说:"不懂。你打个比方说!"

冬冬:"好比说,'我给你买瓜子吃好吗?我给你买花生豆吃好吗?'"

她关注人的话语特点,能发现人的话语特色。"好比说",还有那个"吗"字,把黄阿姨的语气和神情,模仿得惟妙惟肖。

1988-11-21

"我没法想了"

冬冬:"爸爸明天上北京,我也去。"

妈妈："谁说的？"

冬冬："爸爸说的。"

妈妈："不会吧，是你想出来的？"

"我没法想了，"冬冬又改口说，"我没想法了。"

意思是，不是她想出来的。

问答游戏

一家人常用"提问"和"回答"的模式，来做语言游戏。

①冬冬："提问。"

妈妈："回答。"

冬冬："人是什么？"

妈妈："人是动物。"

冬冬不理解，连问："人是动物？人是动物？"

妈妈："是的，人是高级动物。"

冬冬笑了："高级动物？人怎么会是高级动物？"

妈妈："人和动物的区别在于，人有手——"

冬冬："动物没有手。"

妈妈："动物不会说话——"

冬冬："人会说话。人有眉毛，动物为什么没有眉毛呀？"

②妈妈："提问，树叶为什么落了？"

冬冬："因为现在是秋天了。"

妈妈："为什么到明年树上又有树叶？"

冬冬："到了春天，它就发芽，长出来了。"

小郑哥哥的话语特色

昨天，冬冬发现黄芳阿姨的"吗"有特色。今天，她又注意到

即兴作诗《小电扇》
（1988-11-14）

爸爸鼓励冬冬作诗，冬冬扯开嗓子高唱《春晓》。爸爸要求她作诗，冬冬随口吟出《小电扇》：小电扇，转呀吧转，一个小蚊子，吹得直打转

了小郑说话的特色。小郑是江西人,说话爱带"嗯哪,嗯哪"的小零碎。

冬冬手里玩积木,头也不抬,模仿道:"嗯哪!"

大家都笑了,只有小郑一脸茫然。

看电视剧《喋血宝图》。

冬冬指着那个发音不太清晰的人,说:"小郑哥哥说话,像那个人。"

1988-11-22

北京

爸爸去北京开会,没有带冬冬。

冬冬站在镜子前梳头,问:"妈妈,有什么事,你跟我说。"

妈妈故意地说:"我呀,就是不想让爸爸上北京。"

冬冬:"那不行,他不会听你的。就让他上那个鬼北京吧!"

她一直想跟爸爸上北京。爸爸未能带她同去,妈妈说了她想说的话,冬冬倒安慰起妈妈来,把北京说成是"鬼北京"。

"鬼××",带有强烈的感情色彩。

嘴巴不在肩膀上

大姑一边跟妈妈说话,一边把嗑出来的瓜子仁,漫不经心地送到冬冬口中。这次,瓜子仁送到了冬冬的肩膀上。

冬冬指着自己的嘴巴,调侃大姑:"我的嘴巴长到这里,不是长到肩膀上,怎么往这送呀?"

"一会儿……,一会儿……"

冬冬睡觉,妈妈讲故事。她吵着鼻塞,不透气,还不停地把腿伸到被子外面。妈妈说她,鼻塞是因为折腾得太厉害。

冬冬："你怎么这样呀？一会儿讲故事，一会儿给我发脾气。"

1988-11-23

"激动什么"

今年，家人准备学着做腌菜，腌制萝卜片。在院子里架起一张小竹床，先晾晒切好的萝卜片。大姑带着冬冬摆放，尽量不让萝卜片重叠。

弄得差不多了。大姑催促道："冬冬，走呀，摆完了！"

冬冬："我还没摆完的，你激动什么？"

"激动"用得不适切，但"××什么"，这一格式用得不错。

"要什么要"

琳琳来家，跟冬冬玩。

冬冬："看你那脸，我真懒得看。"

琳琳："我漂亮。"

冬冬："你不漂亮，脸上有雀儿雀儿。"

"雀儿雀儿"就是雀斑之类。

她递给琳琳一瓣广柑，哄她回家。

琳琳出去，很快又跑回来，说："我吃完了，还想吃。"

冬冬："给了你一个，你还要什么要！"

牵强的理由

姐姐带冬冬出去买东西。冬冬坚持要穿裙子。姐姐在她的裙子外，又套了件棉袄。冬冬临出门，回身对家人说："最好别让人看我，我觉得不好意思。"

看来，她也清楚地知道，这身装扮不太合时宜。

妈妈说她太不听话，大冷天的，非要穿裙子。在幼儿园睡午觉，还常蹬开被子，三天两头感冒。

冬冬："因为我光想妈妈，所以我盖不好被子。"

这理由，实在牵强。

"正正经经"

熊楠："你怎么不上幼儿园呀？"

冬冬："因为我感冒了点，一点儿。"

熊楠："上我家来玩吧！"

冬冬："不行，空气把我弄凉了，怎么行呢？"

姐姐："冬冬，咱不出去，做手工吧！"

冬冬："你给我叠个小船，正正经经叠个小船。"

钉子为何能够穿墙

冬冬背完古诗《蜘蛛》，又画画儿。

大姑拿图钉，把冬冬的画钉在墙上。西一村的隔墙都是芦苇墙，用芦苇糊成的，图钉根本钉不住。

冬冬："那个钉子，为什么会跑到墙里边呢？"

1988-11-24

"你走你的"

下午四点，冬冬爬上桌子，透过窗户往外张望，看熊楠从幼儿园回来没有。她看见，大姑的同学周诗雨走出门洞。

冬冬高叫："周诗雨阿姨！"

周诗雨："哎，你大姑在家吗？"

冬冬："大姑好像不在家吧！"

雪天
（1988-11-14）

母女俩谈论起下雪。冬冬说，下雪了，搞一个小雪人啊，搞一个电视塔呀。妈妈说要陪她一起出去玩，冬冬说你不能出去吧？你腿疼，走不动，你出去，又把你搞生病了，怎么办呢？妈妈说，我看着你们玩。冬冬说，你看我们打雪仗。妈妈很感动，真是个知道疼妈的孩子

周诗雨："冬冬再见，我要走了。"

冬冬："你走吧，反正我不管，你走你的。你在家有事，我在家也要学习。"

"你走你的"这种熟语性的说法，冬冬逐渐掌握了不少。

1988-11-25

纠正妈妈的用词

画画儿。冬冬先用笔在纸上画出轮廓，再往上涂颜色。

妈妈："不错，按你原来画过的图形，涂上颜色！"

冬冬："'原来'，你怎么不说'刚才'呢？"

按照冬冬的语感，不应当用"原来"，而应当用"刚才"。

"原来"

图钉掉在地上，怎么也找不到。

冬冬发现图钉扎在了自己的鞋底上，恍然大悟地说："原来钉在我的鞋上了。"

让做"假汇报"

今天是星期五。冬冬仍以生病为由，不想去幼儿园。

大姑："好吧，我们等爸爸回来了，就说——"

冬冬："爸爸回来了给他说，'我每天上幼儿园，蛮乖'。酒心巧克力呀，果丹皮呀，花裙子呀，都交过来，给李冬。"

"酒心巧克力呀，果丹皮呀，花裙子呀"，各个名称后面带个"呀"，表示列举。这些，都是要爸爸给她从北京带的东西。

冬冬从医院打针回来，对妈妈说："医生说的，到大后天，到了星期一，我的病才好。"

星期一，真的是"大后天"。

"谁敢说我不漂亮？"

冬冬往脸上抹粉、涂口红、描眉毛，又去拿梳子，找花卡子："妈妈，我找不到，干脆去买一个吧！你给我找一个卡子卡头上。头发太长了，搞得眼睛不舒服。"

家人不反对冬冬打扮，但不希望她过于打扮。

"真的，这是真的，妈妈。"冬冬又拽着自己的头发，说，"谁要它？我才不要哩！这么长的鬼头发，剃掉它。"

冬冬找到卡子，又去找头绳，说："我没有头绳了吧，可能？"

妈妈："你呀，是个——"

冬冬接口道："是个是非的小姑娘。"

她化完妆，又穿上裙子，站在穿衣镜前，欣赏地说："谁敢说我不漂亮？我蛮漂亮，对不对？妈妈，谁能说我不漂亮？揍他一顿。"

女孩儿的天性，喜欢打扮。爱美之心，人皆有之！

"我说话是算数的"

冬冬剪下图片上的花朵，让妈妈找合适的地方贴上去。想让出差的爸爸一回来，就能看得见。

妈妈说，床头的墙上，可以贴画。

冬冬："明看你知道地方，还瞎找什么？"

她又问，画面上有人物，剪不剪？

妈妈："不剪。"

冬冬："又不是动物，有什么好剪的！"

她在墙上贴了几朵花。妈妈说，够了，别贴了。

冬冬不同意，说："我要怎么样就怎么样，我说话是算数的。能帮我贴下吗？"

妈妈："不行。什么都别贴了！"

冬冬："主要是我不会贴，我不会搞糨糊。"

"不会搞糨糊就算了，出去玩吧！"妈妈把糨糊瓶，放在冰箱顶上，就去厨房做饭。等妈妈从厨房回来，看见冰箱前放了把椅子，墙上又多贴了两张动物图片。

她想到的，就一定想办法去做！

孩童式的"谎言"

午睡时间，冬冬悄悄跑出去找小朋友玩。过了一会儿，妈妈听见由远而近的冬冬的哭声，急忙下床。只见她一身泥土，满脸泪痕，哽咽着说："熊楠推我了一把，我就摔倒了。"

妈妈："她为什么推你？"

冬冬："她说'不跟你玩！'我就摔倒了。"

妈妈："不玩就不玩呗，为什么要推你？"

冬冬："都怨鬼石头！熊楠走好路，让我走坏路，就我一个人摔倒了。"

奇怪，哭的"原因"，好像发生了变化？

妈妈："熊楠从幼儿园回来了没有？"

冬冬："没有。我去找熊楠玩。只管玩，一块儿石头把我绊倒了。"

去找熊楠玩而摔倒了，结果就把摔倒的原因，归结在了熊楠身上。熊楠从幼儿园还没回来呢。

妈妈："就是绊倒了，也不能哭呀？"

冬冬："摔得好疼呀！真的，妈妈，摔得太疼了，我哭了，真的哭了。"

妈妈："走路，眼睛为什么不看好路！"

冬冬："我看前面的路，石头是在后面的。"

这话说得看似不合逻辑，其实一点都不假。当人的身子向前扑倒时，绊倒你的石头，当然会在身子后面。

想象的、联想的，都会成为儿童的"现实"。孩童的"谎言"，不同于成人的谎言。

所有的家人，她都亲

冬冬对妈妈说："不但是亲你，还要亲爸爸；不但亲爸爸，还要亲大姑；不但亲大姑，还要亲姐姐；不但亲姐姐，还要亲妈妈。就是这样的，我们一家都传着。"

用四个"不但……，还要……"复句，表达她亲"家里所有人"的意思。

"一家都传着"，意思是全家人"亲过来"，或是"互相亲"。

"就喜欢吃这个豆豆"

小郑和姐姐，打算结婚后不再打工，自己开个饭馆。今晚，两人准备去考察饭馆的经营情况。冬冬也要跟着去。三人商量好：出去不带钱，不买小零食。

路经小杂货店。老板跟姐姐他们是熟人，相互打招呼。冬冬指着柜台上的青豆，说："我就喜欢吃这个豆豆。"

老板连忙拿包青豆，递给冬冬。

回来后，姐姐把这个"喜欢"的情节，告诉了妈妈。

冬冬辩解说："我说喜欢吃，我又没有要。他要给我，给了好大一会儿，我不要。"

比起过去"哼哼唧唧"地讨要，这种方式的确高明了许多，可仍是缺乏自制力的表现。孩子，终归是孩子！

1988-11-26

护着老师

大姑从幼儿园接回冬冬，看冬冬的手脸，都脏兮兮的，忍不住

讨价还价分床睡
（1988-11-14）

冬冬与爸妈分床睡不久。爸爸为了考验她的意志，故意说，你该上我这睡十分钟吧？冬冬连说"不该"，还说"我说，你在这儿睡一夜，我在那儿睡一夜。"爸爸把冬冬的话，总结为"一替一夜"的方案，冬冬谓之"互相帮助"，让爸爸"你到我床上睡一下，我到你床上睡一下。"就为了先睡那儿后睡那儿的顺序，父女争执不下。爸爸说，我的房间舒服。冬冬急了，冲口说出"我要自己睡一个床"！爸爸正等着这句话呢，忙说，啊，真的？说话算数不算数？冬冬反悔了，说"不算数"！看来，断奶、分床，对孩子说来，都非易事

1599

说："看你脏的，你们老师也不给你们洗洗。"

冬冬："我们只有三个老师，一个老师管一个还好些，那么多小朋友，老师怎么管得了？"

大姑把冬冬的话转告妈妈，被冬冬听到了。

冬冬接口说："你说对不对，妈妈？"

期望得到礼遇

冬冬要出去玩，妈妈交代她早点回来。她走到门口，停住脚步，说："人家要走了，也不出来送送别人？"

冬冬期望家人，像对待客人一样对待她。

妈妈送她到楼梯口。

冬冬很开心，连蹦带跳地下楼去。

"人家、别人"，都是指的她自己。

"我告诉你"

冬冬在卧室蹲痰盂。妈妈到处翻腾，却找不到卫生纸。

冬冬："也不知道这些人把纸放到哪里去了？妈，你来，我告诉你纸在哪里了！在那屋里，我昨天看见的，今天没看见，不知道有不？"

书房的小床上，的确有一叠卫生纸。

"这些人"是表复数的，第一次记录到。

称呼妈妈用单音节的"妈"，也是个新现象。

玉香姑姑

昨天，小姑来信说：玉香胃疼了两个月。是胃穿孔，抢救无效……农村医疗条件差，有个灾生个病的，大人并不在意，以为扛扛就抗过去了。万万没想到，一个十四岁的花季少女，因为得个胃病就走了。

每次回老家，玉香都带着冬冬到地里放羊，去玉米地里折玉米秆，红薯地里扒红薯烤红薯……冬冬特别喜欢她。知道这个消息后，冬冬一次再次地提起玉香。

大姑："别说了，玉香姑姑到很远的地方去治病了！"

冬冬："治好病还回来吗？"

大姑无语。

冬冬又追问道："玉香姑姑怎么还不来信呀？她说，'冬冬，乖吗？我的病很快好了。'妈妈，你给玉香姑姑写信好吗？"

让妈妈猜谜

冬冬手藏身后，对妈妈说："我有那，你不可以看，你自己想一想。"

妈妈没听懂。

冬冬提示，说："撕的卫什么呀？撕的卫生什么呀？你看我手上拿的什么？"

妈妈笑了，说："说得太直白了，妈妈傻呀！你也说个难点的，让妈妈猜一猜！"

冬冬："长长的鼻子像钩子，大大的耳朵像扇子，四条腿像柱子，一条尾巴像辫子。妈妈，那是什么呀？"

妈妈："嗯，应该是大象吧！"

冬冬："我没说，你怎么知道是大象呀！"

妈妈："我猜的呀。"

"我从小就活动"

在覃覃家。冬冬和覃覃表演跳舞。覃覃舞动得幅度太大了，剧烈地呕吐起来。

大姑说："覃覃吐得吓死人。冬冬比她跳得还猛些，还好，没有呕吐。"

妈妈："冬冬平时的活动量就大。"

冬冬："我从小就活动，一下子就活动大了。今天跳得猛，我就不吐。"

"整天、一整天"

妈妈："冬冬，你今天上幼儿园，一天都没喝药吧？"

冬冬："我今天上幼儿园哪，实在是想喝药呀！一整天，一个整天！"

妈妈："真是个乖孩子！妈妈这么爱你，可怎么办哟！"

冬冬："那你就整天挨着我呗！那你就整天跟我一块走呗！"

"整天"是"天天"的意思。"一整天、一个整天"，是"一天"的意思。

"好不容易"

晚上，冬冬要吃甘蔗。

妈妈："太凉了，等明天给你热一热再吃。"

冬冬："总是明天明天的。"

用"总是"，再把妈妈说的"明天"加以重复，以表示极其的不耐烦。

妈妈为转移其注意力，就说墙壁上的画，贴得太乱了，应该揭下来几张才好。

"苍蝇不好看，其他的都好看。"冬冬拽下来苍蝇，连带着把水牛也撕掉了。

冬冬："水牛好看不好看呀？"

妈妈："好看。"

听妈妈说好看，冬冬又掂着牛往墙上贴，说："好不容易把它撕掉了，还得贴上。"

"好不容易"是个熟语性的短语。

1988-11-27

"爸爸拍板，妈妈钉钉"

昨晚，大姑说，幼儿园小朋友的很多家长，都给孩子请英语家教。咱家是否也请一位？妈妈同意，说等爸爸回来商量一下。

大姑开玩笑地说："等爸爸回来一拍板，妈妈一钉钉就行了。"

冬冬随着大姑的说法，风趣地说："嗨，爸爸拍板，妈妈钉钉，一钉钉到老师身上。"

她懂得"拍板""钉钉"是"做决定"的意思，不仅把大姑的话演绎为"爸爸拍板，妈妈钉钉"，还说钉子要"钉在老师身上"。很有语言创造力。

这话引来哄堂大笑。

今天是星期天，早上，大家都想赖床。

冬冬醒来，催促大家："天明了，你非等到广播响才起床啊！"

大姑："好哇，现在就起床，我去找英语老师！"

冬冬："爸爸拍板，妈妈钉钉。我心里还记住那句话。"

"愈来愈来"

冬冬用颜料涂海水。最初，她用浅蓝色，接着又用笔尖蘸了深蓝，边涂边说："海水愈来愈来深了。"

冬冬真的懂得颜色的深浅？

冬冬第一次用"愈来愈……"，一下子说成了"愈来愈来"。

也要"好看衣服"

姐姐给小郑表姐家的小孩儿，买了一套新衣服。

冬冬不解，问："姐姐，你给小毛毛买好看衣服，为什么不给我买好看衣服呀？"

姐姐："等你过生日时给你买，好吗？"

冬冬高兴了，说："好吧！"

"北京有太阳"

天黑了，冬冬还在院子里跑。大姑把她叫回来，在家稍停了一小会儿，又跑去熊楠家玩了很久。大姑找到熊楠家，她躲在椅子后面藏猫猫。大姑很生气，抱她回家的路上，拍了她一巴掌，她哭了。

电视正播放天气预报。

冬冬呜咽着问："有两天没有——"

大人等她的下文。

冬冬："听天气预报了。"

大家都不出声地笑了。

妈妈："你担心爸爸在北京冷？"

冬冬："是的。"

天气预报："北京，晴，-2℃到6℃。"

冬冬拍着手，说："有太阳，北京有太阳！"

她怕远在北京的爸爸冷。只注意有无太阳，却不知温度的高低，才是决定冷暖的关键。

1988-11-28

爸爸什么时候回来

冬冬："爸爸是上午回来，还是下午回来？"

妈妈："下午。"

冬冬："你怎么知道呀？大姑就不知道爸爸什么时候回来，你怎么知道呀？"

妈妈："爸爸走时，告诉了妈妈回来的具体时间。"

冬冬："爸爸明天下午几点回来呀？"

妈妈："两点。"

冬冬："爸爸回来我也回来了吧？"

妈妈："是的。"

冬冬："那为什么呀？"

"觉得"

大姑见幼儿园的吴老师,怀里抱着一个小孩儿。

大姑:"你们吴老师,抱的是她自己的孩子吧?"

冬冬:"我觉得,那不是吴老师的孩子。"

用"什么"表示情绪

①冬冬跟姐姐一起叠纸。

"你知道我是怎么叠的吗?"冬冬叠了一个蝴蝶结。正说着话,打个喷嚏,喷出来两筒鼻涕。

姐姐忙去找卫生纸,说:"别慌,别慌!"

冬冬:"还别慌什么呀?"

意思是说,鼻涕都出来了,还"别慌"!

②琳琳隔着纱门,叫:"冬冬,你吃不吃——"

冬冬推门出去,说:"什么吃不吃,我才不吃你那鬼东西。"

"别慌什么",是重复别人的话之后加"什么";"什么吃不吃",是先说"什么",再重复别人的话。"什么"放在前面还是后面,都表示一种否定的情绪。

"消失了"

睡觉。冬冬把头缩进被窝儿里,说:"我消失了。"

高适《别董大》

学高适的《别董大》:"千里黄云白日薰,北风吹雁雪纷纷。莫愁前路无知己,天下谁人不识君。"

1988-11-29

"像……一个样"

用花生和大米煮出来的稀饭，颜色有些发红。

冬冬："就像鲜血一个样。"

"像……一个样"，应为"像……一样"。

爸爸终于回来了

冬冬从幼儿园回来，推开门，箭一般冲到床前，捧着爸爸的脸吻个不停，说："爸爸，我可想你了，我天天对妈说，'我想爸爸'，是不是呀，妈妈？"

妈妈："是啊。"

冬冬："爸爸，你在北京冷不冷呀？"

爸爸："冷呀！"

冬冬："冷得很吧？"

爸爸："冷得很。"

妈妈："冬冬每天晚上，都记住看天气预报，怕你冷，天天说爸爸……"

冬冬："害怕你出危险。"

"出危险"是大词小用，意思是感冒生病。

今天，冬冬还用了"天天"。两岁半前后时，曾说过要"天天"喝西红柿汤。快三岁时，唱的儿歌有"天天做操身体好"。之后很少听到。

1988-11-30

自造词："军衣服"

小郑穿了件军装上衣。

冬冬："小郑哥哥还穿着军衣服！"

"拼音"

冬冬写字。她写了 1、2、3 和 S，拿给妈妈看。

冬冬："妈，这是我写的拼音，你别给我撕了，啊！"

妈妈："这只有一个拼音，其他的都是数字！"

冬冬又拿出一张纸，说："这不是我写的拼音，乱七八糟。"

她的这个年龄，还区分不了数字、文字、拼音字母什么的。

1988-12-1

解释什么是"抓紧"

冬冬对爸爸说："老师说的，'一回来就抓紧背诗、写字、画画'。'抓紧'是什么意思？"

爸爸："你说，'抓紧'是什么意思？"

冬冬："'抓紧'就是'快点'的意思，慢了就不是'抓紧'了。"

冬冬会从正反两面解词。先用个近义词"快点"，又从"慢"的反面来解释。

评价舞蹈

电视正播放日本舞《草帽》。身着连衣裙的姑娘们，翩翩起舞。

冬冬："她们这天怎么还穿裙子呀？"

是呀，武汉天气已经很冷了，人们都穿棉衣了。

电视又播放男女双人舞，其中有一段很悲伤的情节。

冬冬："她怎么光跳没有表情呀？男的有表情，女的没有表情。"

爸爸："她心里难受。"

冬冬："她心里难受什么呀？"

爸爸讲了舞蹈的内容。

冬冬："她们光会跳，也不会背诗、画画什么的。"

1988-12-2

"如果……的话"

幼儿园的院子里，有一大群散养的鸡。

爸爸开玩笑地说："捉一个，杀杀吃。"

冬冬："我可不捉，屙到手上怎么办？如果鸡子屙到你手上的话，你怎么办呀，爸爸？"

爸爸："我就用水冲冲，洗洗。"

冬冬："我也用水冲冲，洗洗。如果洗不掉的话，怎么办呢？"

爸爸："那你就想个办法吧！"

冬冬："那就用土埋掉它。"

打听王韧的家

角色游戏之
"妈妈购物回来了"
（1989-02-27）

冬冬和姑姑做"购物回来"的游戏。自然是冬冬当妈妈，姑姑当孩子。冬冬角色意识还真强，一口一个"妈妈"，说妈妈去菜场了。妈妈再去的时候，也带你一块去。妈妈给你买个卡子去吧，好看的卡子可以吗？哎呀，妈妈买了好多东西回来了，买了手镯、金项链、戒指、西瓜、漂亮的蓝卡子……这时的冬冬，极力讨好"孩子"，完全是平时大人对她的样子

今天是王韧的生日。冬冬想去参加她的生日派对，但不知道她家在哪里。她先去问熊楠，熊楠也不知道，就去问陈果。爸爸陪冬冬去陈果家。但她只知道陈果住在哪栋楼，却不知道房间号码。找了好一会儿，没找到。

冬冬对爸爸说："怎么办呢？我去找陈老师问问。"

她去陈老师家。陈老师的小女儿，带冬冬去找陈果。陈果不在家。

冬冬："他们根本不知道王韧的家住哪儿。住得蛮远蛮远的。"

虽然冬冬未能参加成王韧的生日派对，但这种交际能力和克服困难的行为，值得称道。

"我给你说个悄悄话"

冬冬想打赤脚在草坪上打滚。天太冷，爸爸不同意。她趴在爸

爸耳边，说："我给你说个悄悄话。我脱了鞋子，可以从这头，一下子又到那头，滚到老远老远的。"

爸爸看她期待的眼神，不忍拒绝。

冬冬脱掉鞋子，在草坪上翻呀滚呀，满身是草。

她竟然把"草"说成："滚了一身花。"

机智应答

爸爸："提问。"

冬冬："回答。"

爸爸："冬冬，你叫什么名字呀？"

冬冬："你知道，为什么还问我呀？"

爸爸："你怎么知道我知道？"

冬冬："因为你过去喊过我。"

爸爸："喊你什么？"

冬冬："李冬。"

大姑接着调侃："哎，哎，我也忘了你叫什么了？"

冬冬："忘了？你好好想想。"

问词语的意思

近段，凡听到不懂的词语，冬冬总要求解释。

①看美国电视剧《火星叔叔马丁》。马丁发现，车库里的火轮船丢失了。

冬冬："其实车没有放这里。"

爸爸："对，车是没放这儿。元旦，幼儿园有故事会比赛，你就讲《火星叔叔马丁》，好不好？你好好看这个故事片，争取被选上！"

冬冬："'争取'，什么意思呀？"

②夜里，娘俩聊天。

妈妈："谁说得对，就听谁的。我听爸爸的，爸爸呢，也听妈妈的。爸爸和妈妈的地位是平等的。"

冬冬："'平等'？'平等'什么意思呀？"

1988-12-3

反问

早上，冬冬蹲痰盂。

大姑："冬冬，你还睡吗？"

冬冬："我已经穿好衣服了，还睡什么睡？小心把我的痰盂搞泼了。我屙的是臭尼尼，蛮臭蛮臭的。"

大姑："我怎么没有闻见臭味呀？你蹲哪儿呀，我怎么都看不见？"

冬冬："我这么大的个子，你还看不见？"

"连……都……"

爸爸说，冬冬的棉裤很好看。

冬冬："这么好的棉裤，谁不想穿呀？谁都想穿。连我的大姑、姐姐、爸爸，都想穿，对不对呀，爸爸？"

爸爸："说得太对了！来，穿上这双干净鞋子！"

冬冬："哎呀，好漂亮的鞋子呀！红油油的。"

"红油油的"，这样一个普通的词语，还是第一次记录到。

"可能能吧"

爸爸送冬冬去幼儿园。

路上，爸爸问："冬冬，今天能得一朵大红花吗？"

冬冬迟疑了一下，答道："可能能吧！"

爸爸笑她，一句话连用两个"能"字。

她也觉得好玩儿，连着重复了两遍："可能能吧！"

因为不知道"规矩"

幼儿园老师告知，冬冬故事讲得不错。举办故事会，有可能让冬冬代表班级参加比赛。一想起"六一"儿童节，冬冬不上台表演的事，妈妈就发怵。

妈妈开始做冬冬的思想工作了，对冬冬说："假如说，该小朋友上台讲故事了，她却拉着妈妈，哭叫着不上台，那样做，好不好？"

冬冬："上次我不知道规矩，这次你们看吧！"

妈妈："你是说，那次你是因为不懂规矩，是吧？"

冬冬："还得向李老师道歉。"

妈妈："那次已经道过歉了。李老师很失望。"

冬冬："她就不要我了吧？"

妈妈："你长大了，上了大班，她还在教小班，哪是不要你呀！"

"六一"儿童节之后，李老师批评过冬冬，冬冬也承认了错误，表示今后再也不那个样子了。但认错归认错，下次再有活动，她到底会如何做，依然没有把握。妈妈不想让那次的阴影，一直伴随着她；更担心她会故伎重演，带来更大的伤害。

"笑什么笑"

爸爸跟同事谈论学术问题。谈话中，不时地开心大笑。

此时，冬冬正在看电视剧《黑猫旅社》，剧中人竹青在痛哭。她自语道："笑什么笑？这么可怜还笑？"

妈妈也有妈妈
（1989-02-27）

冬冬说，妈妈也有妈妈对吗？接着又说，是不是姑姑有姑姑，姐姐有姐姐，妈妈有妈妈，爸爸有爸爸，冬冬有冬冬呀？语言格式的类推惯性，结果把自己也串进去了

"管你什么说，我都不听"

冬冬画画儿，眼睛离纸太近。大姑劝她休息一会儿，别把眼睛用坏了。

冬冬："管你什么说，我都不听。"

"吃什么长大的"

吃饭。大碗里放着炸得焦黄的红薯片。

冬冬把碗拉到自己面前，说："谁想吃红薯，都得在我这里拿。红薯和馍，是吃什么长大的呀？"

就这种问题，谁能回答？

说事情

大姑："冬冬，我给你说个事情。"

冬冬："说呀，有什么事情，你就说出来嘛！"

让蚊子咬妈妈

冬冬让大姑打开窗户，说："我让蚊子进去咬妈妈。"

妈妈："为什么让蚊子咬妈妈？"

"因为你刚才把我下输了，"冬冬端过来跳棋盘，用挑衅的眼神看着妈妈，说，"咱们俩下棋吧，你还敢不敢给我下？"

冬冬所用的"刚才"可不是真正的"刚才"。昨天晚上，母女俩下跳棋，冬冬下输了，但一直不服气。已经过了一夜零大半天了，仍记忆犹新，仿佛"刚才"发生的事情。

奇特的思维

冬冬去找熊楠玩。两个孩子发生了争执，冬冬脸上被抓了一块儿。回家的路上，遇见了多多和王佩，她们询问冬冬脸上怎么了？得知是被熊楠抓了，都义愤填膺，表示今后帮她打熊楠。

冬冬很感动，回来说："爸爸，多亏多多、王佩帮了我的忙。熊楠要哈[1]我，我走在路上，碰见多多、王佩他们。他们说，'熊楠要再哈我，就跟他们说。'"

爸爸弄糊涂了："怎么回事？听你话音，是回来的路上，才碰到多多她们的吧？"

冬冬："再哈我，我就不答应她了。我本来想跟她玩，结果她哈我，我再也不跟她玩了。"

她是被熊楠抓后，才碰到两个小朋友的。两个孩子虽然只有语言的支持，她就认为是她们帮了忙，多亏了她们。

故意褒贬爸爸

冬冬把帽子戴在妈妈头上，又摘下来戴在爸爸头上，说："妈妈戴着好看，爸爸戴着有点丑。"

爸爸："为何爸爸戴着，就丑了？"

冬冬不回答丑不丑的问题，只顾说自己想表达的意思："我喜欢大姑、姐姐和妈，不喜欢爸爸，因为爸爸上北京不带我。"

爸爸："我没带你去北京，可我带你去了球场。"

冬冬："我也喜欢爸爸，连我也喜欢起来了。"

这最后一句话的意思是，就连爸爸，我也喜欢起来了。

送鱼还碗

会背高适的《别董大》。

前天晚饭炸的小黄鱼，冬冬送给刘伟一小碗。今天，刘伟把小碗还了回来。

冬冬对大姑说："他怎么这么长时间，才把碗送来呀？"

---

[1] 哈：武汉话，"掐"或"抓"的意思。

大姑："是啊，谁把小碗拿到伟伟家的？"

冬冬："我拿的，端小鱼拿去的。"

看电视

爸爸调整电视画面效果，挡着了冬冬的视线。

冬冬："你看，就不让我看了，是不是？嗯？"

电视正播放电视剧《啼笑姻缘》。剧中的将军愤怒地咆哮着。

冬冬："那个将军对不对呀？"

姐姐："不对。"

冬冬："那为什么呀？"

放完《啼笑姻缘》，又收看《皇帝与公主》。

冬冬："最后的那个宝座怎么空着呀？"

妈妈："没皇帝了，当然空着！"

冬冬："那个萧太后呢？"

妈妈："萧太后是女的，不能坐宝座、当皇帝！"

冬冬："那我呢？我能不能当皇帝呀？我蛮有本事的，我长大了，我一拳能把坏人打死。"

妈妈："除了打死坏人，你还有什么本事？"

冬冬："明天我上爷爷家，把爷爷家蜜蜂拿回来几只，拿回来四只，装进枪里。"

妈妈："装到枪里干什么？"

冬冬："装到枪里打坏人呀！对不对，妈妈？"

冬冬看妈妈笑而不答，又说："不多对吧？那我打你的头发，好不好？"

摔倒了，也不让人帮

冬冬爬高，蹬倒了椅子，摔倒在地。大姑闻声跑过来，急忙拉了她一把。

冬冬很不情愿，说："我没有腿是不是？我自己不会站起来是不是？我没有长腿是不是？"

"她们说话不算数"

星期日，大姑想睡个懒觉。妈妈喊大姑给冬冬穿衣服，大姑没有应声。

冬冬："她们根本就知道，今天是星期天，带我出去玩，还不起床呀！她们说话不算数。"

卡头发

冬冬索要小卡子卡头发，说："我的头发，很长时间没卡住了。不卡吧，光乱。是吧，妈妈？"

"要不然"

跳棋放在五屉柜上。

冬冬对大姑说："把这拿下来。要不然，我上不去呢！"

"该睡个觉了"

上午，冬冬问："该睡个觉了吧？"

大姑："刚吃过早饭，就睡午觉？"

冬冬："怎么没一点儿声音呢？后边。"

"后边"是楼后边。只有睡午觉时，院子里才安静。冬冬从"后边"的安静，推测是到了睡午觉的时间。

电视剧开始了

下午两点播放电视连续剧《冰雪女王》。刚一点五十，冬冬就大叫："开始了，大姑！"

大姑从书房里过来，问："什么开始了？"

冬冬："我是说《冰雪女王》快开始了，有点儿没说清楚。"

"有点儿没说清楚"，是一种补充说明。

"我帮你"

书桌上，掉了一枚曲别针。

冬冬："爸爸，我帮你把别针捡起来。"

爸爸拍拍冬冬的脊背，表示感谢。

询问"打招呼、迷迷糊糊"的意义

冬冬："打招呼，'打招呼'是什么意思呀？"

爸爸做了解释，并夸冬冬勤学好问。冬冬很高兴。

大姑："老哥，看你把冬冬夸得迷迷糊糊的！"

冬冬："'迷迷糊糊的'，是什么意思呀？妈妈？"

妈妈："你说呢？"

冬冬："人家给她说话，她不听不见。"

"不听不见"，就是冬冬理解的"迷迷糊糊的"状态。

午饭谈吃鱼

午饭有红烧鱼。大姑说，鱼肉有点苦，可能是把鱼的苦胆弄破了。

冬冬尝了一下，说："我吃苦胆了，有点苦，但是不太苦。我吃了苦胆眼睛亮。"

大人曾经说过，吃了苦胆明目，她就记下了。

爸爸称赞冬冬，吃鱼特会吐鱼刺。

冬冬："我吐刺好难呀，得好半天才吐出去。"

"好半天"，表示时间比较长。

妈妈："那次，鱼刺把我卡了一下。"

冬冬："那时候我还不是卡一下。得吃什么呀，喝什么呀，妈妈？"

"吃""喝"什么，是指被鱼刺卡着之后的急救措施。

爸爸："冬冬会用筷子了，不简单。"

"我们班连小朋友还不会用筷子、吐刺呢？"冬冬边说边数手指，说，"我们班小朋友都是会吐刺的，你像李子键、阎江、××、××、×× [1]，都是会吐刺的。熊楠，我李纤，还有，像吴立飞，××，××，他们都不是会吐刺的。"

她把自己放在"不会吐刺"的人群里。而且，这个"连"字句，用得有点问题。

大姑把青菜往冬冬跟前推了下，说："冬冬喜欢吃，放近点。"

冬冬又把青菜盘子往中间推了推："放中间，谁都可以吃。"

冬冬和姐姐

中午，姐姐推门进屋。冬冬扑上去抱着姐姐，说："姐姐，你又给我带回什么好吃的呀？"

姐姐："说好了，晚上带好吃的，怎么现在就要？"

冬冬笑了。

姐姐伸手去掏冬冬的口袋。

冬冬："瓜子全吃完了。你看，屋里搞得多干净呀！"

姐姐问她还有什么好东西吃？

冬冬："没什么好东西！"

姐姐的手，猛地碰在了桌子棱上。

冬冬："你自己碰着的，啊！"

"擦也擦不掉"

冬冬手上弄上了红颜色。爸爸用餐巾纸给她擦。

---

[1] 这里和下文的"××"，都是家长不熟悉的小朋友名字，当时没记录下来。

冬冬："擦不掉，纸撕烂了也擦不掉。"

妈妈："拿湿毛巾擦吧。"

冬冬："擦也擦不掉。"

"擦也擦不掉"，是个熟语性的表达，表示强调。格式是动词重叠一下，再加上否定补语。

爸爸拿香皂，给她洗手，这才算洗干净了。

吃饭比赛

冬冬与妈妈比赛吃饭。

妈妈："我的饭太多了。把饭拨给你们一些。"

冬冬："你给别人，就是输了，对不对？"

大姑："你妈妈肯定要输。没人给她扣菜，吃得更慢了。"

冬冬夹了个白菜叶，放进妈妈碗里，说："有人给你扣菜了。"

为了能赢妈妈，冬冬要把自己的米饭，拨给大姑一些。

大姑："偷偷地，别让妈妈看见了。"

冬冬："又不是长的没眼睛？"

冬冬吃完最后一口米饭，如释重负地说："在这休息休息吧，把我累死了。还是大姑给我帮了大忙了。"

1988-12-5

"慢"与"快"

大姑拉着冬冬的脚指头，说："你的脚指甲，长得好快呀！"

冬冬："慢慢长的嘛！什么也没有快长的，一个也没快长的。"

她在跟大姑讲脚指甲生长的道理，反驳大姑"长得好快"的说法。

小时候的帽子

冬冬："你们从前给我买的帽子，就不让我戴了，是不？"

妈妈："你是说你小时候的帽子？"

冬冬："是的。"

妈妈："那些帽子太小，都戴不上了。"

盼夏天

冬冬极想穿裙子，叹息道："为什么夏天还不到哇？为什么冬天还不过去呀？"

皮鞋

大姑穿双皮鞋。

冬冬问大姑："你看电视上谁穿皮鞋呀？"

大姑："没人穿。"

冬冬："那你为什么还穿呀，大姑？"

自己梳头

妈妈："冬冬，来，妈妈给你梳梳头。"

冬冬："我自己梳吧，妈妈辛苦了！"

强化自卫意识

冬冬说起××经常哈她，被大姑狠狠地数落了一阵子：如此懦弱，一辈子受人欺负。冬冬低着头，默默听了好大一会儿，说："妈妈，我忘记你的话了！"

妈妈莫名其妙，问："妈妈说什么话了？"

冬冬："要勇敢坚强，别人打我，我也打他。"

妈妈："还有呢？"

冬冬："打不过就回来，告诉爸爸、妈妈、大姑和姐姐。打不过，回来找多多和王佩。"

1988-12-6

浇水的联想

大路两旁，工人正给移栽的桂花树浇水。

冬冬："老爷爷每天浇水，慢慢地，树就长出来了。"

大姑："浇水，是因为桂花树渴了。喝饱了水，小树就能长成大树了！"

冬冬："老师也会渴，也会饿，所以喝小朋友的豆浆、包子，我们笑死了。"

所谓"喝小朋友的豆浆、包子"，是幼儿园开饭时，老师与小朋友一同吃饭。在孩子们心目中，老师不是凡人，可以不食人间烟火。

"边歌边舞"

冬冬跳舞："我边歌边舞，好吗？"

"边……边……"，表示两个动作同时进行。是一种很有表现力的叙事格式。

"终于"

冬冬想下跳棋。棋盘上，各种颜色的棋子，混在一起。

"我们分一分，好吗？"她按颜色进行了分拣，说，"终于分好了。"

第一次记录到冬冬使用"终于"。"终于"表示经过较长的过程，最后出现了某种情况，而这种情况，多是说话人盼望的结果。

作画：刚起床的女人

冬冬作画。她画了一个头发乱糟糟的姑娘，说："这是个女人。女人的头发多乱呀！她刚睡过觉，知道不知道？"

1988-12-7

只能听老师的

去幼儿园之前，妈妈交代冬冬："睡午觉时，不要脱里面的毛衣和毛裤。"

冬冬："我正是这样做的。"

"正"是个语气副词，表示肯定。

妈妈："记住，下面的毛裤也不要脱。"

冬冬："外面的黑毛裤脱了。老师让我们脱，我们只得脱，没有办法。"

"只得"是个副词，表示"只能如此"。过去冬冬讲故事时曾经用过，但说话时很少用。

黄昏漫步

夕阳西下，妈妈和冬冬在院子里散步。冬冬不小心，打了个趔趄，差点儿摔倒。妈妈条件反射地去拉她。

冬冬不领情，一甩手，说："我又不是没有长手！"

天渐渐黑下来，树下还有几个小女孩在玩耍。冬冬正准备跑过去，孩子们开始跑散回家了。

冬冬："她们怎么走了？"

妈妈："她们的妈妈喊她们回去吃晚饭。"

冬冬："我怎么没听见？"

妈妈："你没听见，可她们听见了。"

冬冬："是的，她们又不是没长耳朵。"

1988-12-8

树叶和小鸟

北风刮得很紧。焦黄的树叶在风中飞舞。

冬冬："这是小鸟吧？"

"说谎"与"骗人"

冬冬最喜欢的发卡，从中间断成两截。妈妈答应修好它，却没找到万能胶。

下午，她从幼儿园回到家，看到桌上的发卡还是两截，对妈妈说："你说的我回来，你就给我粘上了，你为什么不给我粘呢？妈妈说谎呀！"

妈妈做了解释。

冬冬叹息道："要是你们骗人，那怎么办呢？"

"整个地球都歪了"

妈妈伏案抄写东西。冬冬转圈，转了一圈又一圈。转得有点晕乎了，一个趔趄，差点摔倒，说："我觉得整个地球都歪了。"

一个很夸张的语句！

妈妈让她老实点。

冬冬拉着妈妈的胳膊，说："妈妈，我真想给你玩一玩，但是你在写东西。"

"但是你在写东西"，是个很复杂的句子。"但是"表转折，"在写东西"表示动作正在进行。

妈妈说，再等会儿，写完了就和她一起玩。

冬冬很懂事地趴在桌子边，看了一会儿，静静地走开了。

"点头、摇头"的意思

冬冬对爸爸说："跟熊楠说话，只能说，不能点头和摇头。"

爸爸："为什么？"

冬冬："熊楠就不知道点头和摇头，是表示同意和不同意的。"

看电视《一剪梅》

冬冬看电视连续剧《一剪梅》，一直看到深夜十二点多。电视结束了，她躺在床上，心还在《一剪梅》上，毫无睡意。

冬冬："妈妈，我还不知道那个《一剪梅》从哪来的呢？"

妈妈："台湾的。"

冬冬："噢，台湾拍的片子！那个梁医生说，还有一个假的，要找出那个假的呢！"

梁医生，是《一剪梅》中的人物。

1988-12-9

"谁知道"

陶希思抱了个玩具娃娃，来找冬冬玩。

冬冬："谁知道陶希思还有这个娃娃？"

妈妈："不知道，我不知道。"

冬冬笑了："是的，我也不知道。"

"看看"

①冬冬拍着肚子，说："看看我，我这会儿肚子，饿得'咕噜咕噜'响。"

②冬冬画画儿。

妈妈："冬冬，你画的什么？"

冬冬："你看看，不看会懂吗？"

妈妈笑了，说："看也看不懂。"

冬冬："好好看看。"

1988-12-10

自屎不臭

大姑开冬冬的玩笑，说："冬冬，你拉的屎怎么老是臭的？没一次是香的呀？"

冬冬："我跟你说，没有一个人那个、那个、那个屙的臭屁屁是香的。我怎么觉得不臭呀？我怎么没闻到我的臭屁屁臭呀？"

老师的话，就是依据

米酒煮开了。妈妈怕烫着冬冬，让她等会儿再吃。

冬冬接过杯子，说："有点蛮烫，蛮烫的我就敢吃，因为老师说，'要吃热点，不能吃凉的，吃凉的会生病。'老师说，'因为生了病要打吊针的。'但是，打吊针要打不好的话，就会死的。"

"蛮"是南方话中的程度副词，"烫"，武汉话读"[tʰA]"。"蛮烫"表示"很烫"，不能再用"有点"修饰，否则，程度上就相互冲突了。

"洗什么洗什么的"

马路上，有几头拉沙子的毛驴。

冬冬："脏死了，它身上。"

爸爸："是脏死了！你想想，该怎么办？"

冬冬："我给它洗什么洗什么的。"

自制贺年卡

快元旦了，大姑和冬冬准备自制贺年卡，送给亲朋好友。冬冬找出卡片，又把剪好的图案贴在硬纸片上，说："反正都是动物，就拣出来就是了。"

妈妈也来帮忙，在硬纸片的周围，画一条彩线作装饰。

冬冬："好像，你不是描着这个边的？"

"差一个"

冬冬的花发卡上，有几个不同颜色的小桃子。不知何时，小桃子丢了一个。她问妈妈："这个怎么差一个？能不能卡上呀？"

"两个"与"三个"

冬冬在厕所小便，自己用卫生纸擦干净。回到家，伸手就拿馍馍吃，爸爸让她洗洗手。她用大拇指和食指捏着馍说："这两个没有尿，这三个有尿。"

1988-12-11

"这么好的大灰狼，谁不给它做妻子呀？"

早上冬冬起床，站在床上，扮演大灰狼的角色。她指着妈妈说："你做我的妻子吧！"

妈妈摇摇头。

"大灰狼要睡觉了，"冬冬铺平小被子，躺下，又爬起来，说，"鸡在叫了，天亮了，起床去地里拔草吧！"

妈妈："你去吧，我还瞌睡着呢！"

冬冬："那你就睡吧！"

妈妈："哟，这只大灰狼还挺勤快的。"

冬冬不停地弯腰直腰，做拔草状，洋洋自得地说："这么好的大灰狼，谁不给它做妻子呀？我的话有道理没有呀？"

"将来"

"我的肚子饿得'咕噜咕噜'响。"冬冬从外面跑回来就喊饿，又趴在妈妈胸前听听，说，"我没听见，妈妈的心在'咕噜咕噜'响。"

"肚子"和"心"，都是"'咕噜咕噜'响"？这是把修饰"肚子"的形容词，用在了"心"上。

妈妈让大姑赶快盛饭，说："冬冬饿了。稀饭里别放菜，她不吃。"

冬冬："我吃菜。不吃菜，将来成了矮子怎么办？"

第一次记录到冬冬用"将来"。至此，"过去、现在、将来"这三个常用的表示"三时"的词语，就都掌握了。

饭后，妈妈让冬冬吃药。

"不吃药不行。要是发烧的话，还得去打针。"她乖乖地服药，说，"我一个晚上都没脱毛衣。"

自造词："放音乐体操"

"妈妈，给我拿两种积木，一种是新的，一种是旧的。"冬冬玩了积木，又要妈妈和她一起做体操。妈妈关节疼，胳膊腿伸不直，动作很不到位。

冬冬开始做示范，说："这个体操可以吧？这都是我练习出来的。我再做一个运动体操吧，这个体操，叫'放音乐体操'。"

说完，她一边哼着音乐，一边做动作。

害怕妈妈回老家

冬冬被《一剪梅》深深吸引，一连两个晚上，都看到十二点多。睡眠少，两只眼角都溢出了眼屎。今夜，又到深夜十一点，她还要看下去。

妈妈说，冬冬啊，你一点点都不听话，算了，管不了不管了。

冬冬忙说："妈妈，你看我一段，我要是听话了，你就不回老家。我要是不听话，你就回老家，好不好？"

中午，妈妈曾说，想回老家去看姥姥。冬冬说："妈妈不要回老家，在这跟我玩。"

刚才，妈妈并没提这个话题。

妈妈同意暂时不回老家，冬冬马上高兴起来，关电视，上床睡觉，还吻了一下妈妈，说，"Thank you！妈妈，等我过了生日，你再回河南老家吧！"

1988-12-12

南湖路

爸爸带着妈妈和冬冬，去南湖体育系学气功。

冬冬坐在自行车前面，说："家里没有人了，一个人也没有了。三口人出动了！"

爸爸："对呀，一家三口！"

她望望天上的月牙儿，抒情地说："月亮像小姑娘的眉毛，亮极了。"

成群结队学气功的人，向南湖的方向走去。

冬冬："爸爸，去参加气功研究班的，都是病人吧？"

爸爸："你说呢？"

冬冬："都是的。"

妈妈："爸爸是不是病人？"

冬冬："爸爸学气功，是为妈妈治病的。"

姐姐在南湖上班，下班了，可以先带冬冬回家。

爸爸又有点担心："天这么黑，二妮带冬冬行不行？"

冬冬："只要我看见路，就行了。"

姐姐下了班，骑车带冬冬回家。中途被人撞了一下，差点儿摔倒。撞人的那辆自行车，二话不说，竟然加速跑掉了！

气功课程结束，大家都回到家，姐姐跟妈妈叙述撞车过程。

冬冬："自己撞了人家，自己要去把人家的车子扶起来才对。"

妈妈："要是咱撞了人家呢？"

冬冬不知如何回答："嗯——嗯——"

爸爸："如果碰了人家，要扶人家去看医生才对。"

冬冬频频点头。

1988-12-13

准备故事比赛

幼儿园明天上午故事比赛。小二班挑选了冬冬和熊楠。晚上，大人再次复述了《狐狸和山羊》的故事，然后，让她再讲一遍。

大姑："快讲吧，讲错了没关系，可以改正。"

冬冬："我讲错了没关系，小山羊走错了呢？"

这话茬儿接的，还挺有水平！

她刚讲了几句故事，又要背诗、唱歌、跳舞。大姑说，临阵磨枪，不利也光。现在不做别的，只讲故事。

冬冬："人家想干什么，就干什么。想唱歌，就唱歌。想跳舞，就跳舞。想讲故事，就讲故事。你又不是'点头员'，你又不是'说话员'！你要是点头说话，就可以当这两个'员'了。"

竟然还有"点头员""说话员"？！

大姑："如果你不讲故事，我就不喜欢你了。"

冬冬："我知道，你过几天忘了，又喜欢我了。"

1988-12-14

故事比赛

今天，冬冬要代表班级参加讲故事比赛。

一个星期前，大家就试探问："冬冬，敢不敢上台讲故事啊？"

冬冬很有信心地说:"我那次不懂规矩,这次你看吧!"

昨晚躺下,妈妈又讲了一遍参赛的故事情节。早上,大姑把一个漂亮的胸花,别在她衣服的前襟上,打扮得清清爽爽地出发了。

故事会,上午九点开始。不到九点钟,爸爸就去了幼儿园。十点四十分,爸爸和冬冬回来了。妈妈迎到楼梯口。爸爸放下抱着的冬冬,一句话没说,走开了。

妈妈:"怎么了?你没有讲?"

冬冬点点头,站在楼梯口,哭起来。

爸爸叙述了事情的经过:熊楠上台绘声绘色地讲了故事。参赛人员临时改动了顺序。吴老师走到冬冬跟前,拉着冬冬胳膊就上台了。上得台来,冬冬脸色大变,双手拧着前襟,扭着身子,结结巴巴讲了几句,就讲不下去了。

冬冬讲不下去的理由是:"这么多的老师和小朋友,我害怕。"

爸爸抱她回卧室。妈妈摘下了她的胸花。

有言在先,不讲故事,就不能戴胸花。冬冬又开始哭起来。

过一会儿,冬冬抽泣着说:"妈妈,把胸花给我吧!明天,我要是不讲故事,你再拿走。"

爸爸:"咱们都心平气和些。把孩子弄烦了,也许她一辈子都怕这样的场合。"

话说得很有道理,可摆在面前一个很现实的问题,就是明天要不要还去参加?

"我明天绝对上去讲"

下午,冬冬表态:"妈妈,我明天绝对上去讲。"

妈妈淡淡地回答:"你上去讲?可能吗?台下那多人,你害怕。"

冬冬:"我不害怕了,我一定上去讲。"

妈妈依旧淡淡地说:"你说话不算数。妈妈能相信你吗?"

冬冬:"我说话算数,我要是说话不算数,谁还相信我呢?"

妈妈："如果这样，肯定没人相信你。"

冬冬："我从前不知道规矩，老师没有给我说。"

妈妈："那好吧，你再给我讲一遍《狐狸和山羊》。"

冬冬："我就知道，你一会儿又让我讲《狐狸和山羊》，一会儿又让我讲，光让我讲。"

妈妈："只讲一遍，就不讲了。"

冬冬："停一会儿，又让讲，妈妈，我还是给你唱一支歌，好不好？"

唉，真是为难孩子了。她对这则寓言故事，已经达到了厌恶的地步！

父母的心绪

整整一天，为冬冬的故事比赛，妈妈都焦躁不安。

爸爸刚出版了一本专著，叫《心灵的骚动——心理平衡论》。这会儿，正草拟赠送人员名单。

冬冬："爸爸，你的那个《心理平衡》，弄出来了没有？"

小不点儿的一句问话，让父母顿时理智起来。

爸爸的这本书，原本就是探索经典文学作品中人物的内心世界，研究社会人如何求得心理平衡的。作为一个研究者、著述者，为何遇到孩子成长中的烦恼，就不能保持心理平衡呢？

幼儿园故事比赛，多大点事？！

童言不忌

中午，信阳教育学院的同事李老师，来武汉出差。父母请他来家小聚。

冬冬敬酒："妈妈，祝你身体健康！"

李伯伯没听清，以为是敬他酒，说："不行了，老了。"

冬冬："我妈妈身体不好。"

爸爸："冬冬，伯伯是客人，你应该先敬伯伯！"

冬冬又端起酒杯："祝爸爸身体好，祝伯伯身体健康！"

李伯伯赶快碰杯："身体健康！"

冬冬："你身体健康也不行了，你已经老了。"

大家忙岔开话题，让冬冬讲个故事。

冬冬问李伯伯："你知道故事是怎么讲的吗？"

李伯伯："不知道。"

冬冬："你不知道？伯伯是个大傻瓜。"

爸爸告诉她，对大人不该用"傻瓜"这个词，这是不礼貌用语。

1988-12-15

长短句《冬天》

早上，冬冬说：

"太阳照耀着我，

天气越来越冷了。

人们穿着厚棉袄，

厚裤子，棉鞋，

清早早早起来，

锻炼身体。"

虽不押韵，只把太阳和服装一股脑儿地串了起来，但点明了季节特征，还是一幅可爱的小风景图画。

比赛胜利者

冬冬起床的第一件事，就是拉着大姑给她化妆。大姑坐着不动，说："化妆？化什么妆呀，你又不会去讲故事！"

冬冬："我一定上去讲。"

大姑："说得好听，临上台，又害怕了。"

冬冬："我不害怕。"

爸爸："什么都别说了，赶快给冬冬换衣服化妆，打扮漂亮点儿！"

爸爸把冬冬送进幼儿园，自己也回来了。比赛时没有家人在身边，也许更好些。下午，爸爸一走进幼儿园教室，吴老师就高兴地迎上来，说："今天李纤上台讲故事，声音洪亮，表情生动。缺点嘛，就是动作太少了。"

回到家里，冬冬神采飞扬，眼神流光溢彩，很自豪地接受全家人的亲吻和祝贺，俨然是个可爱的小宠儿。她不仅开心快乐，还煞有介事地背着双手，在房间里走来走去。一会儿拉拉床单，一会儿捡去茶几上的碎纸，又指着冰箱上的搭布说："怎么搞的，乱七八糟的。"

妈妈："冬冬，今天讲故事，台下还是那么多的老师和小朋友，你害怕了吗？"

冬冬："不害怕，吴老师把我牵上台，就下去了，我就讲了。"

姐姐打开一盒罐头。

冬冬突然变得很懂事了，把罐头放在桌子上，对爸爸妈妈说："放中间你们俩吃，然后我再吃。"

晚饭，姐姐红烧了几条鸡腿。

妈妈："冬冬，你知道为什么做鸡腿吗？"

冬冬："因为妈妈知道我肯定会上台讲的，所以就给我煮鸡大腿给我吃。"

爸爸用"好孩子"称呼她。

冬冬："爸爸一会儿就叫了我两次'好孩子'，那怎么回事呀？"

妈妈："因为呀，爸爸觉得你是好孩子呀！"

冬冬的眉宇间充满自信：吟了诗又去作画，唱了歌又去跳舞……

这是个幸福的夜晚，房间里一直回荡着欢声笑语。

"一笔一笔地涂"

姐姐让冬冬用大毛笔，在画好的贺年卡上涂色。

冬冬："那不行，我得一笔一笔地涂，哪像你一下子就涂完了。"

"一笔一笔"是数量词重叠作状语，用起来很生动。

姐姐："不听话，是吧？"

冬冬："有的地方能大笔搞，有的地方不能大笔搞，搞到边上的时候，就不能大笔搞了。"

她说得对，还真的总结出来了一点儿经验。

妈妈说，涂底色时，要先稀释颜料，颜色要淡些。

冬冬很快接受了"稀释"这个词，说："要是颜色太多了，稀释不了。这里的水愈来愈多了。"

一朵小花与社会规范

（4 岁　1988-12-16—1989-1-15）

我和狮子狗（1988 年 11 月）

1988-12-16

大老虎的强势

冬冬对妈妈说："我变成了一个大老虎。你要好好地待在家里一天。你要不听话的话，或者我把你咬死，或者我把你搞死。"

两个"或者"句，意思差不多，有什么可选择的？

妈妈故作恐惧状，说："大老虎，好吓人啊，那我只能在床上躺一天了。"

冬冬："那你就在家闷一天吧！"

大姑："你变成大老虎，挺厉害的！那你告诉大姑，你为什么一会儿是好娃娃，一会儿是坏娃儿呀？"

冬冬："因为我一会儿做错事，一会儿做好事。"

还挺有自知之明。

"荣获"三等奖

早上，姐姐送冬冬去幼儿园。田老师高兴地告诉姐姐："李纤讲故事，讲得不错，得了二、三等奖。"

姐姐："是二等奖，还是三等奖？"

田老师："三等奖吧！"

下午大姑去接冬冬，吴老师给冬冬颁发奖品：一个玩具算盘。

冬冬爱不释手，说："就喜欢这个玩具。"

吴老师充满激情地对大姑说："熊楠应该得一等奖，整个故事是背下来的，没掉一个字，遗憾的是得了二等奖。李纤的缺点嘛，吐字不太清晰。这次啊，可惜幼儿园只给了我两个比赛名额，再给我五个，我们班个个都能拿到名次。"然后如数家珍地指着戴眼镜的男孩会讲"武松打虎"，扎小辫子的姑娘会讲"狼和小羊"……

一位幼儿教师的激情，挺感人的。

冬冬下楼，亮开大嗓门，朝一个不认识的带孩子的妈妈，喊道："我得奖了，三等奖，我得了一个玩具。"

晚上，冬冬画完画。妈妈让她去涮画盘，交代说，如果她做不了，就去书房喊爸爸帮忙。

冬冬去厨房接水，对邻居李伯伯说："伯伯，给我弄水，涮涮画盘吧！"

伯伯接过画盘，接水。

冬冬："伯伯，我讲故事得了奖品，是个玩具，三等奖。"说着，跑回家拿奖品，给伯伯看。

很感激吴老师对冬冬的教育，让冬冬的人生记忆中，第一次获得了成功的体验，储存了第一份荣誉，奠定了自信的基础。

1988-12-17

"哼哼机"

大姑和她的同学们聊天。这位同学情绪激动，大姑不断点头，并"哼哼"回应，表示赞同。

冬冬笑了："大姑是个'哼哼机'。"

大姑："你说什么？"

冬冬："大姑'哼哼唧唧'的。"

1988-12-18

"估计"

冬冬头上披块儿红纱巾，又找平时围在腰间的花纱巾，问："大姑，你给我找找那个纱巾！"

大姑："在哪儿呀？"

冬冬拉开柜门："我估计在这里的。"

"估计"是个新使用的词。

大姑翻腾了好大一会儿，却没有找到。

冬冬："那弄到哪里去了呢？"

此时，走廊里有人聊着天走过去，听见一个词是"狗皮"。

冬冬接腔道："狗皮不如人皮。"

"因为……，所以……"

大姑在冬冬开裆棉裤外面，罩一条裤子，开玩笑地说："不罩可不行，露个大屁屁，人家可笑死了！"

冬冬："我跟你们说吧，我们的一个老师，屁股露出来了，大家都笑死了。"

大姑："瞎胡扯，是哪个老师？"

冬冬："是真的，是吴老师。"

大姑："那好，我再送你去幼儿园，问问你们吴老师。"

冬冬："不行。"

大姑："为什么？"

冬冬："因为老师会怪我，所以不让你问。"

"因为……，所以……"，用得熟练了！

"并、等"

冬冬对妈妈的鞋子很感兴趣。她边踢着鞋子走，边说："今天的外国童话剧，是《金碧辉煌的姑娘》。并编出什么外国的大男人、王子、金碧辉煌公主等一大串故事。"

这段话，成人的味道很浓，还使用了连词"并"、表示列举未尽的助词"等"。

冬冬很快把鞋子踢到了门口。

妈妈："哎，哎，那是谁干的坏事？把我的鞋子踢到门口了？"

冬冬："不是我搞的，反正不是我搞的。"

1988-12-19

舞会的消息

冬冬经常把她在外面听来的信息，告知整天不出门的妈妈。

冬冬："老师说，明天可能有那个舞会吧？"

妈妈："哪个舞会？在什么地方？"

冬冬："还是那个舞蹈班吧，老师也不知道地方。"

"田"字，像个窗户

冬冬的嘴巴越来越甜，暖心的话也常挂在嘴边，比如："大姑最漂亮了！""姐姐待我真亲呀！""我最亲爸爸了！"

今天，她又说："妈妈真好呀！我最喜欢妈妈了。要是妈妈不在我跟前，我一点儿也睡不着，我连一夜也睡不着。是不是呀，妈妈？"

"一点儿也……"，"连一夜也……"，都是表示强调的。

妈妈夸她是小甜嘴。

冬冬："妈妈，我写个田野的'田'吧？"

由妈妈说的"小甜嘴"的"甜"，联想到"田野"的"田"。

妈妈："你会写吗？"

冬冬："我当然会写了，像个窗户。"

冬冬写的"田"字，真像她平时画的小窗户。

"我得下去一下"

黄昏。冬冬正在画画儿。熊楠在楼后面的窗户下，大声喊"李纤"。

冬冬听见了，却不应声，说："谁理她呀，光哈人！"

熊楠又喊："李纤——"

冬冬高声回答："你今天不跟我玩，所以我就不搭理你。我正在学习，别打扰我。明天见吧！明天见吧！忙死。"

熊楠仍然继续高喊。

冬冬再也忍不住了，说："妈妈，我得下去一下。"

"得"，是个助动词，表示"需要""必须"等意义。

妈妈："去吧，下去玩一会儿吧！"

冬冬跑出去，高喊道："熊楠，我来了。"

一朵小花与社会规范

自从冬冬上了幼儿园，她带回来的每样东西，父母都要弄清它的来源。今天，冬冬从饭遮巾的口袋里，掏出一截粉笔和一朵小红花。

爸爸："冬冬，这两样东西，好像不是你的吧？"

冬冬："粉笔是熊楠给我的，小花是贺莹给我的。"

一朵很生动的小花：绸缎的布料，重叠的花瓣，艳丽的色彩，像一朵含苞待放的月季花，和幼儿园颁发的小红花很不一样。

爸爸："是贺莹送给你的？她不要了？"

冬冬："这个粉笔我们有，我们不要；这个花我们没有，所以我们不还她。把这个拆开看看，看看是怎么做的，可以不可以呀？"

爸爸："看看可以，不还她，那可不行！"

冬冬："她说，'你给我，我也不要；你爸爸妈妈说给我，我也不要。'"

这是冬冬想象的，也是希望贺莹说的话。

冬冬很喜欢这朵小花，继续说："这个好看。"

爸爸："是好看。好看也不能不还人家！"

冬冬："我对你说吧，贺莹让我看一下吧，我就去解手。装进口袋里了吧，解了手吧，我就去洗手。洗了手，我就去休息一下吧！"

爸爸："你拿着小花去解手，把小花装在口袋里，又趴在桌上休息，贺莹就忘记了小花的事，对吗？拿别人的东西，是占小便宜，就不是好孩子。"

冬冬拿起花，不舍地说："这是坏花吧？"

爸爸："不管好花坏花，咱都不能要。"

冬冬："那我们看也不看！"

爸爸："看看可以！看了，再还给人家。你要是喜欢，让妈妈给你做一个更好的。"

冬冬高兴了，说："好吧，明天还给人家。"

事后，爸爸翻阅了一些儿童教育和儿童心理发展的书籍。四岁左右的孩子，开始习得个体必须遵守的社会行为规范。可思维，总被想象所左右，尚不能清楚地区分"自己的"和"别人的"概念。在心理学层面，被两种因素所诱惑，想把别人东西据为己有：其一，强烈的占有欲。东西总是别人的好。对自己没玩过或者喜爱的东西，既好奇又想获得。其二，孩子有冒险心理。也许会想，拿了别人的东西，别人却不知道，多神秘多刺激呀！

一朵小红花,让父母把对孩子的社会规范教育,提到了重要的议事日程上来。

1988-12-20

星期几

早上，冬冬问："妈妈，今天星期几？"

妈妈："星期二。"

冬冬高兴地："噢！今天星期二，再有四天就是星期天了。"

归还小红花

今早，冬冬梳头时，要把小红花扎在发辫上。虽然她昨天已经答应父母，把小红花还给贺莹。

妈妈给她再讲道理，并承诺，冬冬今天还了小花，星期天一定带她去广埠屯商场，买最漂亮的发卡和头绳。但她就是紧紧攥着小花，哭个不停。

爸爸站一旁，冷静地看着。突然，很果断地夺过小花，一边示意大姑给冬冬扎发辫，一边迅速拿出一只青蛙玩具，很夸张地在冬冬面前表演着说："冬冬，你看这只小青蛙多好看！咱把它带到幼儿园，让老师看看！还有，拿着它，咬小朋友们去！哈哈，咬你，咬你，小青蛙咬你！"

冬冬破涕为笑："咬熊楠，把他们吓得直跑。"

爸爸："对呀，咬她们去，把她们吓得直跑，那才好玩呢！冬冬，爸爸问你，那朵小花，咱还不还贺莹啊？"

冬冬："还呀！"

爸爸把冬冬送进教室，站在门口，注视着冬冬。

"给你！"冬冬走到贺莹跟前，还给她小红花，紧接着，转身跑到熊楠跟前，大呼小叫地耸动着小青蛙，大呼小叫地说，"咬你，咬你！"

被突如其来的"咬你"，吓了一大跳的熊楠，扭动脖颈，左躲右闪。

冬冬高兴得哈哈大笑。

吴老师走过来，和蔼地问："李纤，你这是什么呀？"

冬冬炫耀地："小青蛙。"

吴老师接过青蛙瞧瞧："挺可爱的小青蛙！谁给你做的？"

冬冬："我大姑、爸爸和妈妈给我的！"

爸爸这才满意地离开了幼儿园。

一个很圆满的结局。纠结了两天的"小红花"问题，在不伤害孩子自尊的轻松气氛中，不显山不露水地解决了。

冬冬的推理

冬冬笑着告诉妈妈："老师说我是'小班中最大最大的大姐姐，其他都是小妹妹'。连老师也成了小妹妹了。"

妈妈："谁说的？"

冬冬："老师说的。"

冬冬以为，老师也是班上的一员。岂不知，老师说"都是小妹妹"，并不包括老师自己。

1988-12-21

幼儿的心灵世界

冬冬要带三块儿糖去幼儿园。妈妈只让她拿一块儿，剩下的两块儿，等回来再吃。

冬冬说："你要是让我拿三块儿糖，我就拿。你要是不让我拿三块儿，我就一块儿也不拿。"

由冬冬拿糖块儿，妈妈想起了华工唐志东老师儿子涛涛的趣事。唐老师说：

"儿子今年三岁半。我带他到学生宿舍。临出门交代，只准他吃三块糖，不准多吃。一个学生，带儿子去小卖部买了两块儿巧克力，然后回到宿舍。

涛涛见到一个熟人。说：'我要三块儿糖，我吃了两块儿，还得一块糖。'理直气壮地向人索要第三块儿糖，因为他只吃了两块儿。"

唐老师又讲了他和儿子的一段对话：

涛涛："小猫为什么不动呀？"

唐老师："那是画。"

涛涛："画上的小猫怎么不吃东西呀？"

唐老师："那是假的，不吃东西。"

儿子要看一本书，便说："我要那个假的解放军。"

他要爸爸打开电视："我看假的电视。"

唐老师认为，孩子容易走极端。如果实话实说，可能会跳过"童话阶段"，想象力会大打折扣。

1988-12-22

自相矛盾的故事

冬冬讲事故："我给你们讲一个事故。有一个富人，他蛮穷蛮穷的，穿得破破烂烂的。他的父亲死了，儿子也死了，只有一个爸爸。他很想要一个父亲和儿子。遇见了一个大灰狼，于是，大灰狼就给他了一个父亲，一个儿子。"

这个故事有两处矛盾：第一，有一个富人，却"蛮穷蛮穷的"；第二，这个人的父亲死了，但又"只有一个爸爸"。

"中午"吃"晚饭"

"我是从北京来的，专门教外语的老师。" 冬冬装模作样地说，"我是武汉大学的老师，专门来教你们的。"

爸爸吻冬冬的脖子，说："我看看教外语的老师，长得什么样子！"

冬冬笑得喘不过气，说："我就最害怕你这一招。"

爸爸问："这一招，是哪一招？"

冬冬挣脱爸爸的怀抱，说："天已经中午了，我要回去吃晚饭了。"

一会儿是"北京来的"，一会儿"武汉大学的"，到底是从哪儿来的老师？"中午了"吃"晚饭"，这是哪儿跟哪儿啊！

哪里有电？

冬冬："爸爸，电灯有电没有？"

爸爸："有电。"

冬冬："电扇有电没有？"

爸爸："有。"

冬冬："那被窝儿里有电没有哇？"

不用说，最后一问就是个开玩笑的提问。

机智的小白兔

爸爸扮演大灰狼，冬冬扮演小白兔。

爸爸粗声大气地："我是大灰狼，鼻子长又长，眼睛骨碌骨碌转。我的肚子饿了，去找小白兔，找点东西吃，敲门，'哪、哪、哪'……"

冬冬尖着嗓门，问："谁呀？"

爸爸："我是大灰狼，找点东西吃。"

冬冬凭空抓一把，放在爸爸手里："好吧，我这有肉肉，我到厨房里拿去。"

爸爸："这是什么肉肉？"

冬冬："羊肉。"

爸爸做吃肉状，说："我吃了了，肚子还饿。"

冬冬："我有很多很多肉肉，这是牛肉。"

爸爸："我不喜欢吃羊肉、牛肉，我想吃小白兔的肉。"

冬冬："好吧，这是小白兔的肉。"

爸爸："你怎么有小白兔的肉？"

冬冬："一只野兔子死了。"

爸爸："一只小白兔不够我吃，我要吃很多很多。"

冬冬："有很多小白兔的肉。"

爸爸："从哪弄来的小白兔的肉？"

冬冬："大灰狼咬死的。"

爸爸："我是大灰狼，我没咬死小白兔。"

冬冬："是大森林里，另外一只大灰狼咬死的。"

爸爸："我不喜欢吃这样的小白兔，不新鲜，让我吃你的脸蛋。"

冬冬："不行，不行，我给你唱支歌吧。"

她开始扯着嗓门唱歌。

爸爸："你也不是个什么好小白兔，大灰狼怎么不咬你？"

冬冬："我是个会唱歌的小白兔，所以大灰狼不吃我。"

冬冬扮演了一只机智善辩的小白兔。在危急时刻，找出很多借口和理由，让自己从危险境地解脱出来。

在嬉戏中，更容易看出儿童的智力发展。

不懂的客套

冬冬很喜欢对门的小张叔叔，小张叔叔也很宠她。

在走廊里，冬冬跟张叔叔拉家常："我爸爸、我妈妈都不会做饭，等我大姑回来才做饭。"

张叔叔："你大姑还没有回来。冬冬，饿了吧，来，上我家吃饭吧？菌子可好吃了！"

冬冬："好吧！"

张叔叔回屋了，冬冬也回家跟妈妈下跳棋。十多分钟后，她跑到张叔叔家门口，张望一下，问："叔叔，你们家做好饭了没有？"

妈妈："冬冬，你干什么去了？"

冬冬："小张叔叔要我去他家吃饭。"

妈妈："不行，怎么能上别人家吃饭？"

冬冬："人家说好要我去的。"

妈妈："不能去，叔叔说的是客套话。"

冬冬："是真的，小张叔叔说的，我可喜欢菌子了。"

妈妈："喜欢吃菌子？没问题，我们自己做！"

冬冬无论如何都不能理解：别人请饭，妈妈为什么不同意让她去？

1988-12-23

解大手，解小手

冬冬在厕所解手，问："妈妈，我屙臭臭行不行呀？"

妈妈："当然可以。"

"屙屎是解大手，不是解小手。解小手一会儿就行了。解大手多难呀，得好大一会儿。"冬冬刚解完手，裤子刚提到膝盖上，就从厕所里跑出来。

李伯伯看她狼狈样儿，忍不住笑起来。

冬冬扯着长腔，说："又有什么好笑的哟！"

"看起来"

妈妈让冬冬换掉弄脏的裤子。

冬冬指着上衣说："看起来，这个也得换换了。"

妈妈："好哇！"

1988-12-24

何时睡觉？

向平阿姨问："冬冬，告诉阿姨，你几点钟睡觉？"

冬冬："我十一点睡觉，我妈妈十二点睡觉，我爸爸十三点睡觉，我大姑十四点睡觉，我姐姐十五点睡觉。"

向平阿姨走后，冬冬很认真地对妈妈说："真的，我说话是算数的，从来不骗人。"

什么是"重播"？

妈妈看了《电视报》，说："冬冬，告诉你个好消息，12月31日，重播你喜欢的《星球大战》！"

冬冬："'重播'？'重播'是什么意思？"

1988-12-25

与田伯伯

田伯伯来串门。

冬冬为田伯伯表演了大老虎和大灰狼，其神态和动作惟妙惟肖。田伯伯又要她讲故事。她一连讲了三个故事，笑着说："这些都是我瞎编的。"

大家欢迎她跳个舞。

她走到卧室中间，压压腿，又甩甩胳膊，像模像样地说："我得活动活动腿，要不然，跳到半截摔倒了怎么办？"

冬冬跳了节奏感很强的霹雳舞，说："等我老了，就跳不了这么好的舞了。"

她又和田伯伯下跳棋。田伯伯说她棋下得很臭，指点她，走哪一步最好。

她头一摆，自负地说："多说废话。"

这盘棋，她下赢了，高兴异常，再次对田伯伯重复了那一句："多说废话。"

1988-12-26

"虽然……，但是……"

天黑了，爸爸还在伏案看书。

冬冬："爸爸，要不要把这个台灯放到你这来？"

爸爸放下书，说："不看了，咱们商量商量回老家，你都带些什么吧？"

冬冬："虽然老家有裙子，但是我这有个很好看的花裙子，我还是要带回去。"

这是第二次用"虽然"。

妈妈很棒

大姑的高中同学晓珍，寄来两张贺年卡，其中一张封面是灰姑娘。

冬冬最近才看过电视剧《灰姑娘》，又多次听妈妈讲这个故事，兴趣很浓，非要大姑临摹灰姑娘。大姑说不会，她不高兴。

　　妈妈："拿过来，我看看。"

　　冬冬马上高兴了："这有什么难的呢？"

　　妈妈："真的很难，不好画。"

　　冬冬："我知道妈妈很棒的，画一下吧，妈妈？"

　　用"很棒"来鼓励妈妈。

1988-12-27

"不但……，还……"

　　冬冬准备用香皂洗脸。大姑让她先闭上眼睛，像睡觉一样儿。

　　冬冬："不但是睡觉，还是休息呢！"

　　"睡觉、休息"是同义词，不适合用"不但……"这样表示递进的连词。

自我感觉

　　翻看相簿。大姑笑着说冬冬是个照相迷，相簿里的每一页照片上都有她。

　　冬冬："要是照相没有我，那就照得不好看了。"

看脚跟，数袜子

　　天冷了，冬冬上幼儿园穿了两双袜子。晚上，她脱掉上衣，看着脚后跟，不解地问："一个？不是两个吗？上幼儿园的时候是两个。"

　　大姑："是两双袜子呀？"

　　冬冬："我只看看脚跟。"

　　傻孩子，如果只看脚跟，穿得再多，也只能看见表面的一双袜子。

1988-12-28

屁屁在屁股上

睡觉前，冬冬对妈妈说："吴老师爱批评人。"

妈妈："你受批评了？告诉妈妈，为什么事情？"

冬冬："没轮到我穿衣服，我从被窝儿里爬出来。"

妈妈："应该受批评。"

冬冬："我想出来玩。"

凌晨三点，冬冬发高烧，全身滚烫。联系到冬冬说"从被窝儿里爬出来"的话，很可能睡午觉时，没穿衣服，晾的时间太长受凉了。

爸爸准备给她塞个小儿退热栓。

灯光昏黄。爸爸摸索着，问："冬冬，你的屁屁在哪里？"

冬冬："在我的屁股上。"

一句大实话，把神经高度紧张的父母逗笑了。

1988-12-29

开妈妈的玩笑

上午，大姑和妈妈带冬冬去医院。冬冬似乎很高兴："我好久没打针了。"

大姑："你也上不成幼儿园了！"

冬冬："我正好不想上幼儿园。"

妈妈跟大姑说起，昨晚冬冬关于屁股的调皮话。

冬冬："屁屁在哪儿？在我的腿和身子中间。"

妈妈故作惊讶地："哟，是在腿和身子中间？不是在身子上面？"

冬冬开玩笑："你以为在妈妈的脸上的吧？"

"最需要的"

睡午觉时，妈妈要大姑灌个热水瓶，暖暖脚。

冬冬："我最需要的是热水瓶。"

1988-12-30

"你少啰唆！"

冬冬和大姑下跳棋，大人不由得想支几招。她很不高兴地说："反正是我来，不要你管！要不要爸爸、妈妈，我都一样赢。你少啰唆！"

"本来"

冬冬要为大家盛饭。

妈妈怕烫着她，劝她不要去帮忙。

冬冬："我本来会盛的，怎么就不会盛了呢？"

突围

大姑伸开双臂，守着门，不让她出去。

冬冬左冲右突想跑出去。

冬冬："你根本把不着我。"

忙

大姑："你可真忙啊！"

冬冬："你知道我多忙，一回来。"

吃药

冬冬喂妈妈吃速效感冒胶囊。

冬冬：“吃一个，还是吃两个？”

妈妈：“两个！”

冬冬想把胶囊从中间拧开，问：“你需要不需要拧开呀？”

妈妈连忙制止：“别，别拧，太苦！”

冬冬：“我拧开的蛮甜。”

妈妈：“胡扯！”

冬冬一本正经地说：“我也敢吃，‘咕咚’，咽了。”

妈妈：“那你咽个看看。”

冬冬：“我没生病。”

妈妈：“你正在感冒，吃吧！”

冬冬：“这是大人的药。”

妈妈服药后，让冬冬吃她自己的感冒药。

冬冬：“先下盘跳棋再吃药，先放一边去，我们赶快下跳棋。”

1988-12-31

抹胭脂

冬冬用胭脂把脸蛋抹得通红。爸爸打趣说，天太冷，冬冬的小脸儿是冻红的。

冬冬：“因为爸爸没有搽过胭脂，所以说是冻红的。”

爸爸哈哈大笑。

她又指着爸爸说：“一会儿做鬼脸，一会儿说脸冻红了。”

晕的感觉

冬冬连着转圈。转晕了，趴在床帮上。

冬冬：“我觉得，我的家歪了呀？”

"既然……，就……"

冬冬把自己的剪纸，展示给大家看："这都是我剪的，妈妈一下也没动手。"

妈妈忙拿笔，记下冬冬说的这句话。

冬冬："妈妈，你记我的话干什么呀？"

妈妈："我说了多少遍了，还问？"

冬冬："我长大了，不想看我的话！"

准备开饭，大姑把剪的纸推到桌子一边。

冬冬一屁股坐在椅子上，说："大姑，既然你扰乱了我的纸，我就坐你的座位。"

第一次记录到冬冬使用"既然"。"既然"是个连词，表示承认某种事实，然后在此基础上进一步做出判断。

1989-1-1

举杯庆元旦

元旦。午饭是煮鲫鱼汤，开一瓶葡萄酒，庆贺新年。

"酒愈来愈甜。"冬冬一口气喝下去半杯葡萄酒，又频频举杯，"祝大姑新年幸福，愉快！""祝爸爸多带我出去玩！""祝妈妈身体健康，抱着我玩！"

所有的祝酒词，都说到了点子上。

冬冬吃鱼，很快吐了一堆细小的刺，说："鱼里面的刺，像身上的骨头一样多。"

"那么"

冬冬要吃柿饼，妈妈让她找姐姐拿。她跑出去又很快跑回来，说："让姐姐当个小乌龟，好不好？到处乱跑，像个野小子。"

原来姐姐不在家。

姐姐回来后，妈妈重复了冬冬说小乌龟的话。

冬冬："大家都说你是小乌龟，那么，你就真正是小乌龟了。"

这个"那么"是连词，表示顺着上文的意思，申说应有的结果。以前冬冬用的"那么"都是指示代词，连词的"那么"，还是第一次记录到。

1989-1-2

机器人"走路蹦蹦的"

冬冬："陶希思的爸爸像个机器人一样，走路蹦蹦的。"

"妈妈，你和谁结婚了？"

冬冬和大姑下跳棋。

妈妈在旁观战，说："这盘跳棋啊，时间可长了。是妈妈和爸爸结婚时，信阳教育学院的同事秦平阿姨送的。"

冬冬："什么，妈妈，你和谁结婚了？"

大姑："别解释恁清楚了。"

妈妈："妈妈也弄不清楚。"

冬冬："我不知道你是忘了，还是弄不清楚。"

洗脚水

冬冬把刚洗过脚的洗脚水，抹在大姑的头发上。

大姑恼了："你多主贵？"

"主贵"，河南方言，了不起的意思。

冬冬："你主贵还是我主贵？"

"什么"的特别用法

①冬冬剪纸，用了许多纸。

爸爸："没有纸了。"

冬冬指着一叠纸说："有的是纸。"

"有的是 ×"，表示东西非常之多。

爸爸有事走开了。

冬冬说："爸爸这么坏，是吧，妈妈？"

妈妈随声附和："是的。"

冬冬："什么是的不是的。"

②爸爸的胳膊肘，撞翻了书桌上的墨水瓶，随口出来一句："唉，娘的！"

冬冬："什么娘的不娘的？"

"什么"加在"正反重复"别人话的前面，表示不同意、不耐烦等。这是一种表达强烈情绪的格式。

"民族人"

睡午觉。

冬冬脱外罩，袖子褪到一半，笑了，说："不脱了吧，我像个民族人。"

妈妈："民族人，快脱下来吧。"

冬冬："脱下来吧，要不，人们都以为我是民族人呢？"

"民族人"，意为"少数民族成员"。

"收拾"

晚上，冬冬一直在床上翻腾，不想睡觉。

妈妈："你以为我收拾不了你？是不是！"

冬冬毫不在乎地说："你收拾我吧！来呀，你收拾我吧！"

"爸爸给我屁股搽香香的"

冬冬又把赤裸的身子，晾在被子外面。爸爸扬起巴掌，拍打她的屁屁，让她快进被窝儿里。

她笑着躲着说："爸爸给我屁股搽香香的。"

的确，爸爸刚洗过手和脸，手上还有面霜的余香。

小调皮鬼一个！

1989-1-3

"我也会武，只是我的武不健康"

姑侄俩，说起幼儿园小朋友打架的事。

冬冬："别的小朋友会武，我也会武，只是我的武不健康，只会两套。"

大姑说她生编乱造，没听说过，"武"还有健康不健康的！

冬冬转移话题，说："大姑，我跟你说，老师说，'大姑在家消灭老鼠，要大人！老鼠是个坏东西。'那次在下面，碰见一个小老鼠，我用脚把它踩死了。"

在楼下，她真的看见过老鼠。但是否有踩死老鼠的胆量，还是未知数。

天花板上的窟窿

冬冬躺在床上，看着天花板，问："这上面怎些窟窿，怎么回事？"

大姑："房子太破了。"

冬冬："为什么破了就有窟窿啊？"

1989-1-4

苹果蘸白糖

冬冬用苹果蘸白糖吃，说："苹果加白糖最好吃了！把糖吃完，留一点儿点儿，然后再咬一口。"

爸爸："苹果蘸白糖呀，那肯定好吃！"

冬冬："我知道，爸爸最喜欢的就是苹果加白糖。"

1989-1-5

"妈妈的头像刺猬"

妈妈烫了头发。

冬冬："妈妈的头，像个理发店。"

妈妈："什么理发店？"

"妈妈的头，像个理发店的头。"冬冬又说，"妈妈的头像刺猬。"

看《聪明的一休》的困惑

冬冬特别喜欢日本电视剧《聪明的一休》。每天看过电视，都要妈妈再复述一遍故事情节。

冬冬："一休动脑筋，怎么就会想呀？我动脑筋，为什么就不会想啊？"

电视中，一休动脑筋时，总伴随着有节奏的木鱼声。

妈妈说，"动脑筋"就是"想"。

冬冬追问道："一休想的时候有响声？我想的时候，怎么没有响声啊？"

她把一休"动脑筋"的"想"，理解为双手画前脑门的动作和木鱼的响声。

妈妈解释说，双手画前脑门，是表演给观众看的，这个动作多了一些形象性。人想问题时，不可能有响声。一休想问题时的木鱼声，是节目制作时加上去的。

冬冬听后，仍是一脸的茫然。

1989-1-6

长短句《下雨》

外面淅淅沥沥下着小雨，冬冬即兴溜出长短句：

"小雨，

哗啦啦，

落在了地下。

雨水，

深了？

浅了？"

妈妈亲我，我就听话

早上起床。妈妈让冬冬解了小手，再回来扣扣子。

她很听话，下床蹲痰盂，说："我没有尿，但是妈妈让我尿，我就尿。妈妈待我这么亲，我怎能不听妈妈的话呢？"

1989-1-7

喜欢妈妈开心

冬冬特喜欢妈妈开心，喜欢妈妈的欢声笑语。

她只要看到妈妈稍不高兴，就问："妈妈，你怎么好像不高兴一样呀？"

"看见她，我就心里难受"

冬冬从幼儿园出来，看见 ×× 和 ×× 的妈妈在花园里玩。

冬冬："我不能看见 ××。看见她，我就心里难受。"

大姑："为什么？"

冬冬："我不喜欢她。我不能看她一眼，一看我心里就不舒服。"

1989-1-8

值得玩味的"特别"

冬冬拉开黎老师家的门，进去说："叔叔，我爸爸考试完了。"

爸爸破格晋升副教授，需要考英语听力和专业外语。

黎叔叔："是吗？"

冬冬："我爸爸提上副教授，就可以分到房子了。"

妈妈站在门外，听冬冬说着大人话，忍不住笑了。

冬冬奇怪地问："妈妈，你今天怎么特别高兴呀？"

妈妈："是啊！"

"那为什么呀？"冬冬笑起来，重复说，"还特别呢！"

意思是，妈妈不仅"高兴"，还"特别高兴"。她大概觉得，自己用"特别"这个词，很特别也很有趣。

1989-1-9

肚子空了，瘪了，饿了

早上，妈妈问："冬冬，肚子饿不饿？该起床了。"

冬冬："晚上，我的肚子总是瘪的！再过一分钟，我的肚子就完全空了，你摸摸！"

"总是瘪的""再过一分钟""完全空了"，这些词语都很有意思。

妈妈伸手去摸。

冬冬用力把肚子吸进去，的确瘪得很呢！

用对用错的"感动"

冬冬给妈妈围上围巾，在后面打了个结。等一会儿，又要给妈妈解开，重新打扮。妈妈说，天冷，别解开。冬冬就是不听，继续围上解开，解开再围上。妈妈批评了她。

她扳过妈妈的头，看着妈妈的脸儿，说："为一点小事，你就发恁大脾气呀？人家给你打扮这么漂亮，也不感动？"

妈妈忍不住笑了："啊，还得感动？"

冬冬："你感动人家才对。"

第一个"感动"用对了，第二个应该用"感谢"。

"就是这个妈妈"

晚上，冬冬说幼儿园的事。

冬冬："中午，我又站在外面了。"

妈妈："睡午觉，你又调皮了？"

冬冬："是的。"

妈妈："还有谁站在外边了？"

冬冬："妈妈。"

妈妈："谁呀，谁的妈妈？"

冬冬调皮地指着妈妈的鼻子："就是这个妈妈。"

又在跟妈妈开玩笑！

依恋父母

冬冬大喊："尿尿！"

大姑忙抱她下床，手触碰到大腿处，裤子已尿湿了。

妈妈："冬冬，老尿裤子，你是怎么回事啊？"

冬冬双手一摊，很无辜地说："我的裤子尿湿了吧？大姑可以摸出来。"

脱掉了湿裤子，她却不想进被窝儿。妈妈说，如果她再这样，就让她到楼下睡去。这个激将法，真有用。她忙爬上床，说："今晚我绝对睡你床上。"

这正是妈妈想要的结果。

冬冬："我真不想在幼儿园睡午觉，一天不见爸爸妈妈，有什么意思呀？"

妈妈："你晚上回家，不就见到爸爸妈妈了？还有一种全托幼儿园，周一送去，周六下午接回来。哎，把你送去怎么样？"

冬冬："那可不行，几天不见爸爸妈妈，我小小的年纪，心里该多难受呀？！"

"狐狸精"

冬冬听童话故事，问："人，能不能变成真正的狐狸精呀？"

连头婴儿

电视上，有连头婴儿的画面。

冬冬："他们的头为什么长到一起？我们的头，为什么不能长到一起呀？"

妈妈："你现在还小，还弄不明白。等长大了，读书多了，就明白了。"

冬冬："你跟我说，我能弄明白。"

妈妈："让爸爸跟你讲。"

爸爸开玩笑："是用胶水粘到一块的。"

冬冬："那我们的，怎么不粘到一块呀？"

1989-1-10

"既然……，就……"

妈妈催冬冬快起床，否则去幼儿园就晚了。

冬冬笑嘻嘻地说："既然已经晚了，就不上幼儿园了。"

想得多轻巧！

"牧羊女"的解释

冬冬拿来纱巾，让妈妈给她披上："打扮得漂亮一点儿，打扮成真正的公主！"

妈妈："什么是真正的公主？打扮成牧羊女，也可以呀。"

冬冬："那就给我打扮成牧羊女吧！"

妈妈："嗯。那你知道什么是牧羊女？"

"不知道，"她又想了一下，说，"就是放羊的女孩子，对不对？"

什么叫"化缘"

冬冬："妈妈，给我讲个化缘的故事吧！"

妈妈："化缘的故事？你知道什么叫'化缘'吗？"

冬冬："就是出去要大米，回来倒进缸里。"

这是她看《聪明的一休》获得的印象。

妈妈说，和尚要的大米倒进缸里叫化缘；如果是一般人这样做，那叫讨饭。

为林黛玉而伤心

冬冬让妈妈画个姑娘和丫鬟，又让画个林黛玉。妈妈把"林黛玉"右边的水袖，往高处甩上去，像是一副急匆匆赶路的模样。

冬冬从未见过这种动态，大叫："怎么胳膊往这来呀？"

妈妈："胳膊就往上去的呗！"

冬冬："不行，不能往这来，往下去！"

唉，已经画了上去，下不来了。

妈妈："没办法，只能这样了。"

冬冬的眼泪，像断了线的珠子往下掉，哭着说："不往上去嘛！不往上去嘛！"

大姑忙把她拉到怀里，说："难看死了，画掉它。"

大姑用黑色抹去了往上甩的胳膊。

冬冬："撕掉它。"

大姑把画撕碎了扔在地上，冬冬的哽咽声才逐渐减小。

"偷"饼干

爸爸把饼干放在床上。冬冬挤着妈妈坐在床沿儿上，离放饼干的地方很近。

爸爸开玩笑地说："冬冬，你坐这儿，是想偷饼干的吧！"

冬冬一本正经地说："我没有偷饼干。我真的没有偷！"

妈妈："冬冬不会偷的。"

冬冬找到了支持者，说："妈妈真知道呀！"

妈妈："妈妈知道什么？"

冬冬："妈妈知道我没有偷吃饼干。"

妈妈："是啊，冬冬吃完了，会要，干吗偷呢。"

冬冬转向爸爸，说："爸爸，你查查，饼干少了没有？"

唾沫星子

冬冬打喷嚏，唾沫星子喷到餐巾纸上。妈妈拿餐巾纸时，犹豫了一下。

冬冬："就这一点儿唾沫，你就害怕了是不是？"

妈妈："嗯，害怕了！"

卖关子

冬冬："妈妈，你说的那个大山，我不敢跟你说。"

妈妈奇怪地："为什么不敢说？"

冬冬："我怕妈妈听了心里难受。妈妈，真的，我这是为你好。"

妈妈："说吧，妈妈不会难受的！"

冬冬："大姑不让我跟你说。"

妈妈："那好，妈妈就不听了。"

冬冬："我跟你说，我跟你说。有一个很大很大的山，大姑坐在那儿，来了一只老猫。大姑说，'你走吧，老猫大哥'，老猫就走了。"

"老猫"，是老虎的讳称。冬冬说时，先制造气氛，吊足了他人的胃口。但这个结局太没劲了！

很好的伏笔

晚上，妈妈刚讲了第一个故事。

冬冬："妈妈，今天午觉我睡着了。"

妈妈："是吗？真乖。"

冬冬："我不瞌睡。再讲一个故事吧！"

妈妈这才明白，冬冬说自己睡了午觉，目的是为让妈妈再讲下一个故事。

妈妈不该骂人

夜里，冬冬把被子拉到脖子下面，却把两条胳膊伸到被窝儿外面。

妈妈："你嫌热了，把小手放在妈妈脸上冰冰，妈妈的脸上冰凉冰凉的。"

冬冬摸一下妈妈的脸，随即又把胳膊晾在被窝儿外面。

妈妈："小坏蛋，为什么又把胳膊晾出去？"

冬冬："妈妈，你为什么要骂我呀？"

妈妈："哎，哎，我怎么骂你了？"

冬冬："骂别人还可以，为什么还骂自己的女儿？"

妈妈突然想起刚才带出来的"小坏蛋"三个字，忙道歉说："宝贝儿，对不起。"

冬冬："那会儿，我光想哭。"

妈妈感到事态严重了，连连道歉："妈妈不该骂人，真对不起。"

冬冬仍揪着这个话题不放："妈妈，你骂我是什么原因？什么把戏呀？"

妈妈认真地："没什么原因。妈妈喜欢你，随口带出来的。"

冬冬："喜欢自己的女儿也不能骂，也不能怪，对不对，妈妈？"

1989-1-11

"人而不勉，不如蜘蛛"

冬冬起床就问："'人而不勉，不如蜘蛛。'对不对，爸爸？"

这是古诗《蜘蛛》中的一句。

"冻得像虫子一样"

冬冬："中午睡午觉，在床上冻得像虫子一样。"

爸爸："幼儿园被子太薄了吧？再换一床厚点的被子？"

父母正商量换棉被的事，冬冬却吵吵着拿纱巾，给她再打扮打扮。

妈妈有点不耐烦了："吵什么吵，稍等会儿！"

冬冬："我一回来，你就怪我，是不是？"

妈妈："你不是说睡午觉冷吗？爸爸妈妈正为你想办法解决呢！"

冬冬："妈妈，睡午觉时候，我下去屙尿，到了床边，冷得哟，直发抖。"

被子薄，会冷；出了被窝儿，更冷！

1989-1-12

眼睛"眨也不眨"

下跳棋。冬冬的袖子，蹭掉几个棋子。爸爸开玩笑地扬起巴掌。

冬冬忙说："要是输了打屁股，要是赢了就不打，好不好，爸爸？"

爸爸瞪大眼睛看着她，没说话。

冬冬笑着说："眼睛瞪什么瞪？怎么爸爸眼睛瞪这么大呀？眨也不眨？"

"同意"

冬冬想画画儿，妈妈表示同意。

她一边拿纸和画笔，一边说："你同意我才搞，你不同意我不搞。"

"一下子"

冬冬蹲厕所。

爸爸问："解了没有？"

冬冬："刚开始屙，怎么会屙完了呢，一下子。"

"一下子"是补充性的话语。

漂亮

冬冬把红纱巾披在头上，问妈妈："我打扮得漂亮不漂亮？"

妈妈："漂亮。"

冬冬："你懂得什么叫漂亮，什么叫不漂亮！"

太太和先生

冬冬大声喊妈妈："李太太！李太太！"

妈妈："我不是李太太，是白太太。"

冬冬坚持喊："李太太。"

妈妈："请问，那谁是我的先生呢？"

冬冬拍拍爸爸的肩膀："这一位。"

冬冬是愈发调皮、愈发可爱了。

1989-1-13

看电视

①冬冬正看电视《聪明的一休》。

小郑跟妈妈学说，开餐馆办执照的程序。

冬冬听不清电视中的对话，极不满意地说："你们不想看这个节目了，是不是？"

②看《星星知我心》。

冬冬说秋霞："我一看她那要哭的脸，我就想笑。"

1989-1-14

"其中的一个"

姐姐上早班回到家，见全家人都还没起床，脱口而出："真懒！"

冬冬："爸爸是最懒的其中的一个。"

第一次记录到冬冬用"其中"。"其中"是一个方位词，这里是引申用法。

冬冬还说出了"最懒的其中的一个"，这样复杂的表述。

"立刻、怨"

早饭后去幼儿园。

冬冬："妈妈，早点接我！我睡完午觉，妈妈就立刻出现在我面前。"

到幼儿园，小朋友们正学体操。冬冬怎样都不愿进教室，又跟着姐姐回来了。

理由是，去晚了，她觉得"不好意思"，埋怨说："怨你们起来得晚，又不怨我。"

各按各的规矩

午饭。大姑吃了一个辣椒，辣得直哈气。

冬冬："怎么了。"

大姑："辣死了。"

冬冬："怎么辣死了？"

大姑："吃了一个辣椒。"

"你为什么要放辣椒？你明明知道辣椒辣，为什么还要放呢？"冬冬说着，勺子里的一团米饭，掉在椅子上，她毫不犹豫地捏起来，放进口中，说，"老师让吃的。"

大姑："多脏啊，往后别吃掉下去的东西。"

冬冬："我按幼儿园的规矩吃饭，你们一家人按家里规矩吃饭。因为我是幼儿园的小朋友，因为你们是家里的大人，所以，我按幼儿园的规矩，你们按家里的规矩。"

这段话，逻辑性很强。

"攻击"和"公鸡"

爸爸使劲把冬冬往怀里拉，说："冬冬，我亲亲你！"

冬冬用力挣脱，说："亲什么亲？"

妈妈看她如此神气，笑着拍她一下。

爸爸："冬冬，妈妈攻击你！"

冬冬："什么攻击？你才是公鸡唻！爸爸头上长了一个鸡冠子。"

"技术不比你的高"

母女俩一起下跳棋。

妈妈由衷地夸奖她："冬冬，现在你的棋，下得真不错。"

冬冬谦虚地回应："但是，技术不比你的高。"

什么叫"傻瓜"

冬冬站在穿衣镜前，说："我前面的头发，愈长愈长了，干脆把前面的剪一剪算了。"

妈妈："可以。但别剪太短了！你看××，像个大傻瓜似的！"

冬冬："什么是大傻瓜，你懂了吧？该睡的时候不睡，该起的时候不起，这就叫傻瓜。比方说，我不起床，我就叫傻瓜。对不对，妈妈？"

意义不同的"里边"

①冬冬吃葱花饼干。

冬冬："怪不得这么咸呢，里边放的还有葱呢！"

②爸爸在床头旁，挂了一幅挂历。

冬冬："我怕你的床弄脏了，不敢看里边的。"

意思是，不敢站在床上，掀看挂历里边的图片。

和赵叔叔逗趣

外语系的赵宏老师，来家里找爸爸，对冬冬说："到我家去玩吧，有个小哥哥，他会教你画画儿，他画的画，在幼儿比赛中得了个三等奖。"

冬冬："我还不是会画画儿？我故事比赛，还得了个三等奖哩！我还会唱歌、跳舞哩！"

赵叔叔："你会画画儿？画个我看看！"

冬冬马上在纸上画了一轮上弦月，又画一队海鸥，边画边自语道："它得飞过残月，才能到海边，它们得飞十个晚上。"

在冬冬的词典里，何谓"残月"？从哪里学会的这个词？父母不知道。但"飞过残月"的意境，真的好美！

妈妈："冬冬，别画了，电视《星星知我心》开始了！"

冬冬："狗屁《星星知我心》，我才不去看！"

赵叔叔故意撩冬冬一句："狗屁冬冬！"

冬冬："狗屁叔叔，臭屄屄叔叔，茶杯叔叔！"

赵宏夸冬冬"反应快"。

贺年卡

冬冬炫耀自己的本领："我画了好多贺年片，都写上'冬冬，元旦好！'比方说，给小奇叔叔，要写'小奇叔叔新年好'，或者'姥姥新年好'，不能光写'冬冬新年好！'"

1989-1-15

合情合理

下午，爸爸正在伏案工作。冬冬缠着爸爸，跟她一起剪画片。爸爸用了不少办法，都哄不走她，有点生气了："烦不烦人，走开！"

这一声很有效，终于把冬冬"轰"跑了。她很委屈地对妈妈说："我什么也没说，爸爸突然发很大的脾气干什么？"

妈妈："爸爸发脾气了？你怎么办了？"

冬冬："我就赶忙跑了。"

妈妈说，爸爸太忙了，你不能老缠着他。

冬冬："今天是星期天，应该好好玩。结果他就发脾气，是不是？"

冬冬看爸爸生气了，连忙跑开，是个不错的选择；星期天，本来就是休息时间，她所找的理由，也不算牵强。但她不知道，爸爸星期天从来都是不休息的。

大人为何还要吃饭

吃中午饭。

冬冬："既然大人已经长大，为什么还要吃饭呢？"

平时，大人为让她吃饭，总以"吃饭才能长大，长高"为理由。

两个常识问题

①冬冬折断了一根生日蜡烛。

妈妈："没关系，用火柴点着之后，它自己就可粘住。"

冬冬："为什么蜡烛自己就可以粘着呀？"

②冬冬看挂历。

冬冬："为什么红的是星期天，黑的就不是星期啊？"

"蛋糕没吃够"

王汇阿姨派梅香送来生日蛋糕，作为给冬冬的生日礼物。

梅香刚走，冬冬就吵着吃蛋糕过生日。爸爸同意她穿新衣服，点蜡烛，但就是不能吃蛋糕。因为这个生日，她邀请了几个小朋友参加。如动了奶油什么的，这个蛋糕就无法用了。

冬冬任性，一定要吃。爸爸只好让她吃点垫在蛋糕下薄薄的蛋糕坯子。没吃过瘾，还想吃上面的奶油。爸爸刮了点儿奶油花边，又取下一朵奶油小花满足她。

越吃越忍不住，一个蛋糕吃得有点不成样子了。

临睡时，大姑问她玩得高兴不？

冬冬："不高兴，蛋糕没吃够。"

总目录

上

人生第一年（1985-1-16—1986-1-15）

人生第二年（1986-1-16—1987-1-15）

中

人生第三年（1987-1-16—1988-1-15）

人生第四年（1988-1-16— 1989-1-15）

下

人生第五年（1989-1-16—1990-1-15）

人生第六年（1990-1-16—1991-1-15）

赘记：幸福的一家人（1991-4-10—1991-7-29）

附录

李宇明 著

人生初年 下

一名中国女孩的语言日志

1989.1.16—1991.7.29

商务印书馆
The Commercial Press

冬冬日志原本（1985—1991）

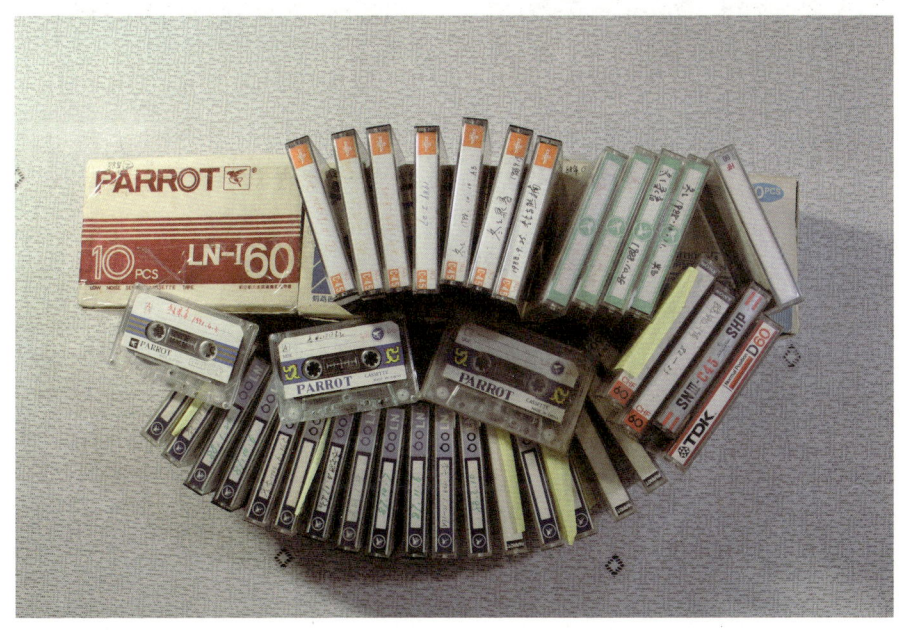

冬冬录音磁带（1985—1991）

上搂梯

星期四水产技术协会结构所门搂梯有西层，西折44级。李全扶着梯边的钢筋栏杆可以一次上上下下反复三次，真要把劲儿。

以音代动物名

姐姐说鸭，地就叫[ka]，姐姐说狗，地就叫[waŋ-waŋ]，姐姐说老鼠，地就[aŋ˙aŋ]学鼠叫。而且见了这些动物也都仿照它们的叫声。这是以音代动物名的开始。

1986年5月12日

断奶后无奶可吃了，也不会说"第一件事吃饭。那好吧"奶奶。

佯睡

下午，虫虫上床玩，叫她闭眼睡觉，以手拍胸，并伴之以"噢"声。李全也摸这我们过去，还不会佯睡，一逗哄，就以为真让她睡，现在她以笑拒说之。今天她开始会假这种游戏了。把游戏同真正的事情区分开，这一天也算。

不吃了

李全吃午饭，吃了几口也不就玩起来。姐姐问：

"还吃不？"

"不吃了"李全答，抱着出门。

"还吃不？"姐姐重复问。

"不吃了。"李全答，声音很清晰，这次没有出门。

"不"语结构的另一方法，我发现了中会是谓词。话语的形成！

脑子里产生了一个不坏的思想，可是懒得对它好好地思考、认真地琢磨，那就会弄成乱七八糟的东西。
屠格涅夫

日志插页（1986年5月）

反问

"你看呢？"

"1988. 5. 26"

"关于缺点的谈话"

146

日志插页（1988 年 5 月）

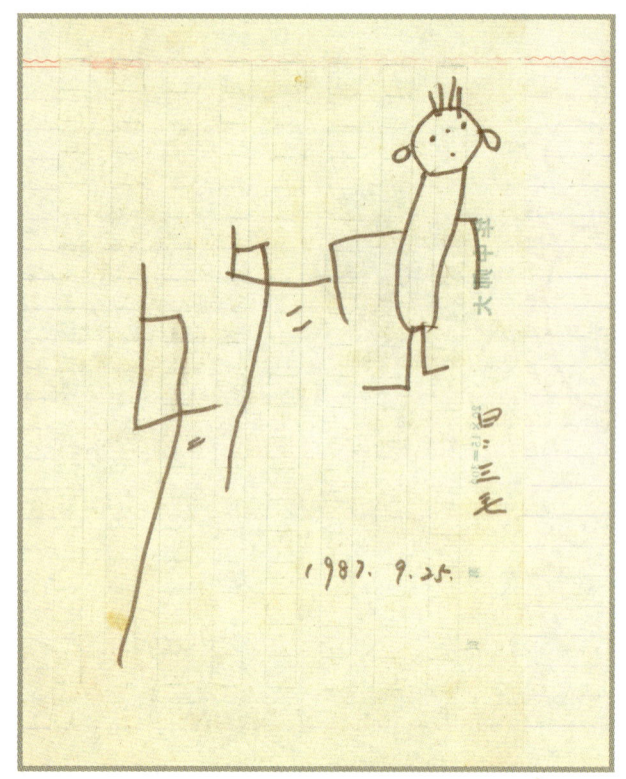

三毛（1987 年 9 月）

神气的小鸭子（1987 年 10 月）

目　录

下

人生第五年（1989-1-16—1990-1-15）

人生第六年（1990-1-16—1991-1-15）

赘记：幸福的一家人（1991-4-10—1991-7-29）

附录

下

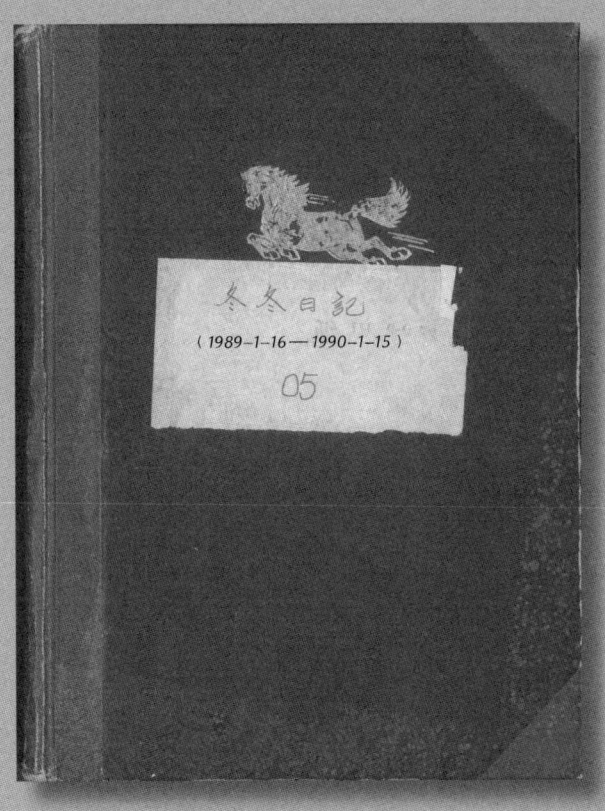

人生第五年

（1989-1-16—1990-1-15）

"为什么不过两个星期天"

（4岁1个月　1989-1-16—1989-2-15）

小鸡和鱼（1988年4月）

1989-1-16

小馋猫儿

今天是冬冬的四周岁生日。

昨天王阿姨送的蛋糕不能用了。上午，大姑又用九元五毛钱，买了个跟昨天同品牌同大小的蛋糕，放在五屉柜上。

下午，冬冬从幼儿园回来，先进卧室，接着跑去厨房对妈妈说，蛋糕掉下来了。

妈妈回家大吃了一惊：放在五屉柜顶层的蛋糕，四分五裂地摊在地上，摔碎了。妈妈问冬冬，这是怎么回事？

冬冬否认自己动了它。

爸爸走过来，说："蛋糕没有腿，它自己不会跑下来呀？"

冬冬："它自己一下子掉了下来，我就吃了一点儿，后来就不吃了。"

妈妈："有人招过蛋糕没有？"

冬冬："我就招了一下！"

蛋糕是如何掉下来的，已经很清楚了。可蛋糕上的奶油呢？如是冬冬吃的，小手上和嘴角，应有奶油幌子呀？

爸爸："奶油怎么不见了？是小老鼠跑进来吃的吧？"

冬冬："小老鼠也不一定偷吃蛋糕呀？门关着，小老鼠怎么会跑进来偷吃呀？"

儿童的纯真可爱，一览无余！大人没再深究，极开心地去准备晚上的生日派对。

生日派对

冬冬的生日，都请谁参加，全由冬冬定。她请了周尅和覃覃，还有大姑的同学黄芳。周尅先到，安安静静坐在那儿，像个小大人。覃覃被她爸爸带来时就不大开心，冬冬赶快拿糖块儿，又剥小橘子去哄她。

生日蛋糕，因为时间来不及了，就没再去买。爸爸把两个蛋糕巧妙地合在一起，重新调整了奶油花和花边，也还凑合。大家一起唱生日歌，冬冬许愿，吹蜡烛，分蛋糕。欢快的生日气氛，一下子就彰显出来了。

大姑宣布：生日派对开始！先由小寿星冬冬表演舞蹈《泥娃娃》，再讲《狼和小羊》的故事。之后，大家做击鼓传球的游戏。

冬冬担任拍鼓手。

第一次，鼓点在球传到覃叔叔处停下来，冬冬要覃叔叔唱歌。覃叔叔拗不过孩子们的起哄，只得吼了两嗓子。大家都笑弯了腰。

第二次，鼓点在王汇阿姨接到球的那一瞬间，停了下来。王阿姨讲了一个故事。

第三次，鼓点在姐姐处停下来，姐姐唱了两句流行歌曲。

大姑的同学黄芳着了急，忙俯在冬冬耳边说悄悄话："冬冬，可别弄阿姨，啊！"

冬冬点点头。

击鼓传球的游戏，进行得热烈而又顺利：鼓点在谁跟前停了，谁就表演一个节目。大家笑出了眼泪，笑疼了肚子。虽然大姑和黄芳都想让冬冬手下留情，但她没有徇私舞弊，在座的参与者，一个都没有放过。

做完游戏，冬冬提出跟王阿姨下跳棋，自豪地说："你就是下得满头大汗，你也下不赢我。"

派对结束后，妈妈让冬冬给刘伟哥哥送去糖块儿和蛋糕。

冬冬很爽快地答应了："我们请的都是好朋友，刘伟也是其中最好的朋友。"

1989-1-17

关进鸡窝里

刘伟常找冬冬玩，两个人也经常拌嘴。

刘伟："把你关到鸡窝里。"

冬冬："先把你们自己放进鸡窝里一天，我才进去。"

刘伟："晚上把你关进去。"

冬冬："你们先关到鸡窝，一个晚上吧！"

两个孩子一替一句拌嘴，眼看两个人就吵恼了。

冬冬突然释然一笑，说："好吧，那就把我关到鸡窝里边吧！"

"明明知道"

妈妈让冬冬去书房，叫爸爸吃饭。谁知爸爸并不在书房。

冬冬对妈妈说："你明明知道爸爸不在那屋里，为什么还要我去喊他？"

要拆解电视机

冬冬问："电视机里的不都是假的吧？"

妈妈："什么真的假的？"

冬冬："要不打开看看？"

冬冬觉得电视机很神奇，萌生了打开看看、一探究竟的念头：电视内部都有些什么，为何能播放新闻、戏剧、电影、连续剧等节目；又似乎瞬息万变，似乎要什么，有什么，到底是怎么回事？

塑料积木

昨天，冬冬从幼儿园回来，从口袋里掏出两块塑料的圆积木。

妈妈："冬冬，这是从哪来的？"

冬冬："我在路上捡到的。"

大家忙着给她过生日，把积木的事就暂时放下了。

今早，爸爸问她："冬冬，塑料积木是从哪儿来的？"

冬冬："我说实话，你们不怪我吧？"

爸爸："当然要说实话！"

冬冬："我跟你们说实话吧，是在幼儿园拿的。"

爸爸说，不管老师看没看见，除了自己的东西，都不能据为己有。一定把积木还给老师，并向老师承认错误。

下午回来，妈妈郑重地问："冬冬，积木呢？"

冬冬："我给老师，老师批评我了。"

妈妈："嗯，应该受批评。老师怎么说的？"

冬冬："老师说，'你为什么要拿回家？'"

这是她第二次把不属于自己的东西带回家。上次，父母低调处理；这次，爸爸明确让她把积木送还老师，而老师一定会随口批评她几句。老师的批评，定会给她留下深刻的印象。

1989-1-18

观察生活

①冬冬观察燃烧的蜡烛："怎么越来越小呀？这个蜡烛。"

②她看着妈妈的眼睛，说："你的眼睛怎么一会往这转，一会往那转呀？"

③妈妈用橡皮擦，擦掉画面上多余的线条。纸面不再光滑。

冬冬见状，忙问："你为什么擦一擦？你没看见有个毛？"

妈妈："正是起了毛的作用，才可以擦掉呢。"

冬冬："为什么毛毛还起作用呀？"

多吃，才能画得好

冬冬看妈妈写字："你怎么瞎画呀？"

妈妈："没有瞎画，我这是草书。"

冬冬："我怎么认不出来呀？我怎么不会写呀？"

妈妈："你还小呢！让妈妈看看，你画的是什么！"

冬冬画了个小姑娘，说："头上戴了点点花。"

妈妈："什么叫'点点花'？"

冬冬："就是点点搞成的花。"

妈妈："嗯，画得真不错。"

冬冬："要吃，你多吃糖，多吃瓜子，多喝甜水，你就可以画得好！"

妈妈："没听说过！"

冬冬笑："我就是这样，就画得好。"

想吃糍粑

冬冬："妈妈，有事就对大人说，大人就得给你帮忙，对不对，妈妈？"

妈妈："当然。说吧，让大人帮你什么忙？"

她说："明天早上有卖粑粑的，你给我买这么多这么多，你看我吃得完吃不得完？"

"粑粑"，指"糍粑"，用糯米做成的一种食物。

"吃得完吃不得完"，正确的说法是"吃得完吃不完"。

"这说明有小虫子在咬我"

冬冬直叫着腿疼："这里还疼。这说明有小虫子在咬我。"

"说明"是个动词，有多种词义，在这里是"有某种证据而证明"的意思。能够使用这种意义的"说明"，说明冬冬具有了论证的意识，虽然推论的原因"有小虫子在咬我"，并不正确。

妈妈拉过她的小腿，轻柔地按摩。

冬冬感动地说："妈妈对我这么好，等你生病了，我也这样对待你。"

1989-1-19

"你这样说，我心里会很难过的"

冬冬又感冒了。

妈妈："你太任性，不听话。说说吧，还要不要大人管你？"

冬冬："妈妈，你这样说，我心里会很难过的。"

妈妈："你还知道心里难过？那你生病，妈妈难过不难过？"

询问信息来源

昨晚《新闻联播》：苏联大地震，一位母亲和三岁的孩子埋在石砾下，母亲咬破自己的血管喂孩子，第八天被救了出来，母子俩还都活着。

妈妈给冬冬转述这个故事，感叹母爱的伟大！

冬冬："你这个说法，是从哪听来的呀？"

打针

冬冬去医院打针。

她打完针回来，说："我最喜欢打针了，痒痒的，挺舒服的。那个打针的阿姨说，'抓小虫子，抓小虫子！'像小虫子在爬。"

"其实很漂亮"

爸爸穿一件新大衣，问："冬冬，爸爸的这件衣服好看不？"

还躺在被窝儿里的冬冬，眼睛一扫，说："丑死了。"

起床后，她上下打量爸爸的大衣，说："我躺在被窝儿里看不清楚，其实很漂亮。"

人小，感情很丰富

冬冬："妈妈爱怪人；爸爸不爱怪人，爱打人；大姑爱发恶脾气；姐姐对我好，姐姐也对小郑哥哥好。"

妈妈故意说："小郑哥哥又不跟咱一家，姐姐干吗对他好？"

冬冬："但是，我喜欢小郑哥哥有这一点。"

爸爸："哪一点？"

冬冬："他送舅舅走，我很感动。姐姐也送舅舅，我也很感动。"

刚刚四岁的孩子，会因为哥哥姐姐送了舅舅而"感动"？

1989-1-20

画画儿，打分

冬冬一边画小动物，一边自言自语："自己干自己的事，不准打扰别人；自己用自己的东西，不准乱用别人的东西。"

她画了三张画儿，妈妈画了一张。冬冬拿着四张画儿，让大姑打分。大姑在每张画儿上，都画了五角星，说，这次冬冬每张都画得很好。

一会儿，冬冬拿着画儿去找妈妈，说："妈妈，有一个不应该得五角星。"

妈妈："为什么呀？"

冬冬："大姑不知道那个五角星是你画的，以为是我画的，对吗？"

"那个五角星是你画的"，是指妈妈画的画儿，也得了五角星。

孩童式的奇妙推测

爸爸承诺过给冬冬买铅笔盒。这会儿空闲，赶快上桂子山商店，去兑现承诺。但此处竟没卖铅笔盒的。

冬冬："爸爸，你给我买的铅笔盒呢？"

爸爸："你生病没有好，营业员不让卖给你。"

冬冬感到奇怪，问："那营业员怎么知道我生病了？医院打电话了？"

大姑："嗯！"

冬冬："卖东西的，怎么和医生一势呀？"

"一势"，也可写作"一事"。河南方言，意为立场、观点"一致"，或是"一起儿的""一伙的"，不含贬义。

冬冬的推理很奇特，大人忍不住笑了。

冬冬想了想，又推测道："医生都是他们的妈妈吧？"

校医院 90% 的医生，是女医生。

1989-1-21

有朋友，是幸福的

冬冬玩积木，自言自语道："刘伟哥哥多幸福呀？"

妈妈："为什么？"

冬冬："他有许多好朋友。"

妈妈："你不也有好朋友吗？"

冬冬："我只有几个好朋友。"

画画儿也需要"新"

冬冬画了画儿，左看右瞧，似乎很不满意。

冬冬："我这脑子里，什么也没有新的。"

小孩子画画儿，也需要脑子有新东西才行呀！

与妈妈辩理

妈妈喂冬冬吃饭。

冬冬吃几口，不让喂了，说："我又不是没有胳膊，让喂干什么？"

妈妈："是你让我喂的！"

冬冬："是你撵着喂我的！"

1989-1-22

"小心"

起床前，爸爸逗她玩。

冬冬："我要尿尿，你小心把我的尿挤出来，啊！"

长短句《吃不成的冰棒》

冬冬想吃冰棒，爸爸妈妈都不同意。

她顺口溜出来一首长短句：

"冬天走了，

春风吹来了，

天有点热，

小朋友们想吃冰棒。

但是，

他们吃不成，

他们的爸爸妈妈们，

不告诉他们，

冰棒在哪里！"

没听懂"反话"

冬冬的手，被刚盛的热饭烫了一下。

妈妈打趣她："烫是什么滋味？哎，你还去盛饭呀！"

冬冬："你想把你女儿的手烧破是不是？本来我的手已经破了，你还叫你的女儿盛，想把我的手烧破，是不是？"

她没有听出来，妈妈说的"你还去盛饭呀"，是反话。

自知之明

冬冬脸朝后，横坐在椅子上，不停地晃动椅子背，发出一阵"咔咔"的噪声。

妈妈："冬冬，停下来，你能不能愣怔一会儿？"

"愣怔"，河南泌阳方言，是"老实""正经"的意思。

冬冬："要是弄愣怔了，就不是李冬了，是不是？"

陪妈妈晒太阳

冬冬让妈妈去晒太阳，说："虽然妈妈的身体不好，可外面的太阳很好。晒晒太阳，身体很快会好的。"

下楼梯，她怕妈妈摔倒，用小手拉着妈妈的大手，一步步慢慢地往下走。

妈妈的脚步很重。

冬冬笑了，说："我们会把楼梯踩塌的。"

冬冬最近常常说些令大人惊讶的俏皮话。

1989-1-23

言犹未尽的"但是呢？"

大姑准备回老家过春节，冬冬也想跟着回去。

妈妈："冬冬，妈妈不想让你回老家。"

冬冬："妈妈，你亲我，是吗？"

妈妈："是的。"

冬冬："但是呢？"

妈妈："什么'但是'？怎么了？"

冬冬："你不让我回去呀？"

妈妈："你回去了，我想你，还不是亲你！"

冬冬顿悟："噢！"

1989-1-24

"可是、亲眼"

在多多家，冬冬征求意见，问："多多，你说我是在这玩儿，还是回家？"

多多说，上你家玩。两个孩子来家玩了一会儿，多多就回去了。

冬冬不解地问："我在多多家玩了好大一会儿，可是多多在我们家玩了一会儿就走了，这怎么回事呀？"

第一次记录到冬冬使用"可是"这个表转折的词语。

妈妈："这是多多的自由。想来就来，想走就走。我看啊，多多是个听话的孩子，她就不上院里的砖堆上去玩。"

西一村的院子里，堆了很多红砖备料，孩子们爬上爬下，非常危险。

冬冬说："多多上砖堆了，我看见的。真的，我亲眼看见她爬上去的。"

找罐头

冬冬在碗柜里，没找到水果罐头，问："那好多罐头呢？还在我们家里吗？"

妈妈："在啊，不过放起来了。"

冬冬："那爸爸上哪儿去了呢？"

她找不到罐头，又不见爸爸，以为是爸爸把罐头放了起来或者送人了。

1989-1-25

"你不是说……"

冬冬装了满满一口袋瓜子出外，很快又跑回来抓瓜子。

妈妈："冬冬，你拿这么多瓜子干什么？"

冬冬："你不是说，吃完了回来拿吗？"

其实，她把瓜子都分给小朋友了。

"那你们可没有女儿了！"

冬冬在楼下跟小朋友们玩得极开心。大人多次喊吃饭，她都不愿回来。妈妈开玩笑地说，如果再不回来，干脆把她卖给人家算了。

冬冬："不管你们把我送回来，还是把我卖给人家——"

根据语境，"回来"，可能是口误。

妈妈："你是不是都愿意？"

冬冬："那你们可没有女儿了！"

1989-1-26

"故意"

姐姐今天带冬冬去锅炉房洗澡。锅炉房实为洗澡堂,洗澡水是烧锅炉加热的。冬冬一听去锅炉房，非常兴奋地说："锅炉房蛮有意思的。"

姐姐："快点吃，吃了咱们就走，咱们不等妈妈。"

冬冬对妈妈说："姐姐说，'我们一块儿走！'我故意慢慢吃，等着你的。"

1989-1-27

期待

冬冬很喜欢养鸡场的新房子。那是学校为解决青年教职工的住房问题，在原来养鸡场的地方盖起来的临时建筑。

冬冬边玩积木边自言自语："将来，爸爸不能当副教授，我们就不能搬房子。人家都搬走了，我们还得住破房子，这怎么办呢？"

这是冬冬第二次用"将来"。

1989-1-28

画画儿，比不上妈妈

妈妈正抄词条。

冬冬却要给妈妈化妆，说："要是你不让我给你抹口红，我饶不了你。"

妈妈干自己的事，没有理她。

冬冬："妈妈，你歇歇手吧。不然的话，你的手累疼了，就写不成第二张了。为什么第二张写这么长呀？"

妈妈："因为需要这么长，就写这么长！"

冬冬："需要不需要我给你画张画儿呀？"

妈妈："你玩你的，别来打扰我。"

冬冬不听，拉着妈妈的胳膊说："给我画张林黛玉，好不好？"

本来是她想画画儿的，这会儿又让妈妈画。拗不过她，妈妈画了几张仕女图。

冬冬："妈妈，我还是比不上你呀？"

妈妈："什么事比不上妈妈？"

冬冬："你会画林黛玉、丫鬟什么的，我就不会画。"

1989-1-29

"名不虚传"

冬冬早上醒来，说："名不虚传呀！"

爸爸："谁呀？谁'名不虚传'？"

冬冬："你名不虚传呀！爸爸是名不虚传呀！"

这是从电视连续剧《西游记》上学来的。

爸爸夸冬冬昨夜睡得好。

她自豪地说："我昨夜一夜都没解手，到现在还不想解手。"

1989-1-30

赞美妈妈

冬冬想撕开果冻上的封纸，怎么都撕不开。

妈妈拿剪子剪开了。

冬冬："妈妈，你真会搞呀！你为什么这样会搞呀？我从来会，现在忘了，你在哪儿学的呀？"

"从来"，还是"从前"的意思。

妈妈："小甜嘴，妈妈跟你学的呀！"

冬冬甜甜地笑了。

评价《西游记》中的人物

冬冬一边看《西游记》，一边评价："我不喜欢孙悟空的师父，他不分好人坏人；我喜欢孙悟空，他救师父；我也喜欢猪八戒，他也救师父。猪八戒最好玩，孙悟空也有点好玩。"

剪短的头发

前天，大姑给冬冬剪头发。一不小心，剪短了，冬冬气得大哭。已经过去两天了，她还是不愿走出家门。

今天，冬冬对妈妈说："妈妈，你给我扎个辫辫吧？"

妈妈："头发揪不起来，怎么扎辫子？"

冬冬："妈妈，你别发这么大的脾气。大姑给我剪短了，还会长长的。小时候我没有头发，现在还不是长长了吗？"

"剪短了"会"长长"，心态不错。

冬冬又说："那大姑给我剪时候，我哭了，你还说'好看好看'，那怎么回事呀？"

妈妈由衷地夸奖道："冬冬长大了。"

开会，一点也不好玩

爸爸准备去教研室开会。

妈妈推着冬冬，怂恿她："去，跟爸爸一块儿去开会吧？"

冬冬缩着身子，说："因为开会时间长，也不让说话，一点也不好玩。我才不去哩！"

不懂骂人话

爸爸弯腰穿鞋子，准备外出。

冬冬冷不丁地冒出一句："狗娘养的！"

爸爸一愣："说什么？那是骂人话！"

冬冬："骂人的？那他为什么让狗娘养的呢？怪好玩的。"

只觉得"让狗娘养"好玩，不知道那是骂人话。

妈妈只生我一个

看电视连续剧《星星知我心》。

冬冬："秋霞怎么生那么多孩子呀？"

妈妈笑了："那么多孩子？她跟谁比，孩子生得多？"

冬冬："跟我们比呀，妈妈只生了我一个。"

"妈妈只生了我一个"，很像计划生育的宣传口号！

1989-1-31

"为什么不过两个星期天"

看电视，外国人在说星期几。外国人所说的星期几，当然已经翻译成了汉语。

冬冬："为什么外国人的说法，我们都知道了呀？"

妈妈："什么样的说法？"

冬冬："外国人的星期一、星期二、星期三、星期四、星期五、星期六，才过一个星期天，为什么不过两个星期天呀？"

这段对话虽短，但很有意思。其一，冬冬知道星期的时间计算方法，来自外国；第二，提出了一个跨文化的问题，外国人的说法，我们怎么知道的；第三，星期天可以在家玩，希望过两个星期天。

四岁孩子考虑问题的视角，与成人大不相同。

妈妈为什么亲女儿

妈妈："冬冬，妈妈这么亲你，你知道为什么吗？"

冬冬："因为妈妈从小亲我，所以我长大了，妈妈更亲我。因为我是妈妈的女儿，所以妈妈亲我。我要是别人的女儿，妈妈就不亲了。"

妈妈开怀大笑！

没有悬念的"打赌"

冬冬："妈妈，咱们打个赌吧！"

妈妈："打什么赌？"

冬冬："我说太阳出来了。"

不用打赌，阳光已经从窗外倾泻进来。

"昨天？昨天已经过去了！"

冬冬："妈妈，我们去买甘蔗吧？"

妈妈："昨天买过了。"

冬冬："昨天？"

妈妈："是的。"

冬冬："昨天已经过去了。"

"昨天、今天、明天、后天、大后天"的时间序列，冬冬已经掌握了。就差"前天""大前天"了。

修电筒的"师傅"

爸爸在手电筒里，安装了两节新电池，却捺不亮。让冬冬修一修。

冬冬抠了一大会儿，依然不亮，说："我知道怎么回事了。这个电池坏了，不能通电了。"

爸爸："不会吧，刚买的电池！"

冬冬："爸爸，我知道了，非得把这群东西都搞掉，然后装上电池才行。"她说着，把手电筒的镜头卸了下来。

"这群东西"，指的是手电筒里的一些零件。

妈妈鼓励说："好好修吧，你是师傅，你能修好。"

冬冬："我修好是修好了，但是我也不是师傅呀？"

妈妈："你很像师傅啊！"

冬冬："谁说的我像师傅？我才不像师傅呢，爸爸才像师傅呢。"

爸爸："冬冬，你需要多长时间，才能修好手电筒？"

冬冬："得修三天四夜才行！"

爸爸："哎哟，师傅，时间太长了吧？"

冬冬："都说我是师傅，那好，既然都说我是师傅，我就是师傅吧！"

妈妈："那今后就叫你李师傅了。"

冬冬："还是叫我李冬算了，别喊我师傅好不好？"

在这段话里，出现了很多有意思的语言现象。如，冬冬把手电筒的组件称为"这群东西"，使用了"修好是修好了，但是……"这样的让步转折句子，说修好手电筒需要"三天四夜"的时间，用"既然……就"勉强接受别人叫她"师傅"的称号，以及"还是……算了"的表达等。

观天地，判断是否下雨了

天阴沉沉的。

爸爸："可能下雨了。"

冬冬站在窗前往外看，说："没有吧！"

爸爸："你怎么知道？"

冬冬："我看看天上也没下呀，我看看地下也没湿呀！"

1989-2-1

自己命名

①冬冬找毛巾擦嘴巴，问："擦嘴巴的，搞哪儿去了？"

②冬冬在盒子里，挑选要放的爆竹，对妈妈说："是拿那个蝴蝶，还是拿那个嘣嘣响的？"

"擦嘴巴的"是指毛巾，"蝴蝶"是指蝴蝶形状的烟花，"嘣嘣响的"是指鞭炮，分别以功能、外形和响声命名。

"那可怪了"

妈妈找不到小刀，问："我记得小刀子就放这了，怎么找不到？"

"那可就麻——，"冬冬又改口说，"那可怪了。"

这个改口，显示她要更准确地表达自己的意思。

"特别要看……"

冬冬抬起一只脚，摆出跳舞的姿势，对妈妈说："妈妈，我给你跳支舞好不好？特别要看我这个脚是怎么动的。"

1989-2-2

"你写字也写得好"

妈妈夸冬冬画的画，进步很快。冬冬也不忘夸夸妈妈，说："你别说我画得好，你写字也写得好呀！"

戳破眼皮与抓破鼻子

父女俩又疯又闹。冬冬不小心抓破了爸爸的鼻子，浸出了血。妈妈提醒冬冬，不能玩起来像个小疯子，不管不顾的。

冬冬很不服气，说："是上次剪子把我戳得惨呀，还是这次我把爸爸抓得惨呀？"

一个星期前，冬冬拿着剪子剪东西。一不留神，戳着了下眼皮离眼珠很近的地方。

但是，冬冬还不懂，这两件事责任不一样：剪子戳眼皮，是自己干的；爸爸的鼻子，是你抓破的。

吃零食与养老

爸爸买回小零食，冬冬不停嘴地吃。到吃饭时，没了食欲。妈妈让爸爸把零食、甘蔗等放起来，限制她一下。

冬冬到处找不到甘蔗，问："到底说，那两个甘蔗跑哪去了？说实话，我就不生气。是不是你们放起来了？"

冬冬以"不生气"做保证，爸爸拿出一截甘蔗。

冬冬用甘蔗指着妈妈，问："到底说，是你让他藏的？你们老了，我再也不养活你们了。你们快老的时候，再说吧！"

冬冬以"不养老"相威胁。

爸爸开玩笑地说："以后我们都听你的，行不行？"

冬冬："那我也不给你买着吃了。"

停了一会儿，她又要饼干。

妈妈："妈妈真不知道放哪儿，让爸爸去拿。"

冬冬："爸爸，妈妈让你藏的，那你为什么说'不知道'？"

爸爸只好拿饼干给冬冬。

冬冬："我知道在哪儿了。那全部，我真的知道了。"

妈妈："在哪儿？"

冬冬："在左边衣服柜子里。你知道，我怎么看见的吗？"

妈妈："不知道。你怎么看见的？"

冬冬："我在爸爸拿的时候，我就瞄一瞄。"

1989-2-3

"一般"

刘伟："你们在幼儿园放炮吗？"

冬冬："我们幼儿园，是讲课的，一般不放炮。"

"报复"的方式

爸爸正伏案工作。冬冬拧缠着身子，让爸爸抓痒："挖一挖，在我背上。"

爸爸给她抓了几下，说："去，去，没看我正在忙吗？"

冬冬："要是你们再怪我，我就坐在你们肚子上，把你们弄疼。"

1989-2-4

石猴变的人

冬冬问道："妈妈，张进姐姐说，'人是石猴变的'，对不对呀，妈妈？"

爸爸是"大汉"

深夜，爸爸还在工作。

冬冬想让爸爸睡觉，说："妈妈，我害怕。这边要是睡个大汉，我就不害怕了。"

妈妈："大汉？谁是大汉啊？"

冬冬："爸爸。"

1989-2-5

除夕

除夕夜。

爸爸下厨，做了冬冬最喜欢吃的饭菜。冬冬吃得很开心，拍着肚子说："我撑死了，你看我的肚皮，像猪八戒一样大。"

饭后，是一年一度的春节联欢晚会。

妈妈招呼冬冬坐下："宝贝儿，快点，今天晚上有好节目！"

冬冬："是唱歌的，还是跳舞的？是男孩还是女孩呀？"

1989-2-6

拜年趣闻

大年初一，爸爸带着冬冬，去给老教师和亲朋好友拜年。

冬冬回来说："我走路的时候，身上发冷。"

妈妈忙把她的小手放在怀里暖着。真凉，两只小手冻得像两块儿冰疙瘩。

冬冬说："王汇阿姨说，'祝妈妈新年快乐'，她也叫你妈妈，笑人不笑人？妈妈，你是长辈，凡是爸爸的，凡是妈妈的，都是长辈，对不对？"

学会了"长辈"这个词，并理解了何谓"长辈"。

爸爸说，他们先去王阿姨家，之后又到田惠兰老师家。田奶奶自我介绍说：

"冬冬，奶奶姓田。'田'，'田地'的田'。"

冬冬接口道："我知道，是'田野'的'田'吧？"

田奶奶笑了："噢，对了！"

冬冬用手比划着："田，我会写，一个正方形，一竖一横。"

抓痒痒

冬冬腿痒，爸爸随手抓了几下。

她很不满意，说："给我挖挖痒。在腿上摸几下，怎么不会痒呢？"

1989-2-7

小岛

冬冬跟一群小朋友在楼下做游戏。回到家，不仅小红皮鞋湿漉漉的，就连袜子都能滴出水来。妈妈说她，怎么不看好路，直接就往水里跳？

冬冬振振有词地说："你去转转看看，那石头旁边有个小岛，都是水。"

水中的石头，就是小岛。

对付爸爸抽烟

冬冬去书房，发现爸爸正抽烟。她一把夺过来，扔地下踩灭，气冲冲地回到卧室找妈妈，说："妈妈，我跟你说了多少遍了，看见爸爸抽烟就夺过来踩灭，你怎么忘记了？"

1989-2-8

说话要算数

正月初三，父母原打算带着冬冬，去中南民院的孙松发老师家拜年。后来，怕孙家可能没人在家，打消了出外的念头。

冬冬极不高兴："妈妈，我本来很亲你的，结果你说去又不去了，你说话不算数。"

妈妈解释了不去的原因。

冬冬仍说："我知道你错了，你改正不改正？"

孩子的是非标准只有一个，还不会变通。

发现与思考

冬冬看电视。

①她看到小猫和小鸡玩耍的镜头，颇为惊奇："我们家的小猫，就不跟小鸡逗着玩。电视上的小猫，怎么跟小鸡逗着玩？这怎么一回事呀？"

在老家，冬冬看到过小猫和小鸡。

②电视上，成群结队的大象，甩着长鼻子，悠闲地漫步。

冬冬："大象咬人吗？"

妈妈："不咬人。"

冬冬："野大象呢？野大象自由不自由呀？"

1989-2-9

自己的事情自己办

早晨起床，爸爸要给冬冬穿衣服。冬冬扭动着身子，说："自己的事情自己办，我自己穿。"

妈妈也要起床，叫爸爸去拿一套换洗的衣服。

冬冬："我已经说过，自己的事情自己办，怎么又说这个话？"

她觉得，妈妈也不能例外，也应遵循"自己的事情自己办"的规则。

"按妈妈的规矩办事"

爸爸准备去买早餐，问："冬冬，你要吃什么饭？"

冬冬："吃什么饭都行，我按妈妈的规矩办事。"

什么事，她都要讲个"规矩"！

1989-2-10

学会威胁人了

冬冬从楼下跑回家，非常委屈地说："张进姐姐说，她并不想跟我玩。"

妈妈："不想跟玩就不玩呗！看小脸儿，都冻红了。来，上床暖暖！"

冬冬躺在被窝儿里暖了会儿，提出让爸爸往上抛她，说："给我扔一次，要不，我就把袜子脱掉它。"

爸爸正搞卫生，摊开双手，说，我的手脏兮兮的，让妈妈陪你玩！

冬冬又转向妈妈，说："妈妈，你给我讲个送彩蛋老人的小白兔吧？你要不答应我的要求，我就把你捏成个小胖猪。"

1989-2-11

催促爸爸

父女俩约定，午饭后去吴亮家。

爸爸还在刷碗。冬冬就焦急地站在爸爸身边等待，问："你到底去不去吴亮家？说！"

爸爸："急什么，等爸爸刷了碗再去啊！冬冬，你听话不？"

冬冬："听！那你就快点！"

爸爸："你连催带催的，催什么呀，坏冬冬！"

冬冬："我坏？我坏，还是你坏？我看都是你不对。"

"买"不是"赔"

冬冬跑回家，气呼呼地说："妈妈，张惠姐姐要我赔她的氢气球。"

原来，几个孩子在楼下玩氢气球，氢气球在冬冬手里爆了。

爸爸："没问题。爸爸上街买一个。"

冬冬："不，张惠姐姐要赔，不要买。我上外面玩，她一路上跟着我说'要赔、赔、赔'，她爸爸说什么我听不懂。"

妈妈："去，告诉张惠姐姐，爸爸上街买一个赔她。"

冬冬欢快地跑下楼，对张惠说："张惠姐姐，我爸爸下午给你上街买一个氢气球。"

张妈妈忙说："算了，不要了。"

张惠也说："不要了。"

冬冬这才如释重负，蹦着跳着找小朋友玩去了。

1989-2-12

"而且"

冬冬早上起床，发现妈妈的棉袄掉在了地上，说："妈妈，你的棉袄掉地下了，而且地下脏乎乎的。"

比喻：眼睛有多大

今天，爸爸带着冬冬，去徐燕阿姨家拜年。

冬冬回来说："徐燕阿姨的眼睛可大了，大得像电灯泡。"

1989-2-13

喜欢男孩、女孩的讨论

冬冬："妈妈，我要是个男孩儿就好了。"

妈妈惊奇地："为什么？"

冬冬："你是喜欢男孩儿，还是喜欢女孩儿？"

妈妈："当然是女孩儿了。"

冬冬："爸爸呢？"

妈妈："也喜欢女孩儿。"

冬冬："爸爸不喜欢男孩儿吧？"

妈妈："也喜欢。"

冬冬："那他是喜欢男孩儿，还是喜欢女孩儿？"

妈妈："男孩儿女孩儿都喜欢，只要是好孩子。"

冬冬："不管是男孩儿还是女孩儿，只要听话，爸爸妈妈都喜欢，对不对？"

妈妈："对极了。"

"几"

今晚，大姑从河南老家回来。姐姐与小郑到江西结婚，也从江西回来。

大姑问，她回河南这些天，是谁做的饭？

冬冬："我妈妈做几顿饭，我爸爸做几顿饭。"

1989-2-14

要姐姐做早餐

早上，大姑做早餐，姐姐为冬冬穿衣服。

冬冬："姐姐，你不是也会做饭吗？"

姐姐："是啊！"

冬冬："那你怎么不做饭呢？"

姐姐："给你穿衣服呀！"

冬冬："那你明天早上，就给我做饭吧！"

弄不明白的关系

前两天，楼下婆婆问妈妈："小白到江西去了？"

妈妈："嗯。去江西结婚了！"

冬冬跟妈妈耳语："姐姐结了婚，就不跟我们一家人。我们就成了四口人了？"

妈妈："是的。"

冬冬："那姐姐为什么要跟小郑哥哥结婚呀？"

妈妈："姐姐喜欢他呗！"

冬冬："姐姐为什么不跟张××结婚呀？"

妈妈："你太小，还不懂什么叫感情！"

今天，冬冬又忍不住地问："姐姐，你为什么要跟小郑哥哥结婚呀？"

姐姐："姐姐也总得有个家呀！"

冬冬："你跟小郑哥哥不是一家。他是一家，你是一家。"

1989-2-15

"我这个坏毛病，是改不了了"

冬冬亲昵地在大姑身上蹭来蹭去。

大姑："别这样蹭，好不好？"

冬冬笑了，说："大姑，我这个坏毛病，是改不了了。"

妈妈不如蜘蛛

（4 岁 2 个月　1989-2-16—1989-3-15）

雪（1989 年 2 月）

1989-2-16

《恐龙特急克塞号》

日本电视连续剧《恐龙特急克塞号》，是20世纪80年代末、90年代初的一部科幻片。说的是21世纪的日本，遭受到来历不明的袭击，损失惨重。时空管理局调查了各个时期，只有中生代的白垩纪还没有调查。为此，克塞号时间飞船前往白垩纪，果然发现了异样。

《克塞号》是冬冬每晚必看的节目。她被神奇的时空穿越、7000万年前的恐龙时代、面目狰狞的侵略者、骁勇善战的时代战士，还有惊心动魄的"人间大炮"所吸引。在众多人物中，对其中的一位滑稽战士毛利[1]最感兴趣。

一早醒来，冬冬学着昨晚毛利的话："时代战士毛利前来拜访！毛利怪好玩的。"

冬冬把神秘的外星侵略者格德米斯[2]，叫作"哥哥妹妹"；因为他们都戴一副很大的眼镜，冬冬又称他们为"大眼睛"。

"鬼臭故事"

深夜，冬冬要妈妈讲故事。妈妈说，如果她闭上眼睛，妈妈才开始讲。冬冬烦了，说："你这个坏妈妈，我不听你的鬼臭故事了。"

不仅把妈妈称为"坏妈妈"，把故事说成是"臭故事"，其前还加一表厌恶的"鬼"字。

---

[1] 毛利，克塞队队员之一，头脑灵敏，思维活跃，负责数据处理和大部分仪器的维护修理，并且有多个奇特的小发明，驾驶飞行器时的空战技艺也很拿手。但因身材矮胖，一到陆地上行动就不利索，显得毛手毛脚，又加上贪吃，说话大大咧咧，经常有让人爆笑的滑稽语言。

[2] 格德米斯，是《克塞号》塑造的外星球的高级植物生命体，拥有200—300年的寿命，侵略别的星球，以获得资源和生存空间。

1989-2-17

刘伟的耳语

刘伟的圆珠笔丢了。他很神秘地趴在冬冬耳边，说："冬冬，我跟你说，××偷了我的。"

"是的，我知道，是他偷的。"冬冬随声附和。

此时，她看见正要下楼的××，跑过去，冬冬说："××哥哥，你跟刘伟哥哥吧！"

××看一眼冬冬，悻悻地走开。

这一切，妈妈都看在了眼里。事后，妈妈跟冬冬谈心：一个人要学会独立思考，不要轻信别人的话。

冬冬爽快地说："你不让我听刘伟哥哥的，我听××哥哥的？"

妈妈："那更不行了。"

冬冬："我听张惠姐姐的？我还是听刘伟哥哥的吧，要不，他叫所有的小朋友都不跟我玩怎么办？"

孩子最为关心的是，她有没有玩伴！

1989-2-18

男孩女孩的忌讳

冬冬正在洗头，爸爸推门进去。

冬冬大叫："爸爸，你不能看。"

爸爸奇怪地："怎么了？我看什么了？"

冬冬："女孩洗头、洗澡，男孩不能看；男孩洗澡、洗头，女孩不能看。"

爸爸："女孩子洗澡，男孩儿不能看，洗头是可以看的。"

冬冬："要看？那你就进来看吧！"

"舒服是舒服，但是……"

爸爸准备带冬冬外出，在自行车前杠上绑了小座椅。

冬冬："我又不是小毛毛，干吗坐小椅？"

爸爸："坐小椅舒服呀！"

冬冬："舒服是舒服，但是我又不是小毛毛！"

这是由"××是××，但是……"构成的复句，先认可事实，再转折。"让步转折复句"表达不那么直白，有波有折。

"不合适"

冬冬闹着出去玩。

大姑："你去吧，去找家家玩。"

冬冬："家家不合适。"

大姑："为什么？"

冬冬："她年纪太大了。"

1989-2-19

"有没有感觉到"

冬冬早上醒来，说："前半夜我睡爸爸被窝儿里，后来我又钻到妈妈被窝里。妈妈，你有没有感觉到？"

妈妈开玩笑："我感觉到，有一只小老鼠钻进被窝儿里了。再一看，原来是你呀！"

冬冬咯咯地笑起来。

"紧急情况"

冬冬玩积木。

她抬头，突然大叫："我要屙尿，大姑，紧急情况！"

1989-2-20

"偷"汤圆

做汤圆。冬冬也参与了，说："我弄的圆，不是平常的，是特殊的。"

大家做的汤圆，都是圆的，而冬冬把面团搓成了椭圆形，故称她的杰作为"不是平常的，是特殊的"。

冬冬先给父母端去炸焦的汤圆，之后又跑到厨房去。

大姑："爸爸妈妈说好吃吗？"

冬冬："妈妈点点头说'好吃'，爸爸也说'好吃'。"

她又捏着一个刚煮熟的汤圆跑过来，说："我偷回来了一个汤圆。现在不能偷了，我大姑说，'吃完才能偷'。给，妈妈，千万别烫着嘴巴了。有一点烧。烫死，刚才。"

她把未经大姑允许、从厨房里拿来的汤圆，称之为"偷"，可见心情之愉悦。

"漂亮英俊"

看电视。

冬冬："我喜欢打扮得漂亮英俊的公主和王子。"

"实在"

挑选瓜子。

冬冬说："我实在喜欢吃那个黑瓜子。"

"黑瓜子"是西瓜子。用"实在"来强调自己喜欢的程度。

"我变成阿凡提了"

冬冬连着打了两个喷嚏，笑了，说："我变成阿凡提了！"

"喷嚏"和"阿凡提"，是由一个"[tʰi]"音，而产生的联想。

妈妈："请问阿凡提，你想吃点什么？"

冬冬："问我，我是不会说的。你自己想一想，我会不会吃？"

1989-2-21

比喻：饺子、项链

从早上起，蒙蒙细雨中夹杂着颗颗小雪粒。冬冬从外面回来，说："雪豆像小饺子一样，雨珠落在头上，像穿的项链。"

两个颇有诗意的比喻。

现实与想象

学校开学了，幼儿园明天也开学。

冬冬同意上幼儿园，但提出："给我买炮，看别人放炮没有意思。"

爸爸："好，现在爸爸就带你买炮去。明天呢，咱们第一个到幼儿园！"

冬冬："明天我五点半上幼儿园。老师躺在被窝儿里还没起床呢！"

解词："结巴磕子"

大姑讲老家一个结巴磕子的笑话。

冬冬："什么结巴磕子？是不是背上好多壳呀？是大乌龟吧？"

"结巴磕子"，是对说话结巴的人的贬称。"磕""壳"同音，联想出大乌龟来。

1989-2-22

上幼儿园哭了

过个春节，第一次去幼儿园，冬冬还是忍不住哭了。

回来后，她承认自己哭了，并自嘲说："周尅也哭了。小二班的周尅和李冬，最好的两个学生都哭了。"

"你再坚持一会儿"

冬冬在厕所解手。妈妈在厕所外等着她，高声问："冬冬，快解完了没有？"

冬冬："妈妈，你再坚持一会儿。"

她以为，妈妈此时叫她，是急着要用厕所。

1989-2-23

与周伯伯有趣的对话

周光庆伯伯和爸爸在书房谈话。

冬冬："爸爸，你是对我亲些，还是亲小二些？"

爸爸："一个样儿。"

冬冬又问周伯伯："你呢？"

周伯伯家有两个男孩子，说："一样亲。我还真想要个女孩子。"

冬冬："还是亲我一点儿？好些？"

周伯伯："那把你和小二换换行不行？你当我的女儿？"

冬冬："那不行。我爸爸妈妈还不是想要个孩子？"

父母和周伯伯都笑了。

冬冬："那样好不好？早上我上你家，下午把我接回来！"

周伯伯："这倒是个好办法。"

冬冬："伯伯，你说话，我怎么听不清楚呀？"

周伯伯笑了，谦虚地说："我不会说普通话。"

冬冬："普通话那么好学，你还学不会呀？伯伯，墙壁有没有脚呀？"

周伯伯："你说呢？"

冬冬："有脚，在沙发下面。"

冬冬说的是"墙角"。

1989-2-25

"大群雪花像蝴蝶"

大雪纷飞。

冬冬起床，就要跑出去，说："大群雪花像蝴蝶一样，姐姐妹妹们飞下来了。"

周阿姨来找大姑。

冬冬让周阿姨和大姑，跟她一块儿出去："你们两个打大伞，我打小伞，咱们出去逛逛。"

"像捡破烂的"

大姑捡了个纸盒，想剪下上面的图案。

冬冬："大姑像捡破烂的一样儿。人家下面扔到垃圾桶里的脏东西，她也捡。"

大姑："那是干净的。"

冬冬："干净个屁！"

1989-2-26

"大部分、有一点"

爸爸："快点吃饭，上幼儿园。"

冬冬："你还是忘记这件事吧！"

冬冬跟楼下一大群孩子堆雪人。

小朋友杨波说："我的雪好。"

冬冬："大部分是好的，有一点是脏的。"

"本来"

冬冬看电视《尼尔斯骑鹅历险记》[1]，问："怎么尼尔斯可以听懂大雁的话呀？本来人是听不懂的。"

1989-2-27

父母办法用尽，也没去幼儿园

到了上幼儿园的时间。

冬冬："我不想去幼儿园。一天都不见爸爸妈妈，那有什么好玩的。"

爸爸："你过来。"

冬冬："干什么？"

爸爸："过来再说。"

冬冬："我知道你要干什么。"

爸爸："上幼儿园是好孩子，戴大红花。不上幼儿园是坏孩子，坏孩子就得挨揍。"

冬冬："我也不当好孩子，也不当坏孩子。反正我不上幼儿园。"

爸爸："你过来！"

冬冬泰然地："打几下？"

爸爸："一下！"

冬冬把屁股掉过去，让爸爸打了一下。

爸爸："我说呀，还是去幼儿园吧？"

---

[1] 80年代初，日本的一部动画片。讲的是一个名叫尼尔斯的小男孩，在家里因捉弄一个小精灵而被精灵用妖法变成一个拇指般大的小人儿。这时，一群大雁从空中飞过，家中一只雄鹅也想展翅跟随大雁飞行，尼尔斯紧紧抱住鹅的脖子，被雄鹅带上高空。从此，他骑在鹅背上，随着大雁走南闯北，周游各地，历时八个月才返回家乡。作者塞尔玛·拉格洛夫是瑞典19世纪末的新浪漫主义文学的代表，第一位荣获诺贝尔文学奖的女作家。

冬冬："我说不去。你说不去，我就去；你说去，我就不去。"

爸爸："来，咱俩谈谈心，你将来长大干什么？"

冬冬："我什么都不干。"

爸爸："那好，什么都不干，现在上幼儿园。"

冬冬："我将来长大了当个科学家。我不想当科学家。"

爸爸："怎么又变了。"

冬冬："我没想好。"

她转眼跑进厕所，蹲了一会儿，突然站起来，关门插上插销。

妈妈拿卫生纸，站在厕所门口，喊："冬冬，冬冬。"

她不理睬。

妈妈笑了，装作不知道她在里面，问："谁呀？谁在里面呀？"

冬冬："是我。"

妈妈："解完没有？妈妈给你擦擦。"

冬冬："你要是让我上幼儿园，我就不出来。你要是不让我上幼儿园，我就出去。"

妈妈费尽口舌，终于把她从厕所里哄了出来，但就是不去幼儿园。

妈妈让步了："今天不去幼儿园了，明天早点去好不好？"

冬冬："好吧！都是爸爸。妈妈让起床的时候，爸爸要给我疯，疯得晚了。"

她总能找到台阶下，虽然不是真理由。

妈妈同意她不去幼儿园，她如释重负，拉着大姑，说："你的脸蛋真红，特别是我的毛衣，罩着你时更红。"

"罩"，当作"映"讲。冬冬的毛衣是红色的。

1989-2-28

藏起来，就是不想去

早上，从楼下传来大公鸡高亢的打鸣声。

冬冬："我们老家的公鸡一叫，人们都起床了。"

吃早饭。冬冬问："妈妈，现在几点了？"

妈妈："八点了。"

冬冬："要是八点我不去呢？"

妈妈一怔："不去？上哪儿？"

冬冬端着饭碗出去了，说："我不想上幼儿园。"

大姑楼上楼下地找了十多分钟，才在楼下田伯伯家的厨房里找到她。

看起来，是真不想去幼儿园呀！

"刚才、现在"

去幼儿园的路上，爸爸用自行车带着冬冬，上坡时使劲地左右晃动，冬冬也有意识地摇动身子，致使自行车车身摆动得很厉害。

爸爸："冬冬，是你摇的？"

冬冬："是你摇的！"

爸爸："看，你摇的。"

冬冬："刚才是你摇的，现在是我摇的。"

"明天、今天"

冬冬从幼儿园回来，妈妈问她今天哭了没有？

冬冬："妈妈，你明天看我的表现吧！今天早上我只哭了一点儿，不是在幼儿园，是在楼梯口。"

小二班在二楼。冬冬在上楼的楼梯口流泪了。

在去不去幼儿园的问题上，冬冬理智与情感纠结得好厉害！

"这个学期、下个学期"

幼儿园开始办业余兴趣班。

妈妈："冬冬，你准备上什么班？"

冬冬："这个学期我上舞蹈班，下个学期我上美术班。"

后来方知，舞蹈班不收小二班的，冬冬只得报了美术班。

"下个学期"的"下"，是个方位词，引申为表示次序或时间在后面的。第一次记录到冬冬这样使用"下"。

蜘蛛网

妈妈读一篇叫《天罗地网》的小故事，讲的是蜘蛛如何织网捕虫子。

冬冬："蜘蛛网怎么不粘蜘蛛呀？"

妈妈："是啊，为什么？妈妈也想知道！等你知道了，告诉妈妈好吗？"

有一幅图：大风把蜘蛛网吹向一边。

妈妈："大风可以吹倒大树，更能吹落蜘蛛网。"

冬冬："不对，不是风吹倒的，是雪下得太大了，把树压倒了。"

妈妈："在哪儿呀？"

冬冬："中文系门口。"

中文系门口，有棵大雪松被雪压倒了。其实，这是去年冬天的事。

1989-3-1

软硬兼施

冬冬起床，怯怯地对妈妈说："要是你今天把我留家里，明天我去幼儿园，不哭。"

妈妈笑而未答。

冬冬开始踩妈妈的脚，说："你要是让我去，我就踩你的脚。要是你不让我去，我就不踩你的脚。"

她千方百计，就是不愿意去幼儿园。

临出家门，冬冬情意浓浓地说："别人的妈妈身体都健康，就我的妈妈身体不健康。妈妈，你快点治好病吧！"

哎，宝贝儿，妈妈的眼睛湿润了……

1989-3-2

寻找妈妈话漏子

今天，爸爸和大姑都有课。

早上，妈妈督促冬冬快起床，说："快点儿，今天一家人都有事。"

冬冬："我敢肯定你不去上课！"

妈妈："为什么？"

冬冬："你的类风湿还没好，怎么上课呢？"

1989-3-3

屁股挨打，脑子傻了

开学后的这几天早上，每天都要为冬冬去幼儿园折腾一番。今天，爸爸真生气了，拿起鸡毛掸子，象征性地挥舞了几下，然后扔下鸡毛掸子，一句话不说就离开了。爸爸试图以此树立权威。

大姑送冬冬去幼儿园，冬冬说："我是给你们做游戏的，结果爸爸打了我。"

下午回到家，冬冬又说："爸爸打我的屁股，把我的脑子都打傻了。刚打的时候不疼，打了，疼得我直想大声哭。"

模仿武汉腔

冬冬模仿武汉话的腔调说："你看看像个苕样的。"

武汉话，"苕"指"红苕"，即"红薯"；"苕样的"，形容人"傻"。

很逼真的武汉腔！

看妈妈笑了，冬冬说："后半句听着蛮好玩吧，这声调！"

1989-3-4

大姑回来没有？

爸爸骑自行车接冬冬。

冬冬："大姑给我买了广柑没有？"

爸爸："骑车子去买了梨子。"

冬冬："回来了没有呀？"

爸爸："你猜猜？"

冬冬："回来了。"

爸爸："你怎么知道？"

冬冬："因为车子我们骑着的呀！"

有了一定的观察、分析和推理能力。

广柑与橘子

冬冬："老师给我们发三个水果，说是广柑，我剥开一看是橘子。妈妈，你看老师也会说这话，笑不笑人？"

北方人，把广柑和橘子看成同一种水果。只有南方人，才能分得清。

懂得"零"的意义

大姑："我给你买了三个梨子。"

冬冬："你吃了没有？"

大姑："你猜猜我吃了几个？"

冬冬查数，还有三个梨子，说："你吃个零。"

说"吃个零",很有幽默感！

种梨子的知识

冬冬吃梨子。取出梨子里面的核，说是要种到楼下的土地上。

她说："梨子籽种到地里，每天浇水，浇水，就可以长成大树，结出大梨子。真的，妈妈，这是老师说的。"

1989-3-5

与邻居拉家常

①楼下散步。

邻居李伯伯说："冬冬长高了。"

冬冬："我再长五年就长高了。我爸爸是我家最高的一个，我妈妈这么高就不长了。"

李伯伯故意逗她："你今天怎么不上幼儿园？"

冬冬反问："星期天，还上什么幼儿园？"

②晚上，到琳琳家玩。

琳琳妈妈："李冬多幸福，有姐姐和大姑陪着玩。"

冬冬："我大姑还不是每天上课，星期天才跟我玩一会儿；我姐姐每天去上班；我妈妈得类风湿每天躺在床上；我爸爸老坐在那写东西，还不是没人跟我玩儿！"

妈妈不如蜘蛛

四个月前，教给冬冬古诗《蜘蛛》，意在用"人而不勉，不如蜘蛛"来激励她。之后，冬冬曾在起床后吟诵"人而不勉，不如蜘蛛"。

今日，冬冬起床就说："人而不勉，不如蜘蛛。"接着又说："爸爸如蜘蛛，大姑、姐姐也如蜘蛛，我也如蜘蛛。妈妈整天躺在床上睡觉，就妈妈不如蜘蛛。"

背诵的诗句，逐渐活用于生活，死知识活用，就能发挥知识的力量。

妈妈："你说什么？你再说一遍？"

冬冬偷偷笑了，说："我小声说的，你怎么听见了呀？"

说人坏话，还怕人听见？

骂人话的轻重

冬冬刚走出门，随口骂了句："他妈的。"

妈妈："什么？"

冬冬："'妈的'，是骂人轻，还是骂人狠呀？"

妈妈："轻重都不能乱骂。"

冬冬："我说妈妈，我是跟你骂着玩的。"

1989-3-6

"这星期变样儿了"

冬冬陪妈妈在户外散步。

冬冬："妈妈，吴老师说我这星期变样儿了。"

妈妈"嗯"了一声，想听听老师都说冬冬哪些方面进步了。

冬冬："吴老师说，'站队不站队，学习不学习，学疯了'。'羊角风'的'疯'。"

妈妈："你为什么不站队？"

冬冬："我没玩够。"

水在口中，由多变少

妈妈在写东西。

冬冬："妈妈，你歇一会儿吧，写时间长太累了，你又该身上疼了。"

妈妈："谢谢宝宝！你在干吗呢？"

冬冬："妈妈，我喝口水，怎么开始好多，又慢慢少了？"

冬冬做示范，嚼一口水，在嘴巴里含一会儿，吐出来，然后又嚼了一口。

妈妈："你咽了吧。"

冬冬："我没有咽。"

妈妈："那你再感觉一下，水为何变少了？"

1989-3-7

"我跟你说个悄悄话"

冬冬喜欢吃红薯，说："我的红薯，珍贵得像宝石一样。"

妈妈："那好，往后让你多吃红薯！妈妈问你，你的衣服怎么弄脏的？"

冬冬："妈妈，我跟你说个悄悄话，我从石头上摔下去，也没哭，我勇敢不勇敢？"

1989-3-8

三八节的来历

三八妇女节，幼儿园女教师放半天假。午饭后，冬冬早早就被接回了家。

妈妈："冬冬，三八妇女节，怎么来的？"

冬冬："从前男女不平等。"

"脏乎乎"

妈妈告诉她："上午，陶希思来找你玩了！"

冬冬："我看见陶希思脏乎乎的，我就不想跟他玩了。他的鼻子抹到脸蛋上。"

用"他的鼻子抹到脸蛋上"，来描述小朋友的"脏乎乎"。

1989-3-9

恋家

昨天，冬冬从幼儿园回来得早，今天又存了不去幼儿园的念头。她可怜巴巴地说："妈妈，再留我在家一天吧，我求求你了。"

妈妈说她得寸进尺，坚决不同意。

冬冬又退了一步："睡午觉，把我接回来好不好？尹江就是中午接回家，下午就不去了。"

越长大越恋家，怎么办才好？

1989-3-10

"我跟妈妈睡习惯了"

冬冬对梅香姑姑说："我姐姐回家了，我大姑一个人在下面害怕。她让我和她一块儿睡。"

梅香："那你就跟你大姑睡呗！"

冬冬："我跟妈妈睡习惯了，我要走了，妈妈也会害怕的，对不对，妈妈？"

1989-3-11

捉弄不了她

路旁有一道深沟。爸爸推着自行车走，冬冬紧跟其后。

爸爸故意说："冬冬，下沟里走，沟里走着舒服。"

冬冬："不下。"

爸爸："快点，快点下去呀。"

冬冬："那你先下去呀！"

爸爸："好。"

冬冬："得推着自行车下去。"

爸爸："那不行。"

冬冬："那我也不行，把衣服搞脏了怎么办？"

冰糕、馓子

南方的 3 月，乍暖还寒。爸爸带冬冬上街买菜。冬冬站在卖冰糕的地方，坚决不离开，气得爸爸转身就走。冬冬追上爸爸，说不要冰糕了，要吃馓子。馓子是一种油炸食品。爸爸带她拐回去买馓子，馓子也卖光了。

爸爸："冬冬，今天你玩得高兴不高兴？"

冬冬："不高兴。"

爸爸："不高兴？为什么？"

冬冬："因为我提的意见——爸爸都同意了。"

她不高兴，来自于想买冰糕和馓子。两项"提议"，爸爸只同意了一个，但也未能如愿。"爸爸都同意了"，实则是正话反说。

爸爸最漂亮

晚上八点钟，一直和冬冬玩的覃覃，不愿跟她的爸爸一块儿回家。

覃叔叔："冬冬，让覃覃在这睡行不行？"

冬冬想了一下："等要睡着的时候，你再来接回去。覃发高叔叔，好不好呀？"

覃叔叔走后，冬冬拉着妈妈，附耳低声说："妈妈，我跟你说个悄悄话吧，我的爸爸最漂亮，别的男孩都不漂亮。"

1989-3-12

与电器有关的问话

①冬冬指着电扇问："电扇为什么不转呀？"

妈妈："天冷，不能开电扇。没打开开关，当然不会转！"

②睡觉时，拉灭了电灯。

冬冬又问："电灯为什么不亮呀？"

眼睛和鼻子

冬冬："爸爸，眼睛为什么老长在一个地方呀？"

爸爸："那你先说说，你的眼睛为什么老长在一个地方？"

冬冬："因为它是长的，是在肉里包着的，长到别的地方，就成了怪物了。"

爸爸："嗯，有点道理！你还想问什么？"

冬冬："爸爸，你的鼻子为什么不会动呀？"

爸爸："……！"

"点名将"之趣

每到晚上睡觉时，总要上演一场让谁搂着睡觉的小闹剧。今晚，她采取"点名将"的方式，决定她跟爸爸还是妈妈睡一个被窝儿。

冬冬点爸爸和妈妈的将，说："点，点名将，点到谁了，就是谁。"

她说到"就"字时，手指到了爸爸；紧接其后的"是"字，应是妈妈了；此时，她立即意识到，最后那个"谁"字会落在爸爸身上，得让爸爸搂着睡觉。就大叫一声："不好了。"

大家都笑起来。看来，她的所谓公允的"点名将"，其实是有倾向性的。

冬冬从头再来，顺序同第一次。

到了"就"字，手又指向了爸爸。冬冬又大叫："糟了！"

她只能预测三位数之内。却不知，最后落在谁身上，跟最初从谁点起相关联。

1989-3-13

惹不下的哭

大姑在七号楼上课。课间休息，大姑从幼儿园的围墙旁走过。看见冬冬正同一个小朋友争夺铃鼓，忍不住叫了一声"冬冬！"

冬冬看见大姑，大哭，非要跟大姑一起回家。老师听见哭声，挥手让大姑走开，拉着冬冬留下。

下午，老师告诉接冬冬的爸爸，说冬冬哭得非常厉害，哭了很长时间。

冬冬对爸爸说："我想回家，陈老师[1]不带我回来；吴老师下班，又让我上吴老师家。"

爸爸："你去了吗？"

冬冬："没有。"

老师们竟然要带她回家？看起来，哭得是够厉害的了！

1989-3-14

描写笑的程度

冬冬对大姑讲幼儿园发生的事。

她连说带笑地叙述："××把我们笑得出不来气，笑得直不起腰。"

1989-3-15

小孩听大人的

小玉从老家来武汉。冬冬只要提出要求，小玉没有不答应的。

---

[1] 住在西一村的一位老师。

于是，冬冬产生了疑问，说："小玉姐姐，怎么这么听我的话呀？我是大人，她是小孩吧？"

称谓与个头

大姑和小玉，并排站在电视报栏前看报纸。

冬冬："妈妈，大姑应该喊小玉姐姐姐姐吧？"

妈妈："为什么？"

冬冬："小玉姐姐比大姑大。"

妈妈："小玉比大姑大？"

冬冬："你看看，小玉姐姐站起来比大姑高。"

给故事续个结尾

（4 岁 3 个月　1989-3-16—1989-4-15）

水粉画：荷花（1988 年 10 月）

1989-3-16

不去幼儿园的口实

去幼儿园。爸爸督促冬冬："快点，我们全家都走。"

冬冬："妈妈呢？"

爸爸："妈妈也走。"

冬冬："妈妈不走！在家里，我就在家里陪妈妈玩。"

爸爸："妈妈先去医院治病，再去中文系开会。"

冬冬："你是个骗人的小骗子。"

大姑："谁呀？你说谁是骗子呀！"

冬冬："爸爸。他说妈妈去上班。妈妈的病还没有完全好，怎么去上班呢？"

"喜欢自由"

冬冬："我们幼儿园不让自由，我喜欢自由。"

妈妈："幼儿园有自己的规矩，都自由了，怎么行？"

冬冬："我弄不明白，幼儿园为什么不让自由？"

上课，不自由；在家，才自由。

暖小鸡

大姑把嚼干净的泡泡糖，塞到冬冬耳朵里"暖小鸡"。这是农村的一个游戏变种：把刚剥出的杏仁，放耳朵眼里，据说可以暖出小鸡仔。

冬冬觉得耳朵里不舒服，便往外抠泡泡糖。抠出来的泡泡糖，粘在了头发上。大姑见状，忙去捋去拽，把冬冬给拽疼了，哭起来。

事后，大姑主动示好："冬冬，我睡到你这儿，行不行？"

冬冬："我才不让你睡哩！"

大姑："那我睡哪儿呀？"

冬冬："我要你睡到家家的鸡窝里，屙你一身鸡屁屁。"

1989-3-17

才不上当呢

早上，冬冬不想起床。大姑骗她："快点，快点，要不小玉姐姐就走了。"

冬冬："我要她住十天。"

大姑："已经十天了。"

冬冬："没有十天，只有八天。"

大姑："八天也走了，我刚把她送到火车站。你看，我身上淋得湿淋淋的。"

冬冬："你瞎胡扯。"

大姑："怎么了？"

冬冬："你身上没有雨。"

大姑："还有呢？"

冬冬："我刚才还看见小玉姐姐。要是在火车站，我在这怎么能看得见呢？"

小蝌蚪的故事

冬冬："妈妈，下午你带我散步，到池塘边，有小蝌蚪，我们用盆子舀回来，拿幼儿园给小朋友们看，好不好？"

妈妈："可以。"

冬冬："我们吴老师洗衣裳，看见许多小蝌蚪，就叫小哥哥留了好多，又倒出去了些，太多了。"

妈妈："谁说的？"

冬冬："吴老师。"

1989-3-18

什么情况下，可以用"苕样的"？

冬冬："'你是个苕样的'，是什么意思呀？"

妈妈："意思是说，你像个傻瓜！"

冬冬："××的爸爸就是个'苕样'吧？"

妈妈："不能瞎胡说。对做了傻事的人，才能这样说他。"

冬冬："有的小朋友迟到了，还认为没迟到，就可以说了吧？"

妈妈："那也不行。小朋友会生气的。"

冬冬："可以在心里说，对不对呀？"

妈妈语塞了，不知该如何解释。妈妈不愿让孩子伤害他人自尊，也不愿孩子表里不一。"在心里说"，失之于油滑世故。

1989-3-19

近日常说的几句粗话

① "小心你的臭嘴巴！"

② "少跟我来这一套！"

③ "少跟我啰唆！"

④ "少跟我说废话！"

说粗话，也是语言技能之一，但要注意礼貌教育。

再问骂人话的轻重

大姑摸了一下沙发上的饼干。冬冬忙护着饼干，大叫："大姑，你破坏我的食物了。"

"破坏"，大词小用了。

大姑故意吼道："住口！"

冬冬："'住口！'是骂得轻吧？'婊子养的'，是骂人狠吧？"

"婊子养的"是骂人话，但也近乎武汉人的口头禅。

1989-3-20

关门不关门，都不去幼儿园

冬冬夜里咳得非常厉害。早上，妈妈督促她起床。

冬冬："妈妈，起床了以后干什么呢？"

妈妈故意说："上幼儿园啊！"

冬冬："你不是说我病得很厉害吗？"

睡梦中听到的对话，也能记得清清楚楚！全家人忍不住笑起来！

早饭后，爸爸带她去医院打针，路经图书馆。

去幼儿园和医院，都要经过图书馆。爸爸故意说："走快点，要不幼儿园关门了。"

冬冬："管它关门不关门干什么？"

爸爸："为什么不管？"

冬冬："关门不上幼儿园，不关门也不上幼儿园。"

这会儿的态度，倒很坦然了。

鸡蛋孵小鸡

冬冬和妈妈逗趣。

冬冬："妈妈，你是一个老虎蛋儿。"

妈妈："老虎是胚胎动物。生下来，就是小老虎。妈妈是老虎，不是老虎蛋。"

冬冬："那鸡蛋怎么可以孵出小鸡呀？"

妈妈："鸡是生了蛋，再把蛋孵出的小鸡。"

冬冬："那动物中，为什么有各种各样变法呀？"

无法解释。就是解释了，她也听不懂。

观察与模仿

①冬冬边摇动铃鼓，边对大姑说："老师和小朋友摇的不一样。老师是摇一下，停停再摇；小朋友们是这样的。"

冬冬模仿老师的动作：平摇一下，举起来甩动两下，停一下，再垂下来摇动一下。模仿小朋友的动作：一只手拿铃鼓，另一只手有节奏地、不停地拍。

大姑："你怎么知道的？"

冬冬："我看到的。"

②爸爸从口袋里掏出钥匙，晃动几下，发出"哗哗啦啦"响声，以此暗示冬冬，他要用钥匙开车锁。

爸爸做了两次后，刚把手伸进口袋里，冬冬也摸一下口袋，也做拿钥匙并晃动的动作。其神情动作模仿得惟妙惟肖，令人忍俊不禁。

1989-3-21

"正好"

母女俩去花园的喷水池旁玩。

冬冬："东西扔到水里，水就变臭了，对不对？"

妈妈："谁告诉你的？"

冬冬："我记不起来了。这里的水也不香，也不臭，妈妈闻着正好。"

妈妈："对，不香不臭！"

冬冬的生活常识，逐渐多起来了。

言不由衷

冬冬："妈妈，你从前犯了许多错误吧？"

妈妈一愣："妈妈什么时间犯过错误？"

冬冬："一次睡觉的时候，你把我从幼儿园接回来；一次吃饭的时候，你把我接回来。"

妈妈："你认为妈妈接你回来，是错的？"

冬冬："是的。"

冬冬很想中午就从幼儿园回家。但她的理智告诉她，这样做是错误的。

"谁听我的话，我就喜欢谁"

冬冬："大姑，我从前蛮烦你。"

大姑："你为什么烦我？"

冬冬："我也不知道。"

大姑："是我伺候你，伺候得太多了？"

冬冬："不是的，谁听我的话，我就喜欢谁。"

言外之意是，大姑过去不听她的话。

"脑袋里装的都是骂人话"

冬冬："妈妈，我脑袋里装的都是骂人话。"

妈妈："都是骂人话？为什么？骂人好不好？"

冬冬："不好。"

妈妈："那你为什么要学？"

冬冬："我没有学，不知怎么就会了。"

妈妈笑了："你都学会哪些骂人话？"

冬冬："妈的，婊子养的，妈哩 ×[1]，小鳖娃儿。"

妈妈："骂人话很多。会了也没关系，只要不用它骂人就行。"

孩子一天天长大了，生活面广了，接触人多了，不管愿不愿意听，不管有意无意，形形色色的话语都跑进了耳朵里。骂人话有刺激性，更易被孩子记下来。此时，更要注意孩子的语言行为了。

看电视，问话语

①看《恐龙特急克塞号》。

冬冬问："'克塞前来拜访'是什么意思呀？'拜访'，是不是'找你比比武'的意思呀？"

②看《非凡公主茜茜》。

冬冬："'请给我力量吧'是什么意思呀？"

③《新闻联播》："在这种情况下……"

冬冬问："'情况'？什么是'情况'呀？"

1989-3-22

"全世界"

冬冬："我们做娃娃家家的游戏吧，那要好多好多的人。"

妈妈："好多好多人，是多少人？"

冬冬："全世界。十个人就可以了。"

对于数量，还是缺乏基本的估计。"十个人""好多好多的人"与"全世界"，人数差别太大了。

---

[1] 河南的骂人话。

幼儿园里的事

妈妈："今天王阿姨说，覃覃抓了李勉。在李勉脸上抓了很长一道血痕。"

冬冬："李勉真可怜！覃覃好狠呀！熊楠特别狠，覃覃只有一点点狠。熊楠狠我，我也狠熊楠。"

妈妈："熊楠跟你玩吗？"

冬冬："她只跟我玩半截。我做错了一个，她就不跟我玩了。"

妈妈："做错了一个什么？"

冬冬："游戏呀！"

妈妈："闵婕呢？"

冬冬："她不跟我玩。"

妈妈："为什么？"

冬冬："她要用我的花手绢给我打扮，我不让用，她就不跟我玩。"

妈妈："为什么不让她用？"

冬冬："她把手绢捋得老长，捋得老长，就不能叠东西了。"

妈妈："尹江呢？跟不跟你玩。"

冬冬："尹江也不跟我玩。"

妈妈进一步证实："周尅呢？"

冬冬："他今天没有来。"

妈妈："从今往后，你把幼儿园每天发生的事，都告诉我们，好不好？"

冬冬："告诉你们又有什么用呢？"

妈妈："当然有用了。"

冬冬："你们去问她们？"

妈妈："不会去问的！我们知道了情况，会给你出出主意，想想办法，玩得更快乐一些，对不对？"

这么丁点儿大的孩子，应该无忧无虑的，天不怕地不怕的才对！我们的小冬冬，太敏感了点儿！

谁的知识多

冬冬：“妈妈，幼儿园的老师和家长，谁知道得最多？”

妈妈：“老师和家长的知识？嗯，都多。”

冬冬：“只说一个，最多的。”

妈妈：“老师。所有的老师！”

冬冬：“是从幼儿园一直上到大学吧？”

妈妈：“对。”

冬冬：“那大姑说，你们没有上过幼儿园？”

妈妈：“是啊，我们是没有上过幼儿园。”

冬冬：“那我的知识就比你的多！”

妈妈：“那可不一定。”

冬冬：“你们没有上过幼儿园呀？”

妈妈顿悟，冬冬是拿同样的年龄，上与不上幼儿园的人，谁学知识的多少来做比较的。

“我最亲妈妈一个”

昨晚冬冬和大姑睡，今晚又要和大姑一起睡。

爸爸：“冬冬，你不跟妈妈睡，妈妈好伤心呀！”

一句话，说动了冬冬，她抱着衣服，跑到妈妈卧室里。

冬冬：“妈妈，我想你了。”

妈妈：“想我了？是因为爸爸说妈妈伤心了吧？”

冬冬：“是的，我感动了。我最亲妈妈一个。”

妈妈：“爸爸跟你说着玩的，妈妈没有伤心。”

冬冬：“你不要这样说着玩，这样说着玩，我心里不好受。”

大人只能亲孩子

爸爸："冬冬，爸爸亲谁？"

冬冬："亲我。"

爸爸："爸爸能不能亲妈妈？"

冬冬："咦？亲妈妈？大人还亲大人呀？自己亲自己人，人家会笑的。"

她看到的，都是大人亲孩子。大人亲大人，是个很可笑的事。

1989-3-23

理智起的作用

冬冬起床后，说："妈妈，我今天还去幼儿园！"

妈妈："好哇，去幼儿园的孩子是好孩子。"

冬冬："今后我生病了，上医院看了病，再把我送到幼儿园。幼儿园多好玩，一天出去玩好几次。在家没意思。"

冬冬，是在用这些语言，坚定自己上幼儿园的信心！

与爸爸辩理

出发前，冬冬提出："爸爸，我今天拿点花生。"

爸爸："不行，幼儿园不让乱扔皮子。"

冬冬："我到外面玩时吃，扔在草地上。"

爸爸指外面："今天下雨了，不可能上外面玩了。"

冬冬："有个垃圾，我放到放垃圾的地方！"

1989-3-24

"我这话，说得太过分了吧"

妈妈："冬冬，妈妈这几天身上疼得轻了，病快好了。"

冬冬："你从前老喊'疼呀，疼呀'。"

妈妈："是啊。"

冬冬："那是假的。"

妈妈："妈妈怎么会装病？"

冬冬笑了："我这话，说得太过分了吧？"

这说的简直就是大人的话。

妈妈也笑了："说妈妈装病，是太过分了！"

女孩儿，应笑得斯文

冬冬问："妈妈，我弄不清楚，我们吴老师是女孩儿还是男孩儿？我们小朋友们都弄不清楚！"

妈妈："又开始瞎扯了，真不知道吴老师是男孩儿还是女孩儿？"

冬冬："真的，她笑的时候，嘎嘎嘎嘎，一点也不像个女孩儿。"

爸妈没听懂的话

①前天，她说武汉话"假[mA]的"，妈妈听不懂。

②爸爸："冬冬，快喝止咳糖浆！"

冬冬："快睡觉了，我不吃东西，要不又该吃牙了。"

爸爸不懂什么是"吃牙"，也许说的是夜里"磨牙"吧。

5

1989-3-25

"好几次"

冬冬："妈妈，你老说'胆大包天'。"

妈妈："我没说呀！"

冬冬："你从前说的，说过好几次。"

"嫌"

今天，小玉送冬冬去幼儿园，感叹说："幼儿园咋恁些老师呀！"

冬冬："你嫌我们幼儿园的老师多，我嫌我们幼儿园的老师少。"

"德国人还来中国呀？"

冬冬从幼儿园回来，不见爸爸，便问："我爸爸呢？"

妈妈："爸爸去中文系接待一个德国人。"

冬冬惊讶地："哟，德国人还来中国呀？"

1989-3-26

婆婆告冬冬的状

冬冬在楼下玩水龙头的水，婆婆再三阻止。她听而不闻，继续玩自己的。爸爸下班回来，婆婆拦在楼门口告了冬冬的状。

爸爸跟妈妈学说："刚才婆婆说，冬冬'用头顶了她'。"

冬冬说："她说谎，我没有用头顶她。"

当时在现场的田伯伯说，冬冬没用头顶婆婆。婆婆说冬冬"她头扭着哼哼的"。婆婆说地道的武汉话，由于语言障碍，让爸爸误听了。

变着法子玩，是孩子的天性。父母没因此事批评冬冬。

1989-3-27

"你干吗呀你？"

大姑摸了一下冬冬的脊背。

冬冬像被蝎子蜇了一样，猛地扭动一下身子，问："你干吗呀你？"

大姑笑："能干吗？亲亲你呗！"

正确的"坏主意"

妈妈："冬冬，中午睡午觉时，不要脱棉裤，免得感冒！"

冬冬："老师要脱怎么办？"

妈妈："你可以说，容易感冒，我不脱。"

冬冬："我想了一个坏主意，小孩儿要听老师的，也要听家长的。"

妈妈："你就说是妈妈交代的。"

好心，坏心

冬冬："××咬我的手指头，我哭了。"

大姑："那她咬你，你呢？"

冬冬："好心是好人，坏心是坏人。"

冬冬不回答大姑的问话，而用好心好人，坏心坏人作答。

1989-3-28

"我实际上不喜欢你"

天还冷，冬冬要穿裙子。大姑只得在冬冬的棉衣外面，罩了件毛线裙，说："难看死了，腰恁粗，屁股恁大。"

大姑话说得难听，冬冬心情却大好，问："大姑，你感觉我的屁股太大了，是吗？"

妈妈赶快打圆场，说："大姑说着玩的，赶快走吧！"

冬冬俏皮地一笑："妈妈，我实际上不喜欢你！"

在意老师的回应

冬冬："那天老师给我系鞋带，我说'谢谢你'，老师没有吭气。"

大姑说，老师没吭气，是不想说话，实际上她心里很高兴。

冬冬："她不吭气，心里边高兴，那怎么回事呀？"

妈妈："小朋友懂礼貌，老师能不高兴吗？不管她吭声不吭声，别人帮了你，都应该说声'谢谢'。"

1989-3-29

"有时……"

母女俩在楼下散步。有几只小麻雀在刚发芽的树枝上，蹦来跳去，叽叽喳喳地叫。

妈妈："冬冬，麻雀为什么喜欢落在树枝上？"

冬冬："因为它是飞的动物。有时落在树上，有时落在房顶上，有时落在地下。落在树上往下看我们。"

冬冬过去多用"有时候"做排比句，这次用了三个"有时……"，来描述麻雀的习性。平时的观察，有了收获。

"本来人就是人，干吗还要怕人"

冬冬叙述幼儿园的事情，说："妈妈，你最好别去抢红椅子。"

妈妈："为什么？"

冬冬："把椅子弄得很乱。"

妈妈："有人抢吗？"

冬冬："没有。××总是说'下午让我坐好不好'。"

妈妈："你们班，只有一把红椅子吗？"

冬冬："有许多许多，那么多，一个人拿一个不就行了，非要我的坐，干吗呀，你说对不对，妈妈？"

"我的"，指冬冬自己经常坐的那把红椅子。

大姑："往后不要怕××，她没有什么可怕的。"

冬冬："本来人就是人，干吗还要怕人呀，对吧？"

1989-3-30

"白一片黑一片的"

妈妈送冬冬去幼儿园，下起了淅淅沥沥的小雨。

冬冬："天下雨了，怎么办？"

妈妈："下雨怕什么？"

冬冬："我知道，妈妈是不能蹚水的。"

妈妈："没关系，雨下不大。"

冬冬指指水泥路，又指树荫下，说："妈妈你看，地下白一片黑一片的，不一样。"

家里有几瓶花？

桂子山的春天最美：漫山遍野的小野花，肆意怒放。大姑采一大束野花，插到玻璃瓶里，整个房间散发出淡淡的清香。

冬冬编个花环，一个劲儿地往爸爸头上戴，说："总是不好看哎，你插上，你插上总是不好看哎！"

"插"，是"戴"的意思。

爸爸让冬冬查查，现在家里共有几瓶插花。

冬冬："爸爸，我们这屋里有三瓶花，你们那屋有一瓶花，对不对？"

爸爸："不对，这屋里只有两瓶花。"

冬冬："对，两瓶花加一瓶塑料花，不就是三瓶了吗？要加上那屋的花，不就是四瓶了吗？"

爸爸只算了采摘的鲜花，却忽略了冰箱上的塑料花。

"从前、奇怪"

在幼儿园里。

大姑："你们的萧老师，喊你李纤儿，怪好玩的。"

冬冬："但是，她每天下午都批评我。"

大姑："不会吧，现在还受批评？"

"从前。"冬冬接着说，"吴老师说，趴着睡觉，会得心脏病的。"

"从前"，指的是在小四班时。她没把过去与现在分清楚。

大姑："是吗？咱不趴着睡觉。快穿上鞋袜，咱出去玩去！"

冬冬找不到袜子，叫道："奇怪，真是奇怪呀！"

1989-3-31

大山和大河

爸爸："请问，我国第一座大山是什么山？"

冬冬："喜马拉雅那个山。"

爸爸："第一条大河呢？"

冬冬："黄河。"

爸爸："还有——"

冬冬："长江。"

1989-4-1

"大人说话就是玩，小孩疯着就是玩"

冬冬跟小玉疯闹起来没完没了。爸爸阻止无效，扬起巴掌，做出一个要打她的架势。

冬冬脸一扬，说："要打？没门。"

爸爸："爸爸没想打你！别疯了，好不好？"

冬冬："大人说话就是玩，小孩疯着就是玩。这怎么回事呀？"

破房子，像监狱

爸爸要看冬冬画了什么。

冬冬："还不是小破房子，像监狱一样。"

爸爸："你又没见过监狱！"

冬冬："见过，在电视上。门不是铁的，像我们的门一样。"

1989-4-2

蜗牛在何处"蠕动"

冬冬捉到一只活蜗牛，放茶几上，观察它把头伸出来，又缩回去。

冬冬："听说它的肉可以吃？"

妈妈："这个太小了，不能吃。"

冬冬："长这么大，这么大，才可以吃吧？在水里才可以蠕动吧？"

妈妈："在陆地上也可以蠕动。"

冬冬："为什么呢？"

这个问题，超出了妈妈的知识范围。妈妈只好说："妈妈也不知道。咱们从书中找找答案！"

"一个人"与"全家"

冬冬扒着玩具柜，说："好像我们这里边有个好玩的东西。"

妈妈："当然有好玩的。冬冬，妈妈问你个问题，你为什么不愿意跟×××玩？"

冬冬："因为×××臊，所以他爸爸妈妈也应该臊。"

她被自己的话，给逗乐了，说："呀，一个人臊，他全家都臊！"

"左"与"右"

下午，小玉带冬冬去南湖食堂看姐姐，迷了路。

回来后，冬冬自嘲道："我也忘记路了。"

妈妈："上坡后再下去，就是体育系了。"

冬冬："是往右拐，还是往左拐呀？"

小玉笑说，冬冬在南湖食堂摔了五个跟头。

冬冬不满意："你笑什么呀笑？"

小玉："笑你摔跤。"

冬冬："摔跤有什么好笑的？"

"要是……的话"

①吃鱼。

冬冬对大姑说："要是没刺的话，你就给人家；要是有刺的话，你就挑挑。"

"人家"就是她自己。

②中午，依然不想睡午觉。

冬冬："要是你们没时间领我玩的话，就把我放到外面一个人玩。"

"我的条件"

妈妈："冬冬，过来洗一洗。"

冬冬："那我有一个条件！"

妈妈："什么条件？"

冬冬："化妆。你同意我的条件，我就洗，你不同意我的条件，我就不洗。"

"娃娃头"

小玉说，冬冬的头发太长了，该剪头发了。

冬冬："姐姐，你不要剪娃娃头，娃娃头才难看。"

冬冬竟然知道"娃娃头"的发型。

小玉："你是娃娃，就应该剪娃娃头。"

冬冬："我现在才不是娃娃呢，我长大了一点儿。"

小玉："长大一点儿，还是小孩呀？"

冬冬："但是，我长大了一点呀！"

1989-4-3

爸爸说我俩坏话

从幼儿园出来，冬冬邀请小二来家，小二也要跟着冬冬走。爸爸带着两个孩子，高高兴兴回到家里。

爸爸对妈妈说："周老师要带小二回家，小二一直叫'打死爸爸，打死爸爸'，小二和李冬一样儿样儿地厉害。"

冬冬笑了，说："爸爸说小二我俩坏话，干什么？"

1989-4-4

"弟弟是男孩儿"

盒子里装着不少小银片片，是缀在衣服上做装饰用的。覃覃从盒子里不停地抓出来，放在自己跟前。

冬冬："她就这样拿一把、拿一把的，根本弄不完。"

覃覃用手捂着银片，不让冬冬碰一下，叫道："我是弟弟！"

冬冬笑了："你是弟弟，弟弟是男孩儿。"

覃覃急哭了："她说我是男孩儿！"

"把它变个样子"

冬冬画一朵小花。

大姑："老师不是这样教的吧？"

冬冬："但是我想个办法，把它变个样子。"

1989-4-5

蚕豆花

水沟旁，有一大片盛开着蓝花花的蚕豆。

冬冬："妈妈，那是什么花呀？"

妈妈："蚕豆。"

冬冬："多像蝴蝶呀！"

"我们说'可怜'，她们说'造孽'"

马奶奶问妈妈，病好了没有，感叹说："造孽呀！"

冬冬："妈妈，我们说'可怜'，她们说'造孽'。"

她对语言，保持着高度的敏感。

妈妈："是啊，武汉话和普通话说法不同。不过，妈妈没什么好可怜的。"

冬冬："我觉得妈妈好可怜！"

给故事续个结尾

晚上，冬冬睡不着觉，要大姑讲故事。大姑讲河南民间的故事《聚宝盆》和《王小打柴》。

《聚宝盆》的故事：

县太爷很贪婪，掠夺一个聚宝盆。放进去一个物件，可以拉出无数个同样的东西。县太爷的老爹高兴得昏了头，一屁股跌坐在聚宝盆里。县官拉出一个老爹，又有一个老爹……三间房子都挤满了老爹。县太爷很发愁，怎么处置这么多老头儿呢？

冬冬说："我想个办法吧，谁家的爸爸死了，去要一个，不就行了吗？"

她构思的结局太有趣了：普天下，什么都可以去"要一个"，唯独老爹，是最最不能瞎要的。

《王小打柴》的故事：

王小很穷，很勤劳，以打柴为生。一条大蛇心生羡慕之情，变成了美丽勤劳的姑娘，为王小做饭洗衣织布，后来结成了夫妻，过着幸福美满的生活。县太爷心生嫉妒，派了很多衙役，把大蛇姑娘赶走了。

冬冬说："那个大蛇怎么变成个姑娘？不变成大蛇，吓死那个什么爷呀！"

她的这个结尾，似乎更合乎善有善报、恶有恶报的理念。

能够给故事续上一个结尾，需要理解故事的内容，也需要一定的社会经验。

1989-4-6

买冰棒的理由

冬冬要大姑买冰棒，说："我在幼儿园说了，不让我玩，就得给我买冰激凌。让我玩，就不买冰激凌。不给买冰激凌就买冰棒。"

大姑说，今天不能买冰棒。因为小朋友们做游戏时，冬冬表现不积极。小朋友比赛跑步，冬冬没有喊"加油"。

冬冬说："不开始，我不给他加油；开始了，我也不想给他们加油。他们想玩，我还不是想玩！"

什么是"背时"

冬冬说，班上一个小朋友的头碰破了，接着便问："是不是自己把头搞破了，该他自己背时呀。'背时'是什么呀？"

妈妈答："'背时'就是倒霉。"

幼儿园的规矩

冬冬："妈妈，是不是做了错事，就自己站到台子上呀！"

妈妈："是老师要求的吗？"

冬冬："老师不喜欢怪调怪腔地乱叫。"

1989-4-7

"涎水"

冬冬："妈妈，口里流出来的水，是不是都叫'涎水'呀？"

不让周尅叫他人

周尅和冬冬一块儿从幼儿园回来。

路上，周尅看见××，就喊了一声。

冬冬说："别吭声。"

周尅不再吭声。

冬冬郑重地说："你要是想给我玩，你就别喊××；你要是不想给我玩，你就喊××。"

1989-4-8

汽水和冰糕，都要

父母决定为冬冬买台小的电子游戏机。上午，母女俩去马房山的小商店查看，逛到十一点多，实在累极了。

冬冬说："我又渴又饿，怎么办呢？"

妈妈："别'怎么办'了。直接说吧，你想吃点什么？"

冬冬："什么东西能止渴呢？"

说话知道拐弯抹角了。

妈妈："你说！"

冬冬："汽水，冰糕。"

妈妈："可以。但只能要其中一样。"

冬冬："喝汽水。"

妈妈："要软装还是瓶装的？"

冬冬："哪一样最多呢？"

她把软包装和瓶装做了目测比较，选定瓶装的。

冬冬喝完汽水："我还饿怎么办呢？"

妈妈："吃蛋糕。"

冬冬："不行，我要吃冰糕！"

妈妈："冰糕不治饿。"

冬冬指着路上吃冰糕的人，说："全世界各国的人都吃冰棒，只有中国人一半吃冰棒，一半不吃冰棒。"

就这点事，竟然还扯到"全世界各国"去了。

1989-4-9

家人，都在做什么

爸爸妈妈都在书房工作。

冬冬无精打采地说："妈妈，一个人在家，又有什么意思呢？"

妈妈："人呢？家里不只一个人吧？"

冬冬："有的看电视，有的上外面，有的睡觉，有的写工作。"

是的，小玉在卧室看电视，大姑在外面上课，姐姐上夜班，下班后在楼下睡觉，爸爸妈妈在书房写作。真的没有人跟她玩。

不会，你"编"一个！

中文系学生小夏，带冬冬去她的宿舍，吃过午饭才回来。两人约定，回到家背诗词。冬冬用"点名将"的方式，点着谁，谁背诵。可每次，她点的都是她自己。

冬冬："妈妈，怎样点儿，才能让阿姨背诗呢？"

妈妈："试试，先从你自己开始点。"

果不其然，这下点中了夏阿姨。

阿姨："我不会，你教我。"

冬冬："你想一想，你小时候背的？"

阿姨："我忘了。"

冬冬："你自己编一个。"

阿姨："不会编。"

冬冬："我小时候还不是不会？"

冬冬多次点到小夏，小夏都说不会，冬冬每次都让她"编"一个。

所谓的"编"，就是文学创作。

1989-4-10

电子游戏机

爸爸用 45 元，将近一个月的工资，买回一台小型的电子游戏机。

冬冬把游戏机往旁边一扔，说："电子游戏机有什么好玩的，一点意思也没有。"

小家伙，还真不识货！

关心姐姐

姐姐带回来两瓶酸奶。

冬冬："姐姐，你在食堂里挺黑的。啊，你每天都去上班呀？"

她意思是说，姐姐下班晚，回来时天挺黑的。

姐姐又掏出两袋话梅，说："天黑，没关系！给，话梅！"

冬冬："可以不可以，把话梅装到无花果袋子里呀？"

姐姐："当然可以！"

1989-4-11

拧断了克塞的腿

晚上，冬冬不停地摆弄克塞。克塞是一种人形塑料玩具，很快被拧断了一条大腿："我把克塞拿到幼儿园去玩！不说是拧断的，就说和胖子打仗打断的。"

妈妈："玩玩具，悠着点！使这大的劲，不断才怪呢。"

冬冬："妈妈，你是一个很老很老的老太婆，像楼下的婆婆一样老！"

大概是不太喜欢妈妈的唠叨。

1989-4-12

吓唬爸爸

夜已深，冬冬跑去书房，拉着正在工作的爸爸，说："要不然，那屋就没有位置了。人都要睡的呀！你一个人在这，被大灰狼吃掉了怎么办？对不对，爸爸，大灰狼把你吃了，半夜了，怎么办？"

爸爸不理她，伸手拿三角板画线，只管干自己的。

冬冬："这是干吗的呀？爸爸。"

1989-4-13

解词："大屁虫"

冬冬自语道："大屁虫？'大屁虫'就是'好放大屁的虫'。"

什么是"癌症"

看电视。有人患了癌症。

冬冬："癌症，什么叫癌症呀？癌症蛮厉害的？！"

不想要弟弟妹妹了

曾有一段时间，冬冬不断地吵着闹着，想要个弟弟妹妹，甚至是想要各种颜色的弟弟妹妹。最近，她又极怕爸爸妈妈再生一个孩子，削弱了她的家庭地位。

夜里九点多，冬冬要去周尅家玩。

妈妈无奈地说："都这个点了，你还要去，是不是？好吧，你去了，就别再回来，爸爸妈妈再——"

冬冬急忙问："妈妈，你要不要生呀？"

1989-4-14

擦嘴巴

冬冬吃稀米饭，嘴巴周围粘了不少米粒。

"来，擦擦嘴。"妈妈用毛巾给她擦过嘴巴，又顺手擦了擦脸蛋。

冬冬："哎，擦嘴巴，擦这么大一块儿呀？"

"半夜放鞭，很讲文明"

冬冬在家里发现一颗炮仗，现在就要出去放了。已是深夜，大人不同意。

冬冬："提问，为什么夜里不能放炮呀？"

大姑："回答，炮太响，会把别人吓醒的。"

冬冬故意说反话："我说，半夜放鞭，很讲文明。"

没人说，深夜放炮和"文明"的关系，但冬冬知道，影响他人休息，是不讲"文明"的作为。

1989-4-15

"我一切都知道"

明天是星期天，中文系组织教职员工去动物园春游。爸爸有事，不能带冬冬参加。冬冬缠着爸爸玩。爸爸埋头工作，没理她。

冬冬生气了，说："大声说话，他也听不见，小声说话，他也听不见，那他就是个聋子了。"

妈妈说，冬冬，你别撩爸爸了。爸爸因为不能带你去动物园，正心烦着呢。

冬冬："星期天又有什么事呢？姐姐星期天有事，爸爸星期天有事，其余的都没事。"

"其余"是个指示代词，表示"剩下的"。第一次记录到冬冬使用这个词。

妈妈："其余的，就是大姑和妈妈了。妈妈没事，但没有带你去春游的能力！"

冬冬："我要是妈妈就好了。"

妈妈："为什么？"

冬冬："那谁都得听我的话！"

妈妈："你以为，妈妈是好当的？比方说，孩子病了不舒服，夜里闹人，妈妈也整夜不能睡。又喂水又喂药，孩子什么时候退烧了，妈妈才能睡一会儿……"

冬冬："妈妈，你别说了，我一切都知道！"

她很理解妈妈的不易！

不让爸爸吃冰糕的理由

爸爸给冬冬买了冰糕。

妈妈："天还不热。吃冰糕的人，都有点傻。"

冬冬："爸爸给我买的冰糕，我又有什么办法呢？"

爸爸："既然爸爸买的，就让爸爸尝一点。"

冬冬："爸爸，你别吃，蛮凉的。"

爸爸："没关系。"

冬冬："你吃了会感冒的。"

爸爸："我不怕。"

冬冬："你病了，谁去幼儿园接我呀？"

自己要吃冰糕，有无数的理由；不让爸爸吃冰糕，也有一大堆理由！

长大当医生，给妈妈治病

（4 岁 4 个月　1989-4-16—1989-5-15）

鸭子游泳（1988 年 10 月）

1989-4-16

"虽然……，但是……"

早上，冬冬一骨碌爬起来。

妈妈："干吗？你不瞌睡了？"

冬冬："虽然我瞌睡，但是我也要去春游呀！"

妈妈："今天不春游。妈妈和大姑带你去桂竹园，可以吗？"

冬冬："我妈妈也蛮那个的，蛮能干。"

急于表扬妈妈，先说"蛮那个的"，再找出一个合适的说法"蛮能干"。

1989-4-17

可怜老太儿

小小年纪的冬冬，还时不时地会想起双目失明的老太儿，说："我也不太喜欢老太儿，但是我有点可怜她。她的眼睛看不见东西。多可怜呀！"

"而且"

冬冬双手捂着妈妈的嘴巴和鼻子，喊："妈妈死了，妈妈死了！"

妈妈："妈妈死了，你怎么办？伤心吗？"

冬冬："我会哭的，而且会哭死。"

"而且"表递进，用得很合适，"哭死"比"哭"的程度高。

1989-4-18

抽象思维的发展

冬冬有个新变化：过去只爱听故事，现在专找《看图说话》中，跟思维训练和常识测验等相关的图片看，如：

用六根火柴摆一个三角形，移动其中两根变成两个三角形；房顶上结了一个瓜，小明想看到那个瓜，是往房前走，还是往后退？还有灯光、影子、抛球等等。

冬冬不仅能说出正确答案，还以房间里的碗柜为例，进行实证说明。

这说明，冬冬从直观和具象，开始向抽象思维发展了。

父母很重视冬冬的这一变化。抓住时机，培养孩子的抽象能力。

1989-4-19

出手还击

冬冬走出幼儿园教室，见爸爸的第一句话就是："××先揪我的头发，我就只'啪啪'打她的脸，把她打得'哇哇'哭了。去告诉老师，老师没有批评我。"

也许，她所讲的，是个虚构的故事。

回到家里，她又对大姑叙说了整个打架过程。

大姑调侃她："又是想象出来的吧？"

她着急起来："不是的，不是的，是真的！"

1989-4-20

口水仗

下午，熊楠跟冬冬一起来家，两个人玩插板。

熊楠："你想跟我玩，就别搞我这边。"

冬冬："咱们各搞各自的！"

熊楠："别搞这边！"

冬冬："你在我家中，也不能发脾气呀！你在我家发脾气，我到你家也发脾气。"

熊楠："那你为什么不听我的。"

冬冬："咦！小朋友还听小朋友的呀？"

"小朋友都要听老师的。"熊楠生气了，顺手捞起桌上的两只小蜡烛，起身走到门口，扭回头说，"我不跟你玩了！"

冬冬："把我的玩具放下，你别想拿走。"

熊楠丢下手中的蜡烛，说："不听不听我不听，李纤说话不好听。"

冬冬："不听不听我不听，熊楠说话不好听。"

两个孩子在争吵中分了手。

1989-4-21

是真的

冬冬说："明天老师春游，我们不上学了。"

爸爸："是吗？那今天老师怎么没说？"

冬冬："不信，你去问问，我说的是真的。"

爸爸询问了邻居家上幼儿园的孩子们，果然是事实。

1989-4-22

"气味"

妈妈带冬冬散步。

冬冬缓慢而优雅地抬头，拿姿作态地走路，说："妈妈，我有点公主的气味吧？"

"最讨厌谁脏"

妈妈坐在长椅子上，冬冬紧挨着妈妈站着，小朋友×××也挤过来坐下。

冬冬小声地："妈妈，你别挨着×××。"

妈妈："怎么了？"

冬冬："他脏死了。我最讨厌谁脏，我觉得看见脏的就恶心。"

1989-4-23

猜爸爸的心思

冬冬问："爸爸，今天是星期几呀？"

爸爸故意说："星期一。"

冬冬："不对吧？"

爸爸："是的，星期一。"

她笑了："其实你心里知道，今天是星期日。"

冬冬成了"明白人"，知道爸爸是跟她开玩笑。

正要外出，忽然听见大姑在厨房里大喊："吃饭。"

冬冬："既然饭已经做好了，我就吃了饭，再出去玩呀！"

1989-4-24

"害得我们差一点儿回不来"

从幼儿园回来，冬冬在楼下下了车，直接跑出去，玩到天黑才回家。

妈妈："冬冬，你都上谁家去玩了？"

冬冬："陈果家。陈果害得我们差一点儿回不来。"

妈妈："怎么回事？"

冬冬："陈果把门锁上，先搞熊楠，又搞我，不让我们出来。"

妈妈："还有谁在那儿？"

冬冬："张进姐姐。"

1989-4-25

长大当医生，给妈妈治病

陶希思家开了个小卖部，冬冬对此极有兴趣，好几次提出"咱们也卖东西"，并羡慕"陶希思家有很多钱"。大人告诉她，做生意不光是卖钱，进货也得花钱，只是从中赚一些差价而已。

晚上散步，又扯到这个话题上。

冬冬："妈妈，卖东西怪可怜的。"

妈妈："你为什么觉得他们可怜？"

冬冬："他们没有钱。"

说卖东西的人没有钱，也是误解了大人关于经商的解释。

妈妈："这是他们的工作。就像爸爸妈妈教书，姐姐在食堂干活，他们卖东西，都是一份工作。都是劳动所得！"

冬冬："那当医生有钱没有呀？"

妈妈："有哇。"

冬冬："等我长大了，要是妈妈的病不好，我就当医生，给妈妈治病。要是妈妈病好了，我就做生意赚钱，给妈妈买好东西吃。"

冬冬深知妈妈生病的痛苦，一直希望妈妈能够康复。

妈妈久卧病榻，冬冬产生了想当医生的念头。

也许，这是她"人生理想"的一棵萌芽。

一串"或者"

冬冬："妈妈，给我买好吃的。"

妈妈："想吃什么？"

冬冬："或者苹果，或者香蕉，或者橘子，或者梨，什么都行。"

形容眼睛

①爸爸做鬼脸。

冬冬指着爸爸说："妈妈，你看爸爸那样子，眼睛翻着干什么？"

②冬冬玩断腿的克塞："妈妈，克塞死了。"

妈妈笑了："胡址！克塞怎么就死了！"

冬冬："真的，你看他眼睛迷迷糊糊的。"

1989-4-26

改歌词

武汉市的大街小巷，都在播放流行歌曲："女人爱潇洒，男人爱漂亮……"

"女人爱潇洒，男人爱漂亮。妈妈，是不是男人的衣服，穿得潇洒呀？"她听着音乐，踏着节奏，扭动着身子表演。并且把歌词改为，"女人爱漂亮，男人爱潇洒"。

她也许是认为，只有女人才爱漂亮。

琢磨

前些时，小玉边叠纸边自言自语："我琢磨下，看能叠个飞机不？"

今天，冬冬说："妈妈，你琢磨着给我叠个飞机吧！"

她这是"拿来主义"，接受了小玉"琢磨"这个词，其实未必理解词义。

1989-4-27

冬冬的不耐烦

妈妈让冬冬赶快换掉睡衣，准备去幼儿园。

冬冬没好气地说："总要换换，总要换，一天换几次！你自己想想！"
还是因去幼儿园而引发的不快。

"什么时候"

饭后，妈妈说："冬冬，拿毛巾擦擦嘴巴。"

冬冬："好吧！"

妈妈："两手脏兮兮的，别往身上一抿。"

冬冬："你什么时候看见我抿了？"

雨中行

下雨了。一颗雨滴飞落进大姑眼里。大姑一个劲儿揉眼睛。

冬冬："大姑，你别睁着眼，就闭着眼睛走吧！"

大姑："那怎么行？"

冬冬："我睁着眼睛，看着路的，有什么不行？"

两个人走路，只有一个小孩子睁眼看路，恐怕也不大行。

"明看"

大姑问，在幼儿园吃饭，如果碗里没饭了，肚子还没吃饱，怎么办？

冬冬："我们幼儿园的老师，可会说笑话了，明看还有饭，说没有了。"

这可不是"说笑话"，大约是催学生吃饭的一种技巧：不快点吃，就没饭啦。

饼干蘸茶水

冬冬拿饼干蘸爸爸杯子里的茶水吃。一小块儿饼干，掉进了杯子里。

冬冬："别担心，朋友，它会化的。"

不知道她称谁为"朋友"。

妈妈说："化了，怎么搞出来！"

冬冬大口喝杯子里的水，说："快点给我搞出来。会搞出来的。"

不错的办法，喝完了杯子里的水，饼干自然而然就露出来了。

1989-4-28

喂养蚕宝宝

张起送给冬冬二十多条蚕宝宝。

冬冬："看见几个在吃，其他的都没吃，昂着头。"

她把桑叶一片片丢进纸盒子里，又拿起一条蚕宝宝，转移到桑叶多的地方。妈妈说，蚕宝宝很娇嫩，爱干净，少用手摸它们。

冬冬："本来这个蚕在这，我把它拿过来，那里根本就没有叶子。"

蚕宝宝一生有三次大的蜕变，且每天都有新变化。养蚕宝宝，可以提高孩子的观察力，培养孩子的责任心。

"用功"与"用心"

冬冬一回到家，就去画画儿。

妈妈："别太用功了。画好大会了，出去玩一会儿吧！"

冬冬头也不抬，说："'用功'呀还是'用心'呀？'用功'？'气功'？"

她没听懂妈妈的意思。可能认为，画画儿应当"用心"，而不是"用功"；紧接着由"用功"联想到"气功"。

力气在哪里

冬冬："妈妈，力气是在脑子里长着的吧？"

妈妈："嗯？什么长着的？"

冬冬："力气是使出来的，一打疼就出来了。"

河南民间有"力气是奴才，不使不出来"的说法。但没有"一打疼就出来"呀？

近来常用的表达

冬冬想做某事，常用这种口气："××，我想提个要求，可以吗？"

大人坚持让她做某事，虽然不太情愿，她也会退一步，回答"好吧！"或者"那好吧！"

1989-4-29

丑与漂亮

冬冬说起她们班的同学，说有的漂亮有的丑。美丑标准，却是与她关系的好与坏。

妈妈："谁好看？"

冬冬："武怡堃、周尅长得最漂亮，我们三个好朋友长得最漂亮。"

房子和地基的关系

教工一食堂外，堆了很多大石头，还有几大堆沙子。

冬冬："妈妈，房子是砖、水泥和沙子盖成的，是吗？"

妈妈："对。你看这堆恁多大石头，是要干什么？"

冬冬摇头，表示不知道。

妈妈："筑地基用的。"

冬冬："什么叫'地基'呀？"

妈妈："就是埋在地下的墙。"

冬冬："为什么要埋在地下呀？"

妈妈："埋在地下，房子就牢固，不会倒。比方两个瓶子，一个放在桌上，一个埋在地下半截，哪一个更容易推倒？"

冬冬："桌子上的。地下的推不倒。"

妈妈："对，这个道理是相同的。"

冬冬："妈妈，我可以提个问题吗？"

妈妈："当然可以。"

冬冬："为什么墙埋在地下半截，房子才不会倒呀？"

她拿刚才听明白的道理，来考妈妈。学以致用，不错！

长短句《飞吧，小花瓣》

冬冬把小花瓣向空中撒去，纷纷扬扬飞落在地上：

"小花瓣，小花瓣，

飞吧，飞吧！

请你帮帮我的忙，

让我的妈妈变得更漂亮。"

夸张

后边楼上，有人吵架吵得很凶。

冬冬："妈妈，你去看吵嘴的了吗？"

妈妈："没有去。"

冬冬："你是从窗户上看的！我们班的陈老师也在那儿看，其他幼儿园的陈老师也在那儿，北京的人也来了！"

嗨，连"北京的人也来了"，极尽夸张之能事，看这架吵得有多大。

妈妈开玩笑，说："呵，北京的人也来了？那南京的人还来了呢！"

冬冬瞪大眼睛："你知道？"

今天早上，还是昨天晚上？

冬冬从外面回来，问："我爸爸呢？"

妈妈："爸爸有事，出去了！"

冬冬：　"你相信不，我知道爸爸有什么事。"

妈妈：　"嗯？"

冬冬：　"是今天早上，萧伯伯给爸爸打电话的那个事，是不？"

妈妈：　"早上还是晚上？"

冬冬：　"早上。"

妈妈：　"是今天早上，还是昨天晚上？"

冬冬：　"晚上？是晚上，对不对？"

1989-4-30

要吹泡泡

中午，妈妈刚有睡意，冬冬要吹肥皂泡泡，妈妈没答应。

冬冬：　"我就要玩吹泡泡，你发什么火呀？"

妈妈：　"妈妈瞌睡了，你让妈妈睡一会儿，好不好？"

她也爬上床，说："妈妈，我觉得覃覃现在特别淘气。"

冬冬说这话，是语用技巧，通过转移话题，不让矛盾继续发酵。

塑料瓶，摔不坏

妈妈说，早上不小心，把冬冬的雪花膏瓶子打碎了。

冬冬：　"妈妈，那不怪你的。"

妈妈：　"不怪我怪谁？"

冬冬：　"怪瓶子。"

妈妈：　"怪瓶子？如果妈妈不让瓶子掉在地下，瓶子会碎吗？"

冬冬：　"怪卖东西的。"

妈妈：　"有意思，为什么？"

冬冬：　"他要是卖给我们一个塑料瓶子，不就摔不坏了吗？"

为妈妈开脱责任，扯得也太远了点。

1989-5-1

开心的五一节

今天是五一劳动节，学校放假。冬冬听了故事就去画画儿、跳舞，玩得极其开心。

"妈妈，我先来跳个给你看。" 冬冬说罢，表情滑稽而夸张、左歪右倒地跳了一个《小小白胖鸭》。

大家鼓掌。

冬冬："妈妈，我可以提个问题，好吗？"

妈妈："提吧。"

冬冬："天已经亮了，天没有阴，太阳公公没有出来，这是怎么回事？"

玩了一个多小时，她突然弯腰捂肚子，笑嘻嘻地说："我真的要尿尿，我的肚子憋得'咕咕噜噜'直响。"

要是这个样子，再也……

下午，冬冬独自去找覃覃，不一会，闷闷不乐地回来了。

妈妈："你怎么不高兴？"

冬冬："她有许多玩具。我想玩，她不让，就叫唤！我一拿，她就叫！往后她要是这个样子，我再也不到覃覃家玩了。"

1989-5-2

"下次"不是"今天"

早上，冬冬赖在被窝儿里，说："如果不让我上幼儿园的话，我就起来了；

要不然的话，我就是不起来。"

　　妈妈："只过了一天假期，就不愿去幼儿园了？好吧，我把你送到全日制幼儿园，一个星期只能回来一次。"

　　冬冬："妈妈，要是下次我不去，在家，你就把我送到全日制幼儿园好不好？"

　　半年前，她曾模仿一休，说过"下次再会"。作为自主话语，这是第一次记录到她用"下次"。

　　妈妈："好哇！真乖！小辉，快点送冬冬走。"

　　冬冬："妈妈，我不上幼儿园，你怎么又让大姑送我走？"

　　妈妈："你不是同意吗？"

　　冬冬："我说的是下次在家的话。来，今天不去，我们拉个钩，行不行？"

"从前是，现在不是"

　　爸爸："冬冬，你是谁的学生？"

　　冬冬："我是吴老师的学生、田老师的学生、陈老师的学生。"

　　爸爸："你是李老师的学生？"

　　李老师是冬冬在小四班时的老师。

　　冬冬："我从前是，现在不是。"

"正经"

　　①冬冬："妈妈，我现在说话正经了一点吧？"

　　②她穿上裙子转一个圈，问："妈妈，我像个正经女人吗？"

　　学了"正经"这个词语，但想准确运用，还有难度。

披衣服

　　冬冬赤裸着身子，在床上跳来跳去。

　　爸爸怕她感冒，拽着她的胳膊不让再跳。她停下脚步，很严肃地对爸爸说：

"要是快感冒的时候，就去拿两件衣服，一件是你披，一件是我披；要是你不想披的话，你就睡到被窝儿里等我。"

1989-5-3

喜糖

爸爸中文系的同事结婚，送来两袋喜糖。

冬冬天真地问："跟小郑哥哥结婚？"

大姑："胡扯。"

冬冬："跟爸爸结婚？"

妈妈："你怎么乱说？是爸爸的女同事和她的男朋友结婚，懂不懂？"

冬冬："糖吃了还送，对不对？"

妈妈："不对。"

冬冬："那爸爸的学生和大姑的同学结婚了，还给我们送吗？"

晚饭前，还剩下几块儿喜糖。

冬冬："妈妈，那一块儿糖呢？"

妈妈："爸爸吃了。"

冬冬："不是的，还有一块儿！"

妈妈："那一块儿也是爸爸吃了。"

冬冬小声地："讨厌。"

妈妈："你说什么？"

冬冬："本来我想吃的。"

妈妈："爸爸为什么不能吃？"

冬冬无奈地说："那就算我吃了。"

大姑为了转移话题，送冬冬三只手工蝴蝶。

冬冬的情绪马上阴转晴："妈妈，你说大姑的手巧不巧？"

不当组长了

王果妈妈说："李纤，你还是组长，帮帮我的王果吧。"

冬冬："老师把我的组长搞掉了。"

妈妈："为什么事？"

冬冬："因为我带头带得不好。"

纠结于昨晚的喜糖

已经过去了一夜，冬冬对爸爸吃糖块儿的事，依然不能释怀，说："大姑，爸爸昨天晚上吃了三块儿糖。他把那一包打开了，本来我准备打开的。"

大姑："爸爸的同事送的喜糖，爸爸当然应该吃。"

冬冬："那大姑的同学结婚呢？徐华荣结婚？黄芳结婚？"

1989-5-4

英语的写法

冬冬："熊楠会写英语！"

大姑："怎么写的？"

冬冬："两个 i 夹着。"

大姑："写写看。"

冬冬写出"ii"。

妈妈感冒嗓子疼，一直未插话。

冬冬："妈妈，你怎么不说话呀？你是个哑巴吗？你怎么连头也不点呀？"

必须得"有话必接"，要求太高了！

1989-5-5

小幽默

冬冬准备去幼儿园。临出门前，妈妈跟她"bye-bye"，冬冬问："妈妈，你现在开始说话了？"

妈妈："昨天妈妈嗓子太疼了。"

冬冬："妈妈，下午再见！你可要保重呀！你要好好看门，别让小偷把门背走了。"

又是一句俏皮话！

棉絮上的洞

姐姐发现，早上晾晒在楼下的床单和棉絮上，烧了两个大洞。

冬冬："姐姐晒的东西，烧了两个眼儿，一个是被单，一个是棉絮上的。"

"两个……，一个是……，一个是……"，这是总分式的表达。先说总的，再一个一个地分说，很有条理。

数字

昨天，电子表上的时间是"11：35"，冬冬念成"一一点三五"，很正确。

今天，冬冬又把"10：34"，从后往前念成"四三点零一"。数字对，时间不对。

洗澡，"别慢吞吞的"

爸爸用澡盆在卧室洗澡。冬冬在门外等了一会儿，便使劲推门。爸爸扯高嗓门，说："在外面玩一会吧。我洗完了，你再回来。"

冬冬也高声回应："让我进去吧，我不看你洗澡，真的，我连一眼也不看。"

爸爸洗完澡，开门放她进来。

冬冬："妈妈，你跟爸爸说，往后洗澡别慢吞吞的。"

1989-5-6

开瓶盖

妈妈费了好大工夫，还是抠不开麻辣酱瓶子的瓶盖。冬冬接过来，拧了几下，就拧开了，说："揭瓶子的时候，要想一想，是抠呀还是要拧？！"

妈妈由衷地表扬："冬冬，这次你真动脑筋了！原来需要拧啊，一拧，就拧开了。"

冬冬不好意思地说："别管它是抠，还是拧了！"

"叫别人怎么你呢"

冬冬仍对昨天爸爸洗澡、把她关在门外的事，耿耿于怀，说："爸爸，我跟你说，在这屋洗澡可不能慢吞吞的，老半天，老半天。要是你慢吞吞的，我就要收拾你了。"

"老半天"其实不到半天时间，只是形容时间长。第一次记录到冬冬使用这个词语。

爸爸："我就慢吞吞了，你能怎么样呢？"

冬冬："你呀，你总是慢吞吞的，叫别人怎么你呢？"

"叫别人怎么你呢？"是针对爸爸的"你能怎么样呢？"而说的。

"总是一个小坏蛋"

大姑给冬冬穿上一只鞋子。冬冬弯腰把另一只鞋子扔得老远，又单腿蹦跶着捡回鞋子，递给大姑，问："大姑，还是你帮我呀，还是我帮你呀？"

到底谁帮了谁？还真的不好说！

大姑笑着说："你呀，小坏蛋一个！"

冬冬转脸笑对妈妈："妈妈，李纤呀，总是一个小坏蛋！"

妈妈："哟？你从哪儿知道，她是一个小坏蛋的？"

冬冬指自己鼻子："啊，我呀！"

翼龙的好与坏

冬冬看《恐龙特急克塞号》，问："翼龙是好的还是坏的？"

妈妈："好的。"

冬冬："坏的！"

妈妈："好的。"

冬冬："你说'坏的'！"

妈妈："不是坏的，是好的。"

冬冬："妈妈，你说是好的，还是坏的呀？"

妈妈："说说你的看法！"

冬冬："坏的，是格德米斯[1]在它身上搞了个什么，就变坏了。"

妈妈："噢，你说的是那一个翼龙呀！"

冬冬："毛利最笨了，一招也来不好，他根本不会打架。"

1989-5-7

听话得没办法

大姑说，冬冬去幼儿园，要穿新衣服，换掉旧衣服。

冬冬："不管新衣服旧衣服，都得穿。"

"不管……，都……"是无条件复句。

妈妈："真乖！哎，冬冬，走时带一块儿糖，嗯，带两块儿糖去！"

---

[1] ×区的居民遭到吃人恐龙的袭击。后经克塞队员查对，发现是格德米斯在恐龙身上放了控制器。

冬冬："一个呀还是两个呀？"

妈妈："两个！"

冬冬："妈妈，你觉得我这几天听话不听话呀？"

妈妈："听话，听话极了！"

冬冬："你是不是觉得我听话得没办法？！"

得到妈妈的肯定，冬冬脸上笑开了花，自豪之情溢于言表！

"知道不知道"

大姑虚张声势，掐着冬冬的脖子不放手。

冬冬："你干什么呀，大姑？"

大姑："你说呢？"

冬冬："掐着人家的脖子，你知道不知道多疼？"

吓唬人的，自己也害怕了

冬冬故作紧张地说："妈妈，前面有个大灰狼。"

妈妈："在哪儿，大灰狼？我害怕！"

冬冬："我本来想用大灰狼吓唬妈妈的，后来一想，那个大灰狼怪吓人的。"

用大灰狼吓唬别人，后来自己也有些害怕了。

"后来一想"，是个表示时间和心理变化的插入语，虽是说话的"小零碎"，但能制造语言的跌宕效果。

孔雀开屏"媲美"

冬冬从幼儿园一回来，就开始剪纸，然后又画画儿："就剪这么些，好不好？明天，我把我的画都带去，给老师看，老师一定会高兴的。"

她翻看画册。画册中一只开屏的孔雀。

冬冬："是不是进来了一个人？"

如果有人来，孔雀就会开屏炫耀自己的美丽。这个，她知道。

妈妈："不是人，好像又进来了一只孔雀。"

冬冬："她，就想跟她媲美呀？"

还说出了"媲美"一词。

冬冬学习了一个多小时，丢下这，拿起那，很认真。干事中，还不忘说自己幼儿园的一个小朋友："××真是个懒蛋。不想学习，也帮爸爸妈妈干点活？"

穿睡裤睡觉

冬冬夜里常蹬掉被单，晾着肚子感冒。爸爸让她穿睡裤睡觉，她坚持要脱掉。爸爸讲了很多道理，并拽住她的裤腰，不让她脱下来。

冬冬脱，爸爸拉……父女俩僵持了好大会儿。

爸爸没办法，只得松开手，说："能脱不能脱，冬冬最知道了，你自己决定吧！"

冬冬愣了一下，把已经褪到膝盖下的睡裤，提留上来，说："我不脱了。"

你要她怎么样，她偏不。让她自己决定，倒很理性了。

冬冬揉着眼睛说："妈妈，在地下玩也没意思，在床上玩也没意思，只有给妈妈玩，才有意思。"

小嘴巴真甜！听妈妈讲着故事，她很快睡熟了。

1989-5-8

"谁说得对，就听谁的"

冬冬把收音机放在桌上，对大姑说："如果你想听音乐的话，你就把它打开，放在这里听。"

大姑："好的，我听你的！那你听谁的？"

冬冬："我听爸爸妈妈的。"

爸爸："不对。"

冬冬："我听爸爸的。"

爸爸："不对，不对，应该是——"

冬冬："谁说得对，就听谁的。"

妈妈何时患病的

冬冬："妈妈，你一会儿说，你上大学的时候得的病；你一会儿又说，我小毛毛的时候得的病。你到底是什么时候得的病？"

妈妈："这次你记清楚了，妈妈是大学三年级下学期时得的病！"

吃冰棒

出幼儿园，爸爸给冬冬和小二各买了一根冰棒。

冬冬回家，给妈妈描述小二吃冰棒的心理活动，说："他爸爸也在那儿，他就是看他爸爸愿意不愿意让他吃，所以他就看他。"

很简单的一个情节，冬冬把它说成了个绕口令。

幼儿园的饭

已到吃饭时分，冬冬画兴正浓。

冬冬："最好在我画画的时候，你别让我吃东西。"

每当她停笔的间歇，大姑便把一块儿块儿馒头，塞进她口中。冬冬不喜欢喝汤，也不喜欢把菜放在碗里，因为在幼儿园里，饭菜都是混在一起的。

冬冬："幼儿园的饭，做得最不好吃了，我中午和晚上还得在幼儿园吃。虽然幼儿园的饭不好吃，但是我还得吃。"

通俗解释"传说"

"有好多好多的妖怪，排成一长队，排到中国、外国、苏联，就像蟒蛇一样长。"冬冬叙述她刚才画的画，又问，"妈妈，是不是大鼻子就是大眼睛呀？"

她说的是，长着大鼻子的外国人，眼睛也很大。

姐姐看了冬冬的画，故意大惊小怪地说："哎哟，画的什么东西呀？我的老天爷呀，吓人！"

冬冬模仿姐姐的腔调大叫："哎哟，我的老天爷哟！什么是'老天爷'？"

妈妈："老天爷？是指天上的神仙！"

冬冬："玉皇大帝？"

妈妈："对。"

冬冬："你怎么知道的？"

妈妈："大家都这么说！"

冬冬："是传说的？"

妈妈："嗯，是传说！告诉妈妈，什么叫'传说'？"

冬冬："就是你对他说，他对他说，他又对他说，亲戚对亲戚说，对不对？"

冬冬明白了"玉皇大帝"就是"老天爷"，并用很通俗的语言，解释了什么是"传说"。

1989-5-9

蚕与茧的颜色

冬冬："这个蚕结什么茧呀？"

张起："白色的。"

冬冬："你怎么知道的？"

张起："蚕脚是什么颜色，就结什么样的茧。"

冬冬："真的？"

谁亲？

冬冬把蚕脚和结茧颜色的关系，告诉了大姑。大姑"嗤嗤"地笑，笑冬冬太会吹牛。

冬冬："你就像张振高。"

大姑："张振高怎么了？"

冬冬："张振高不像平常人那样笑，老做鬼脸笑。"

大姑："小郑哥哥和张振高，谁亲你？"

冬冬："肯定是小郑哥哥了。因为小郑哥哥，我要他上街买东西，他就上街买东西给我吃。"

学生多了，要睡在外面

冬冬："妈妈，我今天睡在外面的桌子上。"

妈妈："噢！"

冬冬："外面睡的都是乖的。老师看我上课挺乖。但是我睡觉不乖。"

大人们笑了：倒是大实话！

冬冬："别看我平时挺乖的，但是我一睡觉，脸就嗑皱着不想睡觉。"

大姑："为什么要让你们睡外面？"

冬冬："但是，现在人越来越多了哟！结果，要是再来十个，就睡不下，就得睡在风琴旁，就得睡到房顶。"

越说越夸张！

冬冬画画儿时的记录

时间：下午（6:25—6:40）共十五分钟

冬冬比照着《儿童简笔画》套描画画儿，随手掀到一只大黑熊，说"你看，妈妈，这头！"

她用黑颜色画了两笔，问："我换个颜色，可以吗？"

妈妈："可以。"

冬冬："妈妈，你喜欢哪种颜色？"

妈妈："红色。"

冬冬拿蓝色："红色我已经用了，用这种好不好？"

妈妈："好的。"

冬冬边画边问："你认为，什么玩具最好玩呀？"

妈妈："电子游戏机。"

冬冬："不对，是小熊猫坐船。"

妈妈记录冬冬的语言。钢笔不太显，顺手捞了支黑色圆珠笔。

冬冬："谁要借我的笔，谁就要说一声，要不我可不给她借！因为这是爸爸的笔，爸爸一来，就要收走了。"

室内光线暗了，大姑拉开电灯。

冬冬："灯一拉开，我就看见了，要不然我的眼睛就破坏了。"

她画一头水牛："妈妈，你看这一头。妈妈，你说再画哪个？"

妈妈："随你便，想画什么都行。"

冬冬注意到妈妈手中的圆珠笔："妈妈，你那个笔呢？别给爸爸搞进去了！你可注意，别把爸爸的笔尖搞进去了。你看我怎么写，慢慢地写，别使劲地写。"

冬冬拿钢笔，在纸上画了一道："大姑，这显着的，她就用我的笔。你看，大姑，你看这还有一道。就用自己的笔呗！"

妈妈推了下桌子上的纸，说："挪开这个地方，我用一会儿。"

冬冬："可以，你帮我搬下。哎呀，我的老天爷呀。"

冬冬指着妈妈手中的笔，说："把这个给我，我用一下也不行，是不是？用一下可以不可以？用一下我就给你，好不？给我用用，你写了好几排了，给我用用。胆大包天！"

冬冬夺走妈妈的笔，又去拿爸爸刚放下的彩笔。

冬冬：“爸爸，请把这支笔给我妈妈用一下，好不好？爸爸把这支笔给我了，爸爸很少，我很多。”

妈妈抬头，看了她一眼。

冬冬：“你写着，还干吗用别人的笔呀？”

妈妈：“好，我不用你的笔了！”

冬冬：“爸爸，请你给我点纸，可以不可以？”

爸爸用小剪刀裁纸，用力过大，剪子把折了。

冬冬：“谁搞断的，谁就明天上街给我买一个。”

大姑让她吃饭。

冬冬：“我说了，我不吃，听见了没有？那好了，你不照我的办，我也不照你的办。”

约定：隔一晚，讲一次故事

每天晚上，父母都要为她讲一个多小时故事。

如果是她熟悉的故事，你只要说错一句，她一定要纠正，“你说得不对”“不是的”，那是什么什么。如果是从来没听过的故事，她会不时地提问或发表评论。晚上的讲故事者，常常会昏昏欲睡，前言不搭后语。这时，她就用胳膊推推你，提醒说“讲啊，妈妈”，“讲啊，爸爸”。

昨天夜里，冬冬跟妈妈谈判：“一个晚上讲，一个晚上不讲。”

妈妈：“可以。那你告诉妈妈，什么时候讲，什么时候不讲？”

冬冬：“星期一讲，星期二不讲，星期三讲，星期四不讲。”

妈妈：“明白了。隔一个晚上讲一次？如果今天晚上讲了，那你明天晚上又让讲怎么办？”

冬冬：“我要让你讲，你就说，‘是我说的不讲。’”

妈妈开始讲着故事，伴她入眠。

今晚刚躺下，冬冬就试探地提出：“我睡不着，我想听故事。”

妈妈："你昨晚怎么说的？"

冬冬："我想听故事，妈妈，讲个故事吧，讲一个也不行？"

妈妈："你说话要算数。明晚是星期三，妈妈拿着书本坐在床边，一直读到你睡熟为止。"

冬冬不高兴地"吭吭"着，两只小脚交替踢腾。

妈妈不说话，静静地等待。

冬冬："妈妈！"

妈妈："嗯？"

冬冬："我不让你讲了，可我睡不着，我睁着眼睛可以吗？"

妈妈："当然可以。但不要说话！"

冬冬情绪平静下来，不到五分钟，就睡熟了。

1989-5-10

绿色好看

冬冬："妈妈，你认为哪种笔最好看？"

妈妈："绿色的。"

冬冬："我认为，我也认为是绿色笔，其他的都不好看。"

妈妈："各有各的用处。绿色画叶子，红色涂红花！"

在家，说话多

冬冬翻看《简笔画》："这边很多简单的，这边很多难的。"

妈妈："先画简单的，以后再画难的！"

冬冬："妈妈，你想不想看我画画儿？"

妈妈："想呀！"

冬冬："要是不想的话，可没有你的份了。"

妈妈："真的？"

冬冬："我是说你要不看我画画儿，就没有你的份了，我不是说现在呀！"

妈妈说，你呀，没用的话，说得太多了。

冬冬："有的地方话多，有的地方话不多。"

妈妈："在哪儿说得多。"

冬冬："当然是在家里。"

妈妈："为什么？"

冬冬："因为我在幼儿园有老师，老师比你们还厉害些。要是别人不听话的话，她就把你带到别的班里。"

把裤子"捆起来"

冬冬提提裤腰，拉拉衬衣，说："噢，我把我的裤子都捆起来了噢！"

系了腰带，说是把裤子"捆起来了"。妈妈忙记下这句话。

冬冬评点妈妈的字："妈，你怎么写得乱七八糟的？你这个字，像个手指头。"

吃小龙虾

武汉正是吃小龙虾的季节。蒸熟的龙虾，全身通红。剥掉外壳，蘸着酱油、醋和麻油，可以算得上美味。

冬冬特别喜欢吃龙虾。爸爸、大姑和姐姐三个人剥，也供应不上冬冬的那张小嘴。

妈妈："剥龙虾，像不像剥玉米？"

冬冬："像剥香蕉一样的。"

打针，不可怕

冬冬患支气管炎，需打一个星期的消炎针。面对打针，冬冬很勇敢，自己坐上打针的高凳子，打针时连眉头也不皱一下。

冬冬："打针一点儿也不疼。"

爸爸："不对，打针疼。"

冬冬："那我为什么不哭呢？"

爸爸："因为你勇敢，坚强呀！"

冬冬："是的。"

爸爸："针扎到肉里肯定疼！可越怕疼，疼得越狠，不怕疼，就疼得轻些。"

冬冬："打针又有什么可怕的？！"

在纸上贴汽车

老师留的家庭作业：剪下汽车，贴在白纸上。冬冬不仅贴上了汽车，还用彩笔画了房子、小花和小草，空中还悬挂一轮红日，构成了一个很好的整体画面。

1989-5-11

怕受冷落

今天，冬冬和小二一块儿回来。家人热情地跟小二打招呼，冬冬觉得受了冷落，情绪马上变坏。

之后，妈妈问她，为何如此不高兴？

冬冬："爸爸只管跟别人说话，就不理我。"

"不知道你有没有兴趣"

冬冬要画画儿，让妈妈说应该画些什么。

妈妈："你喜欢画什么，就画什么。妈妈选择的，也不一定是你喜欢的。"

冬冬："对。因为人家也不知道你有没有兴趣，人家会怎么说？"

冬冬让大姑画个小姑娘。

大姑说："好吧，就画个冬冬吧！"

冬冬指着画，说："画得不像，一点也不像。"

大姑："我要是画得像，早就把你画下来了。"

冬冬："是画你从前的侄女吧？"

"从前的侄女"，应该是小时候的冬冬。

1989-5-12

高兴小朋友来家

冬冬人还没进门，就高声大叫："我们的好东西来了！我的屁股后面跟着谁？熊楠！熊楠跟在我的屁股后面。"

熊楠跟冬冬一起回来，让冬冬异常兴奋。两人兴致勃勃地玩插板和积木，玩了半个小时，为争一块儿积木，熊楠气冲冲地走了。

冬冬："我和熊楠在幼儿园挺快活的，回来就不行了。"

孩子之间，犹如盛夏的天气，一天三变！

鳝鱼烧黄瓜

鳝鱼烧黄瓜，是武汉最有特色的家常菜肴。爸爸同教研室的朱老师，曾把鳝鱼烧黄瓜送来一碗，又教给大姑从食材到制作的厨艺。这道菜，变成我家的保留菜单，也成了冬冬的最爱。

今天，大姑做的正是鳝鱼烧黄瓜。

冬冬一边吃，一边夸好，说："幼儿园的饭和菜在一起，难吃死了。还是我们家里的饭最好吃。"

大姑："你都喜欢吃哪几个菜？"

冬冬说："鳝鱼，是好吃菜里最好的菜。"

1989-5-13

"眼睛是干什么的？"

大姑找冬冬的小凉鞋。东找西找，仍没找到。

冬冬："大姑的眼睛是干什么的？看东西还是听东西的？"

有点幽默感。

1989-5-14

"我们两个是慢车，姐姐他们两个是快车"

一家人在院子里散步，说起暑假回老家，坐快车坐慢车的差别。走着走着，姐姐和小郑哥哥，走在了前边。

冬冬："看来我们两个是慢车，姐姐他们两个是快车。"

厉害，现学现卖，来得还真快！

冬冬想围着草场空地跑一圈，说："妈妈，我围地球跑一圈！"

富有想象力，竟然把草场空地当作地球！

绕口令般的爱与不爱

冬冬和妈妈对着干。妈妈让她做的事，她总是反对。

妈妈："你不爱妈妈了？好吧，我再找个新冬冬。"

冬冬："妈妈，你说得不对！你看着人家不爱别人，其实人家很爱你的。虽然你看着别人不爱你，你不爱别人也可以呀！别人也有这么多的好朋友呀，对不对，妈妈？"

一段不好理解的绕口令。

1989-5-15

关门

风很大，一会儿把家里的纱门吹开了好几次。冬冬走过去，"咣当"一下关上门，自信地说："风再也吹不开了。要是吹开的话，你就打我屁股，你看吧！"

妈妈："天黑了，拿个小板凳，挡一下门！"

冬冬往外瞄一眼，说："晚上黑隆隆的，一点亮光也没有，那才可怕。"

要帮妈妈写字

冬冬帮大姑洗了菜，刷了碗，又见妈妈在写字，便说："妈，我帮你写字好吗？大姑厨房没有事，我就帮你写字。"

妈妈："写字？这你现在可帮不了！"

冬冬："妈妈，你给我一点事干吧！好不好，妈妈？"

孩童的相处之道

冬冬："刘伟哥哥最怪，人家不跟他玩吧，他非跟你玩；人家跟他玩吧，他非不跟你玩。你说他怪不怪？"

冬冬总结了孩子相处的一个共性。

下午，冬冬去找琳琳，说："想跟我玩，就跟我一块儿玩。不想跟我玩，就别跟我玩。"

"差不多"与"最好"

邻家小朋友要玩冬冬的项链。冬冬不给。

小朋友的妈妈说："我们不要，妈妈给你买好的。"

冬冬："我买的差不多好。反正我的最好。"

"差不多好"与"最好"，可不在一个水平上。

三个白姓，三个李姓

（4 岁 5 个月　1989-5-16—1989-6-15）

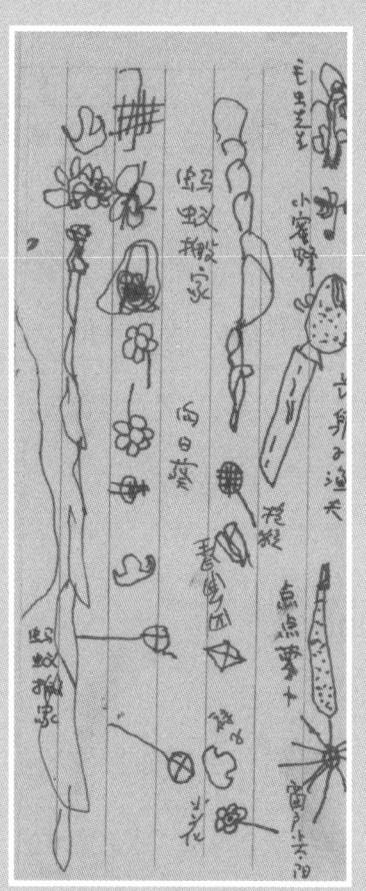

冬冬的笔墨世界之一（1988 年 10 月）

1989-5-16

"我也有这个感觉"

大姑："怎么回事？我浑身痒死了。"

冬冬："我也有这个感觉。"

"感觉"在这里是名词用法。

儿歌：三只小猫爬灯台

冬冬随口吟儿歌：

"下雪了，下雪了，三只小猫爬灯台。一只小猫摔下来，第二只小猫爬灯台。"

1989-5-17

"我想，这是真的"

早上刚起床，冬冬就要去幼儿园："我觉得这几天幼儿园挺有意思的。大姑，我觉得这几天不玩你的头发了。"

大姑："是呀，为什么呢？"

冬冬："你说呢？"

大姑："长大了，变好了。"

冬冬："我想，这是真的。"

"我们什么时候搬家呀"

冬冬很讨厌现在住的破房子，说："我们的破房子是用砖盖的，他们的新房子是用水泥盖的。我一进这个院就讨厌，太破了。"

妈妈："我也讨厌破房子！"

冬冬："妈妈，我们什么时候搬家呀？"

妈妈："不知道。"

冬冬："爸爸考上那个什么教授才能搬吧！"

1989-5-18

吓人的老鼠

琳琳和冬冬玩皮球。

冬冬："琳琳，咱俩一块儿玩好不好？我先拍十五下，你再拍十五下。"

冬冬一边拍球一边数数。从一数到十四，又从十数起，总不念"15"这个数。琳琳一直没有拍球的机会。

突然，从厨房口的煤堆儿里，蹿出两只老鼠，琳琳吓得尖叫着跑回家。

琳琳妈推着女儿的脊背，一步步走过来捡皮球，说："老鼠又不是老虎，有什么可怕的？"

冬冬向琳琳频频招手，说："你来呀，你来呀，老鼠还没走！"

琳琳扭头就跑，如此这般四五次，琳琳怎么都不敢去捡球。最后，还是琳琳妈捡起皮球，带着女儿回家去。

冬冬进家，说："妈妈，我告诉你吧，我们楼上有两只老鼠，一只在家家的鸡窝里，一只跑进我们的厨房里。"

"我们国家"

大学校园内，一反平静祥和的常态：自东而西的大道上，涌来一支支游行的队伍，挥舞着旗子，高呼着口号；图书馆门前群情激昂，簇拥着一名讲演者；很多人围在宣传栏前，边看边议论着什么……

整个校园气氛慌乱而又紧张，暗流涌动，预示着"山雨欲来风满楼"的骚动。

冬冬从未见过这阵势，好奇心大发，连连打听怎么了？她激动地对妈妈说："妈妈，我们国家发生了一件大事……"

1989-5-19

体检

幼儿园体检。

冬冬骄傲地对妈妈说："我今天抽血，连一声也没哭。"

命名

电视上的厨师，冬冬称之为："做饭的加工师。"

海鸥

冬冬画画儿，有海水、小鱼、帆船和天空中飞翔的海鸥。

她把一只大海鸥称为"妈妈"，稍小一点的叫"姐姐"，并说："其中一个差一点比它妈妈还大。寄给我奶奶，这张画。"

她又给所画的海鸥取了名字，说："一海鸥，二海鸥，三海鸥，写上。"

1989-5-20

"请"的力量

冬冬让爸爸讲故事，说："只要我说'请讲吧'，爸爸就给我讲故事？我要不说，爸爸就不给我讲！我听多少故事，爸爸就给我讲多少，对不对？"

爸爸点头赞同。爸爸在故事中讲到，好的小朋友，不抢其他小朋友的玩具。

冬冬："在幼儿园，我也抢别人的玩具，但是，他一哭，我就给他了。"

爸爸："虽然还给了人家，那还是抢了呀！你为什么抢别人玩具呢？"

冬冬："人家玩一下，也不行，是不是？"

蚕脚与茧的颜色

张起家的蚕宝宝，结了个粉红色的茧。冬冬追问大姑，什么样的蚕宝宝，会结什么样的茧？

大姑说，她也不知道。让冬冬好好观察，好好研究。

冬冬："它吃桑叶，就吐丝。现在我们还不知道吃什么样的桑叶，结粉红色的丝。可能它的脚是什么颜色，就结什么颜色。"

三个白姓，三个李姓

冬冬先指妈妈、小玉和姐姐，说："你们三个姓白的，"又指爸爸、大姑和自己说，"我们三个姓李的。"

妈妈："是的。你们姓李的一家，我们姓白的一家。"

冬冬："不对，你是我的妈妈，她是我的大姑，她是我的姐姐，他是我的爸爸，不是一家又是什么？"

姓的宗亲关系，家的"超越姓氏"的血缘关系，构成了社会的重要亲缘关系。社会关系比这还要复杂得多，要把握好各种各样的社会关系，是相当不容易的。

1989-5-21

"我是你们两个的好孩子"

冬冬又要趴在爸爸的书桌上画画儿。

爸爸："爸爸要写东西，你去找妈妈玩吧！"

冬冬："我不会打扰你的。"

妈妈忙叫冬冬过来下跳棋。

冬冬："妈妈，我是你的好孩子。"

爸爸："你说的什么？你是妈妈一个人的好孩子，不是爸爸的好孩子？"

冬冬："我是你们两个的好孩子！小时候你不也养过我吗？"

爸爸岂止是小时候养过你！

对科学家的误解

冬冬突然说："科学家没有一个好东西。"

妈妈意外地："谁说的？"

冬冬："我说的。"

妈妈："为什么？"

冬冬："他们好跟我们打仗。他们制造出来机器人。好厉害好厉害的机器人。"

她记住了《恐龙特急克塞号》中，科学家们制造的机器人，给人类带来的灾难；却不知道爱因斯坦、爱迪生等科学家，对人类做出的杰出贡献。

很奇怪，为何产生这样的印象？

1989-5-22

整理自己的小人儿书

冬冬的小人儿书，横七竖八地塞在抽屉里。

今天，她一边整理，一边说："你们的书没有乱，就我的书乱得很。这乱得多很呀！"

陈果、张起来家找冬冬玩，也帮忙整理。

她郑重地交代两个小朋友："别乱拿，小心给我弄乱了。"

幼儿园里的事

冬冬对妈妈说："画画儿的时候，熊楠说，'我先听你的，你后听我的'。我说，'算了吧，我才不听你的呢'！她就对老师说，'把李纤画的画都撕掉'。老师说，'李纤画得好，你画得不好，把你的撕掉吧'！就这一点小事，就生气，算什么呀！"

她一口气，学说了这么长的一段话。据估计有事实，也有想象。

1989-5-23

漂亮的新老师

今天，小二班来了两位实习的新老师。

冬冬："一个是桂老师。"

大姑："是'桂灿'的'桂'吧？"

冬冬："虽然她俩都姓桂，一个姓，但是，但是她们也不是一个人，她也不是她的妈妈。幼儿园里好玩极了，来了新老师，怎么不好玩？"

大姑："新老师什么样子？"

冬冬："新老师可漂亮了，比你还漂亮些，比我还漂亮些。"

妈妈："说说，新老师是什么样子？"

冬冬："弯弯的眉毛，直直的眼睛，弯弯的鼻子，红红的嘴唇像血一样儿，也没有抹口红。穿着这样的裙子，高跟鞋，带蝴蝶结的皮鞋。桂老师这个地方[1]有个红点，不是点的，是长的，红的。穿着花布衫。"

大姑："她爱发脾气吗？"

冬冬："她们刚来，发什么脾气呀！"

1989-5-24

自我表扬

冬冬："今天画画儿，老师表扬了我，说我画得最好。只有我一个人画得好，别的都乱七八糟的。"

---

[1] 眉宇之间。

大姑用挑逗的语气说："就你一个画得好？吹牛吧！看看我画的，肯定比你好！"

冬冬瞄一眼大姑的画，说："大姑写的，一个像乌龟，一个像螃蟹。"

1989-5-25

"吓人"

冬冬坐在自行车的前杠上，对爸爸说："爸爸骑车的时候，有点吓人。骑上车子，就不吓人了。"

所谓"吓人"，是指爸爸把腿跷上去的那一瞬间，车身剧烈晃动的那一下。

"什么叫雄蛾子"

冬冬养的蚕，经过吐丝、结茧、成蛹的过程，今天终于破茧成蛾。妈妈说，从蛾子的体形上，可以分辨出哪个是雄蛾子，哪个是可以产卵的雌蛾子。

冬冬："什么叫雄蛾子？"

妈妈："雄蛾子，又叫公蛾子。"

冬冬："公蛾子？就是'工人'的蛾子吧？"

儿歌：寻找童年

冬冬突然问："妈妈，你希望恢复童年吗？"

妈妈："什么恢复童年？谁告诉你的？"

冬冬："我给你唱支新学的歌好吗？"

妈妈："好啊。"

冬冬："白头发的老阿婆，走到村外小河边。东瞧瞧，西看看，东西南北都找遍。我问阿婆找什么？阿婆说，找童年，找也找不见。"

这首儿歌，就是人生沧桑的咏叹调！

想变成小毛毛

对门的张叔叔家，新添了一个小弟弟。不管白天黑夜，小毛毛的哭叫声，张阿姨充满母爱的催眠曲，时不时地飘过来。这让冬冬很是羡慕。

冬冬："我要是小毛毛这么大就好了。"

大姑："为什么？"

冬冬："哭了也不挨打，还整天让人抱着！"

嘴说不怕，其实害怕

傍晚，冬冬从楼下跑回来，说："妈妈，吴小曼姐姐说，'半夜里有一群狼围着我们这个楼转了一圈儿。'她还说，'晚上说狼和鬼，晚上做梦，就梦见狼和鬼。'"

妈妈："别怕，世界上根本就没有鬼！狼都在深山里或者动物园里，不会跑到大城市里！她在吓唬你呢。"

冬冬："我不害怕。"

一个多小时后，妈妈准备带她出去。

冬冬缩着身子说："我想在家玩。"

妈妈："别怕，妈妈带你出去玩一小会儿。"

冬冬："我不怕。我今晚不想出去。"

心里还是发怵！

1989-5-26

个子高低

楼下散步。

冬冬问："为什么小张叔叔高，小张叔叔阿姨个子低呀？"

"小张叔叔阿姨"是指小张叔叔的夫人。平时冬冬叫她阿姨。

妈妈："这很奇怪吗？爸爸也比妈妈个子高啊！"

"特别是……"

天空飘起零零星星的小雨。

冬冬和妈妈加快了回家的脚步。

冬冬说："特别是妈妈不能淋雨，一点雨也不能淋。"

画画儿

冬冬要纸作画："给我好多好多的纸。"

妈妈拿一叠纸给她。

冬冬不接，说："不行，太少。"

妈妈："你查查，少不少！"

冬冬接过来，说："看看怪薄的，但是摸着怪厚的。我给你指挥，你好画。先画一个圆圈，再画一个椭圆形。"

妈妈："画好了，然后呢？"

冬冬："然后再画一排点点，再画蓝色的美丽的头发。"

画了一个小女孩。

冬冬说："给我画一个姐姐，她一个孤零零的，多不舒服呀！还有一家人没画呢，她一个人走了，她一家多难受呀！请妈妈给她画一个爸爸妈妈、弟弟妹妹吧！孩子都说'请'了，你还不画呀？"

这段话，就是孩子心目中的"家庭世界"。

1989-5-27

女孩的"女儿国"

早上，冬冬说："要是我们全世界都是女的该多好呀！全世界都是女儿国，只有周尲一个是男的。"

这是《西游记》的影响，是一个女孩的孩提幻想。

妈妈："那爸爸呢？"

冬冬："还有爸爸，还有周尲两个人。"

妈妈："挺记着周尲的！"

冬冬："周尲什么时候都没有打过我，一次也没打过我。"

1989-5-28

一家人的概念

冬冬："我们家有六口人，爸爸、妈妈、大姑、冬冬、姐姐，还有小郑哥哥。"

大姑："小郑哥哥怎么和我们一家？"

冬冬："那他总是跟姐姐在一起，不是一家是什么？"

幻想着"什么都能做"

冬冬："我跟你说，什么都能做的人。"

妈妈："都能做什么？"

冬冬："妈妈，人什么都能做。我还要吃芝麻，还要缠皮筋。"

"什么都能做"，原来也就是"吃芝麻""缠皮筋"！

1989-5-29

"鬼主意"

妈妈要换衣服，让冬冬快去把门关上。

冬冬笑了，说："我就知道妈妈打的这个鬼主意。"

"我以为……"

冬冬躺在床上，看见蚊帐顶上有一团阴影。她盯了许久，问道："妈妈，那是什么呀？"

妈妈："布挡子扔在了上面。"

冬冬："我以为，那是成群结队的老鼠和蚊子呢！"

1989-5-30

水开了，别叫我

小张叔叔从厨房出来，站在过道里喊："冬冬，冬冬，你们家的水开了。"

邻居们的习惯，谁家有事，一叫孩子名字，就知道了。

大姑应了一声，忙去公共厨房关火倒水。

冬冬隔着小张叔叔家的纱门，高声说："小张叔叔，往后水开了，你可别叫我！"

小张："怎么不叫你？"

冬冬："我又不是提水的人！"

小张："谁是提水的？"

"大家是提水的人。"冬冬问，"妈妈，我说的好玩不好玩呀！"

她知道，这是开玩笑的话。

1989-5-31

成功的"六一"表演

"六一"儿童节，幼儿园在大礼堂开联欢晚会。小二班表演健美操和舞蹈《泥娃娃》。冬冬是舞蹈《泥娃娃》的领舞。妈妈和大姑到大礼堂，发现冬冬正东张西望地寻找家人。大姑跑过去，陪她走上舞台的后台。

节目预报"小二班准备"。妈妈的心，一下子跳快了。

小二班上台了。冬冬笔直地站在第一排右角边上，一脸的严肃，交叉双臂，做着健美操表演前的准备。

音乐响起，冬冬马上进入状态，面带微笑，一招一式都很到位。健美操表演结束，调整队形，冬冬站到舞台中央的领舞位置。

开始播放《泥娃娃》的音乐，冬冬边唱边跳，动作协调，姿势优美，舞到了忘我的境地！这个舞蹈，重复跳三遍。冬冬没做错一个动作。

王果妈妈拉着妈妈说："白老师，我早就跟你说过，你姑娘跳得好吧！"

一位家长指着妈妈说："那是李纤的妈妈，她的姑娘是领舞的。"

舞蹈结束了，冬冬拉着大姑的手，飞也似的跑到妈妈身边，说："妈妈，你看见我的表演了吗？"

妈妈："看见了。"

冬冬："我跳得好吗？"

妈妈："好，好极了，妈妈激动得眼泪都流出来了。"

冬冬："我们的老师，眼泪也快流出来了吧？"

妈妈："老师会高兴的。"

冬冬："我们的老师快高兴死了吧？"

这是一次成功的演出，也是奠定她自信的又一次经验积累。

冬冬马上提出要求，说："妈妈，给我买冰糕吃，吃好多好多的。天气热，我跳得好，妈妈就给我买冰糕。天气冷，跳得好也不买冰糕，对不对呀！"

如何判断天气

冬冬："妈妈，我给你想个办法，你晚上不看天气预报，就知道明天是什么天气！"

妈妈："什么办法？"

冬冬："动脑子想呀，想想明天是晴天，它就是晴天。"

妈妈："你这个办法不可行！天晴天阴，不能只靠脑子想！"

冬冬："我还有一个办法，你明天早上起床后，看看是晴天还是阴天，就知道了。"

妈妈："这叫事后诸葛亮。"

把名字写在裙子上

妈妈在床上躺着。

冬冬用一张纸捂着裙子，蹭到床前，说："妈妈，我要是搞错了，你，你怎么对付我呀？"

妈妈："你先告诉妈妈，搞错什么事了？"

冬冬："我不小心，把墨水搞到裙子上了，我不是故意的，我下次一定小心。"

妈妈："让我看看，好吗？"

冬冬手一松，露出裙子上写着的"李冬"两字，是冬冬的字体。

妈妈："是你写的？"

冬冬："妈妈，我错了，我再也不了。"

妈妈："去，把这件事告诉爸爸和大姑。"

冬冬："这件事不告诉大姑和爸爸，我也改。"

听见姐姐回来了，她又赶快卷上裙子跑开了。

1989-6-1

"……之内"

冬冬穿大姑的衣服，说："上次我穿大姑的衣服，就蛮好看的，这次我想也蛮好的。"

大姑："你穿呗！"

冬冬："那你可别哭呀！"

大姑一边做踢腿运动，一边说："你穿吧，我不哭！"

冬冬："我看大姑十天之内，也可以当个大运动员呀！"

"……之内"表示在某一距离、数量、时间等的范围以内。第一次记录到冬冬使用这种说法。

1989-6-2

何谓"传话游戏"

妈妈："冬冬，告诉妈妈，你在幼儿园，怎么做的传话游戏？"

冬冬："可以呀！首先是老师告诉她一句话，然后她把这句话告诉别人，要是说对了，就给她一个奖品。"

1989-6-3

想当电子琴老师

冬冬："妈妈，给我买电子琴吧！"

妈妈："买电子琴？院子里有好多孩子，哭着闹着买电子琴。等买了，又不想学了！你年龄太小，还坐不住。"

冬冬："你也想看我是那个样子的？我可不是那样，我下决心学电子琴！现在不学电子琴，将来怎么当电子琴老师呀！"

所谓的"那样"或"那个样子"，是妈妈说的"学琴半途而废"的情况。还第一次记录到"下决心""电子琴老师"两个词语。

1989-6-4

"为了"

冬冬跟着陈果、熊楠下楼玩。过了一会儿，她气呼呼地跑了回来，说："谁让他们两个住到西一村的？难道他们住这，就是为了打人吗？"

"为了"是表示目的的词语。第一次记录到冬冬使用"为了"，"目的范畴"也许是儿童发展较晚的一个认知领域。

1989-6-5

老师不让去幼儿园了

冬冬："妈妈，明天老师不让我们上幼儿园了。"

这是一段特殊的日子，难道幼儿园也关门啦？

妈妈："嗯。老师怎么说的？"

冬冬："老师说，'你们的爸爸妈妈都不上班，明天不要来了。'"

妈妈："这几天，老师对你好吗？"

冬冬："好呀，就像黑熊妈妈对小黑熊，就像大老虎喂她的孩子。"

1989-6-6

异想天开的谜语

冬冬："妈妈，我给你破个谜吧？"

妈妈："好啊。"

冬冬："没有耳朵能听见，没有眼睛能看见。一个小姑娘，她有眼睛，有鼻子，但是没有用，那是什么呀？"

妈妈："泥娃娃。"

冬冬："不对，她是稻草人。"

妈妈："嗯，可以是稻草人。但你说的没有耳朵还能听见，是什么呢？"

冬冬："我告诉你吧，她是妖怪，妖怪变的，没有耳朵。"

"免得"的意义

母女俩躺在床上。

妈妈："冬冬，赶快放下蚊帐，免得蚊子进来了。"

冬冬："'免得'？'免得'是什么意思呀？"

1989-6-7

以妈妈身体为重

冬冬："妈妈，今天你能带我去玩吗？到外边，到大门外边去遛一圈。"

妈妈："你说呢？"

冬冬："我说，看你身体的情况好不好？"

1989-6-8

为何不去姥姥家

妈妈说，今年放暑假，咱们准备回老家。

冬冬："我只上奶奶家、小姨家，不上姥姥家住。"

妈妈："为什么？"

冬冬："姥姥家黏糊糊的。"

妈妈有点不高兴了："什么黏糊糊的？你是嫌姥姥脏？"

冬冬马上改口："不是的，姥姥只给我买好吃的，从来没有一个人跟我玩。"

1989-6-9

"像……"

冬冬："大姑，你要是不长成这个样子就好了。"

大姑："我要长成什么样子？"

冬冬："像电视上的姑娘一样，就像《红楼梦》上的王熙凤一样儿。"

电视知识再用于生活。

1989-6-11

爱得深，可以结婚

冬冬挥舞着彩条，建议说："妈妈，你当王母娘娘，我当七仙女吧！"

妈妈："可以呀！"

冬冬："王母娘娘，你要是你对我好，我们就结婚吧？"

妈妈："别胡扯。"

冬冬："爱得很深，就可以结婚。"

妈妈笑了："你还小，还不懂结婚这个话题，可不能乱说！"

冬冬一本正经地："结婚，这一点我还不懂，你跟我解释解释吧！"

1989-6-12

"鬼"，表感情

冬冬很喜欢琳琳家的电动枪。

琳琳妈说："这是琳琳过生日，我们送给她的礼物。"

冬冬："我过生日，爸爸妈妈只知道买些鬼裙子、鬼蛋糕什么的。"

1989-6-13

出席生日派对

大姑的同学吴洁过生日，带冬冬参加。

冬冬拉着吴阿姨的手看看，说："吴阿姨，你的手指甲怪好看的。"

吴阿姨拿出指甲油，为冬冬染指甲。

冬冬跟吴阿姨拉家常，说："我爸爸说，我是在树林里捡来的。我妈妈说，我是在育婴室抱的。我到底是怎样出生的，我也弄不清楚。"

充满稚气的语言，逗得大家哈哈大笑。

吴阿姨让冬冬戴上自己的漂亮帽子。吴的男朋友此时要离开，故意要从冬冬头上取下帽子带走。

冬冬说："又不是你的帽子，你干吗拿走？那样吧，我给你破个谜，你要是猜着的话，我就把帽子给你，不然的话就不给。"

大人们只得随她。

冬冬："有眼睛看不见，有耳朵听不见，那是什么呀？"

吴洁："洋娃娃。"

冬冬："不是。"

吴洁："泥娃娃。"

"不是，我跟你们说吧，那是窗户，"冬冬指着窗户说，"这像两只眼睛，这像两只耳朵。"

这谜底，出人意料。

生日派对结束了，冬冬和徐华荣阿姨挥手告别，调皮地："再见，徐阿姨！你是谁呀？再见，黄芳！"

黄芳并没来参加生日派对。

1989-6-14

"何必说别人"

冬冬："朱可姐姐说她的蓝条条的裤头好看，说我的咖啡色的条条不好看。"

妈妈："你们的都好看。"

冬冬："你说你的蓝条条的好看，你就好看呗，我认为我的咖啡色好看，我就好看。何必说别人的不好看呢？难道就你一个人的好看？"

她不再跟人攀比，也不再小性，显现了独立意识的萌芽！

第一次记录到冬冬使用反问词语"何必"。反问是冬冬近来常用的表达方式。

与姐姐告别时

姐姐怀孕六七个月了，今天晚上准备坐火车回河南。

妈妈："快跟姐姐玩去，姐姐等会儿就要走了。"

冬冬："管她走不走呢，我才不去呢！"

妈妈："姐姐走了，就不来了。"

冬冬："管她来不来呢，那又该怎么样呢？"

"管她"加正反重叠，是表示"无条件"的一种格式。这些话，说得很淡然，似乎很无情。其实，她还没有感受到分别之情。

姐姐出发时，她拉着姐姐的手，送了很远很远，还不愿意回来。晚上，躺在床上，自言自语道："姐姐走了，为什么要让姐姐走呢？"

拧鼻子

冬冬拧妈妈的鼻子，开玩笑说："把这个拧掉它吧！"

妈妈："不行，拧掉就没有了。"

冬冬："管它有还是没有呢！"

妈妈："这可得管。"

冬冬笑了。

1989-6-15

不让妈妈跟人聊天

妈妈跟邻居聊天。冬冬觉得被冷落了，拉拉妈妈的衣服，说："妈，你想不想跟我玩？"

妈妈："想啊，当然跟你玩了。"

冬冬："妈妈，我跟你说，你要是跟他们说话，就别想跟我说一句话。说，你到底想不想跟我玩？"

画大山，从远处看它很小

（4 岁 6 个月　1989-6-16—1989-7-15）

船队（1989 年 5 月）

1989-6-16

"之内、之外"

冬冬："爸爸，我跟你说呀，五十天之内你不准抽烟。"

爸爸："五十天之外呢？"

冬冬："五十天之外也不准抽，一百天也不准抽。什么时候也不准抽。"

妈妈："你跟爸爸讲讲，不能抽烟的理由！"

冬冬："抽烟会生病，那一次就抽烟生病了，病得多厉害呀！"

妈妈："再病了，咱们扔了他，不管他了！"

冬冬："对，我告诉你，你要是再抽烟，我们就扔掉你，不要你。"

1989-6-17

不好意思

昨晚冬冬弄湿了内衣，以前洗的内衣还没晾干，只得赤裸着身子睡了一夜。早上，妈妈拍着冬冬的小屁股问："冬冬，你光肚儿了没有？"

冬冬脸一扭，不好意思地："什么话呀？"

她早就会说"什么话"，但单独用"什么话呀"，表达不好意思，还是首次记录到。

1989-6-18

"请"

近段，冬冬在需要别人帮忙时，常能使用礼貌语言，虽然运用得还不太准确。她拆卸玩具："这个安的好紧哪，大姑，请你可以给我拆掉吗？"

学会扎辫子

冬冬在自己的两条辫子上，各扎了三道皮筋："我小时候，妈妈不给我扎辫子，我自己学会扎了。虽然我扎得不好，但是，是我自己扎的。"

妈妈："对。"

冬冬："谁要是说我扎的不好，我就打他的屁股。"

1989-6-19

家人数量的变化

冬冬："本来有五个人，走了一个姐姐，现在只有四个人了。"

姐姐回河南后，小郑也很少来家。冬冬又不把他算成家庭成员了。

天生与出生

冬冬说："我不跟熊楠玩，熊楠就对老师说，不让老师喜欢我。老师看我愁眉苦脸的，就问'你怎么了，李纤？'老师还是喜欢我的！"

大姑说，冬冬性格中有两大弱点：一是不大合群，二是太看重周围人对她的态度。

妈妈："没办法，天生如此。"

冬冬："我不是'天生'的，我是'出生'的。"

昨晚看电视，她曾问过"什么叫'天生'呀？"

大人虽解释过，但她仍不解其意。

唾沫和大雨

爸爸和冬冬一起接续故事。规则是：

一个人先讲故事。裁判"嘀"的一声铃响，正讲故事的人立即打住，另一个人马上接续讲。

大姑当裁判，爸爸和冬冬两个人讲故事。

爸爸："有一只小狗和一只小猫，在吵架，越吵越凶，突然下了雨——"

大姑："嘀——"

冬冬："下起了雨，雨越下越大了，原来呀，那是小狗吐的唾沫。"

把唾沫想象成下的大雨，夸张得很到位。

1989-6-20

"举个例子"

晚上，刚过了十点钟。

冬冬："爸爸，我今天要你睡在上面。"

爸爸："不行，我今晚要熬夜，要很晚才睡觉。"

冬冬："爸爸举个例子说。"

爸爸："什么例子呀？"

冬冬不懂什么是"举个例子"，答不上来。

爸爸摇晃她的身子，说："你呀，学会一个词，知不知道意思，就用起来了。"

"我谁也不亲，谁也不爱"

爸爸去了书房。

冬冬对妈妈说："妈妈，我想找大姑睡。"

妈妈困得睁不开眼睛："你去吧！"

冬冬："你现在最需要谁呀？"

妈妈："睡觉。"

冬冬："你现在最亲谁呀？"

妈妈："我瞌睡了，不知道亲谁了。"

冬冬坐在床上，一声不吭。

妈妈感觉气氛不对，忙坐起来："冬冬，你最亲谁呀？"

冬冬："我谁也不亲，谁也不爱。"

妈妈的话伤害了她。她也用同种态度，来对付妈妈。

1989-6-21

大雨

瓢泼大雨。爸爸从幼儿园里接回了冬冬。大姑在书房，听见冬冬回来了，叫："谁回来了？"

冬冬："我以为，你上课还没回来呢，我没有想起你。"

最合适的表达，应当是"想到你"。

妈妈赶快迎出来，问淋雨了没有？

冬冬："妈妈，来了一个伯伯，在路上走着，下着雨，他打着雨伞，穿着一个裤子，爸爸就把毛衣脱了给他穿。"

其实不是毛衣，是外套。

妈妈："爸爸把毛衣给谁了？"

冬冬："我不认识的一个伯伯。"

爸爸说，路上遇见教研室的一位同事，他生病刚有好转，体质弱，下雨天冷，就脱下外套，让他穿走了。

不看没有女性的电视

中央八频道，播放电视剧《诸葛亮》。

冬冬："里边有女的没有呀？"

大姑："没有。"

冬冬："一个也没有？"

大姑："有怎么样，没有怎么样？"

冬冬："没有一个女的，我不看。"

1989-6-22

盼着星期天

冬冬起床问："今天是星期四，对不对？"

妈妈："对呀！"

冬冬十分兴奋地说："再有两天，就是星期天。"

科学常识

①冬冬："是不是狐狸打不赢，就放个臭屁，逃走呀？"

妈妈："什么打不赢？"

冬冬："狐狸打仗呀！打仗打不赢的时候。"

妈妈："是的。"

②冬冬："有一种鱼，碰见鲨鱼，怕鲨鱼吃它，就放一股很腥、很难闻的味儿，逃跑了，是不是呀？"

妈妈："谁对你讲的？"

冬冬："是老师。"

③晚饭后，妈妈带冬冬在外面散步。

冬冬："为什么人长得不一样呀？"

妈妈做了解释。

冬冬："人心怎么也不一样呀？"

随着年龄的增长，冬冬掌握了越来越多的科学常识。

"地道"

大姑说，湖北同学说她说话的音调，弯弯太多，又说："就连黄芳也这么说我。"

冬冬："黄芳说，你说话地道吧？"

她未必理解，什么叫"地道"。

1989-6-23

渴得要命

早上起床，冬冬说："妈妈，我昨天晚上渴得要命。"

妈妈："渴了？那你怎么不吭声？"

冬冬："我虽然渴得要命，但是我睡着了，现在才感觉到。"

"差一点"

冬冬从幼儿园回来，对妈妈说："熊楠差一点把我的眼睛弄瞎，王韧差一点把我的下巴捣碎。"

说的程度都很重：眼睛弄瞎，下巴捣碎。

冬冬的问题

后楼上的公鸡，"呜呜"叫个不停。

冬冬："妈妈，公鸡天天叫我们，嗓子叫哑了怎么办？"

妈妈："别担心，公鸡的嗓子是铁嗓子，叫不哑的。"

冬冬："它怎么是'铁嗓子'呀？"

妈妈："天生的呀。"

冬冬："火车为什么只能在铁轨上跑，不能在街上跑呀？"

妈妈做了解释。

"那汽车能不能在铁轨上跑呀？"冬冬又问，"妈妈，还有许多事情我弄不清楚。大汽车有些我可以分得清，有些小汽车我分不清，哪是车头哪是车尾？"

鱼刺

晚饭有红烧鱼。

冬冬："妈妈，你为什么不吃呀？"

妈妈："我害怕鱼刺。"

冬冬："死亡比刺更怕人些。玉香大姑已经死了。"

这个比较是正确的，但大人不愿意多与儿童讨论死亡。

妈妈转移话题："你是怎么吐鱼刺的，教教妈妈！"

冬冬："我会吐刺。嘴里感觉到一个长东西，就吐出来。"

腔调蛮狠的

冬冬吃无花果。妈妈劝她别吃太多，留些明天吃。

"其他的事你管我，吃不吃无花果，你别管我。" 冬冬说，"我最喜欢吃无花果了，你给我做点无花果。"

妈妈："我不会做。"

冬冬："你对你的女儿不亲了，是不是？"

妈妈："我说不会做，这就是不亲了？"

冬冬："往后你别对我狠了，好不好？我想让你带我出去转一圈。"

妈妈："半夜了还出去？"

冬冬："听你的腔调蛮狠的。"

妈妈："你还听出来蛮狠的？"

冬冬："人家是人嘛！"

已经是夜里十一点了。

冬冬："现在天刚黑吧？"

妈妈加重语气地："快半夜了，还刚天黑？"

冬冬："你今晚怎么这么狠呀，对你的女儿？！"

1989-6-24

冬天开电扇

爸爸："冬冬，到了冬天，爸爸给你开电扇好不好？"

冬冬："没有听说过这样子的话。"

"司机员"

爸爸："你长大了，想干什么？"

冬冬："我想当司机员。"

"司机"后面不需加"员"。但是，"×员"的构词能力太强了，冬冬造出个"司机员"来。

"属于"

冬冬玩机器狗，说："这个玩具属于我，不属于别人。"

第一次记录到冬冬用"属于"。"属于"表述的是所有权问题。

世界上最奇怪的衣服

冬冬穿着新连衣裙，站在穿衣镜前，身子转来转去，说："连衣裙，它是世界上最奇怪的一种衣服。"

她最喜欢连衣裙，把它说成是"世界上最奇怪的衣服"。"奇怪"是漂亮、有特色的意思。

"比较合适的"

爸爸对妈妈说，他准备抽空去买磁带，再买个西瓜回来。

妈妈："买磁带，最好买跟冬冬这个年龄段比较接近的，她能听懂的。"

冬冬纠正妈妈的话："比较合适的。"

吃瓜认字

爸爸买回了磁带和大西瓜。冬冬围着西瓜，又蹦又跳，高兴异常。

爸爸："冬冬，你知道爸爸为什么买瓜？"

冬冬："因为我给爸爸妈妈画了好多画，爸爸妈妈觉得我太辛苦了。我们西一村，只有我们一家人买西瓜。我的爸爸妈妈，待我的确很亲。"

会使用"的确"二字！

爸爸写了"西瓜甜"三个字，让冬冬吃一口西瓜，认一次字。冬冬很快认识了这三个字。

妈妈："西瓜甜不甜？"

冬冬："甜得很。"

妈妈："比桃子呢？"

冬冬："甜多了。"

冬冬把吐出的西瓜子，倒进垃圾桶里，说："明天中午我再留，今天晚上不留，要不不方便。"

留下西瓜子，还有"方便不方便"之说。

父亲，应守规矩

冬冬去书房，发现爸爸正在抽烟。她一把夺过来，扔到地下用脚踩踩，生气地说："父亲就不守规矩，还算什么父亲呀！"

爸爸："我给你买了西瓜。"

冬冬："但是你不守规矩。"

半年前，冬冬讲故事，曾经用过"父亲"这个称呼；今天，因为爸爸抽烟，她很生气，竟然用书面语"父亲"，来称呼爸爸。

1989-6-25

馋嘴的多种表达

爸爸早餐买了馒头和豆浆。

冬冬："豆浆凉了，有个腥味。"

爸爸："谁说的？"

冬冬："老师。"

爸爸："老师说得对！"

冬冬："妈妈，我是不是个好吃佬呀？"

妈妈："不是呀。"

冬冬："好吃嘴？"

妈妈："也不是。"

冬冬："好吃大王？"

妈妈："也不算！为什么这样说？"

冬冬："我的肚子里光想吃东西，吃的东西越多，长的个子越高。"

知道自己是馋嘴，用"好吃佬、好吃嘴、好吃大王"来形容自己。

1989-6-26

形近易混字

冬冬不大一会儿，就认了五六个字。

其中，"裙"字和"糖"字，"花"字和"茄"字，容易混淆。它们形状有相类之处。

"看着别人吃，你也想吃了"

夜里十点钟，妈妈胃里搅和得难受。估计是饿了。

冬冬正吃西瓜，问："妈妈，你心里难受，我把这个给你吃一点吧？"

妈妈："好，给我拿一小块儿。"

冬冬递给妈妈西瓜，说："看着别人吃，你也想吃了？"

1989-6-27

小天使

冬冬："妈妈，我先让你跟我那样。"

妈妈："哪样？"

"先跟我玩那个积塑，然后再看《黑猫警长》。"冬冬依偎在妈妈怀里，问，"妈妈，你想着，我是咱们家里的小天使吧？"

妈妈拍拍她的脑袋，亲昵地说："我不用想，你就是咱家的小天使！"

话音刚落，她又吵闹着要去小二家，妈妈不同意。

冬冬："我要上小二家玩下还不行？你说让我穿裤子，我穿了，还要怎么样呢？"

这小天使，脾气还挺厉害的。

老鼠、耗子、田鼠

冬冬翻看《看图识字》："妈妈，一个叫耗子，一个叫田鼠，两个俗名。"

妈妈："还叫'老鼠'。'耗子'是俗名。你喜欢田鼠吗？"

冬冬："不喜欢。田鼠偷吃我的粮食，老鼠拖走我们的小鸡，田鼠拖走我们的大白鹅。"

妈妈："不是田鼠吧？你想想，是谁拖走的大白鹅？"

冬冬："大灰狼。河南老家的天气还不错。"

从回老家知道大灰狼拖走大白鹅，马上联想到河南的天气。思维的跳跃性。

1989-6-28

拧掉坏人的脖子

冬冬洗完澡。妈妈催她快从澡盆里出来。

冬冬说："我呀，总要达到一种程度。"

"洗澡"还要达到什么程度？

妈妈说，已经达到了洗好的程度，快出来吧！

"这是我的系屁股带，"她掀动腰里大浴巾，又摸摸脖子里项链，说，"你看我的项链打湿了吗？"

妈妈："就是打湿了也没关系。"

冬冬："打湿了会上锈的。"

大姑抱冬冬上床，擦身子，穿衣服。

她开玩笑地："我把妈妈的脖子拧掉它。"

妈妈："那才好，你拧掉吧。"

冬冬："那不好。妈妈是好人我不拧，坏人的脖子我才拧。"

1989-6-29

"那个"

冬冬曾经在衣柜里，看见过两个虫子。

她去厕所，问："这个厕所好不好生那个吃箱子、吃柜子的那个虫呀？"

两个"那个"连用。这是早年"多余限定"的遗留。

回老家，拿着钥匙

快到暑假了，家人商量回河南老家的事。

冬冬："看起来，我们走的时候，还得拿钥匙呀！"

1989-6-30

"只有大姑才能做这么好"

今天幼儿园放假，带回小被子和枕头。

冬冬指着枕头上的小猫图案，问："这是谁做的？"

妈妈："妈妈。"

冬冬："大姑。"

妈妈："真的是妈妈做的。"

冬冬："谁能做这么好？只有我大姑才能做这么好，不是你做的。"

1989-7-1

回河南

早上六点钟起床，匆匆赶往武昌火车站，八点四十分开车。火车行至汉口，第 11 节车厢坏了。停车两个小时，又换乘另一辆火车。

冬冬说："我们今天肯定到不了小姨家了。"

下午五点多到驻马店。坐长途汽车，九点钟到泌阳。

7 月 2—4 日在泌阳小姨家，画了不少画，5 日上午去张庄。

1989-7-5

奖励爷爷

上午到张庄。冬冬看到奶奶，没见爷爷，便说："奶奶好，爷爷呢？"

爷爷抱着西瓜、甜瓜、桃子等一大堆水果，从街上回来，又在院子里的大树上，吊了个秋千。

冬冬高兴地说："我奖励爷爷一个小帽子。"

1989-7-6

风婆婆累了

奶奶说，冬冬去年春节回老家，北风把小脸吹皱了。

冬冬说："她太累了，她想休息。"

这个"她"，指的是风婆婆。夏天的风和冬天的风不同。

给小姑梳头

冬冬给小姑梳头，说："你看我给小姑梳得多漂亮、多文静、多美丽。"

除了"漂亮、美丽"，还用了"文静"一词。

小姑被摆弄疼了，把头摆来摆去。

冬冬："我骗你的，我根本不是想给你弄好看的，想给你弄丑的。"

小姑："我不让你梳，我自己梳！"

冬冬："你梳的，简直像个老妖婆，你看我扎的极好！"

1989-7-7

与父辈一起排行

小姑在姊妹中排行第四，大家昵称她"老四"。

冬冬问小姑："你是叫个'李四'吗？"

小姑："你呢？"

冬冬："我叫'李五'。"

1989-7-8

不能打着妈妈

冬冬用鞭子追赶院里的鸡，鞭梢差点打着妈妈。她笑着说："我亲爱的妈妈，我不能打着她了，因为她有病。"

"不管……"

妈妈："这个桃子好吃。"

冬冬："不管好不好，只要是好东西，都要吃。"

"大吃大喝"

学会"大吃大喝"这个词。

冬冬看妈妈吃饭，便说："我看妈妈真像大吃大喝。"

说着玩的

冬冬："妈妈，我给你编个花篮，我会编了。"

妈妈："好呀！"

冬冬："我根本不会编，我是跟你说着玩的。"

指甲花包指甲

爷爷家的院子里，开满了五彩斑斓的指甲花。指甲花，又叫小桃红，绿叶，红、白、紫的花瓣。指甲花与白矾一起捣碎，涂在手指甲上，用麻叶包起来，用细线缠紧，几小时后，指甲就染红了。这是农村孩子最喜欢的"美甲"修饰。

早上一起床，冬冬就说："我要包指甲。"

爷爷："喝了汤才能包指甲。"

在老家，"吃晚饭"叫"喝汤"，包指甲一般都是晚上进行。

中午，冬冬又闹着说："我现在就要喝汤。"

为的是包指甲。

1989-7-9

吃甜瓜瓤

甜瓜的瓜瓤，味道很甜。冬冬把瓜瓤带瓜子，连嚼都不嚼，全部咽了下去。

爸爸："冬冬，把瓜子嚼碎了，再咽下去。"

冬冬："我的牙齿疼，嚼不碎。"

"那可不行"

妈妈："冬冬，你在家玩得挺高兴的，干脆——"

冬冬："干脆什么？"

妈妈："你说是什么？"

冬冬知道妈妈的意思，说："干脆把我留在家里？"

妈妈："你同意吗？"

冬冬："那可不行！"

1989-7-10

家畜家禽

清晨，炊烟袅袅。狗的狂吠、鸡的叽叽、小羊的咩咩、黄牛的哞哞……错落呼应，天籁般的农家交响曲。

冬冬："村里养了许多小动物。早上一起来，牛呀，驴子呀，乱叫，像大老虎一样，又像出了大怪物。"

冬冬踩着席子边，想走到地上。抬起脚，又退回席子上，说："妈妈，上面有鸡屎没有？我担心上面有鸡屎。"

画大山，从远处看它很小

冬冬："妈妈，我的电子游戏机和哈巴狗拿回来没有？"

这是从武汉带回的两件玩具，曾在小姨家玩过。她担心忘在小姨家了。

妈妈："拿回来了。"

冬冬："那就好了。要是不拿回来，那可就糟了。"

冬冬画画儿，铅笔尖用秃了。

她指挥大姑："大姑，我请你把这许多笔都削一削，我要许多颜色。"

妈妈让她画山。她画了几座山，很小。

妈妈："山怎么这么小呀？"

冬冬："大山小山都是山。我画的是一座大山，从远处看它很小。"

冬冬的意思是，她画的是大山，画儿上的山小，是因为远处望山，山看起来是小的。

虽然图画不一定能够很好地表现她的想法，但她确实有了大小远近的意识。

难与易

冬冬："大姑，给我拿把花生。"

大姑："不行。"

冬冬："真懒。拿把花生恁容易，你就不行。做饭恁难，你就行。"

1989-7-11

两大变化

假期，冬冬有两点变化很大：

①落落大方，要求她表演唱歌、跳舞、背诵诗词等，有求必应。还愿意当

小老师，很耐心地教农村的小朋友歌舞。

②喜欢认字和数字计算。五天内，已掌握了十以内的加减法。爸爸计划，开始教冬冬学习乘法。

跳舞

两名小朋友要冬冬跳舞，冬冬答应了。条件是她跳了，她们也要跳。冬冬跳了舞，那两名小朋友，却扭捏起来。

冬冬："小朋友应该大方。我还从来没看见过，乡村里小朋友跳过舞。"

家里来了亲戚，怂恿着冬冬跳舞："跳一个，跳一个！"

冬冬："要别人跳，你自己先跳个！"

深夜蛙鸣

夜深人静，青蛙"呱—呱—呱"的歌声，在夜空中回荡。

冬冬："晚上为什么青蛙叫呀？"

爸爸："青蛙不只是晚上叫，白天也叫！不过夜里安静，听得更清楚。青蛙是两栖动物，在水里、陆地上都能生活。天热，快下雨了，是青蛙繁殖高峰期，它们高声歌唱，用声音来吸引异性……"

在爸爸科普青蛙的催眠曲中，冬冬恬静地入睡了！

1989-7-12

不懂的词

①小姑讲画书，其中有一句："为革命种田。"

冬冬："'革命'是什么呀？"

②妈妈念画书《西游记》，其中有一句"唐僧怕徒弟们惹祸"。

冬冬："'惹祸'是什么意思？"

喊人吃饭

中午，冬冬站在厨房门口，扯着嗓门喊："妈妈，吃饭了！"

这是农村喊人吃饭的方式。

妈妈也高声问："饭做好了？喊吃饭了？"

冬冬："喊了。"

妈妈从东屋走出来，问："中午吃什么饭？"

冬冬："那还用问，你自己知道。"

"像个大黑熊一样儿"

爸爸睡着了。

冬冬掰开爸爸的眼睛，说："爸爸一睡着，也蛮好玩，像个大黑熊一样儿打呼噜。"

饭后，消消食

午饭后，奶奶让冬冬睡一会儿。

冬冬："我现在不睡觉。"

奶奶："咋不睡了？"

冬冬："我要等肚子里面的消一消。"

吃了饭，爷爷喜欢说"消消食"。她也学会了，说要"消一消"。

1989-7-15

云像什么

傍晚，冬冬依偎在妈妈身边乘凉，空中一簇簇追逐的乌云。她指着一片乌云，说："妈妈，我看着那块儿黑的，像个断尾巴的。"

妈妈："断尾巴的什么东西？"

冬冬："那个什么呀？嗯，小蜥蜴呀！"

一下子想不起来了，会用"那个什么呀"，来填补。

妈妈："不错，有点像。"

冬冬："我看着，又像窗户上吃蚊子的！"

妈妈："什么动物吃蚊子呢？"

冬冬："壁虎。"

是谁吃了冰棒

（4 岁 7 个月　1989-7-16—1989-8-15）

荡秋千（1989 年 7 月）

1989-7-16

"全国""全世界"的问题

晚上，冬冬教小朋友跳舞，可以把歌词、舞蹈动作分解开来教。

冬冬："妈妈，我给你提一个问题，好不好？"

妈妈："可以呀！"

冬冬："你说全国有多少棵树？"

妈妈："我可说不清。"

冬冬："你说全世界有多少个门，多少个窗户？"

妈妈："不知道，说不清楚。"

冬冬："嘿嘿，难着你了不！"

能把妈妈难住，她很高兴。

1989-7-17

修理鞋襻

今天去马谷田姥姥家。刚出村，冬冬的鞋襻坏了，鞋子穿起来很不舒服。冬冬干脆脱下来，掂着鞋子。

冬冬："到了马谷田，找个修理鞋的，修理一下鞋襻子，就行了。"

挺是个办法。

1989-7-18

西瓜树

姥姥切西瓜。

冬冬吃了西瓜，扯着姥姥的手，要去把西瓜子种到地里："瓜子种下去，长成西瓜树，好结西瓜。"

1989-7-19

小火车上的问话

今天，从马谷田坐小火车去泌阳。小姨家的邻居小静阿姨，是列车员。火车上很拥挤，她把我们安排在列车员的休息室内。

冬冬："小静阿姨干什么呀？"

妈妈："卖车票的。"

冬冬："卖票员？"

妈妈："也叫列车员。"

冬冬："车票是从哪里来的呀？'中国'的'中'，是'中间'的'中'吧？"

快到泌阳车站了。妈妈说，冬冬别着急，这是终点站，大家都要下车的。冬冬下车后，转身看了一圈，不解地问："终点站，怎么没有终点呀？"

妈妈："是终点站呀！"

冬冬："那怎么没有点呀？"

是呀，终点站的"点"在哪儿呢？

爸爸费了很大的劲，也未能讲明白什么是"终点站"。

驻马店车站广场

下午，从泌阳乘汽车到驻马店火车站。火车站的广场上停了很多汽车。

冬冬："这里是终点站？为什么所有的车都不动呀？"

上午学的"终点站"，这时就用上了。

等了一会儿，有一辆小卡车启动了。

冬冬："为什么只有它一辆在走呀？它为什么走呀？"

艰难归程

买的回武汉的火车票，是深夜 12:07 从郑州到长沙的。

冬冬等得不耐烦了，说："要是我们的车，再不来，我就打它的屁股。"

妈妈："火车的屁股，你能打得着？"

冬冬："我说的'要是'呀！"

懂得"要是"是假设，不是真实的情况。

火车到站，大姑抱着冬冬，爸爸搀着妈妈，艰难地挤上了火车。火车上没有座位，连走道都挤满了人。冬冬趴在爸爸肩上，很快睡熟了。

火车运行至信阳，一位旅客下车，有了一个座位。一家人谁抱着冬冬，谁就坐那座位上休息一会儿。

（7月1—19日回河南老家。7月1—14日所记的语言卡片，装在随身带的包包里。回武汉洗衣服时，把脏衣服连同包包，一下子按进了大水盆里。突然想起来包包里的卡片，再抢救为时已晚。凡用蓝墨水笔记录的卡片，已模糊不清。圆珠笔记录的尚可认出。因此，这一段的日记，是残缺不全的。）

1989-7-20

稀饭煮煳了

早上，到武昌，七点左右出武昌火车站，八点半回到西一村。

武汉天气极热，房间像被炭火烘烤过一般。一进房间立马满身大汗。全家人奔波了一整夜，匆匆擦洗一把，不想吃，不想喝，倒头便睡。

中午，爸爸添水下米开火，煮上稀饭。厨房是四家公用的，离水开还得一会儿，爸爸便回屋小憩，很快睡着了。

邻居李伯伯大叫："李老师，李老师，你们家的稀饭煳了，快煮成干饭了！"

大家猛地醒来。一股呛鼻子的焦煳味蹿进卧室来。

找不到人玩

午饭后，冬冬下楼找小朋友玩，没找到一个人。她感到寂寞了，说："没有一个人跟我玩，我只有周尅一个好朋友，可是周尅也不跟我玩。"

妈妈："天太热，大家都躲家里乘凉呢！你有一个好朋友就不错了。别太贪心哦！"

冬冬："爸爸有好多好多的好朋友。"

1989-7-21

"爬柜子员"

妈妈："冬冬，梳子在柜子上，拿下来。"

冬冬脚蹬着屉子，往上攀爬，说："好。"

妈妈："小心点，别摔下来。"

冬冬："我最会爬柜子了！我是个爬柜子员。"

鼻子的形状

冬冬："妈妈，你的鼻子是梯形的。"

妈妈："胡扯。"

冬冬："我说小姨的鼻子是什么形的？小姨高兴得哈哈大笑。"

"笑得不得了"

冬冬表演节目，总用"谢谢，第一个节目是……"此时，大家常被她的滑稽模样逗笑。

冬冬："特别是老四，笑得不得了。"

这是回忆在老家时的情形。

1989-7-22

是谁吃了冰棒

已是上午十点，爸爸还没有起床。大姑从冰箱里取出两支冰棒，让冬冬吃一支，拿一支送给睡在书房的爸爸。过了好一会儿，冬冬回来了。

妈妈知道冬冬的"小九九"，故意问："冬冬，爸爸吃冰棒了没有？"

冬冬说："吃了。"

到吃午饭时，妈妈又让冬冬去书房喊爸爸。

冬冬："我才不去呢，光叫人家一个去是不？"

妈妈："别懒。"

冬冬："你们才懒呢，你们又不是没有腿，又不是长得没有嘴！"

妈妈："好吧，我去喊！我一定问问爸爸，他上午吃冰棒了没有？"

冬冬怕"冰棒"的事情暴露，用胳膊压着妈妈，不让妈妈去问爸爸。

妈妈："你说吧，谁去叫爸爸？"

冬冬："我去，我还要跟爸爸说一句话。"

不一会儿，冬冬跟爸爸一块儿回来了。

妈妈："刚才冬冬跟你说了什么话？是——"

爸爸点点头："冬冬喊我，让我吃冰棒，我没吃。"

妈妈："那她怎么说冰棒是你吃的？"

爸爸："我们刚才商量好了，我们都说实话。"

冬冬："我吃了两个冰棒，又会怎么样呢？"

妈妈："没什么，只要说实话。"

爸爸适时诱导，让冬冬没担当"说谎"的"恶名"。

"小"与"老"

小张叔叔家的小宝贝，叫"宵宵"。

冬冬问小张叔叔："宵宵多大岁数了？"

小张叔叔："你多大岁数了？"

冬冬："我四岁了。"

家家："宵宵八十岁了。"

冬冬："八十岁了，还这么小？"

家家慢悠悠地呼扇着扇子，说："宵宵是小人国的。"

冬冬："家家骗人！八十岁就变老了。像家家、像婆婆一样老。"

家家瞪大眼睛，指着自己的鼻子，咄咄逼人地问："我老不老？"

冬冬迟疑了一下，笑着回答："家家——有点老！"

冬冬使用了"有点"，家家满意地笑了。

1989-7-23

奉承话

妈妈跟大姑说，昨天下午冬冬和家家的对话很有趣。冬冬插话道："要是再加上一句话，就笑人了。"

大姑："你想加上一句什么话？"

冬冬："你像张阿姨一样年轻，你好好看看！"

冬冬知道家家喜欢他人说她年轻。

"带头的"

大姑："我说呀冬冬，你跳《泥娃娃》，应该用两条腿跳才好看！"

冬冬："就是一个腿。要是搞错了，老师早就批评我了，早就不让我当带头的了。"

把领舞说成"带头的"。

合作画画儿

两个孩子画画儿分工：冬冬画轮廓，熊楠涂颜色。熊楠涂颜色时，在冬冬的画上做了修改。

冬冬抖动着手中的画，说："这是熊楠画的，画的什么呀！男人的头上还扎个结子，画个乱七八糟，你看麻烦不麻烦？自己的画本，想怎么搞就怎么搞，也不能搞别人的画本呀！"

"重复"和"恢复"

冬冬："大姑，洗澡，最好别把水弄到耳朵和眼睛里了。"

大姑："怎么了？"

冬冬："弄到眼睛里会瞎，弄到耳朵里会聋，你就记住这两点，多了你记不住。"

大姑："大姑只能记住两样东西，就这笨？"

冬冬大笑，又转脸问妈妈："要是我瞎了，能不能重复呀？"

妈妈："什么重复？叫'恢复'！"

冬冬："对，恢复，什么时候恢复呀？"

煤票换鸡蛋

清晨，远处传来"煤票换鸡蛋哟——"的吆喝声。回老家一段时间，这个季度的煤票，节省下来很多。大姑拿着煤票，拿起篮子，拉着冬冬，急匆匆地跑下楼去！

大姑挑选个头大、表皮鲜亮的鸡蛋，摇晃几下，放在篮子里。冬冬也帮忙选鸡蛋……

回来后，冬冬闻闻左手，又闻闻右手，皱着鼻子对大姑说："你拣的鸡蛋根本没有臭；我拣的，怎么会有臭气呢？"

老四爱说的话

冬冬搭积木，突然抬头问：“‘约莫’是什么呀？”

“约莫”是河南方言，相当于普通话的“估摸、估计”。

大人们一下子没听懂，茫然地看着她。

冬冬：“‘约莫’，老四老说，‘我约莫不中’。”

冬冬又说：“‘妈呀！’老四最爱这么说了。”

经冬冬一提示，大家才想起，小姑真的很爱说这些话。

1989-7-24

服饰审美

昨天，大姑穿红色短袖上衣，白色短裤。今早，大姑穿了花短袖和黑短裙。

冬冬上下打量大姑，说：“我觉得红布衫白裤子最好看了。真的，我不骗你。妈妈，你怎么认为的呀？”

“代表”

家里自制冰棒。奶粉加白糖，倒在冰棒模子里。配料量多了点，剩下一杯冰糕水。冬冬端着杯子，要喝掉它。

大姑说，不能喝，这杯冰水可以做三个冰棒呢。

冬冬：“我喝那一杯，就代表吃三个冰棒了！”

1989-7-25

“自己”和“自个儿”

冬冬：“妈妈，‘自己’和‘自个儿’是一样的吗？”

妈妈："你说什么？"

冬冬："'自己'和'自个儿'是一个意思吗？"

"大自然"

妈妈讲画书，说，大城市里的人，不能只窝在家里，应该回归大自然。

冬冬："妈妈，什么叫'大自然'呀？"

1989-7-26

"神通广大"

在《西游记》中，不管神仙还是妖怪，大多数都用"神通广大"来形容。听的次数多了，冬冬留下了很深的印象。

她醒来，没头没脑地问一句："什么叫'神通广大'呀？"

远和近

冬冬："妈妈，你的妈妈，二妮姐叫什么呀？"

妈妈："叫奶奶。"

冬冬："二妮姐和大松哥的奶奶家，怎么这么近？我的奶奶家，为什么这么远？"

感冒的表象

张起："一会儿我去医院看病。"

妈妈："嗯？你病了？"

张起："我感冒了。"

冬冬："怎么没见你擦一次鼻涕呀？"

"真心"

大姑说，冰西瓜好吃，但对肠胃有害，还是常温的好。

冬冬想吃冰西瓜，便来找妈妈："妈妈，你还是冷冻一下你的手吧。"

从冰箱的冷藏室里取西瓜，手会被冰一下，冬冬称为"冷冻"。

妈妈："妈妈的手，可不能冷冻。病了怎么办？"

冬冬："找医生治一下，不就得了。"

妈妈："那可不行，你还是找大姑给你拿吧！"

冬冬："大姑是真心不让我吃！妈，我是真心想吃，我跟你说过了。"

1989-7-27

和覃覃在一起

上午，冬冬去找覃覃，但很快就跑了回来，似乎受了什么委屈。中午，覃覃来找冬冬玩。

冬冬把家里好吃的东西，全拿出来给覃覃，自豪地说："我在覃覃家，覃覃对我那么坏；她到我家，我还给她拿糖、饼干什么的。"

两个孩子一起看电视剧《变形金刚》。

覃覃："大黄蜂，大黄蜂是擎天柱的弟弟。"

冬冬："不对，大黄蜂不是擎天柱的弟弟，大黄蜂怎么是擎天柱的弟弟呢？"

梅香带两个孩子出去玩了半个小时，回来后梅香说："冬冬可有意思，问覃覃学字了没有，如果不学字，长大了是个没有用的人；还说要先学简单的字。覃覃听了，哭起来。冬冬说，'我小时候也这么爱哭，我妈妈说，哭是没用的，我就不哭了。'"

下午，王阿姨也对妈妈说："覃覃就听冬冬的。覃覃说，冬冬姐姐说，'不学字，不学画画儿，长大了没用。'"

冬冬不在家人身边，倒变得特别懂事，还把自己所受的教育，转授他人。

"以内、以前"

冬冬："妈妈，你必须在三小时以内，给我从楼梯上掉下去！"

妈妈："掉下去？你是想让妈妈摔死呀？"

冬冬："不是的。你必须在三十五分钟以前做好冰糕，要不，我要你的命。"

这段话里，她使用了"三小时以内""三十五分钟以前"两个时间词，试图让语气更加强硬。

什么是"旁观"

看电视。电视中的人物说："你不能袖手旁观呀！"

冬冬："旁观？'旁观'是不是'友好'呀？"

力气大

晚上，冬冬让大姑睡在大床上。

大姑："好吧，我把电视抱过来。"

电视机在楼下的房间里。

冬冬："你喊我爸爸哥哥，力气还怪大的。"

她赞扬大姑的力气大，还把大姑叫爸爸为哥哥联系起来。

1989-7-28

"倒是"

妈妈躺在床上。

冬冬："妈妈，做好饭了，听见没有？"

妈妈："大姑还没喊吃饭呢！"

冬冬："大姑没喊是没喊，但是已经做好饭了，我就要喊你吃饭。"

妈妈："再稍等一会儿，好吗？你不心疼妈妈？"

冬冬："心疼倒是心疼，吃饭是很重要的。"

"喊是没喊""心疼倒是心疼"，都是让步的表示方式，为下一句的转折做准备。让步是虚，转折是实。

猪八戒的肚子

准备吃饭。冬冬把猕猴桃酱，放饭桌上，说："妈妈，吃饭！我不知道是什么饭，我就把那个拿出来了。"

大姑去厨房端饭菜。

冬冬急不可待大叫："妈妈，我肚子饿了，饿得像猪八戒一样儿。"

电视剧《西游记》中，猪八戒总是贪吃的主儿。

妈妈："哈哈，如果像猪八戒的肚子，那可就不得了了！"

冬冬："猪八戒的肚子总是那么大呀？那它就不会恢复呀？"

"恢复"的意思，是变回到正常人的肚子那样。

"什么关系"

母女俩聊天。

妈妈说，回老家看爹娘，不仅是为一解相思之苦，也是为了尽尽孝心。

冬冬："爹娘？爹就是爸爸，娘就是妈妈，对不对？"

妈妈："太对了！爸爸的爹娘，就是爸爸的爸爸妈妈；妈妈的娘，就是妈妈的妈妈！"

冬冬说，她回老家并不快乐，今后再也不回去了。

妈妈："好吧，既然不高兴，那明年咱就不回去，行不行？"

冬冬掉头便走，回答一个字："行。"

妈妈一把拽住她，指着饭桌上的猕猴桃酱问："哎，你上哪里去？你喜欢吃的猕猴桃酱，也不要了？"

冬冬又坐下："那不行，猕猴桃酱和人又有什么关系？"

"欣赏"

雨后，小朋友们在草坪上尽情玩耍。

妈妈问冬冬："在草坪上玩得高兴吗？"

冬冬："草坪？玩得一点也不高兴。都是泥坑，我不欣赏它。"

这一时期，处在语言创造期，不懂的词就问，不懂的词也敢用。"泥坑"怎么谈得上欣赏不欣赏呢？

1989-7-29

问字词、问意义

①天气预报："今天夜间到明天白天，多云转雷阵雨。"

冬冬问："'多云'？是不是有很多云彩呀？"

妈妈："对。"

冬冬："'雷阵雨'？是不是很大雨呀？闪电暴雨呢？"

②《新闻联播》，滚动"全国政协会议""全国青联常委"等字幕。

冬冬认识其中的几个字，问："'全'，是'全班'的'全'吧？'家'，'家庭'的'家'。'像'，'像小象'的'像'。夏老师，吴老师喊夏老师'夏平'。"

冰西瓜

冬冬要吃冷藏的西瓜。妈妈拿出西瓜，切成小块儿块儿。

冬冬："妈妈，你的力气还怪大的，和我们的力气差不多呢！"

妈妈吃了一小块儿，太凉了。

冬冬："妈妈，我也一样儿，吃了冷得身上直发抖。"

1989-7-30

学十以内的乘法

冬冬："妈妈，我要学以内的乘法。"

妈妈："什么以内？"

冬冬："就是以内。"

妈妈："是十以内的乘法吧？"

冬冬高兴了："是的，是十以内的。"

捉迷藏

在桂竹园捉迷藏。妈妈藏，冬冬找。妈妈藏在栀子树后面。冬冬找了许久，从树枝的空隙处发现了妈妈。

她说："我看见妈妈的头，像个网兜挂在树枝上。"

1989-7-31

看不懂，也"有意思"

妈妈："关掉电视吧，好没意思。"

冬冬："我看着有意思极了，但是我看不懂。"

1989-8-1

想让爷爷奶奶来武汉

今天接到爷爷的信，说他和奶奶都很想冬冬。

妈妈："冬冬，等爸爸回来了，把你送回河南去，爷爷奶奶可想你了。"

冬冬："他们不会来看我？他们一次也没来过。还是大舅舅来了一趟，带我去接二妮姐。"

姐姐回河南很长一段时间了，冬冬开始把姐姐改叫"二妮姐"了。

"上十个"

冬冬指着绣花镂空的裙子，问："有洞洞的，穿着漂亮不漂亮？"

妈妈："漂亮。有多少洞洞？"

冬冬："有。有好几个，有上十个。"

"上"加数量词，是约数的一种表示方式。

猜出你要说什么

电视上玩杂技的小姑娘，做出后空翻又站立的动作。冬冬跃跃欲试，也想模仿，说："要天天练才可以起来，对吗？"

大姑："就是天天练，也不容易做到。"

冬冬笑指大姑："我就知道你要说这句话。"

1989-8-2

"亲自"

冬冬："我知道什么叫'亲自'了！"

大人："什么叫'亲自'？"

冬冬："比方说，妈妈要去，我说'亲自去'。"

用举例子的方式，解释词义。

"妙"

昨天，冬冬曾经问："什么叫'妙'呀？"

大姑解释给她听！

今天早餐，妈妈用油条蘸着面汤吃。冬冬看见了，连声叫道："妙，妙，妙呀！"

与性别生理相关的

冬冬帮妈妈洗澡。

妈妈："快帮我洗洗腋下。"

冬冬："恶心死了，我不洗。妈妈，我可以提个问题吗？"

妈妈："可以。"

冬冬："为什么男孩的妈妈儿很小，女孩子的妈妈儿大呀？"

"妈妈儿"，指乳房。

"太任性了"

几日来，冬冬每天都要去滑滑梯。今天下雨，她仍坚持要去："妈，你是不是觉得这几天，我太任性了吧？"

妈妈："是太任性了！"

睡觉时，冬冬说："有个事情我想不通。"

大人："什么事？"

冬冬："去滑滑梯。"

此事已过去了大半天，她还在纠结中！对于儿童而言，明白道理是一回事，能按事理去做，是另一回事。

脱光睡觉

昨天夜里，冬冬小便弄湿了内裤。早起，她发现自己是光着身子睡了一夜。

今晚，仍要光肚儿睡觉。

冬冬："妈妈，你有什么要求赶快提！"

妈妈："我没有什么要求。"

冬冬："不过，我可有要求，今天晚上我们穿什么睡觉呀！"

妈妈："内衣。"

冬冬："你穿上衣吗？"

妈妈："穿。"

冬冬："还穿什么呀？还穿一个厚厚的棉袄，是不是？"

妈妈："热死了，谁还穿棉袄？"

冬冬："那你为什么不让我脱光肚儿？要是你穿棉袄，我就穿裤头；要是你不穿棉袄，我就脱光肚儿。"

想脱衣服睡觉，不直接说，给妈妈绕了一个大圈子。

妈妈："这就是你的要求？"

冬冬："我们来商量一下光肚儿这个要求，好不好？我怎么只想脱光肚儿？"

最后说好，就一个晚上，明晚还得穿内裤睡觉。

"今天我们小孩子们的脾气可不好，你可别惹了我们！"冬冬用一副胜利者的姿态，说硬话来巩固煞费心机得到的成果。

这段对话，显示出冬冬为达到目的，逐渐在讲究谈话技巧。

1989-8-3

"心事"

邻居小朋友杨波的"哇哇"哭声，打破了清晨的寂静，拉开了桂子山西一村一天的序幕。

大姑推门进房间，说："大早上的，哭得吓死人的！"

冬冬："可能他有什么心事要跟妈妈说，找不到妈妈就哭了。"

"如何是好"的意思？

冬冬每天下午看两集电视剧《西游记》。

唐僧遇到妖怪，或者孙悟空不在跟前时，常常一筹莫展，极爱说那句"这如何是好？"冬冬也跟着学会了这句话，不管语境是否合适，都要拿来使用一把。

她指着墙上的两朵花："妈妈，这两朵花，如何是好呀？"

妈妈没听懂："什么？"

冬冬："我的彩笔，如何是好？"

妈妈："你知道'如何是好'是什么意思吗？"

冬冬："就是怎么办。"

妈妈："说对了。"

冬冬："我没问大姑的时候，以为'如何是好'，是'好'的意思呢！"

与人相关的问话

冬冬："人为什么要长两个鼻孔呀？"

妈妈："没有鼻子，怎么呼吸呀！"

冬冬："妈妈，人为什么长得不一样呀？"

妈妈尽力解释。

冬冬又问："为什么人们说话不一样？小郑哥哥说了话，总要带一句'嗯哪'，为什么'嗯哪''嗯哪'的呀？"

1989-8-4

想小姑

冬冬提议说："要是爸爸回来了，把小姑接来住一段。"

妈妈："为什么让小姑来？"

冬冬："我想小姑了。"

1989-8-5

电表

墙上挂着电表。

冬冬："妈妈，我们每个人为什么都不去招电表呀？"

妈妈："招它干什么？"

冬冬："拨一拨，上上劲。"

她把电表当钟表看了。

观察，提问

①天花板上的吊扇有三个长扇叶。

冬冬："为什么不把电扇上三个长的拧下来？"

②冬冬："为什么有的人嘴巴臭烘烘的，有的人臊不唧唧的？"

③冬冬："人说话的时候，嘴唇还动，怎么回事呀？"

"他什么都不懂"

小朋友杨波来家玩，拍打着冬冬钢琴上的琴键问："这是什么？是响琴？"

冬冬："是的，是的，好像你什么都不知道似的。"

"似的"是一个助词，表示事物间的相似，第一次记录到冬冬使用"似的"。

杨波走后，冬冬对妈妈说："杨波要把那个鼻涕往我身上抹！"

妈妈："他抹了吗？"

冬冬："没有。他什么都不懂。"

打扑克

冬冬学打扑克牌，会"对花、争上游、捉坏蛋"等三种玩法。

她总想把大姑手里的花，占为己有。

大姑："别捣乱了，好不好？"

冬冬："从这就正儿八经哩，你还不是一会儿就富起来了吗？"

"富"，指手里的牌多起来。

扑克牌的对花，是无限循环的打法。

大姑累了，提议说："来这一牌算了，不打了。"

冬冬："这一牌，算来不到头了，剪断它算了。"

1989-8-6

什么是"此乃"

电视剧《海瑞罢官》。

海瑞说："此乃权宜之计。"

冬冬："此乃？'此乃'是什么意思呀？"

上帝与大雨

在幼儿园，冬冬和覃覃一起滑滑梯，不停地跑上滑下，也不停地拌嘴。玩着玩着，零零星星飘起雨点了！

冬冬："我们吵架，把上帝惹恼了，下起大雨起来了。"

1989-8-7

误会的"不会吧"

冬冬刚小便过，又要去厕所："我去屙尿。"

大姑："不会吧？"

冬冬："你还会，我就不会呀？"

大姑说的"不会"是"不可能"的意思，冬冬理解为"不会做"的意思。

咒语

午饭，冬冬把自己碗里的米饭，扒拉过来扒拉过去，就是不愿意入口。

大姑威胁说："好呀，你不吃饭，我就不带你去滑滑梯。"

冬冬挥舞着双手，模仿《非凡公主茜茜》中拉滋夫人的咒语，说："天门开，地门开，愿大姑别再说这句话。"

1989-8-8

爸爸的"花招"

冬冬只会滚球，不会拍皮球。在她的幼儿手册上，这门成绩总是良好，达不到优秀。

爸爸带冬冬去武昌买球，想加强这方面的训练。转了好几个商场，都没买到。在黄鹤楼大厦，终于找到一个红皮球。但这个球还没有定价，售货员不卖。爸爸说了一大箩筐好话，用四元钱买到了手。

回来后，冬冬对妈妈说："妈妈，我爸爸说，'孩子拍球不及格。你要不卖，孩子也不走。'"

妈妈："哟，爸爸还挺会说的。"

正巧爸爸走到门口。

冬冬对爸爸说："爸爸，我正告诉妈妈你的花招呢！"

冬冬的"花招"，不含贬义。

现在最重要的

冬冬："现在最重要的是什么？"

爸爸："学知识。"

冬冬："妈妈，你认为现在最重要的是什么？"

妈妈："认字。"

说话拐弯抹角

冬冬口腔溃疡，想喝高橙，说："妈，我嘴疼。"

妈妈："嘴疼，用药膏抹一抹。"

冬冬："不行，我要喝有效的。"

爸爸："要喝有效的药，是吗？"

冬冬："爸爸，要喝那个高什么呀，高什么呀，高什么橙呀？"

爸爸说，高橙太刺激，溃疡面会更疼。

她勉强答应不喝，但赖在床上不起来。

妈妈："冬冬，你起床吧，你总是——"

冬冬："我总是怎么了？总是坏是不？"

"没有这种说法"

去医院打针。骑自行车上坡走 S 形。车轮轧着干树叶，发出"嘎嘎"的声响。

冬冬："爸爸，你怎么放屁了？"

爸爸不做解释，笑着说："累的了。"

冬冬也笑了："没有这种说法。"

"仙人树"

冬冬："什么叫仙人掌？仙人掌是仙人树吧？"

妈妈："仙人掌，是一种植物的名字！没有叫仙人树的。"

两棵大树说话

冬冬："有一天老师说，晚上忘了拿钥匙，听见两棵大树说话，一棵说，'把我的叶子都弄光了，怎么行？'"

妈妈："又是胡扯的吧？"

冬冬："老师跟我说的，明明白白的，怎么会是骗人的？老师还写了一封信呢！我在那儿听着的，连这还不记得？连这就不记得，我就不是孩子了。"

1989-8-9

"我跟你说了多少遍了"

冬冬："妈妈，我的牌呢？"

妈妈："干什么？"

冬冬："画画儿，画画儿，我跟你说了多少遍了？"

妈妈："我知道你要画画儿。画画儿要牌干什么？"

冬冬："我跟你说了多少遍了？比着画。"

她画了两个女孩儿，解说道："这是蛇精，这是蛇精妹妹。还画什么呢？是画姑娘还是画什么呢？"

"分手"

又去医院打针，路遇小二班的吴老师。爸爸下车跟吴老师打招呼，冬冬也羞答答地问了一声"老师好！"

远望吴老师的背影，冬冬突然说："糟糕，我忘记问吴老师一件事了。"

爸爸："忘问什么事了？"

冬冬："我们上中班，就跟小二班的老师分手了吧？"

转述

医生配了涂抹口腔溃疡的药物。爸爸跟妈妈交代使用方法和次数，并说："打针，效果不明显；抹药，直接作用于溃疡面，好得快一些。"

冬冬补充说："医生说，'虽然别的药能治好，但是好得慢。'"

河南方言

冬冬："妈妈，李菁姐姐说，她'听不懂我说的话'。"

妈妈："听不懂哪句话？"

冬冬："我说 [kʰan] 了，她听不懂。"

1989-8-10

"我说……"

餐桌上，每人面前都有一碗稀米饭。

冬冬凑着碗边，喝了一小口，连连哈气，问大姑："是你，最后为我盛的饭吧？"

大姑："当然是我盛的呀！"

冬冬："我说怎么这么烫呢！"

"我说"的"说"，不是说话，而是"觉得"等含义。

食堂的包子

食堂里的肉包子，皮厚馅少。

冬冬："往后再也不上那儿买馍了，到别的地方买。"

爸爸："为什么？"

冬冬："因为没有馅。"

"保密的地方"

爸爸写棉花的"棉"字，让冬冬认了几遍。

冬冬拿卡片起身，说："我要到一个保密的地方去。"

小孩子，还有"保密的地方"。

冬冬走着走着，卡片掉在了地上。

爸爸："你看，卡片掉在地上了，我再给你写个'掉'字，怎么样？"

冬冬："弄什么写什么，真烦人！"

识字与情景相结合，过分了，就引起冬冬反感了。

1989-8-11

"你就不关心我"

大姑："冬冬，来抹药。"

冬冬："哎哟，嘴巴也不疼了，还抹什么嘴巴哟！"

饭做好了，爸爸急于出门。

妈妈喊他，吃完饭再走。

冬冬："别管爸爸了，他想干什么就干什么。"

妈妈："妈妈关心爸爸一下！"

冬冬："你就不关心我？"

"卫生"

大姑整理床铺。

冬冬："你把单子，给我铺整齐点好不好？卫生点好不好？"

"卫生"，大约是想表达"干净"的意思。

"超过"

夜里，冬冬缠着爸爸讲故事。爸爸说，今天不行。有篇文章明天必须交稿。今天定稿后才能睡觉。

冬冬说："那好吧，或者你写五个字，或者你写十六个字，只要不超过一百个字就行了。"

第一次记录到冬冬用"超过"。关于数量、范围等的表达方式，掌握得越来越多。

1989-8-12

长短句三首《湖水》《小船》《大雁》

下午，父女俩去东湖游泳回来，冬冬"诗兴"大发。

冬冬："妈妈，我给你背首诗吧？"

妈妈："背哪首诗啊？"

冬冬："你听!"

一、《湖水》

"杨柳在水面，

白云在水面，

天空在水面。

不知什么东西，

呼隆呼隆地响，

钻进了我的家门。

天黑了，

大黑熊来了，

钻破了柜子。

森林里有一个小村庄，

住着一个美丽的小姑娘。"

妈妈当场评点：前三句，有杨柳、白云，天空倒映在水面，画面很美。后面的那些句子，和前三句没有联系，但有情节，像是在讲一个小故事。

冬冬："我再背一首，好吧？"

妈妈翘起大拇指，用鼓励的语气说："好哇，小诗人，再来一首，妈妈最喜欢听了！"

冬冬背着双手，在房间里走来走去，开始说：

二、《小船》

"湖水轻轻地拂着小船，

天上飞过一群大雁，

我还不知道，

谁给了大雁翅膀？"

妈妈又及时评点：这首不错，有具体形象，如"湖水轻拂着小船，天空飞过的大雁"。诗歌，要有诗情画意，还要合乎韵律。前两句押韵，三、四句就不押韵了。还能再来一首吗？

冬冬又开始说：

三、《大雁》

"轻轻的海浪，

绿绿的海水。

天空有群大雁，

闯进了我的秘密喜欢。"

冬冬的这三首长短句，都和湖水、海水、大雁相关。最后的这四句，不仅押韵，还用了重叠的形容词"轻轻的、绿绿的"。"闯进了我的秘密喜欢"，很有点朦胧诗的味道。

你就"自然"，我就"不自然"

冬冬爬上大床，手脚并用，想站在躺着的大姑肚子上。

大姑："冬冬，你讲不讲理。要站别人身上，也要看别人同意不同意！"

冬冬："你要站我身上，也要说一声。"

大姑："那是自然。"

冬冬："你站人家身上就自然，我就不自然？"

这哪跟哪呀！令人啼笑皆非！

把画贴墙上

冬冬在多多家，看到多多的画都贴在了墙壁上。她回来，对妈妈说："妈，你把我的画都贴在墙上吧！"

妈妈："好呀！"

冬冬："多多的画都贴在墙上，你们不把我的画贴在墙上，是不是你们觉得我画得不好？"

妈妈："你画得挺好的！咱们也开始贴。"

马上，冬冬的愿望实现了，冬冬的画贴了一墙！

西瓜的描述

冬冬："妈妈，我想吃那个。"

妈妈："那个？那个是什么？"

冬冬："就是吃那个大的、甜的、切成一瓣一瓣的、有子的那个，那个叫什么呀？我忘了，你告诉我！"

妈妈："我呀，我也猜不出那是什么！"

冬冬："你知道，叫那个什么呀，西瓜！"

哈哈，既然启而不发，干脆就直说了吧！

1989-8-13

择菜

择菜。大姑择长豆角，要掐成用筷子能夹起来的长度。

冬冬把大姑已经择好的豆角，再一掐为二，说："我把它掰短点，还多一些。"

1989-8-14

看电视

看电视剧《茜茜公主》。

茜茜公主对丈夫说："你要不是一个皇帝就好了。"

冬冬接腔道："他已经是个皇帝，该怎么好呀？"

认字

冬冬："妈妈，我知道你的想法！"

妈妈："嗯？"

冬冬："你想让我认字，成为一个有用的人。"

妈妈："是的呀。"

冬冬："但是我不想学。你想让我学一遍，不会，又让我学，我能不知道？"

话虽如此，她还是跟着妈妈又学了几遍字。

冬冬突然烦了，说："往后我再也不学字了。"

妈妈："好吧，不学了。"

刚玩了没多大一会儿，她听见有上楼梯的脚步声，忙跑到妈妈跟前，说："妈妈教我认字！"

妈妈："你刚才不是说不学了？"

冬冬挤眉弄眼地，压低声音说："谁说我不学了？"

原来是爸爸回来了。爸爸曾和她约定，如果不学字，就不带她去东湖游泳。

1989-8-15

"嗯—哼"

冬冬："妈，你说'嗯—哼'是什么意思？'嗯—哼'就是'什么事情'？"

妈妈："对。可能是问有'什么事啊'，也可能是同意对方的观点，有'对'和'可以'的意思。"

之后，爸爸问她话，她连续五次，用"嗯—哼"来回答爸爸。

"就搬一下"

冬冬："小鸟为什么长翅膀？为什么不长翅膀？"

大姑："没有什么为什么！你跟我们说说为什么？"

冬冬不接大姑的"绕口令"，话锋一转，要大姑把电视从楼下搬上来。大姑不干。

冬冬："大姑，把电视搬过来也不难呀，就搬一下。"

年龄是有规矩的

（ *4 岁 8 个月　1989-8-16—1989-9-15* ）

春（1989 年 5 月）

1989-8-16

我家舒服些

冬冬对小朋友杨波说："杨波，还是到我家玩吧，我家还是舒服些，我家有画书。"

杨波："你到我家来玩，要不我就不去你家了。"

冬冬："不来玩不来玩，那又该怎么样呢！"

说完，撇下杨波，掉头走了！

"不合适、像话吗"

爸爸早上出外，到天黑还没回来。

冬冬一直惦记着去东湖游泳的事，焦急地说："看起来，我今天真的去不成游泳了呀？我是真的想去呀！"

妈妈："想去也不行啊！爸爸没回来，还不是干着急！"

冬冬："我是真的为你着急呀，妈妈！"

妈妈一愣："为我着急，为什么？"

冬冬："爸爸今天走得就不合适，早上出去，走了一天还没回来，像话吗？"

"不合适""像话吗"，都是小大人的话。

人数和性别

一直到夜里十点多，爸爸才回来。

冬冬告诉爸爸："今天来了五个人，三个叔叔，两个阿姨。"

她一下子就说出了来家的客人数，且分出了男女。

1989-8-17

五个人，五根香蕉

家里来客人。

爸爸："冬冬，拿香蕉来。"

冬冬去拿香蕉，说："我拿了五个香蕉。三个叔叔三个，爸爸一个，我一个。"

她熟练地运用五以内的加法。

"关你什么事"

冬冬的脸型，很适合留短发，她却非要扎辫子。

妈妈："冬冬，我不喜欢你扎辫子的样子。"

冬冬："你不喜欢你不喜欢，这是我们小孩子的事，关你什么事？我们也没惹你！"

把自己说成"我们"，是修辞用法。别人用复数表单数，是谦虚，而冬冬则是助威风。

"关你什么事"的说法，也是很带情感的。

年龄是有规矩的

冬冬和覃覃一起玩，冬冬拿山楂片给覃覃吃。不大会儿，两人闹翻了，覃覃说不当冬冬的朋友了。

冬冬说："要是你不跟我做朋友的话，你就把吃我的山楂片吐出来，把我给你吃的所有东西都吐出来。"

很快，两个孩子又和好了，聊起了年龄。

覃覃："我四岁半了。"

妈妈："宝贝儿，你还不到四岁呢！"

覃覃："我大姑说我四岁了。"

冬冬："你再有一个月才到四岁，怎么四岁半了？"

冬冬的这句话，惹得覃覃尖叫着大哭起来。

冬冬耐心地讲道理："年龄是有一定规矩的。我三岁可任性了，后来妈妈把我教养好了。"

冬冬知道年龄是有规律的，不是自称的，虽然"规律"被她说成了"规矩"。同时，她还把年龄大小与"教养"相关联，说自己三岁时任性。随着年龄的增长，冬冬的确明白了不少事理。

人，要的是真本事

等再开学，冬冬就要上幼儿园中班了。妈妈跟冬冬聊起了幼儿园的老师们。

冬冬："吴老师不喜欢我。李老师和陈老师最喜欢我。"

妈妈："不对。吴老师和夏老师都喜欢你。如果不喜欢你，能让你领舞？"

冬冬："喜欢和领舞不是一回事。跳得好，不喜欢也能领舞。"

小小年纪，竟说出这样洞明世故的语言？

1989-8-18

梦境

半夜，冬冬从梦中惊醒，说："我做了一个噩梦。"

大姑："什么梦？"

冬冬："我被霍达克抓走了。我看大姑平时对我怪好的，实际上一点也不好。"

霍达克是电视连续剧《非凡的公主——希瑞》中的一个角色。

大姑："我怎么不好了？"

冬冬："大姑给霍达克做饭。"

大姑："大姑救你了吗？"

冬冬："不救，因为时代战士不在那里。"

时代战士是电视剧《恐龙特急克塞号》中的人物。两部电视剧、现实与故事都混到一起了。

1989-8-19

身教重于言教

冬冬躺着吃苹果。

妈妈："起来，别躺在那吃东西。呛进嗓子里，可出大事！"

冬冬："我记得你躺着吃了。"

孩子是看着父母背影长大的。父母有什么样的行为，孩子都会模仿。

动作加认字

爸爸继续用游戏法教冬冬识字。把"踢、扔、接、拍、打"等字写好，教哪个字，就把哪个字贴到皮球上，然后做相应的动作。

今天教"踢"字，爸爸就给冬冬做踢球的动作。

可能是爸爸"踢"的动作做得不够规范，冬冬把"踢"念成"蹬"，并条件反射地伸出小脚丫，大幅度地弹蹬几下。

1989-8-20

星期天

爸爸说："等星期天了，爸爸带你去东湖儿童乐园。"

冬冬："星期天？今天不是星期天是什么？"

爸爸："今天是星期天。我说的是下个星期天。"

母女趣谈

冬冬喜欢扮演公主、小姐、女王。

妈妈开玩笑地说："冬冬，跳个舞，要不我惩罚你。"

冬冬："既然你这么说，那我就不跳舞。"

妈妈："为何不跳？你考虑一下。"

冬冬："我这个人从来不考虑的。说呀，有什么要求，全部说完，要不我就走了。"

妈妈："走吧，一会儿你又来了。"

冬冬："你到底还有什么话说？"

妈妈："本夫人要教训你！"

冬冬："你想着你是夫人？其实你当不了夫人。"

她的神情和声调，完全是模仿电视《红楼梦》中凤姐的模样。

"小人"的意思

冬冬："妈妈，什么叫'小人'呀？"

妈妈："'小人'？一是指小孩儿；二是说人的道德品质不好，也是'小人'。"

冬冬补充道："还有，见大人也说小人。"

"大人"指古装戏中当官的。老百姓见到当官的，或者官职低的见到官职高的，常自称"小人"。冬冬补充了这一义项。

关于骂人

冬冬："说'骂'，是不是骂人呀？"

妈妈："不一定。"

冬冬："××老是说'妈的'，也不知他是骂人的还是骂东西的，弄得我脸红！"

1989-8-21

"鸡"的解析

教冬冬认字。半个小时,冬冬认识了12个字。其中容易混淆的是"这、那""恶、凶"四个字。"这、那"相混,是指称的意义相反;"恶、凶"相混,是两者的意义相近。字义也是影响儿童认字的重要因素。

爸爸又亮出卡片,上面是个"鸡"字。

冬冬认真地看了看,说:"鸡。一个'又',一个'鸟'。因为鸡子也有翅膀,会飞,所以它是鸟。"

冬冬对"鸡"字的解析,很到位。不仅说出组合部件,还用"因为……,所以……"讲它的形旁为何用"鸟"。

"客气"

爸爸从幼儿园接到冬冬,问:"冬冬,今天在幼儿园表现怎么样?"

冬冬:"今天老师对我们很好,我对老师也很客气。"

会用"客气",却不恰当。

"我猜……"

爸爸把冬冬送到家,又急忙去了中文系。

冬冬:"爸爸干什么呀?"

妈妈:"去改考卷了吧。"

冬冬:"我猜他就是去改卷子的,要不咋恁慌呢!"

骗人

晚饭后,冬冬去找一个小朋友玩。过了十多分钟,急急地跑回来。

冬冬:"妈妈,你喊我什么事呀?"

妈妈："谁说的？我没喊你呀！"

冬冬："那××的爸爸说，你喊我了。"

妈妈："是嘛，他不想让你在他家玩了。"

冬冬："那他为什么骗人？"

妈妈："大概他家有事，不愿让你看见吧！"

冬冬："我什么也没看见呀！"

这是大人想让孩子离开的惯用做法，并没有多少恶意。但在孩子看来，这就是骗人，且不明白大人为何要"骗人"！

1989-8-22

"可惜"

冬冬："妈妈，再有 25 天，就要开故事会了，可惜你不能去。"

妈妈："为什么？"

冬冬："因为你不能去。"

妈妈："我知道。因为父母去了你爱哭！"

冬冬："不哭！你下午六点钟去。"

1989-8-23

穿旗袍

冬冬只喜欢穿粉红色的轻纱裙子。做公主游戏时，能双手拈起裙子转圈圈，还可以施优雅的公主礼。穿的次数多了，裙子已经破损，但她还要穿。

天气有点凉，大人劝她穿旗袍，好处说了一箩筐。穿上后，又拉她到穿衣镜前展示，看旗袍有多美。虽如此，她还是坚持要脱下来。

冬冬："我也觉得好看，但是我今天不穿。我上幼儿园不穿，只在家里穿几下。"

人不学习，就变成小动物了

冬冬说："人不学习，就变成了小猫、小狗、小动物了。"

妈妈反问："为什么会变成小猫小狗了？"

"小动物有四条腿，人也有四条腿。你看，多像！" 冬冬说着，趴下，伸开胳膊，又开两条腿。

妈妈讲，人就是从四条腿的类人猿进化成人的。所以，人和动物都有四条腿。

冬冬："那人身上没有毛呀！"

妈妈："最初，类人猿身上也有毛。经过几千年的进化，人身上没有毛了！"

冬冬："什么叫'进化'？人从前有三只眼，上面的眼用不着，就没有了。"

《西游记》中，二郎神杨戬有三只眼，让冬冬大为惊奇。爸爸曾经给她讲过从三只眼到两只眼的变化过程。

妈妈："从三只眼到两只眼，不叫进化，叫退化！"

冬冬："什么叫'退化'？"

妈妈又讲起什么叫退化，冬冬听得津津有味。

1989-8-24

太阳有两个儿子

爸爸曾向冬冬讲过星星、月亮和太阳三者之间的物理关系。

冬冬："星星和月亮肯定是太阳的儿子。"

大家都笑了，问她为什么这样肯定？

冬冬："要是星星、月亮不是太阳的儿子，它就没有光了。"

这样的论证，很符合儿童的逻辑。

感受到的不公平

冬冬："大姑，我还是不喜欢 ××。"

大姑："为什么？"

冬冬："小朋友们谁捡到的东西，她都要过去自己交给老师。"

大姑："怎么回事？"

冬冬："我捡了一个皮筋儿，她要。我说，'也不是你的'，她说，'也不是你的，给我，交给老师去'。那又不是她捡的。"

大姑："你为什么不说'我自己交！不是你捡的，干吗要你交呀！'"

冬冬："我忘了说了。"

她闹不清 ×× 为何这样做，可本能地讨厌这种做法。

1989-8-25

认字301，可读书

到今天，冬冬认了301个汉字。

她拿起小学一年级的语文课本，读得像模像样的。

"告辞"

冬冬指着爸爸，说："看你的脸黑的，肯定没洗脸。"

爸爸虚张声势地扬起巴掌。

冬冬"嗖"的一下跑开。又站住，回头问："什么叫'告辞'呀？"

跑开又停下来问问题，表明冬冬并不真害怕，知道爸爸扬巴掌，是吓唬她的。而且由跑开联想到"告辞"，就问"告辞"是什么意思。其实，她在跑开时联想到"告辞"，就说明对"告辞"的意义，有了模糊的了解。

"老师可狠了"

大姑："你们新班怎么样？"

冬冬："还不错，安静些。"

大姑："怎么安静些？"

冬冬："我们的老师可狠了，小朋友们就安静些。"

大姑："老师狠过你吗？"

冬冬："没有。"

1989-8-26

看电视和认字的矛盾

连日来，电视既播放《恐龙特急克塞号》，又连放两集古代剧《绝代双娇》。整个晚上，冬冬几乎是在电视机前度过的。

冬冬评论《绝代双娇》中的雨花公主："她光知道下命令，就不知道帮助人。"

她自己也意识到看电视与认字之间的时间冲突，说："妈妈，往后我们有个规矩，光看《克塞》和《绝代双娇》。"

妈妈："为什么？"

冬冬："看得多，占时间，认不成字。"

什么叫"买卖"

今天，冬冬又认了 26 个汉字。

学"买卖"二字时，问："买卖！什么叫'买卖'？"

爸爸累了抽支烟

平日里，冬冬只要发现爸爸抽烟，就一把夺过来，扔到地下踩踩。这会儿，爸爸准备带她出去玩一会儿。

冬冬："爸爸，你把烟带上，累了吸一支。"

爸爸："谢谢冬冬！听说你们班又添新学生了？"

冬冬："我们班又去了 12 个小朋友，我查了查。"

1989-8-27

认字

冬冬又认 25 个字，合计认字 352 个了。

把妈妈变成黑人

入夜，妈妈督促冬冬："快睡觉啊，妈妈给你讲个故事。"

冬冬："我有一个条件，要讲一个没头没尾的故事，光讲天上的，不准有一个地下的。"

这是什么条件，还"没头没尾"。

妈妈竟然回答"没问题"。

冬冬："妈妈，把你扔到煤堆里，眼睛变成黑的，嘴唇抹点白东西，那你就变成黑人了。哎呀，吓死人了。我是不敢挨你！"

1989-8-28

"卖榨菜的"

早饭，大姑往冬冬的饭碗里，夹了几块榨菜。

冬冬："别弄了！再弄，我的碗里就成了卖榨菜的了。"

看大家高兴，她也很开心。

处置裤子的好办法

冬冬越来越注重穿着打扮，并固执己见。今天下雨，温度有点低。她要穿裙子。大人说，可以穿裙子，但要在里面套一条薄裤子。

冬冬："我今天要当公主，穿着裤子不方便。"

妈妈："天冷，必须穿裤子。"

冬冬得意地说："穿就穿吧！我已经想好了，一个到幼儿园处置裤子的好办法。"

妈妈："什么好办法？你脱它？"

冬冬："我不告诉你。"

妈妈："你看《红楼梦》上的姑娘们，外面穿裙子，里面都穿裤子。"

冬冬："她们穿着很长裙子还穿裤子。不穿裤子，才是大傻瓜呢！"

听起来，似乎想通了，其实她在幼儿园还是脱掉了裤子。去接她时，看见裤子在小床上扔着。

坚持自己的想法，但不发生正面冲突，是冬冬性格中的另一面。

叙述幼儿园的事

冬冬："妈，你知道我最不喜欢见的人是谁吗？"

妈妈："不知道。"

冬冬："是××。我和李甜甜、桂灿做游戏，××和武怡堃光打扰我们。"

妈妈："怎么打扰你的？"

冬冬："光拿我们做游戏的小椅子。那边有成排的小椅子，她偏拿我们的。"

妈妈："那你告诉老师呀！"

冬冬："老师不管。"

妈妈："老师怎么说？"

冬冬："老师不管这样的事！××每天欺负我一次。"

妈妈："打你？"

冬冬："没有。她用小手绢弄我的嘴巴、眼睛，烦死了！"

妈妈："那是跟你逗着玩的。"

冬冬："不是的。我跟她说了好多好话，也不行。我就跟她吵架，也不行。我现在就不理她了。要是××再欺负我，我就一辈子不上幼儿园了。"

妈妈："除了××，你还可以跟其他孩子玩呀。"

冬冬："我不喜欢跟男孩玩儿，他们光打仗。"

妈妈："噢！"

冬冬："有一次我问李木子，'跟我玩不？'李木子说，跟我玩，他一打仗就不管我了。"

妈妈："你也参加打仗呗！"

冬冬："不行。老师说女孩要稳定点。"

妈妈："什么'稳定'点？是'稳重'吧？"

冬冬："不是'稳重'，是'文静'。男孩子打起来像个狗子，就不是文静。"

妈妈："嗯。女孩子是要文静点！"

冬冬："妈，我现在有个优点：谁跟我玩，我就跟她玩；谁要不跟我玩，我也不跟她玩。"

妈妈："这就对了。"

冬冬："妈，《克塞》和《变形金刚》都是科幻片吧？"

妈妈："对。谁告诉你的？"

冬冬："爸爸。我在幼儿园想不通，变形金刚的胳膊断了，怎么还打人呢？"

想到哪儿说哪儿，也是这个年龄段孩子的一大特点。

1989-8-29

噩梦

冬冬："爸爸，我昨天晚上做了一个噩梦。"

爸爸："什么梦？"

冬冬："我和爸爸一块儿走，碰见了一个狐狸要咬我。"

爸爸："是图画中的狐狸吧？"

冬冬："不是的。"

"本想……结果……"

爸爸让冬冬认字。

冬冬："我回来本想跟妈妈玩一会儿，结果你要我认字。"

爸爸："是你自己要认的。"

冬冬："不是的，我刚回来，你就来找我。"

"干吗叫着疼"

爸爸臀部长了个小毒疮。冬冬摸爸爸脖子，爸爸故意大声喊"疼"。

冬冬："我摸的是脖子，又不是屁股！屁股长疮了，脖子上又没烂，干吗叫着疼呀？"

心算需要舌头动

爸爸："冬冬，3＋4等多少？"

冬冬："等7。"

爸爸："你是怎么算的？"

冬冬："心算的。"

爸爸："怎么想的？"

冬冬："舌头在动。"

爸爸又出了2＋7和9＋2等题目，冬冬都能正确回答。

爸爸："冬冬，老师喜欢爱学习的孩子！把你学会的东西告诉老师，老师会高兴的。"

冬冬："你怎知道？你小时候试过吧？"

"汇报"

冬冬："妈，你跟我汇报家里的事，你们都干了些什么？我也跟你汇报一下，今天吃的什么菜。"

妈妈："可以。你先告诉妈妈，今天小朋友们在幼儿园都讲了什么故事？"

冬冬如数家珍，复述了熊楠、周尅讲的故事。

爸爸说，你讲故事时，别胆怯……

冬冬接过话头，说："别想着台子下面有人，只想着在家的！"

力气的大小

《绝代双娇》的最后一集。

冬冬："雨花公主的力气那么大，江别鹤就可以打死她，那两个兄弟力气那么小，怎么可以打死江别鹤呀？"

1989-8-30

读书

冬冬读小学语文第二册《降落伞》。有幅图，一个小孩儿正在跳伞。

冬冬："我怎么上不去呀？"

妈妈："长大了就可以了。"

冬冬："他们也是小孩呀？"

"掌"字

爸爸："冬冬，我们学个'手掌'的'掌'字！"

冬冬："'手掌'的'掌'，肯定有个'手'字了，因为它是手呀！"

认字，懂得进行字形分析了。

1989-8-31

有点小骄傲

今天，冬冬又认识了 26 个字。

大姑对徐华荣说，冬冬最近学东西很快。说完，招呼冬冬来表演一下。大姑拿出字让她认。她斜睨着眼睛，露出一副不屑的神情。结果，大姑亮出的四个字，都没有一次认对。

当面夸奖孩子，会滋长孩子的骄傲情绪。

1989-9-1

全班 37 名小朋友

冬冬："明天上幼儿园，记着交钱。"

妈妈："交钱？交什么钱？"

冬冬："上舞蹈班。今天好多小朋友都报名了。"

妈妈："那你为什么不报名？"

冬冬："爸爸没有拿钱。妈妈，我们班又来了许多新小朋友，有 37 名，全部 37 名。"

妈妈："谁说的？"

冬冬："我查的。"

爸爸："是 37 名小朋友，冬冬说的倒是对的。"

冬冬："为什么说'说的倒是对呀'？"

妈妈："就是说得对。"

冬冬："说'对'不就听懂了？干吗还要说'说的倒是对呀'？"

带子与蛇

电视中，一个人把一根带子误看作毒蛇，惊吓异常。

冬冬笑了，说："一条带子，当成了一条毒蛇！"

妈妈："中国有句俗语，'一朝被蛇咬，十年怕井绳'，就是这个道理。他可能被蛇惊吓过！"

"你怎么两个妈妈"

冬冬："妈妈，你喊我奶什么呀？"

妈妈："妈妈呀。"

冬冬："姥姥呢？"

妈妈："也叫妈妈。"

冬冬："你怎么两个妈妈？"

妈妈："人都要有两个妈妈的。"

冬冬："哪个是你的亲妈妈？"

妈妈："姥姥。"

冬冬："谁是你妈妈的亲孩子？"

妈妈："舅舅、小姨和妈妈。"

冬冬："你妈妈怎么那么多孩子呀？你和爸爸是毛毛的时候，就认识吧？你们为什么要结婚呀？"

"是毛毛的时候"，指的是"小时候"。

1989-9-2

"笨蛋"

冬冬："妈妈，是不是不会生孩子的人，就是笨蛋呀？"

"把她推到臭水沟去"

冬冬在院子里玩得正开心。妈妈在二楼窗口叫她："冬冬,你上来一下。"

她边走边嘟囔："喊我干什么呀?是想让我把她推到臭水沟去吧!"

大姑把冬冬说的话,告诉了妈妈。

妈妈威吓她说："你想翻天是不是?居然想把妈妈推到臭水沟里!屁股痒痒了,想挨揍的吧!"

冬冬不服气地说："你打我也好,你不打我也好,都没有什么了不起!"

1989-9-3

"虽然……,但是……"

冬冬学会448个字,其中有95个字回生。大姑又教了两遍,基本上记牢了。

大姑："茵茵喜欢读书,挺聪明的。不知道现在学了多少字了?"

冬冬接口道："虽然茵茵是我的表姐,但是我们经常不见面。"

与小二玩

下午,冬冬闹着要去找小二。

大姑："你们经常在一个班玩,为何还要去?"

冬冬："小二只喜欢打仗。他不喜欢游戏,他说没意思。他在幼儿园跟我说的。"

大姑带冬冬去小二家,玩了一个多小时,还不尽兴,还硬拉着小二一起回来。

1989-9-4

可怕的梦

冬冬："我昨天晚上做了一个梦,一个大灰狼来了,爸爸在那砸核桃。在爸爸不在的时候，大灰狼把我吃了，也把妈妈吃了，大姑吃了。爸爸把我们埋了，一个人流浪去了。"

最想交的朋友

冬冬进卧室，见妈妈正看电视，问："妈妈，好看吗？"

妈妈："不好看。"

冬冬："你说不好看，怎么还看？"

妈妈无话可说。

冬冬："你知道在我的心目中，最想得到谁吗？"

妈妈："得到谁？"

冬冬："不是的。我最想交的朋友是谁？是熊楠。"

妈妈："是吗？"

冬冬："她一个人坐在角落里，我问，'你跟我玩吧？'她不跟；我又说，'跟我玩吧，我什么都听你的。'实际上我什么都不听她的。她还不玩。我就不管她了，自己找别的小朋友玩去了。"

1989-9-5

观察

冬冬告诉妈妈："有的小朋友发言时不举手，老师气得把粉笔都扔了。老师说，'这是一个坏毛病。'尹江讲故事，每句话都说'从前啊'。"

她在幼儿园，注意观察一些细节。

1989-9-6

"反悔"

冬冬拉起纱布，披头上。妈妈说，天太热，别往头上披东西。

冬冬："做游戏的时候，可以打扮吗？"

妈妈："可以呀！"

冬冬："你说的，为什么还要反悔？"

妈妈："我什么时候反悔了？"

冬冬："我要做游戏了，你还不让我打扮，算什么妈妈呀？"

先提出一般的命题，让妈妈表态，然后再用妈妈的话来反击妈妈。

控制思维的机器

冬冬："妈妈，等会儿，你答应我一个要求。"

妈妈："什么要求？"

冬冬："等大姑下楼了，我再说。"

妈妈："为什么？"

冬冬："妈妈永远永远听我的话，我不当公主了，她也得听我的。"

大姑："你咋恁了不起？为什么永远只听你的？"

冬冬："因为我在她头上安了个机器。"

最后才知道，她想吃苹果，怕大姑知道了反对。

她还有科学幻想，"发明"了控制思维的机器。

杀人的游戏

①冬冬："咱们玩雨花公主和花无缺的游戏。"

他们都是电视剧《绝代双娇》里的人物。

妈妈："这是什么游戏？"

冬冬："杀人的游戏，杀了好多人，很悲惨。"

②爸爸扮演田鼠老人。

大姑："冬冬，你快杀死田鼠老人呀？"

冬冬："现在我不想伤害他。好，也和花无缺一样，五天之内，我会把田鼠老人打死的。"

1989-9-7

补充"课本"

"月亮绕着地球跑，"冬冬读小学语文课本，接着又添上两句："月亮大，星星小，星星绕着月亮跑。"

从诗学的角度看，这样一补充就圆满了：星绕月，月绕地球；但从天文学的角度看，星星并不是围绕月球旋转的。

认字

冬冬念"年"字，说成"春节"，把"凉"字念成"冷"字。

儿童认字，字义的因素起作用很大。

释义"孤独"

妈妈心情不大好。

冬冬："你别生气哟！别人都好好的，你为什么生气？就为一点小事生气，生气也没用。"

妈妈："妈妈没生气，只是心情不太好！"

冬冬讲故事逗妈妈高兴，其中有一句："有一个小孩，他很孤独。"

妈妈："'孤独'？什么叫'孤独'？"

冬冬："就是一个人，没有人玩。"

如果编"儿童词典"的话，这个释义还很合用。

一串用"整天"的排比句

冬冬："妈妈，你最喜欢谁？"

妈妈："我当然最喜欢你了。"

冬冬："我看你最喜欢大姑。"

妈妈："为什么？"

冬冬："大姑，整天批评我，整天怪我，整天收拾我；大姑，整天不批评你，整天让你睡着，你能不喜欢她？"

用一堆正反事例，用一串"整天"排比句，推测出妈妈最喜欢大姑。

1989-9-8

睡觉的印迹

冬冬从幼儿园回来，问："妈，你是刚起床吧？"

妈妈奇怪地说："你怎么知道的？"

冬冬指看妈妈的脸："你脸上艮着[1]印印。"

妈妈脸上有竹子枕席的印迹，冬冬由此得出正确判断。

1989-9-9

"既然……"

爸爸去买早餐。

大姑："哥，你去食堂，顺便买点丸子回来。"

爸爸："我不大喜欢吃它。"

冬冬："爸爸，既然你不喜欢吃，就别买了。"

---

[1] 艮：河南方言。①动词，身体或身体的某部位接触到硬物，如"脸贴着竹席睡觉，脸上艮了很多印子"；②形容词，身体或身体的某部位接触到硬物的感觉，如"枕着砖头睡觉，艮哩慌"。

1989-9-10

分配房间

家里添了客人。

冬冬："我来分一下谁睡在哪儿。叔叔睡书房，大姑和阿姨睡楼下，爸爸、妈妈和我睡这个屋。从此以后，谁都要睡到自己的地方。"

这个分配，注意到了性别和相互关系，倒是合情合理。

1989-9-11

舞蹈班没意思

第一次去舞蹈班，从下午五点半到七点，训练了一个半小时的基本动作。

冬冬觉得很累，很枯燥，说："跳舞有什么意思？不就是学几个动作吗？明天去把钱退它，我不去舞蹈班了。"

刚去舞蹈班一次，就想打退堂鼓，这哪行！

1989-9-12

后天是中秋节

冬冬："妈妈，后天是什么天呀？"

妈妈："是中秋节吧。"

冬冬："中秋节，我可以不上幼儿园吗？"

妈妈："为什么不去幼儿园？"

冬冬："我要去买菜。"

照顾妈妈

大姑："冬冬，今晚你跟谁睡？"

"我跟妈妈睡。半夜里我好照顾妈妈，要是妈妈腿疼了，我好安慰妈妈。"冬冬又转向妈妈，说，"你知道我最喜欢谁吗？"

妈妈："谁呀？"

冬冬："妈妈和爸爸。你最喜欢谁？"

妈妈："当然是我们家的小女孩儿。"

冬冬："你也喜欢你的妈妈吧？"

妈妈："那当然。"

近段，冬冬越来越多地讨论人伦之事。

1989-9-13

"越来越有意思"

第二次上舞蹈班。老师教了舞蹈《花仙子》的几个动作。

妈妈："你今后还去舞蹈班吗？"

冬冬："去。舞蹈班越来越有意思了。"

"既然……"

冬冬给王阿姨一颗糖块儿，王阿姨又把糖还给冬冬。

冬冬："既然我给过了，我就不吃了。"

一个"既然"，表现出她的懂事。

"浑身直发抖"

冬冬感冒还没好。服药，水咽下去了，药却留在口中，说："咽这个药，浑身直发抖。"

1989-9-14

"我要去照顾妈妈"

妈妈的类风湿一直没有好转。据说，湖北省黄石有一个诊所，专治风湿与类风湿，疗效可达 90% 以上。爸爸带妈妈去看病，冬冬也要跟着去。

冬冬："我也要跟你们一块去黄石。"

爸爸："你去干什么？"

冬冬："我要去照顾妈妈，劝妈妈，哄妈妈。"

爸爸："听话，别让大人不满意啊！"

冬冬："就光你们满意，我就满意不了？"

意思是，不能让她满意。

1989-9-15

"我可赶上了"

凌晨五点。父母悄悄起床，掂着包包准备出门，去黄石看病。冬冬一骨碌爬起来："我可赶上了，快穿衣服，我也去黄石。"

爸爸："天还不亮。"

冬冬："天不亮，你们怎么就起床了？我就看着妈妈一个人。"

只要盯着妈妈，就能跟队去黄石，方法很可行。

从武汉到黄石一百多公里，坐了火车又转汽车。妈妈行走不便，爸爸管妈妈一个都不容易，不可能再带冬冬。父母讲道理，大姑、小叔叔也承诺，冬冬在家有好吃好喝好玩的……趁冬冬稍不注意，爸爸妈妈溜跑了。

分工

冬冬今天没去幼儿园："大姑，明天我决定，小奇叔叔去买菜，你去做饭，我扫地。"

大姑问，为什么要扫地？

冬冬："要不然没人扫地，我明天不去幼儿园，帮你把家搞得干干净净的。"

宁做家务，也不想去幼儿园。

无理变有理

父母从黄石回武汉，已是深夜。

妈妈："冬冬，你有件事让妈妈不高兴，你知道什么事情吗？"

冬冬："知道，是我没上幼儿园。"

妈妈："你不去幼儿园，妈妈不满意！"

冬冬："那你为什么不让我上黄石？你们做错了一件事，我也做错了一件不叫你满意的，正好。"

爸爸："你说说，为什么不去幼儿园？"

冬冬："还说呢，你们自己上黄石，把我丢下不管。"

爸爸："怎么不管？大姑在家管你。"

冬冬："大姑管不了我。你们又不是不知道我的脾气！"

爸爸："你也知道爸爸的脾气！"

冬冬："我知道你的脾气，你也知道我的脾气！"

学会强词夺理，把无理变成了有理。不说道理，就论辩表现来说，还是挺不错的。

"黑脸、白脸"之论

（4 岁 9 个月　1989-9-16—1989-10-15）

帆船（1989 年 5 月）

1989-9-16

冬冬最爱的人

冬冬："爸爸，我太爱你了。"

妈妈："太爱爸爸了？你还爱谁？"

冬冬："爸爸第一，妈妈第二。"

爸爸："冬冬，你应该这样说，爸爸妈妈都一样爱。还有，如果别人问爸爸妈妈谁能干，你就说都能干。"

冬冬："妈妈有什么能干的？"

爸爸："妈妈做了许多事。"

冬冬："你光说妈妈能干，就不说我能干！"

爸爸："冬冬也能干。"

冬冬："我们俩到底谁能干些？"

"无价之宝"

到了睡觉的时间，冬冬还要吃饼干。

爸爸："不行，不能吃！我不是心疼饼干，是你吃了不好！"

冬冬："是的，它又不算是你的无价之宝。"

书面语词越来越多了。

1989-9-17

"跑"与"追"

一群小朋友在院子里玩。冬冬和陈信波闹点不愉快，一溜儿小跑跑了回来。紧跟着，陈信波来了，张进也跟来了，他们来哄冬冬。

张进问陈信波："你怎么也来了？"

陈信波："我是跑来的。"

冬冬："张进姐姐是追来的。"

冬冬和大姑

大姑切菜，切破了手指，血流不止。

冬冬："做饭的时候，再也不要跟人家说话了。光看着刀，才不会割着手。"

大姑很感动，问："你待谁亲？"

冬冬："妈妈亲。你就能对你妈妈亲，我为什么不能待我妈妈亲？"

自称"小馋猫"

家里来过客人，还给冬冬带来一瓶高橙。

冬冬："妈妈，我要给你倒水喝，我要关心你们几个。"

冬冬边说边拿出几个杯子，突然看到桌上的一瓶高橙，惊喜地问："为什么人家给我送这么多礼物呀？"

妈妈："因为人家知道你是个——"

冬冬："小馋猫。"

"两条路"

到幼儿园，刚上一个台阶，冬冬转身搂抱爸爸的腿。爸爸下意识地退后一步，冬冬一下子磕在爸爸的鞋子上。爸爸赶快拉起她，问怎么样了？

冬冬："爸爸，你给我指两条路！"

前几天，大姑送冬冬去幼儿园。走到中途，要大姑在两条路中选择一条，一条路通幼儿园，一条路是回家的。其实是不想去幼儿园。这就是所谓的"两条路"。

爸爸："哪有两条路？上幼儿园，只有一条路。"

上小学了，才能用棍子打

冬冬从幼儿园回家，立即向妈妈告状，说："今天，爸爸一脚把我踢到地下，两只手都趴到地下了。"

冬冬到了幼儿园，还想要爸爸带她回家。爸爸用脚象征性地踢了她。

爸爸："现在用脚踢，等你长大了，不听话就用棍子打。"

冬冬："因为我现在年龄小，用棍子打死了，你还得哭。所以，等上小学了，才能用棍子。"

还挺理智的。

叔叔脾气好

李冕的妈妈，说她的女儿报名参加舞蹈班，现在软硬不吃，就是不去。

冬冬用赞美的口气说："李冕的妈妈还可以。李冕不上舞蹈班，她也不批评她。"

叔叔："孩子不听话，批评有用吗？"

冬冬："小奇叔叔，你的脾气咋恁好哩？我就没看见你在家里发脾气。"

冬冬上不上幼儿园，成了孩子与大人的矛盾焦点。父母所担心的，是她习惯成自然。如果到上了小学也逃学，那可真的挠头了！

"不过"

冬冬用圆珠笔画画儿。

妈妈："用着舒服吗？"

冬冬："有点点不舒服，不过还是不舒服。"

"不过"是委婉表示转折的连词，但前后两个分句意思上没有转折，显然这个"不过"没有用好。这是冬冬第二次用连词"不过"，第一次使用是在一个半月前。

"黑脸、白脸"之论

大姑："冬冬，今后我唱白脸，爸爸唱黑脸。"

冬冬高兴地说："可以。"

叔叔："你知道啥是'唱白脸'，啥是'唱黑脸'不？"

冬冬："知道。就是大姑不生气，爸爸生气。"

大姑："唱白脸好不好？"

冬冬："不好，唱黑脸好。唱黑脸，让我将来成为一个有用的人。"

叔叔："不会吧，黑脸还能和有用的人联系起来？"

冬冬："放心吧，从今天开始，我保证当个好孩子。"

爸爸："你要保证当个好孩子，那爸爸就不装黑脸了！"

冬冬："那你也唱白脸也唱黑脸。"

"唱白脸也唱黑脸"是"唱花脸"，该表扬就表扬，该批评就批评。最后决定，妈妈充当唱花脸的角色。

1989-9-19

偏旁组合说字

路上，爸爸说出偏旁组合，让冬冬说出是什么字。

爸爸："三点水加一只羊？"

冬冬："洋。"

爸爸："'木'加'干'？"

冬冬："杆。"

爸爸："两个口字？"

冬冬："吕。"

爸爸："三个口字？"

冬冬："品。"

爸爸又让她用"品"字组词。

冬冬："'品'，是'品味'的'品'，'品尝'的'品'。"

没有挨打

冬冬调皮地摸着屁股，对爸爸说："今天我的屁股怪舒服的。"

爸爸："你的屁股怎么了？"

冬冬："没有挨打。"

"我画的画儿好"

冬冬："今天熊楠讲了个《白雪公主》，讲得很好，老师给她和武怡堃，发了一朵大红花。"

大姑："你没有得到大红花？"

冬冬："没有。我画的画儿好，老师把我的名字写在了黑板上。"

1989-9-20

裤子

去幼儿园，冬冬穿的是长裤子和裙子。回到家，她告诉妈妈："妈妈，午睡起来，我本想脱掉裤子，后来一想，妈妈不同意，我就没有脱。"

没有红花，也是表扬

冬冬："妈妈，我讲了《荷勒妈妈》[1]，老师夸我讲得很好，可是没有给

---

[1]《格林童话》之《荷勒妈妈》。所有童话故事中美与丑、善与恶、赏与罚的特点，在《荷勒妈妈》里体现得十分明显，"草地上有一树的红苹果"的形象更令人难忘。它告诉人们：靠自己勤劳工作，是获得财富最正当的途径；等待天上掉金子或投机取巧，只能以失败告终。

我发大红花。只给李木子发了一个小红旗。"

妈妈："李木子讲得比你好？"

冬冬："不是的，李木子跳远跳得远。"

妈妈："你跟妈妈学一学，老师怎样夸奖你的？"

冬冬："老师说我讲得好。老师说，'故事不长不短，只要好，小朋友们都喜欢听。'"

妈妈："老师说得对！"

冬冬："我讲故事的时候，小朋友们都坐着听，没有一个人说话，老师也没说话，可静了。"

以老师的语言和小朋友的表现，证实自己讲的《荷勒妈妈》，很受欢迎。

与妈妈赌气

大姑的手脖儿流血了，按上白糖，又包上块儿布，很快入睡了。

冬冬嫌大姑的手脖儿流血，要撵大姑离开大床。大姑白天上课，回来又做家务，够辛苦的了。妈妈不忍心再折腾大姑。

冬冬："妈妈，我也给你两条路，你要是让大姑睡这儿，我就走；要是让我睡这儿，就让大姑走。"

妈妈："要我选择，你俩都不走。"

冬冬："那你不让大姑走，我就走了！"

妈妈："你上哪儿？"

冬冬："厨房里。在厨房里站一夜。"

妈妈："站一夜？厨房夜里冷得很呢。"

冬冬："冷，我也不管。"

妈妈："厨房有蟑螂。蟑螂会爬你一腿的。"

冬冬："蟑螂爬一腿，我也不管。"

妈妈："你非要如此，那你就去吧！"

冬冬："我要是在厨房里站一夜，你就不想我？"

妈妈："你非要站，我有什么办法？"

冬冬："我走了，就再也不回来看你了！"

妈妈："宝贝儿，你是怎么了，无缘无故地发脾气？"

冬冬："你能发恁大脾气，我就不能发脾气？"

妈妈："我发脾气？我什么时候发大脾气了？"

冬冬："那一次，把我按跪那儿。你能发恁大脾气，我就不能？"

完全是东拉西扯！那是几天前，冬冬吃饼干，把饼干掰碎，一趟趟地跑出卧室扔进垃圾桶里。妈妈阻止她，她不听，趁妈妈扭头的工夫，又跑出去，倒掉杯子里最后的饼干渣。妈妈让她跪下，承认错误。她昂着头绝不屈服。妈妈气极了，拉她到两腿中间，双手往下按她的肩头，她小腿弯下来。妈妈一松手，她像弹簧一般，"嘣"的站起来……

妈妈："人要讲道理。如果你不讲理，我就不理你了。"说着，妈妈侧过身背对着冬冬。

冬冬使劲扳着妈妈的肩膀，柔声细气地说："妈妈，我们和好吧！"

妈妈："可以和好。那你还要大姑走吗？"

冬冬："你知道。你心里知道，还问我干什么？"

她还是不愿留下大姑。

1989-9-21

教育大人

大姑切菜，又切着了手。

冬冬："你整天说东西会烂的，就不知道手也是会烂的？光叫我注意，你自己就不知道注意？"

熏蚊子

一只蚊子在妈妈耳旁"嗡嗡"叫。

妈妈细看，一个黑影闪了闪，转眼不见了："屋子里好像有蚊子？"

冬冬："那我熏熏它们，看它还咬不咬？"

冬冬心中的师生关系

冬冬说田老师对小朋友"可狠了"。

大姑："要是小朋友很乖，田老师狠不狠？"

冬冬："乖了，老师跟我们说话，就像老师们对话的声音对我们。"

小朋友设计图形，冬冬得了第一名，老师把名字写在黑板上，误写作"李倩"。

冬冬把这件事告诉了大姑。

大姑："名字写错了，你怎么不对老师说？"

冬冬："哟，小朋友还纠正老师的错误呀！"

大姑："为什么不能？"

冬冬："小朋友纠正老师的错误？没听说过。"

1989-9-22

写给电视台的信

冬冬让叔叔代笔，口述给电视台的信：

电视台：

《新闻联播》不要再放了，英语也不要放了，广告也不要放了。光放儿童节目，要有意思点的儿童节目，光放长的童话故事。

李冬

1989 年 9 月 22 日

"听"电视

冬冬刚让叔叔代笔，给电视台写信，又对妈妈说："我想听二频道的东西，可是小奇叔叔根本不叫我听。"

电视要用"看"，虽然它也有声音。

要人"先快乐"，"我后快乐"

今天是覃覃的生日。冬冬挎了一小篮子礼物，去参加覃覃生日派对。大姑交代冬冬，过生日要玩得快活："首先你要快乐，再说她人快乐不快乐。"

冬冬："我要覃覃先快乐，我后快乐！"

颇有点"先天下之忧而忧，后天下之乐而乐"的意思。

大姑："要是覃覃生气了——"

冬冬："覃覃生气，我也不生气。"

1989-9-23

说悄悄话

冬冬附在妈妈耳边，说悄悄话："妈妈，我跟你说个事，你觉得穿着裙子，穿着长裤子，穿着鞋子漂亮，是不是？"

妈妈："是的。"

冬冬："我觉得——"

大姑："说什么悄悄话？"

冬冬撵大姑离开，又附在妈妈耳边说："你走，我不让你听。我觉得穿长裤子不好看。"

妈妈："到了中午，你可以脱掉长裤子。"

冬冬："上午呢？"

妈妈："不行。"

冬冬："为什么上午不能脱？"

妈妈："上午天太冷。"

冬冬："我觉得一点儿也不冷。"

鞋子

冬冬："你们怎么还不把我的鞋子修理好？"

大姑："哪双鞋？"

冬冬："凉鞋。"

大姑："这双红色凉鞋，鞋底上烂了一大块儿。修不好了。"

妈妈："现在是穿布鞋的时候。还是穿布鞋吧！"

冬冬："我又有了一个坏主意。"

妈妈："我知道你的坏主意是什么！还是穿那双带点点的脏鞋子，对不对？你看，这双鞋子不也很好看啊！"

春季买了两双布鞋，但她只穿带点点的。

冬冬："我喜欢那双鞋的时候，你们叫我喜欢这双鞋。现在我喜欢了这双鞋，你们又叫我喜欢那双鞋。"

简直是绕口令。

妈妈："好吧，随你便，愿穿哪双就穿哪双吧。"

冬冬："你们今天怎么随我的便呀？"

妈妈："只要你认为好。"

冬冬："我知道，我认为好，大家都认为好，那好，是真的。"

妈妈："假如你认为好，别人认为不好呢？"

冬冬："那好，是假的。"

"四点半来接"

冬冬出发去幼儿园。

冬冬对大姑说："大姑，四点半来接我。"

大姑："可以。"

冬冬："要是四点五十来，要你的头！"

冬冬明白了，四点五十分要晚于四点半。

1989-9-24

去小二家

星期天。冬冬一起床，就要去小二家。妈妈答应下午送她过去。

下午四点钟。

冬冬："爸爸，我要去小二家。"

爸爸："再等一会儿。"

冬冬："现在几点了？"

爸爸："四点。"

冬冬："妈妈说四点钟让我去。"

爸爸："谁说的让谁送你去！"

冬冬："爸爸说的，爸爸送我。"

妈妈："哈哈，聪明！我问你，去小二家干什么呀！"

冬冬："我好长时间没上小二家了，我想看看他家变样了没有。"

1989-9-25

较真儿

爸爸说，冬冬在舞蹈班受到老师的表扬。

冬冬："舞蹈班的老师，怎么不叫名字，只说'这个小朋友'呀？"

爸爸："她还不认识你们，叫不出名字。"

妈妈："老师表扬你跳得好？"

冬冬："我不知道她表扬谁！"

妈妈："爸爸说，老师表扬了你！"

冬冬指着自己说："她光说'这个小朋友'，我不知道她说的是谁？"

妈妈："爸爸看见，老师指的就是你。"

冬冬："反正我没看见。"

1989-9-26

"你有点不聪明"

妈妈教冬冬识字。

冬冬："是不是你妈妈小时候没有教你认字，你有点不聪明！"

说妈妈坏话

家人正在书房吃晚饭。来了两位学生，妈妈让她们先去卧室。冬冬放下饭碗，尾随去卧室，大姑也跟了过去。事后，大姑对妈妈学说："李冬跟两位阿姨聊天，说，'我妈妈整天在家，像个和尚。'"

妈妈："真的？李冬，你过来！你说我的坏话，看我怎么对付你。"

冬冬："我就说了一句坏话，那又该怎么样呢？我说大姑好几次坏话，大姑都没说。我只说了你一句坏话，你就说我！"

爱

冬冬："妈妈，你爱不爱我？"

妈妈："爱呀！"

冬冬：“你什么时候能爱我？爱到我上幼儿园，你就想我的时候？”

妈妈：“上幼儿园想你，也不能不让你上幼儿园呀！”

冬冬：“那为什么？”

妈妈：“你以为妈妈不爱你吗？”

冬冬：“是的，因为妈妈是花脸。”

这是前几天的约定：白脸，只表扬不批评；黑脸，有错误就批评；花脸，该表扬时表扬，该批评时批评。

妈妈：“妈妈唱花脸，是赏罚严明。你做得好，就表扬，做错了，就批评。只有亲妈妈，才会这样对自己的孩子。”

冬冬：“这些，我还不知道呢！我以为妈妈不爱我。”

1989-9-27

“主要是……缘故”

冬冬照着镜子说：“我觉得，我这几天颜色不错，主要是洗了脸、没有搽香香的缘故。”

“缘故”这个词，第一次记录到冬冬使用。

不过不搽雪花膏，怎么会颜色不错呢？

舞蹈课上

今天有舞蹈班的课。

晚上六点多，大姑去幼儿园舞蹈班，躲在暗处观察冬冬。大姑发现，家人不在跟前时，冬冬表现得极其调皮而活泼。

舞蹈队排列，冬冬站在第二排。音乐响起，她快速跳了两步，跳到第一排，跟老师面对面。老师笑眯眯地看着她，她也甜甜地对着老师笑。

老师刚转过脸去，她伸手去摸旁边小朋友的脸蛋，抓人家的痒痒。

休息时，为避免蚊子叮咬，小朋友成群结队去抹花露水。她拨拉开人墙，夺过花露水瓶，尽情在胳膊上、脖子里和腿部挥洒。

舞蹈老师招呼孩子们开始排练，音乐响起一大会儿，冬冬才归队。

武怡堃的妈妈对大姑说："你家李纤好能干哦！今天去舞蹈教室时，见你家没来人，就和我商量着，要我把她送回家。"

回家路上，大姑问冬冬："让人家送你？怎么想的？"

冬冬："因为我知道武怡堃的妈妈，是从咱门口走。"

大姑："跳舞的时候，你为什么看着老师笑？"

冬冬："老师看着我光笑，我想和老师逗着玩。"

1989-9-28

可以跟人一起回家

路两旁的草坪里，机器隆隆响，工人们扶着剪草机修剪草坪。

冬冬："爸爸，他们是把草剪一剪吧？"

爸爸："对，修剪后，明年草长得更茂盛了！"

爸爸问起，昨晚她请求武妈妈带她回家的事。

冬冬很自豪地说："往后，你们星期一、星期三不要去接我了！"

星期一、星期三，这两个晚上都有舞蹈班。

爸爸："不接你，怎么回来？"

冬冬："我和武怡堃的妈妈一块儿回来。"

遇到问题，会自己想办法。独立性见长。

"当然"

大姑："是不是老师经常表扬你？"

冬冬："那当然。"

大姑："为什么那当然？"

冬冬："因为当然，所以当然。"

"因为……，所以……"这样一用，就更加"当然"了。

"胖胖的"

冬冬刚睡下，又要喝水，又要吃饼干。

爸爸拉开灯。

冬冬双手捂眼，说："好刺眼睛啊！怎么一会儿，拉开灯就蛮刺眼睛的？"

吃了喝了，冬冬躺下自语道："平常看着她不狠，一发脾气她可狠。"

爸爸："谁呀？"

冬冬："是那个胖胖的田老师！"

1989-9-29

两面小彩旗

前天，冬冬在幼儿园得了两面小彩旗。带回家，视若珍宝。今天，大风刮开窗户，把桌上的一面小旗子，吹落地上。

冬冬忙捡起来，象征性地吹几下，说："爸爸整天要我得红旗，得红旗，我终于得了两个，你们又把它扔了。"

妈妈说，那是风吹的，大家都保护着你的小旗呢。

冬冬："我问田老师，'我能不能得上大红花？'田老师说，'看你的表现。'"

晚饭

吃饭，冬冬的食欲不错。

冬冬："这比我想象的好吃多了，榨菜蛮好吃的。"

妈妈："好吃就多吃点。吃完了，拿块儿毛巾擦擦嘴巴。"

冬冬："不拿。"

妈妈："为什么？"

冬冬："不为什么。"

大姑："总得有个原因吧？"

冬冬："你那次说的，捡的花给你。我捡到脏的、干净的都给你了，谁知道脏的你不要！"

擦嘴巴和捡的花有何关系？思路不知道跑哪里去了！

"不用谢"是"礼貌用语"

冬冬给全家每个人发一块儿糖。

冬冬："你们每个人都是小块儿，爸爸是大块儿，因为爸爸胖。"

妈妈的糖块儿，掉在了地下，冬冬帮忙捡了起来。

妈妈："谢谢。"

冬冬："不用谢，礼貌用语。"

自己还把"礼貌用语"说出来，有点搞笑。

1989-9-30

"我有三个缺点"

这些天，冬冬一直在争取做"红花幼儿"。早上，爸爸督促说："快点起床，去幼儿园晚了，就得不到大红花了。"

冬冬："不是起得早晚，是好不好的关系。"

下午回来，妈妈问："冬冬，今天得大红花了没有？"

冬冬："我有三个缺点：睡觉半天睡不着；睡那儿好鼓弄；好生气。回来的时候，走到门口问田老师。田老师说，'下星期争取得红花。'"

妈妈："你的前两个缺点，实际是一个，午觉睡不好。你为什么爱生气呢？"

冬冬大笑着回答："因为爱生气，所以生气。"

妈妈："没有这样使用因果关系的！"

冬冬："在路上，我本想提这回事的，后来我想了想，不提还好些。"

妈妈："想提什么事？"

冬冬："你真想知道？"

妈妈："是的。"

冬冬："老师说我爱生气。我在幼儿园也没有生气，是爸爸跟老师说了说吧？"

妈妈："是吗？"

冬冬："可能，我想。"

撵人

妈妈陪冬冬在书房画画儿，爸爸跟学生谈话。

冬冬："你们俩要谈的话，就到那屋去谈。我们两个在这屋玩。你们那个屋，也不是没有地方！"

"那屋"，指卧室。

"我像李家的人"

冬冬："我像李家的人，不像白家的人。"

爸爸："你只见过姥姥，可你没见过姥爷。怎么知道你不像白家的人？"

冬冬指着妈妈说："她的爸爸已经死了。我的姥爷，脸长得丑丑的，像个丑八怪。我在姥爷家看过照片。"

大姑："你呢？"

冬冬："我的脸长得漂漂的，像个漂漂亮。"

1989-10-1

理解了半截话的微妙含义

电视剧《第二次采访》。

一位女记者对县委书记说："我想把这件事报道出去，您——"

冬冬："您？是不是不知可以不可以呀？她不想说您同意不同意，只说半截您——，对不对呀？"

还真行，理解了女记者说半截话的微妙含义。

香饼

冬冬拿出香饼，让爸爸闻。

爸爸闻了闻，说："真香！"

冬冬："不管谁闻，都香。"

爸爸："是香的东西，当然大家都会说香。"

哪些人可以关心

冬冬："老师说，对那些没胳膊没腿的人，可以关心；对那些从小不学习，没有知识，伸手讨饭的人，不可以关心。"

幼儿园老师，已经开始向幼儿灌输人生价值观了。

1989-10-2

跟妈妈较真儿

晚上睡觉，冬冬要脱光衣服。妈妈一定要她穿着上衣。她固执，妈妈也固执。妈妈起身去了书房。

过了一会儿，冬冬也跑到书房，拉着妈妈的衣服说："要是你管我，往后就光管我；你一会儿，要不管我，往后你一次也别管我了。"

　　妈妈："我是妈妈，当然要管你。但怎么讲道理，你都不听，你让妈妈怎么管？"

　　母女不记仇，一会儿就和好了。

　　冬冬："我说你，妈妈，我表扬你的时候，你就对我亲。我要不表扬你，表扬别人，你就对我不亲。"

　　这从哪里得出的结论？

1989-10-3

与张进谈父母

　　张进比冬冬大，有个哥哥。

　　张进："我爸爸待我哥哥亲，妈妈待我亲一些。"

　　冬冬："还是待妈妈亲些，还是待你爸爸亲些？"

　　张进："当然是妈妈。"

　　冬冬："为什么待你妈妈亲些？"

　　张进："我妈妈待我好些。"

　　冬冬："我觉得还是爸爸好些。"

1989-10-4

彩电的诱惑

　　邻居家早把黑白电视换成彩电了。今天，爸爸也买回一部彩电。李发舜老师帮忙调台、调色。

　　冬冬围着彩电团团转，也想去帮忙摆弄，却找不到显身手的机会，说："调不调这一点。"又说："彩电比黑白好。"

爸爸说，今天晚上，谁睡在小床，彩电就是谁的。

冬冬想和父母睡一起，又想得到彩电。她拉爸爸，坐在小床边，说："你不是想要彩电吗？你过来睡呀？"

爸爸："你不想要彩电了？"

冬冬："我要彩电，又有什么用呢？"

妈妈："冬冬，如果你不要彩电，妈妈也看不成了。"

冬冬："大姑也看不成了，爸爸也看不成了。爸爸不是也吃亏了？"

爸爸："是啊。冬冬，如果你睡小床，你想要什么，我都给你买。"

冬冬："我只要三样东西：戒指、手镯、指甲油。"

爸爸："好的，爸爸说话算数，一定满足你！"

晚上，冬冬与父母分床，独自在小床上睡熟了，夜里也睡得特别踏实。

1989-10-5

"老外叔叔"

爸爸的大学同学李叔叔，一位不速之客，来家小住。李叔叔肤色白，眼窝深，个头高，很有点像外国人。

冬冬趴在妈妈耳边，很神秘地说："妈妈，我跟你说个悄悄话，咱家来了个老外叔叔。"

李叔叔盘脚坐在床上，见冬冬神神秘秘地，笑说："我知道，你说我像个和尚？"

冬冬："不是的，我说你像个老外。"

李叔叔坐在床上看书。

冬冬："你是我们家的生人，还敢坐在我的床上？"

"自在"和"自由"

冬冬对着镜子，扎了许多头绳，又别了个花里胡哨的发卡。

妈妈："冬冬，发卡很难看，别卡它！"

冬冬："我有我的自在，你有你的自在。你别管我，我也不管你。"

妈妈："是自由，不是自在。"

冬冬："自在，是我瞎编的。"

妈妈左顾右盼，找笔纸记录，却没找到。

冬冬："你的纸和笔在哪儿？请你告诉我地方，我给你拿。"

路标的构图

冬冬："今天老师问我的作业，我就没法说。没有交作业的，都靠墙站。"

大姑："你没有交作业？一共有几个人？"

冬冬："连我一共有几个人？十一个，不是，二十一个。不骗你，骗你了，就算是个骗子了。"

大姑："今天什么作业？是画电线杆？"

冬冬："不是画电线杆，是画路标。路标是由四种图形组成的，一个长方形，一个圆形，一个正方形，一个三角形。"

"喜欢看鲜艳些的"

今天，冬冬老老实实做老师布置的作业。

李叔叔问："冬冬，你干什么呀？"

冬冬："我正在画水草，你别打扰我。"

新买的彩电，颜色不尽如人意。爸爸请李叔叔帮忙调调色彩。

李叔叔："你们喜欢颜色浓些，还是淡些？"

冬冬抢着说："鲜艳些。他们喜欢看淡一些的，我喜欢看鲜艳些的，对不对，爸爸？"

穿两天脱三天

晚上，冬冬又要脱光睡觉。

冬冬："我跟妈妈说好的，两天穿三天脱。"

妈妈无奈地一笑，说："李冬呀，叫我怎么说你呀！"

冬冬："要不，我不干。"

1989-10-6

"光想跟大人玩"

冬冬要爸爸下午四点半去接她，先玩一会儿，再送舞蹈班。爸爸同意了，四点半到了幼儿园。玩半个小时，到了跳舞时间，冬冬却要跟爸爸回家。爸爸无奈，只能带她回家。

妈妈故意问："冬冬，为什么回来这么早？"

冬冬："大人一在那儿，我就不想跳舞了，光想跟大人玩。要是你们不去，我就光想着跳舞。"

这是大实话。

1989-10-7

关心妈妈

早上，妈妈问了句什么，大姑回答得声音大了些。接着，爸爸又跟妈妈交代了几件事。

冬冬："爸爸，大姑刚吵了妈妈，你现在又吵妈妈，妈妈会难过的。"

妈妈："大姑和爸爸都不是吵妈妈！宝贝儿真待妈妈亲！"

冬冬："妈妈，我看出来你对我蛮好的，往后东西掉在地下，或者什么东西你弄不动，就叫我，我给你拿。"

近日，冬冬常问妈妈"爱不爱她""喜欢不喜欢她"，关心"亲情伦理"问题。

冬冬的一个"秘密"

冬冬一进家，就扑进妈妈怀里，说："妈妈，我一回来，就碰见了一件不高兴的事。"

妈妈："什么事？"

冬冬："我让覃覃上我们家，她不来，她让我上她的家。"

妈妈："就这点儿事，也值得不高兴？"

冬冬："妈，我告诉你一个秘密。"

妈妈："嗯？什么秘密？"

冬冬："我得了一朵红花。"

妈妈："你得了红花了？"

冬冬："我讲的《长发妹妹》，老师说好，老师就发给我了一朵红花。熊楠和武怡堃的比我大。老师说，让我'改掉吐字不清这个缺点'。"

"[tʂ、tʂʰ、ʂ]"这几个音，冬冬有时还发不到位。

"我们老师还会这样"

冬冬用手指，狠狠往大姑额头上一点，说："我们老师还会这样，小朋友就后退一步。"

大姑："为什么后退一步？"

冬冬："他站不住吵！"

大姑："老师点过你吗？"

冬冬神气地说："她敢点我？！"

1989-10-8

"牵他的手，是为他好"

周日，爸爸参加《文化语言学》审稿会。华工的唐叔叔带儿子来，跟冬冬一起玩。玩了一会儿，唐寂涛要找爸爸，冬冬领他去中文系会议室。

路上，唐寂涛一个劲儿地往前跑。

冬冬回来后，对妈妈说："这个唐寂涛还怪麻烦的！我牵着他的手，他不让。我牵他的手，是为他好。"

1989-10-9

妈妈的工资

覃叔叔和王阿姨来家。覃叔叔和爸爸谈工作，王阿姨跟妈妈聊天。

冬冬插话："我知道王汇阿姨的工资，为什么比妈妈高！"

王阿姨："为什么？"

冬冬："因为妈妈好几年没有上班了。"

布娃娃

王汇阿姨边说话，边下意识地玩弄布娃娃。

冬冬："你也想买这个娃娃吧？"

王阿姨："是呀！"

冬冬："那你可不好买！"

王阿姨："为什么不好买？"

冬冬："因为不是我们买的，我们不知道价钱。"

王阿姨准备回家，让冬冬去书房，催促一下覃叔叔。

冬冬跑过去，问："覃叔叔，你还跟王阿姨一块儿走不？"

覃叔叔："一块儿走呀！"

冬冬："那你就走吧！"

跟"哭"再见

冬冬到了幼儿园，又大哭了一场，还是要跟着爸爸回家。

下午，妈妈问："你为什么还哭？"

冬冬："我跟你说吧，我是跟'哭'说再见的，再哭最后一次，和哭告别的。"

妈妈："今后要再哭呢？"

冬冬："不算告别，就算看看别的世界。"

妈妈："今后不哭了，好不好？"

冬冬："那当然！连这你也不知道？！"

这是一串很奇妙的对话。自己大哭一场，仿佛是有计划地为了与"哭"再见。而"告别"哭，怎么扯到"看看别的世界"呢？

真喜欢，还是假喜欢？

冬冬："妈妈，你是真喜欢我，还是假喜欢我？"

妈妈："喜欢，当然是真喜欢。"

冬冬："是真爱我，还是假爱我？"

厨房里的水壶响了。

妈妈起身离开："别慌，等会儿回答你。"

冬冬："不行，现在就说，要不就不是真的。"

1989-10-10

家庭评红花

父母商量，从今天起，给冬冬评家庭红花。每天睡觉前，家人一起评议：冬冬哪些地方做得好，还有哪些不足，今后如何改进……

到睡觉时，冬冬问爸爸："你不是说，睡觉前评红花吗？"

爸爸："是呀！那你说说，你今天应该得红花吗？"

冬冬："我不说，你们说！"

妈妈："按照咱们制订的规矩，你先来个自我评价！"

冬冬："我说，我不应该得。"

爸爸："为什么？你说出个理由来！"

冬冬："我不知道。"

今天冬冬表现很好：去幼儿园，没有哭叫；从幼儿园回来，先做老师布置的作业；之后又去画画儿；还独自睡在小床上[1]……

冬冬知道，父母很满意她的表现，是可以得红花的，但却说"不应该得"。看似谦虚，其实是不自信的表现。好就是好，不好就是不好，实事求是，是今后教育的一个目标！

1989-10-11

"亲"的标准

冬冬："爸爸，你亲不亲我？"

爸爸："你认为呢？"

冬冬："亲。可是亲得不很。"

爸爸："怎么算亲得很？"

冬冬："光抱着我，不让上幼儿园，这算亲得很。"

她的所谓"亲"，已经是无原则的"溺爱"了。

有关火情的对话

晚上，煤气罐没气了，改烧煤炉。

---

[1] 分床如同断奶，也是一件较困难的事情。分床睡又快一个星期了，把大床小床靠在一起，她和妈妈合盖一个被子，算是过渡措施。今天，冬冬终于自己盖一床被子，独自睡在小床上了。

妈妈交代爸爸："煤球烧不到明早上。四点，你记住换块儿新煤球，要不，明早就没法做饭了。"

冬冬："煤气站没人怎么办？"

妈妈说，爸爸不去煤气站，是去厨房换煤炉的煤球。由煤火炉，又说到防火的常识，说到武汉最近的火灾案例。

冬冬："烧了六天六夜？那附近的小屋烧掉没有？"

妈妈："当然烧毁了。"

冬冬："人要是跑得快，才烧不死吧？跑得慢，就烧死了！"

妈妈："当然要跑快点。"

冬冬："妈妈，我睡不着，光想害怕人的事。"

妈妈："什么害怕人的事？"

冬冬："我怕楼上人都烧死。"

妈妈："怎么会呢？"

冬冬："你跑得快吗？"

妈妈："可以呀！"

冬冬："你怎么跑？"

妈妈："妈妈'噜噜噜'地跑，跑得可快了。"

冬冬："你跑不快！"

妈妈："跑不快也没事，爸爸背着妈妈跑。"

冬冬担心地说："那爸爸也跑不快了！"

妈妈身体不好，已在冬冬的心里打下了深深的烙印。即使是假设中的危急情景，她也担心着妈妈的安危！

电视机的所有权

今天是星期三。母女俩约定，每个星期三晚上，冬冬可以睡妈妈的大床；其余时间，她都睡小床。

傍晚，冬冬要把躺在大床上的爸爸，赶到小床上去，说："爸爸，你不想要电视机了？"

电视机刚买回来时，为鼓励冬冬分床睡，说过谁在小床上睡，电视机就是谁的。

恰巧，爸爸正要起身去工作。冬冬怕失去电视机的所有权，快速走到小床边，坐下，说："好哇，我要彩电，我睡小床喽！"

马上，冬冬又调皮地说："爸爸，我告诉你吧，其实睡小床不能要彩电，睡大床才有彩电。对不对，妈妈？"

还是为她睡大床做铺垫。

1989-10-12

得了家庭红花

睡觉前，又是评家庭红花的时间。爸爸、妈妈和大姑盘点了冬冬一天的表现，认为冬冬今天可以得红花。

冬冬："我还有一个缺点，就是早上起床，妈妈要抓我，我"噌"一下跑到爸爸被窝儿里，我和爸爸肉了好大一会儿，才起床。"

"肉"，意为"磨蹭"。

爸爸："认识到缺点，也算是一个优点。明天就会把缺点改了，对不对？"

冬冬："对。"

爸爸："那你认为，你可以得红花吗？"

冬冬自信地回答："我认为，我可以得。"

全家人很开心地为冬冬发了一朵红花。

在孩子成长过程中，成功和失败、优点和缺点，始终相伴而行。鼓励是最有效的"助长剂"。

1989-10-13

嘴巴就是说话的

大床小床并排在一起，间隔很窄。妈妈上下床都不方便，不由得说了句："哎哟，睡这边太难受了！"

冬冬接话道："你说哟！你长个嘴巴光玩的？光吃饭的？就不会说，是不是？你说呀，是不是？"

即使妈妈说出来，冬冬能同意把大床与小床的距离加大吗？

老师布置的手工作业

"妈妈，星期天我不能出去玩了，我有一个很重要的事情。" 冬冬说着，拿出一个红色蜡光纸剪的苹果。

妈妈："这是干什么用的？"

冬冬："找两片树叶，用透明胶贴上，中间贴上彩色照片，那这个苹果就变成他的样子了。"

妈妈："彩照？谁的彩照？"

冬冬："小朋友的。老师说，'谁做的好了，贴在后面展览，要得红旗、红花和五角星。'"

妈妈："嗯。找你的照片，咱们做好它，力争得大红花。"

冬冬："要是得红花、五角星和红旗，都得了，那才叫光荣呢！"

老师的严厉

冬冬拽一下妈妈的衣服，装出一副怒气冲冲的样子。

妈妈："干什么？"

冬冬："要是往后谁用我的东西了，你就告诉我，我用剪子把他的衣服剪烂。"

妈妈："哎，哎，你发什么狠呢？怎么了？"

冬冬："别人能这么干，我就不能干？"

妈妈："别人是谁？谁这么干了？"

冬冬："老师。谁要是在上课时玩手绢，老师就撕得一条一条的；撕不动，就用剪子剪。"

妈妈："哇，这么狠？老师撕过你的手绢吗？"

冬冬："没有。可她撕过许多小朋友的。"

一只鸡子两条腿

晚饭，红烧了一只鸡。

冬冬啃完一条鸡腿，说："妈妈，我还要吃一只。"

妈妈："没有了，没有鸡腿了。"

冬冬："一只鸡子，不是两条腿吗？"

爸爸开玩笑地说："鸡子是有两条腿。你吃一条，妈妈吃一条，从来没有爸爸的份儿。谁要能让鸡子长三条腿，爸爸就提名授给他诺贝尔奖！"

"小朋友都搞团结"

冬冬捡回许多树叶，准备做手工。但树叶都不合适，妈妈带冬冬再下楼去寻找。刚到楼下，就听见洪阿和熊楠连连叫"冬冬、冬冬"……

冬冬撇下妈妈，箭一般冲了过去。

回家后，她解释说："妈妈，你知道我为什么跟洪阿姐姐玩吗？"

妈妈："为什么？"

冬冬："我是想叫所有的小朋友都搞团结，要不，一会儿不跟她玩，又一会儿不跟她玩，多不好！要不，我跟她玩又有什么用呢？"

1989-10-14

红花

周六，冬冬得了幼儿园的红花。

冬冬："我今天得了一朵红花，弄烂了，我给了李文青。"

妈妈："是你讲故事，得到的红花？"

冬冬："一星期的。××选我的名，我没选她的名。"

选某某的名，可能是提名之类的活动。

妈妈："为什么你没选？"

冬冬："我没发言。我下星期选她。"

妈妈："是吗？"

冬冬："其实我不选她，我是骗她的。"

一个板栗引发的风波

冬冬与大姑闹着玩。她极为亢奋，捡起一个板栗，没轻没重地朝大姑脸上砸去。大姑的嘴巴上，立马鼓起一个大包，条件反射地拍了冬冬两巴掌。

冬冬哭得很伤心。大姑解释了好大会儿。

冬冬："你打人！你讲道理哟！"

大姑说，两个人都有错，今后再也不打你了。

冬冬："你不喜欢我，我也不喜欢你。"

大姑："你不喜欢我，我也喜欢你；你喜欢我，我还喜欢你。"

冬冬："你喜欢我，我也不喜欢你；你要不喜欢我，我才喜欢你。"

"一天一个毛病"

入夜。冬冬躺在小床上，跟妈妈聊今晚与大姑的争执。

冬冬："今后大姑不敢打我了，我也不敢打大姑了。"

妈妈："你呀，疯着玩不知轻重，总是个坏毛病。"

冬冬："又是个毛病！一天一个毛病，一天一个毛病！不知有多少毛病！"

父母禁不住笑了。

爸爸开腔了："冬冬呀！"

冬冬："爸爸，我知道你要说什么！"

爸爸："要说什么？"

冬冬："真好玩。对不对？好了，我们到中间聊聊天！"

她说着，从小床爬上大床，翻过爸爸身子，躺到爸爸妈妈中间。

这就是"到中间聊聊天"！

"不是不可以"

妈妈："冬冬，换换内裤。"

冬冬："换换也可以，不是不可以。"

长短句《早上起得早》

冬冬自编一首顺口溜：

"早上起得早，

中午睡得好；

起床穿衣服，

回家还睡觉。"

1989-10-15

认错的态度

冬冬认字，注意力不集中。妈妈有点烦了。

冬冬："妈妈，我今天认字错了，还不行呀！往后我一定改正。"

妈妈没说话。

冬冬："错了还不行？你说话呀！你不吭声，是说往后还错，是不是？"

不同水果，核儿不同

冬冬吃橘子，吐出几个白色的橘子核儿："为什么应子的核儿是黑的？橘子的核儿是白的？"

妈妈："不同的水果，核儿就不同。"

冬冬："栗子呢？栗子的核呢？没有核？"

妈妈："栗子没有核。"

冬冬："那为什么呀？"

"短事情"和"长事情"

包饺子，冬冬也参与。

妈妈让她先把纸盒子扔垃圾桶里，然后再洗手包饺子。

冬冬不干，说："我不要短事情，我要长事情。"

所谓"短事情"，是指扔垃圾，一下子就做完了。所谓"长事情"，是指包饺子，用的时间比较长。

"在平地是云，在山上就是雾"

（4 岁 10 个月　1989-10-16—1989-11-15）

与陈松岑教授在庐山锦绣谷（1989 年 11 月）

1989-10-16

"大、小"妙谈

早上，李叔叔穿着睡衣，站在窗前朝外看，说："今天真冷！"

冬冬："你怎么还穿这身衣服？"

李叔叔打趣地说："我没衣服，把你的衣服借给我穿！"

冬冬一本正经地说："你穿我爸爸的吧！他的衣服大，我的衣服太小，你穿不上。"

李叔叔继续逗冬冬，说："那我变小点，好不好？"

冬冬走出书房，说："你变不小。"

"有的……，有的……"

冬冬学说舞蹈老师的话："'要是再学不会，就让靠墙站，再退钱。就是你给金子给银子，也不让学了。'"

妈妈："老师真生气了，以后好好学舞蹈吧！今天小朋友们交作业没有？"

冬冬："熊楠没有贴黑白照片，她贴了个四方块，画了个红太阳。有的小朋友贴的不是自己的照片，是别人的；有的只贴了树叶就交去了。"

妈妈："老师说什么，小朋友可能没听明白。大人们也没在意，没问清老师具体的要求。"

冬冬："这事还怨大人，还怨小孩！"

抚平妈妈的皱纹

妈妈重感冒，全身关节酸疼。躺在床上，就像一条冻僵的虫子，动弹不得。

冬冬："妈妈，我也能招呼你。但是有个条件。"

妈妈："什么条件？"

冬冬："你别生气。"

妈妈疼痛得厉害，不由自主地皱紧眉头，并不是生气。

冬冬抚摸着妈妈的眉宇之间，说："你又生气了？你看这个地方别皱着，平着。"

1989-10-17

一个"重要消息"

从幼儿园回来。

冬冬："刘老师说，我们做的苹果很好，田老师说也很好。"

妈妈："只要认真，肯定能做好！"

冬冬："我今天终于得到了一个重要消息。"

妈妈："嗯？"

冬冬："我在班里讲了《跳舞跳破鞋子的公主》。"

这是她自己创造的故事吧？

妈妈："讲故事？那不叫'重要消息'，是个讲故事的机会吧？"

冬冬："是的。"

妈妈："讲得怎么样？"

冬冬："老师说还可以，不怎么好。"

1989-10-18

舞蹈班的表现

早上，冬冬有点肚疼，但还是去了幼儿园。她让大姑中午一定去幼儿园，看看肚疼好了没有。大姑跟老师说，如果冬冬肚子还疼的话，就给家里打电话。

老师没来电话，看来肚子没什么事。晚上六点，大姑去舞蹈班。看到正跳舞的冬冬，从最后一排，几步就跳到最前面的位置。

老师高声说："王韧，你站到哪去了？"

冬冬模仿老师的腔调说："王韧，你站到外面去了！"

老师、小朋友和在室外的家长们，哄然大笑。

舞蹈课结束，老师刚出教室，冬冬便抢先站在门口，伸手弯腰，示意她人先走。

闵婕的妈妈说："李纤跳得最好。"

舞蹈王老师对大姑说："李纤，小嘴巴会说。她玩一会儿，跳一会儿。跳得认真时，跳得才好[1]！"

回到家，冬冬对妈妈说："吃了午饭，我坐在小凳子上，等大姑接我。田老师说，'睡觉去吧，不会有人接你的。'"

1989-10-19

"那个什么素"

冬冬大口吃苹果，连皮子也咽到肚子里。

冬冬："妈妈，你知道我为什么吃这个皮吗？因为有那个什么素呀？"

妈妈："维生素。"

冬冬："是的，维生素就可以吃。"

"金簪子、银簪子"

妈妈讲故事：一个小孩，运用智慧，帮妈妈打捞出掉在井里的簪子。

冬冬："是不是古代人都戴簪子呀？金簪子，银簪子，都戴。"

"挺大、挺小"

故事《鸭子为什么会游泳》中，有一句解说词："一个挺大的果子，掉在

---

[1] 才好：真好。

了水里。"

冬冬："挺大的果子掉到河里去了？挺小的果子就没有掉到河里？"

大姑："大果子熟透了，'扑通'掉下来了！"

怎样才能讲好故事

冬冬："你知道，我们小朋友为什么喜欢听爸爸妈妈和阿姨讲的故事吗？你知道我们为什么要听吗？"

妈妈："不知道。你说说为什么？"

冬冬："因为她们吐字很清，还会学各种动物，有各种表情，一句接一句，好像很熟的样子，像是学了好几遍，实际上是记住了。妈，你听，是吧？"

冬冬说的，其实是她对怎样才能讲好故事的认识。

小朋友和大人一样不害怕

今天，熊楠来家，与冬冬一起，玩得很高兴。

天黑了，熊楠要大人送她回家。

冬冬："我送你，我不害怕！小朋友不是和大人一样吗？有什么害怕的呢？"

1989-10-20

巧妙应对

早上，冬冬起床，发现床上湿了一大片。大姑划着脸蛋，羞冬冬："冬冬，羞不羞啊，四五岁了，还尿床！"

冬冬笑盈盈地说："那不八岁了？不，那不九岁了？"

"四五岁"，四加五等于九！冬冬用加法，巧妙化解了尿床的尴尬！

《黑暗中的老虎》的创作构想

冬冬："妈妈，你会画《黑暗中的老虎》吗？"

妈妈："不会。你会画？"

冬冬："画一个黑黑的山洞，中间有一个红色的小圆点，是老虎走得很远，看不清楚了。"

妈妈："还可以画一个山洞。山洞里，远远有一个小头或者小尾巴！"

冬冬："我不会画老虎，只画一个小圆点代替老虎。"

妈妈把冬冬的《黑暗中的老虎》的构思，告诉了爸爸。

爸爸说，幼儿很神奇，只要是看过的听到的，都会留下痕迹。

冬冬的构思，应该是受《聪明的一休》的影响。与一休画的《黑暗中的乌鸦》比，背景都是用"黑暗"，动物则一是"乌鸦"，一是"老虎"。这是一种高级模仿，在模仿基础上还有创新的成分。

得意

冬冬："今天老师没有请我讲故事。请了许多小朋友都不讲，也请了熊楠，熊楠讲得也不好。"

大姑："武怡堃讲了吗？"

冬冬："没有。武怡堃和我都没讲。老师说，'熊楠不行了'，只有我和武怡堃还行。"

老师让学生讲故事用"请"字，不知真假。但老师说，谁讲故事"还行"，谁"不行了"，大约有很大的想象成分。

"不挣钱，有什么辛苦的"

大姑明天上午有课。妈妈让爸爸今晚早点睡，明天早点去买早餐。

妈妈："小辉够辛苦的了。"

冬冬："大姑够不辛苦的了。"

爸爸："冬冬，大姑为什么不辛苦？"

冬冬："又不挣钱，有什么辛苦的？"

爸爸："学知识也很辛苦呀！"

冬冬脑子里突然冒出个新念头，转头对妈妈说："星期天，我不能玩了，我要你教给我毛笔字。"

1989-10-21

小红花，是鼓励

冬冬一进家门，从口袋里摸出一朵小红花。

她很开心地说："妈妈，我还有一个好消息，老师发给一朵小红花，鼓励我。"

学知识

①教冬冬学习一年四季的知识。

如：一年几个季节；一年几个月；一月多少天；一天多少小时；一小时多少分，等等。

②她会背 1 和 2 的乘法口诀。

有趣的是，她把 $10 \times 10 = 100$ 的 100，念成"十零零"。

1989-10-22

在聋儿康复中心

爸爸被聘为湖北省聋儿康复研究中心的顾问，不定期地去指导工作。

冬冬醒来问："妈，我还去聋儿康复中心吗？"

妈妈："你去哪儿？"

冬冬："今天我和爸爸，还去不去聋儿康复中心呀？"

妈妈："去。"

冬冬："车来了，会不会等爸爸呀？"

妈妈说，别着急，会等的。

爸爸带冬冬，在聋儿康复中心待了整整一天。最初，她一直缠着爸爸。康复中心的老师们，带她去了汉江边，还为她化了淡妆。

回来后，她说："我就喜欢一个阿姨，甘文英阿姨。"

长短句《秋天来了》

冬冬画"秋天来了"，签上自己的名字，还写上年月日。

大家起哄，说，诗配画，才有意思。

冬冬想了想，为"秋天来了"配上一首长短句：

"红红的太阳笑眯眯，

蓝云在天上飞。

大树脱绿袍，

树上的叶子往下飘。

刚掉下来的树叶绿油油，

唉——

地下的落叶又黄又焦。"

1989-10-23

幼儿园的一天

冬冬："爸爸，我想跟你说会儿话。"

爸爸："好呀，说吧。"

冬冬："我跟你说说，我们幼儿园的事情。你跟我说说，你们上课的事情。"

爸爸："好，你先说。"

冬冬："吃饭睡觉，睡了觉起床，又吃饭，吃了两餐饭回家，这是开头。"

爸爸："还有呢？"

冬冬："没有了。"

妈妈喊她："冬冬快过来，大姑把洗脚水打好了，帮你洗洗脚！"

冬冬一边脱鞋子，一边说："妈妈，我自己洗。在你不在的时候，我自己洗。"

"光跟爸爸唱反调"

冬冬睡觉蹬开了棉被。

爸爸拉被子盖上她的小脚，说："盖好被子。"

冬冬："把脚伸到外面也不行？"

爸爸："不行，天太冷了。"

冬冬："天冷也不盖。"

爸爸："为什么不盖？"

冬冬："因为不盖，所以不盖。"

爸爸："你的'因为''所以'，用得不对。"

冬冬："'因为''所以'用得对。"

爸爸："'因为''所以'不能这样用。"

冬冬："可以这样用。"

爸爸："胡扯。"

冬冬大笑，说："反调，我光跟爸爸唱反调。"

1989-10-24

爸爸"着急了，就生气"

早上是一天最紧张的时光。

爸爸："冬冬，快起床！"

冬冬不知忙闲，说："我就是不起床。"

爸爸："快点穿衣服。"

冬冬："我不穿，有什么了不起的？"

爸爸着急外出，有些急躁，一甩手走开了。

妈妈："哎，冬冬，你怎么不说，挨打有什么了不起的？"

冬冬："怎么你和爸爸都生气了？"

妈妈："爸爸妈妈都没有生气！你磨蹭着不起床，耽误时间，爸爸有事，真着急了。"

冬冬："爸爸是真生气了。着急了，就生气。"

"我就说说……"

准备出发去幼儿园。

冬冬："今天下午，我从幼儿园回来，要看到，要看到这样东西。"

妈妈："什么东西？"

冬冬："两包鱼干，两包口香糖。"

妈妈："晚了，快走吧！"

冬冬："我就说说，就这也生气？"

1989-10-25

天上有多少星星

爸爸讲述月球、地球、太阳等方面的知识。

冬冬："爸爸，天上有多少星星？"

爸爸："不知道。"

冬冬："连天上多少星星都不知道，还算什么聪明？"

爸爸："你知道有多少星星？你说说看？"

冬冬："一千五十个，再加一千五十个，再加一万个。"

宝贝儿，这到底是多少个？

"有什么了不起的"

教冬冬识字。

妈妈："冬冬快来，别磨蹭。"

冬冬："不想学。"

妈妈："今天还没评红花呢。如果不好好学习，可就得不到红花了。"

冬冬："得不到就得不到，那有什么了不起的。"

最近常用"有什么了不起的"的口吻，表示自己的豁达。

两个礼拜来，每天睡觉前都评红花，冬冬很认真地总结自己的优点、缺点。昨晚，该睡觉了，她才想起老师布置的作业还没做。为让评选不流于形式，妈妈坚决反对她得红花。

冬冬委屈得大哭，哭得很伤心。

1989-10-26

"问题"大王

冬冬弄不懂的词语或句子，总要问个水落石出。

①冬冬："妈妈，什么叫'心灵美'呀？我怎么不知道什么叫'心灵美'呀？"

②冬冬听故事，问："鸭子还是叔叔？公鸡还是伯伯？"

③冬冬："妈妈，什么叫'解脱'呀？'解脱'就是他好难吧？"

妈妈："不是的。你从哪听来的？"

冬冬："《高楼轶事》上。'你要是做七件好事，就得到解脱了！'"

大人们笑了。

冬冬又模仿警长的声调和表情："'恶有恶报，善有善报。'"

德国连续剧《高楼轶事》：一男一女两个鬼魂，他们生前害人太多，被一个警长临死前诅咒，在地狱里永受折磨，除非做完七件好事才能升天堂。

"自己照护自己"

冬冬画古代仕女，说："她们没有什么丫鬟，她们的丫鬟都被人杀死了。她们自己照护自己。妈妈，她们可怜不可怜呀？"

"照护"，意思为"照顾"。

妈妈："没有丫鬟，不算可怜。"

冬冬："没有丫鬟，还不可怜呀？"

1989-10-27

"要是……"

爸爸买回了早点。

冬冬："要是爸爸买回来饭，你不起来吃，那不白买了？"

妈妈："谁说我不起来吃饭了？"

冬冬："要是呀！我是说。"

用"要是呀"强调说的是假设情况。

"呆"

①妈妈教冬冬识字。

冬冬要喝水："我简直是渴呆了。我光想喝水，不想认字，这怎么回事？"

②冬冬："早上去幼儿园的路上，爸爸讲得好好听呀，我简直听呆了，一句话也不说。"

"听呆了"可以。"渴呆了"，没听说过。

"开""合"

大姑搞卫生，把冬冬的小床和大床的距离拉开了些。

冬冬："小床怎么合，这么开呀？"

冬冬的意思是，小床和大床拉得这么开，怎么合拢起来呢。语句太简略了。

"不合格"

中文系排练歌曲，准备参加学校的歌唱比赛。爸爸让冬冬和周尅一起玩耍，交代他俩不要吵架。

冬冬说："我和周尅玩，不合格。"

"不合格"，大约是说他俩还不能参加排练。

"特别是"

冬冬很神秘地告诉妈妈："刘老师一走进教室，就香喷喷的，特别是中午。"

观察仔细，也很敏感。"香喷喷""特别是"表现出较好的语言表达能力。

"关心关心"

冬冬帮妈妈脱外罩，说："看我关心关心你吧！"

"关心"重叠，显示出亲昵。

捏妈妈手指

妈妈的手指因病变形。冬冬使劲捏妈妈的手指，把妈妈捏疼了。妈妈说她不该如此用力。

冬冬："你能狠摸我，我就不能狠摸你？这是什么道理呀？"

现在，冬冬总是"没理也要犟三分"。

"我还有一个缺点"

晚上，又到评家庭红花的时间。家人摆出冬冬表现好的许多事例，认为，冬冬能得大红花。

冬冬："昨天我还有一个缺点。妈妈让我送了熊楠就回来。我并没有听妈妈的话，把熊楠送到家里，又玩了一会儿才回来，今天我一定改。"

她说出自己的不足（其实也不算是什么不足），严格要求自己。家庭评"红花"，是一种不错的家庭教育方式。

1989-10-29

三大"员"

家家过七十岁大寿，宴请了许多宾客。自己家的两间房不够用，又借用黎老师的房间摆了一桌酒席。

冬冬："黎叔叔屋里怎么这么多人呀？简直就像一个餐馆似的。端饭员，专门管端饭的；端菜员，专门管端菜的；筷子员，专门管拿筷子的。"

过去她常用"像……一样"，现在又有了"像……似的"这一比况结构。

冬冬还命名"餐馆三大员"：端饭员、端菜员和筷子员。

管电视的权力

爸爸要看中央台八频道的新闻，冬冬要看二频道的儿童节目。

冬冬："你没睡小床，你没有这个权力！不睡小床的人，是没有权力管电视的，对不对，妈妈？"

睡觉时，要往大床挤；平时，又要强调睡小床的"电视管控权"！

"慢腾腾的"

室外散步。妈妈步行速度慢，冬冬很有意见。

冬冬："往后走路要快点，别慢腾腾的！蚊子把我的脚咬个包。"

1989-10-30

"两双鸡蛋"

冬冬："大姑，再煮两双鸡蛋，妈妈两个，我两个。"

鸡蛋是不能论"双"的。

她一气吃了三个鸡蛋，说："本来我是想吃六个鸡蛋的。"

大姑："别吹了，你能吃六个鸡蛋！"

冬冬："本来呀！"

大姑："本来什么呀！今后，我可要装黑脸了。"

冬冬知道"黑脸、白脸"的意思，说："装白脸不能生气，装黑脸不能不生气。"

"我是个重要人物"

冬冬跑到书房又跑回卧室，没找到她周日采的野花。

冬冬："妈妈，我的花呢？"

妈妈："扔到垃圾桶里了。"

冬冬："妈妈，你过来，我跟你说句话。我辛辛苦苦地采了一束花，干吗给我丢了？"

"辛辛苦苦"等形容词的重叠形式、生动形式，用得多起来，语言显得生动多了。

妈妈："已经枯萎了！插在瓶子多丑！"一边说着，一边向厨房走去。

冬冬："妈妈，你等我一下。"

妈妈："快点。"

冬冬："我是个重要人物！"

此前，她说过"重要消息、重要的事情"，也说过吃饭"最重要"。

爸爸像"大魔术师"

从幼儿园回来，冬冬拿出作业本，"啪"的一声，拍在桌上："这是今天的作业，挂在黑板上的。"

妈妈："挂在黑板上干什么？"

冬冬："说明画得好！"

妈妈翻看作业，的确画得不错：海浪、小船，还有成群结队的海鸥……色彩鲜艳，比例合适！

爸爸听娘俩说得热闹，夸张地甩着双臂，从书房跑步过来。

冬冬："爸爸又在耍花招了。"

妈妈："咋耍花招了？"

冬冬："看他的样子，就像耍花招的样子。"

妈妈："爸爸逗你玩呢！"

冬冬："像个大魔术师。"

1989-10-31

"一个人上幼儿园"

大姑拿出带襻的鞋子。冬冬不愿穿，说鞋襻不好扣。

大姑："是不好扣！你不会请老师帮你扣？"

冬冬："不行，都得自己扣。老师根本不帮我们忙，你知道为什么吗？"

大姑："不知道。"

冬冬："'长大了，还叫爸爸妈妈穿衣服，那怎么行？'"

大姑："老师说得有道理。"

冬冬："往后我就一个人上幼儿园了。从星期三开始吧！还是从星期五开始？还是从庐山回来开始吧？"

伶牙俐齿

中文系语言学助教班的两个阿姨，来家向爸爸借书。

吴阿姨："冬冬，到我们那儿去玩吧，我们都喜欢小孩子。"

冬冬做手弹脚踏的动作，说："你们有那样的琴吗？"

吴阿姨："风琴？没有。"

冬冬："甘阿姨就有。"

甘阿姨，是指湖北省聋儿研究康复中心的甘文英老师。冬冬去康复中心，与甘老师很玩得来。

吴阿姨："许多阿姨都会跳舞。"

冬冬："那你就给我跳个舞看看。"

吴阿姨："我不会。"

冬冬转向童阿姨，说："你给我跳个吧？"

童阿姨："我也不会。"

冬冬："你不是说阿姨会跳舞吗？"

吴阿姨："我们不会，她们会。"

冬冬："你们不也是阿姨吗？"

不错的逻辑推理！

1989-11-1

她鞋子的"两大缺点"

冬冬仍不愿穿带襻的鞋子："妈，我这双鞋子有两个缺点，两大缺点。"

妈妈："说说看，哪两大缺点？"

冬冬："一个是，这个鞋襻有障碍物；二是，这上面一洒水珠，就一点一点的，非常不好看。"

把鞋襻看作"障碍物"，穿鞋时不方便。鞋面是绒的，不吸水，水珠会存在上面，她认为不好看。这真是"两个缺点"。

地下走的理由

爸爸推自行车，准备送冬冬去幼儿园。

冬冬："爸爸，咱不骑车子，地下走吧？"

爸爸："为什么呢？"

冬冬："地下走可以讲知识。"

爸爸："骑车不也可以讲？"

冬冬："骑车跑得快，只能讲两个知识。地下走时间长，能讲好多知识。"

不骑车，地下走，是为了让爸爸多讲知识。这理由太有分量了。

1989-11-2—8

庐山

爸爸带冬冬去庐山，参加第二届全国社会语言学学术讨论会。会议的中心议题是言语交际和交际语言，陈章太、陈建民、吕钦文、宋振华、祝婉瑾、张彦昌、刘焕辉等先生出席了会议。冬冬认识了许多学界名流，登庐山时，郭龙生叔叔还背了她很长路程。

这一期间，爸爸太忙太累，没顾上记录冬冬的语言。

1989-11-9

庐山归来

上午，父女俩从庐山回来，冬冬晒黑了，也吃胖了。这次出行，对冬冬的影响很大。具体表现在：多了描写性语言；叙述常伴手势；语句中常夹带感叹词。

冬冬一进家，就扑进妈妈怀里，说："妈妈，我真想你呀！"

妈妈："妈妈也好想你们啊！"

冬冬："妈妈，我离开家的第二天，就想妈妈了。八号没车，也没人送。九号有车，也有人送。我要回来，爸爸只得让我回来了。"

不但说了"八号、九号"这些具体时间，所说事情还基本属实。

冬冬拿出小零食特产，一样一样让妈妈品尝。接着就开始告爸爸的状："妈妈，我跟你说爸爸干的坏事吧！他也不累，他吸了好多烟，还喝了一瓶啤酒，不，不是啤酒，是酒，还和别人打牌。"

爸爸："昨天晚上在轮船上，几个河南老乡拉着我打牌。"

冬冬："妈妈，我还跟你说爸爸做的坏事吧！爸爸等我睡着了，把我放在床上，他自己去打牌。我醒了，就哭了！"

妈妈："是真的？"

爸爸："是真的。不过，她只哭了一次。"

"九江"别解

冬冬："妈妈，你以为九江，是九条江里放了一杯酒吧？"

据估计，她可能曾经是这样理解九江的。

妈妈故意说："不是吗？"

冬冬："不，其实不是。九江啊，是一个名字。"

妈妈："你是在九江坐的船？"

"妈妈，船往前走，那波浪就这样往后退。那情景，极美哟！"冬冬一边说，一边双手往后扒，做船只向前行进的动作。

给海鸥画像

冬冬过去学画轮船，就学会了画海鸥：弯弯的人字颠倒过来，再加"一"线。这次，她细致观察到，长江上，成群结队逐船飞翔的海鸥。

冬冬："海鸥有圆圆的、小小的红眼睛，翅膀是双层的，身子是椭圆形的，根本不是一条横线。它的脚，也是红的。"

"在平地是云，在山上就是雾"

庐山的高峰与幽谷，瀑布与溪流，变幻无常的云雾，都给冬冬留下了深刻印象。

冬冬："妈妈，你知道什么是雾吗？"

妈妈："说说看。"

冬冬："白白的，什么也看不见。它像烟，但不是烟。"

大姑："大姑也没见过，给大姑说说。"

冬冬两只小手比划着："这是雾吧，这是山吧，这上面有雾，这么高是山。雾就是山。在平地是云，在山上就是雾。"

在这段叙述中，有相当丰富的知识含量，也有现实的云雾感受。

庐山瀑布

庐山云雾，千姿百态。名气很大的庐山瀑布，更让人期待。

大姑："冬冬，你看庐山瀑布了吗？"

冬冬："看了。"

大姑："庐山瀑布，像什么呀？"

冬冬："像绳子。"

大姑："啊？不会吧？像绳子那么细？"

冬冬："像粗绳子。"

这和"飞流直下三千尺，疑是银河落九天"的意象，相差太大了吧？

爸爸说，没错，瀑布的水流很小，宛若一条绳子，飘挂在石壁上。

1989-11-10

妈妈"太忙"

冬冬想中午就从幼儿园回来，妈妈当然不同意。

冬冬："妈妈，今后我跟爸爸一块儿出去，叫九号回来，我就不八号回来了。"

妈妈："为什么？"

冬冬："你太忙。"

妈妈："妈妈怎么忙了？"

冬冬："你中午不把我从幼儿园接回来！"

中午不接回来，哪是因为妈妈忙呀？

1989-11-11

庐山的形成

冬冬："妈妈，你知道庐山怎样形成的吗？"

妈妈："不清楚。讲给妈妈听听！"

冬冬："庐山从前是个海洋，后来火山爆发，喷出岩浆，就变了陆地和高山。"

读万卷书，行万里路。对不到五岁的冬冬来说，更是适用。

1989-11-12

老师怕羞？

冬冬："妈妈，为什么我们班的老师这么怕羞呀！"

不知道她是如何观察到老师"怕羞"的？

不打赤脚的原因

冬冬下床去厕所，让爸爸给她穿鞋子。

爸爸：“穿鞋子？你为何不光着脚丫子？”

冬冬：“因为光着脚脏，还因为光着脚太冷。”

1989-11-13

“水火不相容”

冬冬：“妈妈，什么叫‘水火不相容’呀？”

妈妈说，水和火遇到一起，要么火熄灭，要么水煮开。水火不相容，比喻人与人之间，由于个性不同或者有深仇大恨，不能在一起。

冬冬：“噢，为什么？”

妈妈不好解释了，说：“似乎与古代的五行，‘金、木、水、火、土’有关系吧！”

“银河系外面是什么”

冬冬：“我像太阳系这么大！太阳系外面是银河系，银河系外面是什么呀？”

妈妈：“宇宙。”

冬冬：“宇宙外面呢？”

妈妈：“妈妈不知道宇宙外面有什么！你好好学习，长大当个科学家，去探索宇宙之外还有什么，然后告诉妈妈，好不好？”

冬冬频频点头。

“傻瓜才会这样想”

幼儿园的舞蹈班，晚上七点结束，家人常常六点半去接冬冬。今天刚过六点，冬冬就到家了。

妈妈惊奇地问：“你，怎么回来的？”

冬冬：“允老师让王果的妈妈把我送回来的。”

妈妈：“啊，今天舞蹈班结束这么早？”

冬冬："没有电，老师说今天不跳了。"

妈妈："幼儿园也停电了？"

到了晚上，冬冬再次问妈妈："今天，怎么这么晚还不去接我？"

妈妈："原以为只有西一村停电，没想到幼儿园也停电。"

冬冬："只有傻瓜才会这样想。"

1989-11-14

开会，没有意思

明天，爸爸去潜江上函授课。

爸爸："冬冬，明天跟我一块儿去吧？"

冬冬："我才不跟爸爸走呢！爸爸整天开会，一点意思也没有。"

这种感受，可能来自在庐山开会的那几天。

纠正爸爸的话语

冬冬躺在被窝儿里，喊着走向门口的爸爸："爸爸，快点睡觉。"

爸爸："好，我一会儿回来。"

冬冬："是过来，不是回来。"

冬冬会"抠字眼"了。从她的角度看，用"过来"；就爸爸的角度说，用"回来"也对。

1989-11-15

母女相处之道

冬冬："妈妈，你生气的时候，我不生气；我发脾气，你不发脾气。这怎么回事呀？"

究竟谁骗住了谁

（4 岁 11 个月　1989-11-16—1989-12-15）

庐山瀑布（1989 年 11 月）

1989-11-16

源源妈妈

王成宇阿姨在华中师大读英语助教班。昨天丈夫带着孩子源源，从河南来探班。他们来家一起吃早饭。源源吃完油条和包子，不想再喝面前的稀饭。王阿姨端起稀饭，倒进自己的碗里。

冬冬："妈妈，你什么时候能够做到像源源妈妈那样了？"

妈妈："什么事情？"

冬冬："源源不想吃饭，他妈妈就不让他吃，把源源的剩饭，倒碗里她自己吃。"

1989-11-17

选择参赛故事

幼儿园要选故事大王，冬冬准备了一个故事。

妈妈："你选哪个故事？"

冬冬："我已经想好《葫芦娃》的故事，但是我还不熟。"

周阿姨在楼下，大声喊大姑一起上街。

大姑对周阿姨说："等等，再等十分钟，啊！"

冬冬："你说等十分钟，我知道是什么道理，你想给我找个好故事。"

多会揣摩大人的心理。

试试自己吵架的能力

冬冬刚打开新买的识字卡，王阿姨就带覃覃进了门。两个孩子开始了争夺战：冬冬护着自己的识字卡，覃覃非要抢过来不可。覃覃抢不过，开始大哭。

王阿姨有些心烦，拽着覃覃离开。覃覃弯腰抢过包装纸，冬冬追到门口，劈手夺回来。

妈妈："冬冬，覃覃是客人，你为什么这样不友好？"

冬冬："我想试试，看我吵架厉害不厉害。妈妈，你说我厉害不厉害？"

妈妈："你认为呢？"

冬冬："我问你呢！"

"不长时间"

大姑和冬冬躺床上聊天。说起老家人谁还没来过武汉，其中说到小姑。

冬冬："来过，但是不长时间她就走了。"

冬冬记得很准，老四的确来过，不过住的时间很短。

她边说边从大姑身上跨过去。

大姑："你过不去，我是一座大山。"

冬冬："如果你变成山了，怎么样哩？"

那意思是，即使大姑变成一座大山，她也要翻过去。

1989-11-18

永远不长大，不让妈妈老去

爸爸伏案写作。

冬冬躺在床上，盯着爸爸看，说："爸爸一笑，眼睛就小了。"

爸爸妈妈忍不住都笑了。

冬冬又说："一笑了，脸上就有皱纹。妈妈，是'皱纹'还是'皱为'呀？等我长大了，你就死了吧？"

妈妈："妈妈死不了。"

冬冬："那你脸上有皱纹了，不是快老了吗？"

妈妈："现在你还小，等你长成大人了，妈妈才老的。"

冬冬："那我永远永远不长大。"

妈妈："这是不可能的。"

冬冬："从今往后我就不吃饭了！"

妈妈："为什么？"

冬冬："我不长大，妈妈就不会死了。"

纯真而感人的话语。

1989-11-19

要喝爸爸的鸡蛋汤

爸爸准备去杭州，参加中国语言学会第五届年会。凌晨五点，闹钟响了，吵醒了冬冬。

她望着漆黑的窗外，说："爸爸，你是不是去得晚了，人家就开除你呀？"

爸爸："不会的。"

爸爸的早餐，是鸡蛋汤。

冬冬也想喝，说："妈妈，爸爸一吃，我也嘴馋了。"

爸爸忙端碗到床前，用勺子舀汤，让冬冬品尝。

冬冬："真好吃。妈妈，我也想吃爸爸吃的那个，等爸爸走了，你也给我做爸爸吃的那个好不好？"

妈妈："好的。"

冬冬："爸爸走，你就给爸爸做那个吃；我每天上幼儿园，你就没有给我做一次？"

妈妈："你真喜欢吃，妈妈当然做。"

爸爸："这几天，妈妈还会很辛苦，你要听话。"

冬冬："妈妈辛苦也不辛苦！"

爸爸："为什么？"

冬冬："她有时候干活，有时候不干活！"

"怎么样"

下午，母女俩在院子里玩。

妈妈："冬冬，今天玩得怎么样？"

冬冬："不怎么样！"

妈妈："既然不怎么样，那今后咱就不出去玩了。"

冬冬："怎么样。"

妈妈："什么怎么样？"

冬冬："玩得很高兴。"

这对话，都是"怎么样""不怎么样"，像是地下接头一般。原来，冬冬的"怎么样"，是对自己上面说的"不怎么样"的否定，怪不得妈妈听不懂。

1989-11-20

是"感觉"，不是"盛情"

"我自己有我自己的盛情。"冬冬说着，自己笑起来，纠正说，"啊？'盛情'啊！我自己有我自己的感觉。"

纠正自己的用词时，还把要纠正的词重复一下，"啊？'盛情'啊"。具备了自我修正话语的一些技巧。

1989-11-21

究竟谁骗住了谁

冬冬："妈妈，我想骗你，还是很容易的。"

妈妈："真的吗？"

冬冬："因为你相信什么都是真的。那一次，说碰见刺猬的事，实际是假的，我是骗你的。"

妈妈："你以为我真相信呀？你要是真碰见了刺猬，那天就说了，还能忍得住？"

冬冬恍然大悟地大叫起来："啊，那是你骗住我了！"

她以为自己的小聪明，能够唬住大人，谁知大人只是不说破而已。原来，她被大人"骗住"了。她意识到"被骗"，是对心理世界的新认知。

1989-11-22

"英语的我听不懂"

冬冬："我们班的一个老师。我最喜欢一个老师，讨厌两个老师。"

妈妈："喜欢谁？"

冬冬："我喜欢允老师，她长得好看，唱歌也好听。刘老师和田老师长得丑死了，唱歌也难听死了。"

妈妈："刘老师是教语言课的，当然不会唱歌了。"

冬冬："刘老师对小朋友们狠，对我也狠。允老师对我好，对小朋友们也好。今天我做律动操做错了，刘老师还说了我一句。"

妈妈："怎么做错了？"

冬冬："没做完第一节，就做第二节。"

妈妈："刘老师怎么说你的？"

冬冬学着刘老师的声音："'第一节没做完，你怎么就做第二节'？"

妈妈："你做律动操的领队？"

冬冬："是的。"

妈妈："应该受批评。如果你做错了，把后面的人都带错了。"

冬冬："我听不懂那音乐哟！英语的，英语的我听不懂！"

1989-11-23

"亲姊妹"

冬冬说，自己有哥哥，林钦哥哥呀，大松哥哥呀；也有姐姐，二妮姐姐呀，茵茵姐姐呀。

大姑："她们姓白，你姓李，不一个姓，就不是亲姊妹，那是表姊妹。"

冬冬："大姑，我和你是亲姊妹吧？"

大姑："胡扯，姊妹是同一辈人，我和你是两辈人！"

冬冬："那你不是说，一个姓就是亲姊妹吗？"

想要弟弟妹妹，取名"春、夏、秋、冬"

冬冬突然说："妈妈，我要'春、夏、秋、冬'！"

妈妈不解地问："是《晚安故事》的春夏秋冬？"

冬冬："不是。是——，是'春夏秋冬'，我叫冬冬，再给我生个弟弟妹妹！"

妈妈："噢，妈妈明白了。你是说，如果有弟弟妹妹，就叫'春、夏、秋'，是吗？为什么想要弟弟妹妹？"

冬冬："你为什么不给我生个孩子呀？我一个人好寂寞呀！就我一个人。"

冬冬要弟弟妹妹，经历了好几个阶段：一开始，对一个妈妈有两个孩子，感到不理解。进而，让爸爸妈妈给她生个小弟弟或者小妹妹；她有一个玩具娃娃，就叫"夏夏"；她气人的时候，爸爸妈妈也经常说，要找一个"新冬冬"，她也经常丑化"新冬冬"，生怕真的出现一个"新冬冬"。后来，就不提要弟弟妹妹的事情了。今天又提出要弟弟妹妹，还想好了"春、夏、秋、冬"的名字，原因是"一个人好寂寞"！其实，只要"春、夏、秋"就够了，她已经是"冬"了。

与妈妈"有一样儿的感觉"

下午，妈妈去幼儿园接冬冬。

冬冬："妈妈，我跟你一块儿走，身上就有劲儿。你呢？"

妈妈："我也是。"

冬冬："我们俩有一样儿的感觉。"

回到家，冬冬拿《安徒生童话》让妈妈读。

冬冬："可别把这本书弄坏了，这是爸爸辛辛苦苦为我买的。谢谢爸爸，谢谢妈妈。妈妈，我会永远爱你的。"

1989-11-24

垫高枕头，便于观察

冬冬："我们幼儿园小朋友有个习惯。睡午觉的时候，没有枕头，就把自己脱下来的衣服当枕头。要是低了，就都垫在下面；要是多了，就搭在床帮上，或者堆在旁边。"

妈妈："你没有枕头？"

冬冬："有呀！但是我还是这样。"

妈妈："为什么？"

冬冬："因为枕头低了，我什么都看不见了；枕头高了，我不抬头，就什么都能看见。"

听话音，午觉时，她还是睡不着。垫高枕头，便于观察周围的动静。

冬冬："严路好几天都没上幼儿园了，我一个人睡一个床。"

妈妈："等她来了，问一下她为什么没上幼儿园。要学会关心人。"

冬冬："我才不关心她呢！她就不让我盖被子，我只睡在床边上，她睡里边，我只盖一点儿点儿。"

妈妈："那怎么行？你使点劲儿，多拽点被子过来呀！"

冬冬："田老师看见了，批评严路说，'李纤又没挤你，你蹬她干什么？'就用被子盖着严路的脸。"

1989-11-25

怕老师说妈妈瘦

大姑告诉妈妈：去幼儿园的路上，冬冬说以后不让妈妈接送她了。因为田老师对允老师说，"李纤的妈妈瘦瘦的"。

大姑："说'瘦瘦的'，怕什么？"

冬冬："我怕允老师再对刘老师说。"

冬冬问妈妈："为什么田老师要这样说呢？"

妈妈："过去，都是爸爸姐姐大姑送你去幼儿园。她们是第一次见妈妈。一个老师见到妈妈，再给另一个老师说说妈妈的样子，很正常。"

冬冬："妈妈，我错了，我以前不知道是这样。"

1989-11-26

对"捡东西"的态度

妈妈弯腰困难，如果东西掉地上，总会喊："冬冬，把地下的东西捡起来！"

冬冬："捡起来，有什么了不起的？"

妈妈："这是什么话？"

冬冬："捡起来，又有什么用呢？"

妈妈："不管有用没用，都应该捡起来！"

冬冬："掉在地下，又有什么关系呢？"

轻描淡写的语气，不以为然的表情！

"一天连一天"

婆婆："冬冬，你爸爸呢？"

冬冬："我爸爸到杭州去了。我爸爸一天连一天地出差。"

"简单的"和"有点难度的"

幼儿园作业：用树叶拼凑各种图案。妈妈带冬冬，捡了半干的梧桐叶和松针，又摘了女真子树上椭圆形的树叶。

冬冬："妈妈，我们不会把树叶做成图案，那怎么办呢？"

妈妈："不会做复杂的，可以做简单一点儿的。"

冬冬："我不想做简单的，想有点难度的。"

还真有点不怕困难的精神。

1989-11-27

"一亮一亮的烟头"

今天有舞蹈班。爸爸出差回来，放下行囊就去接冬冬。回到家，冬冬生气地说："老师总说我不对不对的，我一句也不想听了。"

妈妈："哟，还挺生气的，什么事啊？"

爸爸："跳舞时，冬冬有一个动作跳错了，老师说'李纤，注意力不集中，光看爸爸'。"

爸爸又说，自己是躲在暗处的，弄不清楚冬冬怎么发现自己的。

冬冬得意地指着爸爸说："我只要看见一亮一亮的烟头，我就知道是你了。"

冷从脚下起

天气渐冷，冬冬要脱袜子，妈妈制止她。

妈妈："记住，中国有句俗话，叫'冷从脚下起'，身上穿得再多，脚冷，身上就冷。只要脚上暖和，身上很快就暖和了。"

冬冬："那身上不穿衣服呢？"

妈妈："不穿衣服，那可不行！"

冬冬："不是说，冷从脚下冷吗？那脚上穿上棉鞋，为什么还冷呢？"

"不穿衣服"和脚穿棉鞋，都是在反驳妈妈所谓的"冷从脚下起"。

"天天在家练舞蹈"

冬冬："妈妈，是不是老师天天在家练舞蹈呀？"

妈妈："教舞蹈的老师，应该是这个样子。"

冬冬："林老师不就是这样吗？林老师就是教跳舞的老师。"

1989-11-28

"缩小"与"缩大"

父女俩站在窗户旁，拿望远镜向远处瞭望。

爸爸把望远镜递给冬冬，说："这样看是缩小的。"

冬冬又把望远镜颠倒过来，说："这样看缩大的。"

"三减三不等于零"的难题

大姑把广柑一切为二，总共切了三个广柑。

冬冬吃了三块儿，桌上还剩下三块儿。

大姑："冬冬，咱们切了三个广柑。你吃三个，还剩三个，你不是连一个都没吃？"

冬冬有点晕乎了，支支吾吾地说："不对，那是三个，这是三个……"

大姑："是啊，三减三不等于零？"

冬冬转动眼珠，想了会儿，笑着说："那是三个吧，这是三块儿。一个切好多块呢！"

与大姑抬杠

冬冬让大姑也吃广柑。大姑刚拿到广柑，冬冬又夺了过去。

大姑开玩笑地说：“你总不是好东西哟！”

冬冬针锋相对地说：“你不是个好东西，还说人家是个好东西。”

大姑：“好啦，你是个好东西！你呀，还是个捡破烂的！”

冬冬：“你还不是个捡破烂的！”

“真正的愿望”

冬冬气呼呼地跑过来，说：“妈妈，爸爸说我是个老太婆。”

妈妈哈哈大笑，说：“是吗，差不多吧。”

冬冬：“啊，我真的是个老太婆呀？”

妈妈：“你有时说话啰啰唆唆的，没完没了，还真像！”

冬冬：“我看你才是个老太婆呢！”

妈妈：“你是个美丽的小少女，怎么会是老太婆！爸爸妈妈跟你开玩笑呢！”

冬冬：“妈妈，你知道我真正的愿望吗？我想让你的病快点儿好，带着我玩，送我上幼儿园，这才是我真正的愿望。”

懂事的宝贝儿！

1989-11-29

“寂寞”

冬冬：“妈妈，你一个人在家，寂寞不寂寞呀？”

妈妈：“嗯？妈妈为什么寂寞？”

冬冬：“你从星期一、星期二、星期三、星期四、星期五、星期六，都一个人在家，不感到寂寞？”

妈妈：“妈妈有事干，不会感到寂寞的。”

冬冬：“要是我，一定会感到寂寞的。”

"能干的我要干，不能干的我也要干"

晚上，冬冬要写 1~100 的数字，因为熊楠可以做到。

冬冬："妈妈，我今晚要从 1 写到 100，我一定要赶上熊楠。"

妈妈："这种想法好。"

冬冬："我真的想超过其他小朋友。"

妈妈："有争胜心，好啊。不过，今天晚上只能写到 10，从 1 写到 100，是写不完的。"

冬冬："今天晚上，我非写到 100 不可。能干的我要干，不能干的我也要干。"

1989-11-30

写数字

幼儿园作业，是反复练习 1~6 这六个数字。写了五遍，冬冬有些不耐烦了，数字写得潦草起来。

妈妈："冬冬，认真点！"

冬冬："你干吗管我认真不认真呀？"

妈妈："你真的不知道为什么要认真？"

冬冬："妈妈，你要做什么事，都要说出为什么来，对不对？"

此处的"你"，是泛指用法。

妈妈："当然。"

审美

徐华荣围了一条带金线的纱巾。

冬冬："你这个纱巾蛮好看嘞！"

徐阿姨："是个破的，烂了两个洞。"

冬冬："烂的我也喜欢，烂的我也要。"

妈妈连忙阻拦："这是什么话？你有四条纱巾，还要？"

她不理妈妈，又转向徐阿姨，说："你这件衣服也蛮好看嘞！挺配你的脸型的，啊！"

"挺配你的脸型"，这语言太成人化了。

"鬼东西"

到了睡觉的时候，冬冬仍然抱着玩具娃娃不放，换着花样玩耍。

妈妈："冬冬，快把那个鬼东西扔掉，睡觉！"

冬冬："妈，你别以为，从前你说的话我忘了？"

妈妈："我说了什么话了？"

冬冬："你说洪阿姐姐——'说别人笨蛋，自己就是笨蛋'。那你说别人是鬼东西，你自己不也是鬼东西？"

前一段，洪阿曾说"冬冬是笨蛋"，妈妈教冬冬用什么样的话来反击。而妈妈说的"鬼东西"，是指玩具娃娃，冬冬也活用到妈妈身上了。

1989-12-1

艾滋病的恐惧

从庐山回来，冬冬更加喜欢科学知识了。上星期六，武汉电视台的《万国剪影》，放的是火山爆发的纪录片。

冬冬高兴得直叫："我最喜欢看火山爆发，最想知道火山是怎样形成的。"

今天是世界艾滋病日。晚上，冬冬怀着浓厚的兴趣观看科普片《艾滋病》，但看完后忧心忡忡，说："妈妈，我会得这种病吗？"

妈妈："你不会的。艾滋病的传染途径有三种：输血，如果血浆中有艾滋病病毒；群体性吸毒，用一个针头轮流扎针，交叉感染；还有生活不检点的人，才可能得艾滋病。"

冬冬去把电视机声音拧得很小很小，说："妈妈，你再跟我说一遍。"

妈妈又讲了一遍，说："咱们不接触外人，不会得艾滋病的！"

冬冬："爸爸整天在外面开会，会不会得这种病啊？"

妈妈："不会。爸爸不会和坏人来往的。"

冬冬："你怎么知道的？"

妈妈："爸爸告诉我的。"

冬冬："爸爸什么都告诉你了？"

妈妈："对。"

冬冬："爸爸真的不和一个坏人来往？"

妈妈："是的。"

冬冬："要是爸爸得上这种病该怎么办？"

妈妈："我已经说过，不会的。"

冬冬："我说'要是'。"

妈妈："没有这种可能性。"

冬冬："妈妈，我真的害怕得上这种病。每个人都怕死，我也怕死。"

妈妈不停地说教，竭力排除她的恐惧。

冬冬："一般人不会得，可是，人要是得了这种病呢？妈妈，我们这个大球体上，有多少人得这种病啊？"

1989-12-2

"怎样"

①近段，冬冬常常肚疼。今早吃了打蛔虫的药。

冬冬："你跟我讲讲，小虫子是怎样跑到肚子里去的？"

②冬冬："妈妈，动画片是怎样制造的呀？"

③冬冬："大姑，山是怎样造出来的？哪里有火山？"

④冬冬："妈妈，照片是怎样洗出来的？"

"怎样"是问方式问状况的。冬冬较多使用"怎样"，这是在问"为什么"的基础上，开始探究细节了。

《莫名其妙的镜子》

晚上，冬冬又和妈妈讨论"艾滋病"的事："妈妈，我真的害怕那种病！爸爸会不会得那种病啊！爸爸去开会，一个外人也不接触吧？"

妈妈怎么解释，都打消不了冬冬的疑虑，只得转移话题，跟她一替一个讲故事。

妈妈讲了《青蛙王子》，该冬冬讲了。

冬冬："妈妈，我跟你讲个故事，故事的名字叫《莫名其妙的镜子》。"

大姑进来了，冬冬所要讲的故事，没有了下文。

1989-12-3

"风风流流的人"

电视科普片《艾滋病》，给冬冬留下了强烈的印象。

爸爸从孝感开会回来，她追着爸爸问："爸爸，你不跟风风流流的人在一起？你跟妈妈说了，对不对？"

爸爸愣住了，摇了摇头。

冬冬着急了："你没跟妈妈说？"

爸爸不知所云。

冬冬："说了？"

妈妈向爸爸解释，冬冬在担心什么。

爸爸连连点头。

冬冬："我就是这样的人！你点头，我说'说了'；你摇头，我说'没说'。"

妈妈惊奇于她用"风风流流"这个词。这是她的一个创造。

电视上学来的知识

①冬冬："妈妈，什么叫'杀手锏'呀？"

妈妈做了名词解释，又问："从哪听到的？"

冬冬："小鹿纯子上的。"

小鹿纯子，是日本电视连续剧《排球女将》中的一个人物。

②武打片。

冬冬："这两个是高手。我们家连一招也打不了。"

③中午看电影《地雷战》。

冬冬对爸爸说："今天中午有《地雷战》，由中国和日本打的。"

肚子的问题

冬冬食欲不好。妈妈说，可能胃出毛病了。

冬冬："就因为我这个肚子，所以我不想吃饭。就是因为我这个肚子的问题。"

"因为……，所以……"

上午，大姑带冬冬去桂竹园。回到家，说起冬冬急于小便，却找不到合适地方的尴尬事。

大姑："你真笨，连个地方都找不到。"

冬冬："我是笨。"

妈妈："你笨？为什么笨？"

冬冬："因为我笨，所以我笨。"

"因为……，所以……"的这种用法，是调侃、逗趣的一种方式。

周日语言记录

今天星期日。专门抽出时间，全方位地记录冬冬的语言：

一、无可回答

冬冬："今天有什么节目呀？"

妈妈："不知道。"

冬冬："不是有报纸吗？"

电视报上，有一个星期的电视节目预告。

妈妈："是啊。"

冬冬："那你怎么不知道呀？"

妈妈："我还没看呢。"

冬冬："那你怎么不看呀？报纸一拿回来，你就应该看，要不人家一问，你就无可回答了，那多丑呀！"

"无可回答"，这词用得太书卷气了。

妈妈："你说得太有道理了。妈妈一会儿就去看电视报！"

冬冬突然想起："我昨天约好的，多多来找我，为什么今天没来找我呀？"

二、大部分／小部分

打扑克牌。

冬冬说，先跟妈妈打"争上游"，再跟爸爸"对花儿"。

爸爸："你懂得的还挺多的。"

冬冬："一种牌，能编造各种各样的形状。"

妈妈做语言记录。

冬冬抢夺妈妈手里的笔，说："妈妈，我还要写几个字呢，你要是不认识，就罚你一杯酒。"

大姑说，独生子女太娇气了。在桂竹园，一个妈妈带两个孩子玩，妈妈只坐在一边看着，两个孩子自己玩自己的，一点都不缠人。

冬冬接话道："有的妈妈一个孩子，有的妈妈两个孩子。大部分妈妈一个孩子，小部分妈妈两个孩子。"

三、长短句《小西》

冬冬顺口吟出一首有对话的长短句：

"到晚上，

小西和爸爸坐大轮船去北京。

满路都是灯光，

小西喊爸爸一块儿看灯，

到船的后边去玩儿。

啊，那不是海浪吗？

小西说，'怎么过海浪呀？'

爸爸说，'你带游泳圈了吗？'

小西说："没有。'

小西哭了。

忽然刮了一阵很大的风……"

四、自编故事《老狼和海鸥》

冬冬讲故事："妈妈，我还是给你讲一个故事吧！故事的名字叫《老狼和海鸥》。有天晚上，老狼出洞了，看见海鸥躺在水面上，就摘了一片树叶当小船。小树叶太轻，老狼太重，一下子把老狼沉到水底去了。

海鸥醒了，看见老狼的耳朵，哈哈笑着说：'老狼，你输了吧！别看我小，

我故意弄一片树叶的呀！'

有一只狐狸出来了，海鸥说：'你会游泳吗？'

狐狸就跳下水，淹死了。"

冬冬常有创作的冲动。鼓励孩子随心所欲、海阔天空地口头创作，一定能激发更加丰富的想象力。

五、没讲完的故事《蘑菇里的姑娘》

冬冬："从前，有个很大很大的蘑菇。蘑菇发芽了，从里面跳出来一个姑娘，别人看她是从蘑菇里出来的姑娘，就叫她'蘑菇姑娘'。

有一天，北风刮刮，小雨流流的。"

故事还没有讲完，冬冬就跑出去玩别的去了。这个故事有《拇指姑娘》的影子。

1989-12-4

难倒全家的"家庭作业"

老师在课堂上列举了四个用"双"的词语：一双筷子，一双手套，一双袜子，一双鞋子。留的家庭作业是，再找出五个用"双"搭配的词语。

家长能想出的有：一双眼睛，一双手，一双脚。

爸爸故意地："一双耳朵？"

冬冬："可以，因为它们是在一起的。"

爸爸摇摇头："虽然是在一起的，但不能这样说。那，一双鼻孔可以吗？"

冬冬："可以。"

爸爸："也不行。没这种说法。"

冬冬："我们幼儿园一个小朋友说一双鼻孔，我们老师就说'说得好'。"

爸爸："你想想，还有什么可以用'一双'的？"

冬冬："一双腿，一双瓜子。"

妈妈："是否可以用'一双儿女'？书面语、戏剧上有这种说法。"

爸爸："不行。"

爸爸查词典，又找出了"一双翅膀"，但口语中，人们常用"两只翅膀"。

冬冬："老师出的题还怪难嘞，老师心里肯定有五样东西。老师心里的东西，连爸爸也说不出来了！你们怎么这么笨呢？"

爸爸又想到法国文学作品中，常用"一双迷人的小腿"。妈妈想出了"一双鸳鸯"，似又觉得不妥。

后来大姑想出了"一双鞋垫"，总算凑够了五个词语！

冬冬："刘老师从来说话就是算数的，肯定进不了门。"

妈妈："刘老师怎么说？"

冬冬："'谁要是做不了，完成不了这个作业，谁就别想进教室门'。老师就是这样说的。"

妈妈："你的家庭作业，应该是完成得最好的，放心吧！"

冬冬："妈妈，是不是一个比一个大些，老师就一个比一个狠呢？"

"一个比一个大些"之"大"，大约说的是年级的高低。

妈妈："那可不一定。"

冬冬："一个比一个严格些？大班严格得狠些，小班严格得轻些。"

"严格"的补语，不能是"狠些"，更不能是"轻些"。

"第一个管得宽的"

冬冬："妈妈，××是我们班第一个管得宽的，我再也不跟她玩了。"

妈妈："她不是你的朋友吗？"

冬冬："我把这个朋友去掉！我什么时候也不跟她玩，我已经去掉了这个朋友。"

"出、进"

冬冬关上门，不让人随意走动。

冬冬："我还有一个规定，进了就不能出，出了就不能进！"

此时，站在门外的大姑说："那好，我就不进了。"

冬冬打开门，说："现在改了，可以出，也可以进。"

嗑瓜子

冬冬拿一个瓜子做示范，描绘嗑瓜子的过程："这个用牙轻轻地一咬，尖儿都开了。怎么瓜子壳里，又生了一个瓜子呀？"

写给电视台的又一封信

由冬冬口述，大姑记录，又给电视台写了一封信。

"电视台的叔叔、阿姨们：

我想让你们放《西游记》和《葫芦娃》，因为我最喜欢看。请电视台的叔叔、阿姨们，哥哥姐姐们，放《西游记》和《葫芦娃》好吗？这是我的愿望！如果你们放了，我最喜欢看了。

我想给你们说一句话。我想让你们天天放，我不想让你们一年放一下，一年放一集。《西游记》不但小孩想看，大人也想看呀！因为很好看，所以很好看。

再见！我的名字叫李冬，这封信是我李冬给你们写的。要放了，你们要通知我。

李冬

1989-12-4"

1989-12-5

"这不是外面了"

爸爸带冬冬，去邮局发一封信。大路上车来车往，爸爸一直拽着冬冬的手不放。办完事回来，已经走到了楼上，爸爸还不撒手。

冬冬使劲从爸爸手里挣脱出来，说："这不是外面了！"

苹果洗了没有

爸爸拿了个苹果去书房。妈妈跟过去，问爸爸苹果是洗过的吗。尾随其后的冬冬说："我洗苹果的时候，爸爸没有洗；我吃的时候，爸爸也没洗。我估计，爸爸没有洗苹果。"

爸爸："洗了，小辉洗手的时候，我洗的苹果。"

冬冬转身跑去找大姑，证实爸爸所说的话是否属实。

1989-12-6

"蹦"

早上，妈妈喊冬冬起床："快点起来，陪妈妈出去蹦一圈！"

冬冬用眼睛上下打量妈妈，慢悠悠地说："你蹦得起来吗？"

是的，妈妈还真"蹦"不起来。

如厕

冬冬在厕所解手。爸爸拿着手纸，站在旁边等她。

冬冬："爸爸，你去工作吧，我屙完了会叫你的。"

爸爸："好吧！等会儿你高声叫我！"

冬冬："爸爸，是怎么回事呀？昨天我喝了两碗米酒，老想拉尿，老想拉尿。

今天我喝了一杯水，又要拉尿，又要拉尿。是怎么回事呀？"

1989-12-7

什么是"亲自"

一周前，覃覃借走了《葫芦娃》磁带。

冬冬："覃覃还不给我送磁带，看来我得亲自去拿了。《葫芦娃》的内容我都快忘了。"

大人笑了，说："哟，还'亲自'去呀？"

冬冬："我知道'亲自'是什么意思，'亲自'，就是一个人去。"

1989-12-8

"可惜"

冬冬："我真不想让姐姐和小郑哥哥结婚，可惜已经结婚了。"

竟然会用"可惜"。

妈妈："为什么呢？"

冬冬："姐姐再也不来看我了。"

妈妈："等春节了，你可以回河南看姐姐。"

冬冬："她不看我，为什么去看她？"

广告词

时常听到"伤风感冒引起的不适"的广告词。

冬冬："'伤风感冒引起的不适'，是什么意思呀？"

妈妈："就是感冒带来的许多病症。'不适'，是很不舒服的感觉。"

冬冬："感冒了，我正好不上幼儿园。"

1989-12-9

"处理"

晚饭后，还剩下一个包子和几块夹心糕。

冬冬到处找大姑："大姑！大姑！妈妈，大姑上哪儿去了？"

妈妈："在楼下收衣服呢，有事吗？"

冬冬："那一个包子，一块夹心糕，怎样处理呀？"

妈妈："留下来，明天早上你吃啊！"

冬冬高兴地笑了，这两样食物是她的最爱。

1989-12-10

坐轿车

星期日，爸爸要去聋儿康复中心。今天一家人都跟车出去。爸爸去工作，妈妈和大姑带冬冬去动物园。

坐上小汽车，冬冬问妈妈："你没坐过车吧？"

爸爸："妈妈没坐过，你坐过？"

冬冬："我两次送邢爷爷，怎么没坐过车？"

邢爷爷两次去美国，都是冬冬和爸爸坐小汽车送行到火车站。

最高的山

爸爸的学生小徐和小鲁跟冬冬一起玩。

冬冬："你在哪儿出生的？"

小徐："在最高的山。"

冬冬："是喜马拉雅山吧？"

小徐："是的。"

冬冬："喜马拉雅山，你能上得去吗？"

"晴空霹雳"

小徐："你喜欢看《排球女将》吗？"

冬冬："喜欢呀！"

小徐："你打个晴空霹雳给我看看。"

晴空霹雳，是《排球女将》中的一种排球打法。

冬冬："这也没有网，也没球，怎么打？"

小徐："学个打晴空霹雳的样子！"

冬冬："你给我学个样子，让我看看。"

小徐："我不会。"

冬冬："你会我也会，你不会我也不会。你不会，怎么还叫别人做呢？"

1989-12-11

动真格的

吃晚饭。

大姑开玩笑说："冬冬啊，今晚上没做你的饭，别给我们吃完了。"

冬冬站起身，一伸手，把自己碗里的米饭倒进了锅里。大姑忙说是开玩笑的，谁不吃饭，也得让冬冬吃饭。还说冬冬，怎么听不出玩笑话。

冬冬："从现在开始，我不开玩笑了，也不猜别人的玩笑了。"

猜谜语

爸爸出了一则关于鼻子的谜语：一座山，两个洞，进进出出都通风。并声言自己知道谜底。

妈妈和大姑都说，知道是什么了。

冬冬："我也知道了！"

她看看在座的所有人，疑惑地问："大家都吹牛吧？"

爸爸笑了，说："那可不一定，你说是什么？"

冬冬："不知道。"

她以为，别人跟她一样，在吹牛。

"苗条"

冬冬画了一张古代美女的脸儿，说："我的这个脸，画得蛮苗条。"

妈妈告诉她，形容脸儿，应该用秀气，形容身材才能用苗条。

练习系鞋带

今天的家庭作业，是练习系鞋带。冬冬很卖力，解开系上，解开系上，练了很多遍。她边练边说："我一直干下去，直到熟练的时候才能走，才能离开桌子。"

"算你命大"

冬冬下床，一脚踢跑了痰盂。她追过去看了一眼，痰盂完好无损，说："算你命大！"

大姑忍不住笑了。

冬冬问："大姑，什么叫'算你命大'呀？"

自己不全懂的词语，竟然还敢用。

1989-12-12

冬冬的纠结

大姑学的是教育，即将去湖北省聋儿康复中心上班。而爸爸，最近要去长沙，开《现代汉语》的教材编写会。妈妈一个人管不了冬冬，爸爸准备带冬冬去长沙。

冬冬担心妈妈一个人在家，要留下照顾妈妈，说："谁去我也不去，连爸爸去我也不去。"

妈妈："不去就不去吧，陪妈妈在家，也挺好的！"

冬冬也有点小纠结，说："我俩留在家里，要是妈妈生病了，就剩下我一个人了。要是我生病了，就没有人了。"

饭盒

晚上，冬冬对妈妈说："妈妈，买个饭盒吧？就像外面人用的，像徐华荣阿姨用的一样儿！"

妈妈："谁要饭盒？是你要，还是你们老师？"

冬冬："给大姑，大姑去上班。那个饭盒可好了。"

妈妈对她说，大姑需要的东西，已经收拾好了，其中有饭盒。她这才高兴地走开。

1989-12-13

什么叫"谢谢收看"

《新闻联播》。

冬冬跟着播音员说："《新闻联播》播送完了，谢谢收看。什么叫'谢谢收看'呀？"

刽子手

冬冬："刽子手？什么叫'刽子手'？"

爸爸："刽子手啊，就是古时候对死刑犯行刑的人，砍断他们的脖子什么的。"

冬冬："那为什么叫'刽'呀？"

爸爸："'刽'就是割断呀。"

冬冬："我们这个国家有刽子手，每个国家都有刽子手。爸爸打孩子也叫'刽子手'吧？"

爸爸一怔，连忙说："爸爸打孩子，不能叫刽子手！最多只能是惩罚！"

"男子汉大丈夫"

冬冬问妈妈："爸爸说话，算数不算数呀？"

妈妈："算数哇。你是说，爸爸带你去长沙的事情吧？"

冬冬："是的。"

妈妈："既然爸爸已经同意了，男子汉——"

冬冬接口道："男子汉大丈夫，说话能不算数吗？"

"外人""里人"

赵宏老师来找爸爸，留他吃晚饭。晚饭，有酒。冬冬担任"司酒"，说："我是专门为你们服务的，我是服务员。"

大家落座。冬冬让妈妈坐沙发，让赵叔叔坐在妈妈旁边，说："大家都得听我的，不过，妈妈是指挥员。"

大家笑了："如果听你的，你才是指挥员！"

冬冬指着妈妈说："你和我坐对面，爸爸和叔叔坐对面；我和爸爸是一排，你和叔叔是一排；你和外人坐一起，我和里人坐一起。"

"外人"是指赵宏叔叔，"里人"是爸爸。

"心细""心粗"

明早八点钟去长沙的火车票。

今晚，家里总共接待了六拨客人。已是夜里十点多，行李还没收拾。此时，爸爸还在同人交谈。妈妈有些心烦了。

爸爸让冬冬去逗妈妈开心，自己忙着去打点行装。

妈妈："好了，妈妈没事了！好孩子，你的心真细！"

冬冬："谁要对我好，我就心细。谁要待我不好，我就心粗。"

妈妈："刚才，妈妈真有点生气了。"

冬冬："那是假生气，对不对？"

妈妈："是真生气！"

冬冬："你真生爸爸的气，没有生我的气，我知道。所以我还是待你亲的。爸爸，往后你出去要不说一声，往后你要还这样，妈妈生你的气，我也要生你的气了！"

冬冬说着，对着妈妈挤眉弄眼地做鬼脸，好像说，别生气，我批评爸爸了。

1989-12-14

与妈妈告别

早上六点起床，冬冬随爸爸去长沙。妈妈牵着冬冬的手，送他们父女到西一村的门外。

路上，冬冬嘱咐妈妈："妈妈，早上起床跑一圈，晚上跑一圈，病就会好了。妈妈，我真的想让你的病快点好。"

妈妈："好的，妈妈听你的。"

冬冬："上午和中午，让爸爸的学生来，晚上，梅香姑姑来。她们要是招呼不好你，你可跟我说。"

嫦娥的故事

爸爸同邢福义爷爷、萧国政伯伯、吴振国伯伯一同去长沙。邢爷爷是这部《现代汉语》的主编。

在火车上，冬冬画了一个古代女郎，名叫嫦娥。

冬冬就她画的画儿，讲了个嫦娥的故事："有一天，在天空发生了一件大事。王母娘娘生气了……王母娘娘要她干什么呀？原来……"

"因为……，所以……"

冬冬拉着爸爸的双手，说："因为你没有守纪律，所以要捆你的手。"

1989-12-15

"类人猴"

爸爸："冬冬，人是不是动物？"

冬冬："人过去是动物。人是类人猴变的。"

把"类人猿"说成"类人猴"。

跟着说

晚上，湖南师范大学举办普通话朗诵会。朗诵会邀请《现代汉语》教材编写会的专家参加。爸爸带冬冬参加了朗诵会。

台上一报节目，如"小草在歌唱""我爱你中国"……只要是冬冬会的，她都跟着一起朗诵。

爸爸选的妻子，有点不对

（ 5 岁　1989–12–16—1990–1–15 ）

与现代汉语专家们（1989 年 12 月）：骆小所、颜逸明、袁晓波、
蒲喜明、聂敏熙、范先刚、吴振国、贺水彬、李宇明等

1989-12-16

"刚刚"

爸爸带着冬冬参加会议。会议尚未开始。

冬冬："爸爸，是不是通早着哩？刚刚来吧？"

"通早"，口语，很早的意思。

1989-12-17

解说

教材编写会组织参会人员，去韶山参观毛泽东故居。爸爸在韶山买了一个玩单杠的小人儿玩具。爸爸操纵木偶，让冬冬解说。

爸爸让小人儿头朝下、脚朝上，站在单杠上。

冬冬解说："好像在墙上走。"

"也许吧！"

晚上，爸爸让冬冬一个人先睡觉，问她一个人能否睡着。

冬冬："可以，也许吧！"

把"也许"放在后面，做补加说明。

1989-12-18

画鸟

冬冬画了一只鸟，问："你看，我这个鸟画得怎么样？"

1989–12–19

写给妈妈的信

会议期间，湖南师大的研究生王红，没少带冬冬玩。

冬冬想妈妈了，她请王红阿姨代笔，给妈妈写信。

"妈妈：

我想你，妈妈。我在长沙玩得很好，但是到第三天我就想你了。妈妈，我很想你，我很想你的。妈妈，我跟爸爸一块儿出差来，玩得很高兴的。可是我今天中午没有睡好觉。妈妈，你不要生气。

我的话就完了，妈妈。

我是李冬写的信，请你不要忘记我。我不管干什么，都不会忘记你的。我就说到这儿，完了。

今天几年啊？今天？还没写完？

李冬

1989–12–19"

1989–12–20

写给妈妈的又一封信

今天，冬冬又要让爸爸代笔，给妈妈写信，问："爸爸，明天上午我们几点回家呀？"

然后，她开始说，爸爸记录。

"妈妈：您好！

我想你，妈妈。我每天在长沙玩，玩得很好，就是睡觉不好，你别生气。爸爸待我很好。我让阿姨代我写的信。妈妈，我回去一定好好写字，我将来一定给你写信。我真的很喜欢你。明天我就回去了，以后睡觉我一定不那样了。

妈妈，我明天就回家了，我和爸爸都不会丢的。

我在长沙交了很多朋友，其中最好的一个是女[1]的，她对我很好。

再见，妈妈！

李纤

1989-12-20"

1989-12-21

叠小鸟

在回武汉的火车上，邢爷爷为冬冬叠了一只小鸟，并在翅膀、腹部涂上了颜色。

冬冬："这是我最好的一个。像真的一样。真的鸟，好像。"

冬冬的朋友

晚上十点半，爸爸和冬冬从长沙回到了家。

冬冬："妈妈，我认识了两个老男孩和一个大男孩的名字。"

"两个老男孩"是参加长沙教材编写会的颜逸明等两位老教授，"大男孩"是一位研究生叔叔。

妈妈："还认识了谁？"

冬冬："有一个年轻人老挑水。我在心里说，你今后要更加勤劳。"

1989-12-22

"还可以"

冬冬说爸爸在湖南开会时，常常跟他人下跳棋。

妈妈："爸爸下得怎么样？"

---

[1]　湖南师大的研究生王红阿姨。

冬冬："爸爸跳得还可以。"

钉扣子、绣花

妈妈让冬冬学着钉扣子。

冬冬："那我还真得钉扣子呢！就是绣花，我还有点不熟。我可以绣花，但是我有点不熟。"

1989-12-23

做错事，就得挨打

有一邻居男孩，经常挨打。

冬冬："你们是好心人。既然你们的孩子养成的习惯，也是好心的。"

妈妈："差不多。"

冬冬："又是'差不多'。"

妈妈："那你认为呢？"

冬冬："往后不管我犯大错误，还是做小错事，你们都要打我。等我长大了，不做错事。"

嗑瓜子

妈妈嗑了一个发霉的瓜子。告知冬冬，如果吃着发霉的瓜子，一定吐出来。

冬冬："你吃着一个瓜子坏了，你想着整袋瓜子都坏了吧？"

谁帮谁的忙

大姑收拾缝纫机，想缝一个装杂物的小袋子。

冬冬："大姑，会不会做衣服呀？"

大姑："会。"

冬冬：“所以，她就要踩缝纫机吧？”

爸爸叫大姑帮忙抬桌子。

大姑边走边说：“还得我帮忙？”

冬冬：“是你帮爸爸的忙，还是爸爸帮你的忙？”

1989-12-24

“一边”的排比

冬冬叠纸，并在叠纸的侧面，写着不同的字，或是人的名字，或是做什么事情。她边做游戏边自语道：“一边是名字，一边是事情，一边是怎么做！”

圣诞老人

平安夜。

爸爸让冬冬早早把袜子挂在床头，夜里，圣诞老人会专程坐着雪橇送礼物的。

冬冬：“什么圣诞老人？那是神话传说。是爸爸给我买的东西吧？”

父母坚称有圣诞老人，礼物是圣诞老人送的。

给孩子一个童话世界，就是给孩子插上一双想象的翅膀。

1989-12-25

新年联欢晚会

中文系的新年联欢晚会。冬冬和爸爸事先准备了节目，却未能表演。

妈妈：“为什么？”

冬冬委屈地说：“我本来准备跳舞的，都怪那个周伯伯。”

周伯伯是主持人，点了冬冬的名，但冬冬迟疑了一下，机会失去了。

爸爸说：“冬冬，记住，机会只有一次，失去就失去了。”

1989-12-26

"固定的朋友"

从幼儿园回来。

冬冬："妈妈，我连一个朋友也没有了。"

妈妈："小朋友就这样，一会儿好，一会儿恼的。"

冬冬："我想要一个固定的朋友。"

妈妈："固定朋友？"

冬冬："我和周尅、武怡堃和王韧，是四个固定的朋友。"

妈妈："你有四个好朋友？"

冬冬："不是的。我和周尅是永远的、固定的朋友。"

"无论如何"想和妈妈睡

冬冬从长沙回来，就一个人睡小床，可今晚非要睡大床："妈妈，我今天晚上无论如何想给你睡一起，我觉得这个屋子有道墙。"

"有道墙"的说法，还挺有诗意的。

"无论如何"，表示无条件关系，第一次记录到冬冬使用。

1989-12-27

自我暗示

去幼儿园。

出门时，冬冬说："今天去幼儿园，我可不哭了。"

妈妈："昨天哭了？"

冬冬："哭了一小会儿。"

1989-12-28

爸爸的谎言

冬冬又不想去幼儿园了。爸爸说，妈妈今天也去上班，下午四点钟才能下班，家里没有人。

冬冬："妈妈，你今天是真上班还是假上班？"

妈妈："真的。"

下午接冬冬，她要跟爸爸一起去中文系，顺便接上妈妈。

爸爸说，妈妈提前下班了。

晚饭时，妈妈不经意地说："我三点钟就开始准备饭菜了。"

冬冬机敏地问："那你两点钟就回来了？是不是呀，妈妈？"

妈妈笑着摇摇头，说："三点钟。"

冬冬问爸爸："你不是说四点钟，才下班的吗？"

她明白三点、四点的意义，让父母无言诡辩。

爸爸选的妻子，有点不对

姐姐回了河南，大姑上班了。

爸爸除了正常的上课做科研，还承担着一个家的繁重家务：买菜、做饭、洗碗、打扫卫生，冬冬的接送……，忙得像一个停不下来的陀螺。而妈妈，一天三分之二的时间，都需要卧床。这更加凸显了爸爸的忙碌、妈妈的病。

冬冬："爸爸，你选的妻子，有点不对呀！"

爸爸一惊，反问道："怎么不对了？"

冬冬："她老了，你很年轻。"

爸爸："为什么？"

冬冬："她一身都是骨头，你身上都是肉，我身上也都是肉。"

爸爸："那你说说，我们还要不要妈妈？"

冬冬的结论是："你还是要她吧！"

冬冬为爸爸抱打不平了！她开始拥有一些社会知识了。但是，她怎么知道，妈妈当年有多么能干！怎么知道，妈妈今天同疾病斗争的超人意志，还有为这个家的尽心尽力！怎么知道，夫妻之间的外在般配与内在灵通的孰轻孰重！

脸的"温柔"

因为无人帮忙，更多的事，爸爸只能让冬冬自己去做。冬冬洗过澡，爸爸让她自己穿衣服。她用高八度的腔调说："都叫我搞，我会一下子搞完吗？"

爸爸又让她穿袜子，说："慢慢来，没让你一下子都穿完！"

冬冬："都快睡觉了，还穿什么袜子？"

爸爸："现在穿上脱下，是练习穿脱衣服的技能！明天早上，咱早点起床，好吧！"

冬冬："可以吧，也许。"

她转身摸摸妈妈的脸儿，说，"你的脸儿，一点也不温柔。你挨挨我的脸，多平，多温柔。"

谁在看谁

近几日，冬冬学会不少道理。

冬冬："做一件事，要一心一意的，不要三心二意；做一件事，一定要做完。"

她突然发现，看电视时，电视中的人也在看她。

冬冬："妈妈，小朋友唱歌的，跳舞的，光看着我的眼睛。这是怎么回事呀？"

剪纸花

冬冬剪了个难度很大的纸花。

妈妈："哟，剪得不错啊！"

冬冬谦虚地："随便剪一下子，也没什么的。"

1989

妈妈指着床上摆的图案，说："那是谁剪的？"

冬冬："大姑剪的，神了。这是大姑的作品。它这么难，我就剪不下来了。"

1989-12-29

听不懂的复杂句子

冬冬让爸爸带她去买东西。

爸爸很神气地回答："可以呀！这个世界上没有什么事情，是爸爸办不到的。"

冬冬："什么，你说什么？我听不懂。"

爸爸换了个句式，说："世界上的所有事情，爸爸都能办得到。"

冬冬听懂了，连连点头。

爸爸："冬冬，你们幼儿园的'故事会'，什么时候开呀？"

冬冬："我也不知道，是星期六的上午，还是星期六的下午，还是星期六的早晨？"

1989-12-30

不用赔的鼻子

冬冬手拿小剪子，虚张声势地要剪掉妈妈的耳朵。

妈妈说，你剪我的耳朵，我就剪掉你的鼻子。

冬冬："剪掉你赔。"

妈妈："好哇！我一定赔你个鼻子！"

冬冬："剪掉了，就不叫你赔了。它自己会长，对不对？"

1989-12-31

"非……不可"

早上起床，冬冬对妈妈说："我不让你给我穿衣服，只不过，得给我扣这个衣服上的扣子。"

冬冬穿好衣服，扣上扣子，很愉快地说："我们俩合作得很好。"

妈妈："你会穿衣服了，了不起！你们班谁是班长，是熊楠吗？"

冬冬："她到底是不是班长，我还没问清楚，今天非得问个清楚不可。"

"女生位""男生位"

元旦放假，大姑回来了。

冬冬想让大姑睡大床，撵爸爸去书房睡，说："这是女生位，那是男生位。女生位不能睡男生，男生位不能睡女生。"

多么充足的理由！

1990-1-1

"刀箭"

冬冬拿根长棍子，当作武器，对大姑说："这是我的刀箭，射到你头上就射个大窟窿。可是，我不射，因为我不想让你头流血。"

"刀"和"箭"是两种武器，"箭"能射，"刀"不能射。说话虽然用了"可是""因为"，但仍然有前后失去照应的地方。

"二心三意"

冬冬边看电视边折叠小红花。

妈妈："冬冬，别叠小红花了！"

冬冬："妈妈，我知道你不想让我干事，但是我非想干事。"

妈妈："想干事？好呀，那关上电视吧。"

冬冬："可以，反正我们有事情做。做事要一心一意，不要二心三意！不是二心三意。"

只有"三心二意"的说法，没有"二心三意"的说法。

1990-1-2

表扬

午饭。

冬冬："大姑，你做的菜最好吃。"

妈妈："冬冬最会表扬大姑。抓紧时机，多表扬一些。"

大姑："你表扬过妈妈吗？"

冬冬："也表扬过一下，不过不多。"

大姑："妈妈做的菜好吃吗？"

冬冬："下午了，让妈妈给你做一手。"

"可是"

姑侄俩买菜回来。

冬冬："我看见卖菜的地方有卖炮的，可是大姑不给我买。"

妈妈："大姑没带多少钱。等一等，让爸爸带你去买！"

长短句《翻交》

妈妈哄冬冬入睡。冬冬随口吟出四句长短句：

"冬冬和妈妈翻交，

打了个哈欠要睡觉。

躺在床上，

'呼噜'一声睡着了。"

"翻交"是一种民间的二人玩的儿童游戏，又称"翻交线""交线""翻面单"等。一根线绳，首尾系上。一人双手撑起，另一人用手指或挑、或勾、或绕、或翻，把线绳"翻"到自己手上。接着对方再"翻"，直到"翻"不过来为止。翻交有各种花式，如"面条""牛槽""劈柴垛子"等。

1990-1-3

"也许……，也许……"

爸爸对冬冬说："你能把这碗饭吃完？"

冬冬："也许可能，也许不可能。"

长短句《远处的灯光》

晚上，爸爸带冬冬出外散步。路两旁的教学楼上，灯光闪烁。冬冬吟道：

"远处的灯光，

到深夜，

还是那么亮。

像一个个萤火虫；

像一眨一眨的，

明亮的小眼睛；

还像天上的，

星星和月亮。"

1990-1-4

"受委屈"

冬冬宁可自己不开心，也不让别人难堪，这是爸妈遗传给她性格中的一部分。

妈妈觉得这样不好，常常提醒她："冬冬，你记住，遇到不高兴或想不清楚的事，一定说出来，别闷在心里，让自己不愉快。"

冬冬："怎样做，都不能让自己受委屈，啊——，我还会说'受委屈'这个词呀？"

她能够发现自己说的新词，语言感知不错。

排他法

爸爸接冬冬，进了幼儿园教室，悄悄走到冬冬身后，捂着她的眼睛。冬冬一下子猜出是爸爸。到家，冬冬告诉妈妈："我正在看画书，爸爸用手捂住了我的眼睛。"

爸爸："你怎么知道是爸爸的呀？"

冬冬："那么大的手。小朋友哪有那么大的手呀？"

爸爸："怎么没有想到是老师？"

冬冬："老师在那儿坐着。"

爸爸："也许是周伯伯？"

冬冬："别人不会这样做的！"

冬冬用排他法，认定只有爸爸才会这样做。这是认知和逻辑的力量。

1990-1-5

"大第一"

爸爸："冬冬，你是对爸爸亲还是对妈妈亲？"

冬冬："你们两个都是第一，而且是大第一。"

"大第一"这个新造词，表达了女儿对父母无与伦比的情感！

责任心

爸爸把缝纫机指定为冬冬的书桌。自此以后，她总把缝纫机桌面收拾得齐齐整整。

冬冬又在整理缝纫机。一边扔掉上面的东西，一边说："这些都是你们的东西，放到那里去。自己的东西自己保管，干吗放在我桌上？"

1990-1-6

"差不多"

冬冬使劲地往外擤鼻涕，说："差不多，把我肚子里的饭也打出来了。"

长短句《游黄鹤楼》

冬冬说，她要作一首跟黄鹤楼相关的诗。

大姑说，好哇，你去过黄鹤楼，作一首诗看看，像不像在黄鹤楼看到的。

冬冬似乎成竹在胸，随机口占一首：

"登高远看雾蒙蒙，

山清水秀，

人在桥上走。

绿色不多黄色多，

长江滚滚春水流。"

这首长短句，已经雅致了许多，"登高远看雾蒙蒙""山清水秀""长江滚滚春水流"，都有古诗的模样。而且，长短句的意思，也较为符合黄鹤楼的冬季情景，绿色少了许多，黄色成为主色调。

1990-1-7

"不是我自己要生气的"

冬冬将近五岁了，父母想有意识地纠正她的个性弱点。

妈妈："小性、爱生气，总不是好事！"

冬冬振振有词："是你们惹我生气的，可不是我自己要生气的。"

画的"特点"

冬冬指着一幅画，说，"这是一个特点，谁也没注意到，只有我注意到了。"

大家静静等她说"特点"，却没有了下文。到底"注意到"什么"特点"了，只有她自己知道。

"那个"

冬冬多用"那个"来指代。如：

①"宝宝吃的什么呀？那个。"

"那个"放在后面，补充指示，伴以手势。

②"爸爸多那个。"

这里的"那个"是虚指某种状态，意思是"了不起"。

1990-1-8

姑侄关系

大姑要冬冬坐下吃饭，别跑来跑去的。

冬冬："看起来，大姑当幼儿园老师，对侄女也像老师一样儿的。"

大姑在聋儿语言康复中心工作，康复的都是幼儿，跟幼儿园差不多，故被冬冬称为"幼儿园老师"。言外之意，姑姑对侄女，不应当像老师对幼儿那样。

长短句《无题》

大姑带冬冬在校园里玩。冬冬又有了"作诗"冲动：

"小草青青，

虫子爬爬，

太阳升起，

鸟儿飞翔。

天上空的，

地上空的，

小鸟在哪儿呀？

小草枯萎了。"

这首不押韵的长短句，全是白描手法。

1990-1-9

叠衣服

冬冬帮妈妈叠起晾干的衣服："我给你叠得很多很多，给他们叠得很少很少，因为我最爱你。"

"他们"并非实指。

她把妈妈叠的衣服和自己叠的衣服，放在一起做比较，说："你已经叠了很多，我还叠得很少。因为你这件衣服什么什么的，叠你这件衣服很麻烦。"

干干这，干干那

妈妈："冬冬，过来，把这幅画儿画完再说。"

冬冬："我可以画好，但是我不想画。"

她又去找爸爸，说，"你给我拿个球，可以不可以呀，爸爸？只要是圆的。"

玩了会儿球，她又跑来拉着妈妈的衣襟，说："妈妈，我有一个要求。"

妈妈："说吧！"

冬冬："你能给我讲知识吗？"

妈妈："妈妈现在很忙。"

冬冬："我就是说吃了饭呀，我又没说现在。"

冬冬极像《小猫钓鱼》故事中的小猫，丢下手中正在干的事情，又去折腾其他的事情。

1990-1-10

自己有主意

再几天，就到冬冬的生日了。原打算，请冬冬班里的小朋友来参加生日派对，可大姑已经上班，爸爸又预约了医生，来家为妈妈治病，实在忙不过来。于是，爸爸建议，这次，只请这栋楼的小朋友们。

冬冬不同意，坚持说："爸爸，就这样决定了，无论如何也不能改变了。虽然远，我还是要请。"

红菜薹

霜降后，是武汉吃红菜薹的极好季节。要想口感好，得剥去菜薹的紫色外皮。

冬冬一边剥皮一边说："要想剥得一点儿也不剩，还不容易吗？我想把它剥得一点儿也不剩的。"

妈妈："这可有点难度。你择细一点的，容易些。"

冬冬："我想把我的手锻炼得巧一些。我可不像你们，光干容易的，不干难的。"

1990-1-11

不能感冒发烧

小彭阿姨来家为妈妈治病。

冬冬对小彭阿姨说："你只要不把我妈妈弄感冒发烧，怎样治就行。你记住感冒发烧这一点。"

1990-1-12

"哪个漂亮"

冬冬用红蓝两种颜色，画了两个姑娘："这两个哪个漂亮呀？蓝色的还是红色的？哪一个最漂亮呀？"

1990-1-13

头绳与勺子

吃饭时，家里的四个勺子，连一个都找不到。

妈妈见冬冬披散着头发，问："冬冬，你的头绳呢？"

冬冬："像勺子一样，都没见了。"

1990-1-14

不喊人吃饭的理由

大姑："去，喊小彭阿姨上来吃饭。"

冬冬："我是喊不起来，你才能喊起来。"

妈妈："为什么呀？"

冬冬："因为大姑和她住一个屋，所以大姑能喊起来她。"

不想做的事，找理由为自己开脱。

1990-1-15

语意双关

爸爸出门，冬冬就像条小尾巴一样紧随其后。

冬冬："我就是爸爸的老鼠尾巴！"

妈妈："好奇怪的说法！为何是老鼠尾巴？"

冬冬："我是属老鼠尾巴的。"

冬冬属鼠，且是年尾出生的。

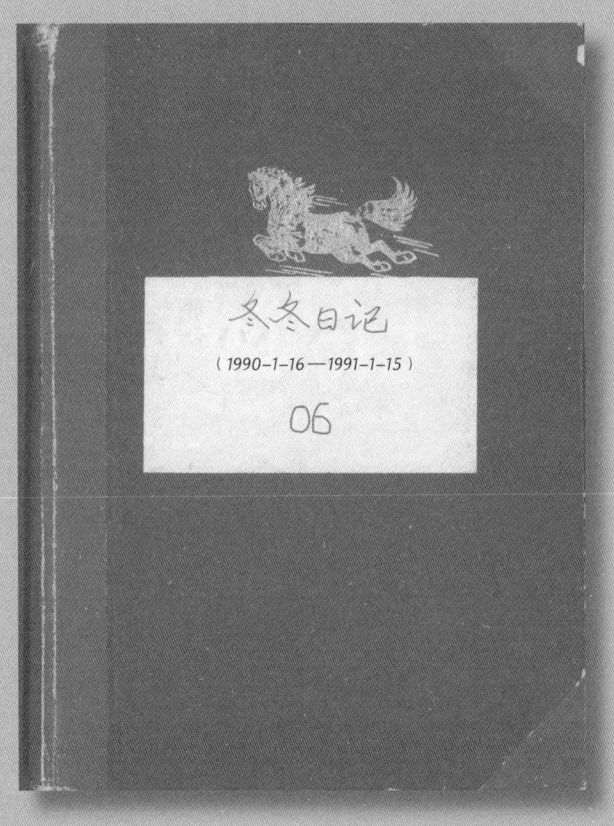

冬冬日记

（1990-1-16—1991-1-15）

06

人生第六年

（1990-1-16—1991-1-15）

小疯子、蛇毒之类比推理

（5岁1个月　1990-1-16—1990-2-15）

留影长沙（1989年12月）

1990-1-16

"别提它了"

妈妈类风湿病复发，疼痛异常，夜里根本管不了冬冬。昨晚，冬冬又着凉了，重感冒，高烧不止，咳嗽得喘不过气来。今天，冬冬也没去幼儿园，躺在床上养病。妈妈读故事，读了一个又一个。

冬冬："妈妈，我上哪儿也找不到这样好的爸爸、妈妈。"

妈妈："对不起，宝贝儿，是妈妈失职，把你弄病了。"

冬冬："已经过去了，别提它了。"

1990-1-17

小疯子、蛇毒之类比推理

昨天深夜，冬冬猛地惊叫道："蛇，妈妈身上有蛇！"

爸爸翻身下床，一把掀开棉被，拍打妈妈的身体。妈妈也惊慌失措，用手在身上乱摸乱抓……三人站在床下，把被褥翻个遍，确认没任何东西，才又上床盖着被子躺下。

妈妈心有余悸，问："冬冬，做梦了吧，看见什么了？"

冬冬："我看见妈妈下巴下，有一条咖啡色的长条，我以为是蛇呢！"

妈妈："宝贝儿，你烧迷糊了吧？也许是在做梦！咱们住二楼，蛇怎么会跑到床上呢？"

冬冬："是不是蛇也喜欢好孩子呀？它不咬幼儿园的孩子，咬不上幼儿园的孩子？"

妈妈："别多想了，没有那回事。"

冬冬："有的孩子父母都死了，他们的孩子就变成蛇了吧？"

冬冬做了一个噩梦，再也无法入睡，父女俩开始疯闹。冬冬不管拿什么东西，都往爸爸身上砸过去。

妈妈："冬冬呀，一疯起来，简直是个小疯子。"

冬冬："如果我是小疯子，你生了我，你还不是一个大疯子？比方说，蛇有毒，生了儿子还不是蛇？这道理是一样的。"

类比推理，是儿童基本的推理方式，也是儿童进步的阶梯！

1990-1-18

打羽毛球

冬冬跟爸爸打羽毛球。爸爸发过球去，冬冬却站立着不动。

爸爸："你为什么不接球？"

冬冬："你自己发到我的球拍上了，我还有什么好接的？"

原来是因为爸爸发的球，直接落在了冬冬的球拍上。

该冬冬发球了，发得太近，离爸爸太远。

爸爸："你这样发球，谁能接得到？"

冬冬："打球就是打球，管你是接得到还是接不到的！"

1990-1-19

就是"玩孩子"！

父女俩做游戏，玩得极其高兴。

冬冬："爸爸，你还怪会玩孩子了！"

爸爸："不对。是爸爸会跟孩子玩儿。"

冬冬："不对，是玩孩子。"

她发现爸爸只要和她一起玩，就开心快活，坚信爸爸是在"玩孩子"。

1990-1-20

"什么都……"

冬冬缠着妈妈，跟她一块儿出外散步。

妈妈："不行，妈妈今天太难受，不能陪你出去。"

冬冬："为什么别人的妈妈什么都能干，为什么你什么都不能干呀？"

一百个"一块儿"

大姑正跟妈妈说话。冬冬又让大姑跟她一起玩。

妈妈："别吵别吵，妈妈要和大姑一块儿谈谈。"

冬冬："你们两个总是'一块儿''一块儿'，一百个'一块儿'。"

不想让妈妈和大姑总是在"一块儿"说话，竟用"一百个"来修饰，极言其多。

1990-1-21

自编童话《小拇指》

冬冬讲故事：

"从前有一个很小的村庄，里边住着夫妻两个。他们的日子很难过，他们想要一个孩子。

一天晚上，他们没睡觉，突然听到一声吼叫，他们很害怕。那里的神仙说，'我知道你们想要一个孩子。你们想要一个孩子，必须干两件事：第一件，你们必须好好干活；第二件，你们必须好好种地。要是你们不干这两件事，你们就要不了孩子了'。

这时候，神仙飞走了。

一天，出现了一个和小拇指大小的小伙子。他们很高兴。

他们说：'儿子，你怎么这么小呀？'

儿子说："我就像你们的小拇指一样大。当然，神仙要我变大我就大，神仙要我变小我就变小，神仙叫我变聪明我就变聪明，神仙叫我变能干我就变能干，关你什么事？'"

冬冬所讲的《小拇指》情节，跟童话故事《拇指姑娘》有许多相同点，但也有自己的小创作。特别是"神仙要我变大我就大，神仙要我变小我就变小，神仙叫我变聪明我就变聪明，神仙叫我变能干我就变能干"，很有点童话的味道。

1990-1-22

随大姑回河南

放寒假了，父母留在武汉。

晚上，大姑带冬冬回河南老家。家乡对冬冬有极强的吸引力。

1990-1-23

"什么也不知道"

下午回到张庄。

冬冬："小伏的爸爸坐那儿，好像什么也不知道。"

大姑说，小伏姑姑的父亲耳朵有点聋。一聋三分傻，所以好像什么都不知道。

"是……还是……"

大姑说，这个假期，她想找同学们叙叙旧。

冬冬："不管怎样，是近还是远，我都跟你一块儿去。"

1990-1-24

"上南上北，上东上西"

大姑在厨房里做饭，冬冬跟着大姑转。

冬冬："大姑，今天的活儿，都叫你一个人包了，你老是这样地干活，不怕累？"

大姑："你找小姑玩去，别跟在屁股后面！"

冬冬调皮地回答："不管怎样，上南上北，上东上西，我都跟着你。"

用"上南上北，上东上西"，来进一步扩展"不管怎样"的意思，很有语言创造力。

"广告迷"

爷爷听收音机，此时正在播放广告。

冬冬也蹲在收音机旁，说："爷爷和我一样，好听广告，是个广告迷。"

收音机，有"嗞嗞啦啦"的噪音。

冬冬扬脸看着爷爷，问："你的录音机有点毛病吧，'喔，呜……'"

还区分不清楚收音机和录音机。

买菜不如买种子

爷爷上街去买青菜。

冬冬有自己的见地："不应该买菜，应该买种子，种到院子里，吃了去拔，那多方便！"

1990-1-25

滑野冰

回到乡下的冬冬，一改往昔的缠人和娇气，变成了皮实的"野孩子"。

天寒地冻，干渠的水面变成了晶莹剔透的冰体，成为孩子们的滑冰场。一大早，小朋友们就坐在门槛上等待冬冬。冬冬放下饭碗，来不及擦嘴巴，就跑出去滑冰去了。上午十点多，小姑硬拉她回家，冬冬的棉裤已湿到膝盖以上。

奶奶点燃一堆木柴，把冬冬拉在怀里前前后后地烤，顿时双腿热气腾腾。

冬冬感到很烫，说："我的腿，像燃烧了一样热。"

1990-1-26

冷的感觉

大姑抱着冬冬，在院子里和邻居们聊天。

冬冬俯在大姑耳旁说："你抱着我说话。我从来没有这样过。我今天好幸福呀！"

天，冷极了。冬冬激灵灵地打个寒战，说："我身上疙瘩发疼。"

意思是身上冷得鸡皮疙瘩发紧。

奶奶握着冬冬冻得通红的小手，心疼地："看，冻肿了。"

冬冬："不完全很肿。"

包饺子

冬冬包饺子，说："要一心一意，不要三心二意。"

以前，冬冬曾说不要"二心三意"，现在改为"三心二意"了。

1990-1-27

孩子离不开妈妈

村里的父老乡亲，见到冬冬说的几乎都是同一句话："冬冬，你别走了，留在家里吧！"

冬冬不知道这是乡村套话，听的次数太多了，有点反感，说："我最讨厌说这句话了，总是说要我不走了。我不在家住！妈妈不在，孩子是离不开妈妈的。"

村上人说："那你大姑也不上武汉了。她也离不开她的妈妈！"

冬冬："孩子长大了，有自立了，就可以离开爸爸妈妈了。"

声调"最好看"

大姑夸小姑："老四的嘴和眉毛，在咱家算最好看的。"

冬冬："她的声调也最好看。"

"声调"看不到，说声调"最好看"，是顺着大姑的话，给带出来的。

1990-1-28

帽子丢了，"再去买一个"

天气极冷，冬冬没穿大衣也没戴帽子，就跑了出去。大姑批评她不听话。

冬冬："我正想去穿戴哩，你就来了。"

大姑："你呀，总是身在福中不知福！小花的帽子丢了，没找到，整整一个冬天，都没有帽子戴！"

冬冬："农村的小孩不这样幸福。一个小帽子掉了还找？就不会去买一个？想想帽子从哪来的，再去买一个！光知道去找！大姑，这有没有街呀？我很少去。"

农村人不是不知道"去买一个"，而是没钱买帽子。这应了农村的俗语——"饱汉不知饿汉饥"啊！

"给你说着玩的"

冬冬坐在凳子上，双手放在腿弯下，对大姑说："我腿弯上有两个东西。"

大姑："有两个东西？用药擦一擦。"

冬冬："不擦好不好？"

大姑："为什么不擦？"

冬冬："因为是帽子和围巾。"

大姑说冬冬骗人。

冬冬："我不是骗人，我是给你说着玩的。"

1990-1-29

"充点儿电"

屋子里很暗，冬冬找不到自己要找的东西。

冬冬："大姑，你给我找找好吗？这是一片黑。"

煤油灯光的确很暗。家人议论，是否用干电池充电采光。

冬冬："对了，小奇叔叔不是在电厂里吗？可以充点儿电！"

叔叔的确是在电厂工作。

奶奶："还是我孙女有办法！"

"男子汉应该当家"

爷爷家，是谁当家？

冬冬："爷爷爸爸当家。"

大人奇怪："为什么？"

冬冬："男子汉应该当家。"

1990-1-30

堆雪人

一夜大雪纷纷扬扬。早上开门，呈现在眼前的是一个洁白无瑕的世界。

冬冬跑出去玩雪，说："我喜欢这样的白雪。你别踩，你踩踩就变成黑的了。"

大姑："不踩雪，怎么走路？"

冬冬把自己的小脚，放进大姑踩过的雪印里："大姑，你的脚印够大的了。"

全家都来堆雪人。大人轮流给冬冬暖冰凉的小手。

冬冬说叔叔："你的手像冰块儿一样凉，大姑的手像太阳一样热。"

大姑："哎哟，还会用反义词'凉'和'热'呢！"

冬冬："我的手是自然暖和，脚不是自然暖和。"

大姑："什么是'自然暖和'？"

冬冬："你不管它，就暖和。"

一回老家就睡得香

冬冬："大姑，我为什么变得这么瞌睡呢？每天晚上都是这样，一回到老家就是这样。"

她白天活动量大，就瞌睡得早、睡得香。在武汉，不到夜里十一点，她从不入睡。

1990-1-31

小狗

大姑抱来邻居家的小狗，让冬冬玩。

冬冬按着小狗的肚子，轻声说："都别说话了，让它睡一会儿。"

小狗偏不领情，挣扎着要摆脱按摩它的手掌。

冬冬大叫："大姑，快抱一下，我治不了它，现在。"

鸡子没穿鞋

一只老母鸡，在雪地觅食，踱来踱去。

冬冬惊讶地问："鸡子怎么没有鞋子呀？"

1990-2-1

嘴干得像鸡蛋壳

睡觉。

冬冬对大姑说："半夜里，你可要睁着眼。"

大姑："睁眼干什么？"

冬冬："我要吃东西。"

大姑："要吃什么？现在就说！"

冬冬："我的嘴好渴呀！干得要命，像鸡蛋壳一样。"

到了乡村，比喻都用的是乡村事物。

1990-2-2

吃饭很香

大家夸冬冬会吃饭，不用大人督促，总能把肚子吃得圆鼓鼓的。

冬冬："我每次到武汉，都想着到老家了，好好吃饭。所以不想吃饭，在武汉。"

大姑："在老家，你玩得还很开心！"

冬冬："今天我只顾吃饭和玩，忘了屙屎。"

聋大爷

前院的大爷耳朵聋，说话也含糊不清。

冬冬："他说的什么呀？我只看到他的头朝这边动一下，朝那边动一下。"

大人们被她的话逗乐了。

冬冬："我一听他说话，就想吐，难听死了，像个哑巴！我只听到一个字，'聋'。"

1990-2-3

边吃饭边游戏

冬冬在老家，一家人都宠着她。她也越发活泼可爱，不断制造笑料！她吃饭不老实，从大姑碗里夹个饺子，放到叔叔碗里，说："我要你一个饺子，是为了让叔叔多吃一个。"

接着，她又把奶奶手中的馒头，揪一块儿，丢到小姑碗里，说："给你碗里放一点东西，是佐料。"

小狗的衣服

大姑从娟娟家抱回一只小狗玩，早上抱来，晚上送回。小姑说，得给小狗晒晒衣服。

冬冬："给狗娃晒衣服？还得把狗娃挂到绳上？"

大姑："不会，狗娃的衣服也是衣服，不挂小狗。你恁喜欢狗娃，干脆让狗娃跟你睡吧。"

冬冬故作生气状："你说这，把我的肚子都气疼了。"

爷爷："咱不跟狗娃睡在一块儿，我抱着你睡，好吧！"

冬冬更加气鼓鼓地说："你说这，把我的肚子气得更疼了。"

看冬冬如此严肃地逗乐，一家人开怀大笑。

冬冬指着小狗说："它屙尿了，我嫌脏。它屙屎了，我嫌臭，再说。"

1990-2-4

"不认为"

孩子们议论什么东西好吃。

小伏："你说的新罐头好吃。"

冬冬："啥样的都好吃。我不认为一样好吃，我认为两样的好吃。"

"一样""两样"，大约是指一个罐头里装一种水果，还是两种水果。

"饿得还狠些"

一大早，冬冬就和小朋友出去了，到午饭时才回家。

爷爷："冬冬，你上哪儿跑了一晌？"

冬冬："到四条河里去玩。"

"四条河"，是指村边的干渠和多条小河

爷爷拿饼干给冬冬，说："冬冬，我吃一块儿饼干，好不好？"

冬冬："不行，我饿得还狠些。"

"打"与"推"

村里的一个孩子，向奶奶告状，说冬冬打了她。

奶奶："冬冬，你打人家了？"

冬冬："我没有打，我只是推了两下。"

奶奶："在外面，有人欺负你吗？"

冬冬："没有。我没有哈[1]人，只有哈雪。"

---

[1] 哈：武汉话，意为"掐"。

倒着看的感觉

冬冬趴在高处往下看大姑，说："大姑，你的头怎么是脚呀？"

大姑："瞎扯，头是头，脚是脚！"

跳舞

冬冬要叔叔和大姑为她伴唱，自己跳舞。她对叔叔说："你唱歌的声音，不配我跳舞，还是大姑唱的歌配我跳舞！"

叔叔在房间里走来走去，说："你还怪挑剔的？"

冬冬："叔叔两手背在后面，像大官。"

小姑戴了双白手套。

冬冬指着小姑，说："你戴个手套，像个大夫。"

玩扑克牌

打扑克。

冬冬："这牌和武汉的都是四张吧？"

奶奶："所有的扑克牌都一样儿。"

冬冬："爸爸夜里去打牌。不但是白天，而且是夜晚。"

还记着从庐山回来，在船上爸爸夜间打牌的事。

回忆幼儿园的事

冬冬："我笑熊楠。有一次极好玩哪！荡秋千头朝上脚朝下，一下翻了一个大跟头。"

大姑："熊楠很有个性！"

冬冬："她厉害得很，我收拾不了她。我跟你说，她差一点把肉挖烂。"

大姑向爷爷奶奶介绍说，熊楠是冬冬的同班同学。

冬冬："武怡堃跟那个门那么高，唐云飞一下子把她推下去。"

1990-2-5

有意仿造

爷爷："冬冬，一斤钢铁，一斤棉花，哪个重？"

冬冬不答，反问爷爷："八十斤楼，八十斤勺，哪个重？"

"楼"和"勺"都不用"斤"作单位，但格式相同的有意仿造，很有趣。

1990-2-6

"只有说假话了"

冬冬在外面玩耍，又把棉裤弄湿了。她觉得无法向奶奶交代，自语道："那咋办呢？也只有说假话了。"

穿珠子

大家在穿珠子。小姑数落冬冬，做事不上心，把珠子给弄丢了。

冬冬："哪掉了？你'邪火'这么动劲儿！"

"邪火"，河南方言，意为"喊叫、嚷嚷"。

小姑："你查查！"

冬冬又认真数了数，说："哟，真掉了一个。"

1990-2-7

不上幼儿园，"怪舒服的"

冬冬给小姑扎发辫。

小姑："你给我扎啥样儿的？"

冬冬："不是跟你那天一样扎吗？你们三岁四岁都不上幼儿园，在家玩吧？"

小姑："是哩。"

冬冬："怪舒服的，我三岁四岁还得上学。"

冬冬说着，就往外面走。

小姑："哎，哎，冬冬，你干什么去呀？"

冬冬："我解小手，屙个屎罢了！"

希望全家去武汉

冬冬："我想把爷爷、奶奶、小姑、叔叔、大姑和我，带到武汉去。"

爷爷："那家里养的牛怎么办？"

冬冬："让牛卧到地板上。"

美梦

冬冬："昨天夜里我做了一个梦。一个很美的地方，不知道是什么地方，看不见一点儿东西，都是烟雾。突然，我在背后听见一个很美很美的声音，是天神，还有玉皇大帝，还有三太子。'你可以教我这吗？'他说'可以教'。教一教，教到天亮我就醒了。"

大姑："都教你的什么呀？你知道天有多高啦？"

冬冬想了想："把世界上所有的东西，还有人，堆起来，一个最高的站在上面，能不能接到蓝天上？"

老婆子和老头子，挺对称的

夜里，煤油灯下，全家人陪着冬冬打扑克牌。

爷爷："冬冬，你打牌出个 7，就没人管，是咋回事？"

冬冬不假思索地说："你们没 8 嘛！"

打牌，是为了哄冬冬高兴。为了让她赢，一般情况下，她出的牌大家都不管。冬冬看看爷爷，又看看奶奶，笑了："这还怪对称哩！"

小姑："什么对称呀？"

冬冬："还有老婆子，还有老头子，这不是对称吗？"

打了一会儿牌，冬冬肚子饿了。

冬冬："我替爷爷请个假，我也请个假。"

奶奶："干什么请假？"

冬冬："让爷爷给我烧红薯。"

小姑丢下手中的牌，说："我瞌睡了，睡觉吧？"

冬冬："我也瞌睡，可是我还没得吃红薯呀？"

1990-2-8

"再见吧，我的小村庄"

今天返回武汉。叔叔和松叶表哥骑两辆自行车，把大姑和冬冬送去马谷田小火车站。

走出村庄，冬冬回身频频招手说："再见吧，我的小村庄。大姑，我们今天晚上就可以见到妈妈了吗？爸爸也许开会去了，不在家。"

路旁的小树林，被皑皑的白雪覆盖着。冬冬指着被雪裹着的松树，说："那像一幅图画，下边都是人！"

所谓"下边都是人"，是指已经融化的雪水，还有袒露在斑驳地面上的枯草。

冬冬说："叔叔和爸爸骑车都是最好的，他骑车是天下第一好的。"

"他"，说的是松叶表哥。

到了马谷田小火车站，冬冬感叹说："把我的骨头都快累掉了。"

火车歌声

从马谷田坐小火车到明港，再在明港坐大火车，沿京广线去武汉。在大火车上，冬冬唱了一支歌，问："大姑，你会不会唱这个歌呀？"

大姑："不会。"

冬冬："这个歌很好听，实际上是我编的。"

在火车上解完手，大姑费力地给她穿上大衣。

冬冬感叹地说："当个大姑还怪不容易哩！"

逗得大姑直乐。

"对称"之论

夜里九点左右，姑侄俩回到武昌桂子山的家里。

冬冬黑了，胖了。大姑说了许多老家的逸闻趣事，其中说到冬冬说"爷爷和奶奶对称"的笑话。

冬冬反问道："男人女人不是对称？老婆老头不是对称？"

1990-2-9

"过来、过去"

冬冬看电视上的老虎："老虎出溜过来，出溜过去，好像练早操一样。"

"出溜"，河南方言，原意为从高处滑行下来，引申为速度较快地来回走动。

1990-2-10

"既然"

高压锅开锅了，发出吱吱的喷气声。早年，曾经经历过高压锅掀盖、东西抛向空中的事故。

　　妈妈："要是从前，听见这声音我就害怕。"

　　冬冬："既然买了高压锅，应该不害怕。"

1990-2-11

大碗小碗，每个有每个的特点

　　吃饭时，大姑问冬冬是用大瓷碗，还是用塑料小碗？

　　冬冬："大碗和小碗，每个有每个的特点。大碗好打[1]，不好 [kʰan] 饭；小碗不好打碎，好 [kʰan] 饭。"

1990-2-12

咽唾沫，还不如吐出来

　　冬冬："妈妈，人为什么要咽唾沫呀？"

　　妈妈："唾沫，是人分泌的一种液体。咽下去，对人体没坏处！"

　　冬冬："咽了还有多麻烦呀！还不如吐出来哩。"

　　妈妈："不能乱吐唾沫。"

1990-2-13

时间概念

　　晚上，萧国政伯伯来家和爸爸谈事情。冬冬和伯伯玩得很开心。

　　萧伯伯要走了，冬冬把着门不让走，说："你不能走！你再停三个小时再走。

---

[1] 摔碎。

我们十一点半就关门了，你十点五十分，马上走。"

十点五十分早于十一点半，冬冬是知道的。

1990-2-14

做题与信用

妈妈出了 10~20 以内的加减法，让冬冬做。冬冬也出了十道题，让妈妈做。冬冬要妈妈先做她的题，然后她再做妈妈的题。妈妈认真做完了。冬冬却乱写了几个数字，如 $10-5=4$，$7-5=4$，交给妈妈。这种不认真的态度，让妈妈很不开心，生气地走开。

书房隐隐传来冬冬嘤嘤的哭声。过了十来分钟，冬冬拿着题目走过来，说："妈妈，我做了三题，你看对不对？"

妈妈检查后，高兴地说："全做对了。"

这时，熊楠在楼下喊："李纤，下来跟我玩好不好？"

"不行啊，我不能出去玩，我的作业还没有做完！"冬冬趴窗户上往下看了看，又跑回来，说，"妈妈，你是不是生我的气了？"

妈妈："是啊。你知道妈妈为什么生你的气吗？"

冬冬："不知道。"

妈妈："你不守信用。你让妈妈做的题妈妈做了，妈妈让你做的题呢？"

冬冬惭愧地低着头。

妈妈："你现在做了几道？"

冬冬："三道。"

妈妈："快去做完它。"

冬冬又跑回书房，题全做完了，也全做对了。

听着妈妈的夸奖，冬冬笑了。

"妈妈，我的鼻子一酸，就想哭，是怎么回事呀？"看妈妈不生气了，冬冬依偎在妈妈怀里，仰起稚气的小脸，问，"妈妈，我刚才心里可难受了，难受得尿都不想屙了。"

妈妈拍拍她，以表示安慰。

冬冬追问道："妈妈，我的鼻子一酸，就想哭，是怎么回事呀？"

1990-2-15

关门

刘伟总喜欢故意撩冬冬。

今天，刘伟站在门口张望。冬冬跑过去关上家门。

刘伟："你关门干什么？"

冬冬："我关门不关门，关你什么事？你又不是我的亲哥哥！"

人是高级动物

（ 5 岁 2 个月　1990-2-16—1990-3-15 ）

驭马桂林（1990 年 4 月）

1990-2-16

跟爸爸打扑克

爸爸跟冬冬打扑克。

冬冬对爸爸说："你出这张牌？很好！好极了！好得很！"

用不同的词语，表达"好"的不同层级。

相对论

今天的午觉，冬冬终于睡着了。她一觉醒来，十分高兴，说："我今天中午睡着了。睡着了时间就短，睡不着时间就长。"

睡着与睡不着，时间感觉或长或短，颇有点爱因斯坦解释相对论的味道。

不易回答的"为什么"

冬冬："妈妈，天上为什么有月亮？"

妈妈解释太阳、地球和月亮的关系。

冬冬不满意，说："我问的是为什么呀！"

这又超出了妈妈的知识范畴！

1990-2-17

"却"

妈妈喊大姑，把洗脚水端过来。

冬冬："人家看电视，你却要洗脚。"

"什么叫'负 2'"

冬冬："2-4 得多少？"

妈妈："负2。"

冬冬："什么叫'负2'呀？"

妈妈："这和初中数学的正负数相关。打个比方吧，你有两个苹果，是正数2；如果你欠大姑两个苹果，你就是负2了！"

妈妈很认真地讲，冬冬一脸迷茫地听。听后，仍是一脸的迷茫。

"但是"

覃覃和冬冬玩。

冬冬："你惹我生气，我家里的东西，你都不能摸。"

覃覃："我就是要摸。"

冬冬："就你这个样子，谁也不喜欢你！"

覃覃："我妈妈喜欢我。"

冬冬："但是，我妈妈也爱我！"

"不敢当"的意思

冬冬："有两个人这样说话，'不可思议''不敢当'。'不敢当'，这是什么意思呀？"

妈妈："这是应酬话，谦虚的说法。"

"留一手"

冬冬："什么叫'留一手'呀？是你拉着我，我拉着你？"

妈妈："留一手，就是不拿出来全部本事。"

1990-2-18

自己借车骑

冬冬的小车坏了，还没修好，但她很想骑车子，问道："爸爸，你去覃覃家，把她的小车借过来，我骑几天行吗？"

爸爸："不行啊。"

冬冬："是借呀，只骑几天。"

爸爸："那也不行。人家是刚买的新车，咱可不好意思借！"

"那你的意思是说，别人的东西，不是不能借吗？"冬冬很不高兴地出了门。

半小时后，父母下楼，见冬冬正在骑车子。原来，她借了多多的车子骑。

妈妈："很棒！你是怎么跟张叔叔说的？"

冬冬："我说：'叔叔，我能借你家的小车玩一会儿吗？'张叔叔就把小车给我了。"

妈妈："说'谢谢'了没有？"

冬冬："说了。"

冬冬自己去借车，表明她在社会化进程中，又前进了一步。

做减法的思维过程

冬冬："妈妈，有道题我想不通。一会儿想着得8，一会想着得7？"

妈妈："什么题？"

冬冬："10-3。"

妈妈："你是怎么想的？"

冬冬："10-1吧，得9；9-1吧，又得8；8-1吧，得7……噢，噢，我知道了！"

妈妈："那应该得多少呢？"

冬冬："应该得7。"

这是冬冬减法计算时的思维过程，一次减1，连减三次。

1990-2-19

"拿来拿去"

夜里，到了睡觉时间。

妈妈："冬冬，你去书房，帮妈妈把小台灯拿过来，白天再拿过去。"

"拿来拿去的，多不方便。"话是这样说，她还是去书房，拿回了台灯。

"无论如何"

冬冬刚躺到床上，就一个劲儿地叫着"饿"。

妈妈催促爸爸，起床去拿零食："你别磨蹭了，起来吧！她只要想吃，是非吃不可的。"

冬冬："是的，我想吃东西，无论如何我都要吃。"

1990-2-20

长短句《下雨了》

今天，蒙蒙细雨。

冬冬即兴吟一首小诗：

"小雨嘀嗒嘀嗒，

一个小孩在路上玩耍。

打雷闪电下大了，

小孩就跑了回家。"

冬冬的这首长短句，注意押韵了。

1990-2-21

屁股害羞

妈妈准备给冬冬洗澡。

冬冬："妈妈，快把门关上，别叫人看见了，我的屁股可害羞！"

妈妈："到底是你害羞，还是你的屁股害羞？"

冬冬："我的屁股害羞。"

"简直"

冬冬要父母讲故事，讲一个又一个，没完没了。

冬冬："今天晚上，我简直不想睡觉。"

1990-2-22

《快乐王子》

下午，爸爸上完课，就去幼儿园接冬冬。老师正在讲童话故事《快乐王子》。被爸爸带出教室的冬冬，恋恋不舍，一步一回头。

冬冬："妈妈，《快乐王子》可好听了，可惜我没听完。"

妈妈："你是说，爸爸接你太早了！"

冬冬："你知道王子的眼睛，是什么宝石吗？"

妈妈："黑宝石？"

冬冬："不对。是蓝宝石。你知道王子的剑柄上，是什么样的宝石吗？"

妈妈："红宝石？"

冬冬："对，是红宝石。妈妈，你怎么知道呀？"

1990-2-23

"虽然……，但是……"

冬冬把糖块儿匆匆装进口袋，往门外走。妈妈一把拉住她，问她装那多糖，想去干什么？

冬冬："往后别人不让干的事情，就这样干。"

妈妈："这样干，对不对？"

冬冬："虽然不对，但是我受不了，我非常想吃。"

小小评论家

大姑回来过周末，把在工作单位发生的事，告诉妈妈，其中说到，有人态度极其傲慢。冬冬玩着积木，头也不抬地接话茬儿，说："你让他们傲，谁傲谁干不成事。"

这话说得像个小大人。

大姑又说，很多人没有真情可言。只把人与人之间的关系，看成相互利用的关系。

冬冬接口道："谁领着你，你就领着他。"

不管听明白没有，只管发议论。她把大姑所说的"利用"，听成了"领着"。

1990-2-24

不让小姨生气的办法

小姨来信说：刚刚才知道，冬冬春节回了老家，竟然没去县城，挺生气的。小姨信中交代妈妈，把这些话转告冬冬，看冬冬怎么说。

冬冬反问道："光叫我去看她，她怎么不来看我？"

妈妈："冬冬，你说这话，小姨会生气的。"

冬冬："生气就叫她生气呗！"

妈妈："小姨恁亲你，你对小姨就这态度呀？"

冬冬歪着头想了想："要不写三封信，里面夹点礼物。"

妈妈："信怎么写？夹什么礼物？"

冬冬："不知道。"

1990-2-25

厕所门的声响

冬冬一觉醒来，就要去厕所解手。下床后，却站着迟迟不动。妈妈怕她着凉，催促她快点过去。

冬冬："不行，有人占着。"

妈妈："你怎么知道？"

冬冬："你没听见厕所门响？"

这时，厕所的门又响了一下。

冬冬："可以了，人走了。"

1990-2-26

还有"三顿打"

冬冬不愿去幼儿园，家人到了技穷的地步。今天父母决定，用不主动与她说话的办法，作为对她不去幼儿园的惩罚。

她去爸爸的书房转悠，爸爸埋头工作，不理她。她又跑到卧室找妈妈，说："妈妈，你这桌子上，有封信你还没看哩！"

妈妈："是吗？谁来的信？"

冬冬："不知道，你看看。"

妈妈接过信："噢，是小奇叔叔的来信。"

冬冬指着信封上的图案说："这个小姑娘还怪好看哩！她是谁呀？是大姑小时候吧？"

妈妈："不知道。"

冬冬在家里转来转去，看父母仍不主动说话，问："又生气了，是不是？"

妈妈："你认为呢？"

冬冬："你在外面说的话，我都听见了！"

妈妈："说什么了？"

冬冬："你说，你也讨厌不上学的孩子，又说，李纤，是李冬，我没听清，你说的是李纤还是李冬。"

妈妈："嗯？"

冬冬："是不会讨嫌的。"

妈妈被动应答，爸爸却一直不理她。爸爸说，给冬冬更多的时间和空间，让她自省。

冬冬："爸爸真的生气了。他说，他'不是我爸爸'，不叫我'喊爸爸'，往后他'什么事也不给我干'。"

妈妈："爸爸最讨厌谁逃学！还不去认个错？"

冬冬愁眉苦脸地想对策，自语道："怎么办呢？要是有个出路就好了。"

妈妈："哎，想起来什么出路了？"

冬冬："想起来了一个，不过怪害羞的。"

妈妈："说说看，什么害羞的出路？"

冬冬："我不给你说，我害羞。"

妈妈："说吧。"

冬冬："我要是再不上学，就脱光屁股用棍子打。"

孩子有此表态，父母马上恢复了亲昵的常态。

爸爸用威吓的语气说："冬冬，你还有三顿打，爸爸给你记着账呢。吃饭一顿打，睡觉一顿打，上学一顿打。你也记着，这三点你做得不好，棍子可准备着呢！"

1990-2-27

"厕所本来就不卫生"

冬冬在厕所解手，把卫生纸撕成条条，扔在地上。

妈妈："冬冬，你要注意厕所卫生！"

冬冬："厕所本来就不卫生。"

妈妈："为什么呢？"

冬冬："因为是厕所的缘故。"

老家急电

老家来急电，说老太儿病故，要爸爸和大姑快点赶回去。爸爸和大姑急忙收拾几件换洗衣服，赶去火车站。

冬冬："大姑一走出门，我就想她。"

1990-2-28

好朋友的口角

下午，周爸爸去接周尅，顺便送冬冬回来。

玩了会儿，周爸爸要带儿子回家，冬冬不同意，说："你刚来我家玩了一小会儿，就要走，那我明天下午，我到你家门口站站，我就走。"

两个孩子开始发生口角：

周尅："我不让唐云飞跟你玩。"

冬冬："不跟我玩就拉倒，我还不想跟他玩了！"

周尅："往后，我不来你家了！"

冬冬："今后，你就别上我们家了！"

1990-3-1

"因为我不习惯"

成宇阿姨来家帮忙。

早上，冬冬自己不愿穿衣服，也不让阿姨帮忙穿。

冬冬："妈妈，你知道我为什么不当着成宇阿姨的面穿衣服吗？"

妈妈："不知道。"

冬冬："因为我不习惯。"

1990-3-2

"试试你有多大能力"

冬冬让妈妈像她一样，拿剑向前猛刺。

妈妈："干什么呀？"

冬冬："我就要试试你有多大能力。"

妈妈："不用试，妈妈没有能力。来，坐下，咱们读故事，做个乖孩子！"

冬冬："我要是不乖，你怎么办呢？"

妈妈："你说呢？"

冬冬："就永远不叫我上幼儿园。"

想得挺美！

灯灭灯亮

妈妈去厕所。刚关上门，灯灭了；稍停，灯又亮了。妈妈出来，看见冬冬正站在厕所外，手里拽着拉电灯的绳子。

她喜滋滋地说："你终于知道了！"

妈妈莫名其妙，问："妈妈知道了什么？"

冬冬："这是我原来学习过的。"

妈妈："学习过的什么？"

冬冬："我在幼儿园一靠墙，灯灭了；我再一拉，灯又亮了。灯灭了，就要再拉一下。这两个是同一个道理。"

1990-3-3

"怎么那么坏"

电视连续剧《末代皇帝》。

冬冬："吉冈[1]怎么那么坏呀？"

"末代" "末将"

冬冬："末代皇帝，什么叫'末代'呀？"

妈妈："'末代'就是最后的一个年代。'末代皇帝'，就是最后一个朝代的皇帝。"

冬冬："那'末将'呢？冯立说，'末将在'，什么是'末将'呀？"

冯立是电视连续剧《沈珍珠传奇》中的人物。

妈妈："这里的'末'，是谦称，是最后一个，也是小将的意思，排在最后一名的将士。"

冬冬："那就是最后一个小将吧？"

---

[1] 吉冈安直，是末代皇帝溥仪的日本"监护人"。据史料记载，1934年，吉冈安直被日本军部选中，派往中国东北，作为关东军与溥仪之间的联系人。来华后，吉冈安直被委任为关东军参谋，并兼任伪宫内府帝室"御用挂"。他名义上替溥仪办事，实则替关东军办事。

"尊称""谦称"太抽象，想让孩子理解，还不太容易。但爸爸妈妈商议，不管孩子懂与不懂，需要讲的知识还要讲。

"吐了三次涎"

陶希思在走廊里尖声大叫。

冬冬："陶希思最讨厌人了。人家打他，他不讲道理，就吐涎。"

妈妈："吐什么？"

冬冬口吐唾沫进行演示，说："吐涎。吐了三次涎。"

1990-3-4

妈妈是个"莫名其妙的人"

冬冬："妈妈，我有个问题弄不懂。"

妈妈："什么问题？"

冬冬："电视里骑着马的兵，为什么不打骑着马的？那不是更好打吗？为什么光打兵呀？"

妈妈："也打骑马的。但马跑得快，不好被射中；步兵跑得慢，容易射。所以，你看到的，是倒下的一大片步兵！"

冬冬："你还没回答我的问题。"

妈妈："你还没听懂？"

冬冬："妈妈，你真是个莫名其妙的人！"

不知为何，妈妈成了"莫名其妙"的人。这个年龄的儿童，学会一个新词，懂不懂，只管说！

1990-3-5

"今天、明天、后天"

冬冬："妈妈，我有一个要求。"

妈妈："什么要求？"

冬冬："等爸爸回来了，我不上幼儿园，在家陪爸爸玩一天。今天回来，明天我陪爸爸玩一天。明天回来了，后天我陪爸爸玩一天。"

准确地用"今天、明天、后天"，表达在家陪爸爸一天的愿望。

关注妈妈的情绪

①冬冬极为关注妈妈的情绪。

冬冬："妈妈，你的声音有点悲哀。"

妈妈："有吗？"

冬冬："你又有点笑容了。"

②她从幼儿园回来，看到妈妈躺在床上，说："妈妈，你很少微笑，总是不高兴。"

妈妈："对不起，宝贝儿，妈妈没有不高兴，那是因为全身太疼了。"

冬冬："身上疼，身上疼，一百个身上疼！"

1990-3-6

在食堂

成宇阿姨带冬冬去教工食堂吃饭。

路上，冬冬说："做一件事就要做好。一会儿让洗盘子，一会儿让擦皮鞋，那怎么能做好呢？"

成宇阿姨："你在哪儿听到这种说法的？"

冬冬："电视的轮船上。"

食堂外面，堆放着小山似的煤，一闪一闪地发光。

冬冬："那里也怎么恁多金子在闪光呀？"

成宇阿姨："那可不是金子，是阳光照在烟煤上反的光！"

食堂外，有一条小水沟，水流忽大忽小。

冬冬感到奇怪，跑到食堂内，看到从洗碗池的水管里，哗哗啦啦流出来洗碗水，恍然大悟，说："我知道怎样发水的了。这里一发水，那里也发水了。"

"这里"是洗碗池，"那里"是食堂外面的流水沟。

1990-3-7

河南人、武汉人

爸爸从河南回来了。

冬冬很高兴，扯着河南腔调逗乐子，说："俺是河南人，说的是河南话。你这武汉人，咋听不懂俺这河南话哩！"

1990-3-8

"为什么没有男人的节日"

冬冬："今天是三八妇女节，就是女人的节日。有没有男人的节日呀？"

爸爸："没有。"

冬冬："为什么没有男人的节日呀？"

"画一个妈妈"

冬冬画女人的肖像，自我陶醉地说："这是妈妈，好美呀！"

爸爸："画了妈妈，该画张爸爸了吧！"

冬冬："不行。幼儿园布置作业，叫画一个妈妈。"

1990-3-9

不讲理的大哥哥

冬冬："妈妈，我跟许多姐姐一块玩儿，一个大哥哥真不讲理。"

妈妈："大哥哥怎么不讲理？"

冬冬："我捡了个东西，我说是'爸爸妈妈不用了'，他说是'爸爸妈妈掉的'。"

妈妈："掉的什么东西？"

冬冬："牙刷。"

妈妈："嗯，也许是他爸爸妈妈掉的呢！"

冬冬："他又把它扔到房顶上去了，扔掉也不让别人玩。"

1990-3-10

"斗嘴"

冬冬和刘伟站在门口，一替一句地斗嘴。家家把刘伟叫走了。冬冬还站在门口，等刘伟回来，再继续斗下去。

妈妈："冬冬，过来吧，过来睡一会儿！"

冬冬："不管怎么说，不打败刘伟哥哥，我是不睡觉的。"

妈妈："别等了，家家叫刘伟有事走了，他不会再过来了！"

冬冬自语道："什么是坏孩子？只要是爱打人的孩子。"

"实在"

爸爸上完三节课回来，放下公文包，系上围裙下厨房。冬冬饿了，站在厨房门口等着，连连催问饭做好了没有。

爸爸："快了，再等一小会儿！"

冬冬不耐烦地："你搞的够慢的了，实在。"

"实在"放在句尾，补充说明。这是口语的一个特点。

1990-3-11

雷锋

幼儿园老师讲了雷锋的故事。

冬冬回来，指着妈妈说："我爱雷锋，比爱你一千倍。"

妈妈："为什么？"

冬冬："雷锋做好事，你不做好事，有时还做坏事。"

妈妈把冬冬说的话告诉了爸爸。

冬冬打岔说："不是李鹏，是雷锋。"

1990-3-12

聋儿康复中心

湖北省聋儿康复研究中心今天给爸爸发了中心顾问的聘书。爸爸带冬冬一起去。回来后，冬冬把看到的情景，表演给妈妈看。

冬冬："聋儿们叫唤得像一群狼叫似的。"

妈妈："老师们怎么和聋儿交流的？"

冬冬模仿聋儿康复老师，招招手，说："'来，咱俩做个游戏。我做一下重复，你吹一下喇叭。'"

1990-3-13

人是高级动物

冬冬画了一个女孩头像，自己捂着嘴巴笑了，说："这是我画的妈妈。"

妈妈："这是你画的妈妈？标准的丑八怪。"

冬冬："我再画一张。"

爸爸："你从来没有画过爸爸，今天就画张爸爸吧？"

冬冬："不行，我可不会画男子汉。"

爸爸："你不画爸爸？那爸爸睡觉去了，不跟你说话了。"

冬冬："既然你不说话，我就把你送到动物园里去。"

爸爸："送动物园干什么？"

冬冬："你这样奇妙，要让全世界，要让好多人看看才行。"

爸爸："我又不是动物。"

冬冬："你怎么不是动物？不过只是高级一点罢了。"

爸爸："你是动物吗？"

冬冬："不是，我是人。"

"奇妙"用得很奇妙。动物——高级动物——人。五岁多的冬冬，已经知道了人类几千年的进化史。

支持妈妈练气功

气功热，在华师校园里蔓延着。妈妈多次参加气功班，治病效果皆不明显。

冬冬："妈妈，你要一直练下去，一直练到很灵才行。"

妈妈点头赞同。

冬冬："妈妈，你的病是全世界最重要的病，对不对？"

晚上，爸爸带妈妈和冬冬去气功班。

冬冬："熊楠今天怎么没有来？尹老师和熊楠说好的八点半，怎么没有来呀？"

妈妈："尹老师也说去学？"

冬冬："是的，尹老师感冒了，头疼。"

1990-3-14

站有站相，坐有坐相

冬冬："妈妈，你从今天起，得立个规矩！"

妈妈："什么规矩？"

冬冬："站有个站相，坐有个坐相。坐着不能歪着、趴着，要不长大了会变成驼背的。"

妈妈："是老师教你的？"

冬冬："是的。"

下丹田不通

气功班上，许多人在谈论气功术语，"开天眼、小周天、大周天、入静、辟谷"什么的。

冬冬跑到气功老师跟前，说："爷爷，我的下丹田不通，你给我帮帮吧？"

她的这句话一出，全场笑倒了一片！

1990-3-15

想象的翅膀

一家三口，在校园散步。

冬冬指着路旁的树说："我保持平衡。有一次，我一跳，跳到树枝上了，翻了十二个跟头，老师和小朋友们以为我头朝下，脚朝上呢，谁知道，我脚朝下，头朝上。"

爸爸妈妈笑了："真的？"

冬冬一本正经地："是真的。我一点也不骗你。"

这个牛，吹得够大的了。

冬冬又进一步发挥道："我会飞，翅膀扇动两下，就回河南老家。"

说什么话，就是什么人

（5 岁 3 个月　1990-3-16—1990-4-15）

七星岩（1990 年 4 月）

1990-3-16

老鸹能飞多高

爸爸指着树上的鸟窝，说："这是老鸹窝。"

冬冬："'老鸹'是什么呀？"

爸爸："是一种飞鸟。"

冬冬："它能飞多高？有小鸟飞得高吗？"

爸爸："有。因为它就是飞鸟的一种。"

饿死了，还不如送人的好！

路上，冬冬吃了一根冰激凌。

回来后，爸爸故意说："冬冬，你今天吃了个——"

冬冬："冷的。"

爸爸："冷的不能吃。"

冬冬："是热的。"

爸爸："热的不能吃。"

冬冬："既然冷的热的都不能吃，那不是要饿死我吗？"

爸爸："饿死就饿死吧！"

冬冬："要是饿死，还不如把我送人的好！"

句末加"的好"，还是第一次记录到。

"宝贵的秘密"

冬冬："妈妈，我跟你说个宝贵的秘密，只能让你一个人听。"

妈妈："好的。"

冬冬："尹老师很长时间没有批评我了。"

妈妈："表现好，当然不会受批评！"

冬冬："妈妈，所有的女孩子都跟熊楠玩，都不跟我玩。我跟男孩子玩吧，男孩子不理我。我一个人玩吧，又没有餐具，要有餐具还好玩些。"

妈妈："桂灿也不跟你玩？"

冬冬："我不叫她，她也不理我。'熊楠，熊楠，我跟你玩'，没有一个人叫着'李纤，李冬，我跟你玩'的，我听着心里很难受，真的，妈妈！"

妈妈："那是怎么回事呀？"

冬冬："我也不知道。"

冬冬接着自己的思路，继续说下去："熊楠玩游戏不守规矩，玩三美女吧，武怡堃来了，她说玩四美女吧！哪儿有四美女呀！"

人是社会的人，必须学会处理人际关系。今后，应多关注她这方面遇到的问题。

1990-3-17

"一片空白"

爸爸做好饭，站在厨房的窗户旁，探身朝楼下高喊："冬冬，回来吃饭！"

冬冬气喘吁吁地跑上楼，问："叫我回来干什么？有什么大不了的事？"

妈妈："没什么大不了的事，喊你回来吃饭呗！"

饭菜还没有摆上。

冬冬看看饭桌，双手一摊，说："饭在哪儿？一片空白。"

1990-3-18

关于量词的测验

在商店买东西，爸爸想测试一下冬冬的"量词水平"。

爸爸："给你买一杯汽水，或者是一支冰糕。"

冬冬："不行，我两样都想吃。"

爸爸："给你买一瓶冰糕好吧？"

冬冬："你说得不对，用'一瓶'表示冰糕不对。'瓶'应该是装满的，冰糕应该用'块儿'，'块儿'是'方块儿'的意思。"

爸爸："说得好！那给你买一块儿汽水？"

冬冬："你表示得不对。"

爸爸："那就给你买一瓶汽水和一块儿冰糕吧！"

冬冬："爸爸形容得好极了。"

懂得了量词"瓶"和"块儿"，还能解释"为什么"。但"表示、形容"两个词，用得不太恰切。

1990-3-19

"我也不知道"

中文系助教班的一位阿姨，牵着冬冬的手在公园散步。阿姨连夸冬冬的头发辫好看，问是谁扎的？小鞋子好看，问是谁买的？

冬冬一一回答。

阿姨："连衣裙也好看，谁给你买的？"

冬冬："我也不知道。"

你自己知道

常嫂是爸爸师兄的爱人，在幼儿园里当老师，两家往来密切。

常嫂："冬冬，我老不老？"

冬冬看了常伯伯一眼，笑着说："你自己不知道老不老？"

常嫂忍不住笑了，说："你这个小鬼灵精怪！"

1990-3-20

说什么话，就是什么人

中文系助教班里，有位维吾尔族女学员叫丽扎。丽扎晚上来家，一身少数民族打扮：连衣裙上，罩一件鲜艳的短款毛衣，一对大耳环晃晃悠悠，闪闪发光。

冬冬上下打量丽扎，偷偷地对妈妈说："我看她不像中国人！"

妈妈："怎么不像？"

冬冬："人家都不戴耳环，就她戴耳环。"

妈妈解释了少数民族的风俗习惯。

冬冬感叹说："要是我们汉族也爱打扮，该多好呀！"

妈妈说，汉族也可以戴耳环。不管是少数民族，还是汉族，都是中国人。

冬冬顿时高兴起来，站上高高的椅子，说："说河南话是河南人，说武汉话是武汉人。我说普通话，所以我是普通人。"

十几天前，冬冬曾说"俺是河南人，说的是河南话"。这次，把"××人"说"××话"，提炼得更加精确了，还类推出"我说普通话，所以我是普通人"。

冬冬从人的穿着打扮，来推测是什么人；知道说什么话，就是哪里人。社会经验，在不断积累。

1990-3-21

命名

①王阿姨送冬冬一枚亚运会纪念章，可以别在衣服上。

冬冬称之为"别章"。

②冬冬把"剑鞘"称为"剑袋"。

这两个命名理据，都是"功能"。纪念章是可以"别"的，"剑袋"是可以"装"剑的。

赛跑

一大早，熊楠就来喊冬冬出去跑步。跑了两圈，又进行跑步比赛。两个人都不跑直线跑曲线，相互身子碰撞上了，你推我搡……

这次，冬冬被熊楠撞了个嘴啃泥，鼻子脸上蹭破了几大块儿。

1990-3-22

汽车的噪音

一辆小汽车，迎面驰来。

冬冬："爸爸，我可以提个问题吗？"

爸爸："可以。"

冬冬："为什么小汽车跑起来没有声音，大汽车有声音呢？"

爸爸："声音大小，和汽车的发动机有关。大汽车发动机的马力大，噪音大；小汽车马达小，密封好，声音就小一些！但不是没有声音。"

练"记功"

幼儿园布置的家庭作业，是画迎春花。

冬冬边画边说："迎春花是黄色的，有四个花瓣，而且还是对着开的。叶子也是四个，也是对着长的。"

妈妈："你怎么知道的？"

冬冬："我自己观察的。"

妈妈："如果是我来观察迎春花，我会先仔细看一分钟，闭上眼睛，回忆一下，迎春花呈现在脑海里。如果有地方记不清楚，再睁开眼睛看看……需要画的时候，就成竹在胸了。"

冬冬："我练记功，睁着眼看半个小时，就记住，回来就可以画了。"

冬冬的练"记功"，其实是妈妈过去的言传起了作用。

树木释放的"气"

冬冬在气功班"见习"，学了不少"功夫"。

"这棵树是凉气，不能在这儿练功。"她走到一棵枇杷树下，用手掌贴着树皮停一会儿，紧接着，又走到另一棵枇杷树下，说，"这棵树也是凉气，冷飕飕的，也不能在这练功。"

看她煞有介事，父母忍不住开怀大笑。

冬冬："是真的，我一点也不骗你们，不信，你来试试。"

她一本正经地来到第三棵树下，说，"这棵树是温的，可以练功，只能练一小会儿。"

散步回来，她说走累了，骑在爸爸脖子上，用一双小手捂着爸爸的眼睛。

爸爸："你捂我的眼睛，我可看不见路。"

冬冬："你能透视吗？我捂着你的眼睛，让你透视大路。"

真是"近朱者赤，近墨者黑"呀！

1990-3-23

气功"透视"

冬冬："妈妈，我今天在幼儿园练高功。"

妈妈："唔？练的什么高功？"

冬冬："我会透视。不管他是侧身的，正身的，还是躺着的，我都能看见他的胸和肚子。"

妈妈："既然你可以透视，那你来透视妈妈吧？"

冬冬："有这么粗，这么长一个蛔虫，生了四个蛔虫卵。"

妈妈："你看见，蛔虫正摇着尾巴生卵的吧？"

冬冬："是的。那蛔虫老了，快要死了。"

这"高功"，挺神奇的！

1990-3-24

"爸爸是个幽默者"

爸爸给冬冬剪指甲。

冬冬："爸爸，别剪着肉了！"

爸爸："如果剪着肉，还算什么爸爸？！"

冬冬："那不就成了杀人犯了！"

爸爸："冬冬还有点小幽默。"

冬冬："爸爸是个幽默者。"

1990-3-25

"我一说幽默话，爸爸就笑了"

刚买了十多天的冰箱，突然不制冷了，必须要找板车，拉回商场再换一个。爸爸很郁闷。这个年代的口号是"时间就是金钱"，而在爸爸的词典里，时间贵于金钱。

冬冬："爸爸，你别生气呀，不制冷是小毛病，又不是大毛病。我的身体也不制冷呀！"

大家忍不住笑了。

冬冬："妈妈，我跟你说，我一说幽默话，爸爸就笑了。"

冬冬逐渐明白了幽默的魅力，逐渐学着用幽默来调节气氛。

1990-3-26

冬冬的首篇日记

父母鼓励冬冬写日记，希望从认字过渡到写字。

今天，冬冬终于写下了她人生的第一篇日记。日记的内容是："今天，从幼儿园得了一朵小红花，是因拼图形而得胜的。"

这篇日记，是冬冬口述，爸爸记录。

1990-3-27

夹馅发糕

妈妈让冬冬吃夹馅发糕。夹馅发糕是甜的。

冬冬："我不喜欢吃夹馅的，喜欢吃不夹馅的。"

妈妈："不夹馅的，是甜的吗？"

冬冬："不夹馅的甜？你真会说笑话！"

1990-3-28

打抱不平

爸爸接冬冬回来，说："尹老师说，'冬冬好动，爱打抱不平。从前恁文静个姑娘，现在变了'。"

妈妈问冬冬："爸爸听老师说，只要你看不惯的，就喜欢上前帮忙打架？"

冬冬很神气地回答："我就是要教育他们。"

"意念"

助教班的女学生×××，学气功走火入魔，晚上不睡觉，大喊大叫，整个人近于崩溃。为了调整她的精神状态，爸爸妈妈跟她谈了很久。

等×××离开后，一直站在旁边听大人谈话的冬冬，突然说："我现在都是错误的意念？"

妈妈："不可能。"

冬冬："那妈妈老想着'我好了，我不病了'，这个意念，那你的病就会好的。"

一天罚站两次

冬冬跟妈妈谈心。

冬冬："我今天站了两次。一次是在厕所里说话。我没说话，可能是老师听错了。"

妈妈："另一次呢？"

冬冬："我在外面疯，老师让挪桌子。"

妈妈："怎样疯的？"

冬冬："我就这样转一圈，转一圈，叫老师看见了。"

妈妈："只你一个人转圈？"

冬冬："别人看见老师了，我没看见。"

一幅令人忍俊不禁的画面：一群孩子忘乎所以地转圈圈。此时老师出现了。其他孩子们看见老师，一个个悄悄地溜走了，唯独冬冬浑然不觉，还兴高采烈地转着转着……被老师抓个现行，不仅受批评，而且还被罚站！

1990-3-29

妈妈站起来

爸爸不在家。妈妈坐在矮沙发上，想站起身，尝试了几次都失败了。

冬冬："妈妈，你要有这个意念，'我要站起来，我要站起来'，就站起来了！"

妈妈："是吗？"

冬冬挥动双手，说："你还得使点劲儿！"

妈妈屏住呼吸，积蓄能量，又站了几次，终于站了起来。

冬冬："我说的对吧？说'我要起来'，再使点劲儿，才能站起来。现在站起来了吧？"

冬冬把气功班上的知识，用到了妈妈身上。

1990-3-30

关于猫咪的歌

冬冬唱儿歌《猫咪》，并伴以舞蹈。歌词很美，舞蹈跳得也不错。

"小猫咪，小猫咪，你要乖乖的。不要打开那收音机，也不要打开那洗衣机。如果你打开了电冰箱，啊嚏，冷风吹得打喷嚏。"

"小猫咪，小猫咪，你要乖乖的。如果你觉得太寂寞，你会打开电视机。电视机里也有个小猫咪，它会跟你一起做游戏。"

1990-4-1

"祖先的祖先"

爸爸为了冬冬，自编了一个类似电视连续剧的故事。故事中，有一个无所不知、无所不能的智慧老人。

冬冬："他就是最早的祖先了？"

爸爸："是的。"

冬冬："那么说，他就是祖先的祖先了？"

修鞋店

大姑说，她的鞋子坏了，要去修一下。

冬冬："到广埠屯往前走，再往右拐，有一个专门修理拖鞋的。"

大姑："你怎么知道是修拖鞋的？"

冬冬："放了很多拖鞋。"

观察能力提高了，还能主动向人提供信息。

镜子

一面镜子，歪倒在桌上。

大姑："我把镜子的螺丝紧一下，让它能站着。"

冬冬："镜子的一边烂了。"

镜子的背面，真的出了问题。

手指受伤

爸爸妈妈睡午觉，冬冬独自去楼下骑小车。突然，妈妈隐隐听见冬冬的哭声，赶紧翻身下床。

冬冬出现在门口，手指上裹着手绢，血流在地上。妈妈握紧她的小手，血顺着妈妈手指往下淌。爸爸慌忙起床，找出红花油，给她涂抹，又用纱布包上。

冬冬："是吴曼搞的，她站在很远的地方，扔石头砸着了我，一块儿很尖的石头。"

爸爸："她为什么砸你？"

冬冬："我也不知道。朱可姐姐也看见了。"

爸爸："太狠了，我去找吴曼问问。"

冬冬忙拉着爸爸，说："她走了，她爸爸带她去了奶奶家，到明天才能回来。"

爸爸："就是她明天回来，我也要问问。"

冬冬："还是别去问了吧？"

冬冬手指受伤的消息，惊动了正在午睡的邻居。张阿姨找来创可贴，又端来半盆水为冬冬清洗，重新包扎了伤口。

爸爸觉得，冬冬受伤的缘由，有点牵强。出去查看现场，很快回来了。

爸爸："外面没见一个小孩儿，血从楼梯口一直滴到楼上。"

妈妈问冬冬，到底是怎么回事？

冬冬："妈妈，我跟你说实话吧！"

妈妈："我想听你说实话！"

冬冬："是我自己弄的。我的手指绞在脚蹬里了。"

妈妈告诉她，自我保护是第一重要的。如果手流血了，赶快扔下车子，捏紧流血的地方，跑回来告诉爸爸妈妈。

爸爸妈妈没责备她的"说谎"。孩子的谎言，不同于成人的谎言，是想象的产物。

1990-4-2

"教育教育"

爸爸进幼儿园教室，正看见冬冬和一个小朋友打架。爸爸拉开两个孩子，说："冬冬，怎么又打起来了？"

冬冬："对那些爱欺负人的小朋友，我就是要教育教育他们。"

又一次"打抱不平"。

好不好，看看才知道

爸爸按下电视的二频道，说："这个不一定好看。"

冬冬："你看过吗？"

爸爸："没看过。"

冬冬："你既然不知道好看不好看，就要看一看哟！你不看怎么知道好看不好看？看一看才知道哟！"

1990-4-3

爸爸在写回信

冬冬从书房跑过来。

妈妈："冬冬，爸爸是在写信吗？"

冬冬："别人给爸爸写信，爸爸为什么不给别人回信？爸爸觉得，那很不好。"

妈妈："那当然。礼尚往来，有来信，就有回信。"

该如何学雷锋

冬冬："妈妈，我给你念一首儿歌吧？"

妈妈："好啊，欢迎！"

冬冬："儿歌的名字叫《学学做做》！"

妈妈："噢。"

冬冬："《学学做做》，就是学了就要做。那次去春游，有许多大哥哥大姐姐们，唱着学习雷锋，却不去做。他比我们先上来，从上面往下扔橘子皮，随地乱扔，这能算学习雷锋吗？"

"像小狗一样"

在楼下，妈妈让婆婆吃炒花生。

婆婆："人老了，咬不动了。"

冬冬："妈妈，要是你老了，我就像小狗一样咬碎，给你吃。"

婆婆："冬冬真贼。"

武汉话，"贼"是聪明的意思，不含贬义。

妈妈："乖孩子！"

冬冬又笑了，说："就像喂小狗一样喂妈妈。"

妈妈："这个比喻不好，不能把大人比作小狗。"

1990-4-4

"第一个伟大的好妈妈"

妈妈读童话故事《圣母的孩子》。

冬冬："玛丽亚是王妃，那王后在哪儿？"

妈妈："王后也在王宫里。古时候，一个国王允许有许多妻子。"

冬冬："我长大了，也要找许多许多的丈夫。"

妈妈："你是女孩子。这话可不能瞎说！"

冬冬："要一万倍。"

妈妈："又在胡扯！"

冬冬："一万倍，就是一个呀！"

妈妈："李冬呀，李冬，你呀你！"

冬冬搂着妈妈脖子撒娇，说："妈妈，你真是我的好妈妈。你是地球上第一个伟大的好妈妈。"

1990-4-5

"男人、女人"

①冬冬指着路上往来的人群说："这里有许多男人和女人。"

爸爸故意说："这里没有女人。"

冬冬理直气壮地说："我不是女人吗？"

②回到家，谈论在幼儿园的打架。

妈妈："冬冬，你和别人打架时，周尅帮你的忙吗？"

冬冬："帮啊！唐云飞打我，熊楠说：'唐云飞，打得好！唐云飞打得好！'我就让周尅打熊楠。我说：'周尅打得好。'熊楠恼了。结果，两个男人打起来了，两个女人也打起来了。"

妈妈是"伟大的科学家"

冬冬想玩吹泡泡的游戏，但家里没了洗衣粉。妈妈捣碎香皂，用水化开，灌在瓶子里。

冬冬蘸着香皂沫，吹出了一串串泡泡，说："妈妈，你还会想这个办法呀！你真是个伟大的科学家。"

虽然言过其实，但她知道，科学家需要创造力。

1990-4-6

喊爸爸起床

早上，冬冬让爸爸起床。爸爸努力睁开一下眼睛，又"呼呼"睡熟了。

冬冬："好爸爸，你起床吧？"

爸爸："我睁不开眼。"

冬冬："睁不开，使劲睁吵！我睁不开眼，你让我使劲睁。你做不到的，就别让别人做！"

以子之矛，攻子之盾！

开心

冬冬在家养了三天病，今天去了幼儿园。

回来后，她非常高兴地说："我今天到幼儿园，小朋友都围上来，喊着'李纤，你跟我玩好不好呀？'一天都有小朋友跟我玩！"

妈妈："哦，你和小朋友相处得不错！"

冬冬得意之情溢于言表，说："一个班的小朋友都围上来，真不像话！"

开心极了，用"真不像话"，把喜形于色的感受表达得淋漓尽致。

1990-4-7

也会讲道理

大姑从康复中心回来，说，只吃了一点儿东西，肚子还饿着呢，等会儿再做点饭吃。

冬冬马上接口说："你应该现在就吃，要不等到半夜里饿了，还得从楼下上来做，那多麻烦呀！"

乌紫烂青，是几种颜色

爸爸要出门办事。冬冬不让走，非要自己疯过瘾了，才让爸爸离开。

爸爸："再胡闹，我把你打个乌紫烂青。"

"乌紫烂青"是河南方言，意为伤得很重的样子。

冬冬笑嘻嘻地问："'乌紫烂青'？那不是几种颜色吗？"

一句话，逗乐了爸爸："好了，我的情绪调整过来了！"

冬冬又一次用幽默的方式，来化解了大人的不快！

1990-4-8

闹钟对谁都没用

闹钟响了，爸爸没有被叫醒，还在酣睡中。

妈妈："冬冬，你说说，咱家的闹钟对谁有用？"

冬冬："对谁都没用！"

妈妈："为什么？"

冬冬："闹钟喊不醒爸爸，妈妈和我早就醒了！"

简直像是"脑筋急转弯"！

爸爸抽烟

爸爸又点燃了一支香烟。

妈妈："哎，哎，怎么又抽一支？"

冬冬："你别抽哟！抽了烟，你还会生病！"

爸爸："就抽这一支，我有点累。"

冬冬："你老这样说。就因为你抽烟，别人才生气；要是你不再抽烟了，大家就不再生气了。"

爸爸随手按灭了烟头。

1990-4-9

夏令时

中国也准备采用夏令时，把全天时间提前一个小时。

早上八点，妈妈对冬冬说："据说到十四号，这个时候，就是九点了！"

冬冬："是不是这样呀？现在的五点是六点，六点是七点，七点是八点，八点是九点。"

妈妈："对呀！"

冬冬："你说，一天是多少分钟？"

妈妈一下子回答不出来。

"一万"与"一"

冬冬："妈妈，'一万'是不是'一个'？"

妈妈："'一万'就是'一万个'，怎么是'一个'？"

冬冬："'一万'不也是个'一'数吗？"

"困"字带来的困惑

电视剧《紧急出击》，是说消防队员灭火的故事。消防队员说："有人困在化妆室里！"

冬冬："他怎么说'困在'呀？为什么不说'在'呀？"

妈妈："'在'，是一般情况用。"困"，用在被围困的情况下，比如困在水中，困在火里。"

冬冬："也有说困在冰里吧？"

妈妈："也可以。但这种情况比较少！"

冬冬开始关注词语之间的细微区别了。

1990-4-10

什么叫"大鱼吃小鱼"

昨晚有一部电视片，讲述公司之间相互兼并、经营之艰难。有个经理说，现在是"大鱼吃小鱼……"

今天，冬冬在楼下玩，突然问道："什么叫'大鱼吃小鱼'呀？"

陈阿姨："就是大鱼把小鱼吃了！"

冬冬："不是这个意思。"

陈阿姨说的是本义，冬冬问的是比喻义，所以冬冬不满意。

1990-4-11

"我相信"

冬冬想做手工叠纸，说："爸爸，你过来指导一下好不好？"

爸爸："爸爸指导不好。"

冬冬："爸爸可以指导得好，我相信。"

理解"差不多"的意义

妈妈："冬冬，你有胃火了，小嘴巴里有股奇怪的味儿！"

冬冬忙去刷牙。刷完牙，又问："妈妈，我嘴巴还有味儿吗？"

妈妈："差不多了。"

冬冬："那我还去刷？"

她理解"差不多了"，就是还有点味儿。

"假哭"策略

爸爸说，冬冬在幼儿园里满面泪痕。爸爸问她怎么了？她回答说是"假哭"。

妈妈："冬冬，你为什么要假哭？"

冬冬："他们打我，我打不过他们，他们的力气可大了。"

妈妈："噢？"

冬冬："我是这样想的，他们怕老师知道了受批评。我一哭，他们就害怕了，就吓跑了，妈妈，我这样做对不对呀？"

妈妈："这样做，有点道理，可是，妈妈还有些想不明白的地方，妈妈得考虑一下。"

冬冬："哟，这不是很简单吗？还得考虑考虑呀！"

妈妈："妈妈和爸爸商量一下，明天晚上告诉你！"

冬冬："好吧！"

这之前，冬冬跟多多一起骑车子，就假哭过一次。应该如何对待孩子的"假哭"呢？

小朋友间的纠葛

冬冬："王晓晓是组长，她是假乖。老师一走，她就说话，就这样'喂——

喂——喂'。"

妈妈："噢，王晓晓是组长？"

冬冬："当组长是管小朋友们的。当组长也不能光惹小朋友哭呀！"

妈妈："有道理。"

冬冬："她们五个人骂我，说'要用火，把我烧死'。李木子明明欺负我，还问：'李纤，谁欺负你了！'他明明知道，还问。"

妈妈："也太狠了，五个人欺负你一个？"

冬冬："我的眼有点马虎了，我揉揉眼。贺莹以为我哭了，说'李纤生气了，我们向她道歉吧！'他们五个一齐说，'李纤，对不起！'"

本来泪光盈盈的冬冬，说到这里，开心得"咯咯"地笑起来！

妈妈："你是真想哭吧？"

冬冬："不是，是我的眼睛有点迷糊了！"

妈妈："他们骂你，你怎么办了？"

冬冬："我说，我口袋里有一个帽子，只要转动一下，他们都会被砸死，什么样坚固的大楼也会倒塌。"

妈妈："他们害怕了没有？"

冬冬："没有。我还说，'我还能背起妈妈跑。我放下妈妈，坐到大炮上，我的屁股可厉害了，一下子把大炮坐塌了！'其实我连床也压不塌，怎么能把大炮坐塌呢？"

妈妈："小朋友之间斗气，不要哭，别脆弱！"

冬冬："为什么别人骂什么，我也骂什么呢？我生气了，就骂'妈的×'！"

妈妈："别这样骂，丑！"

冬冬："我说他们是酱油！对，酱油！"

妈妈："谁是酱油？"

冬冬："他们五个中有四个酱油瓶，其中一个王晓晓是酱油，组长在前面，卖酱油的先卖酱油，后卖酱油瓶。"

妈妈笑了。

冬冬："妈妈，我说的哪段最精彩？"

妈妈："你以为呢？"

冬冬："是关于酱油瓶和坐大炮！"

随着年龄的增长，交际面的拓宽，孩子之间的磕磕碰碰在所难免，需要孩子独自去面对的事情，也越来越多。不管处理得好与坏，大人都不能参与过多，更不能越俎代庖。要讲明利害，正确引导，让孩子积累更多处理人际关系的经验。

喜欢漂亮的老师

冬冬："妈妈，我们一天都是做游戏，没有上课。"

妈妈："为什么？"

冬冬："我跟何老师谈了五分钟，半个钟头。我问'为什么光做游戏'，何老师说'她也不知道'。"

妈妈："何老师喜欢你吧？"

冬冬："可能吧！我也不知道。妈妈，你是知道我的心的。"

妈妈："你喜欢何老师？"

冬冬："凡是长得漂亮的，长头发的，我都喜欢。不管是好人或是坏人，我都像亲妈妈一样亲她，爱她。"

1990-4-12

关于"假哭"

天一亮，冬冬就问："妈妈，你能告诉我对不对吧？"

妈妈："什么对不对呀？"

冬冬："关于假哭的问题。"

昨晚，父母对这个问题真的进行了沟通。妈妈以为：打不过就假哭，以此唤来老师的注意，把打她的孩子吓跑，不失为权宜之计。可假如长此以往，只要被人欺负，就抱头大哭，形成懦弱的个性、爱哭的习惯，那就得不偿失了。

爸爸也认为：假哭，可以用，但只能偶尔使用一下，多了就没效了。应该告诉孩子，什么时候可以使用，什么时候不能使用，还应教给她几招实用的方法。

下午回来，冬冬再问假哭问题。

爸爸："冬冬，你能详细地说说昨天的情况吗？"

冬冬："×× 和 ×× 拉着我的胳膊，夏涛打我的肚子和心脏，打得好疼呀！等他们不打了，疼味儿才过去。"

听着冬冬的叙述，妈妈突然觉得，孩子所说的假哭，并非真实的假哭，是真被打疼了的"真哭"。"假哭"，只是一种托词罢了。

1990-4-13

不让奶奶送

昨天，奶奶来武汉了。

爸爸说，今天早上让奶奶送冬冬去幼儿园。冬冬不同意。

爸爸："为什么不让奶奶送？"

冬冬："因为不让送，所以不让送。"

爸爸："你的回答，一点都说明不了问题。"

冬冬："我就不想说明问题。"

冬冬这样使用"因为……，所以……"，就是为了不讲理。

看电视，学折纸

电视少儿节目，有许多小朋友在跳舞。

冬冬说："怎么有这么多女孩子，这么少男孩子呀？"

湖北江汉台，每晚六点五十分，有女老师教手工折纸，冬冬跟着学。

冬冬问："这是什么老师呀？是王老师吧？"

妈妈："是王老师！"

冬冬叠了一架钢琴，又叠了一条蛇。她把这两个折纸推给妈妈，说："把这些东西给我们保存好。"

妈妈："还是你自己保存吧！"

冬冬："这个蛇，拿的时候特别要小心，很容易坏的。"

电影海报

冬冬："星期六晚上，我们全家都去看电影，有很好的电影《红楼梦》。"

妈妈："你听谁说的有《红楼梦》？"

冬冬："我看到的，有那个《红楼梦》的幕。"

"幕"者，橱窗上贴的电影海报也。

代词活用

晚饭。奶奶挑了些菜梗，放在冬冬碗里。

冬冬对爸爸说："我不要。把别人的菜梗，搞到人家碗里！"

此处的"别人"指奶奶，"人家"指自己，用得都很有意思。

1990-4-14

"女孩子"应该秀秀气气

爸爸："女孩子也能打仗！"

冬冬："不对，女孩子应该秀秀气气的，男孩子也应该秀气，可他们很疯。"

爸爸故意地："什么男孩子女孩子？你就是个男孩子！"

冬冬："男孩子就是男孩子，女孩子就是女孩子。"

自编飞机谜语

过去，冬冬自编的谜语，与谜底相差甚远，谁都猜不出。今天，编谜语的水平，似乎有点长进。

冬冬："妈妈，我给你背个飞机的谜语吧？"

妈妈："可以。"

冬冬："像蜻蜓没有腿，像公鸡没有毛，停在飞机场，呜，呜，呜——送我上北京。"

冬冬从未见过真实的飞机。但她抓住了飞机和公鸡相同的体形，还有蜻蜓飞翔的属性。

1990-4-15

蝴蝶花的表情

下午，爸爸先把妈妈放在三号楼门前的花园里，又去接回冬冬，把冬冬交给妈妈，自己就去了中文系。

姹紫嫣红的蝴蝶花，引起了冬冬的兴趣。

冬冬："这蝴蝶花还怪好哩！三个黄的，两个紫的[1]。这两个点点，像眼睛。妈，你看，这个在发怒，这个笑着，这个呀，不高兴，这个很优美。妈妈，它们都有两只眼睛。"

---

[1] 花瓣。

被人喜欢，因为你有知识

（5岁4个月　1990-4-16—1990-5-15）

在桂林（1990年4月）前排左起：李宇明、冬冬、邢福义、
聂敏熙、吴启主、骆小所、吴永德；后排左起：袁晓波、
萧国政、蒲喜明、颜逸明、吴振国、范先刚

1990-4-16

"你应该为我感到高兴"

冬冬给妈妈扎小辫子。

她歪着头，左看看右瞧瞧，欣赏自己的杰作，说："你这样打扮蛮漂亮哩！别人一看，不像个病人了！"

妈妈："谢谢宝贝儿，真能干！"

冬冬："妈妈，你应该为我感到高兴！"

妈妈："嗯？为什么？"

冬冬："我在幼儿园得小红花，作业也得小红花，你不应该为我感到高兴吗？"

妈妈："女儿很优秀，妈妈当然高兴。"

看月亮的角度

冬冬深夜醒来，看窗外的明月，说："月亮真美，美极了！像挂在窗户上的灯。"

妈妈附和说，嗯，还真像一盏灯，挂在了窗户上！

冬冬又侧过身子，背朝窗户，说，"我那样，就能看见月亮。歪着脸，怎么看不见呀？我的眼睛斜着的呀！"

"那样"，指脸朝着月亮。

1990-4-17

父女误判

爸爸去接冬冬，还没回来。

妈妈隐隐听到了冬冬的哭声。很快，她推门而入，一脸的汗珠和着泪水，说：

"我找不到爸爸了，连车子也没见。"

话音未落，爸爸也满头大汗跑回来，一把拉紧冬冬，似乎生怕她瞬间消失了："你怎么不等我呀？怎么一个人就跑了！"

冬冬："爸爸，你是不是到处找我呀？"

爸爸："是呀，把爸爸给急坏了！"

冬冬："你问，'见到一个穿毛线裙的小孩吧？'"

原来，冬冬跟着爸爸出了教室，就跑去滑滑梯。滑了会儿，左看右瞧，找不到爸爸了，就独自一人跑了回来。爸爸在等待冬冬滑滑梯时，遇到也来接孩子的教研室同事，两人找石凳子坐下，聊起天来。等再去找冬冬时，却找不到了。

写字台

爸爸把冬冬的写字台，靠在了窗台下。

冬冬不同意。

爸爸："你的这个写字台，根本没发挥作用，搬掉算了！"

冬冬："因为你这个写字台，光放录音机什么什么的，我什么也放不下，所以只能在吃饭桌上学习。你知道，在吃饭桌上学习多难受？"

冬冬说得头头是道，爸爸只得把冬冬的写字台搬回原位。但要求冬冬物尽其用，今后要在写字台学习，否则还搬走。她连连答应。

1990-4-18

男孩与女孩的相处之道

冬冬："妈妈，是不是男孩子不能碰女孩子呀？"

妈妈："嗯？为什么不能碰？"

冬冬："男孩子要是碰了女孩子，只要男孩子说声'对不起'，女孩子说声'没关系'，就没事了。"

妈妈："应该如此吧。"

冬冬："而男孩子碰了女孩子，女孩子也打男孩子一下，结果就打起来了。"

"桂林山水甲天下"

20日，爸爸要去桂林参加《现代汉语》教材编写会议。这次还准备带冬冬去，感受美如仙境的桂林山水，接受大自然美的熏陶。

冬冬跟老师请了假。回家对妈妈说："老师说，'首先搞个画画本，把那里山山水水都画下来'。"

妈妈："这是老师交给你的任务？"

冬冬："不是'桂林山水甲天下'吗？"

1990-4-19

临摹山水画

冬冬为桂林之行做准备，学着临摹山水画，欣赏山水的别样魅力。妈妈说，画画儿并非难事，只要下功夫。

冬冬："你别以为那简单，恐怕等一会儿，难得你无法画了。"

妈妈："没关系，什么都难不倒妈妈。"

冬冬："你别骄傲！你一骄傲，你就画不好了。"

母女俩，各自临摹自己的山水画。

冬冬翻翻妈妈的画纸，说："我还剩最后一张，你还有好多张，看起来你多我的少哩！"

射箭

冬冬射箭。箭射到墙上，又反弹到书包上。

妈妈拍手叫"好"。

冬冬："不好。因为射着墙了，才射着包。直接射着包，那才叫好！"

只有掌握了游戏规则，才会有如此评价。

1990-4-20

出发去桂林

父女俩拿着大包小包的行李，准备出发了。

妈妈还是有些不放心，交代冬冬："冬冬，你拿去多少件东西，可要记着拿回来多少，千万可别丢了。"

冬冬："这你可说错了，爸爸记着，我还记着干什么？"

淅淅沥沥下着小雨。爸爸打把大伞，冬冬打把小伞，奶奶和妈妈送行。

冬冬连连挥手说："别送了，把妈妈淋病了，奶奶管不了。"

去桂林的列车上

下午五点零二分，在武昌火车站坐上了去桂林的火车。

在火车上，冬冬不断与爸爸做游戏。

她用手在爸爸腿上等距砍五下，说："砍五腿。"

意思是把爸爸的腿，砍作了五段。

1990-4-21

各种画扇

火车飞驰，冬冬没有睡意，拿出笔和纸，在火车上画画儿。

她在一个圆的边上，画些横线，说："桂竹园的栏子。"

"栏子"，就是篱笆、围栏之类。

画两把形状不同的小扇子，说："你看，我画的扇子漂亮吧？是装饰品。"

画一把小鱼形的扇子，说："鱼的扇子，鱼扇子。"

画了像发夹样的扇子，说："我画了一个弯形扇。"

1990-4-22

游戏

会议安排大家住在广西师大的留学生部。

父女俩在宿舍做游戏。游戏规则是单腿立在床上，另一只腿，交叉叠放在立着的腿上，看谁坚持的时间长。

冬冬站了会儿，感到有些吃力了，说："爸爸，我受不了那种情节。"

"情节"，意为"情形、做法"。

两个人将单腿立改为单脚跳的游戏。

冬冬刚跳了一下，就摔倒了，说："刚开始就像阿弥陀佛摔跤了。"

她摔倒跌坐在床上，就像和尚念"阿弥陀佛"的样子。

冬冬站起来，又跳，又跌倒了。

她自嘲地说："又打跤了。"

1990-4-23

想妈妈了

离家的第四天。

冬冬有点想家了，对着爸爸撒娇，说："爸爸，我想妈妈了。"

1990-4-24

谁问谁

冬冬："爸爸，你怎么老是抽烟呀？"

爸爸："冬冬，你怎么老吃瓜子呀？"

冬冬："我问你，不是你问我。"

1990-4-27

自桂林写给妈妈的第一封信

冬冬要给妈妈写信。

一开始，冬冬用谁也看不懂的"字"，先画在纸上，然后让爸爸代笔。她"念"一句，爸爸写一句，冬冬称之为"翻译"：

"妈妈：

您身体快好了。您可以帮我打扫地板，肯定您很辛苦。我想帮您去打扫卫生，可是，爸爸不要我去。我很想你，妈妈。你心疼我，我也爱你。只要你爱我，我也会心疼你。您是我的妈妈，您应该身体好。可是您淋了雨，您身体不好，我真难过。你看，别人的妈妈多健康。

李冬

1990 年 4 月 27 日于广西师大留学生部"

1990-4-28

辨别金钱橘的好坏

爸爸把一个金钱橘，丢进垃圾箱里。

冬冬："丢下去的是什么呀，爸爸？"

爸爸："坏的。"

冬冬扬扬手，说："我这个呢？"

爸爸："好的。"

冬冬："完全好的吗？"

　　爸爸："是的。"

　　冬冬又拿起一个，说："这个是好的，还是坏的呀？"

　　爸爸："好的。"

1990-4-29

自桂林写给妈妈的第二封信

　　这封信的写法，与第一封信相同，还是由爸爸做"翻译"。

"白丰兰妈妈：

　　我很想您！我给您寄了一封信，您可以给我回一封信吗？

　　今天晚上八点或者九点，我就要回家了。明天中午十二点多，我就要到家了。

　　请您用好东西接待我，好吗？你可以买点苹果什么的水果，还有香蕉，你也可以买一点，我太想吃香蕉了。爸爸说，香蕉就是芭蕉，爸爸偏不给我买。爸爸不要吃香蕉，他还说不要我吃芭蕉。你可以给我买点香蕉，香蕉是我最喜欢吃的东西。您可以给我这么多的东西，我也会给你买。将来我出差，也会给你买这么大、这么好的东西。你关照我，我也会关照你的。您把我的餐具在家要收拾好，不要乱扔。乱丢，我就会缠着你玩的。

　　妈妈，我很想您，我很爱您，我还心疼您！爸爸他老是带我去玩拾石子什么的，我真快活。

　　往后，我就光想跟爸爸一起出差了。你要是不想让我跟爸爸一起出差玩，你就要我回去。等我回去了，你再看看我的身体，我比出差的那一天，还要健康。

李纤

1990 年 4 月 29 日上午于广西师大留学生部"

漓江三月

　　冬冬没有忘记老师布置的家庭作业，这几天画了不少桂林山水。

其中有一幅，自名为《漓江三月》。

1990-4-30

美呀桂林！

下午两点，冬冬和爸爸回到家里。

冬冬很兴奋，指点着集体照中的人物，给大家一一做详细介绍，她还告诉妈妈，拍摄照片的地点和风景。

奶奶要她说说，都看了哪些风景？

她笑盈盈地把双臂一伸一收，说："美呀，美呀，太美了！"

"美不美"与"老不老"

冬冬给妈妈梳头，在正头顶上，扎了三朵大花。

妈妈："只能给年轻人梳这多花，妈妈可不行。"

冬冬："只讲美不美的问题，不管老不老的问题。不管是老还是年轻！"

妈妈："妈妈老了。"

冬冬："我只想把你打扮年轻。"

骗了爸爸

爸爸很疲劳，从桂林回来，倒头便睡，一直睡到夜里。

有位同乡大学生来家，妈妈陪他在书房说了会儿话，吩咐冬冬："去叫爸爸，就说高叔叔来了。"

冬冬跑向卧室喊："爸爸，有个高叔叔来了。"

爸爸睡意蒙胧地："嗯？谁呀？叫什么名字？"

冬冬又跑回书房："他叫什么名字呀？爸爸说他不想起床。"

妈妈："叔叔叫高文献。你就说大姑也回来了。"

冬冬："说大姑回来了，爸爸是不是就兴奋呀？"

大姑："也不一定。"

冬冬又去卧室。回来时，捂着嘴巴笑。

妈妈："你笑什么？"

冬冬："我骗了爸爸。我说，大姑回来了，给他买了件衣服，让他试试。"

1990-5-1

什么叫"发达"

冬冬："什么叫发达不发达呀？"

妈妈做了解释。

电视正播放澳大利亚风光。冬冬指着电视说："这叫发达吗？"

妈妈："澳大利亚是发达的国家。"

冬冬："我们的国家发达吗？"

1990-5-2

"外交家，就是把橡胶泥做橡皮卖出去"

冬冬："大姑，你是第几辈呀？"

大姑："什么第几辈？"

冬冬："是我们祖先的第几辈？是我们祖先的第二代吧？"

大姑回答不上来。

冬冬："大姑，你是外交家。"

大姑："你知道什么叫外交家？"

冬冬："知道。'外交家'，就是把橡胶泥做橡皮卖出去。"

"外交"之"交"，与"橡胶"之"胶"音同，是同音而产生的联想？

1990-5-3

电视迷

晚上，冬冬一直霸着电视机，换个频道又换个频道，简直成了"电视迷"。妈妈催她睡觉，她听而不闻。夜里十点，重播《新闻联播》。妈妈再次催她上床。

她跑向爸爸，依偎在爸爸怀里，说："爸爸，你不反对我看《新闻联播》吧？"

爸爸曾经多次强调，冬冬要养成看《新闻联播》的习惯。她知道，这个理由，能得到爸爸的支持。

1990-5-4

又气你又爱你

下午，妈妈和大姑一起，上街买东西。回到西一村，看见冬冬和爸爸正站在楼下等待。

她看见妈妈，一扭脸，转身跑回楼上。妈妈回到家，拉着她问："说，为什么妈妈回来了，连理都不理？"

冬冬："我又气你，又爱你！"

原来，她从幼儿园回来没有看到妈妈。她缠着爸爸下楼，正准备上街找妈妈！

妈妈长年生病在家，成了家的标志，很少有冬冬进家见不到妈妈的情况。

懂得妈妈

晚上睡觉。

冬冬："妈妈，你是等我睡着了，才睡着的吧？"

妈妈："你怎么知道？"

冬冬："我连这还不知道，难道？你有时是假睡着。等我睡着了，再把我胳膊拿进被窝里，你怕我感冒了，对不对呀，妈妈？"

1990-5-5

东西与人

大姑故意地："妈妈真不是个好东西。"[1]

冬冬："你说是好东西？那说明不是好东西。"

大姑："谁说的？"

冬冬："你说的。"

大姑："妈妈不是东西！"

冬冬："你才不是东西！"

大姑："妈妈是东西！"

冬冬："妈妈更是东西。妈妈弯着背像个懒狗熊。"

脑筋急转弯

大姑问："有个人到医院去，直接走进牙科，他没有病也没有走错门，请问'这是什么样的人？'"

冬冬："他是说他下星期来看病的？"

大姑："不对。"

冬冬："他和医生是朋友，是谈恋爱的？"

大姑："也没猜对。"

冬冬："我想起来了，是牙科医生。"

大姑大笑。

大姑睡哪里

书房有张小床。爸爸工作太晚时，就睡在小床上。如果家里添了客人，就

---

[1] 习惯上，小叔子、小姑子与嫂子之间，是可以相互开玩笑的。

让客人暂住。卧室里的大床，通常是父母和冬冬一家三口休息的地方。

今晚大姑想和冬冬睡一个床，冬冬不让。

冬冬试探地问："大姑暂时睡这里，是不是？"

所谓的"暂时"，就是一小会儿的意思。

大姑："是的。"

冬冬还不放心，又跑去问爸爸。

一会儿，她垂头丧气地过来了，懒洋洋地往椅子上一坐，说："看起来，我今天晚上得难受一夜了。"

妈妈："怎么了？"

冬冬："爸爸说，他不过来睡觉了。"

这意味着，大姑睡在大床上，可不是"暂时"的了。

1990-5-6

"出格"

冬冬跟大姑打羽毛球，球落在妈妈身边。

"大姑，你别打到妈妈那个角落。"冬冬害怕，羽毛球打到妈妈身上。

之后，冬冬又让妈妈跟她打球。妈妈可以勉强发球，却接不到冬冬发过来的球。

冬冬："大姑打得还可以，妈妈打得太出格了！"

"出格"，意思是妈妈的打球水平出奇地不好。

抽烟

冬冬反对爸爸抽烟，对电视上出现的抽烟镜头也很敏感。

冬冬："电视上的人，怎么都爱抽烟呀？"

1990-5-7

"潇洒、慢吞吞"

冬冬陪妈妈散步。她向前跑一段,站在原地等着妈妈。等妈妈走到她跟前了,她再向前跑去……

来回跑了多趟后,她指着路上的行人,说:"妈妈,你看人家,走路多潇洒,像个好的样子。你有病,走路慢吞吞的,像是什么?"

"证据"

妈妈说,爸爸只要新买的衣服,恨不得马上穿到身上,咋恁喜欢穿新衣服呢?

冬冬:"你说爸爸见一件喜欢一件,有什么证据?"

1990-5-8

"是……,而不是……"

天热了,幼儿园要求拿回厚被子,换床薄点的小被子。妈妈说,今天就算了,明天再带小被子。

冬冬:"今天要拿小被子。是今天,而不是明天!"

买鞋子

去商场给冬冬买鞋子,冬冬说了算。她挑来挑去,选了一双米黄色的拖鞋。样子不错,只是穿着稍大了些。

妈妈:"太大了!"

冬冬说:"虽然大,但可以。大了还好些,我觉得。"

加法

冬冬:"妈妈,给我出道数学题!"

妈妈："可以。妈妈想知道，你是怎样运算的？"

冬冬说加法："先把大数添成 10，再减去加的数，再加上 10。"

这是什么运算方法？难道是幼儿园教的？妈妈没弄明白。

"不孝之子"的意义

电视中的一位老先生，怒气冲冲地斥责他儿子，说："你这个不孝之子！"

冬冬："妈妈，什么叫'不孝之子'呀？"

1990-5-9

被人喜欢，因为你有知识

中文系的学生们常常来家，找爸爸讨教学习上的问题。冬冬觉得奇怪，问，为什么这多人来找爸爸？妈妈告诉她学生们找爸爸的原因。

冬冬拉着爸爸，说："别人喜欢你，不是因为你高大，是因为你有知识，别人才喜欢你。"

爸爸开玩笑地说："是的，我知道 7 + 8 = 15。"

冬冬一脸严肃地说："不是，是因为你的知识，是你的书。"

这话还挺有哲理。

妈妈："冬冬说得对。来，咱们也学知识，也做个像爸爸那样的人！"

冬冬："妈妈，给我出道算术题吧？先算减法。"

妈妈："先做了家庭作业再说，好吗？"

冬冬："然后呢，然后去玩，对不对？"

玩心不改。说和做，不是一回事！

路拾一面小镜子

冬冬拿回家一面小镜子。

大人追问方知：在路边，她和熊楠同时发现了镜子。她抢先一步，拿到手，忙跑回家来。熊楠在楼下，一直东张西望好大一会儿，还是未找到冬冬。

冬冬："熊楠说，要我把镜子还给她，是我在地下捡的，又不是她的。奇怪吧？"

大姑让冬冬拿着小镜子到楼下问问，看是哪个小朋友丢的，把镜子还给失主！

1990-5-10

"我的心好像有点碎了"

陶希思在楼下骑车子，花样翻新，吸引了不少眼球。

冬冬："陶希思这么小就会骑小车，我比他大恁几岁，为什么我不会骑小车？这为什么呀，爸爸？"

爸爸："你会骑车子，只不过不会翻花样。人各有所长，你的算术肯定比他强！"

冬冬开始做算术题，一口气做对了十几道，但计算 $45 + 55$ 时算错了，伤心地说："你们老是说我没出息，没出息，我的心好像有点碎了。"

听冬冬说这句话，大人们不由得一愣……

在冬冬即将出生时，父母就有个约定，对孩子，绝对不能用"笨""没出息"之类的消极词语。事实上，家人也基本上没用这些字眼说过她。

在日常生活中，父母评价某人做某事时，会在不经意间，说某人"没出息"。冬冬在自己有不佳表现时，把自己列入"没出息"的行列里了。

1990-5-11

猜猜画的是什么？

冬冬："我有个想法，肯定有意思。"

妈妈："说说看。"

冬冬："我拿一张纸，然后我画一幅画，你猜猜是什么内容。"

1990-5-13

"有点像，也是像"

陈阿姨是妈妈的大学校友，也曾跟爸爸一起上过短期培训班。

陈阿姨对妈妈说："冬冬长得不像爸爸，长得像你。不过，再仔细看，也有点像她爸爸。"

冬冬："你刚才说我不像爸爸，怎么又说像爸爸呢？"

陈阿姨："我说有点像。"

冬冬："有点像，也是像啊，你为什么说不像呢？"

陈阿姨笑了，说："冬冬思维敏捷，反应很快！"

冬冬学会"抠字眼儿"了。

1990-5-14

要奶奶在这住三年

奶奶在武汉，大姑周末也回到家里。家里人多了，热闹起来，冬冬极为高兴。

冬冬："我要奶奶在这住上三年，大姑住八个月。"

"三年"，对冬冬来说，就是很长的时间了。

奶奶故意问："三年长还是八个月长。"

冬冬："三年长。"

"表示"

妈妈躺在床上，喊好几声"冬冬"，她就是不应声。妈妈问她为何不应答？

冬冬："我不答应，已经表示答应了。我的眼睛眨动了几下。"

眨动眼睛，"表示"答应，这想法有点奇妙。

"唱反调"

妈妈让冬冬去找小朋友们玩一会儿。

冬冬："我只想陪着妈妈，不想出去玩，妈妈，我们还做点什么呢？咱们叠纸吧？"

妈妈："妈妈叠不了纸，咱们画画儿吧？"

冬冬："妈妈，你今天光跟我唱反调！"

妈妈："妈妈怎么唱反调了？"

冬冬："我说喝稀饭，你不让我喝。我不说喝，你非让我喝不可。"

这么说来，再加上叠纸画画儿，妈妈还真的跟她"唱反调"了。

1990-5-15

小棍子的威慑力

爸爸把小棍子重重放在桌子上，警告说，冬冬再不听话，就"动用武力"，用小棍子打屁屁了。

冬冬瞟一眼小棍子，说："妈妈，把那个小棍扔它吧？"

妈妈："不能扔，那个小棍呀，就是要打不听话的小孩的。"

冬冬："我现在变得够听话的了，我再也不会不听话了！"

骗人的"难题"

从幼儿园回来，冬冬故作神秘地说："中午，老师给我们出了个难题，谁也猜不出是什么题。"

奶奶："你说说看！"

冬冬："六个数去掉两个是多少？"

妈妈："你连这就算不出来？"

冬冬："我骗你们的！"

对妈妈的"一个要求"

（5 岁 5 个月　1990-5-16—1990-6-15）

漓江船头（1990 年 4 月）

1990-5-16

解释"中雨"

看天气预报。

冬冬："妈妈，什么叫'中雨'呀？"

妈妈："你举个例子！"

冬冬："武汉中雨转多云。"

妈妈："这是说雨量的大小。中雨，是说比大雨小，比小雨大。"

冬冬："不大不小的雨，叫'中雨'，正好。"

1990-5-17

为好朋友而难过

从幼儿园回来，冬冬的情绪有些低落。

妈妈："你今天不高兴？为什么？"

冬冬："今天不高兴，我心里有点难过。因为丘晨打了武怡堃。武怡堃从来就是我的好朋友，现在越来越好了。"

1990-5-18

感受友爱

下午四点半，幼儿园老师来电话，说李纤肚子疼，呕吐了一地，要家长马上去幼儿园。爸爸立马骑车赶去，带冬冬直奔医院。妈妈和大姑急急赶到医院时，爸爸正带着冬冬取药。

冬冬小脸儿蜡黄，可怜巴巴地说："我吐了，何老师把我放到床上，好多小朋友都去看我，都问：'李纤，你怎么了？'贺莹才好，妈妈。"

妈妈："嗯！"

冬冬："她说：'等你爸爸来了，我让他来看你。'郑慧问：'你怎么了？'我说'肚子疼，'她说，'你拉屁屁吧？'"

她真切感受到小朋友们的友爱和关心。有此基础，她也会用同样的爱心来回报他人。

"做个试验"

从医院回来，爸爸让冬冬躺在床上休息，说："先躺一会儿，等会儿再喝点水！"

冬冬："好，等会儿喝点水，做个实验。要不又吐了。"

宝贝儿，让你"喝点水"，并非要做医学实验！

1990-5-19

急性肠胃炎

冬冬是急性肠胃炎，肚子仍隐隐作痛。今天没去幼儿园，留在家里观察养病。

冬冬："妈妈，你该陪我出去玩了吧？现在就去。"

钥匙开门的难题

冬冬："妈妈，钥匙为什么可以开门呀？"

妈妈简单讲了钥匙开门的原理。

冬冬："这就奇怪了，钥匙怎么和门联系在一起呢？钥匙是铁做的，而门是木头做的，怎么铁可以打开木头，木头不可以打开铁呢？"

妈妈说，是奇怪啊！？

冬冬："我出了个难题，把你难住了吧？"

1990-5-21

"老师相" "老实相"

冬冬："有的老师没有一点老师相！妈妈，你说陈老师有没有老师相？"

妈妈："当然有了。"

冬冬歪着个小脑袋，仔细地品味："'老师相'，不老实相？"

"老师"与"老实"，又联想到一起了。

什么叫"最进步"

冬冬画的十几张画，都贴在家里的墙上，让大家评点："你看哪张画，画得最进步？"

妈妈："什么叫'最进步'？"

冬冬："比从前画得好。是梅花那幅画吧？"

"开除"与"退婚、离婚"

竟然错过了让冬冬服药的时间！

妈妈开玩笑地说自己："妈妈忘了让冬冬吃药，开除她。"

冬冬："开不了除呀，退婚。"

把"不了"插在一个词的中间，表示否定，是新掌握的一种语言手段。

妈妈："什么'退婚'？"

冬冬："那叫什么呀？离婚？"

妈妈："胡扯八道。"

冬冬："那什么叫'开除'呀？"

"黄瓜店"

爸爸买回了一大筐黄瓜。

妈妈："买这多黄瓜，干吗？"

冬冬："那我们就成了黄瓜店了！"

老师的舞蹈动作

冬冬从舞蹈班回来，不解地问："我们学舞蹈，老师对着我们，我们的动作应该和她相反，可老师说和她一样，这怎么回事呀？"

老师为了方便小朋友学动作，已把舞蹈动作反了过来做示范，孩子只要跟着学就行了。

趣解人名

冬冬发现小朋友们的名字很有趣。

冬冬："唐诗义就是'唐诗'，李木子就是'木头人'，孙可就是'蝌蚪'。"

1990-5-22

妈妈刚起床

冬冬出外早练回家，见妈妈坐在椅子上，问："妈妈，你是刚起来的吧？"

妈妈："你怎么知道的？"

"我看你嘴唇上的口红，而且我还看见你起床抹粉了。我已很熟悉你们，你们什么时候起床？"冬冬又指着放在茶几上的洗脸盆，说，"你要是没起床，这里放盆水干什么呀？"

妈妈："不错，冬冬的观察力很棒！"

冬冬："早上我出了一身汗，我也没脱衣服。因为我怕再凉了。我这样做对不对呀？"

冬冬已经了解妈妈的"生活习性"了。

1990-5-23

对妈妈的"一个要求"

奶奶和冬冬商量，今年暑假回河南老家的事情。

冬冬："也许今年不放假，也许放假，两种可能性。"

妈妈："暑假是一定要放的。到时候，妈妈跟你们一块儿回老家！"

冬冬："你能答应我一个要求吗？"

妈妈："什么要求？"

冬冬扳着手指头，有条有理地说："第一，你赶快练气功，把病治好；病好了，你陪我玩，打扑克，抱我；第三，我有做不好的，你帮我做；第四，明天我要得冠军；第五，妈妈，我爱你。"

数列中间少个"第二"。"第四，明天我要得冠军"，可以理解为，妈妈帮她得了冠军，她就爱妈妈。这不应归到"要求"的范畴中，而且，这也不只是"一个要求"呀！

1990-5-24

游戏比赛

"六一"儿童节，幼儿园有游戏大赛。冬冬参加的是穿脱衣服和托乒乓球两项游戏。今天是预赛。

大清早，冬冬很兴奋："今天八点钟准时到，今天还有出幕式。"

"出幕式"就是"开幕式"吧。

下午回来，她情绪显然不是早上的样儿。

妈妈："哎，宝贝儿，你今天好像有点不开心？"

冬冬："我们比赛脱衣服，李文青慢了，结果我们没有得到奖品，只能得一个证书。"

妈妈："不是'六一'才比赛吗？"

冬冬："今天不是正常比赛。"

妈妈："应该说'正式'。"

冬冬："不是'正式'，是'正常'，我们老师说是'正常'。"

老师所说的话，都是对的。

1990-5-25

三个人，三种不同的能力

冬冬拧干了洗脸的小毛巾，受到妈妈的夸奖。

冬冬对妈妈说："你可以拧干大毛巾，我可以拧干小毛巾。而且我的爸爸，大毛巾小毛巾都能拧干。"

1990-5-26

"目的是为了……"

冬冬翻箱倒柜，扒出一大堆纱巾和帽子。

妈妈很奇怪地问："大热天，你干吗呢？"

冬冬："这是我旅游用的。目的是为了做游戏。"

"目的是为了……"，是表示目的的格式；说了"目的"，还用"为了"，是汉语的一个特点。

创作故事：七个小公主

今天，冬冬讲了一个自己创作的故事：

"从前，在一座宫殿里，住着一个国王和王后，他们想要一个孩子。

一天，王后在后殿里绣花，把手刺破了，她想，我要是有七个女孩儿，嘴唇像血一样红，皮肤像雪一样白，头发像乌木一样黑，那该多好呀！让上帝保佑，但愿那样。

过了一段时间，她的愿望真的实现了，她生了七个女孩儿，其中第五个，还是个小男孩呢！女孩们长得真像她想象的那样。结果，女儿们长得漂亮极了，儿子英俊极了。她想，这六个女儿可以当女王，儿子还可以当上王子呢！

孩子们长到十五岁，爸爸妈妈要去打仗。

孩子们说：'爸爸妈妈，我们也要去。'

爸爸妈妈说：'不行啊，你们去，会让哨兵给打死的。'

孩子们说：'没关系，没关系，我们要去跟爸爸妈妈做生活呀！'

妹妹说：'坚持下去，坚持下去。'

小伙子说：'我看大姐还说得有点道理。'

三姐说：'我三妹决不像你那样，糊里糊涂的。你看，大姐脸上没一点儿笑容。'

大姐说：'你别这样说，搞得我心里挺难受的。'

好，小朋友，这个故事下次再讲。"

这个故事中的女孩儿形象，借鉴了童话故事《白雪公主》。里面很多细节，自相矛盾，不合逻辑。但有故事情节、有对话，还算是一个比较完整的故事。

1990-5-27

"也许……，也许……"

大姑回来了，跟冬冬做游戏。

冬冬很高兴，说："大姑，你一回来，我心里就不烦了；你不回来，我心里光烦。"

妈妈："是想大姑了吧？"

冬冬想了一下，说："也许是的，也许不是的！"

1990-5-28

分床

早些天，又单独为冬冬铺了小床，再做一次分床的努力。

过去，冬冬也曾经被劝说着睡上小床，妈妈陪她睡熟之后，再悄悄离开。她睡在小床上，多数时间睡不踏实，或者会半夜醒来……在这种情况下，她要么跑到妈妈床上，要么让妈妈过去陪她，一直到哄她睡熟为止。

妈妈无奈地说："冬冬呀，五岁多了，还没断奶！"

眼下，"断奶"是个时髦词汇，"断奶与否"是对孩子独立性强弱的一个衡量。

冬冬接口道："爸爸五岁才吃饭，对不？爸爸吃奶吃得多，所以他就长得胖，对不对？"

她听奶奶说，爸爸下面还有两个弟弟，都不幸夭折。爸爸吃母乳吃到五岁上小学的时候，这也成了她反驳妈妈的资料。

妈妈说的是"比喻义"，她把"断奶"当作词本义来理解。

"真不该"

冬冬："今天做了个游戏，真不该让熊楠参加，她不守规矩，搞了个乱七八糟。"

1990-5-29

不是理由的理由

昨夜，倾盆大雨，一直下到今天早上。

上午，爸爸有课，收拾好讲义，准备先送冬冬去幼儿园，再去上课。

冬冬："今天不能去幼儿园了吧？"

妈妈："为什么不能去？"

冬冬："因为雨下得这么大，我恐怕把爸爸讲课的材料淋湿了。"

"保持平衡"

"六一"快要到了。冬冬对用乒乓球拍端乒乓球的比赛，充满了期待。

冬冬："我可有本领了，什么样的东西它都不掉！保持平衡，它为什么掉呢？"

这个比赛的关键，还真是"保持平衡"。

1990-5-30

蚊子也有好的地方

5月底，武汉已进入夏季，蚊子成群结队，无处不在。尤其是一种花腿蚊子，尖嘴巴叮进肌肉里，吸得很紧，不喝饱鲜血，决不罢休。

冬冬："蚊子有好的地方，也有坏的地方。"

妈妈："蚊子还有好的地方？不明白。"

冬冬："蚊子咬人是坏的，可它咬的包里也没细菌，是好的地方。"

妈妈在冬冬身上，涂满花露水一起下楼。

冬冬拉着妈妈的手，在院子里散步，说："妈妈，你尽情地玩吧！"

1990-5-31

爸爸的鼻子，"像儿童时代"

冬冬在脸上、胳膊上擦粉。擦完，很得意地展示："我今天胳膊擦得太白了！你看我的脸儿，擦得多白呀！白乎乎的。"

大姑："擦得白乎乎的，难看不难看？"

本来很得意的冬冬，立马生气地噘起了嘴巴。

爸爸往上推自己的脸蛋，让嘴角上挑，提醒她说："儿童时代，是笑的年代，要高兴快乐！你看爸爸，像不像儿童时代？"

冬冬："你肯定像了！因为你的鼻子像儿童时代。"

1990-6-1

"明天怎么办"

幼儿园在操场上进行游戏比赛，妈妈和大姑都去观看。冬冬表现得落落大方，活泼利索。但比赛还没完全结束，她就提出要回家，不愿在幼儿园吃午饭。

冬冬："妈妈，我今天怎么样？"

妈妈："非常棒。"

冬冬："别人呢？"

妈妈："也棒！"

回到家，刚过了十点钟，妈妈说带她出去玩一会儿。

冬冬："那明天呢？"

妈妈："老师让留幼儿园就留，让带你回来就回来。"

冬冬："要是老师说随便呢？"

妈妈："随便？到明天再说吧！"

冬冬："明天？明天怎么办？"

嘴巴小，吃小块儿

冬冬正吃锅巴。刚会走路的宵宵，跌跌撞撞地跑过来。冬冬给他一小块儿锅巴。

妈妈："冬冬，你太吝啬了吧，怎么只给宵宵一点儿点儿？"

冬冬："他的嘴巴小，大的放不下。"

1990-6-2

眉笔

早上，冬冬化妆，涂脂抹粉。正画眉毛，眉笔折了。

奶奶："冬冬，你看，弄断了吧！"

冬冬："搞断了它怕什么？反正我们一家也不用。"

大姑："谁说不用？"

冬冬："等我上舞台才用吗，难道？"

"熟悉的地方"

奶奶带冬冬去桂竹园。

冬冬："反正这一片是我熟悉的地方。要是我不熟悉的地方，就不行了。"

1990-6-3

月亮走，我也走

家人在校园里散步。

冬冬仰望高悬空中的明月，问："月亮是不是在走呀？"

妈妈："是在走，可走得慢。你看到的，是云彩在走。"

冬冬："我怎么看不出是云彩在走呀？我走到这，月亮也走到这，这为什么呀？我现在就想知道。"

1990-6-4

"不过"

妈妈煮了稀米饭和花生米。

冬冬不愿意吃，理由是："我在幼儿园，也吃的稀米饭，吃了三碗。"

妈妈："是吗？"

冬冬看看桌上的花生米，说："不过，今天晚上的花生米，还是要吃一点的。"

1990-6-5

"情节"

冬冬出汗过多，屁股有些疼痛难受。妈妈给她用温水清洗后，又涂了爽身粉。

冬冬："妈妈，你看里边是什么情节？"

"情节"，应为"情况"。

"要是……"

冬冬要爸爸买水彩画画儿。爸爸说，好的，有空了，一定去买。

冬冬："爸爸，你今天要是再不给我买水彩，我可就要……"

虽然说了个半截话，大家都懂。"就要"后面，应该是威胁的语言。

1990-6-6

气功的"体感"

早上。

冬冬："妈妈，我要七点钟去幼儿园。"

妈妈："那可不行。老师七点五十分才上班，幼儿园不开门。"

冬冬："你知道我们幼儿园的规矩吗？"

妈妈："不知道。"

冬冬："那你怎么说老师七点五十分才去呢？你是体感的吧？"

妈妈："什么旗杆？"

冬冬："体感。"

妈妈："听不懂。你造个句子。"

冬冬："体感，气功。"

停电

夜晚，突然断电，房间、楼道一片漆黑。妈妈让她躺在床上别动，等来了电，再起来。

冬冬静静地在床上躺了一会儿，再也忍不住了，说："难道我们还要借蜡烛？难道今天晚上非在床上？"

1990-6-7

赠送照片

省幼儿教师学校来实习的新老师们，完成实习任务，即将回校。冬冬带了自己的四张照片，送给她们。

下午，冬冬回到家，告诉妈妈："我把照片送给新老师，你猜我怎么说的？我说，'你教我们认字，我们很喜欢你们，送给你们一张照片，作个纪念吧！'"

小大人的语言套路！

1990-6-8

"咬舌自尽"

电视连续剧《沈珍珠传奇》，冬冬很喜欢。

沈珍珠有句台词："要不我就咬舌自尽！"

冬冬说："我知道什么是'咬舌自尽'！"

妈妈："是什么意思？"

冬冬："就是'自杀'的意思。"

妈妈："你听谁说的？"

冬冬："沈珍珠呀！"

虽然冬冬所答，非妈妈所问。不过，她回答的也对。

1990-6-9

"我信教"

电视上正播放婚礼的场面，在教堂举行，庄重而神圣。

冬冬问妈妈："你和爸爸结婚，去没去教堂呀？"

妈妈："没去，我们不信教。"

冬冬很干脆地说："我信教。"

与其说她"信教"，倒不如说，她喜欢在教堂里举办的婚礼。

给蝌蚪洗澡

小朋友们在脏水沟里捉了几只蝌蚪，分给冬冬两个。

冬冬："妈妈，蝌蚪怕不怕脏呀？"

妈妈："怕。"

冬冬："那你今天给它洗洗澡！它怕不怕冷呀？"

妈妈："不怕冷。"

冬冬："那就用凉水吧！它怕不怕热呀？怕不怕开水？仙女怕不怕开水？"

联想起来，就没边儿没沿儿了！

吃西瓜

爸爸买回两个大西瓜。全家人吃掉一个，还剩下一个。

冬冬拍着西瓜说："妈妈，你再饿，也不要吃我的大西瓜。"

"失言"

冬冬拍着胸膛说："我李某决不失言。我知道什么叫'失言'，'失言'就是'欺骗'，对不对？"

评剧

电视播放评剧。

冬冬："评剧？什么叫'评剧'呀？"

1990-6-10

气功的"搬运"

妈妈读柯云路的《大气功师》，书中有"搬运"情节。

冬冬极感兴趣，也想学会"搬运"，说："我要是会搬运该多好呀！我把奶奶和姐姐搬运过来。那得好几天吧？"

妈妈："气功师也只能搬运东西！人，是搬运不过来的。"

冬冬："我真想学会搬运，小朋友们想要什么，我就给他们搬运什么，那小朋友们该多快活呀！"

1990-6-11

"自己的事情自己办"

爸爸讲，人为什么要学知识，如果不学知识，会变成什么样子。

冬冬插话道："妈妈，爸爸实际上还有一个事没说呢！他心里想的，'自己的事情自己办'，他没说出来。我看你们的样子，你们是不爱我了。"

这哪跟哪啊？父母忙表态，不仅现在爱她，而且永远爱她。

幼儿园的事

①冬冬叫苦连天："××可把我给害苦了！睡午觉，她把脚伸到我脸上。"

②冬冬又说："平常武怡堃蛮秀气，今天像个杀手。"

1990-6-12

"懒倒是不懒"

妈妈："冬冬，你自我评价一下，你自己是个什么样子的人？"

冬冬："我昨天想好了，大姑说我'又脏又懒'。懒倒是不懒，脏吗？"

妈妈："你觉得自己不懒，只是有点脏？怎么脏了？"

冬冬："是的，我爱脱鞋子，在地下跑。"

妈妈："知错就改呗。"

爸爸没说话，出门去了书房。

冬冬："爸爸今天的脸色，怎么这么不好呀？"

她学着察言观色。看大人不高兴，就开始从自身找原因。

1990-6-13

孩子，要守规矩

早上刚起床。

冬冬："妈妈，我今天再也不那样了，我要上幼儿园。"

妈妈："好哇，好孩子就是要守规矩。"

冬冬："那当然。要不，还算什么孩子！"

1990-6-14

电视与电视台的关系

冬冬："妈妈，我提个问题，你肯定回答不出来。没有电视，有电视台吗？"

妈妈："有。因为，先建的电视台，后有的电视节目！"

冬冬："全世界还没有电视，会有电视台吗？"

妈妈身体好多了

冬冬："爸爸，妈妈自从练那个功以后，我看身体好多了。"

爸爸："嗯？怎么好多了？"

冬冬："昨天妈妈下楼梯，快多了。"

1990-6-15

大树、大风

父女俩在楼下打羽毛球。风很大，给打球带来诸多不便。

爸爸："刮大风了，得想个办法？"

冬冬："我有个办法，把大树都砍它！"

"树动有风"，没有树，风可能就小多了。

"秀气"和"恶毒"

冬冬："洪阿表面上怪秀气，内心可恶毒了。"

妈妈："怎么恶毒了？是你观察到的？"

冬冬："不是，是别人说的。"

爸爸"动武"了

到睡觉时间，冬冬又爬上了大床。爸爸出了道数学题：7＋8＝？如果算对了，就让她睡大床。

冬冬根本无心计算，胡扯一通。没算对，就不能睡大床。冬冬抱个大枕头，闷在头上，哭起来。爸爸越喊她，她把头捂得越紧，哭声越大。

爸爸有点生气了，顺手捞个牛尾巴掸子，高高举起，轻轻落下，从冬冬腿上横扫了一下……

爸爸讲道理。十多分钟后，她终于收住了哭声，趴在桌上，算对了这道算术题。

孩子从哪儿来的

（5岁6个月 1990-6-16—1990-7-15）

"六一"领舞（1990年6月）

1990-6-16

为何挨打

大姑回来了。

冬冬拉起自己的裤腿，说："大姑，你看清楚，这是爸爸昨天晚上打的。"

大姑："用什么打的？"

冬冬："鸡毛掸子。"

实际上是牛尾巴掸子。

大姑："为什么事呀，下手这么狠？"

冬冬："我想让爸爸，把我抱到妈妈床上。爸爸让我算算术题，有一题我不会。我把头钻进被子里，爸爸就打我。"

避重就轻。只找对自己有利的说。

1990-6-17

自我严格要求

冬冬："妈妈，你今后要严格要求我。"

妈妈："嗯？"

冬冬："从幼儿园回来，你就让我写字，写一个小时的字，再让我去玩。我想去玩，你也别让我去玩。"

有了自我严格要求的愿望，值得称赞！

1990-6-18

喜欢看"文静的"电视

爸爸看中央电视台二频道："冬冬，快来看打仗的。"

冬冬："我们喜欢看文静的！打仗的又有什么好看的？我们还可以看看他们的衣服，有漂亮的，给妈妈买；有潇洒的，给爸爸买；有小孩穿的好看的，给我买。"

"漂亮""潇洒""好看"，对不同的人，使用最恰切的词语。

一个人睡觉的好处

冬冬："从前，我喜欢跟爸爸妈妈睡，我现在喜欢一个人睡了。从今天起，你想陪我睡，就陪我睡；不想陪我睡，我就一个人睡。"

所说的这些，也许她眼下还做不到，可她的内心，的确是这样想的。

为说服自己单独睡，她又找出和父母睡一起的坏处，说："最好是一个人睡，大人鼻孔大，吸的空气多；小孩儿鼻孔小，吸的空气少，那么多的二氧化碳，怎么得了？"

"鼻孔大""鼻孔小"，还有"那么多的二氧化碳"……太可怕了！

飞碟

冬冬想要个飞碟。前几天，爸爸拜托小汪叔叔，何时上街，帮忙带回来一个。

冬冬："什么时候才能拿来呀？"

爸爸："小汪叔叔也挺忙的。什么时候买到了，就会拿来的！"

冬冬："汪叔叔怎么还不把飞碟送来呀？真急死人了！还是说个时间好些！"

1990-6-19

牛郎织女的故事

冬冬："什么是'疑是银河落九天'呀？"

妈妈做了解答。

冬冬："银河不是那样说的！从前有个织女，下凡了。天上有个人不同意，就把织女弄到天上。牛郎追上去，那个人就用东西一划，成了一条银河。"

妈妈："那是神话故事。"

冬冬："是传说吧？"

妈妈："对。"

冬冬："不对，是真的。天上有九个仙女，也是真的吧？"

妈妈："是的。"

冬冬："是真的。是我们老师说的。"

妈妈："有可能。"

冬冬："为什么有可能呢？"

1990-6-20

"还可以"与"很不错"

青菜炒好了。爸爸让妈妈品品味道。

妈妈尝了点儿，说："味道还可以。"

冬冬也夹了一根菜，咀嚼了几下，说："不是还可以，是很不错！"

像个蒙古人

成宇阿姨梳了一个髻子。

冬冬："成宇阿姨，你应该梳一个辫子才好看。这样梳，像个蒙古人。"

1990-6-21

"人读书，就有知识了"

冬冬："我提个问题，你可以回答我吗？人为什么要读书？"

爸爸："你说呢？"

冬冬："我早就知道了，我看你知道不？"

爸爸："你先说说！"

冬冬："从前的好多知识都在书上。人读书，就有知识了。"

爸爸："请问，有知识，能干什么？"

冬冬："有了知识，什么事都会干。"

说话的技巧

冬冬："妈妈，我有个要求，你肯定不同意。"

妈妈："那可不一定。"

冬冬："我今天晚上睡大床。"

妈妈："绝对不行。"

冬冬："我说你不同意吧？妈妈，我还有一个要求，你陪我睡小床，你同意不同意？"

妈妈："好吧！"

1990-6-22

"爱"的表示

爸爸检查完冬冬的家庭作业，表示赞许地拍了下她的脊背。冬冬一扭身子，欢蹦乱跳地逃开了。

爸爸："冬冬，你知道我为什么打你吗？"

冬冬："我知道，但是我不说。"

爸爸："说说吧，我听听你说的对不对！"

冬冬："不是打我，是拍我，是说我做得对。"

爸爸："这是一种爱的表示。"

冬冬："我从前见过爱。今天早上，武怡堃拍着我说，'我的好伙计呀！'"

1990-6-23

想要鹦鹉

冬冬："给我买一只鹦鹉吧，鹦鹉会说话，我真想要一只。"

妈妈："等你长大了。"

冬冬："我现在就想要。"

妈妈："现在不行。"

冬冬："为什么现在不行呢？"

"地雷" "地道"

两周来，电视一直播放《地雷战》和《地道战》。

冬冬："妈妈，我们国家有地雷呀？"

妈妈："有啊。"

冬冬："哪有呀？我们这里也有？"

妈妈："现在是和平年代，地雷呀，枪支呀，都存在武器库里。"

冬冬："我问的是打仗的地方呀？"

妈妈："现在没有地方打仗。所以，这些武器都存放起来了。"

冬冬："那我们能进去看看吗？"

妈妈："不能。"

冬冬："为什么不能呀？我们这里还有地道吗？"

妈妈："有。但现在不叫'地道'，叫'防空洞'。"

1990-6-24

演小品

①冬冬在沙发上玩，脚一滑，差点摔下去，自嘲地："我演了一个小品。"

②冬冬吃完西红柿，双手下意识地往身上一抹。

看大人在注意她的这个动作，她忙解释说："有一个小品，吃了东西，手往身上一摸，怎么黏乎乎的？"

1990-6-25

两个小轮子的作用

爸爸买了四个轮子的儿童骑车。后面大轮的两边，还带有两个小轮子。

冬冬围着童车，前前后后观察，说："我知道，两个小轮子是干什么的了！东歪歪，西歪歪，摔不倒。"

1990-6-26

"干啥"是"干什么"

妈妈关节疼得厉害，情绪有点不好。

冬冬："妈妈，我有个要求，你肯定不答应。"

妈妈："干啥？"

冬冬纠正妈妈："不是干啥，是干什么。"

也许冬冬觉得，说"干啥"是带着不良的情绪；"干什么"，语气较为平和。

模仿妈妈的语气

入夏，家人随手关纱门，以免蚊子进来。今天，冬冬拉开纱门，跑出跑入无数趟，放进来不少蚊子。到了晚上，几只蚊子像轰炸机，嗡嗡地鸣叫着，频频向人发起攻击。

妈妈："小李冬，你真会气人！看，放蚊子进来了吧！"

冬冬模仿妈妈的口吻说："小李冬呀，小李冬，你真会气人，你什么时候

2115

才不气人！"

妈妈转气为笑，冬冬则更为得意。

1990-6-27

"做梦也没想到"

冬冬让爸爸教她骑车子。

爸爸说，他很乐意教冬冬学车子，但得听话，否则，就把小车子锁起来。昨天，冬冬把小车子，偷偷推到洗衣机的夹缝里，用洗衣机遮挡着小车子。

妈妈问："为什么藏车子？"

冬冬低声说："我怕爸爸锁车子。"

今天，冬冬说："爸爸，买了小车这几天，我乖不乖呀？"

爸爸："很乖。"

冬冬："你知道我为什么乖吗？"

爸爸："不知道。"

冬冬："我怕你和妈妈锁我的小车子。我做梦也没想到，会有这样漂亮的小车子！"

1990-6-28

属鼠的习性

过了深夜十二点，冬冬还想吃东西。爸爸调侃她，属耗子的，习性也像个小耗子。

冬冬也自嘲说："我为什么要属老鼠呢？要是属猫呀、狗呀都行。属老鼠，晚上不想睡觉，光想吃东西。"

1990-6-29

玩，比学习有吸引力

冬冬学着写新字，每天都要再复习几个已经回生的字。

妈妈："冬冬，快回来，该学习了。"

冬冬："我再玩一个小时，再回去学习，天还没黑呢！"

妈妈："快点，再有三天，就放暑假了。"

冬冬："爸爸妈妈要是有事，也可以把我送到幼儿园。"

明知不可能，所以才说得如此洒脱。

看电视的充足理由

冬冬按到电视九频道，正播放武打片。

妈妈："冬冬，别看了，这个电视片我们都没看。"

冬冬："为什么不看？"

妈妈："不知道好不好看，还是看别的吧！"

冬冬："你说，'没吃过的菜都尝尝'，结果我尝了。没看过的电视，也应该看看。"

说得有理有据。电视中有许多人都背个包包。

冬冬："为什么人出门或者回家，都是背个包呀？包里都放的什么呀？"

美与丑

冬冬翻看安徒生童话《白雪公主》。她指着白雪公主的后母问："她是想成为世界上最美的人吧？"

妈妈："对。"

冬冬："可是她的心很恶毒。我们看过《侠胆雄狮》上的那个狮子，虽然人长得很丑，但是心很善良，那也不是很好的吗？"

用两个故事的人物做对比，初步具备了外表和内心、美与丑的审美观。

宽慰妈妈

又到放暑假的时间，妈妈很想回老家看望年迈的姥姥。可自己行动不便，难以成行，内心很是纠结。

冬冬："你是想你的妈妈了吧？"

妈妈点点头。

冬冬："她们说，对她很好，她们家里人也很多。"

这是冬冬在用家信宽慰妈妈。信上说，家人对姥姥很好。

1990-6-30

幼儿园睡午觉

冬冬说，她在幼儿园睡午觉，还是睡不着。老师随手拉一件衣服，盖着她的脸，憋得她气都出不来。停了一个钟头，老师才把衣服拿掉。

妈妈："盖着脸一个小时？真要命！"

冬冬："我也弄不清楚多少时间。大概，大概，我也搞不清楚。"

妈妈："怎么这样对孩子？我要去问问她。"

冬冬："你别去找老师，她会不耐烦的。"

她所说的"一个钟头"，肯定不会有那么长的时间，这是儿童的时间"相对论"。

人"为什么不长翅膀"

冬冬："我有个问题，你肯定回答不了。"

妈妈："试试看。"

冬冬："为什么小鸟有翅膀，我没有翅膀？"

妈妈："小鸟要在空中飞，才能生活；人在地上行走，就能生存，所以，人不需要翅膀。"

冬冬："我也想飞上天空，为什么不长翅膀？"

妈妈："你没有翅膀，也可以飞上天空，坐飞机呀。"

忘记的事情

晚上，冬冬突然从床上爬起来，说："啊，有个重要的事忘记了。上午向老师对我说，等爸爸接我了，去找她，我忘了。"

1990-7-1

几个"为什么"

①冬冬："板凳为什么长四条腿？为什么不长三条腿和一条腿？为什么不像自行车一样长两个轱辘呢？"

②冬冬："为什么小孩长，是整体长？"

③冬冬："为什么小孩要长鼻子、眼睛和嘴巴呢？"

④冬冬："为什么火山上要长花呀、草呀、树木呀？"

答对有奖

妈妈夸奖冬冬是个爱观察、爱动脑子的好孩子。

冬冬："不是我好，主要是你的问题答得对。我还要奖给你一个灯笼，说明你全部是对的。"

妈妈："好哇，答对了还有奖品！还有什么问题，尽管提吧！"

冬冬："为什么小白兔光吃萝卜和青菜，不吃青草和小鸟呢？"

1990-7-2

"为什么古代有恐龙呢？"

爸爸自称是"智慧老人"，讲了许多以智慧老人开头的连续故事。

冬冬："智慧老人，我问你一个问题，为什么古代有恐龙呢？"

把妈妈逗笑

冬冬："妈妈，我知道，你最喜欢我把你逗笑，对不对？"

一句话，真把妈妈逗乐了。

1990-7-3

"想当爸爸，不想当妈妈"

冬冬："我要是个男孩就好了。"

妈妈："为什么？"

冬冬："那我生的孩子，就可以姓我的姓。我想当爸爸，不想当妈妈！"

这些话，家人从未说过，不知她从何处获得的知识？

1990-7-4

地下凉快

天气很热，冬冬拉个凉席铺在地下，随即躺在了凉席上。

妈妈反对她睡地上。

她拍拍凉席说："我是铺了凉席的，地下才凉快。"

1990-7-5

用钢笔写书

在书架最醒目的位置，摆放着爸爸的著作。

冬冬也产生了自己"写书"的念头，说："我们两个写书吧，得要大姑帮忙。"

妈妈："为什么？"

冬冬："我们两个是写不好的。还得用钢笔写，不能用彩笔写。用彩笔写，就不像书了。"

妈妈摔倒了

早饭后，爸爸带妈妈去医院。

爸爸背妈妈到楼下。松手时，妈妈没有站稳，一下子摔倒在地，头磕在路旁的石头上，隆起了一个大包。

冬冬抚摸妈妈的头，关心地问："妈妈，你这里起了个血包，疼吗？"

妈妈："疼啊。不过，你小小的年纪都不怕疼，妈妈更不怕了。"

冬冬："那样，妈妈就虚弱了。"

这话意思是，如果妈妈怕疼的话，就是个"虚弱"（软弱）的人了。

护着妈妈

爸爸开玩笑，轻轻掐着妈妈的脖子，说："冬冬，我把妈妈掐死了！"

妈妈笑着："来吧，你掐死我吧！"

冬冬用力拉着爸爸的胳膊，一脸严肃地说："你要是掐死妈妈，你就先掐死我吧！"

话虽不多，却颇为感人！

1990-7-6

"我当然是最好的女儿"

校医院的龙医生热心快肠，曾用针灸按摩，缓解妈妈的类风湿疼痛。

最近，他打听到一个治疗类风湿的秘方，制作中成药，要自费150元买药材。150元，对于我们这个小家来说，是个大数目，父母一个月的工资加起来，也不到这个数。妈妈有些犹豫。

冬冬："只要为妈妈买药花钱，多少都要花，因为我想让妈妈病好。"

妈妈："宝贝儿，你真是妈妈的好女儿！"

冬冬："既然你是最好的妈妈，我当然是最好的女儿了！"

1990-7-7

对爸爸的评价

冬冬："爸爸，自从我放暑假以后，我觉得你很乖。"

爸爸："爸爸乖？你是说，这几天爸爸没批评你？"

冬冬："嗯。不是，是因为你工作很认真。"

不批评她，爸爸当然是好爸爸。但她心目中的好爸爸，比平常孩子还多出一个条件，那就是爸爸要"工作认真"。

"有点不好"

冬冬画了只奇形怪状的恐龙，自我评价说："妈妈，我画的恐怕有点不好，是不是有点不好呀？"

1990-7-8

做小人儿

冬冬用橡皮泥做小人儿。她一边做一边说："腿是用什么颜色材料做成的呢？"

大姑："什么颜色都可以。"

冬冬："最好不同样的，对不对？"

李家和白家

父母商量，把原来十四英寸的黑白电视机，送回老家。奶奶家还没通电，看不了电视。先让舅舅家用着，等奶奶家通电了，再送给奶奶家。

冬冬："电冰箱，最好给爸爸的妈妈。"

妈妈："'爸爸的妈妈'？奶奶？什么电冰箱？为什么？"

冬冬："电视机给你们白家。我们李家什么都没有。大姑、爸爸、妈妈、小姨、都是我最喜欢的。我也喜欢老太儿，因为她姓李。"

妈妈："妈妈姓白不姓李。那你就别喜欢妈妈了。"

冬冬："你也是我们李家的人，因为你嫁给了我的爸爸。"

1990-7-9

"蜜蜂是什么变的"

小动物的祖先是谁？冬冬极感兴趣，今天一直在追问。

冬冬："蜜蜂是什么变的？"

爸爸："小飞虫。"

冬冬："蜜蜂的爸爸是谁呀？蜜蜂的祖先又是谁呢？"

爸爸："像人一样，是演化来的。"

冬冬："它不是人！"

爸爸："动物也会演化！"

孩子从哪儿来的

冬冬不仅探问蜜蜂是从哪里来的，还问"孩子从哪里来的"？

爸爸："医院的婴儿室呀！"

冬冬："婴儿室阿姨，从哪儿抱来的呀？"

妈妈："妈妈生的。"

冬冬："妈妈怎么生的呀？都是用刀子割的吧？"

妈妈曾经告诉过她，迎接她出生的，是医生的手术刀。

妈妈："还有别的办法。"

冬冬："我生出来是什么样？满身都是血吧？"

妈妈："额头上，有一点儿点儿血。"

冬冬："那要不是用刀子割的，是从哪儿出生的呀？"

妈妈："我也不太清楚。"

冬冬："把你知道的都告诉我，我现在就想知道！"

似乎每个孩子都对"我自何来"感兴趣，而妈妈们的回答也五花八门、千奇百怪。人类的三大哲学问题：我是谁？我从哪里来？我到哪里去？这不只是哲学家的专利，也是幼儿们感兴趣的话题。

1990-7-10

看电视，问问题

①电视连续剧《西游记》。

冬冬："如来佛，怎样把孙悟空压在大山下的呀？"

孙悟空从大山下，"腾"地一下跳出来。

冬冬："怎么一揭下那个纸条，孙悟空就跑出来了呀？"

②《红楼梦》中的林黛玉常以泪洗面。

冬冬："林黛玉怎么爱哭呀？"

林黛玉死了。

冬冬："有人给她上坟吗？她埋了吗？是没埋，该多好呀，我可以看看。"

③电视《好爸爸坏爸爸》。

冬冬："黄点点的妈妈怎么老是出差呀？"

妈妈："她是空中小姐。"

冬冬："什么是'空中小姐'？"

"一直"

冬冬腿上，被蚊子咬出无数个疙瘩，异常瘙痒。挠破后，流出黄色的液体。爸爸用紫药水涂抹，让伤口逐渐收敛愈合。

妈妈问她，腿上的疙瘩还痒不痒？

冬冬："从昨天下午开始，一直到今天早上，我的腿一直没痒。"

1990-7-11

吃西瓜

小郑哥哥送来一个大西瓜。妈妈让冬冬拿刀切瓜。

冬冬："不，现在不吃。"

妈妈："你不想吃？"

冬冬："不想吃。"

妈妈："吃吧，小郑哥哥也在这——"

冬冬："有人在这不能吃。吃完了，就没有了！"

客人主人都笑起来。

晨晨

在西一村附近，办了个东湖大学。看门老爷爷的孙女叫晨晨。晨晨六岁多一点，认全了常用字，能流畅阅读画书《聪明的一休》。

妈妈："冬冬，小姐姐学会了很多字，你要向她学习哦！"

冬冬："那她应该向我学习些什么呢？"

妈妈："你跳舞和画画儿都不错！"

晨晨："你们说什么呀？"

冬冬："你应该向我学习跳舞。"

晨晨："你跳得那么不好，还要我向你学习呀？"

冬冬："你以为你跳得最好呀？"

晨晨："我跳得不是最好的。我们班××跳得最好，就像这样。"说着转动一下身子，摆一个舞姿。

1990-7-12

不吃饭、不睡觉的理由

冬冬不想睡午觉，妈妈用送全托幼儿园威胁她。

冬冬："我听说过两次了，你要把我送到幼儿园去？"

妈妈："有这个打算。"

冬冬："为什么呢？"

妈妈："你想想看？"

冬冬："我不知道。"

妈妈："怎么不知道？想一想啊！"

冬冬："因为不吃饭和不睡觉？不吃饭，是我不饿；不睡觉，是因为我不瞌睡。"

振振有词，理由充足！

几点钟了

冬冬："我看现在几点了？"她看看钟表，说，"不是三点就是两点了！"大家笑了。

冬冬："因为三点和二点，都是这么黑。"

此时是夜里九点钟。

1990-7-13

有人没有结过婚

冬冬："有人到死也没有结过婚，对不对？"

妈妈："谁说的呀？"

冬冬："我自己知道的。我知道那是为什么。"

妈妈："为什么？"

冬冬："因为别人看不上她。"

妈妈："不完全对。也许是她看不上别人。"

不睡觉的收获

冬冬："我没有睡觉，但是我学了许多知识。a、o、e，你会不？"

嘲笑爸爸

下午，爸爸说要开会。在教研室等了好大会儿，也没等来一个人。回家后，自嘲记错了时间。

冬冬："爸爸好傻呀！"

爸爸："怎么了？"

冬冬："今天也没会。你一个人趴在桌子上，你以为你是第一个呀！"

爸爸："趴在哪儿呀？"

冬冬："在教研室的桌子上。"

太阳肯定比地球大

（5 岁 7 个月　1990-7-16—1990-8-15）

上学路上（1990 年 7 月）

1990-7-16

午休

天极热，卧室像蒸笼。睡醒后，汗水在凉席上，溻出一个完整的人体形状。一楼稍为凉爽。中午，妈妈带冬冬去楼下休息。

冬冬："我在下面睡，就不想上去了；一在上面，就不想下来。"

"像运货一样"

爸爸带冬冬去东湖游泳。天快黑了，冬冬还不想从水里出来。爸爸开始推着她，往湖边游过去。

冬冬："爸爸，你别让我上去。你推我，像运货一样。"

1990-7-17

游泳

小姑昨晚来武汉，中午想睡觉。冬冬却硬拉着她一起玩。

小姑："我瞌睡，没睡午觉。"

冬冬："虽然你没有睡午觉，但是我还是不想让你睡。"

小姑："为什么？"

冬冬："你给我们早点做饭，我们早点去游泳。"

虽然如此，晚饭，吃得还是晚了。

天黑了，冬冬仍要去游泳："要是有人游，我们就游；要是没有人游，我们就不游。"

爸爸："应该有人。估计会有不怕冷的。"

冬冬："我们就做个不怕的人。"

1990-7-18

"身上"

冬冬今天仍要去游泳。

爸爸："可以去游泳。但晚上你得一个人睡。"

冬冬："那好吧！不过，你别记在身上，我记在身上。要是我也忘记了呢？"

为什么不记在"心里"，而要记在"身上"？

1990-7-19

天津人的发型

小徐今天来家，变了个发型。

冬冬："小徐叔叔剃这个头，我都不认识了。"

爸爸说，小徐要去天津接受专业培训。

冬冬："天津人都是这个头吧？"

去天津，就要理个天津的发型，仿佛懂得了"入乡随俗"的道理。

"不亏"

爸爸买的西瓜很甜。妈妈提议再去买两个。

冬冬接话道："再买十个也不亏。"

1990-7-20

下雨的可能性

昨天，爸爸说，如果冬冬背熟了4以内的乘法口诀，今天就去东湖游泳。冬冬不负众望，4以内的乘法口诀倒背如流。

午饭后，天空飘浮着片片乌云。

爸爸让冬冬下楼看看，是否有下雨的可能性。

冬冬跑出去一会儿，回来报告说："天有可能下雨，也可能不下了。"

抓阄

晚上，母女俩睡楼下，小单人床很窄。妈妈怕冬冬翻身掉下去，让她睡在里面，她坚持不肯。

冬冬拿出两片纸，说："来，咱们摸蛋。"

"摸蛋"的意思是"抓阄"。她知道，用"抓阄"来解决问题，才最为公平。

1990-7-21

"难得"

小姑安安静静地坐着。

冬冬学着小姑端坐皱眉的表情，说："小姑难得动一下。"

"爸爸、父亲"之奇解

广播《快乐电话》节目，常有些脑筋急转弯的问题。

一次，大姑听到一个有趣的提问，"父亲和爸爸有什么不同"。回到家，大姑拿这个问题考大家。

爸爸："一个是书面语，一个是口语。"

大姑："还有呢？"

爸爸："读音不同，写法不同。"

冬冬说："父亲是古代的，穿着长袍，拿着刀、剑；爸爸穿着西装，拿着公文包，开会、教书什么的。"

冬冬的"父亲"形象，来自于电视古装剧，穿的是长袍马褂，特别是武打片，手拿刀剑，长袍掖到腰间。懂得的"爸爸"形象，来自于自己的爸爸，爸爸去上课时西装革履，腋下夹着放着教案的公文包。

冬冬随即画了一幅画：父亲穿长袍，爸爸穿西装。

大树、小树之根

工人们在学校的马路两边，拉着长长的水管浇树。

冬冬觉得奇怪，为什么他们只浇小树，而不浇大树？

爸爸启发她思考。

冬冬："大树的根长，哪里的水都可以喝到。小树根短，喝到水很少，所以要先浇小树。对不对？"

讲得挺有道理。小脑袋瓜儿，管用！

1990-7-22

两包奶粉

小郑要去河南看姐姐和儿子江南，来家跟妈妈告别。妈妈让冬冬拿五元钱，下楼追小郑，买两包奶粉带给姥姥。

很快，冬冬气喘吁吁地跑了回来。

妈妈："你怎么对小郑哥哥说的？"

冬冬："我对小郑哥哥说，买两包奶粉，给我姥一包，给我奶一包，这不是公平吗？这你也高兴，我也高兴！"

这就是孩子心目中的公平！

1990-7-23

"一孩"与"多孩"

冬冬："爸爸，是生一个孩子好，还是生两个孩子好呀？"

爸爸："当然是生一个好啰！"

冬冬："那你怎么有四个呢？"

爸爸："我们是姊妹四个，所以爷爷家就特穷啊！"

冬冬："舅妈生了六个儿女，那不更穷了！怪不得把我们的电视机抱走了。"

麻雀之家

四天前，刘伟爸爸捡了一只麻雀，还没长毛，送给冬冬玩。冬冬对小麻雀充满怜爱，一天多次喂它吃东西。每次喂食，冬冬都说"小鸟，张开嘴巴，吃东西了"，小鸟似乎听懂了冬冬的话，张开鹅黄的小嘴巴"吱吱"地叫。

前天，小鸟死了。冬冬哭得泪流满面。她拿麻雀下楼。在大树下找块儿干净的地方，舀水浇湿地面，用小棍子掘个小坑，埋葬了麻雀。又撒些树叶子，给小麻雀做了个坟墓。

昨天，埋在土里的麻雀尸体，暴露了出来。小麻雀的肚子，已被虫子掏空。冬冬又捧来些黄土，重新掩埋，蹲在那个地方很长时间，久久不愿离去。

今天，冬冬气愤地告诉妈妈，有人用石头砸了她的麻雀："我真不该把小鸟的事，告诉那个小朋友，他们说小鸟肚子里生虫了，就用石头砸它。小鸟肚子里的虫子，是它妈妈喂的，还没有消化的吧？"

1990-7-24

包与辣椒

张阿姨在公共厨房做饭，说宵宵现在身上长的包，是因为自己怀孕时，吃辣椒太多。冬冬听了，立即跑到书房，问："爸爸，是不是我母亲怀孕我的时候，吃了很多辣椒呀？"

爸爸莫名其妙，问："怎么了？"

冬冬："你看我身上长了多少包？"

鱼片

冬冬一直叫喊着要吃鱼片。妈妈故作睡熟状,就是不说话。她推推妈妈,说:"妈妈,看起来,你睡了一觉,你又迷糊了,是吧?我给你了,你又给爸爸了?"

她所谓给妈妈了,妈妈又给爸爸的,是她要吃的鱼片。

妈妈:"是的。爸爸在书房,你问问去!"

冬冬:"那么说,鱼片是在那屋了?"

"我是很讲究的人"

冬冬在果盘里扒来拣去找话梅。妈妈说,吃东西,不该挑挑拣拣。

冬冬:"你知道,我是很讲究的人。"

用"讲究",为自己"挑挑拣拣"辩解。

1990-7-25

太阳肯定比地球大

冬冬对自然界越来越感兴趣。

冬冬:"小鸟为什么有翅膀,人为什么有腿没翅膀。"

妈妈说,这是你第二次问这个问题了。好吧,妈妈再说一遍。

冬冬:"小鸟有翅膀可以飞上天,鸡也有翅膀,为什么飞不上天?"

妈妈说,是啊,这两种动物都有翅膀,为何飞的高低不一样?你想想吧!等知道了答案,也教教妈妈。

冬冬:"妈妈,我知道了!"

妈妈:"知道了什么?"

冬冬:"太阳比地球大。"

妈妈:"怎么又跑到太阳地球上去了?谁告诉你'太阳比地球大'的?"

冬冬："我自己想的。"

妈妈："为什么？"

冬冬："因为全世界的人都能看到太阳，太阳肯定比地球大。"

如此论证，不知道符合哪种定律？

瓶子

冬冬的胳膊肘，撞着了桌上的瓶子。瓶子是空的，在桌子上滚了一大圈，掉在地下，发出"砰"的响声，竟没有摔碎。

冬冬吓了一跳。

妈妈安慰她，瓶子没有打破，不用害怕。

冬冬："瓶子没有打就好，要不爸爸又该批评我呢！哎，有什么要批评呢？瓶子是空的。"

1990-7-26

剪纸

冬冬剪纸，右手磨出了血泡。小姑要看看冬冬的手，她却伸出了左手，说："有什么好看的？看见又不让我剪了！我一点也不疼。"

磨出血泡的是右手，她却伸出左手，会动心眼儿了。

1990-7-27

转移

乌云密布，雷鸣电闪，房间昏暗。

小姑："打雷了，要下雨了？"

冬冬："但是，不可能要下！"

冬冬把玩具餐具，运到书房里，一样一样地摆在茶几上。雷雨之前，还是有点怕人，她得找爸爸做个伴。

爸爸："哎，哎，你怎么把活动阵地挪到我屋里来了？"

冬冬："不能挪到你屋里呀？"

1990-7-28

"我想吃的，你肯定弄不到"

冬冬跟着爸爸出了几趟差，开始喜欢吃水产品了。

冬冬："爸爸，我想吃的，你肯定弄不到。"

爸爸："你想吃什么？"

冬冬："螃蟹、虾米、乌龟什么的。这些你都吃过，但是你没买过，也没做过，对不对，爸爸？"

1990-7-29

谁是李姓的人

冬冬说妈妈："虽然奶奶是我爸爸的妈妈，但是她不是李家的人。你也不是李家的人。老太儿也不是。只有爷爷、爸爸、大姑和小姑和我姓李。"

凡李家的"媳妇"，都不姓"李"。如此复杂的家庭关系，她都弄明白了。

最后一句，并列关系用两个"和"，说明最后一个并列项"我"，是补加进来的。

书"有什么可看的"

冬冬想去打球，对爸爸说："爸爸，给我一块儿打球吧？"

爸爸随口回答："可以。"

冬冬亲吻一下爸爸的脸，说："现在就去。"

爸爸眼睛盯着书，漫不经心地回答："稍等一下。"

冬冬一把扯过书，扔在桌上，说："这有什么可看的呢？"

1990-7-30

"顺便"

《百花公主》的故事，冬冬听了无数遍，仍要求大人读给她听。"百听不厌""老复习"，也是儿童的天性。

冬冬："但是我还要听，你真的不能给我讲了吗？难道？"

小姑起身去倒水喝。

冬冬："小姑，顺便看我杯子里的水，凉了没有？"

菜梗

妈妈不让冬冬吐出青菜梗子，说，多吃粗纤维，对身体有好处。

冬冬："你老是说，不好吃吐它，可是我每次吃了不好吃，你还是不让吐！"

大观园

大姑鼓励小姑好好学习，顺利考上大学。并说，如果她能考上大学，进入大学校园的第一天，就送给她一把吉他。

冬冬叫道："我也要上大观园里弹吉他。"

把大学校园，听成了"大观园"。

夜战

战争片。八路军常深夜出击。

冬冬："八路军夜里不睡觉吧？"

大姑："谁说的？"

冬冬："为什么他们总是晚上打仗？要是瞌睡了怎么办？"

1990-7-31

"一本正经"

昨天晚上，爸爸带冬冬去珞珈山饭店，看望李英哲爷爷。

李爷爷从美国夏威夷大学来武汉讲学。冬冬老老实实听大人谈话，高高兴兴吃爷爷给她的西瓜。

今天早上，冬冬对妈妈说："昨天晚上，我们上李爷爷那儿，一本正经的。"

"假歌"及其辨别法

冬冬在家表演节目，唱了一首歌。歌词是自我"创作"："我刚才唱的是假的，是我编的。往后你要想知道，我唱的是真的或是假的，你就让我再唱一遍。唱得对就是真的，唱得不对就是假的。"

把自己"编"的歌，称为"假"的；而且用"再唱一遍"来辨别"真假"，确实有效。

留恋大姑

大姑夸冬冬做事麻利。

冬冬："我一向干事是很快的嘛！"

晚上，大姑又要回汉阳上班了。

冬冬："现在要是昨天晚上十二点就好了。"

妈妈："为什么？"

冬冬："因为大姑一会儿要走了。"

妈妈要了解孩子的"愿望"

澡盆里的水溢出来，弄湿了盆子旁边冬冬的小鞋子。

冬冬：“你是我的妈妈，难道你还不了解自己孩子的愿望？”

妈妈：“当然了解。”

冬冬：“那你，还不叫人用毛巾给我把鞋擦干净？”

大家哄然大笑起来，冬冬更加洋洋得意。

1990-8-1

吃雪糕

小姑带冬冬去买豆奶。过了一会儿，只小姑一人回来了。妈妈出门，看见冬冬正站在楼梯拐弯处，惬意地吃着雪糕。看见妈妈，转身便跑。

妈妈：“李冬，你干什么？”

冬冬：“没干什么。”

妈妈：“手里拿的什么？”

冬冬无可奈何地说：“雪糕。”

妈妈：“你不是要喝豆奶吗？没喝豆奶呀？”

冬冬：“没有喝。”

妈妈：“为什么？”

冬冬：“我不想喝豆奶了，我想，吃两样东西，妈妈会不高兴，所以我就只吃了一个雪糕。”

真实情况是，她先喝了豆奶，再吃的雪糕；还交代小姑，对妈妈保密。

1990-8-2

不正面回答

故事《圣母的孩子》，是说人犯了错误，就要勇于承认。

妈妈：“冬冬，《圣母的孩子》讲的是什么呀？”

冬冬："不能打开第十三个门。"

冬冬知道故事的主题，而且清楚妈妈问话的意思，但偏偏不正面回答你。

"谈谈话，挺舒服的"

晚上，冬冬陪妈妈一起在路灯下散步。

冬冬："你拿钱了没有？我又想吃东西了。"

妈妈："没有，那咱们回去拿钱吧！"

冬冬："不，我们俩还是一块儿走吧，谈谈话，挺舒服的。"

1990-8-3

"相爱过"

冬冬："妈妈，一个爸爸，一个姨父，你最爱谁呀？"

妈妈："你说呢？"

冬冬："你爱爸爸。"

妈妈："为什么？"

冬冬："因为你们相爱过。"

何谓"无能为力"

家里墙上贴着冬冬的画。

冬冬："撕它吧，我已经是无能为力了。"

妈妈："什么叫'无能为力'？"

冬冬："就是没有办法。"

也许她觉得，没有超越过去的画画儿水平。这就是"无能为力"。

1990-8-5

可以在长江游泳

放暑假，爸爸有函授课。妈妈和小姑先带冬冬回老家。

火车路经长江大桥。

冬冬："长江有头吗？"

妈妈："有。"

冬冬："在什么地方呀？"

妈妈："青藏高原的唐古拉山。"

冬冬："长江能游泳吗？"

妈妈："可以，但水很深。水性特别好的人，才能在长江里游泳。"

冬冬："我说人怎么这么少哩！我可以游，我会在水里憋好大一会儿。"

南北方的田野景色

火车出了汉口，就到了湖北的乡下。山岭连绵起伏，绿油油的水稻田里，竖着稻草人。

冬冬："那里怎么站个稻草狗呀？"

妈妈告诉她，这是用稻草扎的稻草人。稻子成熟了，小鸟会来偷吃。稻草人像人的模样，小鸟以为是人站在那儿，就不敢去吃稻子了。

火车穿过崇山峻岭，出湖北，过信阳，到了淮河这一中国南北方的分界线。

妈妈："到这就是北方了。你看看南方和北方，田野里的庄稼有什么不同？"

冬冬："南方的田野里长的都是草，北方田野里都是麦子。"

妈妈说，南方田里不是草，是稻子，北方的地里是玉米。

城乡之别

到驻马店下火车，坐上去泌阳的长途汽车。公路两旁，郁郁葱葱的树木，半掩着农家茅舍。空场上的黄牛，成群结队。

冬冬："这些牛，怎么老甩尾巴呀？这是为什么呀？"

妈妈解释了牛尾巴的功能。对待孩子的提问，父母就是"百科全书"。

冬冬："农民不出差。你要他出差，他也不肯。他要弄田野，对不对，妈妈？"

妈妈："不是弄田野，是种庄稼。"

冬冬："种庄稼？怎样种庄稼呀？我怎么不知道呀？"

妈妈："你这么小，当然不知道。"

冬冬："农民住这么旧的房子，还不如到大城市里住楼房，还吃好的。"

1990-8-6

"什么舅不舅的？"

在泌阳一中的小姨家。

小姨介绍院子里的小朋友，让冬冬称呼白少男为"舅舅"。白少男年龄比冬冬稍大一点儿。

冬冬不满意，说："什么舅不舅的？这么小还叫舅呀？"

1990-8-10

姨父很幽默

冬冬开始想爸爸了。

吃午饭。冬冬说："再有三天，我爸爸就回来了。我爸爸的口可大了，五口就吃了一大碗。"

姨父："我的口也可大了，三口就能吃一碗。你信不信？我说的是实话！"

冬冬："姨父光说实话，那怎么回事呀？姨父还怪幽默的。"

端痰盂

小姨家原有一间平房，又在二楼分得一间房子做卧室。卧室没有洗手间，便盆放在楼下的平房里。妈妈让冬冬下楼去拿空痰盂。

冬冬开心地跑下楼去。不一会儿，听见她在楼下叫："小姨，不行啊，我端不动，盆里有尿。"

怎么回事？小姨起床后倒过痰盂，冲洗干净后才放进房间的。小姨让茵茵下去看看。

茵茵上楼来，说："里面真的有尿，我把它倒掉了。"

大家齐声说："不可能。"

冬冬面无表情，一言不发。

姨父回来吃晚饭，指着冬冬，笑着说："这个李冬呀，歪点子可真是多。她把痰盂端到门外，在里面撒尿，然后喊你们下来端。"

妈妈："冬冬，这是真的吗？"

冬冬："是真的。"

妈妈："你怎么想的？"

冬冬："没怎么想。"

妈妈："为什么这样做？"

冬冬："不知道。"

大家笑得前仰后合。她不笑，一本正经地看着大家。

1990-8-11

"原先"

因为茵茵不听话，小姨气得连晚饭都没有吃。

冬冬："我原先不知道，小姨的脾气还怪咯蚤呢！"

妈妈："不是'咯蚤'，是'咯嘹'。"

"咯嘹"，河南方言，意思是脾气急躁、厉害。

1990-8-13

"你再说说那回事吧"

爸爸和大姑从武汉回来了。姨父的话还未出口，先笑起来，说："这个冬冬呀，心里是真透气，歪点子还真多！"

想起关于冬冬端痰盂的糗事，大家都笑起来！

冬冬一本正经地说："姨父，你再说说那回事吧！"

下午，爸爸和大姑把冬冬带回了奶奶家。小姨送妈妈回马谷田看姥姥。

三瓶汽水多少钱

（5 岁 8 个月　1990-8-16—1990-9-15）

秋天来了（1989 年 10 月）

1990-8-18

在奶奶家的感受

姥姥也想外孙女了。

下午，妈妈让大松去张庄接回了冬冬。在奶奶家住这几天，冬冬皮肤又过敏了，起了一身红疙瘩。脖子、肚子和大腿上，尤为厉害。

姥姥耳聋。冬冬俯在姥姥耳边大声说："姥姥，给我做肉吃！"

妈妈："这么馋呀？你在爷爷家都吃了什么？"

冬冬："鸡蛋、韭菜、茄子，还有番茄炒鸡蛋。"

妈妈："奶奶给你杀鸡子了没有？"

冬冬："没有。"

妈妈："为什么没杀鸡？"

冬冬："家里太忙了，忙得做饭把醋当成了酱油，酱油当成了盐。"

妈妈："你也太夸张了吧！"

冬冬："妈妈，你好在没回去，要不才造孽！爸爸忙得连给我玩的空儿都没有。"

"造孽"，武汉方言，是"吃苦、受罪"的意思。

发光的树梢

姥姥家的住房并不宽绰。

妈妈接受发小的邀请，晚上住到公社兽医站。兽医站的路两旁有高高的白杨树。一辆汽车飞驰而过，车灯的光柱散射在树梢上。

冬冬："妈妈，那树梢怎么有光呀？"

1990-8-19

"铁轨小姐"

在公社兽医站。早上醒来，冬冬看见挂在墙上的绿色带肩纹的服装。

冬冬："那是军装吧？"

妈妈："不是，是兽医站医生的工作服。"

冬冬："是铁轨小姐的衣裳吧？"

"铁轨小姐"，指的是列车女服务员。

门外不断有汽车驶过的轰鸣声。

冬冬："是汽车吧？开火车的和开汽车的，知道全国所有的路吧？"

1990-8-20

茵茵的钱包

茵茵纸叠的小钱包里，有几个硬币哗哗响，引起冬冬极大的兴趣。茵茵答应，等冬冬回武汉时送给她。可冬冬此时就想得到。

冬冬："你现在就不能给我，难道？"

茵茵："到你回武汉时，我给你！"

冬冬："你真的不喜欢我了？"

茵茵："这会儿不给你，也不是不喜欢呀！"

冬冬："你现在不给我，就是不喜欢我。"

茵茵："可是，我的钱没地方放，怎么办？"

冬冬："你不会把钱装在瓶子里？"

过了一会儿，茵茵的钱包不见了。

冬冬："你的钱包，什么时候没见的？"

茵茵似乎也很着急，说："是啊，我也不知道，刚才还拿着的！"

冬冬："你的手什么时候是空的，另一只手？你还说把钱包送给我呢？"

其实是茵茵迫于无奈，藏起了钱包。

1990-8-21

喜欢姨父的理由

冬冬常常背着妈妈，跟姨父要钱买东西。

妈妈："冬冬，你为什么老跟姨父要钱？"

冬冬："我什么时候要钱，姨父都给我。"

妈妈："小姨不给你吗？"

冬冬："有时给，有时不给。"

妈妈："小姨是在应该给的时候才给。"

冬冬："我姨父，不管应该还是不应该。"

冬冬跟小姨要钱，小姨总要盘问她想买什么东西，才决定给不给钱。而姨父，是有求必应。孩子知道跟谁要钱最容易。

1990-8-28

吃鸡蛋，扔蛋黄

全家人从老家，回到了武汉。

冬冬更加任性。吃煮鸡蛋，只吃蛋清，不吃蛋黄。趁大人不留意，迅速把蛋黄扔进垃圾桶。

今天，她又要吃煮鸡蛋，爸爸没有马上去煮。

妈妈："冬冬，为什么不高兴？"

冬冬："你想吃那样东西，却不给你弄那样东西，你说心里烦不烦？"

妈妈："你是说没给你煮鸡蛋？鸡蛋，是由蛋黄和蛋清组成的。你只吃蛋清，那蛋黄怎么办？"

冬冬："扔它。"

妈妈："蛋黄很有营养，不能扔掉。想一想，还有没有其他办法？"

冬冬："别人吃。"

她答应了不扔蛋黄，爸爸立即去煮鸡蛋。

妈妈："咱刚才说好的，你吃蛋清，把蛋黄给大人。如果再扔蛋黄，可要挨揍了。"

冬冬："你忘了，你从前说过的话了？"

妈妈："我说过什么话？"

冬冬："你说过离不开我？"

妈妈："我说过，那又怎样？"

冬冬："那不是一个样吗？"

妈妈："不是一个样，那是什么样？"

冬冬："我要是被打死了，你怎么爱我呀？"

1990-8-29

要妈妈认干女儿

大姑已经上班，爸爸工作很忙，妈妈卧病在床，必须请人帮把手，才能维持一个小家的正常运转。

这次，从老家带来了兴表哥家的女儿秀群。这个二十来岁的女孩子，质朴而善良。

冬冬："你认秀群姐姐当干女儿，好不好呀？"

妈妈："为什么？"

冬冬："那我叫她的时候，只喊姐姐就行了。"

妈妈："宝贝儿，妈妈不能认干女儿。"

冬冬："为什么？是不是因为你有孩子呀？"

妈妈："说得太对了！"

不愿听的话

从家里的窗户望下去，熊楠正坐在院子里学习。

爸爸："冬冬，你看看，人家熊楠学习，一坐就是一个上午。你总坐不住。"

冬冬："别说了，好不好？"

爸爸："将来，你这样——"

冬冬："你不说，是不是就憋不住呀？"

她不愿听对自己不利的话。

1990-8-30

父母为何结婚

冬冬自言自语："谁都有一个健康的爸爸妈妈带着去玩，只有我的妈妈东倒西歪的，连下个楼都要人扶，唉，要有个健康的妈妈该多幸福啊！"

妈妈无语。

冬冬："妈妈，爸爸给你结婚，是可怜你吧？"

妈妈："谁说的？"

冬冬："我想的。总不是你们上小学就结了婚吧？不可能。"

五岁多的幼儿，开始用人之常情，来观察人与人之间的关系。

"漫不经心"

秀群性格内向，又加上刚到城市，人生地不熟，显得很拘谨。

冬冬："她总是漫不经心的，走路慢腾腾的，不会唱也不会跳，不会哭也不会笑，整天苦楚着脸。"

1990-8-31

做保姆，不容易

冬冬让秀群陪她出去玩。

妈妈："等她洗了碗，再陪你出去玩，好吗？"

冬冬："做保姆，还怪不容易哩，你整天就不让她休息。"

从未离开过家的秀群，想家了，开始大哭。

冬冬劝说道："你要是再哭，我妈妈就不让你在武汉了。你说是不是呀，妈妈？"

1990-9-3

厉害的刘老师

幼儿园开学了。

冬冬从幼儿园回来，情绪低落，妈妈询问为什么？

冬冬："上午是刘老师值班，下午也是刘老师值班，中午也是刘老师值班。"

妈妈："一天都是刘老师值班，怎么了？"

冬冬："她到处整小朋友，整了王果，把我的朋友武怡堃也整了，把我也整了，把王韧也整了。"

1990-9-4

被狗咬伤

傍晚时分，冬冬大哭着往楼上跑，哭声中充满了恐惧。她被小狗咬伤了，右胳膊有半寸长的血口子，直往外冒血。

听见冬冬不同寻常的哭声，左邻右舍忙跑过来。张阿姨拉冬冬去厨房，用水管的水冲洗伤口。家家说米团子可以吸毒消炎，回去炒个糯米饭团子，在伤口上来回滚动。

随后，爸爸带冬冬去校医院。学校没有防疫针，医生抹碘酒，做消毒处理，并嘱咐，24小时内，必须去打狂犬疫苗。

爸爸："冬冬，到底是怎么回事？"

冬冬："小狗正在垃圾旁，吃什么东西，我拍了它一下头。它没注意，我又拽了一下它的尾巴，它'呵哦'一下，咬住了我的胳膊。"

她觉得这么多大人围着她转，挺有趣的。说："还怪好玩的，又有两天不上幼儿园啰！"

1990-9-5

注射狂犬疫苗

因为被小狗咬伤而惊吓过度，昨晚的冬冬睡得极不安稳，在床上翻来覆去，说："不知道身上哪里不舒服，只觉得不舒服，心里还很烦。"

早饭后，爸爸带冬冬去武汉大桥旁的生物研究所，打狂犬疫苗。现场打一支，又带回四支，放在冷藏室里，再按照规定的时间，到华师校医院注射。

妈妈："冬冬，往后可别再惹狗呀、猫呀的了，要是这些动物身上带有狂犬病菌……"

冬冬："你别说了好不好？爸爸在路上什么都说了。"

家家接口道，现在打狂犬疫苗，价格涨了很多，要二十元。没办法，家里就是少花点其他的钱，也要舍得花这个钱。

冬冬："我知道你下面要说什么话：'那也不能看着自己的女儿疯呀？'对不对，妈妈？"

妈妈点点头，表示赞同她的说法。

冬冬："要是疯了，在楼梯上打几个滚，抱着竹子啃。见了爸爸叫妈妈，见了妈妈叫爸爸。"

因为冬冬被狗咬，打狂犬疫苗的话题，不断被邻居们提起。有人说，前些时，狂犬疫苗短缺，黑市上涨价到五十元。

冬冬："五十元有什么了不起的？将来我长大了，能挣多多的钱。"

1990-9-6

老猫和小猫

朋友送来一只小猫让冬冬玩。

妈妈："听人说，把小猫训练好了，它自己会上外面拉屎。"

冬冬："既然它已经长大了，自然拉屎拉尿都要到外面去。"

晚上，小猫卧在了篮子里。

冬冬："要是今天晚上，老猫来找小猫怎么办？"

妈妈："不会的，放心吧！"

冬冬仍有些担心，说："老猫趴到窗口一看，看见了小猫，它肯定会进来。"

1990-9-9

"牛郎"和"侄女"

冬冬从街上回来，在卧室找不到妈妈，就跑到楼下房间。

妈妈："你怎么知道妈妈在这里？"

冬冬："我上这屋不见妈妈，又上那屋不见妈妈。我想，会不会在楼下呢？"

妈妈："太聪明了！"

冬冬："妈妈，我做了一件你肯定不高兴的事。"

妈妈："你又吃了一支冰棒？"

冬冬惊奇地："我没说，你怎么知道的？"

妈妈笑而不答。

冬冬："大姑为什么给我买？是不是因为我是她的侄女，她是牛郎呀？"

妈妈："你呀，联想得太不靠谱了！你这个侄女，可不是'牛郎织女'的'织女'！"

冬冬想让妈妈一起回楼上。

冬冬："妈妈，到楼上去吧，难道你不想跟我玩吗？"

1990-9-10

学习算账

爸爸带冬冬去买小零食，教她学算账。给她一定数量的钱，可以买哪些东西？买多少东西？应该给人家多少钱？

爸爸："我给你六毛钱，买一瓶酸奶，营业员要找给你多少钱？"

冬冬："等他找了，我再查查。"

爸爸："要是多了呢？"

冬冬："多了还好些。"

爸爸："要是少了呢？"

冬冬："少了也好。"

爸爸："少了也好？"

冬冬："你干脆给我四毛五分钱，不就行了！"

一瓶酸奶是四毛五分钱。这倒是省心。

1990-9-11

三瓶汽水多少钱

爸爸让冬冬背乘法口诀。

冬冬："你不让我吃冰糕，我也不给你背。"

爸爸："好吧，咱不背乘法口诀了。算算术怎么样？ 70+30 等于多少？"

冬冬："100！"

爸爸："我有 55 元钱，妈妈又给了我 15 元。请问，我现在有多少钱！"

冬冬："爸爸，你别再给我出难题了，好不好？"

爸爸："好，我再出一道简单点的。一瓶汽水三角钱，三瓶呢？"

冬冬："九角。"

爸爸："我给你了一元钱，应该找多少？"

冬冬："一角。"

爸爸："这不就对了吗？"

冬冬："汽水好算，酸奶不好算。"

酸奶一瓶，不是整数价钱，汽水是整数价钱。

1990-9-12

"打了针，要在家里休息"

上午，爸爸带冬冬到校医院。打过狂犬疫苗，问她愿不愿意去幼儿园？

冬冬："医生说，打了针，要在家里休息，不能上幼儿园。上幼儿园，针就没效了。"

自觉吃药

妈妈倒水让冬冬吃药。刚转个脸，药不见了。

妈妈："哎，冬冬，药呢？"

冬冬："妈妈，我没喝水，就把药喝了。"

妈妈不相信她吃药如此神速，下意识地朝桌上、地下张望。

冬冬："你看吧，到处都是瓜子皮，根本没有。"

妈妈："真的？"

冬冬："妈妈，难道你是这样的人吗？自己没有亲眼看见的，就不相信？我只喝了一点点水，你摸摸，我的嘴还湿着呢！"

1990-9-13

对孩子的"爱情和温柔"

冬冬："妈妈，小孩儿要是学会骑小车，就可以和大人一块儿上街了。大人骑大车，小孩儿骑小车。"

妈妈："小孩儿学会了骑车，也不能骑车子上街。你知道为什么吗？"

冬冬："怕出危险，大人总用车子带着孩子。"

妈妈："对。怕汽车撞着孩子，也体现了爸爸妈妈对孩子——"

冬冬："爱情和温柔。"

1990-9-14

"热情"

早上，妈妈去拿营养奶液。手一滑，奶瓶掉在地上，打碎了。妈妈看着地上一堆儿玻璃渣子，不由得怅怅然。

冬冬劝妈妈："妈，你别想那件事了好不好？你想点热情的事！"

"热情的事"，大致是指"愉快的事情"。

1990-9-15

何谓"羞话"

中午，爸爸去幼儿园送小毛毯，冬冬正吃午饭。爸爸告诉妈妈，冬冬在幼儿园食欲不错。

冬冬回到家，说："爸爸，你今天说了一句羞话？！"

爸爸："什么羞话？"

冬冬："你问，'这碗饭你能吃完吗？'"

爸爸："这话，怎么会是羞话？"

冬冬："今天我也说了一句羞话，我说：'我能吃完。'"

父母没想明白，饭能吃完，何"羞"之有？

值日生的骄傲

冬冬："星期一，我是值日生。"

爸爸："是吗？"

冬冬："你没看黑板上的名字吗？"

爸爸真没看黑板。

父女俩的举重游戏

（5 岁 9 个月　　1990-9-16—1990-10-15）

冬冬的笔墨世界之二（1989 年 12 月）

1990-9-16

公平

冬冬从外面气冲冲地跑回来。

妈妈："怎么了？"

冬冬："熊楠，她不上我家来，光说让我上她家玩。她家有什么好玩的？她不上我家，我也不上她家去！"

1990-9-17

妈妈的下意识

今天，爸爸要去襄樊函授。一大早，冬冬就吵着不去幼儿园。爸爸扬起巴掌，佯装要打人。妈妈条件反射地用手挡了一下。

冬冬："妈妈，从前爸爸打我，你不管；今天爸爸打我，你管了。这为什么呀？"

妈妈："你说呢？"

冬冬："是不是我做得对呀？"

冬冬敏锐地捕捉到，妈妈用手挡的那一下，是在护着她。护女儿，是妈妈的本能，并不是冬冬臆想的她"做得对"。育儿大忌，就是父母步调不一致。

挑人接送

妈妈："说说吧，你为何不愿意去幼儿园？"

冬冬："我不想去幼儿园。在幼儿园，一个小朋友也不跟我玩。"

妈妈："是真的吗？我呀，准备站在教室窗户外，偷偷看看，如果有人跟你玩了呢？"

冬冬："那是他想跟我玩。不想跟我玩的，一个也不跟我玩。可小猫总跟我玩。"

下午，从幼儿园回来，冬冬一下子扑进妈妈怀里，说："妈妈，我今天早上真的错了。"

妈妈："错了？错在哪里？"

冬冬："我不该挑人。我们都是人，她也不是鬼。"

原来，她不想去幼儿园，是不想让秀群送她。

1990-9-18

骑车

今天妈妈送冬冬去幼儿园。大路上，自行车川流不息。

冬冬："妈妈，我可以提个问题吗？"

妈妈："当然可以。"

冬冬："为什么大人骑车那么稳，我骑车怎么老摔倒呀？"

妈妈："骑得多了，就稳了。熟能生巧。"

1990-9-19

"大致"与"小致"

冬冬："妈妈，我今天表现怎么样？"

妈妈："大致上可以。"

冬冬："小致上不可以？"

反义造词，很有意思。

道理很明白

妈妈买了酸奶和面包，在家等冬冬。

冬冬从舞蹈班回来，喜滋滋地问："妈妈，我今天没有要，你就给我买这么多，这怎么回事呀？"

妈妈："妈妈觉得你今天太累了。就是你不要，妈妈也要买。"

冬冬："你应该说，不应该给，要也不给；应该给，不要也给。"

多明事理！孩子们都这样：道理很明白，需要落实到行动上，就是另外一回事了。

1990-9-20

接妈妈

早上，妈妈去行政楼前晨练。

冬冬醒来不见妈妈，穿上背心和短裙，跑出来找妈妈。在老招待所门前，冬冬迎见了往回走的妈妈。

妈妈怕她着凉，脱下上衣给她披上。回家的路，本可以走直线，她却拉着妈妈往右拐，去汽车房的方向。

冬冬："从这个拐弯处去。"

妈妈："为什么？"

冬冬："秀群姐姐在那里等着我。"

妈妈："为什么，让她在汽车房的地方等？"

冬冬："我是这样想的。要是妈妈从这里回家，她看见了，就去喊我。要不，我找不到妈妈怎么办？"

回家，有两条路，她自己走一条，让秀群在汽车房的另一路口等。以免错过相遇的机会。思维很是缜密。

1990-9-21

帮助妈妈过马路

冬冬扯着妈妈过马路。

冬冬："为什么，过马路你听我的话？"

妈妈："过马路，先看左再看右，没有汽车才让大家过。你说得对，我当然听你的！"

冬冬："有了车子，我当然叫你！你以为，我会让车子轧着你吗？"

妈妈："我相信，你不会做有危险的傻事！"

冬冬："我不敢骑车子下坡，有危险，我是这样认为的。"

危险意识，在逐渐建立中。

"上三个班，还不把我给累死"

冬冬进家，连连叫喊着："妈妈，我好累呀！"

妈妈："好累？为什么好累？"

冬冬："上三个班，还不把我给累死？我在幼儿园一天，又上舞蹈班两个小时，又渴又饿又累，又想妈妈，你以为我不累呀？"

三个班，是把"上舞蹈班两个小时"，算成了两个班。

1990-9-22

盼望当值日生

上周一，冬冬说自己当值日生，大家信以为真。后来她又说，那天她并没有当值日生。

今天，她说："我下星期二当值日生，这次是真的。"

大人们笑笑，谁都不说什么。

冬冬："武怡堃当了几次好孩子了。我一次也没当好孩子，没当组长，也没当值日生。"

1990-9-23

礼貌是相互的

妈妈："冬冬，对秀群姐姐要有礼貌。她很亲你，对你很好的。"

冬冬："对我再不好，她礼貌我，我也礼貌她；对我再好，她不礼貌我，我也不礼貌她。"

"礼貌我"和"不礼貌她"，话语虽不规范，但极其有趣。冬冬知道礼貌是相互的。

1990-9-24

学电子琴

幼儿园开设电子琴班，今天开课。爸爸保证，到上电子琴课时，冬冬一定会有自己的电子琴。

爸爸今天一天都有课。下午下课后，急匆匆赶到中南商场，买了电子琴，直送幼儿园。第一堂课，老师主要教了坐姿和手指的姿势。

冬冬："我以为，爸爸是骗我的。我站在那儿等着。一会儿，看见爸爸走到图书馆门前，肩上扛了一个电子琴。"

她从幼儿园回来就开始弹琴，一直练习到深夜，兴趣极浓。

冬冬："学电子琴，还真像别人说的那样，不会的时候，一点也不想学，学会了光想弹。"

1990-9-25

值日生的职责

今天，冬冬终于当上了值日生，还当得相当卖力。

冬冬："当值日生，一点意思也没有，管他们也不听。"

妈妈："老师怎么说你的？"

冬冬："老师说，'干得很好，争取下次还当。'"

妈妈："能得到老师的认可，多好呀！"

冬冬反思当值日生的职责，还有自己的表率行为，说："管别人，得首先管住自己。自己就做不好，别人也不听。要拿自己的短处，和别人的长处比；不能拿自己的长处，和别人的短处比。老师说的。"

学琴感受

冬冬从幼儿园回来，就开始练琴。

冬冬："学电子琴，并不像我想象的那样容易，那样有趣，还怪难的。"

1990-9-26

小朋友的生日

洪阿今晚过生日。

天快黑时，冬冬很兴奋地跑回来，连连大叫："妈妈！妈妈！"

妈妈："什么事？这么高兴！"

冬冬："洪阿姐姐昨天说的，'明天是我的生日，拿礼物不拿礼物都可以来。'"

父母很支持她与小朋友们交往。让她带去一斤月饼，作为给洪阿的生日礼物。生日宴会结束了，冬冬又把月饼带了回来。

冬冬："我的礼物又带回来了！她从来不收礼物。熊楠给她的一套衣服，也拿回去了。"

妈妈："你玩得高兴吗？"

冬冬："要不，今天晚上玩得挺快活的，就是洪阿姐姐中途哭了。打破了碗，热水洒到了腿上，弄了好几个泡泡。"

1990-9-27

滑楼梯

楼下婆婆告诉妈妈，冬冬常常从二楼的楼梯扶手上，"哗"一下就滑了下来。楼上的其他孩子也滑扶手，但都是从楼梯拐弯处开始往下滑。冬冬则是从最上面、用很快的速度、路经拐弯处直接滑到一楼。

妈妈："冬冬，你滑楼梯了吗？"

冬冬："没有，真的没有。"

妈妈："说实话，滑过没有？"

冬冬："你怎么知道的？谁告诉你的？是婆婆吧？"

妈妈："谁也没说。"

冬冬："那你怎么知道的？"

妈妈："爸爸妈妈没有不知道的事。妈妈现在问你，是为了考验一下，你说不说实话！"

冬冬："我滑过，今后再也不滑了。那刘伟他们怎么滑呀？"

骑车技巧

冬冬练习骑小车。

冬冬："今天我得了第一好成绩。我会上车子、下车子了。"

妈妈："真的？"

冬冬一边表演一边说："就这样靠腿，靠腿，腿往后一迈，就上去了，再往下一下，就从前面下来了。"

妈妈："太好了。"

冬冬："你怎么没有流眼泪呀？我以为你会流眼泪的呢！"

她以为，妈妈会为她的骑车成绩，激动得热泪盈眶呢！

1990-9-28

"回忆"

冬冬在院子里骑小车。上车时，后面的两个小轮，总撞小腿肚儿，会打个吓人的趔趄。妈妈建议冬冬，多练练靠腿。

冬冬："靠腿，靠什么腿？"

妈妈笑着说："靠鸡大腿！"

冬冬知道，妈妈在跟她开玩笑，根本不接话茬儿，说："怎么搞的？昨天晚上还骑得好的，今天怎么又不行了？"

妈妈："过了一夜，回生了呗！"

冬冬接连尝试了几次，终于骑了上去，得意地说："看，又回忆起来了。"

如果知识回生了，还可以回忆；骑车的技艺回生了，怎么"回忆"的？

"你是骗我的？"

夜里十点多，冬冬还没完成老师布置的写字作业："我不想做作业，还是让爸爸帮我做吧？"

妈妈："只剩下了三个字，快点写。"

冬冬："不行，我一点也不想做！"说着，钻进桌子下面玩去了。

妈妈故意提高声调，喊："李宇明，冬冬不想写字，走吧，咱俩出去吧。"

冬冬惊觉了，问："出去？你们上哪儿去呀？"

妈妈："校园内呀。"

冬冬："妈妈，我们出去走走吧？我也跟你们一起去。"

妈妈："你没有完成作业，不能带你出去。"

冬冬忙坐下来，把剩下的三个字，按照老师的布置，每个字写了一行。

冬冬："去不去呀，妈妈？"

妈妈："上哪儿呀？夜深了，不能出去了。"

冬冬："你不是说，你和爸爸要到校园内吗？你是骗我的？其实，你心里也不想离开我，对不对？"

1990-9-29

"撤退"

下午，冬冬去周尅家玩。爸爸六点半去接，冬冬却不愿走。一直玩到十点钟，困得眼睛都睁不开了，才同意回来。

很长一段时间以来，冬冬总说周尅爱疯，爱打女孩子。

妈妈："周尅打你吗？"

冬冬："他很害怕我。看见我，就赶快指挥撤退，不敢打女孩子。"

"指挥撤退"，是电视战争片中"战争语言"。

1990-9-30

父女俩的举重游戏

冬冬从口袋里摸出一朵红花，说："妈妈，我告诉你一个最好的事。我得了一朵大红花。"

妈妈："真好。你做了什么好事，得了大红花？"

冬冬："老师说我值日生当得好，梁小锋也得了一朵。"

爸爸提议，跟冬冬做举重游戏，作为她当好"值日生"的奖赏。

爸爸把冬冬高高地举过头顶。

她很开心，学着体育播音员的腔调，说："观众同志们，举重进行得很激烈，让我们看一看。"

冬冬说着，躺在床上。爸爸也模仿抓举运动员上场，叉开双腿，模拟涂抹滑石粉的样子，再搓搓双手，走到床边。弯腰抓起冬冬的一边肩膀和一条腿，举到脖子前，鼓起腮帮，做运气状，往上一举，随即向下一放，大声宣布："抓举成功了。"

冬冬："没有成功。"

爸爸："怎么没有成功？"

冬冬："没有举过头顶！不信你再举一次看看，这一次你抓起来，才算成功呢！"

冬冬与爸爸玩举重游戏，一遍又一遍，把爸爸累得满头大汗，瘫坐在沙发上。

"是……，不过……"

冬冬："妈妈，我给你辫个辫子吧？"

妈妈："辫不了啊，头发太短了。"

冬冬："是有点短了，不过还可以辫。"

这是让步转折句，表达起来有"一波两折"之效。

1990-10-1

解释"敏感"

妈妈对大姑说，××小朋友很皮实，不敏感，挺好的。

冬冬："我知道什么叫'敏感'！'敏感'，就是机灵了一点。"

对"敏感"的解释，有点靠近，但不准确。

1990-10-2

怕大人说她"滚"

昨晚，冬冬在床上又蹦又跳，撞疼了妈妈。妈妈开玩笑地让她"滚"开。她趴在床上哭起来。

早上，冬冬问妈妈："你知道，昨天晚上为什么哭？"

妈妈："不知道。说说。"

冬冬："就是因为你说的'滚'那句话。我觉得，你是不爱我了。"

妈妈："不可能不爱你。现在呢，你怎么认为的？"

冬冬："只要你不说那句话，我还认为你爱我。"

各取所需

冬冬喜欢套印着画画儿。画出来的画儿，相似度极高。妈妈说，不能只描红，还要临摹。要比着画，进步才快。

冬冬："我要印着画。"

妈妈："你得听我的指挥。"

冬冬："凭什么要我听你的？"

妈妈："就凭我是妈妈，还要什么？"

冬冬误解了"还要什么"的意思，手指墙上的一幅画，说："还要很长很长的纸，比那还长。"

叠手绢

妈妈让冬冬把盖小猫的手绢，叠平展一些。

冬冬掂起手绢，使劲地抖了抖，说："哟，脏死了，但是妈妈要我叠，我也不能不叠。"

妈妈："不错，是个听话的孩子！"

"反悔"与"重新"

冬冬拿一个线团，问："这个能不能给我呀？"

妈妈："可以的。"

冬冬："我把这个放进餐具里。"

冬冬所谓的"餐具"，是她的玩具餐具。

妈妈没理解冬冬"餐具"的意思，说："线团，怎能放进餐具里？"

冬冬："你给了我，就不能反悔了！要反悔就得重新。妈妈，你是反悔还是重新呀？"

"重新"，意思大约是妈妈需要重新做决定。

谁生的孩子

冬冬："所有的孩子，都是妈妈生的，所以妈妈才爱孩子。"

妈妈："是的，孩子都是妈妈生的。"

冬冬："有的孩子，是爸爸生的吧？"

妈妈："不是爸爸生的。"

冬冬："我知道了，爸爸妈妈上婴儿室时，得拿结婚证！"

她认为，爸爸妈妈需要拿着结婚证，才能从"婴儿室"抱走孩子。

1990-10-3

以词释词

①冬冬："别睡了，妈妈，要不，我会感到孤独的。"

妈妈："什么叫'孤独'？"

冬冬："'孤独'就是'寂寞'。"

②冬冬："心里烦死了，我一看见她，心里就烦。"

妈妈："你知道什么叫'烦'吗？"

冬冬："什么烦不烦？'烦'就是'讨厌'，'讨厌'就是'烦'。"

这两例，冬冬都是以词释词。这需要懂得同义词或近义词关系才行。

1990-10-4

关于爱

冬冬： "张慧的爸爸是谁呀？"

妈妈： "你不知道张慧的爸爸是谁？"

冬冬： "我不知道。"

妈妈： "婆婆的儿子是谁？"

冬冬： "张三毛伯伯。"

妈妈： "谁是婆婆的孙女？"

冬冬： "张慧的妈妈。"

妈妈： "不对，张慧的妈妈才是张伯伯的妻子。"

冬冬： "张三毛伯伯是张慧的爸爸？可是，他们俩配在一起不好看，他们俩相爱过吗？"

妈妈： "应该相爱过，否则不可能在一起生活。"

冬冬： "现在还相爱吗？"

妈妈： "是呀。"

冬冬： "你和爸爸还相爱吗？"

妈妈： "你看呢？"

冬冬： "相爱。"

妈妈： "那爸爸和妈妈谁爱谁呢？"

冬冬： "谁都爱谁。"

孩子虽小，却能透过现象看本质。

1990-10-5

学知识

冬冬和熊楠在院子里玩了一个小时。妈妈站在窗户旁，喊冬冬回来练电子琴。

熊楠还没玩尽兴，拽着冬冬不让离开。稍停，冬冬还是气喘吁吁地跑了回来。

冬冬："熊楠威胁我，说我去学电子琴，就不让武怡堃跟我玩了。"

妈妈："你怎么回答她？"

冬冬："我说，'你自己不学知识，也不能不叫别人学知识呀！'妈妈，我说的对不对呀？"

妈妈："太有道理了！"

1990-10-6

美与丑

洗脸后，冬冬要擦面霜："今天我要擦白点。"

妈妈："擦白点？为什么？"

冬冬："我的皮肤太黑了。她们不让我当小姐，说我皮肤不好，长得不好看。"

妈妈："你很活泼，也很精神。"

冬冬："有一次老师问，'人长得丑，内心美也是很好的，问问哪个小朋友知道？'我说，'我知道，妈妈很早就跟我说过，'老师表扬了我。"

妈妈："眼睛虽然不大，但笑起来像弯弯的月牙，很甜很美。"

冬冬："眼睛小点，还好看呢，眼睛小，稀牙，有什么不好呢？"

她把妈妈说的"月牙"听成了"稀牙"。

1990-10-7

我不过是想"陪妈妈玩一会儿"

妈妈躺在床上休息，让冬冬去独自完成作业。她在床上跳来跳去，接着又躺下搂着妈妈玩耍。妈妈看她的学习态度如此不认真，很是不快。

冬冬："你有点悲哀？有点不高兴？你不高兴，我就不高兴，你知道不知道？"

妈妈："知道。"

冬冬："那你为什么还要生气呢？"

妈妈："那你为什么不听妈妈的话？"

冬冬："我没有不听妈妈的话。我不过是想躺在床上，陪妈妈玩一会儿。"

1990-10-8

"你不会保护我"

冬冬让秀群推着她的小车，一起去大操场练习。半个钟头后，冬冬气冲冲地回来了。

冬冬："妈妈，秀群姐姐不会保护我。"

妈妈："怎么了？"

冬冬："看我摔倒了，也不去扶我，还是慢腾腾地走。"

秀群："我一看你要摔倒，就赶快跑。"

冬冬："我要摔倒的时候，还回头看了一眼，你慢腾腾地走。你是要我给你一个印象，你不会保护我！"

"报酬"与"报仇"

父女俩做游戏。

冬冬趴在爸爸身上，很动情地说："爸爸，我亲爱的爸爸，我要说的第一句话，就是我爱你！你为我牺牲了，我一定给你报酬。"

爸爸："什么'牺牲'？什么'报酬'？"

冬冬："我知道什么叫'牺牲'和'报酬'。'牺牲'，就是死了。'报酬'，就是向杀人的那个人报酬，也杀死他。"

爸爸："那叫'报仇'，不是'报酬'。"

1990-10-9

察言观色

妈妈情绪不好。

冬冬："妈妈，自从那个小姑娘来了之后，你心里很烦是不是？"

她说的小姑娘，是指秀群。

妈妈："我烦了吗？"

冬冬："因为你很急躁。"

"打个赌"

到吃饭时间，桌子上只有一个碗。

冬冬："不用两个碗，就不能同时吃。一个先吃，一个后吃，对不对？"

妈妈："那可不一定。"

冬冬："好，咱们俩打个赌。要是同时吃呢，往后做事，我就听你的话；要是一个先吃，一个后吃呢，往后做事你得听我的。要是往后妈妈听我的话，该多好呀！"

冬冬越说越兴奋，似乎她已经赢定了。

1990-10-10

国家和城市

冬冬："中国的各个国家，都是哪些呀？"

妈妈："你是说，中国的各个城市吧。"

冬冬："上海、北京。"

妈妈："上海和北京，是中国的直辖市，还有很多城市。"

冬冬："我知道有哪些国家，美国、印度、法国。"

这时，天气预报开始了。

冬冬赶快拿笔和纸："快点，天气预报，记下来，一个北京。"

等她写下"北京"二字，天气预报早预报到"哈尔滨"了。

冬冬气得哭起来："你怎么不给我弄呀？"

原来，幼儿园老师布置的作业，是让小朋友记准各大城市的名字。

1990-10-11

是不是皇帝都坏

电视剧《雍正皇帝》。

大人们议论，雍正皇帝心太狠，对功臣恩将仇报。

冬冬："是不是所有的皇帝，都是坏的呀？"

爸爸："不是。"

冬冬："大部分都是的吧？"

雍正皇帝死了。

冬冬："皇帝怎么死了？得的什么病啊？"

1990-10-12

"温柔"

回家的路上，有一个班的大学生，正集中清扫马路两旁的枯枝败叶。一个女生，挥动手中的扫帚，漫不经心地扫一下，停一会儿。

冬冬："那个女孩子扫地，还怪温柔哩！"

阿 Q 精神

冬冬："我是第一组的组长，不，我是第六组的组长。"

爸爸："说清楚，到底是第几组的组长？"

冬冬："我什么组长都不是。我当了一天组长，老师就给我抹了。"

爸爸："不当组长，就当组员。只要学习好，玩得痛快就好。"

冬冬马上高兴起来，说："我学习好，当组员还好哩。组员管组长，组长管班长，班长管值日生，值日生管老师，老师管家长，家长管教授，教授管祖先！祖先嘛，什么也不管。"

典型的阿Q精神胜利法！

1990-10-13

"教养"

冬冬："老师说我最有教养，说那些爱疯的没有知识，没有教养。老师表扬我了。"

不管真假，期待得到老师的表扬，总是好事。

吃菜吃饭

吃饭。

冬冬："你要我吃饭，还要我吃菜，你说说！"

妈妈："说说什么，怎么了？"

冬冬："你要是要我吃菜，我就不吃饭；你要是让我吃饭，我就不吃菜。"

妈妈告诉她，吃饭，不只是吃主食，还包括吃菜在内。

现在的冬冬，话总往极致处说。"极端思维"，也许就是这个年龄段孩子的一个思维特点吧。

1990-10-14

谁有资格收留猫咪

夜里，猫咪叫唤得特别厉害，对家人的睡眠，影响很大。征得冬冬的同意，今天把猫咪送人。爸爸抱猫咪出去，过了一会儿，回来了。

冬冬："猫咪扔到哪儿呀？"

爸爸："东湖大学的一个学生抱走了。"

冬冬："是男的还是女的？"

爸爸："女的。"

冬冬："是长头发还是黑头发？"

爸爸："长头发。"

冬冬："噢，太好了。是戴眼镜的吧？"

爸爸："不是。"

冬冬有些不高兴了，又问："是穿了一个红毛衣，上面缀满金片片，下面穿了一个黑裤子？"

爸爸："对。"

冬冬："噢。这正是我想象的样子。"

在她的想象中，时髦而漂亮的女孩儿，才会对猫咪好！

1990-10-15

像模像样的"骗人"

冬冬："星期二，可以不上幼儿园，星期三一定得上幼儿园。因为星期三下午，要进行智力比赛，得了第一，要发奖品证书什么的。"

妈妈："都比赛什么？"

冬冬："老师说，回来把这星期老师说的每一句话，都记下来。"

妈妈："老师都说了些什么？快说说。"

冬冬笑了："不是，没有什么智力比赛，是骗你的。"

父亲穿长袍，爸爸穿西装

（ *5 岁 10 个月　1990-10-16—1990-11-15* ）

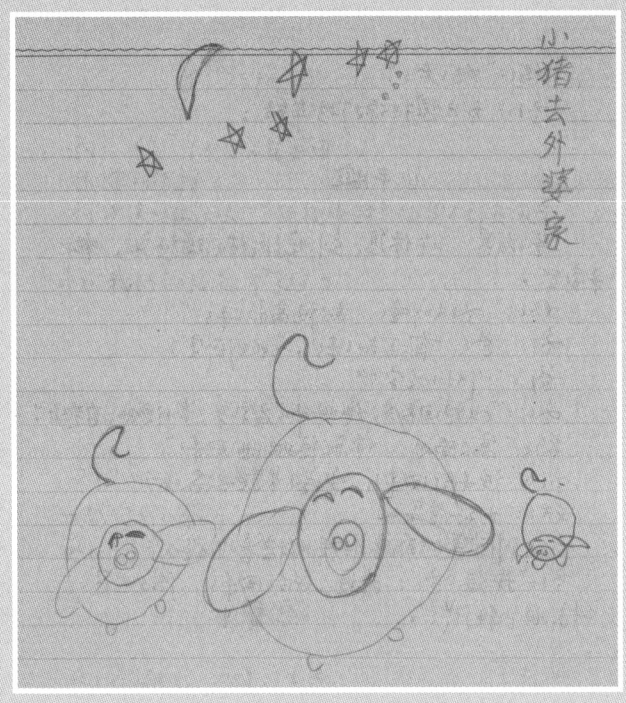

小猪去外婆家（1990 年 5 月）

1990-10-16

纠正自己说过的话

爸爸摘抄"冬冬日记"中的材料，准备写一篇关于儿童语言"谁"的论文，发现一些很有趣的现象。

爸爸："冬冬，你从前可真好玩，说'谁吃了我的知了，我就吃谁的鸡大腿'，对不对？"

冬冬："不对。应该说，'谁吃了我的知了，我就吃谁的大腿。'"

爸爸又问："冬冬，你还说'太阳比地球大，是因为全世界人都可以看到太阳'，这种说法对不对？"

冬冬："不对。"

爸爸："为什么？"

冬冬："我也不知道。"

五线谱

老师要求，练电子琴的孩子，都要学会五线谱。冬冬对那些上上下下的小蝌蚪，一点都不感兴趣。爸爸放下工作，陪她一起看着五线谱唱曲谱，越唱越高兴。

夜已深，爸爸提议睡觉。

冬冬坚持再唱几遍，说："爸爸，我还要学！不知道怎么回事，我不学的时候，一点也不想学；一学会了，就光想学。"

1990-10-17

直观教育的力量

冬冬："妈妈，我会讲《马神医选徒弟》的故事。"

爸爸让她讲一遍。的确，她叙述得绘声绘色，条理清晰。

妈妈："是老师讲的？"

冬冬："不是，是我编的。"

爸爸："讲得太有条理了，不太像是你编的。"

冬冬："是放幻灯片看的。"

幻灯片的直观教育，让孩子记忆深刻。

1990-10-18

初识的小朋友

张老师夫妇带邻居小姑娘来家。小姑娘四岁左右，落落大方，一点都不认生。

妈妈："那个小女孩，乖不乖？"

冬冬："不乖。她把人家的凳子弄倒了，还往床上趴。我要是到别人家，连坐也不敢坐。"

国画老师

冬冬在幼儿园报名参加的三个班中，舞蹈成绩最好，电子琴次之，刚接触到的国画，色彩浓淡不好掌握。画萝卜，点成了一团黑墨。

冬冬："教国画的老师才狠，只要画错一点，她就批评。"

妈妈问，老师怎么批评的？

冬冬的表情，马上变得凶巴巴的，模仿着武汉话的腔调，说，"'你画的么事呀，画的螃蟹，像个癞蛤—蟆。'"

妈妈："老师严要求是好事！"

冬冬："要求得太严了，也不好，吓得身上直发抖。"

1990-10-19

晨起

冬冬早上一醒，马上翻身下床。

冬冬："你知道我为什么要起床？我不瞌睡了。一睁眼，一点儿也不马虎，而且一点儿也不想睡了。"

"打扮品"

冬冬打开糖果盒盖子，用手捂着，不让别人看。盒子里，放着从外面捡回来的各种破烂。

冬冬："你说说，我那里有几多打扮品？"

妈妈："你不让看，我怎么知道？"

冬冬："我不告诉你正确数字。"

1990-10-20

"爸爸妈妈的爱情，是他们的胖宝宝"

爸爸的红领带挂在衣帽架上。冬冬拽下来，套在自己脖子上，昂首挺胸地走进书房，大声喊道："白丰兰女士，李宇明男子，你看！"

有意思，一戴上领带，说话也"斯文"了。看她俊俏调皮的模样儿，父母开心大笑。爸爸兴奋地抱起冬冬，一次次举过头顶。冬冬兴奋得"嘎嘎"直笑。

她又指着父母说："爸爸的爱情是白丰兰，妈妈的爱情是李宇明，爸爸妈妈的爱情，是他们的胖宝宝。"

太了不起了！

"大烦人"与"大凡人"

爸爸沉浸在论文写作中，和平日的状态大相径庭：你对他说话，他充耳不闻，眼皮不抬，话也不说。

冬冬："爸爸这几天是个大烦人。我也和大人一样，心里老烦，老烦，也是个大烦人。"

妈妈："什么是大烦人？听不懂。"

冬冬："我是从电视上学来的，雍正皇帝说：'我是个大凡人。'"

小朋友谈论优缺点

周尅来家，两个小朋友玩得很开心。

周尅："老师说我什么缺点呀？"

冬冬："是那个什么呀？'不爱发言，不爱举手'。"

周尅："噢！"

冬冬："你知道，老师说我什么缺点？"

周尅："你大声喊'熊楠，熊楠'。"

冬冬："还有呢？"

周尅："不知道了。"

孩子们开始关心自己的优点和缺点，想知道别人对自己的评价了。

妈妈问，你喊"熊楠，熊楠"，是怎么回事？

冬冬说："老师说我，一激动起来，就大声叫喊。"

1990-10-21

长短句《下雨了》

冬冬随口溜了一首长短句：

　　"风吹哗哗哗，

　　小雨沙沙沙。

　　小朋友穿上雨衣，

　　打着小花伞。

　　蹦着跳着，

　　上学去了。"

1990-10-22

父亲穿长袍，爸爸穿西装

　　三个月前，冬冬曾解释过什么是"父亲"，什么是"爸爸"，并画了一幅图进行诠释。三个月后的今天，爸爸想考考冬冬，认知上有无新的变化。

　　爸爸："冬冬，爸爸想知道，父亲和爸爸有什么不同？"

　　冬冬："父亲穿着长袍马褂，爸爸穿着西装。"

　　爸爸："哦，那能不能把爸爸叫父亲？"

　　冬冬："不能，古代人才能叫父亲。"

　　爸爸："不对，现代人如果给爸爸写信，也可以写：'父亲大人'。"

　　冬冬："可以写'父亲小人''妈妈小人'？"

　　爸爸："你如果那样写，我把你的屁股打成两瓣！"

　　冬冬"叽叽嘎嘎"地笑着跑开了，说："没挨打的人，屁股还不是两瓣？本来屁股就是两瓣的。要不，怎么屙㞎㞎、尿尿？"

妈妈"拧火很及时"

　　冬冬跟妈妈一起在厨房煮牛奶。牛奶开锅了，妈妈拧灭了煤气。

　　她忙跑到书房，对爸爸说："妈妈烧得很好，一点也没洒。因为她拧火很及时。"

跳绳

冬冬在幼儿园学跳绳。

回到家，冬冬说："我们班有两个跳得最好的，那就是严路和李甜甜。她们会跳，我不会。可是我学得好，老师就表扬了我们三个。"

"跳得最好"，应该受表扬。"学得好"，也可以受表扬。老师的教育理念很不错。

1990-10-23

"上舞蹈队"

天黑了。冬冬上楼来，未见其人，先闻其声，说："妈妈，妈妈，太好了，太好了！"

妈妈："什么好事，这么高兴？"

冬冬："朱可姐姐今天过生日，邀请我去，我可以去吗？"

当然可以。妈妈让冬冬带一瓶罐头送朱可。很快她又回来了，有点沮丧地说："到七点钟才能开始。妈妈，我不想去了。"

妈妈："为什么啊？她们不欢迎你？"

冬冬："不是的，朱可姐姐的一个老师也来了。我觉得和她在一起，不好意思。"

妈妈："你可以挨着小朋友坐。"

冬冬："我有点不想去。"

妈妈："真的不想去，就不去，在家玩吧！"

冬冬："不，我还是要去的。"

她参加完生日派对，极其高兴地说："妈妈，我跳了舞。朱可的老师姓甘，她也跳了舞。她跳了好几个，一点也不好。"

大象和小朋友的故事
（1990-11-01）

从前，有一只大象，走啊走啊，走到了河边，碰到一个小朋友。小朋友说，你这个大象，好坏呀！说着，就想把大象推到河里去，但大象一动也不动，还是站在那儿。小朋友自己却掉到河里去了。大象说，你伤害不了我，很气愤地走了。后来，大象又说，不想在这儿了，还是想去看看那个小朋友。这个故事就讲完了。冬冬这故事，有头有尾，有情节有情趣，进步很大

妈妈："你跳得怎么样？"

冬冬："我跳得很好。甘老师说，等我上了小学，选我上舞蹈队。"

朱可已经上了小学，甘老师是华师附小的音乐老师。

《春天》

冬冬画了一幅《春天》：有假山、荷塘、两只小鸟和三只熊猫。画贴在了爸爸书房的床头，冬冬对这幅画很满意。

冬冬："这是我一个人画的，谁也没给我帮忙，妈妈只帮了一点儿点儿忙。"

自相矛盾。帮了"一点儿点儿忙"，也是帮了忙啊。

单独睡一间房

入夜，冬冬做出一个出乎父母意料的决定："今天晚上，我就一个人睡这床上。有三只小熊猫和两只小鸟，给我做伴。"

冬冬要一个人睡书房？父母当然高兴。

冬冬："爸爸，这画是我给你画的，你揭走，挂在那屋里吧！"

"那屋里"，指的是卧室。

爸爸用激将法，说："我才不揭呢。今天晚上，你还是跟妈妈一起睡大床吧。"

冬冬语气很坚决，说："不，今天晚上我就睡到这儿。妈妈，你是希望我永远永远一个人睡，还是希望我跟你睡一块儿呀？"

妈妈："自己能单独睡，是大孩子才有的本领！你长大了，快上小学了，已经有了这种能力，可以独自睡一个床了！"

这是一个有纪念意义的夜晚。冬冬平生第一次，一个人睡在一个房间里，从分床到分房间，是迈出的独立性的又一大步。

夜里，爸爸妈妈多次去看冬冬。她睡得很香，很舒服。

1990-10-24

一个人睡，好舒服

早上，冬冬自己穿好衣服，跑回卧室。

爸爸："昨天晚上睡得好吗？"

冬冬："一个人睡一个床，好舒服呀！不知怎的，我一个人睡，光想笑，你们去看我的时候，我是不是在笑呀？"

爸爸："嗯，是的。睡熟了，还笑眯眯的。"

冬冬从幼儿园回来。

妈妈："冬冬，你对小朋友们说，你一个人睡一个房间了吗？"

冬冬："没有，人家会说我娇气的。我不说，他们以为我早就是一个人睡了呢！"

她终于明白了，人长大了，是应该一个人单独睡觉的。如果现在才单独睡，会被小朋友笑话的。

询问妈妈生病史

今晚，冬冬又睡在书房。妈妈坐在床边，极其满意地看着她。她见妈妈正注视着她，说："妈妈，你看着我没意思。"

妈妈："有意思，妈妈喜欢你。"

冬冬："我一生下来，你就喜欢我吧？"

妈妈："当然。"

冬冬："大家都喜欢我吧？都抢着要我吧？"

妈妈："是啊，爸爸妈妈的劲儿特大，就抢到了。"

冬冬："你是什么时候得的病？"

妈妈："大学三年级。"

冬冬："那你怎么说，有劲儿抢到我呢？"

妈妈："那时候，妈妈身体还有力气。你出生后的第二年，妈妈的病情才恶化。"

冬冬："我还不如不生来呢！"

妈妈："那为什么？"

冬冬："是我害了你。"

宝贝儿，怎么是你害了妈妈？你给父母带来的亲情和欢乐，是任何计量单位都无法计算的！

1990-10-25

"多大可以结婚"

今晚，冬冬仍睡在书房。

冬冬："妈妈，我问个问题。人长多大才可以结婚？"

妈妈："二十岁以后。"

冬冬："菁菁姐姐多大了？"

妈妈："十六岁。"

冬冬："秀群姐姐呢？"

妈妈："咱不说话了，好吗？妈妈看着你入睡。"

冬冬："不看着也行。"

她翻了个身，拉紧被子，闭上眼睛，很快就睡熟了！

1990-10-26

说了两次"错话"

冬冬学电子琴回来，滔滔不绝地跟妈妈叙述，在电子琴班里发生的趣事。她说："老师说，她弹一遍《摇篮曲》让我们听听。我说，

葫芦娃的故事
（1990-11-01）

冬冬听过多遍《葫芦娃》的故事，今天是从头讲起。说有一个老爷爷，上山去采草药，脚下石头一滑，"哗啦啦"一阵响，掉在了深谷里。突然，听见喊救命的声音，"救命啊！救命啊！"这是谁在叫？老爷爷走过来一看，原来是葫芦底下压着一个动物。老爷爷问，你是谁呀？穿山甲说，我是穿山甲。对不起，老爷爷，你听我说，在很久很久以前，有两个妖精，一个蛇精，一个蝎子精，它们伤害了很多人，最后天神烦了，就把这两个妖精压在这葫芦山里。都怪我，把这葫芦山穿破了，这两个妖精给跑了。妈妈边听边指导，真不错，有了讲故事的样子

'我会弹，我会弹'，老师笑了。我说了一次错话。"

妈妈说，你说你会，不算说了"错话"。老师笑了，是老师高兴，老师喜欢会弹琴的孩子。

冬冬："那一次，向老师让我们听小提琴，声音很慢。我说，'小提琴声音蛮温柔哩，'向老师笑了，说，'这姑娘，这李纤蛮会用词哩！'我总共说了两次错话。"

冬冬所谓的"两次错话"，其实，她自己也并非真觉得是说了错话，而是用说"错话"来调侃自己和老师之间的互动。

画中的秋景

幼儿园老师，让小朋友画《秋天》。冬冬画得不错，画儿上有老师画的一面小红旗。

冬冬："老师说，我画的画儿有两个特点，秋天果子熟了，这是梨树，像不像呀？这是苹果树，下面是菊花。"

画儿中，有苹果树和梨树，树下有菊花。这幅画儿，的确抓住了秋日的特点。

1990-10-27

没有生命，什么都没有

冬冬在书房的小床上，乖乖地睡了三个晚上，今晚又提出回来睡大床。爸爸静静地听完她的要求，让她自己决定，想睡大床，就睡大床。

冬冬："我有两件最宝贵的：一个是爸爸妈妈，没有爸爸妈妈就没有我；再一个是人的生命。就是卖掉房子，也不能换掉爸爸妈妈和人的生命。"

妈妈："冬冬长大了！这两点都说到了实处！"

得到妈妈的肯定，她很开心，说："爸爸，我知道最最重要的是什么。"

爸爸："最最重要的是什么？"

冬冬："那就是人的生命。没有人的生命，什么都没有。"

1990-10-28

没有钱，就没有饭吃

冬冬："妈妈，我有五样东西最重要！你知道是什么吗？"

妈妈："昨天说了两样，今天又成了五样了？说说看有哪五样？"

冬冬："第一样，是那个闪光的东西；第二样，是袁悦阿姨给我钩的小娃娃；第三样，是爸爸妈妈；第四样是金钱；第五样是钟表。"

"那个闪光的东西"，是刚买回来的小灯笼。

妈妈："妈妈不明白，为什么金钱是最重要的？"

冬冬："没有钱，就没有饭吃。"

初步具备了金钱和生存意识。

1990-10-29

当组长、值日生的成就感

冬冬："武怡堃平时看着怪温柔，今天我们组得了第一，她们组没得，她拉着我的衣服，打我的脸一下。老师不在那儿，要不非批评她不可。"

妈妈："你对老师说这件事情没有？"

冬冬："说了，老师没吭声。妈妈，我当上第四组的组长了，还是星期四的值日生，星期六，比赛跳绳。"

1990-10-30

自编的谜语

冬冬："爸爸，妈妈，我给你们编个谜语吧？

'一个发卡形，

下面一个大椭圆。

写着三个字，

上面有个小圈圈。

用手一拧，

做饭最方便。'"

爸爸："哈哈，我猜到了，是液化气罐。"

冬冬："不对，是煤气罐，我老是看着'煤气罐'上面有三个字。"

"液化气罐"是学名，"煤气罐"是俗名。

冬冬自编的这个谜语，很直白，不押韵，但观察得很仔细，点出了煤气罐的典型特征。

1990-10-31

收发室

邻居李伯伯在学校收发室工作。在分发信件时，只要有本栋楼的信件，就顺便捎回来。

冬冬："为什么李伯伯给我们拿信呀？"

妈妈："他在收发室工作。"

冬冬："什么叫'收发室'呀？"

妈妈："邮递员把信送到他那儿，这是'收'；他再发下去，就是'发'。所有的信件，都从他手里过一遍。"

冬冬："为什么所有的信，都从他手里过呀？将来我长大了，也当收发室。"

1990-11-1

跳绳比赛的名次

幼儿园比赛跳绳。

妈妈："你跳了几下？"

冬冬："101下，第一名，这是奖牌。第十名的只这么一丁点儿大。"

冬冬的奖牌，是硬纸牌五角星。

妈妈喊："李宇明——"

爸爸听见喊声，走了过来。

冬冬："叫爸爸干什么？我说的是真话，是吧，爸爸？"

妈妈："是真的？"

爸爸："冬冬，你说的不对吧？我看了黑板上写的，第一名是你们班上的，但不是你。"

冬冬丧气地说："我跳了27下，是第七名。"

爸爸："没得第一名，没什么了不起的。往后咱好好练，一定可以得第一名。"

冬冬："如果爸爸不看黑板的话，你们就相信我的话了吧？"

希望得第一名，把最好的成绩说成是自己的。这个年龄段的孩子，依然常把主观愿望当作现实。其实，这也是一种良性的思维素质。

1990-11-2

回生的加减法

上半年，冬冬基本掌握了一百以内的加减法。近两个月，放松了训练，结果，连十以内的加减法，也算不对了。她审题有点粗心大意，常常不注意所出的题目是加号还是减号。

学琴

冬冬学电子琴回来。

妈妈对爸爸说："老师指出冬冬弹琴的缺点没有？"

爸爸："没提，只表扬。"

冬冬："老师叫练《划船曲》，我早就会了。老师夸我学得快。"

爸爸："但是，你听课不专心。"

冬冬："不是的，我不想听，光想弹。"

1990-11-3

希望每天都当值日生

一觉醒来，冬冬毫不迟疑，麻利地穿上衣服。

冬冬："妈妈，我今天为什么起得这么利索呀？"

妈妈："为什么？"

冬冬："是我今天要当值日生的缘故吧？快点起来呀，爸爸！要不就晚了。"

妈妈："如果你每天都这样就好了。"

冬冬："那老师每天都让我当值日生吧？"

妈妈："那不可能。不过，每星期可以当一次。"

冬冬："那为什么呀？"

妈妈："班里那么多小朋友，每人都要有锻炼的机会呀！"

1990-11-5

穿拖鞋

秀群拿出一双拖鞋，要给冬冬穿上。

冬冬："为什么要我穿拖鞋？我还不是会穿拖鞋？"

意思是，不需要帮忙，自己会穿拖鞋！

画秋天

从幼儿园回来。

冬冬："今天有两个作业，一个是画秋天，一个是画秋天的特点。老师说，一定要画出秋天的特点。"

其实，这"两个作业"是一回事。在孩子眼中，就变成了秋天和秋天的特点了。

1990-11-7

攒钱要攒"一万元"

冬冬用鼻子闻闻妈妈吃的药，说："这个药有话梅味，我真想吃话梅呀！"

妈妈："想吃话梅？好呀，拿你的钱，去买话梅吧。"

冬冬："但是不准用我的钱。我的钱就那么一点儿点儿，一用就用完了。"

妈妈："我问你，你攒钱攒到多少了才让用？"

冬冬："我要攒到一百元，一千元，一万元。"

"不管是轻病还是重病"

冬冬有些感冒。

妈妈："冬冬，把药带到幼儿园，中午吃一次。"

冬冬："忘了怎么办？上次就忘了。我一掏口袋，哟，药还没吃呢！"

妈妈："这次要记好，别忘了。"

冬冬："老师说，'生了病，要养好病，再上幼儿园，不管是轻病还是重病。'"

妈妈："老师说，如果发烧了，才不能去幼儿园。"

冬冬拿妈妈的手，去摸自己的额头："你摸摸，我发烧！"

1990-11-8

"我像个男孩"

冬冬双手使劲插在裤子口袋里，胳膊笔直，很帅气地站在那儿："我像个男孩。男孩子就是这样插，手插到底了，还使劲往下伸。女孩子就这样插……"

说着，身子一侧，头一扭，大拇指很酷地插在口袋外，其他四指松松地放进口袋里面。

幼儿园是学知识的

妈妈："冬冬，你在幼儿园还玩公主游戏吗？"

冬冬："不玩了，武怡堃她们还玩。我跳绳，跳绳还好玩呢，老师还表扬。玩公主游戏，老师就批评。"

妈妈："老师为什么批评？"

冬冬："老师说，'把纱巾拿到你家里去玩吧，幼儿园是让学知识的，不是让玩的。'"

1990-11-9

妈妈不该用这个词

妈妈关节疼痛减轻，心情大好。

冬冬："妈妈，我想让你在下雪前身体就好，你呢？"

妈妈："我也是。那样我就可以和你打雪仗了！"

冬冬："你要是没有孩子，也是这样吗？"

妈妈："如果没有孩子，妈妈没有这么可爱。"

冬冬："你不应该用这个词。大人是不能用这个词的，只有小

儿歌《小帆船》
（1990-11-01）

孩才可以用。"

打什么时候起，"可爱"，成了小孩儿的"专利词"了呢？

1990-11-10

动脑筋，喊爸爸起床

早上，妈妈让秀群去喊爸爸起床。秀群跑去一趟，没有喊起来。冬冬自告奋勇，果然喊起来了爸爸。

冬冬："爸爸不想起床，我动动脑筋，想起了办法。"

妈妈："你想起来什么办法了？"

冬冬："我说，你要不起床，我今天就不上幼儿园了。爸爸一听，连忙说，'我起，我起。'我把被子一掀，爸爸是光着背的。"

妈妈："好办法。"

冬冬："秀群姐姐就喊不起来爸爸，她就没有动脑子。"

"因为它本身就很香"

电视上说，兰花是天下第一香的花。

大姑："冬冬，请问，什么花是天下第一香？"

冬冬："当然是兰花。"

大姑："为什么是兰花？"

冬冬："不为什么，因为它本身就很香。"

爸爸最自豪

冬冬在舞蹈班，表现不俗，舞蹈老师常让她出列做示范动作。在场的小朋友父母们，向爸爸夸奖冬冬不仅学得快，动作也很优美。

爸爸："冬冬，今天老师让你示范了几次，那些爸爸妈妈们呀——"

冬冬："都为我自豪吧？"

爸爸："不是自豪，是羡慕。羡慕爸爸有个好女儿。"

冬冬："什么叫'羡慕'呀？"

爸爸："'羡慕'啊？别的父母，看见你跳舞跳得好，希望自己的孩子，也能像你一样，这就是'羡慕'。冬冬，你做示范动作，谁的爸爸最自豪呀？"

冬冬："所有的爸爸都自豪。"

爸爸："哈哈，不对不对。是你的爸爸最自豪！"

"正常"与"不正常"

冬冬："老师为什么要批评人呀？"

妈妈："爸爸妈妈批评过你吗？"

冬冬："我觉得爸爸妈妈批评是正常的，老师批评是不正常的。"

妈妈："你在家，是爸爸妈妈在教育你；在幼儿园，是老师在教育你们。孩子犯了错误，家长和老师批评都是正常的。"

冬冬："是不是老师没想好就批评，等她想好了，还会说对不起吧？"

妈妈："老师认为你做得好，就会表扬；觉得你做错了，就要批评。老师喜欢好孩子。"

冬冬："为什么老师喜欢好孩子？要是全班都成了好孩子，那所有的老师，都来教这个班吧？"

这个推理，也太奇怪了点！

1990-11-11

男高音歌唱家

爸爸陪冬冬上电子琴班。

回来后，冬冬对妈妈说："老师让我们唱1-2-3，我爸爸唱了。我一看，老师笑了。老师想，从哪儿来一个男高音歌唱家呀！"

爱听小时候的故事

冬冬："妈妈，跟我讲小时候的故事吧？"

妈妈说，她刚出生，就很好玩儿：爸爸喂她喝白开水，她用舌尖拱出来；喂糖水，就美滋滋地咽下去的趣事。

冬冬津津有味地听着，说："讲下去，继续讲下去！"

幸福的标准

大姑："咱们家谁最幸福？"

冬冬："当然是我了！"

大姑："还有谁？"

冬冬："还有妈妈和大姑，妈妈什么也不干，光叫人家伺候她。"

大姑："大姑呢？"

冬冬："大姑聪明呀，人聪明就有人玩。大家都喜欢你，喜欢和你一起干，这不很幸福吗？"

在她心目中，被人伺候，是"幸福"；被人喜欢，是"很幸福"！

崇拜知识

大姑拿纸牌做算命的游戏。

冬冬："给我算一卦，也给我算一卦。"

大姑："你想算什么？"

冬冬想了一想，说："我想算，我长大了有没有知识。"

现在终于活泼了

近日，冬冬调皮得近乎顽皮。

老师说我没缺点
（1990-11-01）

姑姑、妈妈和冬冬谈论舞蹈班的情况。冬冬说，老师说她跳得好，就让她先回家。姑姑问，老师又让你站前面领舞了？有一次老师怎么说呀？冬冬模仿老师的腔调，说："你怎么能学这么好哩！"妈妈急着问，这次老师又表扬了你，老师怎么说的？冬冬自豪地说，老师说我"完全很好，没缺点了"。姑姑追问，谁没有缺点了？冬冬自信地说，我，没缺点了。全班都有缺点的

爸爸："你瞎折腾个什么呀？又想挨打了是不是？算一算，你挨过几次打？"

冬冬："没打过一次，这个年。"

爸爸："那一次，我让你跪在床上呢？"

冬冬："不是今年呀？"

爸爸妈妈开怀大笑起来。

冬冬得意地说："我知道，你们结婚的时候，就想让我这么活泼。现在我终于这么活泼，你们就满意了，满足了。对不对？"

1990-11-12

刺鱼还是刺老鼠

武汉，把鱼剖开，把内外刮干净，称为"刺鱼"。

邻居刘伯伯正刺鱼，对冬冬说："李冬，看伯伯刺老鼠。"

冬冬："刺老鼠干什么呀？"

刘伯伯："吃呀？"

冬冬："中午的老鼠没刺就吃了，怎么这个还刺呀？"

中午，刘伯伯家曾用老鼠夹子，捉到一只老鼠。

刘伯伯只好改口说："这是鱼呀！"

冬冬得意地："噢？这是鱼？"

刘伯伯笑了："噢，噢，我说错了。"

以子之矛，戳子之盾。冬冬的小幽默！

"8点15"还是"8点51"

电子表显示是"8:15"。

冬冬："噢，现在是8点51分了，过了八点半了吧？"

妈妈："你再看看，念错了没有？"

冬冬：“是8点15分，还没到八点半，对不对？”

妈妈：“对！”

冬冬：“这两天我要特别听话。”

妈妈：“为什么呢？”

冬冬：“再过两天，爸爸就要出差了。要不，爸爸会不想我的。”

1990-11-13

《金苹果》的故事

妈妈读《希腊神话》中的《金苹果》。智慧女神说，如果她得到金苹果，就让特洛亚王子成为世界上最聪明的人。

冬冬不解："为什么他不听她的话呀？"

"他"指特洛亚王子，"她"指智慧女神。

妈妈："因为他只想要最漂亮的女人做他的妻子，不想做最聪明的人。"

冬冬："要是我，就听她的话，可以成为最有智慧的人。"

"知识"的魅力

①冬冬："我喜欢看广告，因为里面有很多知识。"

②冬冬："现在没有女科学家吧？"

妈妈："有。但极少。"

冬冬："那为什么呀？"

1990-11-14

看电视的问话

①冬冬："什么叫'轨道'呀？是不是'鬼的道'呀？"

②冬冬："什么叫'经商'？"

③冬冬："什么叫'补贴'？"

1990-11-15

管得"严"还是"不严"

吃饭时，大姑问冬冬："你愿意让我们对你管得严一点吗？"

冬冬："如果你们对我不严，就不听话；如果你们对我严些，我就被吓住了。"

妈妈："那怎么办？是管严点，还是不严？据说，全日制托儿所的老师，管得特别严！"

冬冬："你不是要把我送到全托儿所吗？我觉得，你那是不爱我了。"

选择男朋友的标准

（5 岁 11 个月　1990-11-16—1990-12-15）

漓江三月（1990 年 5 月）

1990-11-16

文艺晚会上的表演

幼儿园开晚会，每个小朋友要用脚踏风琴，弹奏一个曲目。

冬冬："今天我们班开文艺晚会，我弹了一个'小狐狸'。老师说，'我们为李纤的学习和进步感到骄傲，'小朋友就'哗哗'地拍起手来了。"

妈妈："你能蹬着风琴踏板？个子太矮，够不着吧！"

冬冬："能，是我坐在尹老师身上弹的。"

大姑教她用电子琴弹奏"小小飞机"。练习了十分钟左右，已很熟练了。

冬冬学东西的快慢，关键在于她的注意力集中与否。

1990-11-17

"搞哭、搞笑"

早上，冬冬赖在床上不起来，妈妈忍不住发了脾气。冬冬哭着，怯生生地站在离妈妈很远的地方。

妈妈："你是觉得妈妈不爱你了？"

冬冬点点头。

妈妈："为什么呢？"

冬冬："妈妈把我搞哭，爸爸搞笑。"

在她发脾气耍小性子时，爸爸会千方百计，转移她的不良情绪，一直哄到她破涕为笑；妈妈却做不到，既没气力，更没耐性。

1990-11-18

上午、中午、下午

冬冬："今天我没睡午觉，中午我值日。"

妈妈："你值日？没听你说呀！"

冬冬："上午丘晨值日，中午我值日，下午武怡堃值日。"

能够把一天分为"上午、中午、下午"了。

1990-11-19

愿望和现实

幼儿园教儿歌"小小飞机"。

冬冬："我对老师说，我会弹'小小飞机'，老师说，'请'，我就这样弹。老师说，'弹得很好，很熟练，节奏也对。'"

妈妈："噢，不错。"

刚才还神采飞扬的冬冬，情绪突变，沮丧地说："不是真的。你知道，我跟你说着玩的吧？我跟老师说，我会弹'小小飞机'了，老师没听见。"

妈妈："你跟哪个老师说的？"

冬冬："尹老师。"

妈妈："你说的时候，尹老师正干什么？"

冬冬："正看小朋友们玩儿。"

1990-11-20

饼干

冬冬："我想吃圆圆的、薄薄的、带点咸味的饼干。那天你说给我买，就没买。"

妈妈："那天妈妈有事，忘记了，今天一定买。"

冬冬："一定，一定，总是一定，我都听习惯了，总骗人。"

红风衣

冬冬穿着大姑做的红色风衣，去了幼儿园。回来后，她告诉妈妈："小朋友们说，我是穿妈妈的衣服。老师说是我的。老师们都说好看，还说要比着做一个。"

妈妈："是吗？那太棒了！"

冬冬："刘老师今天对我好好哇！"

妈妈："怎么个好法？"

冬冬："刘老师说话好有意思。刘老师说，'刘老师有本事吧？'一下子就把我的拉链打开了。"

询问词义

①冬冬："什么叫'轨道'呀？什么叫'偏离轨道'呀？"

②冬冬："莫名其妙？'莫名其妙'是什么意思？"

1990-11-21

想去歌舞团学舞蹈

冬冬自语道："我不知道，我长大了干什么东西？我什么都想干，就是不知道干什么。"

妈妈："那就看你哪个方面有兴趣、有天赋，长大后就干什么。"

冬冬："我跳舞发展得好些，我长大了，当个舞蹈演员？妈妈，能不能把我送到歌舞团呀？那里有一个大厅，星期天送去。"

妈妈："是吗？你听谁说的？"

冬冬："王晓晓。王晓晓就是星期天去学的。"

湖北省歌舞团，就在街道口附近，离华师不远。学校很多老师，

自编的"希腊故事"
（1990-11-01）

冬冬听过很多希腊故事，今天即兴讲了一个。说从前有个希腊国，国王的女儿叫特尔，很漂亮。国王的儿子叫投斯，长得像怪物（后又说长得很英俊）。国王的兵都累死了，国王想，他该怎么办呢？忽然一声响，魔柜里出现很多金银财宝。投斯（这时不知怎的已经成了国王，有了儿女）高兴坏了，说要把这些金银财宝分给他的孩子们。孩子们想，爸爸真好，爸爸好富有啊。分财宝时，孩子们都去抢，但谁也没抢到，天帝爷把财宝收走了。孩子们让大兵把国王赶走了，国王从此成了穷人。而国王的女儿当了王后，国王的儿子当了国王，还生了漂亮的孩子，过着幸福的日子。这则"希腊故事"有人物有情节，但国王的女儿和儿子结婚，是不符合中国传统的伦理道德的

把自己的孩子送进幼儿舞蹈班学习。虽然冬冬的舞蹈感知不错,但我们家的人力、财力都有欠缺。再等等吧,如果有可能,也送她去。

"心眼儿好"与"心眼儿坏"

睡下后,妈妈讲雨果的《巴黎圣母院》。冬冬静静地听着,一动不动,深深地被打钟人卡西莫多的善良所打动。

冬冬:"妈妈,我记得你说过,'女人长得美,心眼儿好才算美;要是心眼儿坏,长得美也是丑,'对不对,妈妈?"

妈妈:"是的。"

冬冬:"你说的那个什么王国呀?现在还有吗?"

妈妈:"乞丐王国。半夜了,不讲了,快睡觉吧!"

冬冬:"明天我得早点上幼儿园,我和王韧、熊楠跳菊花仙子舞。"

1990-11-22

菊花仙子舞

冬冬早早醒来,就喊着要起床,对妈妈说:"今天早上,是我喊的你,而不是你喊的我。"

妈妈连连说对。

冬冬:"昨天吃饭的时候,尹老师喊我说个事,我也不知道什么事,原来是让排菊花仙子。我是红衣仙子,熊楠是白衣仙子,王韧是黄衣仙子,要打扮得很漂亮。"

下午,从幼儿园回来,冬冬很开心地说:"老师说我跳得最好,老师表扬我了!"

礼貌待客

家里来了客人,冬冬表现得彬彬有礼。

冬冬："妈妈，我对客人有礼貌些吧？"

妈妈："是啊！为什么呢？"

冬冬："我觉得对客人没礼貌不好，我不想那样做。"

身份和身世

看电视连续剧《渴望》。

冬冬："什么是'身份'呀？"

妈妈做了解释。

冬冬："我懂了，那为什么说'小芳的身份'呢？"

妈妈："这里用的是'身世'，不是'身份'。"

冬冬："噢，那是什么'身世'呀？"

妈妈："小芳不是亲生的，是捡来的养女！这就是小芳的身世。"

1990-11-23

不能弹琴的失落

冬冬盼望着出差几天的爸爸赶快回来。

早上，她开始计算时间，说："今天是星期五，明天是星期六，后天是星期天。爸爸什么时候才回来呀？"

爸爸出差前，曾和教电子琴的老师商量过，出差的这几天，冬冬用老师的电子琴练琴。今天，冬冬从电子琴班回来，很委屈地说："今天我没有摸琴。"

妈妈："为什么？"

冬冬："老师没带琴，用的是小朋友的琴。弹的时候，大家都在弹；老师讲课，人家把琴都关了。"

妈妈："那上电子琴课的时候，你在干什么？"

冬冬："我坐在那儿，只翻书看看。早知道弹不成，还不如回来呢！"

妈妈内疚地说："对不起。"

冬冬："妈妈，你怎么了？这不能怨你，怨我和爸爸没把琴带去。"

妈妈："对不起，孩子。"

冬冬："别说了，你已经说过三次了。"

1990-11-24

星期天过得好快

今天是星期天，一晃就到了晚上。

冬冬："星期天过得好快呀，要是一星期是星期天，一星期上学就好了。"

1990-11-25

上舞蹈班的梦

冬冬早上醒来，搂着妈妈脖子说："昨天晚上，我梦了一个梦。"

妈妈："什么梦？"

冬冬："星期一是舞蹈班。秀群姐姐很早就把我接回来，我气得哭了。"

妈妈："你喜欢舞蹈。教电子琴的王老师，也很喜欢你，对吗？"

冬冬："我小时候不怎么可爱，长大变得可爱了。哪一个教我的老师，都喜欢我。"

老师被称为阳光下最神圣的职业，一点都不夸张。老师对待孩子的态度，直接影响着孩子的喜好和未来的发展。

太想爸爸了

爸爸再有一个星期，才能回武汉。

冬冬天天计算着爸爸回来的时间，自语道："爸爸要是早上回来就好，晚上回来就睡着了。早上回来可以跟我玩。"

1990-11-26

好消息

冬冬："妈妈，我告诉你一个好消息，明天我当值日生；我还有一个好消息，从下星期开始，我们就要排练元旦节目了！"

妈妈："元旦还有节目？"

冬冬："今天有件事可好玩了。上次排的花仙子的动作，老师忘了，是我告诉老师的。"

换牙

冬冬张口说话，妈妈发现她的下门牙缺了一颗。

妈妈惊喜地说："你掉牙了？"

冬冬："我正在做游戏，跳着跳着，牙齿一下子蹦出去了。"

妈妈："蹦在什么地方了？"

冬冬："草坪里，我找了好久也没找到。"

这是冬冬换的第一颗恒牙。

"爸爸好像一点不关心似的"

冬冬："爸爸在家时，有的事，好像有点不关心。"

妈妈："爸爸不关心什么事情了？"

冬冬："那一次，我上小船上去玩儿，腿一下子碰着了，碰得好疼呀！爸爸好像一点不关心似的。说，'没事，回家吧！'妈妈，爸爸怎么想的？"

冬冬所说的，是她两岁半左右，发生在幼儿园操场的事。已过去了三年多，记忆还如此清晰。

1990-11-27

启发和警告

睡觉前，妈妈讲英国作家夏洛蒂·勃朗特的小说《简·爱》。冬冬很感动，问了许多问题。妈妈鼓励她，赶快认字，去读《简·爱》原著。

妈妈："你自己读读吧，从中能受到许多启发！"

冬冬："什么叫'启发'呀？"

妈妈做了解释。

冬冬："我知道什么叫'警告'。警告就是，打个比方说，'我警告你和那个小朋友，别从那儿走过。'"

1990-11-28

听得入神了

今晚，妈妈继续讲《简·爱》。冬冬不说话也不动弹，妈妈以为她睡着了，喊了她两声，没有回音。

妈妈："冬冬，瞌睡了吧？"

冬冬："我听呆了，听得眼睛一眨也不眨，就这样睁着。"

人与人要互相帮助

冬冬："老师说，人与人之间要互相帮助，就是对陌生人，也是这样。"

1990-11-29

零食

冬冬要吃零食。

妈妈："吃零食很花钱的。"

冬冬："花钱不要紧，只要吃得好，穿得好，身体健康就行。对不对，妈妈？"

背乘法口诀，迎接爸爸归来

冬冬画了一艘大轮船："你知道我为什么画轮船吗？因为我想爸爸了。爸爸是在第四个窗口，不对，是在第二个窗口。那里风景最美丽。"

妈妈："爸爸快回来了。"

冬冬："我想爸爸。但是，我不想让爸爸一回来就生气。"

妈妈："爸爸为什么要生气？"

冬冬："我的乘法口诀，还不会背。"

妈妈："抓紧背诵，等爸爸回来时肯定会背了。"

冬冬指指妈妈的嘴巴，交代说："你不要对爸爸说，让爸爸自己看，我要看看他的能力！"

1990-11-30

沉浸在舞蹈中

今晚是舞蹈班，妈妈去接冬冬。

舞蹈班正在排练《花仙子》。冬冬蹲跪在中间，有两圈小朋友围绕着她缓缓移动。她站起身子，转一个圈，小朋友们开始做动作。然后，冬冬几步跳到最前面，开始独舞，举手投足，优雅而潇洒。

下课了，冬冬跑出来看见妈妈，惊喜地说："你怎么来了？"

妈妈："妈妈来看看你跳得怎么样。"

冬冬："我跳得怎么样？"

妈妈："你是领舞，你跳得很好。"

冬冬："你怎么这样看？"

妈妈："难道你自己没感觉到？"

冬冬："我不知道。在所有事里，只有我对跳舞最入迷。一听见音乐，我就想跳，跳呀跳呀，不想停下来，什么时候音乐停了，我才不跳。"

选择男朋友的标准

看电视，让孩子们开阔了眼界，获得更多的知识，同时，也带来了跟孩子年龄不相称的早熟。五岁多的冬冬，开始思考，她未来要找什么样的男朋友。

冬冬："我长大了，找个个子高的，潇洒的，还要心灵美的。我怎么能看得出来呀？"

妈妈："不仅用眼睛看，还要用心感知！"

冬冬："还要身体健康，不能像你这样！"

妈妈："妈妈已经这样了，怎么办？我和爸爸离婚好不好？"

冬冬："不行，你不能和爸爸离婚。我爱爸爸，也爱妈妈。你们离了婚，爸爸不爱妈妈，妈妈也不爱爸爸了。今天我到爸爸屋里，明天我到妈妈屋里，你们会都不要我的。"

冬冬说着说着，双眼泪光盈盈了。

父母离异，受伤害最大的是孩子。这段关于父母离异的议论，是孩子最为纯朴、真实的心声！

《茶花女》

妈妈讲法国作家大仲马的《茶花女》。

冬冬："什么叫'妓女'呀？什么叫'高级妓女'？为什么不结婚，就不能有孩子呀？"

1990-12-1

"不要说那些使爸爸不高兴的事"

原定爸爸今天回武汉。

早上，冬冬说："妈妈，我知道你的心愿。你是想让爸爸早点回来。要是爸爸回来了，就叫他去接我，什么时候回来，什么时候去接。"

爸爸下午到家，就去幼儿园接回了冬冬。

妈妈："你这次去上海，见到朱曼殊先生没有？"

爸爸："没有。这次时间安排得太紧，没挤出时间。"

冬冬："爸爸刚回来很累，不要说那些使爸爸不高兴的事。"

妈妈："什么事，是爸爸不高兴的事？"

冬冬："像写书什么的。爸爸回来很累，今天晚上八点半就睡觉。"

1990-12-2

"这是我需要的"

冬冬和小曼一起整理玩具。小曼顺手把喜欢的小东西，装进了自己的口袋。

小曼要离开了，冬冬说："姐姐，能不能把你口袋里的东西，掏给我看看是什么呀？能不能呀？"

小曼双手一摊："我没拿什么！"

冬冬："你掏出来，我看看！"

小曼从口袋里掏出一个玩具。

冬冬："还有呢？"

小曼："没有了。"

冬冬："有，还有。"

小曼无可奈何，只得一次次往外掏。

冬冬拣出其中的几样，说："这是我需要的，我不能给你。"

"自觉性"

冬冬刚学会弹奏《四季歌》，给自己提要求，一定弹奏三遍才休息。

她很得意地自我评价，说："我这叫有'自觉性'。"

"不是故意的"

冬冬在床上玩耍，一屁股蹲在了妈妈脸上。

妈妈："冬冬，你干什么呀？"

冬冬："我的脚一滑，就坐在妈妈脸上了。我又不是故意的。"

妈妈："知道你不是故意的。说说，为什么不小心？"

冬冬："因为我看妈妈生气了，我也害怕了。"

事情的因果关系，是否弄颠倒了？

1990-12-5

只有爸爸能当家

吃早饭了，爸爸还没起床。

冬冬对秀群说："叫我爸爸过来。"

秀群转脸问妈妈："喊不？"

妈妈："喊吧！"

冬冬把筷子往桌上一摔，生气地说："你为什么光听妈妈的话？"

妈妈："妈妈是当家的，当然要听妈妈的话。"

冬冬："不对，爸爸当家。"

妈妈："这会儿爸爸在睡觉，不能当家。这样吧，我和爸爸都当家，好不好？"

冬冬："也是爸爸当家。"

"横蹦"

冬冬跳上床，挤进爸爸妈妈中间，使劲推爸爸："把我挤得横蹦！"

竟然使用"横蹦"一词？你已经躺下了，能"蹦"得起来吗？太夸张了！

1990-12-6

不喜欢她的样子

冬冬："你知道，我为什么不让秀群睡咱床上吗？"

妈妈："不知道！"

冬冬："我是怕她耳朵里的脓流出来。"

妈妈："她的耳朵已经好了。"

冬冬："我不喜欢她的样儿，一点也不聪明。"

妈妈："这可不好，她是来帮助咱们的，对你很亲。"

1990-12-7

"无所谓"

爸爸不在家。睡在床上的妈妈，想从躺着的姿势，改变成坐的状态。但因盖着厚棉被，身子动弹不得，喊冬冬帮忙掀开被子。

冬冬只顾练习翻绳，根本不理妈妈。

妈妈："冬冬，你再不帮妈妈掀被子，我就不看你翻绳了。"

冬冬："我只要学好，你看不看无所谓。"

1990-12-8

妈妈真好

昨天中午，冬冬没睡午觉，晚上喝水过多，半夜尿床了。妈妈

做蛋稀饭的厨艺
（1990-11-08）

妈妈问冬冬，今天晚上做鸡蛋稀饭，怎么做呀？冬冬说出关键词"鸡蛋碎儿"。妈妈问吃甜的呀还是咸的？冬冬说不甜也不咸。爸爸说又咸又甜，又要冬冬说说，怎么做蛋稀饭，先干什么，后干什么。冬冬说，先打鸡蛋碎儿，后炒个胡萝卜，再炒个花生炒肉片。爸爸说，鸡蛋打在哪个地方？冬冬说打在碗里。爸爸又问，打碗里之后怎么办？冬冬"吭吭哧哧"说了一大通，不知该选"馏一馏、煮一煮、炒一炒"中的哪个词语，来表述鸡蛋碎儿慢慢下锅煮的过程。若按冬冬的厨艺，也许能做顿美餐

让她睡在外边，自己紧挨着尿湿的地方。

冬冬：“妈妈，你真好。是不是昨天晚上我帮你，今天你就帮我呀？”

在孩子心目中，帮助，应该是“相互”的。

1990-12-9

养成习惯了

冬冬与秀群的关系，一直有点紧张。

妈妈：“冬冬，对秀群姐姐多点笑脸，好不好？”

冬冬：“我想给秀群姐姐笑的时候，我就笑；不想笑的时候，就噘嘴。我已经养成习惯了。”

1990-12-10

引用《围城》的名言

冬冬把她的小人儿书，一本本装进书包里：“妈妈，好鼓呀！像那一样，‘里边的想出去，外面的想进去’！”

妈妈：“没听懂。什么像那一样？什么出去进去？”

冬冬：“《围城》上说的，‘城里的人想出去，城外的人想进来’！”

借用钱锺书《围城》中的名言来联想，有点水平了！

1990-12-11

看电视，问问题

①看《动物世界》。

冬冬：“‘豹子埋伏在草丛里’，什么叫‘埋伏’呀？”

②看《新闻联播》。

冬冬："'伊拉克把人质'，什么叫'人质'呀？"

"不管……，还是……"

吃午饭。

冬冬："不管是好吃的，还是不是好吃的，我都要吃。"

1990-12-12

吊兰

吊兰花盆放在窗台上，几条长长的花茎，松散地垂落在地面上。

冬冬从窗下跑过，花茎缠住了她的脚。

冬冬："妈妈，你看那盆花，张牙舞爪地伸几条腿，把我绊了一下。"

妈妈："是你绊了花，还是花绊了你？"

冬冬："当然是花绊了我。"

"自尽"与"自杀"

冬冬："妈妈，我真想自——"

妈妈："想什么？想自杀？"

冬冬："'自尽'，是古话吧？'自杀'，是现代话吧？'自尽'就是'自杀'吧？"

1990-12-13

"强盗行为"

冬冬从楼下跑回来，小脸儿红通通的："他最喜欢亲女孩子，极不要脸哟，那个××！你说要脸不要脸？ ××说，比他小的女孩子他都敢亲。这是强盗行为，他也敢！"

冬冬用"极不要脸""要脸不要脸""强盗行为"，来表达她的愤怒。

父母问明情况后，交代她，以后不能再跟××一起玩，更不能去他的家里。

这是冬冬第一次遇到这种事情。牵扯到"性别"和敏感的"性"问题，女孩家长之谨小慎微、之担惊受怕，非笔墨所能尽述。孩子年龄尚小，有些话，该说的，不能说；即使说了，她也听不懂。只能交代她，尽量不和这类男孩儿一起玩。

做贺年卡

全家人和冬冬一起做贺年卡。

冬冬："爸爸，你喜欢什么颜色？"

爸爸："红色。"

冬冬："那么说，红色最好了。因为两个人都喜欢红色的。"

那一个人，大约是她自己。

妈妈用绿色画树叶。

冬冬："为什么你要绿的呢？剪刀，你喜欢红的。笔，为什么喜欢绿的呢？"

买剪刀时，妈妈提议买个红把子的。但是画树叶，妈妈要用绿颜色的彩笔。

妈妈告诉她，红绿相映最美。

冬冬又拿红、黄、绿三种颜色："这三种颜色配起来，你喜欢哪一种？"

妈妈："黄色。"

老公公的雕像
（1990-11-08）

一个白萝卜，一切两半，刻上菱形花纹，抹上盐，蒸熟后，就是一道菜。妈妈让冬冬吃萝卜，冬冬不吃。妈妈有办法，问冬冬这萝卜像什么？冬冬说像个雕塑，像个老公公的雕塑。爸爸说像不像老公公？冬冬的想象力来了，说这是头，戴个帽子，底下是他的衣服，手在这里面。妈妈提示刻在萝卜上的花纹，冬冬说这是眼睛，这是鼻子，这是嘴巴。然后，大家兴致勃勃地分吃"萝卜雕塑"，吃掉了想象中的老公公的头、帽子、下巴、脖子……冬冬边吃边说，有点咸咸的味，你们没有吃过这东西吧？妈妈顺着她说，没有吃过，并不是所有人都能吃到的。只有那些有理智的长大的孩子才可以吃的。一顿充满想象力的萝卜大餐

冬冬："你一会儿喜欢红色，一会儿喜欢黄色，到底你喜欢哪一种？"

妈妈："每种颜色，都有它的用处。一朵花，红色的是花瓣，绿色是叶子，黄色，画花心最美，也最形象！"

冬冬："为什么像花心呀？那为什么呀？"

她又把妈妈所说的"形象"，给误解了。

1990-12-15

有知识，才聪明

冬冬问妈妈："什么叫'互换意见'呀？"

妈妈："双方都谈自己的意见，最后意见达到统一。"

冬冬："那又有什么用处呢？"

妈妈："当然有用处了。从别人的意见中发现自己的不足，能学到很多知识！"

冬冬："人不是越大越聪明，是学的知识越多越聪明。打个比方说，××爸爸这么大了，还不聪明；我这么小，就这么聪明。"

"人不是越大越聪明，是学的知识越多越聪明"，这个见解很上档次。但不能，逮着个机会就夸夸自己！有句名言叫"虚心使人进步，骄傲使人落后"，懂不懂啊宝贝儿？

类人猿怎么变成人的

（6 岁　1990-12-16—1991-1-15）

爷儿俩（1990 年 12 月）

1990-12-16

印蓝纸

今天，冬冬找到了印蓝纸，印着画画儿，可就方便多了。

冬冬："这不是印蓝吗？难道？真的？"

追加的"难道？真的？"表现出她找到印蓝纸时的激动！

1990-12-17

"一肚子对付人的办法"

冬冬："闵婕今天打我的脸了。"

妈妈："看样子，你还手了？"

冬冬："打了。我打了她一次，她打了我两次。"

妈妈："人不犯我，我不犯人；人若犯我，我必犯人。这是一个伟人说的，你可要记住了。"

冬冬："我知道，妈妈，我有办法。休息的时候我不玩，在那儿想呀想呀，想出了一肚子的办法。"

妈妈："那你说说，你那一肚子办法，都是些什么办法？"

冬冬："我装得蛮温柔的样子，很可怜的样子，趁她不注意，就上去打她。"

妈妈："那可不行。别光想着去打架。"

冬冬："妈妈，你放心，我有一肚子对付人的办法。"

1990-12-18

类人猿怎么变成人的

晚上，爸爸讲生命的起源："冬冬，现在我提三个问题，你来回答，好不好？"

冬冬点头同意。

爸爸："第一，细胞像什么？"

冬冬："细胞，就像鸡蛋。"

爸爸："第二，地球上最先有什么样的生命？"

冬冬："有了地球，有了水。水里有了细胞，有了植物、动物。动物里类人猿变成了人。"

爸爸："第三，动物的祖先是谁呢？"

冬冬："单细胞。"

爸爸称赞冬冬说得好，然后就去书房工作了。

爸爸的这一赞美，让冬冬顿时兴奋起来，开始追着妈妈问问题了。

冬冬："妈妈，你跟我讲讲，野兽是什么变的？猴子怎么变成了类人猿，类人猿怎么又变成了人？"

"类人猿变成了人"，似乎是个公理。但她问的一个"什么"、两个"怎么变成"的演变过程，就需要专业知识了。

妈妈："妈妈还真说不清楚。明天我查查这方面的资料，晚上我再告诉你，好不好？"

冬冬："明天晚上，你一定得跟我讲讲这个问题。"

1990-12-22

一串子"为什么"

冬冬："人为什么那么大，虫子为什么那么小？为什么蚂蚁有腿，长虫没有腿？蚯蚓为什么在地下生活？"

"长虫"是"蛇"的别称。

这一串子"为什么"，表现出她对大自然的兴趣。

不吃亏，也不沾光

星期六下午，幼儿园给小朋友们发了水果。

冬冬："妈妈，今天的橘子有这么大的，有这么小的，我拿个中等的。"

妈妈："拿了个中等的？你是怎么想的？"

冬冬："老师说，把大的留给别人。我不拿大的。小的吃两口，就没有了。我也不吃亏，也不沾光。对不对？"

1990-12-23

有没有圣诞老人

爸爸说，圣诞节快到了，圣诞老人会给好孩子们送她最想要的礼物。但是，圣诞老人要事先知道，这个孩子最喜欢什么。这给冬冬带来极大喜悦，同时也带来了不少困惑：世界上，真有圣诞老人吗？

冬冬："妈妈，到底有没有圣诞老人呀？"

妈妈："有啊。"

冬冬："有？世界上那么多小朋友，他能送过来吗？"

妈妈："圣诞老人是够忙的。冬冬，你怎么看待，圣诞老人送孩子们礼物这个问题？"

冬冬："孩子的爸爸妈妈，知道孩子想要什么，就给孩子买了。"

妈妈："如果是父母买的，为什么又说是圣诞老人送的？"

冬冬："那还不是骗人哩！"

妈妈："骗人？即使是骗人的，那也是为了让孩子开心！你只有相信圣诞老人送来的礼物，你才能得到你喜欢的东西。说说吧，你想要什么？"

冬冬："我想要个电动玩具，遥控的。不管怎样，我都要遥控的。"

1990-12-24

"喜"字与喜糖

刘伟送来两袋糖块儿。

妈妈："冬冬，这是刘伟哥哥给你的糖块儿。"

冬冬："是喜糖。"

妈妈："你怎么知道是喜糖？"

冬冬："我看见上面的'喜'字了。要不是喜糖，送糖干什么？"

红薯之情

烤红薯，皮焦瓤软，冬冬很喜欢吃。她吃了一个，又拿一个让爸爸妈妈吃。父母都说不吃。她连连夸奖爸爸妈妈好。

爸爸："既然你喜欢吃，你就吃个够吧！我跟你说吧冬冬，假如一个人吃了这个红薯就能活下去，不吃就不能活，那爸爸妈妈也会让你吃，一定不会跟你争食的。"

妈妈点点头："绝对的。"

冬冬着急了，说："那不行，我们一人吃一半。"

父母舐犊情深，孩子也有了回报意识！

寒假安排

要放寒假了。

小姨来信说，姥姥病了。通过治疗，病情已好转，天太冷，不让妈妈回河南了。有她照看姥姥就行。家人决定，让冬冬跟大姑一起回河南奶奶家，爸爸利用假期写点文章。

冬冬："妈妈，你在这过年吗？"

妈妈："也不一定。回去不回去，要看姥姥的病情！"

冬冬："姥姥，又是姥姥，你总说姥姥，就不说奶奶。"

自造词语

爸爸连着四个晚上，跟冬冬讲科学小故事。

冬冬："我想在地球卫星上取东西化验，当个化验家；还要当个卫星小姐。我知道在飞机上服务的人叫什么，要是个女的，就叫'空中小姐'。"

"化验家""卫星小姐"，都是冬冬的创造。

平安夜

上床睡觉，冬冬把脱下的衣服，叠得板板正正，放在枕头旁："你可没想到，我是怎么对待我的衣服的吧？我们都讲究的。"

爸爸说，放在床头上的袜子，袜子口要敞开些，方便圣诞老人把礼物放进袜筒里。

冬冬："圣诞老人，今天晚上不会送东西的，明天晚上才会送，对不对？"

爸爸说，今晚是平安夜，圣诞老人的礼物，今晚一定会送达。快闭上眼睛入睡吧，圣诞老人的礼物，只送给熟睡的孩子。

1990-12-25

"圣诞老人"的礼物

早上醒来，冬冬的第一反应，就是去抓床头的袜子。她从袜子里，拉出一个长链条车锁和一个铃铛，还有两把小钥匙。这几样东西，正是她的小车上急需的。

冬冬异常兴奋，说："圣诞老人，是不是亲自给我送的呀？"

爸爸："当然，四只雪橇狗，拉着圣诞老人乘坐的小雪橇，飞也似的跑来了。"

冬冬："他还陪着我睡了一会儿，对不对？"

大家开心地"哈哈"大笑起来。她哪知道，陪她睡一会儿的，可不是圣诞老人，而是她亲爱的爸爸。

"我会报答你们的"

爸爸的胃受寒了。刚吃了两口馒头，突然恶心呕吐起来。冬冬连忙为爸爸捶背。

爸爸感动地："真是个好孩子！"

冬冬："我们是互相报复。"

爸爸："不是'报复'，是'报答'。"

冬冬："它们差不多，都有一个'报'字，将来我会报答你们的。"

"思想员"

冬冬："我也想上北极。北极是不是夏天也下大雪呀？"

妈妈："北极一年四季都是冰天雪地。等你长大了，当科学家去考察。"

冬冬："我什么也不想当，只想当妈妈的思想员。"

妈妈："什么是'思想员'？"

冬冬："就是养鸡、养鸭、养兔什么的。"

"思想员"，原来是"饲养员"！

看电视，问问题

看电视连续剧《李师师》，冬冬提了一连串的问题：

①"什么叫'为臣'呀？"

②"什么'看守内阁爱卿'呀？"

③"什么叫'风尘女子'呀？"

1990-12-26

"明日复明日，明日何其多"

冬冬："妈妈，我想起了一句话。"

妈妈："什么话？说给妈妈听。"

冬冬："明日复明日，明日何其多！"

最近，爸爸跟她讲明代钱鹤滩的《明日歌》："明日复明日，明日何其多。我生待明日，万事成蹉跎。世人若被明日累，春去秋来老将至。朝看水东流，暮看日西坠。百年明日能几何？请君听我明日歌！"

开头的两句，刚刚学会，就用了起来。

"逃避君子""躲避君子"和"伪君子"

冬冬："今天，刘老师说我是'逃避君子'。"

妈妈："什么是'逃避君子'？"

冬冬："不是，是'躲避君子'。"

妈妈："发生了什么事，老师这样说？"

冬冬："睡午觉，我大声喊了几下。刘老师听见了，说，'看你表现怪好，原来是个'躲避君子'。"

爸爸："老师是说，表里不一的'伪君子'吧？"

冬冬："对，对，是'伪君子'。她还说，'你爸爸也是个伪君子，大伪君子生了个小伪君子。'"

妈妈："刘老师真这么说的？"

冬冬："不是的，是我自己编的。"

因为这个"躲避君子"的绰号，爸爸妈妈很调侃了冬冬一阵子。每次，当父母喊她"躲避君子"时，她总是一本正经地纠正说："不对，是伪君子。"

1990-12-28

并不奇怪的奇怪问题

冬冬："妈妈，我能问个问题吗？"

妈妈："可以。"

冬冬："小姨是妹妹，你是姐姐，为什么茵茵表姐比我大？"

妈妈："小姨先结婚，茵茵姐姐先出生。"

冬冬："小姨比你小，为什么比你先结婚？她怎么没到年龄就结婚呀？"

1990-12-29

幼儿园联欢会

冬冬："妈妈，今天我们开了个联欢会。"

妈妈："是吗？谁表演节目了？"

冬冬："向老师跳了个新疆舞，刘老师和李木子跳了个往前一走、往后一退的舞。"

妈妈："你呢，出节目了没有？"

冬冬："出了，出了好几十个呢！"

妈妈："都是什么节目？"

冬冬："记不清楚了，太多了！"

妈妈："那你就捡表演得最好的节目，跟妈妈说说。"

冬冬："跳花仙子，老师们夸我跳得最好，刘老师给我奖了好多好多的糖什么的。"

妈妈："没有弹电子琴？"

冬冬："弹了。"

妈妈："弹的哪一首歌？"

冬冬："哪首歌都弹了，一首弹完了，停一下，又弹一首。"

"天下第一个老师"是谁

冬冬："妈妈，你和爸爸都会干什么？"

妈妈："会干很多很多的事情。"

冬冬："那你们是从哪儿学来的？"

妈妈："上学呀，读书啊，老师教的知识呀。"

冬冬："那你们的老师是谁呢？你们都忘记了吧？"

妈妈："没有忘记。'一日为师，终身为父'。爸爸妈妈从未忘记教过我们的老师！"

冬冬："那你们的老师又是谁呢？那天下第一个老师又是谁呢？是谁让他当老师的呀？"

妈妈告诉她，中国有记载的最早的老师，应该是孔子。

冬冬："你知道，我最喜欢的三个老师是谁？"

妈妈："卫老师、尹老师和向老师？"

冬冬："不是，使我最动感情的是马奶奶、李老师和吴老师。她们给了我很多知识，我永远也忘不了她们。"

这三位，都是托儿所的保育员。

现在就想知道的知识

冬冬："人是由什么变成的？"

妈妈："类人猿。"

冬冬："细胞呢？"

妈妈："是人的组成部分。"

冬冬："那细胞又是什么组成的呢？"

妈妈："分子和原子。"

喜欢内心外表都美的人
（1991-04-01）

　　妈妈与冬冬聊天，从喜欢红衣裳聊到喜欢长头发、喜欢长头发的大姑，又聊到给冬冬买小娃娃的一个叔叔。妈妈又问冬冬喜欢哪个阿姨，为什么喜欢她？冬冬说，她长得漂亮，而且心灵也美；外表也美，心地也善良。冬冬能从外表和心灵来评价人，很不简单，妈妈却故意揭人老底，说还有一点，她好给你带礼物、给你买东西。冬冬笑着点头。妈妈又问喜欢哪位叔叔？冬冬说喜欢小奇叔叔，理由是，虽然小奇叔叔每次来，不给她带东西，但感情对她很深很深的。妈妈问她感情怎么个深法，冬冬却又说不出来了

冬冬："原子什么样？有多大，有多小？分子呢？"

妈妈："一下子说不明白。你长大了，好好读书就知道了。"

冬冬："你们整天说长大了，长大了，我现在就想知道。"

妈妈："有求知欲，非常好。不过你现在该去睡觉了！"

冬冬一边往书房走，一边无奈地说："妈妈，我真想再跟你睡一块儿，睡一年，可是不行啊！"

感情和理智的纠结。此时，理智占了上风。

1990-12-30

"上幼儿园的事，我想通了"

明天就元旦了，冬冬不想去幼儿园，妈妈坚持让她去。

冬冬一笑，释然了，说："妈妈，上幼儿园的事，我想通了。"

妈妈："想通什么了？怎么想的？"

冬冬："因为这是今年的最后一天，我要去再看看她们。"

1990-12-31

长大了的冬冬

昨晚，冬冬要妈妈陪她入睡后再离开。妈妈坐在床沿儿，握着她的小手，她很快睡熟了。

今早醒来，冬冬对妈妈说："昨天晚上，我对不起你，我不该让你陪着我。"

妈妈："没有什么对不起的，妈妈喜欢陪着你。"

冬冬："可是，我对不起你。"

妈妈："你是怕妈妈劳累吧？"

想做水中的鱼儿
（1991-04-01）

妈妈让冬冬尽情提问题。冬冬问，人类中为什么非要有你？这个"你"其实说的是她自己。妈妈一开始没听懂，后来急忙解释说，你在人类当中占有很重要的位置，没想到冬冬竟然说她不想当人类啦，想当一个小金鱼，在暖和的水里自由地游动！妈妈说人比鱼舒服，冬冬承认"人也舒服"，但她想在湖水里游来游去，找宝石之类好玩的东西。妈妈说，宝石，人类也能得到，人可以到湖中去找宝石，也可以到平地上找，愿意到哪儿就到哪儿去。冬冬说"倒也是的"，但是她（做人就）不能整天待在水里。妈妈说，你喜欢水，夏天光让你洗澡。冬冬笑着说好。原来是喜欢水，才想做金鱼的

冬冬：“是的。”

妈妈：“真是乖孩子！那今晚不让妈妈陪就行了。”

冬冬：“谢谢你，我的好妈妈。”

起床后，冬冬坚持要自己叠被子：“我自己叠被子，是长的对长的吧？我们幼儿园是短的对短的。我们幼儿园可讲究了，要收拾得整齐哩。起了床，扣上扣子，穿上鞋，就得叠被子。”

1991-1-1

“每顿饭你指导我做”

冬冬：“我每天晚上都爱发脾气，养成习惯了，很难改了。等秀群姐姐走了十天，我才能改掉。”

妈妈：“妈妈可不喜欢你这个样子。”

冬冬：“妈妈，我有个要求，你答应不答应？咱们家不要请保姆了，好不好？”

妈妈：“为什么？”

冬冬：“请保姆，又费钱又费粮食。你和爸爸，一个月就那么几十元钱，花完了，怎么给我买零食吃？”

妈妈：“你还小，别管这些事。”

冬冬：“我就是要管，你们还要请人，我还是这个样子！”

妈妈：“宝贝儿，爸爸工作太忙，妈妈身体不好，干不了家务，也管不了你的衣食起居。不请人帮忙，这个家怎么办？”

冬冬：“我什么都干。就是不会做饭。那样吧，你教我做饭怎么样？每顿饭你指导我做，行不行？”

哎，宝贝儿，这些妈妈都知道，你说的也都在理，可是……

1991-1-2

"想让别人看看我的进步"

家里来了客人，看到摆放在桌上的电子琴，提议让冬冬弹奏一曲。

爸爸："弹一支曲子，让叔叔听听。"

妈妈："弹首曲子吧，叔叔听了，一定会表扬你进步快的。"

冬冬："我不想让别人表扬，而是想让别人看看我的进步。光让别人表扬，那有什么意思呢？"

礼貌用语"您"和"位"

前几天，冬冬曾说过，尹老师没有上班。

今天，冬冬说："今天尹老师来了。她结婚了，给每个小朋友发了一块儿喜糖。"

妈妈："尹老师没有上班，你说你想她了。今天，你跟她说了没有？"

冬冬："说了。我说，'我老早就给您三位老师送了贺年卡，你问那两位老师，把它放在哪儿了？'我还说，'我非常想你'，尹老师高兴地把我抱起来，转了一圈。"

1991-1-3

吓人的故事

夜里，冬冬辗转反侧，不能入睡。

妈妈："怎么了，冬冬？"

冬冬："我睡不着，脑子里总出现那种可怕的图像。"

妈妈："什么样的图像？"

爸爸妈妈很坚强
（1991-04-02）

冬冬说妈妈、爸爸是坚强的人。妈妈问怎么坚强？冬冬说爸爸有智力、有学问，而且不怕苦。说妈妈不怕苦，有学问，很有才华。妈妈说，爸爸怎么不怕苦还很坚强？冬冬举例子，说起爸爸小时候赤脚蹚过冰河挑豆腐的故事。妈妈想让她把故事讲完整，问上哪儿挑豆腐？冬冬说，到我爸爸的姑、我姨父家。冬冬话一急，把爸爸的姨父家说成了"我姨父家"

冬冬："妖怪呀，鬼呀什么的。妈妈，以后晚上，别跟我讲吓人的故事了，好不好？"

鬼怪故事，对孩子的心理，还是有影响的。

1991-1-4

"四不像"的饼干

一盒动物饼干。

冬冬拿出其中的一块儿，说："我这块儿饼干四不像：你说它像骆驼吧，它没有驼峰；你说它像羊吧，它没有羊毛，没有角，也没有胡子；你说它像海豚吧，它有腿；你说它像长颈鹿吧，它的脖子又不长。"

用"你说它像……，它没有……"这种话语方式，抓住"骆驼、羊、海豚、长颈鹿"等四种动物的典型特征，来表达"四不像"的概念。

和人性相关的话题

冬冬："坏人是黑心还是红心呀？坏人对他的妻子，也像对他要杀的人那样狠吗？"

妈妈："不会的。"

冬冬："那为什么呀？"

妈妈讲了一通人有多面性的见解。

冬冬："全世界的坏人，不知道有多少吧？他父母要知道他那么坏，就不生他了吧？"

妈妈："'人之初，性本善'，是说，人刚出生时，都是好人，后来慢慢学坏了，就变成了坏人。所以呀，谁的父母都不知道，自己的孩子长大后，会是个好人，或者坏人！"

数零钱
（1991-04-02）

冬冬从存钱罐里倒出硬币，开始数钱。捡起一枚一元的，说一块吧。边捡边数，一块一，一块六（捡了一枚五角的），一块九（捡了三枚一角的）。又捡起一枚一角的，说三块吧。妈妈说两块。冬冬接着数，两块一。妈妈说，那是个二分的，看看一样吗？冬冬继续数钱，一毛、两毛……，还不断辨认硬币

冬冬从探讨人类的进化史，又转向人性的话题。关注人世间的好人和坏人，并直指人心的"黑"与"红"，"坏人"如何对待妻子，以及父母是否后悔生的孩子是坏人等等。

"活要活得痛快"

冬冬："爸爸，你看我说得对不对？"

爸爸："什么对不对？"

冬冬："活要活得痛快，死要死得干净！"

爸爸："这是谁说的？"

冬冬："我不知道。大概是电视上吧！"

1991-1-5

不能大声吵吵

覃覃要玩冬冬的手镯。

冬冬不同意，说："覃覃，我们玩餐具吧？"

覃覃："你不给，我不理你。"

冬冬："我给不给你手镯，跟说话有什么关系？"

覃覃没拿到想玩的手镯，大发脾气。

冬冬："你吵吵什么呀？我爸在写东西，写错了怎么办？我妈妈睡觉，吵醒了怎么办？这是我的家。你要再吵吵，你就走吧！"

"聪明汤"

冬冬不喜欢喝粥。爸爸故意说，自己之所以如此聪明，就是因为喝了"聪明汤"的缘故。

冬冬："你喝了聪明汤？既然。你说我中午在幼儿园吃的啥饭？"

爸爸："米饭。"

冬冬："菜呢？"

爸爸："肉。"

冬冬："没有肉，是藕，肉丝煮藕。"

爸爸说，肉丝，也是肉。

冬冬："那你说，我今天下午吃的什么点心？"

爸爸："蛋糕。"

冬冬："不对，真的不对，要我说给你听吧，是夹心发糕。"

爸爸："爸爸说不对你都吃了什么，不代表爸爸不聪明。你再问别的问题，看爸爸能回答否？"

冬冬："江和河有什么不同呀？"

爸爸："你提的这个问题，还真有点水平。南方的河流，多称为'江'；北方的河流，多称为'河'。河夏季水量很大，冬季经常断流。应该是江与河的最大区别。"

1991-1-6—1991-4-9

（春节假期，大姑带冬冬回河南。正月初六姥姥病危，正月二十三姥姥病故。之后的几个月里，妈妈身心近乎崩溃，因而中断了三个月的记录。从4月份到7月底，记录也是时断时续，是为赘记）

秀秀河南话
（1991-04-03）

冬冬用河南腔跟爸爸耍调皮，说你能把我弄咋着！想把我咋着！还"哒哒哒"地敲东西。爸爸"嗯"她一声，她也模仿爸爸"嗯"一声，把爸爸逗笑了。冬冬又用河南腔说，你干啥哩！爸爸又笑起来

冬冬日记
(1991-4-10—1991-7-29)
10

赘记：幸福的一家人

(1991-4-10—1991-7-29)

1991-4-10

什么是"是说哟"

两天前，冬冬种下太阳花。今天，她跑到花盆旁瞧瞧，问："妈妈，种子怎么还不发芽呀？这花都是我的了。"

妈妈："刚刚种了，不可能发芽的。你是着急想看到它发芽，对吗？"

冬冬用武汉话回答："是说哟！"

爸爸："我问你，'是说哟'，是什么意思？"

冬冬："'是说哟'，比方说，你说'上花园玩'，我说'也是'。"

1991-4-11

盼晴

近日，一直阴雨连绵。

冬冬："为什么今天光下雨？那一天，就是夜里下雨，白天就晴了。今天为什么还不晴呀？到了中午能不能晴呀？"

1991-4-12

《杨乃武与小白菜》

电视连续剧《杨乃武与小白菜》，冬冬看得津津有味。

冬冬："妈妈，再有《杨乃武与小白菜》，我也不看了。没关系，我不跟老师说。"

妈妈："怎么了？为什么不看了？为什么不跟老师说？"

冬冬："我问老师看了《杨乃武与小白菜》没有？我问老师，

怎样叠蝴蝶
（1991-04-03）

爸爸要冬冬讲讲今天是什么作业。冬冬说是叠蝴蝶，串成一串，串成很长很长的一串。用糖纸做，也可以用花纸，不能用白纸。冬冬说着就要去拿糖纸，爸爸要她先讲讲怎么叠？冬冬说，把它弄一个角，把它叠一叠，叠完了反过来，把它叠完，用绳子一捆。冬冬说话时带了许多"反正"，妈妈帮助她表述蝴蝶叠法，还不忘校正她嘴里的"小零碎"

'小白菜的奸夫是谁？什么是奸夫呀？'"

妈妈："哎，你呀！怎么什么都问呀！"

冬冬："老师说'拍得不好'。"

这跟父母提个醒，儿童不宜的电视剧，会污染孩子的耳目，父母不能忽视对电视节目应有的选择。

豆子实验

幼儿园来了新老师，让小朋友拿黄豆或是蚕豆做实验。家里有绿豆，没有老师说的黄豆、蚕豆。冬冬同意带绿豆去。

她从幼儿园回来，对妈妈说："我对老师说了，'我们家没有黄豆和蚕豆，所以我拿的是绿豆'。"

妈妈："老师觉得绿豆也行？"

冬冬点点头。

黄豆、蚕豆和绿豆，都是"豆子"，都能做幼儿园的实验。冬冬学会了变通。

1991-4-13

"地下操"

冬冬："老师挑了六个小朋友下叉。"

爸爸："什么叫'下叉'？"

冬冬叉开双腿成一条直线："就这样的。"

爸爸："这是干什么的？"

冬冬："做地下操。老师说，谁要是做不会，就叫她下去，再换别人。"

"地下操"，其实是在地面上做操，有"下叉"等较难的动作。

种菜与施肥
（1991-04-03）

说起用种子种菜，爸爸问冬冬种什么？冬冬说大蒜和葱，爸爸说大蒜不用种子，葱可以。妈妈说，如果有块地，就可以种花种菜了。冬冬高兴地说，那样就不用买了。爸爸说，种菜，需要浇水，没有水和肥料，菜长不起来。冬冬很调皮，说可以拉屁屁。爸爸妈妈赶紧说，屁屁直接拉在地里不行，需要发酵，否则就把菜烧死了。我们可以上一些化肥。冬冬不懂什么是化肥，爸爸说，化肥是用化学元素做成的，什么尿素啊……冬冬听到"尿素"，急忙接话茬儿说，那就是尿了。爸爸笑着说，它叫尿素，里面没有尿。尽管这样说，冬冬仍对用尿浇菜很感兴趣

1991-4-14

"结果呢"

倾盆大雨。爸爸冒雨把冬冬从幼儿园接回来，两个人都淋成了落汤鸡。

妈妈："哎呀，怎么冒雨回来了？我正想喊秀群，给你们送雨衣呢！"

冬冬："结果呢？"

妈妈："结果呢？结果是秀群还没出门，你们淋着雨就到家了！"

看电视，问问题

①冬冬："无面鬼？为什么是无面鬼？怎么打扮成无面鬼的呀？"

②冬冬："他为什么叫杨乃武呀？小白菜，为什么叫'小白菜'？她的夫叫什么呀？姐姐呢？"

妈妈："他的姐姐叫杨淑英。"

冬冬："为什么叫杨淑英呀？"

1991-4-15

冬天过去了，该是春天了

妈妈故意问："冬冬，现在是春天还是秋天？"

冬冬："春天。"

妈妈："现在不冷不热的，也可能是秋天吧？"

冬冬："一年四季，春夏秋冬。冬天过去了，还不是该春天了吗？"

19世纪英国诗人雪莱，在他的最负盛名的作品《西风颂》中有："冬天来了，春天还会远吗？"

冬冬的这句话，可做雪莱名句之和声。

"给妈妈盖被子"

冬冬怕妈妈着凉，给妈妈盖被子。

爸爸故意地："哎，哎，别给妈妈盖被子。"

冬冬不同意："我非给妈妈盖。"

爸爸坚持说："你管她干什么？她是谁？"

冬冬更来劲了："你是谁，我是谁？她是你的妻，她是我的妈妈，我怎么不管？"

自己先走了

爸爸准备和冬冬一起出外散步。爸爸先下楼，和邻居说话。冬冬下楼，连声叫"爸爸，爸爸"，爸爸没有及时应声。

冬冬："我喊你，你不理我。自己先走了，我不去还不行？"

1991-4-16

有约在先

冬冬想让妈妈一起去桂竹园，妈妈不想活动。

冬冬："你起床的时候，我跟你说的，'你要上桂竹园，你就起床；你要是不上桂竹园，你就不起床。'你当时起床了吧？"

有理有据。当时，妈妈是起床了。

《简·爱》的魅力

冬冬正在楼下玩，电影《简·爱》开始播放了。

妈妈站在二楼窗户旁，高喊："冬冬，快点回来，《简·爱》开始了。"

冬冬："好，我回去看。"

妈妈："快点。"

张慧："什么《简·爱》？"

冬冬："《简·爱》是世界名著。"

冬冬早就听妈妈讲过《简·爱》。她赶快跑回来，坐在电视机前，聚精会神地看完了整部故事片。

1991-4-17

送照片给实习老师留念

实习老师结束了实习，要离开幼儿园。冬冬提议把自己的照片，送给实习老师。妈妈说，把照片送给你最最喜欢的小郭老师。

从幼儿园回来，妈妈问："冬冬，你把照片送给老师了没有？"

冬冬："给了。郭老师问'你怎么不给其他老师？她们会生气的'，我说，'我妈妈说的，照片要送给我最喜欢的老师，要不，我的好照片就给完了。'老师说，'那好吧，你要保守秘密，别让其他老师知道了。'"

妈妈："今天老师对你好吗？"

冬冬："好，比以前更好了。"

1991-6-23

"亲生"

冬冬强调自己是父母"亲生的"。接着，又问及动物、植物的"亲生问题"。

她对妈妈说："你是亲生西瓜，我是亲生瓜子，爸爸是亲生辣椒。"

用"亲生"跟爸爸妈妈开起玩笑来。

1991-6-24

反话正接

冬冬拽断了电线。

妈妈责备她："拽断了电线，没法看电视了。看看你干的好事？！"

冬冬知道妈妈说的是反话，接话道："是我干的好事！好事吗，还批评我干吗？"

"疼得快骨折了"

冬冬："李子健用石头砸了我的脚，疼得快骨折了。"

妈妈："你告诉老师了没有？"

冬冬："老师让李子健站了三节。"

1991-6-25

学前班

冬冬开始上学前班。早上一觉醒来，已是七点多了。

妈妈催促道："快起床，七点十分了！"

冬冬懒洋洋地："七点十分了，又怎么了？"

妈妈："上学晚了。"

冬冬："有的小朋友，还九点半去呢，熊楠每天都晚去半个钟头。"

妈妈："我不相信。在幼儿园里，她总是去得早。"

冬冬："幼儿园是幼儿园，学校是学校！"

"A是A，B是B"，表达A和B不相干，或不一样。

词语接龙
（1991-04-03）

做词语接龙的游戏。爸爸说"大门"，冬冬对"门开"，又改"门洞"，又自对"洞庭"。爸爸一开始没听懂，忽然悟到是"洞庭湖"之"洞庭"，接对"听说"，之后相互对出"说话—画画—画笔—比赛—赛跑—跑步—步枪—枪口—口服液—叶子—紫罗兰—兰花—花篮—（蓝笔）兰草—草原—园林"。"园林"好大会儿没有接上，只好重新开始。冬冬让爸爸先说"窗户"，她马上对"hù天族"，原是她事先想好的局。不知怎么冬冬又演绎出了"服装店"和"服装"，并自对"装饰"，又帮爸爸对"世上"，自己又对"上街"。之后相互对出"街道—到站—站立—（立起）立正—（整洁）整齐—骑马—马车—车子—子女—女儿—儿童—童心—心脏—葬礼—礼花—花开—开放—放人—人民—民主—主人—（人来人往）人才—才华—滑滑梯—踢死狗—狗叫"，冬冬还不时地说出对词理由，兴趣盎然。词语接龙，对词语分析和同音辨析，对扩大词汇量，都是个训练

2245

全家接力讲《荷花姐姐》
的故事
（1991-04-03）

　　爸爸、妈妈和冬冬接力讲故事。冬冬自拟题目，讲《荷花姐姐》，并先开讲。有一天，荷花姐姐在池塘里玩，叮——爸爸不知"叮"是什么意思？冬冬说，意思是该爸爸讲。爸爸接着说，池塘里的水呀，碧绿碧绿的，还有好多蜻蜓在池塘上面飞。妈妈接着讲，荷花姐姐看到飞来飞去的蜻蜓，心里高兴极了，她说……冬冬接着讲，她说，妈妈，我要出来玩儿。之后三人接替着把故事讲完：荷花妈妈说，你就在水里，还要去哪儿玩儿啊，净瞎说！荷花姐姐说，我要玩儿，我要像蜻蜓一样飞来飞去的。荷花妈妈说，我们不能像蜻蜓一样自由自在飞翔，我们是没有翅膀的。荷花姐姐说，没有翅膀就不能飞了吗？我可不相信这一点。荷花妈妈吞吞吐吐，答不上来。荷花姐姐又问，我们有什么办法跟蜻蜓一起玩儿吗？荷花妈妈说，当然有了，我们去叫一声蜻蜓，让他落在……荷叶上，我们也就可以跟他玩了。荷花妈妈担心地说，但是，他不愿意怎么办呢？荷花姐姐说，那好办，你开了花，开得很漂亮很漂亮，蜻蜓一看见漂亮的花就会飞来了。荷花姐姐听了，就开呀开呀开呀，开得非常美丽。蜻蜓闻着香味就慢慢飞来了，荷花姐姐终于有个天上的伴了。冬冬最后还有个结束语，说这个故事就讲完了，由三位小姐来给我们讲的：一位是我，叫李纤；一位是他，李宇明小姐；她，是白丰兰先生（大家笑）

"我说话可是有分寸的"

吃饭。

妈妈："妈妈吃了一个馒头。你吃得太少了，再吃一点。"

冬冬不屑一顾地："你是你，我是我。"

又用了"A 是 A，B 是 B"格式。

妈妈："哟，说话还怪厉害了！"

冬冬神气地说："我说话可是有分寸的。"

从她的这段话里，没有看出什么"分寸"。"有词就用"是这个年龄段的特点，也是语言、认知发展迅速的原因之一。

汉语拼音

妈妈夸冬冬写的拼音，比很多大人写的都好看些。

冬冬自豪地说："是的，妈妈说得对。我写得比大人都好，只要大人给我模范几次。"

"模范"，是"示范"的意思。

"学习方面，老师说了算"

冬冬写作业。

爸爸指着本子问："这里为什么隔三格？"

冬冬神气地说："老师说的。在学习方面，老师说了算；在家庭方面，爸爸说了算。"

这话可正说到根本上了。家庭事务和学校事务，的确不同，父母与老师的角色也各不相同。

画画儿，"越复杂越好"

画画儿。

爸爸："画那么复杂干什么？"

冬冬："老师说的，越复杂越好。"

妈妈："什么都是老师说的！"

冬冬："要不是老师说的，我执行干什么？"

"斜飞"

冬冬叠一架纸飞机。

爸爸："飞机应该往上飞吧？"

冬冬："不是，它是往下飞的，往斜飞的。"

1991-6-26

放学之后

冬冬从学前班回到家，已经很晚了。

妈妈："你今天怎么回来得这么晚？"

冬冬："我在霞姐那儿，玩了三分钟。又到尹老师那儿，玩了一分钟。尹老师给我好东西，我没要。"

妈妈："尹老师给你东西了？"

冬冬："尹老师给我了一包饼干，还给你们了好东西。"

妈妈："噢？"

冬冬："给爸爸了一盒烟，给妈妈了一盒蜂王浆。"

她回来时，两手空空。很有可能，学前班结束后，她跟老师玩了一会儿。而"饼干、烟、蜂王浆"之类，是孩子"心想的"。

席子的比较

妈妈："你用的席子，好舒服！"

接对反义词
（1991-04-03）

爸爸说个词，让冬冬对反义词。对出的正反词对儿有：高—低，大—矮／小、长—短、远—近、黑—白、美丽—丑陋、贫穷—富有、整齐—杂乱、臭—香、高兴—痛苦、热—凉、方—圆、里—外、上—下、东—西、南—北、上面—下面、里面—外面、胖—瘦、粗—细、好—坏等。也有个别词对不上来的，如"幸福"；也有故意调皮的，如爸爸说"美丽"，冬冬对"丽美"。爸爸故意难为她，说"扇子、苍蝇"，冬冬说没有反义词。竟难不住她了

冬冬："你们的席子，比我的好得多得多！"

妈妈："怎么好？"

冬冬："你们的柔，光滑，灿烂，我的席子好硬好硬的。"

用"柔、光滑"形容席子，很合适，但不知席子怎么样"灿烂"的？

两全其美

晚上，冬冬早已能单独睡觉，但要大人陪着她睡熟再离开。

今晚，她主动让爸爸先离开，自己独自睡，说："你走吧，爸爸，你在那儿，我光想着你，我睡不着，还耽误你工作。你走了，我睡着了，不看你，你也能工作了。这不是两全其美吗？"

"两全其美"，不仅用得准确，还真的是"两全其美"！

1991-6-27

起床的早晚

早上，妈妈催冬冬起床："七点十五了，赶快起来。"

冬冬："我六点十九分要起床！喊你，你为什么不起床？"

妈妈："六点多起床，也太早了！"

冬冬反驳妈妈："那我六点钟起来，你怎么不说早？"

昨天，冬冬真是六点起床的。一上学前班，冬冬似乎立马长大了，也一下子"能言善辩"了。

1991-7-4

"我就是一个人"

爸爸："让妈妈跟你讲讲，应该做一个什么样的人！"

讲跑题的《不爱学习的猴子》

（1991-04-03）

爸爸、妈妈、冬冬又一起接力讲故事。爸爸说，我们讲一个《不爱学习的猴子》的故事。我先讲：有个猴子，特别不爱学习。猴子妈妈说，小猴子，你不爱学习，没有知识将来怎么办呢？冬冬以小猴子的身份说，那不要紧，那不要紧。我明天要盖房子。妈妈以猴妈妈的口吻说，没有知识，房子也盖不好。爸爸接着讲，哼，小猴子说，盖房子，要什么知识呀？弄几根棍子，弄些草，不就把房子盖起来了吗。于是，他就去自己盖房子。冬冬接着讲，小猴子说，我明天就去盖房子。结果，他没有盖房子。小动物问："小猴小猴，你的房子在哪儿？""我明天再盖！"爸爸妈妈生气了，这么多的明天怎么行啊……在爸爸妈妈的督促下，小猴子盖好了房子。小猴子妈妈说："好，现在才是一个不骗人的孩子。"故事结束了，爸爸点评说，我们讲跑题了，讲成了不骗人的小猴子

冬冬："我就是一个人，还做人呀？"

妈妈："对，你是人。可是'做人'，还不能只是'人'就行的。"

冬冬："那应该说'作为人'。"

语感基本建立，可以修正自己的语言和他人的语言，可以谈论语言，可以解词释义，可以用同义词或近义词解词。

故事会

冬冬："明天有故事会，第一个是吴爱国，第二个是我。"

妈妈："第一个是谁？"

冬冬："吴爱国，是真的，是叫'爱国'。每个人讲三十分钟，我又不是第一个，不想讲也可以。"

1991-7-8

"你是狐狸吃不上葡萄，说葡萄酸！"

上床后，冬冬看了半个小时的电视。爸爸吩咐秀群，电视不好看，快点关上。

冬冬对爸爸说："你连澡都不洗，还说叫关上，不好看？你是狐狸吃不上葡萄，说葡萄酸！"

引用成语，是一种常见且重要的语言运用现象，也是将"死知识"变为"活知识"的一种方式！

如厕

深夜，冬冬去厕所，停留了很长时间。妈妈问她为什么待了这么长时间？

冬冬："妈妈，我为什么拉干屄屄呀？拉干屄屄，没有水分，

南腔北调之"看图说话"
（1991-07-22）

冬冬上了学前班，妈妈让她打开课本，看图说话。第一幅图是父母带孩子去学校。冬冬怪腔怪调地说，秋天来了，同学们入学了，有两个爸爸妈妈带着他的孩子来上学，其中有一小男孩，他给老师鞠了个躬，说老师你好。老师说同学你好，到了学校了，你要好好学习！远处有一个高年级的大姐姐，他们在教室，说这就是你们的教室，你们往后就在这上课。远处还有三个大哥哥，他们在那打球。第二幅图是升国旗。冬冬又怪腔怪调地说，秋天到来了，现在是升旗仪式，主席台上站着校长、主任，辅导干部（辅导员），我们那个地方的辅导员，挺像我爸爸的那个学生，什么时候带爸爸去看看。主席台说说到这。下面有三位同学，他们正在升国旗，有两位大哥哥，他们正在举队礼（行队礼），还有一个大姐姐，她正在缓缓地升国旗。台下全体师生行注目礼，看着国旗慢慢慢慢……地升上去，行注目礼。妈妈说她捣蛋，让她安静点，讲第三幅图。第三幅图是课堂。冬冬说，在学校的教室里，他们正在上课，上课的有老师、同学，同学们坐得端端正正。老师提出来一个问题，学生回答，老师肯定学生回答的问题很对。三幅静态图画，被她用怪腔怪调讲得栩栩如生，看来是不会厌学的

2249

只有干粪。"

　　妈妈："摄入的粗纤维太少了！"

1991-7-22

学前班结业考试

　　学前班结束了。

　　冬冬的语文数学考试，都是一百分。她感到很自豪。在所有的考试中，她印象最深的是体育课。

　　冬冬："那个关老师可狠了。每个动作，要我们做一个小时，一堂课做五个动作。"

1991-7-27

"不能太严肃"

　　大姑批评冬冬："你有时也挺可爱的，但还有一些坏习惯，改掉不好吗？"

　　冬冬："那你也不能太严肃呀？！"

不喜欢"荣华富贵"

　　《红楼梦》中，鸳鸯宁死不嫁贾赦，只要跟贾母当丫鬟。

　　冬冬："鸳鸯为什么不要荣华富贵呀？"

　　大姑："因为她认为荣华富贵，并不能带来幸福！"

　　冬冬："倒也是。荣华富贵，不就是管人吗？也不自由，我也不喜欢荣华富贵。"

1991-7-29

买豆腐脑

　　冬冬跟着大姑下楼去买豆腐脑。大姑嫌豆腐脑给得太少了，说："学校那儿，给整整一大碗！"

冬冬："学校的价格便宜些。"

姑姑："我们那儿，只能买小半碗。"

冬冬："你们那儿，两角钱只买这么多吧？真是不可想象！"

姑姑说的"学校那儿"是学生宿舍那里；"我们那儿"是她工作的汉阳。

大姑在单位也学会了很多口头禅，如"猪、烦人"等。

冬冬："大姑上次回来都是'猪'，这次回来都是'烦人'。"

对剪纸有兴趣

大姑看冬冬的家庭作业，说："你们的老师，留美术这个作业，是很美丽的。"

冬冬："留美术这个作业，是很美丽，但是，我们没有留这个作业。"

大姑："啊，原来这不是你们的作业呀！那咱们剪纸吧！"

冬冬一边剪纸一边说："我对剪纸这个活动就有兴趣，可我对没有兴趣的活动，就没有耐心，这是我的毛病。"

兴趣是热情、是动力。有兴趣的，要保持兴趣，没兴趣的，要培养兴趣。

幸福的一家人

爸爸："冬冬，爸爸问你一个问题，在家里你怕谁？你怕爸爸吗？"

冬冬："有时怕，有时不怕！"

爸爸："什么时候怕，什么时候不怕？"

冬冬："犯了错误的时候，我就怕；不犯错误的时候，就不怕爸爸。"

爸爸躺下，拍拍大床，说："今天没犯错误，不用怕爸爸。来吧，爸爸妈妈的中间，是留给你的！"

冬冬爬上大床，从爸爸身上翻到中间，摆成一个"大"字形，美滋滋地把自己的胳膊、腿，分别放在爸爸妈妈身上。

她对爸爸说："我给你一条胳膊，一条腿；给妈妈一条胳膊，一条腿，这就平均了吧？"

　　妈妈："咱们一家三口，现在谁也离不开谁！爸爸妈妈和冬冬，三位一体，真的很幸福！"

　　冬冬接口道："要是离开爸爸，我就像掉了灵魂；要是离开妈妈，我就会心碎的。"

　　冬冬的话，把父母感动得热泪盈眶。是啊，她离不开爸爸妈妈，父母更把她视为比生命还珍贵的掌上明珠。一个小家三口人，离开了谁，都不会有幸福可言。我们坚信，我们是世界上最幸福的一家人！

附 录

附录一：1 ～ 120 天婴儿发音研究

120 天内是婴儿从动物式的非自控发音到掌握母语语音雏形、进入牙牙学语时期的关键阶段。本文以一女孩 1 ～ 120 天的发音为研究材料。这些材料是通过尽可能全天时的跟踪观察，并在发音较多时及时录音获取的。通过研究力图揭示婴儿早期元音、辅音、音节等的发展规律及其相互影响。本文用国际音标标音，必要时采用如下辅助符号：＋舌位略前；—舌位略后；～鼻化；○圆唇化；·展唇化；Ⅴ搭嘴音；Λ吸气音；h 送气音。

一、第一阶段：1 ～ 20 天

此期为婴儿声音的发生阶段。下面是记录到的 1~20 天的发音（以发生顺序排列，下同）：

[ʔɐˤ]	[ɦ]	[ʙ]	[ç Λ [1]]	[ɴ]
[ɦ]	[qʰɢ]	[mɐ]	[ɪɐ]	[ɐ]
[ɛ]	[qʰ]	[ɛ̃]	[ɛ̃-ɐ̃]	

这些音多为哭、咳、吃奶等引起的非自控音，偶见自发性的自控音。

1.1 辅音特点

此期的辅音如图表 1 所示，发音部位有喉、喉壁、小舌、双唇四个，发音方法有不送气塞音、送气塞音、鼻音、浊擦音、搭嘴音、吸气音等六种，浊辅

---

[1] 使用现有国际音标输入法，无法将吸气音符号 Λ 在音标下方打出。将 Λ 符号放在音标右侧表示吸气音。

音多而清辅音少。

图表1　1~20天婴儿所发的辅音

发音方法 ＼ 发音部位		双唇	小舌	喉壁	喉
塞音	不送气				ʔ
	送气		qʰ		
鼻音	浊	m	N		
擦音	清				
	浊				ɦɦ
搭嘴音	浊	ʙ			
吸气音	浊			ç ʌ	

　　[m]将来会进入汉语的自然语音，[ʔ]在某些方言中有用，但其他辅音也有不可忽视的语音学价值：一是有练习发音的作用；二是为自然语言的语音发展提供基础。如[m]的出现，就发音部位而言，吃奶活动带来了双唇运动，[ʙ]为[m]做了更直接的发音部位上的准备；[N]和一些鼻化音使小舌有了初步节制气流的活动，为[m]做了发音方法上的准备。

1.2　元音特点

　　此期的元音如图表2所示，绝大多数为低元音、央元音或央化元音，没有圆唇音。从发生学的角度考察，首先发生的是哭声[ɐ]，因咳而向后下方移动为[ɑ]。双唇辅音[m]与元音结合，带动元音舌位前移，自然地出现了[ɐ]。由于婴儿口腔自然开合，便使元音出现了向前高方向运动的动程，形成双元音[ɐɪ]；[ɐɪ]的动程加快缩短，便快缩为[ɛ]或鼻化的[ɛ̃]。此期元音由后低向前高的发展趋势，是受婴儿的生理活动制约的，且也受到辅音发展的影响。

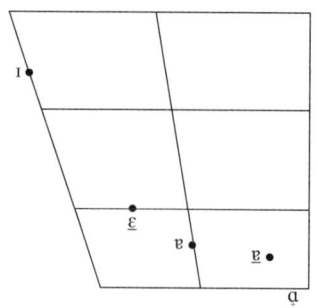

图表2　1~20天婴儿所发的元音

1.3　音节特点

本文拟考察音节三个方面的特点：a）由辅音（记为C）和元音（记为V）构成的音段；b）音高；c）音节的串合。

此期音段有C、V、VV、CV四种类型，其中C型为多，VV型罕见。音高有平而尾降、平、升降三种模式。一开始的哭声总体上呈平直调，但哭声末尾音强减弱，声带放松，所以尾部略降。后来婴儿可使哭声缩短，因音长缩短而使尾降显得不明显乃至消失，出现平调。再后因音长加长，始哭时用力呼气声带渐紧，呈升势；哭的后段气流减弱，声带松弛，呈降势，于是形成升降调。非哭声多呈平调或平而尾降调。特别值得注意的是，此期偶见双音滑动 [ɛ̃-ɐ̠]。这种音流与双元音产生原理相同，是发音时口腔开合运动的结果；但与双元音不同之处在于滑动较慢，第一音后有一明显的拖音。它的出现标志着婴儿发音开始进入一个新阶段。

二、第二阶段：21~40天

20天以后，婴儿自控音明显增多，已开始"玩弄"声音和进行最初的发音模仿，出现了如下一些新的声音形式：

[n-nɛ]　　[hɑ]　　[ɐ-i]　　[ʌ-m]　　[ʌ-ɡ̊]

[ə̠]　　[hə̃N]　　[hə̃ŋ]　　[ẽ]

2.1 辅音特点

如图表3所示，此期新增加了舌尖中、舌根这两个舌上的发音部位，说明舌尖、舌根已开始灵活起来。新出现的清擦喉音 [h] 是由前一阶段浊擦喉音 [ɦ] 清化的结果。[ŋ] 很显然是由前一阶段的 [ɴ] 发音部位前移形成的，这从 [hə̃ɴ] 和 [hə̃ŋ] 几乎同时出现可以看出。到此为止，汉语所需的三个鼻音已经全备。鼻音是一种较简单的发音方法，只要口腔的某个部位阻塞气流，小舌就会自动打开，气流从鼻腔呼出成音，因此鼻音较早成熟。

图表3　21~40天增加的辅音

发音部位 \\ 发音方法	舌尖中	舌根	喉
鼻音	n	ŋ	
清擦音			h

2.2 元音特点

如图表4所示，此期元音增加很多，但从发音的生理机制上看并没有质的飞跃。比较图表2可以明显看出，这些元音只是前一阶段的元音向四周稍微扩移形成的：[ɐ] 后移为 [ɑ]；[ɐ] 下移为 [ʌ]，上移为 [ə]；[ɛ] 前移为 [ɛ]；[ɪ] 下移为 [e]，上移为 [i]。这种扩移表明，婴儿控制口腔开合、舌位前后移动的能力增强。特别是舌前部的发音能力发展较快，这与舌尖中辅音的出现具有有机联系。

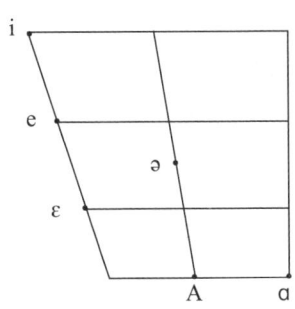

图表4　21~40天增加的元音

2.3　音节特点

此期 C 型音段数量锐减，有了 CVC 三音音节。偶然出现降升调。双音滑动音流急剧增加，大多数滑动都是口腔由较开向较闭乃至闭合的方向运动。滑动音流的剧增和此期的滑动方向，与元音的高、次高、次低、低四级舌位高度俱全是相关联的发音现象，与此期婴儿似乎在"自言自语"地玩弄声音和似乎想模仿成人的发音也有关系。

三、第三阶段：41~69 天

此期婴儿产生了与成人咿呀"对话"的意识，有时"对话"能长达十多分钟，实现了最初的声音交流，并有了一些模仿不成功的发音。这表明婴儿发音已开始受到母语发音模式的影响。此期婴儿发音器官已较前大为灵活，出现了大量新的发音现象：

[ɔ][ʌ-ɔ][ʌ-hɑ][ɤ][u-ə][ʌ-ə][ɛ-ə][ʌ-u-ɛ][ɛ-u-ə][xɛ][ɰ][ɋ-ɯ][ɯ-ə][ʐ][mʌ][ɛ-u-ʌ]
[pu-ʌ][pʌ-ɤ][kʰə][v][pu][w][kə][a-e][xuʌ̃][i][ɛ-e-ʌ][ɑ-ŋ-ɤ][ɑ -kũ][wɛ-ɛ-ɛ-iɛ]
[ɑ -xãĩ][a-ia][ʌ-xə̃ŋ][ʌ-i][ɑu][ẽ-n][ẽ-i][ʌ-ʌ-ʌ-ʌ-ʌ][ʌ-pu-ʌ][ɯ-ɤ][u-ʌ][xɤ]
[wʌ-ʌ̃][an][an-an-an][ʌ-na-ai][ʌ-mʌ][ʌ-wʌ][ʌ-wan][ʌ-i-u][ai-u-mẽ][ʌ-u-ʌ]
[ʌ-u-nʌ][ʌ-mʌ-ʌ][ʌ-mʌ-i][ʌ-ei][ʌ-ei-ʌ-u][u-ʌ][ʌ-u-ə-ɦ][ʌ-pu][mʌ-mu][mʌ-m]

3.1　辅音特点

由图表 5 可看出，此期新增了八个辅音，新出现了唇齿、舌尖后两个发音部位，新出现了半元音、颤音两种发音方法。此期有两个显著发展：

a）舌根辅音迅速涌现。第一阶段，后部辅音集中在咽腔和小舌；第二阶段 [N] 向前推进为 [ŋ]。在 [ŋ] 的带动下，咽腔和小舌的 [ʔ][qʰ][h] 等也前移舌根，形成了舌根辅音全面开花的局面。至此，汉语所需的舌根辅音已经齐全。

b）双唇音的发展和后扩。此前已有双唇音 [m][ʙ]，此期因圆唇元音发展而使唇的展圆变化增多，使双唇颤音 [ɰ] 的出现有了可能。当婴儿停止唇颤发音时，[ʋ] 就自然地成为 [pu]，带来了 [p] 的出现。如果发 [pu] 时双唇较闭，带有摩擦，就成了半元音 [w]。此期婴儿不断地上唇包下唇或下唇包上唇，此时若发 [u] 便成为 [v]。正因如此，[ʋ][pu][v][w] 几个音在前后几天中出现并非偶然。双唇音的发展及其后扩到唇齿音，表现了元音发展对辅音发展的影响。

此外，婴儿此期常把舌卷起抵着上颚或牙龈，这便导致了舌尖后卷舌搭嘴音 [ʐ]。

图表 5　41~69 天增加的辅音

发音方法＼发音部位		双唇	唇齿	舌尖后	舌根
塞音	不送气	p			k
	送气				kʰ
擦音	清				x
	浊		V		
半元音		w			
颤音		ʋ			
搭嘴音				ʐ	

3.2　元音特点

由图表 6 可以清楚看到，此期后元音出现较多，特别有价值的是圆唇元音的涌现。前两阶段，元音基本上是前、央、不圆唇元音。只是上一阶段出现了带圆唇趋势的 [ə̹]。较早出现的 [ɔ][u] 圆唇度不够，后来才渐渐合格。从 [ə̹] 经 [ɔ][u] 到合格圆唇元音的出现，表现出从不圆唇元音到圆唇元音渐变过渡的发展轨迹。

后元音的发展也是由较低的 [ɔ][ɤ] 到高元音 [u][ɯ]。后元音要求舌根隆起，这同此期舌根辅音的迅速发展是相辅相成的。

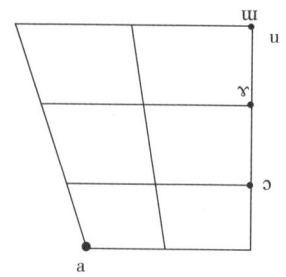

图表6　41~69天增加的元音

3.3　音节特点

此期音段不仅 CV 型增多（如 [pu][pʌ][kə][kũ][na]），而且还出现了 CVV 型（[xuʌ̃][xã̄]）和 VC 型（[an]）。滑动音流成为常见形式，最多可见到连续五音滑动。滑动模式也纷繁多彩，有纯元音音流，也有含辅音音流；有单素音节滑动，双素音节滑动，也有单素、双素和多素音节的混合滑动。就纯元音滑动来看，有多种情况：同音重复（[ʌ-ʌ-ʌ-ʌ-ʌ]）；由低到高（[ʌ-ə][ʌ-i]）；由高到低（[ɯ-ɤ][ɯ-ə]）；由圆唇到不圆唇（[u-ə][u-ʌ]）；由不圆唇到圆唇（[ʌ-ɔ]）；由前到后（[ɛ-ə]）；综合滑动（[ʌ-u-ʌ][ʌ-i-u][ɛ-e-ʌ][ʌ-u-ɛ]）。这不仅表明婴儿的发音能力已大有提高，且通过滑动可产生不同音素的组合，并能紧缩为不同的音段，如 [ʌ-i] → [ai]，[u-ʌ] → [uʌ]/[wʌ]，[ẽ-i] → [ei] 等。此期新的音段类型和音素组合的大量出现，与这种丰富多彩的滑动音流有直接关系。

音高方面的最大发展是流调和节调的分化。不仅滑动音流有一个大致的音高走向（流调），且音流中的音节也偶有特定的音高变化（节调）。如 [ʌ-ei] 流调为平而尾降，其中 [ʌ] 呈平调，[ei] 呈降调；[ʌ-mʌ-ʌ] 流调呈尾升，前两音节平调，后一音节呈降升调；[an-an-an] 流调为升降调，前一音节呈降升调，中间音节呈降调，后一音节为平调。

早期婴儿发音多为单音节，流调节调混沌为一。滑动音流的出现，使早期混沌调型转化为流调，而音流中各音节因其在音流中的位置而带上了相应于流调某段的音高变化，如前所述 [ʌ-ei] 的情况，这样便产生了节调。不同节调的串合又导致了流调的丰富多变。此期节调已有平、降、升、降升四型；流调仍以平、平而尾降为主，但降调明显增多。时有升调和曲折调。如果说将来流调会发展为语调，节调会发展为声调的话，那么流调和节调的由混沌到分化，对于习得有声调的汉语来说，对于从个体发生学角度研究声调的发生而言，具有不可忽视的意义。

四、第四阶段：70~120 天

此阶段新的发音有：[ʌ-ʂuə][ʂuo-vai][ʂu-ɤ-ɤ-vai][vu-ʌ][ʌ-xə̃][ʌ-nai][ə̃-tʌ-kai][nai][ʌ-kan][ʌ-xai][ku][kaŋ][xʌ][kʰan][ʌ-koŋ-ʌ][ʌ-kũ-ʌ][ʌ-xuʌ-ʌ][ʌ-xui][ʌ-hə][ʌ-kõ-ŋ][ũ-ĩ][ʌ-pʌ][ɑ o][ai-ia][ai][an-ə][pu-po][hə-wɚ][ku-uo-ə][ʌ-ũ-v][ə-ə-ə][əŋ-ʌ][kə-kə][kə-ʌ-ʌ][ʌ-ko-ai][ku-wʌ][pʌ-ũ-ŋ][ɑku][uə-kə][ŋ-xuʌ][l-ʌ][ʌ-lũ][ʌ-lun][ŋ-ŋ-ŋ][ʌ-kõŋ][mẽ-m][ʌ-kuo][ʌ-uə-kɤ][ʌ-pu][uai][ʌ-kən][ʌ-kʰə][ʌ-kuo][ai-u-uai][ai-ku][ai-wai][ai-uo][mæ][xuo-xuo][pʌ-pai][ʌ-tʌ-pu][ʌ-nʌ-ku][xai][kʰan-kʰan-ʌ][əŋ-pʌ][tʂoŋ-ə][æi-ia][k ɑ o][kʰʌ][em][ẽ-əŋ][ẽ-pai][mu-mia][kuai][xoŋ][xəŋ-pʌ][pai-pai][xan-ɚ-lai][ʌ-ai-koŋ][ai-li-li-li][ɤ-ɤ][ai-mu-mai-mai][ai-mu-iɛ][ləŋ][ʌ-ləŋ]

4.1 辅音特点

此期新增加了 [t][l][tʂ] 和 [ʂ] 四个舌尖辅音（如图表 7 所示）。此前已有舌尖中鼻音 [n] 和舌尖后搭嘴音 [ʮ]，新出现的这四个辅音便是以此为基础发展而来。塞擦音和边音的出现，是发音方法上的突破，塞擦音是塞音和擦音的结合；边音要求气流从舌侧擦出，舌尖微卷抵齿龈，难度较大。卷舌音的出现是此期辅音发展的显著现象，虽然它们多是模仿成人发音而产生的：[ʂ][tʂ][l] 分别模仿"中啊""说也""李""冷"时发出的。

图表 7　70~120 天增加的辅音

发音方法 ＼ 发音部位		舌尖中	舌尖后
塞音	不送气	t	
塞擦音	不送气		tʂ
擦音	清		ʂ
边音		l	

4.2　元音特点

此期新增元音三个（见图表 8），[æ] 和 [o] 分别是对 [a][ɛ] 和 [ɔ][u][ɤ] 等已有元音的舌位和唇形调整而形成的。[ɚ] 这个卷舌元音的出现与 [tʂ][ʂ][l] 具有相关性，说明卷舌现象在此期出现并非偶然。

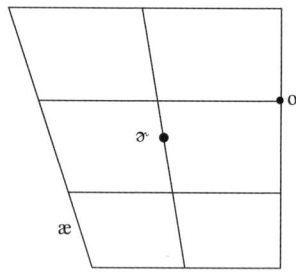

图表 8　70~120 天增加的元音

4.3　音节特点

此期 VV 型音节较多，CCV 型、CVC 型也不少，甚至出现了 CVVV 型四音素音节 [kuai]。至此汉语音段的基本构造模式已经俱全，虽然此期发音还有许多超出汉语音节范围的特殊组合，如 [em][ɑku][mẽ][mæ] 等。此期滑动音流成为主要发音现象，且出现了较多复杂音节的滑动。节调成为常见现象，因此某些音节已像自然语言中的词音，如 "[lǐ] 李、[nǎi] 奶、[tʂōŋ] 中、[tōŋ] 冬、[pǎi] 摆、[kʰàn] 看、[mā] 妈、[pÀ] 爸、[lōŋ] 冷、[kū] 姑、[kɤ̄ 哥]" 等。由于婴儿的 "对话" 和模仿意识已较明显，因此 "望子成龙" 的父母误以为婴儿在说话了。

五、总结与讨论

5.1 婴儿声音的发展表现为一个不断社会化的过程。婴儿发音起源于哭、咳、吃奶等引起的非自控音，并逐渐由此发展出自控音。开初的自控音只是不自觉地玩弄无意义的声音，后来萌生"对话"和模仿意识，因而开始受到母语的影响。大约在一百天前后，儿童即具有母语语音系统的雏形，将进入更为社会化的"呀呀语"阶段。

5.2 婴儿辅音呈"由后跳前、挤向中间"的部位发展趋势。开始辅音集中在小舌、咽腔等发音器官后部，后来跳出双唇辅音；接着后部音推向舌根，双唇音后展到唇齿；再后便是舌辅音的发展阶段。鼻音、擦音和塞音发展较快，塞擦音和送气音发展较迟。

1~120天婴儿共发辅音22个，其中汉语常用的有 [p][m][t][n][l][tʂ][ʂ][k][kʰ][ŋ][x]11个；尚有 [pʰ][f][ts][tsʰ][s][tʰ][tʂʰ][z][tɕ][tɕʰ][ɕ]11个汉语当用辅音未出现，这些音主要是舌尖前音、舌面音和送气音。

5.3 元音的一般发展趋势是：舌面先于舌尖，不卷舌先于卷舌，不圆唇先于圆唇，低先于高，前先于后。婴儿开初多用低元音，接着前元音较快发展，又经已有元音外扩，开始发展后元音，三个月左右有卷舌音 [ɚ] 出现。四个月内婴儿约发元音17个，汉语当用元音只差前高圆唇元音 [y] 和两个舌尖元音 [ɿ][ʅ]。

5.4 声音发展具有相关性。几乎每个音的发展都有理据可寻。特别不容忽视的是元音和辅音两个系统的发展，不仅相互影响促带，而且在某一个阶段常出现受制于相同音理制约的相应现象。如在1~20天时，辅音集中在发音器官后部，元音也多是低央或低后元音；当舌尖中鼻音和双唇辅音出现时，元音发展较快的是需要舌尖活动的前元音；当辅音舌根部位发展时，元音也相应发展需舌根隆起的后元音；当 [ʐ][tʂ][ʂ][l] 等卷舌或带卷舌意的辅音出现时，元音也出现了卷舌元音[ɚ]。这表明婴儿声音的发展是系统性的相互影响相辅相成的发展。

5.5　音流滑动作用突出：a）滑动过程产生许多新音素；b）是双元音、三元音和其他复杂音段构成的过渡形式；c）带来流调和节调的分化和复杂化；d）提高婴儿控制音强、音长的能力。因此，音流滑动是促进婴儿声音发展的重要一环，应受到足够的重视。

5.6　婴儿声音的发展具有大致相同的顺序。吴天敏、许政援（1979）和张仁俊、朱曼殊（1987）四位先生的研究，从婴儿声音的发展顺序来看与我们研究结果大致相同：a）辅音部位发展也是由前后两端挤向中间；发音方法也是鼻、擦、塞先发展。b）圆唇元音的发展晚于不圆唇元音，舌尖元音晚于舌面元音，卷舌元音晚于舌面不卷舌元音。c）音高也是平调较多，降调次之，升调和降升调发展较晚，虽然他们未区分流调和节调。d）滑动音流也是渐趋复杂，并伴有音段、音高复杂化的共变现象。

当然四位先生的研究在发音的多少和音值描写上，在声音发展顺序的一些细节上，与本文有些差异。这种差异包含有个体声音发展的差异，但我们认为在相当大的程序上是研究者取材和记录上的差异：a）他们基本上未记录非自控音；b）他们不是采取全天时的跟踪记录，可能有些音漏记；c）婴儿发音含糊不稳，研究者在审音和表述上会有较大差异。

尽管如此，说婴儿声音的发展顺序大致相同还是靠得住的。之所以如此，是因婴儿早期发音较多受制于发音器官的发育情况和婴儿的生物性行为，此二者不会有太大差异，更何况这些婴儿又都是处于汉语的环境中。

5.7　雅可布逊（Jakobson）在他的名著《儿童语言、失语症和语音普遍现象》中曾指出，儿童在牙牙学语阶段虽然会发很多音，但其出现顺序没有任何规律。这一论断与我们的研究不符。从本文的叙述中可以看到，婴儿早期的发音顺序还是相当清楚的。

雅可布逊在同一著作中还指出：在儿童语言发生期，儿童先学会的是全人类语言共有的音，然后才是他们本族语所特有的音。我们的研究表明，这一论断也大致适合于婴儿的早期发音，比如 [y][ŋ][ɲ][ɚ][tʂ][tsʰ][ʂ][z][tɕ][tɕʰ][ɕ] 这些音不是全人类语言所共有的，因此发展较晚。当然，要把雅氏的这一论断及相关规则用于婴儿早期发音，在某些细节上还需修正或补充。比如关于儿童先掌握唇、齿等发音部位在前的辅音，后掌握舌根等发音部位靠后的辅音的说法，与我们所指出的"由后跳前、挤向中间"的辅音部位发展规律就不相同。

参考文献

吴天敏、许政援　1979　《初生到三岁儿童言语发展记录的初步分析》，《心理学报》第 2 期。

伍铁平　1981　《雅可布逊:〈儿童语言、失语症和语音普遍现象〉》，《国外语言学》第 3 期。

张仁俊、朱曼殊 1987　《婴儿的语音发展一例个案的分析》，《心理科学通讯》第 5 期。

（原载《心理科学》1991 年第 5 期）

附录二：乳儿话语理解的个案研究

一岁以内的孩子称为乳儿。乳儿后期已能理解一些简单的话语，这既为此后的语言获得做了最初的准备，也是个体话语理解的开始。它标志着个体由第一信号系统进入到第二信号系统，从"动物性的人"向"符号化的人"迈出了一般动物难以迈出的关键的一步。关于乳儿话语理解这一极富科学价值的课题，国内外已有些粗线条的研究；这些研究在某些细节上有分歧，但一般的看法大体相同。这些看法可归结为三点（朱智贤 1986：112—116；朱智贤、林崇德 1986：356—358）：

第一，乳儿从七八个月起开始对一些词语发生理解反应；但这时的理解反应还只是对词的声音的反应，因此，还属于第一信号系统内的活动。第二，从十至十一个月开始对词语的意义发生理解反应，词语开始成为第二信号；但是，这种第二信号还带有浓厚的第一信号的色彩，并常需第一信号的支持，因此，是第一信号和第二信号的协同活动的开始。第三，一岁时约能听懂十至二十个词语。

为检验上述结果的科学性，并进一步探讨乳儿话语理解的状况和特点，发现第一信号系统向第二信号系统发展的轨迹，我们曾对 1985 年 1 月 16 日出生的女孩 D 进行了全天时的观察，用日记记录下每天的新进展，并在必要时进行一些小实验。本文使用的就是这一个案材料。

一、乳儿语元理解的发展

（一）理解判定和语元分析

准确判定乳儿对话语是否理解有两大困难：第一，理解的表征是什么？第二，理解的是什么样的话语单位？我们采用"话语反应判定法"和"语元"的概念来解决这两个困难。

1. 话语反应判定法

在自然语境中，如果乳儿对话语刺激能做出合适的反应，即判定乳儿对该话语理解。这就是话语反应判定法。话语刺激材料主要使用祈使句和疑问句，因为这两类语句明确要求听话人做出反应。所谓合适反应，是指乳儿能用体态或/和声音做出合乎话语内容的反应。比如问："谁是妈妈？"乳儿能把目光转向妈妈或用手指向妈妈，就是合适的反应。由于乳儿的身心发育尚不成熟，所以不要求他的反应达到成人的水平。

2. 语元及其分析

乳儿所理解的最小话语单位我们称为"语元"。乳儿对话语的理解与成人有较大的不同，他所理解的往往不是一串词的组合，而是一个较为笼统模糊的话语片断。由此种话语片断切分得到的语元，不一定与词相当；即使相当，理解的程度也与成人不一定相同。本文用替换法和参照法来确定语元。

所谓替换法是指，在乳儿所理解的话语片断 AX 中（A 代表某话语片断，X 代表某话语片断中 A 以外的话语单位），若用 B（B 代表与 A 类同的话语单位）替换 A，乳儿也能做出理解反应，则可确定乳儿理解了 A、B 两个语元；若用 B 替换 A 以后，乳儿不能做出理解反应，则应把 AX 确定为一个语元。假定乳儿理解了"妈妈呢？"，若用"爸爸"替换"妈妈"后，乳儿对"爸爸呢？"也能理解，则断定他理解了"妈妈"和"爸爸"两个语元；若替换以后不能对"爸爸呢？"做出理解反应，那么，说明他只理解了"妈妈呢"一个语元[1]。

所谓参照法是指，在确定语元理解时，要参照乳儿对该话语理解时的体态反应和以后的语言发展状况。假定乳儿听到"把苹果给妈妈"，就做出拿苹果给妈妈的体态反应，据此可断定他理解了"苹果"和"妈妈"两个语元。再如乳儿能对"把苹果给我"做出与"把苹果给妈妈"一样的体态反应，但是并不能够认为他理解了"我"，因为即使一岁半的儿童也难以较好地理解人称代词（朱曼殊等 1986：193—194）。这是参照的儿童语言习得的规律。

综合运用以上两种方法，根据乳儿心智发展的特点，在具体操作时我们遵从两个原则：第一，具像语元优先；第二，宜粗不宜细。儿童认识具体事物先于抽象事物，认识事物的特点是由笼统到清晰，由粗疏到细密。因此，在没有充分根据的情况下，对意义抽象虚灵的语言成分不做单独的语元处理；语元宁可处理得大点，而尽量不处理小。

（二）语元理解的发展

比照词类的划分，语元也可以分为名词性语元、动词性语元（简称"名元""动元"）等。下面从语元理解成绩和语元理解特点两个方面来考察乳儿语元的发展。

1. 7~12 个月乳儿语元理解成绩

据观察，D 在满三个月时就能对自己的名字做出反应；满六个月时出现话语理解的萌芽。

---

[1] "呢"是一个疑问语气词，根据儿童的语言能力可判定，它不可能成为乳儿理解的一个语元。但是，"NP 呢？"可作为乳儿理解的一种疑问格式。

表 1　乳儿语言理解的基本情况

项目 月数	名词性语元		动词性语元		其他语元		小计	
	月增加数	本月总数	月增加数	本月总数	月增加数	本月总数	月增加数	本月总数
7		6		6		0		12
8	5	11	7	13	0	0	12	24
9	26	37	6	19	0	0	32	56
10	19	56	25	44	0	0	44	100
11	33	89	31	75	0	0	64	164
12	21	110	43	118	2	2	66	230

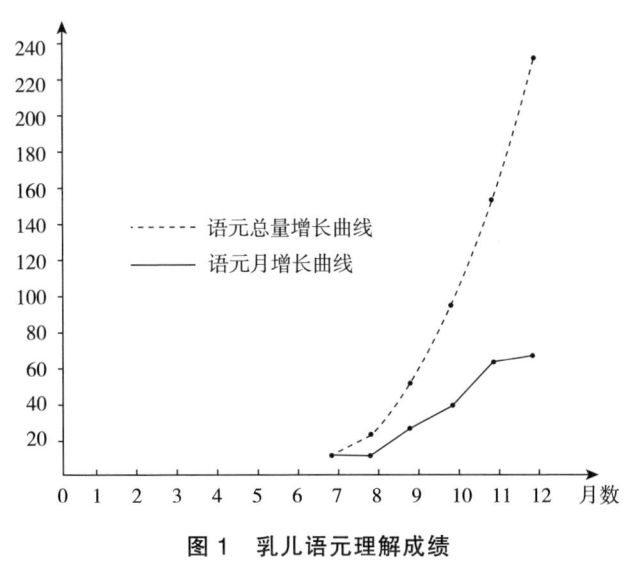

图 1　乳儿语元理解成绩

　　从表 1 可以看到，乳儿在 7~12 个月的半年时间里，共理解 230 个语元，其中名元 110 个，动元 118 个，其他语元 2 个。将表 1 "小计"一栏的数据变为如图 1 所示的曲线形式，可以更形象地看到语元理解的发展状况。该图的语元总量增长曲线显示,8个月之前语元月增长较慢;9~11个月月增长数量急剧增加;第十二个月时出现一个"发展平台",虽然该月的新增数量是其前各月最高的,但是发展的步伐却显然放慢。形成发展平台的原因,主要是乳儿此期已开始说话,新的语言习得任务使理解的步伐变慢。

2.乳儿语元理解的特点

乳儿的语元理解主要有三个明显的特点:

其一,所理解的语元几乎都是名元和动元。这似乎表明,这两类语元是最自然最基本的话语单位。

其二,乳儿对名元和动元理解的数目大体相等。如下图2所示,D对这两类语元理解的总量始终保持在相近的水平上。从每月新增的语元数量上看,如图3所示,动元的发展比较平稳,而名元则呈波浪式发展。这种不同与这两类语元在话语中的不同作用和乳儿认知特点有关:动元比名元要抽象得多,且在话语中居核心地位,常有构成话语框架的作用,因此,对动元的理解不可能大起大伏;名元比动元要具体些,在话语中的位置比较灵活,与现实联系比较紧密,可能造成理解上的波浪式发展。因名元的波浪式发展而形成的名、动两类语元新增量曲线的交叉格局,也表明这两类语元在乳儿话语中需保持大体相当的数量的需要。

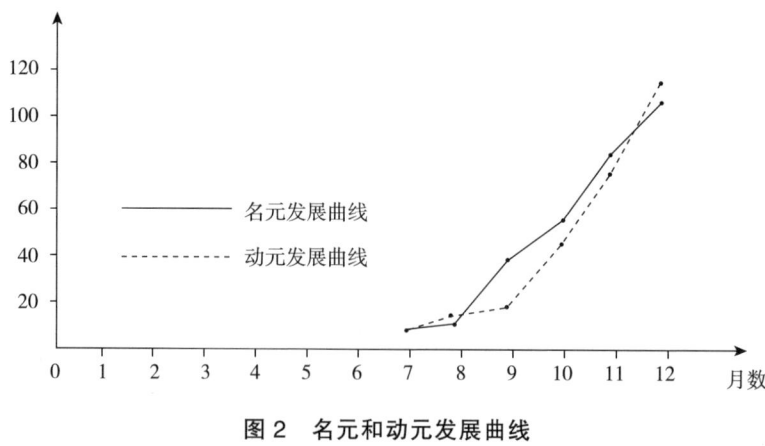

图2　名元和动元发展曲线

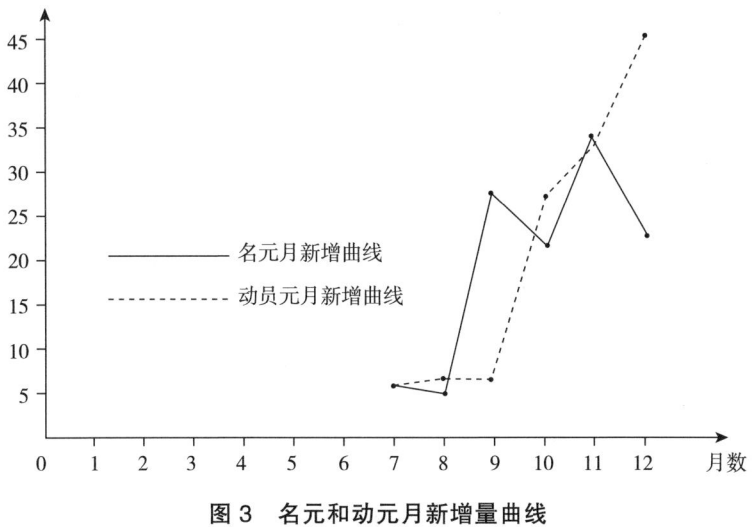

图3　名元和动元月新增量曲线

其三，乳儿所理解的语元的所指，大都是乳儿所常接触的人、事物和乳儿所能发出的动作、行为等。表2显示，乳儿所理解的名元最多的是表示家室器物、人伦、动物和身体名称四类，其中，动物多是玩具，人伦多是乳儿周围的人和一些亲属称谓；其他类别的名元也都是乳儿所常见的事物的名称。表3显示，乳儿理解的大多数动元是与身体动作有关的，其次是事件和活动。乳儿满9个月后，不仅心理神经方面有了大的发展，而且身体动作也有了飞速发展，这与9个月后动元理解的快速发展有直接关系。

表2　乳儿理解的名元细类表

名元小类 月数	人伦	家室 器物	身体 名称	服饰	交通 工具	动物	植物	文体 用品	天文 地理	食品	方所	其他	小计
7	4	1								1			6
8	1	3				1							5
9	2	11	1		3	4		1	3			1	26
10	7	1	1	1		3	3		1		1	1	19
11	2	5	8	3		7		4			1	2	33
12	3	2	1		2	3			1	3	3	3	21
合计	19	23	11	4	5	18	3	5	6	4	5	7	110

表 3　乳儿理解的动元细类表

动元小类 / 月数	身体动作	事件活动	存现	趋向	能愿	感受	方式	判断	使让	其他	小计
7	4	2									6
8	5		1						1		7
9	6										6
10	14	5	1	1	1				1	2	25
11	19	2	3		1		1	1	2	2	31
12	27	4	2	1	1	2		1	1	4	43
合计	75	13	7	2	3	2	1	2	5	8	118

二、乳儿句类理解的发展

人们一般把句子分为陈述句、祈使句、疑问句和感叹句四类。因为我们还未找到较科学的方法来判定乳儿对陈述句和感叹句的理解，所以本文只讨论乳儿对祈使句和疑问句理解的发展。

（一）乳儿对祈使句的理解

乳儿在 7 个月时所理解的祈使句，都是由一个语元构成的，如"跳""歇歇""再见"等。8 个月时，能理解"跟妈妈再见""给姐姐吃"之类的格式。第 9 个月没有大的进展，只是在动元后出现了表催促的语气词"啊"，如"跳啊"等。第 10 个月时发展较快，记录到的新理解的句子有：

1.拍不倒翁睡觉。　　　　　2.赶快答应。

3.你盘脚盘[1]。　　　　　　4.不要／别动。

5.来，吹吹就好了。

11 个月记录到的一些所理解的更为复杂的话语是：

---

[1]　"盘脚盘"是一种儿童游戏。

6. 让爸爸给你拿。　　　　　7. 把皮球捡起来。

8. 把帽子给小熊猫戴上。　　9. 把帽子戴在妈妈头上。

10. 用毛巾擦嘴。　　　　　　11. 读读书 / 口妈妈[1]。

12. 口一个 / 口一下。

乳儿 12 个月新理解的话语有：

13. 看大狮子去。　　　　　　14. 去看大狮子去。

15. 快点。　　　　　　　　　16. 亲亲爸爸，爸爸抱你去看小狗。

17. 吃一口，去看大狮子。

对于以上这些句子，当然不能按分析成人句子那样去分析，认为乳儿此期已经掌握了这些句型或句式，也不能认为对这些句子的理解达到了较高的水平。但是，由这些句子却可以看到乳儿理解祈使句的两个特点：第一，所理解的句子由简单到复杂。D 开始所理解的都是由一个动元构成的祈使句，随着月龄的发展逐渐理解了由两个和多个语元构成的内部结构和语义关系较为复杂的祈使句，并最后出现了对否定形式的祈使句和用形容词性语元构成的祈使句的理解反应。

第二，乳儿对祈使句的理解呈现两个阶段：9 个月之前所理解的句子都较短小，格式也只有两三类；10 个月之后发展很快，理解的句子多而复杂，一些常见的祈使句类型几乎都能出现理解反应。

这些理解特点与动元的理解发展是一致的。再看表 3 可发现，乳儿在 10 至 12 个月中对动元的理解数目大增，且类型上也有较大发展。这说明乳儿的动元理解与祈使句理解具有正相关性。

（二）乳儿对疑问句的理解

1. 乳儿理解疑问句的基本情况

乳儿在 7 个月时理解的疑问句都是简略形式。如：

---

[1] 口：河南方言，佯装发狠的样子，动词。

1. 妈妈呢？　　　　　　　　　2. 上门儿不？[1]

在 8 个月时新理解的格式有：

3. 门在哪儿？　　　　　　　　4. 要苹果？

很显然，例 3 是例 1 的发展，它们的疑问功能都是询问某物存在于何处；例 4 是不带语气词的是非问，与例 2 同属一类。9 个月没有发现新的进展，10 个月新理解的问句有：

5. 吃不吃？　　　　　　　　　6. 上哪儿？

7. 干什么？

11 个月记录到新理解的疑问句较多：

8. 把马放在哪儿？[2]　　　　　9. 你在哪儿洗的脚？

10. 狮子怎么叫的？　　　　　　11. 谁是 D？

12. 哪是电灯？　　　　　　　　13. 叔叔你认识吗？

12 个月记录到的新理解的疑问句有：

14. 还有一个叔叔呢？　　　　　15. 你几岁了？

16. 喝牛奶吗？／还喝吗？　　　17. 唱个歌吧？／是渴了吧？

18. 什么地方想吃？　　　　　　19. 不吃了？

20. 那里的灯和这是一个，对不？

2. 乳儿疑问句理解的特点

仔细观察上面的实例，可以发现乳儿理解疑问句的三个特点：

第一，除了选择问之外，其他疑问句的大类都有涉及。第二，所理解的疑问句都可以不用语言作答。是非问和正反问可以用体态来表示赞成或反对等。例如：

---

[1] 上门儿：河南方言，意为到室外去。"上门儿不？"传统上把它分析为反复问句的省略，其实，应把它作为是非问的一种。我们打算专文讨论。

[2] 马：指玩具马。本文例句中所涉及的动物多是玩具，不一一作注。

1. 成人　　尿尿不？

　　D　　搂紧大人脖子，夹紧双腿，并发出抗议的叫声。

2. 成人　　你喝水不？

　　D　　点头。

3. 成人　　喝不喝水？

　　D　　指碗柜中的小碗，又指开水瓶。

乳儿所理解的"W呢"简略问句和绝大部分特指问句，也可以用指示、寻找等体态作答。例如：

4. 成人　　D的脚呢？

　　D　　用手扳起自己的脚。

5. 成人　　莉莉姐姐呢？

　　D　　用手指莉莉。

6. 成人　　谁是灿灿的妈妈？

　　D　　指灿灿妈，又指灿灿。

7. 成人　　什么地方想吃？

　　D　　指自己的嘴或肚子。

8. 成人　　你在哪儿洗的脚？

　　D　　指水盆。

9. 成人　　你几岁了？

　　D　　伸出一个指头。

只有问方式的特指问，才不能用体态回答，但是，可以摹声作答。例如：

10. 成人　　狮子怎么叫？

　　D　　模仿狮子的叫声。

这一特点既说明了成人在与儿童交际时会充分考虑到儿童的能力，同时许多问句也能发挥祈使句的功能，成人看似向乳儿提问，实则是向他提出某种要求。

第三，所理解的疑问句由简单到复杂。9个月之前所理解的都是形式和内容都相当简单的问句; 9个月之后, 理解的格式大增, 并出现了一些问人、问事物、问方式乃至问年龄的特指问。这一特点和明显的阶段性特征, 与前述的关于祈使句的理解很相似, 反映了乳儿话语理解的共同性特点。

三、乳儿第二信号系统的建立（略）

四、结语

运用话语反应判定法可判定, 乳儿在满6个月时已出现话语理解的萌芽, 7~12个月, 乳儿共理解语元230个, 其中名词性语元110个, 动词性语元118个。这些语元大都是乳儿所常接触的人、事物和乳儿所能发出的动作、行为等。

乳儿在7~12个月中, 已能对常见的简单祈使句和除选择问句之外的常见的简单疑问句做出理解反应。乳儿句类理解由简单到复杂; 7~9个月理解的发展较慢, 10～12个月的理解发展较快; 其发展速度与语元的发展呈正相关。乳儿所理解的疑问句大都可以不用语言作答, 且不少疑问句的功能与祈使句近似。

当然, 本文的结论是在个案研究的基础上得出的, 关于语元、句类理解的具体情况和第二信号系统建立的月龄, 可能会与同类的观察研究有出入; 但是, 本文所提出的话语反应判定法、语元的概念及其分析方法、第二信号系统建立的标志、以及乳儿话语理解的基本状况等, 应是具有理论价值和普遍意义的。

参考文献

陈帼眉等　1988　《学前心理学》, 北京师范大学出版社。

李宇明　1992　《论儿童第二信号系统建立的判定标准》, 第三届现代语言学研讨会论文, 载该会议论文集。

许政援等　1987　《儿童发展心理学》, 吉林教育出版社。

朱曼殊、缪小春　1986　《心理语言学》，华东师范大学出版社。

朱曼殊等　1986　《儿童语言发展研究》，华东师范大学出版社。

朱智贤　1986　《儿童心理学》，人民教育出版社。

朱智贤、林崇德　1986　《思惟发展心理学》，北京师范大学出版社。

〔美〕黛安·E. 帕普利等　1981　《儿童世界（上）》，人民教育出版社

〔美〕R.M. 利伯特等　1983　《发展心理学》（刘范等译），人民教育出版社。

（原载《语言研究》1993 年第 1 期，有删节；又见邵敬敏主编

《语法研究与语法应用》，北京语言学院出版社 1994 年）

附录三：论儿童第二信号系统建立的判定标准

一、问题的提出

19世纪末，俄罗斯著名生理学家伊凡·巴甫洛夫在研究狗的消化过程时发现，当狗看到食物时就会分泌唾液。之后，他和他的同事们进一步研究了条件反射问题，提出了有名的两种反射、两种信号系统的学说。[1]此后，苏联的一批学者，如恩·伊·克拉斯诺郭尔斯基、恩·姆·谢洛凡诺夫、恩·耳·非古林、姆·姆·科里卓娃、恩·伊·卡撒特金、阿·伊·卜隆式坦、阿·格·伊万诺夫—斯莫林斯基、耳·阿·俄尔白里、弗拉德金娜等人，先后运用巴甫洛夫的学说来研究儿童的高级神经活动。[2]

50年代以来，我国学术界深受苏联学术界的影响，朱智贤等一批对儿童心理发展感兴趣的心理学家，借鉴苏联学者的研究成果，特别是伊万诺夫—斯莫林斯基关于儿童语言活动发生的四阶段模式（The Model of Four Grades），来解释儿童第二信号系统（The Second Signal System）的建立等有关问题。但是，不管是苏联学者还是我国的学者，在儿童何时建立起第二信号系统的看法上却存在着分歧。这些分歧可概括为如下三种：

1. 苏联的姆·姆·科里卓娃认为，儿童满二岁时才建立第二信号系统。其理由是：这时儿童所知道的语词与他们所不知道的语词，可以不通过该新词语

---

[1] 对巴甫洛夫学说较为简明而又全面的介绍，可参看〔美〕R.M.利伯特（1983，pp. 117—121）。

[2] 苏联学者的研究概况可参看科里卓娃（1982）、伏尔科娃（1957）、萧孝嵘（1959）以及朱智贤（1980，pp. 113—115）。

所标志的具体刺激物的直接接触而形成联系，即只须用儿童已经了解的语词来说明他所不知道的语词，语词与语词之间的联系即可形成。[1]这种观点可姑且称之为"语词诠释说"（The Theory of Words Explanation）。

2. 伊万诺夫—斯莫林斯基把儿童两种信号系统协同活动的发生，即语言活动的发生划分为四个阶段，亦即上文提及的四阶段模式：[2]

第一阶段　直接刺激物→直接反应

第二阶段　词的刺激物→直接反应

第三阶段　直接刺激物→词的反应

第四阶段　词的刺激物→词的反应

许政援、陈帼眉等学者认为儿童在一岁半以后进入第四阶段，这时才有真正的第二信号系统的活动。[3]这种观点不妨称之为"词语交往说"（The Theory of Words Communication）。

3. 朱智贤等学者也赞同四阶段模式。不过他们认为，儿童在十至十一个月时进入第二阶段。在第二阶段，尽管儿童所懂得的词还非常有限，尽管这时的词语刺激还常需第一信号系统（The First Signal System）的支持，甚或带有浓厚的第一信号的色彩，尽管这时儿童所理解的词语还不像成人的词语那样具有更大的概括性，但是这已经是第二信号系统的活动了。[4]这种观点可称之为"词语理解说"（The Theory of Words Comprehension）。

以上三种观点对于儿童语言发展（The Development of Child Language）的

---

[1] 科里卓娃的观点详见萧孝嵘（1959）。

[2] 伊万诺夫—斯莫林斯基在他的《关于大脑皮质第一和第二信号系统底协同活动的研究》和《第一和第二信号系统协同活动的实验研究》中阐明了他的四阶段模式，朱智贤（1980, p. 115）、陈帼眉等（1988, pp. 65—66）和许政援等（1987, pp. 112—113）都有引用。四阶段模式对于刺激物和反应方式的分类都显得粗疏，而且许多术语的使用，如"直接刺激物、直接反应、词的刺激物、词的反应"等，也不够科学。在下文的一些论述中，我们已间接地指出了它的缺点。对它的详细评论打算另文撰写。

[3] 见许政援等（1987, pp. 98—99、113）和陈帼眉等（1988, pp. 65—66）。

[4] 见朱智贤（1980, pp. 112—116）。

步骤的看法基本一致，只是在年龄的描述上稍有出入；他们的根本分歧点在于评判第二信号系统建立的标准上。第二信号系统的建立，涉及儿童语言学、发展心理学、符号学、人类学等诸多学科的一些基本理论与基本观念，因此有必要对儿童第二信号系统建立的评判标准进行专门的讨论。

二、对三种观点的评论

（一）"自然化"观念

儿童是在一定的语言环境中通过交际获得语言、建立起第二信号系统的，同时也是在一定的语言环境中处理第二信号、并形成一系列处理第二信号的习惯和特点的。因此，考察儿童第二信号系统的建立，应充分考虑到儿童所形成的一系列处理第二信号的习惯和特点，应在语言习得的自然状态中进行。这便是"自然化"的观念。不遵从自然化的观念，势必会与儿童所形成的一系列习惯发生冲突，势必会改变语言交际的自然状态，因而必然影响到研究结果的科学性和研究结论的有效性。

语言是表达客观世界和人类社会的各种事物、运动、状态、观念、情感等的符号系统。语言这一符号系统与客观世界和人类社会的现实联系不是词而是句子，哪怕是只有一个词构成的句子。儿童在学习语言的过程中，所接触到的是一个一个的句子，而不是孤零零的属于语言平面的词。

句子既是语言单位，又是言语单位。作为语言单位的句子，它是由词语根据一定的语法规则组合起来的，其中起码包含词汇和语法两种要素。作为言语单位的句子，它不仅与上下文发生联系，而且还与客观现实发生联系。这种客观现实除了句义所指的具体事物、具体行为、具体状态等等之外，自然也包括说话的具体情景、交际对象和说话人的体态等要素。

语词诠释说、词语交往说和词语理解说这三种观点的持有者，以及绝大部分这一领域的研究者，在研究观念和研究方法上都有意无意地违背了自然化的观念，其主要表现是：

1. 只把词（或称语词、词语）而不是句子作为观察的对象。如上所述，句子是最自然的交际单位，考察儿童第二信号系统的建立，理所当然应该考察儿童对句子的处理情况。当然，句子是由词组合而成的，但是词在实际交际中并不与现实发生直接联系，或者起码说，在交际实际中与现实发生联系的不仅仅是词，还有语法、语用等其他要素。仅仅考察词，不说是错误的话，也肯定是片面的。

2. 力图仅用词作为刺激物。这些学者试图剔除诸如情景、说话人的体态、交际对象等一切非语言交际要素，只想仅仅把词作为研究的刺激物。也只有在儿童仅有词作为刺激物的情况下能做出反应，才认定儿童具有了真正的第二信号活动，否则，即使是最宽容的词语理解说，也认为与第一信号协同活动的第二信号是不纯正的，"带有浓厚的第一信号的色彩"。[1] 而事实上，第一信号与第二信号协同活动正是语言交际的一种属性，即使是成人的语言活动也必须伴随各种语言之外的交际要素，不然的话，语言交际就会遇到各种各样的麻烦。仅用词作为刺激物而试图剔除其他交际要素的观念和做法，不仅有悖于语言交际的自然属性，而且也不合于儿童语言习得的规律和语言活动的习惯，因此也是不科学不足取的。

（二）处理第二信号的能力

考察儿童第二信号系统是否建立，就是考察儿童具不具有处理第二信号的能力。具有处理第二信号的能力的表现是：

a）能接受第二信号的刺激；

b）把第二信号当作第二信号。

---

[1] 见朱智贤（1980，pp. 112—116）。

　　a）是必要条件不是充分条件，因为"刺激—反应"的研究告诉我们，对于超出有机体处理能力的刺激物的刺激，有机体要么不能做出反应，要么把这种刺激作为低一级刺激物的刺激进行反应。比如，大量的研究结果表明，再聪明的动物都不具有处理有声语言的能力，马戏表演中动物依照驯兽员的口令做各种各样的表演，其实动物只是把口令当作第一信号来处理的。再如，四五个月的婴儿能对父母的呼唤（比如叫婴儿的名字）做出反应，或寻找，或微笑，但是他并不懂得呼唤的语言意义，他把父母的呼唤只是作为第一信号来处理的。正因如此，只有a）是不够的，还必须加上b）。

　　无条件反射的中枢是中枢神经系统的低级部位，条件反射是通过高级神经中枢即大脑皮层实现的。第二信号的条件反射是由大脑的语言处理系统来完成的。大脑的语言处理系统由语言中枢以及其他有关组织组成。[1]儿童具有a）b）两种表现时，说明他的大脑语言处理系统已初步形成，否则他不可能接受把第二信号当作第二信号的刺激。既然大脑语言处理系统已初步形成，那么也就表明他具有了处理第二信号的能力，第二信号系统得到建立。

　　依照语言学的术语来说，a）b）两种表现就是能够理解语言。这就是说儿童能够理解语言就说明他建立起了第二信号系统。如果以上论述成立的话，那么上述三种观点中的词语理解说是应该受到支持的（当然该学说的非自然化观念不应受到支持）。

　　需要进一步指出的是，处理第二信号的能力并不等于语言能力。语言能力最起码包括语言理解和语言表达两种能力，这两种能力虽互有联系但却有相当的不同。这种不同不仅表现在大脑语言中枢的不同，而且神经的运动机制也很不相同。语言理解靠语言听觉分析器的参与，语言表达靠语言运动分析器的参与。第二信号系统的建立并不把语言表达作为必要条件。正如巴甫洛夫在观察到铃声和灯光条件化以后引起狗分泌唾液的现象时，就断定狗具有第一信号的

---

[1]　大脑语言处理系统的存在是确定无疑的，但是大脑语言中枢及其他相关部位的情况，还是有待进一步研究的课题。详细情况见郭可教（1983）。

条件反射，而不要求狗去使用第一信号一样。有一种失语症，患者虽然不能说话，但是却可以听懂他人的话语，这种患者仍然被认为具有第二信号系统。就此而言，主张词语交际说者是把第二信号系统的建立与儿童的语言能力的完善混为一谈了。

当然，第二信号系统像第一信号系统一样，也有一个由低级向高级不断发展完善的过程。儿童第二信号系统初始建立时，对于话语的理解速度还比较慢，对新的话语的理解需要经过第一信号的中介，或者从第一信号中发展出来。但是，考察儿童第二信号系统的建立，就是要考察何时初建，而不是考察何时完善，更不能把完善中的某些特征作为第二信号系统建立的标志。语词诠释显然是第二信号系统趋于完善时的一种高级表现，用这种高级表现来衡量第二信号系统的建立自然是不合适的。

三、判定第二信号系统建立的标准

（一）两种信号的本质差异

上文指出了处理第二信号能力亦即第二信号系统建立的 a）b）两种表现。a）较易把握，关键在于如何把握 b），即怎样才能判定儿童是把第二信号当作第二信号而不是当作第一信号来反应的。要解决这一问题，就不能不明确两种信号的本质差异。

第一信号和第二信号的共同点，是都具有信号的作用，亦即都具有代替无条件刺激物的功能，或代替无条件刺激物对有机体进行刺激的功能。二者的不同在于：第一信号具有具体性，它总是与特定的无条件刺激物和特定的刺激情景相联系；而第二信号具有抽象性，它可以超越特定的刺激情景，它可以与某一类特定的无条件刺激物相联系，也可以成为第一信号的信号。第二信号的概括性至关重要，只有具备概括性，才能具备抽象性；概括性是抽象性的基础，抽象性是概括性的一种表现，或者说是从另一个角度来对概括性进行的述说。

就我们所见到的文献来看，人们并没有给第一信号进行再分类，只是在讨论条件泛化时根据替代反应把条件作用分为若干级。据我们的看法，第一信号可再分为三类：

1. 间接实物；

2. 伴随物；

3. 相似物。

当无条件刺激物不直接作用于特定的感觉器官时，就成为具有信号作用的间接实物。比如当狗看见食物而未吃食时也会发生分泌现象，这时的食物就是间接实物。伴随无条件刺激物出现的事物（包括情景等）称为伴随物，比如巴甫洛夫实验时使用的铃声、灯光等就是伴随物。相似物是指与无条件刺激物或伴随物相似的事物。俗语"一朝被蛇咬，十年怕井绳"中的"井绳"，就是"蛇"的相似物。间接实物与无条件刺激物本是同一事物，伴随物和相似物都与无条件刺激物存在着具体的物理学上的联系，而且，巴甫洛夫的研究表明，如果第一信号刺激长时间得不到无条件刺激的强化，条件反应就会逐渐消退，因此第一信号具有具体性。

人们公认的第二信号是语言，[1]语言的概括性和抽象性不仅表现在语法上，而且也表现在词语上。这早有定论，不必赘言。

（二）已有的几种尝试

第一信号的具体性和第二信号的概括性、抽象性，已基本成为学术界的共识。解决问题的关键也就集中到鉴定儿童何时对第二信号的反应具有概括性和抽象性上。就目前的科学发展水平而言，还无法运用神经生理学的办法来直接解决

---

[1] 其实，许多具有语言性质的符号，如数学符式（Mathematical Mark and Formula）、电报代码（Cable Code）、人工语言（Man-made Languages），甚至人类的体态语（Body Language）等，是否应属于第二信号，还值得研究。

这一问题，因此，一般说来只能采取语言心理学（Psychology of Language）的办法来尝试解决。这方面的尝试可以大致分为两种：

第一种尝试是，根据词义具有概括性和抽象性的原理，把词义的理解作为判定儿童第二信号系统建立的标准。这种尝试者认为，儿童开始能对词做出反应的时候，是词的声音而不是词的意义在起信号作用，因而这时的词属于第一信号。比如"猫猫""帽帽"和"馍馍"这些发音相近的词都能引起儿童的相同反应。当音近词不能引起相同反应时，亦即儿童具有了分辨音近词的能力时，词的意义才开始为儿童所理解，词开始成为第二信号。[1]

不可否认，儿童对词义能够理解时，词自然进入了第二信号系统的范畴。但是，词义理解的弹性非常大，认知能力、文化素养等方面的差异都会导致对词义的理解有深有浅、有多有少，因此很不好把握。运用区分音近词的方法来鉴定对词义的最初理解也很不可靠，因为区分音近词不仅需要语言听觉分析器有相当的发展，而且还需要其他方面的智慧运转，即使是成人，在脱离句子和语境的情况下，也不能保证可以较好地区分音近词。

第二种尝试是，把词成为信号的信号作为儿童第二信号系统建立的标准。[2]他们认为，第一信号是无条件刺激物的信号，第二信号是第一信号的信号。这种标准重视第二信号的抽象性，但是难以作为判定儿童第二信号系统建立的标准，因为：

1.信号的信号并不必然是第二信号。巴甫洛夫等人的研究表明，当食物伴随节拍器声一同呈现时，节拍器声会引起狗的唾液分泌，接着这个已条件化的节拍器声再伴随一个新的中性刺激一同呈现，这个新的中性刺激又可以成为节拍器声的信号，引起唾液分泌。据研究，条件泛化有时可以达到第三级乃至第四级的水平。条件泛化现象的存在，说明词即使成为某种信号的信号，它仍可能属于第一信号。

---

［1］ 详见朱智贤（1980，p. 113）。
［2］ 详见朱智贤（1980，p. 113）。

2. 词并不必然成为信号的信号。许多虚词因为没有实在意义而不可能成为客观事物等的信号；许多词完全可以只是客观事物等的信号，而并不必要成为第一信号的信号。如"太阳"这个词，在儿童的心目中可能是直接与天空的太阳形成能指与所指的关系，其间不必有一个第一信号中介。可见第二种标准也是有问题的。

怎样判定词成为第一信号的信号，第二种尝试者也未能较好解决。语词诠释说把儿童能用新语词诠释旧语词看作词成为第一信号的信号的标志，但是，怎样知道旧语词一定不是第二信号而是第一信号呢？词语交往说依据伊万诺夫—斯莫林斯基的四阶段模式，把儿童能用词来对词的刺激物做出反应视为词成为第一信号的信号的标志，然而，反应的性质并不决定刺激物的性质。语言刺激物也可能只引起生理上的反应而不必然引起语言上的反应，比如当人们听到"杏"这个词时，会大叫"酸"，但也可能只分泌唾液而不说话。当然，儿童若是能用词对词的刺激做出反应，他肯定建立了第二信号系统，但是，这种学说不能保证儿童对待语言刺激物不能用语言进行反应时，儿童就一定不能把语言刺激物做第二信号来处理。

（三）迁移性反应

根据自然化观念和两种信号系统的本质差异，在研究儿童语言获得的实践中，我们发现，"迁移性反应"（The Transferring Reactions）可以作为判定儿童第二信号系统建立的较为理想的标准。李宇明（1993）给迁移性反应下的定义是：

设儿童在甲情景中对处于 G 语法格式中的语言信号 A 建立起了同具体事物 a 的条件性联系，如果：

Ⅰ、改换情景（甲情景→乙情景）；或者

Ⅱ、改换所指（a→a'；a 和 a' 是同类事物）；或者

Ⅲ、改换语法格式（G→G'）

儿童也能对语言信号 A 做出条件性反应，那么，就可以认为儿童对语言信号发生了迁移性反应。

Ⅰ是情景迁移（The Situational Transfer）；Ⅱ是所指迁移（The Referent Transfer）；Ⅲ是语法迁移（The Syntactic Transfer）。情景迁移，改变的是情景，不变的是语言信号。情景迁移的发生，表明儿童已能把语言信号从情景中分离出来，使语言信号具有了超情景的抽象性的品格；虽然情景迁移之后语言信号仍处在一定的情景中，但引起儿童反应的主信号已是语言。迁移前后的情景差异越显著，语言信号的第二信号的身份越明显；特别是当语言信号的所指不在现场时，更能说明儿童对语言信号的意义有了一定的理解。

所指迁移改变的是语言信号所指称的具体对象，语言信号并没有改变。所指迁移的发生，表明儿童已不是把语言信号仅同某一个具体事物相联系，而是与一类事物相联系。从而使语言信号具有了概括性。迁移前后所指的差异愈显著，语言信号的概括性就愈强大。这种概括性是第一信号所不具备的性质。

语法迁移是三种迁移中最重要最具决定意义的。例如：

a）妈妈呢？

b）跟妈妈再见。

要对 a）b）做出合适反应，最起码要求儿童具有如下能力：

第一，能在两种不同的语法格式中识别出"妈妈"一词的同一性，具有最起码的语言切分和提取能力，这种能力比处理情景迁移难度更大；第一信号只是一个不具切分性质的简单信号，只有语言信号才有切分组合的问题。

第二，能初步把握"××呢？"和"跟××再见。"两种语法格式的差异。语法格式具有抽象性，是只有第二信号才具有的性质。

第三，"妈妈"在两种格式中与不同的语言单位组合，势必带来两段话语音流上的不同，这表明起刺激作用的不仅是语音，意义也在发生作用，否则难以从两段不同的音流中识别出"妈妈"这个词。

所以，如果儿童能对语言信号发生语法迁移反应，那么就足以表明儿童具有了处理第二信号的能力，建立了第二信号系统。

迁移性反应能够反映出两种信号系统的本质差异，能在自然状态下鉴定出儿童所反应的主信号，间接达到剔除非语言交际要素的目的，操作简便。更不容忽视的是，它具有高度敏感性：语言信号最初是作为伴随物或相似物出现的，它成为第二信号是由第一信号渐变过来的；在此渐变过程中，一旦出现了质变，迁移性反应立即就可反映出来。

综上所述，迁移性不仅以其科学性可以作为判定儿童第二信号系统建立的标准，而且以其操作的简便性和高度敏感性也可以作为判定的具体方法。这种集标准和方法于一身的迁移性反应，显然远优于前面论及的几种尝试。

四、一个个案的分析

李宇明（1993）曾经仔细研究过一个女孩 D 一岁前的话语理解情况。请看她理解"再见"的发展过程：

（1）把 D 抱到门口，姐姐一边挥手一边说"再见"。D 举起右手模仿姐姐的样子朝屋里的妈妈挥动了几下。（189 天）

（2）姐姐抱着 D 站在门口说："跟妈妈再见。"D 便与屋里的妈妈挥挥手。（199 天）

（3）在姐姐抱着 D 要下楼时，妈妈一边跟 D 挥手，一边说"再见"。D 便向妈妈挥手。（216 天）

（4）在房间里，姐姐或其他人一说"再见"，D 就跟说"再见"的人挥手。（218 天）

（5）在室外遇到一个青年男子抱着他的小女儿。妈妈说："跟叔叔再见。"D 便挥挥手。妈妈又说："跟姐姐再见。"D 又挥挥手。（219 天）

（6）在楼下遇到张阿姨。妈妈说："跟阿姨再见。"此时张已经上了楼梯两三级，D 仍高兴地向张挥手。（229 天）

以上是 40 天时间内 D 理解"再见"的典型例子。在 D 出生后第 189 天时，D 学习"再见"开始有反应，到了第 199 天便出现了初步的迁移性反应。在例（1）中姐姐挥手，在例（2）中姐姐没有挥手，情景上有迁移；在例（1）中姐姐说"再见"，在例（2）中姐姐说的是"跟妈妈再见"，语言信号出现了语法迁移的苗头。不过，这两种迁移都还不明显，所以只能看作第二信号系统的萌生，或者说是第一信号系统向第二信号系统的过渡。

但是，例（3）~（6）的迁移性已经较为明显：发信号的人可以换成妈妈；地点可以是室内或室外；再见的对象可以是叔叔、姐姐、阿姨；语言信号可以是"跟叔叔再见、跟姐姐再见、跟阿姨再见"等。这种种迁移性表明，进入 8 个月的 D 已能在多种情景中对不同的人做出"再见"反应，"再见"已具有了第二信号的作用。因此，8 个月是乳儿第二信号系统建立的时期。

当然，这一结论不是仅靠以上的例子做出的，还有许多例子都支持这一结论。例如：

（7）姐姐问："妈妈呢？" D 就朝妈妈看。（194 天）

（8）抱着 D 站在门口说"上门儿"[1]，D 两眼放光，倾身欲外。（194 天）

（9）在室内问："上门儿不？" D 便高兴地挣身向外。（199 天）

（10）D 正在吃苹果，姐姐张嘴，用手指指 D 手中的苹果，又指指自己的嘴说："把苹果给姐姐吃。" D 就把苹果送到姐姐的嘴边。接着又用此法说："把苹果给妈妈吃""把苹果给爸爸吃"，D 都能做出合适的反应。（203 天）

以上这些 7 个月的例子，表明 D 此时对"上门儿、把苹果给××吃、妈妈"等语言信号都发生了初步迁移性反应。再看几个 8 个月的例子：

（11）姐姐问："妈妈在哪儿？" D 就朝妈妈看。姐姐问："门在哪儿？" D 就朝门看。（224 天）

（12）D 和一个比她稍大的女孩在一起，妈妈说："让姐姐吃。" D 就把

---

[1]"上门儿"是"上门儿上"的减省说法，河南方言，义为"到门外面去"，多用于成人与儿童交际时。

正吃的油条送到那个女孩的嘴边。（228天）

（13）妈妈说："吃妈妈儿[1]。"D就去吃奶。妈妈说："鸽子呢？"D就朝天上飞的鸽子望。妈妈说："灯灯呢？"D就朝灯看。妈妈见D伸出小手，就问："要苹果？"D摇头；妈妈又问："要烧饼？"D仍摇头；妈妈说："要茶缸盖？"D接过茶缸盖就玩了起来。（234天）

结合前面的例子，使我们看到了许多语法迁移的现象。在"名词＋呢？"这种句式中，替换名词，D可做出不同的反应。而当"名词＋呢？"和"名词＋在哪儿？"这两种不同的句式中的名词相同时，她又能做出相同的反应；这说明她已能理解这两种问句格式。语法格式的理解比对词语的理解具有更高的抽象性。再如例（13）中的"妈妈儿"和"妈妈"语音相近，但D能够区分二者的不同，说明她所接受的刺激已不仅仅是语言的声音，而是也包括语言的意义，这绝不同于仅把语言当作第一信号的反应。

这一个案的分析表明，儿童在出生后第7个月时，已经开始出现了迁移性反应，第二信号系统开始萌生；在第8个月时各种迁移性反应已经较为明显，第二信号系统已经建立。

五、结语

本文在分析评价苏联和我国学者的语词诠释说、词语交往说和词语理解说等观点的基础上，根据对儿童语言获得的研究实践，提出把包括情景迁移、所指迁移、语法迁移的迁移性反应作为判定儿童第二信号系统建立的标准。在儿童获得语言的过程中，语言一开始是以第一信号的身份出现的，考察儿童第二信号系统的建立，就是考察儿童把语言作为第二信号处理能力的形成。第二信号与第一信号的本质差异在于它的概括性和抽象性，迁移性反应能以其科学性、

---

[1] 妈妈儿：河南方言，义为"乳房"。"吃妈妈儿"，义为"吃奶"。

操作的简便性和高度敏感性判定第一信号向第二信号渐变过程中所发生的质变，因此是较为理想的判定儿童第二信号系统建立的标准，并且又具有判定方法的功能。

依据这一判定标准对一个个案的分析表明，儿童在出生后的第 7 个月，第二信号系统已经萌生，第 8 个月已经建立。当然，由于儿童的语言发展会受到诸多因素的影响，不同儿童的语言发展会有一定的时间差异；但是，根据语言习得的普遍性规律，一般儿童在 8 个月左右始建第二信号系统，时间上的差距不会太大。

除了语言之外，人类的交际手段中还有许多具有符号性质的东西，如数学符式、电报代码、各种人工语言、体态语等，它们是否也属于第二信号？体态语在儿童的语言活动中具有十分重要的意义，它的概括性、抽象性和系统的严密性虽然赶不上语言，但是也具有语言的诸多特点，与第一信号有着本质上的差异。儿童对于体态语的运用早于对语言的理解，如果体态语也可以归入第二信号系统的话，对于儿童第二信号系统建立的问题就需要重新考察。

与之相关的是，科学家曾对黑猩猩等高等动物的符号能力进行过长期研究，发现它们由于生理上的限制不能使用有声语言，但是它们却有一些具有符号性质的交际系统，黑猩猩还可以使用体态语或一些符号与人类进行简单的交际。如果体态语和其他的一些符号属于第二信号系统的话，那么，第二信号系统就不是人类所独有的，只不过人类的第二信号系统能发展到一般动物难以企及的水平罢了。这样一来，巴甫罗夫的两个信号系统的学说也许需要修改。

参考文献

陈帼眉等 1988 《学前心理学》，北京师范大学出版社。

郭可教 1983 语言活动的神经机制，《心理科学通讯》第 6 期。

李宇明 1993 乳儿话语理解的个案研究，《语言研究》第 1 期。

萧孝嵘　1959　苏联关于儿童高级活动的主要研究及其在教育上的意义,《华东师大学报》第 2 期。

许政援等　1987　《儿童发展心理学》,吉林教育出版社。

朱智贤　1980　《儿童心理学》,人民教育出版社。

朱智贤、林崇德　1986　《思惟发展心理学》,北京师范大学出版社。

〔美〕R. M. 利伯特等　1983　《发展心理学》(刘范等译),人民教育出版社。

〔美〕W. Condon　1982　《有声语言能使婴儿移动位置》(茅于燕译),朱智贤主编《三岁前儿童心理的发展》,北京师范大学出版社。

〔苏〕伏尔科娃　1957　儿童对言语刺激形成条件反射的某些特点,《心理学译报》第 1 期。

〔苏〕科里佐娃　1982　《儿童第二信号系统的发生与发展》,朱智贤主编《三岁前儿童心理的发展》,北京师范大学出版社。

（原载《语言学通讯》1993 年第 1、2 期）

附录四：独词句阶段的语言特点

独词句阶段一般在儿童一岁左右时开始,到一岁半前后结束,虽然不同民族、不同性别、不同教育环境的儿童,在独词句阶段到来或结束的时间上会稍有差异。独词句阶段上承"语前(Prelinguistic)阶段",[1]下启双词句阶段,是儿童语言发展历程中一个十分重要的阶段。独词句阶段的语言特点,以及它与语前阶段的联系和怎样向其后的双词句阶段发展,一直是儿童语言学研究的一个重要课题,也是充满争论和神奇的学术领域。本文根据对一女孩 D 的个案观察,并参考国内外的同类研究,试图全面揭示此期儿童使用语元的数量、种类及音义特点,描述独词句的各种交际功能,探讨独词句阶段与语前阶段和双词句阶段的联系与质异,并对一些国内外流行的观点进行必要的评析。

一、独词句阶段

(一)独词句阶段与语前阶段

独词句阶段不是儿童语言发展历程中的第一阶段,在此之前有一个语前阶段。语前阶段的主要特点是:

A. 儿童已经与成人有被动性的语言交际,大约可理解 200 余个语元和大约40 种祈使和疑问的句子格式。[2]

---

[1] "语前阶段"又叫"前语言阶段"。
[2] 见李宇明(1993)。

B. 可以通过体态、特定的声音等非语言手段，同成人进行最初的交流。[1]

C. 可以用近乎"词"的形式进行极为简单的交际。[2]

语前阶段为独词句阶段的出现做出了必不可少的语言准备，独词句阶段是语前阶段的自然延续，也是儿童语言发展中的一次质的飞跃。既是"自然延续"，就有一个划界的问题；既是"质的飞跃"，就要考察二者的不同的质究竟是什么。我们认为，判断儿童语言发展到独词句阶段的标准应是：

Ⅰ、具有了音义相对稳定的结合体；

Ⅱ、而且这一音义结合体应与目标语言中的词或词组（除了叹词和语气词）大体相合，具有一定的可识辨性。

标准Ⅰ排除了C，标准Ⅱ排除了B。在语前阶段，儿童虽然能用一些特定的音表达一些特定的意思，甚至有些已经近乎"词"；但是音与义的结合还非常模糊和不稳定，与独词句阶段的语言单位在形式和意义上还有很大的差异。因此，具有B和C特点的语前阶段仍然与独词句阶段有着质的差异。

（二）独词句中的"词"

独词句阶段中的"词"不具备一般所谓的"词"的资格。词是最小的能自由运用的音义结合体，必须具备两个最起码的条件：

A. 除了叹词和附加于全句的语气词之外，词应具有组合功能。

---

[1] 系统功能语法的创始人韩礼德（M.A.K.Halliday）曾研究过一个名叫奈杰尔（Nigel）的儿童的18个月前的语言发展状况，见桂诗春（1985）、胡壮麟等（1989）和M.A.K.Halliday（1975）。韩礼德发现他在一岁前后已经能够用一些特定的声音来表达特定的意义，如成人问他要不要某一物体时，他用yiyiyiyi做肯定性的回答，用[a:]表示同意按成人的要求做。我们也观察到D在一岁之前用[ŋŋ]来指点物体。我国学者吴天敏和许政援（1979）也发现，婴儿在一岁之前能用一定的声音来表示一定的意义，如掉物在地要成人捡时发[ŋ]音，表示惊奇时发[ei]音。

[2] 吴天敏和许政援（1979）发现，"有一个婴儿在11个月23天时，看见爸爸回来就叫'妈妈'；看见画有孩子的图片，有时叫'姐姐'，有时也叫'妈妈'；见帽子叫'帽帽'，见馒头叫'馒馒'，有时也似'妈妈'；在1岁时见父亲回家，有时叫'爸爸'，但有时还叫'妈妈'。"

B.应有较为固定的语音形式和较为明确的意义所指，而且，音义的结合应较为稳定。

在成人语言和独词句阶段之后的儿童语言中，独词句中的词虽然在独词句中没有同其他的词进行组合，但是显然具有组合功能，因此具有词的资格。而在独词句阶段，只有独词句而没有其他类型的句子，所以此期的"词"没有组合功能。也许可以假设，在语前阶段儿童已经可以理解超过一个词的较长的句子，这种语言经验已经使儿童具有了一定的句法结构观念，只是由于某种条件的限制，这种句法结构观念还不能在独词句中表现出来。这种假设也许不无道理，但是，人们至今还不能对这种假设进行有效的验证；而且即使这一假设成立的话，此期儿童的句法结构观念也一定是非常模糊的。

而且，如果把独词句阶段的"词"看作是词的话，在具体操作上也会遇到很多困难。在独词句阶段中，除了与目标语言相合的词之外，还有"残词形式"和"超词形式"。所谓残词形式是指，构成独词句的语言单位只是目标语言中的一个词素，或是在这个词素的前后带上不清晰的音，甚或是一个音节片段。所谓超词形式是指，构成独词句的语言单位是目标语言中的大于词的结构，如词组之类。把这两种形式的语言单位叫作"词"，也不一定合适。

独词句阶段的语言单位与一般所谓的词很不一样。对此可有两种处理方法：第一，把超词形式处理为词组，把其他的形式处理为词。这样做的结果是：A.取消了独词句阶段，从而更不利于揭示儿童语言发生的阶段和特点。B.势必需要分析词组的内部结构和语义关系，而这一任务几乎是不可能完成的；勉强分析，也只能是用成人语言的眼光来看待儿童语言，而这是儿童语言研究的大忌。第二，把它们看作儿童此期特有的语言单位，虽与词相似，但不必要求具有组合关系，不必要求其音其义以及音义的结合达到词的水平。这一处理显然具有理论上的可接受性和实践上的可行性。

为方便起见，不妨将独词句阶段的"词"称为"语元"，[1]并定义为：语元是儿童早期所理解和使用的最小话语单位，其语音或/和语义具有一定的含混性和不稳定性，它不具有内部结构关系，不具有或只具有十分模糊的组合功能。同目标语言比较，它可能与词相当，也可能小于词（残词形式）或大于词（超词形式）。

（三）独词句阶段与双词句阶段

由独词句阶段到双词句阶段，是儿童语言发展的必由之路，也是又一次大的飞跃。两个阶段的本质差异，不在于句子长短，而在于双词句阶段，儿童使用的最小语言单位具有了词的资格，即具有了组合功能。就此而言，可以说由独词句阶段到双词句阶段，就是一个"语元词化"的过程。过去人们往往只要发现儿童所使用的语言单位是目标语言中的词组，就认为进入了双词句阶段。这种简单化的处理很不恰当。

判定儿童是否具有词的组合能力，如下标准具有可操作性：

当儿童听到一个含有 A 的词语时，他能主动地用一个语言单位 B 与 A 组合，形成具有语法结构关系和语义运算关系的 AB 或 BA 新组合。这时，就认为儿童发展出了词的组合能力。例如：

（1）D 在早晨同一女孩 H 闹着玩，吵闹得大人不能睡觉。H 的母亲冲着 H 说："滚！"D 以为是冲她说的，自然地接话："不滚！"

（2）D 到处乱摸乱摆弄，她表姐一边胳肢 D 一边问："还贱不？"[2]D 边笑边答："不贱了！"这种问答连着反复达五次之多。

---

[1] 语元这一概念是李宇明（1993）提出的。当时认为"语元"是"乳儿所理解的最小话语单位"，是从乳儿所理解的"一个较为笼统模糊的话语片段"中切分得到的，它"可能与成人话语中的词相当，也可能不相当；即使是相当，在理解上也可能与成人有较大的出入"。为增加这一概念的涵盖面，本文进行了重新定义。依此独词句阶段严格说来应称为"独元句阶段"，但是为照顾传统，我们仍然把它叫"独词句阶段"。

[2] 贱：河南方言，动词，意义是"不老实，乱拉乱摆弄东西"。

这两例是在 D 出生后第 475 天搜集到的。在此二例中，D 主动地用"不"同"滚、贱"组合成"不 V"，"不 V"具有状心结构关系，表达对动作或行为的否定。这种情况显然与独词句阶段的"不 V"不同，可以认为此时 D 已经发展出了词的组合能力，其语言发展开始步入双词句阶段。

二、语元分析

（一）语元的数量

排除简单模仿和一些非语元的自我语言（或语音）游戏，D 在出生后 405 天到 475 天这 70 天的独词句阶段中，共使用了 28 个语元。这些语元是（依出现的先后次序排列）：

妈妈　爸爸　呀　唉　不　姐姐　不喝　喝　我不　不敢　上哪儿
门　不要　不穿　阿姨　煤　爬　伯伯　bye-bye　嗯　米　家家[1]
没有　[m]　看狗[2]　狗　来　二妮[3]

（二）语元的种类

语元不具有组合功能，或者是只有十分模糊的组合功能，故而无分布可言，不能进行类似于词的分类。因此给语元分类，只能采取意义标准。根据对语元意义的抽象概括，可以把上列 28 个语元分为指称、行为（包括动作）、否定、语气四大类：

---

［1］家家：武汉方言，义为"外祖母"。
［2］"看狗"出现在独词句阶段的末期，"看"的语音模糊不清，所以仍把"看狗"作为一个语元处理。
［3］D 的表姐的乳名，她从 D 出生一直与 D 生活在一起。D 对她面称"姐姐"。

语元类型	指称	行为	否定	语气	合计
语元数量	11	7	7	3	28
比例%	39	25	25	11	100

由表中可以看出，指称性语元最多，有 11 个，其中指人的有 7 个，指物的有 3 个，指称动物的只有 1 个。儿童使用指称性语元的状况，并不表明此期儿童的认知能力，因为在一岁之前，儿童所理解的指称性语元已有一百多个。[1] 此期指称性语元的使用情况，只能说明人际交往是这一时期儿童最迫切的需要。

行为性语元和否定性语元都是 7 个，其中否定性语元最值得注意。在否定性语元中，除了"没有"是否定存现的之外，其他 6 个都是否定行为或动作的，可见这类语元与行为性语元具有十分密切的关系。否定性语元的较多使用，既说明此期儿童的否定思维已有新的发展，也说明儿童具有了自己的意愿，因为这些否定性语元在具体交际中，多是用来表达儿童的否定意愿的。

语气性语元最少，只有 3 个，主要用于应答和表示惊疑。不过，考虑到目标语言中叹词、语气助词和应对语气词在整个词汇中所占的比例，此期语气性语元的数量也不算少。

（三）语元的语音

李宇明（1991）探讨婴儿早期发音的问题时，曾经提出过"非自控音"和"自控音"这两个概念。非自控音是儿童不能自己控制的无意识发音，如哭声、咳嗽声和吃奶发出的声响等。自控音是儿童自己控制发音器官所发出的声音。当时的论题不需要给自控音再分类，而现在则需要把自控音再分为"无意义自控音"和"有意义自控音"（即语音）两类。语元的发音是语音，显然属于有意义自

---

[1] 见李宇明（1993）。当时将指称性语元叫作"名词性语元"。

控音的范畴。这样，可以从发生学上得到儿童声音发展的一个顺序：

非自控音→无意义自控音→语音。

独词句阶段是由无意义自控音发展为语音的阶段。此阶段语元的语音还具有一定的含混性和不稳定性。例如："妈妈"在本阶段之初，其韵母的舌位有时稍微偏高偏后；"来"的声母有时发成 [n]；"没有"的声调往往伴同语调而成曲折型。因此，许多语元在听感上不够清晰，只有熟悉儿童的人在明了语境的情况下仔细辨听才能听懂。

除此之外，在语音发展上还有两种现象最值得注意：

1. "fis" 现象

伯科（J.Berko）和布朗（A.L.Brown）发现：一个儿童把他的玩具充气塑料鱼叫作 fis（正确的发音应是 fish），当成人模仿他的发音也把鱼叫 fis 时，这个儿童试图纠正成人模仿的错误发音，说不是 fis，是 fis，反复数次，几乎发火。当成人改口说 fish 时，这个儿童才认可。[1]伯科和布朗把这种现象称为"fis 现象"。史密斯（N.V.Smith）也曾发现他的儿子能辨别 mouse 和 mouth，sip 和 ship，但在发音时却又发成相同的音。[2]我们在 D 的身上也观察到了这种现象：

（3）在 D 出生 407 天的前后，把"爸爸"叫成[wʌwʌ]。当其爸爸要求 D 叫"哇哇"（[wʌwʌ]）时，D 却不知所云；而当要求她叫"爸爸"时，D 把目光转向爸爸，但是叫的声音仍然是 [wʌwʌ]。

fis 现象表明，儿童听辨语音的能力已有了相当的发展，在大脑中已经建立了许多语元的正确的语音表象；但是由于某种原因，他的发音能力还不健全，从而导致听音和发音的不同步、不匹配。这种现象也说明，此期语元的发音含混与语前阶段的发音含混是有区别的。

2. "假失" 现象

儿童对于过去能够发出的音又出现发音障碍，这种现象我们称之为假失现

---

[1]　见桂诗春（1985）、朱曼殊主编（1990）。

[2]　见桂诗春（1985）、朱曼殊主编（1990）。

象。比如，在 D 的乳儿期已经多次记录到 [pʌ] 音，D 在"玩弄"声音时也常发出 [pʌ] 音，但是，如例（3）所示，到了此期她反而出现了发音障碍，发不出 [pʌ] 音，而用 [wʌ] 音替代。这是由无意义自控音转化为语音时发生的假失现象。再如：

（4）在独词句阶段的中期，D 曾掌握了"家家"这个语元，发音也正确。但是到了她 463 天时，反而把"家家"发成 [kʌkʌ]，并延续了一段时间。

例（4）说明假失现象不仅只是从无意义自控音向语音转化时才出现，而且，这种现象在语音的发展过程中也会发生。

人们至今对假失现象还不能做出有说服力的解释。雅可布逊（R.Jakobson）[1]根据比利时著名的儿童语言学家 Antoine Gregoire 等人的材料和看法，提出了"间断论"的主张。认为儿童早期的发音与语言期的语音学习有本质的不同。语言期儿童习得的是音位，音位是由一套区别性特征构成的系统，并与语义相关联。因此，会有发音上的得而复失的现象。

雅可布逊的音位习得理论是很有价值的，但是，对于假失现象的解释却不很妥当。其一，儿童早期的发音在此阶段并没有完全丧失，而且 fis 现象告诉我们，儿童头脑中的许多语音表象也正是在语前时期建立的，并被保存下来在此期发挥其能发挥的作用。其二，不能解释例（4）所示的现象，因为这类发音在音位习得期获得，但仍会假失。其三，儿童在牙牙学语时常表现出对某些发音的偏爱，他所偏爱的这些发音常常是此期语元的语音。[2]而且，许多假失的发音很快就会失而复得。因此，我们认为此期的发音与语前阶段的发音有关联，只是这种关联不是机械的罢了。[3]也正是基于这种认识，才把这种现象称之为"假失"。当然，要对假失现象给以科学的解释，还有待于进一步研究。

---

[1]　见伍铁平（1981）。

[2]　见朱曼殊主编（1990）。

[3]　我们认为独词句阶段与语前阶段有关联，但是并不同于行为主义者的连续说（如 O.H.Mowrer 等的主张）。行为主义者用"强化"来解释这种关联，是不科学的。

（四）语元的意义

朦胧性和变化性，是此阶段语元意义的两个十分突出的特点。所谓朦胧性是说，儿童对语元意义内涵的理解还相当肤浅，对外延也缺乏明确的认识。比如"妈妈、爸爸、姐姐"等语元，D 只是用来指称特定的一个对象，并不知道这些称谓复杂微妙的内涵，也不知道他人也有自己的妈妈、爸爸和姐姐。

所谓变化性是说，随着语言的发展，语元意义的内涵和外延，会发生或快或慢的变化。儿童最初掌握的语元，大都同某一或某一些具体的所指相联系，具有"专指性"。就 D 的材料看，不仅前面提及的"妈妈、爸爸、姐姐"这些指称性语元具有专指性，而且，其他几个种类的语元也是如此。最明显的是"不喝、不穿、不要"等否定性语元，都只能用来否定"喝、穿、要"之类的特定行为或意愿。但从认知方面看，此期儿童已经有了初步的概括能力。在儿童语言习得机制和目标语言的双重作用下，儿童很快会突破专指性，使语元意义在内涵、特别是在外延上发生变化。这种变化从儿童对于语元意义的泛化上看得最为清楚。例如：

（5）D 在 442 天时学会用"阿姨"来称呼一位姓徐的年轻女教师。当 D 看见徐老师下楼打酱油时，便跟在其后一声接一声地叫"阿姨"。此后不久，能用"阿姨"称呼其他的成年女性。在 460 天（第一次使用"阿姨"后的第 18 天）时出现泛化现象，D 把老年女性也叫作"阿姨"，甚至见了小哥哥也叫"阿姨"。

由专指性到非专指性，是儿童语言发展的一条重要规律，也是儿童习得语言的主动性和创造性的一种证据。泛化所遵从的也正是这一规律，并没有什么特殊的地方；它之所以易于引人注意，只不过是人们用目标语言与其比较的结果。[1]对于泛化现象的研究已经不少，但是，在独词句阶段发现语元泛化的报道却极少见到。

---

[1] 关于"泛化"，见李宇明（1991a）。

三、交际功能

独词句阶段的句子虽然没有内部结构，但有交际功能。韩礼德曾经把语言交际功能划分为 7 种：[1]

1）工具功能（instrumental）；

2）控制功能（regulatory）；

3）交流功能（interactional）；

4）表达个体功能（personal）；

5）启发功能（heuristic）；

6）想象功能（imaginative）；

7）表现功能（representational）。

并认为儿童在 10 个半月时已经掌握了前 4 种功能，到一岁半时已经掌握了前 6 种功能。韩礼德从功能的角度来探讨儿童的语言发展，并力图用严密的分类法来给儿童的语言功能分类，无疑是很有意义的。但是，他的分类系统并不完善，不能很好地刻画儿童的语言功能及其发展，而且有些观察与我们也有出入。

我们根据自己的观察，参照传统的句类划分和韩礼德等的研究成果，把儿童此阶段的语言功能分为 7 类：呼应、述事、述意、祈使、惊疑、自娱、模仿等。并把表达这些功能的句子称为呼应句、述事句等等。

（一）呼应、述事和述意

呼应句是儿童呼唤他人（呼唤句）或是对他人呼喊的应答（应答句）。呼应相当于韩礼德提出的交流功能，但他在交流功能中没有提及应答。呼应句是发生较早而且使用频率较高的功能句。下面是 D 的一些例子：

---

[1] 见 M.A.K.Halliday（1975）、桂诗春（1985）和胡壮麟（1989）。

（6）在楼下主动地叫"妈妈"。（405 天）

（7）见到爸爸，主动地叫"爸爸"。（408 天）

（8）早上醒来不见人，连喊："姐姐，啊姐姐。"（415 天）

（9）摔倒了，哭着叫："妈妈。"（416 天）

（10）爸爸叫 D 的乳名，D 用"嗯"或"唉"应答。（410 天）

这些句子都发生在独词句的起始期。呼唤句使用的都是指人的语元，有些是简单呼唤，纯粹是一种情感的交流；有些则是在遇到麻烦或在不安的状态下的呼唤，以寻求帮助或传达一种不安的情绪。应答句使用的是语气性语元，它的出现表明，儿童对自己的名字已有了进一步的认识，是儿童自我意识的表现。

述事句是儿童对自己发现的事情的述说。例如：

（11）D 在外面学会了"煤"。当抱她到楼梯口见到堆放的蜂窝煤时，她脱口说出了"煤"。（462 天）

（12）D 发现了一只小狗，连叫四遍"狗"。（472 天）

（13）爸爸：你的乒乓球呢?

       D：（四处寻找不见，连说四次）没有。（473 天）

前两例述说的是存现的事物，用的是指称性语元；后一例是对存现的否定述说，用的是否定性语元。述事句都发生在此阶段的晚期。按照韩礼德的语言功能分类，它应属于表现功能。他认为这一功能在儿童语言里并不那么重要，要到 18 个月以后才出现，[1] 但是，我们在 15 个月后便观察到了这一语言功能，虽然这时的述事还是不自觉的，儿童并不一定是有意地想告诉人什么，只是表现功能的萌芽。

述意句是儿童对自己的意愿进行述说的句子。这种句子在此阶段的早期就出现了，所表达的都是否定意愿，使用的都是否定性语元，而且，所处的情景都对儿童不利，儿童在使用时都伴之以强烈的情感和较剧烈的动作。例如：

---

[1] 见 M.A.K.Halliday（1975）。

（14）客人说："D，让伯伯抱抱。"D身子一扭说："不！"（414天）

（15）让D喝药，D大哭不止："不喝！我不！"又说："不！不喝！"（418天）

（16）给D打针时，D大哭着说："不！不！我不！"（419天）

韩礼德没有单独提出述意功能，也不知该把它归并到韩礼德系统的何处。从句类的角度看，述意句和呼应句、述事句都可归入陈述句。

（二）祈使和惊疑

祈使句是儿童用来表示要求或发布命令的句子。例如：

（17）D在火车上想要别人的东西，说："来，来。"（471天）

（18）D要人带她到楼上看狗，说："看狗。"（472天）

（19）小狗跑了，D对狗喊："来！"（472天）

（20）D在床上边爬边说："爬，爬，爬。"（444天）

儿童的祈使句很有特色，有对他人的祈使，有对动物的祈使，还有自我祈使。自我祈使发生得较早，是儿童的自言自语，发挥的是自我调节或称自我控制的功能。其他祈使句发生较晚，它们相当于韩礼德所说的控制功能，但是与工具功能也有一定的瓜葛。不过，韩礼德没有提及儿童的自我祈使。祈使句与前面讲的述意句都是表示意愿的，但是，祈使句是通过提要求、发命令的方式表达意愿的，因此与述意句有差别。

传统的疑问句与韩礼德所说的启发功能相类。此期真正的疑问句还没有出现，因为疑问句的难度要大于陈述句和祈使句。[1]但是，在这一阶段的晚期却出现了惊疑句。例如：

（21）D的果丹皮掉在了地上，爸爸怕她拾起来再吃，就把它拾起来藏在一边。D在地上找不到果丹皮，就惊讶地"嗯"（[ŋ]）了一声。（467天）

---

[1]　关于疑问句产生的详细讨论，见李宇明、唐志东（1990）。

惊疑句虽有疑，但是儿童还不会因疑而问，用问求解。它只是疑问句的萌芽，是将来疑问句发展的基础。

（三）自娱和模仿

自娱句是指儿童用于自我游戏的句子，多是一些自言自语的现象。儿童一生下来就对人声感兴趣，[1] 并在出生 20 天后就出现了用声音做游戏的自我"玩弄"声音的现象。[2] 这种现象除了在即将进入独词句阶段时的沉默期[3] 外，会随着年龄的增长越来越多，即使是在独词句阶段这种现象依然存在。自娱句是这种玩弄声音游戏的继续，由于在独词句阶段出现了独词句，所以便有了玩弄语言的自娱句。如 D 在 434 天前后，嘴里不断地说"爸爸"和"不要不要不要嘛"；在 442 天前后，嘴里不断地念叨"阿姨"；在 453 天前后，又不停地说"妹妹"。

据观察，儿童的自娱句具有阶段性，即在某几天对某种声音或语元特别感兴趣，有些声音或语元是儿童刚刚获得的，如上面提到的"不要不要不要嘛"和"阿姨"的例子。因此，自娱句对于儿童的声音练习和语言学习是非常重要的。并且，儿童会在自娱句的基础上发展出唱儿歌、讲故事等语言游戏。在 D473 天时，她竟然自编自唱起颇有韵律的由"妈妈"和"爸爸"演变而成的"儿歌"：

（22）[mʌmʌmimi，pʌpʌpipi]。

并在 469 天时，学会一边像小野兽一样在地上撵人，一边发出"[m]"的声音拖腔吓人。韩礼德认为，儿童使用想象功能来和环境相联系，来创造他们自己的世界，甚或是一个完全不同于成人的世界。自娱句与韩礼德所说的想象功能相类，遗憾的是，他竟然在儿童早期的语言功能发展中没有提到这一功能。

模仿句同自娱句一样，也是儿童早期模仿声音的继续，也是较为常见的现象。

---

[1] 见 W.Condon（1982）。

[2] 见李宇明（1991a）。

[3] 许多学者发现，在儿童由语前阶段进入独词句阶段时，往往会有一个短暂的沉默期。在这个短暂的沉默期中，儿童的咿呀语似乎突然消失了。沉默期一过，独词句就产生了，原来的咿呀语现象也又出现了。沉默期问题至今还未得到较好的研究。

早在 70 ~ 120 天时，儿童就能对一些难发的语音进行模仿；[1]由于此期儿童已经有了语言，所以便有了模仿句。例如：

（23）D 要喝牛奶。D 的表姐拿着奶瓶说："说，说'喝'。"D 模仿说："喝。"D 的表姐又说："你再说个'喝'。"D 又模仿了酷似"你再说个喝"的话。（417 天）

（24）爸爸对 D 说："这是米。"D 主动跟着说："米。"（463 天）

（25）妈妈笑骂说："这个小鳖娃儿。"D 主动模仿："小鳖。"（413 天）

（26）爸爸说："嗯？怎么搞的？"D 模仿说："嗯？"（454 天）

（27）姐姐："喊'爸爸、妈妈、姐姐'"。

　　　　D："姐姐"。

　　　　姐姐："喊'爸爸、姐姐、妈妈'"。

　　　　D："妈妈"。

　　　　姐姐："喊'妈妈、姐姐、爸爸'"。

　　　　D："爸爸"。（429 天）

前两例是成人要求的模仿，接着的两例是儿童的主动模仿。最后一例很有意思，D 只能模仿最后的一个词，这说明她的模仿能力受到记忆长度和发音长度的限制。模仿也是儿童语言学习的一种表现。本文不打算展开讨论模仿在儿童语言学习中的价值，但是就独词句阶段的语言发展情况而言，模仿并非像乔姆斯基（N. Chomsky）所说的那样意义不大。[2]

（四）交际功能的特点

句子是儿童最早获得的语言概念。句子虽然跨越句法和语用两个层面，但

---

[1] 见李宇明（1991a）。

[2] 武进之、朱曼殊（1986）有对模仿问题的专门讨论，笔者认为立论还是公允的。许政援、郭小朝（1992）的研究表明，11 ~ 14 个月儿童所获得的词语有 87.5% 来源于成人的言语教授和儿童相应的模仿。这一研究成果使我们不能不重新审视模仿在儿童早期语言获得中的地位和作用。

此期儿童的句法尚未得到发展，就某种意义而言，独词句阶段儿童的语言发展，主要是语言交际功能的发展。而此阶段的语言交际功能还是相当原始的。这种原始性除了句类不全（疑问句还处于萌芽状态，没有感叹句）外，最主要的表现是：句意模糊；地位次要。

1. 句意模糊

句子的表达和理解都离不开一定的语境，句子对语境的依赖性（简称"依境性"）有层次差异。口语的依境性高于书面语，儿童口语的依境性高于成人，儿童早期语言的依境性高于后期语言。但是，此阶段的许多语句，即使是在语境中也难以准确地把握它的句意。例如：

（28）父母的同事来家。当父亲去开门时，D说："门。"（425天）

"门。"这个独词句的句意，是"开门！"，还是"门开了"，还是别的什么意思，是不明确的。其实它所表达的只是一种关于"门"的模糊信息。

格林菲尔德（P. M. Greefield）和J. 史密斯（J. Smith）为探讨独词句向双词句的语义发展问题，曾结合儿童的手势、动作及相关物体等非语言因素，根据两个儿童的个案材料，把独词句阶段的语言概括为12个语义范畴：

1）行为；

2）意愿；

3）行为的对象（包括陈述的对象和意愿的对象）；

4）施事；

5）施事的动作或状态；

6）对象的动作或状态；

7）对象；

8）参与者；

9）相关的另一对象；

10）相关的另一有生实体；

11）方位；

12）事件的修饰。[1]

从语义范畴上来考察儿童的语言发展，无疑是儿童语言研究上的一大突破。但是，就我们的观察而言，这 12 个语义范畴的概括未免太成人化了，儿童的语义发展还没有达到如此高的水平。比如此期儿童是否能把 3）~ 10）的语义角色区分开来，就得画一个大问号；方位语义的把握也不是此期能做到的；事件的修饰在表达上起码需要两个语言单位的组合，而此期儿童的语言单位的组合能力不说完全没有的话，也是非常朦胧的。否则，此期独词句的句意不可能会如此的含糊。

格林菲尔德和 J. 史密斯的语义范畴概括之所以会成人化，一是因为他们较多地用目标语言的眼光来看待儿童语言，二是没有把语义和意义这两个概念进行明确的区分。从语义学的角度看，语义是由语言表达出来的意义，或者说语义是意义的语言化。因此，语义的外延要远远小于意义的外延。如果用成人的眼光来分析此期儿童所把握的意义，格林菲尔德和 J. 史密斯的概括也许还显得保守了点。从 D 的材料来看，此期儿童的语义范畴可以拿得准的有如下几个：1）行为（包括动作）；2）行为、动作或状态的关涉对象；3）呼称对象；4）意愿；5）否定。

2. 地位次要

早在语前阶段，儿童已经学会了用体态进行交际，到了此期这种体态交际已经达到较高的水平。例如：

（29）见阿姨拿着苹果没吃，D 就指指苹果，再指指阿姨的嘴，让阿姨吃苹果。（425 天）

（30）D 要妈妈吃瓜子，就指指自己的嘴，又指妈妈的嘴，又指指瓜子。（429 天）

（31）爸爸的外衣挂在衣钩上。D 用右手食指指衣服。爸爸问她要"干什么"，

---

[1]　见唐志东（1988）。

她又用手指爸爸。爸爸又问"是不是让爸爸穿衣服"，D 点头。爸爸穿上衣服，D 满意地笑了。（451 天）

如果把一个有表义作用的体态或动作称为一个"体元"的话，那么，例（29）是由两个连续的体元构成，例（30）是由三个体元构成，例（31）则是用四个体元表达了一个完整的意愿、形成三个"话轮"的复杂交际。

在独词句阶段，儿童体态交际的功能远大于独词句；儿童与成人的交际，使用体态的频率也远高于语言；而且，当儿童进行语言交际时，也往往要伴之以体态。由此可见，此期儿童所使用的主要交际工具还是体态，语言交际处于辅助和从属的地位。

四、结语

独词句阶段是儿童主动使用语言进行交际的开端。独词句阶段儿童使用的语言单位是语元，语元还不具备词的资格，没有组合功能或明确的组合功能。只有到了双词句阶段语元才转化为词。

语元在发音上较为含糊和不稳定，并有 fis 现象和假失现象出现。fis 现象说明儿童在语前阶段所建立的语音表象在以后的语言学习中会发挥不可忽视的作用，两个阶段是连续的，雅可布逊的间断观是偏颇的。而且这一现象也说明儿童的语音听觉分析能力的发展快于语音运动分析能力的发展。语元在意义上较为朦胧并具有变化性，一开始的意义都具有"专指性"，后来不断地发展，而且在此阶段就已出现了泛化现象。

此阶段指称性语元最多，行为性和否定性语元次之，语气性语元最少。语元没有内部结构关系，其主要发挥的是句子的功能。在此阶段儿童所学习的是怎样让独词句发挥句子的职能。其语义范畴主要有行为（包括动作）、行为、动作或状态的关涉对象，呼称对象，意愿和否定等五种。格林菲尔德和 J. 史密斯所概括的 12 个语义范畴，过于成人化。

独词句的交际功能主要有呼应、述事、述意、祈使、惊疑、自娱和模仿7种，其中前3种属于陈述句，祈使是具有儿童特点的祈使句，惊疑是疑问句的萌芽，自娱和模仿是早期玩弄语音和模仿语音的继续和发展，具有娱乐和语言学习的功能。呼应、述事、述意和祈使的多数句子，发挥的是儿童与他人的交际功能，其他的功能类和祈使的一部分发挥的是儿童自我交际的功能。韩礼德对于儿童语言交际功能的研究和分类，很有意义，但并不能很好地刻画儿童的语言功能及其发展，有些观察与我们也有出入。

此期儿童语言交际功能还较为原始。句类系统还不完善，句意还相当朦胧，即使在特定的语境中，许多独词句也难以准确地理解其句意。而且，无论从发展水平还是从使用频率上看，此期儿童的体态交际都超过语言交际，语言交际还是辅助性的。

参考文献

桂诗春　1985　《心理语言学》，上海外语教育出版社。

何自然　1988　《语用学概论》，湖南教育出版社。

胡壮麟等　1989　《系统功能语法概论》，湖南教育出版社。

李　丹主编　1987　《儿童发展心理学》，华东师范大学出版社。

李宇明　1991a　1～120天婴儿发音研究，《心理科学》第5期。

李宇明　1991b　儿童习得语言的偏向性策略，《华中师范大学学报》第4期。

李宇明　1993　乳儿话语理解的个案研究，《语言研究》第1期。

李宇明、唐志东　1990　三岁前儿童反复问句的发展，《中国语文》第2期。

唐志东　1988　国外的儿童语言学，《语言学通讯》第1期。

吴天敏、许政援　1979　初生到三岁儿童言语发展记录的初步分析，《心理学报》第2期。

伍铁平　1981　雅可布逊：《儿童语言、失语症和语音普遍现象》，《国外语言学》第3期。

武进之、朱曼殊　1986　影响儿童语言获得的几个因素，朱曼殊主编《儿童语言发展研究》，华东师范大学出版社。

许政援、郭小朝 1992 11~14 个月儿童的语言获得，《心理学报》第 5 期。

张仁俊、朱曼殊 1987 婴儿的语音发展，《心理科学通讯》第 5 期。

朱曼殊主编 1990 《心理语言学》，华东师范大学出版社。

〔美〕Breyne Arlene Moskowitz 1981 The Acquisition of Language（语言的掌握，李平节译），《国外语言学》第 2、3 期。

〔英〕M. A. K. Halliday 1975 *Learning How to Mean*. London: Arnold.

〔美〕R.M. 利伯特等 1983 《发展心理学》（刘范等译），人民教育出版社。

〔美〕W. Condon 1982 有声语言能使婴儿移动位置（茅于燕译），朱智贤主编《三岁前儿童心理的发展》，北京师范大学出版社。

（原载《中国语言学报》总第 7 期，1995 年）

附录五：李宇明与儿童语言发展相关的论著目录

著作

《汉族儿童问句系统习得探微》（与唐志东合作），华中师范大学出版社，1991 年。（1995 年分获全国高等学校首届人文社会科学研究优秀成果 2 等奖、湖北省首届社会科学优秀成果省级 3 等奖）

《父母语言艺术》（与白丰兰合作），北京语言学院出版社，1991 年。

《儿童语言的教育与训练》（与唐志东、周小兵合作），湖南师范大学出版社，1991 年。

《儿童语言的发展》，华中师范大学出版社，1995 年第一版。2004 年再版。

《语言理解与发生——汉族儿童问句系统理解与发生的比较研究》（与陈前瑞合作），华中师范大学出版社（桂苑书丛），1998 年。

《语言学习与教育》，北京广播学院出版社，2003 年。

论文

《试论成人同儿童交际的语言特点》（执笔人），《华中师范大学学报》（哲社版）1987 年第 6 期。

《汉族儿童"吗""吧"问句的发展》（与唐志东合作），《语言研究》1989 年第 2 期。

《三岁前儿童反复问句的发展》（与唐志东合作），《中国语文》1990 年第 2 期。

《四岁前儿童"谁"字句的发展》（与唐志东合作），《语言研究》1990

年第 2 期。

《儿童习得语言的偏向性策略》，《华中师范大学学报》（哲社版）1991年第 4 期。

《国内儿童语言研究鸟瞰》，华东师范大学《中文自学指导》1991 年第 4 期。

《1 ～ 120 天婴儿发音研究》，《心理科学》1991 年第 5 期。

《儿童反复问句和"吗""吧"问句发展的相互影响》（与唐志东合作），《中国语文》1991 年第 6 期。

《儿童问句系统的发生和发展》（与唐志东合作），华中师范大学《语言学通讯》1991 年第 1—2 期。

《汉族儿童"W呢"简略问句的发展》（与唐志东合作），华中师范大学《语言学通讯》1992 年第 1—2 期。

《语言学习异同论》，《世界汉语教学》，1993 年第 1 期。

《乳儿话语理解的个案研究》，《语言研究》1993 年第 1 期。

《论儿童第二信号系统建立的判定标准》，《语言学通讯》1993 年第 1 — 2 期。

《第一语言习得论》，《黄冈师专学报》1993 年第 1 期。

《文化对儿童语言习得的影响》，刘焕辉、陈建民主编《言语交际与交际语言》，江西高校出版社，1993 年。

《幼儿语言教学的若干原则》，《幼儿教育》1994 年第 10 期。

《母语获得理论与幼儿语言教学》，《幼儿教育》1994 年第 11 期。

《儿童语言发展的连续性及顺序性》，《汉语学习》1994 年第 5 期。

《独词句阶段的语言特点》，《中国语言学报》总第 7 期，1995 年 4 月。

《群案儿童的问句理解》（与陈前瑞合作），《华中师范大学学报》1997年第 2 期。

《儿童问句理解的群案与个案的比较研究》（与陈前瑞合作），《语言教学与研究》1997 年第 4 期。

　　《儿童问句系统理解与发生之比较》（与陈前瑞合作），《世界汉语教学》1997 年第 4 期。

　　《语言教学和儿童语言研究》，《语言文字应用》1998 年第 1 期。

　　《儿童词义的发展》，载邵敬敏主编《句法结构中的语义研究》，北京语言文化大学出版社，1998 年。

后记

又到雪花飘舞时

2017 年 11 月 29 日，《人生初年——一名中国女孩的语言日志》文字稿交付商务印书馆，至今又是一年有余。年余来，为书稿的丰满又做了几件事情。

整理冬冬旧照。选出 40 幅照片，4 幅放在上卷的前插页，36 幅插入相对应的月份页。20 世纪 80 年代，相机是罕见物件，照相还是奢侈行为。冬冬幼年的照片很少，多是黑白的。这些照片的照相技术也不怎么高明，但却异常珍贵，能用的尽量都选用了。为了显示冬冬成长的历史环境，还请华中师大的同事蔡红生、邓虹帮助收集了一些学校的老照片。这些照片最终没有用上，但是他们的支持和情谊，我很感动。

整理冬冬的涂鸦。选取冬冬幼年的涂鸦 47 幅，10 幅放在中卷和下卷的前插页，37 幅插入了相对应的月份页。这些涂鸦，是当年顺手贴在日记本上的，而冬冬的大量涂鸦都没有保存下来。其实，当年是有意识地收藏了冬冬的"儿童画"，但越是经心的东西，存放的地方越保险，往往也越容易找不到，越容易丢失。不过，就这些不经心留下的涂鸦，已经可以看到儿童绘画的一些发展特点，比如线条的变化、构图的演进、观察世界的角度等。其中画人的有十几幅，大致可以反映出人的面部、头发、脖子、四肢、服饰、动作、人物关系等进步；鱼儿排队、幼儿园的孩子，以及人像中凸显的扣子，反映了冬冬对幼儿园生活的体验。冬冬的图画中，多幅都有太阳、云朵、月亮，在潜意识里显现出她幼童时期愉快、明媚的心理状态。"父亲与爸爸"中的父亲，着长衫，蓄长胡，手持大刀片,是冬冬看电视得到的古装戏里的形象;而爸爸则打领带,穿皮鞋,手提公文包,是冬冬生活中自己爸爸的真实写照。这幅画作于五岁半,堪称杰作。如果我是绘画出身,如果能够以更专业的方式收集、保存儿童的涂鸦,当会发现很多有价值的儿童绘画发展和心理发展规律,兴许还可以建立"儿童绘画学"之类的新学科。

最令我们激动的,是整理冬冬的录音。当年读研究生时用于学习英语的录放机,虽然刺啦作响,却断断续续录下了几十盒录音磁带。早期录下的磁带,本应妥善保存,但因没有足够的磁带可用,将其转成文字记在日记本上,就又放入录放机中再录,原来的录音由于再次使用而被洗去了。皆因囊中羞涩,丢失了很多宝贵的原始资料。今年3月份整理房间,竟然搜罗出来当年的30多盒冬冬的录音磁带。要知道,我们在华中师大搬家三次,又从武汉搬家到北京,这些磁带竟然保存下来,真是个奇迹!兴奋之余,立马请田列朋找地方将其转换为MP3格式。当时是抱着侥幸心理的,真不知道尘封了三十几年的磁带,还有没有声音,里面录的都是些什么内容?北京语言大学有这样的设备,田列朋、魏达、唐培兰细心操作,反复调适,竟然能够听到几十年前我们与冬冬对话的声音。亲切,激动!

今年6月25日,本书的责编陈玉庆、美编李杨桦来家讨论书稿。她两听了音频,很感兴趣,说可以用二维码把声音做到书里去,读者用手机扫二维码就可以阅读。这又是一大惊喜!磁带虽然转录成了wav格式,但噪音极大,就又专门请张龙春、王玲玲帮助做消噪工作。吾妻白丰兰女士反复听辨,听不懂再听,边听边做记录,致使听力急剧下降。最后选出有趣的、有一定清晰度的录音片段100多个,最后确定为87段。

幼儿的话语,本来就不好懂,何况这是30多年前的话语,冬冬又常常怪腔怪调,故意调皮,父母尚且难以听懂,何况他人?我们决定做音频的内容提示,根据录音尽量去回忆、去再现当年熟悉的生活。这些音频,有冬冬背诗歌的、唱儿歌的、聊天对话的、做角色游戏的、秀方言腔调的、词语接龙的、看图说话的、讲故事的。细听几则讲故事的音频，会发现儿童故事能力的发展脉络：一开始文不对题、人物丢失、故事不连贯不合理，到后来有头有尾、有情节有情趣有寓意、人物有个性有对话，语言有声有色。特别是一则对反义词的音频，爸爸几乎难不住她，故意说"扇子、苍蝇"，冬冬竟然知道这些词语是没有反义词的，令人惊叹她的语言学知识的"丰富"。

把一名儿童2200多天的语言日记记录下来、整理出来、成书出版，的确不易，更何况还把它做成有文有图有音响的"立体"之书。文字、照片、涂鸦、音频，相得益彰，存史更真。为成就这么一部立体之书，很多人都付出了心血，都令我感动不已。除了我在上卷开头《致读者：儿童是一块磁石》和本后记的前面已经提到的人士之外，我还要特别感谢：

感谢胡建华、郭熙教授为本书作序。我没有为他们提供序言的初拟稿，而是把上百万言的电子书稿发了过去。通读一遍书稿，他们就要花很多时间，而且还写出如此高质量的可称为"书评"的序言。胡建华兄是语言理论家、儿童语言学专家，他赞扬我"走群众路线"，动员家族来记录儿童语言。他指出："《人生初年》所记录的虽然仅是冬冬这一个体早期的语言获得与认知发展情况，但如果所描写与刻画的事实以及所揭示的发展轨迹，是个体的本质属性的反映，那么，这一描写与刻画之中就必然蕴含着某种普遍性。普遍性总是寓于个体之中，而不是统计之中。……对个体本质属性的研究就是对普遍性的研究，正如威廉·布莱克所言，我们可以'通过一粒沙子看世界'。""通过一粒沙子看世界"，实可以作为儿童语言研究的日记法的广告词。

郭熙兄是社会语言学家，又与我是同乡好友，他告诉我说，读《人生初年》书稿，读着读着就忘记了作序的事情，而是沉浸在书的内容里——河南的育儿特点、民谣土语、风俗人情。当然作为语言学家，郭熙教授从书中看到的是，冬冬的语言从酝酿、产出、成句，到实现完整表达，乃至进行儿歌等创作的全过程，见证了一个孩子完整的人生初年，赞誉这本书是"一个动物人到社会人的全景式记录"。"一个动物人到社会人的全景式记录"，实可以作为本书的宣传语。

感谢商务印书馆能够立项出版。不久前，商务印书馆出版了吾师邢福义先生的《寄父家书》，11 月 14 日还举办《寄父家书》的出版座谈会，主题是"新中国知识分子的家国情怀"。座谈会上，于殿利总经理发言，谈到商务不仅出版学术著作，也出版《寄父家书》这样的特别的"史书"，并且还谈到我的这部《人生初年》。这就是商务的一种情怀，一种家国情怀。商务的周洪波总编辑和余桂林主任，自始至终关心着这部书的整理进程和出版工作，给我们以鼓励；并时时提出一些很好的建议，给我们以指导。尤其是陈玉庆、李杨桦两位，工作起来完全超出了编辑职责，多次来家商谈书稿，特别是在照片、涂鸦、音频的选编过程中，发挥了超常的想象力，她们看着日记手稿、日记上的涂鸦，看着尘封的磁带、听着磁带转录出的声音，那种眼神，那种喜爱，给了我们从"第一读者"身上得到的快慰。她们不只是编辑，还是知识的鉴宝人、爱宝人。这部书能够成为立体之书，与她二人关系密切。

我要特别感谢白丰兰女士。她应当也是这部书的真实作者，只是她不让署她的名字。她读大学期间就患上了类风湿关节炎，一生都在与病为伍，病重时以床为伴，曾五次瘫痪又五次站起来。当年记录冬冬的语言行为的卡片，她是"主记人"；将卡片及时转录到日记本上，她是"主写手"，11 本"冬冬日记"，多是她用病残的手写下的，但字迹依然隽秀；2005 年做了双膝置换手术，身体稍有好转，前后 11 稿的整理，她是重要的"操盘手"，用变形的右手架起变形的左手，用左手唯一能伸直的无名指敲击键盘；照片、涂鸦、音频的整理，也主要是靠她。她有着超人的记忆力，更有着超人的使命感和超人的毅力。这一年来，不，数年来，她都是把自己累得筋疲力尽，才到床上躺一会儿。我知道，她是在与时间赛跑，是在用生命写作，生怕自己眼睛一闭，没人做我的学术助手了。

2018 年 9 月 28 日，她那本来就早已坏死了的股骨头终于裂缝了，骨折了，疼痛难忍。10 月 10 日住进北京人民医院，15 日做髋关节置换手术。不久，书稿初校样出来了，我一方面照料她，一方面请王玲玲、贾红霞、刘贤俊、汲传波、何瑞、尹洪波等六名已毕业的学生帮助校对。初稿校对完毕，10月29日，白丰兰出院，医生要她在床上静养。但她如何静养得住？拖着刚动过手术的身子，一点儿一点儿地把资料准备停当，又请王春辉、姚敏、王璐、何红莲帮助整理文档，并把照片、涂鸦、音频提示等打印出来，粘贴到校对稿的相应之处。筋疲力尽的她，终于完成了稿子的"齐清定"。当然，累并快乐着，因为整理自己孩子成长过程中的语言日记，必然是一件愉快的事情，就像是又养了一遍孩子。

最后，我交代一下本书的主人公冬冬。我们在上卷的前插页中，专门附上一张她在约翰·霍普金斯大学的照片，并在下面写下她的求学经历和头衔：北京大学生物化学与分子生物学博士；美国约翰·霍普金斯大学医学院博士后；中国某医科大学生物化学与分子生物学学系教授、博士生导师。选此照片，留此文字，目的是给读者透露一下冬冬的成长情况。其实，在冬冬2011年赴美深造之后，她在异国他乡的所见所闻、所思所想，包括她的追求、她的感悟、科研中的成功与失败等等，都会告知我们，我们也像当年记录她的成长一样，保存下来她的点点滴滴，集成了珍贵的"两地书"。我们与她，心灵一直紧密沟通着。我们整理《人生初年》书稿，凡有精妙处、动情处，一定微信她，她也会提些意见或发表评点。音频的整理她也做了不少工作。最重要的是，她现在已经有两个女儿，一个刚过六岁，一个将近三岁。他们夫妇把她们带回国不到一年，小家伙都能讲一口流利的中国话，并且特别喜欢中国的饮食和生活。现在，冬冬也在用我们当年教育她的方法，来教育她的两个孩子，比如词语接龙、对反义词、做角色游戏、接力讲故事等等。当然，现在有了更好的条件，可以用手机自由地录音录像，为他们的孩子保存更多的音像资料。这也为我们跟踪观察第三代的语言发展提供了便利。

今天恰是农历戊戌年的大雪节令。在"冬冬日记"扉页的《寄语宝宝》中，也就是30多年前迎接冬冬出生时，我们写道："雪花，冬天的花朵，大自然的结晶，天与地爱情的使者。宝宝是我们爱情的雪花；宝宝是雪花的爱情。"

如今，又到雪花飘舞时！动人心的，还是"瑞雪兆丰年"这句老话！

李宇明

2018 年 12 月 7 日

（农历戊戌年大雪）

索引

二、正文涂鸦索引

三、音频索引

总目录

上

人生第一年（1985-1-16—1986-1-15）

人生第二年（1986-1-16—1987-1-15）

中

人生第三年（1987-1-16—1988-1-15）

人生第四年（1988-1-16— 1989-1-15）

下

人生第五年（1989-1-16—1990-1-15）

人生第六年（1990-1-16—1991-1-15）

赘记：幸福的一家人（1991-4-10—1991-7-29）

附录